Andrea Giardina
Giovanni Sabbatucci
Vittorio Vidotto

I MONDI DELLA STORIA

W0471882

EDITORI LATERZA

Ascesa ed egemonia europea nel mondo

2

© 2014, Gius. Laterza & Figli, Roma-Bari

Prima edizione 2014

I «Grandi temi» sono a cura di **Francesco Buscemi** (1 e 3), **Costanza Calabretta** (4), **Alessio Gagliardi** (5) e **Ilenia Rossini** (2 e 6).
Le schede «Eventi», «Personaggi», «Storia, società, cittadinanza» sono a cura di **Emma Ansovini**, **Tommaso Baris**, **Francesco Buscemi**, **Costanza Calabretta**, **Francesco Calzolaio**, **Alessio Gagliardi**, **Ilenia Rossini**, **Matteo Stefanori** e **Monica Turi**.
Le rubriche «Guida allo studio» e «Sviluppare le competenze» sono a cura di **Ilaria Tremolada**.

L'Editore è a disposizione di tutti gli eventuali proprietari di diritti sulle immagini riprodotte, nel caso non si fosse riusciti a reperirli per chiedere debita autorizzazione.

Le fotocopie per uso personale del lettore possono essere effettuate nei limiti del 15% di ciascun volume dietro pagamento alla SIAE del compenso previsto dall'art. 68, commi 4 e 5, della legge 22 aprile 1941 n. 633.

Le riproduzioni effettuate per finalità di carattere professionale, economico o commerciale o comunque per uso diverso da quello personale possono essere effettuate a seguito di specifica autorizzazione rilasciata da CLEARedi, Centro Licenze e Autorizzazioni per le Riproduzioni Editoriali, Corso di Porta Romana 108, 20122 Milano, e-mail: autorizzazioni@clearedi.org, sito web: www.clearedi.org.

Copertina e progetto grafico
a cura di **Silvia Placidi** / Grafica Punto Print srl.

Questo libro è stampato
su carta amica delle foreste.

Finito di stampare nel febbraio 2014
da SEDIT - Bari (Italy)
per conto della Gius. Laterza & Figli Spa

ISBN 978-88-421-1278-5

Editori Laterza
Piazza Umberto I, 54 70121 Bari
e-mail: redazione.scol@laterza.it
http://www.laterza.it

Questo prodotto è stato realizzato nel rispetto delle regole stabilite dal Sistema di gestione qualità conforme ai requisiti
ISO 9001:2008
valutato da Certi W
e coperto dal certificato numero IT.12.0160.QMS

MODULO 1

L'EUROPA DEL '700

ANTEPRIMA

Il libro
N. Elias, *La società di corte*
Il laboratorio dello storico
La storia moderna e le sue fonti

ONLINE

1 GLI STATI E LE GUERRE DEL '700

Parola chiave
Monarchia costituzionale • Geopolitica
Geografia e Storia
Il Baltico
Cinema e Storia
Barry Lindon di Kubrick
Storiografia
P.R. Campbell, *Luigi XIV «monarca assoluto»* • P. Burke, *Il re Sole e i media*
DOC
Bill of Rights • *Act of Settlement*
SINTESI AUDIO

ONLINE

2 LA SOCIETÀ E L'ECONOMIA

Parola chiave
Ceto/Classe
DOC
Jane Austen, *Sentimento e orgoglio di classe*
SINTESI AUDIO

ONLINE

3
UNA RIVOLUZIONE CULTURALE

Parola chiave
Tolleranza • Opinione pubblica • Massoneria

Focus
Cannocchiale e microscopio

Storiografia
U. Im Hof, *La Massoneria*

DOC
Cartesio, *Una critica all'educazione tradizionale* • John Locke, *Il diritto di resistenza* • Adam Smith, *La divisione del lavoro* • Cesare Beccaria, *L'utilità delle pene*

SINTESI AUDIO

ONLINE

I GRANDI TEMI 1

LA CIRCOLAZIONE DELLE IDEE

MODULO 2

LE ALTRE CIVILTÀ

ANTEPRIMA

Il libro
A.W. Crosby, *Imperialismo ecologico*

Il laboratorio dello storico
Come fare storia dell'Africa

ONLINE

4
CIVILTÀ E IMPERI OLTRE L'EUROPA

Parola chiave
Confucianesimo
Storiografia
J. Osterhammel, *L'industria della seta*
DOC
Matteo Ricci, *I gesuiti in Cina*
SINTESI AUDIO
ONLINE

5
I DOMÌNI COLONIALI E LE VIE DEL COMMERCIO

Parola chiave
Ecosistema
Geografia e Storia
Il viaggio degli schiavi
Cinema e Storia
Mission di Joffé
Focus
Caffè e tè
Tabella
Il commercio degli schiavi nell'Atlantico, 1601-1760
SINTESI AUDIO
ONLINE

I GRANDI TEMI 2
CIVILTÀ A CONFRONTO

MODULO 3

LE GRANDI RIVOLUZIONI

ANTEPRIMA

Il libro
G. Lefebvre, *La grande paura del 1789*
Il laboratorio dello storico
Le immagini come fonti e l'iconografia rivoluzionaria
Geografia e Storia
Le "rivoluzioni atlantiche"

ONLINE

6 LA NASCITA DEGLI STATI UNITI

Parola chiave
Costituzione
Focus
I Padri Pellegrini e il New England
Storiografia
G. Abbattista, *La società nordamericana alla vigilia della rivoluzione* • G.S. Wood, *L'idea americana di uguaglianza*
DOC
La Dichiarazione di indipendenza • *I primi dieci emendamenti alla Costituzione degli Stati Uniti*

SINTESI AUDIO

ONLINE

7 LA RIVOLUZIONE FRANCESE E NAPOLEONE

Parola chiave
Rivoluzione • Codice
Letteratura e Storia
Guerra e pace di Tolstoj
Focus
La ghigliottina • La Grande Armée
Storiografia
F. Furet, *Il modello giacobino* • F. Furet, *Il Terrore* • L. Hunt, *La politicizzazione della vita quotidiana* • M. Vovelle, *I giacobini italiani* • P. Viola, *Il «patriottismo giacobino»* • V. Criscuolo, *La vita privata di Napoleone*
DOC
Le dichiarazioni dei diritti del 1789 e del 1793 • Maximilien Robespierre, *Virtù e democrazia* • *Matrimonio e divorzio nel Codice civile*

SINTESI AUDIO

ONLINE

MODULO 4

L'UNIFICAZIONE ITALIANA

ANTEPRIMA

Il libro
F. Chabod, *Storia della politica estera italiana dal 1870 al 1896*

Il laboratorio dello storico
Epistolari, memorie, diari

ONLINE

13 IL PROCESSO DI UNIFICAZIONE

Parola chiave
Plebiscito

Letteratura e Storia
Il Gattopardo di Tomasi di Lampedusa

Focus
I Mille

Storiografia
R. Romeo, *I valori dello Stato unitario*

DOC
Giuseppe Cesare Abba, *L'epopea garibaldina*

SINTESI AUDIO

ONLINE

14 I PRIMI ANNI DELL'ITALIA UNITA

Parola chiave
Accentramento / Decentramento

Focus
I quotidiani • L'industria della seta • Mercato nazionale • La tassa sul macinato

Storiografia
S. Lupo, *Il brigantaggio nell'Italia meridionale* • R. Romeo, *Critica alla tesi di Gramsci*

DOC
Stefano Jacini, *La situazione dell'agricoltura italiana* • Antonio Gramsci, *La rivoluzione agraria mancata*

SINTESI AUDIO

ONLINE

I GRANDI **TEMI** 4

AVVERSARI E CRITICI DELL'UNITÀ D'ITALIA

DOCUMENTI E STORIOGRAFIA

MODULO 5

LE TRASFORMAZIONI DELLA SOCIETÀ E DELL'ECONOMIA

ANTEPRIMA

Il libro
E.J. Hobsbawm, *Il trionfo della borghesia*
Il laboratorio dello storico
L'archeologia industriale

ONLINE

15 BORGHESIA E CLASSE OPERAIA

Parola chiave
Progresso
Focus
Le trasformazioni urbane • Marx e *Il Capitale*
Storiografia
A.J. Mayer , *I limiti dell'egemonia borghese* • R. Sennett, *Vita pubblica e società borghese* • M.J. Maynes, *La vita domestica* • G. Zucconi, *Le metropoli contemporanee: Parigi e Londra* • L. Mumford, *Casa e condizioni di vita nei centri industriali* • V. Vidotto, *Roma capitale d'Italia* • C.E. Schorske, *La Ringstrasse e il nuovo volto di Vienna* • P. Villani, *La città e il capitalismo*
DOC
Samuel Smiles, *Una ideologia borghese: il* self help • Honoré de Balzac, *Le ambizioni di Eugène* • Auguste Comte, *Lo spirito positivo* • Herbert Spencer, *L'evoluzione sociale* • Charles Darwin, *L'uomo come specie* • Émile Zola, *Il denaro*
SINTESI AUDIO

ONLINE

16
INDUSTRIALIZZAZIONE E SOCIETÀ DI MASSA

Parola chiave
Liberalismo / Protezionismo • Secolarizzazione

Letteratura e Storia
L'uomo senza qualità di Musil

Storiografia
R. Giannetti, *Le origini della grande impresa* • J. Mokyr, *La seconda rivoluzione industriale* • D.S. Landes, *L'età dell'acciaio* • B. Geremek, *Alle origini della società di massa* • F. Neumann, *Nascita e sviluppo dei partiti politici* • S. Rowbotham, *Le suffragette* • A. Rossi Doria, *Le battaglie per il voto alle donne* • R. Michels, *Organizzazione e oligarchia*

DOC
I nuovi ospedali • Gustave Le Bon, *La psicologia delle folle* • José Ortega y Gasset, *La ribellione delle masse* • *Il programma di Erfurt* • Eduard Bernstein, *Il revisionismo* • Georges Sorel, *Il mito dello sciopero generale* • Beatrice Webb, *La regolamentazione del lavoro femminile* • L'enciclica *Rerum novarum*

SINTESI AUDIO

ONLINE

I GRANDI TEMI 5

I COSTI E I VANTAGGI DELLO SVILUPPO

DOCUMENTI E STORIOGRAFIA

MODULO 6

NAZIONI, IMPERI, COLONIE

ANTEPRIMA

Il libro
G. Volpe, *L'Italia in cammino* e B. Croce, *Storia d'Italia dal 1871 al 1915*

Il laboratorio dello storico
La fotografia

ONLINE

17
LE GRANDI POTENZE EUROPEE

18
STATI UNITI E GIAPPONE

19
L'IMPERIALISMO EUROPEO

Parola chiave
Potenza

Storiografia
A.J.P. Taylor, *L'Europa delle grandi potenze* • M. Stürmer, *Il sistema bismarckiano* • E.J. Feuchtwanger, *La Gran Bretagna dall'apogeo vittoriano ai timori di declino*

DOC
Otto von Bismarck, *Il telegramma di Ems* • Ruggiero Bonghi, *Il congresso di Berlino* • La Triplice alleanza

SINTESI AUDIO

ONLINE

Parola chiave
Modernizzazione

Storiografia
B. Moore Jr., *Un'analisi della guerra civile americana: le ragioni del conflitto* • R. Luraghi, *Il contrasto tra nordisti e sudisti negli Stati uniti* • P.N. Carroll, D.N. Noble, *L'espansione degli Stati Uniti verso Ovest*

DOC
Frederick Douglass, *La vita degli schiavi neri nel Sud* • *I "trattati ineguali"*

SINTESI AUDIO

ONLINE

Parola chiave
Imperialismo

Geografia e Storia
Il canale di Suez

Focus
L'oppio • Lo sfruttamento dell'Africa

Storiografia
R.F. Betts, *Le cause del colonialismo ottocentesco* • W. Reinhard, *Lo sfruttamento economico delle colonie*

DOC
Joseph Conrad, *L'«uomo preistorico»* • Mark Twain, *La colonizzazione del Congo*

SINTESI AUDIO

ONLINE

20
L'EUROPA E IL MONDO AGLI INIZI DEL '900

Parola chiave
Radicalismo
Geografia e Storia
I Balcani
Focus
Piccole patrie • Il mito asburgico • Le corazzate
SINTESI AUDIO
ONLINE

21
L'ITALIA DAL 1870 AL 1914

Parola chiave
Trasformismo
Storiografia
G. Sabbatucci, *Trasformismo e sistema politico* • G. Ansaldo, *Il ministro della buona vita*
DOC
Federico De Roberto, *Una campagna elettorale* • Giovanni Giolitti, *Istruzioni ai prefetti* • Gaetano Salvemini, *Il ministro della mala vita*
SINTESI AUDIO
ONLINE

I GRANDI TEMI 6
LO SGUARDO POSTCOLONIALE

DOCUMENTI E STORIOGRAFIA

MODULO

1 L'EUROPA DEL '700

XVII secolo Si diffondono le *enclosures* nelle campagne inglesi

1643-1715 Regno di Luigi XIV in Francia

1651 Hobbes pubblica il *Leviatano*

1682-1725 Regno di Pietro il Grande in Russia

1687 Newton enuncia la legge di gravitazione universale

1688-89 La seconda rivoluzione in Inghilterra

1740-80 Maria Teresa imperatrice d'Austria

1740-86 Federico II re di Prussia

Peter Tillemans
La Camera dei Comuni del Parlamento britannico
1710
[House of Parliament, Londra]

ANTEPRIMA

Il '700

Quello che chiamiamo qui '700 non è un periodo di cento anni precisi, definiti dall'inizio e dalla fine del secolo XVIII. È invece un arco temporale più lungo che **inizia nel 1660 e si conclude tra il 1775 e il 1789** alla vigilia dell'età delle grandi rivoluzioni, quella americana, quella francese e quella industriale. Il '700 coincide prima con l'apogeo e poi con la crisi dell'assolutismo, il sistema di governo prevalente nell'Europa continentale, nel quale la sovranità dello Stato coincide con quella del monarca. Ma è anche il periodo in cui si viene formando in Gran Bretagna il sistema parlamentare, una forma di governo che pone limiti precisi ai poteri del sovrano e li trasferisce al Parlamento. Questa scelta di definire col nome di '700 un periodo cronologico più lungo e diverso risponde all'esigenza di dare un senso compiuto e facilmente individuabile a una serie di elementi e di caratteri che connotano per quell'arco di anni l'intera Europa sul terreno della politica, dell'economia, delle strutture sociali e della cultura.

La periodizzazione

Delimitare un periodo e dargli un nome rientra in quella pratica fondamentale del lavoro degli storici che chiamiamo **periodizzare**, di cui sono noti innumerevoli esempi. È il risultato di un'operazione conoscitiva che fa parte dei fondamenti della storia e della concezione di un tempo lineare che non ammette ritorni ciclici. Questa concezione affonda le sue radici nelle grandi religioni monoteiste, come il cristianesimo che adotta la cronologia prima e dopo Cristo, base del calendario dominante nel mondo, o come l'Islam con prima e dopo l'egira. È così possibile tracciare una linea del tempo scandita in giorni, mesi, anni, decenni, secoli ecc., ma ripartita in **periodizzazioni storiche** che rompono la rigida misura cronologica, si dilatano o si restringono, in relazione al significato unitario che le diverse culture e le diverse convenzioni storiografiche attribuiscono a queste scansioni. Accanto ai grandi contenitori temporali, come "Medioevo", "età moderna", "età contemporanea" si collocano segmenti più brevi come l'"età della riforma e della controriforma" o la già citata "età

1743-70
Regno di Luigi XV di Francia

1748
Montesquieu pubblica *Lo spirito delle leggi*

1751-72
Pubblicazione dell'*Enciclopedia* di d'Alembert e Diderot

1762-96
Caterina II imperatrice russa

1762
Rousseau pubblica il *Contratto sociale*

1764
Cesare Beccaria pubblica *Dei delitti e delle pene*

1776
Adam Smith teorizza i princìpi economici del liberismo

1780-90
Giuseppe II imperatore d'Austria

1781
Kant pubblica la *Critica della ragion pura*

XVIII secolo
Incremento demografico in Europa

delle rivoluzioni". Queste denominazioni sono fondate su convenzioni diffuse, costruiscono un linguaggio comune e condiviso, consentono agli storici una comunicazione consensuale, ma possono essere, proprio per la loro dimensione convenzionale, criticate e contraddette dando luogo a diverse periodizzazioni e a diverse interpretazioni. Il '700 europeo di cui parliamo rappresenta in questo caso **l'ultima fase dell'età moderna** prima dei grandi sconvolgimenti rivoluzionari che, secondo la tradizione italiana ma anche francese e tedesca, danno origine all'età contemporanea. A questo lungo '700 seguirà, nel manuale, un lungo '800 – dalla Rivoluzione francese alla vigilia della prima guerra mondiale – e un breve '900, dal 1914 alla caduta dei comunismi nel 1989-91, uno «short 20th Century» secondo la denominazione proposta dal grande storico inglese Eric J. Hobsbawm. Non si tratta solo di denominazioni, ma di "contenitori temporali" caratterizzati da alcuni elementi ben identificati.

La modernità politica europea: assolutismo e parlamentarismo

Uno degli elementi che caratterizzano l'età moderna è la nascita dello Stato centralizzato, diverso e contrapposto alla frammentazione dei poteri feudali tipici del Medioevo. Lo **Stato moderno** è una formazione politica che sorge e si sviluppa nelle signorie e principati italiani a partire dal '400 per poi svilupparsi in altre parti d'Europa, sia nei grandi paesi che in territori meno estesi: agli Stati nazionali – come la Francia o la Spagna – si affiancano gli Stati territoriali, diffusi in Italia e in Germania.

Fondamenti dello Stato moderno sono la burocrazia, la diplomazia, un esercito professionale dipendente dal sovrano e un sistema di tassazione nazionale, indispensabile per pagare esercito e burocrazia. L'acquisizione e l'efficiente funzionamento di questa macchina statale sono processi graduali che giungono a compimento solo nel periodo successivo alla rivoluzione francese. Ma il lungo '700 di cui parliamo rappresenta un lasso di tempo decisivo di questo processo: da un lato vede il massimo sviluppo dello Stato moderno nella forma dell'assolutismo e gli inizi della sua crisi, dall'altro registra il fallimento di questo sistema di governo nonostante i tentativi compiuti dai re della dinastia Stuart di introdurlo in un grande paese come l'Inghilterra.

Se dunque la Francia di Luigi XIV (1661-1715) rappresentava il paradigma della monarchia assoluta e del governo personale del sovrano, tanto da giustificare l'espressione attribuitagli **«l'état c'est moi»**, **'lo Stato sono io'**, in Inghilterra iniziarono a consolidarsi, dopo la seconda rivoluzione del 1688-89 e i successivi atti legislativi, i poteri del Parlamento.

La modernità politica dell'Europa si presentava dunque con due volti diversi e in larga misura opposti, destinati entrambi a sviluppi significativi nel secolo successivo. Da un lato il completamento dell'architettura dello Stato moderno nelle forme in cui lo conosciamo anche oggi, dall'altro la progressiva sconfitta della monarchia assoluta, il passaggio alla **monarchia costituzionale**, in cui l'esercizio del potere è regolato e limitato dalle norme raccolte nella Costituzione, e infine il successivo affermarsi, in gran parte dell'Europa, di un **sistema parlamentare** al fianco delle antiche monarchie. Così dall'iniziale radicale divaricazione si giungerà a un sostanziale intreccio dei modelli politici originariamente contrapposti.

La geografia politica dell'Europa nel '700

Se Francia e Inghilterra rappresentavano i punti più alti dello sviluppo politico europeo del '700, uno sguardo panoramico all'intero continente ci restituisce un affresco composito in cui, accanto a Stati sempre attivi nelle dinamiche delle guerre dinastiche e di espansione, sono presenti altre realtà solo marginalmente coinvolte nelle trasformazioni del secolo. La **Spagna**, dopo una fase di nuovo protagonismo politico e militare legato al cambio della dinastia regnante dagli Asburgo ai Borbone (1700) e ai conflitti che ne derivarono, uscì gradatamente dalla grande politica europea. La **Francia** invece continuò a esercitare, pur con qualche difficoltà, il ruolo di potenza egemone sul continente ottenuto con la pace di Vestfalia (1648) e la conseguente frammentazione dei piccoli Stati tedeschi posti oltre il suo confine orientale [👁 ATLANTE_**1**]. Ma il bassopiano germanico, che si estende dal Reno verso est, vide nella sua parte centro-orientale il rafforzarsi, in questo periodo, della **Prussia**, destinata progressivamente a divenire l'antagonista della Francia grazie alla sua capacità espansiva a ovest e a est del suo nucleo originario. Il grande Regno di **Polonia**, indebolito dai contrasti interni tra le varie fazioni nobiliari di una monarchia elettiva, divenne preda delle ambizioni dei potenti vicini – Russia, Austria e Prussia – che si spartirono i suoi territori fino a cancellare la Polonia autonoma dalla carta geografica (1772-95). A est la **Russia**, dopo la vittoria sulla Svezia per il controllo del Baltico, oltre ai guadagni territoriali a spese della Polonia, consolidò la sua colonizzazione della Siberia, iniziata nel '600 e portata fino ai confini con la Cina e alle coste del Pacifico. L'**Austria**, coinvolta a più riprese nei conflitti dinastici da cui uscì solo parzialmente sconfitta,

ATLANTE 1_L'EUROPA NEL '700

rimase tuttavia la potenza egemone nei Balcani settentrionali in costante confronto con l'impero ottomano. L'**Italia**, soggetto passivo dei giochi dinastici del secolo, conservava come elementi di stabilità lo **Stato pontificio** lungo la diagonale dal Lazio alle Romagne, la Repubblica di **Venezia**, in costante arretramento nei suoi domìni greci e del Mar Ionio sotto la pressione dei turchi, e quella di **Genova** ormai lontana dagli antichi splendori. Ma a cavallo delle Alpi occidentali l'opportunismo politico e militare consentì ai **Savoia** di ampliare e stabilizzare, dopo alterne vicende, i loro possedimenti elevati al rango di Regno di Sardegna. Convivevano in questa Europa delle monarchie numerose piccole repubbliche (come Lucca o San Marino in Italia) e città commerciali come quelle sul Mare del Nord o sul Baltico (Brema, Amburgo, Lubecca), tutte rette da patriziati cittadini. Diverso il caso della **Svizzera** dove, dopo anni di conflitti tra cattolici e protestanti, si era realizzato un equilibrio che conservava l'autonomia dei singoli cantoni e l'indipendenza dai forti Stati confinanti.

Da questo quadro panoramico dell'Europa continentale è rimasta fuori la struttura sociale e politica più nuova, quella delle **Province Unite** o Olanda: una repubblica mercantile, ricca, colta e tollerante, votata all'espansione oltreoceano fino alla lontana Indonesia, conquistata a partire dal 1602, ma con un retroterra agricolo moderno, di contadini e proprietari, tenuta insieme, nella sua varietà, dalla guida politica della nobile famiglia degli Orange. Non era più l'Olanda del "secolo d'oro" dopo l'arretramento seguito ai successi dell'**Inghilterra** che avevano proiettato quest'ultima verso il dominio dei traffici e degli insediamenti transoceanici. Anche le ambizioni di espansione coloniale della Francia uscirono ridimensionate dal conflitto con la Gran Bretagna, una sconfitta (sancita nel 1763) che testimoniava come il grande commercio e il controllo degli oceani fosse divenuto il presupposto dello sviluppo economico e il fondamento di una nuova epoca, quella della industrializzazione.

La società e l'economia di *ancien régime*

Con *ancien régime*, o 'antico regime', i rivoluzionari francesi chiamarono il sistema politico travolto dalla Rivoluzione francese del 1789. Studieremo questa rivoluzione nel prossimo modulo, ma è importante sapere fin d'ora che gli storici adottarono la denominazione *ancien régime*, usata dai rivoluzionari, per indicare, al di là della Francia, tutta l'**Europa prerivoluzionaria**. Tra i caratteri distintivi dell'*ancien régime* due appaiono fondamentali e tali da giustificare, nonostante le differenze, uno scenario uniforme: la sopravvivenza del feudalesimo e dei privilegi del clero e una rigida separazione tra i diversi ceti che rendeva ardua ogni forma di mobilità sociale verso l'alto. Ne discendeva l'immagine di una **società irrigidita** nella difesa dei poteri e dei quadri sociali tradizionali, un'immagine solo in parte corrispondente alla realtà e incapace di dar conto di alcuni fattori di graduale trasformazione che segnano in modo evidente questo periodo.
Il primo è il tendenziale **aumento della popolazione** che investe gran parte dell'Europa. Questa crescita demografica è il segnale inequivocabile del miglioramento del livello di vita della popolazione nel suo insieme, determinato da una maggiore disponibilità di risorse alimentari e dalla riduzione delle epidemie devastanti. Inoltre, la crescita della popolazione comporta inevitabilmente l'aumento dei consumi e il fatto che non si torni alle gravi crisi alimentari dei decenni precedenti è segno di una produzione agricola ormai cresciuta e di un sistema di scambi e di approvvigionamenti più dinamico. Nei paesi più coinvolti negli scambi commerciali (le Fiandre, l'Inghilterra) si assiste inoltre a uno sviluppo particolare dell'**industria domestica** che comporta un aumento dell'offerta di prodotti per il mercato e un corrispondente aumento della domanda di beni durevoli e di consumi. La somma di tanti episodi economici di piccola scala e un tessuto diffuso di unità produttive favorisce quella **"rivoluzione industriosa"** che precede e accompagna la successiva rivoluzione industriale (avviata tra fine '700 e inizi '800 in Gran Bretagna).

La svolta culturale e il riformismo illuminato

A contraddire l'immobilità dell'*ancien régime* intervenne anche la **rivoluzione culturale dell'Illuminismo** radicata sulle ormai lontane premesse di quella rivoluzione scientifica che, nei due secoli precedenti, aveva via via sgretolato la concezione aristotelica della natura e contraddetto la visione della storia e dell'uomo fondata sulla Bibbia. La ricerca scientifica metteva in luce, con chiarezza sempre maggiore, quanto erronea fosse l'interpretazione trascendente della realtà terrena e confermava così il processo avviato nel Rinascimento.

Accanto ai temi innovativi delle scienze della natura e del pensiero politico – da Locke a Montesquieu, da Rousseau a Beccaria –, quello che colpisce è la capillarità della **circolazione** delle nuove idee che coinvolge tutti i centri culturali dell'Europa e che annovera tra i suoi centri propulsori le città e le regioni del nuovo sviluppo economico. Questa rivoluzione culturale si traduce in una pluralità di esiti: sollecita al **riformismo** molti sovrani, promotori di una serie di provvedimenti amministrativi che non intaccano la gerarchia dei poteri, ma limitano fortemente il ruolo della Chiesa cattolica fino alla cacciata dei gesuiti, uno dei suoi bracci operativi più potenti; contribuisce al sorgere di una **nuova opinione pubblica borghese** consapevole del suo ruolo e critica del sistema assolutista; svela infine la crisi inarrestabile di un grande paese come la Francia, tra i maggiori produttori e consumatori della nuova cultura. Proprio l'impossibilità di risolvere una crisi che nasceva dall'interno stesso del sistema di potere francese diede l'avvio a una serie di eventi che sarebbero sfociati nella Rivoluzione e nella caduta dell'*ancien régime*.

Il libro
N. Elias
La società di corte

Il laboratorio dello storico
La storia moderna e le sue fonti

ONLINE

CAPITOLO

1 GLI STATI E LE GUERRE DEL '700

1 L'assolutismo in Francia

«Io me ne vado, ma lo Stato rimarrà per sempre.» Queste parole furono pronunciate da **Luigi XIV** sul letto di morte: parole ascoltate da uno stuolo di cortigiani raccolti intorno a lui. Era il 1715 e Luigi aveva regnato più di settant'anni da quando, bambino di neanche cinque anni, era succeduto al padre nel 1643. Nei primi tempi il paese era rimasto affidato alla reggenza della regina-madre Anna (degli Asburgo di Spagna) e al cardinale Mazzarino che aveva traghettato la Francia attraverso le due guerre civili della Fronda e salvato la monarchia dei Borbone: ma nel 1661, alla morte di Mazzarino, il giovane re aveva iniziato a governare in prima persona. Era finita l'epoca dei grandi ministri, Richelieu e Mazzarino, e iniziava l'età di Luigi XIV.

L'accentramento dei poteri

Il rafforzamento dello Stato fu in effetti la realizzazione più significativa di quel periodo e ancora oggi la Francia, dopo il completamento dell'opera della monarchia assoluta compiuto da Napoleone agli inizi dell'800, si distingue per una forte centralizzazione delle istituzioni politiche e amministrative.

Luigi XIV si avvalse di numerosi ministri e collaboratori, ma accentrò nelle sue mani il governo dello Stato e non rinunciò mai a intervenire sulle questioni principali. L'accentramento nelle mani del sovrano di tutti i poteri comportava la contemporanea riduzione di tutti i potenziali antagonismi. L'antica **nobiltà di spada**, resasi pericolosa ai tempi della Fronda, fu svuotata dei suoi residui poteri, ammansita da donativi e pensioni, e obbligata a risiedere a corte almeno sei mesi l'anno sotto l'occhio vigile del re.

Versailles, lo spettacolo del potere assoluto

La nuova reggia di Versailles, il grandioso palazzo costruito a una ventina di chilometri da Parigi, allontanò la **corte** dalla popolazione irrequieta della capitale divenendo il centro effettivo del governo e la rappresentazione scenografica del potere del grande sovrano. Imitata, seppure in scala minore, in tutta l'Europa continentale, Versailles rappresentava l'esempio tangibile di un'**egemonia culturale** confermata anche nell'adozione del francese come lingua parlata da tutta la nobiltà europea.

Alla corte di Versailles tutto ruotava intorno alla persona del re e alla sua stessa vita privata, a cominciare dalle cerimonie del risveglio e della vestizione alle quali erano ammessi singoli esponenti della grande nobiltà. La partecipazione a questi rituali, regolata dalle norme di **etichetta** che fissavano la posizione di ognuno nei diversi gradi di vicinanza fisica al sovrano, era un privilegio ambito e ricercato. Ma questi privilegi dispensati dall'alto contribuivano a trasformare i nobili, un tempo "pari" del re di Francia, in **sudditi cortigiani** al suo servizio.

Nobiltà di spada / nobiltà di toga
È così indicata la distinzione tra l'"antica" nobiltà, fondata sul sangue, e la "nuova" nobiltà, derivata dall'esercizio di uffici pubblici. Per ottenere denaro, infatti, la monarchia metteva in vendita cariche che, una volta acquistate, garantivano il titolo nobiliare. Mentre la nobiltà di spada apparteneva alle famiglie degli antichi feudatari, la cui originaria funzione era appunto quella di combattere a fianco del re, la nobiltà di toga era costituita da ex borghesi, arricchiti grazie a diverse attività economiche, che risultavano impegnati nell'esercizio di cariche amministrative e giudiziarie al servizio dello Stato.

Egemonia
È la supremazia di uno Stato su altri Stati o, più in generale, la preminenza esercitata in qualche settore politico, economico, culturale, sociale.

L'amministrazione e il colbertismo Al declino della nobiltà di spada corrispondeva l'ascesa della più recente **nobiltà di toga**, dalla quale erano tratti gli **intendenti**, esponenti di origine borghese e di nomina regia, ai quali era affidata l'amministrazione delle province, mentre dal centro un ruolo decisivo di coordinamento era svolto dal controllore generale delle finanze, che fino al 1683 fu Jean-Baptiste Colbert.

Il controllo delle finanze e della fiscalità, elemento decisivo di tutti gli Stati moderni, assumeva in Francia un'importanza tanto più decisiva quanto maggiori erano le ambizioni politiche e militari di Luigi XIV. **Colbert** avviò una politica economica volta ad aumentare la ricchezza interna della Francia attraverso l'incremento delle esportazioni e l'introduzione di alti dazi doganali sulle importazioni. Questa politica, nota come colbertismo, era una variante del **mercantilismo**, una prassi comune ai maggiori Stati europei che, se da un lato incrementava i commerci, dall'altro attivava aspre rivalità tra i maggiori protagonisti dei mercati internazionali. Colbert favorì lo sviluppo delle **compagnie commerciali**, l'espansione coloniale in India, nelle Antille, in Africa e il consolidamento dei possessi già francesi in Canada; finanziò le **manifatture** di beni di lusso e ne protesse l'esportazione.

◂ Pierre Mignard
La Vittoria corona d'alloro Luigi XIV
seconda metà del XVII secolo
[Galleria Sabauda, Torino]

▸ **La facciata verso i giardini della Reggia di Versailles**
1661-82

I lavori di costruzione della reggia e del parco di Versailles iniziarono nel 1661 e terminarono nel 1682, anno in cui il re vi si stabilì con tutta la corte e il governo. La piccola città-residenza, che divenne di fatto la capitale della Francia, può essere considerata il "capolavoro" dell'assolutismo di Luigi XIV: sul piano politico, il re riuscì nell'intento di concentrare in questo luogo tutto il potere; di quel potere, l'immensa architettura fu un efficace strumento di rappresentazione. Luigi XIV perseguì sempre la ricerca di tutto ciò che poteva accrescere il proprio prestigio personale oltre che quello della nazione: in molti ritratti, ad esempio, egli si fece raffigurare nelle vesti del condottiero romano al fine di paragonare la grandezza del proprio regno a quella dell'Impero di Roma. Nel dipinto, eseguito da Pierre Mignard, l'artista aggiunge il dettaglio di un'allegoria della Vittoria che con una mano incorona il sovrano, con l'altra mostra uno standardo su cui si intravede il Sole, simbolo di Luigi XIV (chiamato appunto "il re Sole"), circondato dal motto *Nec pluribus impar* ('Non inferiore a nessuno').

Mercantilismo
Nato dalla consapevolezza dell'importanza ormai raggiunta dal commercio internazionale nel determinare la ricchezza delle nazioni, il mercantilismo fu al tempo stesso una teoria e una politica economica, largamente praticata in molti Stati d'Europa. Come teoria era fondato sulla convinzione che la ricchezza dello Stato derivasse dalla quantità di metalli preziosi presenti all'interno del paese; come politica economica mirava, grazie all'intervento diretto dello Stato, ad accrescere il saldo attivo della bilancia commerciale. Ciò vuol dire, in linguaggio meno tecnico, perseguire una politica commerciale che faccia "entrare" in un paese più moneta di quanta ne esca, in modo che il saldo (il risultato finale) sia attivo.

Era inevitabile che questo dinamismo francese entrasse in collisione con gli interessi delle potenze marittime e commerciali come l'Inghilterra e l'Olanda. In particolare la rivalità con le Province Unite, con la repubblica dei mercanti calvinisti, aveva anche delle giustificazioni confessionali con evidenti riflessi sulla politica religiosa di Luigi XIV.

L'uniformità religiosa

L'imposizione dell'uniformità religiosa divenne presto uno degli obiettivi dell'assolutismo monarchico: un'applicazione del principio del *cuius regio eius religio*, **'la religione del principe sarà anche quella dei sudditi'**, paradossalmente più rigida di quella in vigore negli Stati tedeschi dopo la pace di Vestfalia del 1648. Il cattolico Luigi XIV ritenne che la libertà di culto degli ugonotti, i calvinisti francesi, garantita dall'editto di Nantes, concesso nel 1598 dal nonno Enrico IV per la pacificazione religiosa della Francia, andasse cancellata col pretesto che non esistevano più seguaci della «pretesa religione riformata». In effetti gli ugonotti avevano visto ridotte le loro salvaguardie politiche e militari già dai tempi di Richelieu e ora erano colpiti dalle continue angherie dei reparti militari: ma erano tutt'altro che estinti, se ne contavano tra 800 mila e 1 milione. La **revoca dell'editto di Nantes** (1685) determinò – nonostante i divieti di emigrazione, le conversioni forzate e le requisizioni di beni – la fuga e l'esilio di oltre 200 mila ugonotti verso i paesi protestanti in Europa e oltreoceano: la Svizzera, l'Olanda, l'Inghilterra, il Nord America, la colonia olandese del Sud Africa. L'emigrazione si tradusse in un grave danno economico per la Francia che perse molti dei suoi migliori artigiani (ad esempio nel campo della tessitura e dell'orologeria), marinai, ufficiali dell'esercito, mercanti e uomini di cultura. Queste competenze arricchirono i paesi di destinazione e alcuni se ne avvantaggiarono dal punto di vista demografico, come il Brandeburgo e Berlino dove si trovano ancora molti cognomi francesi.

Tra i motivi che contribuirono alla **cacciata degli ugonotti** vi era anche una questione di prestigio: rafforzare l'immagine di re cattolico e di difensore della fede offuscata dalla recente vittoria dell'imperatore contro i turchi che si erano spinti ad assediare Vienna [1683; 👁 4.1 EVENTI].

Nell'imposizione dell'uniformità religiosa Luigi XIV, pur rimanendo fedele alle tradizioni di controllo regio sulla Chiesa di Francia, contribuì alla **persecuzione dei giansenisti**, più volte condannati dai pontefici romani. I giansenisti (seguaci del teologo olandese Cornelio Giansenio, 1565-1638) aderivano a una concezione della grazia come dono divino che li apparentava al protestantesimo. Il loro maggior centro spirituale e culturale, il convento di Port-Royal a una trentina di chilometri da Parigi, fu alla fine soppresso e raso al suolo nel 1709.

GUIDA ALLO STUDIO

❶ In che modo Luigi XIV realizzò il rafforzamento dello Stato? ❷ Che cosa rappresentava, ai tempi di Luigi XIV, la reggia di Versailles? ❸ Chi fu Jean-Baptiste Colbert e in cosa consisteva la politica definita colbertismo? ❹ Quali furono le conseguenze della revoca dell'editto di Nantes?

2 I limiti dell'egemonia francese

Le guerre di Luigi XIV

Non bastavano certo l'imposizione dell'uniformità religiosa, né la repressione delle sparse rivolte contadine, né l'espansione coloniale e neppure la protezione delle arti o lo splendore di una reggia a costruire un grande regno. Per la scala di valori di quell'epoca la fama si otteneva sui campi di battaglia con la **gloria militare**, con la conquista di nuove città e territori. Per questo si armava e potenziava un esercito permanente, si costruivano opere di difesa e piazzeforti lungo i confini.

Luigi XIV fu quasi sempre in guerra, alternativamente con quasi tutti gli Stati europei. Dal 1667 al 1697 la Francia perseguì con successo l'obiettivo di **allargare i propri confini** a est, con l'annessione della Francia Contea e della città libera di Strasburgo, e a nord con la conquista di Lille e di parte delle Fiandre a spese dei Paesi Bassi spagnoli.

La guerra di successione spagnola

Quando, nel 1700, Carlo II morì senza figli e con lui si estinse la dinastia degli Asburgo di Spagna, si scoprì che aveva designato come erede universale dei suoi regni Filippo di Borbone, duca d'Angiò, nipote di Luigi XIV e della sua sposa Maria Teresa (sorellastra del re defunto), purché i due rami della dinastia dei Borbone (della monarchia di Francia e di Spagna) rimanessero separati.

Filippo salì sul trono di Spagna, con il nome di Filippo V, ma nessuna delle grandi potenze europee era disposta a credere che la clausola della separazione sarebbe stata rispettata. Luigi XIV per primo, avviando l'occupazione dei Paesi Bassi spagnoli, non sembrava volerla onorare. Le altre grandi potenze europee – Austria, Inghilterra e Province Unite, seguite tra le altre dalla Prussia – non potevano accettare il rischio dell'unificazione delle corone di Francia e Spagna, che avrebbe dato vita a un enorme impero in Europa e nelle Americhe, ed entrarono in guerra. Il conflitto che ne seguì durò oltre dieci anni (dal 1702 al 1714) e le due paci che lo conclusero – quella di **Utrecht** nel 1713 e quella di **Rastatt** nel 1714 [ATLANTE_2] – ridimensionarono le ambizioni di Luigi XIV. Fu mantenuta la separazione dei due rami dei Borbone, men-

ATLANTE 2_L'EUROPA NEL 1714

Nel 1714, alla conclusione della guerra di successione spagnola, le modifiche territoriali più significative riguardarono l'Italia, dove il dominio della Spagna fu sostituito da quello degli Asburgo d'Austria in Lombardia, in Sardegna e nel Regno di Napoli. Lo Stato sabaudo ottenne la Sicilia ed estese i suoi possessi verso la Lombardia. L'Inghilterra conquistò Minorca e Gibilterra, la posizione chiave per il controllo del Mediterraneo.

Storiografia
P.R. Campbell
Luigi XIV «monarca assoluto»
P. Burke
Il re Sole e i media

ONLINE

tre all'Austria di Carlo VI (1711-40) vennero concessi larghi vantaggi territoriali, a spese della Spagna, in Italia e nelle Fiandre quale compenso alla rinuncia dei diritti degli Asburgo d'Austria alla riunificazione dei domìni asburgici quali erano stati al tempo dell'imperatore Carlo V.

Bilancio di un regno

Nel 1715 Luigi XIV morì: il suo lungo regno è considerato come il momento più alto della monarchia assoluta in Europa. Questo giudizio corrisponde solo in parte a quanto realmente avvenuto dal momento che il progetto assolutista rimase largamente incompiuto e limitato dai molti compromessi con le **élite locali** e con gli organismi giudiziari, i **parlamenti**, spesso in conflitto con il sovrano. Riflette invece in larga misura l'autorappresentazione della monarchia, della sua pompa e del suo splendore propagandata dalle gazzette del tempo e da innumerevoli immagini, tra cui quella di Luigi XIV come il re Sole. Una rappresentazione accettata dai contemporanei e confermata dai posteri.

Il regno di Luigi XV

L'ascesa al trono di Luigi XV (1715-74), pronipote di Luigi XIV, iniziava di nuovo con un periodo di reggenza, affidata a Filippo d'Orléans, dal momento che il nuovo re era anche lui un bambino di appena cinque anni. Ma, a differenza del predecessore, quando raggiunse la maggiore età Luigi XV affidò il governo del paese ai suoi ministri.

◂ François-Hubert Drouais
Ritratto di Madame du Barry nelle vesti di Flora
1769
[Collezioni del Castello, Versailles]

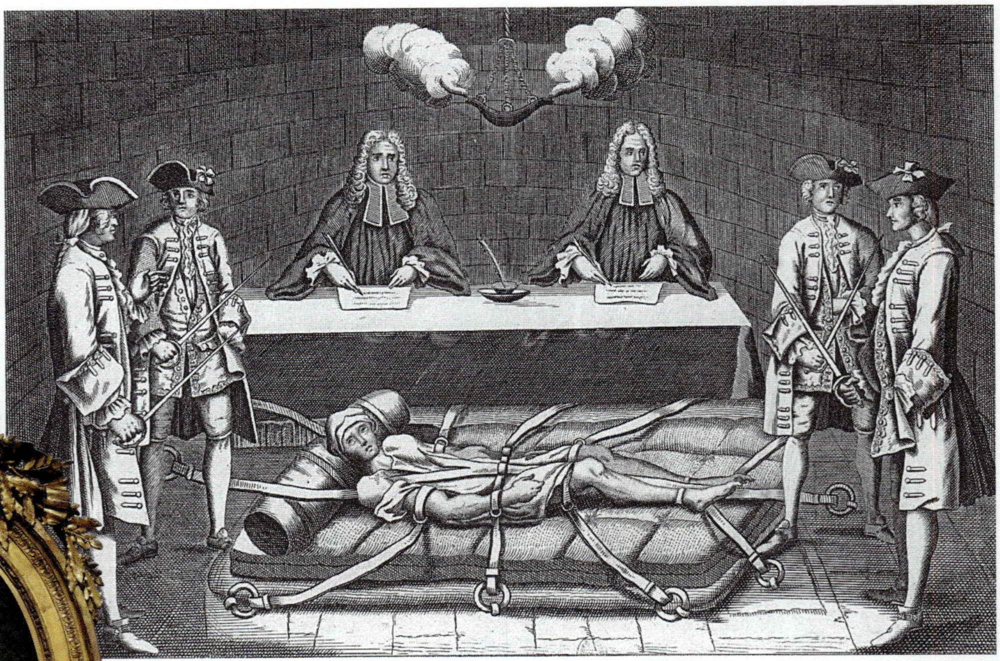

▸ **Robert-François Damiens davanti ai giudici nella fortezza del Grand Châtelet il 2 marzo 1757**
[Bibliothèque Nationale de France, Parigi]

La corte di Luigi XV fu segnata da uno stile di vita frivolo e leggero; il re in persona si interessò poco agli affari di Stato per dedicare le proprie attenzioni alle opinioni e agli intrighi delle sue amanti (fra cui le celebri Pompadour e du Barry), che sfruttarono le sue "debolezze private" per i propri tornaconti personali. Se nei primi anni della sua monarchia Luigi XV aveva ottenuto grande popolarità, tanto da essere soprannominato *le bien aimé* ('il beneamato'), con il passare del tempo il consenso attorno alla sua persona andò scemando e il malcontento crescendo. Nel gennaio del 1757 un uomo del popolo, Robert-François Damiens, tentò di accoltellare il re, colpevole, a suo dire, di essersi circondato di cattivi consiglieri e ministri e di aver trascurato il benessere del suo popolo. Il mancato regicida fu condannato a morte con una procedura ritenuta "esemplare": sulla pubblica piazza, Damiens fu sottoposto a svariate forme di tortura, prima di essere squartato da quattro cavalli che ne tiravano le membra in direzioni opposte e poi bruciato sul rogo.

In un primo periodo il prestigio francese rimase intatto e non mancarono i successi militari e diplomatici, in particolare nel corso di due diverse guerre di successione, quella polacca e quella austriaca, che consentirono l'annessione dell'importante provincia orientale della Lorena. Durante la cosiddetta **guerra dei Sette anni** (1756-63), invece, si consumò il conflitto tra Francia e Gran Bretagna, schierate su fronti opposti, per il controllo dei domìni coloniali: il conflitto si risolse in una sconfitta epocale dei francesi con la perdita di ampi territori in America del Nord (il Canada) e dei recenti insediamenti in India [sui conflitti che segnarono il '700, 👁 1.5].
Nonostante questi gravi insuccessi la Francia rimaneva pur sempre la maggiore potenza continentale europea, ma gli **scandali**, gli intrighi e la **corruzione** della corte e il ruolo stesso della monarchia interpretato da un re irresoluto in politica e dissoluto nella vita privata sollevavano la critica velenosa dei polemisti, degli intellettuali e dell'opinione pubblica borghese [👁 I GRANDI TEMI 1_FIG2]. Inoltre gli altissimi costi delle guerre avevano ormai innescato una **crisi finanziaria** alla quale il governo non riuscì a porre rimedio né allora né in seguito, data l'impossibilità di tassare il clero e i ceti nobiliari, fino a sfociare in una più ampia crisi del sistema assolutista e nel suo tracollo con la Rivoluzione del 1789 [👁 7.1].

GUIDA ALLO STUDIO

❶ Quale conflitto terminò con le paci firmate a Utrecht e Rastatt? ❷ Perché il regno di Luigi XIV non può essere considerato come il punto più alto raggiunto dalla monarchia assoluta in Europa? ❸ Quando e perché si combatté la guerra dei Sette anni? ❹ Da cosa fu aggravata la crisi finanziaria che colpì il regno di Luigi XV?

3 La rivoluzione del 1688-89 in Inghilterra

Gli anni che vanno dal 1660 al 1730 videro in Inghilterra prima la sconfitta di una monarchia a vocazione assolutista, poi il prevalere della sovranità del Parlamento in tutte le grandi questioni politiche – dalla definizione dei diritti dei sudditi alle norme per la successione al trono –, infine la nascita di un governo controllato dal Parlamento.

Da Giacomo II Stuart a Guglielmo II d'Orange

Dopo la breve esperienza della Repubblica di Cromwell (1650-60), la restaurazione monarchica della dinastia Stuart, sancita nel 1660 dall'incoronazione di Carlo II, aveva lasciato irrisolto e anzi accentuato il dualismo di poteri tra la Corona e il Parlamento. Quando nel 1685, dopo la morte di Carlo II, il fratello Giacomo II salì al trono e iniziò a governare, il conflitto si riaccese fino a sfociare tre anni dopo in una soluzione rivoluzionaria. **Giacomo II** infatti non solo si era **convertito al cattolicesimo**, ma dal suo secondo matrimonio, con una nobile italiana della casa d'Este, era nato un erede maschio che minacciava la continuità della monarchia protestante. Inoltre la **politica assolutista** del re, ispirata a quella di Luigi XIV, puntava a modernizzare lo Stato costruendo un organismo accentrato e burocratico, a ridurre i privilegi della Chiesa anglicana, a distribuire le cariche tra l'esigua minoranza cattolica. Tutte queste iniziative suscitarono una diffusa opposizione nel paese tanto da indurre sette esponenti della nobiltà inglese a inviare, nel giugno 1688, una lettera a Guglielmo d'Orange, governatore delle Province Unite e marito di Maria, figlia di primo letto di Giacomo II, per invitarlo a intervenire militarmente in difesa delle «libertà inglesi e della religione protestante».
Approntata una flotta, il 4 novembre 1688, Guglielmo sbarcò sulla costa meridionale dell'Inghilterra con 11 mila fanti e 4 mila cavalieri. Giacomo II, indebolito dalla defezione di molti dei suoi ufficiali, si sottrasse allo scontro, ma venne catturato e brevemente imprigionato salvo consentirgli, poco dopo, di fuggire in Francia.

ONLINE

DOC
Bill of Rights
Act of Settlement

Nel febbraio 1689 il Parlamento, dopo una complessa trattativa tra Camera dei Lords e Camera dei Comuni, proclamò Guglielmo e Maria unitamente re e regina d'Inghilterra con il titolo di **Guglielmo III e Maria II**.

Il *Bill of Rights* e l'*Act of Settlement*

Nel mese successivo i due sovrani accettarono una dichiarazione dei diritti che elencava gli abusi di Giacomo II, le prerogative del Parlamento e i compiti dei nuovi sovrani, condizione politica per la loro ascesa al trono. Questo testo, trasformato in legge dal Parlamento il 18 dicembre 1689, è noto come ***Bill of Rights*** («la legge sui diritti dei sudditi e sulle norme della successione»). In una serie di punti si stabiliva, tra l'altro, il divieto per il sovrano di sospendere l'applicazione delle leggi e di tenere un esercito permanente in tempo di pace senza il consenso del Parlamento, si riaffermava la libertà delle elezioni politiche, la libertà di stampa e di parola, nonché il diritto dei sudditi protestanti di tenere armi per propria difesa; infine escludeva la possibilità che un discendente cattolico della famiglia Stuart salisse sul trono di Inghilterra. Il *Bill of Rights* divenne la legge fondamentale del regno. Ma nel 1701, di fronte alla mancanza di eredi protestanti del ramo principale degli Stuart, il Parlamento decretò il passaggio del trono alla **casata tedesca degli Hannover**, lontani parenti protestanti degli Stuart: ci riuscì approvando l'***Act of Settlement*** (la legge della successione che impediva a un cattolico di salire al trono) e riaffermando così la supremazia degli organismi rappresentativi in Inghilterra.

La seconda Rivoluzione inglese: "gloriosa" ma tutt'altro che pacifica

Gli avvenimenti del 1688-89 sono passati alla storia col nome di "gloriosa rivoluzione", una definizione destinata a celebrare la soluzione pacifica di un conflitto in cui vincitori e perdenti avevano tenuto un atteggiamento moderato. Questa volta il re era fuggito, non era stato decapitato come Carlo I nel 1649 al culmine della prima Rivoluzione inglese, e il radicalismo politico era stato bandito dalla contesa. Questa volta aveva prevalso la tolleranza nei confronti dei protestanti che non si riconoscevano nella Chiesa anglicana (puritani e quaccheri), liberi ora di professare i loro culti (grazie al *Toleration Act* del 1689): una tolleranza che non si estendeva tuttavia ai cattolici ("i papisti") che rimanevano nemici irriducibili. Questa volta la rivoluzione non era sfociata in una dittatura, com'era stata quella di

Lo sbarco del Principe di Orange a Torbay il 4 novembre 1688
[incisione di William Miller da un originale di J.M. William Turner; pubblicato in «The Art Journal», Londra 1852]
Nel novembre del 1688, Guglielmo d'Orange sbarcò a Torbay, sulla costa sud-occidentale dell'Inghilterra. Nonostante l'accoglienza entusiastica da parte della popolazione, che vide in lui il protettore delle libertà parlamentari e della nazione – tanto che la sua marcia su Londra per l'ascesa al trono non fu in nessun modo ostacolata –, durante il suo regno Guglielmo dovette sempre combattere contro le diffuse diffidenze nei suoi confronti per essere un re straniero.

Cromwell, ma era nata una **monarchia di tipo costituzionale** fondata sulla separazione dei poteri tra re e Parlamento. Un sistema politico che aveva i suoi fondamenti nel *Bill of Rights* e nella precedente legge sull'***Habeas corpus*** (1679), la norma che impediva gli arresti arbitrari imponendo che entro tre giorni un giudice convalidasse il fermo dell'accusato: questa tutela, che garantiva gli avversari politici, sarebbe diventata uno dei capisaldi di ogni ordinamento liberale e/o **democratico**.

In realtà la rivoluzione del 1688-89, se fu "gloriosa" per i risultati politici conseguiti, fu tutt'altro cha pacifica. Non fu il risultato di un tranquillo accordo tra élite politiche e religiose sigillato dal *Bill of Rights*. Fu invece un aspro conflitto tra schieramenti contrapposti, contrassegnato, come tutte le altre rivoluzioni, da una vasta mobilitazione popolare, da **insurrezioni**, **sommosse e rivolte**, soprattutto in Scozia e in Irlanda, e da una dura repressione. L'episodio più significativo si ebbe nell'estate del 1690, quando lo sbarco in Irlanda del cattolico Giacomo II, alla testa di un contingente francese, aveva costretto Guglielmo III a intervenire. L'11 luglio, lungo il fiume Boyne l'esercito di Giacomo, affiancato da milizie raccogliticce di contadini cattolici irlandesi, fu sconfitto dalle più numerose e addestrate truppe di Guglielmo d'Orange, composte da reggimenti scelti olandesi e danesi a cui si erano aggiunti reparti di ugonotti francesi: fu quella l'ultima battaglia confessionale del '600.

La vittoria confermò l'esito della rivoluzione e consolidò la posizione internazionale di Guglielmo III, ma solo nel 1697 Luigi XIV riconobbe la legittimità della nuova monarchia inglese e allentò il sostegno, fino allora concesso, a Giacomo II e ai suoi seguaci.

Parola chiave
Monarchia costituzionale

ONLINE

GUIDA ALLO STUDIO

❶ Quali furono i motivi che spinsero sette esponenti della nobiltà inglese a chiedere aiuto a Guglielmo d'Orange, governatore delle Province Unite? ❷ Quale fu l'esito dell'attacco sferrato da Guglielmo d'Orange il 4 novembre 1688? ❸ Che cosa sono il *Bill of Rights* e l'*Act of Settlement*? ❹ Quale fu la conseguenza più importante della "gloriosa rivoluzione"? ❺ Cosa successe l'11 luglio 1690 sul fiume Boyne?

4 Verso il governo parlamentare in Gran Bretagna

Whigs e Tories La visione della rivoluzione del 1688-89 come una rivoluzione pacifica è il frutto di una costruzione propagandistica a posteriori compiuta dai **Whigs**, la fazione politica che dominò la vita politica inglese in quel periodo e per gran parte del '700, in costante antagonismo con i **Tories**. In realtà, l'ascesa al trono di Guglielmo e Maria fu il risultato di un accordo tra una maggioranza whig della Camera dei Comuni e una minoranza tory presente soprattutto nella Camera ereditaria dei Lords.

Monarchia costituzionale
La monarchia costituzionale è quel sistema di governo in cui l'estensione e l'esercizio del potere regio sono limitati e regolamentati dal testo unitario della Costituzione promulgato dallo stesso sovrano, che così riconosce l'esistenza di un altro centro di potere, il Parlamento. L'eccezione a questo tipo di sistema di governo si riscontra proprio in Inghilterra, dove la Costituzione non è un testo unico, ma si compone di una serie di atti legislativi e di statuti, anche diversi e lontani nel tempo, a partire dalla *Magna Charta Libertatum* del 1251.

Democrazia
La parola di origine greca, formata da *démos* ('popolo') e *krátos* ('potere'), è uno dei termini più antichi nell'ambito del linguaggio giuridico-politico, risale infatti al V secolo a.C. Presupposto della democrazia contemporanea è il principio della sovranità popolare, secondo il quale il potere appartiene al popolo di uno Stato e non al re. Questo principio, a sua volta, trova espressione nel suffragio universale (il diritto di voto). Tipica conseguenza della democrazia contemporanea è che le decisioni debbano essere prese dalla maggioranza e che la minoranza si debba conformare alle decisioni che prevalgono, garantendo l'affermazione del cosiddetto "principio maggioritario".

Whigs / Tories
Alla fine degli anni '70 del '600 partigiani della monarchia e avversari della successione cattolica diedero origine a due opposti schieramenti politici, rispettivamente dei Tories e dei Whigs. Essi si denominarono reciprocamente con termini in origine denigratori: «tory» era il nomignolo dei banditi cattolici irlandesi; «whig» quello di alcuni insorti presbiteriani scozzesi.

La contrapposizione tra i due schieramenti, che diverrà poi quella tra **liberali** (i Whigs) e **conservatori** (i Tories), era basata allora più sugli orientamenti politici che sulle diverse origini sociali. Entrambi i gruppi provenivano dalla nobiltà terriera, grande o piccola, e solo alcuni membri (tra i Whigs) discendevano da una borghesia terriera o cresciuta al servizio dello Stato e poi nobilitata. Monarchici i Tories e legati alla Chiesa anglicana; sostenitori della sovranità del Parlamento i Whigs, ispirati dalle nuove riflessioni politiche maturate in questo periodo, in particolare dal contrattualismo e dall'idea di tolleranza teorizzati dal filosofo John Locke [👁 3.3]: entrambi erano favorevoli alla politica espansionistica oltreoceano, con una preferenza dei Tories per le conquiste territoriali, mentre i Whigs erano sostenitori dello sviluppo commerciale.

Il governo parlamentare

Nel 1707 la Corona d'Inghilterra (con il Galles) e quella di Scozia si unirono costituendo la **Gran Bretagna**. Dopo questo evento e durante il regno dei primi due sovrani della casata degli Hannover, Giorgio I (1714-27) e Giorgio II (1727-60), il predominio whig fu esercitato da **Robert Walpole**, un uomo politico di grande abilità, dal 1721 al 1742. Fu con lui che nacque quella prassi politica chiamata **governo di gabinetto**, un governo formato da un gruppo ristretto di ministri scelto e guidato dal leader della maggioranza parlamentare che, su delega del sovrano, esercitava il potere esecutivo sotto il controllo del Parlamento. Si trattava della prima attuazione di un sistema di governo parlamentare e del passaggio da una monarchia costituzionale a una monarchia parlamentare che in Gran Bretagna si sarebbe realizzata compiutamente nel secolo successivo.

William Hogarth
La campagna elettorale: l'opera di convinzione
1754-55
[Soane's Museum, Londra]

La tavola è la seconda di una serie di quattro dipinti realizzati da William Hogarth e ispirati alla tornata elettorale del 1754 nell'Oxfordshire, regione nota come roccaforte tory sin dal 1710. Il quadro, ambientato in una località di campagna nei pressi di Oxford, è sovraccarico di simboli che necessitano un'illustrazione. L'emblema dei Tories, la quercia simbolo della restaurazione di Carlo II, è coperto da uno stendardo in cui un esponente del governo whig in vesti di Pulcinella compra voti attingendo da una carriola carica di monete. Sulla strada accanto all'osteria si svolge una scena di corruzione. I rappresentanti dei due partiti, Whigs e Tories, tentano di corrompere un passante che incassa da entrambi il denaro offertogli. A sinistra un altro procacciatore di voti è intento ad acquistare da un venditore ambulante ebreo doni da regalare alle mogli degli elettori affacciate al balcone. Vicino al leone, simbolo della Gran Bretagna, intento a divorare i gigli di Francia, una donna conta le monete della corruzione. Sul fondo, in secondo piano, sono in corso scontri tra le due fazioni. Il dipinto riflette il giudizio critico dell'opinione pubblica britannica sulla corruzione imperante nella vita politica del paese. La figura del soldato che si affaccia dalla porta a sinistra e i due marinai seduti a destra con la ricostruzione di uno schieramento navale sul tavolo sono le sole figure positive della rappresentazione.

Questo sistema politico rimaneva in graduale definizione, legato com'era non solo alle qualità dei leader del Parlamento, ma anche alla personalità dei sovrani e alla loro propensione a intervenire nella politica della nazione: debole quella di Giorgio I e Giorgio II, decisamente più incisiva quella di Giorgio III, il primo re della dinastia degli Hannover nato in Inghilterra, che regnò dal 1760 al 1820.

I caratteri della vita politica

Nella lunga fase di trasformazione dei rapporti istituzionali tra re, governo e Parlamento, la lotta politica era dominata dal conflitto per mantenere il controllo del ***patronage***, il meccanismo, fondato su relazioni personali e clientelari, che garantiva la distribuzione e il controllo delle più importanti cariche governative. La corruzione era diffusissima come lo era la pratica di comprare i voti per essere eletti soprattutto nelle piccole circoscrizioni rurali, dominate dai maggiorenti locali, spesso nobili e grandi proprietari terrieri. Un sistema di abusi e irregolarità destinati a essere modificati solo con la riforma elettorale del 1832 [👁 11.7].
La vita politica era oggetto di vivaci discussioni e critiche da parte di un'opinione pubblica che si veniva formando nei luoghi di ritrovo come le ***coffeehouses*** (i caffè) o nella lettura delle **gazzette** sempre più diffuse anche lontano dalle grandi città. Tutti questi aspetti erano espressione di un **vitale dinamismo della società inglese**. Pur rimanendo divisa, essa era concorde nella difesa degli interessi nazionali che ormai vedevano intrecciati lo sviluppo del commercio internazionale e il controllo di vasti territori oltreoceano.

La politica estera

Divenuta ormai la maggiore potenza marittima, la Gran Bretagna era tuttavia pronta a intervenire in Europa, direttamente o sov-

Gran Bretagna
Durante il regno di Anna Stuart, l'ultima regnante della dinastia Stuart, al potere dal 1702 al 1714, il Parlamento inglese approva gli *Acts of Union* che stabiliscono l'unione in un unico regno di Inghilterra, Galles e Scozia. Nasce così, nel 1707, la Gran Bretagna che insieme alle terre irlandesi costituirà in seguito il Regno Unito di Gran Bretagna e Irlanda (1800; dal 1947 Irlanda del Nord). Ne consegue la fusione dei diversi parlamenti del regno in un Parlamento unico con sede a Londra.
Per questo nella lingua inglese, ancora oggi, l'aggettivo 'britannico', *british*, ha una valenza politica oltre che geografica: si riferisce al Regno Unito di Gran Bretagna e Irlanda del Nord e anche all'isola di Gran Bretagna. L'aggettivo 'inglese', *english*, si riferisce all'Inghilterra (una delle nazioni del Regno Unito) e ai suoi abitanti o, sul piano linguistico, alla lingua inglese. È improprio, ma frequente l'uso del termine "inglese" nelle due accezioni.

Richard Wright
La Battaglia di Quiberon Bay, 21 novembre 1759: il giorno dopo
1760
[National Maritime Museum, Londra]

Il dipinto ritrae la rovinosa situazione in cui si trovò parte della marina francese il giorno dopo la battaglia della Baia di Quiberon (sulle coste atlantiche della Francia), una delle più importanti e decisive della guerra dei Sette anni. Dopo le prime vittorie francesi in Nord America, con l'avvento di William Pitt al governo britannico, le cose cambiarono. La Francia fu sottoposta a un duro blocco navale e messo in atto dagli inglesi sull'Atlantico. Con una manovra disperata i francesi tentarono di eludere il blocco risalendo la costa con l'intento di raggiungere il canale della Manica e invadere la Gran Bretagna. Furono bloccati nella Baia di Quiberon, dove la flotta inglese dette prova della sua superiorità tattica in mare.

venzionando gli alleati, per evitare che l'equilibrio tra le potenze venisse alterato dalle guerre di quegli anni, avvantaggiando stabilmente uno dei contendenti. Durante la guerra dei Sette anni (1756-63), sotto la guida di William Pitt il Vecchio, gli inglesi sconfissero le ambizioni coloniali della Francia in Canada, nelle Antille e in India [👁 1.2, 1.5]. I successi in serie per terra e per mare dell'«anno mirabile 1759» furono poi consolidati dalla **pace di Parigi del 1763** che consegnava alla Gran Bretagna un dominio degli oceani destinato a durare per oltre un secolo e mezzo.

GUIDA ALLO STUDIO

❶ Quali erano i due principali schieramenti politici in Inghilterra? Che cosa li differenziava? ❷ Descrivi la prassi politica definita "governo di gabinetto". Chi la ideò e realizzò per primo? ❸ Come si chiamava il meccanismo fondato su relazioni personali e clientelari che garantiva la distribuzione e il controllo delle più importanti cariche governative? ❹ Che cosa rappresentò, per la Gran Bretagna, l'«anno mirabile 1759»?

5 Le ragioni delle guerre

Le molte guerre di un secolo

Dalla pace dei Pirenei (1659), che aveva chiuso il conflitto tra Francia e Spagna, e fino alle paci di Parigi e Hubertusburg (1763), che conclusero la guerra dei Sette anni, si contano in Europa **almeno quindici guerre** in cui si confrontarono più di due contendenti. Guerre per il controllo degli oceani e del commercio internazionale, che videro coinvolte le une contro le altre Gran Bretagna, Olanda, Spagna e Francia; guerre per il dominio del Baltico e dei suoi territori costieri, tra Svezia, Danimarca, Russia, Prussia e Polonia; guerre per la successione dinastica sui troni di Spagna, Polonia, Austria. Vanno ricordate anche le guerre contro i turchi ottomani, combattute dall'Austria nei Balcani e dalla Russia per la conquista delle sponde del Mar Nero. Gli attori principali degli scenari bellici, in Europa e sul fronte extraeuropeo, furono Francia, Gran Bretagna, Austria e Russia, cui presto si affiancò una giovane potenza, la Prussia, che andava consolidandosi lungo le rive del Mar Baltico [sulla Prussia, 👁 1.6]. Le origini di tante guerre si possono spiegare individuando quattro motivi principali spesso intrecciati e coincidenti tra loro: gli interessi commerciali, le questioni dinastiche che sottendono una **concezione patrimoniale dello Stato** (secondo l'idea che il potere regio si riceve in eredità dal predecessore come se fosse un bene patrimoniale di famiglia), le ambizioni di conquista, il contesto geopolitico.

Gli interessi commerciali

Per i paesi che avevano possedimenti, più o meno ampi, nelle Americhe, nelle Antille, sulle coste africane, in Asia, l'obiettivo delle guerre era per alcuni difendere tali territori per altri quello di accrescerli. Era in palio il **controllo dei commerci più redditizi**, come quello degli schiavi africani, o quello delle importazioni e riesportazioni di beni di lusso (tessuti, porcellane) o dei generi coloniali (caffè, tè, zucchero, tabacco). In questo quadro la Spagna tenne un ruolo difensivo di fronte alla politica aggressiva dell'Olanda, della Francia e soprattutto della Gran Bretagna.

Le questioni dinastiche

In questo periodo ogni variazione delle regole di successione dinastica divenne motivo di conflitto tra le potenze: dal momento che quasi tutte le case regnanti erano in qualche misura imparentate tra loro, era sempre possibile rivendicare diritti nel caso di estinzione della linea diretta maschile di successione. Scendevano allora in campo gli eserciti e si dava avvio a una guerra: ma dopo qualche anno e molte battaglie interveniva la diplomazia che, attraverso una serie di **compensazioni territoriali**, riportava in equilibrio il sistema dei rapporti di forza tra le potenze. Così era accaduto al tempo della guerra di successione spagnola [👁 1.2], e così accadde per la successione polacca e, poco dopo,

Legge salica

La cosiddetta Legge salica era in origine un complesso di norme elaborate, alla fine del V secolo, dal popolo dei Franchi Salii, abitanti del territorio corrispondente agli attuali Paesi Bassi. Tra le disposizioni contenute in questo sistema di leggi, ve n'era una che vietava alle donne di ereditare le terre saliche. In realtà questa norma rimase relegata presso il popolo salico e non fu applicata altrove per diversi secoli. Fece la sua ricomparsa quando fu ripresa in Francia da Filippo V (1293-1322), che se ne servì per usurpare il trono legittimamente assegnato a Giovanna II di Navarra, sua nipote. Da quel momento il riferimento a questa legge diventò una consuetudine, fino a consolidarsi non solo in Francia, ma anche in altri paesi europei.

nel 1740, per quella austriaca [👁 TABELLA_1]. Alla morte dell'imperatore Carlo VI, privo di eredi maschi, la figlia Maria Teresa salì al trono dei domìni di casa d'Austria, come era stato stabilito da una norma, la **Prammatica sanzione**, emessa dallo stesso imperatore molti anni prima (nel 1713), per consentire la discendenza femminile fin allora proibita dall'antica **Legge salica**. Le potenze, che appena due anni prima avevano trovato un accordo con l'Austria al termine della guerra di successione polacca grazie a molte compensazioni territoriali a danno degli Asburgo in Italia, rientrarono in guerra: erano principalmente Francia, Spagna e Prussia (quest'ultima però non aveva preso parte al precedente conflitto dinastico). Il primo a muoversi fu il re della Prussia, Federico II, che occupò la ricca provincia della Slesia fino allora in mano austriaca. Dopo otto anni di scontri, la **pace di Aquisgrana** del 1748 provvide ad alcuni scambi e restituzioni territoriali, ma la Prussia riuscì a conservare la Slesia [👁 ATLANTE_5]; inoltre, le potenze che avevano combattuto contro l'Austria (e i suoi alleati) riconobbero la validità della Prammatica sanzione e accettarono l'ascesa al trono imperiale di Francesco di Lorena, consorte di Maria Teresa d'Austria.

TABELLA 1_PRINCIPALI GUERRE E MUTAMENTI TERRITORIALI DEL '700 IN EUROPA

ANNI	GUERRE	PACI	MUTAMENTI TERRITORIALI E NUOVI CONFINI
1702-14	**Guerra di successione spagnola** Francia e Spagna ⬆ contro ⬇ Austria • Gran Bretagna • Province Unite • Prussia • vari principati tedeschi • Portogallo • Ducato di Savoia	**Trattati di Utrecht e Rastatt 1713-14**	Spagna e colonie spagnole a Filippo V di Borbone. Paesi Bassi spagnoli, Ducato di Milano e Regno di Napoli all'Austria. Gibilterra, Minorca e alcuni territori del Nord America alla Gran Bretagna. Sicilia ai Savoia.
1717-20	**Conflitti scatenati dai tentativi della Spagna di modificare l'assetto europeo** Spagna ⬆ contro ⬇ Gran Bretagna • Francia • Austria		Sicilia all'Austria. Sardegna ai Savoia (Regno di Sardegna).
1733-38	**Guerra di successione polacca** Francia • Spagna • Savoia ⬆ contro ⬇ Austria	**Trattato di Vienna 1738**	Ducato di Lorena a Stanislao Leszczyński. Granducato di Toscana a Francesco Stefano di Lorena sposo di Maria Teresa d'Austria. Regno di Napoli e Sicilia a Carlo di Borbone. Novara e Tortona a Carlo Emanuele III di Savoia. Insediamento in Italia di due nuove dinastie: i Borbone a Napoli e i Lorena in Toscana (questa presenza durerà fino all'Unità d'Italia).
1740-48	**Guerra di successione austriaca** Francia • Spagna • Prussia ⬆ contro ⬇ Austria • Gran Bretagna • Olanda • Savoia	**Trattato di Aquisgrana 1748**	Slesia dall'Austria alla Prussia. Ducato di Parma a Filippo di Borbone.
1756-63	**Guerra dei Sette anni** Austria • Francia • Russia ⬆ contro ⬇ Prussia • Gran Bretagna	**Trattato di Hubertusburg 1763** **Trattato di Parigi 1763**	Nessun mutamento territoriale in Europa e conferma delle conquiste prussiane. La Francia perde il Canada e alcuni possedimenti in India a vantaggio della Gran Bretagna. Supremazia coloniale britannica.
1772-95	**Tre spartizioni della Polonia (1772, 1793, 1795)**		Il Regno di Polonia, spartito tra Prussia, Russia e Austria, viene cancellato dalle carte geografiche.

ONLINE

Parola chiave
Geopolitica

Le ambizioni di conquista Se alla metà del '700 apparivano risolti i problemi legati alle successioni dinastiche, non per questo si erano placate le ambizioni di conquista degli Stati più aggressivi e dinamici. Tra Francia e Gran Bretagna era ormai in atto un conflitto planetario, con i francesi impegnati a ostacolare il predominio coloniale britannico. Al centro dell'Europa, invece, la giovane potenza prussiana non si sentiva ancora garantita nelle sue conquiste, accerchiata com'era da Austria, Francia e Russia. Le tensioni scoppiarono nella **guerra dei Sette anni** (1756-63), che si combatté su due fronti: europeo ed extraeuropeo. Fu Federico II di Prussia a dare inizio alla guerra, ma le sue straordinarie vittorie militari contro francesi e austriaci non gli avrebbero assicurato il successo finale: solo l'improvvisa morte della zarina Elisabetta, sua acerrima nemica, e l'ascesa al trono di Russia del filoprussiano Pietro III consentirono alla Prussia di uscire indenne dalla guerra. Sul fronte extraeuropeo la vittoria della Gran Bretagna sulla Francia, sancita nel 1763, pose un freno all'espansione coloniale francese, mentre sul continente europeo si stabilì una nuova intesa tra Prussia, Austria e Russia che avrebbe portato, a partire dal 1772, alla progressiva spartizione del grande Regno di Polonia.

Il contesto geopolitico Il vario alternarsi di dinastie in Italia e la spartizione della Polonia sono tra le conseguenze più significative delle guerre del '700. Proprio questi risultati trovano una spiegazione se utilizziamo un criterio di analisi geopolitica. Un criterio che tiene conto della posizione geografica delle singole aree e della forza delle organizzazioni statali che gravitano su di esse. Da questo punto di vista è possibile distinguere in Europa tra **aree forti e aree deboli**. Le prime si collocano lungo il margine atlantico (Spagna, Portogallo, Francia, Gran Bre-

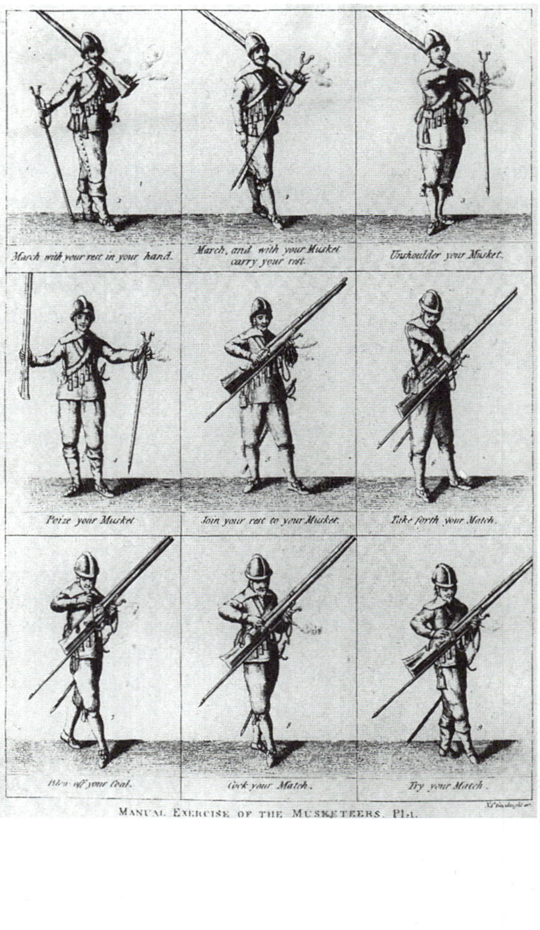

Le corrette procedure per armeggiare un moschetto
[da J. Keegan, *A History of Warfare*, Londra 1993]
L'immagine, tratta da un manuale militare del XVII secolo, mostra quanto potesse essere complesso l'uso di un moschetto. In particolare, la fase di carica risultava molto rischiosa in quanto portava via tempo e richiedeva una certa precisione proprio in un momento di grande concitazione (come può essere il confronto in battaglia); per questo motivo furono introdotte le esercitazioni dei soldati. I moschettieri più addestrati potevano sparare anche 3 o 4 colpi al minuto, ma in media si riusciva a spararne 2 per poi avanzare all'attacco con la baionetta montata in cima alla canna del moschetto.

L'arruolamento
Numerose vignette popolari, oltre che le cronache del tempo, testimoniano come nel '600 e '700 l'arruolamento forzato e le diserzioni fossero frequenti negli eserciti. Gli ufficiali addetti al reclutamento raccoglievano nelle file degli eserciti anche criminali, ubriaconi e vagabondi.

tagna e Province Unite) o appartengono alla Scandinavia, alla Prussia e alla Russia: tutte corrispondono a realtà storiche, linguistiche e religiose sostanzialmente definite e a strutture politico-amministrative già consolidate o in via di costruzione. Un arco di aree forti circonda dunque a ovest, a nord e a est due grandi aree deboli, il bassopiano tedesco-polacco dall'Elba al Dnjepr e la Penisola italiana: deboli per la labilità dei confini e per un regime politico soggetto all'ingerenza continua delle potenze confinanti nel caso della Polonia; o per l'assenza di uno Stato unitario nel caso dell'Italia.

Gli eserciti Guerre numerose dunque per tutto il '700, ma non drammaticamente letali come erano stati i massacri delle popolazioni al tempo dei conflitti religiosi. Per condurre queste continue guerre era necessario potenziare gli eserciti ormai divenuti permanenti. Un potenziamento che si ottenne non solo con il numero dei soldati arruolati, ma con l'addestramento continuo e il rafforzamento della disciplina. I due aspetti erano strettamente collegati: si trattava di trasformare in **soldati professionali a lunga ferma** contadini arruolati spesso con l'inganno, sbandati, piccoli malviventi. Soldati resi uniformi dalla divisa, soggetti a una disciplina spesso durissima, che dovevano imparare a marciare rapidamente tenendo le linee compatte e a non scompigliarle sotto il fuoco nemico. Soldati addestrati a sparare, a caricare e ricaricare rapidamente il moschetto, pronti a usare la baionetta negli scontri ravvicinati.

Sempre più frequente era l'arruolamento nei territori dello Stato (con l'obbligo per

Cinema e Storia
Barry Lindon
di Kubrick

ONLINE

Nuova carta delle uniformi dell'esercito prussiano
1799
L'esercito prussiano fu il primo ad essere costituito e organizzato secondo princìpi moderni. L'abbigliamento dei soldati fu studiato con maggiore attenzione, sia per questioni pratiche, sia per infondere, anche attraverso l'uso dell'uniforme, un senso di coesione e di appartenenza al gruppo.

le singole province di fornire un certo numero di reclute, come avveniva in Prussia), ma erano diffuse truppe professionali provenienti da paesi e regioni che da secoli fornivano contingenti mercenari, come la Svizzera, la Scozia, l'Irlanda nonché l'Assia e il Brunswick in Germania.
Si trattava anche di assicurarsi **la fedeltà e la competenza di un corpo di ufficiali**, nei primi tempi tratti dalla nobiltà cadetta di tutta Europa, ma in seguito sempre più originari degli Stati in cui prestavano servizio.

La burocrazia e l'amministrazione

L'alto costo delle guerre, degli armamenti e degli approvvigionamenti richiedevano un'organizzazione e una burocrazia in grado di raccogliere e amministrare le risorse materiali e umane. Come scrisse Federico II nel 1747, «Il maggior segreto nella condotta della guerra e il capolavoro per un buon generale è di riuscire ad affamare l'avversario. La fame esaurisce il nemico più sicuramente del coraggio altrui e voi otterrete il successo con meno rischi che attraverso il combattimento».

GUIDA ALLO STUDIO

❶ Per quali principali motivi l'Europa fu funestata, tra metà '600 e metà '700, da un numero molto alto di guerre? ❷ Quali erano i commerci più redditizi capaci di spingere gli uomini a battersi per averne il controllo? ❸ Che cosa stabiliva la Prammatica sanzione? ❹ Quali Stati firmarono la pace di Aquisgrana? ❺ Come furono potenziati gli eserciti durante il '700?

EVENTI

La battaglia di Rossbach

Federico II di Prussia detiene, in campo militare, un record quasi insuperato fra i regnanti: combatté sedici grandi battaglie, ne vinse tredici e ne perse solo tre. Era ancora in vita, e in giovane età, quando i suoi contemporanei cominciarono a chiamarlo Federico il Grande, proprio riferendosi ai suoi successi in battaglia.
Oltre che dal talento militare, Federico era contraddistinto da una certa scaltrezza, come dimostra il modo con cui condusse la guerra dei Sette anni (1756-63). Nella fase iniziale del conflitto, di fronte alla coalizione di Francia, Austria e Russia, fra le più grandi potenze dell'epoca, la Prussia sembrava avere ben poche speranze di resistere. Federico giocò d'azzardo, convinto della necessità di battere i suoi nemici sul tempo, e invase la Sassonia e poi la Boemia, senza dichiarare guerra, in sprezzo al diritto internazionale. Vinse le prime battaglie di fronte ad eserciti molto più numerosi del suo, finché a Kolin, in Boemia, non fu sconfitto. Era la prima volta: il clamore fu enorme. Le sorti della guerra si ribaltarono: mentre i russi marciavano sulla Prussia orientale, gli austriaci avevano riconquistato la Boemia, e i francesi avanzavano verso la Sassonia. Fu prima contro di loro che Federico decise di marciare.
Era la prima volta che affrontava i francesi, un popolo che ammirava. Il loro esercito, guidato dal maresciallo di Soubise, era circa il doppio di quello prussiano, contava anche alcune truppe imperiali, ed avanzava con sicurezza. Usando vie di comunicazione interne Federico lo raggiunse, ma i due eserciti rimandavano lo scontro, fermi in una posizione di stallo. Acquartierato a Rossbach, nelle vicinanze di Lipsia, al terzo giorno l'esercito del maresciallo di Soubise si decise a dare battaglia, iniziando a marciare. In pochi minuti, osservate le loro posizioni, Federico decise di mettere in movimento l'esercito prussiano, il **migliore per efficienza operativa, capacità di manovra, rapidità di marcia**. Il generale francese non capì che Federico voleva attaccarli prima che le sue colonne prendessero posizione. Più veloce, l'esercito prussiano, nascosto dalle colline, fece una deviazione e piombò sul nemico da est, intrappolandolo. Con diciotto cannoni pesanti, l'artiglieria prussiana inflisse gravi perdite fra le schiere della cavalleria avversaria. Guidati dal generale von Seydlitz, gli squadroni della cavalleria si lanciarono poi con estrema velocità contro la testa e contro il fianco destro delle colonne franco-imperiali, mentre sopraggiungeva anche la fanteria. Di fronte alle rapide e metodiche truppe prussiane, e alle scariche della loro artiglieria, l'esercito franco-imperiale non riuscì a ricostruire la linea di combattimento. Sotto un nuovo attacco della fanteria ruppe i ranghi, e in meno di due ore la battaglia si concluse con la sua rotta totale. Lo squilibrio delle perdite fu impressionante: i prussiani persero solo cinquecento uomini su un esercito di 21 mila, i loro avversari 10 mila su un esercito di 41 mila.
Come un colpo di fulmine la battaglia di Rossbach cambiò l'esito di una guerra che era sembrata quasi conclusa. Era il 5 novembre 1757. Il mito di Federico, geniale comandante, si rafforzò, mentre in Francia la sconfitta suscitò una forte impressione, e si diffuse persino la voce che l'esercito prussiano fosse pronto ad invadere il paese. All'indomani della battaglia, il ministro degli Esteri francese, sbalordito, scrisse di Federico che era allo stesso tempo comandante in battaglia, primo ministro, organizzatore logistico e, se necessario, capo della polizia militare. Si dovette aspettare cinquanta anni perché, con Napoleone, le truppe francesi si inoltrassero di nuovo così profondamente nel territorio tedesco.
Il genio pratico e la chiarezza della visione tattica fecero di Federico il sovrano che portò l'arte militare al più alto livello dell'epoca. Semplificando le regole di battaglia a pochi, efficaci, principi, Federico attuò una nuova strategia, facendo della fanteria l'elemento decisivo dell'esercito prussiano. Mise in pratica, in realtà, una soluzione antica, già adottata da Epaminonda tebano, quando sconfisse gli Spartani a Leuttra nel 371 a.C. Era **la strategia dell'«ordine obliquo»**: mentre un'ala dell'esercito avanzava contro l'esercito nemico, tenendolo occupato, l'altra marciava rapidamente verso il fianco, prendendolo di sorpresa da una direzione trasversale, e facendogli perdere la possibilità di cambiare allineamento. Con un esercito in grado di marciare e di manovrare più velocemente di tutti gli altri, di cui perfezionò anche le qualità, Federico aveva uno strumento straordinario **per cogliere di sorpresa il nemico**, infliggendogli attacchi rapidi e decisi. Una tattica con cui riuscì a sconfiggere eserciti di molto superiori per numero di soldati, ma non un mezzo infallibile di vittoria, che poteva sfumare se il nemico riusciva ad accorgersi della direzione d'attacco e a riorganizzarsi. Federico era animato da un instancabile spirito offensi-

6 L'ascesa della Prussia

Una nuova potenza in Europa

«Giù il cappello, signori. Se ci fosse stato lui, noi oggi non saremmo qui.» Questo fu l'omaggio che Napoleone, vincitore a Jena contro i prussiani nel 1806, rese di fronte alla tomba di Federico II. L'imperatore francese celebrava il grande generale, ma **Federico II** va ricordato soprattutto per il suo contributo decisivo all'ascesa della Prussia al rango di grande potenza. Un risultato ottenuto non solo con le vittorie militari, ma con il sistematico rafforzamento dello Stato e della sua amministrazione volta soprattutto a garantire il finanziamento e il funzionamento di una efficiente e potente macchina bellica. Alla fine del regno di Federico II, la Prussia poteva mettere in campo un esercito di 195 mila uomini mentre la Francia, con una popolazione almeno tripla, ne schierava poco più di 180 mila. Come dicevano i contemporanei, la Prussia **non** era **«uno Stato con un esercito, ma un esercito con uno Stato»**. In tutti gli aspetti relativi all'organizzazione militare la Prussia divenne, nella seconda metà del '700, la potenza militare più temibile anche grazie alla superiore capacità tattica e ai successi-vo: di fronte a generali noti per la prudenza, come il suo avversario austriaco Daun, si assicurava sempre l'iniziativa attaccando per primo, convinto che la strategia offensiva fosse spesso sinonimo di vittoria. Complessivamente, la strategia di Federico non si basava su un grande scontro decisivo, ma su **continui scontri parziali**, volti a limitare la combattività del nemico. «Come un leone che gli inseguitori hanno stretto da vicino e che assale ora l'uno ora l'altro con salti improvvisi, distribuendo terribili zampate, nella speranza che il loro coraggio si fiacchi e la loro aggressività si esaurisca, allo stesso modo Federico ha condotto la guerra dei Sette anni», ha scritto lo storico tedesco Gerhard Ritter[1].

ATLANTE 3_LA BATTAGLIA DI ROSSBACH (5 NOVEMBRE 1757)

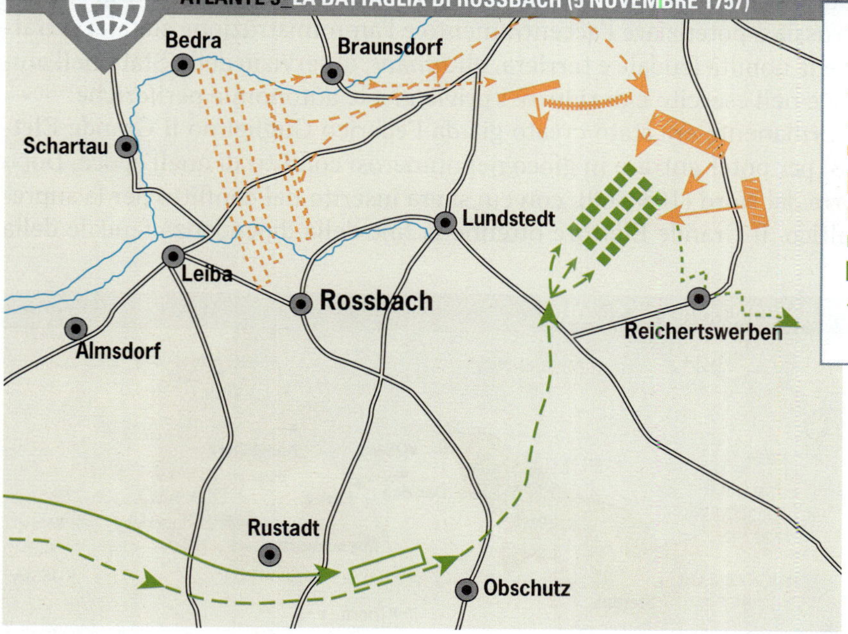

Un mese dopo Rossbach, il 5 dicembre 1757, Federico realizzò un altro capolavoro militare, questa volta contro gli austriaci che stavano invadendo la Slesia. A Leuthen sbaragliò un esercito che contava il doppio delle forze di quello prussiano, grazie all'esecuzione perfetta della manovra dell'«ordine obliquo». La sera della battaglia, nella pianura coperta di neve, insanguinata, i superstiti dell'esercito prussiano si inginocchiarono, e insieme cantarono una corale luterana in ringraziamento a Dio. Mancava la coscienza della Prussia come Stato, ma c'era un sentimento di orgoglio regionale e un forte legame di obbedienza con il sovrano, che rendeva coeso l'esercito. Federico divenne **l'eroe protestante** che in un mese aveva sbaragliato due grandi eserciti cattolici, tanto che anche a Londra e in Nord America i suoi successi furono acclamati.

La guerra dei Sette anni terminò solo nel 1763, non risparmiando scorrerie avversarie nella capitale della Prussia, Berlino, né risparmiando a Federico altre sconfitte (particolarmente rovinosa quella di Kunersdorf del 1759), ma regalandogli anche altre vittorie sensazionali (come quella di Liegnitz del 1760, in cui, con ventimila uomini, mise in rotta un esercito austriaco di centomila). Quando si concluse la guerra, la Prussia era uno Stato impoverito, aveva perso quasi mezzo milione di sudditi, ma **aveva conservato intatti i suoi confini** e accresciuto la sua fama di potenza militare.

1. G. Ritter, *Federico il Grande*, il Mulino, Bologna 1970, p. 175.

sui campi di battaglia di Federico II contro avversari spesso più numerosi dei prussiani. Protagonista delle guerre contro la Francia di Napoleone e alla fine vincitrice dopo molte umilianti sconfitte, la Prussia sarebbe diventata, nell'800, l'elemento propulsore dell'unificazione tedesca, ottenuta dopo la sconfitta della Francia nel 1870 [👁 17.2]. Per questo la sua ascesa riveste un significato decisivo nella storia europea.

La composizione territoriale del Regno di Prussia

Il regno di Federico II (1740-86) si collocava al termine di un processo che era iniziato nei primi decenni del '600. È infatti nel 1618 che la Prussia, una regione posta sul Baltico al confine orientale della Polonia (cui era legata da vincoli feudali) oltre che possesso originario dell'Ordine teutonico, si aggiunse ai territori del principe del Brandeburgo, una regione storica della Germania centro-settentrionale. Prussia e Brandeburgo erano e rimasero distanti tra loro per oltre un secolo e mezzo. Quando l'elettore del Brandeburgo (della famiglia degli Hohenzollern) divenne re di Prussia, nel 1701, le due regioni erano ancora separate: il Brandeburgo a ovest con capitale Berlino e la Prussia a est con capitale Königsberg, la patria del filosofo Immanuel Kant [👁 ATLANTE_4]. Solo con la prima spartizione della Polonia, nel 1772, si stabilì una **continuità territoriale tra est e ovest**. Peraltro al nuovo regno appartenevano anche altri più piccoli Stati territoriali posti nella Germania occidentale.

Proprio questa frammentarietà sollecitò i principi elettori del Brandeburgo e poi i primi re di Prussia a potenziare l'accentramento e l'amministrazione statale: si trattava di piegare la nobiltà feudale e terriera, gli *Junker*, al servizio dello Stato nell'amministrazione e nell'esercito e di ridurre i privilegi e le autonomie periferiche.

Un esercito permanente era stato creato già da Federico Guglielmo il Grande Elettore (1640-88) per poter entrare in gioco nei numerosi conflitti di quell'epoca. Dopo la prima guerra del Nord (1654-60), con cui si era inserito nel conflitto per la supremazia sul Baltico, il Grande Elettore ottenne la fine della dipendenza feudale della

ATLANTE 4_ IL BRANDEBURGO-PRUSSIA (XVII-XVIII SECOLO)

Prussia dal Regno di Polonia, mentre la Svezia conquistava il dominio sul Baltico assicurandosi anche il controllo delle coste settentrionali della Germania. Ma nella successiva seconda guerra del Nord, terminata nel 1720-21, la Svezia fu sconfitta: il controllo del Baltico passò alla Russia, mentre il Regno di Prussia ottenne la Pomerania e la città di Stettino che divenne il suo porto principale.

Geografia e Storia
Il Baltico

ONLINE

L'impulso ai commerci e alle manifatture

Questo risultato consentiva alla Prussia di partecipare ai lucrosi commerci del **Baltico** che fornivano legnami per la costruzione delle navi delle potenze marittime e cereali per i paesi a forte urbanizzazione e demograficamente più sviluppati.

Dal momento che il numero degli abitanti era considerato uno degli elementi della ricchezza di un paese, venne visto positivamente l'arrivo degli **emigrati ugonotti dalla Francia** nelle città del Brandeburgo e soprattutto a Berlino, dove contribuirono a sviluppare le attività manifatturiere di una città prevalentemente burocratica. Ma la vocazione principale della Prussia rimase, in questo periodo, quella militare per contrastare le altre grandi potenze territoriali dell'Europa centrale.

GUIDA ALLO STUDIO

❶ Che cosa fece della Prussia della seconda metà del '700 la potenza militarmente più temibile? ❷ Quali conseguenze ebbe la frammentarietà territoriale che caratterizzò la Prussia nella seconda metà del '700? ❸ Che cosa ottenne la Prussia dalla seconda guerra del Nord?

7 La Russia da Pietro il Grande a Caterina II

Alla metà del '700 la Russia prese parte alla guerra dei Sette anni: per la prima volta il grande impero dell'Europa orientale si spingeva con il suo esercito nei territori tedeschi confrontandosi con i grandi Stati continentali [👁 1.5]. Nei primi anni del secolo la Russia aveva infatti interrotto il suo isolamento ed era ormai assurta al rango di grande potenza europea, dopo la conquista dell'egemonia sul Baltico, seguita alla sconfitta di Carlo XII di Svezia sul campo a **Poltava**, in Ucraina nel 1709, e alla **pace di Nystadt** del 1721.

Fortezza dei SS. Pietro e Paolo a San Pietroburgo
Nel 1703 Pietro I fondò una nuova città nel Golfo di Finlandia, San Pietroburgo, e la scelse come capitale del suo regno al posto di Mosca. Richiamò da tutta Europa architetti e artigiani, e fece costruire numerosi palazzi con l'intento di dare alla città, attraversata dal fiume Neva, un'impronta nuova e funzionale, sul modello delle capitali europee. Sull'isola di Pietrogrado, nucleo originario della città, sorse la fortezza dei SS. Pietro e Paolo; l'originaria struttura in legno venne sostituita da un complesso in pietra, progettato dall'architetto Domenico Trezzini e dominato dalla guglia dell'omonima cattedrale alta oltre 120 metri.

Le politiche di Pietro I il Grande Artefice di questa trasformazione fu lo zar, e poi imperatore, Pietro I il Grande (1682-1725). Rientrato a Mosca dopo un lungo viaggio in Europa occidentale, dove ebbe modo di conoscere direttamente i sistemi di governo e dare sfogo alla sua curiosità per la tecnica militare e le costruzioni navali (in Olanda lavorò in un cantiere), nel 1698 Pietro assunse direttamente il potere fin allora tenuto da una reggente. Dotato di grande determinazione ed energia (anche fisica: era alto più di due metri), diede inizio alla **modernizzazione della Russia**.

Al di là di alcune iniziative fortemente simboliche, come l'imposizione del divieto di portare le tradizionali lunghe barbe a conferma del passaggio a costumi più occidentali, l'opera di Pietro fu interamente politica e militare. Il giovane zar – aveva allora 26 anni – seguì le tre abituali direttrici riformatrici volte a costruire un sistema di governo secondo il **modello delle monarchie assolute**: creazione di un esercito permanente, con un parziale reclutamento obbligatorio; depotenziamento della grande nobiltà posta ora al servizio dello Stato; costruzione di un sistema amministrativo e di un sistema fiscale in grado di fornire le risorse alla nascente potenza militare. Inoltre, per vincere la sfida della supremazia nel Baltico era indispensabile sconfiggere

PERSONAGGI

Caterina II

Tra le grandi personalità che dominano la scena europea del XVIII secolo, Caterina II (1729-1796) occupa un posto di assoluto rilievo per la statura politica e gli obiettivi ambiziosi della sua opera di governo, per l'ampiezza di vedute, per le indubbie doti personali: intelligente e sensibile, colta, nemica di ogni forma di adulazione e di oscurantismo, si presentò come **uno dei sovrani più illuminati del suo tempo**, grazie anche a un intenso rapporto di scambio coltivato per gran parte della vita con gli intellettuali illuministi Voltaire e Diderot: quest'ultimo si sobbarcò perfino un lungo viaggio in Russia per incontrarla [👁 3.8]. Le sue notevoli capacità, le qualità umane, la forte impronta personale conferita al suo regno la collocano a pieno titolo tra le grandi figure di donne regnanti che punteggiano la storia dei paesi europei come rare eccezioni alla regola di un potere quasi esclusivamente maschile. Lei stessa dovette fare i conti con limiti e pregiudizi derivanti dal suo sesso, pagandone il prezzo oppure ignorandoli ostentatamente, e contrappose ai modelli dominanti **scelte di vita coraggiose e poco ortodosse**, soprattutto nelle relazioni affettive.

Caterina II salì al potere nel 1762, all'età di 33 anni, soltanto diciotto dei quali trascorsi in Russia, patria d'adozione. Era nata infatti come Sofia Federica di Arnhalt-Zerbst in una famiglia della nobiltà tedesca minore, e aveva quindici anni quando nel 1744 fu chiamata da Elisabetta di Russia ad unirsi al granduca Pietro, erede al trono e nipote della zarina, anche lui nato e cresciuto in Prussia. Dopo un interminabile viaggio fino a Mosca, Sofia abbraccia la religione ortodossa e riceve un nuovo nome: d'ora in poi sarà Caterina, granduchessa di Russia. La madre, che l'aveva accompagnata, viene rispedita a casa dopo il matrimonio e lei affronta da sola una nuova vita in un paese da sempre considerato un regno di barbari e la cui corte aveva una pessima fama. Qui, costantemente sorvegliata e spiata, imparerà a destreggiarsi tra le crescenti follie del marito e le rampogne di Elisabetta, figlia di Pietro il Grande: donna intelligente e capace, ma ossessionata dalle congiure di palazzo, l'imperatrice esercita un potere dispotico su tutto ciò che la circonda, mentre il suo carattere diffidente, capriccioso e spesso violento mantiene la corte in un clima di paura e sospetto che non risparmia neanche la coppia granducale. Chiamati giovanissimi a sostenere un ruolo di grande rilievo in un ambiente ostile, Pietro e Caterina reagiscono in modo del tutto opposto: mentre il primo non cercherà mai di nascondere il suo profondo disprezzo per la società e le tradizioni russe, ostentando un attaccamento fanatico alle proprie radici prussiane, Caterina abbraccia da subito e senza esitazione il nuovo paese, a cominciare dalla lingua e dai cerimoniali religiosi, cercando di ingraziarsi il favore dell'imperatrice quanto quello dell'ultimo servo. Questi loro atteggiamenti contrapposti, sempre più evidenti con gli anni, si sarebbero rivelati decisivi per l'ascesa di Caterina al trono. Nel granduca per giunta si manifestano presto tendenze dispotiche e segni di instabilità mentale: maniaco di disciplina militare, costringe la moglie a obbedire ai suoi ordini e a marciare col moschetto in spalla, ma anche a sopportare i suoi sberleffi, gli insulti in pubblico, l'esibizione delle sue amanti, le ubriacature sempre più frequenti. Quanto al matrimonio, verosimilmente non fu mai consumato, almeno così lascia intendere Caterina nelle sue memorie, e ciò alla lunga renderà insostenibile la sua posizione a corte: Elisabetta infatti, che non ha figli, è preoccupata per la continuità dinastica e lascia chiaramente intendere a Caterina che il suo unico compito è quello di fornire un erede. Tant'è che quando nel 1754 la granduchessa darà finalmente alla luce un maschio (avuto con ogni probabilità da un'altra relazione), Elisabetta si prenderà il bambino per allevarlo personalmente senza la minima ingerenza della madre. Caterina stessa ha lasciato un resoconto di quel parto durato dodici ore, al termine del quale l'imperatrice esce dalla stanza col suo seguito portando via il neonato e abbandonando lei, sola e senza assistenza, su un giaciglio a terra.

Comunque la nuova posizione di forza derivante dall'essere madre dell'erede al trono segna una svolta nella vita di Caterina, che d'ora in poi sarà parte attiva nelle alleanze di palazzo e negli equilibri di potere. Anche gli ambasciatori stranieri non tardano ad apprezzarne (o temerne) le notevoli capacità e presto mostreranno di considerarla una pedina decisiva nella successione al trono, magari come reggente. A questa nuova dimensione politica si accompagna un mutamento radicale nella vita privata di Caterina: il grande vuoto affettivo di questi primi anni e un altrettanto potente bisogno di colmarlo sembrano regolare da qui in avanti la sua condotta,

per terra e per mare la Svezia, che era il principale avversario dell'impero russo. Fu così sviluppata anche una **marina da guerra** mentre gli effettivi dell'esercito giunsero a quasi 300 mila uomini di cui 100 mila cosacchi che, in cambio del riconoscimento dell'autonomia delle loro comunità, prestavano una lunghissima ferma militare.
L'obiettivo del Baltico era confermato anche dalla fondazione nel 1703 di **una nuova capitale, San Pietroburgo**, progettata da architetti italiani sull'estuario del fiume Neva, all'estremità orientale del golfo di Finlandia: una città presto divenuta scenografia monumentale del nuovo potere russo e insieme principale porto militare e commerciale.

L'impatto sociale delle riforme

Un passaggio decisivo verso un'amministrazione moderna fu l'apertura a tutti (nobili e borghesi) dell'accesso alle cariche statali, mentre ogni avanzamento fu basato sulla preparazione e sul merito. Nel 1722 la **Tabella dei ranghi** suddivise tutte le carriere (militari, civili, di palazzo) in quattordici gradi; stabilì inoltre che tutti, compresi i nobili, sarebbero partiti dal livello più basso, e che il raggiungimento dell'ottavo grado avrebbe comportato il conferimento della nobiltà a chi ne era privo. Veniva così favorita una **mobilità sociale** ascendente nel quadro dell'amministrazione dello Stato.

ed è in questa fase che conosce il conte **Stanislao Poniatowski**, il primo dei suoi grandi amori e futuro re di Polonia. Da lui avrà nel 1758 la seconda figlia, Anna, ufficialmente attribuita a Pietro, che morirà dopo poco; anche lei sarà prelevata da Elisabetta, che continuerà a negare alla madre il permesso di vedere i figli, mentre Poniatowski verrà rispedito in Polonia. Questa brutale esclusione di Caterina da qualsiasi scambio affettivo con i bambini contribuirà a confinare la sua esperienza della maternità in un ambito prevalentemente strumentale, vincolandola strettamente alle dinamiche del potere.
La situazione precipita rapidamente nel dicembre 1761, alla morte di Elisabetta: Pietro diventa imperatore col nome di Pietro III, ma le sue follie e la politica filoprussiana gli alienano ogni sostegno nel giro di pochi mesi, spianando la strada al colpo di Stato; anche i suoi rapporti con la moglie, che agli occhi di tutti incarna invece l'anima della Russia, sono ormai di scontro frontale e Pietro non nasconde l'intenzione di ripudiarla per sposare la sua amante. Di fronte a tale minaccia e incalzata dai suoi sostenitori, Caterina rompe gli indugi e con l'appoggio decisivo dell'esercito e della chiesa ortodossa **depone Pietro III e si fa incoronare zarina**.
La determinazione con cui si porrà alla testa dell'impero e l'impulso dato alla trasformazione della Russia le varranno un ampio riconoscimento sul piano strettamente politico, ma la sua vita sentimentale darà ai maligni materia di che sparlare: la sua libertà in fatto di amori non soltanto la renderà oggetto di biasimo e di velenose maldicenze per tutta la durata del suo regno, ma contribuirà ad affiancare alla sua immagine di sovrana illuminata quella, del tutto immeritata, di donna dedita a sfrenate passioni **[👁 3.8]**. L'utilizzo in chiave denigratoria delle relazioni amorose, vere o presunte, nel caso delle donne regnanti non è nuovo (toccò anche a Elisabetta I), ma per quanto riguarda Caterina sembra essere stato molto persistente: alcuni dei favoriti che le furono accanto però ebbero un ruolo importante sia sul piano sentimentale che nella sua opera di governo, a cominciare da **Grigorij Orlov**, ufficiale della Guardia che l'aveva sostenuta nel colpo di Stato e dal quale, all'epoca, aveva già avuto un figlio; oppure nel caso di **Grigorij Potëmkin**, amato di una passione travolgente e forse segretamente sposato, e che sarà una figura fondamentale per l'attuazione della sua politica espansionistica. Da loro l'imperatrice cercherà appagamento affettivo ma anche consiglio e aiuto, sempre attenta a conciliare le sue relazioni con gli interessi dello Stato e a non lasciarsi sovrastare nella gestione del potere, ma basta una scorsa alle sue lettere per cogliere **una dimensione affettiva e umana** che nulla ha a che vedere con lo stereotipo della "Messalina del Nord" che le verrà addossato e che l'avrebbe seguita per secoli: «Non sono mai stata così felice come adesso. Spesso cerco di nascondere i miei sentimenti, ma il cuore tradisce la mia passione».

Vigilius Erichsen
Ritratto di Caterina II
dopo il 1762
[Musée des Beaux-Arts, Chartres]

PERSONAGGI

Il potere dello zar, che si estendeva anche sulla Chiesa ortodossa e sulle proprietà ecclesiastiche, era privo di ogni controllo, anche di quelli che nelle monarchie assolute occidentali potevano provenire dagli organismi giudiziari o dalle autonomie periferiche. La Russia era ormai divenuta un'autocrazia, che corrispondeva al titolo che Pietro si diede nel 1721 di **«imperatore e autocrate di tutte le Russie»**.
La modernizzazione autocratica non intaccò le basi sociali del mondo rurale russo basate sulla nobiltà terriera e sulla **servitù della gleba**: anche se le antiche sopravvivenze schiavistiche vennero abolite, la servitù e la connessa proprietà sulle persone e il controllo sui movimenti dei contadini servi si mantennero fino al 1861, quando fu soppressa dall'imperatore Alessandro II **[👁 17.7]**.

Elisabetta I e Caterina II La rapidità con cui furono realizzate tante riforme era destinata a creare malcontento soprattutto tra la nobiltà, e i successori di Pietro dovettero rallentarne la rigida applicazione. Il nuovo sistema di potere poteva funzionare correttamente solo se esercitato da personalità forti, in grado di muoversi abilmente e con determinazione tra le insidie della grande nobiltà e gli intrighi di corte. Dopo la morte dello zar riformatore, nel 1725, solo Elisabetta I (1741-62), che impegnò la Russia nella guerra dei Sette anni contro la Prussia, e soprattutto Caterina II (1762-96), che riprese i progetti riformatori ed estese i territori russi in Polonia e verso il Mar Nero, possono reggere il confronto con il grande Pietro [per le azioni riformatrici di Caterina II, 👁 3.8].

GUIDA ALLO STUDIO

❶ Il divieto di portare le tradizionali lunghe barbe fu imposto in Russia. Quando, perché e da chi? ❷ Quali furono le tre principali direttrici riformatrici seguite dalla politica di Pietro il Grande? ❸ Che cosa era e come funzionava la Tabella dei ranghi? ❹ Che destino ebbe la modernizzazione voluta da Pietro il Grande dopo la sua morte?

ATLANTE 5_L'EUROPA NEL 1748

La carta riporta le variazioni territoriali intervenute alla conclusione della guerra di successione austriaca (1748), nonché le principali battaglie della guerra dei Sette anni. Nel 1738 e nel 1748 l'Austria dovette accettare un notevole ridimensionamento dei suoi possessi, dapprima con la cessione del Regno di Napoli e della Sicilia a Carlo di Borbone-Spagna, in seguito con il riconoscimento della conquista prussiana della Slesia.

8 I risultati di cento anni di guerre

La gerarchia delle potenze

Gibilterra, la rocca che controlla gli accessi al Mediterraneo, è dal 1713 un possesso britannico. Il Québec, la maggiore colonia della Francia nell'America settentrionale, grande cinque volte l'Italia e dove ancora si parla francese, fu conquistata dalla Gran Bretagna nel 1759 e da allora fa parte del Canada, che fu colonia britannica prima di diventare Stato indipendente. Sono due esempi degli esiti delle guerre del '700 che modificarono i confini degli Stati e le appartenenze delle colonie, instaurando una nuova gerarchia tra le potenze europee. La Spagna scese di rango e così le Province Unite e la Svezia, mentre emersero le **nuove grandi potenze di Prussia e Russia e la Gran Bretagna** ottenne l'egemonia sugli oceani.

Dalla Penisola iberica a occidente alla Russia e ai Balcani a oriente, per chiudere con l'Italia a sud, possiamo seguire sulla carta d'Europa la diversa entità dei cambiamenti intervenuti in un secolo.

■ **Portogallo** Nel 1703, durante la guerra di successione spagnola, il Portogallo aveva siglato **accordi con l'Inghilterra** in base ai quali erano stati stabiliti reciproci vantaggi per gli scambi commerciali tra i vini portoghesi e i tessuti di lana inglesi. Tali accordi, noti anche come *Port Wine Treaty* (in riferimento al porto, vino liquoroso molto diffuso in Gran Bretagna), contribuirono a mantenere l'impero coloniale portoghese, che comprendeva il Brasile, fuori dai conflitti tra le potenze.

■ **Spagna** Al termine della guerra di successione spagnola, la Spagna aveva perso tutti i suoi possedimenti in Italia e nei Paesi Bassi; aveva dovuto riconoscere anche le conquiste inglesi di Gibilterra e dell'isola Minorca (tornata definitivamente spagnola nel 1802) e cedere il monopolio dell'***asiento*** (il commercio degli schiavi verso le colonie spagnole) a una compagnia commerciale inglese. Tuttavia, al termine della guerra di successione polacca, nel 1738, la nuova dinastia dei Borbone di Spagna ottenne il Regno di Napoli e di Sicilia che un ramo cadetto (i Borbone di Napoli) governerà dal 1759 al 1860.

■ **Francia** Ai successi iniziali delle "guerre di rapina" di Luigi XIV, che videro l'ampliamento dei confini territoriali francesi a est e a nord, con città come Strasburgo e Lille, si sarebbe aggiunta per via ereditaria la Lorena nel 1766. Nel complesso, pur mantenendo una posizione preminente in Europa, la Francia subì grandi **perdite nei suoi possessi coloniali** ceduti alla Gran Bretagna nel 1763: oltre al Canada francese (Québec), parte della Louisiana (un'altra parte andò alla Spagna), alcune isole delle Antille (Dominica, Grenada, Saint Vincent e le Grenadines, Tobago) e molti dei suoi possessi in India.

■ **Paesi Bassi spagnoli** I Paesi Bassi spagnoli (o del Sud), corrispondenti agli attuali Belgio e Lussemburgo, passarono all'Austria dopo la guerra di successione spagnola. I sovrani austriaci non riuscirono durante il loro dominio, durato fino al 1794, a ottenere dalle Province Unite la riapertura dell'estuario del fiume Schelda (privilegio ottenuto dagli olandesi nel 1648), la cui chiusura aveva strangolato le fiorenti attività commerciali della città di Anversa.

■ **Province Unite** Uscite sostanzialmente indenni dalle guerre di fine '600 e anzi col prestigio accresciuto dalla difesa contro Luigi XIV, le Province Unite non sarebbero state più tra i protagonisti del '700. Conservarono tuttavia intatti i grandi possessi coloniali in Indonesia e lungo le coste dell'America Latina e nei Caraibi mantenendo il ruolo di grande potenza commerciale grazie alle due compagnie delle Indie orientali e delle Indie occidentali.

■ **Gran Bretagna** Superate le tensioni rivoluzionarie e pacificati i conflitti interni, l'Inghilterra o, più correttamente a partire dal 1707, la Gran Bretagna giocò un ruolo decisivo durante la guerra di successione spagnola per poi dedicarsi prevalentemente ad accrescere i suoi **possedimenti coloniali** a spese della Spagna e soprattutto della Francia.

■ **Prussia** Se messa a confronto con la permanente frammentazione dei piccoli Stati tedeschi, esclusa la Baviera, l'ascesa della Prussia a **grande potenza** militare e territoriale rappresenta l'avvenimento più significativo del '700 nell'Europa continentale. Conquistata e difesa la Slesia, gli ulteriori ingrandimenti avvennero soprattutto a spese della Polonia.

■ **Svezia e Polonia** Potenza militare egemone nell'area del Baltico alla metà del '600, sconfitta dalla Russia, la Svezia non riuscì più a svolgere un ruolo di rilievo dopo il 1720.

Vittima delle sue debolezze istituzionali, invece, il Regno di Polonia – più esattamente la Confederazione polacco-lituana – rimase preda dei più potenti vicini, Prussia, Austria e Russia, che l'accerchiavano da tutti i lati. Nelle tre **spartizioni** del 1772, 1793 e 1795 perse tutti i suoi territori e Varsavia divenne una città prussiana.

■ **Russia** Dopo la sconfitta della Svezia e la raggiunta egemonia sul **Baltico** ottenuta da Pietro il Grande, la Russia volse le sue armi contro l'impero ottomano raggiungendo il mar Nero tra il 1774 e il 1783 ed ergendosi contemporaneamente a protettrice delle minoranze ortodosse **contro i turchi**.

■ **Austria** Ottenuti i possedimenti spagnoli in Italia dopo la guerra di successione spagnola, già nel 1738 l'Austria dovette cedere il Regno di Napoli e di Sicilia ai Borbone di Spagna. La **pace di Aquisgrana** (1748), che pose termine alla guerra di successione austriaca, confermò la perdita della Slesia conquistata dalla Prussia e decise la cessione del Ducato di Parma a un ramo cadetto dei Borbone di Spagna. L'Austria conservava in Italia la Lombardia con Milano e Mantova, mentre il Granducato di Toscana, dopo l'estinzione dei Medici, era andato a Francesco di Lorena, marito di Maria Teresa d'Austria. Il bilancio non era positivo per l'Austria anche per i risultati delle lunghe guerre nei Balcani contro l'impero ottomano. Dopo la **liberazione di Vienna dall'assedio turco** (1683) gli eserciti austriaci si erano spinti verso sud sotto la guida di Eugenio di Savoia conquistando Belgrado nel 1717. Ma nel 1739 gli ottomani avevano ripreso gran parte dei territori perduti.

La galleria verso il giardino di Blenheim Palace
1705-24
[Oxfordshire, Inghilterra]
Blenheim Palace è una sfarzosa residenza fatta costruire dalla regina Anna d'Inghilterra per celebrare la vittoria sulla Francia durante la guerra di successione spagnola e premiare John Churchill, primo duca di Marlborough. Il 13 agosto dell'anno precedente, infatti, il duca, insieme al principe Eugenio di Savoia, aveva guidato vittoriosamente le forze alleate (inglesi, austriaci, prussiani, più altri delle Province Unite e della Danimarca) contro i francesi e i loro alleati bavaresi nella battaglia di Blenheim (oggi Blindheim, in Baviera). Si era trattato di una battaglia decisiva nel conflitto per la successione spagnola in quanto prima seria sconfitta subita dai francesi che metteva fine alle mire espansionistiche di Luigi XIV.

■ **Italia** Nella Penisola italiana il '700 si presenta con due volti diversi. Da un lato mantenevano la continuità politica e territoriale le Repubbliche di Genova e di Venezia e lo Stato pontificio, dall'altro si alternavano le case regnanti o se ne installavano di nuove tra il 1713 e il 1748, come abbiamo visto accadere in Lombardia, a Parma, in Toscana, nei Regni di Napoli e di Sicilia. Solo a partire dal 1748 la situazione italiana si può dire stabilizzata.

In questo contesto l'unico significativo elemento di autonomo protagonismo è quello rappresentato dal Piemonte dei **Savoia** che vide premiata la politica opportunistica con l'acquisto della Sicilia nel 1713 e il connesso titolo regio. L'abilità di Vittorio Amedeo II (1675-1732) consentì allo Stato sabaudo di uscire dalla sudditanza francese, che durava da oltre un secolo e mezzo, e di affermarsi, grazie alla riorganizzazione amministrativa e alla costruzione di un forte esercito, come una "piccola" potenza, decisiva per le sorti future dell'Italia. Nel 1718 i Savoia dovettero cedere la Sicilia all'Austria, ottenendo in cambio la Sardegna e assunsero da allora quel titolo di **re di Sardegna** che porteranno fino al 1861 quando, con l'unificazione, Vittorio Emanuele II diverrà re d'Italia.

GUIDA ALLO STUDIO

❶ Quando e perché furono firmati gli accordi chiamati *Port Wine Treaty*? ❷ Quali furono, per la Spagna, le conseguenze della guerra di successione? ❸ Quale politica estera seguì la Gran Bretagna dopo la guerra di successione spagnola? ❹ Cosa stabilì la pace di Aquisgrana, che pose termine alla guerra di successione austriaca? ❺ Quando e perché il re del Piemonte ricevette il titolo di re di Sardegna?

ATLANTE 6_L'ITALIA NEL 1714

Fra il 1714 e il 1748 l'assetto territoriale italiano cambiò radicalmente. Con il trattato di Rastatt **[👁 1.2]** la Spagna perse i suoi possessi in Italia a beneficio dell'Austria (Lombardia, Regno di Napoli, Sardegna e Stato dei presìdi) e dei Savoia (Sicilia).

ATLANTE 7_L'ITALIA NEL 1748

Nel 1718 lo Stato sabaudo ottenne la Sardegna in cambio della Sicilia. Ma fu tra il 1738 e il 1748 che l'Italia trovò una sistemazione destinata a durare fino all'invasione napoleonica (e sostanzialmente fino al 1859-60): nel 1738 l'Austria cedette a Carlo di Borbone il Regno di Napoli e la Sicilia, mentre i Savoia raggiunsero il Ticino. Nel 1748, al termine della guerra di successione austriaca, l'Austria cedette il Ducato di Parma, che aveva ottenuto nel 1738, a Filippo di Borbone, fratello cadetto di Carlo.

Il diritto internazionale

Nel marzo del 1765 Federico II impartiva agli insegnanti dell'Accademia prussiana dei nobili le istruzioni seguenti: «Il maestro avvertirà la gioventù che il diritto delle genti [il diritto internazionale], mancando della forza coercitiva necessaria a farlo osservare, non è che un vano fantasma, che i sovrani ostentano nei patti e nei manifesti, quand'anche li violino».

Le parole disincantate del re di Prussia sono una buona introduzione allo scetticismo di cui il diritto internazionale ha sempre sofferto nei secoli. Il tentativo di **razionalizzare i rapporti tra gli Stati** sulla base del diritto incontra da sempre un ostacolo nella volontà di predominio dei vari governi, oltre che nella ovvia concorrenza di interessi. La storia dell'evoluzione del diritto internazionale è anche la storia dei suoi occasionali fallimenti, di alleanze spezzate, di patti non rispettati, di guerre.

In generale, per «diritto internazionale» si intende il sistema giuridico che esprime l'assetto della comunità internazionale e regola i rapporti tra i suoi enti costitutivi, gli Stati. L'origine di questa visione dell'ordine mondiale è ancora materia di discussione nella dottrina giuridica.

Al di là delle differenti posizioni degli studiosi, se guardiamo non tanto alla storia delle relazioni giuridiche tra i popoli dell'umanità, quanto alla formazione dell'attuale ordinamento internazionale, il punto di svolta sembra situarsi nella formazione degli Stati nazionali dell'età moderna. Già a partire dal **XVI secolo**, alcuni scrittori e filosofi si erano impegnati nella sistemazione teorica del cosiddetto **diritto delle genti**, contribuendo alla sua sedimentazione nel diritto comune. Autori come lo studioso domenicano Francisco de Vitoria (1483-1546) o il filosofo Ugo Grozio [👁 3.3] contribuirono alla fondazione del diritto internazionale trattando nelle loro opere argomenti quali le regole da tenere durante una guerra, i caratteri fondamentali dello Stato, le modalità di acquisto della sovranità territoriale, soprattutto dopo la scoperta del Nuovo Mondo.

Nella dottrina classica del diritto internazionale, il concetto di comunità internazionale presuppone quello di **sovranità dello Stato**, che trova la sua compiuta espressione nelle monarchie assolute del **XVII** e **XVIII** secolo e si mantiene almeno per tutto il **XIX secolo**. In base a tale dottrina, uno Stato è indipendente all'interno del suo territorio da qualsiasi interferenza esterna, e per questo è in grado di trattare con gli altri Stati alla pari.

Per riferirsi a questo modello di ordinamento internazionale si usa spesso l'espressione **sistema vestfaliano**. Con la pace di Vestfalia del 1648, infatti, concedendo la libertà in materia religiosa agli Stati tedeschi, le varie potenze sancivano anche il principio del non intervento negli affari interni di uno Stato. Nel sistema vestfaliano, le mediazioni diplomatiche tra i vari Stati dovevano costituire lo strumento per la risoluzione delle dispute internazionali. Le alleanze e le coalizioni che si formavano di volta in volta per contrastare il tentativo di qualche potenza di prendere il sopravvento contribuirono a rendere stabile quest'ordine internazionale. Dopo il Congresso di Vienna (1815), il **concerto delle potenze** tese a istituzionalizzarlo.

Com'è ovvio, ciò non significava bandire del tutto la guerra dalle opzioni possibili. Molto pragmaticamente, però, queste dovevano essere considerate lo strumento controllabile di un ordine che si pretendeva definito razionalmente: è il concetto di «guerra giusta», una categoria ora attribuita ai conflitti sulla base del diritto internazionale.

Vista la frammentazione dell'ordine internazionale, però, è lecito domandarsi: come nasce un diritto internazionale comune? Da dove trae la sua legittimità? La dottrina giuridica individua generalmente tre fonti di autorità: 1) la tradizione e la sedimentazione delle consuetudini; 2) la creazione di norme per via convenzionale (accordi, trattati, ecc.); 3) le norme sancite da enti internazionali, nati in seguito agli accordi tra più Stati.

Qualunque sia la fonte specifica di una norma di diritto internazionale, la regola aurea che disciplina il sistema è antica, per quanto spesso disattesa: *pacta sunt servanda* ('i patti vanno rispettati').

In seguito alla **seconda guerra mondiale**, la formazione delle grandi organizzazioni internazionali (in primo luogo l'Onu con le sue agenzie) e la fondazione di confederazioni di Stati sovrani (l'Unione europea fra tutte) hanno profondamente spostato i limiti della sovranità statale. Almeno formalmente, oggi questi organismi hanno la facoltà di interferire nella politica interna degli Stati. Su alcune importantissime questioni come la tutela dei diritti umani, la comunità internazionale ha ormai sempre più strumenti per intervenire, a partire da tribunali come la **Corte Penale Internazionale** e la **Corte Internazionale di Giustizia**.

Inoltre, in seguito alla crisi economica mondiale scoppiata nel 2008 in tutto l'Occidente, sono in molti a proporre la creazione di organismi internazionali in grado di controllare e regolare l'economia mondiale con poteri prescrittivi per gli Stati.

Quale che sia l'esito di questo dibattito, sembra ormai inevitabile che il ruolo del diritto nella definizione delle contese nella comunità internazionale sia destinato a crescere, raccogliendo funzioni prima lasciate alla variabilità dei rapporti politici. E tuttavia, dagli scontri militari negli anni della guerra fredda fino alle invasioni americane di Afghanistan e Iraq, la storia degli ultimi sessant'anni è disseminata di conflitti non autorizzati dalle Nazioni Unite.

Se nell'età moderna il controllo dell'ordine internazionale in linea teorica è passato dalla guerra alla diplomazia, nel XXI secolo è la toga dei giudici internazionali a candidarsi per garantire la risoluzione pacifica dei conflitti tra Stati, alternando successi a clamorosi fallimenti.

La sede della Corte Internazionale di Giustizia
[© Atlantide Phototravel/Corbis]
Il Palazzo della Pace dell'Aia, nei Paesi Bassi, è la sede della Corte Internazionale di Giustizia, fondata nel 1945. Essa costituisce il principale organo giudiziario delle Nazioni Unite ed esercita la sua funzione giurisdizionale riguardo all'applicazione e l'interpretazione del diritto internazionale, occupandosi di dirimere le dispute fra gli Stati membri delle Nazioni Unite che hanno accettato la sua giurisdizione.

1 L'assolutismo in Francia

Nel 1661, morto Mazzarino, Luigi XIV assunse direttamente il potere. Il suo lunghissimo regno (durato fino al 1715) fu caratterizzato dal rafforzamento della monarchia – attraverso l'accentramento dei poteri – e dal consolidamento dell'egemonia continentale della Francia. L'obbligo imposto alla grande nobiltà di risiedere presso la corte, nella nuova sede di Versailles, sancì l'indebolimento dell'aristocrazia e il rafforzamento del potere assoluto del sovrano. Nella politica religiosa il re impose che la religione dei sudditi si uniformasse a quella del sovrano (principio della uniformità religiosa) e perseguitò giansenisti e ugonotti. A questi ultimi furono cancellati i diritti riconosciuti dall'editto di Nantes. L'intervento dello Stato nell'economia, di cui fu artefice soprattutto Colbert, ebbe la più completa realizzazione nel mercantilismo.

2 I limiti dell'egemonia francese

Luigi XIV rafforzò l'esercito come strumento di espansione lungo i confini nord-orientali. Il conflitto per la successione spagnola, connesso all'accettazione della Corona di Spagna da parte di Filippo d'Angiò, nipote di Luigi XIV, oppose principalmente Francia e Spagna a Impero asburgico, Inghilterra, Province Unite e altri Stati, tra cui la Prussia. L'esito del conflitto ridimensionò le ambizioni di Luigi XIV: fu mantenuta la separazione dei due rami dei Borbone, mentre l'Austria ottenne i Paesi Bassi spagnoli e larghi vantaggi territoriali nelle Fiandre e in Italia a scapito degli spagnoli (paci di Utrecht e Rastatt, 1713-14). Con Luigi XV la Francia vide sconfitti gli obiettivi di dominio oltremare (guerra dei Sette anni).

3 La rivoluzione del 1688-89 in Inghilterra

In Inghilterra la restaurazione degli Stuart fu sancita con l'incoronazione di Carlo II (1660). Nel 1685 salì al trono Giacomo II, ma la sua politica filocattolica gli alienò presto ogni simpatia, provocando la reazione del Parlamento che, nel 1688, offrì la Corona a Guglielmo d'Orange e alla moglie Maria Stuart. Terminò così la seconda Rivoluzione inglese o "gloriosa rivoluzione", che sul piano istituzionale portò a una monarchia costituzionale fondata sulle prerogative del Parlamento e sui limiti del potere monarchico. La regolamentazione del potere regio fu stabilita nel *Bill of Rights*.

4 Verso il governo parlamentare in Gran Bretagna

La vita parlamentare inglese fu dominata per gran parte del '700 dai Whigs, interpreti dei princìpi della "gloriosa rivoluzione", in antagonismo con i Tories. In questo periodo la lotta politica era gravemente inquinata da clientele e vincoli di parentela che rendevano frequente la corruzione. Negli anni in cui il paese fu guidato dal whig Walpole (1721-42), prese forma il governo di gabinetto: un ristretto numero di ministri condotto dal leader della maggioranza parlamentare, con delega del re, che esercitava il potere esecutivo controllato dal Parlamento. In seguito, con William Pitt il Vecchio, l'Inghilterra attuò una politica internazionale che rafforzò l'impero commerciale inglese (guerra dei Sette anni).

5 Le ragioni delle guerre

Tra la metà del '600 e la metà del '700 si combatterono in Europa numerose guerre per interessi commerciali, questioni dinastiche e per le ambizioni di conquista delle potenze continentali. Per sostenere i conflitti le maggiori potenze potenziarono i loro eserciti e la burocrazia.
Tra gli Stati che nutrivano interessi commerciali, la Spagna tenne una linea difensiva rispetto all'aggressività di altre potenze, soprattutto dell'Inghilterra. Per motivi dinastici si combatterono la guerra di successione spagnola e le due guerre di successione polacca e austriaca. Quest'ultima si risolse con il passaggio della Slesia dall'Austria alla Prussia e il riconoscimento della Prammatica sanzione (e dunque dell'ascesa al trono asburgico di una erede: pace di Aquisgrana, 1748). A scatenare la guerra dei Sette anni (1756-63) furono invece le ambizioni di conquista. Essa sancì per un verso l'intesa fra Prussia, Austria e Russia e per l'altro la supremazia coloniale inglese a danno della Francia. Le guerre verificatesi in Europa in questo periodo trovano una spiegazione nel contesto geopolitico: un arco di aree forti (Spagna, Portogallo, Province Unite, Francia, Inghilterra, Stati scandinavi, Russia) chiudeva due grandi aree deboli (il bassopiano tedesco-polacco e la Penisola italiana).

6 L'ascesa della Prussia

Tra il 1740 e il 1786 Federico II guidò la Prussia nella sua ascesa al rango di grande potenza. Ma il suo regno fu l'esito di un processo iniziato almeno un secolo prima. A metà del '600, infatti, nei frammentati domìni degli Hohenzollern iniziò l'opera di organizzazione dello Stato assoluto. Rafforzato l'esercito e organizzati un efficiente sistema fiscale e una capace burocrazia, Federico Guglielmo si inserì nella prima guerra del Nord ottenendo la fine della dipendenza feudale della Prussia dalla Polonia. In seguito, alla fine della seconda guerra del Nord (1720-21) furono sanciti il controllo russo del Baltico e l'acquisizione prussiana della Pomerania e del porto di Stettino. La Prussia si inserì così nei commerci del Baltico.

7 La Russia da Pietro il Grande e Caterina II

Alla fine del '600 lo zar Pietro I il Grande, influenzato dal contatto con l'Occidente, si volse alla creazione di un governo assoluto e autocratico potenziando l'esercito, costituendo una marina da guerra e di conseguenza riorganizzando fisco e amministrazione. L'azione riformatrice di Pietro favorì la mobilità sociale (con l'accesso di nobili e borghesi alle cariche statali), e disciplinò le carriere (Tabella dei ranghi). L'opera di modernizzazione tuttavia non intaccò le basi sociali del mondo rurale, dove sopravvissero servitù e proprietà sulle persone. Morto Pietro (1725), particolarmente incisive furono le personalità di Elisabetta I e Caterina II.

8 I risultati di cento anni di guerre

Al termine delle guerre combattute tra la fine del '600 e il '700, Francia e Prussia videro ampliati i loro territori. La Francia tuttavia subì grandi perdite nei possessi coloniali a vantaggio della Gran Bretagna. Quest'ultima accrebbe i suoi possedimenti extraeuropei anche a spese della Spagna. La Spagna perse di importanza nello scacchiere internazionale insieme alle Province Unite e alla Svezia, che uscì sconfitta dal conflitto per la supremazia nel Baltico, vinto invece dalla Russia. L'Austria perse il Regno di Napoli e di Sicilia, il Ducato di Parma (ceduti alla Spagna) e la Slesia (passata alla Prussia); sul fronte orientale subì il grave assalto turco. In Italia mantennero continuità politica e territoriale Genova, Venezia e lo Stato pontificio. Il Piemonte dei Savoia vide premiata la sua intraprendenza nello scenario bellico europeo (ottenne la Sicilia e il titolo regio, 1713). Smarcatosi dalla sudditanza francese, lo Stato sabaudo perse la Sicilia guadagnando la Sardegna (1718) e i Savoia assunsero il titolo di re di Sardegna.

SVILUPPARE LE COMPETENZE

❶ Rispondi ai quesiti impiegando il numero di righe indicato tra parentesi:

a. In che modo Luigi XIV realizzò l'accentramento dei poteri sulla sua persona? (8 righe)

b. Chi ricoprì il ruolo di controllore generale delle finanze per una parte del regno di Luigi XIV? Quale politica economica attuò? (12 righe)

c. Quale obiettivo spinse Luigi XIV a revocare l'editto di Nantes e quali conseguenze ebbe questa azione? (10 righe)

d. Quale importante conflitto si concluse con le paci di Utrecht e di Rastatt? Racconta motivi e vicende della guerra. (6 righe)

e. Chi fu il successore di Luigi XIV? Quali furono le caratteristiche del suo regno e quale fu il conflitto più importante avvenuto durante il suo mandato? (8 righe)

❷ Usa tutti gli argomenti di seguito elencati come spunti per costruire un breve testo di 20 righe. Argomento e titolo del componimento non ti sono dati perché li dovrai desumere dagli indizi. Fai attenzione: dovrai utilizzare tutti gli argomenti senza cambiarne l'ordine:

a. Repubblica di Cromwell
b. incoronazione di Carlo II
c. dualismo di poteri tra Corona e Parlamento
d. Giacomo II
e. cattolicesimo
f. politica assolutista
g. sette esponenti della nobiltà inviano a Guglielmo d'Orange una lettera
h. 4 novembre 1688
i. Giacomo II fugge in Francia
j. Guglielmo III e Maria II
k. *Bill of Rights*
l. battaglia sul fiume Boyne
m. *Act of Settlement.*

❸ La contrapposizione tra Whigs e Tories caratterizzò l'affermazione, in Gran Bretagna, del governo parlamentare. Descrivine i tratti fondamentali stabilendo la relazione esistente tra i termini seguenti (15 righe):

Whigs - Tories - Robert Walpole - Patronage.

❹ Da metà del '600 fino a metà del '700 l'Europa visse un periodo di lunghe e sanguinose guerre. Quali furono le origini e i motivi di tanti conflitti? Gli elementi principali della risposta alla domanda sono elencati di seguito. Sviluppa ognuno dei punti in brevi testi di 5 righe ciascuno:

a. Interessi commerciali
b. Questioni dinastiche
c. Ambizioni di conquista
d. Contesto geopolitico.

❺ Rispondi ai quesiti impiegando il numero di righe indicato tra parentesi:

a. Grazie a quale strategia politica Federico II di Prussia trasformò il suo paese in una grande potenza? (6 righe)

b. Come si trasformò il territorio della Prussia nel corso del '700? (6 righe)

❻ Pietro il Grande fu artefice di una profonda modernizzazione della Russia. Ricostruisci l'ordine cronologico degli eventi elencati in ordine sparso qui sotto e usa la scaletta che otterrai per scrivere un testo di 15 righe:

a. La Russia affronta la Prussia nella guerra dei Sette anni.
b. Pietro assume direttamente il potere.
c. Emanazione della Tabella dei ranghi.
d. Viene fondata la nuova capitale: San Pietroburgo.

2 LA SOCIETÀ E L'ECONOMIA

CAPITOLO

1 La demografia del '700

La crescita demografica

L'aumento della popolazione delle città, e in particolare delle città capitali, è il segnale più vistoso della crescita **demografica** del '700. Londra passa da 700 mila a 950 mila abitanti, Parigi raggiunge i 650 mila alla fine del secolo. In Italia è Napoli la città più popolosa: cresce da poco più di 200 mila a oltre 300 mila abitanti nel corso del '700. **Crescono le città** che sono grandi centri commerciali e produttivi, ma crescono anche le capitali prevalentemente burocratiche come Vienna e Berlino.

Ma perché aumentano gli abitanti delle città? Non tanto per una crescita naturale della popolazione quanto per una costante migrazione verso i grandi centri.

In questo periodo si determinò infatti, nelle aree rurali, un surplus demografico e gli individui giovani si trasferirono nei centri urbani impegnandosi nei lavori più richiesti: servi e serve per le famiglie nobili o agiate, manovali, apprendisti; inoltre, quanti avevano titoli di studio o competenze specifiche trovarono impiego nel campo delle libere professioni o presso le amministrazioni pubbliche.

Le ragioni della crescita

Tra le ragioni che spiegano l'incremento demografico del secolo in quasi tutta l'Europa, se ne possono indicare con ragionevole certezza almeno tre: l'aumento fisiologico della popolazione, l'aumento della produzione agricola, l'aumento del numero dei matrimoni.

- **Una ripresa fisiologica** Al lungo periodo di diminuzione della popolazione, imputabile alle guerre, alla peste e alle carestie del '600, fece seguito una fase di ripresa fisiologica: così era avvenuto dalla metà del '400 e così avvenne dalla fine del '600. Così è avvenuto anche in tempi più recenti, dopo le grandi guerre mondiali.
- **L'aumento della produzione agricola** La diminuzione delle grandi epidemie determinò una diminuzione della mortalità catastrofica (quella dovuta a guerre e carestie, oltre che alle epidemie), mentre l'aumento della produzione agricola sostenne la crescita della popolazione. Si interruppe così il tradizionale andamento del ciclo demografico nel quale la scarsità di risorse disponibili arrestava l'aumento della popolazione.
- **L'aumento dei matrimoni** Contemporaneamente si assistette all'aumento del numero dei matrimoni e alla **diminuzione dell'età degli sposi**: sposarsi più giovani comportava la possibilità di avere più figli, e ciò contribuì a far crescere il **tasso di natalità**. Diminuì per contro la pratica del matrimonio tardivo, diffusa soprattutto nell'Europa centrale e settentrionale dove, fino ad allora, le donne si sposavano a 24-26 anni: questa pratica aveva ridotto di 6-8 anni il periodo di fecondità naturale entro il matrimonio attivando un controllo implicito delle nascite; né erano al tempo molto numerosi i figli illegittimi sia per il rispetto delle norme religiose, sia per la frequente soppressione dei nati fuori dal matrimonio.

Demografia
La demografia è la scienza che studia la popolazione umana utilizzando la statistica per indicarne i ritmi di crescita, i tassi di natalità e mortalità, la composizione professionale, la diffusione di alcuni fenomeni sociali. Un settore particolare è costituito dalla demografia storica, che esamina i caratteri e gli andamenti delle popolazioni nel passato.

Tasso di natalità / tasso di mortalità
Il tasso o indice di natalità indica il rapporto fra il numero dei nati e la popolazione totale. Il tasso o indice di mortalità indica invece il rapporto fra il numero dei morti e la popolazione totale.

Il nesso tra natalità e mortalità L'aumento della natalità e la riduzione della **mortalità** (in particolare di quella infantile) sono condizioni determinanti per la crescita della popolazione.

Nel corso del '700 e poi dell'800 si verificò infatti, in Europa, un incremento demografico dovuto in particolare all'aumento dei tassi di natalità e alla diminuzione costante della mortalità. Di questa crescita della popolazione, che segna la cosiddetta prima transizione demografica (cioè il passaggio da un sistema demografico tradizionale a uno moderno), furono protagonisti i paesi economicamente più sviluppati **[**👁 GRAFICO_**1]**. In seguito, invece, a partire dalla fine dell'800, cominciò, seppure in tempi diversi a seconda dei luoghi, la seconda transizione demografica, caratterizzata dalla contemporanea diminuzione della mortalità e della natalità, tipica delle società contemporanee.

Le malattie infettive Sul tasso di mortalità influirono nel '700 anche le epidemie. Le grandi epidemie di peste si ridussero ad episodi marginali, ma in generale le malattie infettive e contagiose mantennero elevato il loro carattere letale soprattutto entro le grandi agglomerazioni urbane. Il tifo e la dissenteria proliferarono

GRAFICO 1_LA POPOLAZIONE IN EUROPA TRA IL 1650 E IL 1800 (VALORI IN MILIONI DI ABITANTI)

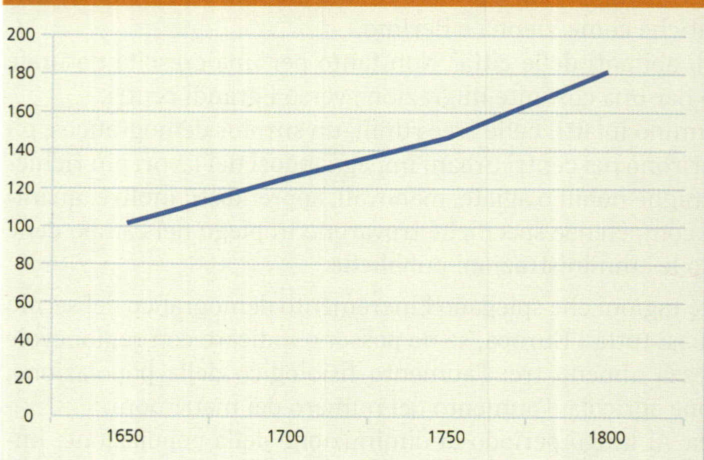

[da M. Barbagli e D.I. Ketzer (a cura di), *Storia della famiglia in Europa. Dal Cinquecento alla Rivoluzione francese*, Laterza, Roma-Bari 2002, p. xx]

Louis Boilly
Il vaccino **(o *Il pregiudizio vinto*)**
1807
[Wellcome Institute for the History of Medicine, Londra]

facilitati dalle cattive condizioni igieniche, mentre il **vaiolo** continuava a mietere vittime in tutti gli strati sociali lasciando sfigurati nel corpo e nel volto quanti contraevano la malattia. La maggiore organizzazione ospedaliera non ridusse la mortalità, anzi probabilmente la aumentò, poiché i luoghi di cura accentuavano le occasioni di contagio. L'inoculazione antivaiolosa, a cui si ricorreva nel '700, era spesso letale e, fino alla scoperta di Edward Jenner sull'efficacia della **vaccinazione** effettuata con i germi del vaiolo (1796), l'unico rimedio rimaneva quello di circoscrivere il contagio.

Parola chiave
Ceto / Classe

ONLINE

Crescita demografica e sviluppo economico

Nonostante gli ostacoli frapposti dalle malattie infettive, l'aumento della popolazione nel '700 è certificato da tutti i dati disponibili, per quanto frammentari e approssimativi, ed è ragionevolmente collegabile allo sviluppo economico. Confortano questa tesi alcuni fenomeni demografici, sebbene anteriori a questo periodo: il grande centro mercantile di Amsterdam, per fare un esempio, vide crescere la sua popolazione da 54 mila a oltre 200 mila abitanti proprio nel corso del '600, nell'epoca del suo massimo splendore, per rimanere poi stabile nel '700, in un periodo di parziale declino.

GUIDA ALLO STUDIO

❶ Perché la popolazione delle città aumentò molto nel '700? ❷ Quali sono i motivi della crescita demografica del XVIII secolo? ❸ Che cos'è la prima transizione demografica? ❹ Quale effetto ebbe, sul tasso di mortalità, la continua proliferazione di malattie infettive?

2 Mobilità e gerarchie sociali

La mobilità sociale

L'aumento della popolazione determinò anche una significativa mobilità sociale ascendente, ossia un diffuso cambiamento in meglio dello status sociale? Non è possibile dare una risposta univoca a questo interrogativo. Un certo peso ebbe lo **sviluppo economico**, di cui si dirà nei paragrafi finali del capitolo [👁 2.5-6]. È evidente, infatti, che nei settori investiti dallo sviluppo – nuova agricoltura, industria domestica, manifatture, traffici commerciali – si registrarono forme di ascesa sociale accompagnate da una nuova ricchezza personale o familiare. Lo stesso avvenne all'interno delle **amministrazioni pubbliche** con l'aumento delle funzioni e delle cariche, mentre fu costante l'ascesa di chi era impegnato nelle **libere professioni**: avvocati, notai, medici. Ma le spinte innovative si scontrarono, in particolare nell'Europa continentale, con la permanenza di una struttura e di un ordinamento normativo della società organizzati rigidamente in base alla tradizione e al rango.

La società per ceti

Contadini, popolani di città, borghesi, proprietari terrieri, nobiltà, clero: questi erano i **ceti** o i gruppi sociali prevalenti nella società di *ancien régime*, distribuiti in una piramide a base molto larga su cui poggiavano i vertici della nobiltà e del clero. Ad ogni ceto si apparteneva per nascita ed era estremamente difficile uscire dal proprio **status di provenienza**. Chi nasceva nobile rimaneva nobile tutta la vita. E chi nasceva contadino aveva altissime probabilità di restare tale. Cambiare ceto era un evento eccezionale, possibile solo in virtù del **conferimento di privilegi particolari**, come quelli delle "patenti di nobiltà" concesse a un borghese. Solo nel clero non si accedeva per nascita, ma i gradi alti della carriera ecclesiastica erano prevalentemente prerogativa della nobiltà.

Vaccinazione
Nel 1796 Edward Jenner inoculò nell'uomo del materiale prelevato dai bovini affetti dal vaiolo per praticare l'immunizzazione attiva contro il vaiolo umano. Da questo esperimento deriva il legame etimologico tra *vaccinazione/vaccino* e il latino *vaccinus* ('di vacca'). Nel secolo successivo il francese Louis Pasteur (1822-1895) dimostrò l'origine delle malattie infettive e la possibilità di proteggere uomini e animali dal contagio mediante l'introduzione nell'organismo di germi attenuati.

I privilegi e la diseguaglianza dei diritti

La società per ceti era caratterizzata dai privilegi, ossia dalle norme e dalle giurisdizioni particolari riservate a ogni gruppo. L'appartenenza a un ceto comportava il godimento di certi diritti e l'esclusione da altri: questo era il fondamento giuridico della diseguaglianza so-

ONLINE

DOC
Jane Austen
Sentimento e orgoglio di classe

ciale. La società per ceti trovava anche un riconoscimento ufficiale nell'ordinamento politico di molti Stati che mantenevano **rappresentanze** e **assemblee per ceti**, tali da determinare, in molti casi, tensioni e conflitti nei rapporti col potere centrale. Il sistema più noto era quello dei tre ordini, o stati, francesi: clero, nobiltà e Terzo stato. Quest'ultimo raccoglieva tutti i sudditi che non appartenessero ai primi due ordini, dal grande mercante al più povero dei contadini.
Molti contemporanei consideravano questo ordinamento per ranghi un carattere immutabile della società e le differenze, anche minime, di status erano aspramente difese, soprattutto quando comportavano un'esenzione fiscale totale o parziale. Ma nel corso dell'ultima parte del '700 molte voci critiche si levarono contro questo sistema.

La critica al sistema dei privilegi

Intellettuali e **pensatori** politici attaccarono i privilegi fiscali del clero e della nobiltà non solo sul piano dei princìpi, ma anche perché aggravavano la crisi finanziaria degli Stati. Inoltre, molti **scrittori** posero al centro dei loro romanzi le differenze di rango e gli ostacoli frapposti agli spontanei sentimenti dei giovani innamorati: sentimenti ostacolati dal forzato rispetto delle tradizioni e dalla prospettiva di matrimoni combinati a tutela degli interessi patrimoniali delle famiglie. Seppure di qualche anno più tardo, il romanzo *Orgoglio e pregiudizio* (1813) della scrittrice inglese Jane Austen ci restituisce un'analisi illuminante delle convenzioni sociali dominanti all'epoca: la ribellione della giovane protagonista femminile (Elisabeth) a queste norme, e la sua combattività, sostenuta da sensibilità e intelligenza, conferiscono all'opera la forza comunicativa di un pamphlet politico radicale.

GUIDA ALLO STUDIO

❶ In quali classi si registrò un'ascesa sociale? ❷ Chi componeva il Terzo stato? ❸ Perché intellettuali, pensatori e scrittori attaccarono i privilegi di clero e nobiltà?

Jean-Baptiste Greuze
La fidanzata di paese
1761
[Museé du Louvre, Parigi]
La diffusione nelle campagne di un limitato benessere e l'ampliarsi di un nuovo ceto di contadini agiati stimolarono una produzione letteraria e artistica tesa a sottolineare i valori positivi e "naturali", e i "buoni sentimenti" del mondo rurale: una costruzione, in larga misura ideologica, che si voleva contrapporre alla corruzione dei costumi cittadini. In questo dipinto è rappresentata con finezza realistica tutta una varietà di sentimenti: la modestia pudica della fidanzata, la deferenza riconoscente del promesso sposo che tiene il sacchetto con le monete della dote, la generosità del genitore che accorda la figlia in matrimonio, l'emozione della madre e degli altri figli di fronte all'avvenimento che allontanerà la sorella dalla casa.

3 Famiglia, matrimoni e figli

La composizione delle famiglie

Nel '700 la struttura familiare dominante è ancora quella della **famiglia estesa o allargata**, in cui convivono tre generazioni (nonni, genitori e figli) insieme con altri parenti (zii e zie, spesso celibi e nubili, ma talora coniugati e con figli) e con una presenza variabile di domestici e garzoni: è il modello familiare prevalente nelle campagne, sia tra i ceti popolari sia tra quelli più elevati. Molto spesso l'economia familiare, per quanto garantita dalla disponibilità di numerose "braccia" per le attività lavorative, poteva entrare in crisi per le troppe "bocche" da sfamare: per questo alcuni giovani membri erano affidati o ceduti ad altre famiglie oppure migravano verso i centri urbani in grado di offrire loro un lavoro. Ma proprio nelle città, in questo periodo, si veniva affermando gradualmente, soprattutto nelle prime generazioni degli immigrati urbani, un nuovo modello familiare: la **famiglia nucleare o coniugale**, formata dai soli genitori e figli.

Gli inizi della contraccezione

L'aumento demografico e la relativa mobilità sociale, di cui si è detto, favorivano inoltre la diffusione di nuovi modelli culturali e comportamentali come risposta ai problemi delle famiglie troppo numerose. In alcuni paesi, come la Francia rurale e l'Ungheria, e in alcuni gruppi sociali come la borghesia ginevrina e la nobiltà italiana, ma anche in gruppi etnico-religiosi come gli ebrei italiani, si comincia a registrare infatti la tendenza a intervenire sui ritmi naturali della fecondazione limitando le nascite. Per quanto circoscritto, anche per la limitatezza delle ricerche in proposito, tale fenomeno è l'indicatore di un nuovo atteggiamento di controllo razionale della vita sessuale e affettiva. Dal momento che la cronologia di questi comportamenti sembra non coincidere con i grandi mutamenti politici e culturali di fine secolo, i motivi principali che gli storici e i demografi hanno individuato per spiegare il fenomeno sono tre: l'esigenza di tutelare la proprietà, una maggiore attenzione alla salute della donna, l'affermarsi di una nuova sensibilità per l'infanzia.

Maggiorascato
Istituto di diritto ereditario volto a preservare l'integrità di un patrimonio. Affermatosi nel '500, esso assicurava la trasmissione del patrimonio nella sua integrità al primogenito maschio o, indipendentemente dalla linea di discendenza, al parente più prossimo.

■ **La tutela della proprietà** La proprietà immobiliare rurale o urbana, soprattutto se di recente acquisizione e se non garantita dalle norme feudali del **maggiorascato**, non doveva rischiare, dove vigeva la divisione ereditaria, di essere eccessivamente frammentata tra un numero troppo elevato di figli.

■ **L'attenzione alla salute delle madri** Una maggiore attenzione alla salute della donna cominciò a

Jacques-Louis David (attribuito a)
Michel Gérard, membro della Convenzione, e la sua famiglia
1792-95
[Musée de Tessé, Le Mans]

Le trasformazioni sociali e culturali che si verificarono in Europa a partire dal XVII secolo mutarono profondamente le abitudini e molti aspetti della vita privata degli individui. In particolare, nel secolo XVIII venne affermandosi quel "sentimento dell'infanzia" che è tipico della società contemporanea. L'evoluzione della famiglia si manifesta comunque in modo differente a seconda delle aree geografiche e dei ceti sociali: se l'organizzazione delle famiglie reali sottostava a canoni di comportamento assai rigidi, l'interno della casa borghese qui riprodotto mostra una immagine più serena e consapevole del valore della famiglia.

diffondersi verso la fine del '700: soprattutto nelle famiglie altoborghesi e in qualche settore della nobiltà, queste attenzioni erano volte al fine di preservare le madri dall'eccessivo numero di gravidanze, causa di innumerevoli morti precoci per parto e di nascite a rischio.

■ **La nuova centralità dell'infanzia** Infine, i bambini, considerati fino allora come adulti in miniatura, iniziarono ad essere oggetto di sollecitudini particolari, di tenerezza, di attenzioni mirate alla loro età e alla loro educazione: atteggiamenti che contribuirono a distanziare le nascite.

La discendenza delle case regnanti

La necessità di garantire una discendenza escludeva ogni forma di limitazione delle nascite nelle famiglie regnanti. La regina Anna di Inghilterra quando salì al trono nel 1702, a trentasette anni, non aveva eredi, nonostante ben diciassette gravidanze: il solo figlio, che era sopravvissuto agli aborti o alla morte in tenerissima età di tutti gli altri, era morto nel 1700 a 11 anni. Questo spiega perché il Parlamento inglese emise, già nel 1701, l'*Act of Settlement* che trasferiva la Corona d'Inghilterra ai lontani eredi protestanti della famiglia degli Hannover [👁 1.3]. La dinastia degli Asburgo fu invece più fortunata. Maria Teresa d'Austria rappresentò infatti un'eccezione: dei sedici tra figli e figlie avuti tra i 20 e i 39 anni, quattro morirono di vaiolo e due in tenerissima età. Ma tutti gli altri, oltre ai due eredi al trono imperiale, Giuseppe II e Leopoldo II, entrarono in altre case regnanti o principesche, secondo una sapiente politica di matrimoni.

GUIDA ALLO STUDIO

❶ Perché entra in crisi il modello di famiglia estesa o allargata? ❷ Perché si inizia a intervenire sui ritmi naturali della fecondazione limitando le nascite? ❸ Perché era esclusa ogni forma di limitazione delle nascite nelle famiglie regnanti?

4 Il feudalesimo e i contadini

Nella notte del 4 agosto 1789, durante la Rivoluzione francese, l'Assemblea nazionale abolì il feudalesimo. Fu questo uno dei risultati più clamorosi della rivoluzione appena iniziata in Francia, un evento epocale, dal significato pratico e simbolico fortissimo, vissuto in particolare dalle masse rurali come una liberazione dall'oppressione.

La sopravvivenza del feudalesimo

Dunque, nel '700, a distanza di quasi un millennio dalla sua diffusione, il feudalesimo era ancora il sistema economico e giuridico dominante nelle campagne europee? La domanda impone una risposta articolata. Il feudalesimo si era in realtà ridotto, anche nelle regioni del suo originario insediamento (Francia e Germania occidentale), a una forma di proprietà nobiliare sulla terra accompagnata da una serie di **obblighi di lavoro gratuito** e di tributi che gravavano sui contadini. Praticamente inesistente era la tutela che il feudatario accordava ai suoi sudditi, mentre permanevano alcune forme di controllo (sui matrimoni ad esempio e sulla facoltà di allontanarsi dalle terre) e l'**amministrazione della bassa giustizia**, esercitata dal signore per i reati minori.

La **servitù personale** non era più una realtà diffusa nel feudalesimo occidentale, di cui quello francese rappresentava il modello più conosciuto, mentre era la regola nell'**Europa orientale**, a est dell'Elba, dove si era avuta, a partire dal '500, una vera e propria **rifeudalizzazione.** Non vi era servaggio in Inghilterra, dove il regime feudale era praticamente scomparso già nel '600. In declino era il feudalesimo in Spagna, mentre in Italia meridionale e in Sicilia, anche se la servitù personale era da tempo superata, i prelievi in denaro e in natura e le prestazioni personali erano così ampi da far ritenere che il regime feudale fosse vivo e particolarmente vessatorio. In pieno vigore nel Lazio, la feudalità era generalmente scomparsa nel resto dell'Italia centrale e in quella settentrionale, con alcune presenze, significative in Lombardia e in Friuli, modeste in Piemonte.

Il conflitto tra contadini e signori

I **vincoli feudali** che gravavano sulle terre ne limitavano l'uso e i redditi. Anche nei casi in cui il contadino poteva trasmettere in eredità o vendere la terra coltivata, questa non era detenuta in piena proprietà: dovevano infatti essere corrisposti al signore dei **tributi** ordinari – in denaro o in natura – per l'uso o straordinari nei casi di vendita e di successione. L'ammontare di questi tributi era in genere stato fissato secoli prima e si era mantenuto stabile per consuetudine: le corresponsioni in denaro presentavano quindi il vantaggio, rispetto a quelle in natura, di essersi ridotte di valore in seguito alla progressiva svalutazione della moneta. Ma questo sistema era alla base dei numerosi conflitti tra i contadini che volevano alleggerire il loro carico e i signori che miravano a incrementarlo. Un conflitto tanto più aspro nei periodi di carestia, ma anche nei casi di aumentata produttività i cui risultati rischiavano di venire sottratti ai contadini da una normativa considerata intollerabile.
Un altro ambito di conflitto era quello relativo agli **usi civici**, ossia ai diritti collettivi della comunità contadina, come quelli di pascolo, di raccolta della legna nelle zone boschive o delle spighe sparse nei campi dopo la mietitura (la spigolatura). Da un lato infatti i signori puntavano alla privatizzazione integrale della terra, all'inasprimento dei gravami feudali e all'abolizione degli usi civici, dall'altro le comunità contadine difendevano i tradizionali usi collettivi delle terre.

La particolare condizione dei contadini agiati

Questa contrapposizione era particolarmente aspra in molte regioni dell'Europa occidentale dove si stava affermando il ceto dei contadini agiati, **proprietari e affittuari** che adottavano strategie diverse secondo le circostanze: se erano proprietari miravano alla riduzione dei diritti delle comunità, se invece erano affittuari di terre signorili – cui era legata la riscossione di diritti – tendevano a mantenere e a rafforzare le forme del prelievo feudale.

Thomas Rowlandson
The tithe pig
1790
[Royal Collection Trust © Her Majesty Queen Elizabeth II 2014]

Il *tithe pig* ('maialino della decima') era un maiale offerto al clero locale quale pagamento della decima, la tassa dovuta alla Chiesa per il suo sostentamento. Questa stampa inglese del XVIII secolo mostra una scena abbastanza usuale nella casa di un curato. Una cameriera presenta un maialino su un piatto che viene ispezionato da un impiegato. Accanto a lui, il suo datore di lavoro, il parroco con il piede gottoso su un cuscino e una bottiglia di vino sul pavimento vicino la poltrona, guarda il maiale attraverso una lente di vetro, mentre un gatto e un cane si allungano verso l'animale. Il malconcio proprietario del maiale attende il responso fuori dalla porta grattandosi nervosamente la testa. L'accento grottesco e provocatorio con cui l'autore ha voluto sottolineare alcuni particolari denuncia quanto questa tassa fosse ritenuta ingiusta e mal sopportata dalla popolazione.

La decima Tutti avvertivano ormai come insopportabile non solo il peso delle tasse a favore dello Stato, come la **taglia** sugli individui o la **gabella** sul sale, prodotto indispensabile alla conservazione delle carni, ma anche il prelievo a favore della Chiesa nella misura di un decimo del raccolto. La **decima**, in realtà inferiore a 1/10 e pari in genere a 1/12-1/13, era una tassa antichissima, destinata in origine al mantenimento del parroco, ma spesso passata nelle mani dell'alto clero. Come gli altri diritti e prelievi feudali, la decima sarebbe stata abolita in Francia nella notte del 4 agosto 1789.

GUIDA ALLO STUDIO

❶ Quale forma ebbe il feudalesimo nel '700? ❷ Dove sopravviveva, ancora, la servitù personale? ❸ Che cosa sono i tributi ordinari che i contadini dovevano versare ai signori? ❹ Che cosa era la decima?

5 La rivoluzione agricola e le nuove colture

Il regime feudale delle terre rappresentava per larga parte la componente arretrata dell'agricoltura. Nel corso del '700, tuttavia, si accentuarono alcuni processi relativi alla proprietà delle terre e alle tecniche colturali che consentono di parlare di una rivoluzione agricola. Qui, come altrove, l'impiego del termine di "rivoluzione" in campo economico e sociale si riferisce a trasformazioni radicali che si compiono in tempi molto più lunghi di quelli caratteristici delle rivoluzioni politiche.

Anonimo
La raccolta del fieno nelle terre di Dixton Manor
1715 ca.
[Art Gallery and Museum, Cheltenham]

Il quadro rappresenta la raccolta del fieno da parte di tutti gli abitanti della proprietà di Dixton (Gloucester). Una gran parte del fieno è già stata tagliata; sulla sinistra una fila di uomini, muniti di falce, è ancora intenta a risalire il campo, lasciando dietro di sé il fieno già tagliato e ordinato in fasci. Sulla destra uomini e donne rigirano il fieno con i rastrelli per farlo seccare. Quindi lo ammucchiano in covoni provvisori per caricarlo poi su carri. Sulla destra altri contadini, terminato il loro lavoro, danzano. Al centro dell'immagine, tre persone a cavallo rappresentano probabilmente il signore con i suoi sovrintendenti.

Taglia
Nel Medioevo e nell'età moderna la taglia era un'imposta diretta (correlata cioè alla ricchezza di cui si è in possesso). In origine il termine designava soprattutto forme di prelievo straordinarie imposte ad arbitrio del signore. Più tardi anche un potere di ordine superiore – regio, principesco o comunale –, quando doveva esigere dai sudditi o dai cittadini una contribuzione diretta, le dava il nome di taglia e ne suddivideva il carico in base al numero dei contribuenti.

Gabella
Il termine, di origine arabo, designa una forma di imposta indiretta istituita nel Medioevo. La gabella fu una tassa sugli scambi e i consumi, e venne applicata sui generi alimentari di prima necessità. La gabella sul sale, in particolare, fu abolita solo alla fine del '700.

La privatizzazione delle terre comuni in Inghilterra

Le maggiori innovazioni in campo agricolo si registrano in Inghilterra dove le strutture agrarie cambiarono più profondamente fra '600 e '700. Le trasformazioni avvennero in seguito alle recinzioni – in inglese *enclosures* – dei campi aperti e delle terre comuni e all'introduzione di nuove tecniche e colture. Il sistema a **campi aperti** – *open fields* – caratterizzava nel '600 oltre la metà delle campagne inglesi: era costituito da appezzamenti non recintati, contigui, ma di proprietà individuale. Le consuetudini prevedevano che su questi campi, dopo il raccolto, tutti gli abitanti del villaggio potessero spigolare o inviare gli animali al pascolo. Di proprietà collettiva erano invece le **terre comuni** – *common lands* – destinate, tra le altre attività, al pascolo e alla raccolta di legna. I diritti d'uso di queste terre appartenevano a quanti avevano proprietà nel villaggio. Su di esse risiedevano, nei *cottages* (modestissime capanne), i contadini poveri e privi di proprietà.

Fattori di trasformazione e mercato

Le *enclosures* comportarono la recinzione – con muretti, siepi, steccati – e la ricomposizione degli appezzamenti situati nelle zone dei campi aperti, la recinzione e la privatizzazione delle terre comuni. Questa operazione (che avveniva col consenso del Parlamento) mirava a una più chiara definizione della proprietà e a una **utilizzazione più razionale delle terre** in grado di rispondere alla domanda del mercato [ATLANTE_8]. Le *enclosures* richiedevano investimenti per le opere di chiusura e per la riconversione colturale: contemporaneamente determinarono la graduale trasformazione dei *cottagers* in braccianti agricoli e la **diminuzione dei piccoli proprietari**.

Altro fattore di trasformazione dell'agricoltura inglese fu il passaggio da una rotazione triennale a una **rotazione pluriennale** con l'introduzione nel ciclo produttivo delle piante da foraggio, come il trifoglio e le rape, alternate ai cereali. Le colture foraggere avevano la proprietà di arricchire di azoto il terreno, consentendo una produttività più elevata. Aumentavano così le disponibilità alimentari per gli uomini e per il bestiame. L'**allevamento** diveniva una componente fondamentale dell'azienda agricola: forniva infatti concime naturale per la terra, carne e latte per il mercato.

ATLANTE 8_LE AREE RECINTATE DALLE *ENCLOSURES* STABILITE DAL PARLAMENTO BRITANNICO (1700-1845)

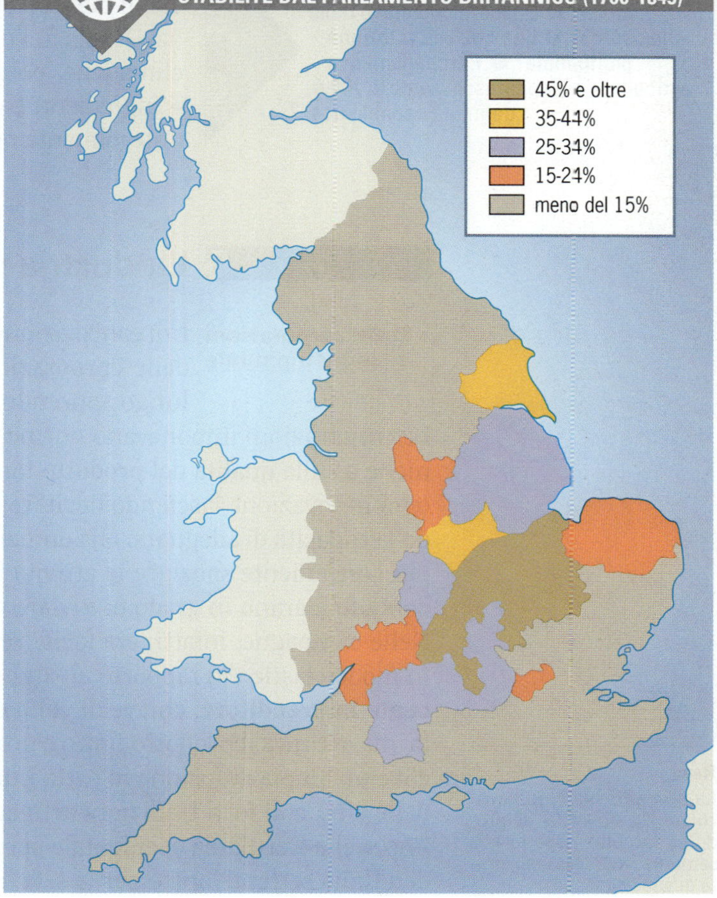

L'agricoltura capitalistica

Rotazioni complesse, integrazione di agricoltura e allevamento, produzione per il mercato non furono una prerogativa inglese: i nuovi sistemi erano già diffusi in alcune regioni della Francia settentrionale, nelle Fiandre, in Olanda e nella Germania nord-occidentale. In Italia la cascina lombarda con i suoi prati costantemente irrigati, che consentivano ripetuti tagli d'erba, rappresentava un modello di progresso e produttività. Ma questa agricoltura – definita "capitalistica" per la presenza di un **imprenditore**, proprietario o affittuario, che investe capitali sulla terra, si avvale di manodopera salariata e produce per il mercato – rimaneva, almeno in Italia, un settore marginale in lenta espansione.

I nuovi sistemi produttivi, infatti, **incontrarono molti ostacoli alla loro diffusione**. La frammentazione fondiaria con le difficoltà organizzative che ne derivavano, l'assenteismo dei proprietari, le consuetudini dei contadini erano tutti elementi di resistenza al cambiamento.

La lenta diffusione delle nuove colture

Si spiega così il ritardo con cui si affermarono le coltivazioni di origine americana – la patata e il mais –, nonostante garantissero una **resa** superiore a quella del frumento e degli altri cereali. Esse erano comunque destinate a modificare profondamente le abitudini alimentari, soprattutto degli strati popolari.

Solo le carestie della seconda metà del secolo imposero la **patata** come coltura alimentare dominante dall'Inghilterra alla Francia e dalla Germania alla Polonia; in Irlanda divenne presto l'elemento base della dieta contadina.

Il **mais** (o granturco) ebbe diffusione più precoce, ma egualmente lenta, nonostante i vantaggi di un ciclo vegetativo più breve di quello del frumento: fu ostacolato dalle sue stesse proprietà colturali che volevano climi temperati e un'intensa lavorazione del terreno durante la crescita. Fu coltivato nei paesi mediterranei: Spagna, Francia meridionale, Sicilia, Italia settentrionale. In alcune regioni italiane, come il Veneto, la polenta di mais sarebbe divenuta il cibo quotidiano dei contadini, mentre i prodotti del frumento erano destinati alla tavola dei ceti più agiati o al mercato.

Nel '700 si diffusero anche altre colture, seppure di minore importanza. Il **riso** nelle zone irrigue del Piemonte e della Lombardia; il **tabacco** un po' ovunque, in Olanda, Belgio, Germania, Italia. Questa fu l'unica delle nuove colture coloniali che, per ragioni climatiche, poteva affermarsi in Europa mentre tè, caffè, cacao – ingredienti base di bevande "eccitanti" il cui consumo crebbe notevolmente nel '700 – rimasero prodotti di importazione.

GUIDA ALLO STUDIO

❶ Che cosa sono gli *open fields* e le *common lands*? ❷ Qual era l'obiettivo delle *enclosures*? ❸ Che cos'è la rotazione pluriennale? ❹ Perché la nuova agricoltura sviluppatasi durante il '700 è definita "capitalistica"?

6 L'industria rurale e l'economia industriosa

Dalle corporazioni all'industria rurale

L'organizzazione del lavoro artigianale era regolata nelle città dalle corporazioni di mestiere, alle quali si accedeva dopo un lungo apprendistato.

Le corporazioni imponevano norme estremamente rigide sulle procedure, sulle tecniche e sulla qualità del prodotto tanto che, col passare del tempo, si erano chiuse a ogni innovazione lasciando lievitare di conseguenza i costi di produzione e smarrendo la capacità di adeguarsi alla domanda del mercato. Già tra '500 e '600 era divenuto più conveniente spostare le attività produttive nelle campagne dove molte famiglie contadine erano in grado di avviare un'industria rurale domestica.

Nelle campagne, infatti, era facile reperire manodopera a basso costo, da impiegare in modo elastico in rapporto all'andamento della domanda. La nuova figura del **mercante imprenditore**, chiave di volta di questo metodo produttivo, forniva la materia prima, ritirava il prodotto finito e provvedeva a venderlo sul mercato. Questo sistema ebbe un'ampia diffusione in tutta Europa, ma soprattutto nelle regioni e nei dintorni delle città con forti tradizioni artigianali: nelle Fiandre per la filatura e tessitura del lino, nella Germania occidentale per le armi da taglio e i coltelli, nelle zone prealpine dell'Italia settentrionale per la seta, in Inghilterra per i tessuti di lana.

Resa
La resa agricola è, in particolare, la quantità di prodotto raccolto rispetto alla semente impiegata per unità di superficie.

La "rivoluzione industriosa"

L'industria domestica rurale consentì di rispondere con una certa efficienza allo sviluppo della domanda interna e internazionale – anche coloniale – e offrì a molte famiglie contadine un'alternativa di reddito e la possibilità di raggiungere più alti livelli di vita. Rispetto alla fase successiva della rivoluzione industriale, che ebbe inizio tra la fine del '700 e l'800, queste attività sono espressione di una **protoindustrializzazione**. Il lavoro a domicilio continuò tuttavia a caratterizzare settori importanti della produzione – soprattutto quello della tessitura – anche in fase di industrializzazione ormai avviata. Le attività e le pratiche della **protoindustria** coincidono con quella che una nuova tendenza della storia economica ha cominciato a chiamare la **"rivoluzione industriosa"**, diffusa nelle regioni che si aprono sulle due sponde dell'Atlantico: Olanda, Paesi Bassi, parte della Francia, Inghilterra e le colonie britanniche del Nord America. Questa categoria individua nell'aumento dei consumi il risultato di una domanda sostenuta dalle unità familiari produttive. Grazie a un'intensificazione del lavoro nell'ambito dell'industria domestica queste unità familiari disponevano di una quota di reddito da impiegare nell'acquisto di generi voluttuari – zucchero, caffè, tè, tabacco, liquori – o di beni durevoli, come gli orologi da tasca che registrano un vistoso incremento produttivo alla fine del '700. Il fenomeno alimentò una domanda che rimase sostenuta nel tempo e trovò una risposta nell'interazione tra la produzione industriale locale e l'aumento delle importazioni dei **generi coloniali**. Il modello della "rivoluzione industriosa" non era solo una prerogativa di quella parte del mondo occidentale, ma trovava un corrispettivo anche in paesi dell'Oriente, come il Giappone, nello stesso arco temporale.

Generi coloniali

I generi coloniali sono i prodotti che giungono in Europa dalle colonie, molti dei quali in precedenza sconosciuti agli abitanti del Vecchio Continente, come lo zucchero, il tè, il tabacco, il cacao, il caffè o i tessuti decorati a stampa (i calicò). Tra questi generi vanno ricordate anche le spezie – il pepe, la noce moscata, la cannella, il chiodo di garofano – che, all'epoca della scoperta delle nuove rotte per l'India (tra la fine del '400 e il '500), sono già impiegate in Europa nella farmacopea e nella conservazione degli alimenti, ma importate via terra dall'Oriente.

William Hogarth
Gli apprendisti al telaio
1747

L'incisione, la prima di una serie di 12 create da Hogarth intitolata *Il lavoro e la pigrizia*, mostra l'interno di un piccolo laboratorio tessile a Spitafields (come si evince da una scritta sul boccale a sinistra), un quartiere di Londra. In una stanza ben illuminata e arieggiata, due operai lavorano al telaio, mentre il padrone si affaccia dalla porta con un bastone in mano per controllarli. Fin dalla fine del '600, Spitafields era diventato un importante centro per la produzione di tessuti pregiati di seta, con numerose botteghe di piccole e medie dimensioni controllate da famiglie benestanti che impiegavano due o più dipendenti.

Arazzo di manifattura dei Gobelins con *Un cacciatore indiano*
XVIII secolo
[Palazzo del Quirinale, Roma]

Delle manifatture promosse dallo Stato nel '600 in Francia, quella dei Gobelins fu senz'altro fra le più famose e produttive. Dedicata in un primo periodo alla creazione di differenti oggetti di artigianato artistico, dall'ebanisteria all'oreficeria all'incisione ai tessuti da arredamento, si limitò in un secondo tempo al solo settore degli arazzi e delle tappezzerie, settore la cui attività, con alterne vicende, continua ancora oggi.

Le manifatture statali Anche gli Stati avevano un ruolo nelle attività produttive di tipo industriale attraverso il sistema della manifattura. La manifattura è l'organizzazione del lavoro in cui gli operai, concentrati in un unico laboratorio o officina, svolgono, **per lo più manualmente**, tutte le fasi del processo produttivo. Tipiche manifatture furono quelle promosse in Francia da Colbert al tempo di Luigi XIV, per la fabbricazione di prodotti di lusso destinati al mercato delle esportazioni, come arazzi e porcellane, nel quadro di una politica mercantilista **[👁 1.1]**. Anche in altri paesi le manifatture furono spesso costituite su iniziativa statale per la fornitura di armi e uniformi agli eserciti. La manifattura, comunque, non fu mai l'organizzazione dominante e non lo fu so-

STORIA • SOCIETÀ • CITTADINANZA

Controllo, punizione, rieducazione

L'espressione "controllo sociale" indica tutte quelle azioni che le società mettono in atto per indurre i propri membri al rispetto delle norme e dei valori fondamentali che le caratterizzano. Indipendentemente dal tipo di società e dalle sue dimensioni, dalla sua collocazione geografica e dalle istituzioni che ne organizzano la vita, tutti i sistemi sociali hanno bisogno di stabilire delle regole e prevedono dei meccanismi che consentono (e impongono) agli individui di adeguarsi alle norme. Solitamente, all'infrazione della norma segue una punizione, ovvero una ulteriore azione che mira a rinforzare la norma violata e ricorda ai membri della società che conformarsi alle norme è giusto e necessario. In questo senso, la punizione ha sempre un **valore educativo**: mostrando ai cittadini le conseguenze della violazione, essa li orienta verso la conformità alle norme, ossia al rispetto del normale ordine della vita sociale; nei moderni sistemi penali occidentali, inoltre, la pena ha esplicitamente una funzione rieducativa nei confronti del detenuto.

Per quanto controllo, punizione e (ri)educazione siano strettamente correlati, nel concreto le forme con cui questa relazione si manifesta sono tra le più varie: cambiano in base ai luoghi e nel corso del tempo.

Durante il **Medioevo** e fino all'**età moderna**, in assenza di un sistema di polizia addetto al controllo della società, in larga parte tale funzione era affidata alle comunità stesse. Fino al XVIII secolo la pena per chi commetteva un reato era una sorta di "spettacolo" al quale l'intera cittadinanza era chiamata ad assistere. Non aveva alcuna funzione rieducativa nei confronti del colpevole e si esauriva, fondamentalmente, nella sua umiliazione (per esempio con la gogna) e sofferenza. Esecuzioni capitali e torture rappresentavano circa il 10% delle pene e venivano eseguite in luoghi pubblici con una intenzionale **spettacolarizzazione**. La punizione aveva quindi una evidente connotazione cerimoniale, era un rituale al quale prendeva parte l'intera società.

Durante il **XVIII secolo** si ebbero degli importanti cambiamenti. Dietro impulso dell'Illuminismo – in particolare del giurista e filosofo **Cesare Beccaria** **[👁 3.7]** e della sua opera *Dei delitti e delle pene* (1764) – e in seguito alla trasformazione del lavoro operata dalla rivoluzione industriale, l'uomo e il suo comportamento furono considerati in modo più razionale, come qualcosa che si poteva costruire e modificare tramite l'**addestramento** e la **disciplina**.

Il controllo continuo e il disciplinamento degli individui divennero una sorta di mito e anche l'obiettivo principale delle istituzioni più importanti, come le scuole, le caserme, gli ospedali, le carceri e le fabbriche. Come mostra con chiarezza un regolamento ottocentesco per le scuole elementari francesi, nelle istituzioni le persone erano tenute al massimo rispetto dei ruoli, dei tempi e degli spazi, all'assoluta obbedienza e all'autocontrollo.

Il **mito del controllo** si concretizzò in molti campi della società, principalmente nella scuola e in tutte le istituzioni educative. L'architettura tradusse in diversi modi questa aspirazione, come nel carcere ideale progettato dal filosofo inglese **Jeremy Bentham** nel 1791. Il *Panopticon* (letteralmente potrebbe tradursi con 'visione totale') consisteva in una struttura semicircolare lungo la quale erano disposte delle celle, mentre da una torre interna un guardiano avrebbe potuto osservare continuamente ciò che accadeva nelle celle: l'individuo – detenuto, malato o operaio che fosse – era totalmente isolato nel proprio ambiente, ogni suo movimento poteva essere osservato dalla torre, non poteva avere contatti con l'esterno né sottrarsi in alcun modo al controllo. Questi aspetti sono stati ricostruiti e analizzati con grande profondità dal filosofo e storico francese **Michel Foucault** (1926-1984), in particolare nell'opera *Sorvegliare e punire: nascita della prigione* del 1975.

In campo penale, col tempo si avviò un processo di **trasformazione dell'intero sistema**: la pena, dalla fine del '700, non era più una semplice inflizione di sofferenze ma lo strumento atto a cambiare internamente il criminale, a reindirizzare le sue azioni e a **neutralizzare ogni volontà di infrangere le norme**. L'espiazione della pena doveva indurre nel delinquente il desiderio di rispettare le regole.

Le varie tipologie di delitti vennero studiate e catalogate, ricercandone le cause profonde nella psicologia degli individui; allo stesso modo, le punizioni dovevano essere specificamente studiate per i diversi delitti. In tal modo, la pena divenne qualcosa di "scientifico", anche se le scienze dell'epoca non permettevano ancora una comprensione approfondita delle cause del crimine e si riducevano spesso a teorie grossolane (si pensava, per esempio, che la causa del vagabondaggio fosse la pigrizia e che la "cura" migliore sarebbero stati i lavori forzati).

L'umiliazione e la sofferenza furono sostituite con la detenzione in carcere, dove gli individui erano sottoposti ad una rigida organizzazione del tempo, ad un sistema di divieti e di obblighi, al duro lavoro e alla sorveglianza continua. Appositi ispettori osservavano i detenuti e annotavano tutti i loro cambiamenti, così da rendere più prattutto nel settore tessile, quello che assorbiva allora e avrebbe coinvolto anche in seguito la quantità più rilevante di manodopera.

Caratteristiche dell'epoca furono anche le manifatture installate nelle prigioni o negli ospizi dei poveri e dei trovatelli, questi ultimi istituiti in larga parte nel corso del '600 come strumenti di "controllo sociale". Le istituzioni per indigenti rispondevano infatti con la reclusione e l'obbligo del lavoro alla mutata sensibilità nei confronti della mendicità, avvertita come fenomeno sociale destabilizzante e pericoloso.

GUIDA ALLO STUDIO

❶ Qual era il funzionamento delle corporazioni? ❷ Che cosa significa il termine "protoindustrializzazione"? ❸ Che cosa erano le manifatture? ❹ In che modo le manifatture divennero uno strumento per il "controllo sociale"?

mirata, adeguata ed efficace la pena. Nei penitenziari doveva aver luogo la trasformazione degli individui, della loro anima e del loro comportamento.

Nell'ultimo secolo sono intervenuti ulteriori cambiamenti, ma la situazione ancora oggi non appare molto lineare. A fronte delle maggiori possibilità di controllo della società da parte delle istituzioni offerte dalle nuove tecnologie (videocamere che "osservano" e registrano quanto accade nei principali luoghi pubblici, rilevamenti satellitari, intercettazioni telefoniche), il dibattito sulla correttezza del controllo (in quanto potenzialmente lesivo della *privacy*) è molto acceso.

In campo prettamente penale, il mito del controllo continuo dell'individuo ha in parte ceduto il passo alla riconsiderazione della **funzione rieducativa** della pena, la quale deve mirare al reinserimento positivo del condannato nella società. Infatti, in base all'articolo 27 della Costituzione italiana, «Le pene non possono consistere in trattamenti contrari al senso di umanità e devono tendere alla rieducazione del condannato».

Nel concreto, la realizzazione di questo principio si rivela ancora molto difficile: le pene alternative al carcere (affidamento in prova ai servizi sociali, semilibertà, detenzione domiciliare, lavoro esterno), pensate e istituite proprio per incrementare la capacità rieducativa della pena, si sono mostrate nel tempo poco efficaci e la detenzione rimane ancora la pena più diffusa. Il sovraffollamento delle carceri, l'inadeguatezza del sistema penitenziario e la scarsità di risorse economiche rendono d'altra parte molto problematico qualsiasi sforzo rieducativo all'interno delle istituzioni carcerarie. Attualmente si può dire che in Italia, come in molti altri paesi, la funzione rieducativa della pena sia più che altro un principio astratto.

Il Presidio Modelo, visione complessiva e particolare di un interno
2008
[Isla de la Juventud, Cuba]

L'edificio mai costruito più vicino al modello del *Panopticon* ideato da Jeremy Bentham è il Presidio Modelo, una prigione costruita a Cuba fra il 1926 e il 1928. Composto da cinque blocchi circolari, con le celle costruite tutte intorno a una "torretta di controllo", poteva contenere fino a 2500 detenuti. Dismesso nel 1967, il Presidio Modelo è stato dichiarato monumento nazionale e dopo un recente restauro, destinato a ospitare un museo, una scuola e un centro di ricerche.

SINTESI

1 La demografia del '700

Nel corso del '700 la società di *ancien régime* subì alcune profonde trasformazioni. Il fenomeno più rilevante fu la crescita demografica, cui si legò una intensa urbanizzazione. Si interruppe allora il rapporto di reciproca dipendenza tra popolazione e risorse alimentari e cominciò a sparire il matrimonio tardivo come sistema di autoregolamentazione legato alle possibilità di lavoro. Molti paesi europei, quelli maggiormente segnati dallo sviluppo economico, attraversarono la cosiddetta prima transizione demografica, passando da un sistema demografico tradizionale a uno moderno grazie all'aumento del numero dei nati e alla diminuzione della mortalità.

2 Mobilità e gerarchie sociali

Il concetto essenziale per definire la gerarchia sociale di *ancien régime* è quello di ceto. Caratteristiche di tale gerarchia erano la fissità delle stratificazioni sociali, l'appartenenza per nascita, la diseguaglianza giuridica. La società per ceti trovava sanzione ufficiale nelle assemblee per ordini, che esercitavano un'azione di resistenza nei confronti della centralizzazione del potere realizzata dalla monarchia assoluta. In questo contesto, nel corso del '700, avvennero alcuni cambiamenti, sebbene l'assetto sociale fosse aspramente difeso: i settori investiti dallo sviluppo economico registrarono una certa mobilità sociale, inoltre voci critiche si levarono, soprattutto fra gli intellettuali, gli scrittori e i pensatori politici, contro le conseguenze sociali ed economiche dell'ordinamento sociale per ranghi.

3 Famiglia, matrimoni e figli

Mentre nell'età preindustriale era generalmente diffusa la famiglia estesa o allargata, in cui convivono tre generazioni (nonni, genitori e figli), nel '700 si affermò, almeno tendenzialmente, la famiglia nucleare o coniugale formata dai soli genitori e figli. La riduzione delle nascite, registrata in alcuni paesi come la Francia, ma anche in alcuni gruppi sociali, è legata alla diffusione delle pratiche contraccettive, comprensibile alla luce della volontà di tutelare la proprietà dalla frammentazione fra troppi eredi, nonché dell'affermarsi di una nuova sensibilità verso la salute della madre e verso l'infanzia.

4 Il feudalesimo e i contadini

La società di *ancien régime* era fondamentalmente agricola. Nell'Europa del '700 la proprietà terriera era ancora prevalentemente di tipo feudale, pur se si erano attenuati nell'area del feudalesimo «classico» (Francia settentrionale e Germania occidentale) molti dei suoi caratteri originari. Le differenze nei diversi paesi europei erano notevoli, ma nell'Europa orientale le condizioni di servaggio erano particolarmente dure. Tra signori e contadini i conflitti riguardavano il persistere dei vincoli feudali che gravavano sulla terra e la questione degli usi civici: i contadini mal tolleravano i tributi da corrispondere al signore per l'uso della terra o il reddito che da essa derivava; i signori tendevano a privatizzare le terre su cui fino ad allora valevano i diritti collettivi della comunità contadina. Tutti infine consideravano insostenibile il peso delle tasse a favore dello Stato e della Chiesa.

5 La rivoluzione agricola e le nuove colture

Nel corso del '700 si manifestarono importanti mutamenti nelle strutture agrarie, anzitutto in Inghilterra. Qui il fenomeno delle *enclosures* – iniziato da alcuni secoli – portò a una più chiara definizione della proprietà e a una coltivazione più razionale della terra, attenta alle esigenze del mercato agricolo. Altro fattore importante fu il superamento della rotazione triennale, che condusse a un aumento delle disponibilità alimentari e dell'allevamento. Le innovazioni e le trasformazioni permisero l'avvio di una agricoltura di tipo capitalistico con un imprenditore che risponde alle esigenze del mercato investendo capitali propri e avvalendosi di manodopera salariata, nonostante le forti resistenze all'affermazione di questo modello. Le resistenze provocarono anche ritardi nella diffusione, in Europa, delle nuove colture di origine coloniale.

6 L'industria rurale e l'economia industriosa

Le campagne del '700 erano anche sede di un'industria rurale domestica, dedita principalmente ad attività tessili, che si sviluppò grazie alla nuova figura del mercante-imprenditore. Il lavoro a domicilio, che caratterizza questa fase, detta di protoindustrializzazione, continuerà a svolgere un ruolo importante anche dopo la rivoluzione industriale, permettendo a molte unità familiari di disporre di denaro da impiegare nell'acquisto di beni e determinando così un aumento dei consumi ("rivoluzione industriosa"). Un posto importante nell'economia del tempo ebbe anche il sistema delle manifatture, specie quelle statali, caratterizzato dalla concentrazione in un'unica sede di più operai che svolgono, per lo più manualmente, tutte le fasi del processo produttivo.

SVILUPPARE LE COMPETENZE

❶ Nel corso del '700 l'Europa fu caratterizzata da un notevole aumento demografico. Spiega il fenomeno commentando la mappa concettuale riprodotta qui di seguito (15 righe):

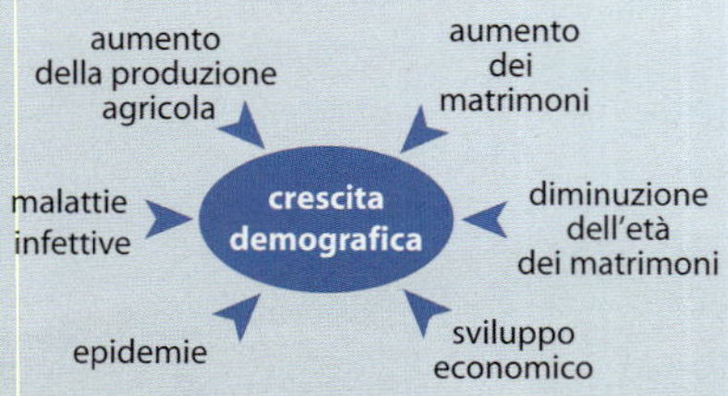

❷ Stabilisci se le seguenti affermazioni sono vere o false, motivando la tua risposta in un testo scritto lungo da 3 a 5 righe:

a. La società dei ceti era caratterizzata da un'estrema mobilità sociale. **V F**

b. La società per ceti era caratterizzata da privilegi. **V F**

c. Le case regnanti adottarono una politica di limitazione delle nascite. **V F**

d. La tutela della proprietà privata, la centralità dell'infanzia e l'attenzione alla salute della madre contribuirono a un controllo della vita sessuale e affettiva. **V F**

❸ Il feudalesimo viene abolito definitivamente il 4 agosto 1789, durante la Rivoluzione francese, dall'Assemblea nazionale. Prima di tale evento il feudalesimo rappresentò, nelle campagne di alcuni paesi europei, un vero e proprio sistema economico e giuridico. Descrivi il sistema feudale usando i seguenti argomenti in scaletta come spunti per costruire un breve testo di 10 righe:

a. Obblighi di lavoro gratuito

b. Amministrazione della bassa giustizia

c. Tributi

d. Decima

e. Usi civici della proprietà.

❹ Rispondi ai quesiti impiegando il numero di righe tra parentesi:

a. Quali conseguenze comportò il passaggio, in Gran Bretagna, dai campi aperti (*open fields*) alle recinzioni (*enclosures*)? (10 righe)

b. Quale rapporto esiste tra la produzione industriale locale e l'aumento delle importazioni dei generi coloniali? (5 righe)

c. Quali sono i motivi del ritardo della diffusione delle nuove colture? (5 righe)

3 UNA RIVOLUZIONE CULTURALE

CAPITOLO

1 La nuova scienza

ONLINE
Focus
Cannocchiale e microscopio

Da Copernico a Galileo e da Galileo a Newton. Così tre grandi scienziati, astronomi e fisici scandiscono le tappe di quel lungo processo culturale, la cosiddetta **rivoluzione scientifica**, che, dalla metà del '500 agli inizi del '700, trasformò profondamente la conoscenza dell'Universo. Applicando il calcolo matematico alla fisica e promuovendo l'indagine sperimentale, la nuova scienza rovesciò le concezioni tradizionali della natura, dell'uomo e del cosmo che derivavano dalla sistemazione datane da Aristotele nel IV secolo a.C.

Copernico Nel 1543 un astronomo polacco, Niccolò Copernico (1473-1543), nel suo libro *De revolutionibus orbium coelestium* (*Le rivoluzioni dei corpi celesti*), fondò la **teoria eliocentrica**, secondo la quale il Sole occupa il centro dell'Universo mentre i pianeti, compresa la Terra, sono in moto intorno ad esso. Si trattava di un radicale rovesciamento dell'ordine del cosmo, per come era stato concepito fino ad allora, e implicava la messa in discussione della teoria aristotelica secondo la quale l'Universo è **geocentrico**, la Terra è cioè immobile al centro e sono gli astri a ruotare attorno ad essa.

Galilei e il metodo sperimentale Il contributo decisivo alla costruzione della nuova scienza fisica e della nuova cosmologia venne dal pisano Galileo Galilei (1564-1642), il primo scienziato nell'accezione moderna del termine. Egli costruì il primo telescopio, il **cannocchiale**, e lo puntò verso il cielo compiendo un gesto rivoluzionario che fu la sua prima vera "scoperta". L'uso del cannocchiale consentì a Galilei, tra il 1609 e il 1610, quella verifica sperimentale della tesi copernicana che segnò la definitiva distruzione del cosmo aristotelico. Le osservazioni condotte portarono Galilei a concludere che tutti i pianeti, privi di luce propria, dovevano derivarla dal Sole, girando intorno a esso. La conferma del sistema copernicano costò a Galilei la persecuzione da parte della Chiesa cattolica e la prigionia (1633): dalle vicende legate allo **scontro con il tribunale dell'Inquisizione** emerse in tutta la sua drammaticità il problema dei rapporti tra scienza e fede.

Galilei inoltre mise a punto le procedure fondamentali del metodo sperimentale: l'uso sistematico dell'ipotesi matematica, dell'osservazione e dell'esperimento permetteva infatti di cogliere le leggi universali secondo cui è organizzata e strutturata la realtà. La portata rivoluzionaria della nuova scienza stava proprio nell'importanza assunta dall'**esperimento** come metodo di prova e dall'**osservazione** come momento decisivo di conoscenza dei fenomeni naturali.

Bacone e Cartesio La consapevolezza di questo grande rinnovamento si stava imponendo in tutti i campi avanzati del sapere: comune divenne infatti l'esigenza di trovare un nuovo metodo in grado di unificare le scienze verifi-

ONLINE
DOC
Cartesio
Una critica all'educazione tradizionale

candone i presupposti teorici. L'inglese **Bacone** (Francis Bacon, 1561-1626), nel suo *Novum Organum* (1620), introdusse un nuovo metodo di indagine della natura in contrapposizione alla vecchia logica aristotelica. Elementi fondamentali del pensiero di Bacone sono il richiamo all'esperienza, la polemica contro i «pregiudizi» suggeriti dalla tradizione, la necessità di costruire una nuova «enciclopedia del sapere». Scoperte scientifiche e interpretazione della natura dovevano infine essere, per Bacone, il risultato di una collaborazione tra scienziati, tecnici e artigiani.

A questa ricerca di una disciplina universale in grado di cogliere le radici comuni delle varie scienze, il filosofo e scienziato francese **Cartesio** (René Descartes, 1596-1650) offrì il contributo più significativo individuando nella **matematica** il criterio metodologico dell'indagine della natura. Sostenitore del **meccanicismo**, che metteva in discussione la lettura della realtà propria del **finalismo** aristotelico, Cartesio applicò con coerenza la concezione meccanicista non solo agli studi di ottica e di fisica, ma anche alla fisiologia, cogliendo negli esseri viventi quegli stessi schemi meccanici che rinveniva nell'intero Universo.

Newton Nuovi orizzonti di ricerca e più ampie possibilità di applicazione nel campo delle scienze matematiche furono aperti dalla scoperta del calcolo infinitesimale o integrale a cui giunsero separatamente, alla fine del '600, il filosofo tedesco Gottfried Wilhelm Leibniz (1646-1716) e lo scienziato inglese Isaac Newton (1642-1727).

◀ Enoch Seeman
Sir Isaac Newton
1726 ca.
[National Portrait Gallery, Londra]

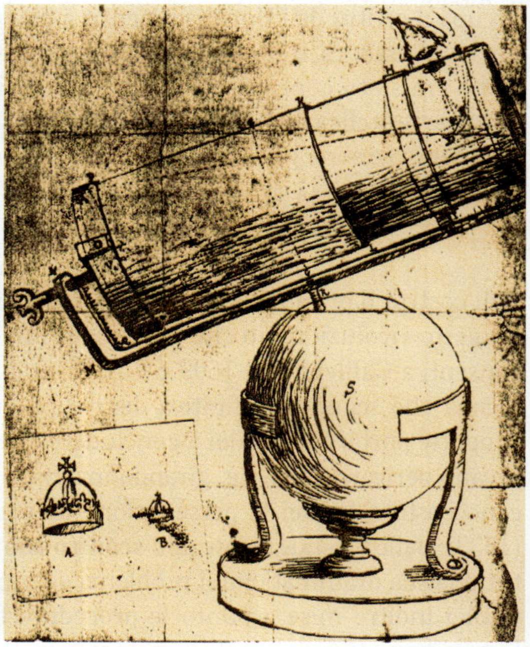

▶ **Disegno del telescopio a riflessione costruito da Newton e inviato alla Royal Society nel 1672**

Isaac Newton fu uno scienziato a tutto campo: si interessò di diverse discipline ed elaborò una serie di importanti teorie che ebbero una influenza decisiva sugli studi successivi. Dopo la pubblicazione di due dei suoi scritti più importanti, *Princìpi matematici della filosofia naturale* (1687) e *Ottica* (1704), fu fatto cavaliere nel 1705. Nel 1703 era stato eletto presidente della Royal Society, ruolo che ricoprì fino alla morte. In questo dipinto è raffigurato alla sua scrivania sulla quale giace, accanto a un mappamondo, un volume aperto, probabilmente la terza edizione dei suoi *Princìpi*.

Fra le scoperte realizzate da Newton vi è quella relativa alla luce bianca: un raggio di luce bianca che attraversa un prisma di vetro si scompone in diversi colori; facendo riconvergere i raggi in un secondo prisma si riottiene la luce bianca; questo dimostra che la luce bianca è formata da tutti gli altri colori messi insieme. Impiegando i telescopi in uso ai suoi tempi, Newton individuò degli aloni colorati dovuti proprio al fenomeno della rifrazione della luce bianca. Per ovviare al problema lo scienziato inglese costruì un nuovo telescopio, detto a riflessione, con una capacità di ingrandimento molto superiore a quelli precedenti.

Newton elaborò l'ipotesi sulla natura corpuscolare della luce e formulò la **legge di gravitazione universale** per cui i corpi tendono verso il Sole e i rispettivi pianeti. Nei *Princìpi matematici della filosofia naturale* (1687) egli ridusse i fenomeni a puri dati quantitativi e misurabili, e affrontò lo studio del movimento e delle sue forze in termini matematici.

Parola chiave
Tolleranza

ONLINE

Un nuovo modello di cultura Con la nuova scienza si faceva strada anche la nuova concezione (presente ancora oggi) del **progresso**, inteso come accumulo delle conoscenze nel tempo, come prodotto di una continua elaborazione mai definitivamente conclusa. Questo diverso modo di operare presupponeva la pubblicità e lo scambio dei risultati raggiunti e si fondava sulla **cooperazione fra umanisti e scienziati**: una collaborazione intellettuale realizzata nei frequenti rapporti tra i dotti, nei loro ricchi epistolari, nelle grandi accademie scientifiche sorte a partire dal '600.

Contro la nuova scienza La Chiesa cattolica con tutto il suo potente apparato educativo e anche le Chiese riformate si impegnarono a difendere la superiorità della teologia rispetto a ogni altra forma di conoscenza e l'**autorità della Bibbia** contro le nuove scienze che rifiutavano di riconoscere le Sacre Scritture come unica fonte di verità nell'indagine sulla natura. Si trattava di un conflitto insanabile destinato a durare a lungo e, anzi, ad accentuarsi quando altre scienze, come la geologia e la paleontologia, misero in discussione i tempi della "creazione divina" e la cronologia del mondo difesi dalle Chiese. Ma in questo periodo della **rivoluzione scientifica**, l'astronomia rimaneva la regina delle nuove scienze perché in modo più evidente rovesciava la visione tradizionale del creato.

Una impossibile tolleranza Non c'era spazio per la tolleranza nei confronti delle visioni razionali del mondo, come non c'era per la tolleranza religiosa e il riconoscimento delle minoranze confessionali o delle religioni non cristiane (a cominciare dagli ebrei). Dalla Francia erano stati cacciati gli ugonotti e nell'Inghilterra della seconda rivoluzione non era riconosciuto uno spazio politico ai cattolici. L'unica eccezione era rappresentata dalle **Province Unite**, dove erano ancora vivi l'eredità del grande umanista Erasmo da Rotterdam (1469 ca.-1536) e il suo appello agli ideali di pace e tolleranza: qui furono accolti gli esiliati di ogni paese, lingua e religione, e offerta ospitalità alle minoranze politiche e religiose. Qui nacque e visse il filosofo di origine ebraica **Benedetto Spinoza** (1632-1677), autore tra l'altro del *Trattato teologico-politico* (1670) in cui rivendicò la libertà di pensiero e le libertà civili, teorizzando il concetto di democrazia. Qui fu attivo il giurista **Ugo Grozio**, che gettò le basi per il diritto dei popoli [👁 3.3].

GUIDA ALLO STUDIO
❶ Quali sono le differenze fra teoria geocentrica e teoria eliocentrica? ❷ Quale ruolo rivestì Galilei nella rivoluzione scientifica? ❸ Quali sono gli elementi fondamentali del pensiero di Bacone? ❹ Come reagì la Chiesa cattolica alla nascita della nuova scienza?

Meccanicismo
Nel '600 gli uomini di scienza maturano una concezione della natura fondata sul meccanicismo: la natura è considerata cioè come una enorme macchina, i cui movimenti non sono dettati dagli scopi che devono essere raggiunti (non sono cioè finalistici), ma da norme di funzionamento, così come avviene in un orologio. Con il meccanicismo muta, dunque, in questo periodo il modo di porsi il problema dei fenomeni naturali: non ci si chiede più a qual fine si determini un dato evento, ma per qual causa, in qual modo. Grazie al ruolo assunto dall'osservazione e dalla esperienza, l'uomo è considerato ora non più il fine ultimo della natura creata, ma il suo interprete e ministro, colui che può conoscerla e dominarla.

Finalismo
Il finalismo è un impianto teorico di tradizione aristotelica nel quale la natura viene considerata, fin dall'Antichità, come un insieme di eventi ordinati finalisticamente: i fenomeni naturali si verificano cioè rispondendo a uno scopo. Aristotele sosteneva, per esempio, che un grave cade con lo scopo di raggiungere il suo luogo naturale, che sarebbe il centro della Terra, mentre il fuoco va verso l'alto con lo scopo di raggiungere il suo luogo naturale, al di sopra dell'aria. Secondo la tradizione finalistica, anche l'uomo ha un ruolo nell'Universo: è il fine ultimo della natura creata (finalismo antropocentrico).

2 Le applicazioni scientifiche e la diffusione della cultura

Gli strumenti tecnici e le moderne invenzioni

In stretta relazione con la formulazione delle nuove teorie scientifiche, della sperimentazione e del metodo matematico, dalla prima metà del '600 si registrò un rapidissimo sviluppo degli strumenti tecnici. Il contatto tra scienza e tecnica si rivelò in questo periodo tra i più fecondi, e si può anzi dire che questa rivoluzione scientifica contribuì a determinare la superiorità dell'Europa, largamente manifesta nelle invenzioni e nel ruolo svolto proprio dagli strumenti. Questi ultimi rispondevano alla richiesta di apparecchi di misurazione dello spazio e del tempo dotati di precisione, attendibilità e controllabilità: proprio grazie all'impiego degli strumenti, la precisione

EVENTI

Il processo a Galileo Galilei

«Io Galileo [...] havendo davanti gl'occhi miei li sacrosanti Vangeli, quali tocco con le proprie mani, giuro di aver sempre creduto, credo adesso, e con l'aiuto di Dio crederò per l'avvenire, tutto [...]. Con cuore sincero e fede non finta abiuro, maledico e detesto li suddetti errori et heresie, e generalmente ogni et qualunque altro errore, heresia e setta contraria alla Santa Chiesa.»
Con queste parole Galileo Galilei sconfessava la teoria copernicana e le sue convinzioni: era il 22 giugno 1633 nella grande sala del convento domenicano di Santa Maria sopra Minerva a Roma, aveva quasi 70 anni, era inginocchiato e vestito con un camice da penitente, di fronte ai componenti della Congregazione del Santo Uffizio, che lo avevano condannato perché «sospetto di essere vehementemente eretico, cioè di avere mantenuta e creduta vera una dottrina falsa e contraria alle Sacre e divine Scritture, vale a dire che il Sole è centro per la Terra e non si muove da oriente a occidente, mentre al contrario la Terra si muove e non è centro del mondo, e di aver ritenuto possibile mantenere e difendere come probabile una teoria dopo che questa è stata dichiarata e definita contraria alla Sacra Scrittura».

Il processo a Galilei e al suo *Dialogo dei massimi sistemi del mondo, tolemaico e copernicano*, pubblicato nel 1632, si iscrive in **una fase storica in cui la Chiesa, con i più svariati mezzi, tentava di riprendersi il controllo sulla società e sulla cultura**. Un tentativo di contrastare non solo la Riforma protestante, ma anche, e soprattutto, le spinte alla libertà di pensiero e all'indipendenza della ricerca scientifica che si erano andate ormai affermando in tutta Europa. Nel 1600 aveva messo **al rogo Giordano Bruno** per le sue teorie eterodosse sull'Universo e sulla divinità, nel 1616 aveva bollato come eretica la teoria eliocentrica, perché in contrasto con le Scritture – nel *Libro di Giosuè* e nell'*Ecclesiaste* si narra che Giosuè fermò il Sole – e aveva messo all'Indice *Le rivoluzioni dei corpi celesti*, il testo in cui Copernico l'aveva illustrata nel 1543. Di questa fase storica il processo a Galilei rappresenta un momento culminante e altamente simbolico che parla al mondo con la voce di un'autorità assoluta.

La condanna di Galileo ebbe una immediata risonanza, scosse e intimorì tutta la comunità scientifica: Cartesio, alla fine del 1633, confessò in una lettera all'amico Marin Marsenne che era stato tentato di «bruciare» tutte le sue carte e comunque aveva deciso di «non lasciarle vedere a nessuno». In Italia l'impatto fu ancora più forte e duraturo e furono anche definitivamente messe a tacere le correnti progressiste che, per quanto minoritarie, erano presenti nella stessa Chiesa. Nel 1644 John Milton descrive, nell'*Areopagitica*, con rammarico e sconcerto **la condizione di «servitù» in cui era costretta la scienza italiana**, una volta tanto viva e feconda. Alla fine la libertà di ricerca vinse la sua battaglia, e, a dispetto delle proibizioni, dei processi e del sequestro dei libri, riuscì a garantirsi una sempre meno vigilata autonomia. Il processo illustra, però, ancora oggi il nodo problematico e, per certi versi, emblematico del rapporto tra lo scienziato e il potere, tra scienza e società. Il drammaturgo tedesco Bertolt Brecht nel suo *Vita di Galileo*, scritto tra il 1938 e il 1956, ha posto, infatti, proprio questo tema al centro del dramma, dando alla vicenda una dimensione atemporale: l'**abiura di Galileo** diviene in questo contesto la sconfitta etica di chi non ha saputo resistere al potere, come ammette lo stesso personaggio Galileo nella penultima scena del dramma.
La decisione di procedere contro Galileo rappresentò l'esito di una lunga storia che, con alterne vicende, aveva provocato polemiche e divisioni anche all'interno della Chiesa. La storia era cominciata poco dopo la pubblicazione nel 1610 del *Sidereus Nuncius*, l'opera in cui Galileo, grazie all'aiuto del cannocchiale, aveva documentato alcune scoperte astronomiche di straordinaria importanza che smentivano la teoria geocentrica e davano un sostanziale sostegno all'eliocentrismo copernicano. Le nuove scoperte non si limitavano però a portare scompiglio in un mondo di consolidate credenze filosofiche, ma aprivano un più ampio e drammatico contenzioso con la Chiesa che aveva accolto la teoria geocentrica, sostenendone la piena conformità alle Sacre Scritture. A partire dal 1615 Galileo divenne oggetto di una serie di attacchi: senza farne espressamente il nome, il frate domenicano Tommaso Caccini lanciava la domenica dal pulpito di Santa Maria Novella a Firenze **violente prediche contro i matematici, colpevoli di esercitare un'arte diabolica quanto eretica**, mentre un altro domenicano, Niccolò Lorini, denunciava con una lettera Galileo alla Congregazione del Santo Uffizio (che aveva giurisdizione piena in materia di fede e coordinava i tribunali inquisitoriali locali). L'insinuazione sulla inconciliabilità delle teorie galileiane con la fede fu portata presto all'attenzione delle più alte autorità di Firenze, quelle stesse che avevano nomi-

iniziò a sostituire l'approssimazione, andò affermandosi una **mentalità tecnologica** e si diede impulso all'invenzione delle prime macchine. Il progressivo incremento dei traffici con i "nuovi mondi" e la continua ricerca di nuove rotte e basi commerciali dettero un notevole impulso alle moderne invenzioni: si pensi a quanto era importante, oltreoceano o in mare aperto, la localizzazione delle coordinate geografiche, delle latitudini e delle longitudini. Comparvero così il cronometro e il sestante, utilissimo nei viaggi per mare per misurare l'altezza degli astri sull'orizzonte, e nacque la **cartografia** su basi scientifiche. Un discorso a parte merita il perfezionamento dell'orologio che, pur avendo diversi secoli di vita, solo grazie all'olandese **Christiaan Huygens** (1629-1695), che inventò il pendolo e la spirale a molla, raggiunse un livello di precisione tale da costituire un vero evento nella storia della tecnica. La successiva invenzione del bilanciere, attribuita sempre a

nato Galileo filosofo e matematico di corte, e in particolare alla piissima Cristina di Lorena, consorte del granduca di Toscana. Galileo si difese con le cosiddette ***Lettere copernicane*** (1613-15) in cui affermava la compatibilità tra la nuova scienza e la fede. Le polemiche sembrarono placarsi, anche perché Galileo divenne più prudente, riparandosi dietro l'affermazione che le sue teorie fossero delle pure ipotesi matematiche. Nello stesso proemio del *Dialogo* egli sostenne, infatti, di aver presa «nel discorso la parte copernicana in pura ipotesi matematica». Ma la sua posizione risultò ambigua e il suo comportamento piuttosto maldestro. Ormai la strada era segnata. Nell'ottobre del 1632 gli venne intimato di recarsi a Roma per mettersi a disposizione del Commissario generale del Santo Uffizio in concomitanza con il divieto di diffusione del *Dialogo*, l'opera incriminata. Galileo arrivò a Roma solo nel febbraio 1633: era riuscito a rinviare il viaggio sia perché era malato, sia perché nutriva la vana speranza che le cose si sarebbero spontaneamente messe per il meglio. Giunto in città, fu ospitato a Villa Medici dall'ambasciatore fiorentino, e attese fino al 12 aprile quando, per la prima volta, fu interrogato, per essere poi imprigionato fino al secondo interrogatorio, avvenuto il 30 aprile. Si contestò allo scienziato di avere ottenuto il nulla osta alla pubblicazione del suo libro in modo fraudolento, senza far presente a chi di dovere che nel 1616 aveva ricevuto un ammonimento dal cardinale Roberto Bellarmino di non insegnare o difendere la teoria copernicana, considerata «contrariante alle Sacre Scritture». Galileo, nel primo interrogatorio, ribatté dicendo di non ricordare alcun divieto e poi, nel secondo, di avere nella sua opera tentato di dimostrare la non veridicità delle teorie di Copernico, ammettendo però che il suo amore per la sottigliezza nell'argomentazione poteva aver dato adito a delle incomprensioni. Aggiunse che, se avesse potuto riscrivere il *Dialogo*, avrebbe di sicuro chiarito la sua posizione di avversità alla dottrina copernicana. Queste affermazioni, dettate forse dalla paura e dalla durezza della detenzione, lo consegnarono di fatto nelle mani dei suoi giudici che non ebbero alcuna difficoltà a dimostrare con precisione, riprendendo i punti essenziali dell'opera e citandoli nei verbali, che si stava prendendo gioco di loro. Galileo nel maggio presentò una memoria scritta, vi fu un ultimo interrogatorio e, subito dopo, la sentenza di condanna al carcere a vita, firmata da sette cardinali su dieci. La pena fu presto commutata negli arresti domiciliari: nel luglio, accolta la sua supplica al papa del 30 giugno, fu trasferito a Siena e quindi nella sua villa di Arcetri (dicembre), presso Firenze, a patto che vivesse ritirato e non frequentasse nessuno. **Il *Dialogo* fu messo all'Indice** e vi rimase molto a lungo; Galileo morì nel 1642. Solo nel 1734 il Santo Uffizio autorizzò la costruzione di una tomba in Santa Croce e solo agli inizi dell'800 la Chiesa riconobbe la compatibilità del sistema copernicano con il dettato cristiano, mentre, a metà del secolo, furono escluse dall'Indice le opere che sostenevano il sistema eliocentrico. **Soltanto nel 1992 la Chiesa cancellò definitivamente la condanna a Galileo.**

La Tomba di Galileo Galilei
[Chiesa di Santa Croce, Firenze]

EVENTI

Huygens, consentì la nascita e la diffusione degli **orologi da tasca**: divenuti ricercati oggetti di consumo, essi consentirono, per la prima volta, una misurazione privata del tempo.

Il sapere enciclopedico e la diffusione della cultura

Tante nuove invenzioni e applicazioni, unite allo sviluppo delle curiosità, resero necessaria un'opera di ordinamento delle conoscenze. Comparvero le prime **enciclopedie** e l'**apprendimento delle lingue** fu considerato la chiave di accesso a tutte le scienze e a tutte le arti. Particolarmente significativa fu l'opera del francese **Pierre Bayle** (1647-1707), rifugiatosi in Olanda in seguito alle persecuzioni contro i protestanti. Oltre ad avere organizzato quello che può essere considerato il primo esempio di giornalismo moderno (la rivista «Nouvelles de la République des Lettres»), egli pubblicò in francese il *Dictionnaire historique et critique* (*Dizionario storico-critico*, 1695-97), capolavoro enciclopedico e insieme veicolo di diffusione del pensiero mo-

Enciclopedia
Il termine deriva dal greco antico *enkỳklios paidèia* (letteralmente 'istruzione circolare') ed esprime una concezione del sapere come educazione completa. L'enciclopedia è intesa come raccolta sistematica ed esaustiva delle nozioni relative a una disciplina o a tutte le discipline. L'esigenza di sistematizzare il sapere era già di Aristotele, nel IV secolo a.C., e molto sentita in epoca tardoantica e medievale. Riemerge in epoca moderna con il filosofo inglese Francis Bacon (1561-1626) e si afferma nel '700 esprimendo la vocazione ordinatrice e divulgativa di alcune delle punte più avanzate della cultura illuministica. Il *Dictionnaire historique et critique* (1647-1707) di Pierre Bayle e la *Cyclopedia* (1728) di Ephraim Chambers sono i più significativi precedenti de l'*Encyclopèdie ou dictionnaire raisonné des sciences, des artes et des mètiers* (1751-72) di cui furono artefici Denis Diderot e Jean-Baptiste d'Alembert: questa opera costituì il modello per antonomasia dell'enciclopedia.

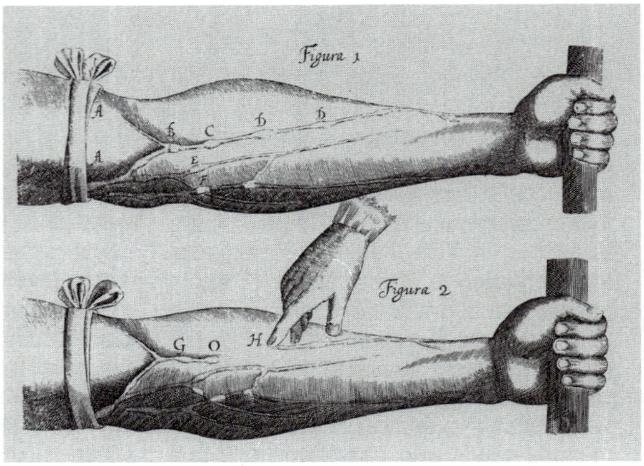

Tavola con "l'esperimento della legatura al braccio"
[da William Harvey, *Exercitatio anatomica de motu cordis et sanguinis in animalibus*, Francoforte 1628]
Al medico inglese William Harvey (1578-1657) si attribuisce la scoperta della circolazione del sangue in termini meccanicistici: il cuore funziona come una pompa e il sangue raggiunge con moto circolatorio gli organi periferici. Nella tavola, tratta dall'opera in cui Harvey esplicita le sue teorie, è rappresentato "l'esperimento della legatura al braccio", con il quale si dimostra che il sangue arterioso giunge fino alla mano per poi tornare indietro verso il cuore attraverso il sistema venoso.

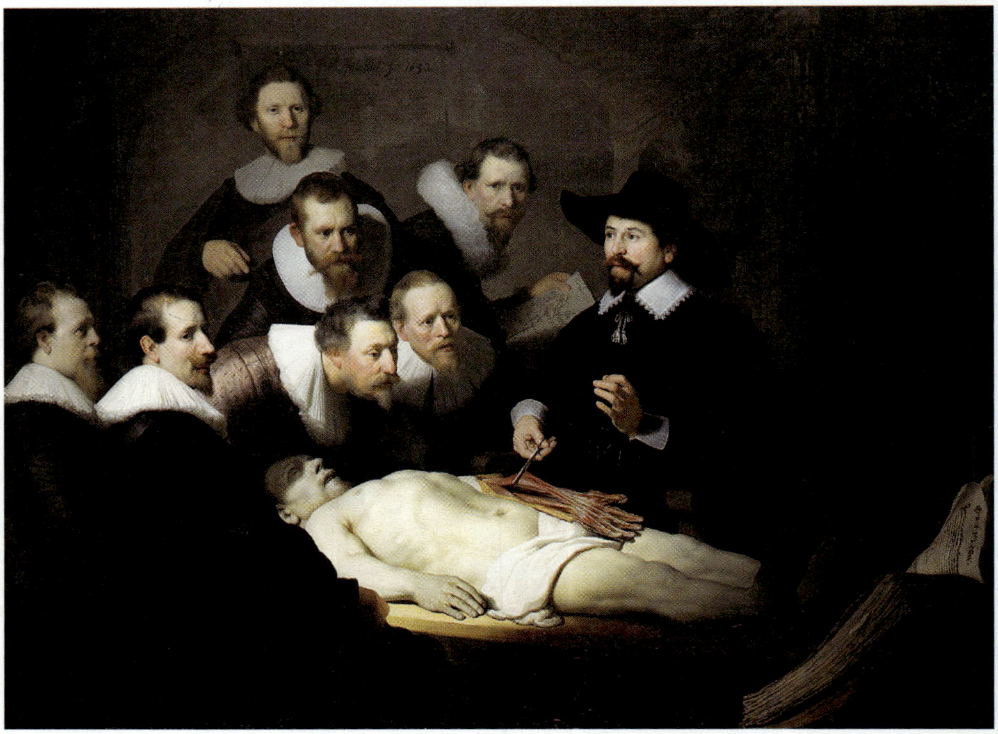

Rembrandt
La lezione di anatomia del dottor Tulp
1632
[Museo Mauritshuis, L'Aia]
Uno degli aspetti caratteristici della mentalità scientifica dell'epoca moderna è l'attento studio dell'anatomia umana. Nel corso del XVII secolo, con lo sviluppo notevole della medicina e della fisiologia e con il progressivo abbandono delle dottrine mediche antiche, greche e latine, la ricerca anatomica da dominio esclusivo dell'arte divenne sempre più dominio della scienza. Un notevole impulso alla medicina venne dalla pratica della dissezione dei cadaveri, un tema molto frequente nella pittura olandese del '600.

derno. L'ideale di una comunità di uomini liberi e uguali che operavano pacificamente, traendo frutto dalle diverse conoscenze al di là delle barriere religiose e politiche, veniva tradotto nell'immagine di una **Repubblica delle Lettere** che, incentrata sugli ideali di pace e di tolleranza, doveva permettere di ricucire le fratture create dalle guerre di religione.

Le **accademie** costituirono in questo contesto un circuito indispensabile per lo scambio intellettuale internazionale e una sede privilegiata per la realizzazione di quella tanto auspicata fratellanza universale che solo le nuove scienze ormai sembravano poter assicurare. Erano infatti istituzioni preposte all'avanzamento delle conoscenze scientifiche, **un'assemblea di intellettuali** che si riuniva con una certa regolarità [ATLANTE_9]. La prima accademia fu quella dei Lincei: nata a Roma nel 1603, difese i risultati delle ricerche di Galilei e della sua scuola. In seguito furono fondate l'Accademia del Cimento a Firenze (1657), l'Académie Royale des Sciences a Parigi (1666), la Royal Society a Londra (1662).

Lo sviluppo dell'editoria

Un forte incremento si registrò nel campo dell'editoria e del mercato librario: nell'età dei grandi dizionari storici e delle prime enciclopedie, si moltiplicarono i periodici, in latino o nelle lingue nazionali, i libri di scienza, di economia politica, di **divulgazione** scientifica. Gran parte della vitalità editoriale fu dovuta ai **protestanti** rifugiatisi in Olanda, Inghilterra, Svizzera, Germania, che costituirono in tutta Europa una fitta rete di diffusione e di corrispondenti, ma anche in Francia l'editoria ebbe un notevole sviluppo. Le tirature della stampa periodica andarono considerevolmente aumentando: nelle **Province Unite**, per esempio, nel corso del '600 si passò da una media di 400 a un migliaio di copie stampate per ciascun fascicolo e, fra il 1630 e il 1680, nacquero venti nuovi periodici all'anno e ben quaranta dal 1680 al 1689 [I GRANDI TEMI 1].

GUIDA ALLO STUDIO

❶ Quali nuove invenzioni sostennero il progressivo incremento dei traffici con i "nuovi mondi"? ❷ Quali furono le opere più significative del francese Pierre Bayle? ❸ Quale obiettivo si ponevano le accademie? ❹ Chi fu protagonista dell'espansione dell'editoria?

3 Un nuovo pensiero politico

Il giusnaturalismo

L'età moderna è stata caratterizzata dal consolidarsi dello Stato come forma suprema della vita associata. Da ciò è scaturita una riflessione filosofico-politica decisiva, anche per le epoche successive. Se inizialmente il potere dello Stato moderno venne imponendosi come assoluto, come assoluta "sovranità" che non ammetteva altra supremazia, nel corso del '600 si manifestò anche il tentativo di porre dei limiti all'assolutismo in nome di un **diritto di natura**, che si reputava costitutivo della natura stessa dell'uomo (come il diritto alla vita, per esempio) oltre che preesistente alla costituzione della società e quindi inalienabile.

Fu il giusnaturalismo (dal latino *ius*, 'diritto') a scardinare le tradizionali teorie del potere per diritto divino derivate da una concezione gerarchica e immutabile del mondo, facendo risalire l'istituzione della società civile a un patto stipulato tra uomini liberi per diritto di natura. Il patto o **contratto sociale** segna il passaggio dallo stato di natura (una condizione originaria e prepolitica di piena libertà in cui non vigono regole per la condotta umana) allo **stato sociale e politico** (concepito originariamente dall'umanità al fine di eliminare i conflitti e di mantenere l'ordine). L'uscita dallo stato di natura, giustificata dalla salvaguardia del diritto naturale alla vita, prevede l'istituzione di un apparato normativo e di pene per i trasgressori. Il giusnaturalismo ricerca il fondamento della convivenza civile in ciò che è naturale all'uomo (diritto di natura) e che è identificato con la **ragione**, le cui norme sono universalmente valide e superiori a qualsiasi ordinamento e anche al più alto "legislatore" (re o addirittura Dio).

Grozio, il padre del giusnaturalismo

Il giusnaturalismo nacque con Ugo Grozio (Huig van Groot, 1583-1645). Nel *De iure belli ac pacis* (*Sul diritto di guerra e di pace*, 1625) egli individuò infatti nel diritto naturale un diritto valido universalmente e un limite al potere costituito; considerò inoltre questo diritto dettato dalla ragione e non dipendente in alcun modo dalla volontà di Dio, anzi valido a prescindere dalla esistenza stessa di Dio. Alla base di questa concezione "laica" dello Stato vi è l'idea dello "stato di natura", che è anteriore, come si è detto, a qualsiasi forma di organizzazione civile e contempla i diritti incoercibili alla vita e alla libertà.

Hobbes e l'assolutismo laico

Sulla condizione dell'uomo nello stato di natura, sulla natura stessa del patto e sulle caratteristiche del potere politico, il pensiero dei giusnaturalisti diverge da quello del filosofo inglese Thomas Hobbes (1588-1679). Nelle opere di carattere politico, il *De cive* (1642) e

Il frontespizio del *Leviathan* di Thomas Hobbes, Londra 1651

L'immagine, posta in apertura del *Leviathan* di Thomas Hobbes, saggio su *La materia, la forma e il potere di uno stato ecclesiastico e civile*, ben rappresenta il pensiero del filosofo inglese. La figura del mostro-monarca, composto, e quindi sorretto, dai suoi sudditi s'innalza imponente su una città e sul suo territorio. Nelle mani del sovrano, una spada e un pastorale, a simboleggiare il potere civile e quello ecclesiastico. Nei riquadri inferiori, seguono le rappresentazioni dei simboli dei due poteri così riuniti in una sola persona: il castello e la chiesa; la corona e la mitra; e poi ancora, gli strumenti della forza e quelli della verità e dell'argomentazione logica.

Religione naturale

Il concetto viene elaborato da intellettuali attivi in Gran Bretagna nel '600: a differenza delle religioni storiche, fondate sulla rivelazione divina, la religione naturale si basa sull'ipotesi di un accordo generale fra tutti gli uomini in merito a pochi precetti etico-religiosi, definiti sulla base di princìpi razionali. Fra i più convinti propugnatori della religione naturale sono stati John Locke (1632-1704), John Toland (1670-1722) e David Hume (1711-1776), uno dei maggiori filosofi del '700.

il *Leviatano* (1651), Hobbes concepì lo **Stato assoluto** come unica garanzia di pace e antidoto alla paura della morte e alla miseria. Lo stato di natura non è una condizione di pace e di serenità, ma una realtà violenta di odio e di aggressione di tutti contro tutti (*homo homini lupus*, 'l'uomo è lupo per gli altri uomini'). Solo con la stipulazione del patto gli uomini escono da questo stato di guerra permanente delegando ogni loro potere al sovrano. Hobbes ritiene che solo la **legge positiva** (quella prodotta dall'uomo) stabilisca che cosa sia giusto e ingiusto: niente di assoluto vi è invece prima della stipulazione del patto, né bene, né male, né peccato. In questa **visione** assolutamente **laica dello Stato e della vita associata** va individuato uno degli elementi di maggiore modernità del pensiero politico di Hobbes. Infatti, pur teorizzando un duro, spietato assolutismo, Hobbes rifiuta il carattere e l'origine divina dello Stato.

DOC
John Locke
Il diritto di resistenza
ONLINE

Locke e il «diritto alla resistenza»

La teoria dello Stato esposta dal filosofo inglese John Locke (1632-1704) nei *Due trattati sul governo civile* (1690) è invece fondata sulla critica dell'assolutismo e sull'inviolabilità dei diritti innati dell'uomo. Per Locke – ispiratore della seconda Rivoluzione inglese [👁 1.3] –, come per i giusnaturalisti, il potere politico ha la funzione di garantire e assicurare il godimento dei diritti personali, fra cui Locke inserisce quello alla proprietà privata. Inoltre, anche per il filosofo inglese, come per i giusnaturalisti, gli uomini si associano tra loro stipulando un contratto sociale a tutela delle loro libertà e possono ricorrere alla forza per perseguire i responsabili delle violazioni. Nella *Lettera sulla tolleranza* (1689) così si esprime a proposito dello Stato: «Lo Stato è [...] un'associazione di uomini costituita solo in vista del mantenimento e progresso dei loro interessi civili. Per interesse civile intendo la vita, la libertà, l'integrità e immunità del corpo, e il possesso degli oggetti materiali, come terra, denaro, suppellettili ed altro».
Lo Stato quindi si fonda solo sul **comune consenso** e Locke per questo considerò «contro ragione» ogni forma di potere assoluto e sancì il **«diritto alla resistenza»** in caso di arbitrio del sovrano nei confronti del cittadino.
Con la teoria della limitazione e della distinzione dei poteri, col diritto di resistenza e di ribellione, nonché con l'attenzione al tema della tolleranza, Locke pose le basi del futuro liberalismo **[👁 10.4]**.
L'affermarsi delle nuove concezioni scientifiche e filosofiche si espresse anche nel rifiuto delle manifestazioni esteriori della religione e nell'uso del metodo razionale in materia di fede. Nel suo *La ragionevolezza del cristianesimo* (1695), Locke affidò infatti alla ragione il compito di verificare, attraverso lo studio dei testi sacri, l'assenso dell'uomo alle conoscenze che derivano da Dio, dunque alla legge divina, ed espose riflessioni sulla tolleranza e sulla legge di natura, temi ripresi anche dai cosiddetti deisti.

Il deismo

Il deismo contrapponeva la **religione naturale** o razionale alle religioni positive o storiche: ammetteva l'esistenza di Dio ma, privo di sovrastrutture liturgiche, era una sorta di religione "privata".
L'impiego della **ragione come arbitra anche delle questioni religiose** costituì una premessa decisiva per l'affermarsi delle tendenze razionalistiche e delle teorie liberali che si manifesteranno più chiaramente nell'Illuminismo.

GUIDA ALLO STUDIO

❶ Dove risiede, secondo il giusnaturalismo, il fondamento della convivenza civile? ❷ Qual era la concezione dello Stato in Grozio? ❸ Spiega gli elementi più importanti del pensiero di Hobbes. ❹ Qual è, secondo Locke, la funzione del potere politico?

4 L'Illuminismo: capisaldi e diffusione del movimento

L'Illuminismo ha tanti nomi: *Lumières* in francese, *Enlightenment* in inglese, *Aufklärung* in tedesco. Tutti fanno riferimento alla luce, ai **"lumi della Ragione"** che rischiarano le tenebre dell'ignoranza e del pregiudizio, e indicano le vie del progresso. Partendo dalle basi gettate dalla nuova scienza del '600 e dal pensiero politico di Locke, l'Illuminismo fu un grande movimento intellettuale, politico e culturale, e coinvolse, a partire dalla Francia degli anni '30 del '700, via via tutta l'Europa.

I capisaldi dell'Illuminismo

I tratti comuni di questo movimento, che presenta in realtà molti e talora contrastanti interessi e orientamenti, possono essere ridotti a tre principali:

- **l'uso libero e spregiudicato della ragione**, con l'obiettivo concreto di assicurare la felicità e il benessere degli uomini;
- **la critica delle istituzioni politiche e religiose**, del principio di autorità e delle tradizioni;

ATLANTE 9_LA DIFFUSIONE DELLA CULTURA IN EPOCA ILLUMINISTA

- **la fiducia nel progresso**, fondata su una concezione della storia dell'uomo come graduale processo di incivilimento e come liberazione dalla tutela del sacro e dell'irrazionale.

Bersaglio della critica illuminista furono la Chiesa e le confessioni religiose in genere, considerate fonti di ignoranza, di superstizione e pregiudizi: in questo senso l'Illuminismo fu un **movimento profondamente laico**. Non sempre questo atteggiamento comportava la negazione della fede: prevalse invece l'adesione al deismo e a una religione naturale e razionale, anche se fra gli illuministi non mancarono prese di posizione atee e materialiste (fondate sull'idea che la realtà derivi unicamente dalla materia e che dunque non possa spiegarsi con il ricorso all'intervento divino).

L'intellettuale illuminista

Protagonista dell'Illuminismo fu una nuova figura di intellettuale, più saggista che filosofo, spesso giornalista e pubblicista, e quindi specializzato nella **divulgazione** delle nuove idee presso il pubblico colto. L'intellettuale illuminista rivendicava un proprio ruolo chiave nella società e con questo obiettivo si moltiplicarono i luoghi e gli strumenti della comunicazione: salotti, caffè, club, accademie, società letterarie e scientifiche e tutte le pubblicazioni a stampa o i *pamphlets*. Intellettuali illuministi furono, inoltre, tra i consiglieri e i collaboratori di quei sovrani assolutistici che colsero le esigenze di rinnovamento politico e avviarono in questa epoca una stagione di riforme [👁 3.8].

La connotazione razionalista rivendicata dall'Illuminismo non deve tuttavia far dimenticare che, proprio nell'ambito della nuova cultura, nacque l'interesse per le componenti affettive ed emotive. **L'analisi dei sentimenti** divenne una chiave di lettura dell'agire umano e la loro rappresentazione si pose al centro di molte opere letterarie (come *Giulia o la nuova Eloisa* di Rousseau del 1761).

Un movimento cosmopolita

Tutti i paesi europei parteciparono, in maggiore o minor misura, al movimento illuminista. Dal Portogallo alla Polonia, dall'Italia alla Svezia fu tutto un fiorire di opere, di periodici, di gazzette e di accademie ispirate agli ideali e ai programmi dei Lumi. Nessun grande dibattito o tema di discussione rimase chiuso nel suo ambito d'origine. Intellettuali, riformatori e pubblico colto: tutti erano convinti di partecipare a una grande opera di rinnovamento che non conosceva confini nazionali.

Questo cosmopolitismo fu l'elemento portante di una cultura tendenzialmente di élite, in grado tuttavia di alimentare una vivace **circolazione di idee** che coinvolgeva un pubblico ben più vasto e spesso lontano dai centri propulsivi della cultura dei Lumi [👁 I GRANDI TEMI 1].

Perché in Francia?

Sebbene l'Illuminismo sia diventato presto un fenomeno europeo, il suo **centro propulsore** fu la Francia, e Parigi in particolare. La Francia esercitava dal '600 un'egemonia culturale su gran parte dell'Europa continentale. Il francese era la principale lingua di comunicazione come oggi è l'inglese. Le arti della parola – il teatro, la letteratura, l'oratoria – avevano avuto nel '600 uno straordinario sviluppo. Un largo ceto intellettuale, in parte di origine nobiliare, ma soprattutto di origine borghese, protetto e finanziato dai grandi signori, si era affermato al centro della scena culturale.

L'assolutismo aveva, per altro verso, suscitato una estesa **cultura di opposizione** alimentata sul fronte interno e soprattutto estero, in particolare dall'Olanda che ospitava esiliati e fuorusciti, come gli ugonotti. Sostenuta anche da una larga letteratura clandestina, spesso di contenuto irriverente nei confronti del sovrano e del clero,

Parola chiave
Opinione pubblica
Massoneria

Storiografia
U. Im Hof
La Massoneria

ONLINE

si stava diffondendo un'**opinione pubblica** colta ostile al sistema di governo, anche se non ancora apertamente schierata. In questo ambiente e da queste sollecitazioni nacquero le prime opere dell'Illuminismo: scritti che ponevano al centro della loro riflessione la critica alla società del tempo, al sistema politico e ai fondamenti della monarchia di diritto divino.

La Massoneria Uno dei più potenti strumenti di diffusione delle nuove idee e dei programmi riformatori in Europa fu la Massoneria. Setta segreta nata in Inghilterra, adottò i riti e le tradizioni delle antiche corporazioni di liberi muratori (*free-masons*). Composta in realtà da nobili, borghesi e intellettuali la Massoneria si batteva per la tolleranza, contro il fanatismo e l'oscurantismo religioso, in nome della filantropia, della **fratellanza universale** e della certezza sull'efficacia dei Lumi. Si diffuse tra gli anni '20 e '30 del '700 in tutta Europa (dove si distinsero diversi riti o obbedienze: inglese, scozzese, francese) e fu talora legata alla curiosità e alle mode, che contribuirono tuttavia ad accrescerne le adesioni. Le élite riformatrici poterono così disporre di un formidabile strumento di pressione rafforzato dal fascino della segretezza.

GUIDA ALLO STUDIO

❶ Elenca le principali caratteristiche dell'Illuminismo. ❷ Descrivi l'intellettuale illuminista. ❸ Perché l'Illuminismo si sviluppò in Francia? ❹ Che cos'era la Massoneria?

Acquerello da un album da disegno di un massone
XVIII secolo
[Museo del castello di Rosenau (Germania)]

Una delle caratteristiche principali della Massoneria fu la segretezza. Per essere ammessi in una loggia massonica (l'assemblea dei fratelli massoni) era necessario conoscerne i simboli, superare un rito di iniziazione e accettare la rigida organizzazione della loggia stessa che prevedeva diversi gradi di conoscenza, ognuno ben definito nel suo ruolo, dall'Apprendista al Maestro Muratore (o Massone). Idealmente la Massoneria si ispirava alle corporazioni medievali dei liberi muratori e da queste ricavò alcuni dei suoi simboli più frequenti, come la livella, il filo a piombo, il compasso e la cazzuola. In questo disegno ritroviamo anche il sole e la luna, che insieme simboleggiano la dialettica degli opposti, e le colonne, che rimandano al passaggio verso luoghi santi e regni misteriosi.

Opinione pubblica
L'opinione pubblica o del "pubblico" deve intendersi come l'opinione della collettività dei cittadini, capace di tenersi informata, esprimere in senso politico le proprie idee e difenderle. Essa nacque tra '600 e '700, prima in Inghilterra, poi in Francia, grazie alla diffusione della stampa periodica e alle prime forme di associazionismo politico o culturale.

Ignaz Unterberger
Una cerimonia di iniziazione in una loggia massonica viennese
1786
[Museum der Stadt Karlsplatz, Vienna]

5 Gli illuministi francesi

Tra le numerose figure di illuministi di rilievo in Francia, tre emersero sopra le altre tanto da influenzare la cultura e il dibattito politico non solo allora, ma anche nei decenni successivi: Montesquieu, Voltaire e Rousseau. Mentre l'opera collettiva più rappresentativa dell'Illuminismo francese fu l'*Enciclopedia* di Diderot e d'Alembert.

Montesquieu e la separazione dei poteri

La fama di Montesquieu (Charles de Secondat, barone di Montesquieu, 1689-1755) è legata soprattutto all'opera *L'Esprit des lois* (*Lo spirito delle leggi*) un classico del pensiero politico pubblicato anonimo per timore della censura nel 1748. Dopo aver descritto i caratteri dei tre sistemi politici fondamentali – repubblica, monarchia, dispotismo – e dei princìpi che li reggono – rispettivamente virtù, onore e paura –, Montesquieu individuò nei corpi intermedi – innanzitutto i parlamenti, organismi giudiziari a uno dei quali apparteneva – l'antidoto per evitare la degenerazione delle monarchie in dispotismo. Dal modello politico inglese trasse la convinzione dell'importanza della separazione dei poteri – **legislativo, esecutivo e giudiziario.** «Non vi è libertà – scrisse – se il potere giudiziario non è separato dal potere legislativo e da quello esecutivo. Se esso fosse unito al potere legislativo, il potere sulla vita e la libertà dei cittadini sarebbe arbitrario, poiché il giudice sarebbe al tempo stesso legislatore. Se fosse unito con il potere esecutivo, il giudice potrebbe avere la forza di un oppressore. Tutto sarebbe perduto se la stessa persona, o lo stesso corpo di grandi, o di nobili, o di popolo, esercitasse questi tre poteri: quello di fare le leggi, quello di eseguire le pubbliche risoluzioni, e quello di giudicare i delitti e le liti dei privati». Il principio della separazione dei poteri, definito da Montesquieu, sarebbe poi divenuto perno di tutte le costituzioni liberali e democratiche.

Voltaire

Di estrazione borghese, Voltaire fu forse il più tipico e al tempo stesso il più singolare *philosophe* francese del '700 (*philosophes*, 'filosofi', è il modo in cui gli illuministi francesi definirono sé stessi). Praticò tutti i generi letterari: fu drammaturgo, poeta, storico, saggista e soprattutto pubblicista. La vivacità di una brillante intelligenza, accompagnata da ironia e spregiudicatezza, attraversa tutta la sua sterminata produzione. Divulgatore della filosofia inglese e del deismo, difensore della tolleranza, nemico dell'oscurantismo e dei privilegi, Voltaire teorizzò una monarchia assoluta, illuminata dall'opera dei filosofi. Esemplare fu la sua amicizia con Federico II di Prussia che lo volle alla corte di Berlino dal 1750 al 1752 [👁 1.6, 3.8].

Un'opera collettiva: l'*Enciclopedia*

Fra il 1751 e il 1765 uscirono i 17 volumi di testo (completati, nel 1772, da 11 volumi di tavole) dell'*Enciclopedia* o *Dizionario ragionato delle scienze, delle arti e dei mestieri*: per i numerosi collaboratori e per le dure battaglie combattute contro la censura e contro l'ostilità degli ambienti culturali più conservatori, l'*Enciclopedia* fu considerata espressione di un vero e proprio "partito filosofico". All'opera parteciparono tutti i maggiori intellettuali francesi del tempo, ma moltissime voci furono redatte dallo scrittore e filosofo **Denis Diderot** (1713-1784), che fu anche il principale organizzatore dell'impresa editoriale. Inizialmente, in questo lavoro di ideazione e coordinamento, Diderot fu affiancato dal matematico **Jean-Baptiste d'Alembert** (1717-1783), che scrisse il *Discorso preliminare* (1751), più tardi invece da **Paul Henry Dietrich**, barone **d'Holbach** (1723-1789), un convinto materialista. L'*Enciclopedia* ebbe un largo successo, dapprima presso i ceti colti più abbienti, dato l'elevato prezzo dell'edizione in grande formato; solo in seguito le ristampe in volumi più maneggevoli e meno costosi ne assicurarono una più ampia diffusione. Difficile dire cosa determinò l'influenza dell'*Enciclopedia*: se la presenza della nuova cultura o la struttura dell'opera o la battaglia culturale per la sua pubblicazione. In ogni caso essa diventò l'**emblema dell'Illuminismo francese**.

Rousseau: riflessioni sull'uguaglianza e la sovranità popolare

Alla redazione dell'*Enciclopedia* partecipò anche Jean-Jacques Rousseau (1721-1778), scrivendo tra l'altro la voce «economia politica». Figlio di un orologiaio, filosofo e romanziere, nacque a Ginevra ma poi si trasferì a Parigi: qui cominciò a rendersi noto col *Discorso sull'origine e i fondamenti dell'ineguaglianza fra gli uomini* (del 1755), nel quale criticava radicalmente la società e le istituzioni,

PERSONAGGI

Voltaire

Sono pochi gli uomini di lettere ad aver goduto in vita della propria immortalità come François-Marie Arouet, noto al mondo come Voltaire (1694-1778). Gli attestati di riconoscimento da lui ricevuti non hanno avuto uguali e **attorno alla sua figura si è sviluppato un vero e proprio culto**, fatto di ovazioni pubbliche e celebrazioni quasi ufficiali, ma anche di omaggi personali e intimi. La sua popolarità è ancora più impressionante se si pensa alle censure imposte a moltissime delle sue opere e alle persecuzioni personali di cui fu vittima negli anni. Per tutta la sua lunghissima vita Voltaire si è occupato seriamente della sua immagine come un vero professionista delle lettere, riuscendo così a diventare il campione dell'Illuminismo e il centro della vita intellettuale francese nel XVIII secolo. Figlio di un notaio parigino, ben presto si allontana dalle orme paterne che avrebbero voluto per lui una tradizionale carriera nel diritto o nell'amministrazione. La pubblicazione di qualche scritto critico verso le autorità gli procura una condanna a undici mesi di prigione alla Bastiglia già nel 1717. Appena libero, Voltaire ottiene il suo primo successo sulla scena teatrale grazie a una tragedia, l'*Edipo*, che avrà moltissime repliche e che inaugura la linea di critica alla tradizione che sarà la cifra del suo teatro. In effetti, è alla sua attività letteraria che Voltaire deve gran parte della fama di sovversivo. La sua penna ironica mette alla berlina la politica e le credenze religiose del tempo in maniera più efficace di dotti trattati anche più anticonformisti.

Le polemiche provocate dalla popolarità delle sue opere lo inducono a partire per un lungo soggiorno in Inghilterra nel 1726. È un momento decisivo per la sua vita: il contatto con la scienza di Newton e l'empirismo di Locke (che fonda la teoria della conoscenza sull'esperienza) finisce per dare al suo atteggiamento di **critica pungente della tradizione e dell'oscurantismo** un'impostazione più filosofica. Non bisogna esagerare, però, nella sistematizzazione delle sue idee. Voltaire non è un fondatore di sistemi metafisici, anzi prova diffidenza per qualsiasi teoria troppo coerente e organizzata, amante com'è dell'esercizio del dubbio. Per questo motivo, spesso evita di analizzare in profondità le questioni trattate, risolvendo con una battuta un discorso particolarmente intricato. Per di più, spesso piega le sue opinioni in funzione della sua attività pubblica del momento, delle sue ossessioni e perfino dei suoi sbalzi d'umore. Insomma, **Voltaire è un filosofo soltanto nel senso assunto da questo termine nel '700**: colui che si impegna a esercitare liberamente la propria ragione critica in ogni dominio per affermare la libertà dell'individuo. Ecco perché Voltaire ha rappresentato non soltanto l'esempio più compiuto, ma anche il modello per tutta la generazione di *philosophes* del '700.

Il **soggiorno inglese** è alla base delle *Lettere filosofiche* o ***Lettere inglesi*** (1734). In questo testo Voltaire elogia la tradizione politica e culturale inglese rispetto alla situazione in Francia, trattando del deismo, della tolleranza religiosa e del regime di maggiore libertà delle istituzioni d'Inghilterra. La reazione delle autorità francesi è violenta: le *Lettere* vengono bruciate e Voltaire viene minacciato di arresto. Per fuggire a questa nuova persecuzione, si ritira a Cirey, in Lorena, nel castello della sua compagna di studi e di vita Madame du Châtelet (1706-1749). Gli ospiti sono numerosi e Voltaire è un grande intrattenitore: tiene banco a tavola impressionando i suoi ammiratori; si improvvisa attore delle sue stesse opere teatrali, una passione che porterà avanti per tutta la vita.

In questo suo **esilio decennale** Voltaire si dedica soprattutto alla scrittura di opere storiche, tra cui *Il secolo di Luigi XIV* (pubblicato nel 1751) e il ***Saggio sui costumi e lo spirito delle nazioni*** (pubblicato nel 1756), che molto influenzerà la cultura occidentale successiva. In primo luogo, Voltaire abbandona l'attenzione che tradizionalmente tutte le opere storiche dedicavano al popolo ebraico e al mondo cristiano per partorire una visione più universalistica della storia umana, che prende in considerazione i progressi della ragione presso popolazioni lontane come i persiani, i caldei o i cinesi. In questo modo, **la storia** cessa di essere descritta come la realizzazione della Provvidenza cristiana nel mondo e diventa invece l'**affermazione della ragione umana e dei suoi successi sotto gli occhi di un Dio-architetto**, conformemente ai princìpi del deismo professato da Voltaire. Soprattutto, però, i suoi lavori storici si caratterizzano per una concezione della storia più attenta ai **fenomeni culturali** e ai **costumi** di una nazione più che alle sue guerre e ai suoi intrighi politici. Per questo motivo Voltaire magnifica gli anni di Luigi XIV, intesi come gli anni di intellettuali del peso di Racine, Corneille, Molière e Colbert, più che come il trionfo della sovranità assoluta del re.

Negli anni successivi, dopo vari **soggiorni in Germania** alla corte di Federico il Grande, Voltaire si riavvicina provvisoriamente alla corte dei Borbone, fino a diventare storiografo del re (1745) e ad essere ammesso all'Académie Française, il tempio della cultura francese.

Nel frattempo, si stabilisce nei pressi di Ginevra, a Ferney, che diventa ben presto meta di pellegrinaggi. Il suo volto sempre più rugoso e magro viene ritratto e scolpito in opere che devono passare per la critica severa di Voltaire stesso, come il busto dal sorriso beffardo di Rosset, molto apprezzato. Lungi dall'adagiarsi sulla guardando alla **storia come progressiva decadenza** e degenerazione rispetto a uno stato originario in cui gli uomini erano innocenti e uguali. Fondamento dell'ineguaglianza, secondo Rousseau, era stata l'introduzione della **proprietà privata**: «Il primo che recinse un terreno e dichiarò questo è mio e trovò persone tanto semplici da prestargli fede fu il vero fondatore della società civile. Quanti delitti, guerre, assassinii, miserie e orrori avrebbe risparmiato al genere umano colui che, strappando i pioli e colmando la fossa, avesse gridato ai suoi simili: non ascoltate questo impostore; se dimenticate che i frutti sono di tutti, e la terra di nessuno, siete perduti!». Queste posizioni, che rovesciavano la visione tipicamente illuminista della società come progresso e incivilimento, determinarono la rottura di Rousseau con il mondo

sua popolarità, però, in questi anni **si impegna in molti campi, non ultimo quello imprenditoriale**, visto che installa sulle sue proprietà a Ferney delle vere e proprie fabbriche manifatturiere.
Il soggiorno vicino Ginevra e le molte difficoltà con il puritanesimo svizzero acutizzano la sua insofferenza per il fanatismo religioso e l'oscurantismo. È in questi anni che lancia per la prima volta il suo grido di battaglia più famoso: **«écrasez l'infâme»** ('schiacciate l'infame'). Con questo appello, Voltaire cerca in quegli anni di chiamare a raccolta tutte le menti più illuminate contro l'*infamia* dell'intolleranza religiosa, impegnandosi in vere e proprie **campagne di opinione**. A partire dal caso di un protestante ingiustamente accusato dell'omicidio del figlio, e per questo messo a morte (il caso Calas), Voltaire imbastisce una polemica sull'ingiustizia del sistema penale francese e pubblica il celebre *Trattato sulla tolleranza* (1763), che muove le coscienze e le autorità fino al punto di ottenere la revisione del processo e la riabilitazione postuma del giustiziato. Impegnandosi in altre cause dello stesso tipo, il filosofo di Ferney dimostra di non essere soltanto uno scrittore di successo e un maestro dell'ironia, ma un uomo d'azione, che **presta la sua penna a cause civili e politiche**. Con Voltaire, insomma, i princìpi di tolleranza escono dalle pagine dei libri per farsi norme di comportamento.
È la lettura stessa delle sue opere in quegli anni a rappresentare un esercizio di libertà. Il ***Candido*** – forse la sua opera più apprezzata oggi – conosce almeno 17 edizioni nel 1759 e solo in quell'anno si stima ne siano stati venduti 25 mila esemplari. È una cifra enorme per l'epoca, tanto più se si pensa che queste copie circolavano clandestinamente: le avventure di Candido che mettono in ridicolo la concezione provvidenzialistica della storia sono proibite dal Parlamento di Parigi e inserite nell'Indice dei libri proibiti di Roma. Superando questi impedimenti per procurarsi il libro, i divertiti lettori di Voltaire partecipavano magari involontariamente alla lezione più importante dell'Illuminismo: la libertà di espressione contro tutte le censure.
La morte trovò Voltaire nel 1778, pochi mesi dopo il suo trionfale ritorno a Parigi. Le sue spoglie lasciavano però la capitale qualche giorno dopo, clandestinamente, visto che le autorità religiose si erano rifiutate di celebrare le esequie. Solo nel luglio 1791, in uno dei periodi più caldi della Rivoluzione francese, i suoi resti sarebbero ritornati a Parigi per essere collocati nel Panthéon, legando anche simbolicamente la lezione del patriarca di Ferney alle conquiste rivoluzionarie.

Jean Huber
***L'ultima cena del Patriarca*, part.**
1772 ca.
[Fondazione Voltaire, Besterman Centre for the Enlightenment, Oxford]

Il quadro mostra Voltaire (al centro con la mano destra alzata) a cena con altri filosofi nel suo castello di Ferney. Attorno al tavolo, a partire dalla destra dello stesso Voltaire, sono riconoscibili: d'Alembert e lo scrittore e poeta La Harpe, il barone von Grimm che rivolge la parola a Padre Adam (un gesuita con il quale Voltaire usava giocare a scacchi), al centro, di spalle, forse il filosofo matematico Nicolas de Condorcet, e ancora alla sua destra Jean-François Marmontel (romanziere e poeta), seguito da Diderot. Chiudono il cerchio fra Diderot e Voltaire il poeta Jean François de Saint-Lambert, Sophie d'Houdetot (a mala pena visibile) e lo stesso autore del quadro Huber. È improbabile che questa cena così come raffigurata abbia avuto realmente luogo, in quanto Diderot non visitò mai la dimora di Voltaire a Ferney, nonostante i numerosi inviti. Sembra invece più plausibile l'ipotesi che il soggetto sia stato suggerito al pittore dallo stesso Voltaire come buon auspicio per una ideale unione dei filosofi sotto la sua guida.

dei *philosophes* e degli enciclopedisti. Tuttavia egli non si fece sostenitore di un ritorno a un mitico stato di natura, ma elaborò una proposta di rifondazione della società nel ***Contratto sociale*** (*Du contrat social*, 1762), la sua opera politica più significativa.

Per ricreare le condizioni dell'eguaglianza Rousseau ipotizzò un patto sociale in cui i singoli si uniscono in un corpo organico rinunciando ai loro interessi particolari in funzione del bene comune. La **volontà generale** è il criterio che presiede a questa nuova comunità sociale: «quel che rende generale la volontà non è tanto il numero dei voti, quanto l'interesse comune che li unisce» [👁 I GRANDI TEMI **1**_DOC**2**]. Questa comunità ha la possibilità di realizzarsi solo in un regime di **democrazia diretta** in cui la sovranità appartiene al popolo – **sovranità popolare** – e nessuno può essere delegato a esercitarla nel nome del popolo. Anche se solo le piccole comunità, come la Repubblica di Ginevra, sembravano a Rousseau disporre delle condizioni per l'instaurazione di un simile sistema politico, il *Contratto sociale* fu, a partire dalla Rivoluzione francese, uno dei maggiori testi ispiratori del pensiero politico democratico e rivoluzionario [👁 **7.5**; I GRANDI TEMI **1**_DOC**2**].

GUIDA ALLO STUDIO

❶ Perché Montesquieu sosteneva la separazione dei poteri politici? ❷ Chi fu Denis Diderot? ❸ Su cosa si era sviluppata, secondo Rousseau, l'ineguaglianza sociale? ❹ Quali sono i princìpi fondamentali espressi nel *Contratto sociale*?

Sovranità popolare

La sovranità popolare è il principio in base al quale la fonte della sovranità sta nel popolo e non nella persona del re. Insieme con quello della separazione dei poteri, è un principio fondamentale della nostra vita politica. Con sovranità popolare non si intende solo la democrazia diretta, ma più comunemente la possibilità del popolo di scegliere i suoi rappresentanti – democrazia rappresentativa. Del resto la democrazia diretta è realizzabile solo in piccole comunità in cui effettivamente tutti possono riunirsi e partecipare. Quando uno Stato è composto da milioni di cittadini non si può che ricorrere alla democrazia rappresentativa.

Jean-Michel Moreau
Il primo bacio d'amore
[da J.-J. Rousseau, *La nouvelle Héloïse*, in *Oeuvres*, Parigi 1793-1800]

Nel 1761 Jean-Jacques Rousseau pubblicò il suo romanzo *Giulia o la nuova Eloisa* riscuotendo grande successo. Attraverso i rapporti epistolari dei diversi protagonisti, Rousseau racconta la vicenda di Giulia, figlia di un barone, legata sentimentalmente al suo precettore, ma costretta dal padre a sposare un uomo del suo stesso rango. *La nuova Eloisa* sottolinea gli aspetti negativi di alcune convenzioni sociali, come il matrimonio combinato e imposto dai genitori piuttosto che basato sull'amore, e propone un nuovo modello sociale basato sui sentimenti, su una precisa divisione dei ruoli di genere, su atteggiamenti retti e onesti, lontani dalle licenziosità tipiche dell'aristocrazia.

6 Le nuove scienze e l'Illuminismo in Europa

Se la Francia è la culla dell'Illuminismo, altri paesi e regioni d'Europa partecipano a questa rivoluzione culturale [TABELLA_2]. Una rivoluzione dalla quale germinano ulteriori ambiti di studio e di riflessione: dalle scienze dell'uomo, alla storia, ai nuovi campi delle sperimentazioni scientifiche.

Le nuove scienze Nascono discipline come l'antropologia culturale e l'etnologia, ispirate dai libri di viaggi e dalle descrizioni dei costumi delle popolazioni cosiddette selvagge. È l'epoca dello svedese **Linneo** (Carl Linnaeus, 1707-1778) e della sua fondamentale classificazione delle piante e degli animali; ma è anche l'epoca del naturalista, matematico e biologo francese Georges-Louis Leclerc, conte di Buffon, autore della monumentale *Storia naturale* (1749-89), un'opera destinata ad alimentare la curiosità di migliaia di lettori. Sono gli anni delle sperimentazioni sull'elettricità, campo nel quale si distinguono gli italiani Luigi Galvani (1737-1798) e **Alessandro Volta** (1745-1827), e soprattutto quelli degli studi di chimica del francese **Antoine-Laurent Lavoisier** (1743-1794), il vero fondatore, con le sue ricerche sui gas e sugli elementi, della chimica moderna.

La riflessione sulla storia Questa è anche l'epoca di un rinnovamento radicale degli studi storici con l'abbandono della concezione provvidenzialistica a favore di una **visione laica della storia**, a cui si affianca un nuovo interesse per la società e i modi di vita: esemplari di questo orientamento furono

◀ Maurice Quentin de La Tour
Ritratto di M.lle Ferrand
1753

▶ **Cinque emozioni desumibili dall'esame della mimica facciale**
[tavola tratta da G.L. Leclerc de Buffon, *Storia naturale dell'uomo*, 1749]

Le questioni scientifiche che andavano dibattendosi con tanto fervore nel '700 fra gli "addetti ai lavori" ebbero larghissima eco anche al di fuori del mondo accademico. Come testimonia il quadro di de La Tour, nel quale sul leggio è raffigurato un libro sulle scoperte di Isaac Newton, la curiosità nei confronti delle opere scientifiche fu diffusa oltre che fra i lettori maschi anche nel mondo femminile. Fra le opere di maggiore successo va senz'altro annoverata l'*Histoire naturelle, générale et particulière* di Georges-Louis Leclerc, conte di Buffon: 36 volumi in cui l'autore cercò di organizzare tutto il sapere dell'epoca nel campo delle scienze naturali. Nel secondo volume, da cui è tratta la tavola qui illustrata, Buffon affrontò la storia naturale dell'uomo; fu in questo volume che Buffon rilevò le somiglianze tra l'uomo e la scimmia e la possibilità di una genealogia comune.

ONLINE

DOC
Adam Smith
La divisione del lavoro

due grandi opere di Voltaire, *Il secolo di Luigi XIV* (1751) e il *Saggio sui costumi e lo spirito delle nazioni* (1756).
Ma forse il maggior contributo alla ricerca storica venne dall'**Illuminismo inglese**. Edward **Gibbon** (1737-1794), autore di una monumentale *Storia della decadenza e caduta dell'Impero romano* (1766-88), sostenne che il declino dell'Impero romano e il suo crollo finale fossero stati causati della crisi delle sue istituzioni politiche e della sua struttura sociale; ma il quadro amplissimo della sua ricostruzione si spingeva a tutto il Medioevo, Asia e Cina comprese, fino alla caduta di Costantinopoli (1453).

La nascita dell'economia politica

Anche lo studio dei fenomeni economici trovò in questi periodo la sua prima sistemazione disciplinare con la scuola dei fisiocratici francesi.
François Quesnay (1694-1774) fu il maggior rappresentante della **fisiocrazia** (dal greco *phỳsis*, 'natura', e *kratèin*, 'dominare'), la dottrina che considerava la **terra** come la fonte unica della ricchezza. È l'agricoltura infatti, secondo i fisiocratici, che grazie alla fertilità del suolo produce quel sovrappiù di ricchezza che consente di alimentare i contadini, i proprietari terrieri e la «classe sterile», quella dei mercanti e degli artigiani. Da questa premessa discendeva la proposta di un programma di riforme teso a eliminare ogni ostacolo alla coltivazione e alla libera circolazione delle derrate agricole: i fisiocratici proponevano la **libertà dei commerci** – soprattutto dei grani –, l'abolizione dei dazi doganali, l'introduzione di un'imposta unica sulla rendita fondiaria. Nasceva con la fisiocrazia la convinzione che l'**analisi dei meccanismi produttivi** consentisse di comprendere l'intera organizzazione sociale.

Smith e la «ricchezza delle nazioni»

È, tuttavia, allo scozzese Adam Smith (1723-1790) e alla sua opera *Ricerche sopra la natura e la causa della ricchezza delle nazioni* (*An Inquiry into the Nature and Causes of the Wealth of Nations*, 1776) che dobbiamo la prima enunciazione di una teoria generale dell'economia. Studioso di filosofia morale, Smith rintracciava, come altri filosofi scozzesi, nel sentimento – simpatia, interesse, ecc. – il movente dell'agire e dell'associarsi e nell'**utile individuale e sociale** il fondamentale criterio di comportamento. Se ciascuno è lasciato agire liberamente secondo il proprio interesse particolare – affermava Smith –, inevitabilmente contribuisce al benessere collettivo e alla felicità generale, secondo una provvidenziale volontà che domina le azioni dei singoli: un agire che va al di là delle originarie intenzioni individuali e che appare guidato da quella che Smith chiama la **«mano invisibile»**.
Punto centrale dell'analisi di Smith è il concetto di **lavoro produttivo**, misura del valore di scambio delle merci e unica fonte della ricchezza sociale: nell'analisi dello studioso il "valore della merce" è infatti direttamente proporzionale al lavoro impiegato per produrla. L'espansione dell'economia è legata secondo Smith all'incremento della produttività: a garantirla sono la crescente **divisione del lavoro** tra la manodopera impiegata, il reinvestimento continuo dei profitti derivati dall'attività economica e l'innovazione tecnologica introdotta nei processi produttivi. Anche Smith, come i fisiocratici, era convinto che il libero mercato e il libero scambio fossero le condizioni più favorevoli per lo sviluppo dell'attività economica: si doveva dunque annullare ogni forma di protezionismo e ridurre l'intervento statale al controllo delle imposte e alla garanzia dei servizi pubblici. L'ampiezza e l'importanza delle sue analisi fecero di Smith il fondatore di quella che sarà definita l'economia «classica» e il **primo teorico del liberismo**.

Lavoro produttivo
Il lavoro produttivo è quello che produce ricchezza. Il suo valore può essere scambiato tramite la moneta, contribuendo così direttamente alla produzione di reddito individuale (il salario) e alla ricchezza nazionale.

Liberismo
La dottrina liberista affida al mercato – e solo al mercato – il compito di regolare l'attività economica, si oppone all'intervento dello Stato nel mondo della produzione e del commercio, sostiene il principio del libero scambio nei traffici fra paese e paese. In quest'ultimo senso il liberismo si oppone al protezionismo: ossia a quella pratica che tende a proteggere la produzione nazionale imponendo sui prodotti di importazione dazi doganali così elevati da scoraggiarne l'acquisto.

L'Illuminismo in Germania

Le origini dell'Illuminismo nel mondo tedesco furono legate alla lotta contro il dogmatismo e l'autoritarismo della Chiesa luterana di cui fu protagonista il filosofo e drammaturgo Gotthold Ephraim **Lessing** (1729-1781), fautore della tolleranza e nemico dell'assolutismo. Ma il punto più alto fu raggiunto dall'opera filosofica di **Immanuel Kant** (1724-1804) che, dalla lontana Königsberg nella Prussia orientale, con la *Critica della ragion pura* (1781), attuò una vera e propria "rivoluzione copernicana" nel campo della conoscenza, premessa di tutta la filosofia e la scienza successive. Al quesito «Che cos'è l'Illuminismo?» Kant diede una definizione memorabile per chiarezza e intensità: «L'Illuminismo è l'uscita dell'uomo dallo stato di minorità che egli deve imputare a sé stesso. Minorità è l'incapacità di valersi del proprio intelletto senza la guida di un altro. Imputabile a sé stesso è questa minorità, se la causa di essa non dipende da difetto di intelligenza, ma dalla mancanza di decisione e del coraggio di far uso del proprio intelletto senza essere guidati da un altro. ***Sapere aude!*** Abbi il coraggio di servirti della tua propria intelligenza! È questo il motto dell'Illuminismo».

GUIDA ALLO STUDIO

❶ Quali novità furono applicate allo studio della storia nel '700? ❷ Quale teoria è alla base della fisiocrazia? ❸ Chi ha scritto *Ricerche sopra la natura e la causa della ricchezza delle nazioni*? ❹ Che cos'era per Smith il lavoro produttivo?

7 Gli illuministi italiani

Il pre-Illuminismo italiano

Particolarmente ricco fu il contributo dell'Italia al movimento illuminista, soprattutto per l'attenzione rivolta ai problemi dell'economia e degli ordinamenti giuridici. Già agli inizi del '700, del resto, le opere di alcuni intellettuali italiani testimoniano l'avvio di un rinnovamento culturale nella penisola. **Ludovico Antonio Muratori** (1672-1750), storico e grande erudito, esponente di un cattolicesimo illuminato, polemizzò contro le

DEI DELITTI

E

DELLE PENE

EDIZIONE SESTA

Di nuovo corretta ed accrefciuta

In rebus quibuscumque difficilioribus non expectandum, ut quis simul, & serat, & metat, sed praeparatione opus est, ut per gradus maturescant. Bacon. Serm. fid. n. XLV.

HARLEM

MDCCLXVI.

Antifrontespizio e frontespizio del volume *Dei delitti e delle pene* di Cesare Beccaria

L'immagine riporta, secondo le consuetudini del periodo, una allegoria abbastanza eloquente: la Giustizia respinge sdegnata le teste tagliate che le vengono offerte.

superstizioni e gli eccessi esteriori del culto e divenne sostenitore di caute riforme dello Stato e della società. **Giambattista Vico** (1668-1744) affrontò in modo originale e innovativo alcuni aspetti centrali dello scrivere di storia: nella *Scienza nuova* (1725-44) riconobbe le regole costanti di un divenire storico scandito da fasi identiche che similmente e ciclicamente ricorrono per tutti i popoli. Innovativa fu anche l'opera di **Pietro Giannone** (1676-1748): nell'*Istoria civile del regno di Napoli* (1723) rivendicò la supremazia dello Stato sulla Chiesa e gettò le basi del giurisdizionalismo (che sarà approfondito nel paragrafo seguente).

L'Illuminismo napoletano

Nel **Regno di Napoli** i problemi dei rapporti con la Chiesa e l'analisi delle condizioni economiche accompagnarono tutta l'opera di rinnovamento culturale intrapresa dagli illuministi. La figura più rappresentativa fu quella di **Antonio Genovesi** (1713-1769), seguace di Locke, studioso di filosofia e di economia. Dal 1754 tenne la cattedra di Commercio e meccanica all'U-

TABELLA 2_PROTAGONISTI E OPERE DELL'ILLUMINISMO

	PROTAGONISTI	OPERE
Francia	Montesquieu (1689-1755)	*Lettere persiane*, 1721; *Lo spirito delle leggi*, 1748
	Voltaire (1694-1778)	*Lettere filosofiche*, 1734; *Il secolo di Luigi XIV*, 1751; *Trattato sulla tolleranza*, 1763
	François Quesnay (1694-1774)	*Tableau économique*, 1758
	Denis Diderot (1713-1784) Jean-Baptiste d'Alembert (1717-1783) Paul Henry d'Holbach (1723-1789)	Coordinamento dell'*Enciclopedia*, 1751-65
	Jean-Jacques Rousseau (1721-1778)	*Discorso sull'origine e i fondamenti dell'ineguaglianza fra gli uomini*, 1755; *Contratto sociale*, 1762; *Emilio*, 1762
Gran Bretagna	David Hume (1711-1776)	*Trattato sulla natura umana*, 1739-40; *Storia d'Inghilterra*, 1754-61
	Adam Smith (1723-1790)	*Ricerche sopra la natura e la causa della ricchezza delle nazioni*, 1776
	Edward Gibbon (1737-1794)	*Storia della decadenza e caduta dell'Impero romano*, 1776-88
	Jeremy Bentham (1748-1832)	*Introduzione ai princìpi della morale e della legislazione*, 1789
	David Ricardo (1772-1823)	*Princìpi dell'economia politica e delle imposte*, 1817
Germania	Alexander Baumgarten (1714-1762)	*Estetica*, 1750-58
	Immanuel Kant (1724-1804)	*Critica della ragion pura*, 1781; *La religione entro i limiti della mera ragione*, 1793
	Gotthold Ephraim Lessing (1729-1781)	*Laocoonte*, 1766
Italia	Antonio Genovesi (1713-1769)	*Lezioni di commercio*, 1765-67
	Ferdinando Galiani (1728-1787)	*Della moneta*, 1751
	Pietro Verri (1728-1797)	«Il Caffè», 1764-66 (insieme, tra gli altri, con il fratello Alessandro) *Meditazioni sull'economia politica*, 1771; *Storia di Milano*, 1783-99
	Cesare Beccaria (1738-1794)	*Dei delitti e delle pene*, 1764
	Gaetano Filangeri (1752-1788)	*Scienza della legislazione*, 1780-85

niversità di Napoli e sul suo insegnamento si formò la generazione successiva di riformatori napoletani. Nelle *Lezioni di commercio* (1765-67) propugnò uno sviluppo delle manifatture e dell'agricoltura volto a sollevare il Regno di Napoli dall'arretratezza economica. **Ferdinando Galiani** (1728-1787), che visse a lungo a Parigi, raggiunse notorietà europea con l'opera *Della moneta* (1751), che è ricca di importanti osservazioni sulla circolazione monetaria e contiene un'originale teoria del valore dei beni: a determinare il valore di un bene – sosteneva Galiani – sono la sua utilità, la rarità e il lavoro necessario per produrlo. Larga diffusione in Italia e in Europa ottenne anche la *Scienza della legislazione* (1780-85) di **Gaetano Filangeri** (1752-1788) che, oltre a rivendicare la necessità di una codificazione delle leggi e una riforma della procedura penale, attaccava gli abusi del sistema feudale meridionale.

ONLINE
DOC
Cesare Beccaria
L'utilità delle pene

L'Illuminismo lombardo

L'altro grande centro dell'Illuminismo fu Milano dove, intorno alla rivista **«Il Caffè»** (1764-66), impegnata nella lotta per le riforme, si raccolsero i fratelli Pietro e Alessandro Verri e Cesare Beccaria. Tanto **Pietro Verri** (1728-1797) quanto **Cesare Beccaria** (1738-1794) coltivavano interessi per la politica economica: entrambi diverranno in seguito funzionari del governo austriaco.

Beccaria contro la pena di morte

Legato ai vivaci dibattiti del «Caffè» fu *Dei delitti e delle pene*, l'opera di straordinario successo che Beccaria pubblicò nel 1764. Decine di edizioni e di traduzioni diffusero non solo in Europa, ma anche in America, gli argomenti contro la pena di morte e la **tortura**, e a favore della **pubblicità del processo** e della **prevenzione del delitto**. La visione della giustizia e della pena poggiava su una concezione contrattualistica dello Stato, dalla quale discendeva che la pena di morte non era «né utile né necessaria»: l'unico criterio di giudizio postulato da Beccaria per distinguere i delitti e le pene è infatti la rottura o la conservazione del patto o contratto sociale; entro i limiti stabiliti dal contratto ciascuno può essere sanzionato per la parte di libertà cui rinuncia entrando in società, ma la rinuncia non può mai essere al bene più prezioso, la vita [👁 3.3]. Il messaggio umanitario di Beccaria ispirò molti tentativi di riforme giudiziarie dell'assolutismo illuminato, ma il principio dell'abolizione della pena di morte stentò a lungo, e stenta ancora ai nostri giorni, a farsi strada nelle pratiche di governo di molti Stati e nella coscienza dei popoli.

GUIDA ALLO STUDIO

❶ Chi furono Ludovico Antonio Muratori, Giambattista Vico e Pietro Giannone? ❷ Quali intellettuali furono protagonisti dell'Illuminismo napoletano? ❸ Quali importanti princìpi vengono affermati da Cesare Beccaria nella sua opera *Dei delitti e delle pene*?

8 L'assolutismo illuminato

All'interno del movimento illuminista è possibile individuare gli elementi di un disegno riformatore che mirava alla modernizzazione dello Stato e al raggiungimento della «felicità pubblica». Questi elementi si tradussero in azioni di politica interna in molti paesi europei nella seconda metà del '700 inserendosi nel solco del lungo processo di formazione dello Stato moderno. Se la Francia, la patria dell'Illuminismo, non raccolse le richieste di rinnovamento politico, altre monarchie assolute avvertirono invece l'esigenza di allargare i poteri dello Stato a spese dei privilegi del clero e della nobiltà. Si trattava di un obiettivo che poteva mettere in discussione i fondamenti del consenso alla monarchia da parte dei ceti dirigenti tradizionali, ma era anche un passaggio decisivo per il rafforzamento dello Stato, lo sviluppo della società civile e dell'economia.

L'assolutismo illuminato La storia politico-istituzionale del secondo '700, tra gli anni '50 e gli anni '80, fu segnata da una pratica di governo che prende il nome di assolutismo illuminato. In questa breve stagione alcuni sovrani come **Federico II** (1740-86) di Prussia, **Maria Teresa** (1740-80) e **Giuseppe II** (1765-90) d'Austria, **Caterina II** (1762-96) di Russia, e in Italia **Carlo III** (1734-59) nel Regno di Napoli e **Pietro Leopoldo** (1765-90) in Toscana, avviarono una politica di riforme che aveva molti tratti in comune:

- la presenza, tra i consiglieri e collaboratori dei sovrani, di **intellettuali illuministi** o di funzionari illuminati;
- l'avvio, nei paesi cattolici, di una politica ecclesiastica – il **giurisdizionalismo** – volta a estendere la giurisdizione e il controllo dello Stato sull'organizzazione delle Chiese nazionali;
- la realizzazione delle **riforme** dell'amministrazione statale e del sistema fiscale.

Il giurisdizionalismo La politica ecclesiastica mirava ad eliminare quella struttura giuridica parallela rappresentata dai **diritti e privilegi ecclesiastici**: diritti come quello d'asilo, che riconosceva l'immunità a quanti, accusati di un delitto, si rifugiavano nei luoghi di culto, o il privilegio che riservava ai soli tribunali ecclesiastici di giudicare anche reati comuni (come il furto e l'omicidio) quando fossero compiuti da religiosi. Vennero messi in discussione la legittimità del **tribunale dell'Inquisizione** e il **monopolio religioso dell'istruzione**. In questa politica l'Illuminismo realizzò i suoi maggiori successi.

Contro gli ordini religiosi Agli occhi dei riformatori i conventi e la vita monastica apparivano forme di parassitismo, mentre le estese proprietà della Chiesa, difese dai vincoli di **manomorta** – che ne impedivano la vendita –, erano di ostacolo alla circolazione dei beni, ritenuta un potente stimolo all'economia. Questo orientamento, condiviso dalle élite, era visto con timore dai ceti popolari, beneficiari del sistema assistenziale della Chiesa e in genere ostili al cambiamento.

Il successo più rilevante della lotta agli ordini religiosi fu l'**espulsione della Compagnia di Gesù** da molti paesi europei: dal Portogallo nel 1759, dalla Francia nel 1764, dalla Spagna nel 1767, dal Regno di Napoli nel 1768. All'espulsione seguiva l'inca-

Manomorta
La manomorta era il vincolo di invendibilità cui erano sottoposti i beni di origine feudale e molte proprietà ecclesiastiche.

La cacciata dei gesuiti dalla Spagna nel 1767
[Civica raccolta delle Stampe Bertarelli, Milano]

meramento dei beni da parte dello Stato. Fino ad allora i gesuiti avevano esercitato una larga influenza sui ceti dirigenti: erano spesso confessori dei principi e nei loro collegi si educavano i figli della nobiltà. Ma i gesuiti erano considerati nemici di ogni innovazione: così, nel 1773, la pressione dei sovrani costrinse il papa Clemente XIV a sopprimere la Compagnia di Gesù (che sarà tuttavia restaurata nel 1814).

La riorganizzazione amministrativa e fiscale

La razionalizzazione della macchina statale fu ottenuta concentrando le decisioni, riorganizzando le normative per ridurre la varietà delle leggi, costruendo quella struttura basata su dipartimenti e ministeri che ancora oggi caratterizza l'amministrazione pubblica.
Come sappiamo, una parte consistente delle entrate era destinata alle **spese militari**: così i quasi trent'anni di pace dopo la fine della guerra dei Sette anni (1763) resero la riorganizzazione del **sistema fiscale** più agevole [👁 1.5]. In molti Stati, ma soprattutto nei domìni asburgici, fu avviata l'imponente impresa della redazione di un **catasto** dei beni terrieri e immobiliari, destinata a dare fondamento certo all'imposizione fiscale riducendo al tempo stesso le esenzioni.
Gli elementi comuni del dispotismo illuminato variano tuttavia molto se analizzati nei singoli territori di applicazione.

Le riforme in Prussia

Federico II, re di Prussia (1740-86), rappresentò la più compiuta incarnazione del sovrano illuminato [👁 1.6]. La frequentazione dei *philosophes*, l'amicizia con Voltaire, l'impegno personale come autore di opere storiche e politiche (scritte in francese, perché non era in grado di scrivere in tedesco) fecero di **Federico II il tipico re-filosofo**. Ma nell'azione concreta, come lui stesso dichiarò, lo guidarono soprattutto «l'ambizione, l'interesse e il desiderio di acquistare fama». Dopo essersi pronunciato, nel 1740, in difesa del diritto naturale e della pace, solo pochi mesi dopo, senza dichiarare guerra, invase e conquistò la Slesia. Questa compresenza di princìpi illuminati e politica di potenza

Catasto
Il catasto nacque come un sistema di misurazione e descrizione delle proprietà allo scopo di ripartire il carico fiscale. Esempi se ne trovano già nell'antico Egitto, nella Grecia di Solone e nella Roma imperiale. In età medievale furono i comuni a perfezionare i catasti, anche se i loro documenti rimasero spesso caratterizzati da descrizioni generiche e stime arbitrarie, senza alcun criterio di uniformità. Soltanto nel '600 cominciò un approfondito lavoro di revisione di questo strumento, che culminò con il catasto realizzato in Lombardia sotto il governo austriaco (1760), divenuto un vero e proprio modello per le elaborazioni successive.

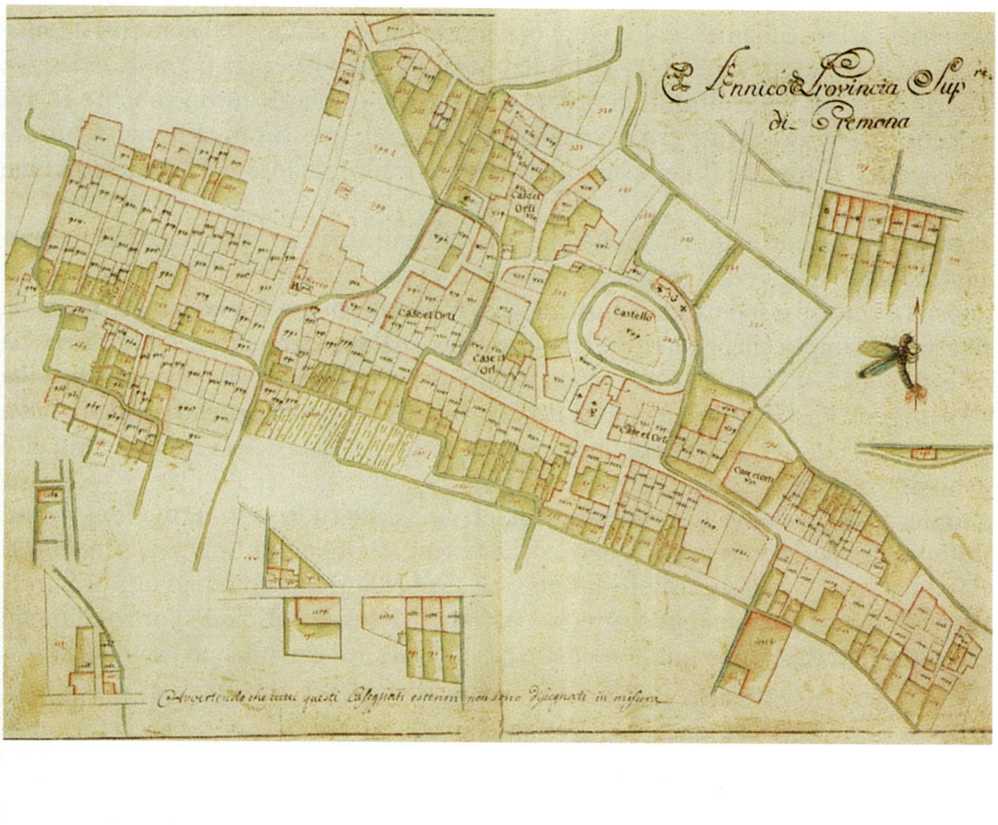

Sviluppo del centro urbano di Annico (Cremona)
1723
[Mappa del catasto teresiano; Fondo catasto teresiano, Archivio di Stato, Cremona]
A partire dal 1718, all'interno dei possedimenti asburgici nel territorio di Milano, le proprietà fondiarie furono censite e registrate: dopo attenta e lunga rilevazione dei dati sul territorio, fu prodotto un complesso lavoro di restituzione grafica, cui fece seguito la creazione di un registro immobiliare atto a stabilire e ripartire il carico fiscale. L'immensa opera fu portata avanti da funzionari stranieri per contrastare l'abitudine dei ricchi proprietari terrieri di corrompere il personale addetto alla rilevazione e fornire così dati falsi rispetto al proprio patrimonio immobiliare. Il catasto entrò in vigore solo nel 1760, durante il regno di Maria Teresa, e perciò è noto come "teresiano".

caratterizzò non solo la personalità di Federico II, ma tutta la vicenda storica della Prussia, al tempo stesso potenza militare e Stato della filosofia e della scienza.

Fra i più importanti interventi riformatori di Federico vi fu la razionalizzazione del sistema giudiziario e l'emanazione di un codice civile nonché l'istituzione nel 1763, per la prima volta in Europa, dell'**istruzione elementare obbligatoria**. I risultati di questa riforma furono modesti: tuttavia, il fatto che i maestri fossero dipendenti pubblici contribuì a rafforzare nella popolazione la dedizione al sovrano e allo Stato.

Inoltre, una **politica di larga tolleranza** (motivata dalla sostanziale indifferenza religiosa del sovrano) fu praticata tanto nei confronti dei cattolici che degli ebrei.

L'opera di rafforzamento dell'esercito, che assorbiva l'80% delle finanze, fu accompagnata dal successo ottenuto nel trasformare la nobiltà feudale degli ***Junker*** in **un'aristocrazia militare disciplinata** e profondamente legata alla persona del suo principe. A questa aristocrazia venne confermato il predominio sul mondo rurale e sui contadini servi che non videro migliorate le dure condizioni di vita e dipendenza personale.

Nonostante le numerose riforme, la struttura dello Stato prussiano non riuscì a trasformarsi in un potere **burocratico** autonomo, legato com'era al ruolo centralizzatore del sovrano, alle sue capacità e al suo prestigio. Vent'anni dopo la morte di Federico II, avvenuta nel 1786, quella che sembrava un'indistruttibile macchina statale fu travolta dalla sconfitta subìta a Jena (1806) ad opera di Napoleone.

Le riforme in Austria

Con **Maria Teresa**, che regnò fino al 1780, si venne formando quell'apparato statale, caratterizzato da proverbiali spirito di servizio e correttezza formale, che costituì per 150 anni la struttura portante del composito Impero asburgico. Il figlio **Giuseppe II**, associato al trono dal 1765, rafforzò la **politica giurisdizionalista** unificando nelle mani dello Stato i poteri sul clero nazionale, sottraendoli al pontefice e ai suoi rappresentanti (i nunzi apostolici). Questa linea di intervento, nota come "giuseppinismo", portò alla soppressione dei conventi e degli ordini contemplativi, ossia quelli non dediti all'assistenza e all'insegnamento: in tempi brevissimi furono chiusi 700 conventi e i religiosi regolari ridotti da 65 mila a 27 mila. La politica di **tolleranza** fu molto estesa: le discriminazioni nei confronti di protestanti e greco-ortodossi furono abolite e, con la concessione dei diritti civili, emancipati gli ebrei; questi provvedimenti furono decisivi per la tranquillità sociale di un impero multireligioso e multietnico come quello asburgico.

Il programma riformatore fu molto incisivo anche in altri campi. Con il *Codice penale giuseppino* del 1788, il primo veramente moderno, furono ridotti i casi puniti con la pena di morte e soppressa la tortura. Giuseppe introdusse il **matrimonio civile**, la **libertà di stampa** e diede ulteriore impulso all'**istruzione elementare obbligatoria** già avviata nel 1774. Nel 1781-82 furono **abolite le servitù personali** dei contadini nei territori dell'Austria e della Boemia: per la prima volta gli spostamenti, i matrimoni e la scelta dei mestieri divennero liberi mentre nelle proprietà della Corona i contadini vennero trasformati in affittuari.

L'**uniformità legislativa e amministrativa**, cardine delle riforme in tutto l'impero, suscitò vive opposizioni ai due estremi dei possessi asburgici, in Ungheria e nei Paesi Bassi austriaci: così il successore di Giuseppe, **Leopoldo II** (già granduca di Toscana col nome di Pietro Leopoldo) fu costretto a pacificare l'Impero ritirando i provvedimenti più osteggiati e ponendo fine al progetto più radicale dell'assolutismo illuminato.

Le riforme in Russia

Le iniziative riformatrici di **Caterina II** (1762-96) furono più enunciate che realizzate o restarono a uno stadio embrionale

Burocrazia
Deriva dal francese *bureau*, che significa 'scrivania, scrittoio', ma anche 'ufficio'. Per burocrazia si intende, dunque, l'insieme degli uffici pubblici e di coloro che vi lavorano. Per fare un esempio dei giorni nostri, in Italia, sono uffici pubblici i ministeri, le amministrazioni delle aziende sanitarie locali, ovvero tutti quegli uffici alle dirette dipendenze dello Stato, delle Regioni o dei Comuni. Storicamente la burocrazia nasce con lo Stato moderno: i sovrani, infatti, hanno bisogno di dare un'organizzazione unitaria ai propri possedimenti e per fare questo si servono di funzionari che giurano fedeltà alla Corona. Solo tra '800 e '900, però, sono cresciuti enormemente il numero dei burocrati e la loro importanza politica.

[👁 1.7 PERSONAGGI]. La sua fama di riformatrice rimase legata soprattutto ai rapporti culturali e di amicizia che intrattenne con i *philosophes*. Tuttavia, la requisizione dei beni della Chiesa greco-ortodossa, già iniziata dai predecessori di Caterina, l'abolizione dei vincoli alle attività commerciali e manifatturiere, ora consentite anche ai contadini, furono significativi provvedimenti a favore dello sviluppo economico. Più importante la **riforma amministrativa** e provinciale del 1775 in cui largo peso era concesso, almeno formalmente, alle assemblee nobiliari, mentre l'obiettivo di fondo rimaneva quello di un rafforzamento dell'autorità centrale.

Limiti al riformismo Da un'analisi complessiva delle varie iniziative riformatrici in Europa è agevole concludere che un limite invalicabile al riformismo settecentesco era quello posto dalla forza e dal prestigio dei **ceti privilegiati**. Contro i privilegi della nobiltà le monarchie illuminate non potevano spingersi troppo oltre senza mettere in discussione i fondamenti stessi della loro legittimazione politica e il sostegno dei loro pari.

GUIDA ALLO STUDIO

❶ Quali sovrani possono essere definiti "illuminati"? ❷ Quale obiettivo aveva il giurisdizionalismo? ❸ Quale fu il successo più rilevante della lotta agli ordini religiosi? ❹ Descrivi le principali riforme avviate in Prussia, Austria e Russia.

9 Il riformismo in Italia

Nel corso del '700 molti paesi affrontarono una riorganizzazione delle strutture statali. E se solo in alcuni questa si sviluppò nel solco del riformismo di stampo illuminista, negli altri l'imitazione di quanto avveniva altrove e la logica stessa dell'amministrazione imposero forme di razionalizzazione e di riduzione dei particolarismi e dei privilegi. Nei paesi cattolici la politica giurisdizionalista di limitazione dei poteri della Chiesa e degli ordini religiosi rimase l'elemento comune – come del resto l'allontanamento dei gesuiti – seppure applicato con diversi gradi di intensità.

Il catasto In Italia sia i governi illuminati sia quelli tradizionali ritennero che la preparazione di un catasto rappresentasse un passaggio obbligato. Nel Regno di Napoli, nello Stato pontificio e prima ancora nel Regno di Sardegna, il catasto ebbe un **carattere prevalentemente descrittivo** (in qualche caso affidato alle dichiarazioni dei proprietari). Invece, solo nei diretti domìni austriaci, come in Lombardia, l'operazione si tradusse in un efficace strumento fiscale, fornendo ai proprietari la certezza dei loro diritti e la possibilità di valutare l'entità della tassazione.
Anche negli Stati italiani dunque, oltre al catasto, molti progetti di rinnovamento dell'amministrazione statale e finanziaria si collocarono fuori (e talora prima) dell'affermarsi di un assolutismo illuminato.

Il Regno di Sardegna L'esempio più significativo in questo senso fu quello del Regno di Sardegna, dove un rafforzamento della struttura e delle prerogative statali si realizzò nella prima metà del secolo. Quarant'anni dopo, nel 1771, un sovrano certamente non influenzato dall'Illuminismo come Carlo Emanuele III (1730-73) si spingerà fino ad **abolire i diritti feudali**, seppure nelle sole terre della Casa di Savoia.

Il Regno di Napoli Nel Regno di Napoli una politica giurisdizionalista e anticuriale caratterizzò il regno di **Carlo di Borbone** (1734-59) e anche la lunga reggenza del ministro Bernardo Tanucci (1759-76), quando il re, con il nome di Carlo III, salì al trono di Spagna. Oltre al catasto onciario (dal nome della misura impiegata nelle descrizioni: l'oncia) non molto altro fu realizzato, salvo una serie di interventi a favore degli scambi commerciali. Tale esiguità di risultati è tanto più sorprendente se misurata all'ampiezza del dibattito e alla ricchezza di proposte del ceto illuminista napoletano [👁 3.7].

La Milano austriaca Nel Ducato di Milano, dominio degli **Asburgo**, vennero realizzate, in conformità ai princìpi di centralizzazione, le stesse riforme nel campo dell'istruzione, della codificazione, della politica ecclesiastica e fiscale, che erano state avviate negli Stati ereditari della Casa d'Austria. Furono ridotti i po-

◀ Anton Raphael Mengs
Pietro Leopoldo d'Asburgo di Lorena, granduca di Toscana
1770
[Museo del Prado, Madrid]

▼ ***Profilo dell'argine da realizzarsi presso il padule di Bientina,*** **Lucca**
1760
[Civica Raccolta delle Stampe A. Bertarelli, Milano]

Fra le iniziative riformatrici avviate in Toscana da Pietro Leopoldo nella seconda metà del XVIII secolo, vanno annoverati i lavori di bonifica e di regimazione della complessa idrografia della regione. Alcune zone della Toscana, infatti, erano paludose, come nel caso del territorio di Bientina, costituito da una depressione acquitrinosa. Grazie ai progetti intrapresi da Pietro Leopoldo, aree come questa, che prima legavano la propria economia essenzialmente alla pesca e al piccolo artigianato, videro una serie di opere di canalizzazione trasformare il paesaggio in una campagna agricola particolarmente florida.

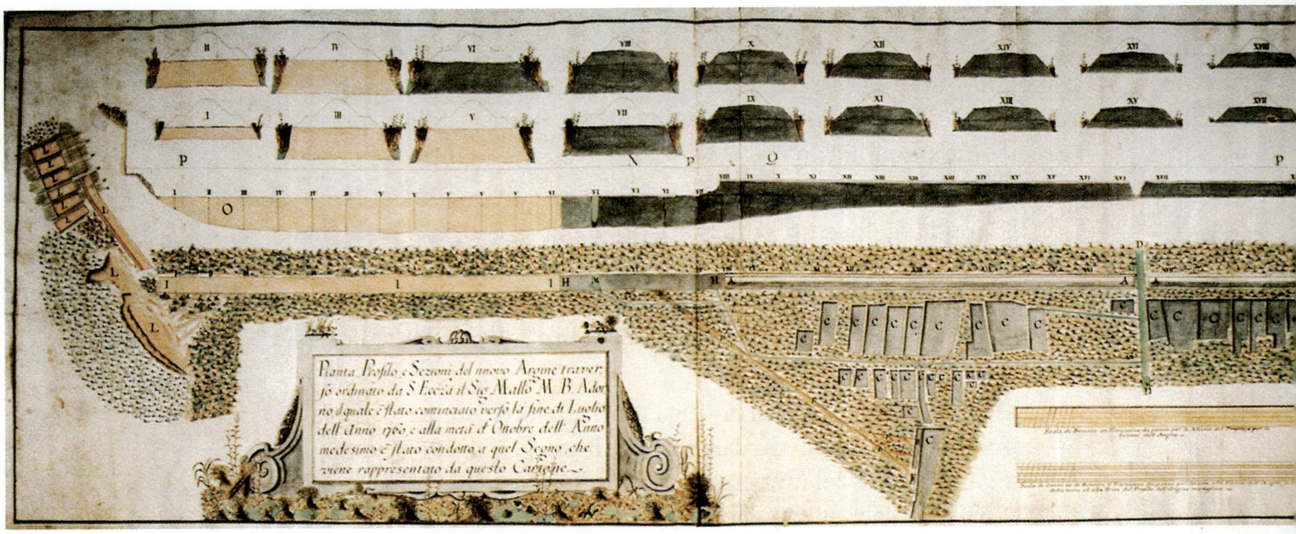

teri degli antichi organismi rappresentativi del patriziato, come il Senato di Milano, fu sottratta agli appaltatori la riscossione delle imposte (1770), promosso il libero commercio dei grani (1776 e 1786).

Il Granducato di Toscana

Tutti gli interventi caratteristici dell'assolutismo illuminato, salvo il catasto, furono sperimentati nel Granducato di Toscana durante i 25 anni del governo del **granduca Pietro Leopoldo** (1765-90), figlio di Maria Teresa e futuro imperatore d'Austria. Nella politica ecclesiastica, oltre all'applicazione dei princìpi giurisdizionalisti, furono soppressi numerosi conventi, combattute le manimorte e ostacolate in genere le attività non socialmente rilevanti del clero. Si registrò infine una convergenza con le posizioni gianseniste [👁 1.1] del vescovo di Pistoia Scipione de' Ricci (1780-91), culminata nell'appoggio concesso a un progetto di **riforma della Chiesa toscana** che si fondava sull'autonomia dei vescovi e dei parroci dal predominio di Roma e su forme più rigorose e severe di culto. Il sinodo di Pistoia (convocato dal vescovo de' Ricci) mise a punto questo programma, ma l'opposizione della maggioranza del clero e l'insorgere di tumulti popolari in difesa delle tradizioni costrinsero Pietro Leopoldo ad abbandonare questo aspetto della sua politica ecclesiastica.

La Toscana fu il primo paese ad accogliere, nel *Codice penale* del 1786, i princìpi di Beccaria. Non solo **la tortura, ma anche la pena di morte venne abolita**, mentre fu riconosciuto all'imputato il diritto alla difesa e furono rese obbligatorie le motivazioni delle sentenze.

In campo economico fu avviata una **politica liberista** che portò all'introduzione della libertà del commercio dei grani e all'abolizione delle corporazioni. Molte energie furono dedicate al miglioramento dell'agricoltura, in particolare con la bonifica della Maremma e della Val di Chiana. L'Accademia dei Georgofili, fondata nel 1753, contribuì con dibattiti e ricerche allo sviluppo delle tecniche e delle coltivazioni.

L'attenzione per la proprietà e i piccoli proprietari

Socialmente significativo fu il tentativo di favorire la nascita di un ceto di piccoli proprietari contadini attraverso la concessione in affitto (o livello) perpetuo delle terre demaniali e di quelle requisite ai conventi. Ma le **allivellazioni** furono sostanzialmente un fallimento, perché nelle aste dei terreni prevalsero i proprietari con maggiori disponibilità di capitali: e così la **mezzadria** rimase in Toscana, come era nel resto dell'Italia centrale e settentrionale, il contratto base del sistema agrario.

L'attenzione per la proprietà e per i proprietari piccoli e grandi fu il cardine della **riforma municipale** intrapresa negli anni '80: il **decentramento dei poteri locali** affidato al ceto dei proprietari (definito indipendentemente dalla nascita), minava i privilegi nobiliari tradizionali e rappresentò, per i suoi aspetti di autogoverno, un risultato in controtendenza rispetto al centralismo dell'assolutismo illuminato europeo.

Il progetto costituzionale di Pietro Leopoldo

Ancora più audace fu il progetto costituzionale (1779-82) di Pietro Leopoldo, convinto della necessità di **fondare su un rapporto contrattuale i poteri del sovrano**. «Un sovrano anche ereditario è soltanto un delegato e un impiegato del popolo, per il quale egli è fatto e al quale deve tutte le sue cure, pene, veglie; [...] ad ogni paese occorre una legge fondamentale, un contratto tra il popolo ed il sovrano che limiti l'autorità e il potere di quest'ultimo.» Così scriveva il granduca nel 1790 a Rivoluzione francese già iniziata. Ma le opposizioni interne, unite a quelle di Vienna, e la sua ascesa, nello stesso anno, al trono imperiale gli fecero abbandonare la più radicale delle sue riforme.

Mezzadria
È un tipo di contratto agricolo stipulato tra un proprietario terriero e un colono: quest'ultimo si impegna a coltivare il fondo in cambio di una quota dei prodotti, tendenzialmente la metà. In genere, anche le spese sono divise in parti eque tra i due. Questa forma di conduzione garantisce generalmente un lavoro assiduo e diligente nel podere: l'atteggiamento del mezzadro, infatti, assomiglia a quello del piccolo proprietario coltivatore.

GUIDA ALLO STUDIO

❶ Quale funzione svolse, nei domìni austriaci e in Lombardia, il catasto? ❷ Descrivi le principali riforme realizzate dal granduca Pietro Leopoldo di Toscana. ❸ Su quale convinzione si basava il progetto costituzionale di Pietro Leopoldo?

I diritti naturali

Creonte, il re di Tebe, aveva emanato l'ordine di non eseguire i riti funebri per la morte di Polinice, caduto combattendo contro la propria città. Quando egli seppe che Antigone, sorella del defunto, aveva provveduto alla sepoltura, la chiamò al suo cospetto per chiedere le ragioni del suo atto. La giovane donna, allora, rispose: «Ma per me non fu Zeus a proclamare quell'editto [il divieto di eseguire i rituali funebri], né la Giustizia [...]. Io seguo *le leggi sacre e incrollabili degli dèi, leggi non scritte* [...]. E non credevo che i tuoi bandi fossero così potenti da sovrastare e sovvertire le leggi morali degli dei».

È questo uno dei passi più importanti della tragedia *Antigone*, scritta nel V secolo a.C. dal tragediografo greco Sofocle, un'opera che il giurista Gustavo Zagrebelsky definisce «il testo fondativo della nostra civiltà giuridica». Infatti, nel dialogo tra Creonte e Antigone rivive il contrasto tra le leggi scritte dall'uomo e quelle non umane (in questo caso divine), tra le decisioni dei governanti (che cambiano nel tempo e nello spazio) e «le leggi sacre e incrollabili degli dèi» (che sono invece immutabili).

Nei secoli, la questione è stata a lungo dibattuta. Da una parte c'erano i sostenitori del cosiddetto "diritto naturale", immutabile ed eterno come le leggi alle quali si appellava Antigone, dall'altra chi credeva nell'esistenza del solo **diritto positivo** (così definito perché "imposto", "posto in essere" dal legislatore). La discussione si fece particolarmente importante in età moderna, tanto che per il periodo che va dal '600 al '700 è possibile parlare di una vera e propria "scuola del diritto naturale". Il fondamento del diritto naturale per i **giusnaturalisti** moderni non era Dio (come per Antigone) ma la natura umana: i diritti naturali sono diritti innati dei quali ogni essere umano è titolare, sono universali (riguardano cioè tutti gli uomini) e immutabili nel tempo, sono qualcosa che da sempre "accompagna" il genere umano e che appartiene solo ad esso. Proprio per la loro universalità, il filosofo olandese Huig van Groot (conosciuto in Italia come **Ugo Grozio**, 1583-1645) propose di assumere i diritti naturali (per definizione sovranazionali) come base per regolare i rapporti tra i diversi Stati, in tempo di guerra come in tempo di pace.

Queste idee avevano qualcosa di "rivoluzionario": se i diritti naturali fanno parte della natura umana, nessun uomo, neanche il sovrano, può revocarli né permettersi di non rispettarli. Essi non sono una concessione ma qualcosa che spetta ad ogni essere umano in quanto tale. È allora possibile e giusto criticare il potere che non rispetti i diritti innati. Non a caso il filosofo britannico **John Locke** (1632-1704), influenzato dalle idee giusnaturaliste, teorizzò il diritto dei cittadini di opporre resistenza agli abusi dei sovrani **[👁 3.3]**.

La tutela dei diritti naturali ispirò due documenti fondamentali della società occidentale moderna: la *Dichiarazione di indipendenza degli Stati Uniti d'America* (1776) e la *Dichiarazione dei diritti dell'uomo e del cittadino* (1789). Nella prima si proclama: «Noi riteniamo che sono per se stesse evidenti queste verità: che tutti gli uomini sono creati eguali; che essi sono dal Creatore dotati di certi *inalienabili diritti*, che tra questi diritti sono la Vita, la Libertà, e il perseguimento della Felicità; [...] che ogni qualvolta una qualsiasi forma di governo tende a negare questi fini, il popolo ha diritto di mutarla o abolirla e di istituire un nuovo governo fondato su tali princìpi». Nella seconda, ratificata dall'Assemblea nazionale francese il 26 agosto 1789, il riferimento ai diritti naturali è ancora più chiaro: «Il fine di ogni associazione politica è la conservazione dei diritti naturali ed imprescrittibili dell'uomo. Questi diritti sono la libertà, la proprietà, la sicurezza e la resistenza all'oppressione» (articolo 2).

Il dibattito sui diritti naturali subì un deciso arresto nel **XIX secolo**, quando il diritto positivo trionfò nei primi grandi codici civili nazionali (in Francia nel 1804 fu promulgato il Codice napoleonico, il primo codice moderno di diritto civile). La teoria dei diritti naturali passò così in secondo piano, perse gran parte del vigore che l'aveva caratterizzata nei secoli precedenti e fu oggetto di molte critiche. Tra i più agguerriti detrattori, il filosofo britannico **Jeremy Bentham** (1748-1832), criticando la Rivoluzione francese e la relativa *Dichiarazione* del 1789, descrisse i diritti naturali come degli «assurdi e miserabili *nonsense*», qualcosa che non esiste realmente e che serve solo a incoraggiare la violenza e a legittimare la critica dei governanti.

Una ripresa del pensiero giusnaturalista si ebbe soltanto **dopo il secondo conflitto mondiale** quando, esaurita la drammatica esperienza della guerra, i diritti naturali furono nuovamente proposti a difesa delle libertà fondamentali e come un limite agli arbìtri del potere politico. La rivalutazione del giusnaturalismo riguardò soprattutto gli Stati che più avevano sperimentato le conseguenze dei totalitarismi, come l'Italia e la Germania. Dopo la barbarie del nazifascismo (la discriminazione etnica; lo sterminio di ebrei, zingari e dissidenti) da più parti si sentì la necessità di ritornare a scoprire ciò che unisce gli uomini di tutto il mondo senza distinzione alcuna. I diritti naturali potevano inoltre proteggere, almeno teoricamente, i cittadini da un legislatore ingiusto. Fu così che nel 1945 il rispetto dei diritti umani divenne uno tra i princìpi ispiratori della *Carta delle Nazioni Unite*. Nel preambolo si affermava l'impegno dei membri delle Nazioni Unite a «[...] riaffermare la fede nei diritti fondamentali dell'uomo, nella dignità e nel valore della persona umana, nella eguaglianza dei diritti degli uomini e delle donne e delle nazioni grandi e piccole», concetto ripreso dall'articolo 55: «[...] le Nazioni Unite promuoveranno [...] il rispetto e l'osservanza universale dei diritti dell'uomo e delle libertà fondamentali per tutti, senza distinzione di razza, sesso, lingua o religione».

I diritti naturali vennero così riconosciuti come il fondamento delle carte costituzionali nate nel secondo dopoguerra. Secondo l'articolo 2 della Costituzione della Repubblica italiana «La Repubblica riconosce e garantisce i diritti inviolabili dell'uomo, sia come singolo sia nelle formazioni sociali ove si svolge la sua personalità, e richiede l'adempimento dei doveri inderogabili di solidarietà politica, economica e sociale».

Frontespizio della Carta delle Nazioni Unite
1945
[© Bettmann/Corbis]
La Carta o Statuto delle Nazioni Unite fu firmata da 51 membri a San Francisco il 26 giugno 1945, a conclusione della Conferenza delle Nazioni Unite sull'Organizzazione Internazionale, ed entrò in vigore il 24 ottobre dello stesso anno.

SINTESI

1 La nuova scienza

La rivoluzione scientifica del '600 portò a una profonda ridefinizione concettuale. La spiegazione eliocentrica dell'Universo data da Copernico distrusse l'idea di un cosmo chiuso e geocentrico; emerse inoltre una nuova concezione del progresso come processo mai concluso. Galilei pervenne alla conferma sperimentale – che gli costò la persecuzione da parte della Chiesa – del sistema copernicano e mise a punto il metodo sperimentale, fondamento della nuova scienza. Bacone delineò il nuovo metodo in contrapposizione alla logica aristotelica, mentre Cartesio individuò nella matematica il fondamento dell'indagine della natura. Nuovi orizzonti di ricerca furono aperti dal calcolo infinitesimale e dalla legge di gravitazione universale (Newton).

2 Le applicazioni scientifiche e la diffusione della cultura

In seno alla rivoluzione scientifica si radicò e diffuse una nuova mentalità tecnologica. Le invenzioni facilitarono i lunghi viaggi per mare (sestante, cartografia) o la misurazione privata del tempo (l'orologio da tasca). Si diffusero anche le prime enciclopedie e sorsero le accademie, sedi intellettuali di quella circolazione delle idee che si collegava alle nuove scoperte scientifiche. Grazie all'iniziativa dei protestanti rifugiatisi in Olanda, Inghilterra, Svizzera e Germania si intensificarono la pubblicazione di periodici e la tiratura dei libri.

3 Un nuovo pensiero politico

Sul piano del pensiero politico, nel '600 si manifestò anche il tentativo di porre un limite al potere assoluto dello Stato: il giusnaturalismo fece risalire l'istituzione della società civile a un patto fra uomini liberi, che non annullava però il diritto di natura (come il diritto alla vita e alla libertà). Ne derivò una nuova concezione della sovranità e dei limiti del potere. Per Hobbes, invece, il patto mediante il quale gli uomini si costituiscono in società civile si configurava come accettazione del potere assoluto del sovrano. Diversa la teoria di Locke: fondata sulla critica dell'assolutismo e sui diritti naturali dell'uomo, fu all'origine del liberalismo moderno. L'atteggiamento razionale interessò anche le questioni religiose: la ragione umana poteva ora verificare le conoscenze che derivavano da Dio e, secondo i deisti, l'uomo poteva vivere la fede come una religione privata.

4 L'Illuminismo: capisaldi e diffusione del movimento

Il movimento illuminista è caratterizzato da aspetti peculiari: l'esaltazione di un impiego spregiudicato della ragione, la critica al principio d'autorità e alle istituzioni politiche e religiose, la fiducia nel progresso. Il centro propulsore dell'Illuminismo fu, a partire dagli anni '30 del '700, la Francia, dove era attiva un'ampia cultura di opposizione, ma il movimento interessò tutti i paesi europei. La circolazione internazionale delle idee fu favorita anche dalla Massoneria, setta segreta nata in Inghilterra all'inizio del '700 e subito diffusasi in Europa.

5 Gli illuministi francesi

Nel contesto francese tre intellettuali emersero sopra gli altri. Montesquieu, sostenitore del principio della divisione dei poteri (legislativo, esecutivo e giudiziario) perno di tutte le future costituzioni liberali e democratiche. Voltaire, critico dell'oscurantismo e dei privilegi e fautore di un dispotismo illuminato. Rousseau, fondamentale per la sua critica della società e del progresso e per la sua analisi dei fondamenti della democrazia diretta. La più significativa realizzazione culturale dell'Illuminismo fu l'*Enciclopedia*, che contribuì potentemente alla divulgazione delle nuove idee e del sapere.

6 Le nuove scienze e l'Illuminismo in Europa

L'Illuminismo favorì l'affermazione di una concezione laica della storia e grandi progressi si ebbero nelle scienze naturali. Nacque l'economia politica, grazie all'opera dei fisiocratici francesi – che individuarono nell'agricoltura l'attività economica fondamentale – e di Adam Smith. Al centro dell'analisi di Smith stanno i concetti di lavoro produttivo e di divisione del lavoro, oltre alla convinzione che il libero agire dell'individuo contribuisca al benessere collettivo. Smith è anche considerato il padre del liberismo che affida al mercato il compito di regolare l'attività economica. Nel mondo tedesco l'Illuminismo fu legato alla lotta contro il dogmatismo e l'autoritarismo della Chiesa luterana. Kant, il suo esponente di maggior rilievo, interpretò l'Illuminismo come il coraggio di far uso del proprio intelletto senza sottostare alla guida di altri.

7 Gli illuministi italiani

In Italia si era già avuto un rinnovamento culturale precedente all'Illuminismo con Muratori, Vico e Giannone. I due principali centri del pensiero illuminista nella penisola furono Napoli – con Genovesi e Galiani – e Milano: qui, attorno alla rivista «Il Caffè», si raccolsero i fratelli Verri e Cesare Beccaria, propugnatore di una nuova concezione della giustizia: contrario alla pena di morte e alla tortura, Beccaria era favorevole alla pubblicità del processo e alla prevenzione del delitto.

8 L'assolutismo illuminato

Il movimento illuminista fu promotore di un progetto riformatore dello Stato e del raggiungimento della «felicità pubblica». Il tentativo di modernizzare le istituzioni rappresentò il tratto più significativo della politica interna di molti paesi europei e aprì la breve stagione dell'assolutismo illuminato, tra gli anni '50 e '80 del '700. Protagonisti furono alcuni sovrani, circondati da intellettuali illuministi, di volta in volta consiglieri, collaboratori e critici delle politiche statali: in Prussia agì Federico II, in Austria Maria Teresa d'Asburgo e i suoi due figli, Giuseppe II e Leopoldo II; in Russia la fama di riformatrice spettò a Caterina II. Nei paesi cattolici il controllo dello Stato fu esteso all'organizzazione ecclesiastica, riducendo drasticamente i privilegi del clero (giurisdizionalismo); la polemica contro il parassitismo degli ordini religiosi provocò l'espulsione della Compagnia di Gesù. Le riforme amministrative mirarono a rendere più razionale la macchina statale e le imponenti redazioni dei catasti a rendere più efficiente l'imposizione delle tasse. Il più grosso limite alle riforme fu imposto dalla nobiltà in difesa dei propri privilegi.

9 Il riformismo in Italia

In Italia, l'attività riformatrice fu sostanzialmente limitata al Regno di Napoli, alla Lombardia e alla Toscana. Nel Regno di Napoli, l'azione riformatrice si limitò alla redazione di un catasto, a interventi a favore degli scambi commerciali e a misure giurisdizionaliste. Nel Ducato di Milano, dominio austriaco, e nel Granducato di Toscana, guidato da Pietro Leopoldo (figlio di Maria Teresa d'Austria), si sperimentarono gli interventi più tipici dell'assolutismo illuminato; in Toscana non si attuò il catasto, ma furono accolti i princìpi progressisti di Beccaria. In campo economico fu avviata una politica liberista e si cercò, senza successo, di favorire un ceto di piccoli proprietari contadini.

SVILUPPARE LE COMPETENZE

❶ Utilizza tutte le parole di seguito elencate in ordine sparso per costruire un breve testo di 20 righe. Dai, quindi, al testo un titolo che inquadri l'argomento trattato:

Copernico - teoria eliocentrica - Galileo Galilei - metodo sperimentale - cannocchiale - geocentrico - Bacone - meccanicismo/finalismo - Chiesa cattolica - abiura di Galilei.

❷ Leggi le affermazioni riportate di seguito e poni una crocetta su quelle corrette. Ad ogni affermazione giusta corrispondono delle lettere fra parentesi, la cui combinazione ti fornirà il personaggio su cui dovrai comporre un testo di 20 righe:

a. ☐ La rivoluzione scientifica della prima metà del '700 contribuì a determinare la superiorità dell'Europa, soprattutto nel campo delle invenzioni. (A)
b. ☐ L'approssimazione si sostituì alla precisione, che non costituì più una caratteristica determinante. (S)
c. ☐ La ricerca di nuove rotte e basi commerciali diede impulso alle moderne invenzioni. (I)
d. ☐ In questo periodo nacque l'orologio da tasca. (E)
e. ☐ Le prime enciclopedie consentirono una necessaria opera di ordinamento delle conoscenze. (L)
f. ☐ Le accademie non costituirono un luogo privilegiato per lo scambio intellettuale. (M)
g. ☐ La prima accademia fu quella dei Lincei, fondata nel 1603. (G)
h. ☐ Ci fu un notevole incremento dei periodici in lingua francese, considerata la lingua franca. (F)
i. ☐ I protestanti contribuirono notevolmente allo sviluppo dell'editoria. (L)
j. ☐ Pierre Bayle pubblicò in francese il *Dizionario storico-critico*. (O)

❸ Dopo aver collegato gli argomenti della colonna a destra con i tre intellettuali nella colonna di sinistra, componi un breve testo (massimo 20 righe) che spieghi le differenze di pensiero fra i tre:

a. Hobbes	**1.** diritto di natura
b. Grozio	**2.** *homo homini lupus*
c. Locke	**3.** diritto di resistenza

❹ Dai la definizione dei seguenti argomenti elaborando un testo di 15 righe che li tratti tutti. Stabilisci quindi il titolo del tuo elaborato:

a. Cosmopolitismo illuminista
b. Opinione pubblica
c. Massoneria
d. Fiducia nel progresso.

❺ Montesquieu e Rousseau sono due figure di rilievo della Francia illuminista. Leggi le affermazioni di seguito riportate e commentale brevemente, componendo per ciascuna di esse un testo di 10 righe:

a. «Non vi è libertà se il potere giudiziario non è separato dal potere legislativo e da quello esecutivo. Se esso fosse unito al potere legislativo, il potere sulla vita e sulla libertà dei cittadini sarebbe arbitrario, poiché il giudice sarebbe al tempo stesso legislatore. Se fosse unito con il potere esecutivo, il giudice potrebbe avere la forza di un oppressore» (Montesquieu, *Lo spirito delle leggi*).
b. «Il primo che recinse un terreno e dichiarò questo è mio e trovò persone tanto semplici da prestargli fede, fu il vero fondatore della società civile. Quanti delitti, guerre, assassinii, miserie e orrori avrebbe risparmiato al genere umano colui che, strappando i pioli e colmando la fossa, avesse gridato ai suoi simili: non ascoltate questo impostore; se dimenticate che i frutti sono di tutti, e la terra di nessuno, siete perduti!» (Jean-Jacques Rousseau, *Discorso sull'origine e i fondamenti dell'ineguaglianza fra gli uomini*).

❻ Rispondi ai quesiti impiegando il numero di righe indicato tra parentesi:

a. Che cosa intende Adam Smith con l'espressione "lavoro produttivo"? (5 righe)
b. Che cosa si intende per "dottrina fisiocratica"? Quali conseguenze comporta tale dottrina dal punto di vista commerciale? (7 righe)
c. Quali sono le conseguenze della politica dei governi illuminati per la Chiesa? (7 righe)
d. Quali sono le più importanti riforme attuate in Prussia da Federico II? E quali in Austria sotto Giuseppe II? (10 righe)

LA CIRCOLAZIONE DELLE IDEE

1

I GRANDI **TEMI**

Introduzione

Le idee non circolano, ora come ieri, soltanto attraverso le pagine dei libri. Per comprendere la diffusione della cultura, del sapere e perfino delle scienze non basta analizzare la produzione libraria. È necessario considerare tutti i mezzi d'informazione presenti in una società nel tempo: dai primi fogli periodici di notizie e avvisi – detti **gazzette** dal nome della moneta che occorreva per acquistarli a Venezia –, alle affissioni pubbliche, dai graffiti sui muri ai calendari, dagli oroscopi alle profezie astrologiche, dalle prediche religiose alle satire più popolari. Chiunque voglia seguire i percorsi della circolazione delle idee dovrà capire come tutti i diversi mezzi di comunicazione, i **media**, concorrano all'interno di un'unica **società dell'informazione**.

In questa prospettiva, le idee cessano di essere considerate il prodotto della elaborazione di singoli individui e vengono riplasmate nel processo comunicativo che mette in relazione le persone al di là della loro condizione sociale, economica, culturale. Non è un caso che già il padre dell'economia politica, **Adam Smith** (1723-1790), mettesse a confronto circolazione del sapere e circolazione delle merci [👁 3.6]. In uno scritto preparatorio alla sua opera più celebre *La ricchezza delle nazioni* (1776), l'economista e filosofo scozzese poneva l'accento sulla stretta dipendenza delle nostre convinzioni non tanto da un processo di apprendimento individuale, ma da uno scambio continuo con gli altri:

> Supponete che un uomo comune passi in rivista tutte le conoscenze che possiede, relative ad ogni questione che non rientri nei limiti della sua specifica attività, ed egli scoprirà che quasi ogni cosa che sa, l'ha acquisita di seconda mano, dai libri, dall'istruzione scolastica che può aver ricevuto nella sua giovinezza, o da occasionali conversazioni che può aver avuto con uomini di scienza. Si accorgerà che soltanto una piccolissima parte di queste conoscenze è stata il prodotto delle sue personali osservazioni e riflessioni. Tutto il resto è stato acquistato come si acquistano le scarpe o le calze, da coloro la cui attività è quella di produrre e preparare per il mercato questa particolare specie di merci. È in questo modo che egli ha acquisito tutte le sue idee generali relative alle grandi questioni della religione, della morale e del governo, relative alla sua propria felicità e a quella del suo paese. Ci si accorgerà che l'intero sistema riguardante ciascuna di queste importanti questioni è stato, originariamente, il prodotto dell'attività di altre persone, dalle quali, o egli stesso o quelli che hanno avuto cura della sua educazione, lo hanno ricevuto allo stesso modo di ogni altra cosa utile, col baratto e con lo scambio di una parte del prodotto del proprio lavoro. [A. Smith, *La ricchezza delle nazioni*; *abbozzo*, Editori Riuniti, Roma 1971, pp. 34-35]

Gli uomini acquistano idee come acquistano scarpe o calze

Dietro la produzione della conoscenza c'è spesso un vero e proprio sistema industriale, con le sue regole, le sue tecniche, i suoi protagonisti. A differenza delle merci, però, **le idee finiscono spesso per essere modificate nel corso dello scambio**, perché le modalità in cui sono espresse e trasmesse ne condizionano il significato, perché i loro **acquirenti**, i lettori o il pubblico cioè, sono a loro volta condizionati dalle proprie disposizioni mentali e dalle loro particolari necessità. Ogni lettura è anche inevitabilmente un processo creativo di interpretazione. Di fronte a un documento del passato o del presente dobbiamo quindi sempre chiederci in che contesto è stato prodotto, a chi era destinato, come è stato effettivamente letto, quali movimenti della società è stato capace di produrre o alimentare, per quante mani è dovuto passare per arrivare fino a noi.

Questa prima sezione seguirà le molte vie percorribili da un'idea: sussurrata in una bottega di barbiere o discussa in un cenacolo di intellettuali; stampata su un libro, su un giornale o su un libello; messa in musica e cantata o dipinta su un bel quadro; rappresentata in un monumento nazionale; buttata in strada da un manifesto o strillata alla radio o alla televisione; lasciata libera di circolare e perdersi nel grande mare di Internet ai nostri giorni. Per quanto è solo incrociando molte di queste vie che un'idea può avere successo, ogni sistema di comunicazione ha una sua specificità e influisce in modo diverso sulle persone e sulla società intera. Nei prossimi paragrafi l'esame di alcuni momenti specifici della storia della comunicazione gioverà alla nostra comprensione del mercato delle idee. Mettendo in prospettiva storica i cambiamenti vissuti dai media nel passato riusciamo a comprendere meglio la posta in gioco delle trasformazioni dell'informazione e della cultura digitali del XXI secolo, a metterne in valore le opportunità come a riconoscerne i pericoli.

1 I prodotti della stampa e le pratiche di lettura durante l'Illuminismo

La lettura come esperienza sociale

L'età della stampa apre un mondo di opportunità per la cultura mondiale. Allo stesso tempo, l'abbiamo detto, l'accesso alla lettura non è scontato per la gran parte della popolazione. Per molti sudditi d'Europa, il principale canale d'informazione resta ancora il pettegolezzo sfuggito dai palazzi del potere, discusso nelle botteghe cittadine e diffuso dai mercanti nelle campagne – oltre ovviamente alla predicazione religiosa che, per divulgare i princìpi del cristianesimo, traeva spesso alimento da concreti elementi di attualità.

Eppure, l'arrivo dei testi stampati e delle prime **gazzette** (fogli a stampa periodici con notizie politiche o culturali) è un vero e proprio scarto rispetto al passato, da non sottovalutare. Guardiamo alle condizioni in cui un libro può essere letto. Ad esempio: da un singolo o da un gruppo, magari ad alta voce, in un ambiente privato o pubblico, per diletto o per necessità. Le pratiche di lettura ci rivelano molto dell'interpretazione che i singoli soggetti o le collettività possono dare di un testo, oltre che della capacità di diffusione di quest'ultimo ovviamente. Scopriamo così che leggere è anche un'esperienza sociale. La **lettura ad alta voce** di un trattato era il centro dell'attività delle molte accademie nate nel corso dell'età moderna. Studiosi, amanti della letteratura o uomini semplicemente desiderosi di intrattenere relazioni sociali potevano riunirsi in **cenacoli** chiusi in cui la lettura di un testo era solo il punto di partenza per discussioni animate [👁 FIG**1**].

Guardare alle pratiche effettive di lettura può essere decisivo pure per comprendere fino in fondo il rapporto tra cultura popolare e cultura dei dotti, da considerare non come due sfere nettamente distinte, ma come mondi in continua relazione e scambio. Sia attraverso il **passaparola** della trasmissione orale, sia attraverso occasioni di lettura pubblica ad alta voce, anche gli analfabeti potevano accedere al sapere trasmesso dai libri o dalle gazzette. Nelle locande o in altri luoghi pubblici lettori occasionali e banditori professionisti si incaricavano di far conoscere le notizie scritte altrove, oppure intrattenevano un pubblico leggendo testi letterari. Insomma, libri e gazzette godono anche di una vita sociale, abitano gli studi dei dotti e i luoghi

FIG**1**
Pieter Paul Rubens
Autoritratto con il fratello Philipp, Giusto Lipsio e Jan Woverius (I quattro filosofi)
1611-12 ca.
[Palazzo Pitti, Firenze]

di incontro della gente più semplice. Chiunque voglia considerare il successo dei prodotti della stampa non dovrà sottovalutare questa loro capacità di aggregare le persone in molteplici modi.

Il sapere clandestino

È col '700 e con l'**Illuminismo** che la circolazione libraria si fa vero e proprio **mercato editoriale**. Non bisogna però pensare a un commercio esercitato in eleganti librerie di città. I libri che fanno del '700 il secolo dei Lumi circolavano per lo più illegalmente e i loro autori erano perseguitati dalla censura. Le opere dei grandi *philosophes* venivano quindi stampate fuori dalla Francia, in paesi più tolleranti come Inghilterra o Svizzera, e potevano arrivare al pubblico francese solo grazie alle fatiche ben ricompensate di venditori clandestini. In questo modo, chiunque desiderasse leggere le opere di Voltaire o di Rousseau finiva già così per sfidare le autorità politiche e giudiziarie. Il sottomondo in cui avviene lo scambio dei libri è misterioso e spesso sembra di avere a che fare con i protagonisti di un avvincente film d'azione. Ad esempio, un libraio di Lione protestava in questi termini contro un editore svizzero che si diceva non soddisfatto dei suoi servigi:

> Noi abbiamo messo a repentaglio la nostra libertà, la nostra vita, la nostra salute, il nostro denaro e la nostra reputazione. La libertà perché, senza i nostri amici, una *lettre de cachet* [l'ordine di arresto firmato dal re in persona] ci avrebbe rinchiuso in prigione. La vita perché abbiamo più volte a che fare con gli agenti doganali, costringendoli, armi alla mano, a restituirci le balle che ci avevano sequestrato [...]. La salute: quante notti abbiamo passato esposti alle peggiori intemperie delle stagioni, sulla neve! Quante volte abbiamo attraversato fiumi in piena, e in qualche caso camminato sui ghiacci! Il denaro: quali somme non abbiamo dato, ripetute volte, per facilitare l'esportazione, ma anche per evitare le incriminazioni e per calmare gli spiriti! La reputazione, perché ci siamo fatti la fama di contrabbandieri. [R. Darnton, *L'intellettuale clandestino*, Garzanti, Milano 1990, pp. 192-193]

Fuorilegge, guardie doganali corrotte, investigatori della polizia, spie, editori stranieri senza scrupoli e contrabbandieri: anche questo fa parte della diffusione delle idee e delle innovazioni dell'Illuminismo. La vita dei molti giovani che cercano di seguire le orme di Voltaire era incerta e irregolare. Solo in pochissimi passeranno alla storia come grandi artisti o filosofi. Gli altri spenderanno la propria gioventù ingegnandosi per convincere gli editori a pubblicare le proprie opere, scriveranno opere pirata sotto il nome di autori più noti pur di sbarcare il lunario, rischieranno la pelle per **smerciare clandestinamente libri proibiti**, si getteranno nella mischia del dibattito pubblico dando alle stampe opuscoli anonimi che infamano personaggi illustri e spesso proprio la persona del re [👁 TESTO1]. Questi libelli danno vita a un mercato molto florido, quello delle *croniques scandaleuses*, le 'cronache scandalose', diffuse in tutta Europa ma soprattutto in Francia. Si tratta di scritti diffamatori che mescolano il racconto delle vicende politiche a quello dei vizi e delle immoralità dei potenti. Da questi libelli, sempre anonimi, viene fuori un quadro indecente della vita dei grandi, re compreso. L'effetto pressoché immediato della lettura di queste opere è lo **svilimento delle autorità**, private del tradizionale alone di sacralità di cui erano circondate e riportate sul piano della realtà ordinaria. Anche quando non esplicitamente repubblicani, così, i **libellisti** colpiscono le istituzioni monarchiche al cuore, cioè su aspetti simbolici fondamentali per il prestigio della monarchia assoluta. Perfino il corpo sacro del re non viene risparmiato dalla denuncia di difetti, imperfezioni, malattie. Dietro le calunnie e gli attacchi personali ai potenti insomma si cela un **messaggio politico** chiaro: la monarchia francese è degenerata in dispotismo e va rigenerata. Gli autori di questi libelli sono consapevoli della carica eversiva dei loro scritti, com'è chiaro dalla rappresentazione di sé che dà uno di loro, il famigerato *Gazzettiere corazzato* [👁 FIG2]. Malgrado il valore letterario di queste opere non sia magari eccelso, è proprio a questa produzione clandestina che si deve la divulgazione delle idee dei Lumi. Questi anonimi filosofi e scrittori si fanno cassa di risonanza del pensiero dei grandi autori dell'Illuminismo, e spesso i loro libelli passano di mano in mano più velocemente di opere più significative come il *Contratto sociale* di Rousseau (1762) o il *Trattato sulla tolleranza* di Voltaire (1763). Insomma, quando pensiamo al successo di un **movimento di opinione** come l'Illuminismo non dobbiamo pensare all'opera isolata e geniale di pochi intellettuali talentuosi. Se i Lumi sono riusciti a imporre alla società europea la propria visione del mondo è anche perché un sottobosco di piccoli autori ha reso popolari i grandi temi genialmente prodotti da Voltaire, Rousseau, Diderot, ecc.

Attaccando i costumi di un funzionario statale particolarmente oppressivo, ad esempio, un anonimo scrittore trasferiva sul piano quotidiano i princìpi morali e istituzionali proposti da Rousseau, rendendoli comprensibili e accattivanti, alla portata di tutti. Dopo la Rivoluzione che scoppiò in Francia nel 1789 anche a causa della perdita di prestigio della monarchia attaccata dai *philosophes* e dai loro scritti **[CAPITOLO 7]**, in molti guarderanno alle pagine del *Contratto sociale* cercando di dare un fondamento filosofico o semplicemente un precedente illustre alle nuove istituzioni **[DOC2]**; ma è solo guardando all'insieme del sistema editoriale illuminista che possiamo comprendere le trasformazioni delle mentalità.

I nuovi generi letterari e il romanzo

Del resto, anche i *philosophes* più illustri non esitano a mischiarsi nelle cose del mondo, dando alle stampe la propria opinione sui casi più scottanti dell'attualità. Come considerare la gran quantità di scritti pubblicati da Voltaire se non come il tentativo di propagandare le proprie idee in tutti i modi possibili? La varietà di formati e generi letterari permetteva ai diversi *philosophes* di raggiungere ogni volta un pubblico diverso, i dottori delle università come i piccoli borghesi della provincia. È anche grazie a queste nuove possibilità che la loro attività filosofica poteva assumere una funzione civica così importante. Il *Trattato sulla tolleranza* di **Voltaire** (1763) offre un precedente e un modello a tutti quegli intellettuali che vogliono **influenzare lo sviluppo della società** coi loro scritti, unendo l'affermazione di determinati diritti alla denuncia di un caso particolare, più vicino all'esperienza dei lettori **[DOC3]**.

Non è solo trattando esplicitamente di temi politici o di attualità che gli illuministi riescono a influire così tanto sulla società del XVIII secolo. Tra i nuovi generi letterari e di scrittura, quello che finisce forse per sortire gli effetti più duraturi è il **romanzo**. Le trame dei libri di Rousseau, del romanziere inglese Samuel Richardson (1689-1761), e di Gotthold Ephraim Lessing (1729-1781), filosofo e scrittore tedesco, riescono a conquistare migliaia di lettori in giro per l'Europa e plasmano il loro modo di vivere la vita, i sentimenti, le emozioni. Commuovendosi per le vicende di amanti sfortunati o povere fanciulle, i lettori maturano una nuova sensibilità verso le cose del mondo e verso il prossimo, soprattutto. Come? Dipendeva prima di tutto dal modo in cui questi libri erano scritti. Romanzi come *Pamela* (1740) e *Clarissa* (1747-48) di **Richardson** e *Giulia o la nuova Eloisa* (1761) di **Rousseau** trasformavano personaggi ordinari in eroi ed eroine alle prese con i problemi dell'amore e della vita. Per di più, si trattava spesso di romanzi epistolari in cui l'intreccio era costruito

FIG**2**

Frontespizio del *Gazetier cuirassé ou anecdotes scandaleuses de la cour de France* ('Il Gazzettiere corazzato o aneddoti scandalosi della corte di Francia')
1777

Nell'immagine, l'autore di questo libello diffamatorio si rappresenta come una specie di macchina da guerra in grado di sparare cannonate in tutte le direzioni, in particolare verso l'alto. Le tre figure sopra rappresentano l'amante di Luigi XV, Madame du Barry (rappresentata metaforicamente come un barile, *baril* in francese, con un gioco di parole che parte dal suo cognome), e due alti funzionari, il conte di Saint-Florentin (la testa di Medusa al centro) che sovrintendeva al carcere della Bastiglia, e de Maupeou, cancelliere di Francia e ministro della Giustizia che nel 1771 aveva riorganizzato il sistema giudiziario per rimetterlo sotto il controllo personale del re di Francia. Fra i tre personaggi in alto volano dei bigliettini: sono *lettre de cachet*, lettere firmate dal re di Francia, controfirmate da uno dei suoi ministri e chiuse con il sigillo reale (*cachet*, appunto), che contenevano ordini diretti del re a cui non si poteva fare appello. Le intenzioni dell'autore sono rese manifeste da questa rappresentazione drammatica del suo ruolo, ma anche dal luogo di stampa fittizio indicato nel frontespizio: «stampato a cento leghe dalla Bastiglia, sotto l'insegna della libertà», cioè in Inghilterra.

dallo scambio fittizio di lettere tra i diversi protagonisti. In questo modo, il lettore seguiva lo sviluppo delle emozioni dei personaggi dalla loro viva voce e finiva per immedesimarsi.
La storica americana Lynn Hunt (1945) ha messo in collegamento il successo di questi libri con l'affermazione della teoria dei diritti dell'uomo. Suscitando immedesimazione tra il lettore e i personaggi coinvolti in tragiche vicende, questi romanzi insegnavano a **identificarsi nei problemi di sconosciuti**, a farsi carico delle sofferenze altrui. I lettori riuscivano a immedesimarsi con persone diverse da loro per ceto, nazionalità, età, professione e perfino sesso. Una nobildonna raccontava allo stesso Richardson il profondo turbamento vissuto in seguito alla notizia della morte di Clarissa: «Sono in preda di un insolito sconforto, ho il sonno disturbato, mi sveglio nel cuore della notte e scoppio in lacrime di pena, mi è successo anche stamattina a colazione, e di nuovo poco fa». E addirittura scriveva il poeta Thomas Edwards (1699-1757) nel 1749: «Non ho mai provato tanta angoscia in vita mia quanta ne ho provata per quella cara ragazza [Clarissa]». Simili reazioni possono forse far ridere lettori e lettrici smaliziati del XXI secolo, ma la forza di questi romanzi colpì perfino spiriti non ingenui come Diderot [👁 DOC4].

La rivoluzione della lettura

Nel corso del '700 gli uomini e le donne d'Europa imparano a **leggere in maniera estensiva**, cioè considerano più fonti di sapere, passano da un genere all'altro, da un romanzo a una gazzetta, da un trattato a un libretto infamante. Perfino la scienza riesce a trovare un pubblico più ampio del solito: i giornali dell'epoca sono pieni di cronache di esperimenti bizzarri e promesse di scoperte scientifiche mirabolanti, ciò che finisce per rendere popolare la figura dello scienziato [👁 TESTO5]. A questo nuovo modo di affrontare la lettura, più dinamico e aperto alla varietà di temi e generi, però, si accompagna l'esperienza del romanzo, per definizione una **modalità particolarmente intensiva** di approccio al testo, che provoca immedesimazione e quasi dipendenza [👁 FIG3]. Questa varietà di pratiche di lettura fa sì che per il '700 sia corretto parlare di una rivoluzione della lettura, con effetti immediati nei decenni successivi e fino ai nostri giorni [👁 TESTO6].

FIG3
Jean-Honoré Fragonard
La lettrice
1776
[National Gallery of Art, Washington]

2 Informare in tempo di rivoluzione: la Rivoluzione francese e quella dei media

Leggere per informarsi

Chi fosse passato da Parigi nell'estate del 1789 avrebbe assistito a uno spettacolo piuttosto singolare per un uomo del XVIII secolo: popolo in fibrillazione nelle piazze, discussioni pronte ad accendersi ovunque, feste patriottiche, arringhe improvvisate nelle strade, nuove canzoni e *pièces* teatrali, ma soprattutto un'opinione pubblica che segue con passione i lavori di un'assemblea che riunisce avvocati e borghesi, religiosi e nobili da ogni parte di Francia. La percezione generale è che qualcosa sta cambiando, che molte delle vecchie categorie di analisi non bastano a spiegare la realtà. È l'estate della Rivoluzione francese.

Per cercare di raccapezzarsi in questa situazione caotica, però, il nostro ipotetico viaggiatore poteva bussare al *Cabinet littéraire national* di Madame Vaufleury, al Palais Royal. La proprietaria era un'antica protetta del duca d'Orléans e per soli 6 spiccioli a seduta offriva una scelta di 34 pubblicazioni periodiche stampate a Parigi, di cui 7 quotidiani e una selezione di 6 testate straniere. Una tale offerta di giornali non aveva avuto precedenti nella storia di Francia. Il pubblico di lettori formato nella seconda metà del secolo nel 1789 aveva **fame di notizie**.

Senza dubbio, non siamo ancora davanti a una diffusione di massa della stampa: l'analfabetismo continua ad essere un ostacolo all'espansione della **stampa periodica** e i prezzi degli abbonamenti ai **quotidiani** sono fuori dalla portata delle tasche della maggior parte della popolazione. Esisteva però la possibilità di abbonarsi in società con amici e parenti, oppure di frequentare uno dei numerosi gabinetti letterari come quello di Madame Vaufleury, o ancora di leggere il giornale al caffè. E per chi davvero non avesse disponibilità di denaro esistevano pure dei quotidiani diffusi gratuitamente, oppure **giornali murali**, affissi ai muri delle città e accessibili a tutti. Insomma, gli eventi del decennio rivoluzionario francese (1789-99) non mutano soltanto le strutture politiche dello Stato, ma i modi di diffusione delle notizie, dando vita a quella che è stata giustamente definita una «rivoluzione dei media».

I cambiamenti nei mezzi di comunicazione

La prima caratteristica di questa "rivoluzione" è la **moltiplicazione delle testate giornalistiche**. Soltanto tra il luglio e il dicembre del 1789 nascono centoquaranta nuovi giornali. Molti hanno vita breve, spesso durano soltanto il tempo di un numero, ma l'aumentata offerta di titoli è già un elemento di forte choc e novità per gli uomini e le donne del XVIII secolo.

Non si tratta soltanto di una questione di numeri. La libertà della stampa consacrata dalla *Dichiarazione dei diritti dell'uomo e del cittadino* (1789) favorisce la trasformazione dei modelli giornalistici. Chiunque voglia acquistare un quotidiano può scegliere secondo diversi criteri: la **linea politica**, la sua ideologia, preferendo per esempio i giornali patrioti, cioè rivoluzionari, o quelli moderati o addirittura controrivoluzionari; la **formula giornalistica**, cioè optando per delle testate che si limitino alla cronaca degli avvenimenti o andando in cerca delle polemiche e dei commenti mordaci di alcuni redattori **[👁 DOC7]**; e infine il **formato**, guardando alla veste editoriale del periodico, alla sua dimensione (dai più piccoli che assomigliano a opuscoli ai più grandi che hanno come modello i grandi giornali londinesi), alla lunghezza dei suoi articoli.

In terzo luogo, è il **ritmo della stampa** ad essere cambiato. A Londra i giornali quotidiani sono una realtà da tempo, ma in Francia soltanto ora i lettori chiedono di seguire giorno per giorno gli eventi della politica. È un effetto della frenesia delle giornate rivoluzionarie, ma è anche un'**esigenza di partecipazione alla vita pubblica** del paese per cui non si può

FIG**4**
Louis-Sébastien Berthet
***Le Feu sacré du Patriotisme les animent tous* ('Il fuoco sacro del patriottismo li anima tutti')**
1791
[Bibliothèque Nationale de France, Parigi]
In questa immagine i campioni della stampa periodica patriottica sono raffigurati insieme al proprio giornale, come se la loro attività giornalistica sostenesse la Costituzione, personificata dalla figura allegorica al centro. Nella stampa, l'artista Berthet allude anche a Marat (1743-1793, deputato molto in vista della Convenzione e redattore di infuocati articoli di denuncia) rappresentandolo come una mano che esce furtivamente dal terreno perché inseguito da un mandato di arresto.

TABELLA 3_ETÀ DEI GIORNALISTI TRA IL 1791 E IL 1796 (DATI IN PERCENTUALE)

ETÀ	NEL 1791	NEL 1796
43 anni e più	21	20
da 33 a 42 anni	26	20
da 23 a 32 anni	25	27
meno di 23 anni	3	4
sconosciuta	25	29

La tabella dimostra che, a fine '700, a impegnarsi nel giornalismo sono soprattutto i giovani. L'età media dei giornalisti è di 35 anni circa – un dato impressionante se si pensa che nel 1784 l'età media degli uomini di lettere era di 53 anni. Ciò può spiegare in parte il dinamismo di questa professione, utilizzata come strumento di ascesa politica da moltissimi giovani impegnati.

più attendere che le notizie arrivino dalle gazzette straniere con qualche settimana di ritardo rispetto all'attualità. L'industria della stampa si organizza per **stampare la notte i giornali** che saranno venduti il giorno successivo, in modo che le notizie accompagnino le emozioni popolari e il dibattito politico delle assemblee.

Infine, cambia il modo in cui i giornali sono letti. Se i giornali letterari colti dei decenni precedenti occupavano per lo più le ore libere della giornata, adesso la lettura del quotidiano è una necessità, serve a districarsi nel nuovo mondo creato dai rivoluzionari. La lettura dei giornali, ad esempio, è obbligatoria per tutti i membri del club dei giacobini (il club politico più importante durante la rivoluzione) e alcuni curati sono incoraggiati a leggere stralci di giornali ai parrocchiani. Soprattutto, però, i francesi imparano a leggere giornali con orientamenti differenti, a farsi un'opinione comparando le posizioni di diversi autori, anche se moltissimi finiscono per identificarsi nelle scelte del proprio giornale. Insomma, **il giornale è un elemento dinamico della vita quotidiana** **[**👁 TABELLA_3**]**: mette in relazione con il prossimo (gabinetti di lettura, club, caffè, osterie), plasma le identità politiche, offre uno schema di interpretazione della realtà.

La Rivoluzione inaugura la storia del **giornalismo politico** così come lo conosciamo, ma in un certo senso ne è anche figlia. Quando nel 1788 il ministro Loménie de Brienne convoca gli Stati generali, l'assemblea da cui prenderà il via la Rivoluzione sospende anche la censura, per favorire il dibattito preparatorio ai lavori dei deputati. È in questi mesi che si formano alcuni dei partiti che resteranno protagonisti negli anni seguenti. Mirabeau (1749-1791, deputato di tendenza monarchica), uno degli oratori più in vista dell'assemblea, è anche uno dei primi ad aver inteso le opportunità offerte dalla stampa periodica:

> [I giornali] propagano l'istruzione e ne ricevono l'influenza; diventano il punto di raduno di tutti i benintenzionati, di tutti i cittadini pieni di zelo; aprono una corrispondenza che deve infallibilmente produrre un'armonia di sentimenti, di opinioni, di piazze e di operazioni, che è il vero potere pubblico, il garante della Costituzione, il baluardo unico ma inespugnabile di ogni libertà, di ogni prosperità nazionale. [J. Popkin, *La Presse de la Révolution. Journaux et Journalistes (1789-1799)*, Odile Jacob, Paris 2011, p. 46]

Anche grazie alla lettura dei giornali, gli individui si trasformano da sudditi del re in **cittadini attivi**, consapevoli del proprio ruolo pubblico. Le nuove possibilità industriali e le ambizioni dei nuovi club politici creano attorno ai quotidiani delle comunità di opinione che organizzano la politica rivoluzionaria **[**👁 TESTO6**]**.

3 Comunicare per emozioni. L'800 ovvero la nuova era del linguaggio politico

I monumenti come media

La nascita del giornalismo politico non è l'unica eredità che la Rivoluzione francese consegna al XIX secolo **[**👁 DOC7**]**. Con il mutamento di regime politico – dalla monarchia assoluta di Luigi XVI all'istituzione della Repubblica – sono anche le modalità dell'espressione politica a prendere nuove forme, seguendo alcune delle linee che abbiamo già visto all'opera nella letteratura dei Lumi. Le feste repubblicane che fanno accalcare migliaia di persone nelle piazze di Francia e poi dell'Europa francese (nei paesi in cui erano state istituite repubbliche ispirate alla Costituzione francese), i rituali pubblici come i giuramenti dei funzionari e degli eletti, l'erezione di simboli repubblicani al posto delle insegne della nobiltà o della monarchia, il culto per gli uomini illustri considerati precursori della Rivoluzione, e in generale le espressioni retoriche delle istituzioni repubblicane inaugurano una nuova era del linguaggio politico. Gran parte dei movimenti politici attivi nell'800 e nel '900 cerca di coinvolgere le emozioni e l'irrazionale, puntando ad eccitare i sensi, a convincere della giustezza della propria causa attraverso la suggestione dei miti più che sulla base della riflessione razionale. Il modo in cui i movimenti politici ma anche le istituzioni di governo ragionano sulla diffusione delle idee ne è inevitabilmente influenzato. Si radica inoltre la convinzione che monumenti capaci di esprimere virtù positive concorrano efficacemente alla formazione del buon cittadino o del buon patriota.

Lo spirito del popolo nei monumenti pubblici

Un esempio significativo lo ritroviamo nel campo dell'architettura e della scultura monumentale. Prima della Rivoluzione francese le statue dei **grandi monumenti pubblici** rappresentavano quasi sempre sovrani e membri delle dinastie reali, o al massimo generali. Nel corso del decennio rivoluzionario, invece, il culto degli uomini illustri comincia ad assumere sempre più credito pubblico. I governi iniziano a commissionare allora statue per magnificare le figure di celebri poeti e filosofi o di militanti politici creando una "nuova" mitologia. L'idea presiede alla realizzazione del **Panthéon** **[👁 FIG5]** – il tempio parigino che conserva le spoglie dei grandi uomini ritenuti la massima espressione del genio francese – ed è profondamente rivoluzionaria: la fama eterna consacrata da un monumento non è più riservata ai privilegiati sovrani di diritto divino, ma accessibile a chiunque col proprio talento meriti la riconoscenza della nazione. Inoltre, il legame tra i più illustri fra i francesi, cui era dedicato il monumento, e i francesi tutti rafforzava in questi ultimi il senso di appartenenza alla **Francia** e al suo popolo. Rispetto alle statue del passato, i monumenti agli uomini illustri assumevano **forme sempre più simboliche**, in modo che fosse evidente allo spettatore che le virtù individuali del singolo uomo rappresentato erano frutto dello spirito francese o della virtù tedesca, ad esempio.

FIG**5**
Il Panthéon
1758-89
[Parigi]

Il 4 aprile 1791, due giorni dopo la scomparsa di Mirabeau, l'Assemblea nazionale francese approva un decreto in cui la nuova Chiesa di Sainte-Geneviève, non ancora ultimata e neanche consacrata, viene destinata ad accogliere le ceneri dei più meritevoli tra i francesi. Negli anni successivi vengono traslati qui i corpi di Voltaire e Rousseau, ma soprattutto degli eroi della Rivoluzione morti nel frattempo, visto che un ulteriore decreto stabilisce che, a parte i due padri dell'Illuminismo francese e Cartesio, solo i morti dopo il 1789 sarebbero stati degni di giacere al riparo del frontone del nuovo tempio della memoria francese, che recita: «Aux grands hommes la patrie reconnaissante».

FIG**6**
Leo von Klenze
Walhalla dei tedeschi
1830-42
[Donaustauf, Ratisbona]

Nella **Germania** dell'800 molti artisti e architetti legati ai principi teorizzarono l'esigenza di un'architettura parlante, che desse una **rappresentazione monumentale delle virtù nazionali**, ma che soprattutto fosse in grado di ospitare con tutta la solennità necessaria raduni e feste patriottiche (sul concetto di nazione, 👁 10.3). Il re Ludovico I di Baviera (1786-1868) era particolarmente ossessionato dall'idea dell'unità tedesca e promosse una grande serie di monumenti nazionali per celebrarla. Uno di questi è il ***Walhalla*** ('tempio degli eroi') progettato da Leo von Klenze (1784-1864) ed eretto tra il 1830 e il 1842 su una collina sovrastante il Danubio nei pressi di Ratisbona [👁 FIG6]. Un'enorme costruzione in cui la mitologia nordica si fondeva con forme classicheggianti, sul modello del Partenone di Atene. Secondo la ricostruzione dello storico tedesco-americano George L. Mosse (1918-1999) che ha studiato molti aspetti di questa nuova politica:

> Luigi [Ludovico I] pensò alla costruzione del *Walhalla* al tempo dell'occupazione napoleonica [della Germania, 1805-13], e gli diede il nome del palazzo del mitico Odino (o Wotan), dove venivano accolti gli eroi feriti o uccisi in battaglia; la saga dell'*Edda* narrava che nel Walhalla «scintillante d'oro» Odino sceglieva ogni giorno i suoi compagni d'arme. Il *Walhalla* si presentava come una vasta area, simboleggiante il campo di battaglia; il monumento aveva la sagoma di un tempio greco e misurava 55 metri di altezza e 125 di lunghezza; i frontoni erano decorati con figure, che sul lato sud rappresentavano gli stati tedeschi raccolti intorno a una Germania vittoriosa, mentre su quello nord Ermanno il Cheruscio (i Cherusci erano una tribù germanica) combatteva la battaglia della foresta di Teutoburgo contro le legioni romane. [...] All'interno del monumento vi erano due vaste sale, con le pareti e il soffitto decorati con le immagini di divinità germaniche e i simboli del loro culto. [...] gli dei benignamente osservavano dall'alto le statue dei grandi uomini della Germania, gli eroi che avevano meritato un posto nel Walhalla. [G.L. Mosse, *La nazionalizzazione delle masse. Simbolismo politico e movimenti di massa in Germania (1815-1933),* il Mulino, Bologna 1975, p. 62]

Il monumento di von Klenze era nato per essere un tempio sacro dedicato al culto dell'unità tedesca. Inaugurandone i lavori a occupazione francese ormai conclusa (1830), Ludovico aveva manifestato la sua speranza che i tedeschi si costituissero in unità come le pietre che saldate insieme costituivano il monumento. In effetti, il *Walhalla* riuscì a costituire un buon propagatore delle aspirazioni nazionaliste tedesche, e proprio perché divenne il **centro di una religione della patria** sempre più sentita e la meta di pellegrinaggi nazionali.

Il *Walhalla* non è l'unico monumento tedesco nato sull'onda della reazione nazionalista all'occupazione francese della Germania. Il più famoso è sicuramente il monumento a Ermanno (Arminio) il Cheruscio, l'*Hermannsdenkmal*. Il suo ideatore, Ernst von Bandel (1800-1876), aveva scelto l'antico guerriero germanico che aveva sconfitto le legioni romane nel 9 d.C. per celebrare la guerra di liberazione combattuta dalle popolazioni tedesche contro Napoleone [👁 TESTO9, FIG9]. Questa reinterpretazione del passato in chiave nazionale è un'operazione molto frequente, come abbiamo visto, e permette tra l'altro di rappresentare la storia del popolo tedesco come un cammino coerentemente indirizzato verso l'unificazione in un unico Stato, un destino inevitabile. I simboli e i miti diffusi dalla retorica nazionalista e impressi nelle pietre dei monumenti fornivano così un linguaggio molto efficace per giustificare le aspirazioni nazionaliste.

Anche l'**Italia** partecipa alla stagione della cosiddetta "monumentomania": basta passeggiare per qualunque città italiana per trovare una foresta di monumenti, statue e in generale riferimenti al passato nazionale, compresi i nomi delle vie e quelli degli edifici pubblici come le scuole. La maggior parte di questi omaggi al passato nazionale fu costruita negli anni successivi all'unificazione italiana del 1861: tra il 1868 e il 1901 furono progettati e inaugurati in Italia ben 424 monumenti. Non è un caso, ovviamente. Benché non tutte coordinate dall'alto, queste iniziative nascevano dall'esigenza di dare legittimità al nuovo governo sul piano simbolico. Le statue dedicate agli **eroi del Risorgimento italiano** dovevano conquistare le capitali degli antichi Stati preunitari in maniera più profonda di quanto magari avessero fatto le forze militari precedentemente, e ricordare ai sudditi del nuovo re la nuova cornice istituzionale. Tra i soggetti rappresentati, Casa Savoia domina incontrastata (64 monumenti, di cui 46 dedicati al primo re d'Italia Vittorio Emanuele II), seguita da Giuseppe Garibaldi (38 monumenti), ma non mancano eroi minori o locali, magari pescati dal passato più remoto e trasformati in precursori dello Stato liberale sabaudo [👁 CAPITOLO 13]. L'ostentazione di simboli risorgimentali nel pae-

FIG7
Albert Speer
Modello della riqualificazione urbanistica della Nuova Berlino
1939
[Bundesarchiv, Coblenza]
Durante tutto il regime, Hitler intreccia un rapporto di fiducia molto stretto con Albert Speer (1905-1981), architetto ufficiale del partito nazionalsocialista e poi ministro. In particolare, dalle fitte conversazioni tra i due nasce un progetto per la riqualificazione urbanistica di Berlino che avrebbe dovuto trasformare la capitale tedesca in una metropoli destinata all'immortalità, sul modello di Roma e di altre città mitiche del passato. Lo scoppio della seconda guerra mondiale impedì a Hitler e Speer di realizzare questo imponente e monumentale piano, ma i disegni e i modelli conservati ci danno l'idea dell'importanza attribuita dai regimi totalitari allo spazio pubblico. In questa fotografia, un aspetto fondamentale del progetto: un lunghissimo asse viario che collega un arco di trionfo (simile a quello parigino, ma di proporzioni enormi) a una costruzione coperta da una cupola mastodontica in grado di contenere diverse basiliche di San Pietro. Dimensioni così eccessive dovevano servire ad accogliere le adunate oceaniche caratteristiche della ritualità nazionalsocialista.

saggio urbano non è quindi un aspetto secondario o vagamente artistico, ma **una strategia deliberata per conquistare l'opinione pubblica e rendere familiare l'idea di nazione**.

La tradizione monumentale e i regimi totalitari

I regimi totalitari del '900, come quello nazista in Germania, quello fascista in Italia o quello sovietico (che studierai il prossimo anno), attinsero a piene mani alla tradizione monumentale del nazionalismo europeo nella loro intensa opera di propaganda. Durante un raduno del partito nazista a Norimberga nel 1935 Adolf Hitler sostenne che una nazione è veramente degna della sua storia solo quando costruisce i propri monumenti. La vita politica della **Germania** nazista (1933-45) sarà disseminata di riti e cerimonie attorno ai simboli del nazionalismo tedesco **[👁 FIG7]** e i monumenti nazionali dell'epoca del Romanticismo furono utilizzati quasi come totem dei secoli XIX e XX, attorno ai quali il regime dava vita a un vero e proprio culto della patria.

Dopo la seconda guerra mondiale (1939-45) le città devastate dai bombardamenti e dalla miseria sentirono la necessità di riconquistare lo spazio pubblico, elaborando anche artisticamente il **lutto della guerra** e le speranze per il futuro. In **Italia**, dove la ricostruzione si legava fortemente al rifiuto delle ideologie fasciste che avevano trasformato il paese in una dittatura e portato alla guerra, i nuovi interventi nelle città tendevano a omaggiare soprattutto i caduti dell'antifascismo o gli eroi di guerra. Il **partigiano** o la **partigiana** divennero le figure che la nuova Italia, repubblicana e antifascista, innalzava agli onori della patria **[👁 FIG8]**.

FIG8
Giacomo Manzù
Monumento al partigiano
1977
[Bergamo; © by SIAE 2014]
In quest'opera dello scultore italiano Giacomo Manzù (1908-1991) l'esperienza di guerra e la Resistenza italiana sono rappresentate seguendo il tema della Pietà: la donna, madre o sposa, che piange il figlio/marito barbaramente giustiziato. Assegnando a monumenti come questi uno spazio pubblico di rilievo, la Repubblica italiana ha cercato e cerca di fondare se stessa sul cordoglio per i partigiani, rappresentati come veri e propri martiri della libertà. Se in quest'opera la donna è relegata a un ruolo secondario rispetto al soldato, in altri monumenti pubblici non mancano rappresentazioni di partigiane armate e in guerra come gli uomini.

4 La circolazione delle idee nell'età dell'informazione

Tra '700 e '800, la circolazione delle idee è dunque segnata dalla moltiplicazione dei circuiti, degli strumenti, delle occasioni di lettura e informazione. L'esperienza dell'Illuminismo e della Rivoluzione francese hanno profondamente segnato non solo l'orizzonte della politica dei secoli successivi ma anche parte significativa delle forme della comunicazione politica. Gran parte dei modelli comunicativi dei Lumi e della Rivoluzione si conservano nell'800, quando vengono impiegati e arricchiti dalle nuove forme di aggregazione sociale e politica (tipiche della società di massa): circoli e locali per l'intrattenimento, ad esempio, ma anche soggetti che prendono forma istituzionale come i partiti, i sindacati.

Il potere del mezzo televisivo

È soprattutto col '900, però, che vediamo nascere o svilupparsi nuovi potenti strumenti di circolazione di idee, informazioni, costumi e sentimenti collettivi: la fotografia, il cinema, la radio e, più di tutto, la televisione che si è dimostrata capace di influire sull'opinione pubblica fino alla deformazione dei dati di realtà più evidenti. Vediamone un esempio.

Dal 1991 al 2006 il numero di omicidi in Italia è sceso da 1901 a 621, di cui più o meno la metà commessi in zone di mafia. Se nel 1999 i furti denunciati erano 380 ogni 100 mila abitanti, nel 2006 per lo stesso reato sono state registrate solo 233 denunce. Eppure, nello stesso periodo, sondaggi e studi ci dicono che uno dei problemi più sentiti dai cittadini italiani è la cosiddetta "emergenza sicurezza", da superare – così si dice – solo ricorrendo a misure straordinarie come la creazione di ronde di vigilanti o disposizioni più severe in materia d'immigrazione. Come nasce un'idea così forte sulla realtà, in grado di **condizionare le scelte politiche degli elettori cittadini**, ma soprattutto il loro sentimento pubblico, il modo in cui percepiscono il proprio ruolo nella società? Per rispondere a questa domanda bisogna ricostruire le strade che un'idea deve percorrere per imporsi nel mondo contemporaneo, e cioè guardare ai nuovi mezzi di comunicazione – televisione e Internet soprattutto. In questo caso, bisognerà notare che, mentre i delitti e i furti diminuivano, il numero delle notizie di **cronaca nera** raccontate dai media aumentava a dismisura. Solo tra il 2003 e il 2008, il tempo dedicato a queste notizie era incrementato del 18,4% al Tg1, del 22% al Tg2, del 13% al Tg3, del 24% al Tg5 e del 26% a Studio Aperto (in onda su Italia 1). Nel clima da campagna elettorale del 2007, la cronaca nera ha aperto per 36 volte il Tg1, per 32 il Tg3, per 70 il Tg4, per 64 il Tg5 e addirittura per 197 volte Studio Aperto. Come si vede, la scelta editoriale di dare estremo risalto ai reati violenti, magari soffermandosi sulle circostanze più crude, è condivisa da tutte le testate televisive, indipendentemente dal loro orientamento politico. Difficile dire quanto consapevole sia stata e sia questa scelta, se il risultato ottenuto – la percezione di maggiore insicurezza degli italiani – sia stato voluto, e se ci siano state pressioni da una parte politica o da un'altra per accentuare questa tendenza. Ciò che interessa qui è dimostrare il potere del **sistema dell'informazione televisiva** e le sue differenze rispetto ai tradizionali canali di comunicazione del passato.

L'autorevolezza dell'immagine

Quando la televisione fa la sua comparsa nelle case del mondo, in effetti, è una vera rivoluzione. La familiarità con le immagini appresa dagli europei grazie alla fotografia e alla fondazione dei primi giornali illustrati tra '800 e '900 trova adesso il suo coronamento – dopo che il cinema aveva commosso, emozionato, divertito e negli anni della guerra i cinegiornali avevano costituito lo strumento principale di informazione/propaganda. In **Italia** le trasmissioni vere e proprie cominciano nel 1954 e sono pesantemente condizionate dal clima di forte conformismo del dopoguerra. Accanto a questo, però, più di quanto prima aveva potuto fare la radio, la televisione diffonde la **lingua italiana** in strati della popolazione finora rimasti esclusi nonostante le battaglie contro l'analfabetismo inaugurate dopo l'Unità d'Italia. Le potenzialità di questo strumento sono ben note, e subito messe in valore dai principali partiti politici, che diffondono **spot elettorali** o si confrontano nelle **tribune politiche** che affollano ancora oggi i palinsesti televisivi. Per capire gli sforzi compiuti dalla politica per adattarsi al nuovo strumento, basta vedere i filmati raccolti sul sito www.archivispotpolitici.it, un progetto realizzato da un'unità di ricerca dell'Università di Roma Tre. Ben presto la televisione si impone come il mezzo di comunicazione più autorevole e **«lo ha detto anche la televisione»** rimane proverbialmente la frase che può chiudere una discussione. È proprio in questa maggiore autorevolezza dell'immagine che sta la rivoluzione prodotta dalla presenza delle televisioni in quasi tutte le case del mondo occidentale, come ha ben dimostrato il politologo italiano Giovanni Sartori (1924) [👁 TESTO**10**].

La nuova era digitale Proprio reagendo alla rigidità del messaggio televisivo e alla sua autorità, in molti hanno salutato con entusiasmo la nuova era digitale inaugurata dall'uso massiccio dei computer, ma soprattutto di Internet. La **rete** (il web) è stata vista sin da subito come una grande occasione di libertà, poiché avrebbe lasciato liberi gli utenti di scegliere e perfino modificare i contenuti trasmessi. Rispetto alla televisione o alla carta stampata, i contenuti trasmessi via bit (la più piccola unità di dati di un computer) avrebbero permesso uno scambio dinamico e continuo tra chi produce l'informazione e chi una volta era semplicemente destinato a riceverla – così diceva ad esempio uno dei profeti del digitale nel 1995, Nicholas Negroponte (1943) [👁 DOC**11**]. È evidente che Internet e il computer hanno impresso una svolta al nostro modo di concepire il traffico di informazioni, e persino la loro produzione. Il web 2.0, infatti, a differenza del più statico web 1.0, è capace di garantire una maggiore interattività tra sito e utente, ad esempio nei blog, nei forum o grazie alla possibilità per gli utenti di lasciare commenti, ed è ormai una realtà ben vissuta da chiunque sia familiare con la rete. E tuttavia, finiti gli entusiasmi iniziali, emergono anche alcune criticità. In primo luogo, le **comunità virtuali** sono talvolta meno ricche di scambi fecondi poiché formate in genere da gente simile o affine, che condivide interessi, feticci, passioni e idee in rete; lo ha sottolineato un intellettuale cosmopolita, come Tomàs Maldonado:

> Vi è una caratteristica che emerge con chiarezza nello studio del processo formativo delle comunità virtuali via rete. Queste nascono, di norma, tramite la ricerca di contatto tra individui o gruppi che hanno idee, interessi e/o gusti comuni. L'avvento delle reti telematiche ha reso possibile la comunicazione interattiva paritetica, da pari a pari (*peer-to-peer*), ma allo stesso tempo ha avuto effetti ambivalenti. Il "pari a pari" inteso in senso tecnico come dispositivo che in un'architettura di rete opera allo stesso livello, ha assunto un senso non tecnico, come rapporto che si stabilisce tra utenti della rete culturalmente e socialmente *pari*. In altre parole, tra anime gemelle, ossia tra coloro che cercano il contatto, ed eventualmente il conforto o la collaborazione, tra simili. Ecco perché le comunità virtuali si configurano come punti di ritrovo (o di rifugio?) in cui si coltivano soprattutto le "affinità elettive".
>
> Personalmente, nutro forti dubbi che da un tipo di comunicazione come questa si possa ricavare un sostanziale arricchimento della vita democratica. Le comunità virtuali, in quanto associazioni che derivano da una libera e spontanea confluenza di soggetti con unanimi vedute, sono comunità con scarsa dinamica interna. Per il loro alto grado di omogeneità, tendono a essere decisamente autoreferenziali. E non di rado si comportano come vere sette, in cui l'esacerbazione del senso di appartenenza conduce, nei fatti, a escludere qualsiasi differenza di opinione tra i suoi membri. [...] In fondo, questi piccoli gruppi appartengono alla categoria delle associazioni che definirei *deboli*. Per me sono, invece, *forti* le associazioni capaci, al loro interno, di fare tesoro dell'interscambio di idee e di esperienze tra coloro che la pensano diversamente. Vale a dire, forti sono quelle che, a differenza delle comunità virtuali, sono in grado di misurarsi [...] con le differenze e non semplicemente con le somiglianze tra i loro membri. [T. Maldonado, *Critica della ragione informatica*, Feltrinelli, Milano 1997, pp. 19-20]

In secondo luogo, l'informazione è molto diversa dalla conoscenza, per statuto e proprietà. Finora Internet ha soprattutto privilegiato lo scambio libero e forse casuale di informazioni, lasciando all'utente la responsabilità di produrre o selezionare contenuti di qualità o almeno veri. Il regno dell'attendibile si è dilatato nell'era di Internet e uno strumento usato da tutti e indipendente come www.wikipedia.org può trasformarsi in un'arma a doppio taglio: un elementare ausilio alla conoscenza che permette di ricostruire rapidamente un fenomeno o un propagatore di idee difficilmente verificabili e talora false [👁 TESTO**12**]. Chi riuscirà però a comprendere le trasformazioni dei nuovi media potrà imparare a leggere in modo diverso dai lettori dei secoli precedenti, perché costretto dalla miriade di informazioni e voci in più a farsi più critico, più consapevole.

1

R. Darnton
Le avventure di un povero diavolo

R. Darnton, *L'intellettuale clandestino. Il mondo dei libri nella Francia dell'Illuminismo*, Garzanti, Milano 1990, pp. 121-25

■ Lo storico americano Robert Darnton (1939) ha indagato per anni il mondo dell'editoria del '700, rivelando come funzionava realmente il mercato dei libri proibiti dell'Illuminismo, il ruolo svolto dagli editori e gli sforzi disperati dei *philosophes* del sottobosco letterario parigino per avere successo e imitare così le grandi personalità dei Lumi. In questo passo, Darnton descrive i traffici di un oscuro chierico francese, l'abate Le Senne, con una tipografia svizzera, la STN di Neuchâtel, intenzionata a sfruttare i suoi servizi per contrastare la censura e la potente corporazione dei librai di Parigi. La vita di Le Senne è un caso esemplare degli intellettuali clandestini del '700, che già Voltaire aveva definito «poveri diavoli».

I *philosophes* cercavano di conquistare l'opinione pubblica. Essi volevano dar battaglia – cambiare i cervelli, riformare le istituzioni, vendicare le offese – e non già soltanto per filosofare in pace. Per loro, i Lumi erano una lotta per diffondere la luce. E avevano dunque bisogno di agenti letterari, di divulgatori, di polemisti e di "corrieri" dell'ideologia; insomma, di gente come Le Senne.
Il ruolo di Le Senne mostra altresì che comunicare i Lumi al pubblico francese era una faccenda difficile. I direttori della STN non acquistavano un manoscritto se non dopo aver calcolato i costi di stampa, controllato il suo valore di mercato attraverso librai e agenti letterari, e contrattato con la massima energia le condizioni più favorevoli. Potevano stampare, indifferentemente, tanto il breviario dei cistercensi quanto le opere di d'Alembert. [...] Non erano disposti ad acquistare manoscritti da un oscuro scrittore come Le Senne; e anzi neppure a stamparli su commissione, a meno ch'egli non fosse in grado di garantire la copertura dei costi predisponendo la vendita della tiratura, o procacciandosi speculatori che lo appoggiassero. Verosimilmente, l'abate fornì moltissimo materiale anche a editori meno cautelosi e meno illustri, ma senza ricavarne grandi guadagni. Era uno dei dilemmi del pennivendolo: non riusciva a far accettare i suoi lavori da editori disposti a pagare un prezzo decente, e d'altra parte non riusciva a ottenere un prezzo decente da quegli editori ch'erano disposti ad accettarli. La STN aveva poi i suoi speciali problemi. Non poteva raggiungere il mercato francese senza lottare per aprirsi la via nel labirinto burocratico che proteggeva gli editori nazionali, i quali erano i suoi naturali nemici [...].
La polizia addetta ai libri, i censori e l'intero apparato della Direction de la Librairie avevano per scopo la soppressione dei libri antireligiosi, sediziosi e immorali; e spesso e volentieri li sopprimevano. Non solo, ma soffocavano la letteratura innovativa, e assoggettavano l'industria editoriale a un monopolio dominato dai membri della corporazione dei librai parigini. Ogniqualvolta tentò di vendere i suoi libri a Parigi, la STN urtò nell'opposizione della corporazione; e a ciò si deve se si affidò ai servigi di uomini come Le Senne e Cugnet [il proprietario di una bottega di libri in combutta con Le Senne], che si muovevano ai margini della legge. [...]
Grazie alle restrizioni giuridiche imposte all'industria editoriale, in Francia il commercio librario illegale era divenuto un'attività di grandi proporzioni. E siccome aveva bisogno di mani esperte per trattare la sua mercanzia, reclutava scribacchini nella nutrita popolazione letteraria di Parigi. Chiedere a un povero diavolo di tenersi lontano dal frutto proibito del suo mestiere era come chiedere a uno sciacallo di rinunciare a cibarsi di carogne. Le Senne balzava su ogni occasione di guadagno che gli capitasse tra le mani. Non soltanto scriveva letteratura illegale, ma lavorava come agente per altri scrittori che la producevano. La circolazione dei manoscritti clandestini sembra esser stata amplissima nella bohème[1] letteraria. Le lettere di Le Senne indicano che gran parte del materiale ch'egli vendeva agli editori fuori della Francia gli era fornito da colleghi della bohème. Una volta che queste opere erano stampate, egli aiutava a distribuirle organizzando gli itinerari del contrabbando, i luoghi di deposito segreti, e una rete di rivenditori al dettaglio clandestini. [...] Le Senne importava libri in prima persona, e probabilmente li vendeva direttamente in giro per Parigi *sous le manteau* [sot-

1. Comunità di artisti e scrittori in rivolta contro la morale convenzionale/borghese.

to il mantello, sottobanco]. Viveva dei suoi colpi d'estro, e la sua attenzione era attirata da qualsiasi cosa apparisse suscettibile di procacciare qualche soldo. *Pamphlétaire*, giornalista, agente letterario, contrabbandiere e rivenditore, egli riuniva nella sua persona le multiformi attività del sottomondo letterario.

2DOC

Jean-Jacques Rousseau
Il contratto sociale e i limiti del potere sovrano
(1762)

J.-J. Rousseau, *Il contratto sociale*, in J.-J. Rousseau, *Scritti politici*, a cura di P. Alatri, Utet, Torino 1970, pp. 743-46

■ Nel 1762 Rousseau pubblica *Il contratto sociale*, che inizialmente doveva essere parte di un'opera più ampia intitolata *Istituzioni politiche*. In un brano delle *Confessioni*, sorta di diario intimo, il filosofo ginevrino sostiene che a spingerlo a occuparsi della perfetta organizzazione di uno Stato sia stata la convinzione che nessun popolo sarebbe mai stato altro che quello che la natura del suo governo ne avrebbe fatto. Di conseguenza, la domanda alla base del *Contratto sociale* poteva ridursi a questa, per usare le parole di Rousseau: «Qual è la natura del governo atto a formare il popolo più virtuoso, più illuminato, più saggio, il miglior popolo, insomma, usando questa parola nel suo significato più alto?».
Rousseau immagina l'origine dello Stato in un contratto, un patto, in cui ciascuno rinuncia alla libertà illimitata propria dello stato di natura ricevendo la stessa rinuncia dalle mani degli altri membri della comunità. Da questo atto di rinuncia collettiva emerge la sovranità, che si esprime attraverso la volontà generale, cioè attraverso la partecipazione in assemblea di tutti i membri della comunità. Nel passo che segue Rousseau discute sul rapporto tra volontà individuale e volontà generale, sottolineando la forza coercitiva che la comunità può esercitare sul singolo cittadino in nome del bene comune, fine ultimo di questo sistema. Discutendo dell'organizzazione istituzionale della società in termini di diritti, libertà e regole, Rousseau contribuisce a diffondere un nuovo modo di pensare la politica, meno fondato sui rapporti di forza e più sulla dignità della persona umana.

Se lo Stato [...] non è altro che una persona morale, la cui vita consiste nell'unione dei suoi membri; e se la più importante delle sue preoccupazioni è quella della propria conservazione, è necessario che esso abbia una forza universale e coattiva per muovere e disporre ogni parte nel mondo più conveniente per tutto l'insieme. Come la natura dà a ogni uomo un potere assoluto su tutte le proprie membra, così il patto sociale dà al corpo politico un potere assoluto su tutti i propri membri; ed è questo stesso potere che, diretto dalla volontà generale, prende, come ho detto, il nome di sovranità.
Ma, oltre alla persona pubblica, dobbiamo considerare le persone private che la compongono, e la cui vita e libertà sono per natura indipendenti da essa. Si tratta dunque di distinguere bene i rispettivi diritti dei cittadini e del corpo sovrano, e i doveri ai quali i primi devono adempiere in quanto sudditi, dal diritto naturale di cui devono usufruire in quanto uomini.
Si è convenuto che tutto ciò che ciascuno col patto sociale aliena del suo potere, dei suoi beni, della sua libertà, è unicamente la parte di tutto ciò il cui uso è importante per la comunità; ma bisogna anche convenire che il solo corpo sovrano è giudice di questa importanza.
Tutti i servigi che un cittadino può rendere allo Stato sono da lui dovuti appena il corpo sovrano glieli richieda; ma il corpo sovrano, da parte sua, non può caricare i sudditi di nessuna catena che sia inutile alla comunità; non può nemmeno volerlo: perché per leggi di ragione, come per legge di natura, niente si fa senza causa.
Gli impegni che ci legano al corpo sociale non sono obbligatori se non in quanto sono reciproci; e la loro natura è tale che, nell'adempierli, non si può lavorare per gli altri senza lavorare anche per se stessi. Per quale ragione la volontà generale è sempre retta, e tutti vogliono costantemente la felicità di ciascuno di loro, se non perché non c'è nessuno che non si appropri di questa parola *ciascuno*, e che nel votare per tutti non pensi a se stesso? Ciò prova che l'eguaglianza di diritto e la nozione di giustizia che essa produce derivano dalla preferenza che ciascuno accorda a se stesso, e di conseguenza dalla natura dell'uomo; che la volontà generale, per essere veramente tale, deve esserlo nel suo oggetto, oltre che nella sua essenza; che essa deve partire da tutti per applicarsi a tutti; e che essa perde la sua rettitudine naturale quando tende a qualche oggetto individuale e determinato; perché allora, giudicando di ciò che ci è estraneo, non abbiamo alcun vero principio di equità che ci guidi. [...]
Da ciò si deve dedurre che quel che rende generale la volontà non è tanto il numero dei voti, quanto l'interesse comune che li unisce; perché in questa istituzione ciascuno si sottomette necessariamente alle condizioni che impone agli altri: accordo mirabile dell'interesse e della giustizia, esso dà alle deliberazioni comuni un carattere di equità, che si vede svanire nelle discussioni di un affare privato, in mancanza di un interesse comune che unisca e identifichi la regola del giudice con quella della parte.
Da qualunque punto si risalga al principio, si arriva sempre alla stessa conclusione: cioè che il patto sociale stabilisce tra i cittadini una tale eguaglianza, che essi si impegnano tutti alle medesime condizioni, e debbono tutti godere degli stessi diritti.

3 DOC

Voltaire
Trattato sulla tolleranza: in occasione dell'affare Calas
(1763)

Voltaire, *Trattato sulla tolleranza*, Feltrinelli, Milano 2006, pp. 147-48

■ Tra il 1762 e il 1764 Voltaire dà alle stampe il *Dizionario filosofico*, l'*Extrait du sentiment de Jean Meslier* e il *Trattato sulla tolleranza*. Tutti e tre questi testi sono parte di una vera e propria campagna di propaganda culturale e religiosa contro la Chiesa cattolica e la superstizione. Lo stile scelto da Voltaire è semplice e conciso: non gli interessa approfondire i suoi argomenti, ma colpire il lettore, convincerlo delle sue posizioni. Il *Trattato* in questo senso è esemplare. È un *pamphlet* nato in occasione della persecuzione della famiglia Calas, ugonotta, accusata di aver ucciso uno dei figli perché desideroso di convertirsi al cattolicesimo. In realtà, è una falsa voce alimentata dal pregiudizio antiprotestante: il ragazzo si era impiccato. Il padre viene portato al patibolo e gli altri membri della famiglia sono arrestati. Di fronte a questa ingiustizia, Voltaire si mobilita per fare pressioni sulla corte e sull'ambiente giudiziario: invia copie del *Trattato* ai ministri di Stato, ai principi tedeschi, al re di Prussia, all'amante del re, Madame de Pompadour. È una campagna di successo: la sentenza viene annullata dal Consiglio del re nel 1764 e la memoria del padre, Jean Calas, è riabilitata negli anni successivi. Il passo che segue è la conclusione dell'opera, una preghiera all'Essere Supremo perché aiuti gli uomini a sentirsi più fratelli, liberi dal fanatismo religioso.

Non più dunque agli uomini mi rivolgo; ma a te, Dio di tutti gli esseri, di tutti i mondi e di tutti i tempi: se è lecito a deboli creature sperdute nell'immensità, e impercettibili dal resto dell'universo, osare chiedere qualcosa a te che hai dato tutto, a te i cui decreti sono immutabili quanto eterni, degnati di guardare con pietà gli errori legati alla nostra natura; che questi errori non generino le nostre calamità. Tu non ci hai dato un cuore perché ci odiamo e mani perché ci sgozziamo; fa' che ci aiutiamo l'un l'altro a sopportare il fardello di una vita penosa e passeggera; che le piccole differenze tra i vestiti che coprono i nostri deboli corpi, tra tutte le nostre lingue insufficienti, tra tutti i nostri usi ridicoli, tra tutte le nostre leggi imperfette, tra tutte le nostre opinioni insensate, tra tutte le nostre condizioni così diseguali ai nostri occhi, e così eguali davanti a te; che tutte queste piccole sfumature che distinguono questi atomi chiamati "uomini" non siano segnali di odio e di persecuzione; che coloro che accendono ceri in pieno mezzogiorno per celebrarti sopportino coloro che si accontentano della luce del tuo sole; che coloro che coprono la loro veste con una tela bianca per dire che bisogna amarti non detestino coloro che dicono la stessa cosa sotto un mantello di lana nera; che sia uguale adorarti in un gergo che deriva da una lingua morta [il latino della liturgia cattolica], o in uno più nuovo; che coloro il cui abito è tinto di rosso o di viola, che dominano su di una piccolissima parte di un piccolo mucchio di fango di questo mondo, e che posseggono alcuni frammenti arrotondati di un certo metallo, godano senza orgoglio di ciò che essi chiamano "grandezza" o "ricchezza", e che gli altri li guardino senza invidia: poiché tu sai che in queste cose vane non vi è né di che invidiare, né di che inorgoglirsi.
Possano tutti gli uomini ricordarsi che sono fratelli! Che essi abbiano in orrore la tirannia esercitata sugli animi così come hanno in esecrazione il brigantaggio che strappa a forza il frutto del lavoro e dell'industria pacifica! Se i flagelli della guerra sono inevitabili; non odiamoci, non dilaniamoci gli uni gli altri quando regna la pace, e impieghiamo l'istante della nostra esistenza per benedire egualmente in mille lingue diverse, dal Siam fino alla California, la tua bontà che ci ha dato questo istante.

4 DOC

Denis Diderot
Elogio di Richardson
(1761)

D. Diderot, *Elogio di Richardson*, trad. di A. Perego, in «Itinera. Rivista di filosofia e teoria delle arti», 2005; © 2005, ITINERA www.filosofia.unimi.it/itinera

■ Diderot (1713-1784) pubblica per la prima volta questo elogio dello scrittore inglese nel 1761 sul «Journal étranger», un'importante rivista letteraria. Nel testo Diderot sottolinea la sua forte empatia per i personaggi dei romanzi, un effetto dell'arte di Richardson che ispira alla virtù il lettore.

Con "romanzo" si è finora intesa una trama intessuta di eventi chimerici e frivoli, la cui lettura aveva un influsso pericoloso sul gusto e sui costumi. Sarei ben felice che si trovasse un altro nome per le opere di Richardson, che innalzino lo spirito, tocchino l'anima, traspirino ovunque di amore per il bene, e, nonostante ciò, siano dette "romanzi". Tutto ciò che Montaigne, Charron, La Rochefoucauld e Nicole hanno tradotto in massime[1], Richardson l'ha tradotto in azione. Ma un uomo d'ingegno, che legge ponderatamente le opere di Richardson, rifà la maggior parte delle sentenze dei moralisti; d'altra parte, con tutte queste sentenze, non sarebbe in grado di rifare neppure una pagina di

1. Diderot cita qui alcuni dei più influenti filosofi e moralisti del XVI e XVII secolo.

Richardson. Una massima è una regola di condotta astratta e generale, la cui applicazione è lasciata a noi. Essa non genera di per se stessa un'impressione sensibile nel nostro spirito: al contrario, chi agisce lo si vede, ci si mette al suo posto o dalla sua parte, ci si infervora pro o contro di lui; si partecipa al suo ruolo, se è virtuoso; ci si allontana con indignazione, se è ingiusto e immorale. Chi non è rabbrividito al comportamento di un Lovelace, di un Tomlinson[2]? Chi non è inorridito per il tono patetico e schietto, per l'aria di candore e di dignità, per l'abilità con cui costui si prende gioco di tutte le virtù? [...]

Oh, Richardson! Malgrado ne abbiamo già uno, assumiamo un ruolo nelle tue opere: ci si mischia alle conversazioni, si approva, si biasima, si ammira, ci si irrita, ci si indigna. Quante volte mi è capitato di esclamare, come accade ai bambini che vengono portati per la prima volta a teatro: *Non credetegli, egli v'inganna... Se andrete là sarete perduto*. La mia anima era mantenuta in continua agitazione. Quanto ero buono! quanto ero giusto! come ero fiero di me stesso! Terminata la lettura ero come un uomo alla fine di una giornata spesa per far del bene. Avevo percorso, nell'intervallo di alcune ore, un tal numero di situazioni quali la vita più lunga offre a malapena nell'arco di tutta la sua durata. Avevo inteso i veri discorsi delle passioni; avevo visto agire le pulsioni dell'interesse e dell'amor proprio in cento modi diversi; ero diventato spettatore di una moltitudine di eventi, sentivo di aver acquisito una certa esperienza.

Questo autore non fa scorrere il sangue nei palazzi; non vi conduce in paesi lontani; non vi espone al pericolo di essere divorati dai selvaggi; non si rinchiude in luoghi clandestini di perversione; non si perde mai nelle regioni della fantasmagoria. Il luogo della scena è il mondo in cui viviamo; il nucleo del suo dramma è vero; i suoi personaggi sono estremamente reali; i suoi tipi sono colti nel seno della società; le vicende che descrive sono conformi agli usi e ai costumi di tutte le nazioni civili; le passioni che egli dipinge sono le stesse che sperimento in me; sono le stesse motivazioni che le agitano, hanno l'energia che io riconosco in loro; le traversie e le afflizioni dei personaggi hanno la stessa natura di quelle che mi minacciano continuamente; egli mi mostra il corso generale delle cose che mi circondano. Senza quest'arte, la mia anima si piegherebbe con fatica a visioni chimeriche, l'illusione non sarebbe che momentanea, l'impressione che otterrei debole e passeggera.

2. Due dei personaggi principali di *Clarissa*.

5

R. Darnton
Scienza e immaginazione

R. Darnton, *Il mesmerismo e il tramonto dei Lumi*, Edizioni Medusa, Milano 2005, pp. 29-32

In questo libro Robert Darnton prova a indagare su un altro degli aspetti meno noti dell'Illuminismo europeo, la moda dell'esoterismo e il fascino di un largo pubblico per cosmologie in cui le nuove scoperte della fisica, della fisiologia o della chimica venivano ricondotte a teorie fantasiose molto originali (grossa eco ebbero ad esempio gli studi sui diversi gas che compongono l'aria, che stravolgevano le tradizionali convinzioni aristoteliche sugli elementi). L'istituzionalizzazione vera e propria della scienza è di là da venire, solo alla fine del XIX secolo, e in questi anni anche i più grandi scienziati del tempo conservano nelle loro teorie aspetti immaginifici. Del resto il racconto di un mondo attraversato da forze magnetiche, fluidi e gas invisibili doveva sembrare davvero il frutto dell'immaginazione a un uomo del XVIII secolo, anche se per noi oggi si tratta di verità abbastanza banali. Dall'abbraccio di scienza e immaginazione, intanto, scaturiva il successo di scienziati dilettanti, talvolta impegnati a elaborare sistemi di spiegazione del cosmo alternativi, talvolta invece veri e propri imbroglioni in cerca di un pubblico da cui trarre profitto. La spettacolarità di alcuni esperimenti, poi, rendeva popolari le nuove scoperte scientifiche più di quanto avrebbero mai potuto le dotte riviste accademiche.

«Non ci sono mai stati così tanti sistemi, così tante nuove teorie dell'universo come negli ultimi anni», notava il «Journal de Physique» nel dicembre 1781, rimarcando come tali teorie fossero in contraddizione tra loro. Un'occhiata ai periodici scientifici del tempo ci mostra proliferazione e diffusione delle cosmologie. Chi diceva di aver spiegato il segreto della vita attraverso una "forza vegetativa" vitalistica, chi annunciava una nuova specie di astronomia statica, dicendo di aver trovato «la chiave di tutte le scienze che le menti più fini di tutte le nazioni avevano cercato invano per lungo tempo», chi aveva riempito il vuoto di Newton con un invisibile "agente universale" che mantiene unito il cosmo [...].

Il fuoco di fila di tali teorie lasciò il pubblico dei lettori confuso ma non scoraggiato, dato che queste forze invisibili talvolta compivano veri miracoli. Uno di questi gas portò Pilâtre de Rozier[1] nel cielo di Metz il 15 ottobre 1783 e la notizia del primo volo umano colpì l'immaginazione dei francesi provocando un'ondata di entusiasmo scientifico. Le donne indossavano "chapeaux au ballon" [cappelli a forma di pallone], i bambini mangiavano "dragées au ballon" [confetti a forma di pallone], i poeti componevano un'infinità di odi ai voli in aerostato, gli ingegneri scrissero dozzine di trattati sulla costruzione e la direzione dei palloni per i "Premi" sponsorizzati dall'Accademia delle Scienze. Eroi si avventuravano con gli aerostati attraverso paesi e città e i loro ammira-

1. Jean-François Pilâtre de Rozier (1754-1785), pioniere dell'aviazione, morto nel tentativo di attraversare la Manica in mongolfiera.

tori ricordavano ogni minimo dettaglio dei voli come grandi momenti storici. Gli aeronauti, al ritorno, erano portati in parata per la città. I ragazzi litigavano per tenere le briglie dei loro cavalli, gli operai ne baciavano gli abiti e i ritratti, stampati e venduti per le vie accompagnati da versi di lode. Dai racconti dell'epoca si percepisce che l'entusiasmo era pari a quello che accompagnò il primo volo di Lindbergh[2] o la conquista dello spazio [...].
L'entusiasmo per i voli in pallone indusse presso la gente comune la coscienza dell'importanza della scienza in un modo che, a detta di Lavoisier, sarebbe stato impensabile per l'Accademia delle Scienze. Centomila persone piansero, svennero e tifarono per un volo a Nantes. Quando a Bordeaux uno venne annullato, la folla si sollevò uccidendo due uomini e distruggendo la mongolfiera e la biglietteria. [...] In questo modo i voli raggiungevano un pubblico impensabile per il "Journal de Physique". Un gruppo di contadini, per esempio, accolse l'atterraggio in un campo al grido di «siete uomini o siete dèi?». Al polo opposto della società francese, un aeronauta di nobili natali immaginò entusiasta di aver visto «gli dèi degli antichi trasportati sulle nuvole; i miti posti a dimora nelle meraviglia della fisica». La scienza aveva reso l'uomo un dio. La capacità degli scienziati di sfruttare le forze della natura incuteva soggezione e instillava nei francesi un entusiasmo quasi religioso che travalicava i limiti della comunità scientifica parigina, quelli della letteratura, per quanto lontano potesse spingersi, e della prosa. [...]
Sembra, dunque, di poter trarre una conclusione dalla letteratura popolare degli anni 80 del '700. I lettori del periodo erano inebriati dal potere della scienza, ed erano sbalorditi dalle forze reali e immaginarie con cui gli scienziati avevano popolato l'universo. Dato che il pubblico non poteva distinguere il reale dall'immaginario, era catturato da ogni fluido invisibile, da ogni ipotesi che apparisse scientifica che prometteva di spiegare le meraviglie della natura.

2. Charles Augustus Lindbergh (1902-1974), americano, primo uomo ad aver compiuto la traversata atlantica nel 1927.

6

R. Chartier
Una rivoluzione della lettura

R. Chartier, *Libri e lettori*, in *L'Illuminismo. Dizionario storico*, a cura di V. Ferrone e D. Roche, Laterza, Roma-Bari 1997, pp. 292-99

■ Nell'età dell'Illuminismo cambiò la produzione editoriale, e anche il modo stesso di leggere i libri. Secondo molti studiosi, avvenne una vera e propria «rivoluzione della lettura». A spiegare i caratteri e il significato di questa trasformazione è, in questo brano, lo storico francese Roger Chartier (nato nel 1945), autore di importanti studi sulla cultura d'*ancien régime*. A suo giudizio per analizzare le nuove pratiche di lettura che si diffondono nel '700 in alcuni paesi dell'Europa occidentale occorre considerare diversi fenomeni: dalla proliferazione di nuovi generi letterari, allo sviluppo e alle trasformazioni della produzione di libri e giornali, ai cambiamenti nei formati dei volumi, all'evoluzione del commercio librario, alla diffusione di inedite istituzioni culturali che consentono di poter leggere libri senza doverli acquistare.

Possiamo definire l'età dei Lumi come l'epoca di una «rivoluzione della lettura»? A tale quesito i contemporanei avrebbero senza dubbio risposto in modo affermativo, essendo fortemente consapevoli delle trasformazioni che avevano modificato la produzione a stampa e le pratiche di lettura. Soprattutto a partire dalla metà del secolo si moltiplicano i riferimenti alla lettura che esprimono l'acuta percezione di un tale sconvolgimento.
I racconti di viaggio come i quadri di costume insistono sull'universalità nuova della lettura, presente in tutti gli ambienti sociali, in tutte le circostanze e in tutti i luoghi del vivere quotidiano. A sentir loro una vera e propria «mania della lettura», degenerata in «febbre di lettura» o in «furore di leggere» (i testi tedeschi parlano infatti di *Lesesucht*, *Lesefieber* e *Lesewut*), si è impadronita delle popolazioni. [...]
L'iconografia proposta dai pittori, dai disegnatori e dagli incisori moltiplica le rappresentazioni della lettura: nei quadri e nelle incisioni, nei decori del vasellame in terraglia o in porcellana, sulle tele cerate o sugli orologi da taschino, sotto forma di *silhouettes* e figurine. La proliferazione di queste immagini svela nuovi lettori (donne, bambini, artigiani, contadini) e nuove abitudini: la lettura all'aperto, in giardino o in mezzo alla natura, a passeggio, a letto, che prepara o sostituisce l'incontro amoroso, la lettura a più persone, nella sociabilità del salotto o nell'assemblea domestica. Tutte queste rappresentazioni indicano, a loro modo, che le pratiche sono cambiate, che i lettori sono più numerosi e fanatici della lettura.
Dobbiamo tradurre queste percezioni con la coppia di nozioni proposta da Rolf Engelsing, che oppone una lettura tradizionale, detta «intensiva», a una lettura moderna qualificata come «estensiva», la stessa che i contemporanei indicano e condannano? Secondo tale dicotomia il lettore «intensivo» era posto a confronto con un corpus limitato e circoscritto di libri, letti e riletti, memorizzati e recitati, ascoltati e conosciuti a memoria, trasmessi di generazione in generazione. Questa maniera di leggere era fortemente intrisa di sacralità poiché assoggettava il lettore all'autorità del testo. Il lettore «estensivo» è completamente diverso: consuma numerosi testi stampati, nuovi ed effimeri; li legge avidamente

e con rapidità, li avvicina con occhio distaccato e critico. Un rapporto con lo scritto fatto di comunione e rispetto cederà così il passo ad una lettura libera, disinvolta, irriverente.
Contro questa tipologia, organizzata secondo una cronologia che distingue un «prima» e un «dopo» della lettura, separati da una vera e propria «rivoluzione», sono state mosse molte critiche. Numerosi sono, in effetti, i lettori «estensivi» all'epoca della supposta lettura «intensiva». Pensiamo ai lettori umanisti. I due oggetti emblematici della loro maniera di leggere sono «la ruota da libri», che permette di leggere più libri alla volta, e il «quaderno dei luoghi comuni», le cui rubriche accolgono le citazioni, gli esempi e le informazioni raccolte dal lettore nel corso delle sue letture. Entrambi gli oggetti testimoniano una pratica che accumula le letture, che procede per estratti, compilazioni, confronti e che contiene già una forma di esercizio della critica, all'occorrenza filologica.
D'altra parte, è al momento stesso della rivoluzione «estensiva» della lettura che con Rousseau, Bernardin de Saint-Pierre[1], Goethe o Richardson si sviluppa la più «intensiva» delle letture, attraverso la quale il romanzo si impadronisce del lettore, lo vincola al suo dettato, governa i suoi pensieri e i suoi comportamenti. [...]
Queste considerazioni portano a mettere in dubbio la validità di un'opposizione troppo netta fra due stili di lettura, considerati irriducibili e successivi. Si deve per questo abbandonare l'idea di una rivoluzione della lettura nel XVIII secolo? Forse no, se consideriamo i mutamenti oggettivi che trasformano il rapporto con lo scritto nell'Europa occidentale. Il primo riguarda la diversificazione e l'aumento delle edizioni. L'offerta di libri è ovunque in crescita: in Inghilterra, seguendo le recensioni delle edizioni conservate, negli anni Novanta vengono pubblicati 65.000 titoli, contro i 21.000 del primo decennio del secolo; in Germania il catalogo delle opere poste in vendita alla fiera di Francoforte registra 1.384 titoli per il 1765, 1.892 per il 1775, 2.713 per il 1785, 3.257 per il 1795 e 3.906 per il 1800. Oltre ad essere considerevolmente aumentata, la produzione libraria subisce una profonda trasformazione. Il testo religioso, che dominava nel XVII e agli inizi del XVIII secolo, retrocede dinanzi all'incremento delle lettere (è il caso della fiera di Francoforte, in cui la letteratura passa dal 6% nel 1740 al 21,5% nel 1800) o delle scienze ed arti (in Francia specialmente, dove la crescita della categoria nelle richieste delle licenze è inversamente proporzionale al crollo dei titoli religiosi, che costituivano ancora un terzo della produzione negli anni Venti riducendosi a poco più di un quarto agli inizi degli anni Cinquanta e soltanto a un decimo negli anni Ottanta) [...].
Il libro, da parte sua, diventa più accessibile. Il trionfo dei piccoli formati (in-dodicesimo, in-sedicesimo, in-diciottesimo) ne fa un compagno inseparabile. Louis-Sébastien Mercier[2] osserva: «la mania dei formati ridotti ha sostituito quella dei grandi margini [...]. Questi libretti hanno il vantaggio di poter essere messi in tasca, di servire allo svago di una passeggiata, di far fronte alla noia del viaggio» [...]. Grazie ai piccoli formati la lettura è diventata più libera. Il libro non deve più essere appoggiato per essere letto e il lettore non è più obbligato a sedersi per leggerlo: si può instaurare un nuovo rapporto con lo scritto, più consueto ed immediato. Divenuto più maneggevole, il libro è anche più facilmente reperibile e consultabile. [...]
D'altra parte si moltiplicano in tutta Europa le istituzioni in cui la lettura non implica necessariamente l'acquisto del libro. Una prima possibilità viene offerta dai librai. Con denominazioni diverse (*circulating libraries, rental libraries, Leihbibliotheken, cabinets littéraires*), la realtà è la stessa: acquistando un abbonamento annuale o mensile i lettori possono leggere sul posto o prendere in prestito tutte le opere che il catalogo della libreria propone. La formula ha un grande successo in Inghilterra. Probabilmente ispirata dalla pratica delle *coffee-houses*, che mettono a disposizione dei loro clienti giornali e pamphlet, essa appare già nei primi decenni del secolo e conosce un grande sviluppo dopo il 1740 [...].
La seconda formula consiste in un'associazione volontaria, dotata di statuti approvati collegialmente. Pagando una quota annuale, i membri possono prendere in prestito le opere acquistate in comune, che vengono vendute all'asta alla fine di ogni anno come succede nei *book clubs* o sono invece conservate nella biblioteca della società come nel caso delle *subscription libraries*. In Inghilterra i *book clubs* fioriscono a partire dagli anni Venti e la prima *subscription library* viene fondata a Liverpool nel 1758. In Germania la creazione delle *Lesegeselleschaften* [società di lettura] conosce una forte e costante espansione a cominciare dal 1770: se prima di quell'anno non ce ne sono che 17, ne sorgono 50 tra il 1770 e il 1779, 170 tra il 1780 e il 1789 e ben 200 tra il 1790 e il 1800 [...].
È sufficiente questo per parlare di «rivoluzione»? Probabilmente, ma a due condizioni. La prima considera il fatto che questa rivoluzione non è che una fra le rivoluzioni della lettura, e non *la* rivoluzione della lettura. Altre l'hanno preceduta, legate all'invenzione del *codex*, alle conquiste della lettura silenziosa, al passaggio dal modello monastico di scrittura al modello scolastico della lettura. Altre faranno seguito: nell'Ottocento, la democratizzazione del pubblico della stampa e oggi l'avvento del testo elettronico. Le innovazioni del secolo XVIII vanno quindi collocate all'interno di una lunga storia dei supporti e delle pratiche di scrittura. Una seconda condizione consiste nel prendere in considerazione e reperire i molteplici scarti, spostamenti e limiti che contraddistinguono la rivoluzione della lettura nell'epoca dei Lumi. Essa è più marcata in alcuni luoghi (i paesi dell'Europa che da più tempo avevano familiarizzato con la cultura scritta) e in certi ambienti sociali (le «borghesie» delle professioni intellettuali e liberali).

---

1. Jacques Bernardin de Saint-Pierre (1737-1814), scrittore amico di Rousseau.

2. Louis-Sébastien Mercier (1740-1814), drammaturgo, giornalista e romanziere.

7 DOC

Jean-Paul Marat
La vocazione del giornalista

Marat, Écrits, presentati da Michel Vovelle, Messidor/Éditions Sociales, Paris 1988, pp. 108-9

■ In questo testo del novembre del 1789, *Dénonciation contre Necker* ('Denuncia contro Necker'), Marat si scaglia contro il ministro delle Finanze. Già da qualche tempo è costretto a muoversi nella clandestinità perché inseguito da un mandato di arresto per un violento scritto contro un altro alto funzionario. Denunciando stavolta Necker in persona, Marat rivendica il ruolo pubblico del giornalista, spina nel fianco del potere, apostolo del popolo (il giornale di Marat si intitola non a caso «L'amico del popolo»), incorruttibile e con una condotta di vita specchiata. In questo passo, l'autore risponde alle accuse di corruzione ricevute dopo i suoi articoli contro Necker e gli altri.

Dopo che ho denunciato Mr. Necker[1], il pubblico è inondato da una marea di scritti dove il primo ministro delle finanze è adulato, e dove io sono impietosamente fatto a pezzi da venditori d'ingiurie e di calunnie. [...] I miei principi sono conosciuti, i miei costumi sono conosciuti, il mio stile di vita è conosciuto: così non mi abbasserò affatto a combattere dei vigliacchi assassini che si addentrano nelle tenebre per pugnalarmi. Che l'uomo onesto che ha qualche rimprovero da farmi si mostri; e semmai ho mancato alle leggi della più austera virtù, io lo prego di pubblicare le prove del mio disonore. Io terminerei qui quest'articolo, se non importasse alla causa della libertà che il pubblico non sia vittima degli artifici impiegati per prevenirlo sfavorevolmente contro il suo incorruttibile difensore.

Siccome la mia penna ha fatto qualche sensazione, i nemici pubblici, che sono i miei, hanno diffuso la voce ch'essa fosse venduta [...]. Ma basta gettare gli occhi sui miei scritti per assicurarsi che sono forse il solo autore da J.-J. [Jean-Jacques Rousseau] che dovrebbe essere al riparo di ogni sospetto. E a chi, di grazia, sarei venduto? Forse all'Assemblea nazionale, contro la quale mi sono levato così tante volte, di cui ho attaccato molti decreti funesti, e che ho così spesso richiamata ai suoi doveri? – Forse alla corona, di cui ho sempre attaccato le odiose usurpazioni, le temibili prerogative? – Forse al ministero, che ho sempre dato per eterno nemico dei popoli, e i cui membri ho denunciato come traditori della patria? – [...] Forse al clero, di cui non ho cessato di attaccare gli eccessi, le pretese ridicole, e i cui beni ho domandato che fossero restituiti ai poveri? – Forse alla nobiltà, di cui ho contestato le ingiuste pretese, attaccato i privilegi iniqui, svelato i perfidi disegni? – [...] Forse ai finanzieri, ai depredatori, ai concussionari, alle sanguisughe dello Stato, ai quali ho chiesto di restituire il maltolto alla Nazione? – Forse ai capitalisti, ai banchieri, agli aggiotatori, che ho perseguitato come delle pesti pubbliche? [...] Resta dunque il popolo di cui ho costantemente difeso i diritti, e verso il quale il mio zelo non ha limiti. Ma il popolo non compra nessuno: e poi, perché comprarmi? Io gli appartengo già del tutto: mi si farà un crimine di essermi donato a lui?

1. Jacques Necker (1732-1804), politico francese di origine svizzera, più volte direttore generale delle finanze e ministro, padre della scrittrice e intellettuale Madame de Staël (1766-1817).

8

J. Popkin
Una nuova stampa per una nuova società

J. Popkin, *La Presse de la Révolution. Journaux et journalistes (1789-1799)*, Odile Jacob, Paris 2011, pp. 47-48

■ Molti dei redattori di giornali rivoluzionari sono anche uomini politici impegnati personalmente, e sono convinti che è dalla libertà di stampa che emergeranno i frutti più maturi della nuova stagione rivoluzionaria. Lo storico americano Jeremy Popkin prende spunto dalle riflessioni di due tra gli esponenti più influenti del giornalismo e della vita politica francese, Brissot e Mirabeau, per sottolineare le sfide imposte e le speranze suscitate da questo mezzo di informazione.

Per Mirabeau e Brissot[1], una nuova stampa è la condizione preliminare a una nuova società. Come i visionari della rete di internet dei nostri giorni, Mirabeau e Brissot vedono nel periodico il mezzo di costituire una nuova comunità, unificata malgrado la sua dispersione nello spazio. Grazie ai giornali, i dibattiti politici possono essere coordinati e organizzati. Tutti possono seguire gli avvenimenti allo stesso tempo. In più, il giornale permette una comunicazione reciproca tra i rappresentanti del popolo e i loro mandanti. Mentre l'autore di un pamphlet è quasi sempre anonimo, il periodico rivela l'indirizzo del suo redattore; anche se i lettori non inviano necessariamente della posta, il numero degli abbonati è un mezzo per acclamare o disapprovare una testata. Nell'immaginazione di rivoluzionari come Mirabeau e Brissot, il giornale è la soluzione al problema posto da Montesquieu e Rousseau: come

1. Jacques Pierre Brissot (1754-1793), uomo di lettere ed esponente dei girondini durante la Rivoluzione francese.

erigere una repubblica, o almeno una società dove tutti i cittadini possano partecipare direttamente all'elaborazione delle leggi, in un paese troppo grande perché tutti possano assemblarsi in un stesso luogo?
Mirabeau e Brissot sono consapevoli di certi pericoli che minacciano di sovvertire questa visione utopica di una comunicazione trasparente tra il popolo e i suoi rappresentanti. Nel loro pensiero, i giornali devono essere liberi da ogni costrizione, ma non devono avere la libertà di calunniare l'assemblea della nazione [...]. Inoltre, i giornali devono guadagnarsi da vivere grazie alle vendite su un mercato libero. Le testate che riusciranno saranno necessariamente quelle che avranno meglio espresso i voti del popolo. Brissot vuole esplicitamente dei giornali a buon mercato; ma, per non falsare la competizione, vuole proibire rigorosamente le sovvenzioni: l'utopie di una stampa trasparente dipende dall'utopia di un mercato ugualmente trasparente. Allo stesso tempo, i giornali devono nutrire i loro redattori: Mirabeau conta esplicitamente sul suo giornale per guadagnare di che pagare i propri debiti. Ma come garantire che i giornalisti e, ancora di più, gli imprenditori che vanno ad associarsi ad esso [...] non mettano la ricerca del profitto prima dell'interesse pubblico? Una demagogia irresponsabile non attirerà più lettori di un giornalismo austero? Le speranze investite nella stampa all'inizio della Rivoluzione fanno nascere molti dilemmi.

9

G.L. Mosse
La forza di un monumento

G.L. Mosse, *La nazionalizzazione delle masse. Simbolismo politico e movimenti di massa in Germania (1815-1933)*, il Mulino, Bologna 1975, pp. 97-99

■ Lo storico americano di origini tedesche George L. Mosse ha scritto uno dei libri più importanti della storiografia del '900. Le sue considerazioni sull'importanza degli aspetti simbolici nella cultura politica contemporanea dopo la Rivoluzione francese hanno aperto moltissimi orizzonti di studio. Ciò che colpisce della sua interpretazione è soprattutto l'enorme forza persuasiva che questi simboli sembrano aver avuto presso settori amplissimi della popolazione europea. I monumenti nazionali, ad esempio, non sono solo frutto dell'iniziativa di artisti o sovrani impegnati, ma elementi vivi della vita pubblica. Attorno alle statue o ai templi laici edificati nella Germania ottocentesca, ad esempio, si sviluppa un culto particolarmente sentito, grazie anche alle feste e ai raduni organizzati da numerose associazioni nazionaliste. In questo passo, Mosse descrive l'*Hermannsdenkmal*, il monumento a Ermanno (Arminio), sottolineando la sua capacità di mobilitare la popolazione attraverso i secoli, un aspetto che avrebbe molto impressionato anche Adolf Hitler.

FIG**9**
Ernst von Bandel
Hermannsdenkmal
1841-75
[Detmold (Germania)]

Il monumento a Ermanno voleva essere il simbolo dell'eterna forza giovanile della Germania e ancor oggi l'eroe si erge, sguainando la spada, pronto a dare battaglia in qualsiasi momento; il massiccio piedistallo, che lo sorregge, stava a simboleggiare la forza del barbaro vincitore delle legioni romane. La statua di Ermanno, enorme e monumentale, rappresenta un cavaliere nella sua armatura, ma la sua immagine ricorda i modelli classici (tranne per il fatto che Bandel, scultore di mediocri capacità, ne sbagliò le proporzioni). Il piedistallo della statua ha una sagoma vagamente piramidale, tanto usata da chi voleva suscitare un'impressione di forza massiccia; ma qui soprattutto vi sono elementi gotici, specie nella Sala della Fama racchiusa al suo interno. [...]
Lo spazio circostante il monumento fa parte integrante dell'intero complesso. Esso domina una collina nella foresta di Teutoburgo dove sopravvivevano ancora tracce degli antichi culti germanici. Lo «spazio sacro», che circonda gli altri monumenti, qui non esiste e il monumento forma un tutt'unico con il paesaggio stesso entro il quale è collocato. [...]
Indubbiamente l'*Hermannsdenkmal* ha una grande forza suggestiva, e infatti ancora oggi, mentre molti altri monumenti, come il *Walhalla*, sono caduti nell'oblio, è meta di pellegrinaggi. I nazisti [al potere in Germania dal 1933 al 1945] non lo amarono e lo ignorarono, forse perché eclettico e mal proporzionato, o più verosimilmente perché Hitler pensava che il gotico, ampiamente rappresentato nel monumento, fosse una forma d'arte arcaica, inadatta ai tempi moderni. Il nazionalsocialismo insomma voleva riaffermare la tradi-

zione classica. Vi era però un aspetto, nella storia della costruzione dell'*Hermannsdenkmal*, che impressionò Hitler, e cioè la maniera con la quale Bandel era riuscito a raccogliere parte del denaro necessario, riuscendo a mobilitare una partecipazione di massa della gioventù tedesca per l'erezione del simbolo nazionale. Nel 1863 Bandel scrisse al migliore scolaro (*primus*) di ogni scuola superiore tedesca per sollecitarlo a raccogliere il denaro per questo «fatto nazionale». L'appello riscosse successo, e una parte dell'immediata popolarità che arrise al monumento può essere attribuita al fatto che una larga porzione della gioventù tedesca aveva contribuito alla sua costruzione. Hitler pensò di adottare questo sistema per raccogliere il denaro necessario per costruire il suo monumentale auditorio che doveva dare il tono alla progettata ricostruzione di Berlino. L'attiva partecipazione del pubblico, tanto importante in tutti gli aspetti della nuova politica, fu l'obiettivo precipuo che Hitler si prefisse in questa occasione; egli infatti non aveva bisogno di denaro con questo sistema, che del resto fruttò solo una piccolissima parte della somma occorrente per il suo immenso monumento. [...]

Le fondamenta [dell'*Hermannsdenkmal*] furono poste nel 1841, con cerimonie di grande importanza perché costituirono un modello per tutto il Secondo Impero[1] ogni volta che si dava inizio ai lavori per qualche importante monumento nazionale. Le varie associazioni offrirono, sull'area antistante il monumento, una rappresentazione vivente del significato simbolico ad esso attribuito: gli studenti delle scuole superiori erano vestiti secondo l'antica foggia germanica, i cori maschili cantarono il famoso inno composto da Arndt[2] per le guerre di liberazione *Che cos'è la patria tedesca?* e il canto venne accompagnato dai colpi di un cannone «liberato» nella battaglia di Waterloo [che aveva visto la definitiva sconfitta di Napoleone, il 18 giugno 1815, e dunque la liberazione tedesca]; c'era insomma tutto perché a nessuno sfuggisse l'intimo significato del monumento. Quando, molti anni dopo, si procedette al suo scoprimento, era presente l'imperatore e si indissero cerimonie alle quali parteciparono i cori maschili e le associazioni dei tiratori scelti e dei ginnasti. Un pastore protestante pronunziò un sermone patriottico e fu cantato un inno protestante. Questa mescolanza di elementi germanici e protestanti non mutò sino all'inizio del nuovo secolo.

1. Impero tedesco: 1871 (unità nazionale) - 1918 (proclamazione della Repubblica).

2. Ernst Moritz Arndt (1769-1860), poeta tedesco molto noto per i suoi canti patriottici.

10

G. Sartori
L'opinione pubblica al tempo della televisione

G. Sartori, *Homo videns. Televisione e post-pensiero*, Laterza, Roma-Bari 1997, pp. 41-46

■ Giovanni Sartori (1924) ha dedicato un libro al rapporto tra televisione e democrazia. La sua tesi forte è che all'*homo sapiens* prodotto dalla cultura scritta la cultura del tele-vedere stia riuscendo a sostituire l'*homo videns*, che fonda le proprie idee sul primato dell'immagine. La posizione di Sartori è fortemente polemica e provocatoria in alcuni punti, ma rivela aspetti fondamentali dell'impoverimento culturale della cultura politica occidentale o semplicemente i caratteri della nuova società dell'informazione.

Se la democrazia dovrebbe essere un sistema di governo guidato e controllato dall'opinione dei governati, allora la domanda alla quale ci dobbiamo rifare è: come nasce e come si forma una pubblica opinione?

Quasi sempre, o comunque molto spesso, la pubblica opinione è un «dato» preso per scontato. C'è e basta. È come se le opinioni della pubblica opinione fossero, come le idee di Platone, idee innate.

Opinione pubblica sta, in primo luogo, per una ubicazione, una collocazione: è l'insieme di opinioni che si trovano *nel* pubblico o *nei* pubblici. Ma la nozione di opinione pubblica sta anche e soprattutto per opinioni generalizzate *del* pubblico, per opinioni endogene, le quali *sono* del pubblico nel senso che il pubblico ne è davvero il soggetto. Aggiungi che una opinione viene detta pubblica non solo perché è *del* pubblico, ma anche perché investe la *res publica*, la cosa pubblica, e cioè argomenti che sono di natura pubblica: l'interesse generale, il bene comune, i problemi collettivi.

[...] La democrazia rappresentativa non si caratterizza come un governo del sapere ma, appunto, come un governo dell'opinione, fondato su un pubblico *sentire de re publica*. Il che equivale a dire che alla democrazia rappresentativa basta, per esistere e funzionare, che il pubblico abbia opinioni *sue*; niente di più ma anche – attenzione – niente di meno.

Allora, come si costituisce una opinione pubblica autonoma che sia veritieramente *del* pubblico? È chiaro che questo opinare deve essere esposto a flussi di informazione sullo stato della cosa pubblica. Se fosse «sordo», troppo chiuso e troppo precostituito nei confronti dell'andamento della *res publica*, allora non servirebbe. D'altra parte, quanto più una pubblica opinione si apre ed espone a flussi di informazione esogeni (che riceve dal potere politico o da strumenti di informazione di massa), tanto più l'opinare dei pubblici rischia di diventare [...] «etero-diretto».

Peraltro, finché l'opinione pubblica è stata prevalentemente plasmata dai giornali, l'equilibrio tra opinione autonoma e opinioni eteronome (eterodirette) era garantito dall'esistenza di una stampa che fosse libera e molteplice, a molte voci. L'avvento della radio non ha sostanzialmente alterato questo equilibrio. Il problema sorge con la televisione e nella misura in cui il vedere soppianta il discorrere. Finché prevale la comunicazione linguistica, i processi di formazione dell'opinione non avvengono direttamente dall'alto al basso; avvengono «a cascata», o meglio come in una successione di cascate interrotte da vasche nelle quali le opinioni si rimescolano [...]. Inoltre, alla cascata si affiancano e contrappongono ribollimenti dal basso, e anche resistenze o vischiosità di varia natura.

Ma la forza travolgente dell'immagine rompe il sistema di riequilibramenti e di retroazioni multiple che ha progressivamente istituito, nel corso di circa due secoli, gli stati di opinione diffusi che vengono identificati, dal Settecento in poi, dalla dizione «pubblica opinione». La televisione è dirompente perché scavalca i cosiddetti leader intermedi di opinione, e perché spazza via la molteplicità di «autorità cognitive» che variamente stabiliscono, per ciascuno di noi, a chi credere, chi sia fededegno e chi no. Con la televisione l'autorità è nella visione stessa, è l'autorità dell'immagine. Non importa che le immagini possano ingannare ancor più delle parole [...]. Il punto resta che l'occhio crede in quel che vede; e quindi che l'autorità cognitiva più creduta diventa la cosa vista. Ciò che si vede appare «reale», il che implica che appare vero.

11 DOC

Nicholas Negroponte
Essere digitali

N. Negroponte, *Essere digitali*, Sperling & Kupfer Editori, Milano 1995, pp. 9-11

■ Nicholas Negroponte (1943) è un informatico americano che ha dedicato i suoi studi soprattutto al problema dell'interfaccia uomo-computer ovvero del sistema che connette e rende compatibili l'uomo e il computer. La sua notorietà gli viene però soprattutto dalla sua opera di divulgazione informatica: nel 1993 fonda «Wired», la rivista nota per molti anni anche come "La Bibbia di Internet", perché molto seguita dai primi entusiasti utenti della rete e delle nuove tecnologie informatiche. Nel 1995 il libro da cui è tratto il passo seguente ottiene un grande successo internazionale e si afferma come il manifesto della nuova era digitale (per questo stesso motivo Negroponte è stato l'obiettivo polemico di autori come Sartori negli anni successivi).

La trasmissione televisiva è un esempio di sistema di comunicazione in cui tutta l'intelligenza è concentrata nel punto di origine. Chi trasmette definisce ogni cosa e chi riceve prende ciò che gli viene dato. Infatti, il vostro grosso apparecchio televisivo è forse l'elettrodomestico più ottuso della casa (e non sto parlando dei programmi). Il vostro forno a microonde ha probabilmente più microprocessori del vostro televisore. Invece di pensare al prossimo passo nell'evoluzione della televisione in termini di maggior risoluzione, miglior colore e più programmi, pensate a un cambiamento nella distribuzione dell'intelligenza – o, più esattamente – allo spostamento dell'intelligenza, da chi trasmette a chi riceve.

Anche il giornale è un prodotto che ha tutta l'intelligenza alla fonte. Ma ciò non toglie che questi fogli di carta possano essere consumati in modo diverso, da persone diverse, in tempi diversi. Noi scorriamo una pagina o la saltiamo, in base ai titoli e alle illustrazioni, reagendo ciascuno in modo diverso a bit identici, forniti a centinaia di migliaia di persone. I bit sono gli stessi, ma il modo di leggerli è diverso.

Un modo di guardare al futuro di un mondo digitale è di chiederci se la qualità di un mezzo di informazione può essere trasferita ad un altro. La televisione potrà in qualche modo essere più simile al giornale? Molti pensano che i giornali siano più approfonditi dei notiziari televisivi. Ma deve essere proprio così? Allo stesso modo, si ritiene che la televisione offra un'esperienza più ricca dal punto di vista sensoriale che non i giornali. Deve essere proprio così?

La risposta sta nel creare computer che filtrino, selezionino, diano priorità e gestiscano la molteplicità dei media per conto nostro – computer che leggano il giornale e guardino la televisione per noi e ce ne facciano un'edizione quando glielo chiediamo. Questo tipo di intelligenza può esistere in due posti differenti.

Può stare alla fonte e agire come se là vi fosse un gruppo di redattori apposta per voi – come se il *New York Times* pubblicasse un giornale confezionato su misura in base ai vostri interessi. In questo caso è come se un piccolo sottoinsieme di bit fosse stato selezionato apposta per voi. I bit sono filtrati, preparati e inviati a voi, per essere stampati a casa vostra o per essere visti in modo più interattivo mediante uno schermo elettronico.

Nel secondo caso, invece, la redazione sta presso chi riceve: il *New York Times* diffonde un numero enorme di bit, magari cinquemila articoli differenti, da cui il vostro elettrodomestico ne estrae solo alcuni, in base ai vostri interessi, abitudini, o programmi per la giornata. In questo caso l'intelligenza è presso l'utente, mentre il trasmettitore manda i bit a tutti, indiscriminatamente.

Il futuro non sarà l'uno o l'altro, ma tutti e due.

12

M. Gotor
L'isola di Wikipedia

M. Gotor, *L'isola di Wikipedia. Una fonte elettronica*, in *Prima lezione di metodo storico*, a cura di S. Luzzatto, Laterza, Roma-Bari 2008, pp. 183-202

■ Wikipedia è uno dei prodotti più riusciti della fase *web 2.0* di Internet, che apre agli utenti la possibilità di inserire contenuti o di modificare quelli già presenti in rete. Il termine *wiki* è preso dalla lingua hawaiana e vuol dire "veloce", con evidente riferimento all'aggiornamento continuo a cui è sottoposto il sapere su questa enciclopedia elettronica. In questo breve saggio, lo storico Miguel Gotor (1971) cerca di ragionare sull'uso di Wikipedia, incoraggiando i suoi lettori a un maggior spirito critico.

Un po' tutti gli storici si servono di Wikipedia (spesso senza riconoscerlo) come di un mezzo informativo privilegiato, per verificare un dato mancante o per disporre dell'immediato inquadramento di una questione. Così fanno anche i giornalisti quando scrivono un articolo, oppure i politici e i funzionari allorché redigono i loro dossier. Per non parlare degli studenti di ogni ordine e grado, che ormai preparano i compiti a casa o la tesi di laurea servendosi di Wikipedia in modo quasi esclusivo: nei casi migliori, si assiste alla crisi della tradizionale enciclopedia cartacea, nei peggiori, a uno spregiudicato esercizio di copia e incolla, in cui lo studente non solo perde la consapevolezza del plagio compiuto, ma per avvalorare una propria affermazione giudicata inesatta dal docente, risponde candidamente piccato di averla trovata su Wikipedia, il nuovo Vangelo apocrifo della generazione telematica di inizio millennio.

[...] Wikipedia si fonda su due principi cardine: il primo è la ricerca del *neutral point of view*, in cui il neutro non è sinonimo di obiettivo, ma di consensuale. È necessario che prevalga l'informazione sulla propaganda, ma il modo migliore per riuscirvi non è quello di elaborare un giudizio critico, bensì di esporre nella maniera più asettica possibile l'insieme dei pareri più diversi su un dato argomento. Il secondo principio è il rifiuto esplicito di ricerche originali e di teorie nuove, che non siano state già pubblicate e validate da altri: Wikipedia non è e non vuole essere una fonte autonoma, dunque deve riportare solo quanto è già stato scritto altrove, con un conseguente alto indice di autoreferenzialità mediatica e di circolarità dell'identico. Forse non è inutile notare che si tratta di due principi guida imposti dall'alto e non negoziabili, a riprova di come tutte le professioni di relativismo intellettuale implichino l'accettazione di un dogma iniziale e basilare.

L'equivoco di fondo non sta nella pretesa da parte di Wikipedia di considerarsi un'enciclopedia, ma nel fatto di essere ritenuta tale dai suoi utilizzatori, che si basano su un'erronea e fuorviante sovrapposizione dei concetti di informazione e di conoscenza. Il primo è un dato, il secondo un processo che implica il concetto di validazione, di responsabilizzazione autoriale e di verificabilità del percorso compiuto. Al contrario, Wikipedia rivendica come punto di forza il fatto di non subire alcun processo editoriale, ufficiale ed esaustivo di verifica dei dati che riceve e immette in circolazione, se si eccettuano le voci relative a persone viventi. Mentre una delle funzioni principali dell'enciclopedismo è proprio quella di tracciare il perimetro della conoscenza, distinguendo cosa è importante e perciò merita di essere classificato e ricordato, da ciò che non lo è e quindi può essere dimenticato.

L'enciclopedia si assume l'onere di fissare gerarchie di qualità all'interno del sapere per renderlo più riconoscibile, e di istituire proporzioni e tassonomie che in Wikipedia scompaiono in favore di un principio di auto-organizzazione puramente quantitativo. Il progetto di una struttura cumulativa-compulsiva è intrinsecamente contrario alla filosofia dell'enciclopedia, così come lo sono l'idea di neutralità e l'assenza di ricerche originali. Infatti, la conoscenza non consiste soltanto in un sistema di dati più o meno oggettivi (il nome di una capitale, la quantità di abitanti di una regione, la classifica finale di un campionato di calcio o l'altezza di una montagna), ma si basa sulla costruzione di un processo di saperi plurali che si esprimono attraverso la formulazione di giudizi critici, preferibilmente fondati su ricerche originali, in cui l'imparzialità è un obiettivo a cui tendere, ma non può certo essere considerato un presupposto.

MODULO

2 LE ALTRE CIVILTÀ

1364-1644 Dinastia Ming in Cina

1526 In India Babur fonda l'Impero moghul

1600-1868 Dinastia Tokugawa in Giappone

1644-1912 Dinastia Qing in Cina

1665 In India la East India Company acquisisce anche il controllo di Bombay

1683 Fallisce l'assedio ottomano a Vienna

Soldati turchi
1590 ca.
[dal *Codex Vindobonensis* 8626; Biblioteca Nazionale, Vienna]

ANTEPRIMA

Caratteri e geografia delle civiltà

La diffusione del termine "civiltà", che si afferma nel '700, nasce dal confronto e dalle riflessioni che viaggiatori, filosofi, uomini di religione europei avevano compiuto ragionando sui gruppi sociali organizzati e sulle forme di vita collettiva diversi da quelli dell'Europa cristiana. Elementi caratteristici di ogni civiltà sono gli spazi geografici su cui si estende, l'organizzazione sociale ed economica, la religione, le mentalità collettive, le forme di governo e/o di esercizio del potere. Ma la definizione più semplice e più neutra è quella che individua con "civiltà" l'insieme dei tratti caratteristici della vita collettiva di un gruppo sociale o di un periodo storico: parleremo così di civiltà ateniese e di civiltà del Rinascimento, di civiltà cinese e di civiltà pre-colombiane, ecc.

Le civiltà di cui trattiamo in questo modulo corrispondono per gran parte ai grandi imperi posti a oriente dell'Europa, salvo occuparci in seguito anche di quelle parti del mondo, le Americhe prima, l'Australia in seguito, che, come colonie, si avviavano a diventare varianti della civiltà europea. A oriente troviamo l'**Impero ottomano** e quello persiano dei **safavidi** che dominano grandi spazi definiti da guerre e conflitti secolari; poi, più a est, l'**Impero moghul**, dove la religione islamica dei dominatori si intreccia e si scontra con le tradizioni culturali e religiose dell'India. Nell'Estremo Oriente, **Cina** e **Giappone** coincidono con strutture territoriali e sistemi di potere consolidati da secoli, pur nel variare degli ordinamenti dinastici che si registrano nel corso del '600.

L'universo islamico

Nell'analisi della distribuzione geografica delle civiltà è inoltre possibile individuare, tra '600 e '700, un universo islamico: il vasto spazio caratterizzato dalla diffusione della religione musulmana si spingeva dalle coste occidentali e atlantiche dell'Africa fino al Bengala indiano e ad alcune zone interne della Cina, dai Balcani al Mediterraneo orientale e ai territori sub-sahariani, dall'Arabia lungo le coste orientali dell'Africa, dalle steppe dell'Uzbekistan all'India centrale con propaggini

1713-50
La Gran Bretagna gestisce la tratta degli schiavi neri verso le colonie spagnole (*asiento de negros*)

1763
Il Canada passa sotto il controllo inglese

1770
Cook esplora le coste orientali del continente australiano

1778
La Gran Bretagna dà inizio al popolamento dell'Australia

fino alla Penisola malese e alle isole dell'Indonesia. Su questa enorme estensione insistevano per gran parte gli imperi ottomano, safavide e moghul. Ma l'universo islamico si estendeva anche oltre i confini di queste consolidate organizzazioni statali distribuendosi in territori di assai minore aggregazione politica. È la conferma della pervasività e del dinamismo dell'islam che, seppur privo di una guida centralizzata, era tuttavia capace di diffondersi lungo le linee dei commerci e di sovrapporsi e convivere, in ampie regioni del globo, con pratiche religiose politeiste e animiste.

L'Occidente atlantico

Se in un certo senso sembra agevole per gli europei definire le civiltà "altre", meno semplice è individuare un'identità unitaria per la civiltà europea nel suo insieme o per le singole parti d'Europa che entrano in relazione con il resto del mondo, in particolare con le Americhe e l'Asia. Ai caratteri unitari fanno puntualmente riscontro i fattori di divisione: la comune cristianità rimaneva frammentata nei tre ceppi, cattolico, protestante e ortodosso; la cultura umanistica e razionalista, pur diffusa, veniva costantemente osteggiata dal persistere delle tradizioni oscurantiste, mentre i sistemi di governo presentavano significative differenze.
Escludendo i rapporti particolari e prevalentemente conflittuali di Venezia, dell'Austria e della Russia con l'Impero ottomano, sembra possibile parlare di un Occidente atlantico che corrisponde alle **potenze marittime** di Spagna, Portogallo, Francia, Gran Bretagna, Olanda (e in minor misura Danimarca).

ATLANTE 10_IL SISTEMA COLONIALE EUROPEO E I GRANDI IMPERI ORIENTALI A INIZI XVIII SECOLO

Motore dell'espansione coloniale verso est, e soprattutto verso ovest, le potenze dell'Occidente atlantico sono protagoniste di una serie quasi continua di conflitti, ma anche di accordi commerciali, nel cui ambito si venne costruendo l'**egemonia europea sugli oceani**.

L'economia della schiavitù

Un elemento strutturale della espansione europea e della trasformazione produttiva e sociale delle Americhe fu l'impiego degli **schiavi neri africani** trasferiti con la forza oltreoceano. Iniziata su larga scala nel '500 e incrementata in seguito, la tratta degli schiavi durò fino oltre la metà dell'800, anche se ufficialmente vietata, consentendo grazie all'afflusso costante di manodopera la diffusione del nuovo sistema produttivo delle piantagioni (vaste proprietà terriere adibite a monocolture). I prodotti delle piantagioni – tabacco, caffè, cotone, e in primo luogo (anche in ordine di tempo) lo zucchero di canna e i suoi derivati alcolici (come il rhum) – divennero oggetto della **domanda europea**, trasformando profondamente i consumi del Vecchio Continente e delle sue colonie.

La tratta degli schiavi fu all'origine di grandi ricchezze e potere per i proprietari delle piantagioni, divenuti presto il ceto dominante in Brasile, nelle Antille e nelle colonie britanniche, ma diede vita anche a tradizioni, stili di vita e incroci etnici con effetti duraturi fino ad oggi. Difficile valutare in dettaglio i **costi umani** complessivi di questo sistema di sfruttamento al di là dei conteggi, certamente approssimativi, sul numero di schiavi portati in America (tra i 10 e i 12 milioni). Certo è che l'**Africa sub-sahariana** rimane in questi secoli, e sarà anche in seguito, protagonista passiva nella storia mondiale fornendo una "merce umana" pregiata e insostituibile al grande circuito del commercio atlantico.

Conquiste, spartizioni e rapporti commerciali

Così osservando una mappa del pianeta, durante lo studio del modulo, sarà agevole individuare i grandi imperi, le aree di conflitto e le zone di espansione delle potenze mercantili. E seguendo le date misurare i tempi del convergere di tanti paesi europei verso la conquista e il possesso delle basi per la tratta dei neri o delle isole dello zucchero: una rappresentazione efficace di quanto un'Europa rissosa e aggressiva trasferisse oltreoceano la trama delle sue ostilità.

Negli ampi territori dell'America settentrionale, dove il controllo degli spazi era più difficile e meno consolidato, Francia e Spagna dovettero cedere di fronte al dinamismo britannico. Ai margini orientali dell'Europa l'**Impero ottomano** arretrava lentamente, incapace ormai di gareggiare con la superiorità militare e tecnologica europea: ma conservava tutte le sue posizioni nel Mediterraneo orientale. L'**Impero moghul**, che aveva già ceduto agli inglesi e ai francesi postazioni commerciali sulle coste, nel corso del '700 accentuò la disgregazione interna, fino a consentire il controllo di ampie parti dell'India settentrionale alla East India Company, una compagnia commerciale privata in grado di amministrarle direttamente come emanazione del potere centrale della madrepatria britannica.

Nei rapporti con la **Cina**, le potenze europee furono costrette a limitare le loro ambizioni agli scambi commerciali, a tutto vantaggio dei cinesi, poco interessati ad importare dall'Europa ma pronti a rispondere alla forte **domanda europea di oggetti di lusso** (come porcellane e tessuti di seta): una condizione che fece dell'Impero cinese il maggior paese esportatore agli inizi del '700.

Per quanto l'Europa dimostrasse un maggior dinamismo commerciale, a questo stadio dello sviluppo economico non è possibile parlare di una decisiva supremazia europea nelle tecnologie e nei redditi pro capite (per abitante) rispetto a un'economia avanzata come quella cinese. Certo gli europei possedevano gli orologi meccanici e usavano gli occhiali che consentivano agli artigiani di lavorare più a lungo, ma le potenzialità di sviluppo economico rimanevano equivalenti. Solo verso la fine del '700 si manifestò quella "grande divergenza" tra l'Europa industrializzata (in una prima fase essenzialmente la Gran Bretagna) e l'Asia che si attestava ormai su posizioni più arretrate.

L'egemonia britannica

Nel 1763, con la vittoria sulla Francia al termine della guerra dei Sette anni, la Gran Bretagna si assicurava il dominio dei mari e un ampliamento consistente dei suoi possessi coloniali con la conquista del Canada sottratto ai francesi [1.5]. Di lì a qualche anno l'inizio della colonizzazione dell'Australia aggiungeva un intero nuovo continente alla Corona britannica. In seguito, la guerra di indipendenza americana (1775-83), combattuta con successo dalle colonie dell'America settentrionale contro la madrepatria, avrebbe ridotto significativamente i possedimenti britannici. Ma, come sarà chiaro studiando il modulo successivo, la vittoria definitiva su Napoleone della Gran Bretagna e dei suoi alleati (Prussia, Russia e Austria; 1815, Waterloo) fu seguita, nel corso dell'800, dalla conquista di nuovi vastissimi territori in Asia e in Africa, riconfermando l'egemonia della Gran Bretagna non solo come **potenza navale**, ma come potenza **coloniale e commerciale**.

I tempi lunghi dell'ecosistema

Fra l'Europa e le Americhe intercorse, in questi secoli, uno scambio biologico che favorì gli europei penalizzando le popolazioni e i territori colonizzati. La colonizzazione dei nuovi mondi ebbe effetti devastanti sulle popolazioni indigene, vittime non solo di uno sfruttamento durissimo ma anche dell'invasione di virus e batteri, portatori di malattie sconosciute e contro le quali non avevano nessuna difesa.

Meno immediata e meno visibile, data la sua gradualità, fu la trasformazione dell'ambiente soprattutto nelle zone a clima temperato. Qui una serie di erbe infestanti, note per la rapidità della loro crescita e la resistenza agli agenti atmosferici, avrebbe trasformato zone aride in pascoli sterminati atti all'allevamento degli animali europei, come i bovini e i cavalli.

Così, nel '600 e nel '700, mentre i commerci andavano assumendo un carattere globale integrando negli scambi tutti i continenti, pur con i tempi più lunghi propri delle trasformazioni ambientali, prese avvio anche una sorta di **interazione ecologica globale**: microbi, piante, animali e uomini furono trasferiti o si trasferirono da un continente all'altro modificando gli ambienti naturali che li avrebbero ospitati. All'affermazione dell'imperialismo politico occidentale, ovvero quel sistema mondiale governato dagli interessi commerciali e dalla potenza militare e coloniale degli Stati europei, si legò indissolubilmente anche un imperialismo ecologico.

ONLINE

Il libro
A.W. Crosby
Imperialismo ecologico

Il laboratorio dello storico
Come fare storia dell'Africa

4 CIVILTÀ E IMPERI OLTRE L'EUROPA

1 Il declino dell'Impero ottomano e la parabola safavide

Il 12 settembre 1683 il re polacco Jan Sobieski lanciò la sua cavalleria giù dalle pendici del Kahlenberg, una collina che sovrasta Vienna, rompendo l'assedio dei turchi che durava dall'estate di quell'anno [👁 1.8]. È la battaglia che più di ogni altra simboleggia l'inizio del declino dell'Impero ottomano e la fine dell'espansione turca verso occidente. Tra la fine del '600 e la fine del '700 l'offensiva del grande Impero turco contro l'Europa balcanica subì infatti una definitiva battuta di arresto. Iniziò allora una lenta e profonda crisi non arginata dai pochi tentativi di riforma dell'organizzazione politica e amministrativa. Una crisi destinata a durare e poi ad accentuarsi fino alla rivoluzione dei Giovani turchi del 1908.

ATLANTE 11_L'IMPERO OTTOMANO (1683-1800)

Il collante dell'impero, oltre alla comune confessione musulmana, era rappresentato dall'esercito e dal sistema fiscale che tuttavia non garantivano più il controllo uniforme dei vastissimi territori dell'impero.

Spazi e confini L'Impero ottomano rappresentava la parte più estesa, ma anche la più frammentata, dell'ampio universo islamico che si era costituito a partire dal VII secolo nel Vicino Oriente e nell'Africa settentrionale. I suoi confini si estendevano nel '600 dall'Algeria all'Egitto, alla Palestina, alla Siria, all'Anatolia e poi nei Balcani dalla Grecia all'Ungheria, lungo le coste settentrionali del Mar Nero, nel Caucaso per scendere a sud-est fino alla Persia e a sud all'Iraq, e all'Arabia dei luoghi santi dell'islam, Medina e La Mecca [👁 ATLANTE_11]. Questo complesso sistema territoriale aveva il suo centro politico, culturale e amministrativo nella grande città di Istanbul (Costantinopoli) dove risiedeva il sultano.

Il sistema di governo Dato il progressivo abbandono dell'esercizio diretto del potere da parte del sultano, il governo era guidato di fatto dal **gran visir**, una sorta di primo ministro o gran cancelliere. I gran visir provenivano dai *devširme*, un ceto formato da sudditi strappati da piccoli alle famiglie cristiane e convertiti con la forza all'islamismo: educati nelle scuole di palazzo, i *devširme* entravano in genere come soldati nel corpo militare dei **giannizzeri**, mentre i più capaci diventavano alti funzionari dello Stato. I gran visir non possedevano il prestigio che i diversi gruppi dell'impero, in particolare l'aristocrazia turca, riconoscevano invece al sultano e quindi il loro potere si fondava sulla capacità di destreggiarsi tra gli intrighi di palazzo e di ottenere successi militari. Fu inoltre sempre più difficile per il governo di Istanbul affermare la propria volontà, soprattutto sulle province più lontane.

L'indebolimento del governo di Istanbul favoriva il rafforzamento delle periferie dell'impero dove i governatori locali tendevano a costituirsi in dinastie autonome, sempre meno disposte a versare al centro il frutto dell'imposizione fiscale e di rispondere agli obblighi militari. Il **contrasto tra centro e periferia** – soprattutto con l'Algeria, la Tunisia e l'Egitto – e il mancato superamento delle autonomie feudali furono tra le cause del declino dell'impero.

Jacob Marrel
Quattro tulipani con insetti e un anemone
1640 ca.
[Rijksmuseum, Amsterdam]

Fra le maggiori produzioni dell'Impero ottomano va ricordato il tulipano, fiore molto amato da Solimano il Magnifico. Esportati in Olanda verso la metà del '500, i tulipani ebbero un notevole successo diventando in poco tempo richiestissimi e costosissimi.

Le convivenze religiose Uno degli elementi di forza del regime ottomano era invece la permanenza, sul suo territorio, di religioni diverse dall'islam: cristiani ortodossi, cattolici, ebrei. Organizzate in comunità, **millet**, con un'amministrazione autonoma, nonostante saltuari aspri conflitti, le diverse appartenenze religiose davano luogo a un sistema di convivenza, se non proprio di tolleranza ufficiale. Gli ebrei cacciati dalla Spagna nel 1492 trovarono ospitalità nell'Impero ottomano: l'importante città portuale di Salonicco era nel '700 il maggior centro urbano abitato da ebrei, che a metà '800 erano ancora più del 50% della popolazione.

Gli scambi commerciali Le comunità greche ed ebraiche a Istanbul e nell'Asia Minore erano al centro del complesso sistema di scambi – **cotone**, **seta**, **oro** e **caffè** provenienti dall'Africa e dall'Oriente – che continuava ad alimentare l'economia di un impero ricco di grandi città, dal Cairo a Baghdad, a Smirne. Per quanto insidiato dalla presenza veneziana e dalle navi delle nuove potenze commerciali atlantiche, il **Mediterraneo centro-orientale** rimaneva un mare controllato dai turchi.

Le guerre contro Venezia In pochi anni, dopo la disastrosa sconfitta di Lepanto (1571), la flotta turca era stata ricostituita e per oltre un secolo Venezia rimase, con esiti alterni, in guerra con gli ottomani. Nel 1571 aveva perso Cipro, nel 1699 Creta fu conquistata dai turchi, mentre il Peloponneso fu occupato dai veneziani dal 1687 al 1715. Ma **Venezia** era **in costante arretramento**, pur mantenendo il possesso delle isole Ionie (Corfù, Lefkada, Cefalonia, Itaca, Zacinto), fino alla caduta della repubblica nel 1797 [👁 7.9].

Le sconfitte nei Balcani Una nuova offensiva turca nei Balcani si infranse nel 1683, come sappiamo, sotto le mura di **Vienna**, dove l'esercito ottomano si era spinto con l'ambizioso disegno di colpire al cuore l'Impero d'Austria. La sconfitta costrinse i turchi a una umiliante ritirata e a subire ulteriori perdite territoriali compensate tuttavia nel 1739 con la riconquista di Belgrado. Ma il graduale ritiro dai Balcani settentrionali era ormai iniziato e alla fine del '700 l'impero vedeva i suoi domìni ridotti ai **territori a sud del Danubio**, cioè all'estensione che avevano nella prima metà del '500, al tempo di Solimano il Magnifico.

Il confronto con l'Europa e i conflitti con la Russia Le reiterate sconfitte imponevano riforme istituzionali per reggere il confronto con l'Europa. Convertiti occidentali vennero chiamati per riformare l'esercito e la marina, mentre la vita intellettuale venne stimolata grazie all'apertura di biblioteche e all'introduzione, nel 1727, della **stampa** (fra i primi libri ad essere stampati, vi furono trattati sulla tecnologia bellica europea). Ma questi tentativi di rinnovamento si scontravano contro le resistenze dei giannizzeri, che vedevano i loro privilegi messi in pericolo dall'introduzione di riforme di sapore occidentalizzante, e contro la dura opposizione degli *ulema* (teologi e giuristi), depositari della tradizione islamica ottomana.

Ai nemici tradizionali, Austria e Venezia, si era aggiunta dalla fine del '600 anche la **Russia** con la sua politica espansiva verso sud. Alla fine del '700 l'Impero ottomano aveva perso la **Crimea** e gran parte delle coste settentrionali del **Mar Nero**, mentre era iniziata la conquista russa nelle regioni del Caucaso settentrionale. Rimanevano stabili invece i confini con l'Iran definiti nel 1638 con la cessione ai safavidi del Caucaso e dell'Azerbaigian.

L'Iran dei safavidi L'Impero ottomano è l'espressione più conosciuta della civiltà islamica per la sua vicinanza e contrapposizione con l'Europa cristiana nell'età moderna. Ma altri grandi imperi islamici si incontrano se muoviamo lo sguardo verso oriente.

Millet
I millet erano le comunità religiose riconosciute dall'amministrazione ottomana entro i confini dell'impero e dotate di un certo grado di autonomia. Furono istituiti affinché gli interessi dei capi religiosi delle comunità convergessero con quelli del governo centrale, e nacquero in primo luogo per organizzare chi non era di fede musulmana – greco-ortodossi, armeni, ebrei –, sebbene in seguito il diritto di organizzarsi in millet sia stato esteso anche ai musulmani. Ai capi religiosi veniva concesso un potere molto ampio e maggiore di quello che avrebbero avuto negli Stati cristiani. Ogni capo millet era responsabile del pagamento delle imposte da parte dei membri della comunità, ma i capi dei millet musulmani avevano un potere superiore a quello degli altri, perché condividevano la stessa religione del sultano e avevano un peso nelle scelte politiche centrali. Questo sistema, istituito nel '400, funzionò fino a metà del '800.

EVENTI

L'assedio di Vienna

Culmine dell'offensiva turca in Europa, l'assedio di Vienna del 1683 costituì un evento decisivo nella storia europea e nei rapporti di forza tra Occidente cristiano e Impero ottomano, inaugurando per quest'ultimo, nel momento stesso in cui raggiungeva il limite massimo della propria espansione, un declino irreversibile che lo avrebbe relegato progressivamente ai margini della scena europea. L'arrivo dei turchi sotto le mura della città capitale del Sacro romano impero fu un avvenimento clamoroso e drammatico, che suscitò enorme impressione anche per la sua valenza religiosa e simbolica: era l'apice della grande paura incarnata per secoli dai turchi, che dopo la sconfitta di Vienna si ritireranno a poco a poco dai territori conquistati.

L'esito dell'assedio ebbe ripercussioni durature sull'intero assetto europeo, con l'avvio di una controffensiva cristiana nei territori ungheresi che si sarebbe conclusa solo con la pace di Carlowitz del 1699, quando l'Impero ottomano fu costretto per la prima volta a cedere terreno, per essere poi incalzato negli anni a venire dagli austriaci sul fronte balcanico e dai russi su quello orientale. Quanto agli interessi della politica asburgica, se fino a quel momento erano stati monopolizzati dagli equilibri europei a occidente, dopo Vienna si sarebbero volti stabilmente all'area balcanica e ungherese.

L'**offensiva turca del 1683** in realtà partiva sotto i migliori auspici, con gli Asburgo impegnati a fronteggiare a occidente l'espansionismo della monarchia francese e a oriente una difficile situazione nell'area carpatica, dove la rivolta dei magiari (o ungheresi) guidati dal **conte Imre Thököly** aveva ottenuto l'appoggio degli ottomani. La portata destabilizzante di Thököly e il suo potenziale utilizzo in chiave antiasburgica vennero subito colti dal **gran visir Kara Mustafa**, l'uomo più importante dell'Impero turco dopo il sultano Mehmet IV; condottiero audace e politico ambizioso, fu lui il principale fautore della guerra contro l'Austria, nonché l'ideatore dell'assedio alla capitale. La sua politica aggressiva venne sottovalutata dagli austriaci, convinti di poter rinnovare il precedente trattato di pace con la Sublime Porta (l'Impero ottomano) e decisamente più preoccupati dai movimenti di Luigi XIV. Ma mentre gli emissari austriaci a Istanbul lavoravano per la pace, quelli francesi si adoperavano presso il sultano per accendere la guerra in Ungheria e mettere in difficoltà gli Asburgo. Rassicurati dalla benevolenza della Francia, i turchi alla fine ruppero la ventennale tregua con l'Austria. Era l'agosto del 1682.

La concentrazione delle forze ottomane iniziò da Edirne (Adrianopoli) per risalire i Balcani fino a Belgrado, da dove il 13 maggio 1683 partì la grande offensiva che nel giro di un mese avrebbe portato i turchi a varcare il confine con l'Ungheria **[👁 ATLANTE_12]**. Di fronte alla comune minaccia, l'Austria e la Polonia (che nel 1676 aveva già dovuto cedere agli ottomani la regione della Podolia e la fortezza di Kamenets) strinsero un'alleanza che si sarebbe rivelata decisiva.

L'esercito che risaliva ora il Danubio era uno dei più imponenti mai dispiegati dai turchi e raccoglieva **truppe provenienti dagli angoli più remoti dell'impero**: le stime oscillano, ma il numero era comunque impressionante per l'epoca, di molto superiore ai centomila uomini. Proprio queste dimensioni straordinarie, unitamente all'incertezza sui suoi movimenti, all'inizio riuscirono a confondere e sbaragliare la resistenza austriaca, ancora incredula e incerta. L'armata asburgica, notevolmente inferiore sul piano numerico, era guidata da Carlo V di Lorena, cognato dell'imperatore Leopoldo e uno dei suoi uomini d'arme più capaci, poco amato però nell'ambiente di corte: rivalità e contrasti compromisero l'efficacia delle operazioni militari nella fase iniziale dello scontro, quando si sarebbe dovuto fermare il nemico lontano da Vienna, e i turchi poterono puntare sulla capitale praticamente indisturbati.

Vienna allora era cinta da mura possenti che però offrivano alcuni punti vulnerabili, tutti noti a Kara Mustafa. Inoltre la recente espansione urbana a ridosso della cinta muraria esterna ne vanificava in parte la funzione, tanto che in vista dell'attacco si iniziarono a demolire gli edifici troppo vicini alle fortificazioni. Ma era già tardi. E mentre la popolazione delle campagne, terrorizzata dalle **scorrerie dei tartari** (che combattevano per gli ottomani), si riversava nelle città e nei borghi fortificati, a Vienna la nobiltà lasciava in fretta i suoi palazzi. Sull'onda del panico generato da voci che davano l'esercito austriaco sbaragliato e quello turco dilagante, lo stesso imperatore Leopoldo I si lasciò convincere ad abbandonare precipitosamente la capitale per rifugiarsi a Passau (a 300 chilometri circa da Vienna). Era il 7 luglio; una settimana dopo i turchi erano accampati davanti a Vienna.

ATLANTE 12_ LA CONVERGENZA DELLE TRUPPE OTTOMANE SU VIENNA (PRIMAVERA-ESTATE 1683)

Nevers Frans Geffels
Assedio di Vienna da parte dei turchi nel 1683
[Kunsthistorisches Museum, Vienna]

Il dipinto raffigura l'arrivo dell'esercito polacco (in primissimo piano a destra) presso il campo turco e lo scontro con la fanteria giannizzera, contraddistinta dalle insegne militari recanti la mezzaluna, simbolo dell'Impero ottomano. In secondo piano, il pittore ha rappresentato Vienna con le sue vie, le chiese e i palazzi e, ben visibile appena sotto le sue mura, il dedalo di cunicoli e trincee realizzato dai turchi per poter arrivare il più vicino possibile ad attaccare la città.

Il campo ottomano era un'immensa distesa, «tanto grande quanto l'intera città di Varsavia o di Leopoli dentro le mura» scriverà il re polacco Sobieski; ma la cosa più stupefacente sarebbe stata la **colossale opera di scavo e di ingegneria militare intrapresa dai turchi** all'indomani del loro arrivo, e che doveva consentire l'avvicinamento alle fortificazioni attraverso un **immenso dedalo di trincee, cunicoli e gallerie coperte**. Gli assedianti, infatti, non disponendo di un'artiglieria in grado di abbattere le mura, erano costretti a ricorrere alla **tecnica delle mine sotterranee**, che una volta piazzate alla base delle fortificazioni avrebbero dovuto provocarne il crollo.

Vienna, rimasta isolata, era difesa da una guarnigione che poteva contare su circa 20 mila uomini tra fanteria regolare, milizie cittadine e volontari; per due mesi avrebbero resistito ai colpi dell'artiglieria, agli assalti improvvisi e alle epidemie (la più grave, di dissenteria, si trasmise anche al campo ottomano), cercando di intercettare i movimenti sotterranei dei turchi con le loro mine.

Fuori dalla città intanto la diplomazia asburgica lavorava per formare una coalizione contro i turchi, da tempo caldeggiata dal pontefice Innocenzo XI: vi aderirono alcuni principi tedeschi e soprattutto la Polonia, vincolata dall'alleanza con l'Austria. **Il ruolo della Polonia nella liberazione di Vienna fu decisivo**: forte di una cavalleria che aveva fama di essere la più formidabile d'Europa, l'esercito polacco costituiva la parte più consistente delle forze cristiane ed era condotto dal **re Jan Sobieski**. A lui, assente l'imperatore, spettava il comando supremo degli eserciti in campo; ansioso di procurare al suo regno un posto di rilievo nel contesto europeo e di consolidare nello stesso tempo la propria posizione nei confronti dell'inquieta nobiltà polacca, Sobieski si sarebbe imposto come il principale artefice della vittoria [sulle sorti del Regno di Polonia nel '700, 👁 **1.5**_TABELLA**1**].

All'inizio di settembre Vienna era allo stremo. I turchi erano riusciti a far esplodere due mine e ad aprire una breccia, e ormai sembravano sul punto di sfondare, mentre l'esercito soccorritore si era avvicinato alla città a tappe forzate. Le truppe tedesche e quelle austro-polacche avevano seguito itinerari diversi per poi riunirsi alla vigilia della battaglia sul **Kahlenberg, l'altura a nord di Vienna**. Ai loro piedi si stendevano la città assediata e l'immenso campo ottomano, completamente sguarnito da quel lato: Kara Mustafa non aveva pensato a trincerarsi alle spalle, e questo errore gli fu fatale.

All'alba del 12 settembre i tedeschi presero ad avanzare con l'artiglieria pesante, mettendo subito in difficoltà la debole difesa turca, ma le sorti della battaglia furono decise solo a metà giornata con la travolgente carica della cavalleria polacca guidata da Sobieski, che annientò i residui focolai di resistenza. Sopraffatti, i turchi si diedero alla fuga abbandonando il campo al saccheggio, e con loro Kara Mustafa.

Sobieski entrò a Vienna da liberatore prima dello stesso Leopoldo, suscitando imbarazzo e malumore. Con una lettera che si apriva con le parole *Venimus, vidimus et Deus vicit* annunciò la vittoria al papa, e in segno di trionfo gli inviò quello che riteneva essere il vessillo del Profeta: si trattava in realtà di un comune stendardo ottomano, poiché la sacra insegna era stata portata con sé nella fuga da Kara Mustafa. Il visir pagò con la vita l'esito della sua campagna di guerra: fu strangolato dagli emissari del sultano a Belgrado, dove si era rifugiato, il 25 dicembre di quell'anno, e la sua testa recapitata a Mehmet IV.

Tra il 1501 e il 1722 l'Iran (Persia) fu governato dalla dinastia safavide che al momento della sua massima potenza, agli inizi del '600 sotto lo *shah* (il sovrano) *Abbās I il Grande*, controllava a nord l'Azerbaigian, parte del Caucaso e dell'Armenia, a sud l'Iraq e a est gran parte dell'Afghanistan. Ma già nel 1638 gli ottomani avevano riconquistato l'Iraq e siglato una pace che definiva i confini con l'Iran.

L'affermazione dell'impero safavide in Iran, al di là dello splendore dei suoi monumenti e della capitale Isfahan, coincide con il consolidamento dello **sciismo** (la componente minoritaria dell'islamismo) come religione ufficiale dello Stato. Il ruolo politico conquistato allora i capi religiosi **sciiti** lo mantennero in seguito, con alterne vicende, e lo riaffermarono con la rivoluzione khomeinista del 1979 e la successiva nascita della Repubblica islamica.

GUIDA ALLO STUDIO

❶ Descrivi i caratteri dell'economia nello Stato ottomano. ❷ Quali furono i nemici "storici" dello Stato ottomano tra '600 e '700? ❸ Quali conseguenze ebbe in Iran l'affermazione della dinastia safavide? ❹ Quali furono i fattori principali che contribuirono a mantenere unito il vasto Impero ottomano? ❺ Che cosa erano i *millet* e che funzione svolgevano all'interno dell'impero?

2 L'India tra islam e induismo

Anche l'India tra '600 e '700 fu dominata politicamente da una dinastia musulmana. La presenza islamica datava dal X secolo quando eserciti islamici erano penetrati da nord-ovest, insediandosi poi nel Nord dell'India dove nel XIII secolo si era costituito il sultanato di Delhi.

L'Impero moghul

Nel 1526 un esercito composto da tribù turco-mongole musulmane guidate da **Babur**, il Conquistatore, invase il subcontinente indiano, sconfisse il sultanato di Delhi, da lungo tempo indebolito, e diede vita all'Impero moghul destinato a durare fino al 1707. Dal Nord l'impero si estese via via fino a comprendere, intorno al 1700, un territorio che andava a nord da Kabul a Dacca nel Bengala e verso sud raggiungeva le ultime regioni dell'India meridionale.

La struttura politico-sociale e l'economia

La struttura politico-sociale dello Stato moghul era di tipo **feudale**, con estesi territori affidati a vassalli moghul o a principi locali sottomessi, una aristocrazia di origine militare, che derivava i suoi poteri dal sultano ma non poteva trasmetterli ereditariamente, e una base contadina molto povera. I moghul mantennero il precedente sistema di riscossione delle imposte ma erano soprattutto in grado, grazie alla presenza capillare dei loro soldati, di esercitare in ogni villaggio, unità base della tradizionale società induista, un efficiente **controllo amministrativo e di polizia**.

Mercanti e artigiani avevano un ruolo decisivo nell'economia del paese. I mercanti imprenditori finanziavano una **manifattura artigianale** molto sviluppata, nonostante tecniche di lavorazione arretrate e una grande dispersione produttiva. In particolare l'industria tessile era in grado di rispondere rapidamente alla crescita della domanda, grazie alla diffusione in tutto il territorio di centri artigianali e al lavoro di migliaia di

Sciiti / sunniti

Sciiti e sunniti sono i fedeli delle due principali componenti dottrinali dell'islam. I primi, minoritari tra i musulmani, sono la maggioranza soprattutto nell'attuale Iran. I secondi sono la componente islamica maggioritaria. Fin dalla nascita delle due correnti (VII secolo), secondo gli sciiti il compito di guidare la comunità islamica deve essere dei discendenti di Maometto; presso i sunniti invece prevale il principio elettivo per individuare la guida politica e spirituale. Il nome "sciiti" deriva dal termine *shia*, 'seguaci di Alì' (Alì era il cugino di Maometto e il suo primo successore); "sunniti" invece da *sunna*, la raccolta delle tradizioni sui comportamenti tenuti da Maometto. La massima autorità sciita è l'*imam* che è venuto incarnando il principio stesso della divinità, proprio a causa della posizione minoritaria dello sciismo e del conseguente ripiegamento su sé stessa della comunità sciita. Le guide religiose dei sunniti sono gli *ulema*, fra i quali non sussistono differenze gerarchiche, e gli *imam*, preposti ai rituali e alla preghiera.

tessitori che si spostavano da una città all'altra. Era un sistema di produzione disperso e disseminato in mille villaggi, molto diverso rispetto ai modelli europei, ma di grande efficienza. Del resto, fino alla rivoluzione tecnologica inglese che impresse una svolta alla produzione tessile in Europa, le **stoffe indiane** di seta, cotone, lino e seta mista a lino furono per qualità e quantità superiori a quelle prodotte in tutto il resto del mondo.

Islamismo e induismo

L'instaurazione di una **nuova dinastia musulmana** era destinata ad acuire i difficili problemi della convivenza tra la cultura islamica e quella indù. L'islamismo e l'induismo, infatti, oltre a essere rispettivamente l'una la religione dei nuovi signori e l'altra quella delle popolazioni dominate, erano espressione di **due visioni del mondo radicalmente** diverse e fra loro impermeabili. Incolmabile era la distanza che separava il monoteismo profetico islamico dalla antichissima frammentazione religiosa **induista**. Inoltre, il concetto islamico della conversione risultava incomprensibile agli indù, per i quali si era affiliati a una religione per nascita e non per scelta. D'altra parte i musulmani – tutti eguali al cospetto di Allah – non potevano accettare il **sistema delle caste** indù che stabiliva, una volta per sempre, l'intero destino personale e sociale degli individui che ne facevano parte. Diversissimi gli stili di vita, le tradizioni alimentari, le usanze matrimoniali e anche il modo di onorare i morti: i musulmani usavano seppellire i

Il Taj Mahal ad Agra (India)
Il Taj Mahal è uno degli esempi più celebri dell'architettura moghul, che coniuga simmetria e splendore decorativo e nella quale si rispecchia l'amore dei moghul per i giardini e le fontane. Il famoso edificio è un mausoleo fatto costruire da Shah Jahan (terzo nipote di Akbar, destinato a succedergli alla guida dell'impero) in omaggio alla moglie, morta di parto nel 1631.

Induismo
L'induismo non è una religione in senso stretto, ma piuttosto un sistema filosofico e un insieme di dottrine, pratiche rituali e religiose, e pratiche sociali. I fondamenti dell'induismo derivano da costumi e credi precedenti, probabilmente risalenti al II millennio a.C. Testi sacri che rivelano le radici della dottrina sono gli antichi *Veda*. La triade fondamentale del pantheon induista è composta da Brahma, principio regolatore dell'universo, Visnu, colui che preserva, Shiva, colui che distrugge o trasforma. Convinzione degli induisti è che gli esseri viventi attraversino un ciclo di vite, morti e rinascite per raggiungere, infine, il Braham, il sé universale. L'organizzazione sociale induista si fonda sul sistema delle caste, un ordinamento gerarchico centrato sulla opposizione religiosa puro/impuro. Rispettare il sistema delle caste significa per gli induisti rispettare l'ordinamento cosmico e adempiere ai doveri della casta cui si appartiene assicura una rinascita migliore.

Sistema delle caste
La società tradizionale indiana è suddivisa in innumerevoli caste raggruppate in quattro categorie gerarchicamente ordinate: al vertice i sacerdoti (*brahmani*), seguiti da guerrieri e nobili (*ksatriya*), commercianti e contadini (*vais´ya*), plebei, artigiani e servi (*s`u_dra*). Al di fuori di queste categorie restano gli strati più poveri della popolazione, i paria (o "intoccabili"), adibiti ai lavori più umili. Questa separazione è legata all'idea che venga contaminato chi entri in contatto, anche indiretto, con gli appartenenti alle caste inferiori, ritenuti appunto «impuri» a causa delle usanze alimentari e dei mestieri esercitati.

propri defunti, gli indù li cremavano. Queste differenze vennero a loro volta aggravate dagli stessi imperatori moghul, che contribuirono con la loro **politica intollerante** a fomentare le discordie e l'odio religioso.

Da Akbar a Aurangzeb

I difficili rapporti tra le due culture furono parzialmente sanati durante il regno di **Akbar** (1556-1605), uno dei più grandi imperatori moghul. Akbar riuscì a coinvolgere l'aristocrazia indù nell'amministrazione e nella vita politica, limitandone così le tendenze autonomistiche e consolidando il potere centrale. Una serie di riforme – tra cui l'eliminazione della tassa imposta ai sudditi non musulmani – attenuò notevolmente la discriminazione nei confronti degli indù. Questa politica non fu rispettata dal più importante successore Akbar: con **Aurangzeb** (1658-1707) infatti, nonostante l'impero avesse raggiunto la sua massima estensione [ATLANTE_13], fu avviata una politica di fanatismo religioso islamico volto a guastare gli equilibri tra le due comunità e a suscitare la mobilitazione dei sultanati indù (i maratti) che, uno dopo l'altro, approfittando del graduale indebolimento del potere centrale, si dichiararono autonomi contribuendo alla disgregazione dell'impero. Dopo qualche decennio (nel 1765) l'ultimo esponente del quasi dissolto Impero moghul cedette il diritto dell'esazione fiscale alla **East India Company**, la compagnia commerciale inglese da tempo presente nel Bengala dove stava costruendo un proprio impero commerciale e territoriale. Si era ormai aperta una nuova pagina della storia dell'India, quella della **colonizzazione britannica** destinata a durare fino al 1947.

GUIDA ALLO STUDIO

❶ Chi era Babur e quale parte dell'India conquistò? ❷ Descrivi la struttura socio-economica dello Stato moghul. ❸ Quali furono i contrasti tra la cultura islamica e quella induista? ❹ Quale fu la causa della disgregazione dell'Impero moghul?

ATLANTE 13_L'ASIA ALLA FINE DEL XVIII SECOLO

3 La Cina dai Ming ai Qing

Dai Ming ai Qing Quando, nel 1583, il missionario gesuita Matteo Ricci, protagonista del tentativo di incontro tra Oriente e Occidente e dell'evangelizzazione cinese, giunse in Cina, sul trono imperiale sedeva un imperatore della dinastia Ming. I **Ming** erano al potere dal 1368, ma nei primi decenni del '600 la dinastia era ormai in declino per la corruzione dei vertici e per l'incapacità di reprimere le rivolte contadine.

Questa situazione favorì l'invasione di nomadi provenienti dalla Manciuria, e l'ascesa della dinastia mancese dei Qing che tennero il potere in Cina fino al crollo dell'impero nel 1912. Per quanto invasori di origine straniera, i Qing si integrarono rapidamente nella cultura cinese accettando le sue forme di governo.

La burocrazia cinese Il gigantesco **apparato burocratico**, che da secoli era la base dell'amministrazione cinese, venne conservato intatto e così pure il sistema di reclutamento degli alti funzionari – i **mandarini** (burocrati-letterati) –, fondato sugli esami di Stato: gli aspiranti funzionari dovevano superare due prove a livello provinciale, guadagnando un diploma, per sostenere un esame finale nella capitale. Si trattava di un sistema antichissimo fondato sul **confucianesimo** (Confucio, V secolo a.C.), un complesso di norme etiche e filosofiche il cui obiettivo politico e sociale era il mantenimento dell'ordine gerarchico, regolato da un insieme di relazioni paternalistiche: chiunque fosse educato sui princìpi del confucianesimo e avesse denaro a sufficienza poteva aspirare a entrare nell'apparato burocratico e ricambiare con favori, non sempre legali, il gruppo familiare che l'aveva sostenuto. La burocrazia era quindi **espressione degli interessi dei proprietari terrieri** e dei ceti più ricchi: ma i mandarini erano anche difensori delle tradizioni culturali e ostili alle attività mercantili.

L'imperatore Kangxi La dinastia Qing visse il suo apogeo durante il lungo regno di Kangxi (1662-1722). L'imperatore riuscì a **unificare sotto il suo potere tutte le province** della Cina, che allora raggiunse un'estensione di 12 milioni di chilometri quadrati, e definì con un trattato i confini con l'Impero russo lungo il fiume Amur. Kangxi accolse l'ideologia confuciana e stabilì un rapporto equilibrato con la burocrazia mandarina. Anche nei confronti del cattolicesimo ebbe un atteggiamento conciliante e di apertura. Del resto, fin dal '500 i gesuiti erano presenti a corte, dove veniva molto apprezzata la loro cultura scientifica.

I gesuiti in Cina Nella loro evangelizzazione i gesuiti procedevano con prudenza nei confronti delle credenze originarie dei nuovi fedeli: tolleravano che molti nuovi cristiani continuassero a venerare Confucio, l'imperatore e gli antenati in genere, accettavano la **"sinizzazione"** (da *Sina*, 'Cina' in latino) di alcuni aspetti del cattolicesimo (calendario, festività), rinunciando anche agli abiti di foggia occidentale per uniformarsi a quelli della corte. Queste aperture non piacquero a Roma dove prevalse il punto di vista dei francescani e dei domenicani che ritenevano necessario il rifiuto da parte dei neoconvertiti di ogni precedente credenza e rituale. Così, agli inizi del '700, le buone relazioni tra l'imperatore e i missionari si incrinarono e la decisione della Chiesa romana, contraria ai "riti cinesi", venne interpretata da Kangxi come un'indebita ingerenza negli affari interni della Cina: fu revocata ogni concessione ai religiosi cattolici, compromettendo così l'avvenire della Chiesa cinese, che contava già 200 mila fedeli.

Lo sviluppo dell'economia e l'importanza delle esportazioni La Cina del '700 conobbe un periodo di sviluppo economico sia nel settore agricolo sia in quello commerciale e manifatturiero. Segno inequivocabile di questo sviluppo e di un relativo nuovo

ONLINE

DOC
Matteo Ricci
I gesuiti in Cina

Parola chiave
Confucianesimo

Mandarino
Il termine deriva dal sanscrito *mantrin*, 'consigliere', e in Europa si diffonde nella variante portoghese *mandarim*. Gli europei chiamavano così i funzionari civili e militari dell'Impero cinese. La lingua mandarina era il principale dialetto della Cina usato durante l'impero come lingua burocratica e letteraria dai mandarini e dalla corte.

Confucianesimo
Più che religione in senso stretto, con una propria concezione dell'aldilà e del rapporto con l'ultraterreno, il confucianesimo si presenta come una filosofia di vita, un modello di regole di comportamento da seguire nel corso dell'esistenza terrena. Il pensiero di Confucio ribadiva l'importanza della gerarchia sociale e del suo rispetto come fondamento irrinunciabile di una società ordinata. Ognuno doveva quindi mantenere la posizione che gli competeva e attenersi ai doveri che gli imponevano la propria qualifica e il rango. Il confucianesimo ha influenzato per secoli l'apparato burocratico dell'Impero cinese. I mandarini s'ispirarono costantemente agli insegnamenti di Confucio, che era stato un modesto funzionario governativo vissuto molto prima in Cina, nel V secolo a.C.

Storiografia
J. Osterhammel
L'industria della seta

ONLINE

benessere fu il notevole **sviluppo demografico**: la popolazione passò da 143 milioni nel 1741 a 313 nel 1794, un aumento dovuto per gran parte al miglioramento delle tecniche agricole e di allevamento. L'ulteriore perfezionamento delle **tecniche di irrigazione** (da tempo largamente diffuse in Cina) e della **selezione delle qualità di riso** consentì di ottenere dallo stesso terreno due o tre raccolti in un anno. Anche la lavorazione della **seta** (filatura e tessitura) ebbe un forte incremento sia nella forma dell'industria rurale domestica sia in quella delle manifatture statali che alimentavano la forte domanda proveniente dalla corte.

PERSONAGGI

Matteo Ricci

Il Millennium Center di Pechino ospita la galleria di ritratti delle personalità più rilevanti della millenaria storia cinese. Solo due stranieri sono rappresentati, entrambi italiani: Marco Polo e Matteo Ricci. Se le gesta del mercante veneziano sono ben note, le vicende che portarono un missionario gesuita marchigiano a conquistare la fama in Cina sfuggono ai più. Eppure, le avventure di Matteo Ricci in Oriente hanno segnato la storia dei rapporti con l'Occidente.

Quando Matteo nacque a Macerata, nell'ottobre del 1552, era destinato a tutt'altra vita. Il padre, Giovanni Battista, era uno speziale discendente da una famiglia patrizia rispettata in città. Aveva ambizioni per i suoi nove figli: sperava che in una o due generazioni facendosi strada in politica la famiglia potesse essere elevata al rango nobiliare. Inviò Matteo a studiare nel collegio dei gesuiti appena fondato a Macerata e lo immaginava avvocato in carriera verso le cariche più ambite del governo dello Stato pontificio. Ecco perché nel 1568 Matteo si trasferì a Roma e cominciò a studiare giurisprudenza alla Sapienza. Dati i legami con gli ambienti dei gesuiti in cui si era formato da giovanissimo, entrò nella Compagnia di Gesù come novizio. Il padre andò su tutte le furie e decise di dissuadere il figlio recandosi personalmente a Roma. A metà strada tra Macerata e la capitale, però, interpretò un violento attacco di febbre come il segno che era la volontà di Dio a volere suo figlio sacerdote e si rassegnò.

Quando Ricci entra nella **Compagnia di Gesù**, il responsabile dei novizi è Alessandro Valignano, figura carismatica, ben presto nominato responsabile delle missioni nelle Indie orientali – e in questa posizione divenne uno dei suoi principali sostenitori. In questi anni di formazione, Ricci si fece notare dai suoi superiori e nel 1577 fu scelto dal Generale dell'ordine per entrare a far parte della missione gesuita in India. Ricci aveva 24 anni quando prese la via del mare per cominciare il suo percorso da missionario: non vedeva la sua famiglia da nove anni e non l'avrebbe più rivista, così come non avrebbe più rivisto l'Europa. Dopo un periodo di preparazione a Coimbra, in Portogallo, la notte del 23 marzo 1578 insieme a quattordici giovani gesuiti si imbarcò dal porto di Lisbona. Sarebbe arrivato a Goa soltanto il 13 settembre, dopo un viaggio faticosissimo. In India venne ordinato sacerdote e cominciò a insegnare nel collegio gesuita locale aspettando un incarico di maggior rilievo. Che andasse maturando posizioni sempre più audaci per l'epoca si evince dalla sua opposizione alla decisione dei superiori portoghesi di escludere gli studenti indigeni dallo studio della filosofia e della teologia. In molte lettere Ricci lamenta la discriminazione subita dai nativi, ma soprattutto il pericolo che questa severa misura potesse minare il buon rapporto instaurato tra i missionari e le popolazioni locali. Del resto, **Ricci era addirittura favorevole all'ammissione degli indiani nella Compagnia di Gesù**, una posizione minoritaria nell'ordine, ma che la dice lunga sugli ampi orizzonti immaginati da questo giovane gesuita di Macerata.

Nel 1582 venne finalmente inviato sul campo, invitato a raggiungere altri confratelli a Macao, colonia portoghese da cui organizzare l'ingresso in Cina. Dopo aver faticosamente cominciato a imparare il cinese, e dopo vari tentativi a vuoto di ottenere l'autorizzazione per stabilire la propria **residenza in Cina**, nel settembre 1583 Ricci, Michele Ruggieri (1542-1607), un gesuita già da qualche anno sul campo, un interprete cinese e i loro servitori arrivano finalmente a Zhaoqing. I cinque anni passati qui non furono facili, ma Ricci e Ruggieri potevano contare sull'appoggio di un funzionario buddista a loro favorevole. Rasati e con addosso gli abiti tipici dei monaci, infatti, si presentavano come religiosi provenienti dall'India, servitori del «Signore del Cielo» – perché dall'India erano arrivate in Cina le dottrine religiose derivate dall'insegnamento del Buddha [👁 I GRANDI TEMI **2_DOC2**]. Il funzionario, Wang Pan, ricorse ai gesuiti inizialmente sperando di ottenere da loro la grazia di un erede maschio, inutilmente cercato per trent'anni con sua moglie e due concubine. Quando entro un anno dall'arrivo dei gesuiti l'erede arrivò, la fama del **dio degli stranieri** si diffuse e molti iniziarono a venerare l'icona della Madonna col Bambino della cappella gesuita, probabilmente sovrapponendola alla divinità femminile della fertilità *Guanyin*. È un piccolo episodio, ma dice molto del modo in cui Ricci riuscì a farsi strada in Cina. Questi anni gli servirono intanto per porre le fondamenta della sua fortuna di erudito: l'edizione cinese di un mappamondo europeo molto avanzato suscitò interesse, ammirazione e incredulità tra molti cinesi e venne distribuito **il primo catechismo cattolico in cinese** scritto da Ruggieri, elemento fondamentale per l'evangelizzazione. Molti mandarini di passaggio venivano a curiosare nel centro fondato da Ricci, che ampliò così la sua rete di conoscenze tra le élite. Nonostante gli sforzi di Ricci e dei suoi per affermare l'unicità del proprio dio, gli osservatori cinesi continuarono a considerarli parte di una nuova scuola del buddismo. E non a caso i primi a convertirsi furono dei ferventi buddisti.

Nelle lettere di questo periodo Ricci appariva infelice, però. Le condizioni di vita erano molto dure e la lontananza da Roma si faceva sentire con frequenti attacchi di malinconia. Restava comunque obbediente ai superiori che l'avevano voluto lì e convinto della grandezza dell'impresa assegnata.

Nel 1589 Ricci si spostò a Chaouzhou. Superate le prime ostilità, la comunità qui fondata crebbe, anche grazie al cambio di strategia adottato ora da Ricci, che smise di presentarsi come un monaco. I cinesi cominciarono a riferirsi a lui come a un ***yiren***, un **'uomo straordinario'**, sorta di

Nel 1685 fu istituita a Canton una **dogana marittima** e nel 1760 alcune corporazioni di mercanti furono autorizzate a trattare con gli europei. Gli scambi tra la Cina e i paesi europei o le loro colonie erano intensi ma quasi a esclusivo vantaggio del grande impero, che esportava in Occidente **tè**, **sete**, **porcellane**, **carta** e **medicinali.** Si calcola che almeno un terzo di tutto l'argento prodotto in America finisse in mani cinesi potenziando lo sviluppo economico e il vivace mercato interno. La Cina, infatti, era **un paese sostanzialmente autosufficiente** sia per le materie prime sia per i prodotti finiti e le importazioni dall'Europa erano scoraggiate anche con numerosi regolamenti re-

maestro di arti esoteriche più vicino ai letterati confuciani o ai sacerdoti taoisti che ai bonzi buddisti. Aveva una lunga barba e si muoveva su una portantina portata dai suoi servitori. **Smettere i panni del monaco** voleva dire anche ammettere che nella società cinese i religiosi non avevano la stessa influenza sociale dei preti in Occidente. **Per ottenere credito presso le élite qui bisognava presentarsi come letterati, sapienti, moralisti**. Anche per questo, partendo dallo studio dei classici confuciani, elaborò un nuovo testo di propaganda molto diverso da un classico catechismo, *Il vero significato del Signore del Cielo* (1603). Non tutti i cinesi capirono di avere a che fare con una nuova religione. Del resto, Ricci consigliava ai suoi di non procedere a conversioni di massa: «piuttosto boni cristiani che molta turba», diceva. Bisognava catturare l'interesse dei mandarini e dei letterati e arrivare sempre più vicino al centro del potere, a Pechino. Quando nel 1595 si trasferì a Nanchang, Ricci sentiva già il profumo del successo. In una lettera mette in fila le ragioni della curiosità che suscitava negli ambienti imperiali:

1) l'ottima conoscenza del cinese;
2) la sua memoria straordinaria che gli permetteva di fare lunghe citazioni dai classici del confucianesimo;
3) le sue virtù di matematico;
4) gli oggetti curiosi che aveva con sé (orologi, prismi in vetro veneziano, pitture religiose, libri occidentali);
5) la fama di alchimista;
6) la dottrina cristiana che insegnava.

Ma per sua stessa ammissione quelli che venivano a cercarlo per quest'ultima erano i meno numerosi. A queste date, comunque, Ricci era ormai ben inserito negli ambienti della buona società ming e poté finalmente raggiungere le due capitali, Nanchino e Pechino (1598-99). Stabile alla corte dell'imperatore dal 1601, Ricci ottenne il permesso di fondare una comunità che contava i primi convertiti e che si è mantenuta in attività fino a oggi.

Matteo Ricci, il primo sinologo dell'Occidente, morì a Pechino nel 1610, a 58 anni. Perfino il funerale fu un segno del suo successo: l'imperatore concesse ai gesuiti di seppellirlo fuori dalle mura di Pechino, in un terreno confiscato a un'alta personalità buddista. Fu il primo straniero a guadagnarsi quest'onore.

Emmanuele Yu Wen-Hui (detto Pereira)
Ritratto di Matteo Ricci
1610
[Chiesa del Gesù, Roma]

PERSONAGGI

❶ Come avveniva in Cina il reclutamento dei funzionari statali? ❷ Quali furono le cause della crescita demografica nel '700? ❸ Quali religioni si professavano in Cina agli inizi del '700? ❹ Cosa scambiavano mercanti cinesi ed europei?

GUIDA ALLO STUDIO

strittivi. In presenza di un debole interscambio globale, la Cina rimase fino agli inizi del '700 **il maggior paese esportatore** in un sistema di commercio internazionale avviato verso una prima globalizzazione, ovvero verso una prima integrazione economica mondiale. Anche se le merci cinesi viaggiavano ormai quasi esclusivamente su navi europee.

4 Il Giappone dei Tokugawa: centralizzazione e isolazionismo

Un paese feudale

Il Giappone era un paese feudale. La struttura del potere era organizzata su tre livelli. Il vertice era occupato dall'imperatore, *mikado*, una figura semisacrale dal forte peso simbolico e religioso ma dagli scarsi poteri. Il governo effettivo era tenuto, al secondo livello, dallo *shogun*, una sorta di primo ministro e comandante militare, carica divenuta da tempo ereditaria. Il terzo livello era tenuto dai signori feudali, *daimyo*, che controllavano le singole province in cui esercitavano un potere tendenzialmente assoluto. Al servizio dei *daimyo* e dello *shogun* un ruolo decisivo aveva la casta militare dei **samurai**, guerrieri legati da vincoli d'onore ai loro signori.

L'ascesa dei Tokugawa

Il modello che abbiamo descritto si applica soprattutto al periodo che va dall'inizio del '600 alla metà dell'800. Prima di allora e per oltre un secolo il Giappone fu attraversato da guerre con-

François Boucher
La toilette
1742
[Museo Thyssen-Bornemisza, Madrid]
Nel '700 l'Europa subì il fascino dell'antica civiltà cinese. Gli scambi con l'Oriente favorirono la diffusione di una vera e propria tendenza, che assunse manifestazioni diverse e influenzò il gusto dei ceti superiori nell'abbigliamento, nell'acconciatura, nell'arredamento. Ben presto le corti del Vecchio Continente si riempirono di oggetti provenienti dalla Cina, o più spesso di imitazioni, le cosiddette "cineserie". Divenne di gran moda bere il tè in tazze di vera porcellana cinese, ordinare in Cina dipinti con soggetti occidentali, vestire con abiti di foggia cinese e non vi fu giardino veramente raffinato che non avesse il proprio "padiglione cinese". Il dipinto del francese Boucher testimonia questo gusto: dietro il tavolo da toilette, nell'angolo di una camera da letto, si scorge un paravento a più ante rivestito di carta cinese dipinta.

tinue tra i diversi clan familiari e tra i *daimyo* più potenti; la conflittualità si accentuò nella seconda metà del '500 quando, con l'introduzione delle **armi da fuoco** – importate dai portoghesi e subito imitate dagli artigiani locali **[👁 5.1]** –, cambiò la tecnica delle battaglie, non più combattute da soldati armati di lunghe picche.

Negli ultimi decenni del '500 emerse la figura di Toyotomi Hideyoshi (1537-1598), un potente signore feudale (in origine un samurai di provenienza contadina) che riuscì a porre fine alle guerre e a riunificare il Giappone cercando poi, senza successo, di invadere la Cina passando dalla Corea. Il clan Toyotomi venne però sconfitto nel 1600 da **Tokugawa Ieyasu** (1542-1616) che, nominato *shogun* nel 1603, impose il proprio clan, destinato a tenere lo shogunato fino alla restaurazione del potere diretto dell'imperatore nel 1868.

Con i Tokugawa fu garantita una **pace duratura** e vennero rafforzati i poteri centrali grazie a un'amministrazione efficiente e a un sistema fiscale fondato, tra l'altro, su un catasto generale delle proprietà.

L'isolazionismo durante lo shogunato tokugawa

La pace era assicurata non solo dal controllo diretto dello *shogun* sui *daimyo* più potenti (obbligati a risiedere nella capitale per lunghi periodi ogni anno), ma anche dalla decisione di chiudere il Giappone in un isolamento totale per **evitare ogni minaccia**, anche culturale o religiosa, proveniente dal mondo esterno.

Questo isolamento durò **dal 1639 al 1853**. La chiusura valeva anche per il cattolicesimo giunto in Giappone alla metà del '500 con missionari prima gesuiti e poi francescani: inizialmente accolto con favore, venne in seguito perseguitato e bandito perché sospettato di promuovere la penetrazione commerciale europea. Fecero eccezione a questo atteggiamento isolazionista solo i rapporti con la **Cina**, che continuò a essere ritenuta l'origine di ogni civiltà. Un'altra parziale eccezione riguardava gli **olandesi**, i soli europei a cui fu concesso di proseguire l'attività commerciale, limitata a poche navi l'anno, e confinata nell'isoletta artificiale di Dejima, posta nella baia di Nagasaki.

La gerarchia sociale e l'economia

Il centralismo feudale dei Tokugawa comportò un ridimensionamento della casta dei samurai, sempre più posti alla dipendenza dei signori e trasformati in burocrati o alti funzionari. Ma molti finirono per impoverirsi e regredire nella scala sociale diventando contadini, artigiani, mercanti o anche banditi.

L'accentramento conviveva con una relativa autonomia amministrativa delle province: il diretto controllo del potere centrale, che con il tempo divenne sempre più blando, era comunque accettato dai *daimyo* in base al **principio di lealtà** (*chu*) proprio del confucianesimo. La dottrina di Confucio era penetrata nell'isola secoli prima influenzando molto il pensiero e la società giapponese: il principio confuciano di lealtà regolava tutti i rapporti nella società gerarchica giapponese, e infatti la lealtà dovuta al proprio signore veniva prima di ogni considerazione individuale ed era ritenuta la più alta virtù dell'individuo.

Samurai

Nell'antico Giappone, fino intorno all'anno Mille, il termine "samurai" (dal giapponese *samuran* o *saluran*, 'essere al servizio di') indicava le guardie del palazzo dell'imperatore. Successivamente, in epoca feudale, cominciò a designare genericamente chi esercitava il mestiere delle armi: allora i samurai non costituivano milizie mercenarie, ma erano vassalli dei *daimyo*. Poiché le lunghe guerre medievali contribuirono ad accrescere l'importanza e il prestigio dei soldati, i samurai divennero presto una vera e propria casta privilegiata che, sotto l'influsso della filosofia cinese e del buddismo, elaborò un proprio sistema di ideali, norme e princìpi morali. Durante il periodo feudale i samurai vivevano nei castelli dei propri signori, dai quali ricevevano viveri per sé e per le famiglie. Aboliti i feudi nel 1869, i samurai vennero incorporati nella nobiltà del nuovo Giappone.

Il Giappone espresse in questo periodo una **notevole vitalità economica**. Tipico del periodo Tokugawa, per esempio, fu lo **sviluppo delle città**, dovuto sia all'affermazione di grandi centri commerciali, soprattutto sulla costa come Osaka e Nagasaki, sia alla crescita della nuova capitale **Edo** (la futura Tokyo), favorita anche dalla costruzione di circa 600 residenze destinate ai *daimyo* che dovevano trasferirsi presso lo *shogun*. Il continuo movimento di persone e di merci determinò un notevole miglioramento della **rete stradale** tra la capitale, le province e la città commerciale di Osaka, dove le eccedenze di riso venivano commercializzate.

La "rivoluzione industriosa" in Giappone

Come in Cina e come anche nelle regioni più sviluppate dell'Europa occidentale [👁 2.6], il Giappone conobbe nel '700 un **incremento demografico** legato all'**aumento della produzione agricola** e alla diffusione dell'industria rurale domestica, sostenuta da una forte etica del lavoro. Grazie alla introduzione dei criteri di selezione del seme e delle tecniche di irrigazione cinesi, crebbe la produttività del riso. Inoltre la **diffusione della tessitura a domicilio** della seta e del cotone, destinati ad essere commercializzati, determinava un surplus nelle entrate dei nuclei familiari e un corrispondente aumento dei consumi di beni durevoli e/o di oggetti di lusso. Questo circuito virtuoso e le competenze che generava avrebbero contribuito al successivo, seppure tardivo, sviluppo industriale del paese.

GUIDA ALLO STUDIO

❶ Chi era il samurai? ❷ Quali furono i rapporti del Giappone con gli altri paesi fra '600 e '800? ❸ Quali fattori contribuirono, nel corso del '700, all'incremento demografico? ❹ Quali conseguenze ebbe in Giappone la penetrazione della dottrina di Confucio?

Kunisada
I principali attori dell'opera kabuki "Kanadehon Chūshingura" di Toyokuni Utagawa III
[nella produzione del marzo 1849 al teatro Nakamura-za di Edo]

L'elevata urbanizzazione giapponese diede luogo alla formazione di una specifica cultura urbana, della quale furono protagonisti in particolare i mercanti. Estremamente attivi dal punto di vista imprenditoriale, erano condannati dall'ideologia confuciana che li considerava, a differenza dei cittadini e degli aristocratici, una classe non direttamente produttiva. Nonostante i considerevoli capitali che molti di loro riuscirono ad accumulare, i mercanti non ebbero durante il periodo tokugawa alcun peso politico. Le frustrazioni connesse a tale situazione, cui si aggiungevano numerose leggi restrittive che vietavano loro le vesti di seta e altri simboli di ricchezza, spinsero i mercanti a dare vita a una cultura loro propria, una sorta di seconda società, nella quale poter esprimere l'amore per il lusso e per i piaceri, e che tra la fine del '600 e per tutto il '700 ebbe le sue più compiute espressioni nel teatro *kabuki* – teatro popolare, con canoni e regole molto diversi dal teatro aristocratico *nô* – e nell'arte delle xilografie – copie a stampa di un'incisione sul legno.

5 Regni e imperi dell'Africa

A sud dell'Africa mediterranea dominata dall'Impero ottomano e oltre il Marocco e la Mauritania, dove si era installata dall'XI secolo la dinastia islamica degli Almoravidi, il continente africano, tra i due oceani, Atlantico e Indiano, e a sud del Sahara appariva, tra '600 e '700, tagliato fuori dalle correnti di sviluppo delle grandi civiltà. E per gran parte lo era.

La moschea di Djenné nel Mali
Djenné è la più antica città carovaniera del Mali. Abitata fin dalla metà del III secolo a.C., conserva ancora oggi numerosissime abitazioni risalenti ai secoli precedenti l'anno Mille. L'edificio più interessante della città è sicuramente la moschea, uno dei migliori esempi di architettura sahariana, che, con il tipico verticalismo, domina la piazza del mercato. Costruita come gli altri edifici su un rilievo che la protegge dalle inondazioni stagionali del vicino fiume Niger, la moschea di Djenné mostra in evidenza le impalcature, lasciate sempre in opera per poter riparare in tempi brevissimi gli eventuali danni causati dalle piogge torrenziali.

L'islam in Africa Ma va ricordato anche che l'Africa era inserita da millenni nelle correnti di scambio con l'Europa e con l'Asia inizialmente fornendo l'oro agli altri continenti, alimentando poi una costante tratta di schiavi. Mediatori di questi flussi commerciali erano stati dall'Alto Medioevo gli arabi musulmani. In alcuni dei regni africani che si erano formati tra il 400 d.C. e il 1300, prevalentemente nella zona sub-sahariana lungo il corso del Niger e fino al golfo di Guinea, intorno all'XI secolo, ma con tempi molto variabili, si era diffuso l'islam che, oltre alla religione, aveva portato la **scrittura**. Per quasi tutti i regni e per i periodi anteriori all'islamizzazione, l'assenza di fonti scritte costituisce la maggiore difficoltà per datare con certezza lo sviluppo cronologico di queste organizzazioni "statali". Numerose sono invece le testimonianze artistiche (significative soprattutto per il Regno del Benin), architettoniche, come nella grande città carovaniera di **Timbuctù** nell'Impero del Mali, e quelle archeologiche.

I regni africani e l'organizzazione del potere Ad esse si aggiungono le descrizioni dei portoghesi, i primi a entrare in contatto con la parte costiera di questi regni a partire dalla fine del XV secolo, in una fase in cui queste realtà erano **in forte declino o in via di dissolvimento**, frammentate e divise da continui scontri tribali. Al tempo dell'arrivo e dello stanziamento degli europei lungo le coste dell'Africa centrale e meridionale vanno ricordati l'Impero Ashanti (nei territori dell'odierno Ghana), il Regno del Benin (o Dahomey) nel golfo di Guinea e poco più a sud il Regno del Congo, mentre a est si trovava il Monomotapa (o Zimbabwe), tra i fiumi Zambesi e Limpopo, poi entrato per la sua parte orientale nei possessi portoghesi del Mozambico.

Questi Stati non corrispondevano evidentemente al modello europeo dello Stato. Accanto a **organizzazioni politiche complesse**, estese su vasti territori e dotate di una propria burocrazia e di un proprio esercito, convivevano varie **città-Stato** e sistemi politici limitati a piccole comunità: qui erano fondamentali le relazioni tra i **clan** e il potere era detenuto dalla famiglia che godeva di maggior prestigio rispetto alle altre. In molti casi si trattava di vere e proprie organizzazioni "anarchiche", ossia strutture politiche non gerarchizzate, dove non erano presenti capi e "forze di sicurezza" e l'unico vincolo sociale era rappresentato da norme di tipo consuetudinario e religioso. Del resto accanto all'islam erano presenti e talora convivevano credenze e culti politeisti tradizionali.

Unico Stato cristiano in Africa, **l'Etiopia** si era formata come evoluzione e ampliamento dell'antico Regno di Axum, nato nel IV secolo d.C., spostandosi sempre più all'interno per resistere ai tentativi di conquista da parte dei musulmani: riuscì a rimanere indipendente fino al '900 sconfiggendo l'Italia ad Adua nel 1896, ma soccombendo poi all'attacco fascista nel 1936.

L'economia africana Prima della conquista europea, l'Africa era un continente scarsamente abitato, con immensi spazi vuoti e un suolo generalmente poco produttivo a causa delle difficoltà del clima e dell'arretratezza delle tecniche agricole. Molti territori erano abitati da **nomadi** e **allevatori** o da tribù di **cacciatori-raccoglitori** che non coltivavano la terra. Soltanto nella regione mediterranea e in alcune zone dell'Africa orientale e occidentale, quelle dominate dai musulmani, era praticata un'**agricoltura** intensiva con l'aratro. Altrove, in particolare nell'Africa centrale, i contadini ignoravano il sistema dell'alternanza delle colture e raramente praticavano la concimazione: quando un terreno diventava sterile si spostavano con le famiglie in un altro luogo: una scelta favorita anche dall'immensa disponibilità di spazi e dallo scarso valore assegnato alla pro-

Saliera in avorio proveniente dal Benin (Nigeria)
[Museum of Mankind, Londra]
Questa saliera fabbricata nel Benin, una delle terre dell'Africa occidentale più accessibili agli europei, raffigura un soldato portoghese munito di spada, croce ed elmo, ed è sormontata da una riproduzione del particolare tipo di imbarcazione con cui essi costeggiavano l'Africa. La raffinatezza della lavorazione dimostra l'alto livello artistico raggiunto da alcune popolazioni nell'Africa atlantica.

prietà della terra. A differenza dell'Europa, della Cina e delle altre civiltà più sviluppate, in Africa agricoltura e allevamento non erano generalmente attività complementari.

L'oro e gli schiavi Ma l'Africa aveva l'oro e le innumerevoli guerre intestine producevano un surplus di schiavi tra le popolazioni dei vinti. L'oro e gli schiavi, ma anche l'avorio, alimentavano lunghe **vie commerciali** che attraversavano il continente verso il Mediterraneo, il Mar Rosso e le coste dell'Oceano Indiano: di lì si diffondevano verso l'Arabia, il Medio Oriente e l'Asia centrale. Se dunque la costa orientale dell'Africa era già da secoli inserita in un antichissimo sistema di scambi, solo con i primi insediamenti europei, portoghesi in primo luogo, anche le coste occidentali diventarono protagoniste del commercio internazionale **[👁 5.2]**.

GUIDA ALLO STUDIO

❶ Quali modelli politici sono esistiti in Africa fra '500 e '800? ❷ Come funzionavano agricoltura e allevamento in Africa in età moderna? ❸ Per quale motivo è difficile datare lo sviluppo cronologico delle organizzazioni statali africane prima dell'avvento dell'islam? ❹ In che cosa si differenziava l'Etiopia rispetto agli altri Stati africani? Fino a che anno rimase indipendente?

ATLANTE 14_L'AFRICA NEL XVI-XVII SECOLO

La carta illustra le principali formazioni politiche, regni e imperi dell'Africa tra XVI e XVII secolo. La costituzione di questi Stati avviene in un arco di tempo molto lungo, plurisecolare, ma non è sempre possibile darne una datazione certa. A partire dalla fine del XV secolo le descrizioni dei portoghesi hanno contribuito a rendere più chiaro il quadro.

STORIA • SOCIETÀ • CITTADINANZA

Incontri e scontri fra civiltà

Il termine civiltà, in italiano come in altre lingue, rimanda a due significati diversi. Il primo fa riferimento ai caratteri della vita collettiva di un particolare gruppo umano (la sua vita materiale, intellettuale, morale, politica e sociale). In questo senso etnografico, prossimo a quello di "cultura", adoperiamo espressioni come "civiltà latina, slava, anglosassone": in tale accezione il termine può dunque essere declinato al plurale. Usato solo al singolare, invece, il termine è associato all'idea di progresso di una società determinata, costituendo inevitabilmente un giudizio di valore. Parlare della civiltà di un popolo rispetto a un altro significa rimandare a un unico modello di organizzazione umana, più o meno sviluppato nelle due comunità confrontate. Anche attorno all'**ambiguità del termine civiltà**, al riconoscimento o meno di una legittima differenza tra i popoli, ruota gran parte della storia degli **incontri** o degli **scontri tra gruppi umani diversi**.

I testi dell'antichità raccontano con grande efficacia la percezione della diversità tra i popoli, spesso tuttavia schiacciandola nella prospettiva civiltà/barbarie, come nel filosofo greco Aristotele (IV secolo a.C.). Perfino nello storico greco Erodoto (V secolo a.C.), che considerava con rispetto i costumi di popoli diversi da quello greco, lo **sguardo sull'altro** e sulla sua cultura è spesso deformato dal gusto per l'esotico e per il fantastico, anche se le sue *Storie*, che raccontano le guerre persiane come un grande scontro tra Oriente e Occidente, non arrivano a sostenere la totale inconciliabilità con le usanze della Grecia, rivelando invece un sincero interesse per l'alterità. Alcune delle descrizioni più curiose di Erodoto sono entrate nel repertorio classico. Plinio il Vecchio, studioso del I secolo d.C., nella *Naturalis Historia*, ne riprende i racconti sull'Etiopia e i suoi abitanti, ma parla anche dei gimneti nudi e dei popoli senza bocca, dei blemmi che avrebbero avuto bocca e occhi nella parte superiore del torace, degli antropofagi. Immagini evidentemente irreali, ma che si diffusero anche presso gli autori più autorevoli, come Agostino d'Ippona, nell'Africa del V secolo, e rintracciabili ancora nelle invenzioni medievali di razze mostruose, talvolta identificate con le orde mongoliche che irrompevano nell'Europa orientale.

Le stesse immagini erano ben presenti nella mente di Cristoforo Colombo, che ne parlò nel diario di bordo e nelle lettere scritte durante il primo viaggio verso il Nuovo Mondo. Quando i primi esploratori europei arrivarono al di là dell'Atlantico, dunque, le loro aspettative e i loro atteggiamenti furono condizionati da queste descrizioni. Il confronto con i nuovi popoli e le nuove civiltà costituisce una svolta decisiva nella rappresentazione della diversità. È proprio agli **incontri atlantici tra XV e XVI secolo**, infatti, che dobbiamo quella che alcuni storici hanno definito la **scoperta dell'umanità**, cioè della consapevolezza della varietà delle espressioni del genere umano, fino a quel momento sconosciute.

Riconoscere l'umanità dei popoli appena scoperti non significava però considerarli uguali agli europei. Il racconto dell'immediata sensazione di familiarità con quegli uomini costituisce spesso solo la premessa

Fedeli musulmani in preghiera nel giardino di villa De Santis, a Roma
[© Vincenzo Tersigni/EIDON]
L'islam è oggi in Italia la seconda confessione religiosa dopo il cattolicesimo; ciò è dovuto soprattutto alle immigrazioni da paesi islamici, ma va considerata anche una certa percentuale di conversioni di italiani. Sempre attuale è, del resto, il dibattito sulla presenza dei musulmani in Italia, visti da una parte dell'opinione pubblica come una minaccia per l'identità nazionale oppure, al contrario, come una risorsa di dialogo, scambio culturale e feconda integrazione.

SINTESI

1 Il declino dell'Impero ottomano e la parabola savafide

L'Impero ottomano era la compagine territoriale più estesa del vasto universo islamico costituitosi nei secoli tra il Vicino Oriente e l'Africa. L'impero ospitava anche comunità di fede non islamica. Era governato dal sultano, ma in realtà un ruolo decisivo rivestiva il gran visir, una sorta di primo ministro. La decadenza dell'impero diede i suoi primi segnali con l'indebolimento del potere centrale, mentre il sistema economico continuò a mostrare una notevole vitalità. Nella seconda metà del '600 ci fu una ripresa della politica espansionistica, in modo particolare nell'area balcanica, minacciosa per l'Impero asburgico. L'espansionismo ottomano era destinato a protrarsi fino alla fine del '700, ma le sconfitte, subìte in Europa, determinarono una crisi del sistema militare. Un ridimensionamento della compagine imperiale si determinò inoltre per intervento della Russia. La riorganizzazione istituzionale tentata al principio del '700 per reggere il confronto con l'Europa trovò l'opposizione delle componenti ottomane più conservatrici. Al tempo, a sud-est dell'Impero ottomano, in Iran (Persia), sorgeva un altro importante impero islamico dominato dalla dinastia safavide.

2 L'India tra islam e induismo

Nel 1526 i turco-mongoli invasero l'India dando vita all'Impero moghul, con una struttura sociale di tipo feudale – le attività artigianali vi erano tuttavia molto sviluppate – e una capillare struttura amministrativa e militare. La convivenza fra la cultura islamica e quella indù fu piuttosto difficile. Il processo di pacificazione iniziato a metà del '500 fu interrotto un secolo dopo con l'introduzione di una politica religiosa intransigente, che portò alla disgregazione dell'impero e alla formazione di Stati regionali indù in continua ostilità tra loro. Nel 1765 la East India Company inglese acquisì il diritto di riscuotere le tasse in India aprendo la via alla colonizzazione britannica.

3 La Cina dai Ming ai Qing

A metà del '600 l'ultima invasione di nomadi, provenienti dalla Manciuria, dette inizio, in Cina, al lungo periodo della dinastia

per la segnalazione delle differenze. Quelli che ormai erano dei veri e propri conquistatori finirono per tracciare nettamente la distinzione tra popoli "buoni", in grado di riscattarsi grazie alla dimostrazione dei risultati della civiltà e la conversione al cristianesimo, e popoli "cattivi", irrecuperabilmente malvagi. La riduzione delle genti americane a una condizione inferiore a quella degli europei fu uno dei mezzi della loro sottomissione: era legittimo rivendicare la sovranità delle terre abitate dagli indigeni, utilizzare questi ultimi come manodopera e come fonte di gratificazione sessuale. La scoperta dell'umanità cambiò la visione dell'uomo europeo, ma portò anche alla sostanziale scomparsa dei popoli indigeni nelle Americhe e alla tratta degli schiavi provenienti dall'Africa.
Non bisogna dimenticare, però, che gli incontri/scontri tra civiltà nati dalle esplorazioni geografiche furono **rapporti bidirezionali**: anche i popoli raggiunti dagli esploratori o dai missionari "scoprirono" l'Europa e gli europei. Questo gioco di specchi si verificò, per esempio, in **Cina**, dove l'incontro con gli europei, nella **seconda metà del XVI secolo**, non seguì a una conquista militare, ma fu caratterizzato dalla tendenza reciproca di cinesi ed europei a sottolineare le somiglianze più che le diversità. Certamente, da parte dei missionari il metodo del dialogo era anche un'abile strategia di evangelizzazione, poi fallita; e tuttavia, gli europei suscitarono talvolta sincere simpatie e curiosità tra i cinesi. Cercando di convertirli al cattolicesimo, i missionari gesuiti promossero un dialogo con il confucianesimo molto fitto, fecondo di conseguenze in Cina e in Europa.
La storia della colonizzazione europea del mondo, del tentativo di imporre il modello europeo di civiltà a tutte le popolazioni terrestri rappresenta un percorso lungo e complesso. Nel corso del **XIX secolo**, il fardello dell'uomo bianco (titolo di una celebre poesia dello scrittore britannico Rudyard Kipling, 1865-1936) era ormai ben definito: **civilizzare** il mondo. Alla logica colonialista si può far risalire anche l'**orientalismo**, cioè l'insieme delle rappresentazioni europee e nordamericane dell'Oriente, profondamente marcate da uno sguardo **etnocentrico**. Schiacciando realtà molto diverse come l'Islam, l'India e tutta l'Asia su caratteri generali come il dispotismo o il misticismo, la tradizione letteraria europea contribuì a sviluppare una nozione di Oriente irreale e mistificatoria. Da tale rappresentazione di ciò che è orientale, esotico, scaturì per opposizione anche la nozione identitaria di Occidente.
Negli anni che precedettero la seconda guerra mondiale in molti paesi presero il sopravvento partiti politici nazionalisti e autoritari che si presentavano come espressione più autentica dei caratteri nazionali. Nella propaganda fascista, essere italiani corrispondeva all'adesione all'ideologia del regime e ogni opposizione era considerata un tradimento della patria.
Anche per reazione ai totalitarismi fascisti, le costituzioni democratiche del dopoguerra hanno insistito molto sul **pluralismo** e sulla tutela delle minoranze all'interno dello Stato (art. 6 della Costituzione italiana). Allo stesso tempo, il diritto di asilo allo straniero perseguitato nella sua patria è tra i princìpi fondamentali della Repubblica (art. 10): secondo il dettato costituzionale, i rapporti con l'altro devono essere regolati sulla base delle norme del diritto internazionale e non della differenza etnica. Il **multilateralismo** promosso dopo la guerra dalle organizzazioni internazionali è stato forse il risultato più importante del XX secolo, benché continuamente messo in crisi dai conflitti generati durante la guerra fredda e dalla contrapposizione tra le due visioni del mondo, euroamericana e sovietica.
Il XXI secolo, epoca della globalizzazione, ha visto paradossalmente rafforzarsi le discussioni sulle specificità e inconciliabilità delle varie civiltà. In un articolo del 1993 (*Lo scontro di civiltà?*), poi ripreso in un saggio successivo, il politologo statunitense Samuel P. Huntington (1927-2008) sosteneva una tesi all'epoca molto discussa e per certi versi sconcertante: nel mondo post-guerra fredda l'ordine internazionale sarebbe fondato sul concetto di civiltà, di **identità culturale**, non sulla diversità politico-ideologica. Huntington riteneva che con l'Occidente in progressivo declino, l'esplosione demografica dell'islam e la crescita economica della Cina, una guerra globale tra civiltà opposte non sarebbe stata molto remota. Le tesi di Huntington presentavano già allora notevoli forzature e sono state criticate da chi vedeva una progressiva occidentalizzazione del mondo attraverso la modernizzazione economica. L'attentato terroristico di matrice islamica contro il World Trade Center, a New York, dell'11 settembre 2001 e le successive reazioni occidentali, militari e intellettuali, hanno rilanciato la forza di quelle tesi: l'alba del XXI secolo sembra segnata in modo inquietante dall'ombra dello scontro di civiltà.

Qing, che subentrò ai Ming (al potere dal 1368). Dopo una prima fase caratterizzata da una politica repressiva, anche i mancesi vennero assorbiti dalla cultura e dalla civiltà cinese, soprattutto per quanto riguardava le forme di governo – fondato sul ceto dei burocrati-letterati, i mandarini. Di tradizione confuciana, i mandarini esprimevano gli interessi dei proprietari terrieri ed erano ostili alle attività commerciali. Nel periodo Qing si verificò un grande sviluppo demografico e una notevole prosperità nelle campagne. I rapporti con l'estero, inoltre, servirono soprattutto alle esportazioni poiché la Cina era un paese sostanzialmente autosufficiente, e fino al '700 si confermò il maggior paese esportatore.

4 Il Giappone dei Tokugawa: centralizzazione e isolazionismo

Nel 1603, in Giappone, fu nominato *shogun* (primo ministro) Tokugawa Ieyasu. Questi diede vita a una dinastia che avrebbe governato l'isola per 250 anni. Nel periodo tokugawa fu colpita la vecchia struttura feudale e rafforzato il potere centrale fondato sul principio di lealtà al signore di ispirazione confuciana; vennero garantiti la pace e l'ordine interni, ma soprattutto furono eliminati quasi interamente i contatti con il mondo esterno. Nonostante la politica isolazionista, il Giappone visse un notevole sviluppo economico che interessò anche le campagne, dove prese piede l'industria rurale domestica.

5 Regni e imperi dell'Africa

L'Africa era un continente poco abitato, con un suolo poco produttivo a causa del clima e dell'arretratezza delle tecniche agricole. Molti territori erano abitati da nomadi e allevatori o da tribù di cacciatori-raccoglitori che non coltivavano la terra. Importanti prodotti commerciali erano però l'oro, l'avorio e gli schiavi. L'organizzazione del potere era differenziata: grandi organizzazioni politiche, ma anche città-Stato e comunità fondate sulle relazioni tra i clan. Accanto all'islam erano diffusi i culti politeisti più antichi. L'unico regno cristiano, indipendente fino al '900, era quello d'Etiopia (evoluzione e ampliamento del più antico Regno di Axum). I primi contatti con gli europei favorirono la progressiva integrazione del continente nei circuiti commerciali mondiali.

SVILUPPARE LE COMPETENZE

❶ Utilizza tutti gli argomenti qui di seguito riportati per costruire un testo di 15 righe. Scegli, inoltre, un titolo appropriato. Attenzione, l'ordine degli elementi è casuale e non vincolante:

assedio di Vienna, 1683 - Francia - Polonia - i turchi non disponevano di un'artiglieria in grado di abbattere le mura - errore di valutazione dell'esercito ottomano - 12 settembre 1683 - visir Kara Mustafa - 7 luglio 1683 - rivolta dei magiari.

❷ Rispondi ai quesiti impiegando il numero di righe indicato tra parentesi:

a. Quale conseguenza ebbe in Iran l'affermazione della dinastia safavide? (3 righe)

b. Che differenza c'è tra sciiti e sunniti? (5 righe)

c. Chi sono i *devširme* e che ruolo hanno nell'Impero ottomano? (7 righe)

❸ Colloca le parole di seguito elencate in ciascuna ellisse. Scrivi quindi un breve testo (15 righe) evidenziando i motivi che furono alla base dei difficili rapporti tra induisti e musulmani in India, il tentativo di pacificazione di Akbar e l'intervento della Gran Bretagna. Attenzione, dovrai usare tutte le parole che hai collocato nelle ellissi:

Impero moghul - Akbar - cremazione - conversione - monoteismo - religione dei signori - religione delle popolazioni dominate - tutti uguali per Allah - frammentazione religiosa - religione per nascita - caste - sepoltura - Babur.

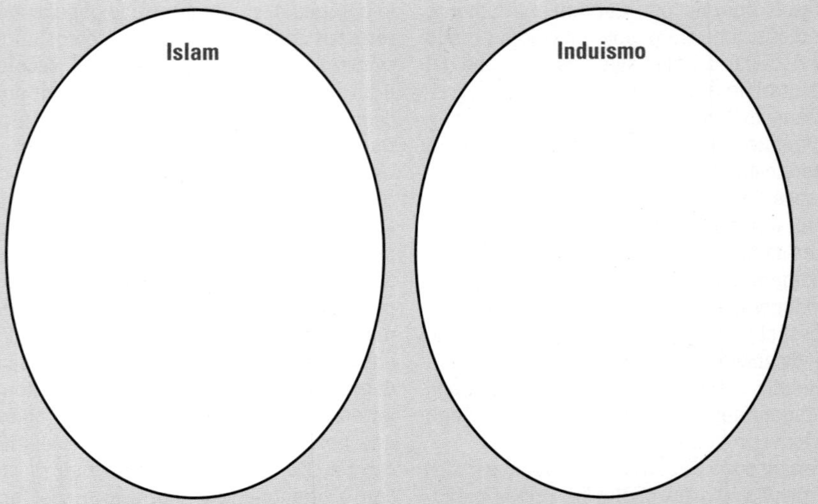

❹ Scegli una delle consegne proposte e svolgila:

a. In un testo di 10 righe sintetizza la situazione agricola, manifatturiera e commerciale della Cina del '700. Fornisci poi un titolo, che ne evidenzi il contenuto.

b. Il missionario italiano Matteo Ricci, come si evince dalla breve descrizione riportata nel capitolo, fu una figura molto importante nella seconda metà del '500 in Cina. Scegli almeno tre episodi della sua vita e scrivi per ciascuno di esso un breve testo (5 righe) che metta in evidenza il motivo per il quale tale evento ti ha colpito particolarmente.

❺ Il Giappone all'inizio del '600 presentava una struttura sociale fortemente gerarchica. Quali sono i quattro livelli della struttura statale giapponese? Spiega, in un breve testo (7 righe), il motivo per cui l'accentramento del potere poteva coesistere con una relativa autonomia amministrativa.

❻ Dopo avere svolto l'esercizio precedente relativo all'organizzazione statale del Giappone, fai un confronto con il modello di organizzazione del potere africano. (10 righe)

5 I DOMÌNI COLONIALI E LE VIE DEL COMMERCIO

1 Le due direttrici dell'espansione coloniale europea

Alla metà del '600 si era già consolidata l'espansione coloniale europea: a ovest nelle Americhe, a sud verso l'Africa, a est verso l'Asia.

Spagna e Portogallo

Protagonisti iniziali di questa politica, a partire dal periodo delle scoperte geografiche alla fine del '400, erano stati gli spagnoli e i portoghesi. A Occidente le due potenze iberiche avevano ormai costituito i loro imperi dotati di un'efficiente amministrazione controllata dalla madrepatria. La Spagna dominava, a partire dal Messico, tutto il versante occidentale e meridionale dell'America del Sud a cui si aggiungevano le maggiori isole delle Antille, il Portogallo aveva invece conquistato il Brasile. Il trattato di Tordesillas del 1494 aveva, come sappiamo, suddiviso verticalmente le due sfere di conquista: le terre ad ovest della *raya* (l'immaginaria linea di divisione che attraversava l'oceano Atlantico) spettavano alla Spagna, quelle poste ad est al Portogallo.
A sud e a est furono i portoghesi a fondare le prime basi commerciali lungo le coste africane occidentali e orientali, per poi conquistare **Goa** in India nel 1510 e **Macao** in Cina nel 1557, due colonie destinate a rimanere al Portogallo, rispettivamente, fino al 1961 e al 1999. Nel 1543 erano arrivati in Giappone portando le armi da fuoco e introducendo il cristianesimo. Gli spagnoli, dal canto loro, giunsero in Asia da est, dal Messico, uno dei più antichi domìni della Spagna in America, per conquistare le **Filippine** a partire dal 1565.

La chiesa di São Miguel das Missões
[São Miguel das Missões, Brasile]
Una esperienza unica nella colonizzazione americana fu quella realizzata dai missionari, in particolare dai gesuiti. Fin dall'inizio della penetrazione spagnola, infatti, questi si posero come obiettivo primario la difesa dei diritti dei nativi, considerati come destinatari privilegiati del messaggio evangelico. A tal fine, i gesuiti costituirono numerose comunità missionarie, chiamate "riduzioni", dove il lavoro degli indios era organizzato secondo princìpi umanitari e comunitari. Qui le popolazioni indigene venivano convertite al cristianesimo ed educate al lavoro agricolo e artigianale senza l'uso della forza. La struttura urbana delle riduzioni si ripeteva quasi ovunque identica, con una grande piazza centrale attorno a cui si disponevano le abitazioni degli indios e il fulcro centrale della chiesa. La chiesa barocca di São Miguel das Missões, in Brasile, è ciò che rimane dell'omonima riduzione attiva fra il 1632 e il 1768. Dal 1984, queste rovine sono entrate a far parte della lista dei patrimoni dell'umanità dell'Unesco.

Le altre potenze navali

Questo duplice scenario geografico subì profondi mutamenti tra gli inizi del '600 e la fine della guerra dei Sette anni nel 1763 [👁 1.5_TABELLA1]. Altre potenze europee cominciarono infatti a contrastare l'egemonia spagnola nelle Americhe e quella portoghese in Africa e in Asia. Erano tutte potenze navali dell'Atlantico: **Francia**, **Olanda**, **Gran Bretagna** e **Danimarca** e tutte si spinsero nei due quadranti occidentali e orientali. Inizialmente a prevalere fu il modello portoghese della fondazione di scali commerciali, poi presero avvio le conquiste territoriali. Col sostegno degli Stati furono le compagnie commerciali dei singoli paesi a impiantare sia i primi insediamenti sia a procedere nell'occupazione dei territori. Non si trattava di una pacifica competizione, ma di veri e propri conflitti per ottenere privilegi di esportazione dalle coste occupate e di guerre di rapina, sostenute dalle marine militari, per sottrarre possessi coloniali alle potenze rivali.
Se in un primo momento i portoghesi si erano appropriati del **commercio orientale delle spezie**, che per secoli era stato organizzato e controllato dagli arabi, tradizionali mediatori tra l'Occidente e l'Estremo Oriente, gli olandesi prima e gli inglesi poi, affacciatisi sui mari orientali all'inizio del '600, soppiantarono progressivamente l'egemonia portoghese [👁 ATLANTE_15].

Gli olandesi e gli inglesi in Asia

Così verso la metà del '600 la **Compagnia olandese delle Indie orientali**, un'associazione di mercanti che su concessione del governo godeva del monopolio dei traffici con l'Oriente, divenne la più significativa presenza europea in Asia. I mercanti olandesi riuscirono a impadronirsi delle Molucche, le favolose **isole** delle spezie, della Malacca, di Sumatra

ATLANTE 15_IL SISTEMA COLONIALE EUROPEO A METÀ DEL XVIII SECOLO

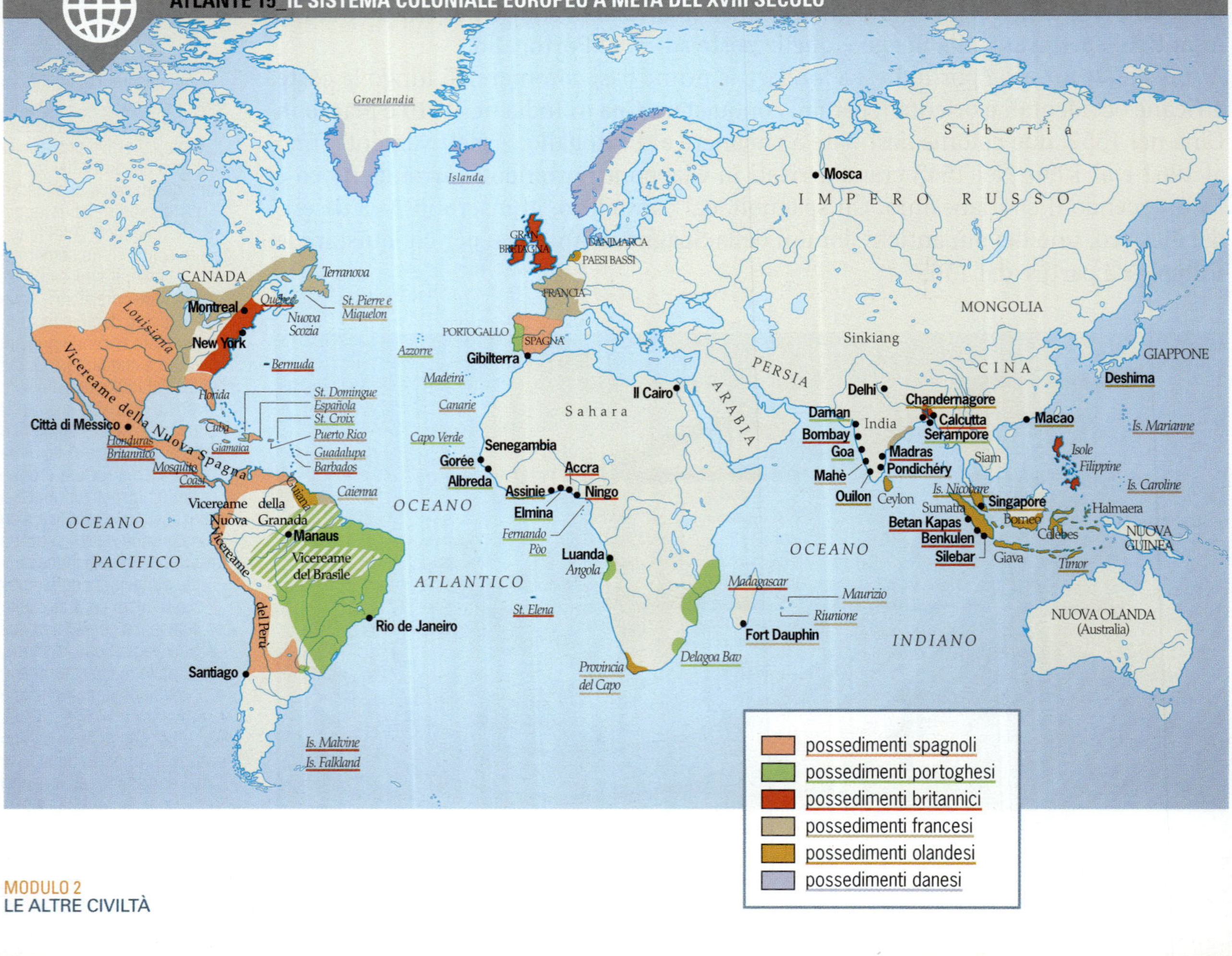

e di Giava dove, a Batavia (Jakarta), fissarono la capitale del loro impero commerciale. Da lì, per quasi mezzo secolo, gli olandesi furono padroni del traffico delle spezie, in particolare della noce moscata e dei chiodi di garofano, dei quali riuscirono ad avere il monopolio assoluto.
Molto meno ricca della concorrente olandese, l'inglese **East India Company** concentrò i propri interessi sulla costa orientale dell'**India**, una zona che gli olandesi avevano trascurato e dove si stavano istallando anche i francesi. Successivamente l'attività fu estesa più a nord, al Bengala, ma il risultato più importante fu l'acquisizione (1665) di Bombay, fondamentale nodo commerciale sulla costa occidentale indiana. L'Inghilterra importava dall'Oriente tè, caffè, salnitro, ma soprattutto tessuti – sete, cotoni, broccati. Anche l'Olanda e la Francia importavano grandi quantitativi di tessuti indiani, mettendo in allarme i produttori europei di tessuti in seta, lana e lino: ma, nonostante il tentativo di arginare le importazioni con vincoli protezionistici, le compagnie commerciali furono sempre più impegnate nell'esportazione di prodotti orientali in Occidente.

Lo scontro tra Gran Bretagna e Francia in India

Nel 1673, con la cessione alla **Compagnia francese delle Indie orientali** del villaggio di Pondichéry, non lontano dal possedimento inglese di Madras, la Francia diede inizio al tentativo di costituire un proprio impero coloniale in India, entrando in contrasto con la Gran Bretagna nel Bengala. Lo scontro tra le due potenze si accentuò durante la guerra dei Sette anni (1756-63) e la potenza navale britannica riuscì a sovrastare le forze francesi: gli inglesi posero l'assedio a Pondichéry e la conquistarono (1761). La Francia, sconfitta, dovette abbandonare il Bengala mentre la Compagnia britannica, rimasta sola a dominare il commercio con l'India, avrebbe poi assunto l'amministrazione del Bengala e del Bihar, trasformando così un dominio commerciale in un vero e proprio possedimento coloniale. Solo dopo la metà dell'800 la Corona britannica avrebbe assunto il diretto controllo dell'India.

I conflitti nelle Americhe e la conquista delle Antille

Ben più accesi e prolungati furono i contrasti tra le potenze nelle Americhe: prima nelle Antille poi nell'America settentrionale.
La Spagna aveva imposto alle sue colonie di commerciare solo con la madrepatria, ma questo monopolio fu continuamente attaccato dalla **pirateria** e dal **contrabbando**, praticati soprattutto da inglesi, olandesi e francesi. I pirati – **bucanieri** o **filibustieri** – assaltavano e depredavano le navi cariche di metalli preziosi, mentre i contrabbandieri, con la complicità delle autorità locali, smerciavano beni fortemente richiesti nelle colonie e che la Spagna non era in grado di fornire.
Le numerose isole delle **Grandi e Piccole Antille** costituivano punti di appoggio

Compagnia commerciale
Le compagnie commerciali erano associazioni di mercanti formate per promuovere e gestire il traffico dell'Europa con paesi lontani, soprattutto con l'Oriente. Le compagnie correvano ovviamente enormi rischi nello svolgere le loro attività: per esempio, capitava spesso che per il maltempo perdessero le navi e il loro ricco carico. In cambio, però, avevano enormi privilegi: i governi concedevano loro il monopolio del commercio e il potere di occupare i territori e di amministrarli. Le principali compagnie commerciali nacquero nel '600 in Inghilterra, Olanda e Francia. A mano a mano che i traffici divennero più sicuri, ai governi non conveniva più concedere privilegi alle compagnie e queste decaddero. L'ultima a essere soppressa fu, nel 1858, la Compagnia inglese delle Indie orientali. Le altre erano scomparse già negli ultimi decenni del '700.

Bucaniere / filibustiere
I due termini erano usati per indicare i corsari che facevano le loro scorrerie nel Mar dei Caraibi nel '600. "Bucaniere" viene dal francese *boucanier*, a sua volta derivato probabilmente dalla parola caraibica *boucan*, che indicava lo strumento usato per affumicare la carne degli animali. I bucanieri, prima di darsi alla pirateria, erano stati infatti cacciatori e piantatori nelle isole caraibiche. Cacciati dagli spagnoli, avevano allestito una flotta con cui combattevano e depredavano le navi dei loro nemici. La parola "filibustiere" viene invece dallo spagnolo *filibustero* che deriva dall'olandese *vrjbziter*, 'colui che fa libero (*vrji*) bottino (*buit*)'. Il termine filibustiere nel linguaggio comune viene usato oggi per indicare un avventuriero senza scrupoli. Nel linguaggio politico inglese, ma anche nel nostro vocabolario, si definisce *filibustering* l'ostruzionismo parlamentare.

ONLINE

Cinema e Storia
Mission
di Joffé

ideali per le azioni dei pirati e dei contrabbandieri e, dal momento che gli spagnoli controllavano solo le più grandi fra esse (Cuba e Santo Domingo), olandesi, inglesi e francesi si insediarono in questa area durante il '600. L'iniziativa fu presa come sempre dalle compagnie commerciali. Gli **olandesi** si stabilirono a Curaçao dal 1634 e in altre isole a ridosso dell'attuale Venezuela. La Compagnia olandese delle Indie occidentali, inoltre, amministrava sul continente la Guiana, dove alla fine del '500 era stata introdotta la coltivazione della canna da zucchero. La Guiana fu a lungo molto contesa e, accanto agli olandesi, vi si insediarono gli inglesi e i francesi.

Gli **inglesi** avevano possedimenti disseminati lungo tutto l'arco delle Piccole Antille, conquistati prevalentemente nella prima metà del '600. Tra il 1625 e il 1629 si impadronirono di molte isole dell'arcipelago Bahama e nel 1655 della Giamaica, la terza per dimensioni delle Grandi Antille e grande centro di smistamento degli schiavi africani. Nello stesso periodo, i **francesi** occuparono alcune isole nelle Piccole Antille (fra cui Guadalupa e Martinica nel 1635) e la parte occidentale di Santo Domingo, che denominarono Haiti.

Britannici e francesi nel Nord America

Lungo le coste dell'America settentrionale gli **inglesi** avevano dato avvio, dai primi anni del '600, a una serie di colonie di popolamento (deputate all'insediamento dei migranti dalla madrepatria) subentrando, in qualche caso, a svedesi e olandesi: Nieuw Amsterdam, per esempio, nel 1664 divenne **New York**. Riuscirono poi a unificare i loro territori dove si rafforzò il controllo diretto della madrepatria con la nomina di un **governatore** e di pubblici funzionari, che cercarono di limitare le autonomie amministrative e le forme di autogoverno locale.

Molto più a nord i **francesi** si erano insediati in **Canada** lungo il corso del fiume San Lorenzo: la penetrazione era stata avviata dai mercanti di pellicce che commerciavano con i pellerossa, tribù indiane per lo più nomadi che vivevano nell'area praticando caccia e allevamento. In realtà, la presenza francese fu sempre numericamente limitata, anche perché il divieto di immigrazione per gli ugonotti impedì che nella colonia giungesse la sola comunità che, come i dissidenti religiosi inglesi, cercava di espatriare per non subire le persecuzioni di cui era vittima. Nella prima metà del '600 vennero fondate le prime importanti basi in Canada, Québec e Montréal. In seguito i francesi scesero dalla regione dei **Grandi Laghi** lungo il corso del fiume Ohio e nel bacino del **Mississippi** costruendo delle piazzeforti lungo i fiumi.

La presenza francese a nord e a ovest delle colonie britanniche rese inevitabile lo scontro tra le due potenze schierate su fronti avversi nelle guerre del '700 europeo: così la Francia, in seguito alla pace di Utrecht (1713) che poneva fine alla guerra di successione spagnola [👁 1.2], dovette rinunciare a Terranova e alla Nuova Scozia, riuscendo però a conservare il Canada e il controllo del bacino del Mississippi, che in onore di Luigi XIV era stato chiamato Louisiana. In seguito però, al termine della guerra dei Sette anni (1763), che in America è ricordata come la *French and Indian War* (per l'alleanza franco-indiana in funzione antibritannica), la Gran Bretagna ottenne dalla Francia il Canada e i territori della Louisiana a est del Mississippi e dalla Spagna la Florida [👁 6.1]. Da parte sua la Spagna ricevette in cambio la Louisiana a ovest del Mississippi con Nuova Orléans. I domìni francesi in America erano ormai ridotti alle isole delle Antille, mentre la Gran Bretagna conquistava una indiscussa egemonia territoriale nel Nord America [👁 ATLANTE_16].

GUIDA ALLO STUDIO

❶ Quali erano le principali compagnie commerciali attive in Asia fin dal '600? ❷ Che differenze ci sono tra un dominio commerciale e un possedimento coloniale? ❸ Quali erano i prodotti orientali maggiormente esportati in Occidente? ❹ Quali Stati si disputarono nel '700 il controllo dell'Asia? ❺ Perché le Antille furono oggetto di contesa nel '600?

2 La tratta degli schiavi e il commercio triangolare atlantico

I metalli preziosi L'economia delle Americhe era stata caratterizzata in un primo, lungo periodo, essenzialmente dall'esportazione dei metalli preziosi, **oro e argento**, dalle colonie spagnole. Si è calcolato che dal 1500 al 1660 furono introdotte in Europa 181 tonnellate d'oro e 16 mila tonnellate d'argento, pari al 25% dell'intera disponibilità europea. L'argento americano contribuì ad aumentare in misura rilevante le risorse finanziarie della Corona spagnola, ad accrescere la circolazione monetaria in Europa e a consentire gli acquisti sui mercati dell'Estremo Oriente.

Il sistema agricolo delle piantagioni e la canna da zucchero Nella seconda metà del '500 si affermò anche il sistema agricolo delle piantagioni. La piantagione era una **grande proprietà terriera** dedita in genere a **una sola coltura**: canna da zucchero, cacao, caffè, cotone, tabacco, tutti prodotti destinati all'esportazione. Questo tipo di sfruttamento della terra si diffuse nelle terre poste lungo le coste dell'Oceano Atlantico, come il Brasile e la Guiana, e nelle Antille.

ATLANTE 16_LE AMERICHE E IL COMMERCIO TRIANGOLARE ATLANTICO (1763)

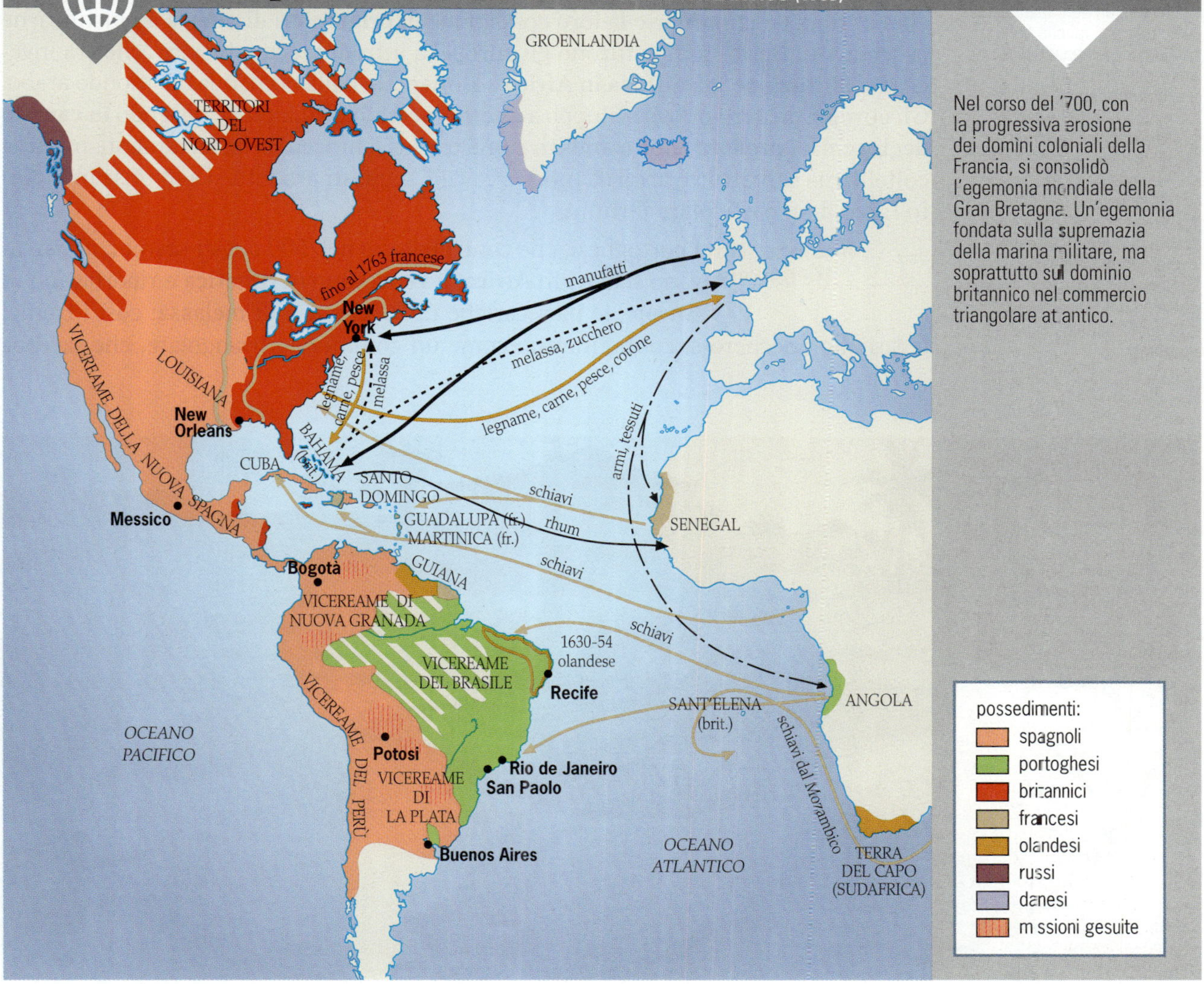

Nel corso del '700, con la progressiva erosione dei domìni coloniali della Francia, si consolidò l'egemonia mondiale della Gran Bretagna. Un'egemonia fondata sulla supremazia della marina militare, ma soprattutto sul dominio britannico nel commercio triangolare atlantico.

Melassa
Sciroppo ottenuto dalla lavorazione della canna da zucchero o della barbabietola, che non si cristallizza nonostante l'alto contenuto di saccarosio. La melassa di canna viene impiegata nei processi di fermentazione per la produzione del rhum, quella di barbabietola per la produzione della birra e del lievito di birra.

Il sistema delle piantagioni era approdato in America Latina con l'inizio della coltivazione della **canna da zucchero** in Brasile. Originaria del Golfo del Bengala in India, la canna da zucchero aveva percorso un lungo viaggio verso ovest, attraverso il Medio Oriente, Cipro e la Sicilia. Dalla seconda metà del '400 era coltivata nelle isole atlantiche portoghesi a ridosso dell'Africa (Madera, Azzorre, Canarie) dove si impiegava il lavoro degli schiavi africani [ATLANTE_16]. Di lì la canna da zucchero varcò l'oceano e si affermò in Brasile nella seconda metà del '500.
Per la coltivazione della canna sono necessari un clima caldo-umido, energia idrica o animale, legname, capitali per i mulini di spremitura e una **larga disponibilità di manodopera** da impiegare soprattutto nella raccolta. I portoghesi disponevano dei capitali occorrenti per le macchine, il Brasile forniva tutto il resto ma non la manodopera. Gli indios, infatti, dove non erano stati decimati, erano considerati troppo ostili o fisicamente inadatti al lavoro pesante, organizzato e disciplinato delle piantagioni.

La tratta degli schiavi e l'istituzione della schiavitù

Così cominciarono a essere importati schiavi neri dall'Africa. Gli insediamenti portoghesi sulle coste africane operavano come centri di raccolta verso i quali venivano convogliati i neri fatti prigionieri in azioni di guerra o in razzie nell'interno. Gli schiavi erano in primo luogo vittime delle guerre fra gli Stati africani o fra i diversi clan e tribù, ed era proprio la loro condizione di **prigionieri di guerra** a giustificarne la schiavitù. Del resto non furono gli europei a introdurre la schiavitù, che era invece una **istituzione già diffusa in Africa** e alimentata dalla domanda del mondo arabo. Gli europei diedero nuovo sviluppo a questo mercato tradizionale offrendo **in cambio degli schiavi prodotti molto ambiti**, come tessuti, chincaglieria, ferramenta minuta, coltelli, ma soprattutto armi da fuoco e cavalli. A questi prodotti si aggiunse in seguito l'alcool, in particolare il rhum.

Il commercio triangolare

I portoghesi, che controllavano nel '500 questi scambi, imbarcavano schiavi in **Africa**, li vendevano in **America** e riportavano in **Europa** le navi cariche di zucchero o di **melassa**: così i traffici legati allo zucchero si configuravano come un commercio triangolare, che sarebbe

Una raffineria di zucchero in Brasile
1667
[da Joan Blaeu, *Geographia*; Österreichische Nationalbibliothek, Vienna]
Fonte di inesauribile ricchezza per i coloni europei, la produzione di zucchero richiedeva un duro lavoro sia nelle piantagioni che nelle raffinerie. La manodopera era assicurata quasi esclusivamente da schiavi neri importati dall'Africa. Le *engenhos do assucar* ('aziende dello zucchero') – di cui l'immagine riproduce in primo piano il mulino di spremitura della canna da zucchero – erano in realtà complessi più ampi che comprendevano anche la casa del colono o "casa grande", e le baracche degli schiavi o *senzales*.

divenuto caratteristico dell'intero **sistema commerciale atlantico**. L'economia delle piantagioni – non solo di canna da zucchero, ma anche di caffè, tabacco, cotone –, fondata sul lavoro degli schiavi, presto si diffuse dal **Brasile** ad altre zone dell'America: prima le **Antille** e poi l'**America del Nord**. Data l'elevata mortalità degli schiavi nelle piantagioni – nelle quali la speranza di vita non superava i dieci anni –, la manodopera nera andava continuamente rinnovata. La forzata immigrazione degli africani – si calcola che ne furono "importati" da 10 a 12 milioni tra il 1525 e il 1867 – non solo produsse durature trasformazioni nelle strutture sociali ed economiche, ma diede luogo a una vera e propria **rivoluzione etnica e demografica**. Quando, agli inizi dell'800, fu possibile tracciare un quadro statistico della popolazione americana, risultò che i neri di origine africana erano la componente etnica più numerosa in Brasile (dove la schiavitù fu abolita solo nel 1888) e di gran lunga maggioritaria nelle Antille.

ONLINE

Tabella
Il commercio degli schiavi nell'Atlantico, 1601-1760

Geografia e Storia
Il viaggio degli schiavi

Il predominio britannico

Naturalmente molti altri paesi europei e singole città portuali partecipavano al sistema di commercio triangolare atlantico iniziato dai portoghesi. La città libera di Amburgo si era specializzata come mercato delle spezie e dello zucchero mentre Nantes e Bordeaux, in Francia, si svilupparono grazie alla tratta degli schiavi trasportati sulle loro navi. Ma era la potenza navale britannica a crescere a spese delle altre nazioni marittime. Questo predominio si accrebbe lungo tutto il '700. In uno dei settori più importanti, quello del commercio degli schiavi, la Gran Bretagna aveva ottenuto con la pace di Utrecht del 1713 il monopolio della tratta verso le colonie spagnole, l'***asiento de negros***, che mantenne fino al 1750 [👁 1.8]. L'*asiento* ('accordo'), che prevedeva una "fornitura" di 4800 schiavi l'anno, fu stipulato con una compagnia commerciale britannica. Prima dell'accordo con la compagnia britannica gli spagnoli, che non praticarono mai direttamente il commercio degli schiavi, avevano concesso l'*asiento* a mercanti genovesi e tedeschi, poi a compagnie portoghesi e, dal 1701, francesi. Questo commercio "ufficiale" rappresentava comunque solo una piccola parte della tratta complessiva, alla quale partecipavano molti armatori inglesi soprattutto delle città portuali di Bristol e Liverpool.

Anche le **colonie britanniche del Nord America** entrarono stabilmente in questo circuito: esse, infatti, erano favorite rispetto all'Europa da una minore distanza dalle Antille e da una capacità produttiva che era in grado di soddisfare non solo la domanda europea – tabacco e cotone –, ma anche quella dei Caraibi e dell'America spagnola e portoghese – grano, pesce e legname da costruzione. Erano inoltre importatrici di schiavi neri dall'Africa e di melassa dalle Antille.

GUIDA ALLO STUDIO

❶ In che misura i metalli preziosi contribuivano alla ricchezza europea? ❷ Che tipo di manodopera era impiegata nelle piantagioni? ❸ Quali paesi partecipavano al commercio triangolare? E quali merci venivano scambiate? ❹ In che cosa consisteva l'*asiento de negros*? ❺ A quanto ammontava la speranza di vita di un lavoratore delle piantagioni?

3 L'egemonia britannica e la conquista dell'Australia

L'imperialismo commerciale e lo sviluppo industriale

«Il commercio è la ricchezza del mondo; il commercio stabilisce le differenze tra ricchi e poveri, tra una nazione e l'altra; il commercio alimenta l'industria, l'industria genera il commercio; il commercio dispensa la naturale ricchezza del mondo, e il commercio fa sorgere nuove forme di ricchezza.» Non sorprende che l'autore di questo elogio del commercio (*A Plan of the English Commerce*, 1728) fosse uno

James Cook

Nessuno, a guardarne le origini, avrebbe potuto immaginare il destino che attendeva James Cook (1728-1779). Il più grande esploratore del XVIII secolo nacque, infatti, da un'umile famiglia contadina, nella contea inglese dello Yorkshire. A segnare la sua vita fu la passione per il mare, che lo spinse ad imbarcarsi come mozzo su una nave carboniera, in servizio fra l'Inghilterra e il Mare del Nord.

Arrivato ad ottenere il comando di una nave, Cook, con un colpo di testa, abbandonò la marina mercantile per arruolarsi come soldato semplice nella marina militare, poco prima dello scoppio della guerra dei Sette anni (1756-63). La scelta avrebbe cambiato il corso della sua vita. Inviato in Canada, uno dei teatri dello scontro fra Francia e Inghilterra, diede un contributo prezioso alle operazioni militari: grazie all'esplorazione del fiume San Lorenzo le navi inglesi ne risalirono il corso, riuscendo a cogliere di sorpresa le truppe francesi e a prendere la città di Quebec. Del Canada, ormai dominio inglese, Cook curò per cinque anni la cartografia delle coste, mentre si impegnava con determinazione a studiare da autodidatta matematica e astronomia. Negli inverni, in cui tornava in patria, riuscì a costruirsi una famiglia con la giovane Elisabeth Batts, dalla quale ebbe sei figli, segnati da uno sfortunato destino (morirono tutti molti giovani). Nonostante ciò l'unione coniugale fu felice, benché Cook le dedicasse poco tempo: **visse per lo più in mare, affrontando le navigazioni più lunghe e ardue che mai fossero state compiute**.

I suoi diari di bordo, scritti in uno stile scarno e asciutto, privo di retorica, ne ricostruiscono le spedizioni, e mettono in luce le sue capacità organizzative, il suo spirito pratico, la sua abilità come marinaio, che gli consentì di navigare in stagioni ostili, a latitudini inesplorate, con navi a vela vulnerabili alle tempeste, ai forti venti, alle correnti. I diari ne testimoniano, inoltre, la metodica curiosità, unita a un'acuta capacità di osservazione, che spaziava in diversi ambiti (dai fenomeni astronomici, al comportamento degli animali, al linguaggio delle popolazioni incontrate).

Fu la proficua esperienza in Canada a permettere a Cook di essere scelto dall'Ammiragliato inglese e dalla Royal Society come comandante di una spedizione nel Pacifico, l'oceano a cui più resterà legato il suo nome. Due gli obiettivi, scientifici e commerciali: osservare dall'isola di Tahiti il passaggio di Venere fra il Sole e la Terra e rinnovare la ricerca della *Terra Australis* – il vasto e compatto continente che le teorie geografiche, da Tolomeo in avanti, indicavano come la terra ancora ignota che occupava gran parte dell'emisfero meridionale [👁 ATLANTE_**17**].

Salpato nel **1768**, Cook tornò in patria dopo tre anni, con un ricco bottino: dopo la sua esplorazione della **Nuova Zelanda** (di cui dimostrò l'insularità) e delle coste orientali dell'**Australia** (già scoperte nel '600 da navigatori olandesi) si ruppe definitivamente l'isolamento di queste regioni, che entrarono a far parte dei domìni coloniali inglesi. Della Nuova Zelanda Cook compilò una precisa cartografia delle coste. In Australia, nonostante le difficoltà della barriera corallina, riuscì a sbarcare, il 29 aprile 1770, a Botany Bay (divenuta poi parte di Sidney) per prenderne possesso in nome del re inglese Giorgio III.

All'esito positivo del primo viaggio seguì il comando di una **seconda spedizione**, che segnò un ulteriore progresso nelle conoscenze geografiche e scientifiche: fu la prima circumnavigazione del globo a spingersi così a sud, **varcando il Circolo Polare Antartico**. Se i pericoli della navigazione, fra iceberg e venti violenti, resero impossibile avvicinarsi al Polo Sud, Cook riuscì ad intuire l'estensione dell'Antartide, ben più vasta di quella del Polo Nord. Dopo un'esplorazione così ampia poté mettere fine alla ricerca della *Terra Australis*, risolvendo uno dei maggiori problemi geografici e culturali dell'epoca, dichiarando con piglio illuminista che **il continente, così come**

Il primo cronometro marino dell'inglese John Harrison
1735

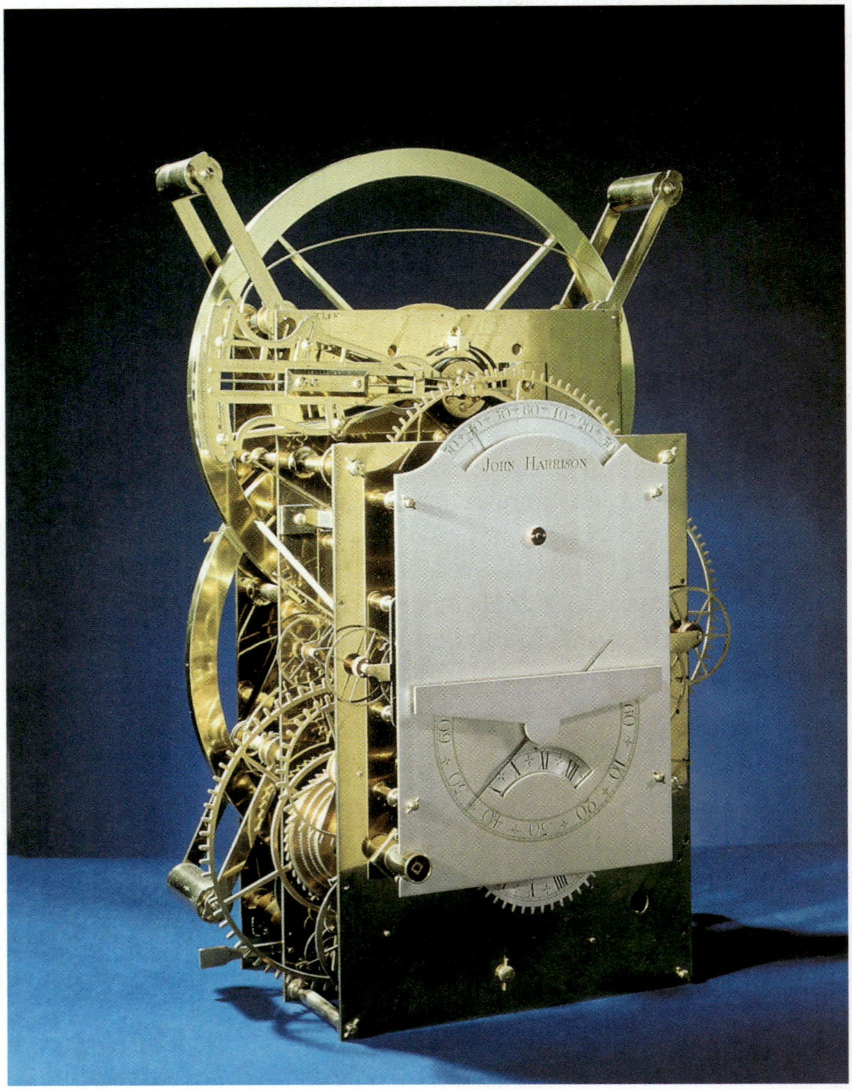

era descritto dai geografi antichi, era un'invenzione priva di fondamento. Non solo questo fu il risultato del viaggio, che proseguì approdando in isole e arcipelaghi da tempo non più visitati o ancora da scoprire: le isole Tonga, le Marchesi, le Figi, le Nuove Ebridi, l'isola di Pasqua, la Nuova Caledonia. Con la quantità di osservazioni raccolte, Cook realizzò una **mappatura dell'emisfero australe**, che permise una navigazione più sicura e aprì nuove rotte commerciali a beneficio dell'Inghilterra.

Figlio del secolo dei Lumi, Cook applicò nel campo della navigazione un **approccio razionalista**, come dimostra la metodicità con cui preparava le spedizioni, documentandosi sui viaggi precedenti, seguendo i lavori di allestimento delle navi, cercando per quanto possibile di prevenire i pericoli della navigazione e di mantenere in salute l'equipaggio. Riconoscendone le competenze scientifiche, dopo le relazioni sulla cura dello scorbuto e sull'uso del cronometro di Harrison (lo strumento usato per calcolare la longitudine in mare), la prestigiosa Royal Society lo accolse come socio, sancendo definitivamente l'ascesa sociale dell'esploratore, figlio di un bracciante, che aveva compiuto studi da autodidatta.

Provato da quasi trent'anni ininterrotti di navigazione, quasi cinquantenne, Cook avrebbe potuto ritirarsi a dirigere l'ospedale militare di Greenwich, ma accettò la nuova sfida propostagli dall'Ammiragliato: cercare il passaggio di Nord-ovest, la rotta fra Oceano Atlantico e Pacifico, a nord del Canada, che doveva mettere in comunicazione più velocemente Europa e Asia. Salpato nel **1776**, Cook risalì le coste occidentali del Nord America e, esplorate le coste dell'**Alaska**, cominciò a percorrere lo **stretto di Bering**. Le difficoltà della navigazione a queste alte latitudini, l'assenza di scali in cui sostare, lo costrinsero a tornare indietro (solo nel 1906, più di un secolo dopo, la spedizione del norvegese Amundsen riuscì a percorrere tutta la tratta).

Sulla via del ritorno Cook si fermò nuovamente alle **Hawaii**, scoperte nel viaggio di andata. Casualmente l'arrivo coincise con le celebrazioni per l'anno nuovo, dedicate al **dio Lono**, che secondo il mito tornava ciclicamente sulle isole causando la rinascita della natura. Le soste di Cook si inserirono, inconsapevolmente, nella narrazione cosmologica della cultura hawaiana: il capitano fu associato a Lono, e come tale venerato. Da sempre interessato a stabilire un clima pacifico con i nativi, evitando il ricorso alla forza, Cook assecondò le pratiche dei sacerdoti, pur non comprendendole a pieno. Lasciate le isole fra gli onori, con le navi cariche di doni, Cook fu costretto a un repentino ritorno, a seguito di una tempesta. Non sapeva che gli sarebbe stato fatale. Il ritorno questa volta non era in sintonia con il ciclo rituale, dunque era inspiegabile agli occhi della popolazione, soprattutto dei capi guerrieri, che lo percepirono come un minaccioso tentativo di conquista. Fu un banale furto ai danni delle navi la causa dell'incidente in cui Cook, ormai oggetto di ostilità, fu pugnalato a morte, e poi aggredito dalla folla. Persino la sua uccisione, però, si accordava al mito di Lono, che, spogliato dei suoi poteri, veniva sostituito dalla figura umana del re guerriero. **Cook morì come un dio hawaiano**, e come tale continuò ad essere celebrato per oltre un secolo, mentre oltreoceano cominciava a circolare la leggenda nera del Pacifico, non più visto come un Eden abitato da popolazioni innocenti e incorrotte. La morte di Cook, compianta dalla società inglese, anche dal re, rappresentò così un punto di congiunzione fra la cultura europea e quella hawaiana, poiché entrambe «l'avrebbero idolatrato come un martire della rispettiva prosperità» (M. Sahlins). Anche a Cook dobbiamo l'immagine del mondo nella forma in cui la conosciamo, che oggi ci appare scontata, ma è frutto di una secolare storia di scoperte, esplorazioni, incidenti e false credenze.

ATLANTE 17_LE ROTTE DEI VIAGGI DI COOK

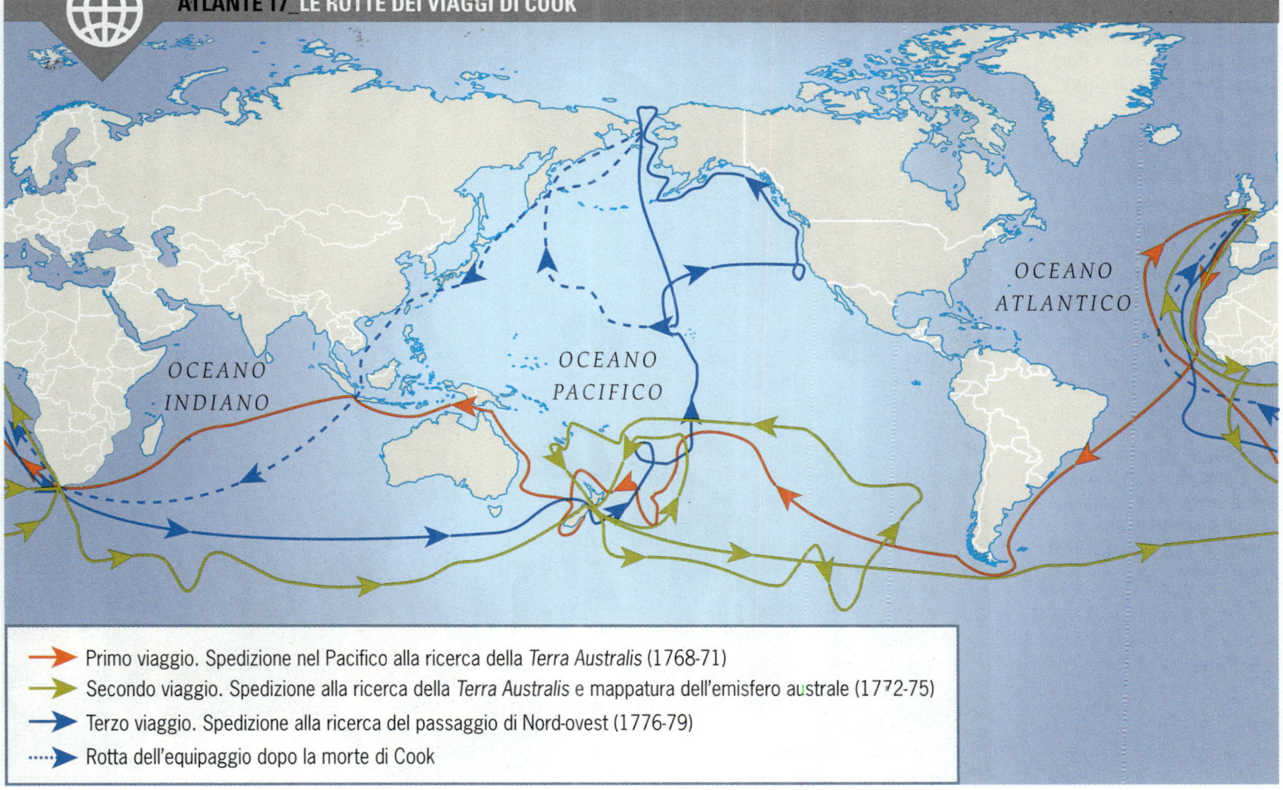

Primo viaggio. Spedizione nel Pacifico alla ricerca della *Terra Australis* (1768-71)

Secondo viaggio. Spedizione alla ricerca della *Terra Australis* e mappatura dell'emisfero australe (1772-75)

Terzo viaggio. Spedizione alla ricerca del passaggio di Nord-ovest (1776-79)

Rotta dell'equipaggio dopo la morte di Cook

scrittore e saggista inglese come Daniel Defoe, autore delle celebri avventure di *Robinson Crusoe* (1719).

La Gran Bretagna si avviava a diventare infatti la **principale potenza commerciale mondiale**: agli inizi del '700 aveva già conquistato il quasi monopolio negli scambi con il Portogallo e il Brasile, mantenendo una posizione privilegiata nel commercio con i domìni spagnoli. Primeggiava anche nell'attività di riesportazione di molti prodotti coloniali. Inoltre quando, a partire dalla seconda metà del '700, si inserì nel commercio triangolare il cotone grezzo delle piantagioni americane (Antille e Nord America), un mercato di vendita su scala mondiale era già pronto per i tessuti di cotone dell'industria inglese.

Quale fu il contributo delle attività commerciali al successivo sviluppo industriale in Gran Bretagna prima e poi nel resto dell'Europa? Più che l'entità dei profitti e l'accumulazione dei capitali, di cui sono incerti la misura e l'apporto diretto, contarono **la conquista dei mercati mondiali e il controllo delle materie prime** realizzati nel '600 e '700. Fu lo sviluppo economico basato sulla rivoluzione tecnologica occidentale ad accentuare le differenze – fino allora poco sensibili a livello di reddito pro capite (per abitante) – fra l'Europa e i grandi imperi asiatici. In confronto a un'Asia stazionaria nei redditi, l'Europa diventerà sempre più ricca: una distanza, la **"grande divergenza"**, che prefigurerà quella contemporanea fra paesi industrializzati e paesi arretrati o in via di sviluppo fino agli ultimi anni del '900 **[** I GRANDI TEMI **2**_TESTO**1]**.

La conquista e il popolamento britannici dell'Australia

Dominatrice degli oceani, la Gran Bretagna si avviò anche a conquistare terre inesplorate agli antipodi dell'Europa come l'Australia.

Fino all'insediamento degli europei nel '700 l'Australia era restata completamente esclusa dai processi di civilizzazione che avevano trasformato

Thomas Gosse
L'accampamento degli scienziati di Cook a Port Jackson presso Botany Bay
1770
[National Maritime Museum, Greenwich, Londra]

Botany Bay è una baia situata pochi chilometri a sud dell'odierna Sydney in Australia. James Cook vi giunse con la sua nave *Endeavour* nel 1770 segnando l'inizio della colonizzazione britannica delle coste australiane. Inizialmente chiamata Stingray Harbour, la baia fu ribattezzata con il nome con cui è ancora oggi conosciuta per via delle innumerevoli specie di piante raccolte e catalogate da Joseph Banks, botanico della spedizione.

il pianeta. In questo continente, di gran lunga il più arido, il più piccolo, il meno fertile, il meno popolato e il più povero di risorse biologiche, gli indigeni vivevano in età moderna ancora senza agricoltura e allevamento, non usavano archi e frecce, non avevano villaggi permanenti, né conoscevano la scrittura o qualche forma di organizzazione politica. Gli **aborigeni australiani** erano cacciatori-raccoglitori nomadi, riuniti in bande, che utilizzavano ancora strumenti di pietra. Scoperta nel 1642 dall'olandese Abel Tasman, l'Australia era conosciuta come Nuova Olanda. Ma dopo che il capitano **James Cook** ne ebbe esplorato le coste orientali nel 1770, gli inglesi si stabilirono in alcune zone costiere, soprattutto nel Sud-est, che furono dapprima adibite a **colonie di deportazione** (per i detenuti della madrepatria) e solo successivamente divennero colonie di popolamento.

Parola chiave
Ecosistema
ONLINE

Il primo gruppo di deportati, imbarcati in Inghilterra, arrivò in Australia nel 1788: il 26 gennaio una flotta di undici vascelli con a bordo 1030 persone, di cui 548 prigionieri uomini e 188 donne, entrò nella baia di Sydney. Erano per lo più giovani, in gran parte colpevoli di piccoli furti, che la durissima giustizia penale britannica aveva condannato a morte e poi graziati. Divennero i protagonisti di un esperimento mai tentato prima da uno Stato: organizzare un insediamento, lontano dalla patria, dove confinare i **"criminali" recidivi e considerati più pericolosi**. Tra 1788 e 1853, quando vennero interrotte le deportazioni, oltre 160 mila prigionieri, tra cui circa 24 mila donne, erano stati trasferiti a forza dalla Gran Bretagna in Australia.

La nuova società australiana

Solo una minima parte di questa massa di deportati (circa il 10%) fu reclusa nei famigerati **stabilimenti penali** (Norfolk Island, Port Arthur, Macquarie Harbour, Moreton Bay), dove soprusi, violenze e torture costituivano terribili esperienze quotidiane.

La maggior parte dei prigionieri venne in realtà utilizzata per svolgere **lavori obbligatori** per i coloni liberi o fu fatta lavorare alle dirette dipendenze del governo: essi non conobbero dunque la reclusione, ottennero dopo un periodo la semilibertà e spesso, scontata la pena, riuscirono a integrarsi nella società coloniale. Così, progressivamente, cominciò a consolidarsi una nuova società, caratterizzata dalla formazione di un singolare **ceto medio costituito dai discendenti dei detenuti**, con propri valori e un dinamico spirito imprenditoriale. E fu anche per la mobilitazione di queste nuove generazioni nate in Australia, che non gradivano il marchio di deportato e non tolleravano la concorrenza della manodopera coatta, che la Gran Bretagna decise nel 1853 di interrompere definitivamente la deportazione dei "criminali" nell'isola.

GUIDA ALLO STUDIO

❶ Perché l'Australia fu chiamata originariamente Nuova Olanda? ❷ Per quanto tempo l'Australia fu adibita a colonia di deportazione? ❸ Che destino ebbe la maggior parte dei detenuti deportati dal governo inglese in Australia? ❹ In che anno il governo inglese decise di interrompere la deportazione dei criminali in Australia?

4 Lo scambio biologico

L'imperialismo ecologico

L'espansione e colonizzazione europea negli altri continenti, soprattutto nelle Americhe e in Australia (e in seguito in Nuova Zelanda), comportò non solo la distruzione delle originarie organizzazioni sociali e nuove forme di dominazione, ma anche uno scambio biologico che trasformò radicalmente l'ecosistema dei nuovi mondi. Fu **uno scambio reciproco anche se ineguale** che arricchì l'Europa ma penalizzò duramente i nuovi mondi nei quali si diffusero, oltre all'impressionante numero di europei, specie animali e vegetali del Vecchio Continente in forma davvero invasiva.

Mentre sono largamente conosciuti gli apporti dalle Americhe – come la **patata** e il **mais** (inoltre il caffè, il cotone, la canna da zucchero, il tabacco) e, fra le malattie, la **sifilide** –, meno noti sono i cambiamenti che nella flora, nella fauna e in genere sul piano biologico il Vecchio Mondo ha determinato nel Nuovo. L'analisi di questa diversa espansione europea consente di parlare di un vero e proprio imperialismo ecologico.

Gli agenti di questo imperialismo furono in primo luogo i **virus** e i **batteri** delle malattie europee che si diffusero non solo dove il contatto con le popolazioni indigene era costante, come in Messico e nelle Antille, ma anche dove fu più occasionale e limitato, come con i pellerossa del Nord America, prima ancora degli insediamenti stabili europei. L'affezione più letale fu il **vaiolo**, ma si rivelarono micidiali gran parte delle malattie infettive, anche quelle non più mortali per gli europei, come il **morbillo**.

Erbe e bestiame e uomini

Una straordinaria capacità di riprodursi ebbero anche le **erbe infestanti** di origine europea, arrivate con le navi e mescolate alle sementi. Nelle zone a clima temperato i semi portati dal vento crearono distese sterminate di trifoglio, piantaggine, gramigna, e altro. Nonostante il nome, la loro funzione è tutt'altro che negativa: esse, anzi, proteggono il suolo dall'inaridimento e rinnovano il manto erboso dove il **pascolo** è stato particolarmente distruttivo. Furono queste erbe che accompagnarono e alimentarono il moltiplicarsi senza limiti del bestiame europeo. L'America, l'Australia e la Nuova Zelanda, infatti, non conoscevano i **cavalli**, i **bovini**, le **pecore**, le **capre** e i **maiali**: tutte queste specie si diffusero a velocità crescente, soprattutto allo stato brado. Il clima era favorevole e i pascoli abbondanti. Inoltre, in questi nuovi mondi mancavano animali predatori di taglia sufficientemente grande da insidiare il bestiame europeo.

Clima e ambiente simili a quelli europei, uniti alla scarsità delle popolazioni indigene (i pellerossa del Nord America, gli aborigeni dell'Australia, i maori della Nuova Zelanda), favorirono il dilagare della **emigrazione europea** nelle zone temperate a nord e a sud dei Tropici a partire dai primi decenni dell'800. Tra 1820 e 1930 **oltre 50 milioni di europei** si trasferirono in **America** e **Oceania**: una cifra che equivale a circa un quinto di tutta la popolazione del Vecchio Continente agli inizi di quel periodo. Questo immenso flusso migratorio stimolò lo sviluppo demografico dei nuovi continenti ma anche dell'Europa, proprio grazie alla maggiore disponibilità di risorse: tra 1750 e 1930 la popolazione totale di America e Oceania aumentò di almeno 14 volte contro una media, nel resto del mondo, non superiore a due volte e mezza, mentre tra 1840 e 1930 la popolazione europea si accrebbe a un tasso doppio rispetto ad Asia e Africa.

Guamán Poma de Ayala
La raccolta delle patate
metà XVII secolo
[da *Nueva Corónica y Buen Gobierno*; Biblioteca Reale, Copenaghen]
Portata in Europa nel XVI secolo, la patata si diffuse inizialmente in Spagna e in Italia, e in seguito in Irlanda dove divenne ben presto un elemento base della dieta locale.

Il risultato compiuto di questo imperialismo ecologico, che unì microbi, piante, animali e uomini europei, è rappresentato dal fatto che oggi tra i maggiori esportatori di derrate alimentari di origine europea si annoverano proprio quei paesi – come gli Stati Uniti, il Canada, l'Argentina, l'Uruguay, l'Australia e la Nuova Zelanda – che cinque secoli fa non conoscevano gli animali tipici delle forme di allevamento europeo, né i cereali del Vecchio Mondo (frumento, orzo, segale).

Focus
Caffè e tè

ONLINE

Nuovi consumi e nuove mode

Il Vecchio Continente invece, mentre assimilava le novità colturali e alimentari delle Americhe, continuò come in passato a essere esposto soprattutto alle epidemie provenienti dall'Asia: se nel '700 sparì la peste, nell'800 si diffuse il **colera**. Ma i contatti con le altre culture erano anche destinati a modificare profondamente i consumi voluttuari e gli stili di vita in Europa.

Seguendo l'esempio degli arabi e dei turchi, intorno al 1600 gli europei cominciarono a bere il **caffè**, quando già da un secolo questa abitudine si era diffusa nei paesi islamici. Nel 1652 venne aperto il primo caffè a Londra, dieci anni dopo ne fu inaugurato uno anche ad Amsterdam. Poco più tardi, nel '700, iniziò l'epoca dei caffè eleganti a Parigi e nelle altre grandi città europee. Così questi **nuovi locali pubblici** divennero importanti luoghi di incontro e di socializzazione per i ceti urbani e le élite politicizzate. In Inghilterra, intanto, il **tè** aveva soppiantato il caffè: nel '700 veniva importato dalla Cina, successivamente soprattutto dall'India. Anche il **tabacco**, originario dell'America caraibica, diventò in breve tempo un consumo irrinunciabile per molti europei che lo fiutavano e lo masticavano oltre a fumarlo nelle pipe e come sigaro (le sigarette si sarebbero diffuse solo dalla metà dell'800): e in Europa la coltivazione del tabacco si diffuse più rapidamente di quella del mais e del pomodoro.

Il caffè del Palais-Royal a Parigi
XVIII secolo

GUIDA ALLO STUDIO

❶ Che cosa si intende per imperialismo ecologico? ❷ Quali effetti produsse la circolazione di virus e batteri di origine europea? ❸ Che effetto ebbe la diffusione, nei paesi colonizzati, di piante quali trifoglio, piantaggine, gramigna? ❹ Cavalli, bovini, pecore, capre e maiali si adattarono bene nei paesi colonizzati dagli europei? ❺ La conquista di nuovi continenti inaugurò una stagione caratterizzata da un intenso flusso migratorio. Quali dimensioni ebbe questo fenomeno e quali conseguenze? ❻ Quando gli europei cominciarono a bere tè e caffè e da dove venivano importate queste bevande?

STORIA • SOCIETÀ • CITTADINANZA

La tutela della biodiversità

Quando i coloni europei cominciarono a insediarsi nelle Americhe (XV secolo) e in Oceania (seconda metà del XVIII secolo), modificarono profondamente i territori delle terre appena scoperte. Per far fronte alle esigenze economiche che li avevano portati a spingersi così lontano dalla propria patria, infatti, essi rasero al suolo intere foreste, bruciarono vaste praterie per piantare le proprie coltivazioni e soffocarono con la violenza l'opposizione degli indigeni.

Tutto ciò ebbe conseguenze devastanti sugli ecosistemi locali, che furono spesso radicalmente modificati. Le **epidemie** falcidiarono le popolazioni e talvolta le **specie animali importate** dal vecchio continente entrarono in competizione con quelle locali minacciandone l'esistenza; in ogni caso si assistette a un tentativo – più o meno consapevole – di "europeizzare" i nuovi mondi trasformandoli secondo le proprie esigenze.

In realtà il trattamento non fu riservato alle sole terre d'oltreoceano: si trattò piuttosto di estendere oltremare un modello di sviluppo economico e sociale già in atto in Europa, basato sul dominio e lo sfruttamento della natura per trarre da essa il massimo profitto. L'esperienza e la scienza moderna hanno però dimostrato che interferire in modo eccessivo e continuativo sulla natura può stravolgerne gli equilibri in modo più o meno definitivo.

La natura, l'insieme delle forme animali e vegetali che vivono su di un territorio, è un sistema molto complesso in cui interagiscono una moltitudine di fattori: la morfologia di un dato territorio, il suo clima, le specie animali e vegetali che lo popolano e che nel tempo vi si sono adattate in modo sempre più completo. Quando tutti questi elementi trovano tra di loro un equilibrio, il sistema (un **ecosistema**) funziona. In un ecosistema ben funzionante, le specie che lo popolano devono essere tante e diverse tra di loro: è questa la cosiddetta **"biodiversità"**.

Questo principio, la cui importanza oggi è diffusamente riconosciuta, si spiega con due motivazioni: innanzitutto, un sistema basato sulla diversità delle forme di vita animali e vegetali può rispondere meglio ai cambiamenti ambientali (una variazione delle temperature, per esempio, può penalizzare e portare all'estinzione alcune specie ma non altre, capaci di adattarsi alle nuove condizioni climatiche); inoltre, la diversità delle forme di vita fa sì che, tendenzialmente, nessuna di esse prevalga sulle altre.

Attualmente gli scienziati sono riusciti a catalogare circa 1,75 milioni di specie animali e vegetali e nuove specie vengono continuamente scoperte, studiate e aggiunte alle precedenti. Sul numero complessivo delle specie viventi non vi sono certezze, ma secondo alcuni se ne possono ipotizzare anche decine di milioni. Le aree dove la biodiversità è maggiore sono le foreste, prima tra tutte la foresta amazzonica, che si estende su un territorio pari al 42% dell'Europa.

Nel corso del tempo, le specie si evolvono, si estinguono per cause naturali e vengono sostituite da altre più forti e adatte all'ambiente. A partire dalla **metà del XX secolo** gli studiosi hanno rilevato un fenomeno nuovo: la **massiccia estinzione di specie animali per cause umane**, anziché per cause naturali. Si tratta, in realtà, di un processo iniziato già in età moderna, con i disboscamenti, ma che nei secoli è diventato sempre più incisivo fino a raggiungere, recentemente, livelli di guardia tali da mettere a rischio l'esistenza di interi ecosistemi.

Gli studiosi stimano che negli ultimi 500 anni si siano estinte circa 1000 specie animali con una velocità 36 volte più elevata rispetto al tasso di estinzione naturale. Le cause di questo fenomeno sono note: disboscamenti, pesticidi, agricoltura intensiva, monocolture (coltivazioni di un solo prodotto su grandissimi territori), diffusione in agricoltura degli Ogm (organismi geneticamente modificati), inquinamento, urbanizzazione sfrenata e senza regole. Ognuno di questi fattori rappresenta una minaccia per la biodiversità. Negli ultimi anni, per esempio, si è verificata una preoccupante moria di api in più parti del pianeta, la cui è causa è stata individuata nell'uso di un particolare pesticida introdotto sul mercato. Se non si corresse ai ripari, potrebbe verificarsi l'estinzione di questi insetti, che sono i principali responsabili dell'impollinazione delle piante. Le conseguenze sulla vita del pianeta sarebbero dunque inimmaginabili.

Per porre un freno a questa tendenza sono stati attuati numerosi provvedimenti, come la creazione di riserve e parchi protetti dove le specie possono proliferare tranquillamente. Nel 1948 è stata fondata la Iucn (*International union for conservation of nature and natural resources*), una organizzazione internazionale con sedi e progetti di ricerca in tutto il mondo che studia gli ecosistemi e annualmente redige una lista delle specie a rischio di estinzione.

In ambito politico la strada da percorrere è ancora molto lunga. Nel **1992,** in occasione della Conferenza Internazionale delle Nazioni Unite sull'Ambiente e lo Sviluppo, tenutasi a Rio de Janeiro, venne stipulata la **Convenzione sulla diversità biologica**, ratificata in seguito da 192 paesi tra cui anche l'Italia (14 febbraio 1994, legge n. 124).

SINTESI

1 Le due direttrici dell'espansione coloniale europea

Fino all'800 la presenza dell'Europa in Oriente fu soprattutto commerciale. Nell'Oceano Indiano i portoghesi diedero vita, tra la fine del '500 e la prima metà del '600, a un vasto impero commerciale. Successivamente la Compagnia olandese delle Indie orientali – che agiva anche come rappresentante dello Stato olandese – soppiantò l'egemonia commerciale portoghese, controllando per mezzo secolo il traffico delle spezie. Tra '600 e '700 la Compagnia inglese delle Indie orientali concentrò i propri interessi commerciali in India scalzando la Compagnia francese delle Indie orientali. Con la guerra dei Sette anni gli inglesi acquisirono il Canada e parte della Louisiana dalla Francia e la Florida dalla Spagna. Così i possedimenti francesi in America si ridussero alle sole Antille e si affermò la supremazia inglese nell'America del Nord.

2 La tratta degli schiavi e il commercio triangolare atlantico

Fin dall'inizio, nell'economia dell'America Latina ebbe un ruolo decisivo l'ingente produzione di oro e argento inviata in Europa. Nel '500, con la coltivazione della canna da zucchero in Brasile, iniziò il sistema delle piantagioni, dove furono impiegati schiavi neri importati dall'Africa per coltivazioni monocolturali, in primo luogo la canna da zucchero. Attorno al traffico di schiavi prese forma quel "commercio triangolare" (Africa-America-Europa) che divenne il tratto caratteristico

Attivisti di Greenpeace coprono un campo di mais nelle vicinanze di Friburgo (Germania) Nato in Canada nel 1976, il gruppo di Greenpeace si distingue dagli altri movimenti ambientalisti per le azioni particolarmente spettacolari volte ad attirare l'attenzione dei mass media sui gravi problemi ambientali del pianeta. Nell'immagine riprodotta il telone che copre 400 metri quadrati di coltivazione di mais transgenico riporta la scritta: «Attenzione! Geneticamente manipolato».

Il Preambolo e il primo articolo del documento ne dichiarano gli obiettivi: «Le Parti contraenti, [...] preoccupate per il fatto che la diversità biologica è in fase di depauperazione a causa di talune attività umane, hanno convenuto [...] che gli obiettivi della presente Convenzione [...] sono la conservazione della diversità biologica, l'uso durevole dei suoi componenti e la ripartizione giusta ed equa dei benefici derivanti dall'utilizzo delle sue risorse genetiche».

Tra le altre cose, il testo della Convenzione mette in evidenza il risvolto per così dire "sociale" della tutela della biodiversità, il fatto cioè che una crisi degli ecosistemi comporterebbe per la civiltà conseguenze drammatiche come carestie, povertà, sottosviluppo a cui farebbero seguito guerre, disordini e violenza. La Convenzione del 1992 rappresenta allo stato attuale l'unico sforzo politico e legislativo che abbia carattere globale. A livello locale sono stati messi in atto altri provvedimenti, come la Convenzione per la conservazione della biodiversità e la protezione delle aree selvagge dell'America centrale (1992), la Convenzione per la protezione del Mar Nero dall'inquinamento (2002), l'istituzione, da parte degli Stati membri dell'Asean (*Association of Southeast Asian Nations*), di un Centro per la biodiversità (2005).

Potenti ragioni economiche spingono tuttavia i governi, in special modo quelli dei paesi più poveri, a sottovalutare l'impatto delle attività umane sull'ambiente e sulla sua ricchezza. Ciò è evidente se si considera la diffusione a livello globale dei cosiddetti **"semi Ogm"** che hanno conquistato diversi sistemi agricoli in tutto il mondo. Questi semi, forniti da grandi aziende **multinazionali** (tra le quali l'americana Monsanto, la Bayer, la Dow, ecc.), producono piante molto resistenti alle intemperie e ai parassiti, ma sterili, per cui l'agricoltore non può ricavare dei semi dal raccolto precedente ed è costretto a riacquistare di anno in anno le semenze dipendendo, di fatto, dalle aziende che le producono. Per alcune colture i semi modificati rischiano di soppiantare quelli naturali, determinando una enorme perdita per la biodiversità. Per esempio, delle cento varietà di soia esistenti in natura, solo una – per giunta geneticamente modificata – è attualmente usata in agricoltura.

La questione delle colture geneticamente modificate vede due schieramenti aspramente contrapposti. Da un lato, coloro che difendono il patrimonio antichissimo delle coltivazioni convenzionali e temono i rischi di contaminazione e danni permanenti all'ambiente naturale; dall'altro, quanti sono a favore dello sviluppo della ricerca anche in questo campo e sottolineano come in molti paesi europei le colture Ogm siano largamente presenti e i prodotti agricoli – come i mangimi – largamente importati anche in Italia che però, paradossalmente, ne vieta la produzione.

del sistema mercantile atlantico. Il predominio britannico fu rafforzato con la pace di Utrecht, nel 1713: gli accordi stabilivano che la tratta degli schiavi verso le colonie spagnole (l'*asiento de negros*) divenisse monopolio britannico (e tale rimase fino al 1750).

3 L'egemonia britannica e la conquista dell'Australia

Tra '600 e '700 la Gran Bretagna conquistò i mercati e assunse il controllo delle materie prime e ciò contribuì al successivo sviluppo industriale inglese. Alla fine del '700 i domìni britannici si estesero anche all'Australia: furono costituite colonie di deportazione, poi trasformate in colonie di popolamento. Tra 1788 e 1853 oltre 160 mila prigionieri vennero trasferiti dalla Gran Bretagna in Australia. Solo una minima parte di essi fu reclusa negli stabilimenti penali, mentre gli altri vennero assegnati come servi ai coloni liberi o furono utilizzati come lavoratori alle dirette dipendenze del governo. Scontata la pena, moltissimi ex deportati riuscirono a integrarsi nella società coloniale.

4 Lo scambio biologico

Il contributo delle economie periferiche allo sviluppo europeo va individuato soprattutto nel fatto che esse fornirono un mercato mondiale alla produzione industriale europea. L'aspetto meno noto dell'espansione europea è quello ecologico: l'Europa, infatti, trasformò sensibilmente l'habitat delle popolazioni soggette al suo dominio esportando non solo merci, ma anche malattie, piante, animali e uomini.

SVILUPPARE LE COMPETENZE

❶ Nelle due colonne sottostanti hai, scomposte in due parti, le domande di questo esercizio. Abbina correttamente le frasi della prima colonna con quelle della seconda e quindi rispondi ai quesiti scrivendo testi di 10 righe ciascuno:

a. Quali potenze navali contrastarono, dall'inizio del '600, l'egemonia...

b. Come si chiamavano le due maggiori compagnie di mercanti che dalla...

c. Quale catena di avvenimenti fu innescata dall'acquisizione, da parte...

d. Come e quando avvenne l'insediamento di olandesi, ...

e. Quali furono i principali insediamenti conquistati da Francia e...

1. ...metà del '600 dominarono l'importazione di spezie e tessuti (ma non solo), dall'Asia?

2. ...inglesi e francesi nelle Grandi e Piccole Antille?

3. ...coloniale spagnola nelle Americhe e quella portoghese in Africa e Asia?

4. ...Gran Bretagna nel Nord America durante il '600?

5. ...della Compagnia francese delle Indie orientali, del villaggio di Pondichéry?

❷ Rispondi ai quesiti impiegando il numero di righe indicato tra parentesi:

a. Quando fu istituito, in America Latina, il sistema delle piantagioni? Quale prodotto fu protagonista, inizialmente, delle coltivazioni? (12 righe)

b. La schiavitù era un'istituzione già diffusa in Africa, ma furono gli europei a sviluppare questo mercato. Perché? (15 righe)

c. Che cos'è il commercio triangolare e quali conseguenze sociali ed economiche ebbe sulle strutture dei paesi destinatari? (15 righe)

d. Che cos'è l'*asiento de negros*? (12 righe)

❸ Rispondi ai quesiti proposti di seguito:

a. Conquista dei mercati mondiali, controllo delle materie prime, sviluppo industriale: in quale relazione di causa ed effetto si trovano questi fondamentali fattori, che sono parte del processo di imperialismo commerciale e crescita industriale compiuto dalla Gran Bretagna tra '600 e '700? Motiva la risposta in un testo di 12 righe.

b. Conquista dell'Australia, colonie di deportazione, ceto medio formato dai discendenti dei detenuti: spiega, in un testo di 12 righe, la relazione esistente tra questi elementi.

❹ L'imperialismo europeo ebbe numerosi effetti sulle popolazioni colonizzate, soprattutto su quelle del continente americano e australiano. Quali furono gli effetti più evidenti del continuo scambio tra nuovo e vecchio mondo? Gli elementi principali della risposta alla domanda sono elencati di seguito. Sviluppa ognuno dei punti in brevi testi di 5 righe ciascuno:

a. Imperialismo ecologico

b. Virus e batteri delle malattie europee

c. Trifoglio, piantaggine, gramigna: piante utili al pascolo

d. Le migrazioni tra vecchio e nuovo mondo facilitarono la crescita della popolazione

e. Caffè, tè e tabacco.

CIVILTÀ A CONFRONTO 2

I GRANDI **TEMI**

Introduzione

Nel 1588, il gesuita spagnolo José de Acosta (1539-1600), per molti anni missionario in Perù e in Messico, si interrogò nel suo *De procuranda indorum salute* (*Come garantire la salvezza degli indigeni*) sui caratteri che contraddistinguevano i «barbari» dagli «altri uomini»:

> Secondo me le categorie, per così dire, di barbari, sono tre, con grandi differenze fra loro. [...] La prima categoria è di quelli che non si allontanano molto dalla ragione e dalle pratiche del genere umano. Essi sono prima di tutto quelli che hanno un regime stabile di governo, delle leggi pubbliche, delle città fortificate, dei magistrati di grande prestigio, un commercio prospero e bene organizzato e, cosa più importante, un uso ben diffuso delle lettere. [...]
> Nella seconda categoria includo quei barbari che, pur non avendo conosciuto l'uso della scrittura, né le leggi scritte, né la scienza filosofica o civile, hanno tuttavia i loro magistrati eletti, il loro governo, le loro assemblee frequenti e fisse attraverso cui mantengono l'amministrazione politica, i loro capi militari organizzati e un notevole sviluppo del culto religioso. [...] Essi vivono in città e non vagabondano come le bestie ed inoltre hanno giudici e capi designati e rispettano reciprocamente i loro diritti. [J. de Acosta, *De procuranda indorum salute*, 1, *Pacificación y colonización*, Csic, Madrid 1984, pp. 61-63]

Infine, aggiungeva il gesuita, esistevano i barbari della terza categoria, privi di leggi, re, sistemi di governo e città.

Leggi, magistrati, sistema di governo, città fortificate, lettere, commercio, religione: erano questi, dunque, i criteri che – tanto nel pensiero di Acosta, quanto in quello dei suoi contemporanei, a cavallo tra il XVI secolo e quello successivo – distinguevano i popoli «civili» dai popoli «barbari» e «selvaggi».

In questo periodo, infatti, il termine **"civiltà"** – che già nella sua etimologia richiama il latino *civitas*, 'città' – era declinato al singolare: la civiltà era un ideale di vita superiore da raggiungere, un **modello di progresso** a cui uniformarsi attraverso il processo di civilizzazione.

L'uso al plurale del termine civiltà nell'accezione di "aree culturali" si affermò solo a partire dal XIX secolo quando, con la moltiplicazione dei viaggi internazionali e delle riflessioni di geografi, esploratori ed etnografi, si rinunciò all'ideale di un'unica civiltà di riferimento con un livello di progresso da raggiungere.

La definizione di cosa sia una civiltà – la propria e quella degli altri – è una questione che riguarda da vicino l'identità dei gruppi umani e, per questo, fin dall'Antichità le società si sono confrontate sulla diversità tra i popoli, spesso ponendoli in una scala gerarchica che attribuisce loro un valore maggiore o minore a seconda del gradino che occupano nella scala. Ancora oggi questa questione dà spesso vita ad accesi dibattiti in campo politico, tanto più che, con l'inizio del XXI secolo, sembra sempre più avviato verso la conclusione quel **predominio occidentale** – tecnologico, militare, economico, energetico, ecc. – sulle altre civiltà che aveva iniziato a palesarsi nel XVII secolo affermandosi nei secoli successivi. Come vedremo nei paragrafi successivi attraverso alcuni esempi significativi, i rapporti tra civiltà si sono dati storicamente nei termini di incontro, di imposizione di un ideale da esportare e difendere, o di scontro.

Fino alla metà del XX secolo, le civiltà "al plurale" furono viste come immutabili, monolitiche e tra loro impermeabili, oltre che come soggette a un ciclo vitale di nascita, sviluppo, declino ed estinzione: al punto più alto di sviluppo veniva posta la civiltà occidentale (europea e nordamericana).

Queste concezioni furono messe in discussione a partire dagli anni '60 del XX secolo, quando, in ambito storiografico, venne attribuita una **maggiore importanza alle interazioni e agli scambi** – anche di beni culturali – tra le diverse civiltà, operati soprattutto dai cosiddetti "uomini di frontiera": viaggiatori, mercanti, missionari, esploratori. Si è così confutata la teoria che considerava gli occidentali come una civiltà dinamica e in evoluzione e i non-occidentali come immobili e capaci solo di subire le iniziative occidentali: alcuni studiosi sono giunti, anzi, a proporre un'interpretazione "euroasiatica" del progresso, evidenziando gli apporti dell'Oriente alla modernizzazione, alla meccanizzazione e all'industrializzazione.
Si è così affermata un'opposizione all'idea dell'eccezionalità della cultura (artistico-letteraria e scientifica) e della tecnologia europee, ma anche all'idea deterministica per la quale i processi maturati in Occidente sono destinati a ripresentarsi nel resto del mondo, e a tutti i giudizi sul "ritardo" e l'"arretratezza" degli altri paesi che affiancano questo presupposto.
A livello storiografico si è affermato quindi il modello di indagine della *world history*, che si impegna ad analizzare il divenire storico in un'ottica globale: i popoli sono studiati confrontando i momenti di contatto, di scontro e di relazione e gli scambi scientifici, tecnologici e intellettuali [👁 TESTO1]. Il trasferimento delle conoscenze è, infatti, un processo dialettico, in cui le innovazioni non vengono recepite passivamente, ma adattate, rielaborate, potenziate sulla base delle condizioni ambientali e delle strutture politiche, socio-economiche e culturali peculiari di ciascuna società.
A far da traino agli scambi culturali e tecnologici, cioè al **transfert tecnologico**, furono soprattutto i rapporti commerciali, e in particolare quelli stabilitisi nell'Oceano Indiano e lungo le rotte atlantiche, che misero in contatto popoli lontanissimi tra loro. Il transfert tecnologico era basato su una sostanziale parità di livello di progresso raggiunto, soprattutto tra l'Oriente – in particolare, la Cina e gli imperi islamici – e l'Occidente. Il dibattito storiografico attuale verte quindi sul perché e sul quando l'Europa, e in generale l'Occidente, abbiano superato il resto del mondo in quanto a progresso tecnico e scientifico: un momento, questo, che, a seconda delle diverse interpretazioni, si colloca tra la fine del XVI secolo e la metà del XIX.

1 Gli incontri tra Europa e Cina tra XVII e XIX secolo

Torniamo alle parole del gesuita Acosta. Parlando della prima categoria di barbari, quelli che, avendo leggi, città, governi, commerci e lettere, non si discostavano troppo dal genere umano, egli scrisse che

> a questa classe sembra che appartengano per primi i cinesi [...]; hanno la fama di essere riusciti a ottenere un alto grado e un buon livello di sviluppo grazie all'abbondanza dei loro libri, allo splendore delle loro accademie, al prestigio delle loro leggi e dei magistrati e alla grandezza dei loro monumenti pubblici. [J. de Acosta, *De procuranda indorum salute*, 1, *Pacificación y colonización*, Csic, Madrid 1984, p. 63]

Scambi e contatti Dunque, alla **fine del XVI secolo**, quando si fecero sempre più frequenti le spedizioni commerciali degli europei nell'Estremo Oriente, era opinione diffusa presso gli occidentali che la civiltà cinese non fosse molto più arretrata della loro. Essa era ammirata dagli europei soprattutto per l'efficiente organizzazione politica e sociale, per la sua longevità, la continuità e la coesione. La superstizione e i limiti che si riteneva esprimesse in campo morale erano attribuiti all'ignoranza cinese del **cristianesimo**: dopo la conversione ad esso – considerata imminente – la civiltà cinese sarebbe diventata degna di emulazione da parte degli europei.
Diversa sembrava, invece, l'opinione dei cinesi sugli europei: come ha scritto di recente lo storico Niall Ferguson, anzi, «agli occhi dei grandi imperi orientali, i navigatori portoghesi e olandesi sembravano l'esatto contrario dei portatori di civiltà: erano semplicemente gli ultimi barbari scesi a minacciare il Regno di Mezzo, ancora più ripugnanti – e certamente più puzzolenti – dei pirati giapponesi». In generale, infatti, i cinesi consideravano la loro come la civiltà più elevata del mondo e giudicavano come dei barbari quanti abitavano nelle regioni del mondo tanto lontane da non dover pagar loro alcun tributo. Fin dall'anno Mille, la Cina aveva avuto una posizione preminente per quanto riguardava le conoscenze

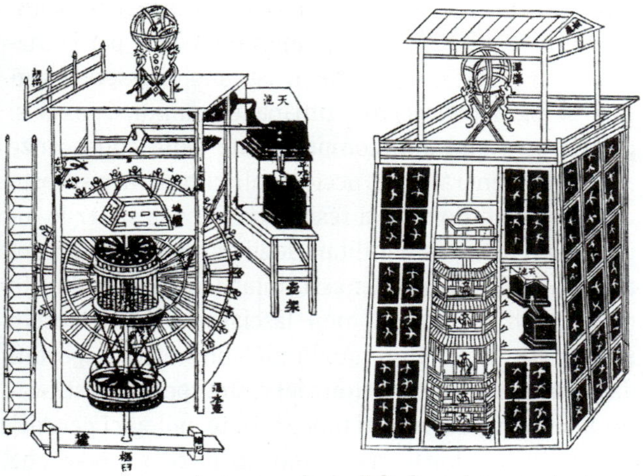

La torre orologio di Su Sung, interno ed esterno
Tra il VII e il XIV secolo, i cinesi perfezionarono l'orologio ad acqua. Risale all'XI secolo un trattato tecnico redatto dal monaco Su Sung, in cui sono descritti con grande meticolosità i meccanismi di una grande torre astronomica segnatempo alimentata ad acqua. La torre in legno era alta più di nove metri: sul tetto, sotto una pagoda, c'era una sfera in bronzo a comando meccanico destinata all'osservazione delle stelle. All'interno della costruzione si trovava un globo che ruotava automaticamente indicando le stelle visibili dalla piattaforma sovrastante. La facciata presentava una pagoda a cinque piani su ognuno dei quali si aprivano altrettante porte dalle quali uscivano degli automi muniti di campanelli per annunciare le ore o le loro frazioni.

tecnologiche e militari. Alcune delle loro invenzioni più importanti, come la bussola con l'ago magnetico, la carta, la stampa, le banconote, il filatoio a mano, il telaio per la seta e la polvere da sparo avevano già trovato diffusione in Europa. I cinesi, inoltre, erano abili sia nella produzione della ghisa sia nella costruzione di orologi ad acqua. Sul piano scientifico, le loro credenze in un'unità cosmica e la visione dell'imperatore, il Figlio del Cielo, come mediatore tra il cielo e la terra avevano stimolato una particolare attenzione per gli studi astronomici, che erano approfonditi e accurati.

Prima del XVI secolo, la maggiore difficoltà alla conoscenza europea dei cinesi era costituita dall'atteggiamento degli orientali stessi: gli imperatori Ming, infatti, tendevano a voler **limitare i rapporti dei loro sudditi con gli occidentali.** Molti penetrarono in Cina illegalmente e, dopo essere stati fatti prigionieri, riferirono la loro esperienza del soggiorno forzato. I racconti di questi **prigionieri, soprattutto portoghesi**, insieme a quelli dei religiosi domenicani e gesuiti delle prime missioni costituirono la base delle cronache delle scoperte occidentali nell'Asia orientale.

I gesuiti in Cina e i viaggiatori cinesi in Europa

I missionari gesuiti, che si stabilirono in Cina a partire dal XVI secolo, furono i primi e più efficaci mediatori tra la civiltà europea e quella cinese. Come tutti gli europei che vi giunsero in quel periodo, essi rimasero meravigliati per lo splendore e la raffinatezza degli oggetti, dei dipinti, delle ceramiche, della calligrafia cinesi.

Molti gesuiti si insediarono alla **corte imperiale di Pechino**, convinti che le loro conoscenze scientifiche e tecnologiche gli avrebbero permesso di sorprendere le élite cinesi e di mantenere così una posizione prestigiosa, aprendosi la strada per conversioni di massa in tutto il paese: essi si impegnarono nelle correzioni dei calendari, nella costruzione di cannoni, nella reintroduzione degli orologi, il cui uso si era in gran parte perso. La **cultura dei gesuiti** affascinava molto gli imperatori cinesi, che aprirono loro le porte della corte.

Il gesuita **Matteo Ricci** (1552-1610) [👁 4.3 PERSONAGGI], scienziato e matematico che, stabilitosi a Goa, nelle Indie orientali, già nel 1578, soggiornò alla corte di Pechino tra il 1601 e il 1610, fu mediatore di un profondo scambio culturale tra la civiltà occidentale e quella cinese, anche grazie alla sua perfetta padronanza della lingua cinese. Egli pensava addirittura che il confucianesimo primitivo – in quanto dottrina morale più che religiosa – non fosse incompatibile con il cristianesimo e che, anzi, potesse convivere con esso [👁 DOC2]. A Pechino, Li Ma-Tou (questo il suo nome in cinese) contribuì alla riforma del ca-

Vaso di porcellana cinese della dinastia Qing
XVII-XVIII secolo
[Museo Duca di Martina, Napoli]

Il padre gesuita Matteo Ricci con un convertito cinese
[da Athanasius Kircher *China Illustrata*, 1667; Biblioteca della Compagnia di Gesù, Roma]

lendario e stimolò gli interessi della corte in ambito scientifico e tecnologico. Egli, inoltre, tradusse alcuni testi di matematica, idraulica e astronomia, incoraggiando i cinesi a comporre opere analoghe.

Anche in Europa, del resto, i viaggiatori cinesi suscitavano sorpresa e ammirazione: è il caso del viaggio in Europa del giovane **Shen Fuzong**, un cinese appena convertitosi al cristianesimo che viaggiava insieme al gesuita Philippe Couplet. Dopo una visita nei Paesi Bassi spagnoli e a Roma, nel settembre 1684 Shen Fuzong giunse a Parigi, dove mostrò a un incantato Luigi XIV l'uso delle bacchette per mangiare. Il re rimase così colpito dai doni portati da Shen Fuzong che cominciò a interessarsi della cultura cinese, dando origine a un secolare scambio culturale tra Francia e Cina. Dopo la Francia, Shen Fuzong visitò anche l'Inghilterra, dove incontrò il re Giacomo II, e il Portogallo. La visita di Shen Fuzong diede maggiore forza all'ammirazione per l'Oriente, da cui prese forma nella cultura europea un marcato gusto per l'esotico.

Nel XVII e nel XVIII secolo, l'indiscussa vitalità culturale e tecnologica della Cina era lo specchio di una pari vitalità economica, che si avvantaggiava del mercato di spezie e di prodotti di lusso: fino agli inizi del '700 la Cina fu, infatti, la più grande potenza esportatrice del pianeta.

Il caso della vaiolizzazione

Gli scambi, inoltre, furono anche scientifici: molte erbe utilizzate dai cinesi come farmaci diventarono d'uso comune anche in Europa. La medicina cinese, alla metà del XVII secolo, inoltre, era superiore a quella europea almeno nei campi dell'assistenza al parto e dei neonati.

In Occidente ebbe una notevole importanza anche la conoscenza della **tecnica cinese** di immunizzazione contro il vaiolo: fin dal X secolo, infatti, i cinesi utilizzavano la tecnica della vaiolizzazione, che consisteva nell'inoculazione di materiale biologico prelevato dalle lesioni provocate dal vaiolo in altri pazienti (non gravi) nella persona da immunizzare. Questa tecnica era ampiamente usata nel XVI secolo, quando gli europei entrarono in contatto con i cinesi. Nel 1796, in Europa, il medico britannico **Edward Jenner** (1749-1823) scoprì che questo tipo di immunizzazione funzionava molto meglio inoculando nelle persone materiale biologico ricavato da bovini colpiti da vaiolo: prendendo le mosse da una tecnica conosciuta in Cina da secoli, si erano così scoperti i vaccini (da "vacca") [👁 2.1].

La chiusura della Cina

Meno proficuo fu invece lo scambio, in ambito medico, per i cinesi, che pensavano di essere il vertice di ogni conoscenza umana e, quindi, spesso si disinteressavano alla comprensione delle conoscenze altrui. In generale, gli occidentali rimasero piuttosto colpiti dal rifiuto e dalla resistenza dei cinesi per le innovazioni tecniche e militari degli europei e per la loro adesione alla tradizione: essi, infatti, senza un diretto ordine dell'imperatore, non lasciavano i loro vecchi strumenti per adottare quelli più innovativi importati dagli europei. Questi ultimi, del resto, spesso mostravano ai cinesi i loro oggetti moderni e tecnologici per meravigliarli e colpirli: speravano, in questo modo, che sarebbe stato più semplice convincerli della giustezza delle convinzioni occidentali, tanto in campo politico ed economico, quanto in quello morale, religioso e filosofico [👁 TESTO 3].

Questa chiusura verso l'esterno permise alla Cina di mantenere un **sistema economico basato sulle esportazioni** più che sulle importazioni, facendo così entrare una grande quantità di argento – utilizzato dagli europei per pagare le merci acquistate – nelle casse imperiali. Ancora nel 1793 fu rifiutata un'importante ambasceria britannica che chiedeva ai cinesi di aprire di più il loro commercio: la corte imperiale, infatti, informò gli inglesi che la Cina non aveva bisogno delle merci occidentali e, secondo i resoconti di lord George Macartney, gettò via i doni che gli erano stati portati [👁 TESTO 4]. Una situazione ben diversa da quella dell'Europa dove, invece, la moda dei prodotti cinesi – e in particolare delle porcellane – era sempre più diffusa. **La potenza globale si stava irrimediabilmente spostando da Oriente a Occidente** e la chiusura della Cina verso l'esterno era tra i responsabili di questo cambiamento.

La curiosità dell'Europa

Gli **intellettuali** europei, laici e religiosi, erano molto incuriositi dalla lingua, dalla cultura e dalla civiltà cinesi: gli scritti sulla grandezza delle città, sui monumenti grandiosi, sull'efficiente organizzazione sociale e politica e sui metodi educativi cinesi trovavano una larga diffusione in Occidente. Il pensiero cinese fu uno dei temi prevalenti dell'Illuminismo europeo: ad esempio, **Voltaire** fu un acceso sostenitore della morale confuciana. La maggior parte degli intellettuali occidentali si limitò, tuttavia, a scegliere gli aspetti della cultura cinese che meglio si adattavano alle loro convinzioni politiche, dando origine a volte a delle storture interpretative. È il caso, ad esempio, proprio di Voltaire che, polemico con l'assolutismo francese, giunse a teorizzare la Cina come modello politico alternativo, facendo appello a una presunta tolleranza dei mandarini. Tra la fine del XVII e l'inizio del XVIII secolo, si sviluppò in Europa un serrato dibattito sulle origini della lingua e della civiltà siniche: mentre la storia di altre civiltà antichissime – come quella egiziana e quella persiana – erano note agli eruditi europei, molto meno conosciuta era quella della Cina, che si era sviluppata in isolamento e in modo divergente rispetto ai racconti della storia umana ricavabili dalla Bibbia. Nel tentativo di **coniugare la tradizione cristiana e la storia cinese** si impegnarono soprattutto i gesuiti, che affermarono di aver trovato negli antichi testi cinesi una conferma della comune origine dell'umanità e della legge. Tra gli eruditi europei particolarmente interessati alla civiltà cinese, si distinse il filosofo tedesco Gottfried W. **Leibniz** (1646-1716), che ancora alla fine del XVII secolo la considerava superiore a quella europea per molti aspetti **[👁 DOC5]**.

La parità tecnologica tra Cina ed Europa a metà '700

Dalla fine del '600 l'innovazione scientifica e tecnologica fu prerogativa quasi del tutto occidentale, ma la Cina conservò ancora per decenni il primato raggiunto nei secoli precedenti. Secondo le ricerche più innovative, infatti, fino al tardo '700 l'Europa occidentale non aveva sviluppato i caratteri eccezionali che potessero far prevedere il grande balzo che avrebbe fatto con la rivoluzione industriale del XIX secolo o che rendessero l'industrializzazione un evento ineluttabile in Europa e impossibile altrove. Almeno le zone più sviluppate della Cina e del Giappone, ancora alla metà del XVIII secolo, erano molto simili alle loro omologhe europee: tutte e tre, infatti, combinavano agricoltura sofisticata, commercio e industria non meccanizzata. Da parte sua l'Europa aveva il vantaggio che la permanente situazione di guerra tra i numerosi Stati stimolava costantemente l'innovazione tecnologica in campo militare e spingeva i sovrani a incoraggiare il commercio, la conquista e la colonizzazione. La "grande divergenza" tra Oriente e Occidente si affermò solo più tardi, grazie soprattutto alla disponibilità europea di capitali, di materie prime e di mercati consentita dal possesso delle colonie **[👁 5.3]**.

Studi recenti sottolineano anche come il **salto tecnologico e scientifico compiuto dall'Europa nel XVIII secolo** ebbe un grande impulso proprio dal confronto con l'Oriente, e in particolare con la Cina. Esso, infatti, si fece sempre più serrato grazie ai più frequenti **contatti** nei "mari del Sud" e ai ripetuti tentativi, attraverso l'elaborazione di nuove tecniche di produzione, di **imitare i prodotti cinesi** (di lacca, di seta, di porcellana, di giunco) che giungevano in Europa, dove erano sempre più apprezzati e richiesti dalle élite.

Un esempio significativo è quello della produzione della porcellana, il cui processo di fabbricazione fu elaborato in Cina fin dal VII secolo, per poi essere perfezionato nel XIII: gli europei provarono fin dal XV secolo a imitare questo materiale, particolarmente ammirato dai ceti sociali più ricchi, ma gli standard della qualità cinese furono raggiunti solo nel XVIII secolo. I primi tentativi, attestati in Italia, diedero come risultato un vetro di colore bianco mentre, in seguito, l'ammirazione per la porcellana cinese diede impulso all'arte europea della maiolica e, in particolare, alle maioliche prodotte nella città olandese di Delft, di colore azzurro e bianco: esse, dette appunto **"maioliche di Delft"**, ebbero una grandissima diffusione tra '600 e '700. La produzione della porcellana vera e propria riuscì, invece, solo all'inizio del XVIII secolo all'alchimista tedesco Johann Friedrich Böttger (1682-1719), attivo presso la corte di Dresda: da allora le manifatture di porcellana si diffusero in tutto il continente europeo. Il desiderio di imitare una produzione cinese che aveva trovato una vasta diffusione in Occidente aveva, dun-

Piatti con cineserie della produzione Antonio Ferretti
1750
[Museo Civico, Lodi]

Nel corso del '700, in ragione della sua inaccessibilità e della sua grande e antica civiltà, la Cina fu tra i luoghi esotici sicuramente quello più di moda. L'artigianato proveniente da quel paese fu molto apprezzato in Europa, in particolare la porcellana di altissima qualità, ma non solo. L'importazione di oggetti di consumo diede vita alla moda delle "cineserie", ispirando anche la produzione occidentale e diventando uno dei temi più frequenti nelle decorazioni di tazze, teiere, piatti, elementi decorativi, arazzi, pitture e mobili.

que, stimolato la ricerca scientifica e tecnologica per la sua fabbricazione in Europa.

Da parte sua, neanche la civiltà cinese era immobile e impenetrabile: i cinesi, infatti, per **rispondere all'accresciuta richiesta occidentale di merci**, potenziarono le loro capacità produttive, adattando contemporaneamente le merci al gusto degli europei, conosciuto attraverso lo studio degli oggetti portati in dono dai missionari gesuiti. Nacquero così, in Cina, fabbriche di porcellane in cui lavoravano migliaia di operai secondo i criteri della divisione del lavoro, stabilimenti per la **produzione su vasta scala** di seta, fabbriche di carta che sfruttavano enormi quantità di energia idrica. Ancora nel 1776, Adam Smith, nella *Ricchezza delle nazioni*, pur mettendo in luce l'immobilità della Cina, la rigidità del suo sistema e il rifiuto per il commercio estero, definì il Regno di Mezzo come «uno dei paesi più ricchi [...], meglio coltivati, più operosi e più popolosi del mondo. [...] Un paese molto più ricco di qualsiasi regione d'Europa».

In molti settori, come quello dell'irrigazione, la Cina rimase infatti all'avanguardia fino alla fine del XVIII secolo, mentre, ancora alla metà del secolo successivo, molti osservatori notavano come il ferro prodotto in Cina fosse di migliore qualità e più economico di quello inglese. Anche nella **produzione e** nell'**uso di energia** – un settore in cui l'Europa dell'800 era certamente all'avanguardia – nel XVIII secolo la situazione era ancora in parità: il consumo pro capite di energia in Cina e in Europa occidentale era analogo; la prima aveva un vantaggio sull'efficienza di stufe e generatori di calore, mentre la seconda su quella dei generatori di energia [TESTO**6**].

Il progresso tecnologico dell'Europa del XVIII secolo stava, semmai, non nei macchinari o nelle tecniche, ma negli strumenti usati prevalentemente per il divertimento dei ceti più agiati, come gli orologi fissi e da tasca, i telescopi, gli occhiali.

L'influenza delle teorie razziali in Europa

Nonostante la parità tecnologica tra Occidente e Cina, alla metà del '700 gli intellettuali europei cominciarono a occuparsi delle questioni razziali, cercando di asserire attraverso esse la **supremazia occidentale**. Negli anni '30 del '700, il medico e naturalista svedese Carl **Linnaeus** (1707-1778) espose nel suo *Systema Naturae* una classificazione della popolazione umana basata su quattro razze: l'*Homo sapiens americanus* tenace, soddisfatto, libero; l'*Homo sapiens europeus* spiritoso, vivace, inventivo; l'*Homo sapiens asiaticus* austero, orgoglioso, avaro; e l'*Homo sapiens afer* (africano) astuto, lento, negligente. Alla fine del secolo, l'antropologo e naturalista tedesco Johann Friedrich **Blumenbach** (1752-1840) propose una classificazione della varietà umana in base alle dimensioni del cranio dei diversi

Cina: un momento della fabbricazione della carta e la bottega del cartaio
XVII secolo
[Bibliothèque Nationale, Parigi]

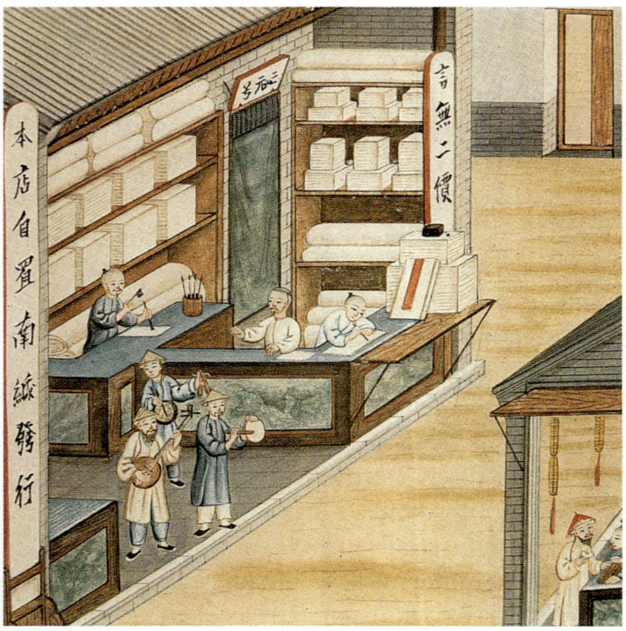

gruppi e anche al colore della pelle. Egli distinse, così, tra cinque razze: la caucasica o razza bianca; l'americana o razza rossa; la malese o razza olivastra; la mongola o razza gialla; l'africana o razza nera. Questa classificazione fu considerata valida fino alla seconda metà del XX secolo, quando fu dimostrato che, nonostante le diversità esteriori, le razze umane in realtà non esistono in quanto tutti discendiamo da un unico ceppo genetico.

Tra la fine del '700 e l'inizio dell'800, dunque, a queste varietà del genere umano, definite in base alla pigmentazione della pelle, fu associato un certo livello di civiltà raggiunto: i "non bianchi" – e, quindi, anche gli asiatici – furono sempre più spesso considerati inferiori ai bianchi. Gli stessi cinesi cominciarono a essere giudicati dagli europei arretrati, reazionari e dalle vedute ristrette. Era indubbiamente la fine di un periodo che aveva visto la Cina come paese all'avanguardia nella tecnologia mondiale.

2 La "civiltà" per gli europei tra XIX e XX secolo: un ideale da esportare e da difendere

Dalla grande divergenza all'idea di superiorità

Tra la fine del XVIII e l'inizio del XX secolo, grazie alla rivoluzione industriale e allo sviluppo crescente delle attività commerciali, i paesi europei affermarono rapidamente il loro controllo politico ed economico sul resto del mondo: in questo modo, entrarono in contatto con sempre nuove popolazioni e culture. In generale, i popoli sottomessi – quasi sempre in modo violento – furono considerati come barbari presso cui esportare la propria civiltà: essi, quindi, non erano visti come popolazioni con una tradizione da ammirare (come nel caso dei cinesi), ma come uomini presso cui imporre un modello di civiltà considerato più progredito (come fu per le popolazioni native americane). Alla condizione di "barbarie" era spesso associato il colore della pelle: come recita il titolo della nota poesia dello scrittore britannico Rudyard Kipling (1865-1936) del 1899, infatti, il «fardello dell'uomo bianco» era quello di civilizzare il mondo, di redimere le «popolazioni selvagge» [👁 DOC7].

In generale, si assistette a una **smitizzazione dei popoli *altri***: essi non furono più visti, come da alcuni illuministi, come i "buoni selvaggi" non corrotti dalla vita "civile", ma come selvaggi dalle usanze brutali (tra tutte il cannibalismo) da **portare sulla via della civiltà attraverso il dominio coloniale**. Esso comportava, infatti, l'imposizione di modelli politici, economici, giuridici, amministrativi, culturali, religiosi e di modi di pensare sulle popolazioni ritenute barbare.

Mentre la società europea consolidava i grandi imperi coloniali e procedeva sulla strada dello sviluppo tecnologico e dell'imposizione del **modello produttivo capitalistico-industriale** su scala mondiale, in ambito scientifico e intellettuale nacque una nuova scienza sociale, l'etnologia (o antropologia culturale) che studia l'origine e la diffusione delle culture dei vari popoli. Il dominio coloniale consentì, infatti, agli antropologi e agli etnologi di entrare in contatto diretto con le popolazioni ritenute incivili e primitive, attraverso la ricerca sul campo. I popoli dei paesi lontani – soprattutto dell'Africa e dell'Oceania – furono considerati come rappresentanti di stadi "primitivi" di una storia del genere umano che avrebbe dovuto culminare con la società borghese e industriale dell'800: ad esempio, ancora nel 1877 l'antropologo statunitense Lewis H. Morgan (1818-1881) formulò una ripartizione, che sembra echeggiare quella del gesuita Acosta, degli **stadi dell'evoluzione umana** secondo tre livelli, «selvatichezza/barbarie/civiltà».

La prospettiva relativista e il concetto di civiltà

Nel lungo periodo, tuttavia, i contatti con queste culture altre, insieme all'affermazione dei nazionalismi europei e al perdurare di guerre e conflitti sociali, contribuirono a far entrare in crisi la fiducia nel progresso ineluttabile della società occidentale. Negli studi antropologici emerse una prospettiva relativista, aperta alla comprensione dell'alterità e caratterizzata dal rifiuto dell'etnocentrismo e dell'eurocentrismo: maturò così nel tempo l'idea di non considerare la propria civiltà come punto di vista assoluto per comprendere o valutare le altre. Nell'ambito dello studio e della definizione delle diverse popolazioni, quindi, il concetto di "civiltà" diventò plurale e passò a indicare le **società omogenee che hanno alcune caratteristiche generali**, comprendenti le credenze, i costumi, l'arte, la religione, l'organizzazione politica, la vita materiale, le leggi, le usanze, ecc.

In linea generale, tuttavia, la civiltà occidentale continuò a essere considerata – almeno dalla maggior parte degli europei – come superiore alle altre. Ad esempio, ancora nel 1956, il giornalista italiano Orio Vergani (1898-1960) scrisse in *Quarantacinque gradi all'ombra,* il suo racconto-reportage sull'Africa, che «la popolazione del mondo si divide in due grandi categorie: quella che usa la sedia e quella che non la usa. L'Africa è un continente senza sedie. La civiltà cammina con una sedia in mano».

In nome della civiltà La vecchia concezione di "civiltà", come alto livello di progresso scientifico, politico, tecnologico e morale, rimase inoltre in vigore in ambito politico: la necessità di difendere la civiltà fu utilizzata come giustificazione per spiegare **interventi bellici, repressioni politiche, conflitti** con Stati stranieri e con minoranze interne, ecc. Ad esempio, nel 1871, l'esperimento socialista della Comune di Parigi fu represso dal governo di Versailles in nome della civiltà [👁 17.3]. In modo simile, ai tempi del primo conflitto mondiale, i tedeschi affermarono di combattere la guerra in nome di una *Kultur* superiore contro la *civilization* anglo-francese, considerata materialista e volgare. Gli inglesi, da parte loro, risposero a questa concezione definendo i tedeschi come barbari e diedero al conflitto il nome di «Grande guerra per la civiltà».

Nel luglio del 1938, mentre in Europa i regimi fascisti avevano il massimo del loro consenso e la situazione internazionale era estremamente tesa per le pretese del regime nazista su una regione della Cecoslovacchia (i Sudeti), il politico conservatore inglese Winston Churchill (1874-1965), in un discorso presso l'Università di Bristol, diede la sua definizione di civiltà:

> Significa una società fondata sull'opinione dei suoi cittadini. Significa che la violenza, il dominio di guerrieri e despoti, lo stato di guerra permanente, la ribellione e la tirannia lasciano il posto ai Parlamenti, dove si fanno le leggi, e alle corti indipendenti di giustizia, dove queste leggi sono fatte rispettare. È questa la civiltà, e nel suo suolo crescono continuamente la libertà, il benessere e la cultura. Quando in un paese regna la civiltà, alla massa dei suoi cittadini è concessa una vita più piena e meno tormentata. [...] Il principio fondamentale della civiltà è la subordinazione della classe dirigente ai costumi del popolo e alla sua volontà, quale espressa dalla Costituzione. [N. Ferguson, *Occidente. Ascesa e crisi di una civiltà*, Mondadori, Milano 2012, p. 128]

Nel '900, dunque, alla vigilia della seconda guerra mondiale, la civiltà era identificata con la democrazia liberale e con le sue istituzioni politiche ed economiche. Gli Stati che potevano essere etichettati come **"portatori di civiltà"** erano quelli dell'Europa occidentale, che non erano governati da regimi fascisti e gli Stati Uniti: il termine civiltà tornava così a indicare implicitamente il mondo occidentale.

Questa concezione continuò tanto nella difesa dell'Europa dal nazi-fascismo durante la seconda guerra mondiale, quanto nella guerra fredda, lo scontro politico-ideologico che contrappose gli Usa e l'Europa occidentale al blocco comunista (Urss ed Europa orientale), nel dopoguerra: l'Europa occidentale e gli Usa venivano considerati come due parti di un'unica civiltà separata dall'Atlantico – la **"civiltà atlantica"** –, mentre il confine tra civiltà e barbarie veniva posto nel cuore del continente europeo.

3 L'alba del XXI secolo: verso lo "scontro" di civiltà?

Nel corso del XX secolo, l'Occidente ha gradualmente perso il primato conquistato nei secoli precedenti in molti campi [👁 TESTO 8]. Con il moltiplicarsi dei contatti tra le culture – attraverso le migrazioni, l'accelerazione del sistema di scambio di informazioni e la crescente interdipendenza delle economie –, i popoli del mondo si sono scoperti per molti aspetti simili, ma anche profondamente diversi. Le interazioni tra le civiltà si sono fatte frequenti e sfaccettate. Questo processo – definito «globalizzazione» – ha portato inizialmente a una uniformizzazione delle culture, sempre più occidentalizzate, e in seguito, per contrasto, a una accentuata definizione della propria identità culturale, accompagnata da evidenti fenomeni di chiusura.

L'ipotesi dello scontro totale tra civiltà A partire dai primi anni '90 del XX secolo, dopo la fine dell'esperienza dell'Unione Sovietica e della guerra fredda, il mondo si è avviato verso una ridefinizione dei rapporti politici tra gli Stati. Secondo il politologo statunitense Samuel P. **Huntington** (1927-2008), dopo questi eventi il quadro politico internazionale si sarebbe riconfigurato in base a criteri culturali: sarebbero, così, riemerse le "civiltà" come aree culturali omogenee (soprattutto dal punto di vista religioso), che avrebbero attribuito un carattere **multipolare** alla geopolitica mondiale [👁 TESTO 9]. Secondo Huntington, nel mondo post-guerra fredda le identità culturali delle civiltà sarebbero alla base dei processi di coesione, di disintegrazione e, soprattutto, di conflittualità tra i diversi paesi. In particolare, l'Occidente sarebbe destinato a perdere la sua influenza, mentre le civiltà asiatiche starebbero accrescendo la loro forza economica, militare e politica, e la civiltà musulmana, protagonista di un vero e proprio *boom* demografico, starebbe destabilizzando tutta la zona in cui si espande. L'Occidente, quindi, finirebbe per trovarsi sempre più in conflitto con la Cina e con il mondo islamico, e sempre più frequenti sarebbero i conflitti tra i musulmani e i non musulmani. Il XXI secolo, infine, sarebbe caratterizzato dallo scontro tra sette o otto civiltà individuate dal politologo statunitense: cinese, giapponese, indù, islamica, occidentale, latinoamericana, ortodossa e, forse, africana.

La teoria di Huntington sembrò avere una parziale conferma dopo gli attentati contro gli Stati Uniti dell'11 settembre 2001. Nei giorni successivi alla strage, moltissimi intellettuali si espressero sulla possibilità e l'impossibilità di convivenza tra mondo occidentale e islam, la religione che, fin dall'VIII secolo, aveva sempre rappresentato per l'Europa l'"altro" più terribile. In questo dibattito politico e culturale, si distinse in Italia la giornalista fiorentina **Oriana Fallaci** (1929-2006), che viveva a New York. In un articolo particolarmente violento sul «Corriere della Sera», Fallaci si scagliò contro il disinteresse dimostrato dagli occidentali nel difendere la loro civiltà, che rappresentò soprattutto come incentrata sui divertimenti vietati dall'islam:

> Sveglia, gente, sveglia! Intimiditi come siete dalla paura d'andar contro corrente oppure d'apparire razzisti (parola oltretutto impropria perché il discorso non è su una razza, è su una religione), non capite o non volete capire che qui è in atto una Crociata all'Inverso. Abituati come siete al doppio gioco, accecati come siete dalla miopia e dalla cretineria dei Politically Correct, non capite o non volete capire che qui è in atto una guerra di religione. [...] Una guerra [...] che certamente mira alla conquista delle nostre anime: alla scomparsa della nostra libertà e della nostra civiltà, all'annientamento del nostro modo di vivere e di morire, del nostro modo di pregare o non pregare, del nostro modo di mangiare e bere e vestirci e divertirci e informarci... [...] Distruggerà la nostra cultura, la nostra arte, la nostra scienza, la nostra morale, i nostri valori, i nostri piaceri... Cristo! Non vi rendete conto che gli Osama Bin Laden si ritengono autorizzati a uccidere voi e i vostri bambini perché bevete il vino o la birra, perché non portate la barba lunga o il chador anzi il burkah, perché andate al teatro e al cinema, perché ascoltate la musica e cantate le canzonette, perché ballate nelle discoteche o a casa vostra, perché guardate la televisione, perché portate la minigonna o i calzoncini corti, perché al mare o in piscina state ignudi o quasi ignudi, perché scopate quando vi pare e dove vi pare e con chi vi pare? Non v'importa neanche di questo, scemi? [O. Fallaci, *La rabbia e l'orgoglio*, Rizzoli, Milano 2001, pp. 78-79]

Lo scontro fra civiltà non è ineluttabile

Contrariamente a quanto pronosticato da Fallaci, però, i primi anni del **XXI secolo** sembrano mostrare in realtà che la maggior parte dei conflitti continuano ad avvenire tra gruppi etnici all'interno delle civiltà individuate da Huntington: i conflitti intercorsi negli ultimi anni in Medio Oriente, infatti, hanno visto contrapporsi musulmani ad altri musulmani. Alla luce dei conflitti avvenuti nel primo decennio del XXI secolo, la tendenza sembra essere piuttosto quella all'**esplosione di guerre locali** ed etniche in Africa, in Asia meridionale e in Medio Oriente e non uno scontro globale tra civiltà.

Alcuni studiosi, inoltre, hanno criticato le previsioni di Huntington demolendone i presupposti teorici: ad esempio, il mondo islamico non starebbe in realtà attraversando un periodo di *boom* demografico ma, anzi, uno di calo delle nascite [👁 TESTO 10], dovuto anche alla crescente alfabetizzazione femminile, che lo avvicinerebbe alle tendenze in atto nel resto del mondo e, in particolare, nella parte di esso considerata più progredita. Le civiltà, con l'aumento delle migrazioni e degli scambi internazionali, si stanno facendo, inoltre, sempre meno omogenee dal punto di vista culturale e sempre più aperte alle differenze. Al momento attuale, nessuno può affermare se il futuro dell'umanità sarà davvero caratterizzato dallo "scontro di civiltà": il riconoscimento reciproco delle differenze e della loro legittimità e il rifiuto dell'imposizione della civiltà occidentale rappresentano certamente degli utili anticorpi contro l'acutizzazione dello scontro.

I GRANDI TEMI

DOCUMENTI E STORIOGRAFIA

1

C.H. Parker
Una prospettiva globale: come studiare le società in relazione tra loro

C.H. Parker, *Relazioni globali nell'età moderna, 1400-1800*, il Mulino, Bologna 2012, pp. 14-17

■ Lo storico statunitense Charles H. Parker ha proposto una nuova lettura delle relazioni tra popoli e civiltà in età moderna, basata sull'integrazione e sugli scambi reciproci più che sull'espansionismo aggressivo degli europei. Nel corso dell'età moderna, infatti, tanto gli imperi centro-asiatici, quanto quello cinese e quello russo contribuirono a dar vita, insieme alle monarchie europee, ad una fitta rete di scambi reciproci in campo commerciale, economico, culturale, religioso, scientifico.

L'analisi delle società in un quadro realmente globale presenta una serie di difficoltà. Lo studio professionale della storia si è sviluppato dapprima in Europa e negli Stati Uniti tra la metà dell'Ottocento e l'inizio del Novecento, un'epoca in cui l'Europa dominava gli affari mondiali e in cui le nazioni occidentali si lasciavano affascinare da un nazionalismo aggressivo. Non c'è da sorprendersi, quindi, se libri e articoli di storia scritti da europei e americani dipingevano esplicitamente la cultura occidentale come la più alta espressione umana o, quanto meno, presumevano tacitamente la superiorità assoluta dei valori occidentali. Inoltre, la storia aveva sempre dipinto europei e americani come popoli dinamici in continua evoluzione e pronti al cambiamento, mentre le società non occidentali apparivano passive e immobili, perennemente soggette alle incursioni e alle iniziative occidentali. [...]

Di conseguenza, le istituzioni e i sistemi di valori occidentali diventarono i modelli in base ai quali valutare il resto del mondo. Gli storici vennero assorbiti da questioni associate all'affermazione dell'Occidente e alla concomitante incapacità delle società asiatiche e africane di industrializzarsi e sviluppare forme di governo democratiche. [...] La maggior parte delle spiegazioni sottolineava la significativa eccezionalità della cultura europea (e, per estensione, della cultura nordamericana). Che si trattasse di disciplina, industriosità, inventiva, lungimiranza negli affari o semplice rapacità, gli europei avevano qualcosa che gli altri popoli non possedevano.

A partire dagli anni Sessanta del Novecento alcuni studiosi iniziarono a contestare la nozione dell'eccezionalità europea. [...] Marshall G.S. Hodgson, per esempio, storico dell'Islam dell'Università di Chicago, mise in discussione l'idea che gli europei possedessero una disposizione culturale superiore sostenendo che molte delle conquiste attribuite loro in realtà avessero avuto origine molto tempo prima nell'emisfero orientale. Hodgson fece notare che molti resoconti storici dell'epoca (scriveva negli anni Cinquanta e Sessanta) sorvolavano sui progressi culturali delle società asiatiche e sulla misura della loro influenza sulla storia europea. Anzi, la tradizione storica dipingeva la storia del mondo come il racconto dell'inevitabile ascesa della civiltà occidentale e della sua prevalenza su Asia, Africa e America, che la posizione di isolamento aveva costretto in schemi di pensiero obsoleti. Inoltre Hodgson sosteneva che concentrarsi su una singola civiltà, sia occidentale sia orientale (cioè asiatica), senza metterla in relazione con le altre, facesse inevitabilmente emergere tratti unici ed essenziali di quella società a scapito di tutte le altre, categoricamente diverse e geograficamente lontane.

Oggi, alla base dei nuovi metodi, vi è la convinzione che sia necessario studiare i popoli e le società del mondo in relazione tra loro. La prospettiva globale ci ha aiutato a superare interpretazioni miopi che trattavano le civiltà come categorie autonome e indipendenti. [...] Gli studi comparati a lungo raggio sono stati integrati da un'intensa attività di ricerca nelle aree non occidentali, dalla quale è emerso che la vitalità economica in Asia eguagliava i livelli di quella europea. [...]

Un'altra strategia fruttuosa per un approccio globale più equilibrato arriva dagli studi che si concentrano sui punti di contatto fra società diverse. [...] In un periodo di intenso scambio, l'analisi delle interazioni tra popoli rappresenta uno strumento per collegare lo sviluppo locale ai movimenti globali.

2DOC

Matteo Ricci
I gesuiti in Cina

Fonti ricciane, edite e commentate da P.M. d'Elia S.I., I, *Storia dell'introduzione del cristianesimo in Cina*, Libreria dello Stato, Roma 1942, pp. 192-96

■ La necessità di essere accettati in un contesto culturale e sociale più complesso, quale quello cinese, impose ai gesuiti una più cauta forma di evangelizzazione rispetto a quella caratteristica dell'apostolato cattolico nel Nuovo Mondo. Allo stesso tempo la rigida gerarchia politica dell'Impero cinese obbligò i missionari a una particolare attenzione verso i nobili, che si manifestò nella partecipazione alla vita di corte e nello scambio culturale con i sapienti cinesi. In questa direzione si mosse Matteo Ricci (1552-1610), missionario in Cina dal 1582, autore di un'interessante opera che, nel ricostruire le tappe della penetrazione religiosa in Cina, offre un dettagliato ritratto dei costumi, dell'economia, della geografia e delle istituzioni politiche di questo paese. Il brano che segue evidenzia l'opportunità di un graduale avvicinamento dei missionari alla cultura locale.

In questi principii, per non mettere qualche suspitione[1] a questa gente con questa novità, non trattavano i Padri[2] molto chiaramente di predicare la nostra santa legge, ma più tosto se impiegavano, nel tempo che di ricevere le visite gli restava, in imparare bene la loro lingua, le loro lettere[3] e cortesie, e guadagnare gli animi de' Cinesi, e moverli con la buona vita et essemplare a quello che né con la lingua potevano, né il tempo gli dava agio di fare.

Quello con che mostrorno[4] i Cinesi tutti molto contento, fu il vestirsi i Padri, con tutta la gente di sua casa[5], a guisa delle persone più honeste di questa natione, per esser la veste loro modesta e lunga con le maniche anche lunghe, non molto diversa dalla nostra[6].

[...] E perché nella lingua della Cina non vi è nessuno nome che risponda al nome di Dio, né anco Dio si può bene pronunciare in essa per non avere questa lettera *d*[7], cominciorno a chiamare a Dio Tienciù, che vuol dire Signore del cielo, come sin hora si chiama per tutta la Cina, e nella Dottrina christiana et altri libri che si fecero.

E cadde molto bene per il nostro proposito, percioché, adorando i Cinesi per suppremo nume il Cielo, che alcuni anco pensano esser questo cielo materiale; con l'istesso nome che habbiamo dato a Dio, manifestamente si dichiara quanto maggiore è il nostro Dio di quello che loro tengono per suppremo nume, poiché Iddio è il Signore di quello.

[...] E perché molti venivano anco a chiedere dottrina dei Padri, andando con tanta raggione dubij della loro setta, voltorno[8] i Padri i Dieci Comandamenti del Decalogo in lettera sinica[9] e gli fecero stampare, distribuindoli a molti che gli chiedevano, e dicevano volergli osservare per vederli tanto conformi alla ragione e legge naturale.

[...] Con questo modo di parlare, più con opere che con parole, venne il buono odore della nostra legge a spargersi per tutta la Cina. E sebene molti venivano solo per curiosità di vedere cose nove, con tutto sempre riportavano qualche agiuto[10] per sua conversione a casa, o di quello che udivano dire da' Padri che, hora per mezzo dell'interprete, hora con quello che loro stessi ivano imparando di lingua sinica, gli dicevano delle buone usanze che sono nei regni de' christiani, della falsità delle sette degli idoli, della conformità della legge di Dio con il lume naturale, e quello che ne' suoi libri insegnorno i loro primi savij[11].

1. Suscitare sospetto, diffidenza.
2. I gesuiti.
3. I caratteri della lingua scritta.
4. Mostrarono.
5. Con tutti i membri della missione.
6. L'abito dei bonzi.
7. Nel mandarino, lingua comunemente usata in passato nell'Impero cinese, il suono *d* non esisteva.
8. Tradussero.
9. In cinese.
10. Aiuto.
11. Saggi.

3

D.S. Landes
I cinesi e l'orologio

D.S. Landes, *Storia del tempo. L'orologio e la nascita del mondo moderno*, Mondadori, Milano 1984, pp. 42-52; 54-55

■ Nell'acuta ricostruzione – compiuta dallo storico statunitense David S. Landes – del complesso rapporto fra la civiltà cinese e la misurazione del tempo emergono nitidamente i meccanismi culturali che portarono in Cina al rifiuto della sfida tecnologica occidentale. In questo brano Landes riflette sull'esperienza maturata durante i viaggi in Cina del gesuita Matteo Ricci.

Ricci aveva portato con sé anche mappamondi e carte che erano viste come finestre magiche aperte su terre lontane e sconosciute. Soprattutto, suggestionò e deliziò i suoi ospiti con le sue «suonerie», orologi di un tipo «che non si era mai visto prima in Cina». [...]

I doni accattivanti da lui recati a corte assicurarono intanto a Ricci il permesso di aprire una missione a Chao-ch'ing (subito a ovest di Canton) e di là, passo dopo passo, egli poté muoversi in direzione nord fino a Pechino, la capitale. [...] Ma Ricci era preceduto dalla fama dei suoi meravigliosi meccanismi, fama che gli spianava ogni volta la via [...]. Gli strumenti di Ricci potevano anche non essere più precisi di quelli cinesi del tempo; erano comunque [...] segnatempo molto approssimativi. Ma erano portatili e dunque recavano con sé le premesse di una misurazione privata del tempo [...]. Essi disponevano inoltre di funzioni accessorie divertenti: suonerie, melodie, piccole figure che si muovevano come automi in parata. I cinesi, lo sappiamo, li «adoravano» e il possesso di tali strumenti divenne ben presto un simbolo del rango sociale e una fonte di piacere.

Ma allora, perché i cinesi non si misero a fabbricarli? Non mancava un mercato, visto che la popolazione del regno era pressappoco equivalente a quella europea e il reddito per abitante, a quanto ci dicono intraprendenti studiosi di econometria comparata, era quasi al livello di quello del vecchio continente. Né mancavano in Cina abili artigiani, capaci di svolgere mansioni le più delicate e minuziose. A quanto pare, non mancava nulla per imitare con successo l'orologeria europea. [...]

Perché mai i cinesi, con tutta la loro passione e abilità, non avrebbero potuto [...] imparare le tecniche occidentali e magari superarle?

La risposta, a mio avviso, sta in quell'atteggiamento di fondo che aveva contrassegnato il primo sviluppo dell'orologeria: in Cina, semplicemente, non era affatto importante conoscere l'ora esatta. Importavano, quelle sì, le date del calendario, ma vita quotidiana e lavoro non erano mai stati organizzati in base alla scadenza delle ore e dei minuti. [...]

Ricci non andava soltanto a caccia di complimenti: era in realtà un pescatore d'anime. Nel suo mostrare ai cinesi la scienza e la tecnica occidentali era implicato l'argomento secondo il quale, se una civiltà è in grado di produrre un sapere tecnologico superiore, essa sarà superiore anche per altri aspetti, particolarmente in campo spirituale. L'orologio funzionava per opera di Dio (e viceversa l'opera di Dio funzionava come un orologio). [...]

La difficoltà permanente stava in ciò, che per quanto Ricci e i suoi successori abbiano cercato di non urtare la suscettibilità dei cinesi, non era possibile limitare alla sfera teologica la sfida posta dalla scienza e dalla tecnologia occidentali. La Cina era il Regno di Mezzo, il centro del mondo. [...] Ricci, con tutta la sua abilità diplomatica e cortigiana, era comunque giunto in Cina in quanto barbaro (secondo la loro definizione), sicché le sue conoscenze scientifiche e le sue macchine sconvolsero l'ordine del loro mondo. L'interesse iniziale per le sue mappe si trasformò in fastidio e in risentimento allorché i suoi ospiti si accorsero quanto fosse piccolo lo spazio occupato dalla Cina, limitato com'era al margine destro della carta. [...]

C'è però un limite a questo genere di astuzia. La percezione che avevano i cinesi del mondo e del loro posto in esso era basata su un principio di integrazione di cultura e di civiltà, ed essi erano dunque spinti, per coerenza spirituale, ad accettare la dura logica della posizione dei gesuiti. [...]

Gli orologi, in altre parole, rappresentavano assai di più che non un argomento in favore del cristianesimo: erano un attacco all'autostima della Cina.

La maniera classica di rispondere a una sfida del genere è quella di negarla o di svilirne il significato. I cinesi fecero entrambe le cose. La negazione assunse la forma di una rivendicazione del primato cinese dell'invenzione di questi congegni. [...]

L'atteggiamento più comune era quello di ridimensionare l'orologio al rango di una curiosità piacevole ma del tutto superflua, ovvero considerarlo un giocattolo. [...]

Lo svilimento dell'orologio e di altri meccanismi occidentali da parte dei cinesi, per la verità, è stata anche una reazione difensiva, uno sforzo di colmare la distanza fra la percezione di sé e la realtà di fatto.

4

A.J. Toynbee
La Cina e il commercio con l'estero

A.J. Toynbee, *Panorami della storia. Genesi delle civiltà*, vol. I, *Introduzione*, Mondadori, Milano 1954, pp. 232-34

■ Nell'*Introduzione* alla sua imponente opera *A Study of History* (1934-54), lo storico inglese Arnold J. Toynbee (1889-1975) riflette sul senso di superiorità provato dagli occidentali rispetto al resto del mondo e, in particolare, su come esso apparisse ridicolo agli occhi degli altri popoli. Toynbee analizza quindi la lettera di risposta dell'imperatore cinese Qianlong (chiamato nel testo C'ien Lung) alla richiesta del re inglese Giorgio III di accettare presso la corte Lord George Macartney, inviato con lo scopo di stringere delle relazioni commerciali sicure e durature. Egli portava in dono un planetario di fabbricazione tedesca, lenti dalla fattura perfetta, telescopi, pompe pneumatiche. Qianlong rifiutò fermamente la proposta inglese: egli non aveva bisogno dei servizi e degli oggetti moderni offertigli dagli occidentali e una maggiore apertura commerciale era del tutto contraria alla tradizione del suo impero.

Nel cosiddetto medioevo ritraevamo uno dei Tre Magi nelle sembianze di un negro e attendevamo l'intervento di un campione orientale del cristianesimo detto prete Giovanni. Nel XVIII secolo, quando già avevamo degradato il negro al ruolo di schiavo, eravamo ancora capaci di ammirare la cultura dell'Estremo Oriente. Oggi, spediti gli artisti e i filosofi della Cina al limbo – o corral – da noi costruito per gl'"indigeni", stiamo perdendo evidentemente anche l'ammirazione che nutrivamo per l'ellenismo, la civiltà alla quale la nostra è "affiliata". Quando avremo chiuso quest'ultima porta in faccia a quelli che sono i valori umanistici, avremo toccato il nadir della nostra caduta dalla grazia.

La cura migliore per una tale pazzia è il ridicolo, e noi la potremo applicare osservando quanto squisitamente ridicolo appaia il nostro atteggiamento "anglosassone" quando cade sotto i colpi della critica altrui. Guardate un po', per esempio, la seguente missiva che fu presentata nell'anno 1793 dal filosofico imperatore C'ien Lung a un inviato britannico perché la consegnasse al suo signore, il pazzo re Giorgio III d'Inghilterra:

«Tu, o Re, vivi oltre i confini di molti mari; cionondimeno, spinto dal tuo umile desiderio di partecipare dei benefici della nostra civiltà, hai inviato una missione quale rispettosa apportatrice del tuo memoriale... Io ho compulsato il tuo memoriale: il tono serio in cui è redatto rivela una rispettosa umiltà da parte tua, altamente lodevole.

In considerazione del fatto che il tuo ambasciatore e il suo vice hanno fatto tanta strada col tuo memoriale e tributo, io li ho degnati di un alto favore e li ho ammessi alla mia presenza. Per manifestare la mia indulgenza, li ho intrattenuti a un banchetto e ho dato loro numerosi doni... In quanto alla tua supplica di inviare un tuo connazionale per essere accreditato alla mia Corte Celestiale e controllare il commercio del tuo paese con la Cina, tale richiesta è contraria a ogni usanza della mia Dinastia e non può assolutamente venir presa in considerazione... Se tu asserisci che la tua riverenza nei confronti della Nostra Celestiale Dinastia ti riempie del desiderio di acquistare la nostra civiltà, le nostre cerimonie e i codici differiscono così completamente dai vostri che, anche se il vostro inviato fosse in grado di acquistare i rudimenti della nostra civiltà, non potreste affatto trapiantare le nostre costumanze nel vostro suolo ad esse estraneo. Perciò, per quanti progressi possa fare l'inviato non ne verrebbe nulla.

Dominando il vasto mondo, io miro a uno scopo solo, cioè a mantenere un sistema di Governo perfetto e adempiere i doveri dello Stato. Gli oggetti strani e costosi non mi interessano. Se ho disposto che le offerte da te inviate in tributo, o Re, debbono essere accettate, è stato soltanto in considerazione dello spirito che ti ha mosso a spedirle da sì lontano. La maestosa virtù della nostra Dinastia è penetrata in ogni terra che il Cielo guardi, e re di tutte le nazioni hanno offerto i loro costosi tributi per terra e per mare. Io non do alcun valore agli oggetti strani o ingegnosi, e non so che farmene dei manufatti del tuo paese».

L'atteggiamento dell'Imperatore suscita un sorriso oggi che leggiamo le sue parole alla luce di tutto quanto è avvenuto nel periodo di più d'un secolo scorso dacché esse furono vergate. Ci sembra a stento credibile, oggi come oggi, che un re-filosofo manciù, ricevendo un chiaro annunzio dell'imminente urto dell'Occidente da poco armato delle tremende armi dell'industrialismo, si mostrasse così cieco ai segni del tempo. Eppure non v'ha dubbio che C'ien Lung fosse un abile ed esperto statista dalla mente eletta; e il seguito dell'episodio non gli fa fare certo la figura dello stupido. Piuttosto, fa pensare che uno statista occidentale contemporaneo di pari abilità, se si fosse trovato nei panni di C'ien Lung, avrebbe reagito allo stesso modo; e ciò fa pensare a sua volta che il nostro atteggiamento verso gli "indigeni" possa apparire altrettanto ottuso di qui a un secolo.

5DOC

Gottfried Wilhelm Leibniz
Le più grandi civiltà del genere umano

G.W. Leibniz, *La Cina*, Spirali, Milano 1987, pp. 17-18

■ Il filosofo tedesco Gottfried W. Leibniz (1646-1716) si interessò approfonditamente alla civiltà e alla cultura cinesi. Giunto a Roma nel 1689, infatti, egli entrò in contatto con padre Grimaldi, un gesuita che era stato a lungo missionario in Cina e che lo introdusse alla conoscenza dell'Estremo Oriente. Nel 1697 curò la pubblicazione e redasse l'*Introduzione* a *Novissima sinica, historiam nostri temporis illustratura*, una raccolta di saggi e scritti dei missionari gesuiti in Cina. Il filosofo tedesco si oppose con fermezza a quanti affermavano che la Cina fosse un paese abitato da barbari soggiogati dalle superstizioni: egli mise in luce come, anzi, la filosofia e le concezioni teologiche dei cinesi fossero più antiche di quelle greche e, comunque, non troppo lontane dalla concezione platonico-cristiana dell'universo. Di seguito Leibniz ragiona sui campi nei quali eccellono sia l'Europa sia la Cina evidenziando qualche situazione di parità.

Ritengo che per una volontà quasi singolare del destino oggi la più grande civiltà del genere umano sia raccolta alle due estremità del nostro continente, l'Europa e la Tschina (così, infatti, la chiamano), la quale come un'Europa orientale abbellisce l'opposto lembo della terra. [...] Inoltre l'Impero cinese, come gareggia con l'Europa nell'estensione delle parti coltivate e la supera persino nel numero degli abitanti, così ha molti altri pregi in cui possa contenderci il primato, quasi ad armi pari, poiché ora ci vince, ora è vinta da noi. Ma per farne una succinta relazione [...], nelle arti che hanno un'amplificazione pratica per la vita e nelle esperienze dei fenomeni naturali, forse siamo pari con un giusto equilibrio e ciascuna delle due parti ha conoscenze da poter comunicare all'altra con vantaggio: ma noi siamo superiori nella profondità delle meditazioni e nelle discipline speculative.

Infatti oltre alla Logica, alla Metafisica e alla conoscenza delle cose incorporee, che a ragione noi rivendichiamo come nostre, certamente di gran lunga eccelliamo per la contemplazione delle forme che con un procedimento mentale sono astratte dalla materia, cioè delle scienze matematiche; così come in realtà si è accertato quando i cinesi sono venuti a competere con noi nell'Astronomia. Infatti pare che abbiano ignorato quel gran lume della mente, cioè l'arte della dimostrazione (deduzione logica) e siano appagati della Geometria, per così dire Empirica, la quale presso di noi è alquanto diffusa tra gli operai.
Anche nell'arte militare sono inferiori ai nostri, non tanto per ignoranza ma quanto per un loro deliberato proposito, poiché dispregiano quanto causa o alimenta negli uomini una certa ferocia e sono avversi alle guerre quasi a voler imitare la più alta dottrina cristiana che parecchi, per averla mal compresa, paragonano a una superstizione. [...]
Ma un tempo chi avrebbe mai creduto che potesse esserci al mondo un popolo che fosse a noi superiore negli ordinamenti di una vita più civile, benché ci riteniamo abituati fino in fondo a ogni genere di eleganza? E tuttavia noi ora lo sperimentiamo con i cinesi, da quanto quel popolo ci è divenuto più noto. Pertanto, se risultiamo pari nelle attività pratiche, se li abbiamo superati nelle arti contemplative, certamente risultiamo vinti (c'è un po' di vergogna ad ammetterlo) nella filosofia pratica, cioè nei principi dell'Etica e della Politica, che sono vantaggiosi proprio per la vita pratica degli uomini.
Infatti non si potrebbe dire quanto acconciamente i cinesi, più degli ordinamenti legislativi degli altri popoli, abbiano predisposto ogni cosa per la tranquillità pubblica, e l'ordine reciproco tra gli uomini per arrecare a loro stessi il minor danno possibile.
[...] A questa sventurata sorte, certamente i cinesi prima degli altri si accostarono a miglior norma e nel vasto consorzio umano arrecarono quasi più vantaggi di quanto non fecero tra i loro seguaci i fondatori degli Ordini religiosi nei nostri paesi. È così grande l'obbedienza ai superiori e così grande il rispetto verso i più vecchi, così quasi religiosa le venerazione dei figli verso i genitori che fare contro di loro una qualche violenza, persino con la parola, ai cinesi sembra una cosa per così dire straordinaria e quasi un delitto da punire come il parricidio presso di noi.
Inoltre tra gli uomini di pari grado oppure tra quelli meno legati tra loro c'è uno stupendo rispetto e un cerimoniale prescritto che mentre a noi, poco abituati ad agire secondo un cerimoniale e una regola, sembra avere un che di servile, invece, divenuto per loro un fatto naturale per la continua pratica, viene osservato con gioia.
I contadini e i servi – cosa che ha suscitato stupore allo sguardo dei nostri –, quando devono salutare gli amici oppure quando dopo una lunga assenza possono godere della reciproca compagnia, hanno un comportamento così amabile e così rispettoso da sfidare ogni galanteria dei nobili europei. A questo punto cosa potresti aspettarti dai Mandarini o dai Colai? Hanno contratto l'abitudine a che in una conversazione comune a stento si offende un altro, anche con una parolina, e raramente affiorano segni di odio, ira, commozione. [...]
E benché non siano alieni da avidità, libidine, ambizione, [...] e benché i cinesi non abbiano raggiunta abbastanza la vera virtù che non ci si può attendere se non dalla Grazia celeste e dalla dottrina cristiana, tuttavia hanno mitigato gli acerbi frutti dei vizi. E pur non potendo estirpare dalla natura umana le radici dei peccati, tuttavia hanno dato prova che si possono tagliare alla base, per buona parte, i germoglianti polloni [*germogli*, ndr] dei mali.

6

K. Pomeranz
Europa e Cina: sviluppo tecnologico alla vigilia della Rivoluzione industriale

K. Pomeranz, *La grande divergenza. La Cina, l'Europa e la nascita dell'economia mondiale moderna,* il Mulino, Bologna 2004, pp. 79-81

■ Lo storico statunitense Kenneth Pomeranz (1958), profondo conoscitore della storia economica cinese, ha proposto in *La grande divergenza* (2000) una ricostruzione dello sviluppo dell'economia mondiale moderna, considerandolo il risultato delle influenze reciproche delle regioni del mondo più che l'imposizione delle caratteristiche dell'Occidente avanzato sul resto del pianeta. Secondo Pomeranz, nel XVIII secolo, la zona più sviluppata dell'Europa non aveva alcun vantaggio demografico e tecnologico rispetto a quella più avanzata della Cina, né una maggiore disponibilità di capitali. L'Europa occidentale, quindi, non era più produttiva o più economicamente efficiente di altre regioni: nessuna parte del mondo era necessariamente destinata alla rivoluzione industriale. Tanto in Europa quanto in Cina esistevano dei limiti ecologici che non permettevano di superare i livelli di crescita fino ad allora raggiunti, in quanto si era toccata la massima densità demografica consentita dalle tecnologie agricole conosciute. L'Europa riuscì a superare l'Oriente solo quando si verificarono delle «discontinuità» fortuite, tra la fine del XVIII e il XIX secolo: essa, avvantaggiandosi della disponibilità inglese di carbone e del flusso di materie prime e generi alimentari provenienti dalle sue colonie nel Nuovo Mondo, poté superare i tradizionali vincoli in campo di disponibilità di energia e di materie prime che, fino ad allora, avevano limitato tanto la sua economia quanto quella cinese. Di seguito Pomeranz sgombra il campo dall'idea che ci sia stata nel XVIII secolo una stagnazione tecnologica e scientifica in Cina e in altre società non europee, e fa luce su alcune innovazioni che furono prodotte e diffuse in quelle civiltà pur «in assenza di società scientifiche e tecnici newtoniani».

Quello che mi preme sottolineare ora è che le società non europee vantavano alcuni significativi margini di vantaggio tecnologico in molti settori ancora alla fine del XVIII secolo, e non era così scontato che sul lungo periodo questi vantaggi si sarebbero rivelati relativamente ininfluenti. Non era neppure inevitabile, anche quando la tecnologia europea cominciò a svilupparsi più rapidamente e su un fronte più largo, che questi sviluppi sarebbero riusciti a controbilanciare le persistenti debolezze nella gestione e conservazione del suolo e nell'estensione dei mercati, o a farlo abbastanza in fretta perché questi sviluppi non finissero per dirigersi, con conseguenze durature, lungo strade che richiedevano proprio quelle soluzioni *labour-intensive* adottate in Asia orientale e in alcune regioni atipiche dell'Europa occidentale, come la Danimarca.

Non dovremmo neppure credere che le aree in cui i non europei erano più progrediti fossero le conseguenze tardive di tradizioni illustri ormai stagnanti. Se è vero che l'Asia del XVIII secolo non ha prodotto nessuna di quelle che Joel Mokyr[1] chiama «macroinvenzioni» – ovvero nuove idee in grado di modificare improvvisamente le possibilità di produzione – l'Europa ne ha prodotte poche nel periodo tra il 1500 e il 1750 e anche durante gli anni solitamente definiti della «rivoluzione industriale» (1750-1830). Nel frattempo progressi tecnici di minore portata si ebbero in molte diverse aree del mondo. I coloranti europei, che godettero per un breve periodo di un grande successo in Cina, vennero ben presto imitati, così come successe in Europa per molti prodotti di successo asiatici. Nel XVII secolo qualcuno scoprì che certi ambienti sotterranei riuscivano a conservare un livello di umidità sufficiente da consentire la filatura del cotone anche durante la lunga stagione asciutta della Cina settentrionale, produttrice di cotone. Questa innovazione si diffuse a macchia d'olio durante il secolo successivo, permettendo a una regione con una popolazione superiore a quella di ogni stato europeo di soddisfare il proprio fabbisogno di tessuti e riducendo considerevolmente la disoccupazione stagionale. [...]

L'esempio dei laboratori sotterranei per la filatura del cotone è rivelatore [...]. Il fatto che una simile diffusione sia comunque potuta avvenire abbastanza rapidamente in un'area piuttosto vasta, dovrebbe renderci prudenti nell'affermare che in assenza di società scientifiche e di tecnici newtoniani, la Cina (e altre società) mancavano di strumenti adeguati per diffondere utili nuove conoscenze. [...] Così, invece di cercare le ragioni della stagnazione tecnologica e scientifica in Cina – stagnazione che non ci fu – dovremmo considerare il perché dal progresso tecnico in Cina non sfociò in trasformazioni economiche rivoluzionarie.

1. Storico economico statunitense, di origine olandese, nato nel 1974.

7 DOC

Joseph Rudyard Kipling
Il fardello dell'uomo bianco

J.R. Kipling, *Poesie*, Mursia, Milano 1987, pp. 126-29

■ Alla fine dell'800, l'idea del colonialismo come missione civilizzatrice in terre lontane ebbe larga fortuna nei paesi occidentali. Sostenitore convinto delle imprese coloniali fu lo scrittore e poeta inglese Rudyard Kipling (1865-1936), nato a Bombay. Nella poesia *The White Man's Burden* (1899), Kipling elogia la difficile missione dell'uomo bianco, incaricato di diffondere un messaggio di civiltà in terre inospitali. Un «fardello» da sostenere, che nobilita i colonizzatori.

Take up the White Man's burden –
    Send forth the best ye breed –
Go bind your sons to exile
    To serve your captives' need;
To wait in heavy harness,
    On fluttered folk and wild –
Your new-caught, sullen peoples,
    Half-devil and half-child.

Take up the White Man's burden –
    In patience to abide,

Addossatevi il fardello del Bianco –
    Mandate i migliori della vostra razza –
Andate, costringete i vostri figli all'esilio
    Per servire ai bisogni dei sottoposti;
Per custodire in pesante assetto
    Gente irrequieta e sfrenata –
Popoli truci, da poco soggetti,
    Mezzo demoni e mezzo bambini.

Addossatevi il fardello del Bianco –
    Resistere con pazienza,

To veil the threat of terror
    And check the show of pride;
By open speech and simple,
    An hundred times made plain,
To seek another's profit,
    And work another's gain.

Take up the White Man's burden –
    The savage wars of peace –
Fill full the mouth of Famine
    And bid the sickness cease;
And when your goal is nearest
    The end for others sought,
Watch Sloth and heathen Folly
    Bring all your hope the naught.

Take up the White Man's burden –
    No tawdry rute of kings,
But toil of sert and sweeper –
    The tale of common things.
The ports ye shall not enter,
    The roads ye shall not tread,
Go make them with your living.
    And mark them with your dead.

Take up the White Man's burden –
    And rep his old reward;
The blame of those ye better,
    The hate of those ye guard –
The cry of hosts ye humour
    (Ah, slowly!) toward the light: –
«Why brought ye us from bondage,
    Our loved Egyptian night?».

Take up the White Man's burden –
    Ye dare not stoop to less –
Nor call too loud on Freedom
    To cloak your weariness;
By all ye cry or whisper,
    By all ye leave or do,
The silent, sullen peoples
    Shall weigh your Gods and you.

Take up the White Man's burden –
    Have done with childish days –
The lightly proffered laurel,
    The easy, ungrudged praise.
Comes now, to search your manhood
    Through all the thankless years,
Cold, edged with dear-bought wisdom,
    The judgment of your peers!

Celare la minaccia del terrore
    E frenare l'esibizione dell'orgoglio;
In parole semplici e chiare,
    Cento volte rese evidenti,
Per cercare il vantaggio altrui,
    E produrre l'altrui guadagno.

Addossatevi il fardello del Bianco –
    Le barbare guerre della pace –
Riempite la bocca della Carestia
    E fate cessare la malattia;
E quando più la mèta è vicina,
    Il fine per altri perseguito,
Osservate l'Ignavia e la Follia pagana
    Ridurre al nulla tutta la vostra speranza.

Addossatevi il fardello del Bianco –
    Non sgargiante governo di re,
Ma fatica di servo e di spazzino –
    La storia delle cose comuni.
I porti in cui non entrerete,
    Le strade che non calpesterete,
Andate, costruitele coi vostri vivi,
    E segnatele coi vostri morti!

Addossatevi il fardello del Bianco –
    E cogliete la sua antica ricompensa:
Le accuse di chi fate progredire,
    L'odio di chi tutelate –
Il grido delle masse che attirate
    (Ah, lentamente!) verso la luce:
«Perché ci avete tolto dalla schiavitù,
    La nostra amata notte egiziana?».

Addossatevi il fardello del Bianco –
    Non osate piegarvi a un compito inferiore –
E non vociferate troppo di Libertà
    Per mascherare la vostra stanchezza;
Da tutto ciò che gridate o mormorate,
    Da tutto ciò che fate o tralasciate,
I popoli truci e silenziosi
    Peseranno voi e i vostri Dèi.

Addossatevi il fardello del Bianco –
    Basta coi giorni dell'infanzia –
L'alloro offerto con leggerezza,
    La lode facile e non lesinata.
Mette ora alla prova la vostra maturità
    Per gli anni ingrati che attendono,
Reso cauto da una dura esperienza,
    Il giudizio dei vostri pari!

8

J. Goody
La perdita dei primati europei

J.Goody, *Eurasia. Storia di un miracolo*, il Mulino, Bologna 2012, pp. 183-84

■ L'antropologo britannico Jack Goody (1919) espone in questo saggio la prospettiva secondo cui notevoli sarebbero stati i parallelismi tra lo sviluppo culturale, scientifico e tecnologico dell'Oriente e quello dell'Occidente. Tra essi, secondo Goody, ci sarebbe stata un'alternanza: prima una civiltà e poi un'altra, comunque in comunicazione tra loro, avrebbero assunto un ruolo dominante. Il contributo odierno dell'India e della Cina all'economia globale non sarebbe quindi un fenomeno inedito, ma un «revival del passato»; e, più in generale, il dominio occidentale sul mondo, nei campi del sapere, si sarebbe significativamente allentato.

Senza dubbio in Europa avvennero cambiamenti che permisero a questo continente di:
1) dominare il mondo naturale a partire dal tardo XV secolo (prima con navi e armi da fuoco poi con aeroplani e bombe atomiche);
2) dominare il mondo della conoscenza a partire dal XVI secolo (con il torchio tipografico) e successivamente il mondo dei media tramite il cinema e l'economia politica della distribuzione globale;
3) dominare il mondo della manifattura a partire dal tardo XVIII secolo (con la produzione industriale).
Queste conquiste furono successive rispetto al periodo di supremazia della Cina e dell'India nel Pacifico, al contributo di altre culture euroasiatiche all'espansione della conoscenza e alle ingenti esportazioni cinesi e indiane. La superiorità europea, inoltre, ebbe una durata relativamente breve. Già nel XIX secolo l'America diede il proprio contributo alla produzione manifatturiera, e in seguito anche alle altre attività a essa correlate. Ma qui stiamo parlando di europei fuori dall'Europa.
I cambiamenti successivi estesero la portata delle conquiste al resto del mondo.
1) Con la fine generalizzata dei regimi coloniali in Africa nel 1960, in Asia dopo la seconda guerra mondiale e nelle Americhe ancora prima, il predominio politico dell'Europa decadde, anche se l'idea di una supremazia economica permanente si tradusse nel nuovo ordine mondiale, creato dalla vittoria degli Alleati, oltre che nel concetto di neocolonialismo.
2) Il dominio europeo nel campo della manifattura è finito con l'industrializzazione del Giappone, delle quattro tigri asiatiche (Taiwan, Singapore, Hong Kong, Corea del Sud) in Estremo Oriente, del Brasile e di altri paesi del Sudamerica, del Sudafrica e di Israele e con la crescita di Cina e India; tutti questi sviluppi sono emersi in epoca recente (nel caso degli ultimi due paesi citati sarebbe meglio dire che «sono riemersi»).
3) Il dominio occidentale nel mondo della conoscenza e della cultura mondiale persiste, sotto certi aspetti, ma si è allentato in modo significativo. La globalizzazione non è più esclusivamente occidentalizzazione.

9

S.P. Huntington
Lo scontro delle civiltà

S.P. Huntington, *Lo scontro delle civiltà e il nuovo ordine mondiale*, Garzanti, Milano 1997, pp. 15-25

■ In un articolo del 1993, e più ampiamente in un libro di tre anni dopo, il politologo statunitense Samuel P. Huntington (1927-2008) formulò, in polemica con le tesi di chi associava la fine della guerra fredda al superamento dei conflitti ideologici, una diagnosi pessimistica sul futuro del mondo. Secondo questa tesi, gli scenari del dopo-guerra fredda sarebbero stati segnati dallo «scontro delle civiltà», ossia dai conflitti a base identitaria e culturale.

Per la prima volta nella storia dell'epoca post-Guerra fredda, il quadro politico mondiale appare al contempo multipolare e suddiviso in più civiltà. [...] Nel mondo post-Guerra fredda, le principali distinzioni tra i vari popoli non sono di carattere ideologico, politico o economico, bensì culturale. Popoli e nazioni tentano di rispondere alla più basilare delle domande che un essere umano possa porsi: chi siamo? E lo fanno nel modo tradizionale in cui l'essere umano ha sempre risposto: facendo riferimento alle cose che per lui hanno maggior significato. L'uomo si autodefinisce in termini di progenie, religione, lingua, storia, valori, costumi e istituzioni. Si identifica con gruppi culturali: tribù, gruppi etnici, comunità religiose, nazioni e, al livello più ampio, civiltà. L'uomo utilizza la politica non solo per salvaguardare i propri interessi ma anche per definire la propria identità.
[...] I principali raggruppamenti di stati non sono più i tre blocchi creati dalla Guerra fredda, ma le sette o otto maggiori civiltà del globo[1]. Le società non occidentali, particolarmente in Asia orientale, stanno sviluppando le loro potenzialità economiche e creano le basi per l'acquisizione di una maggiore potenza militare e influenza politica. Via via che acquisiscono sempre maggiore potere e sicurezza di sé, le società non

1. Cinese, giapponese, indù, islamica, occidentale, latinoamericana, ortodossa e, forse, africana.

occidentali tendono a difendere sempre più strenuamente i propri valori culturali e a rifiutare quelli «imposti» loro dall'Occidente. [...] In questo nuovo mondo, la politica al livello locale è basata sul concetto di etnia, quella al livello globale sul concetto di civiltà. La rivalità tra superpotenze è stata soppiantata dallo scontro di civiltà.

In questo nuovo mondo i conflitti più profondi, laceranti e pericolosi non saranno quelli tra classi sociali, tra ricchi e poveri o tra altri gruppi caratterizzati in senso economico, bensì tra gruppi appartenenti ad entità culturali diverse. [...] E i conflitti culturali più pericolosi sono quelli che corrono lungo le linee di faglia tra civiltà diverse.

[...] L'Occidente è e resterà per gli anni a venire la civiltà più potente. Il suo potere in relazione a quello di altre civiltà, tuttavia, si va progressivamente riducendo. Dinanzi al tentativo occidentale di imporre i propri valori e proteggere i propri interessi, le società non occidentali si trovano a un bivio. Alcune tentano di emulare l'Occidente e di unirsi o allinearsi a esso. Altre società, come quelle confuciane o islamiche, tentano di espandere il proprio potere economico e militare al fine di contrapporsi all'Occidente. [...]

In sintesi, il mondo post-Guerra fredda è un mondo composto da sette o otto grandi civiltà. Le affinità e le differenze culturali determinano gli interessi, gli antagonismi e le associazioni tra stati. I paesi più importanti del mondo appartengono in grande prevalenza a civiltà diverse. I conflitti locali con maggiori probabilità di degenerare in guerre globali sono quelli tra gruppi e stati appartenenti a civiltà diverse. Il modello dominante di sviluppo politico ed economico varia da una civiltà all'altra. I principali nodi da sciogliere nel campo della politica internazionale riguardano le differenze tra le varie civiltà. Il potere sta passando dalle tradizionali civiltà occidentali alle civiltà non occidentali. Lo scenario politico mondiale è diventato multipolare e caratterizzato da più civiltà.

10

Y. Courbage • E. Todd
Conflitto di civiltà o storia universale?

Y. Courbage, E. Todd, *L'incontro delle civiltà*, Tropea, Milano 2009, pp. 9-13

■ Il demografo di origine siriana Youssef Courbage (1946) e lo storico, antropologo, demografo francese Emmanuel Todd (1951), in *L'incontro delle civiltà*, rifiutano le teorie che profetizzano l'imminenza di uno scontro tra le civiltà. Essi pensano che fenomeni come l'aumento dell'alfabetizzazione, la perdita di influenza della religione e il calo della natalità, in atto nei paesi musulmani, li inseriscano nelle dinamiche che si stanno affermando universalmente; occorre piuttosto capire come interpretare i fenomeni che la transizione demografica **[👁 2.1]** in corso in questi paesi porta con sé. Secondo loro, «le popolazioni del mondo, di civiltà e di religioni diverse, si trovano su traiettorie di convergenza».

Presentare l'Islam come una religione refrattaria alla modernità è diventato un esercizio banale. Sempre più teologi di circostanza si dedicano così alla vita di Maometto o al Corano per trovarvi le cause dell'irrimediabile blocco mentale e culturale che affliggerebbe, a loro dire, il mondo musulmano. Per questa erudizione di nuovo genere, il fondamentalismo islamico sarebbe l'espressione di un antagonismo essenziale tra islam e Occidente.

Questo saggio mostrerà il carattere superficiale di tali analisi pessimiste e aggressive. La sua ambizione è proporre un'interpretazione differente del mondo e della sua evoluzione. Lo «scontro delle civiltà» non avrà luogo. L'esame degli indicatori sociali e storici profondi impone al contrario l'idea di un «incontro delle civiltà».

Per dimostrarlo, mobiliteremo gli strumenti dell'analisi demografica su vasta scala, i quali dimostrano, in effetti, non una divergenza, ma un'ampia e rapida convergenza dei modelli. Il mondo musulmano è entrato nella rivoluzione demografica, culturale e mentale che permise un tempo lo sviluppo di regioni oggi tra le più avanzate. A suo modo si è incamminato verso il punto d'incontro di una storia molto più universale di quanto si voglia in realtà ammettere.

Un bilancio per iniziare: da una trentina d'anni i demografi vedono crollare la fecondità del mondo musulmano. Da 6,8 figli per donna nel 1975, la media è precipitata a 3,7 nel 2005. [...] Un tale rovesciamento ha profonde motivazioni culturali e sociali: è il segno di uno sconvolgimento degli equilibri tradizionali. Uno sconvolgimento che s'irradia ai rapporti di autorità, alle strutture familiari, ai riferimenti ideologici, al sistema politico. Il controllo delle nascite è a un tempo il sintomo e la leva di un'ampia trasformazione antropologica.

Questa dinamica non è caratteristica solo del mondo musulmano. Coinvolge ben altre regioni. A dire il vero, non si vede quale paese potrebbe in definitiva sottrarsi alla sua forza d'attrazione. Quest'ultima si impone lentamente come uno degli assi fondamentali di una storia globale che vieta una rappresentazione compartimentata del pianeta e squalifica la visione essenzializzata delle culture e delle religioni. [...]

I nostri avversari ci risponderanno che questa transizione [demografica] non permette di spiegare gli attuali problemi del mondo musulmano, in particolare il suo ritardo economico e la sua violenza. [...] Il ritardo tecnologico ed economico del mondo musulmano non può essere messo in dubbio. Anche la violenza che oggi lo attraversa è un fatto innegabile e presenta alcuni aspetti storicamente nuovi, come gli attentati suicidi pianificati su vasta scala. L'invasione americana dell'Iraq [iniziata nel 2003] ricorda tuttavia che il mondo occidentale non è pronto a rinunciare senza lotta al suo titolo di campione di tutte le categorie del massacro di massa, stabilito da una Seconda guerra mondiale che include l'Olocausto[1] e Hiroshima[2]. Tutto questo senza l'aiuto spirituale e guerriero di Maometto! Resta da capire come interpretare questi fenomeni. Gli occidentali vogliono dimenticare che le loro transizioni demografiche sono state anch'esse costellate da numerosi disordini e violenze. Le convulsioni che vediamo oggi prodursi nel mondo musulmano possono essere interpretare non come le manifestazioni di un'alterità radicale, ma al contrario come i sintomi classici di un disorientamento proprio dei periodi di transizione. [...] L'analisi del processo di transizione demografica che interessa oggi il mondo musulmano sfocia dunque in una diversa interpretazione dei disordini attuali. Per questo risulta ancora più utile.

---

1. L'omicidio di circa 6 milioni di ebrei nei campi di sterminio nazisti durante la seconda guerra mondiale.

2. Il riferimento è ai bombardamenti atomici americani delle città nipponiche di Hiroshima e Nagasaki avvenuti il 6 agosto 1945.

MODULO

3 LE GRANDI RIVOLUZIONI

1775-83
Guerra d'indipendenza americana

1776
Dichiarazione di indipendenza e nascita degli Stati Uniti d'America

1787
Costituzione degli Stati Uniti d'America

1789
Presa della Bastiglia: inizia la Rivoluzione francese

1792
Proclamazione della Repubblica francese. Costituzione democratica e dittatura giacobina

1797
Repubbliche «giacobine» in Italia

Jean-Baptiste Regnault
La libertà o la morte
1795 ca.
[Hamburger Kunsthalle, Amburgo]

ANTEPRIMA

Le rivoluzioni politiche alle origini dell'età contemporanea

L'ampio arco temporale, dal 1776 al 1848-49, segnato dalle grandi rivoluzioni corrisponde al periodo in cui collochiamo gli inizi dell'età contemporanea. Non una data precisa, ma un insieme di vicende, tutte caratterizzate da trasformazioni rivoluzionarie (o da tentativi rivoluzionari votati all'insuccesso) che si susseguono in quei decenni determinando radicali e alla fine irreversibili mutamenti nei rapporti politici e nelle strutture economiche. Ma anche avviando processi che portarono nei decenni immediatamente successivi a grandi risultati come l'indipendenza e l'unità d'Italia e l'unificazione tedesca.

Le rivoluzioni politiche – americana, francese, del Sud e del Centro-America – sono state inserite, da alcuni storici, in un quadro unitario, quello delle "rivoluzioni atlantiche", per il loro affacciarsi sulle due sponde dell'oceano e per i reciproci influssi che, nelle due direzioni, legavano Europa e America nella realizzazione di modelli politici liberali e democratici. Altri hanno contestato questa visione d'insieme ritenendo le differenze più significative delle affinità: essa segnala tuttavia l'ampiezza delle aree coinvolte nella grande trasformazione che poniamo alle origini dell'età contemporanea.

Le rivoluzioni politiche spazzano via le strutture del privilegio, cancellano i residui feudali, riducono drasticamente il dominio delle aristocrazie lasciando emergere i nuovi ceti borghesi. **«Da sudditi a cittadini»** è la formula che condensa l'insieme di questi mutamenti caratterizzati dall'eguaglianza di fronte alla legge e dall'acquisizione dei diritti politici: innanzitutto il diritto di voto attribuito (ai soli uomini) dapprima in base alla ricchezza posseduta o a determinati titoli culturali. L'allargamento del suffragio rimase in tutto il periodo una delle richieste dei gruppi democratici e uno dei principali punti di contrasto tra liberalismo e democrazia.

1804
Napoleone assume il titolo di imperatore dei francesi

1811-30
Lotte per l'indipendenza in Sud America

1814-15
Congresso di Vienna

1815
Definitiva sconfitta di Napoleone a Waterloo

1820-21
Insurrezioni in Spagna, in Grecia e in Italia

1830-31
Insurrezioni nei Ducati di Parma e Modena

1831
Fondazione della Giovine Italia

1845-48
Annessioni del Texas e della California agli Stati Uniti

1848
Insurrezioni in Francia (Seconda Repubblica), in Italia e nell'Impero d'Austria; in Francia Luigi Bonaparte diventa presidente della Repubblica

La grande Rivoluzione

In Europa la Rivoluzione francese (scoppiata nel 1789) è la matrice principale del cambiamento, non solo per l'abbattimento dell'*ancien régime*, ma perché è dalla vicenda rivoluzionaria che emergono **i nuovi protagonisti della lotta politica**. In primo luogo le masse popolari urbane – artigiani, lavoratori manuali, piccoli borghesi –, protagoniste non solo sulla scena francese (e parigina in particolare), ma anche delle fasi rivoluzionarie degli altri paesi europei in tutta la prima metà dell'800. La loro violenza, che ricalcava in parte codici di comportamento delle rivolte popolari di antico regime, solo gradatamente verrà incanalata verso obiettivi politici e programmatici ben definiti. Un ruolo decisivo in questo ambito ebbero i nuovi **politici di professione**, un altro portato della Rivoluzione francese, come i giacobini, i primi a dar vita a un'organizzazione centralizzata simile ai successivi partiti politici.
Dagli ideali rivoluzionari interpretati in chiave espansiva e nazionalista emerse la figura di **Napoleone** Bonaparte, iniziatore di una trasformazione politica e amministrativa non solo della Francia ma di gran parte dell'Europa conquistata dagli eserciti francesi. Il modello di governo napoleonico, fondato all'interno su un consenso raccolto rivolgendosi direttamente ai cittadini con lo strumento del plebiscito, inaugurò una forma di potere autoritario destinato a riproporsi più volte in varie parti dell'Europa e del mondo nel corso dell'età contemporanea.

La rivoluzione industriale e la questione sociale

Negli stessi decenni delle rivoluzioni politiche americane ed europee, in Gran Bretagna (e in particolare in Inghilterra, dove un secolo prima era stato introdotto un sistema costituzionale-parlamentare) prese avvio la rivoluzione industriale. Le nuove tecnologie destinate ad aumentare e migliorare la produzione, innanzitutto nel settore tessile cotoniero, e contemporaneamente ad abbassare i costi del lavoro, diedero vita non solo a un nuovo sistema produttivo e al luogo fisico delle attività lavorative, la **fabbrica**, ma anche alla **classe operaia**, composta dai lavoratori salariati e dalle loro famiglie. Queste trasformazioni, nel loro graduale diffondersi, investirono nei primi decenni dell'800 altri paesi europei – il Belgio, la Francia, le regioni occidentali della Germania – e gli Stati Uniti.
Tra gli anni '30 e '40 la rivoluzione industriale fu affiancata progressivamente dalla rivoluzione dei trasporti legata alla costruzione delle ferrovie che stesero la loro rete di comunicazioni nei paesi più sviluppati.
Contemporaneamente, in Gran Bretagna prima, nell'Europa continentale in seguito, iniziava a emergere dalle dure condizioni di lavoro e dalle forme di sfruttamento proprie del sistema di fabbrica la **questione operaia** e il correlato conflitto tra imprenditori industriali e lavoratori. Più in generale l'addensarsi nelle grandi città e nelle nuove città industriali di un numeroso proletariato in condizioni di dura povertà poneva all'attenzione dei governi e dei movimenti politici il manifestarsi della **questione sociale** accompagnata da nuovi antagonismi tra ceti e classi: agli occhi della classe dirigente e di molti osservatori le classi laboriose si presentavano come «classi pericolose». Questione operaia e questione sociale trovarono due diverse forme di tutela e/o di rappresentanza. In Gran Bretagna nelle prime organizzazioni sindacali delle Trade Unions, altrove nei movimenti politici espressione delle prime forme di socialismo (che postulavano una società nuova fondata sui valori della solidarietà e della uguaglianza).

Le ideologie politiche

Il socialismo nelle sue diverse varianti utopistiche e rivoluzionarie è in ordine di tempo l'ultima delle grandi ideologie che si formano e si affermano in questo periodo. Ma la novità più radicale, quella del socialismo scientifico di Marx e Engels, pur manifestandosi proprio sul finire dell'età delle rivoluzioni, comincerà solo in seguito ad esercitare la sua presa sulla classe operaia.
Bisogna quindi tornare all'indietro per ricordare che dal grande bacino di idee dell'Illuminismo si erano generate le due correnti principali del pensiero politico di quest'epoca, il **liberalismo** e la **democrazia**. Le differenze, che si esprimevano in radicali contrapposizioni – diversamente dal loro successivo avvicinarsi e quasi confondersi a partire dal secondo '900 nella forma della liberal-democrazia –, si misuravano allora nitidamente sul piano degli obiettivi e dei programmi: tutela dei diritti individuali e difesa dagli abusi di un potere dispotico, ascesa del merito contro i privilegi di ceto per i liberali, allargamento della partecipazione politica e della rappresentanza per i democratici. Ma erano evidenti anche per la diversa base sociale di riferimento che nel caso della democrazia si estendeva alla piccola borghesia e agli elementi più politicizzati dei ceti popolari urbani.

Il Romanticismo e l'idea di nazione

Il vario formarsi e modellarsi della cultura politica e delle ideologie tra '700 e '800 si intreccia con il grande movimento culturale del Romanticismo. Impossibile da racchiudere in una formula, il Romanticismo è tante cose insieme, talora contraddittorie, spesso declinate assai diversamente nei vari paesi in cui si manifesta. Gli elementi comuni sono il rifiuto del razionalismo illuminista (e, sul piano dei costumi, del libertinaggio settecentesco), l'esaltazione del sentimento puro e sofferto, talora in forme morbose o estreme, e dell'entusiasmo giovanile con forti tratti di contrapposizione generazionale. Movimento letterario, artistico e musicale contrapposto al classicismo degli stili e delle forme, ma anche somma di comportamenti e di stili di vita, sul piano storico guardava alle origini profonde dei popoli e al recupero delle tradizioni. Da queste numerose e articolate suggestioni emerse e si affermò l'idea di nazione, che già Rousseau, in pieno Illuminismo, vedeva come espressione di un popolo e di una comunità. Interpretata dalla **Francia** in maniera aggressiva ed espansionistica nelle guerre rivoluzionarie e napoleoniche, essa alimentò per contrapposizione in **Germania** una concezione romantica della nazione fondata sull'unità delle origini, della lingua, della terra e del sangue. La rinascita nazionale tedesca nelle guerre antinapoleoniche (per liberarsi dal dominio francese) e le successive aspirazioni e lotte per l'indipendenza di paesi come la Grecia, la Polonia, l'Ungheria e l'**Italia** sono tutte manifestazioni di questa nuova idea nazionale, di un nazionalismo che esalta la tradizione e la storia e rivendica un primato particolare se non una missione da affidare ai popoli finalmente consapevoli di un proprio destino.

La Restaurazione e la nuova ondata rivoluzionaria

Negli Stati Uniti rivoluzione, indipendenza e nascita della democrazia avevano avuto un percorso coevo e sostanzialmente unitario. E così in larga misura era avvenuto nelle colonie in America Latina. In Europa invece, dove gli antichi ordinamenti sociali e politici erano assai più forti, il rovesciamento del dominio napoleonico portò alla restaurazione dei vecchi sovrani e dei sistemi di governo tradizionali, anche se molti degli ordinamenti giuridici imposti dai francesi non poterono essere smantellati.

Ma la mobilitazione politica liberale e democratica innestata negli anni della Rivoluzione francese e dalla diffusione dei programmi rivoluzionari in Europa non poté essere arrestata. Nel 1820-21, nel 1830-31 e di nuovo nel 1848-49 tre cicli rivoluzionari coinvolsero diversi paesi europei dalla Spagna alla Polonia, dall'Ungheria all'Italia.
Nei primi due cicli la richiesta principale fu l'ampliamento delle libertà politiche e la concessione di una costituzione. Dovunque prevalse la repressione, il braccio armato della Santa Alleanza che tutelava la Restaurazione. In Italia a riportare l'ordine fu l'Austria, in Spagna intervennero i francesi nel 1823. Solo qualche anno dopo in Grecia e in Belgio, rispettivamente nel 1829 e nel 1830, con la conquista dell'indipendenza dei due paesi, fu raggiunto un risultato duraturo che ebbe il consenso delle maggiori potenze.
Nel frattempo la rivoluzione si era riaffacciata in Francia e il regime costituzionale dei Borbone (successivo alla caduta di Napoleone) fu abbattuto dalla sollevazione parigina del luglio 1830. Il nuovo sistema di governo borghese-liberale della monarchia orleanista (che seguì i fatti di luglio) si rivelò via via sempre più chiuso alle istanze di un ampliamento democratico, vittima a sua volta della nuova rivoluzione del febbraio 1848.
L'ondata rivoluzionaria che attraversò l'Europa nel 1848-49 fu assai più estesa e combattuta. Per la prima volta fu l'Austria, il centro propulsore della Restaurazione, ad essere coinvolta direttamente a Vienna e in molte parti del suo impero: a Budapest, a Milano, a Venezia. Nella rivoluzione del 1848 entrarono in campo anche gli Stati tedeschi con l'obiettivo di instaurare regimi costituzionali e insieme avviare l'unificazione del paese. Ma l'ostilità della Prussia, il più forte Stato tedesco, a ogni innovazione spense rapidamente gli entusiasmi nazionali germanici.
Ancora una volta la diversità, spesso radicale, di obiettivi e di programmi tra liberali e democratici, peraltro non sostenuti da alcuna forza armata organizzata, dovette piegarsi alla dura repressione militare messa in atto soprattutto nell'Impero asburgico.
Questa sconfitta generale delle forze democratiche investì anche la Francia dove, dopo la proclamazione della Repubblica, il suffragio universale portò al potere Luigi Napoleone Bonaparte, nipote del primo Napoleone, con l'appoggio delle forze conservatrici e cattoliche, e del mondo rurale. Giocò a suo favore la potente leva rappresentata dalle memorie dei successi dello zio, che aveva fondato il grande Impero francese. Rinasceva nuovamente su base plebiscitaria un Impero napoleonico con l'obiettivo di tornare ad avere un ruolo decisivo nella storia d'Europa.

L'Italia e il Risorgimento

L'Italia tornò protagonista della storia europea e artefice diretta dei propri destini col movimento di rinascita politica del Risorgimento: protagonista per la partecipazione ai moti costituzionali del 1820-21 e del '31, per il diffondersi della consapevolezza di una nuova identità nazionale votata all'unificazione del paese, per la particolarità della sua mobilitazione politica. L'obiettivo ostacolo delle antiche divisioni territoriali e del perdurare dei particolarismi, la dominazione austriaca diretta o indiretta su tanta parte della penisola e la presenza della Chiesa con un proprio ampio Stato territoriale, rendevano il processo risorgimentale e unitario particolarmente difficile.
Ma altri fattori agivano per un radicale cambiamento dei tradizionali assetti italiani: le ambizioni di espansione territoriale del Piemonte dei Savoia, la diffusione e il consenso a nuove teorizzazioni e movimenti politici, come sul fronte moderato il neoguelfismo di Gioberti, che poneva al centro della storia d'Italia degli anni a venire il nuovo compito unificatore della Chiesa di Roma, o il federalismo democratico di Cattaneo.
Ma, per ampiezza di adesioni e di gruppi sociali coinvolti, decisivo fu il ruolo di Mazzini e delle sue idee democratiche e repubblicane animate da uno spirito di sacrificio e dal fascino di una "nuova religione politica" in cui la fede nella libertà e nel progresso umano era vissuta come una fede religiosa.

Il paradosso di un papa riformatore come Pio IX diede l'avvio a un incendio rivoluzionario che, tra il '48 e il '49, sconvolse l'Italia con un significativo anticipo rispetto a quanto avveniva nel resto d'Europa. La concessione delle costituzioni, le rivolte di Milano e Venezia, l'inizio della guerra del Piemonte all'Austria, la **prima guerra d'indipendenza**, con l'iniziale partecipazione degli altri Stati italiani, si susseguirono in tempi rapidissimi. La prima sconfitta del Piemonte nel '48, la ripresa della guerra e la definitiva sconfitta del Regno sabaudo nel '49 si compirono mentre continuava la resistenza democratica della Repubblica romana contro l'intervento francese, volto a restaurare il papato, e di Venezia contro gli austriaci. Nonostante la duplice sconfitta dell'opzione bellica piemontese e delle rivoluzioni democratiche di Roma e Venezia, quello del '48-49 fu un biennio epocale.
Un biennio che testimoniava la nuova dimensione europea del problema italiano, e certificava la nascita di un movimento nazionale e di una mobilitazione patriottica alimentata dalla partecipazione di decine di migliaia di italiani.

ONLINE

Geografia e Storia
Le "rivoluzioni atlantiche"

Il libro
G. Lefebvre
La grande paura del 1789

Il laboratorio dello storico
Le immagini come fonti e l'iconografia rivoluzionaria

CAPITOLO

6 LA NASCITA DEGLI STATI UNITI

1 Le colonie britanniche nell'America del Nord

La formazione degli Stati Uniti d'America è il primo episodio di quella stagione rivoluzionaria – politica ma anche economica e sociale – che inizia negli ultimi decenni del '700 e si chiude alla metà dell'800: l'età che abbiamo chiamato delle "grandi rivoluzioni".
Con la nascita degli Stati Uniti fa il suo ingresso sulla scena mondiale un nuovo protagonista: anche se dovranno passare molti decenni, e una drammatica guerra civile, perché il nuovo Stato si consolidi. Ma dalla fine dell'800, prima con la guerra contro la Spagna per l'indipendenza di Cuba (che divenne protettorato americano nel 1898), poi con la partecipazione al primo conflitto mondiale (nel 1917), gli Stati Uniti si affermarono come grande potenza fino a dominare la seconda metà del '900 e gli anni iniziali del nuovo secolo.
Nessuno poteva immaginare che un conflitto locale tra sudditi della Gran Bretagna,

in colonie lontane dalla madrepatria, divenisse motore di una così grande trasformazione.

Focus
I Padri Pellegrini e il New England

I primi insediamenti Agli inizi del '600 in due diversi punti delle coste atlantiche dell'America settentrionale aveva preso avvio la colonizzazione inglese: nel 1607 nei territori della Virginia e nel 1620 con lo sbarco, molto più a nord – a Cape Cod, nel Massachusetts –, dei "Padri Pellegrini", una congregazione di **puritani** inglesi già esuli in Olanda [ATLANTE_18]. I nuovi insediamenti furono favoriti dall'**assistenza fornita dagli indiani nativi**, i pellerossa, nel contribuire alla esplorazione del territorio e nel fornire risorse alimentari prima che le nuove coltivazioni potessero cominciare a dare i loro frutti. Presto però dissodamenti e disboscamenti sarebbero stati all'origine di duri conflitti con le tribù dei pellerossa sul possesso delle terre.

Nell'espansione inglese dei decenni successivi si sommarono l'iniziativa delle **compagnie commerciali** e una consistente immigrazione di **minoranze politiche e religiose** dalla Gran Bretagna ma anche da altri paesi europei, come quella degli ugo-

Puritani
Il termine "puritano" (dal latino *purus*, 'puro') fu inventato a metà del '500 dagli anglicani per definire in modo sarcastico i calvinisti, che finirono poi per adottare con orgoglio questo appellativo. Il termine, infatti, sembrava adatto a sottolineare la purezza della loro fede e a qualificare positivamente il modo di vita cui i gruppi più intransigenti del calvinismo si ispiravano, ossia l'assoluto rispetto dei princìpi religiosi e morali del protestantesimo. Fu per sfuggire alle persecuzioni che, nel 1620, un gruppo di un centinaio di puritani, detti in seguito Padri Pellegrini, abbandonò l'Inghilterra a bordo della nave Mayflower e raggiunse l'America settentrionale, dove fondò New Plymouth, primo nucleo del futuro Stato del Massachusetts.

Edward Hicks
***Il trattato di Penn con gli indiani*, part.**
1840-44
[National Gallery of Art, Washington]
William Penn, ricco mercante a capo di una colonia di quaccheri, giunse nell'America del Nord in una regione che da lui prese il nome, Pennsylvania. Nel 1681 trattò con gli indiani l'acquisto del territorio sul quale avrebbe fondato la città di Philadelphia, capitale della colonia che accolse non solo i gruppi britannici di religione quacchera, ma anche pietisti tedeschi e gruppi di tedeschi e scandinavi. Successivamente Penn acquistò le regioni meridionali dello Stato di New York e vi fondò la colonia del Delaware. I quaccheri furono gli unici ad avere con gli indiani rapporti paritetici, mentre gli altri europei giungevano nel Nuovo Mondo come conquistatori. Questo quadro, basato su un dipinto del 1771, ricorda Penn, figura simbolica dell'identità americana, e l'accordo che stipulò con i nativi americani.

ATLANTE 19_LE COLONIE AMERICANE ALLA VIGILIA DELLA GUERRA CON LA GRAN BRETAGNA

possedimenti britannici dopo la pace di Parigi del 1763
le tredici colonie che si sollevano contro la Gran Bretagna nel 1774
alla Gran Bretagna dal 1763 al 1783
zone popolate da pellerossa

ONLINE

Storiografia
G. Abbattista
La società nordamericana alla vigilia della rivoluzione

notti dalla Francia o degli **amish** dalle regioni di lingua tedesca. Via via gli inglesi risalirono verso nord e discesero verso sud conquistando e mettendo a coltivazione territori sempre più estesi, assorbendo e talora acquistando i precedenti insediamenti olandesi e svedesi.

Le tredici colonie

Nel 1763, alla fine della guerra dei Sette anni contro la Francia, le colonie britanniche si estendevano dal Canada a nord (la Nuova Scozia) alla Florida a sud, mentre a ovest erano delimitate dalla catena montuosa degli Appalachi [ATLANTE_19]. Distese su un territorio così lungo, le colonie erano caratterizzate da grandi diversità climatiche, ma differivano anche per composizione sociale e assetti economico-produttivi.

■ **Le quattro colonie settentrionali. La Nuova Inghilterra** In Massachusetts, New Hampshire, Rhode Island, Connecticut il clima, simile a quello dell'Europa nord-occidentale, aveva consentito la coltivazione dei **cereali** e la costituzione di villaggi rurali. Nei centri urbani della costa, però, primo fra tutti Boston, fiorì, grazie alla larga disponibilità di legname, un'importante **industria cantieristica**.

■ **Le quattro colonie del Centro** Nei territori di New York, del New Jersey, della Pennsylvania e del Delaware, che non costituivano un blocco omogeneo, la situazione economica era simile a quella della Nuova Inghilterra, ma con più forti squilibri sociali e una diversa struttura della proprietà terriera – soprattutto nello Stato di New York dominavano infatti i grandi **latifondisti**.

■ **Le cinque colonie del Sud** In Virginia, Maryland, Carolina del Nord e del Sud, Georgia tutta l'economia era incentrata sulle **piantagioni** (tabacco, riso e, più tardi, cotone), si fondava principalmente sulla grande proprietà e si reggeva sul lavoro degli schiavi di origine africana. Ma era anche diffusa la piccola e media proprietà terriera che si avvaleva anch'essa della manodopera degli **schiavi neri**.

Le appartenenze religiose e la mentalità del nuovo "popolo eletto"

Le colonie si differenziavano profondamente anche dal punto di vista religioso, pur essendo tutte protestanti. Nella Nuova Inghilterra prevalevano largamente i dissidenti della Chiesa anglicana (presbiteriani, congregazionalisti, metodisti): qui, negli anni 1730-40, aveva trovato larga diffusione il movimento del ***Grande risveglio*** protestante, animato da impetuosi predicatori che volevano rivitalizzare la fede, ritornare alla Bibbia, rafforzare la pratica religiosa. La Pennsylvania ospitava larghe comunità di quaccheri e di amish. Nelle colonie del Sud era dominante invece la fedeltà alla Chiesa anglicana.

Le numerose denominazioni religiose del protestantesimo intransigente erano impegnate nella difesa delle forme di **autogoverno**, delle libertà dei coloni e alimentavano il dissenso nei confronti delle istituzioni e dei controlli esercitati dall'amministrazione e dalle istituzioni della Corona britannica. Queste posizioni erano fondate sul **nesso sempre più stringente tra libertà religiosa e libertà politica** nonché sulla convinzione di una nuova missione e di un destino speciale affidato da Dio ai nuovi americani che si consideravano un popolo eletto, chiamato a realizzare il vero cristianesimo.

La popolazione e le tradizioni insediative

Secondo le stime, nel 1770 la popolazione aveva superato i 2 milioni e nel 1780, con un elevato tasso di incremento, avrebbe raggiunto i 2.780.000 individui. Tra la popolazione si contavano oltre 500 mila **schiavi neri**, concentrati nelle colonie meridionali dove rappresentavano il 40% circa degli abitanti.

Un ruolo rilevante avevano gli indiani pellerossa, dislocati all'interno dei territori e sospinti dalla colonizzazione sempre più verso ovest, non facilmente conteggiabili

Amish
La comunità religiosa amish raccoglie i seguaci di un predicatore vissuto in Svizzera nel '600, Jacob Amman, che abbandonò la Chiesa anabattista dei mennoniti. Nel corso del '700 gli amish (come i mennoniti) migrarono negli Stati Uniti, in prima battuta in Pennsylvania. Ancora oggi questo sottogruppo della Chiesa anabattista mennonita è presente negli Stati Uniti. L'Ohio e la Pennsylvania sono gli Stati che ospitano le comunità più numerose. Gli amish vivono separati dal resto del mondo, parlano tradizionalmente un dialetto tedesco, osservano uno stile di vita semplice, rurale, evitando il contatto costante con la civiltà e le nuove tecnologie.

Guerre franco-indiane
Le guerre franco-indiane sono una serie di conflitti combattuti nel corso del '600 e del '700, che coinvolsero anche le colonie e i territori dell'America settentrionale oltre alle tribù indiane che popolavano quelle terre. Si trattò per lo più di riflessi delle guerre dinastiche combattute in Europa in quei secoli. Ad alcuni di questi conflitti presero parte olandesi e spagnoli, ma i due fronti contrapposti videro impegnati sempre francesi e inglesi, alleati con le diverse tribù indiane. L'ultima e la più importante delle guerre franco-indiane coincise con la guerra dei Sette anni (1754-63), con la quale la Gran Bretagna si impose definitivamente sulla Francia.

ma in continua diminuzione. Tra le numerose **"nazioni" indiane** (questo era il termine con cui venivano chiamate le tribù) spiccavano la confederazione degli Irochesi del Nord-est, già alleati dei britannici nelle **guerre franco-indiane**, gli Algonchini, schierati invece con i francesi, e i Cherokee a Sud.

Le colonie non erano caratterizzate da una significativa **urbanizzazione**, soprattutto nei territori del Sud. Diversa era la situazione nelle colonie del Centro e del Nord. Philadelphia era la città più popolosa con 40 mila abitanti, mentre gli altri due principali centri urbani, Boston e New York, che pure avevano conosciuto un vistoso incremento demografico del 50% tra il 1760 e il 1775, si fermavano a 18 mila e 21 mila abitanti rispettivamente. Centri dunque relativamente piccoli ma vivacissimi per le attività economiche e la vita politica e culturale.

GUIDA ALLO STUDIO

❶ Quali forze economiche e sociali inglesi colonizzarono l'America settentrionale? ❷ Quali erano le economie degli Stati del Nord, del Centro e del Sud? ❸ Come reagirono i pellerossa alla colonizzazione inglese? ❹ Le colonie inglesi del Nord America erano tutte di fede protestante, ma con grandi differenze da una all'altra. Quali tendenze si affermarono nelle tredici colonie?

2 Una rivoluzione per l'indipendenza

Le dure premesse

Le colonie americane, largamente inserite nel sistema di scambi atlantici, dovevano sottostare alle **leggi commerciali imposte da Londra**. Solo le navi britanniche potevano accedere ai porti del Nord America e tutte le merci dirette alle colonie dovevano passare per la Gran Bretagna. La quasi totalità della produzione coloniale – il tabacco e il riso del Sud, il legname della Nuova Inghilterra, il pesce e l'olio di balena, il rhum e le pellicce – era destinata ai mercati britannici, mentre l'industria locale, salvo quella cantieristica, era ostacolata per evitare che entrasse in concorrenza con quella della madrepatria.

Sul piano politico-amministrativo, invece, le colonie, pur sottoposte al controllo di un governatore di nomina regia, si erano date assemblee legislative elette dai cittadini che nel corso del tempo avevano assunto poteri sempre maggiori. Questo **dualismo di poteri** di fatto lasciava spazio a continui conflitti, intensificati soprattutto dopo la fine dell'ultima guerra franco-indiana: a partire dal 1763 le tredici colonie cominciarono a sentirsi come un'**unità autonoma**, diversa dalla madrepatria, con una propria identità e non più come parte integrante di un impero britannico unitario.

Dal boicottaggio alla guerra

Questi sentimenti si accentuarono fino a trasformarsi in diffusa opposizione politica quando la Gran Bretagna intensificò il prelievo fiscale. Si trattava di rimettere in sesto le finanze statali dissanguate dalle guerre e di pagare i funzionari e le truppe stanziate nei territori americani. Ma se ai vincoli commerciali le colonie avevano risposto con il contrabbando o eludendo le norme, ora all'inasprimento fiscale risposero con il **boicottaggio delle merci** provenienti dalla madrepatria.

L'imposizione di una serie di dazi doganali – come quello sullo zucchero del 1764 – e dello *Stamp Act* (1765), l'obbligo di una marca da bollo non solo sui documenti ma anche su giornali e riviste, provocò la dura reazione dei coloni. Della protesta si fecero interpreti le **assemblee legislative** e i numerosi **periodici politici delle colonie**, che potevano contare su un larghissimo consenso in tutti i ceti sociali, dai grandi proprietari del Sud, agli artigiani del Nord, agli intellettuali. Venne richiamata con forza la stessa tradizione del parlamentarismo britannico: in particolare il principio secondo cui nessuna tassa poteva essere imposta senza l'approvazione di un'assemblea in cui i diritti dei tassati trovassero adeguata rappresentanza. In base a questo

Boicottaggio
In origine il boicottaggio era una forma di lotta economica che consisteva nel rifiuto di entrare in rapporti con qualcuno, per esempio un paese, un proprietario terriero o una compagnia commerciale, per danneggiarne la posizione. Questo è quanto avvenne nel caso del contrasto tra le colonie in Nord America e la madrepatria: i coloni ribelli, infatti, decisero di sospendere gli acquisti di merci britanniche con l'intento di causare un grave danno economico alla Corona. Ma boicottare può anche voler dire isolare un paese in campo internazionale per le sue scelte politiche o per gli atti criminali compiuti durante una guerra.

principio – «*no taxation without representation*» – il Parlamento di Londra, dove i coloni non erano rappresentati, non aveva diritto a imporre tasse ai territori d'Oltreoceano.

La tensione, già alta, si accentuò quando un provvedimento del 1773 assegnò **alla Compagnia delle Indie il monopolio della vendita del tè** nel continente americano, danneggiando gravemente i commercianti locali. Nel dicembre 1773, nel porto di Boston – centro principale dell'agitazione antibritannica – furono assalite alcune navi della Compagnia e fu gettato in mare il carico di tè. All'atto, passato alla storia come ***Boston Tea Party***, il governo centrale rispose con dure misure di ritorsione: nel 1774 il porto di Boston fu chiuso, il Massachusetts fu privato delle sue autonomie, in tutte le colonie i giudici americani furono sostituiti da funzionari britannici. Da questo momento in poi, la rivolta divenne aperta e generalizzata.

Nel settembre '74, in un primo **Congresso continentale**, i rappresentanti delle tredici colonie si accordarono per portare avanti le azioni di boicottaggio e per difendere con ogni mezzo le loro autonomie. Nell'aprile 1775 si ebbero i primi scontri armati tra le milizie dei coloni e le truppe britanniche nei pressi di Boston. In maggio, un secondo Congresso continentale decideva la formazione di un eser-

Joseph Trumbull
La Dichiarazione di indipendenza degli Stati Uniti
1817-19
[Campidoglio, Washington]

Il dipinto ricorda la giornata del 28 giugno 1776, quando a Philadelphia la cosiddetta "Commissione dei cinque" presentò ai partecipanti al Congresso la *Dichiarazione di indipendenza*, poi ratificata il 4 luglio successivo. In piedi, i cinque membri della commissione: (da sinistra) John Adams, Roger Sherman, Robert Livingston, Thomas Jefferson, Benjamin Franklin; di fronte a loro, seduto, il presidente del Congresso, John Hancock. Per la successiva elaborazione della Costituzione americana (1787) furono determinanti le «verità» sancite nell'enunciato di apertura della *Dichiarazione*: «Noi riteniamo che le seguenti verità siano di per sé stesse evidenti; che tutti gli uomini sono stati creati uguali, che essi sono stati dotati dal loro Creatore di alcuni Diritti inalienabili, che fra questi sono la Vita, la Libertà e la ricerca della Felicità; che allo scopo di garantire questi diritti, sono creati fra gli uomini i Governi, i quali derivano i loro giusti poteri dal consenso dei governati; che ogni qual volta una qualsiasi forma di Governo tende a negare tali fini, è Diritto del Popolo modificarlo o distruggerlo, e creare un nuovo Governo, che si fondi su quei principî e che abbia i propri poteri ordinati in quella guisa che gli sembri più idonea al raggiungimento della sua sicurezza e felicità».

cito comune, il *Continental Army*, e ne affidava il comando a **George Washington** (1732-1799), un proprietario terriero della Virginia che, nel volgere di un decennio, sarebbe divenuto il primo presidente degli Stati Uniti d'America [👁 6.4]. La protesta delle colonie, trasformatasi ormai in **rivoluzione**, sfociava così in una vera e propria **guerra**.

DOC *La Dichiarazione di indipendenza*

ONLINE

La *Dichiarazione di indipendenza*. Un atto fondativo

Il 4 luglio 1776, dopo un lungo e acceso dibattito, il Congresso continentale approvò una *Dichiarazione di indipendenza* stesa da **Thomas Jefferson** (1743-1826), che può essere considerata il vero atto di nascita degli Stati Uniti d'America [👁 6.4 PERSONAGGI]. Questo documento fondamentale, oltre a enumerare minuziosamente i motivi del contrasto con la Corona britannica sul modello del *Bill of Rights* inglese del 1689, si richiamava ai princìpi del giusnaturalismo, ai diritti inalienabili dell'uomo e al diritto di un popolo a ribellarsi gettando le basi di un nuovo e concreto progetto politico [👁 1.3]. La *Dichiarazione* era un progetto rivoluzionario che rompeva ogni legame con la monarchia britannica e dava vita a una **repubblica** [👁 6.4 STORIA • SOCIETÀ • CITTADINANZA].

La guerra, la vittoria e la pace

L'indipendenza venne dichiarata poco più di un anno dopo l'inizio di una guerra che si sarebbe trascinata per otto anni: durò infatti **dal 1775 al 1783**. Inoltre, dopo l'ingresso della Francia e della Spagna a fianco degli Stati Uniti con l'evidente obiettivo di trarre vantaggi territoriali da un'eventuale sconfitta della Gran Bretagna, il conflitto si sarebbe combattuto anche nei Caraibi, a Gibilterra (inutilmente assediata dagli spagnoli per tre anni), sulle coste africane e in India.

Negli Stati Uniti le prime fasi del conflitto non furono favorevoli agli americani, anche perché le truppe britanniche, forti di 35 mila uomini (tra cui un nutrito contingente di mercenari tedeschi), contro gli 8000 poco addestrati dell'esercito di Washington, assunsero l'iniziativa occupando New York (agosto 1776). Washington adottò allora

Emanuel Gottlieb Leutze
Washington attraversa il Delaware
1851
[Metropolitan Museum, New York]

Una delle azioni più celebrate di Washington, e della storia dell'indipendenza americana in generale, è senz'altro quella compiuta il 25 dicembre del 1776, quando il generale guidò le truppe in un assalto a sorpresa contro i britannici. Questi ultimi, guidati dal generale Howe, si erano trasferiti a New York per trascorrervi l'inverno, convinti che Washington non li avrebbe attaccati fino alla primavera successiva. Ma le forze americane, non tenendo conto delle usanze militari, attraversarono nottetempo il fiume Delaware semighiacciato e riuscirono ad avere la meglio sul nemico.

una tattica prudente evitando gli scontri campali e logorando gli avversari con ostinate azioni di **guerriglia** – sabotaggi, assalti, attentati a sorpresa –, finché i britannici non subirono a **Saratoga** (1777) la loro prima seria sconfitta **[**👁 ATLANTE_**20]**.
La posizione degli insorti restava comunque difficile e piuttosto grave era la situazione finanziaria, che costrinse le colonie a sostenere i **costi del conflitto** ricorrendo a una serie di imposte straordinarie. A favore degli indipendentisti si schierò l'opinione pubblica europea – nella stessa Gran Bretagna non mancarono le voci favorevoli ai ribelli – tanto che, a partire dal 1777, cominciarono ad arrivare, provenienti da diversi paesi europei, numerosi **volontari** pronti a battersi a fianco degli Stati Uniti. Ma l'aiuto decisivo venne dall'intervento delle potenze europee che impegnarono la Gran Bretagna su molti altri teatri bellici. Importante in questa fase fu in particolare il ruolo della **Francia**, che, alla fine del '77, riconobbe l'indipendenza delle colonie

ATLANTE 20_GLI STATI UNITI (1783-1803)

La cartina mostra lo sviluppo territoriale degli Stati Uniti dopo la pace di Versailles (1783), che pose fine alla guerra d'indipendenza. Ai tredici Stati originari si aggiunsero, entro il 1803, Vermont, Kentucky, Tennessee e Ohio. Sono indicati inoltre i due principali successi militari dei coloni americani.

e, nel gennaio '78, firmò con esse un patto di alleanza militare. Nell'estate dell'81, in coincidenza con l'arrivo di una flotta francese, gli americani passarono al contrattacco e posero l'assedio a **Yorktown**, in Virginia, dove si era concentrato il grosso delle forze britanniche costringendole alla resa nell'ottobre 1781.

Con la **pace di Versailles** del settembre **1783** la Gran Bretagna riconosceva l'indipendenza delle tredici colonie, ma conservava sostanzialmente intatto il resto del suo impero, pur dovendo restituire alla Spagna la Florida (che aveva occupato nel 1763).

GUIDA ALLO STUDIO

❶ In che modo l'economia coloniale americana era integrata con quella della madrepatria? ❷ Spiega il principio «*no taxation without representation*». ❸ Che cosa accadde a Boston tra il 1774 e il 1775? ❹ A quali princìpi si ispirava la *Dichiarazione di indipendenza*? ❺ Chi sosteneva in Europa i ribelli americani? Come si concluse la guerra delle tredici colonie contro gli inglesi?

3 La guerra civile e gli ideali repubblicani

Patrioti *versus* lealisti

La guerra contro la Gran Bretagna fu anche una guerra civile che vide schierati i "patrioti" indipendentisti contro i "lealisti", fedeli alla Corona britannica o, come anche si disse, i *Whigs* contro i *Tories*. Si ritiene che i rivoluzionari fossero il 40% della popolazione e altrettanti i pacifisti (come i quaccheri) e gli indifferenti. I lealisti erano quindi una minoranza, ma molto combattiva.

Tra i patrioti erano schierati l'élite dei proprietari di piantagioni del Sud, come i virginiani Washington e Jefferson, grandi e piccoli mercanti, ceti artigiani e agricoltori indipendenti soprattutto nel Nord, e appartenenti alle congregazioni protestanti non anglicane. **La contrapposizione con i lealisti tuttavia non era sociale, ma politica e ideologica.** Salvo che nella Nuova Inghilterra, dove la maggioranza indipendentista non trovò molti avversari, gli scontri tra le due fazioni furono durissimi e spietati, fino al massacro degli avversari.

Alla fine della guerra tra i 60 e i 100 mila coloni **lealisti** furono **costretti all'esilio** e le loro proprietà vennero confiscate. Gli esiliati, a cui si aggiunse qualche migliaio di schiavi liberati, si trasferirono in Canada nella regione dell'Ontario, nei Caraibi o tornarono in Gran Bretagna.

La radicalità dello scontro rifletteva la diversità delle posizioni ideologiche. La cultura rivoluzionaria era figlia delle tradizioni radicali inglesi, tanto politiche che religiose, dei princìpi del **contrattualismo** di Locke, ma anche del richiamo alle antiche libertà che risalivano alla *Magna Charta*. Inoltre, il mito delle virtù repubblicane era contrapposto alla corruzione del **dispotismo monarchico**. Erano diffusi anche gli ideali della **Massoneria [👁 3.4]** (peraltro condivisi nello schieramento monarchico) più per la loro capacità aggregante che per gli aspetti dottrinari. Massoni furono alcuni dei leader rivoluzionari, come George Washington, Benjamin Franklin (1706-1790), uomo di scienza e cultura oltre che politico di peso, e Alexander Hamilton (1755-1804), che era stato uno dei più stretti collaboratori di Washington e in seguito fu esponente delle tesi federaliste.

Gli esclusi dalla Rivoluzione

Anche gli schiavi neri (o i neri liberati) e gli indiani nativi furono coinvolti nella guerra. A molti **schiavi** fu promessa la liberazione da entrambi gli schieramenti in cambio dell'arruolamento. Al Sud, soprattutto in Carolina, molti neri fuggirono approfittando dei disordini della guerra mettendo in grave crisi l'economia delle piantagioni. Le maggiori **nazioni indiane** si schierarono prevalentemente dalla parte dei britannici, che sembravano poter tutelare meglio le tribù pellerossa dai rischi dell'espansione dei coloni americani nei territori ad ovest degli Appalachi.

Purtroppo, i **princìpi egualitari**, per quanto enunciati nel preambolo della *Dichiarazione di indipendenza*, si ritenevano implicitamente limitati ai **bianchi americani** e non si potevano estendere alle popolazioni native né agli schiavi di colore. Ma questo non deve sorprenderci. Gli indiani pellerossa erano il principale ostacolo all'allargamento verso ovest della colonizzazione e gli schiavi neri erano indispensabili per mantenere efficiente il sistema produttivo degli Stati del Sud. In questo senso gli uni e gli altri possono essere considerati gli sconfitti del grande esperimento politico della Rivoluzione americana.

GUIDA ALLO STUDIO

❶ Da chi era composta la fazione dei "patrioti"? ❷ Quale fu, al termine della guerra, la sorte dei "lealisti"? ❸ Da quali idee, legate alla tradizione radicale inglese, discendeva la cultura rivoluzionaria? ❹ Chi non beneficiò dei princìpi egualitari enunciati dalla *Dichiarazione di indipendenza*?

4 La Costituzione e la democrazia americana

La Costituzione del 1787

Il nuovo organismo politico uscito vittorioso dalla Rivoluzione e dalla guerra era privo di un ordinamento istituzionale che superasse i potenziali antagonismi tra i diversi Stati e si presentasse unito sulla scena internazionale. Per risolvere questo problema nel maggio 1787 si aprì a Philadelphia, sotto la presidenza di Washington, una **Convenzione costituzionale**, ossia un'assemblea dei rappresentanti di tutti i tredici Stati, che in meno di due mesi approvò una Costituzione, destinata a reggere nelle sue linee fondamentali ancora ai nostri giorni e a fungere da modello per molte successive esperienze di regime rappresentativo. Ispirandosi al principio della **divisione** e dell'**equilibrio dei poteri**, la Costituzione dava vita a nuovi organi federali, in grado di esercitare la propria autorità su tutti i cittadini della **Confederazione**, che si trasformava così in **Unione** o **Federazione**, acquistando la fisionomia di un vero e proprio Stato unitario.

Gli organi federali

Il potere legislativo era esercitato da due Camere [GRAFICO_2]. La **Camera dei rappresentanti**, che aveva competenza per le questioni finanziarie, era eletta in proporzione al numero degli abitanti (un deputa-

Confederazione / federazione
La confederazione è un'associazione di Stati autonomi sancita formalmente, nella quale i soggetti statuali aderenti mantengono sostanzialmente le loro prerogative, mentre gli organi di governo della confederazione hanno poteri molto ridotti. La federazione è invece l'unione di più Stati (o regioni) che godono di larga autonomia e possono emanare leggi valide nei loro territori, ma restando fortemente vincolati agli organi di governo centrale della federazione e alle leggi che questi ultimi promulgano.

Suffragio universale / suffragio censitario
Il termine "suffragio" è generalmente inteso come sinonimo di voto. Il suffragio universale è tale quando il diritto di voto è esteso a tutti i membri adulti di una comunità politica. In un primo tempo il suffragio universale fu riservato ai membri maschi e adulti di una comunità, perciò si è parlato a lungo di suffragio "universale maschile". Il suffragio censitario prevede invece che il diritto di voto sia riservato a un ristretto gruppo sociale, composto in genere da adulti maschi, alfabetizzati, che pagano più di un certo livello di tasse.

GRAFICO 2_GLI ORGANI FEDERALI E I POTERI NELLA COSTITUZIONE AMERICANA

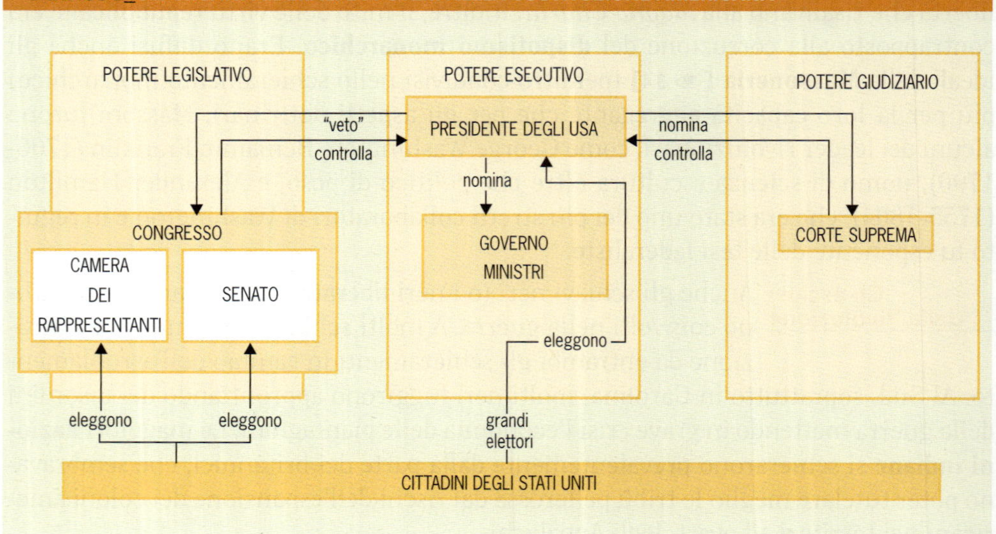

to ogni 30 mila). Il **Senato**, cui spettava il controllo sulla politica estera, era invece composto da due rappresentanti per ogni Stato. Questa soluzione costituiva un compromesso tra le esigenze degli Stati più popolosi e le preoccupazioni degli Stati minori, destinati a essere sacrificati in un sistema di rappresentanza basato esclusivamente sulla consistenza numerica della popolazione. Potevano votare, con criteri variabili nei singoli Stati, solo i maschi bianchi dotati di un certo reddito, in base al criterio del **suffragio censitario**.
Il potere giudiziario – ferma restando l'autonomia in materia dei singoli Stati – veniva posto sotto il controllo di una **Corte suprema federale**, composta da giudici a vita nominati dal presidente della Repubblica con l'assenso del Senato.
Ma la maggiore novità della Costituzione stava nella creazione di un forte potere esecutivo, accentrato nella figura del **presidente della Repubblica**, eletto ogni quattro anni con voto indiretto, cioè non direttamente da tutti gli aventi diritto, ma da un'assemblea di **"grandi elettori"** designati dagli Stati. Indipendente dal potere legislativo, il presidente era dotato di poteri amplissimi: tra l'altro deteneva il comando delle forze armate, nominava, oltre ai giudici della Corte suprema, i titolari di molti importanti uffici federali, poteva bloccare col suo veto le leggi approvate dal Congresso – termine con cui si designavano entrambi i rami del legislativo, ovvero la Camera dei rappresentanti e il Senato. Il Congresso poteva però a sua volta mettere in stato d'accusa il presidente e destituirlo se questi si fosse reso colpevole di violazioni della legge.

Storiografia
G.S. Wood
L'idea americana di uguaglianza

Parola chiave
Costituzione

ONLINE

Federalisti e antifederalisti

La Costituzione, per entrare in vigore, doveva essere approvata dalle assemblee dei singoli Stati. Fu appunto in questa fase che il **dibattito costituzionale** si sviluppò in termini più aperti e più vivaci. Favorevoli alla soluzione federalista – ossia al **rafforzamento del potere centrale** – e quindi all'approvazione della Costituzione erano soprattutto i gruppi legati al commercio e alla industria, ma anche i grandi proprietari, e in genere i ceti più

Henry Hudson Kitson
Il Lexington Minuteman
1900
[Lexington, Massachusetts, Usa]

Il mito del *minuteman*, cui è dedicata la statua nella fotografia, è molto celebrato negli Stati Uniti. I *minutemen* erano coloni americani che, durante la guerra contro gli inglesi, prestavano servizio nella milizia e dovevano essere pronti rapidamente per le emergenze (con un preavviso di un minuto, da cui il nome). I *minutemen*, come gran parte delle unità della milizia coloniale, erano tenuti ad equipaggiarsi da sé e quindi a combattere con le proprie armi. Ad essi si richiama idealmente oggi il movimento del diritto a portare le armi, diritto sancito, al pari di quello al voto e alla libertà di espressione, dal Secondo emendamento alla Costituzione americana che recita: «Una ben ordinata milizia essendo necessaria alla sicurezza di uno Stato libero, il diritto del popolo a tenere e portare armi non potrà essere violato». Tale norma, adottata nel 1791, nasceva in un'epoca in cui erano forti da un lato l'esigenza di autodifesa, dall'altro il senso del dovere civico di difendere la nazione dall'oppressione straniera. L'ambiguità dell'emendamento, che non specifica se il diritto di portare armi sia del singolo privato cittadino o dell'individuo inquadrato in una milizia, ha aperto negli Usa, specie in questi ultimi anni, ampi dibattiti.

ONLINE

DOC
I primi dieci emendamenti alla Costituzione degli Stati Uniti

Emendamento
Nel diritto l'emendamento è una modifica apportata a un testo di legge o alla costituzione. Gli emendamenti alla Costituzione americana sono norme che modificano o precisano singoli punti della carta costituzionale.

conservatori, che speravano di trovare in un esecutivo forte la migliore garanzia contro i rischi di disordine sociale e le tendenze radicali. Le idee antifederaliste avevano invece maggior seguito tra i ceti medio-bassi, in particolare tra i piccoli coltivatori, che temevano di non poter essere sufficientemente rappresentati da un governo centrale, considerato come un possibile strumento in mano alle oligarchie finanziarie e agli affaristi delle città.
Le tesi federaliste finirono col prevalere quasi dappertutto: la Costituzione fu approvata da undici Stati su tredici, per essere poi solennemente ratificata dal Congresso continentale nel settembre 1788. Nel febbraio seguente furono tenute le prime elezioni legislative. Un mese dopo, George **Washington** veniva eletto alla carica di **presidente**. Le richieste degli antifederalisti ottennero una parziale soddisfazione con l'approvazione da parte del Congresso, tra l'89 e il '91, di dieci articoli aggiuntivi – o **emendamenti** – alla Costituzione, noti come il *Bill of Rights* americano, che avevano lo scopo di ribadire e di tutelare i diritti naturali di libertà e

PERSONAGGI

Thomas Jefferson

In una lettera del 1813, Jefferson scriveva a un amico: «Colui che riceve un'idea da me, riceve conoscenza senza diminuire la mia; come colui che accende la sua candela con la mia riceve luce senza oscurare me». Questa frase può aiutare a riassumere la personalità poliedrica di Thomas Jefferson, un uomo dei Lumi e della Rivoluzione, sedotto dalle passioni più diverse e sempre in cerca di nuovi stimoli: la politica, l'arte, la storia, l'architettura, l'economia, persino il bricolage. La storia del **terzo presidente degli Stati Uniti d'America** è la storia di un uomo con molte curiosità da appagare, di un intellettuale prestato all'azione, di un rivoluzionario radicale con molto senso pratico. Del suo pensiero così come dell'elaborazione delle sue idee sappiamo tantissimo. In primo luogo perché, come uno dei padri fondatori americani più amati, a Jefferson sono dedicati moltissimi studi (ma anche opere di finzione); ma soprattutto perché Jefferson ha lasciato una corrispondenza ricchissima, testimonianza della vivacità delle sue relazioni politiche e intellettuali oltre che della sua personale curiosità. Lettore affamato di ogni sorta di libri, ma soprattutto dei classici, si serviva di un *Book of reference*, un libro di citazioni e commenti dalle sue letture che è un passepartout eccezionale per entrare nel mondo dei suoi punti di riferimento politici e intellettuali.
Nacque il 13 aprile 1743 a Shadwell, la piantagione di suo padre lungo il corso del Rivanna, un affluente del fiume James, vicino a quella che oggi si chiama Charlottesville, in Virginia. Il padre, Peter, morì quando Thomas era ancora quattordicenne, lasciandolo erede della proprietà e quindi di numerosissimi schiavi. Studiò nelle scuole locali della Virginia, al *College of William and Mary*. Praticò quindi da **avvocato** ed entrò poi nel corpo legislativo della Virginia, dove si allineò coi membri più radicali che chiedevano già da tempo un ridimensionamento dell'autorità di Londra sulle colonie. Nel frattempo, nel 1772 aveva sposato Martha, una vedova di 23 anni che morirà molto giovane lasciandolo emotivamente devastato a lungo.
Nel 1774 propose istruzioni per i delegati della Virginia al primo Congresso Continentale, convocato per rispondere alle restrizioni britanniche sulle colonie. Le indicazioni del **giovane deputato** sarebbero poi state ripubblicate sotto il titolo *A Summary View of the Rights of British America* ("Uno sguardo sintetico sui diritti dell'America britannica"), il pamphlet che avrebbe imposto Jefferson come uno dei leader della causa coloniale. Nel testo, ad esempio, si diceva espressamente che «i re sono i servitori, non i proprietari del popolo» – parole fortissime, anche se pronunciate ad un oceano di distanza dalla corte inglese.
Quando si unì al Congresso, fu incaricato di redigere il testo della ***Dichiarazione di indipendenza*** insieme a John Adams (1735-1826) e ad altri delegati. Fu lui però a preparare la bozza poi in gran parte approvata da tutto il Congresso. Le parti eliminate riguardavano significativamente un passo sulla tratta degli schiavi, definita «una guerra crudele contro la natura umana». Ad ogni modo, il testo della *Dichiarazione* sarebbe stato molto più del manifesto delle colonie americane impegnate a richiedere l'indipendenza alla Gran Bretagna. Le sue espressioni più note – il lungo elenco di colpe attribuite ai sovrani inglesi e l'affermazione di princìpi generali di libertà e di uguaglianza – sarebbero diventate un luogo comune nella retorica politica americana. Ma soprattutto la *Dichiarazione* fu un vero e proprio modello, ricalcato nella sua struttura ora dalle prime femministe americane, ora dai movimenti neri, ora da altri popoli in lotta per la libertà.
Tornato in **Virginia**, partecipò alla **modernizzazione** del sistema legislativo dello Stato (libertà di culto e riforma della proprietà terriera furono alcuni dei provvedimenti da lui promossi) e fu eletto per due anni **governatore**. Erano gli anni della guerra con l'ex madrepatria, e la Virginia venne occupata dagli ingl esi a più riprese. Anche per questo si ritirò per la prima volta a vita privata dedicandosi alla sua proprietà e alla scrittura. In una sua opera pubblicata in quegli anni, *Notes on the State of Virginia*, Jefferson prese una **dura posizione contro la schiavitù**, pur partendo da posizioni apertamente razziste e temendo moltissimo che dall'emancipazione potessero scaturire delle guerre di razza che avrebbero minato la vita della democrazia americana. La posizione di Jefferson rispecchiava quella di altri proprietari di schiavi americani, incapaci di affrontare di petto il problema pur vivendo con imbarazzo il controllo assoluto su altri esseri umani. Nel corso della sua vita sarebbe arrivato a controllare più di seicento schiavi, per lo più impiegati nelle sue piantagioni. Con alcuni di questi, i rapporti erano più che cordiali, di vera amicizia e affetto. È nota ad esempio la sua lunghissima relazione con Sally Hemings,

proprietà dei cittadini e le prerogative dei singoli Stati contro qualsiasi invadenza del potere federale.

I due partiti Il governo federale fu organizzato in dipartimenti, ossia in ministeri. Il dipartimento del Tesoro fu affidato ad **Alexander Hamilton**, esponente dell'orientamento federalista, che ebbe un ruolo importantissimo nel risanare le dissestate finanze dell'Unione e nel promuovere la riorganizzazione del sistema creditizio attorno a una banca nazionale, la Banca degli Stati Uniti. La politica di Hamilton, che favoriva i ceti commerciali e finanziari del Centro-nord, suscitò l'opposizione dei proprietari del Sud e dei coloni dell'Ovest, che trovarono un punto di riferimento in **Thomas Jefferson**, estensore nel '76 della *Dichiarazione di indipendenza* [👁 6.2]. Si formarono così due veri e propri partiti: il **repubblicano-democratico**, che faceva capo a Jefferson, e il **federalista**, che aveva il suo principale leader in Hamilton.

Rembrandt Peale
Ritratto di Thomas Jefferson
1800

una schiava della sua piantagione che portò con sé durante numerosi viaggi e da cui ebbe pure dei figli – una circostanza per cui Jefferson fu pubblicamente criticato dai suoi avversari politici. Nonostante avesse a cuore la questione, comunque, resta il fatto che durante la sua parabola politica non fu in grado di portare al successo provvedimenti a favore della popolazione nera, sia in Virginia, sia a livello federale.

Jefferson venne richiamato alla vita politica nel 1784, quando fu inviato a Parigi come **ministro** plenipotenziario prima e **ambasciatore** poi. Oltre a viaggiare per la Francia e il Nord d'Italia, qui Jefferson poté assistere alle prime fasi della Rivoluzione, entrando in stretto contatto con alcune delle personalità più rilevanti.

Rientrato in America, nel 1790 assunse l'incarico di **Segretario di Stato**, cioè ministro degli Esteri, durante la presidenza Washington. Nella compagine ministeriale c'erano anche Alexander Hamilton e John Adams, fautori di un rafforzamento dei poteri centrali da lui osteggiato. Ben presto attorno alla loro rivalità prese corpo la dialettica dei due primi partiti politici americani, quello federalista e quello democratico-repubblicano capeggiato da Jefferson. Tra l'altro, lo scontro politico mise temporaneamente fine all'amicizia con Adams, nata durante la Rivoluzione e consolidata in Europa, dove si erano trovati negli stessi anni. Jefferson venne candidato alla presidenza nel 1796 e nel 1800, quando venne poi eletto alla carica, riconfermato nel 1804. Lo aveva preceduto proprio Adams, presidente **dal 1797 al 1801**.

Il più grande risultato della **presidenza di Jefferson**, l'acquisto della Louisiana dai francesi, avvenne più per fortuna che per strategia. Partì da lui invece la campagna per l'esplorazione dei nuovi, ampissimi territori, che culminò nella **spedizione di Lewis e Clark** (1804-1806). Jefferson era spinto a questa iniziativa soprattutto dalle sue letture e dai suoi interessi scientifici, ma l'impresa costituì il passo più significativo per la colonizzazione americana della frontiera occidentale.

Dopo la fine del suo secondo mandato presidenziale, Jefferson si ritirò nella sua tenuta di Monticello in Virginia, dove poteva rivolgere le sue attenzioni ai suoi passatempi preferiti: la lettura e il bricolage. Non sparì del tutto dalla vita pubblica. Si dedicò a un piano sull'educazione per il suo Stato di nascita, che però non venne mai approvato. Provò allora a fondare direttamente un'università pubblica e soprattutto laica, a differenza della *William and Mary* dove lui stesso aveva studiato. L'**Università della Virginia** sarebbe diventata in seguito un modello per le università pubbliche americane, per l'organizzazione degli studi ma anche per la sua gestione. La fondazione dell'università fu una delle molte occasioni per dar prova delle sue qualità nel campo dell'architettura: il suo progetto per il campus, realizzato, viene ancora oggi considerato tra le opere più significative dell'architettura americana, insieme con gli altri suoi lavori – la residenza personale di Monticello e il Campidoglio della Virginia, ispirato a un tempio greco-romano visitato durante il suo soggiorno francese.

Morì il 4 luglio 1826, lo stesso giorno di John Adams e il giorno della festa dell'indipendenza americana.

L'espansione degli Stati dell'Unione L'assestamento delle istituzioni e il definirsi delle divisioni politiche coincisero con l'accelerazione di quella espansione territoriale che si era manifestata già durante il periodo coloniale. Con l'**Ordinanza del Nord-ovest** emanata nel luglio 1787, le regioni da colonizzare ottenevano la condizione di **"territori"**, cioè di aree poste sotto la tutela del Congresso statunitense che vi avrebbe inviato giudici e governatori. Contemporaneamente erano incoraggiate a darsi propri organi di autogoverno fino a che, una volta raggiunti i 60 mila abitanti, potessero trasformarsi in Stati dell'Unione.

STORIA • SOCIETÀ • CITTADINANZA

Le Dichiarazioni dei diritti

La proclamazione in forma solenne dei princìpi basilari della vita collettiva ha un'importanza storica, che va al di là della sua efficacia giuridica, cioè della sua capacità di trasformare queste verità in leggi. A partire dalle rivoluzioni settecentesche, le dichiarazioni dei diritti dell'uomo costituiscono infatti gli strumenti attraverso cui una comunità politica democratica assume come fondamento di ogni azione pubblica tali princìpi, che dunque sono proclamati e riconosciuti, non «inventati». In linea coi princìpi del giusnaturalismo **[👁 3.3]**, infatti, i diritti dell'uomo si affermano prima della fondazione dello Stato democratico, nato con lo scopo di realizzarne il pieno godimento.
Le costituzioni settecentesche erano brevi e alquanto povere di passionalità, se si escludono i richiami alla sovranità del popolo o della nazione. In generale, contenevano esclusivamente le norme relative all'organizzazione dei poteri costitutivi dello Stato, al loro bilanciamento e alla loro separazione. Scaldare i cuori dei cittadini era un altro dei compiti assegnati alle Dichiarazioni dei diritti, e anche per questo spesso erano discusse e approvate prima della costituzione. Il 12 giugno 1776 una Convenzione proclamò la ***Dichiarazione dei diritti dello Stato della Virginia***, prima di darsi una costituzione (29 giugno), e prima che fosse ratificata la ***Dichiarazione di indipendenza*** delle colonie (4 luglio 1776). Fu questo testo a essere imitato dagli altri Stati, a eccezione della Pennsylvania. In Francia, l'Assemblea nazionale nata dagli Stati generali votò la celebre *Dichiarazione dei diritti dell'uomo e del cittadino* il 26 agosto 1789, molto prima di riuscire a darsi una costituzione **[👁 7.2]**.
La storia di questo testo francese è peraltro indicativa del valore programmatico di tali dichiarazioni. Le convulsioni del decennio rivoluzionario francese, mutando il modello politico secondo i vari gruppi al potere, si ripercuotevano sulla fortuna del documento: nel 1793 al testo del 1789 si sostituì una dichiarazione ispirata dai girondini (29 maggio), subito seguita da un testo voluto dai montagnardi (23 giugno). Nate per essere guida e fondamento immobile della vita politica, le Dichiarazioni dei diritti restano dei documenti storici, soggetti quindi a tutte le variabili del tempo e dei suoi attori.
Il confronto tra il testo della Virginia e quello francese rivela notevoli somiglianze: il fondamento filosofico è lo stesso, ossia il giusnaturalismo e l'affermazione dei diritti individuali. Mentre il *Bill of Rights* del 1689 rivendicava i diritti tradizionali del cittadino inglese, questi testi hanno un'apertura più universale, rivolgendosi potenzialmente a tutti gli uomini.
Vi sono, però, anche una serie di differenze tra il contesto americano e quello francese. Quella che qui ci interessa riguarda il rapporto tra la *Dichiarazione dei diritti* e la Costituzione. A parte la Virginia, tutti gli altri Stati incorporano la *Dichiarazione* nel testo costituzionale, e addirittura la Costituzione degli Stati Uniti manca di una vera e propria *Dichiarazione dei diritti*, inserita soltanto successivamente, con i primi dieci emendamenti. I diritti naturali dell'individuo sono garantiti dalla Costituzione ed è a essa che gli ex coloni guardano in primo luogo, in quanto ciò che più li interessa è la limitazione dei poteri del governo rappresentativo. In Francia, invece, il testo della *Dichiarazione* ha una vita autonoma dalle varie costituzioni che si succedono nel decennio rivoluzionario e, anzi, è spesso loro contrapposto con intenti critici. In più, si presta ad essere rielaborato per veicolare nuovi contenuti (come nella ***Dichiarazione dei diritti della donna e della cittadina*** pubblicata dalla scrittrice Olympe de Gouges nel **1791** per proclamare il diritto alla parità legale, politica e sociale delle donne).
Quella tra diritti individuali e costituzione è una frattura destinata a ricomporsi nel corso del **XIX e XX secolo**: il testo della *Dichiarazione dei diritti dell'uomo e del cittadino* verrà usato come preambolo per le costituzioni francesi del 1848, del 1946 e del 1958. Così «costituzionalizzate», quelle parole perdono astrattezza per diventare **diritti positivi**, leggi dello Stato. La stessa scelta viene fatta dai costituenti italiani e tedeschi per uscire del tutto dall'esperienza totalitaria, nel secondo dopoguerra. I primi dodici articoli della Costituzione italiana sono denominati «princìpi fondamentali» e non possono in alcun modo essere oggetto di modifica da parte del legislatore.
Nel corso degli ultimi due secoli sono cambiati anche i contenuti delle Dichiarazioni. In particolare, agli ormai tradizionali diritti dell'individuo previsti dai filosofi del giusnaturalismo si sono affiancati i cosiddetti **diritti sociali**, relativi alle condizioni materiali dei cittadini, che rappresentano un ostacolo al pieno godimento dei diritti individuali. Inoltre, i crimini commessi dai totalitarismi e durante la seconda guerra mondiale hanno reso evidente che la garanzia della dignità umana non poteva essere più demandata esclusivamente ai singoli Stati, ma doveva essere un compito affidato alla vigilanza di tutta la comunità internazionale. La ***Dichiarazione universale dei diritti dell'uomo*** del **1948** va in questa direzio-

Questo meccanismo fu sperimentato già nell'ultimo decennio del secolo, che vide la nascita di tre nuovi Stati: il Vermont, il Kentucky e il Tennessee [ATLANTE_20]. Il sistema si sarebbe dimostrato valido anche nell'800, e avrebbe contribuito non poco alla formazione di un modello di sviluppo territoriale (ed economico) destinato a caratterizzare la storia degli Stati Uniti per tutto il secolo XIX: un **modello "aperto"**, capace di conciliare le spinte espansionistiche con la tutela delle autonomie e con la crescita della democrazia.

GUIDA ALLO STUDIO

❶ Quali istituzioni furono create dalla Costituzione del 1787? ❷ Quali gruppi sociali si dimostrarono federalisti? ❸ Che cosa rappresentano i *dieci emendamenti* alla Costituzione? ❹ Quello repubblicano e quello democratico furono i primi partiti americani?

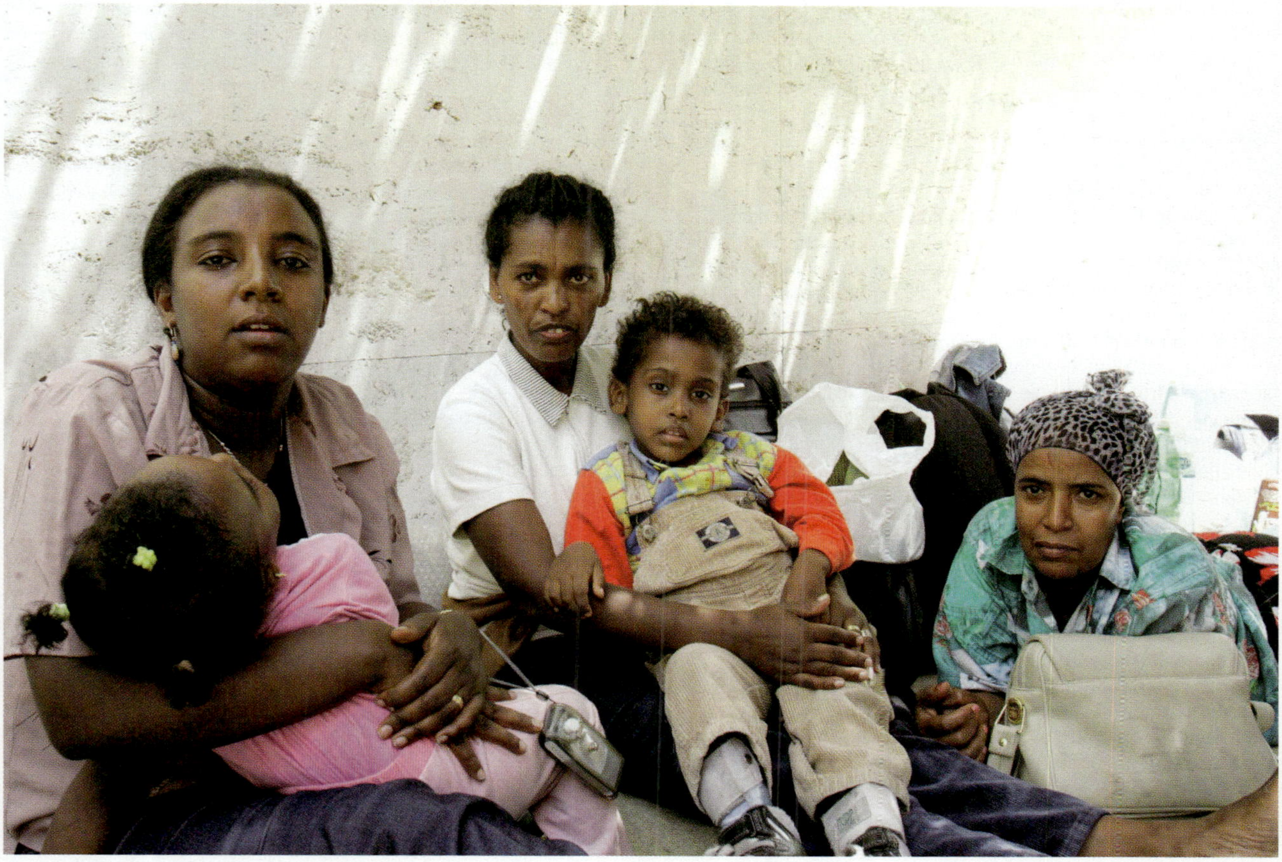

Rifugiati politici davanti alla sede dell'Alto Commissariato delle Nazioni Unite, Roma 2005
Malgrado la *Dichiarazione universale dei diritti dell'uomo* sancisca i diritti sociali relativi alle condizioni materiali di ogni essere umano, vi sono ancora nel mondo milioni di individui che vivono in condizioni di povertà e senza le necessarie garanzie di libertà. In questa immagine alcuni rifugiati politici sono in sciopero della fame davanti alla sede di Roma dell'Alto Commissariato delle Nazioni Unite per i Diritti Umani.

ne e fino a oggi rappresenta il documento più valido per rivendicare il rispetto di tutti gli esseri umani e non solo dei cittadini di un determinato paese.
Certamente, le continue violazioni dei diritti umani così come i limiti alla libertà posti da dittature vecchie e nuove possono rendere scettici sull'efficacia di questi documenti. Meglio di qualsiasi altro testo giuridico le Dichiarazioni dei diritti rendono evidente la distanza tra la parola e l'azione, tra le questioni di principio e le politiche concrete, tra gli ordinamenti utopistici e quelli reali. Tuttavia, è in loro nome che si conducono le battaglie, talvolta vittoriose, per rendere la realtà concreta più vicina agli ideali.

SINTESI

1 Le colonie britanniche nell'America del Nord

La colonizzazione inglese del Nord America iniziò al principio del '600 e, nonostante l'iniziale assistenza dei nativi, fu caratterizzata da un'aspra lotta contro i pellerossa per il territorio. Essa fu il risultato dell'iniziativa di compagnie commerciali e dell'emigrazione di minoranze politiche e religiose – anzitutto i puritani. Alla metà del '700 i possedimenti britannici comprendevano tredici colonie, tutte sulla fascia costiera atlantica. Nel Nord l'economia delle colonie si fondava sulla coltivazione dei cereali e, nei centri urbani, su una vivace attività commerciale e cantieristica. Nel Sud prevalevano le piantagioni di tabacco e di cotone, con grandi proprietà basate sul lavoro degli schiavi. Il Centro presentava un quadro economico simile a quello del Nord, ma con una diversa struttura della proprietà terriera e più marcati squilibri sociali. In tutte le colonie, alla forte dipendenza economica dalla Gran Bretagna faceva riscontro una notevole autonomia sul piano politico. Importante fu inoltre la diversità delle appartenenze religiose e le istanze di libertà religiosa finirono per coincidere con quelle di libertà politica.

2 Una rivoluzione per l'indipendenza

Il contrasto da cui ebbe origine la lotta per l'indipendenza nacque, negli anni '60 del '700, in seguito alla decisione della Gran Bretagna di far pagare in misura crescente alle colonie i costi del proprio impero americano con l'imposizione di dure leggi commerciali. In America, inoltre, sul piano amministrativo maturò un vero e proprio dualismo di poteri fra i governatori nominati dalla Corona e le assemblee legislative dei coloni. Così la popolazione delle colonie andò sempre più orientandosi verso la rivendicazione dell'indipendenza. Nel 1774, dopo dure misure di ritorsione britanniche, la ribellione divenne aperta. Nel 1775 si formò un esercito di coloni, sotto il comando di George Washington. Nel 1776 il Congresso continentale dei coloni (nato due anni prima) approvò la *Dichiarazione di indipendenza* che rompeva con la monarchia e dava vita alla repubblica. Nonostante l'inferiorità militare e i gravi problemi finanziari, le colonie riuscirono ad avere il sopravvento sulla Gran Bretagna grazie alla solidarietà dell'opinione pubblica europea e, soprattutto, all'intervento in loro favore di Francia e Spagna. Nel 1783 la Gran Bretagna riconobbe l'indipendenza delle tredici colonie (pace di Versailles).

3 La guerra civile e gli ideali repubblicani

Lo scontro fra colonie e Corona britannica si tradusse in una guerra civile fra lealisti, fedeli alla madrepatria, e patrioti, di aspirazioni indipendentiste. Questi ultimi rappresentarono la maggioranza, e i lealisti, sconfitti alla fine del conflitto, furono costretti all'esilio. Ad animare i patrioti fu in particolare la fede nei princìpi contrattualisti e nel mito delle virtù repubblicane. Ma dei princìpi egualitari affermatisi con la loro vittoria e la *Dichiarazione di indipendenza* godettero solo i bianchi americani: esclusi dalla rivoluzione furono infatti gli schiavi neri e i nativi americani, seppure coinvolti nel conflitto.

4 La Costituzione e la democrazia americana

Nel 1787 una Convenzione costituzionale dette vita a uno Stato federale e a un sistema politico di tipo presidenziale, basato sulla divisione e l'equilibrio dei poteri. Il presidente della Repubblica era a capo dell'esecutivo e indipendente dal legislativo – esercitato dalla Camera dei rappresentanti e dal Senato –, mentre il potere giudiziario era posto sotto il controllo di una Corte suprema. La Costituzione doveva però essere approvata dai singoli Stati dell'Unione: in questa fase si sviluppò un acceso dibattito tra federalisti – favorevoli a un forte potere centrale e portatori degli interessi di commercianti, industriali e grandi proprietari terrieri – e antifederalisti – che esprimevano le esigenze dei ceti medio-bassi e le istanze democratiche e "ruraliste". Prevalsero le tesi federaliste, pur se mitigate dall'approvazione di dieci emendamenti alla Costituzione. Nel 1789 George Washington fu eletto presidente. Il criterio di voto affermatosi fu il suffragio censitario. Negli anni successivi, la politica economica di Hamilton, leader dei federalisti, suscitò l'opposizione dei proprietari del Sud e dei coloni dell'Ovest, che trovarono un punto di riferimento nel partito repubblicano-democratico, il cui esponente più autorevole fu Thomas Jefferson. Nell'ultimo decennio del '700 infine furono istituiti altri tre Stati.

SVILUPPARE LE COMPETENZE

1 Alla base della formazione degli Stati Uniti c'è la storia delle colonie inglesi nel Nord America. Ricostruisci l'ordine cronologico degli eventi elencati in ordine sparso qui sotto e usa la sequenza che otterrai come scaletta per scrivere un testo di 15 righe:

a. Si afferma, nella Nuova Inghilterra, il movimento religioso definito *Grande risveglio*.
b. La popolazione delle colonie inglesi del Nord America supera, in quell'anno, i 2.780.000 abitanti.
c. I Padri Pellegrini colonizzano i territori della Virginia e più a nord quelli del Massachusetts.
d. In quegli anni, Boston e New York accrescono la loro popolazione del 50%.

2 Di seguito trovi riassunta, per punti, la Rivoluzione americana. Completa la sequenza cronologica individuando e aggiungendo i passaggi mancanti e scrivi un testo di 20 righe che racconti i fatti:

a. Le tredici colonie si sentono come un'entità distinta dalla madrepatria. Hanno infatti una propria identità che non può più essere parte integrante dell'Impero britannico.
b. ....
c. assegna alla Compagnia delle Indie il monopolio della vendita del tè nel continente americano.
d. ....
e. Il governo inglese chiude il porto di Boston, priva il Massachusetts delle sue autonomie e sostituisce, in tutte le colonie, i giudici americani con funzionari britannici.
f. ....
g. Hanno luogo i primi scontri tra le milizie dei coloni e l'esercito britannico vicino a Boston.
h. Il secondo Congresso continentale decide la formazione di un esercito comune, il *Continental Army*, affidandone la guida a George Washington.
i. ....
j. ....
k. La Gran Bretagna riconosce l'indipendenza delle tredici colonie.

3 Rispondi ai quesiti impiegando il numero di righe indicato tra parentesi:

a. Chi erano i "patrioti" e i "lealisti"? (10 righe)
b. Con quale delle due parti in guerra si schierarono gli schiavi e gli indiani nativi? (6 righe)
c. Che cos'è la Convenzione costituzionale? Quale importante lavoro svolse? (6 righe)
d. A chi furono attribuiti, secondo la Costituzione del 1787, il potere legislativo e quello esecutivo? (10 righe)
e. Quale composizione avevano lo schieramento dei federalisti e quello degli antifederalisti? (8 righe)
f. Che cosa diceva il testo dell'Ordinanza del Nord-ovest e quali conseguenze ebbe sullo sviluppo territoriale degli Stati dell'Unione? (8 righe)

CAPITOLO

7 LA RIVOLUZIONE FRANCESE E NAPOLEONE

Dal 1789 al 1815 la Francia, e tutta l'Europa, attraversarono un periodo di conflitti e profonde trasformazioni. Per prima la Rivoluzione francese rovesciò l'*ancien régime,* diede vita a un nuovo sistema politico repubblicano, portò il paese in guerra contro le altre potenze e creò nuove "repubbliche sorelle" della Francia in Europa. L'opera rivoluzionaria fu continuata da Napoleone che costruì con le vittorie militari un grande Impero francese, dalla Spagna alla Polonia, fino alla sua rovinosa sconfitta nel 1815. Diversamente dalla tradizione storiografica che tende a separare la Rivoluzione da Napoleone, le ragioni di continuità tra le due fasi sono più convincenti di quelle che sottolineano la cesura: per questo motivo sono presentate qui in una narrazione unitaria.

1 La crisi finanziaria e gli Stati generali

Luigi XVI ricorre agli Stati generali

Dalla morte di Luigi XIV (1715), l'assolutismo francese si era indebolito senza riuscire a riformarsi [👁 1.1]. Nonostante la vivacità del dibattito culturale e politico [👁 3.5], il governo era chiuso nel suo immobilismo, incapace di affrontare la crisi finanziaria, il principale problema che lo affliggeva. L'**indebitamento statale**, dovuto soprattutto alle spese per le continue guerre, aveva raggiunto dimensioni tali che solo la **tassazione dei ceti privilegiati** – clero e nobiltà – poteva risolvere.

Luigi XVI, al governo dal 1774, ritenne allora di affidare la soluzione della questione fiscale agli Stati generali, l'assemblea dei tre ordini – clero, nobiltà e Terzo stato –, mai più riunitasi dal 1614.

Società, disagio e mobilitazione politica

Su una popolazione totale di 24-25 milioni, in Francia, il 98% era formato dal **Terzo stato**, al quale appartenevano tutti coloro che non erano nobili o ecclesiastici. Meno di 400 mila erano i **nobili** (1,5%), mentre il **clero** contava 130 mila individui (0,5%), divisi fra basso e alto clero (parroci e prelati) e tra secolari e regolari (sacerdoti e appartenenti agli ordini religiosi). Almeno 20 milioni di persone vivevano nelle campagne, Parigi contava 650 mila abitanti, Marsiglia e Lione 100 mila. Se finanzieri e mercanti erano le figure di maggiore prestigio della **borghesia**, più importanti si riveleranno nelle successive vicende politiche gli uomini di legge, gli avvocati soprattutto, uomini colti, partecipi delle nuove idee dell'Illuminismo.

La decisione di convocare gli Stati generali per il maggio 1789 determinò una grande mobilitazione politica nel paese. Il tema più controverso era quello del **numero dei rappresentanti** e del **sistema di voto**. Non pareva infatti possibile applicare le vecchie regole che attribuivano lo stesso numero di rappresentanti ai tre ordini e stabilivano che ogni ordine esprimesse un unico voto collegiale. In questo modo il Terzo stato non avrebbe visto riconosciuto il peso reale che aveva nella società.

Si formò allora un raggruppamento eterogeneo di intellettuali e pubblicisti borghesi, il **partito nazionale**, nel quale confluirono anche esponenti del clero e della no-

Isidore Stanislas Helman
L'apertura degli Stati generali il 5 maggio 1789
[acquaforte da un disegno di C. Monnet; Bibliothèque Nationale, Parigi]

L'immagine mostra l'assemblea riunita in una sala dell'*Hôtel des Menus-Plaisirs du Roi* a Versailles (una struttura dedicata all'organizzazione di cerimonie, eventi e feste della corte). In fondo al salone si nota il sontuoso baldacchino dove siede il sovrano con accanto la regina, i principi e le principesse di sangue, i pari e i duchi del regno; più in basso i ministri e il governo. Al centro della sala, ammassati su dei banchetti siedono i deputati: il clero alla destra del re, la nobiltà a sinistra e, in primo piano, il Terzo stato.

GRAFICO 3_LA COMPOSIZIONE DEGLI STATI GENERALI NEL 1789

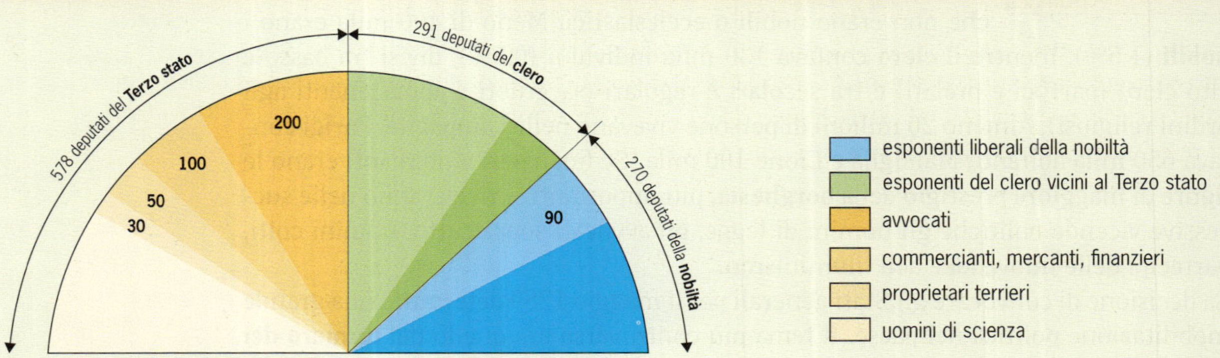

biltà, espressione dell'opinione pubblica illuminista e liberale, dei suoi strumenti di comunicazione – giornali, *pamphlets*, circoli, logge (luoghi di riunione) massoniche – e di un programma mirante all'eguaglianza politica e a un governo rappresentativo. Il partito nazionale chiedeva anche il raddoppio dei rappresentanti del Terzo stato, l'abolizione del voto per ordine e l'introduzione di quello individuale.
Un'ampia testimonianza delle aspettative e delle ragioni del malessere diffuse nel paese si veniva nel frattempo raccogliendo nei ***cahiers de doléances*** ('quaderni di lagnanze'), testi che documentavano le rimostranze e le proposte da presentare agli Stati generali. In essi era già evidente una **radicale divaricazione di obiettivi**: mentre tutti e tre gli ordini puntavano alla nascita di istituzioni rappresentative cui affidare le decisioni in materia fiscale, il Terzo stato sosteneva anche l'eguaglianza giuridica, l'abolizione dei privilegi, difesi ancora dalla nobiltà e dal clero, e l'adozione del criterio del merito come forma di promozione sociale.

La composizione interna dell'assemblea

Quando si riunirono gli Stati generali il 5 maggio 1789, a Versailles, l'assemblea di 1139 membri, eletti a suffragio maschile censitario, contava **578 deputati del Terzo stato**, cui il re Luigi XVI aveva concesso il raddoppio **[**GRAFICO_**3]**: per la metà erano uomini di legge, di cui almeno 200 avvocati; 80-100 erano i commercianti, mercanti e finanzieri, e circa 50 i proprietari terrieri; una trentina erano gli uomini di scienza, fra cui molti medici. Furono eletti nel Terzo stato anche due transfughi dagli altri ordini, l'abate Sieyès e il conte Mirabeau, esponenti di spicco del partito nazionale. Su **291** rappresentanti del **clero** i parroci erano la stragrande maggioranza e molti aderivano ai programmi del Terzo stato. Ma anche nell'alto clero non mancavano i fautori del mutamento, come il vescovo di Autun, Talleyrand. I più intransigenti difensori della società d'ordini erano invece i **nobili**: tuttavia, su **270** un terzo circa erano gli esponenti liberali, fra cui il marchese di La Fayette, reduce della guerra d'indipendenza americana.

GUIDA ALLO STUDIO

❶ Qual era la composizione percentuale dei tre stati in Francia alla fine del '700? ❷ Da chi era formato e che cosa si proponeva il partito nazionale? ❸ Quali interessi e rivendicazioni furono raccolti nei *cahiers de doléances*?

2 L'avvio della Rivoluzione e la fine dell'*ancien régime*

L'Assemblea nazionale costituente

La maggioranza numerica dei deputati degli Stati generali era dunque favorevole a un profondo rinnovamento delle strutture politiche e amministrative: il Terzo stato allora prese l'iniziativa e, con l'appoggio di alcuni membri del basso clero, si autoproclamò Assemblea nazionale giurando di non sciogliersi prima di aver dato alla Francia una **costituzione**. A essi si aggiunse la maggioranza del clero e, dopo qualche giorno, il re ordinò alla nobiltà e alla minoranza del clero di unirsi al Terzo stato. Dalla antica rappresentanza per ceti il **9 luglio** 1789 nasceva l'Assemblea nazionale costituente: era **il primo atto formale della Rivoluzione**.

14 luglio. La presa della Bastiglia

Mentre i primi passi della Rivoluzione negli ordinamenti politici si compivano a Versailles, Parigi era in subbuglio. Voci incontrollate parlavano di un intervento armato contro l'Assemblea costituente. Come risposta a questo allarme, cominciò a formarsi una milizia borghese, che avrebbe preso il nome di **Guardia nazionale**, con lo scopo di contrapporsi alla repressione regia e di tenere sotto controllo le eventuali iniziative popolari. Contemporaneamente strati consistenti di popolo minuto si venivano armando. Il 14 luglio, un corteo popolare, alla ricerca di armi, giunse sotto le mura del castello della **Bastiglia, la prigione-fortezza simbolo dell'assolutismo**, e dopo alcune ore di scontri la conquistò [👁 ATLANTE_**21**].

Il 14 luglio sarà considerata in seguito la data iniziale della Rivoluzione francese. E in effetti la presa della Bastiglia impresse una svolta agli avvenimenti: **il popolo parigino irrompeva prepotentemente sulla scena** e da allora l'avrebbe dominata per anni costringendo tutte le forze politiche a misurarsi con questa decisiva presenza, con il suo protagonismo e con la sua spesso imprevedibile e incontrollabile violenza [👁 **7.2** EVENTI]. Un "popolo" composto soprattutto da piccoli commercianti e artigiani, per oltre due terzi alfabetizzati, da lavoranti e manovali, da impiegati e da qualche professionista.

In pochi giorni, una **serie di atti rivoluzionari** – la formazione dell'Assemblea costituente, l'organizzazione della milizia borghese, l'instaurazione di nuove rappresentanze municipali (che, iniziata a Parigi con il riconoscimento del re, si estese a tutte le province) – testimoniava la nascita di nuovi poteri e il progressivo sgretolamento dell'*ancien régime*.

L'abolizione del feudalesimo

Nella seconda metà di luglio una **sollevazione delle campagne** determinò un'ulteriore accelerazione del processo. La difficile situazione economica e l'improvviso diffondersi di un panico collettivo – la **«grande paura»** –, legato a voci di supposte scorrerie di briganti e di congiure aristocratiche, fecero esplodere una violenta rivolta antifeudale. Furono

Jacques-Louis David
Il giuramento della Pallacorda
1791
[Musée Carnavalet, Parigi]

Il 17 giugno 1789 il Terzo stato si autoproclamò Assemblea nazionale. Tre giorni più tardi, i deputati dell'Assemblea, trovata chiusa per ordine del re la loro sede, si riunirono nella Sala della Pallacorda (un locale adibito a un gioco simile al tennis) e giurarono di non sciogliersi prima di aver dato alla Francia una carta costituzionale. L'evento, ricordato come il "giuramento della Pallacorda", è raffigurato in questo celebre dipinto di Jacques-Louis David. Con grande talento, l'artista rappresenta realisticamente i volti dei rappresentanti del popolo sovrapponendoli a corpi statuari, fermati in pose solenni, trasformando in questo modo dei semplici borghesi in eroi della storia.

assaliti e devastati i castelli, incendiati gli archivi dei signori, dove era conservata la documentazione dello sfruttamento feudale. Sospinta da questi avvenimenti, in un'atmosfera di entusiastica volontà distruttiva del passato, l'Assemblea, nella notte del 4 agosto, approvò l'abolizione del regime feudale sopprimendo anche tutti i privilegi giuridici e fiscali, la venalità delle cariche e la decima ecclesiastica [👁 2.4].

La Dichiarazione dei diritti dell'uomo e del cittadino

Il 26 agosto fu discussa e approvata dall'Assemblea la *Dichiarazione dei diritti dell'uomo e del cittadino*, il documento più celebre della Rivoluzione, destinato a divenire un punto di riferimento per tutti i regimi liberali e democratici del mondo contemporaneo [👁 I GRANDI TEMI 3_DOC1]. Espressione delle idee giusnaturaliste e illuministe, la *Dichiarazione* rivendicava i **princìpi fondamentali della libertà e dell'uguaglianza** – «Gli uomini nascono e rimangono liberi e uguali nei diritti» (art. 1) – e indicava come obiettivo «la conservazione dei diritti naturali e imprescrittibili dell'uomo. Questi diritti sono la libertà, la proprietà, la sicurezza e la resistenza all'oppressione» (art. 2). Dichiarava inoltre che la legge è «l'espressione della volontà generale» e che «tutti i cittadini hanno diritto di concorrere [...] alla sua formazione». Affermando i princìpi dell'uguaglianza di fronte alla legge e della partecipazione dei cittadini alla vita politica senza distinzione di ceto, la *Dichiarazione* poneva il sigillo al rovesciamento dell'*ancien régime*.

Luigi XVI e la Rivoluzione

Il re non appariva tuttavia disposto ad accettare queste decisioni. A rompere una preoccupante situazione di stallo fu l'iniziativa di gruppi di popolane parigine, donne dei mercati e pescivendole, che, dopo essersi armate, marciarono verso Versailles seguite dalla Guardia nazionale al comando di **La Fayette**. Sventato un attacco della folla contro la reggia, il sovrano si piegò a firmare i decreti antifeudali e acconsentì a trasferirsi a Parigi nel palazzo delle Tuileries. Un corteo formato dal re e dalla sua famiglia, dai deputati dell'Assemblea, dal popolo parigino, dalla Guardia nazionale marciò verso Parigi in un'apparente concordia. In realtà, **la monarchia era ormai incapace di affrontare gli eventi** e di puntare a una soluzione all'inglese (istituendo una monarchia di tipo costituzionale): Luigi XVI non aveva le capacità politiche, né la mentalità, né il temperamento per accettare il nuovo regime e quindi venire a patti con la Rivoluzione.

La requisizione e la vendita dei beni ecclesiastici

Le ultime spallate alla struttura dell'*ancien régime*, attuate tra la fine dell'89 e l'inizio del '90, furono la requisizione dei beni ecclesiastici e la soppressione degli ordini religiosi, salvo quelli dediti all'insegnamento e all'assistenza ospedaliera. Proprietà terriere, edifici urbani e rurali divennero **beni nazionali** e servirono come garanzia per l'emissione di nuovi **titoli di Stato**, gli **assegnati**. La vendita all'asta dei beni nazionali, pagabili con gli assegnati, avrebbe sanato il **deficit pubblico**. Il gigantesco passaggio di proprietà, realizzato a partire dal 1790, interessò dal 6 al 10% del territorio nazionale. In molte regioni nel Nord e nel Mezzogiorno, percentuali consistenti di beni furono acquistate dai contadini più agiati; in altre, soprattutto in prossimità delle città, prevalse la borghesia urbana. La vendita dei beni nazionali creò **nuovi ceti proprietari**, contadini e borghesi, o rafforzò quelli già esistenti, legando tutti saldamente ai destini della Rivoluzione.
Cessarono infine le discriminazioni nei confronti dei **protestanti** ai quali, nel dicembre 1789, furono riconosciuti i diritti civili. Tale riconoscimento fu esteso agli **ebrei** tra il '90 e il '91. L'**abolizione della schiavitù** nelle colonie sarà invece decretata solo nel febbraio 1794.

Le quattro fasi della Rivoluzione

Nonostante la straordinaria densità di eventi che segnarono il periodo tra il 1789 e il 1790 appena descritto, le vicende della

Titolo di Stato
Il titolo di Stato viene emesso per far fronte al debito nazionale. Acquistando un titolo di Stato si presta denaro al governo. In cambio del prestito, lo Stato s'impegna a pagare uno specifico tasso d'interesse.

Deficit pubblico
Il deficit o disavanzo pubblico si crea quando, nel bilancio dello Stato, l'ammontare della spesa pubblica non è coperto dalle entrate.

La presa della Bastiglia

Il 14 luglio 1789, la data della presa della Bastiglia, è convenzionalmente considerato l'**inizio della Rivoluzione francese**. Il suo anniversario fu celebrato già nel 1790: nel corso dell'800, con il ritorno dei regimi monarchici, la ricorrenza fu prima abolita e poi, nel 1880, dichiarata dalla III Repubblica festa nazionale francese, come è ancora oggi.

La **fortezza** della Bastiglia era stata costruita tra il 1370 e il 1382 nella zona nord-orientale di Parigi, con lo scopo di rafforzare le mura della città e di proteggere la porta di Saint-Antoine. Fin dal XV secolo, essa era stata utilizzata anche come prigione e luogo di tortura per i condannati a morte. Divenuta, con Luigi XIV, prigione di Stato, fu sempre più identificata con il dispotismo dei sovrani: ai tempi di Luigi XV, infatti, **vi furono rinchiusi numerosi illuministi e giornalisti**, tra cui Voltaire e il marchese De Sade. I prigionieri vi venivano tradotti in seguito all'emanazione di una *lettre de cachet*, cioè di un ordine diretto e inappellabile firmato dal sovrano (e confermato dal suo sigillo, *cachet*) che escludeva sia il processo sia la possibilità di difendersi e che prevedeva una detenzione dalla durata indefinita.

Nonostante il progressivo allentamento del rigore con cui erano trattati i reclusi, la prigione continuò a essere molto impopolare tra i parigini, anche perché i cannoni presenti sulle feritoie delle sue torri erano continuamente diretti contro la città, pronti a reprimere eventuali insurrezioni: **la sua demolizione** figurò quindi **tra le richieste dei *cahiers de doléances***. A causa degli alti costi di mantenimento, nel 1789 la Bastiglia era tuttavia caduta in disuso e solo sette prigionieri vi erano ancora reclusi. Governatore della prigione era, dal 1776, Jordan de Launay, che aveva ai suoi ordini una guarnigione formata da 30 guardie svizzere e 80 invalidi di guerra.

Nei primi giorni di luglio 1789, a Parigi, erano sempre più evidenti i segnali di nervosismo, determinati da un lato dallo spettro della carestia e, dall'altro, dal timore di un'imminente svolta reazionaria da parte monarchica. Luigi XVI, infatti, aveva fatto concentrare nella regione di Parigi circa 30 mila soldati stranieri.

Il 12 luglio si diffuse la notizia che il re aveva **costretto alle dimissioni il ministro delle Finanze Necker**, che non era ostile alle richieste del Terzo stato: ciò accrebbe la paura di una congiura aristocratica contro l'Assemblea costituente. Immediatamente, presso il *Palais-Royal*, cominciarono a essere tenuti discorsi infuocati. Il giornalista Camille Desmoulins, con una pistola in pugno, accusò la monarchia di aver tradito la volontà della nazione e di avere in preparazione un massacro di patrioti e invitò i parigini all'insurrezione.

Poco dopo, la città cominciò ad essere attraversata da numerosi cortei: in **piazza Luigi XV** (oggi *Place de la Concorde* **[👁 ATLANTE_21]**) si verificarono diversi scontri tra la folla e i soldati. Il 13 luglio, alle manifestazioni si aggiunsero saccheggi e incendi delle barriere daziarie della città e alcuni parigini cominciarono a costruire barricate e a cercare armi, temendo una reazione delle truppe regie.

Mentre la situazione si faceva sempre più caotica, alcuni elettori che avevano partecipato alla designazione degli Stati generali, riuniti presso l'***Hôtel de Ville*** (il municipio cittadino), formarono un comitato permanente che amministrasse la città, presieduto dal *prévôt des marchands* (il 'prevosto dei mercanti', cioè il sindaco di Parigi) Jacques Flesselles, e organizzarono una milizia cittadina.

Il popolo parigino cominciò a chiedere armi, ma quelle messe a disposizione – con molte titubanze – da Flesselles si rivelarono insufficienti: la mattina del 14 luglio, quindi, una folla di 20-30 mila persone si diresse verso l'*Hôtel des Invalides*, un complesso di edifici che ospitava i soldati invalidi, e lo saccheggiò, appropriandosi di 12 cannoni e oltre 30 mila fucili.

Un altro gruppo di parigini si diresse verso

ATLANTE 21_ PARIGI DURANTE LA RIVOLUZIONE

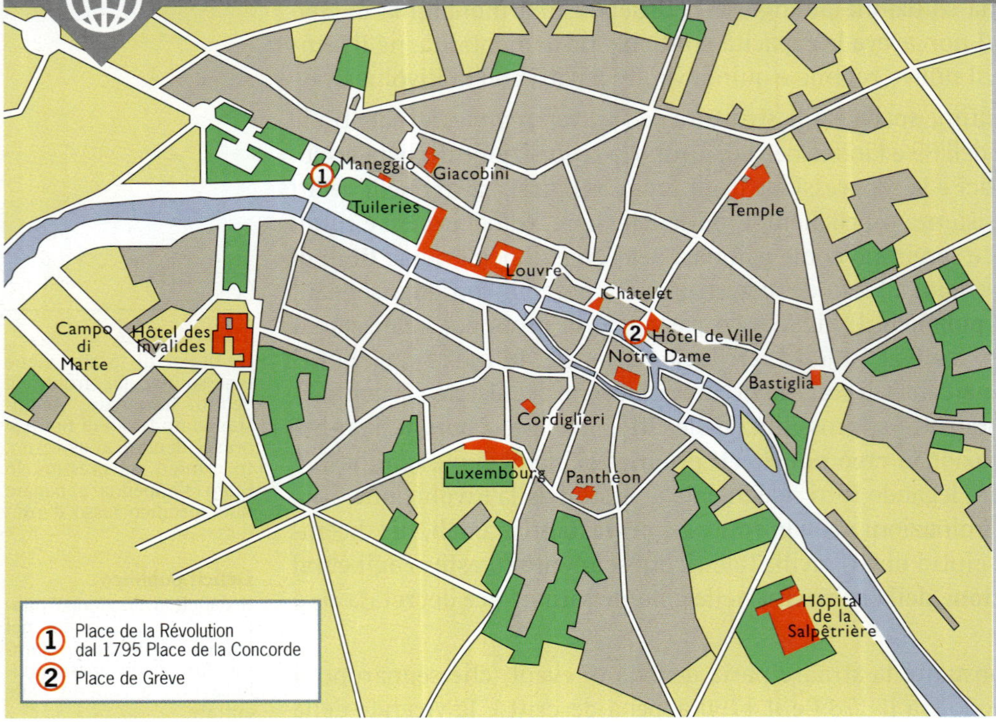

Nella pianta di Parigi sono messi in evidenza i luoghi e gli edifici più rappresentativi della lotta politica rivoluzionaria, dalla Bastiglia (che verrà presto distrutta) al club dei giacobini, dall'Hôtel de Ville (la sede del comune) alle Tuileries e alla Place de la Révolution (già intitolata a Luigi XV e ribattezzata Place de la Concorde dal Direttorio).

Jean-Pierre Houël
La presa della Bastiglia
1789
[Bibliothèque Nationale, Parigi]

Nel quadro, al centro in basso, è raffigurato l'arresto del marchese Bernard-René Jordan de Launay, governatore della Bastiglia, che con una piccola guarnigione tentò invano di difendere la prigione-fortezza dagli insorti. Poco dopo essere stato preso, il marchese fu linciato e colpito a morte dalla folla mentre veniva condotto al Municipio parigino.

la **Bastiglia**: essi non volevano attaccare la fortezza, che sembrava impenetrabile, e liberare i pochi prigionieri, ma chiedere al governatore di distribuire armi, munizioni e polvere da sparo e di ritirare i cannoni dalle cannoniere. I manifestanti – alcuni dei quali, nel 1790, ricevettero il **titolo di «conquistatore della Bastiglia»** – erano essenzialmente artigiani, spesso disoccupati, soprattutto abitanti nel sobborgo *Saint-Antoine*, ma anche borghesi e soldati: le masse popolari urbane irruppero così sulla scena politica. Alla loro testa c'era Pierre-Augustin Hulin che, pur avendo avuto un'educazione militare, era direttore di una lavanderia: diventò poi un generale di Napoleone.

Il governatore della Bastiglia Launay fece puntare i cannoni sugli assedianti, assicurando però che avrebbe ordinato di fare fuoco solo in caso di attacco e consentendo ai manifestanti di entrare nel primo cortile della fortezza. Quando la folla, aumentata di numero, cominciò a premere sulle entrate per accedere al secondo cortile della fortezza, Launay ordinò alla guarnigione di sparare. Alcuni manifestanti si ritirarono disordinatamente, altri risposero al fuoco: negli scontri successivi, che durarono quattro ore, rimasero uccisi un centinaio di civili e un invalido. Quando la **milizia cittadina** si unì ai manifestanti, portando alcuni cannoni presi agli *Invalides*, Launay si arrese. La folla penetrò all'interno della fortezza e liberò i sette prigionieri: nessuno di essi era detenuto per motivi politici. Tre ufficiali e tre invalidi furono uccisi, mentre la maggior parte della guarnigione riuscì a mettersi in salvo.

Nonostante i tentativi di Hulin di salvargli la vita, **Launay**, accusato di tradimento, fu riconosciuto dalla folla e massacrato. Il sindaco **Flesselles**, incolpato di essersi opposto all'armamento del popolo, fu invece ucciso con un colpo di pistola. Decapitati, le loro teste furono infilate su due picche e portate in giro per la città.

Il re, messo alle strette, ritirò le truppe dalla regione di Parigi e richiamò Necker al governo. Il comitato permanente dell'*Hôtel de Ville* si trasformò in una nuova municipalità, la **Comune di Parigi**, con sindaco il deputato Bailly, mentre la milizia cittadina fu ribattezzata **Guardia nazionale** e al suo capo fu messo il marchese La Fayette. Negli stessi giorni fu creata anche la coccarda con i colori di Parigi (il blu e il rosso) e quello del re (il bianco): nacque così il tricolore rivoluzionario, che anche Luigi XVI, il 17 luglio, si pose sul cappello, ricevendolo dalle mani di Bailly. Un episodio di importanza secondaria quale fu la presa della Bastiglia costituì, quindi, un punto di non ritorno nello sviluppo della dinamica rivoluzionaria: insieme alla fortezza, cadde anche l'antico regime e si affermò, almeno a livello simbolico e retorico, l'emancipazione del popolo dalla monarchia.

Il 15 luglio, per volere della stessa Assemblea nazionale costituente, iniziò la **demolizione della Bastiglia**, che fu completata nel maggio 1791: dell'antica fortezza non rimase alcuna traccia, anche se alcuni resti, riaffiorati alla fine dell'800, sono tuttora conservati in teche trasparenti nella fermata *Bastille* della metropolitana. Al posto della fortezza sorse ***Place de la Bastille***: nel 1840 fu inaugurata al suo centro la Colonna di Luglio, un monumento di bronzo alto 50 metri che commemora la caduta di Carlo X e l'inizio della monarchia di Luigi Filippo in seguito alla rivoluzione del luglio 1830 **[👁 11.6]**. La colonna, progettata da J.-A. Alavoine e J.-L. Duc, è sormontata da un globo dorato su cui poggia una raffigurazione del *Genio della libertà*. Ancora oggi, la piazza è il luogo di partenza di molte manifestazioni di massa parigine e in essa vengono festeggiate le vittorie elettorali del partito socialista.

Parola chiave
Rivoluzione

ONLINE

Rivoluzione francese furono, negli anni seguenti, non solo numerose ma anche complesse e intricate. Per essere meglio comprese, possono suddividersi in quattro fasi.

■ **La prima fase** La **rivoluzione liberale**, che coincide con gli avvenimenti accaduti tra la convocazione degli Stati generali, nel 1789, e la Costituzione del 1791, sancendo il rovesciamento dell'*ancien régime* e la nascita di un sistema costituzionale e rappresentativo [👁 7.3]. In questa fase si raccolgono i risultati più duraturi della rivoluzione.

■ **La seconda fase** La **rivoluzione popolare e democratica**, dal settembre 1791 alla fine del 1793. Il periodo è segnato dal protagonismo del popolo parigino, dall'inizio della guerra contro le potenze avverse alla Francia rivoluzionaria, dalla condanna a morte del re, infine dal trasferimento di tutti i poteri al Comitato di salute pubblica giacobino [👁 7.4].

■ **La terza fase** La **dittatura giacobina** e la nascita di una "democrazia totalitaria" guidata da Robespierre, tra il 1793 e il 1794, che instaura il sistema del **Terrore** volto a eliminare tutti gli avversari politici. Solo un colpo di Stato della residua parte moderata, che vedeva la rivoluzione divorare sé stessa, riesce a porre termine alla dittatura giacobina [👁 7.5].

■ **La quarta fase** La fase della **continuità rivoluzionaria e** della **stabilizzazione difensiva** sia dai rischi della controrivoluzione sia dalla ripresa del radicalismo di sinistra. In questo periodo, tra il 1794 e il 1797, assumono sempre maggior peso i generali comandanti delle vittoriose campagne militari in Europa [👁 7.6].

Rivoluzione e instabilità

Per il suo stesso carattere di trasformazione rapida e improvvisa, la Rivoluzione è sinonimo di instabilità: data la difficoltà di trasformare i suoi risultati in un sistema di poteri legittimi e accettati, essa appare agli attori principali sempre incompiuta o tradita. Questo spiega l'asprezza della lotta tra i diversi schieramenti politici rivoluzionari, di cui si leggerà nel capitolo, le continue varianti del sistema di governo e lo sbocco finale nel dispotismo di Napoleone, che trova la sua forza e la sua legittimazione non sul terreno della politica, ma nel controllo delle forze armate e nei successi militari.

GUIDA ALLO STUDIO

❶ Chi, quando e perché assaltò e conquistò la Bastiglia? ❷ I contadini francesi appoggiarono la Rivoluzione? ❸ Che cos'è la *Dichiarazione dei diritti dell'uomo e del cittadino*? ❹ Quali princìpi furono sanciti dalla *Dichiarazione dei diritti dell'uomo e del cittadino*? ❺ Che cos'erano gli assegnati?

3 La rivoluzione liberale

La rappresentazione del consenso

Il rovesciamento dell'*ancien régime* suscitò entusiasmi e aspettative in tutta la Francia. Le nuove municipalità e la **Guardia nazionale** furono i più importanti organismi di aggregazione e di partecipazione. In diverse zone del paese guardie nazionali cominciarono a federarsi per la difesa degli obiettivi rivoluzionari. Sotto la spinta di iniziative periferiche fu organizzata e celebrata a Parigi, il 14 luglio 1790, anniversario della presa della Bastiglia, la grandiosa **Festa della federazione**. Con un rituale dai forti contorni religiosi, di fronte a 300 mila partecipanti La Fayette, a nome dei federati, prestò il giuramento che univa «i francesi tra loro e i francesi con il re per difendere la libertà, la costituzione e la legge». Poi il re giurò fedeltà alla nazione tra l'entusiasmo generale. **Ma si trattava di un consenso provvisorio**: in realtà, profonde differenze e orientamenti diversi erano già chiaramente visibili nei nuovi strumenti di cui si stava dotando la lotta politica.

Giornali e club politici

La **libertà di stampa** (articolo 11 della *Dichiarazione dei diritti*) aveva favorito il proliferare di numerosissimi giornali di ogni tendenza (democratica, moderata, controrivoluzionaria) e la costituzione di diversi club aveva contribuito all'organizzazione dei vari gruppi politici [👁 I GRANDI TEMI **1.2**]: la **Società dell'89**, per esempio, era di tendenze moderate, mentre posizioni radicali aveva il club dei **cordiglieri** (dal nome dell'ex convento dei frati minori, *cordelliers*, dove si riuniva). A quest'ultimo aderivano alcuni dei futuri protagonisti delle fasi più accese della Rivoluzione: Georges-Jacques Danton (1759-1794) e Camille Desmoulins (1760-1794), entrambi avvocati, il medico Jean-Paul Marat (1743-1793; 👁 I GRANDI TEMI **1**_DOC**7**), il giornalista Jacques-René Hébert (1757-1794). Il club più importante, però, si rivelerà quello dei **giacobini** (dal nome dell'ex convento domenicano di San Giacomo). Organizzati secondo una rigida disciplina, i giacobini, con 450 società affiliate, erano dotati di una presenza capillare nel paese che per certi aspetti prefigurava quella dei moderni partiti politici. Fra i membri di maggiore spicco dei giacobini erano Maximilien Robespierre (1758-1794), avvocato originario di Arras e pre-

La Festa della federazione si svolse a Parigi il 14 luglio 1790, nel cosiddetto Champ de Mars, uno spazio all'epoca fuori dai confini cittadini usato per le manovre militari, oggi il giardino pubblico dove sorge la Torre Eiffel. Alla presenza di una folla immensa, della Guardia nazionale parigina e delle milizie arrivate da tutta la Francia, Charles Maurice de Talleyrand-Périgord, vescovo di Autun e deputato per il clero negli Stati generali, celebrò una messa sull'altare della nazione. Prima il generale La Fayette, poi Luigi XVI, giurarono fedeltà alla nazione. A questa giornata di celebrazioni ufficiali fecero seguito altre quattro di festa popolare. Ancora oggi il 14 luglio la Francia celebra la propria giornata nazionale.

Isidore Stanislas Helman
La Festa della federazione al Champ de Mars a Parigi il 14 luglio 1790
1790
[acquaforte da un disegno di C. Monnet; Bibliothèque Nationale, Parigi]

sidente del club dal marzo 1790 [👁 7.5 PERSONAGGI], e Jacques-Pierre Brissot (1754-1793), anch'egli avvocato, futuro leader della frazione dei girondini. Intorno ai giornali e ai club nasceva un **nuovo ceto politico** per gran parte giovane (poco più che trentenne) e di formazione giuridica, grandi oratori, giornalisti dalla penna graffiante. Ma nessuno dei personaggi ricordati qui sarebbe sopravvissuto alle fasi più drammatiche della Rivoluzione.

Il sistema elettorale censitario

Uno dei temi più controversi fu il criterio per definire il corpo elettorale. I cittadini furono distinti in attivi e passivi in base al censo (cioè al reddito, alla ricchezza). Soltanto quanti pagassero un'imposta annua pari a tre giornate di lavoro erano considerati **cittadini attivi ed elettori**: erano oltre 4 milioni di cittadini maschi di età superiore ai 25 anni [👁 16.12 STORIA•SOCIETÀ•CITTADINANZA]. Ma non tutti gli elettori erano anche eleggibili: infatti, per essere eletti era necessario possedere una qualsiasi proprietà fondiaria e pagare almeno un marco d'argento (pari a 52 lire francesi) di tasse. Questo sistema elettorale censitario – analogo a quelli esistenti in Gran Bretagna e negli Stati Uniti – riservava ai **notabili** la rappresentanza della nazione, ma era in contrasto con la mobilitazione di larghi strati popolari, soprattutto urbani, in parte relegati nella categoria dei **cittadini passivi**, **privati dei diritti politici** ed esclusi anche dalla Guardia nazionale (almeno 3 milioni). Il nuovo sistema politico si prefigurava come un regime di borghesi benestanti e di proprietari terrieri, designati appunto con il termine "notabili": e in questo senso possiamo parlare di **rivoluzione borghese**.

Il partito di corte e gli emigrati

Proprio questa connotazione borghese e rappresentativa rendeva sempre più evidente il contrasto con la monarchia assoluta di diritto divino. Luigi XVI continuava a subire passivamente la Rivoluzione. Era inoltre sempre più legato al "partito" della regina **Maria Antonietta** (figlia di Maria Teresa d'Austria), decisa controrivoluzionaria, e alla consistente emigrazione nobiliare che si organizzava all'estero in previsione di un **ritorno al passato, se necessario con l'aiuto delle grandi potenze europee**. Del resto in varie parti della Francia si erano già avuti episodi di ribellione antirivoluzionaria che potevano far intravedere soluzioni favorevoli a una restaurazione.

La politica ecclesiastica

Un altro elemento di instabilità era legato alla politica ecclesiastica. Dopo la requisizione dei beni della Chiesa, spettava allo Stato il mantenimento dei membri del clero, equiparati ai funzionari pubblici dalla **Costituzione civile del clero**, votata nel luglio 1790. La legge attribuiva la nomina dei vescovi e dei parroci alle assemblee elettorali locali e, come tutti gli altri funzionari, anche gli ecclesiastici furono obbligati a giurare fedeltà alla nazione, al re e alla Costituzione civile. Questa radicale modifica dell'organizzazione ecclesiastica fu, come era prevedibile, condannata da papa Pio VI (1775-1799). Solo sette vescovi su 130 prestarono il giuramento, mentre il basso clero, il più vicino al popolo minuto, si divise a metà tra favorevoli, **costituzionali**, e contrari, **refrattari**, alla Costituzione civile. La gravissima frattura che si era aperta nella Chiesa di Francia ebbe come conseguenza lo schierarsi di una parte consistente e progressivamente maggioritaria del clero tra le file della controrivoluzione.

Le riforme amministrative

Nello stesso arco di tempo, fra il '90 e il '91, l'Assemblea costituente proseguì nella grande opera di edificazione delle nuove strutture amministrative. La Francia fu suddivisa in 83 **dipartimenti**, e i dipartimenti in circondari, geograficamente omogenei per consentire di recarsi e tornare in giornata dal centro amministrativo più vicino. Fu instaurato un compiuto **decentramento** che rovesciava il sistema accentrato, voluto dalla monarchia assoluta e realizzato dagli intendenti **[👁 1.1]**. Parigi fu divisa in 48 **sezioni** (o circoscrizioni) che corrispondevano ad altrettante assemblee elettorali. L'Assemblea nazionale costituente, ispirata da princìpi liberisti e anticorporativi, non solo soppresse tutte le corporazioni di mestiere, ma vietò altresì le coalizioni operaie e gli scioperi, favorendo il **mercato libero della manodopera**.

La Costituzione del 1791 e il tentativo di fuga del re

Il regime politico che si veniva definendo era un **regime liberale, fondato sulla separazione dei poteri**. I giudici divennero elettivi. Fu previsto un Parlamento composto da una sola camera, l'**Assemblea legislativa**, della durata di due anni. I ministri, di nomina regia, erano responsabili solo di fronte al sovrano e non potevano essere membri dell'Assemblea. Il re aveva facoltà di opporre un veto sospensivo alle leggi votate dall'Assemblea: solo dopo la conferma in due successive legislature, tali leggi sarebbero diventate esecutive. Il sistema previsto dalla Costituzione del '91, approvata il 3 settembre, era stato congegnato in modo da richiedere, per un suo corretto funzionamento, uno stabile accordo tra il potere esecutivo e quello legislativo, fra sovrano e Assemblea. Ma l'equilibrata attuazione di una **monarchia costituzionale** fu spazzata via dalla fuga del re da Parigi, il 20-21 giugno 1791.

La decisione di Luigi XVI mostrava il suo consenso ai programmi degli emigrati aristocratici e della controrivoluzione. Il disegno era quello di **guidare dall'estero una restaurazione** armata della vecchia Francia. Riconosciuto e arrestato a Varennes, il

Come far prestare giuramento a vescovi e sacerdoti aristocratici in presenza dei rappresentanti delle municipalità a seguito del decreto dell'Assemblea nazionale
1791
[Bibliothèque Nationale, Parigi]

❶ Quali furono i club politici più importanti in Francia al tempo della Rivoluzione? ❷ Perché la Rivoluzione è stata definita "borghese"? ❸ Chi erano i *refrattari* alla Costituzione civile del clero? ❹ Quali erano le caratteristiche del regime liberale che andava costituendosi e perché il re tentò la fuga?

GUIDA ALLO STUDIO

re fu ricondotto a Parigi, insieme con la sua famiglia, fra due ali di guardie nazionali e di popolo ostile. Era un **colpo mortale alla monarchia**, la cui sopravvivenza era legata alla capacità di rappresentare l'unità della nazione francese. Ormai si era aperta un'alternativa repubblicana mentre la soluzione liberale e moderata sarebbe divenuta rapidamente impraticabile.

4 La rivoluzione popolare e democratica

Dall'Assemblea legislativa alla Convenzione nazionale

In un anno, tra l'elezione dell'Assemblea legislativa a suffragio ristretto, tenutasi nel settembre 1791, e quella a **suffragio universale** della Convenzione (la nuova assemblea), tenutasi nel settembre 1792, si assiste in Francia a una **svolta egualitaria e democratica.**

La Legislativa aveva visto una maggioranza di deputati moderati e costituzionali e una minoranza di radicali, i giacobini, tra i quali erano anche i girondini (per l'origine di molti deputati dal dipartimento della Gironda, quello della città portuale di Bordeaux). Nella Convenzione si confrontarono invece due schieramenti usciti dai giacobini: i **girondini**, collocati a **destra**, e i **montagnardi** collocati alla **sinistra** alta dell'assemblea (la montagna). Questi ultimi erano composti dai giacobini radicali di Robespierre e dagli ex cordiglieri. I moderati, posti al **centro**, erano il gruppo più numeroso ma meno omogeneo, designato col nome di "Palude" **[**GRAFICO_**4****]**. La Convenzione era stata eletta dalla sola Francia rivoluzionaria. Nonostante il suffragio universale, aveva votato infatti soltanto un decimo circa degli oltre 7 milioni di elettori.

Sinistra, centro, destra
Con questi termini vengono oggi comunemente divise le forze politiche che fanno appello rispettivamente a princìpi progressisti, «sinistra», moderati, «centro», e conservatori, «destra»: le definizioni rispecchiano la posizione dei seggi dei parlamentari dal punto di vista del presidente dell'assemblea. I termini ebbero origine, con un significato solo in parte simile a quello attuale, all'interno dell'Assemblea legislativa: a sinistra, infatti, c'erano i seggi dei giacobini (che comprendevano i girondini); sempre a sinistra, ma in alto, erano collocati i montagnardi, i più radicali; al centro sedevano i deputati moderati o privi di una collocazione precisa, la cosiddetta «Palude», pronta a unirsi ai vincitori; a destra stavano gli elementi conservatori.

La mobilitazione del popolo parigino

Un mese prima delle elezioni per la Convenzione, il 10 agosto, i **sanculotti**, così chiamati perché non portavano (*sans*, 'senza') i calzoni al ginocchio (*culottes*) degli aristocratici e dei ricchi borghesi, ma i calzoni lunghi, diedero l'assalto alla reggia delle Tuileries con l'obiettivo di deporre un re traditore, pronto ad allearsi con i nemici della Francia. Luigi XVI venne sospeso dalle sue funzioni e arrestato insieme ai suoi familiari.

La guerra e la vittoria di Valmy

Poco dopo, nell'aprile 1792, scoppiò il conflitto con le **potenze ostili alla Francia rivoluzionaria**: Austria, Prussia e poi anche Gran Bretagna. Da questo momento la guerra condizionò in

GRAFICO 4_LA COMPOSIZIONE DELLA LEGISLATIVA E DELLA CONVENZIONE NAZIONALE

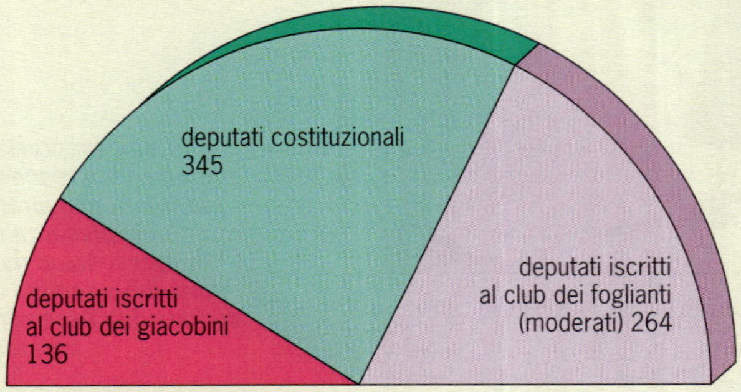

Assemblea 1792: 745 uomini nuovi (costituenti non rieleggibili)

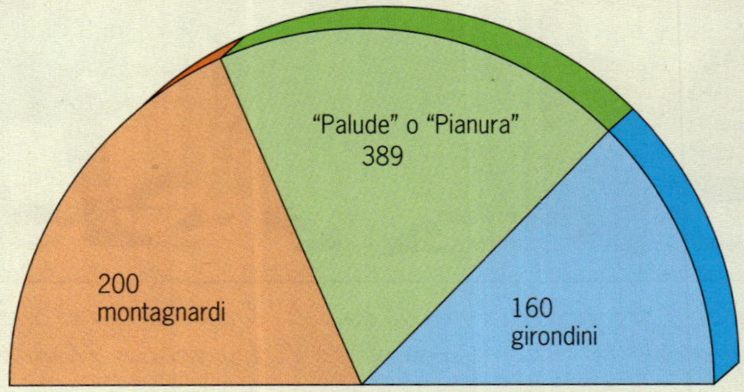

Convenzione Settembre 1792: 749 deputati

misura decisiva lo svolgimento degli avvenimenti insieme ai ripetuti **tentativi controrivoluzionari** in alcune regioni tradizionaliste e cattoliche, ma anche nella capitale. Durante il conflitto, il 20 settembre 1792 le truppe francesi, innervate dai volontari, batterono i prussiani a **Valmy** [👁 ATLANTE_22]. Per la prima volta un **popolo in armi** [👁 7.8] sconfiggeva una grande potenza e dimostrava che anche sul campo di battaglia la Rivoluzione poteva rovesciare l'*ancien régime*. La vittoria però fu più importante per il suo significato simbolico che per quello militare.

La caduta della monarchia Il giorno dopo Valmy, il 21 settembre 1792, la Convenzione dichiarò l'abolizione della monarchia e proclamò la **Repubblica**. Luigi XVI fu messo sotto processo. Sul destino del re e sul ruolo da attribuire al movimento dei sanculotti e al Comune insurrezionale di Parigi che li rappresentava si aprì un duro **contrasto tra montagnardi e girondini**. Le differenze tra i due gruppi erano di natura strettamente politica e ideologica: disposti al compromesso i girondini, radicalmente intransigenti i montagnardi. Il re fu giudicato colpevole quasi all'unanimità, ma la richiesta dei girondini di appellarsi al popolo per

ATLANTE 22_LA RIVOLUZIONE FRANCESE (1789-95)

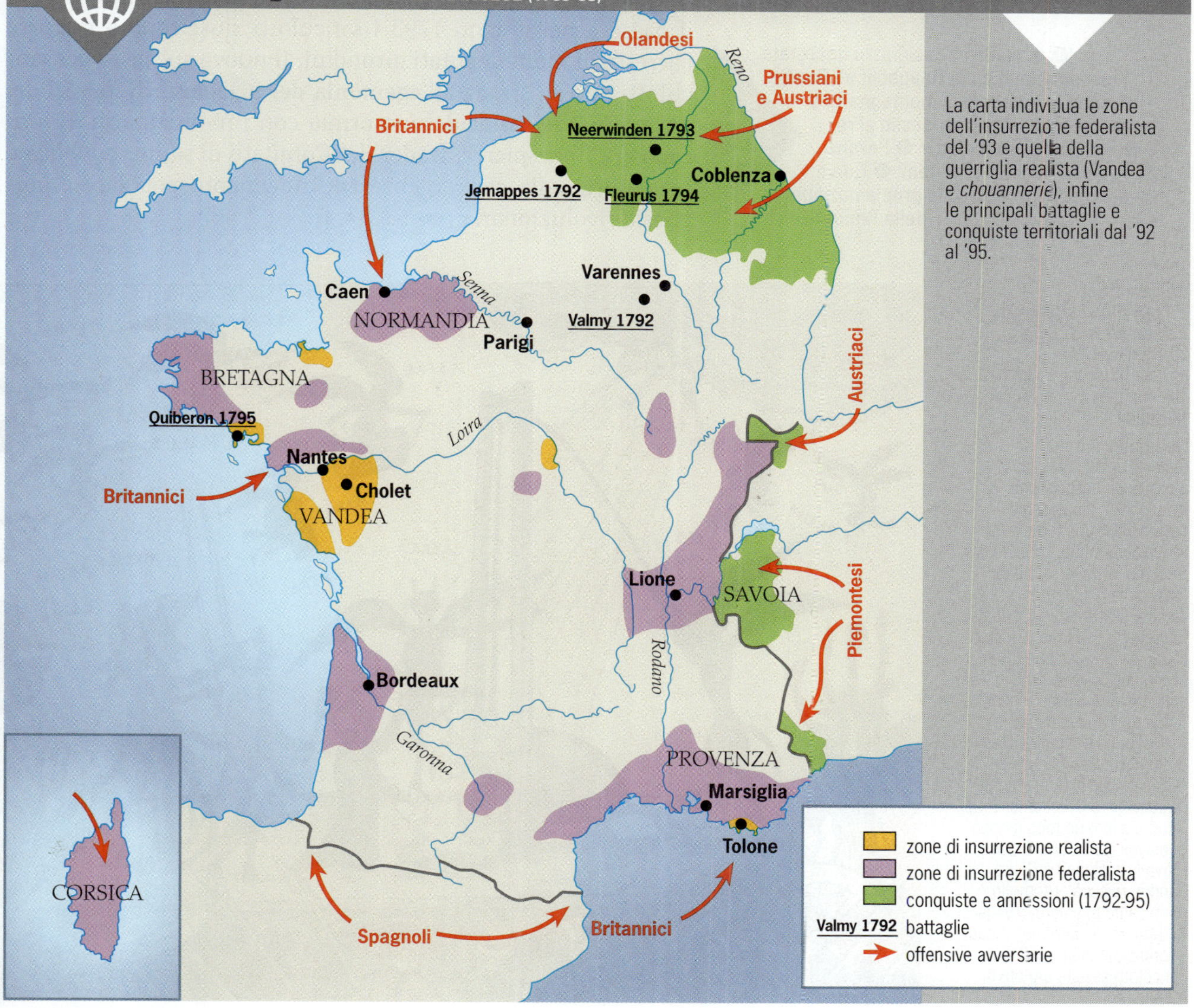

La carta individua le zone dell'insurrezione federalista del '93 e quella della guerriglia realista (Vandea e *chouannerie*), infine le principali battaglie e conquiste territoriali dal '92 al '95.

Focus
La ghigliottina

una conferma della condanna venne respinta. **Il 21 gennaio 1793 il re fu decapitato**. La ghigliottina si ergeva di fronte al palazzo reale delle Tuileries, sulla piazza ormai denominata Piazza della Rivoluzione. Il monarca di diritto divino venne giustiziato come un uomo qualunque: uno dei fondamenti della storia di Francia e d'Europa fu cancellato da quel gesto.

L'allargamento del conflitto e le rivolte

Nel febbraio 1973, sul fronte esterno, il conflitto si allargava e le potenze coalizzate contro la Francia crescevano di numero: Austria, Prussia, Gran Bretagna, Olanda, Spagna, Stati italiani. La Repubblica otteneva successi militari e **annessioni** territoriali (Savoia, Belgio, Renania), ma nel marzo una grande rivolta contadina esplose in **Vandea** (una regione dell'Ovest, a sud della Loira) e nei dipartimenti vicini. L'insurrezione, appoggiata dai nobili e dai preti refrattari, fu alimentata soprattutto dall'opposizione e dall'estraneità di una parte del mondo rurale alla Rivoluzione.

Il Comitato di salute pubblica: Robespierre al potere

Dall'aprile del 1793 il governo effettivo del paese passò nelle mani di un nuovo organismo, il Comitato di salute pubblica, composto da nove membri scelti dalla Convenzione. I girondini, tra i principali sostenitori della guerra rivoluzionaria ma ostili al movimento popolare e vicini alle posizioni moderate, vennero combattuti in tutto il paese e nel giugno 1793 i sanculotti riuscirono a imporre l'arresto di molti deputati girondini. Il nuovo successo dei sanculotti aprì la strada all'**egemonia dei giacobini**. Depurati dei girondini, essi coincidevano ormai con i montagnardi. Il loro capo era Robespierre, leader del Comitato di salute pubblica e mediatore della convergenza tra movimento popolare e borghesia rivoluzionaria [👁 TABELLA_**4**].

GUIDA ALLO STUDIO

❶ In quale occasione fu decretata l'instaurazione della Repubblica? Quali furono le posizioni di montagnardi e girondini durante il processo al re? ❷ Chi erano i sanculotti? ❸ Perché scoppiò la rivolta in Vandea? ❹ Quale destino ebbe il re dopo la proclamazione della Repubblica?

William Dent
E l'inferno si scatenò*, o *L'assassinio di Luigi
25 gennaio 1793
[British Museum, Londra; © The Trustees of the British Museum]

Questa stampa satirica inglese, pubblicata pochi giorni dopo l'esecuzione di Luigi XVI, rappresenta l'evento con una forte vena antirivoluzionaria. La testa del re, ormai attraversata dalla lama della ghigliottina, sta per cadere. Di fronte a lui, l'abate Edgeworth de Firmont, il prete che lo ha da poco benedetto, alza gli occhi verso il cielo. Qui, sotto pesanti e oscure nubi, il favore divino è annunciato dallo squillo di tromba di un putto che accompagna un fascio di luce che raggiunge direttamente il monarca. Tutto intorno a loro un folto gruppo di diavoli canta *Vive la nation* ('Viva la nazione') e *Ça ira* ('andrà, riuscirà'; ritornello di un canto popolare in voga durante la Rivoluzione), mentre in primo piano un reparto di sanculotti assiste armato di baionette.

5 La dittatura giacobina

L'alleanza tra giacobini e sanculotti

All'inizio dell'estate del '93, il governo della Francia poggiava sull'alleanza di due minoranze, quella costituita dai militanti rivoluzionari – il 10% circa della popolazione maschile adulta – e quella composta dal personale politico giacobino – non più di 100 mila uomini in tutto il paese con circa 2000 società affiliate. L'ideologia dei giacobini discendeva dalle teorie democratiche degli illuministi, in particolare di Jean-Jacques Rousseau, alle quali attingeva nelle linee di fondo anche il movimento popolare [👁 3.5]. Dal punto di vista economico, giacobini e sanculotti auspicavano una società caratterizzata da un insieme di piccoli produttori, contadini e artigiani, proprietari dei mezzi di produzione. In questo senso, erano ancora collo-

DOC
Le dichiarazioni dei diritti del 1789 e del 1793

Storiografia
F. Furet
Il modello giacobino

ONLINE

TABELLA 4_GRUPPI POLITICI E AVVENIMENTI PRINCIPALI DELLA RIVOLUZIONE FRANCESE

1789-90 *Assemblea nazionale costituente* (9 luglio 1789)	***Partito nazionale***: fronte riformatore composto dal Terzo stato con l'apporto di aristocratici illuminati e molti esponenti del basso clero	• Nasce la Guardia nazionale • Assalto alla Bastiglia (14 luglio '89): il popolo parigino sulla scena rivoluzionaria • Nuove rappresentanze municipali a Parigi e nelle province (luglio '89) • Sollevazione nelle campagne: «grande paura» (luglio '89) • Abolizione del regime feudale (4 agosto '89) • *Dichiarazione dei diritti dell'uomo e del cittadino* (26 agosto '89) • Requisizione dei beni ecclesiastici (novembre '89) • Sistema elettorale censitario (dicembre '89)
1790-91 *Assemblea nazionale costituente*	***Società dell'89***: di tendenze moderate ***Cordiglieri***: di tendenze radicali (Danton, Desmoulins, Marat, Hébert) ***Giacobini***: di tendenze radicali, organizzati come un moderno partito politico (Robespierre e Brissot, futuro capo dei girondini)	• Festa della federazione (14 luglio '90) • Costituzione civile del clero (luglio '90) • Decentramento amministrativo (dipartimenti provinciali e «sezioni» parigine) • Costituzione del 3 settembre '91: regime liberale, fondato sulla separazione dei poteri esecutivo, legislativo, giudiziario • Fuga del re (20-21 giugno '91) • Elezioni per la nuova Assemblea legislativa
1791-92 *Assemblea legislativa* (1° ottobre 1791)	***Foglianti***: di tendenze moderate ***Costituzionali***: difensori della Costituzione del '91 ***Giacobini***: raggruppamento dei radicali (comprendono i girondini)	• Dichiarazione di guerra all'Austria (20 aprile '92) • Deposizione del re su iniziativa dei sanculotti parigini (10 agosto '92) • Elezioni a suffragio universale per la nuova Convenzione nazionale
1792-93 *Convenzione nazionale* *Comune insurrezionale*	***Palude*** (o ***Pianura***): di tendenze moderate ***Girondini***: ex giacobini, ora su posizioni meno radicali ***Montagnardi***: giacobini legati a Robespierre ed ex cordiglieri (Danton, Marat)	• Scontro tra girondini e montagnardi sul ruolo da attribuire al Comune insurrezionale e ai sanculotti parigini • Vittoria francese sui prussiani a Valmy (20 settembre '92) • Abolizione della monarchia (21 settembre '92) • Processo, condanna a morte e decapitazione di Luigi XVI (21 gennaio '93) • La Francia è in guerra con quasi tutti gli Stati d'Europa • Sollevazione antirivoluzionaria in Vandea (marzo '93) • Creazione del Comitato di salute pubblica (aprile '93) • Epurazione dei girondini (giugno '93)
1793-94 Comitato di salute pubblica		• Dittatura giacobina • Il Terrore • Leva in massa • Calendario repubblicano • Colpo di Stato contro Robespierre (9 termidoro/27 luglio '94) • Robespierre e i suoi più diretti seguaci vengono ghigliottinati
1795-99 Direttorio		• Costituzione del '95

ONLINE

DOC
Maximilien Robespierre
Virtù e democrazia

Storiografia
F. Furet
Il Terrore

cati in un contesto di economia tradizionale. Dal punto di vista politico i giacobini e Robespierre giustificarono il loro potere imponendosi come i **veri interpreti del popolo** e come **espressione della volontà generale**. Si inaugurava così un modello di **democrazia totalitaria, centralizzata e organizzata**, che verrà ripreso nei secoli successivi e in particolare dai rivoluzionari bolscevichi nel 1917 in Russia. I giacobini credevano di poter trasformare nel profondo la società francese, gestendone in modo capillare il cambiamento di struttura e finanche di mentalità [👁 I GRANDI TEMI **3**_TESTO**3**].

Il Terrore Gli strumenti della dittatura giacobina furono il **Tribunale rivoluzionario** e il **Terrore**, ossia la sistematica eliminazione fisica degli avversari politici. Fu varata la Costituzione democratica del '93, in realtà mai applicata, mentre venivano sospese le più elementari garanzie dei cittadini. Quando i giacobini cominciarono a governare, in gran parte della Francia dilagava l'insurrezione "federalista", sotto la guida di girondini e realisti (di fede monarchica). Nel giro di sei mesi, tuttavia, le truppe della Convenzione riuscirono a reprimerla e a domare,

PERSONAGGI

Robespierre

Nel maggio 2011, lo Stato francese ha acquistato i manoscritti di Robespierre finiti in una vendita della nota casa d'asta inglese *Sotheby's*. L'acquisto è stato possibile solo grazie a una colletta aperta all'opinione pubblica francese e promossa da numerosi storici, istituzioni, comitati. La curiosa sorte delle sue carte dice molto dell'immagine pubblica di Robespierre, a lungo considerato il **simbolo degli eccessi della Rivoluzione francese**, e per questo escluso dalle celebrazioni ufficiali – manca a Parigi una *rue Robespierre* –, ma allo stesso tempo **bandiera identitaria** per larghi strati della popolazione francese e non solo. La memoria di questo rivoluzionario di due secoli fa divide ancora oggi.
Nacque ad Arras, il capoluogo dell'Artois, il 6 maggio 1758, primogenito di una famiglia borghese di avvocati, notai, procuratori. La situazione in casa non era delle più felici. La madre morì durante l'ennesimo parto quando Maximilien aveva solo sei anni. Il padre reagì al dolore intraprendendo una serie di viaggi in Europa e sostanzialmente abbandonando la famiglia. I figli vennero affidati alle cure del nonno materno. Pressato sin da piccolo a essere il più responsabile dei fratelli Robespierre, Maximilien visse la sua condizione di orfano con estrema gravità: serio, solitario, si diede da fare per riuscire negli studi fino a ottenere una borsa per il prestigioso collège Louis-le-Grand di Parigi, dove si trasferì nel 1769. Anche a Parigi non ebbe vita facile: i suoi compagni provenivano dalle famiglie più ricche della città e lo tenevano a distanza per il suo aspetto trascurato e il suo carattere schivo. Il giovane Robespierre comunque non mancò ai suoi doveri e finì anzi per ottenere moltissimi premi. Erano i **classici latini e greci** ad appassionarlo di più. Come per molti della sua generazione, la lettura delle *Vite degli uomini illustri* di Plutarco diede ispirazione alle sue ambizioni politiche. La sua attrazione per i personaggi della Repubblica romana, e soprattutto per quelli che resistettero a Cesare in difesa del sistema repubblicano, indusse gli insegnanti a chiamarlo **«il Romano»**. Robespierre era ammaliato dalla loro personalità, e avrebbe in seguito pensato di riviverne i fasti e ripercorrerne le gesta con le sue azioni in seno alla Convenzione o durante le giornate più drammatiche della Rivoluzione francese. Visse questo **patriottismo repubblicano** in senso assoluto, come il tentativo di raggiungere l'ideale di una Francia perfetta nella sua virtù. Sarebbe bastato poco tempo perché questa passione repubblicana si trasformasse in una caccia a chiunque si opponesse, ai suoi occhi, al disegno di una Francia repubblicana e incorruttibile.
Ottenuto il diploma in diritto nel 1781, Robespierre tornò ad Arras per esercitare la professione di avvocato, pur continuando a partecipare a **concorsi letterari e filosofici** che cominciavano a dargli una modesta notorietà. In molte delle sue cause, peraltro, prese posizioni contro pregiudizi e costumi retrogradi con piglio da vero illuminista.
Quando nel 1788 vennero convocati gli Stati generali, Robespierre si gettò nella battaglia politica con discorsi che vennero accolti con molto timore dalla nobiltà e dalla ricca borghesia, ma che gli procurarono l'elezione a **deputato del Terzo Stato**. Nelle prime fasi convulse della Rivoluzione restò abbastanza defilato, lontano dalla gran parte dei circoli mondani. I suoi interventi furono per lo più dedicati alla difesa delle azioni popolari, ciò che gli alienò ovviamente le simpatie della borghesia più moderata e dell'aristocrazia. Le sue posizioni estreme e veramente rivoluzionarie gli procurarono la fama di intransigente, di incorruttibile, come iniziava a essere soprannominato. Sono celebri le sue dichiarazioni contro la discriminazione dei neri e dei mulatti liberi delle colonie, per esempio, o perfino contro la pena di morte.
Già dalle prime fasi della Rivoluzione, Robespierre prese parte al club bretone, il nucleo originario del club dei giacobini di cui diventò ben presto uno dei leader più affermati. Grazie alla sua attività nel club, questo modesto deputato di Arras acquistò sempre maggiore notorietà a livello nazionale: i suoi discorsi venivano pubblicati nei giornali locali e generalmente apprezzati dalle frange più rivoluzionarie e popolari; sotto la sua direzione il circolo dei giacobini si assegnava il ruolo di sorvegliare l'assemblea e di tenerla sotto pressione. Dalla tribuna del club Robespierre continuò a guidare le sue campagne quando non fu deputato e prima della sua rielezione nel 1792. Anche per questa sua attività extra legislativa può essere considerato un **pioniere delle tecniche politiche dei regimi democratici**: la sua disinvoltura nel gestire rapporti con la provincia e con la stampa, la sua

seppure provvisoriamente, la Vandea. Sotto la pressione dei sanculotti, la Convenzione mise **«il Terrore all'ordine del giorno»**, intensificando la politica repressiva e introducendo criteri totalmente discrezionali per definire le categorie dei "sospetti". Le prigioni si riempirono, i tribunali e la ghigliottina lavoravano senza tregua: da 300 mila a 500 mila furono gli arrestati in tutto il periodo del Terrore. A Parigi, in ottobre, furono processati e decapitati l'ex regina Maria Antonietta e i capi girondini, fra cui Brissot.

La leva in massa

La minaccia di un'invasione nemica impose un controllo ferreo sull'economia e l'introduzione di un **calmiere** dei prezzi (il *maximum*) per meglio organizzare l'approvvigionamento delle truppe. Contemporaneamente fu introdotta la leva in massa degli uomini tra i 20 e i 25 anni – nel 1799 la leva sarebbe divenuta obbligatoria – e giovani generali, anche di estrazione popolare, assunsero il comando, sotto il controllo dei commissari della Convenzione.

Il colpo di Stato del 9 termidoro

Dalla primavera del 1794 i contrasti tra i gruppi politici al potere si fecero sempre più aspri. Alla contestazione della sua egemonia

capacità di mediazione tra gli strati popolari e i rappresentanti eletti furono tra le ragioni del suo successo politico e del suo consenso.

Poco alla volta, la retorica di Robespierre si radicalizzò: chi non appoggiava le sue posizioni era immediatamente **tacciato di essere «nemico della Rivoluzione»**; la battaglia politica veniva sintetizzata in una logica buoni/cattivi che non consentiva compromessi, passi falsi, incertezze. Partecipò alle giornate di agosto e settembre del 1792 un po' in disparte, ma ben consapevole delle violenze in atto nella capitale e pronto a prendere posizione al momento opportuno. Il 5 settembre 1792 fu il primo eletto di Parigi alla Convenzione nazionale e leader pressoché incontrastato della Montagna, la sinistra rivoluzionaria.

Claude-André Deseine
Busto di Maximilien Robespierre
1791
[Musée de la Révolution française, Château, Vizille]

Nella nuova assemblea legislativa, Robespierre svolse un ruolo decisivo nel promuovere l'esecuzione di Luigi XVI (e di Maria Antonietta poi), come di altri esponenti del partito monarchico. Nei mesi successivi, con la liquidazione del partito girondino e poi dei vari avversari che si frapponevano fra lui e la sua visione della Rivoluzione si ritrovò ad essere il *dominus* dell'intera Convenzione. **«Nessuna libertà per i nemici della libertà»** – fu una delle sue sentenze più celebri, una frase che ben riassume la logica perseguita da Robespierre nel ricorrere alla violenza fuori da ogni legalità costituzionale. Contro i nemici della rivoluzione e i complotti dell'aristocrazia, veri e presunti, il popolo in armi e il governo rivoluzionario dovevano essere in grado di utilizzare qualunque mezzo.

La guerra all'esterno, del resto, faceva apparire le istituzioni repubblicane sempre più precarie e le paure di Robespierre non erano soltanto frutto di paranoia.

Più le politiche "terroriste" davano vita a questa sorta di religione della rivoluzione, una mistica che tutto giustificava e che rendeva il suo principale ispiratore sordo alle critiche, più Robespierre si trovava isolato. Alla fine della sua parabola politica, il cerchio dei suoi fedelissimi si restringeva quasi esclusivamente a Saint-Just, Couthon e a suo fratello Augustin, che grazie a Maximilien era stato eletto deputato e aveva ricevuto numerose missioni in provincia. Anche in seguito ad alcuni attentati subiti da Robespierre, nel giugno 1794 i poteri del Tribunale rivoluzionario vennero rafforzati ancora di più. I risultati non tardarono ad arrivare: nell'ultima fase del Terrore, dal 10 giugno al 26 luglio 1794, solo a Parigi la macchina della repressione condannò a morte 1376 persone, contro i 1251 dei quindici mesi precedenti.

Il 9 termidoro (27 luglio), durante una caotica seduta della Convenzione, moltissimi deputati misero sotto accusa Robespierre e i suoi accoliti, dichiarati "fuori legge" (*hors loi*) e quindi neanche degni di un processo. Il giorno dopo i prigionieri vennero portati al patibolo e uccisi. La morte del dittatore fu decisa in tutta fretta, temendo che la situazione politica si rovesciasse a suo vantaggio.

Utopista, dittatore, freddo e logico giurista, paranoico sanguinario: l'enigma Robespierre avrebbe appassionato generazioni di storici e commentatori della Rivoluzione, polemicamente ridotta dai suoi avversari al solo Terrore.

Robespierre rispose eliminando prima gli avversari di sinistra, gli hebertisti (i cordiglieri vicini a Hébert), e poco dopo gli indulgenti, capeggiati da Desmoulins e Danton, da tempo favorevoli a una politica meno intransigente nel paese e all'estero. Ma, nonostante l'importante **vittoria militare di Fleurus** contro austriaci e britannici (26 giugno 1794), Robespierre intensificò la politica del Terrore. In questa atmosfera maturò il **colpo di Stato**, una congiura che vide unite l'ala moderata e quella estremista della Convenzione. Il 9 termidoro del calendario rivoluzionario [👁 7.7], ovvero il 27 luglio, Robespierre e i suoi seguaci più stretti, Saint-Just e Couthon, vennero messi sotto accusa e arrestati. I sanculotti non si mossero. Dichiarati fuori legge, **Robespierre e altri 21 furono giustiziati** senza processo il 10 termidoro. Il giorno dopo altri 71 robespierristi salirono sul patibolo. In meno di un anno i condannati a morte del Terrore furono circa 17 mila ai quali vanno aggiunte le vittime delle esecuzioni in massa (come quelle gettate nella Loira, a Nantes, durante la repressione dell'insurrezione vandeana) per un totale di 35-40 mila vittime. A Parigi le sentenze di morte furono 2639, ma la grande maggioranza fu pronunciata nelle regioni insorte.

GUIDA ALLO STUDIO

❶ Perché Robespierre riuscì a stringere alleanza con i sanculotti? ❷ Spiega il concetto di democrazia totalitaria. ❸ Perché fu inaugurata la stagione del Terrore? ❹ Chi fu colpito dalla repressione del Comitato di salute pubblica? ❺ Come terminò la carriera politica di Robespierre?

L'esecuzione di Robespierre e dei suoi seguaci
1794
[Bibliothèque Nationale, Parigi]

La stampa raffigura Robespierre e i 21 deputati a lui fedeli giustiziati con la ghigliottina il 28 luglio 1794. Robespierre è mostrato ancora in vita, con la giacca marrone e il cappello nero, che si copre il volto con un fazzoletto sul primo carretto in arrivo al patibolo. L'uomo che sta salendo le scale è suo fratello minore, Augustin, mentre quello appena decapitato è il suo alleato Georges Couthon. Davanti al patibolo, invece, giace riverso Philippe-François-Joseph Le Bas, un altro fedelissimo che si tolse la vita con un colpo di pistola prima di essere arrestato.

6 Continuità rivoluzionaria e stabilizzazione difensiva

La fine del giacobinismo

La caduta di Robespierre non segnò la fine della rivoluzione, ma l'inizio di una nuova fase caratterizzata, all'esterno, dall'espansione francese in Europa e, all'interno, da faticosi tentativi di stabilizzazione volti a garantire la tutela dei risultati rivoluzionari e la sopravvivenza del nuovo ceto politico. In breve tempo fu smantellata la struttura di potere giacobina: decine di migliaia di sospetti furono liberati e, a dicembre, la Convenzione reintegrò i girondini superstiti. I club giacobini vennero chiusi, mentre una nuova mobilitazione dei sanculotti che protestavano contro il carovita fu repressa nella primavera del '95. **La repressione fu affidata all'esercito** che, per la prima volta dall'inizio della Rivoluzione, marciò sui quartieri popolari e disarmò i sanculotti. Nel Mezzogiorno e nel Sud-est infuriava il **Terrore bianco** – così detto dal colore della bandiera borbonica – con vendette e massacri nei confronti dei giacobini e dei preti costituzionali.

La Costituzione del 1795 e il Direttorio

Il processo di stabilizzazione interna venne consolidato dai successi militari ai quali seguirono, fra aprile e luglio 1795, i trattati di pace con la Prussia e l'Olanda. Ma la guerra rimaneva aperta con l'Austria e la Gran Bretagna. Contemporaneamente la Convenzione elaborò un nuovo testo costituzionale, che doveva conferire stabilità al **nuovo assetto politico borghese** della Francia. Il potere esecutivo fu affidato a un **Direttorio di 5 membri** che nominava i ministri **[TABELLA_4]**. La nuova Costituzione riprese in molti punti quella del '91 e soprattutto accentuò il carattere censitario del sistema elettorale e la tutela della proprietà.

Colpo di Stato
Il colpo di Stato è il cambiamento repentino del gruppo dirigente realizzato con metodi incostituzionali e spesso violenti da parte di membri di quello stesso Stato. La maggior parte dei colpi di Stato è stata eseguita da militari o con il sostegno dell'esercito. È proprio a partire dagli anni della Rivoluzione francese che il colpo di Stato si afferma come tecnica estrema e brutale di risoluzione delle crisi politiche.

Jean-Baptiste Isabey
Il Petit Coblentz sotto il Direttorio
1795-99
[Musée Carnavalet, Parigi]
Una forma di reazione all'austerità degli anni del Terrore fu quella dei giovani della Parigi più agiata che si riunivano nei caffè e animavano la vita mondana, ma erano disponibili anche alle «spedizioni punitive» contro i sanculotti e i giacobini. La cosiddetta *jeunesse dorée* ('gioventù dorata') del periodo termidoriano e del Direttorio, con la sua ricerca esasperata dell'eleganza e il suo snobismo, è qui raffigurata con una malcelata vena satirica nella passeggiata in un'area del *boulevard des Italiens* denominata Petit Coblentz.

Tentativi insurrezionali Nonostante questa nuova struttura istituzionale, la debolezza del nuovo regime dava spazio a tentativi insurrezionali monarchici, come quello represso a cannonate dal generale Napoleone **Bonaparte [👁 7.11 PERSONAGGI]** a Parigi nell'ottobre '95, o rivoluzionari come la **"Congiura degli Eguali"** promossa da François-Noël Babeuf e sventata nel '96. Babeuf teorizzava l'uguaglianza, la comunità dei beni, l'abolizione della proprietà della terra: tra i capi della congiura figurava anche il toscano Filippo Buonarroti, la cui esperienza ebbe grande rilievo nell'ispirare le prime società segrete del movimento nazionale democratico in Italia **[👁 7.8]**.

Il ruolo dei militari Mentre gli eserciti della Repubblica avevano ripreso vittoriosamente l'offensiva in Europa, nuove difficoltà interne si presentarono costringendo la maggioranza del Direttorio (guidata da Paul Barras) ad attuare un **colpo di Stato** nel settembre 1797: furono annullate le elezioni tenute in quell'anno, deportati numerosi deputati e giornalisti, introdotti severi controlli sulla stampa. Decisivo per il colpo di Stato era stato l'appoggio dei comandanti militari impegnati all'estero. La sopravvivenza del regime e la continuità rivoluzionaria erano ormai affidate non solo alle vittorie degli eserciti ma al **diretto intervento dei generali vittoriosi nella vita politica.**

GUIDA ALLO STUDIO

❶ Cosa si intende per "Terrore bianco"? ❷ Quali furono le novità introdotte dalla Costituzione del '91? ❸ Chi organizzò e che esito ebbe la "Congiura degli Eguali"? ❹ Quale ruolo assunse l'esercito?

Partitura della *Marsigliese*
1792
[Bibliothèque Nationale, Parigi]
Nel 1795 *La Marsigliese* fu adottata come inno nazionale di Francia. Composta nel 1792 dall'ufficiale Joseph Rouget de Lisle (1760-1836), che si apprestava ad affrontare le truppe austro-prussiane, era nata con il titolo *Canto di guerra per l'armata del Reno*. Qualche mese dopo, però, il battaglione dei federati marsigliesi la cantò come proprio inno in occasione della festa della Rivoluzione a Parigi e per questo passò alla storia come *La Marseillaise*. Proibita durante il periodo napoleonico, tornò a essere l'inno della Francia nel 1879. Dal testo traspare il forte sentimento patriottico di un esercito impegnato a difendere non solo un territorio ma soprattutto un ideale. Emerge anche chiaramente, fin dalle prime strofe, la violenza e l'asprezza di un paese in guerra: «Avanti figli della Patria. Il giorno della gloria è arrivato! Contro di noi della tirannia, lo stendardo sanguinante si è levato! Lo stendardo sanguinante si è levato! Sentite nelle campagne ululare questi feroci soldati? Vengono in mezzo a voi a sgozzare i vostri figli, le vostre compagne! Alle armi, cittadini! Formate i vostri battaglioni! Marciamo, marciamo! Che un sangue impuro irrighi i nostri solchi!».

7 Nuova politica e mentalità rivoluzionaria

Il ruolo delle masse popolari

Nella fase più radicale della Rivoluzione le fazioni politiche al governo traggono la loro legittimazione non solo dalle elezioni, ma anche dalla mobilitazione dal basso del popolo parigino, dei sanculotti. Il ruolo delle masse rappresenta una delle maggiori novità della Rivoluzione fin dall'89 e condizionerà anche in seguito la politica francese in tutti i momenti cruciali per quasi un secolo [👁 7.14].

I gruppi politici radicali – giacobini, montagnardi, hebertisti – cercheranno di incanalare e di sfruttare questa mobilitazione popolare armata, protagonista della caduta della monarchia (10 agosto 1792), dell'arresto dei deputati girondini – che avevano trovato nelle province il loro maggior sostegno politico – e infine del controllo sull'operato della Convenzione.

Nasce da questa necessità di guidare il popolo e dalla convinzione di parlare **«in nome del popolo»** l'**ideologia incentrata sulla «volontà generale»** di cui molti leader, ma in primo luogo Robespierre, ritengono di essere gli unici veri interpreti.

Una pedagogia politica

Questa ideologia e questa pratica politica furono accompagnate da una larga attività di educazione collettiva, di pedagogia rivo-

Storiografia
L. Hunt
La politicizzazione della vita quotidiana
ONLINE

◂ **Allegoria di *Ventose* (febbraio) dal calendario rivoluzionario**
XVIII secolo
[Bureau des Longitudes, Bibliothèque Nationale, Parigi]

▸ **Una ceramica di Nevers con il tempio dell'Essere supremo**
1798
[Musée Carnavalet, Parigi]

Con il nuovo calendario repubblicano l'anno fu diviso in 12 mesi di 30 giorni, ciascuno con un nuovo nome basato sui cicli naturali in correlazione con il tempo meteorologico.

Il culto dell'Essere supremo, solo superficialmente plasmato sulle idee razionaliste e deiste del '700, era fortemente imbevuto di immaginario e vocabolario mutuati dal culto cristiano. Robespierre, nelle vesti di «grande sacerdote», spiegò: «Il mio Dio è Colui che ha creato tutti gli uomini affinché vivessero nel benessere e nell'uguaglianza, che protegge gli oppressi e stermina i tiranni; non adoro altro che la giustizia e l'umanità; odio il potere dei preti; è una delle catene dell'umanità, ma una catena invisibile dello spirito che solo la ragione può rompere». Robespierre, rigettando l'ateismo, dichiarava di credere nella vita dopo la morte e in un dio, fonte della morale, capace di intervenire nella vita degli uomini.

luzionaria fondata sulle celebrazioni della Rivoluzione e dei suoi **martiri** (come Marat pugnalato dalla realista Charlotte Corday), su un largo repertorio di **simboli** – la coccarda tricolore, il berretto frigio degli schiavi liberati – e sulla diffusione di immagini popolari del rovesciamento del Vecchio Mondo [👁 I GRANDI TEMI 3_TESTO3]. Si puntò anche a creare un **sistema educativo pubblico** e a diffondere l'uso di una lingua nazionale che liberasse le masse illetterate dalla sudditanza ai dialetti locali. Cancellata la monarchia e osteggiata duramente la Chiesa, i due riferimenti fondamentali dell'identità popolare, era necessario segnare profondamente il rinnovamento rivoluzionario. In questa direzione la decisione più significativa fu l'introduzione del nuovo **calendario repubblicano** o rivoluzionario, in vigore dall'ottobre 1793 fino al 31 dicembre 1805, che stabiliva una nuova datazione dalla proclamazione della Repubblica in poi: oltre a cambiare il nome dei mesi e dei giorni, aboliva il ciclo settimanale e la domenica (sostituendoli con gruppi di dieci giorni) intervenendo direttamente sulla scansione del tempo legata alle pratiche religiose.

La scristianizzazione e il culto dell'Essere supremo

Il nuovo calendario era un aspetto della più sistematica scristianizzazione, promossa soprattutto dal club dei cordiglieri di Hébert, con la distruzione di simboli religiosi come le statue dei santi e le campane, e la celebrazione di feste per la **dea Ragione**. **La scristianizzazione non ebbe l'appoggio di Robespierre**, che vi scorgeva i rischi dell'ateismo razionalista e dell'attenuazione del controllo morale e sociale esercitato dalla religione: nel maggio del '94 il leader giacobino sostenne e impose invece il culto dell'**Essere supremo**, espressione delle sue concezioni deiste [👁 3.3].

Molti aspetti della ventata scristianizzatrice vanno ricondotti alle componenti di fondo della mentalità rivoluzionaria, che univa volontà punitiva e ossessione del complotto controrivoluzionario alla convinzione della necessità di un **rovesciamento totale del passato**. Un rovesciamento inteso come inversione dei ruoli (trionfo dei poveri sui ricchi, degli umili sui potenti) e come distruzione simbolica di tutto ciò che rappresentava l'antico regime.

GUIDA ALLO STUDIO

❶ Qual era l'ideologia di Robespierre? ❷ Com'era organizzato il nuovo calendario repubblicano o rivoluzionario? ❸ Come fu attuata la scristianizzazione?

8 L'espansione rivoluzionaria

Sostenitori e critici della Rivoluzione in Europa

Quanto accadeva in Francia fu costantemente seguito dall'opinione pubblica in tutta Europa. Se all'inizio i ceti illuminati guardarono con favore al rovesciamento dell'assolutismo e a un possibile sviluppo costituzionale all'inglese, successivamente lo scoppio della guerra e soprattutto l'uccisione del re ridussero drasticamente il numero dei sostenitori. Il Terrore divise ulteriormente i fautori della rivoluzione, separando le correnti liberali e moderate da quelle democratiche.

Tra i primi a ragionare sulla Rivoluzione fu lo scrittore politico di origine irlandese **Edmund Burke** (1728-1797). Esponente dei Whigs, già nel novembre 1790 pubblicò le *Riflessioni sulla rivoluzione in Francia*, una durissima requisitoria contro l'astrattezza antistorica dei princìpi dell'89 e in difesa della tradizione. Alle origini della rivoluzione egli vedeva, tra l'altro, la **"congiura dei filosofi"**, un motivo destinato ad avere larghissima fortuna in tutto il pensiero politico successivo. Significativa era anche la **contrapposizione instaurata con la pacifica Rivoluzione inglese del 1688-89** [👁 1.3] che dimostrava la superiorità dello sviluppo politico britannico, risultato di una continuità storica, su quello francese fondato sulla rottura con il passato.

La Rivoluzione non costituì solo uno spartiacque del pensiero politico, ma determinò anche contrastanti reazioni in tutta Europa. Da un lato i governi si impegnarono a reprimere ogni forma di protesta o di dissenso nel **timore che l'esempio francese dilagasse**, dall'altro i nuclei di opposizione presero coscienza di sé e dei propri obiettivi. Quella stessa rete di comunicazione (la stampa, le logge massoniche), che aveva dato luogo alla feconda **circolazione delle idee** illuministe, agì anche per i princìpi rivoluzionari [👁 I GRANDI TEMI **1.2**]. Princìpi che la Francia sostenne, dal 1792, con una vigorosa propaganda ideologica.

La "nazione armata"

In realtà, l'espansione rivoluzionaria in Europa fu affidata soprattutto alle baionette dell'esercito: senza l'appoggio militare della "nazione armata" – in cui i francesi si erano identificati dal 1792, con l'inizio della guerra contro l'Austria –, nessun nuovo regime sarebbe stato in grado di reggersi. Inoltre l'esercito, più di ogni altra istituzione, era profondamente legato – dai soldati agli ufficiali – ai princìpi e ai risultati della Rivoluzione. L'influenza della Rivoluzione fu particolarmente forte (e precoce) nei paesi limitrofi, dove si legò a esigenze autonomistiche o a conflitti già in corso. Tali furono i casi del Belgio e dell'Olanda: il **Belgio** fu annesso alla Francia (1793-95), l'**Olanda** si trasformò in Repubblica batava (1795) [👁 ATLANTE_**23**].

In **Italia** un centro di organizzazione rivoluzionaria si costituì a Oneglia, in Liguria, sotto la diretta influenza dell'occupazione francese e la guida di Filippo Buonarroti, che vi agiva come commissario della Convenzione. Negli altri Stati italiani – a Tori-

ATLANTE 23_L'EUROPA NEL 1792-99

❶ Qual è l'accusa fondamentale che Edmund Burke rivolse alla Rivoluzione francese? ❷ Quale fu il ruolo dell'esercito negli eventi rivoluzionari? ❸ Dove fu «esportata» la Rivoluzione? ❹ Esistevano giacobini italiani?

GUIDA ALLO STUDIO

no, a Bologna, a Napoli e in Sicilia – i club di giacobini (termine che qui indicava genericamente tutti i sostenitori della Rivoluzione) furono duramente repressi dalle autorità di governo, che ne condannarono a morte i maggiori esponenti (1794). Da questi primi nuclei si svilupparono tuttavia altri gruppi che appoggiarono l'intervento diretto francese nel 1796-97.

9 La conquista dell'Italia e le Repubbliche giacobine

La politica di conquista del Direttorio

Il Direttorio intensificò la politica di espansione francese in Europa nella convinzione che la sicurezza della Francia potesse essere garantita non solo dal raggiungimento delle **"frontiere naturali"** – le Alpi e il Reno – ma anche dalla costituzione di **"repubbliche sorelle"** della Francia immediatamente al di là di queste frontiere. La realizzazione del disegno era legata alla sconfitta dell'Austria, che doveva essere attaccata in primo luogo

ATLANTE 24_L'ITALIA NEL 1799

La situazione italiana agli inizi del 1799, prima dell'invasione degli austro-russi, che posero fine alle Repubbliche giacobine. Piemonte e Toscana erano sotto diretto controllo delle truppe francesi. Sono indicate inoltre le battaglie decisive della campagna d'Italia 1796-97.

sul territorio tedesco in direzione di Vienna, mentre altre truppe avrebbero tenuto impegnati gli austriaci in Italia, mirando alla conquista del Piemonte e della Lombardia.

La campagna d'Italia

Nel 1796 il comando dell'armata d'Italia fu affidato a un giovane generale di 26 anni, **Napoleone Bonaparte**. Le sue vittorie nel 1796-97 furono l'inizio di una carriera politica e militare destinata a segnare profondamente, per quasi un ventennio, tutta la storia di Francia e d'Europa. La campagna d'Italia mise immediatamente in luce le sue straordinarie qualità di comandante militare: la capacità di imporsi agli ufficiali e di trascinare i soldati, la rapidità di manovra e di decisione. **Bonaparte riuscì nel disegno strategico di mantenere unite le sue forze, inferiori di numero, e di dividere quelle nemiche.** Il 15 maggio, sconfitti separatamente i piemontesi e gli austriaci, entrava trionfalmente a Milano. Gli austriaci cercarono di riprendere il controllo della Lombardia inviando nuove truppe, ma Bonaparte li sconfisse nella decisiva battaglia di **Rivoli Veronese** (gennaio 1797) proseguendo poi verso Vienna [👁 ATLANTE_**24**]. Nel frattempo i francesi avevano costretto il papa Pio VI a cedere il possesso dell'Emilia e della Romagna (trattato di Tolentino).

Campoformio e la fine della Repubblica di Venezia

Le vittorie militari consentirono a Bonaparte di condurre direttamente le trattative con l'Austria. Con il **trattato di Campoformio** (ottobre 1797) ottenne il riconoscimento dell'egemonia francese in Lombardia e in Emilia, dell'annessione del Belgio, nonché l'attribuzione alla Francia della riva sinistra del Reno. L'Austria venne compensata con il Veneto, l'Istria e la Dalmazia. I territori di Bergamo e Brescia passarono alla neonata Repubblica cisalpina. Fra lo sgomento e l'indignazione dei patrioti, la Repubblica di Venezia veniva smembrata e cessava di esistere: dopo oltre un millennio finiva uno dei più antichi Stati italiani.
Le decisioni di Campoformio non devono sorprendere. **L'Italia era considerata terra di conquista da depredare e saccheggiare.** Le indicazioni del Direttorio in questo senso erano chiarissime e non diverse da quelle adottate in Belgio e in Olanda. Bonaparte e i suoi generali erano inoltre privi di scrupoli di sorta. Così masse ingenti di denaro (frutto di imposizione ai sovrani e agli strati sociali più abbienti) servirono al mantenimento dell'esercito o al risanamento delle finanze francesi. Grandi tesori d'arte presero la via di Parigi. Tutto ciò non contraddiceva tuttavia il più complesso **progetto politico** di creare in Italia una serie di "repubbliche sorelle".

La nascita delle repubbliche

Impegnato a dare un nuovo assetto politico all'Italia settentrionale, Bonaparte fu attentissimo a utilizzare tutti i mezzi di comunicazione del tempo – stampa, proclami, immagini – per propagandare i suoi successi e per imporsi all'opinione pubblica francese: un disegno che rispondeva all'esigenza di mostrare, accanto a quelli militari, anche i suoi meriti politici. Nel dicembre 1796 fu creata in Emilia e Romagna la **Repubblica cispadana**. Nel giugno 1797 si formarono la **Repubblica ligure** e, sui territori occupati della Lombardia, la **Repubblica cisalpina**, con la quale a luglio si fuse la Cispadana.
Successivamente nel febbraio 1798 i francesi intervennero a Roma – dove, nella repressione di un tentativo giacobino, era stato ucciso un generale francese – e proclamarono la **Repubblica romana**, che comprendeva il Lazio, l'Umbria e le Marche. Pio VI fu deposto e trasferito prima in Toscana e poi in Francia, dove morì nel 1799. Alla fine del 1798, inoltre, la ripresa delle ostilità contro la Francia da parte delle potenze alleatesi dopo la spedizione napoleonica in Egitto [👁 **7.10**] indusse il Regno di Napoli ad attaccare la Repubblica romana. Le truppe borboniche furono respinte e Napoli

Storiografia
M. Vovelle
I giacobini italiani
P. Viola
Il «patriottismo giacobino»

ONLINE

fu occupata dai francesi, che qualche giorno dopo vi proclamarono la **Repubblica partenopea** (gennaio 1799).

Le repubbliche "giacobine"

Passate alla storia come repubbliche "giacobine", le repubbliche italiane imposte dai francesi non ebbero in realtà mai caratteristiche tali da richiamare il radicalismo rivoluzionario. Le Costituzioni repubblicane, del resto, furono tutte modellate sulla **Costituzione francese del 1795 [👁 7.6]**: solo quella napoletana, redatta da Mario Pagano, aveva contenuti più democratici. Inoltre, sia Bonaparte sia i suoi successori in Italia si appoggiarono ai **nobili** e ai **borghesi** di orientamento moderato. Il controllo dei francesi si tradusse anche nella nomina diretta dei membri degli organi legislativi e di governo, nonché nella loro sostituzione a seconda del maggiore o minore allineamento alla politica del Direttorio o a quella dei comandanti militari in Italia.
L'egemonia francese diede tuttavia l'avvio a una serie di **riforme** anche al di fuori dell'ambito dell'organizzazione istituzionale: come l'introduzione dello **stato civile**, l'abolizione di maggiorascati e **fedecommessi** – che impedivano il frazionamento e la vendita dei beni di origine feudale –, la **soppressione degli enti religiosi** e l'inizio della vendita dei loro beni, convertiti in beni nazionali. Alcune di queste riforme rimasero allo stato di pura enunciazione, soprattutto quelle miranti alla costituzione di una diffusa piccola proprietà contadina: non ebbero alcun seguito,

Saverio Della Gatta
Battaglia tra navi anglo-borboniche e repubblicane nel canale di Procida
1800
[Museo Nazionale di San Martino]

Nell'aprile 1799 una flotta navale britannica occupò le isole antistanti il golfo a Napoli, Ponza, Procida, Ischia e Capri, venendo in aiuto dei sanfedisti e dei Borbone. In questo primo frangente la flotta napoletana riuscì a difendere la neonata Repubblica impedendo lo sbarco dei britannici. Ma Napoli fu conquistata pochi mesi dopo dall'esercito sanfedista che si fece protagonista di numerose efferatezze. Secondo la ricostruzione di Vincenzo Cuoco (*Saggio storico sulla rivoluzione napoletana del 1799*) «il popolo napolitano, unito agl'insorgenti, commise delle barbarie che fan fremere: incrudelì financo contro le donne, alzò nelle pubbliche piazze dei roghi, ove si cuocevano le membra degl'infelici, parte gittati vivi, e parte moribondi. Tutte queste scelleraggini furono eseguite sotto gli occhi di Ruffo [il cardinale] e degl'Inglesi».

infatti, le proposte in questa direzione avanzate nella Repubblica romana dove, soprattutto nella campagna intorno a Roma, era presente un'imponente proprietà latifondistica.

Le nuove repubbliche determinarono un **vigoroso risveglio del dibattito politico**: utopisti e riformatori, rivoluzionari e moderati – come Melchiorre Gioia, Matteo Galdi, Enrico Michele L'Aurora e il più radicale Vincenzio Russo – si impegnarono in una riflessione sulle forme politiche, sui problemi economici, sui possibili destini unitari della penisola. Anche per la brevità dell'esperimento repubblicano non vi fu il tempo per consentire alle nuove idee di affermarsi e trovare un qualche sostegno nei ceti popolari, rimasti sempre ostili ed estranei al nuovo regime.

Stato civile
L'Ufficio dello stato civile (o semplicemente "stato civile"), presente in ogni comune, ha il compito di tenere i registri di cittadinanza, nascita, matrimonio e morte. Nell'uso comune, lo stato civile di una persona indica la sua condizione di celibe (o nubile), coniugato, vedovo.

Fedecommesso
Il fedecommesso è una forma di successione che impone all'erede di lasciare a sua volta il patrimonio a un solo erede maschio. Come la primogenitura, è finalizzato alla conservazione dell'intero patrimonio in una sola linea di discendenza.

L'opposizione popolare

Già nell'aprile 1797 le truppe francesi di stanza a Verona erano state assalite (le Pasque veronesi), mentre a Napoli, nel 1799, i popolani («lazzaroni») si opposero violentemente all'ingresso dei francesi in città. Questa estraneità e ostilità si estese anche alle altre Repubbliche giacobine. Quando il controllo francese sull'Italia cominciò a vacillare, alla fine del '98 e nel '99, si registrarono infatti numerosi episodi di sollevazioni popolari.

Nell'Italia meridionale, in particolare, **i contadini non videro alcun vantaggio immediato** per le loro durissime condizioni ad opera del nuovo regime repubblicano: le norme che abolivano i prelievi feudali e garantivano la continuità degli usi civici giunsero troppo tardi (alla fine di aprile 1799). Fu agevole quindi per il cardinale Fabrizio Ruffo, emissario dei Borbone, sollevare i contadini e guidare l'**armata della Santa Fede** – di cui facevano parte anche bande di briganti – contro la repubblica dei miscredenti. La conquista di Napoli a opera dei sanfedisti (giugno 1799) anche con l'aiuto della flotta inglese consentì il ritorno dei Borbone che effettuarono una durissima repressione. Fra gli altri furono impiccati Mario Pagano, Vincenzio Russo, Francesco Caracciolo ed Eleonora de Fonseca Pimentel. La rapida fine della Repubblica partenopea (durata solo sei mesi) diede spunto allo scrittore politico **Vincenzo Cuoco** per rivolgere pesanti accuse all'astrattismo dei patrioti e al carattere «passivo» della rivoluzione napoletana (nel celebre *Saggio storico sulla rivoluzione napoletana del 1799*, pubblicato nel 1801). Certo è che l'episodio sanfedista testimoniava della difficoltà di coinvolgere le masse contadine nella rivoluzione «borghese», difficoltà che anche la Francia conosceva in quegli anni con l'endemica ribellione vandeana [👁 7.4].

GUIDA ALLO STUDIO
❶ Quali territori costituirono le Repubbliche cisalpina, romana e partenopea? ❷ Perché le Repubbliche italiane furono definite «giacobine»? ❸ Perché i ceti popolari non parteciparono alle esperienze repubblicane? ❹ Per che cosa lottavano i sanfedisti?

10 Il colpo di Stato e la svolta autoritaria di Bonaparte

La spedizione in Egitto

Nella **primavera del '98** fu concesso a Bonaparte, dopo la rinuncia a un progetto di invasione della Gran Bretagna, di organizzare una spedizione militare contro l'Egitto. Da lì avrebbero potuto essere colpiti gli **interessi commerciali britannici in Oriente**. La disponibilità del Direttorio a un progetto avventuroso e azzardato mascherava il desiderio di allontanare da Parigi un personaggio divenuto, dopo i successi in Italia, troppo ingombrante. A maggio un'imponente flotta di oltre 300 navi salpò da Tolone: vi erano imbarcati 38 mila soldati e una numerosa commissione scientifica.

L'Egitto era una provincia dell'Impero ottomano, sostanzialmente autonoma e dominata dalla setta militare dei Mamelucchi. Sbarcati ad Alessandria i francesi si spinsero verso il Cairo, e qui, nella **battaglia delle Piramidi**, sconfissero i Mamelucchi a luglio. La vittoria diede nuova fama a Bonaparte e contribuì a diffondere nel mondo occidentale la moda per tutto ciò che era egiziano. Ma pochi giorni dopo, il 1° agosto, l'ammiraglio inglese **Horatio Nelson** (1758-1805) sorprendeva la flotta francese all'ancora di fronte ad **Abukir** e la distruggeva, isolando i francesi.

Verso il colpo di Stato L'unico risultato certo della spedizione in Egitto fu la ricomposizione di un'alleanza generale contro la Francia, animata come

Frontespizio dell'edizione di lusso della *Description de l'Égypte*
1809
[Parigi]
Con le truppe napoleoniche nel 1798 giunse in Egitto anche un nutrito gruppo di studiosi e scienziati con il compito di fornire un quadro quanto più esaustivo sulla storia e sulle condizioni del paese. Risultato finale di due anni di indagini e ricerche fu un'opera immensa, composta da 9 volumi di testo e 11 di tavole di grande formato, pubblicata a Parigi nell'arco di una ventina d'anni, intitolata *Description de l'Égypte, ou Recueil des observations et des recherches qui ont été faites en Égypte pendant l'expédition de l'armée française* («Descrizione dell'Egitto, o la raccolta di osservazioni e ricerche fatte in Egitto durante la spedizione dell'esercito francese»). Il frontespizio dell'edizione di lusso, qui riprodotto, riunisce in un solo luogo ideale i complessi templari e i monumenti esaminati e raffigurati dagli studiosi della spedizione napoleonica.

sempre dalla Gran Bretagna e con la partecipazione anche della Russia, dell'Austria e dell'Impero turco. Così, mentre Bonaparte si dedicava all'amministrazione del paese occupato e la commissione scientifica iniziava un amplissimo rilevamento delle antichità egiziane, **in Italia e in Germania i francesi cominciarono a ripiegare rapidamente sotto l'attacco degli austro-russi**. Le nuove difficoltà militari aprirono a Parigi un'ennesima crisi politica e le forze di sinistra ripresero vita. A giugno i parlamentari attaccarono duramente il Direttorio, nel quale era stato da poco nominato Sieyès (uno dei protagonisti della prima fase della Rivoluzione).
Nonostante i successi militari dell'ottobre 1799, che arrestarono l'avanzata russa, le divisioni politiche rimanevano profonde e, come nel 1797, un colpo di Stato era nell'aria. Sieyès, l'uomo forte del Direttorio, puntava chiaramente a una revisione costituzionale che rafforzasse l'esecutivo, ma non disponeva di una maggioranza parlamentare. **A metà ottobre Bonaparte rientrò a Parigi**: una vittoria sui contingenti turchi appena sbarcati e la notizia delle sconfitte in Europa gli avevano dato motivi sufficienti per abbandonare l'Egitto. Pur lasciandosi alle spalle il primo insuccesso, il suo ritorno sembrò un trionfo. Ben presto Bonaparte divenne l'elemento decisivo del nuovo colpo di Stato. Il 18 brumaio (9 novembre) 1799, con il pretesto di un complotto, i deputati vennero trasferiti a Saint-Cloud nei pressi della capitale, sotto protezione militare. Il 19 brumaio Napoleone impose con le armi una riforma costituzionale. I deputati accettarono la creazione di una commissione esecutiva con pieni poteri composta dai **tre consoli della Repubblica francese**, Sieyès, Ducos (un altro membro del Direttorio) e Bonaparte.

Un governo dittatoriale

Il successo di Napoleone Bonaparte nella conquista del potere poggiava su un elemento di fondo: il ruolo dell'esercito nella vicenda rivoluzionaria. **Dei dieci anni fra l'89 e il '99, sette erano stati anni di guerra**. Dal momento in cui il popolo francese si era identificato con la nazione in armi – dal 1792, con l'inizio della guerra contro l'Austria – e questa identificazione era divenuta uno degli elementi portanti della mobilitazione politica, il **controllo dell'esercito** divenne la fonte principale del potere e la garanzia di una stabilizzazione delle conquiste rivoluzionarie. Napoleone rimarrà indissolubilmente legato ai successi militari e alla necessità di rinnovarli. Ma proprio il dominio francese sull'Europa susciterà per contrasto l'emergere di forze nazionali che determineranno il crollo dell'Impero napoleonico.
L'ascesa al potere di Bonaparte venne sancita dalla nuova **Costituzione dell'anno VIII** che, sottoposta a plebiscito, entrò in vigore alla fine del 1799. Il potere esecutivo fu interamente attribuito al **Primo console**, ovvero allo stesso Bonaparte, che deteneva anche l'iniziativa legislativa (avendo il diritto di proporre leggi). Gli altri due membri del consolato ebbero solo un ruolo consultivo.
Si venne di fatto instaurando un governo dittatoriale incentrato sulla figura di Bonaparte, propostosi come **nuovo despota illuminato**, restauratore dell'ordine, l'unico in grado di concludere la Rivoluzione. Ma Napoleone mirò soprattutto a garantirsi un ampio consenso nel paese, oltre a quello che gli veniva dall'esercito. Con questo obiettivo, il ricorso al **plebiscito** fu uno dei fattori costitutivi del regime napoleonico. Il plebiscito era inteso infatti come ricerca di una delega diretta da parte del popolo. Nella prima di queste consultazioni popolari, la Costituzione dell'anno VIII ricevette 3 milioni di «sì» e poco più di 1500 «no». Ma al voto, che era palese, non parteciparono, nonostante le pressioni della polizia, oltre 4 milioni di aventi diritto.

Plebiscito
Il termine deriva dal latino *plebiscitum* ('deliberazione della plebe') e indica, fin dall'800, una votazione popolare su questioni di rilevanza costituzionale. Pur espressione di democrazia diretta, il plebiscito è stato strumentalizzato da parte dei regimi autoritari. Durante il regime napoleonico esso si svolgeva a suffragio universale maschile e con voto palese; si trattò essenzialmente di un espediente per ottenere la legittimazione diretta del popolo e ratificare decisioni di fatto già prese.

GUIDA ALLO STUDIO
❶ Come si concluse la campagna di Napoleone in Egitto? ❷ Quali erano i paesi ostili alla Francia di Napoleone? ❸ Chi organizzò il colpo di Stato del 18 brumaio 1799? ❹ Quale funzione aveva il plebiscito?

Storiografia
V. Criscuolo
La vita privata di Napoleone

ONLINE

11 Dal consolato all'Impero

2 dicembre 1804. Napoleone imperatore

Nel giro di cinque anni, il Primo console Napoleone consolidò il suo regime personale attribuendogli un'inedita veste istituzionale. Nel 1802, sempre grazie a un plebiscito, trasformò la sua carica in **consolato a vita** con la facoltà di designare il proprio successore. Nel 1804, con l'obiettivo di cancellare ogni ipotesi di restaurazione borbonica si fece nominare imperatore dei francesi, dando così inizio a una **nuova dinastia**. La Costituzione dell'anno XII, che istituiva la **dignità imperiale ereditaria**, fu sottoposta a plebiscito e approvata con oltre 3,5 milioni di «sì» e circa 2500 «no». Il **papa Pio VII** fu obbligato a partecipare alla cerimonia dell'incoronazione, il 2 dicembre 1804, nella cattedrale di Notre-Dame. Con gesto accuratamente preparato Napoleone tolse la corona dalle mani del papa e se la pose sul capo, quindi incoronò la moglie Giuseppina. A favorire questi passaggi istituzionali e a garantire il consenso dei francesi erano stati principalmente tre fattori: le vittorie militari con la garanzia di un periodo di pace, l'esito positivo degli accordi con la Chiesa e una decisa lotta alle opposizioni.

■ **La ripresa della guerra e la pace** Il consolidamento del potere napoleonico era legato alle vittorie militari e alla conquista della pace. Ma la pace passò inevitabil-

Jacques-Louis David
L'incoronazione dell'imperatore e dell'imperatrice
1808
[Musée du Louvre, Parigi]

Il famoso dipinto di David ricorda l'incoronazione di Napoleone a «imperatore dei francesi» il 2 dicembre del 1804, avvenuta nella cattedrale di Notre-Dame alla presenza di papa Pio VII (seduto alla destra di Napoleone). Durante la fastosa cerimonia, Bonaparte, per legittimare il potere imperiale, volle recuperare il rito medievale dell'incoronazione cingendo la corona con le proprie mani e incoronando la nuova imperatrice, sua moglie Giuseppina. Napoleone indossò la porpora imperiale, la tunica bianca e la corona d'alloro: i simboli che richiamavano l'Impero romano e il passato carolingio della Francia.

mente per una ripresa della guerra. Nella primavera del 1800, mentre le truppe del generale Moreau attaccavano in Germania, Napoleone varcava le Alpi riuscendo a prevalere sugli austriaci a **Marengo** (giugno 1800). L'Austria, dopo ulteriori sconfitte, si adattò a firmare la **pace di Lunéville** (febbraio 1801), che riconosceva il controllo francese (diretto o indiretto) sull'Italia centro-settentrionale e la cessione definitiva alla Francia della riva sinistra del Reno. A questo punto, dopo il ritiro della Russia dalla coalizione antifrancese, il conflitto rimaneva aperto con la sola Gran Bretagna: nel marzo 1802, con la **pace di Amiens**, la Francia restituiva l'Egitto all'Impero ottomano, mentre la Gran Bretagna riconosceva le conquiste francesi in Europa. Ebbe allora inizio l'unico, e del resto brevissimo, periodo di pace tra la Francia napoleonica e la Gran Bretagna.

■ **Il Concordato con la Chiesa** Napoleone ritenne che l'equilibrio del suo potere potesse essere assicurato solo dalla ricomposizione della frattura con la Chiesa di Roma. Questo obiettivo fu raggiunto con il Concordato del luglio 1801, con il quale il nuovo pontefice **Pio VII riconosceva la Repubblica francese e la vendita dei beni nazionali** [👁 7.9]. Tutti i vescovi, sia costituzionali sia refrattari, furono sostituiti da altri nominati dal Primo console e insediati dal papa. I vescovi dovevano giurare fedeltà alla Repubblica, ma era loro concesso nominare direttamente i parroci, che quindi cessavano di essere elettivi. Da parte sua lo Stato si assumeva l'onere della retribuzione del clero.

■ **La repressione del dissenso** Il rafforzamento dei poteri del Primo console era stato accompagnato da un'accentuazione dei controlli sulla stampa e, in genere, su tutti gli aspetti della vita culturale. Bonaparte, insofferente delle critiche alla sua politica, aveva epurato i residui organi consultivi di molti intellettuali e più tardi aveva allontanato da Parigi **Madame de Staël**, la scrittrice che riuniva nel suo salotto molte voci dissenzienti. In realtà, la minaccia più consistente al governo napoleonico veniva dai sostenitori della monarchia appoggiati dalla Gran Bretagna. Nel *marzo 1804* fu sventata una pericolosa **congiura realista**. La riorganizzazione politica e amministrativa poté procedere senza ostacoli perché furono sistematicamente combattute le **opposizioni più radicali**, di destra e di sinistra: la guerriglia vandeana fu progressivamente sconfitta; i giacobini più accesi vennero deportati alle Seychelles.

Le riforme e lo Stato napoleonico

Fu **negli anni del consolato** che Napoleone avviò una profonda riforma dello Stato nella quale coinvolse il personale politico rivoluzionario e recuperò molte figure dell'antico regime. Questo **processo di integrazione** si attuò soprattutto grazie alla **riforma amministrativa**, la più duratura delle realizzazioni napoleoniche, rimasta sostanzialmente in vigore per oltre 150 anni. I **prefetti**, rappresentanti del governo in ogni dipartimento – e in questo eredi degli intendenti dell'*ancien régime* [👁 1.1] –, furono il principale strumento della centralizzazione burocratica e amministrativa. L'accentramento, potenziato già nel '93-94 in periodo giacobino, trovò con Napoleone la sua definitiva messa a punto. Il prefetto, che dipendeva direttamente dal Primo console, aveva compiti politici oltre che amministrativi: applicava le direttive del governo ed esercitava il controllo sullo «spirito pubblico» e, quindi, soprattutto sulle opposizioni. I prefetti furono le **«masse di granito»** (l'immagine è dello stesso Napoleone) su cui si edificò il regime napoleonico.

Collegata all'esigenza di formare un capace ceto di amministratori e di tecnici fu l'attenzione prestata all'**istruzione pubblica**, media e universitaria. Venne potenziata l'*École polytechnique*, come sede di formazione preparatoria alla specializzazione nei settori minerari, dell'artiglieria e delle costruzioni. Ma la struttura

ONLINE

Parola chiave
Codice

DOC
Matrimonio e divorzio nel Codice civile

fondamentale dell'insegnamento pubblico furono i **licei**, che avevano il compito di fornire una cultura generale, soprattutto classica e letteraria, al nuovo ceto dirigente. Questo intervento nel campo scolastico non fu che uno degli aspetti dell'enorme dilatazione delle competenze e attribuzioni dello Stato realizzata in questo periodo. Lo Stato fu investito dei compiti di **assistenza sociale e sanitaria** nonché del controllo dei mendicanti. La burocrazia si dedicò con apposite inchieste a una rilevante **raccolta di dati** statistici, economici e sociali, che dovevano servire di base all'intervento pubblico. **Lo Stato, come lo conosciamo oggi, si formò in epoca napoleonica.**

Codice
Nella storia del diritto con il termine "codice" si intende la raccolta di tutti i testi delle leggi e delle disposizioni giuridiche riguardanti una determinata materia.

Il Codice civile e il nuovo ceto dirigente

Nel marzo 1804 la promulgazione del **Codice** civile completò l'opera riformatrice di Napoleone. Il Codice salvaguardava e dava certezza giuridica alle più importanti **conquiste dell'89**, quelle relative all'abolizione dei diritti feudali, alle libertà civili, alla difesa della pro-

PERSONAGGI

Napoleone

L'enorme interesse suscitato dalla figura di Napoleone ha portato storici e curiosi a studiarne nei minimi dettagli la figura, le amicizie e le passioni, le abitudini e le manie, perfino la salute. È possibile ricostruire le attività di tutte le sue giornate alla ribalta e non solo.

L'ossessione per Napoleone non è solo un effetto della grandiosità delle sue imprese. Fu la sua stessa propaganda a offrire all'opinione pubblica dettagli della sua vita per magnificarne l'immagine durante gli anni al potere. Scriveva il «Journal de Paris» il 10 novembre 1801: «La forza prodigiosa degli organi del primo console gli consente 18 ore di lavoro al giorno, gli permette di concentrare la sua attenzione durante queste 18 ore su una stessa questione, o di rivolgerla successivamente a 20, senza che la difficoltà e la fatica di qualcuna di queste impediscano l'esame di un'altra».

Nei giorni successivi alla presa del potere, i suoi nemici parlavano di lui come di un «idolo di quindici giorni», uno dei tanti capipopolo creati dalla Rivoluzione e insabbiati dalla stessa frenesia degli eventi rivoluzionari. Contrariamente a tanti altri, però, questo còrso di origini toscane dominerà la scena europea per quindici anni e più, tanto da diventare **«l'uomo del secolo»** secondo il grande storico Georges Lefebvre (1874-1959).

Napoleone nasce Buonaparte il 15 agosto 1769, ad Ajaccio. Quarto di dodici fratelli, la sua è una famiglia di notabili di provincia piuttosto benestante. Nel 1778 si trasferisce in Francia per imparare il francese e intraprendere studi militari, prima ad Autun e a Brienne, poi a Parigi nel 1784. Sono anni difficili per lui, vissuti per lo più in contrasto coi compagni di studi, a quanto pare non troppo benevoli per via del suo accento straniero, della sua carnagione olivastra e della sua bassa statura. È in questi anni che si plasma il suo carattere ombroso: facile alla malinconia improvvisa così come all'ira. Si appassiona alla lettura e per molti anni sogna la fama dell'uomo di lettere. Se si interessa di politica è soprattutto per rivendicare il diritto all'indipendenza della sua isola natale, la Corsica.

Quando nel 1785 entra nei quadri dell'esercito con i gradi di sottotenente di artiglieria, richiede spesso dei congedi da passare a casa con la famiglia, che considera il legame più sicuro e saldo, molto più forte della militanza politica. Ecco perché la parabola napoleonica finisce per assumere le forme dell'ascesa di un clan, quando decide di affidare ai suoi parenti parte degli Stati conquistati. Nonostante le fortune assegnate, però, la famiglia sarà più volte un cruccio per l'imperatore, pressato da continue richieste e dalla difficoltà di gestire le gelosie tra fratelli e sorelle, sostenuti dalla «madame mère», la madre dei Buonaparte. Ad ogni modo, per tutta la sua vita Napoleone sarà un difensore accanito della concezione della famiglia, che gli viene dalla tradizione còrsa. È una convinzione che condiziona la sua iniziativa politica più di una volta, come quando interverrà per rafforzare l'autorità del padre e del marito nelle norme del Codice civile.

Nei primi anni della rivoluzione, Napoleone guarda agli eventi sperando soprattut-

Jacques-Louis David
Napoleone nel suo studio
1812
[The National Gallery of Art, Washington DC]

prietà. Nel diritto di famiglia venne mantenuto il **divorzio** (legalizzato in Francia in piena rivoluzione, nel 1792), mentre in campo successorio l'accesso di tutti i figli all'eredità aboliva definitivamente i privilegi di primogenitura, che la consuetudine riconosceva non solo alle famiglie nobili ma, in molte regioni, anche a quelle di altri ceti sociali. Veniva così garantita la più ampia **circolazione delle proprietà**, uno dei capisaldi del liberismo economico e del pensiero riformatore settecentesco [👁 3.6].

Le strutture politiche e amministrative e la riforma giuridica contribuivano a definire un ceto dirigente composto da **notabili e proprietari terrieri** – i soli a cui era riservato di fatto l'accesso alle cariche pubbliche –, strettamente legati a un regime che impersonava la loro ascesa recente e la riconciliazione con il passato. In questo senso, le riforme degli anni del consolato rappresentarono il risultato più duraturo della politica di Bonaparte.

GUIDA ALLO STUDIO

❶ Quale carica spettava a Napoleone, secondo la Costituzione dell'anno VIII? ❷ Quale funzione aveva il plebiscito? ❸ Che cosa erano i prefetti? A quali campi si estendevano i poteri dello Stato napoleonico? ❹ Che cosa stabiliva il Codice civile del 1804?

to che il nuovo corso politico possa portare all'indipendenza della Corsica. Deluso dalla piega degli eventi e in contrasto con il partito degli indipendentisti dell'eroe nazionale Pasquale Paoli, però, finisce per rompere con i suoi conterranei e abbandona l'isola nel 1793 insieme alla sua famiglia. Slegando anche simbolicamente il suo destino da quello dell'isola, qualche anno dopo adotterà la forma francesizzata del suo cognome: Bonaparte.

Dopo essersi fatto notare dal fratello di Robespierre, Augustin, durante l'assedio di Tolone, Napoleone viene nominato generale di brigata. Dopo la fine del Terrore, questa protezione gli costa un periodo in carcere e deve aspettare di contribuire a soffocare un'insurrezione realista nel 1795 per riconquistare i favori di Parigi. Il suo ruolo in quell'occasione è molto probabilmente gonfiato nel rapporto presentato alla Convenzione da Louis Fréron, intenzionato a sposare Paolina, la sorella di Napoleone. In ogni caso, questo generale corso impara finalmente a tessere relazioni pubbliche, a gestire la sua collocazione politica con disinvoltura e un pizzico di cinismo, cercando ad esempio di attenuare la propria immagine di rivoluzionario di sinistra, seguendo la svolta di Barras. Anche così si ritrova nel 1796 generale dell'armata d'Italia.

Qualche giorno prima della nomina aveva sposato Giuseppina, probabilmente l'unica donna di cui sia stato veramente innamorato. Questa vedova creola aveva già cinque anni più di lui al momento del matrimonio e per certi versi inizia il giovane Napoleone alla vita frenetica di Parigi. Lui ne è davvero innamorato, a giudicare almeno dalle sue lettere dall'Italia: «Da quando ti ho lasciato sono sempre stato triste. La mia felicità è di essere accanto a te. Senza posa ripercorro nella memoria i tuoi baci, le tue lacrime, la tua amabile gelosia; e senza posa l'incanto dell'incomparabile Joséphine accende una fiamma viva e ardente nel mio cuore e nei miei sensi» (17 luglio 1796). Per il resto non si può dire che Napoleone abbia grande considerazione delle donne. Ha fama di misogino, perfino, e non sono rare le sue bordate contro personalità femminili troppo coinvolte nella vita pubblica, come Madame de Staël, per cui prova un'avversione non soltanto politica.

Con la campagna d'Italia Napoleone si impone definitivamente come protagonista della vita pubblica francese. Oltre alle sue capacità strategico-militari, il generale rivela abilità politica, dando impulso alle nuove amministrazioni, gestendo i diversi partiti in cui sono divisi i patrioti italiani talvolta con spregiudicatezza, trattando in prima persona con le cancellerie di tutta l'Europa. Quando Napoleone torna a Parigi il 16 ottobre 1799 ha ormai la fama e l'autorevolezza di un Washington ed è la personalità più adatta a garantire il successo del piano di Sieyès, presto messo in ombra. Riuscito quasi casualmente e mal preparato, **il colpo di Stato del 18 brumaio** non viene presentato né come una giornata rivoluzionaria né come una reazione antigiacobina. Napoleone si presenta come un uomo che non appartiene a nessun partito, colui che agisce in nome della **riconciliazione nazionale**.

La nomina a **"imperatore dei francesi"** del 1804 è il punto di arrivo di un lungo percorso di progressivo accentramento di poteri e di rafforzamento del potere esecutivo, ma anche la consacrazione delle ambizioni illimitate di Bonaparte. Tuttavia, Napoleone resta comunque **il soldato della Rivoluzione** perché è alla Rivoluzione che deve il suo prodigioso destino. Per di più, tra i suoi metodi di governo e quelli del Comitato di salute pubblica del Terrore ci sono molti tratti in comune, il suo consenso è dovuto anche al rispetto dell'opera sociale della Rivoluzione, e le sue vittorie militari e diplomatiche hanno diffuso le conquiste e il linguaggio della Rivoluzione per tutta l'Europa.

Quando Napoleone si ritrova a Sant'Elena, sconfitto e umiliato dal fallimento dell'ultima grande cavalcata, i *Cento giorni*, consegna la sua storia alla leggenda. L'antico signore dei destini di Francia e d'Europa trascorrerà nella noia le sue ultime giornate: qualche passeggiata, delle letture, la dettatura delle sue memorie, il clima umido e piovoso. Morirà il 5 maggio 1821, probabilmente per un cancro allo stomaco. La notizia della sua morte riempì pagine di carta in tutto il mondo, pagine di pietà per la sorte di quest'uomo che diventa il paradigma dell'eroe romantico, novello Prometeo punito per la sua audacia. La trascrizione delle sue confidenze durante l'esilio, il *Memoriale di Sant'Elena* (1823), è forse il più grande successo editoriale del XIX secolo, duramente contestato o elevato a vero e proprio feticcio letterario e politico. La sua leggenda rimane inviluppata nella storia turbolenta della Francia e dell'Europa contemporanea. Bersaglio polemico o, al contrario, punto di riferimento ideale in molte circostanze storiche successive, la figura di Napoleone venne indagata e considerata più e più volte: egli fu distruttore della feudalità per Marx, cadetto frustrato per Freud, icona del presidenzialismo forte nel secondo dopoguerra. Dittatoriale e insieme modernizzatrice, la via di Napoleone sarà una tentazione per tutti i governi a venire.

PERSONAGGI

12 La Francia napoleonica e l'Europa

Le vittorie militari e i nuovi regni

La pace tra Francia e Gran Bretagna durò solo pochi mesi e le ostilità ripresero nel 1803 coinvolgendo presto le potenze europee. Le vecchie monarchie infatti non potevano accettare un usurpatore come Napoleone. Solo dopo cinque anni di guerre (1805-9), di annessioni, di formazione di nuovi regni l'Europa intera, ma non la Gran Bretagna, si piegò a riconoscere il nuovo impero. La geografia politica del continente ne risultò profondamente modificata. Nell'Europa centrale e orientale un'inarrestabile sequenza di grandi vittorie militari – ricordiamo solo la più spettacolare, quella di **Austerlitz** sugli austro-russi il 2 dicembre 1805 – costrinse alla pace Austria, Prussia e Russia [👁 ATLANTE_**25**]. All'Austria umiliata, nel 1806, Napoleone impose la **soppressione del Sacro romano impero** (istituito nel lontanissimo 962) e, nell'area germanica, la costituzione della Confederazione del Reno posta sotto il controllo francese. Alla **Prussia**, fortemente ridimensionata a livello territoriale, venne conferita una sovranità limitata e imposta la presenza di truppe francesi. Alcuni territori prussiani occidentali confluirono in un nuovo Stato vassallo dell'Impero, il Regno di Vestfalia. In Olanda e in Polonia Napoleone istituì altri **Stati satelliti**. Anche in **Spagna**, nonostante una durissima **guerriglia** che inflisse le prime sconfitte ai napoleonici, fu instaurato un dominio francese: il

ATLANTE 25_ L'EUROPA NEL 1812

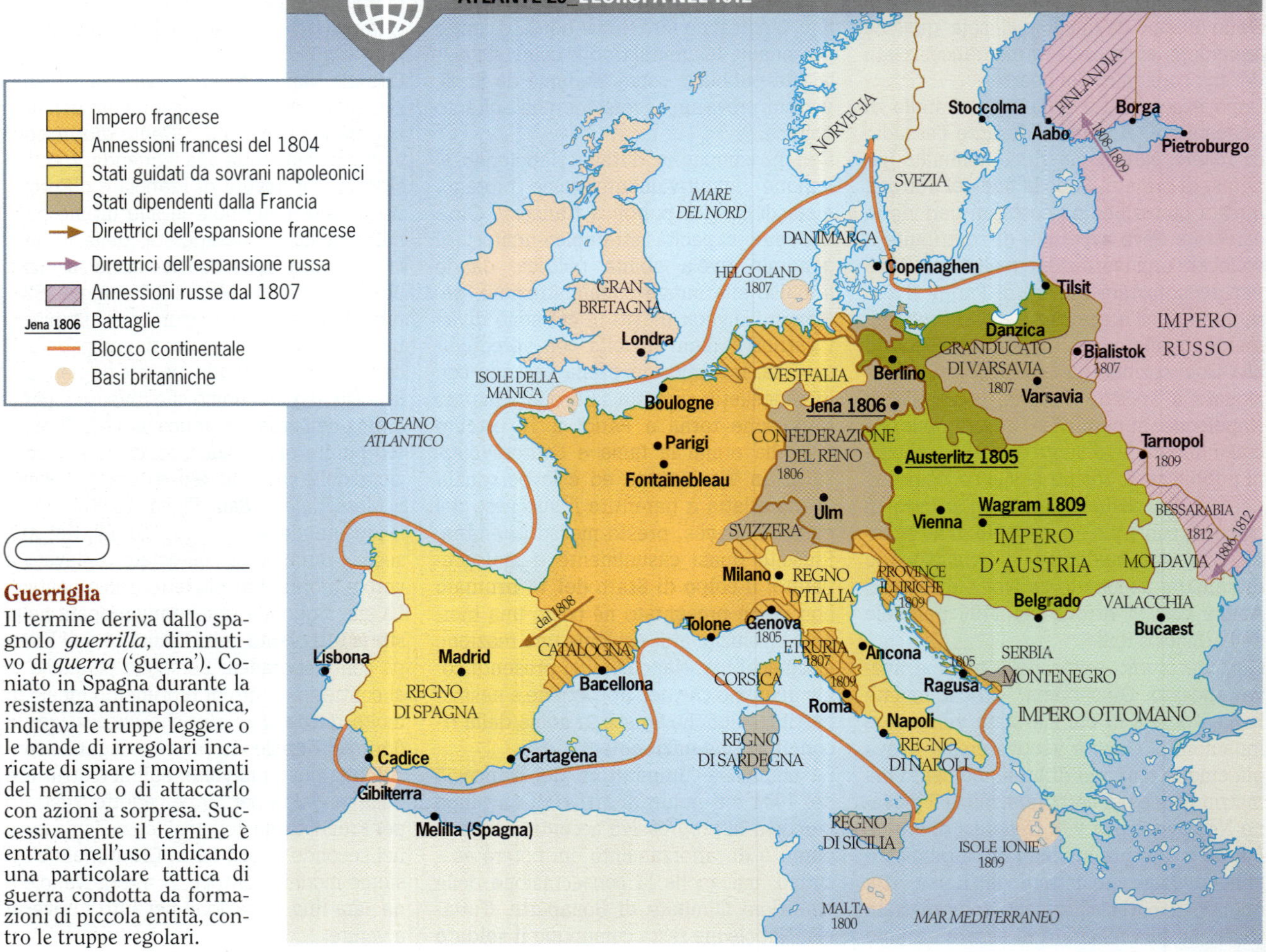

Guerriglia
Il termine deriva dallo spagnolo *guerrilla*, diminutivo di *guerra* ('guerra'). Coniato in Spagna durante la resistenza antinapoleonica, indicava le truppe leggere o le bande di irregolari incaricate di spiare i movimenti del nemico o di attaccarlo con azioni a sorpresa. Successivamente il termine è entrato nell'uso indicando una particolare tattica di guerra condotta da formazioni di piccola entità, contro le truppe regolari.

trono spagnolo venne affidato al fratello di Napoleone, Giuseppe. L'assegnazione di alcuni Stati satelliti a parenti diretti o acquisiti dell'imperatore divenne una caratteristica del sistema di dominio napoleonico. Con il giovane zar Alessandro I, invece, fu stabilita (nel 1807) una pace che riconosceva gli interessi espansionistici della **Russia**.
In Italia la Repubblica italiana (erede della Cisalpina) fu trasformata in **Regno d'Italia** (1805): Bonaparte ne cinse la corona e nominò viceré Eugenio Beauharnais, figlio di primo letto di Giuseppina. Il Piemonte, la Toscana e una parte dello Stato pontificio con Roma, il Lazio e l'Umbria furono annessi alla Francia, mentre il papa Pio VII, che aveva scomunicato Napoleone, fu arrestato. Il **Regno di Napoli**, deposti i Borbone, fu concesso prima al fratello di Napoleone, Giuseppe, poi al cognato Gioacchino Murat. Sotto il controllo borbonico restava la Sicilia e sotto quello dei Savoia la Sardegna.

Il sistema continentale e il matrimonio con Maria Luisa d'Austria

In tutti i paesi del continente sottomessi, alleati o controllati, Napoleone aveva imposto il divieto di mantenere relazioni commerciali con la Gran Bretagna (1806). Il sistema o **Blocco continentale** mirava a distruggere la potenza commerciale britan-

Antoine-Jean Gros
Ritratto equestre di Gioacchino Murat
1812 ca.
[Musée du Louvre, Parigi]
Dotato di grande coraggio personale, spregiudicato, abile trascinatore delle truppe, Gioacchino Murat si distinse nelle più importanti campagne napoleoniche. Premiato dall'imperatore con il trono di Napoli e di Sicilia nel 1808, il 7 novembre dello stesso anno Murat designò Bari capoluogo di provincia, confermando quanto già disposto da Giuseppe Bonaparte nel 1806. A Bari, nel 1813, Gioacchino Murat ordinò la costruzione di un nuovo quartiere – il Borgo murattiano – fuori le mura dell'ormai affollatissimo centro antico, dando l'avvio a quello che diventerà il cuore moderno della città ottocentesca, con il suo caratteristico impianto stradale a scacchiera.

La battaglia di Austerlitz

«Quando il sole fu completamente uscito dalla nebbia, e con accecante splendore sprizzò fra campi e nebbia (come se questo, e non altro, fosse stato aspettato da lui per dar inizio alla battaglia), si sfilò il guanto dalla bella mano bianca, con esso fece segno ai marescialli, e diede ordine di iniziar la battaglia». Così, in *Guerra e pace*, il romanziere russo Tolstoj descrive Napoleone dare il segnale d'inizio della battaglia di Austerlitz, che si rivelò la sua vittoria militare più spettacolare. Era il 2 dicembre 1805 e ricorreva il primo anniversario della sua incoronazione a imperatore dei francesi.

Nei pressi di Austerlitz, cittadina morava, all'epoca appartenente all'Impero austriaco e oggi alla Repubblica ceca, si consumò l'ultimo scontro della guerra fra l'esercito francese e quello della **Terza coalizione antifrancese** (Gran Bretagna, Austria, Russia, Svezia). La *Grande Armée*, comandata da Napoleone e composta da circa 73 mila uomini, sbaragliò l'armata congiunta di austriaci e russi, formata da circa 85 mila soldati guidati dal generale russo Michail Kutuzov. Sul campo, oltre a Napoleone, erano presenti lo zar Alessandro I di Russia e Francesco II, imperatore del Sacro romano impero: la battaglia è passata alla storia come la **«battaglia dei tre imperatori»**.

Napoleone, abituato a prevedere e analizzare ogni problema tattico, nei giorni che precedettero la battaglia, si adoperò per confondere gli avversari, facendo credere loro di essere in una situazione di debolezza. Sia Alessandro I, con i suoi giovani e ambiziosi ufficiali, sia lo stato maggiore austriaco caddero nella trappola e si convinsero che l'esercito francese si trovasse in difficoltà e cercasse di evitare lo scontro. **Lo stato maggiore austro-russo predispose una strategia offensiva, esattamente come sperava Napoleone.** L'esercito francese, infatti, in inferiorità numerica, non era in grado di accerchiare l'esercito della Terza coalizione, ma doveva indurlo a scoprirsi. Con questo intento Napoleone ritirò le truppe dalla posizione strategica dell'altipiano del Pratzen, lasciandolo occupare agli austro-russi, che scelsero di concentrare le loro forze contro il fianco destro dell'esercito francese, per tagliargli la linea di ritirata verso Vienna. Grazie a queste mosse Napoleone attirò l'avversario verso la sconfitta e dimostrò ancora una volta il suo genio militare. Conoscendo le caratteristiche del terreno decise che il grosso dell'esercito sarebbe rimasto unito in una posizione centrale, mentre l'armata austro-russa si divise in tre ali, due delle quali non abbastanza forti per sostenere un attacco pesante, mentre la terza fin troppo numerosa, tanto che gli uomini finirono per intralciarsi reciprocamente, complice la nebbia. Come aveva previsto Napoleone, l'attacco principale privò l'esercito austro-russo di una formazione di riserva e assorbì la maggior parte dei soldati, che lasciarono **sguarnito il centro dello schieramento** **[** ATLANTE_**26]**.

François Gérard
La battaglia di Austerlitz nel 1805
1810
[Musée National du Château, Versailles]

ATLANTE 26_ LA BATTAGLIA DI AUSTERLITZ (2 DICEMBRE 1805)

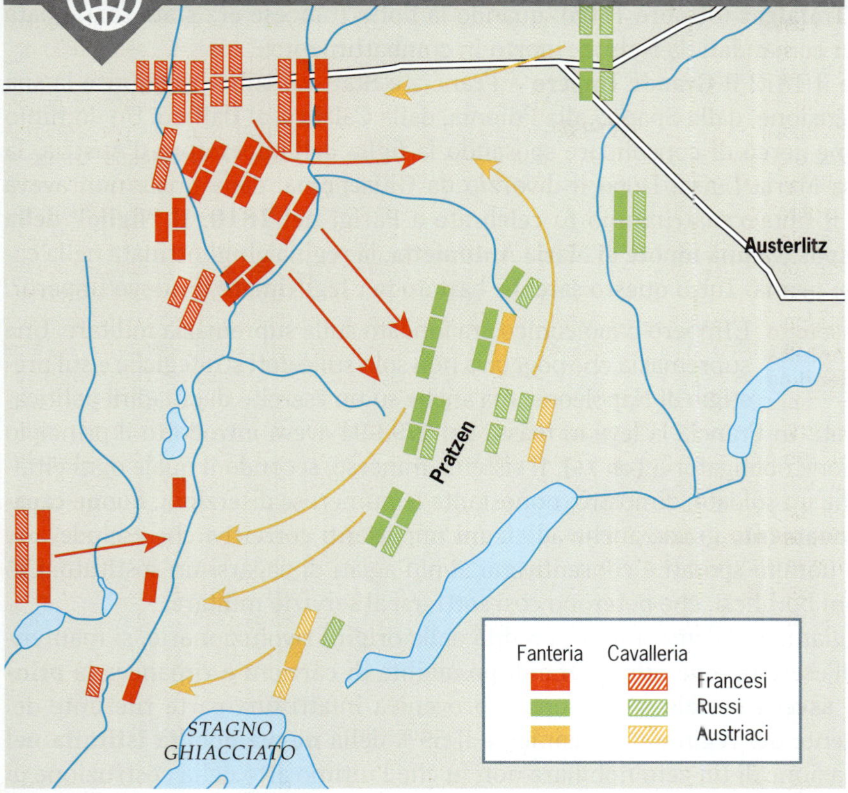

Contro di esso marciarono i francesi, che poco dopo le otto e mezza del mattino iniziarono a risalire il pendio che conduceva all'altipiano del Pratzen, approfittando della nebbia e del fumo dei bivacchi che li nascondevano agli occhi degli avversari. La leggenda vuole che, una volta in cima, i soldati francesi siano emersi da un fitto banco di nebbia e siano stati illuminati dai raggi del sole. Le colonne austro-russe, che stavano scendendo in diagonale per aggiungersi al fronte d'attacco, furono costrette a tornare disordinatamente indietro, ma già alle undici la *Grande Armée* occupava saldamente l'altipiano. Nel frattempo, la fanteria e la cavalleria francesi disposte nella piana erano riuscite ad isolare le due ali dell'esercito della Terza coalizione. Le truppe austro-russe cominciarono a ritirarsi e a fuggire disordinatamente, ripiegando verso gli stagni di Mönitz e il lago di Satschans, che chiudevano l'area del campo di battaglia sul lato meridionale. Mentre la cavalleria francese si lanciava all'inseguimento, i cannoni aprirono il fuoco contro le lastre ghiacciate dei laghi: diversi soldati austriaci e russi finirono per annegare nelle loro acque gelide.

Napoleone aveva ottenuto una vittoria decisiva, che mise fine alla campagna militare contro la Terza coalizione. Il giorno seguente l'imperatore austriaco chiese l'armistizio mentre l'esercito russo ripiegava verso l'Ungheria e la Polonia. Le doti militari di Napoleone vengono rivelate anche dai numeri della battaglia: a fronte delle circa 9 mila perdite dell'esercito francese (fra caduti, feriti e prigionieri) ammontavano a circa 27 mila quelle dell'esercito austro-russo, pari a un terzo delle sue forze iniziali. **Era il trionfo della *Grande Armée*, la macchina bellica più efficiente dell'epoca**, retta da un comando unico, un'autorità centralizzata, incarnata dal generale Bonaparte.

Napoleone mantenne le promesse fatte ai suoi uomini: distribuì **all'esercito 2 milioni di franchi d'oro** come ricompensa della vittoria, assegnò pensioni alle vedove dei caduti e adottò formalmente i bambini resi orfani dalla battaglia, permettendo loro di aggiungere Napoleone al proprio nome di battesimo. **La memoria di Austerlitz doveva restare viva**, e doveva giocare un ruolo centrale nella propaganda imperiale. Con questo intento i due proclami che Napoleone aveva indirizzato all'esercito furono pubblicati sul «Bulletin de la Grande Armée» e su «Le Moniteur universel», ottenendo un'ampia diffusione in tutta Europa. Il primo proclama esortava l'esercito ricorrendo alla propaganda antibritannica e sottolineando l'importanza di difendere l'onore della nazione. Ricordava **il ruolo di Napoleone, comandante assoluto ma partecipe della sorte dei suoi uomini**: «Soldati, io stesso dirigerò tutti i vostri battaglioni; io mi terrò lontano dal fuoco se, col vostro consueto valore, porterete il disordine e la confusione nelle file nemiche; ma se per un momento la vittoria fosse incerta voi vedreste il vostro imperatore esporsi ai primi colpi, perché la vittoria non può essere dubbia». Dopo l'esito della battaglia una frase del proclama fu modificata per avvalorare l'idea che Napoleone avesse intuito la direzione della manovra d'attacco dell'esercito avversario e fosse stato in grado di comprendere in anticipo gli eventi. Nel bollettino originale si prevedeva che l'esercito austro-russo avrebbe marciato contro il centro dello schieramento francese, che avrebbe risposto attaccandolo al fianco. Nella seconda versione, quella riportata dai giornali, il proclama veniva modificato, per accordarsi a posteriori a quanto realmente accaduto: si prevedeva che l'esercito avversario avrebbe colpito il fianco destro della *Grande Armée*, scoprendosi, e lì avrebbe subito l'attacco francese. Grazie ad un **sapiente e spregiudicato uso della stampa in chiave propagandistica** – che valeva secondo Metternich «come un esercito di 300 mila uomini» **[👁 11.1]** – si rafforzava l'immagine di Napoleone comandante dotato di straordinaria capacità intuitiva e prontezza di reazione. Il secondo proclama, invece, redatto a battaglia conclusa, celebrava, con forti toni retorici, il valore dell'esercito e rinsaldava il suo legame con Napoleone. Dopo l'esordio: «soldati, io sono contento di voi. Nella giornata di Austerlitz voi avete giustificato tutto ciò che mi attendevo dalla vostra intrepidezza; voi avete decorato le vostre aquile di una gloria immortale», concludeva così: «soldati, quando tutto ciò che è necessario per assicurare la felicità e la prosperità della nostra patria sarà compiuto, io vi ricondurrò in Francia; là voi sarete l'oggetto delle mie più tenere sollecitudini. Il mio popolo vi rivedrà con gioia, e vi basterà dire *Io ero alla battaglia di Austerlitz*, perché si risponda, *Ecco un valoroso*». In un ulteriore gesto di propaganda, il bronzo dei cannoni austro-russi conquistati in battaglia fu fuso e usato per realizzare la colonna, ispirata a quella di Traiano, che ancora oggi a Parigi, in **Place Vendôme**, celebra la vittoria di Austerlitz e il trionfo di Napoleone, immortalato nella statua che la sormonta.

Focus
La Grande Armée

nica, dato che sembrava impossibile ridurne quella navale, soprattutto dopo la **battaglia di Trafalgar** (ottobre 1805), quando la flotta francese era stata sbaragliata dai britannici comandati da Nelson, morto in combattimento.

Fra il 1810 e il 1812 il **Grande Impero** – Francia e Stati vassalli – raggiunse la sua massima estensione, dalla Spagna alla Polonia, dalla Calabria al Baltico. Un dominio che Napoleone cercò di consolidare sposando la figlia dell'imperatore d'Austria, la granduchessa Maria Luisa. Dopo il divorzio da Giuseppina, dalla quale non aveva avuto eredi, il nuovo matrimonio fu celebrato a Parigi nel **1810. Il "figlio" della rivoluzione sposava una nipote di Maria Antonietta**, la regina ghigliottinata nella capitale 17 anni prima. Tutto questo sarebbe bastato per legittimare il nuovo impero?

L'esercito e la nuova nobiltà napoleonica

L'Impero napoleonico era fondato sulla supremazia militare. Una supremazia che poggiava non solo sulle doti strategiche e sul prestigio di Napoleone, ma anche su un esercito di cittadini politicamente motivati. In Francia la leva in massa del 1793-94 aveva introdotto il principio della coscrizione obbligatoria [👁 7.5]. Il sistema francese, secondo il quale ogni cittadino era anche un soldato, dimostrò, nonostante le numerose diserzioni, **buone capacità di funzionamento** grazie anche ad alcuni importanti correttivi che escludevano dalla leva gli uomini sposati e consentivano ai più agiati di pagarsi un sostituto. Ciò favorì i giovani borghesi, che poterono così sottrarsi al servizio militare.

Modi e atteggiamenti "democratici", eredità delle origini rivoluzionarie, si mantennero vivi nell'esercito, che offriva grandi possibilità di carriera e rimaneva la **principale via di ascesa sociale**. Dall'esercito proveniva infatti una parte rilevante del gruppo dirigente del regime napoleonico e il 59% della **nuova nobiltà istituita nel 1808**. La creazione di un ceto nobiliare non fu che l'ultimo atto della costruzione di una nuova gerarchia sociale dipendente dall'onore delle armi e dal rapporto personale con l'imperatore. Questa nobiltà divenne automaticamente un attributo delle più elevate cariche statali: era ereditaria e legata a ben definiti livelli di ricchezza. Come estrazione sociale per il 58% era di origine borghese, il 22,5% proveniva dall'antica nobiltà e il 19,5% dai ceti popolari.

Innovazioni e resistenze nell'Europa napoleonica

Nei paesi conquistati o annessi Napoleone si appoggiò invece assai più a quei settori delle forze tradizionali che mostrarono la loro disponibilità a inserirsi nel nuovo sistema di potere. Più significativa come fattore di trasformazione fu l'estensione degli istituti giuridici (in primo luogo del Codice civile) e dell'amministrazione napoleonica: tutti gli Stati «vassalli» adottarono il modello francese dello **Stato accentrato** [👁 7.14 STORIA•SOCIETÀ•CITTADINANZA]. Dappertutto la feudalità o i residui del regime feudale furono aboliti, espropriati e soppressi gli ordini religiosi, mentre i beni ecclesiastici vennero messi in vendita per sanare il debito pubblico. Quasi ovunque questo rilevante passaggio di proprietà determinò un rafforzamento dei ceti già proprietari, soprattutto borghesi, ma anche nobiliari. Nonostante il rilevante **svecchiamento delle istituzioni** e la **mobilitazione della società civile** il consenso al nuovo regime si mantenne piuttosto modesto. Anzi la presa di coscienza della società civile, indotta dalle nuove istituzioni, portava inevitabilmente a rifiutare la passiva accettazione dell'egemonia politica, militare ed economica della Francia e a favorire la diffusione di **aspirazioni all'indipendenza nazionale**. Proprio queste aspirazioni, in qualche caso, si tradussero in movimenti di opposizione.

Tra i principali motivi di resistenza era l'imposizione del Blocco continentale che ostacolava tutta l'economia europea da tempo inserita in un **sistema di scambi** e danneggiava anche le manifatture francesi. Inoltre in Spagna Giuseppe Bonaparte non riu-

Stato accentrato
Nella Francia rivoluzionaria e napoleonica si impone definitivamente un modello di Stato che, accentrando in sé tutti i poteri, comporta l'abolizione dei privilegi delle aristocrazie, della Chiesa cattolica e delle antiche corporazioni. L'accentramento si realizza attraverso una rete di funzionari (in Francia i prefetti) che, nominati dal potere esecutivo, ne trasmettono la volontà in tutto il territorio nazionale, diviso in unità amministrative (dipartimenti, province, ecc.). Questo modello di organizzazione, presto affermatosi in tutta l'Europa continentale, si differenzia da quello inglese, basato invece sull'autogoverno delle comunità locali.

sciva a venire a capo della guerriglia, né ad arginare la riconquista britannica. Anche la **Sicilia** occupata dalla Gran Bretagna, dove si erano rifugiati i Borbone di Napoli, sfuggiva al dominio francese. Nel 1812 la Costituzione che le Cortes di **Spagna** (ossia le antiche assemblee rappresentative) si diedero a Cadice e quella adottata in Sicilia sotto l'**influenza britannica** furono due episodi di **alternativa liberale e moderata** al predominio del dispotismo napoleonico sul resto d'Europa. Ispirate entrambe al modello britannico (quella spagnola anche alla Costituzione francese del '91), abolivano la feudalità, introducevano la separazione dei poteri, istituivano una monarchia costituzionale e un sistema elettorale censitario. Episodi di breve durata, le due Costituzioni diverranno, negli anni della Restaurazione, modelli e obiettivi per il movimento liberale.

Le riforme prussiane

Decisive invece per lo sviluppo di tutta la successiva storia tedesca e dei rapporti con la Francia furono le riforme introdotte in Prussia dopo l'umiliante disfatta subita a Jena (1806) e sotto la spinta di una **rinascita intellettuale e culturale** fondata sul recupero della tradizione, che culminò nei *Discorsi alla nazione tedesca* (1807-8) del filosofo Johann Gottlieb Fichte. Le **riforme economiche e sociali** avviate nel 1807 dal barone von Stein abolirono la servitù della gleba, introdussero la libera circolazione e proprietà della terra, il libero accesso alle professioni. Più importanti, per il loro effetto immediato, furono le riforme dell'esercito, che adottavano il principio del servizio militare come dovere, per ogni cittadino, di difendere lo Stato. Non fu tuttavia introdotta la leva obbligatoria, ma venne applicato un criterio di addestramento e di rapido avvicendamento degli uomini, che consentì di disporre di una larga riserva di truppe. Solo nel 1813, e per la sola durata della guerra, la leva divenne obbligatoria e il **nuovo esercito territoriale prussiano** (*Landwehr*), infiammato dal patriottismo e dal coinvolgimento della gioventù studentesca e degli intellettuali, fu un elemento determinante nella sconfitta di Napoleone.

GUIDA ALLO STUDIO

❶ Come funzionava il sistema di arruolamento francese? ❷ Da chi era composta la nuova nobiltà? ❸ Quali effetti produsse il dominio napoleonico sugli Stati dell'impero? ❹ Che cosa produsse il Blocco continentale? ❺ Quali principi ispirarono le costituzioni e le riforme nei paesi antinapoleonici?

13 Il crollo dell'Impero

Nonostante il breve periodo di pace tra il 1809 e il 1812, e la nascita di un erede («il re di Roma»), la continuità dell'Impero napoleonico era tutt'altro che garantita. L'incrollabile ostilità britannica, la ribellione spagnola e l'opposizione delle nascenti forze nazionali erano ormai ostacoli insuperabili. Le potenze sconfitte non desideravano altro che porre fine all'avventura napoleonica indissolubilmente legata ai successi militari. Così quando la Russia riprese la sua libertà di commercio uscendo dal sistema continentale e sganciandosi dall'alleanza con la Francia, Napoleone rispose ancora una volta con la guerra. L'invasione della Russia sarebbe stata l'inizio del suo declino.

L'invasione della Russia

Napoleone non fu in grado di valutare realisticamente le difficoltà dell'impresa. Per quanto numeroso (circa 650 mila uomini) il suo esercito era mal equipaggiato e troppo composito: nell'estate del 1812, accanto ai francesi c'erano polacchi, italiani, tedeschi, svizzeri e molti altri, per un totale di 20 nazioni e 12 lingue diverse. I russi non si lasciarono agganciare e indietreggiarono facendo terra bruciata alle loro spalle. L'esercito napoleonico, abituato a sfruttare i paesi occupati, ebbe subito difficoltà di approvvigionamento. Solo a 100 chilometri da Mosca i russi accettarono battaglia

ONLINE
Letteratura e Storia
Guerra e pace di Tolstoj

e furono sconfitti a **Borodino** (settembre): ma non fu uno scontro decisivo, come non lo fu la **conquista di Mosca**, presto distrutta da un gravissimo incendio [👁 ATLANTE_**27**].

Napoleone non era nella posizione di forza per trattare con uno zar che lo considerava un "anticristo" contro cui risvegliare tutte le energie della santa Russia. In ottobre fu ordinata la **ritirata** presto trasformatasi in rotta per il freddo, il fango, la neve e gli attacchi della cavalleria cosacca.

La sconfitta e l'abdicazione

Nel **1813** tutta l'Europa era in armi contro la Francia. I prussiani preparavano la loro «guerra di liberazione». Si costituì una coalizione fra Gran Bretagna, Russia e Prussia, cui si aggiunse anche l'Austria. La guerra culminò a **Lipsia** nella **battaglia delle nazioni** (16-18 ottobre 1813), in cui forze soverchianti sconfissero i francesi. A essa fece seguito l'avanzata degli alleati nel cuore della Francia invano rallentata da battaglie di interdizione: Parigi fu occupata alla fine del marzo 1814. In aprile Napoleone abdicò e i vincitori gli assegnarono il possesso dell'isola d'Elba. Sul trono di Francia fu restaurato un Borbone, **Luigi XVIII**, fratello del re ghigliottinato, che concesse una Costituzione con un sistema elettorale a suffragio molto ristretto. Riunite nel 1814 in **congresso a Vienna**, Gran Bretagna, Russia, Prussia e Austria avviarono contemporaneamente la ridefinizione dei confini d'Europa [👁 **11.1**].

18 giugno 1815. La disfatta di Waterloo

Ma l'avventura napoleonica non era finita. Il malcontento degli strati popolari nei confronti dei Borbone (i contadini temevano il ripristino dei prelievi feudali, i lavoratori urbani avevano visto peggiorare le loro condizioni) e il malessere di tanti soldati e ufficiali, esclusi dall'esercito, convinsero Napoleone che un suo ritorno in Francia avrebbe avuto buone

ATLANTE 27_LA CAMPAGNA DI RUSSIA DEL 1812

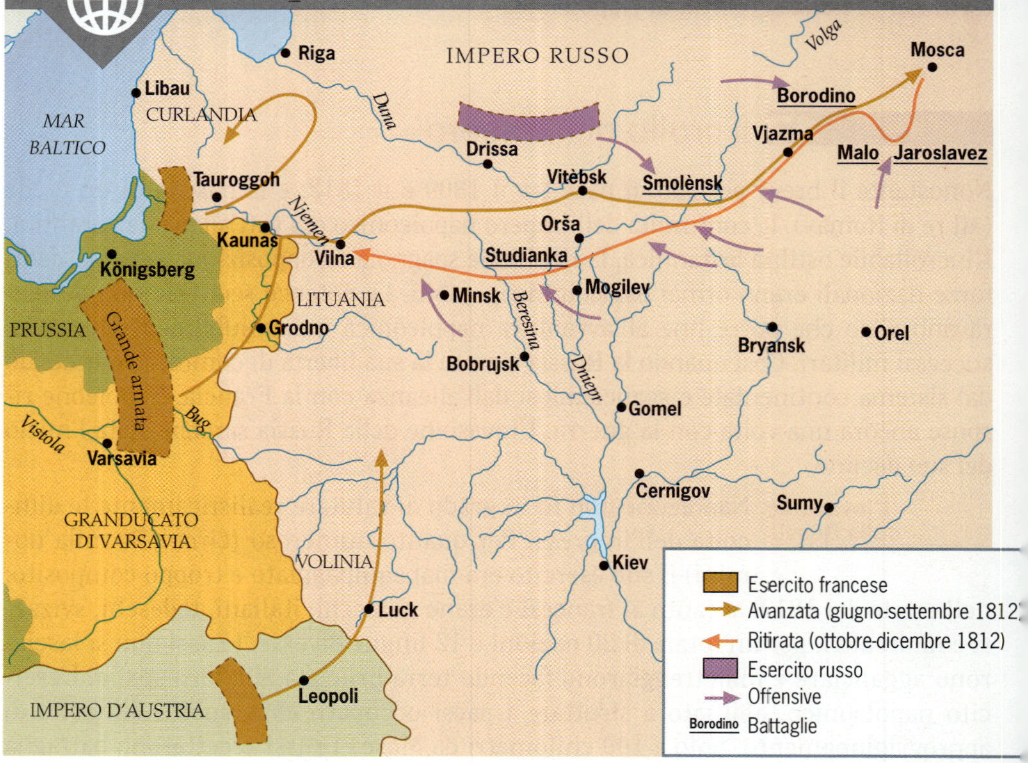

probabilità di successo. E in effetti il suo sbarco sulle coste francesi (il 1° marzo 1815) fu seguito da una **marcia trionfale verso Parigi**, abbandonata da Luigi XVIII. Napoleone riformò la Costituzione imperiale dell'anno XII, dando spazio alle esigenze liberali, e ricorse di nuovo al plebiscito per approvare questa iniziativa. Erano gli ultimi sussulti di un regime che aveva perso la sua vitalità e che le potenze europee avevano ormai deciso di cancellare.

Napoleone non riuscì a dividere e affrontare separatamente le forze nemiche che puntavano sulla Francia. A **Waterloo** (in Belgio), il 18 giugno, la resistenza dei britannici del duca di Wellington consentì ai prussiani di intervenire e sconfiggere duramente i francesi. **Fu l'ultima battaglia di Napoleone.** Consegnatosi un mese dopo alla Gran Bretagna, venne deportato sull'isola di Sant'Elena nell'Atlantico, dove morì il 5 maggio 1821. L'illusione del ritorno era durata solo cento giorni.

GUIDA ALLO STUDIO

❶ Che cosa ostacolò il consolidamento dell'Impero napoleonico? ❷ Perché Napoleone decise di attaccare la Russia? ❸ Quale strategia adottarono gli Stati europei avversari di Napoleone? ❹ Come si concluse l'«avventura napoleonica»?

La ritirata dai territori russi fu tutt'altro che semplice per l'esercito napoleonico. Oltre alle condizioni climatiche, i francesi dovettero affrontare diversi attacchi da parte dei cosacchi posti all'inseguimento. Nei pressi del fiume Beresina (nell'attuale Repubblica di Bielorussia), le truppe francesi si trovarono accerchiate e impossibilitate ad andare oltre: il ponte più vicino era stato distrutto e la crosta di ghiaccio sulla quale contava Napoleone per attraversare il fiume si era scongelata. Con uno stratagemma di fortuna i genieri francesi riuscirono a creare un valico percorribile sulle acque gelide del fiume creando due ponti (uno per i fanti e l'altro per i convogli e l'artiglieria). Nonostante il successo, l'attraversamento costò a Napoleone fortissime perdite (moltissimi uomini perirono sia nella costruzione sia nel passaggio) che lo lasciarono con poco più di 100 mila soldati.

Joseph Raymond Fournier-Sarlovèze
L'attraversamento del fiume Beresina nel novembre 1812
[Musée de l'Armée, Parigi]

14 Rivoluzione e Impero: una duplice modernità

La Rivoluzione francese e l'Impero napoleonico rappresentano non soltanto due vicende fondamentali per la storia di Francia e d'Europa, ma sono anche due momenti di accelerazione del tempo storico e di modernizzazione politica destinati a influenzare profondamente l'intera storia mondiale successiva. Oltre a formulare e difendere nuovi princìpi, si concepiscono, in questi decenni, forme e pratiche nuove del fare politica.

La modernizzazione politica

La modernizzazione si attua su vari livelli con alcuni tratti – descritti di seguito – che si rivelano comuni tanto alla Rivoluzione quanto all'Impero, seppure in un processo di trasformazione e di evoluzione.

- **Il rovesciamento della società dei privilegi e del feudalesimo** Con la Rivoluzione si attua questo fondamentale ammodernamento della società in primo luogo in Francia. Esportato poi nelle "repubbliche sorelle", Napoleone lo impone infine in tutto il Grande Impero.
- **La definizione dei diritti civili e politici** Presenti nella *Dichiarazione* dell'89 e nella prima Costituzione, i diritti civili e politici vengono prima ampliati tra '92 e '94 sul terreno dell'eguaglianza, poi di nuovo limitati dai criteri di censo. Il Codice civile napoleonico del 1804, che recepisce e dà certezza giuridica alle più importanti conquiste dell'89, garantisce l'uguaglianza di fronte alla legge e il diritto di proprietà.
- **La mobilitazione delle masse popolari** Al tempo della Rivoluzione si mobilitano in primo luogo le masse urbane; in seguito quelle prevalentemente rurali, arruolate nell'esercito rivoluzionario e poi napoleonico.
- **Il rafforzamento dello Stato accentrato** Già obiettivo della dittatura giacobina, l'accentramento raggiunge il suo culmine, per organizzazione ed efficienza, col sistema dei prefetti di Napoleone.
- **Il ruolo centrale della guerra** La guerra, non è intesa solo come azione di conquista, ma anche come imposizione dei nuovi ordinamenti istituzionali: assume un carattere ideologico e politico. Per la massa dei cittadini soldati, le vittorie militari – sia quelle rivoluzionarie come a Valmy, sia quelle napoleoniche – rappresentano un elemento di aggregazione e di formazione del consenso popolare.

La tradizione e il mito

La forza delle due grandi vicende, quella rivoluzionaria e la napoleonica, è stata anche di dare origine a due potenti tradizioni e a due miti largamente diffusi, seppure in ambiti politicamente diversi se non opposti.

Nonostante la faticosa, e sostanzialmente fallita, fusione fra aspirazioni ideali e realizzazioni pratiche, **la Rivoluzione francese costruisce un'immagine mitica positiva di sé stessa**. Un mito costruito e alimentato dagli stessi rivoluzionari e divenuto potente fattore di coinvolgimento emotivo e di mobilitazione politica. Un mito che giustificava e assolveva anche gli aspetti più violenti e sanguinari del Terrore.

Su queste basi si costruì una tradizione legata a princìpi come la **libertà**, l'**eguaglianza civile**, l'**eguaglianza sociale**. Per questo, da un unico ceppo nasceranno più tradizioni rivoluzionarie: liberale, democratica, socialista. Così tutte le tendenze politiche dell'800 – e non solo in Francia – si caratterizzeranno in base a un rapporto di adesione o rifiuto dei valori della Rivoluzione o di suoi specifici momenti. E in particolare ogni movimento rivoluzionario, anche nel '900, vorrà ritrovare nel rapporto privilegiato, immaginario o reale, con il modello della Rivoluzione francese la propria legittimazione storica.

«Io non agisco che sull'immaginazione della nazione», aveva detto Napoleone nel 1800; e questo rapporto continuerà anche dopo la sua definitiva sconfitta. Con una forzatura della memoria e sulle ali del mito l'immaginazione popolare fece di lui l'eroe della Rivoluzione. Così quella **contraddizione tra Rivoluzione e dispotismo**, che aveva contrassegnato Napoleone e quasi un ventennio di successi politici e militari, continuò ad alimentare la sua leggenda. Il mito di Napoleone durò non solo per gran parte dell'800, anche oltre il Secondo Impero del nipote Napoleone III **[👁 11.9]**, e il suo modello continuerà ad essere evocato dai grandi e piccoli despoti della storia successiva.

Due vicende incompiute Un altro tratto che avvicina la rivoluzione e Napoleone fu l'incompiutezza delle due vicende. Dalla fase liberale a quella democratica e alla dittatura, la rivoluzione non riuscì mai a chiudere il suo ciclo per poi deformarsi nel dispotismo napoleonico: un sistema di potere a sua volta destinato a non trovare mai una definitiva legittimazione, costretto a difendere con le armi un dominio precario e a essere inevitabilmente sconfitto.

Le differenze A questo quadro che ha sottolineato finora i punti di convergenza vanno aggiunti gli elementi che ne individuano le specifiche differenze. Specifiche degli **anni della Rivoluzione** furono la violenza delle masse urbane, protagoniste delle fasi più sanguinarie della Rivoluzione; la nascita del partito politico nella versione embrionale, ma fortemente organizzata, dei giacobini; l'esperienza della politica assembleare fino al colpo di Stato del 18 brumaio.

A segnare il **periodo napoleonico** furono invece l'introduzione del plebiscito con la correlata raccolta del consenso popolare per via plebiscitaria (un meccanismo che vedremo all'opera anche in seguito); la coincidenza nella stessa persona del potere politico e di quello militare; la creazione di una nuova classe dirigente e di una nuova nobiltà, risultato della grande mobilità sociale di quegli anni nata dalla politica, dall'esercito e legittimata dall'alto.

Infine, scorrendo questi **25 anni di rivoluzioni e di guerre** con gli occhi della nostra sensibilità vien fatto di chiedersi quale fu il costo umano di questa straordinaria modernizzazione politica. Le vittime per secoli non sono entrate a far parte dei "conti" della storia. Ma forse noi dobbiamo ricordare i circa **3 milioni di caduti** (secondo stime approssimative) di questa grande pagina della storia europea.

Antoine-Jean Gros
La Marianne
1794-95
[Musée du Château, Versailles]

Il mito della Rivoluzione francese fu esaltato iconograficamente attraverso numerosissime rappresentazioni, molte delle quali di natura fortemente simbolica. *La Marianne*, una iconografia che apparve per la prima volta proprio durante la Rivoluzione è ancora oggi la rappresentazione allegorica della Repubblica francese. Una giovane donna, con il berretto frigio – simbolo di libertà in quanto era indossato nell'Antichità dagli schiavi greci e romani – e il fascio littorio – emblema di autorità –, veste gli abiti di una guerriera romana, personificando quegli ideali di libertà, uguaglianza e fraternità esportati dalla Rivoluzione anche fuori dai confini francesi.

GUIDA ALLO STUDIO

❶ Quali furono i caratteri principali della modernizzazione politica attuata durante la Rivoluzione francese e durante l'Impero napoleonico? ❷ Perché la Rivoluzione francese diede vita a un vero e proprio mito? ❸ Quali elementi accomunano la Rivoluzione francese e Napoleone? ❹ Quali elementi differenziano la Rivoluzione francese e Napoleone?

Lo Stato accentrato

Gran parte delle funzioni di governo che oggi spettano esclusivamente allo Stato fino all'età moderna sono state distribuite (o, per meglio dire, disperse) tra vari attori (signori, città, ceti).

Con la nascita dello **Stato moderno assoluto** la tendenza cominciò a invertirsi: i poteri e le competenze vennero accentrati nelle mani del monarca a scapito degli altri corpi sociali. Durante la Rivoluzione francese furono definitivamente aboliti gli antichi privilegi feudali della nobiltà e continuò l'**accentramento dei vari poteri** nello Stato. L'esperienza napoleonica rappresentò la prima concreta realizzazione di questo processo: lo Stato come è conosciuto oggi nacque con l'organizzazione napoleonica del potere centrale.

Lo Stato moderno ed europeo è dunque una forma di organizzazione del potere in cui, richiamando la sistemazione datane dal sociologo tedesco Max Weber (1864-1920), tutte le funzioni politiche (tra le quali anche il monopolio legittimo della costrizione fisica) sono concentrate in un'unica istituzione – quella statale – ed esercitate, nei limiti della legge, per mezzo di una serie di istituzioni minori, dipendenti dal centro, a cui sono attribuite funzioni specifiche (l'**apparato burocratico**).

In base al modo in cui il potere viene gestito, lo Stato contemporaneo può avere tre forme diverse: può essere federale, regionale o accentrato. In uno **Stato federale** come gli Stati Uniti, il potere è ripartito tra il governo centrale – che detiene solo le funzioni fondamentali per garantire il benessere e la sicurezza del paese – e le singole comunità (gli Stati membri dell'Unione) che ne fanno parte e che di fatto hanno piena libertà decisionale su temi come la giustizia, l'ordine pubblico e l'istruzione. Nello **Stato regionale** (come l'Italia), invece, il potere è pur sempre diviso tra governo centrale e comunità locali (in questo caso le Regioni), ma queste hanno minore autonomia e indipendenza dal governo centrale. Nello **Stato accentrato** tutti i poteri sono concentrati nel governo centrale che esercita così la sua autorità direttamente sull'intero territorio dello Stato. Lo Stato assoluto dell'età moderna fu uno Stato accentrato, come lo Stato napoleonico. In linea di massima, si può dire che fino al secondo dopoguerra lo Stato accentrato sia stata la forma più diffusa nell'Europa occidentale.

Anche **in Italia**, lo Stato costituitosi nel 1861 fu **unitario e accentrato**, secondo il consolidato modello europeo. La scelta per l'accentramento si concretizzò nelle cosiddette «leggi di unificazione amministrativa del Regno» promulgate nel 1865, in cui è scritto: «il Regno si divide in provincie, circondari, mandamenti e comuni. In ogni provincia vi è un prefetto e un Consiglio di prefettura. Il prefetto rappresenta il potere esecutivo in tutta la provincia». Figure principali del sistema furono quindi, come in Francia [👁 7.11], i 59 prefetti (facenti capo ad altrettante province), ai quali fu affidato il compito di unificare nei fatti lo Stato. La loro presenza sul territorio doveva essere capillare, ed efficace doveva essere la loro capacità di controllo della popolazione. La legge dispose che «alla fine di ogni mese ciascun prefetto deve inviare al Ministero una relazione sulle condizioni della provincia», dalla quale risulti in modo dettagliato il quadro «dell'attitudine, degli intendimenti e dell'influenza dei partiti politici, delle manifestazioni dell'opinione pubblica e del giornalismo».

Un cambiamento importante a livello internazionale si registra solo con le Costituzioni del secondo dopoguerra, nelle quali si concede molto più spazio alle autonomie locali. In Italia, le prime aperture si erano già avute nel biennio 1944-45 con il riconoscimento di una maggiore autonomia amministrativa a Sicilia, Sardegna e Valle d'Aosta. Con la **Costituzione del 1948** l'Italia abbandona ufficialmente l'accentramento totale dei poteri per introdurre la **forma di governo regionale** (articolo 114: «La Repubblica si riparte in Regioni, Provincie e Comuni»). L'applicazione del dettato costituzionale è lentissima e le Regioni vengono istituite solo nel 1970. Il passo decisivo era comunque stato fatto: lo Stato centralizzato aveva riconosciuto le Regioni come enti autonomi (ma non indipendenti dallo Stato centrale) capaci di legiferare in ogni settore che non fosse di competenza specifica dello Stato. Secondo quanto stabilito nell'articolo 117: «La potestà legislativa è esercitata dallo Stato e dalle Regioni nel rispetto della Costituzione».

Nonostante la sostanziale apertura, l'autonomia legislativa delle Regioni ha carattere decisamente residuale: la Costituzione non dice infatti quali siano gli ambiti di competenza delle Regioni ma si limita a elencare i settori di esclusivo controllo dello Stato (politica estera, immigrazione, rapporti con le religioni, difesa, moneta, leggi elettorali, ordine pubblico, istruzione, previdenza sociale, ambiente) lasciando tutto il resto alle Regioni.

Il presidente della Repubblica Giorgio Napolitano riceve i presidenti delle Assemblee legislative regionali
13 settembre 2011

Le Regioni italiane sono costituite da un organo esecutivo (la Giunta regionale) e un organo legislativo (il Consiglio regionale). In questa immagine, i presidenti delle Assemblee legislative delle Regioni e delle Province autonome in Quirinale consegnano al capo dello Stato il volume *L'Italia delle Regioni, le Regioni d'Italia* in occasione del 150° anniversario dell'Unità nazionale.

SINTESI

1 La crisi finanziaria e gli Stati generali

La debolezza della monarchia francese si riassumeva nell'incapacità di risolvere la crisi finanziaria superando le resistenze della nobiltà e del clero, ostili all'abolizione dei propri privilegi fiscali. Luigi XVI si rassegnò allora alla convocazione degli Stati generali, che determinò la mobilitazione politica del Terzo stato. Il tema più controverso era quello del numero dei rappresentanti e del sistema di voto. Un quadro delle aspettative del Terzo stato fu fornito dai *cahiers de doléances* (quaderni di lagnanze). Oltre alla nascita di istituzioni rappresentative cui affidare le decisioni in materia fiscale, come gli altri ordini, il Terzo stato sosteneva l'eguaglianza giuridica, l'abolizione dei privilegi e il criterio del merito come forma di promozione sociale.

2 L'avvio della Rivoluzione e la fine dell'*ancien régime*

All'inizio del 1789 si tennero le elezioni dei deputati agli Stati generali. Quando, avviati i lavori degli Stati generali, il Terzo stato si autoproclamò Assemblea nazionale iniziò una rivoluzione istituzionale che il re fu costretto a riconoscere: la rappresentanza per ordini veniva meno, come richiesto dal Terzo stato, e nasceva la nuova Assemblea nazionale costituente. Il processo rivoluzionario subì un'accelerazione con l'assalto alla Bastiglia il 14 luglio – che segnò l'entrata in scena del popolo parigino –, la nascita di nuove municipalità, la sollevazione delle campagne che spinse l'Assemblea a decretare l'abolizione del regime feudale, l'approvazione della *Dichiarazione dei diritti dell'uomo e del cittadino*. La requisizione dei beni ecclesiastici, infine, determinò la vendita di una consistente porzione del territorio nazionale, contribuendo a legare i nuovi proprietari alla Rivoluzione.

3 La rivoluzione liberale

A un anno dalla presa della Bastiglia l'ampiezza del consenso mascherava sensibili differenze politiche. I due maggiori problemi di questa fase furono l'opposizione di parte del clero al giuramento di fedeltà (stabilito dalla Costituzione civile del clero) e l'ostilità del re sia verso le conquiste rivoluzionarie sia verso il regime liberale impostato con la Costituzione del 1791, come fu evidente con il suo fallito tentativo di fuga. Alla fine del '91 molte riforme sociali e istituzionali erano state decise, mentre la corte e gli aristocratici emigrati all'estero organizzavano la controrivoluzione.

4 La rivoluzione popolare e democratica

Nel settembre 1792 è votata a suffragio universale, anche se nei fatti dalla sola Francia rivoluzionaria, la nuova Assemblea legislativa, la Convenzione. Intanto, il popolo di Parigi (i sanculotti) nella giornata del 10 agosto 1792 aveva determinato l'arresto e la sospensione del re. Il 21 settembre '92 sarebbe stata dichiarata la decadenza della monarchia e proclamata la Repubblica. Sul fronte bellico, nell'aprile '92 la vittoria di Valmy, oltre ad allontanare la minaccia esterna, aveva sancito la nuova identificazione tra passione nazionale e ideali rivoluzionari (cui si legava una politica espansionistica). Il processo e l'esecuzione del re accentuarono l'ostilità delle altre potenze. In una situazione grave – sia per le tensioni interne (rivolta contadina in Vandea e rivendicazioni del popolo parigino) sia per il nemico alle frontiere – i montagnardi affermarono la loro egemonia sulla Convenzione, epurando il gruppo girondino (entrambi, montagnardi e girondini erano due schieramenti usciti dai giacobini).

5 La dittatura giacobina

Sconfitti i girondini, dal giugno del '93 prendeva corpo la dittatura dei giacobini (che ormai si identificavano con i montagnardi), il cui principale esponente fu Robespierre. Proclamandosi unici interpreti del popolo, essi inaugurarono un modello di «democrazia totalitaria». La nuova Costituzione del '93 non entrò mai in vigore: fu invece instaurata una dittatura attraverso l'eliminazione fisica degli avversari (il Terrore) e l'accentramento dell'esecutivo. Fu repressa l'insurrezione «federalista» e, sia pure provvisoriamente, venne domata la Vandea. Contemporaneamente la riorganizzazione dell'esercito portò, alla fine dell'anno, a nuove vittorie e con il *maximum* di prezzi e salari i giacobini vennero incontro alle richieste dei sanculotti. La reazione del gruppo dirigente robespierrista a quanti ostacolavano l'egemonia giacobina fece maturare la congiura termidoriana (luglio '94). Robespierre e i suoi vennero mandati a morte.

6 Continuità rivoluzionaria e stabilizzazione difensiva

Abbattuta la dittatura giacobina, una nuova Costituzione proclamò la difesa del diritto di proprietà e accentuò il carattere censitario del sistema elettorale. Il potere esecutivo fu affidato a un Direttorio. La debolezza del nuovo regime costrinse il Direttorio a una politica pendolare tra la destra filomonarchica e la sinistra giacobina – il cui gruppo più radicale, capeggiato da Babeuf, tentò nel '96 un'insurrezione.

7 Nuova politica e mentalità rivoluzionaria

Nella fase più radicale della Rivoluzione nacque la convinzione di parlare «in nome del popolo» e, in molti leader politici fra i quali Robespierre, l'idea di essere gli unici interpreti della «volontà generale». Fu promossa un'opera di scristianizzazione, che portò all'introduzione del calendario repubblicano, alla celebrazione di feste laiche e al culto deista della dea Ragione e dell'Essere supremo. Si attuò una larga attività di educazione collettiva, con le celebrazioni della Rivoluzione e dei suoi martiri.

8 L'espansione rivoluzionaria

La guerra, l'uccisione del re e il Terrore ridussero notevolmente, in Europa, il numero dei sostenitori della Rivoluzione. Questa da un lato spinse i governi europei a reprimere il dissenso interno, dall'altro stimolò lo sviluppo dei nuclei di opposizione. L'influenza della Rivoluzione fu marcata in Belgio e Olanda, dove l'intervento francese portò nel primo caso all'annessione e nel secondo alla costituzione della Repubblica batava. In Italia si formarono vari club giacobini, duramente repressi dai governi.

9 La conquista dell'Italia e le Repubbliche giacobine

Nel 1796 Bonaparte ottenne il comando dell'armata d'Italia. I suoi straordinari e rapidi successi costrinsero l'Austria alla pace e con il trattato di Campoformio (1797) gli austriaci ottennero Venezia. A quella data i francesi avevano in Italia il controllo diretto di Lombardia, Emilia e Romagna. Nel 1798 nacque la Repubblica romana e nel 1799 la Repubblica partenopea. Queste repubbliche ebbero costituzioni moderate e i loro organi legislativi e di governo furono soggetti al controllo francese. L'estraneità dei ceti popolari al dominio francese determinò frequenti episodi di rivolta: la sollevazione dei contadini fu decisiva per la restaurazione borbonica nell'Italia meridionale.

10 Il colpo di Stato e la svolta autoritaria di Bonaparte

Mentre l'instabilità politica caratterizzava la situazione interna francese, Bonaparte organizzò una spedizione in Egitto (1798) per colpire da lì gli interessi commerciali inglesi. I suoi successi militari furono annullati dalla distruzione della flotta francese operata da Nelson ad Abukir, mentre austriaci e russi attaccarono in Germania e Italia. La situazione di crisi politica si risolse con il colpo di Stato del 18 brumaio (9 novembre '99), che poté realizzarsi solo grazie all'intervento militare di Bonaparte. Quest'ultimo e altri due membri del Direttorio divennero consoli con potere esecutivo.

11 Dal consolato all'Impero

Con Napoleone si instaurò un governo dittatoriale, basato su un consenso diretto del popolo ottenuto attraverso i plebisciti. L'istituzione dei prefetti fu il principale strumento della centralizzazione burocratica e amministrativa, mentre lo Stato ampliò enormemente il campo delle proprie competenze dedicando, tra l'altro, particolare attenzione all'istruzione. Sconfitte le opposizioni più radicali di destra e di sinistra, il consolidamento del potere napoleonico restava legato al raggiungimento della pace, conclusa nel 1801 con l'Austria e l'anno successivo con la Gran Bretagna, ultimo avversario in campo. Rafforzato ulteriormente il proprio potere mediante il Concordato (1801) con la Chiesa di Roma, Napoleone si fece nominare console a vita nel 1802. Due anni dopo, il Codice civile – che accoglieva le più importanti conquiste dell'89 – rappresentò il coronamento della sua opera riformatrice. Nel 1804 Napoleone si fece nominare imperatore dei francesi.

12 La Francia napoleonica e l'Europa

Tra il 1805 e il 1809 Napoleone costruì il suo Impero grazie a una supremazia militare basata su un esercito di «cittadini» (coscrizione obbligatoria). L'esercito rappresentò anche la principale via di ascesa sociale, contribuendo alla formazione della nuova nobiltà napoleonica. Negli Stati conquistati o annessi, dove fu esteso il sistema amministrativo e giuridico francese, il consenso al nuovo regime fu sempre modesto. L'economia degli Stati soggetti all'egemonia napoleonica fu sottoposta al Blocco continentale in funzione antibritannica, contribuendo ad accrescere l'ostilità verso la Francia. In Spagna e nella Sicilia (occupata dagli inglesi) furono approvate nel 1812 Costituzioni moderate, che sarebbero state assunte a modello dal movimento liberale dell'età della Restaurazione. In Prussia la sconfitta militare stimolò una rinascita intellettuale tedesca, una politica di riforme economiche e sociali e un rinnovamento dell'esercito.

13 Il crollo dell'Impero

Il periodo relativamente pacifico tra il 1809 e il 1812 non portò a un consolidamento dell'Impero, impedito dall'ostilità inglese, dal conflitto con il papa, dalla ribellione spagnola e dall'opposizione delle forze nazionali. A ciò si aggiunse lo sganciamento russo dall'alleanza con la Francia, che Napoleone tentò di fronteggiare con l'invasione della Russia (1812). L'avanzata francese, di fronte a un nemico che faceva terra bruciata e si rifiutava di trattare, si risolse infine in una ritirata a prezzo di fortissime perdite. Una nuova coalizione tra Gran Bretagna, Russia, Prussia e Austria sconfisse i francesi a Lipsia: dopo l'occupazione di Parigi, Napoleone dovette abdicare (aprile '14) e ricevette il possesso dell'isola d'Elba. Al trono di Francia saliva Luigi XVIII, mentre il congresso di Vienna iniziava la ridefinizione della carta d'Europa. Nel marzo 1815 Napoleone, tornato in Francia, riassunse il potere facendo leva sul malcontento serpeggiante tra gli strati popolari e l'esercito. Sconfitto a Waterloo, venne deportato a Sant'Elena.

14 Rivoluzione e Impero: una duplice modernità

Tratti comuni alla Rivoluzione francese e al periodo napoleonico sono, nel campo della modernizzazione politica, il rovesciamento della società dei privilegi e del feudalesimo, la conquista e l'affermazione dei diritti civili e politici, la mobilitazione delle masse popolari, il processo di accentramento e organizzazione dello Stato, infine il ruolo della guerra che assume valenze ideologiche e politiche. Le differenze tuttavia restano specifiche: con la Rivoluzione esplose la violenza delle masse urbane, ebbe inizio la prima forma-partito e si compì un'esperienza politica di tipo assembleare; con Napoleone fu introdotto l'istituto del plebiscito, l'accentramento in una sola figura del potere politico e militare, la mobilità sociale e la creazione di una nuova classe dirigente.

SVILUPPARE LE COMPETENZE

❶ Rispondi ai quesiti impiegando il numero di righe indicato tra parentesi:

a. Perché Luigi XVI decise, nel 1774, di convocare gli Stati generali? (4 righe)
b. Cos'erano i *cahiers de doléances*? Da chi e perché furono scritti? (4 righe)
c. Qual era la composizione interna degli Stati generali? (5 righe)
d. Racconta i fatti avvenuti in Francia tra il 9 luglio e il 26 agosto 1789. (12 righe)

❷ Indica le date degli avvenimenti elencati di seguito e poi scrivi un testo di 15 righe su ciò che accadde dopo, ovvero a partire dall'estate del 1793 fino al 28 luglio 1794:

Date	Eventi
.....	Approvazione della Costituzione del '91
.....	Il re scappa da Parigi
.....	L'esercito francese batte i prussiani a Valmy
.....	La Convenzione dichiara decaduta la monarchia e proclama la Repubblica
.....	Il governo del paese passa nelle mani del Comitato di salute pubblica

❸ Inserisci le parole mancanti negli spazi previsti. Usa dunque le frasi complete come scaletta per la composizione di un testo di 15 righe dedicato alla conquista dell'Italia e alla svolta autoritaria impressa da Napoleone:

a. Nel 1796 il comando dell'armata d'Italia fu affidato al giovane generale ____________ ________________.
b. Dopo avere sconfitto piemontesi e austriaci l'esercito francese entra, il 15 maggio, a ____________.
c. Con il trattato di ______________ Bonaparte ottenne Lombardia, Emilia e altri importanti territori.
d. Tra 1795 e 1797 furono create la __________ ____________ e quella ligure.
e. Tra 1798 e 1799 nacquero la Repubblica __________ e quella ___________.
f. La vita delle repubbliche «___________» fu sconvolta dalle molte riforme volute da Napoleone.
g. Napoleone sconfisse, nella battaglia delle ____________, i Mamelucchi e conquistò l'Egitto.
h. Il _______________ Napoleone impose la creazione di una commissione esecutiva composta dai tre consoli della Repubblica francese.
i. Con l'emanazione della Costituzione dell'anno VIII Napoleone diventa _______________ .

❹ Ognuna delle frasi seguenti contiene un errore. Individualo e correggilo scrivendo brevi testi di 3 righe per motivare la tua scelta:

a. Il 2 dicembre 1804 Napoleone diventò presidente dei francesi.
b. La riforma amministrativa voluta da Napoleone portò a una forte decentralizzazione burocratica.
c. Nel marzo 1804 fu promulgato un nuovo Codice penale che completò l'opera riformatrice di Napoleone.
d. Il Regno d'Italia fu trasformato, nel 1805, in Repubblica italiana.
e. L'esercito che Napoleone guidò contro la Russia era numeroso e omogeneo.
f. La coalizione antifrancese era composta da: Gran Bretagna, Russia, Prussia, Austria e Italia.
g. Napoleone vinse a Lipsia e gli fu assegnato il possesso dell'isola d'Elba.
h. Napoleone combatté la sua ultima battaglia a Vienna.

8 LA RIVOLUZIONE INDUSTRIALE

CAPITOLO

1 Caratteri della rivoluzione industriale

Le cause «Il mercato delle Indie orientali e della Cina, la colonizzazione dell'America, gli scambi con le colonie, l'aumento dei mezzi di scambio e delle merci in genere diedero al commercio, alla navigazione, all'industria uno slancio fino allora mai conosciuto [...]. L'esercizio dell'industria, feudale o corporativo, in uso fino allora non bastava più al fabbisogno che aumentava con i nuovi mercati. Al suo posto subentrò la manifattura [...]. Ma i mercati crescevano sempre, il fabbisogno saliva sempre. Neppure la manifattura era più sufficiente. Allora il vapore e le macchine rivoluzionarono la produzione industriale. All'industria manifatturiera subentrò la grande industria moderna; al medio ceto industriale subentrarono i milionari dell'industria, i capi di interi eserciti industriali, i *borghesi* moderni». In questo brano, tratto dalle pagine iniziali del *Manifesto del partito comunista* scritto nel 1848, due profondi conoscitori delle trasformazioni della società come i filosofi politici tedeschi Karl Marx e Friedrich Engels [👁 10.7] individuavano i passaggi cruciali che avevano determinato la rivoluzione industriale e la nascita della grande industria: il ruolo del **commercio internazionale** nel sollecitare la domanda di nuovi prodotti e il passaggio dalla produzione delle corporazioni artigiane a quella delle

Joseph Wright of Derby
Veduta di Cromford con il cotonificio Arkwright di notte
1793
[Collezione privata, Gran Bretagna]

Nel 1769 Richard Arkwright (1732-1792), un giovane barbiere del Lancashire (Inghilterra nord-occidentale), brevettò una macchina filatrice azionata ad acqua, grazie alla quale era possibile produrre un filo di cotone sottile e resistente. Solo due anni più tardi avviò il primo cotonificio azionato con energia idraulica nel villaggio di Cromford. La filanda, che impiegò circa 600 operai, fu un successo commerciale tanto da diventare un modello per la successiva produzione industriale. La vicenda di Arkwright può essere considerata esemplare dei primi passi mossi da quella che in breve tempo divenne la borghesia imprenditoriale, protagonista, insieme alla classe operaia, della rivoluzione industriale.

Focus
Il lavoro minorile

Storiografia
D.S. Landes
Il mercato inglese

ONLINE

manifatture; l'importanza delle macchine per dar vita alla **fabbrica meccanizzata** e la nascita di nuove classi sociali come la **borghesia imprenditoriale** e il **proletariato industriale** (composto dai lavoratori salariati e dalle loro famiglie).

Una rivoluzione economica

La rivoluzione industriale segna una radicale svolta nel sistema di produzione delle merci che ebbe inizio in Gran Bretagna, in particolare in Inghilterra, a partire dagli anni '60 del '700 per poi estendersi nell'800 ad altri paesi europei e agli Stati Uniti. Il tasso di sviluppo dell'economia che si registrò in quegli anni, pari all'1,5%, può essere considerato basso se paragonato ai ritmi di crescita del '900 (vicini e talora superiori al 6-8%), ma l'aspetto più importante è la **continuità dello sviluppo** accompagnato da profonde trasformazioni sociali. Le rivoluzioni economiche non hanno i tempi rapidi delle rivoluzioni politiche, misurabili in giorni e mesi, e qualche volta in numero limitato di anni, ma producono effetti duraturi ed evidenti nel medio e lungo periodo. Grande produttrice di ricchezza, l'industrializzazione sarebbe divenuta, in tutto il pianeta, la via obbligata per la **conquista del benessere** o almeno per l'uscita dalla povertà, anche se a prezzo di un iniziale peggioramento delle condizioni di lavoro per migliaia di uomini, donne e bambini.

GUIDA ALLO STUDIO

❶ Quali sono i passaggi cruciali della rivoluzione industriale individuati da Karl Marx e Friedrich Engels? ❷ Che cosa si intendeva con meccanizzazione? ❸ In che paese ha inizio la rivoluzione industriale? ❹ Quali furono gli effetti duraturi della rivoluzione industriale?

2 Perché in Gran Bretagna?

Condizioni preliminari

Per comprendere le ragioni per cui la Gran Bretagna divenne la prima nazione industriale è indispensabile individuare i **pre-requisiti** ossia le condizioni preliminari e particolari che consentirono alla rivoluzione di prendere avvio sul suolo britannico e non altrove.

■ **Materie prime a basso costo** Dalla metà del '700 la Gran Bretagna dominava il commercio internazionale: questo significava minore costo delle **importazioni** di materie prime – come il cotone grezzo – e la possibilità di esportare su tutti i mercati i prodotti delle attività industriali nazionali.

■ **Società prospera e dinamica** La società britannica si distingueva per una superiore diffusione delle **libertà** e della **tolleranza**, elementi strettamente connessi al commercio e all'ascesa delle **classi medie**. Paese già prospero e culturalmente vivacissimo, era in grado di offrire molti sbocchi allo spirito pragmatico, alla disponibilità al rischio e al dinamismo dei suoi imprenditori.

■ **Disponibilità di capitali** La rivoluzione agricola e la privatizzazione delle terre [👁 2.5], sostenuta con energia dal Parlamento, avevano contribuito alla **concentrazione della ricchezza** e alla disponibilità di capitali nel paese.

■ **La cultura scientifico-pratica** Alla diffusione anche negli strati artigianali degli elementi della **formazione di base** – leggere, scrivere e soprattutto fare di conto – corrispondeva la presenza di una cultura scientifico-pratica che sollecitava la ricerca di nuove soluzioni tecniche per la nascente meccanizzazione. I principali inventori delle nuove macchine per l'industria tessile non furono scienziati ma **ingegnosi praticanti**.

■ **Energia a basso costo** Un costo del lavoro relativamente alto (se paragonato a quello di altri paesi europei o asiatici) e una disponibilità di **energia, idrica o prodotta dal carbone**, a basso prezzo, rese conveniente puntare sull'innovazione tecnologica e sulle nuove macchine per aumentare la **produzione** complessiva e la **produttività** per lavoratore. Ciò fu particolarmente evidente nelle innovazioni applicate alla filatura

Meccanizzazione
La meccanizzazione consiste nell'impiego parziale o totale delle macchine per sostituire, nella produzione, il lavoro manuale dell'uomo o l'attività fisica degli animali. Diversamente dall'automazione, che può non dipendere da un operatore umano, la meccanizzazione prevede la partecipazione dell'uomo. Questi completa, accompagna e sorveglia il lavoro meccanico. Può anche fornire alla macchina informazioni o istruzioni. Per controllare i processi produttivi meccanizzati si impiegano, oggi, sempre più di frequente, computer e software elaborati.

Produzione / produttività
Per produzione si intende l'insieme delle operazioni, semplici o complesse, attraverso le quali si crea un bene trasformando altri beni, nella materia o nella forma per esempio. La produttività è invece il rapporto fra la produzione e il lavoro svolto per ottenerla.

del cotone. Altrove, in Francia e in Austria per non parlare dell'India, il basso costo del lavoro non costituiva un incentivo alla meccanizzazione.

Innovazioni e sviluppo tecnologico

Numerose furono le **invenzioni** che accompagnarono i primi anni dello sviluppo industriale: tuttavia, non è l'invenzione in quanto tale che provoca il cambiamento, ma è la sua applicazione diffusa e costante – l'**innovazione** – che costituisce il cuore della trasformazione tecnica. I **settori principalmente interessati** dai cambiamenti tecnologici furono quelli delle **macchine utènsili** e della generazione di forza motrice e, strettamente connesso a quest'ultimo, della estrazione e lavorazione delle materie prime, in particolare del carbone e dei minerali ferrosi.

Nel settore dell'industria **tessile**, la reciprocità del rapporto tra invenzione e produzione risulta particolarmente evidente. In un breve giro di anni una serie di invenzioni consentì il passaggio alla completa meccanizzazione della filatura (che trasforma il materiale grezzo in filo) e alla produzione di un filato sempre più sottile e resistente: venne messa a punto prima la macchina per filare azionata a mano, la *jenny* di **James Hargreaves**, brevettata nel 1765; poi, nel 1769, fu inventato da **Richard Arkwright** il filatoio idraulico, alimentato appunto con energia idrica; e nel 1779 il filatoio *mule* di **Samuel Crompton**, un ibrido fra le due precedenti macchine. La tessitura rimase invece prevalentemente manuale nonostante l'invenzione del **telaio meccanico** di **Edmund Cartwright** (1787), che tuttavia si affermò solo a partire dal 1820, mentre i telai tradizionali rimasero in attività fino al 1850 circa.

ONLINE

Storiografia
J. Mokyr
La creatività tecnologica

Focus
Invenzioni e brevetti

Macchine utènsili
Le macchine utènsili sono fisse e alimentate da una forza motrice. Vengono usate per sagomare pezzi di legno, metallo o altro materiale in grande quantità. Queste macchine possono tagliare, tranciare, spremere la materia prima ma, in tempi molto recenti, anche agire sulla materia con l'energia elettrica o gli ultrasuoni.

Interno della manifattura tessile Swainson & Birley a Preston (Inghilterra)
1834
[Science and Society Library, Science Museum, Londra]
Quello tessile fu il settore trainante delle innovazioni tecniche nelle manifatture inglesi. L'immagine mostra il sistema della filatura intermittente operato da più filatoi, detto *mule*. Per funzionare, queste macchine necessitavano di tre persone, solitamente un uomo (chiamato *spinner*) e due assistenti donne (*piecers*); a questo gruppo si univa poi un bambino o una bambina (*scavenger*), visibile nell'immagine sotto la trama dei fili, in basso a destra.

Il capanno della tessitura nella filanda Quarry Bank a Styal (Inghilterra)
[Quarry Bank Mill and Styal Estate, Styal]
Quarry Bank Mill, nell'Inghilterra centro-occidentale, è una delle manifatture tessili risalenti alla prima rivoluzione industriale meglio conservate, tanto da essere stata trasformata, insieme al vicino villaggio di Styal, in museo dell'industria cotoniera. All'interno dell'edificio principale venivano eseguite tutte le operazioni relative alla produzione di tessuti: il cotone vi entrava imballato grezzo e ne usciva tessuto. Costruito sul fiume Bollin nel 1784, il cotonificio era azionato da una enorme ruota che, attraverso un complesso sistema di cinghie, trasmetteva l'energia idrica ai diversi macchinari sui piani soprastanti. Dopo alcuni lavori di ampliamento, si rese necessaria l'introduzione di una macchina a vapore (1810), grazie alla quale era possibile integrare l'energia idrica del fiume, in particolare nei mesi estivi. Una seconda macchina a vapore rimpiazzò la prima nel 1836, rispondendo così meglio ai sempre più grandi fabbisogni di energia dell'industria, che ha mantenuto attiva la sua produzione fino al 1959.

ONLINE

Storiografia
Ph. Deane
I caratteri della rivoluzione industriale

La macchina a vapore Ancora nei primi decenni dell'800, le ruote idrauliche installate lungo i corsi d'acqua fornivano l'energia necessaria a muovere le nuove macchine e le fabbriche si chiamavano *mills*, 'mulini'. Una svolta decisiva fu il passaggio allo sfruttamento dell'**energia termica** con la costruzione delle prime macchine a vapore – a cominciare da quella inventata da **James Watt** nel **1769**. La macchina a vapore funzionava bruciando carbone per riscaldare l'acqua e produrre vapore. Generava così energia artificialmente e in base alle esigenze di produzione. Divenne allora sempre più conveniente utilizzare una **forza**

PERSONAGGI

James Watt

Nello sterminato elenco di ingegneri, tecnici, meccanici, imprenditori artefici della grande mole di innovazioni all'origine della rivoluzione industriale, il nome di James Watt (1736-1819) è sicuramente il più noto. Si deve a lui, infatti, la progettazione e la fabbricazione di alcune fondamentali invenzioni che resero la macchina a vapore uno strumento capace prima di trasformare il modo di lavorare e produrre e poi, in un secondo momento, di rivoluzionare i sistemi di trasporto. Per queste ragioni egli fu a lungo considerato l'"inventore" per eccellenza.
La passione di Watt per la progettazione e per la costruzione dei macchinari emerse prestissimo, grazie a un contesto particolarmente favorevole. L'ambiente familiare – era nipote di un matematico e figlio di un architetto e costruttore navale – ebbe un ruolo indiscutibile nel suscitare, nel giovanissimo James, una curiosità molto precoce per la matematica e per la tecnica. La sua iniziale formazione si svolse a Greenock, la cittadina scozzese in cui nacque e crebbe: non tanto però nelle aule scolastiche, dove si dedicò principalmente allo studio delle materie classiche, quanto nel laboratorio del padre, nel quale iniziò, già da bambino, a prendere confidenza con gli strumenti di lavoro e con i disegni dei progetti.
Finite le scuole, si trasferì prima a Glasgow e poi a Londra per studiare matematica e scienze all'università. Dopo un anno nella capitale, senza portare a termine gli studi, decise di fare ritorno a Glasgow. Watt non poté, come probabilmente desiderava, aprire un proprio laboratorio. Come in tutti i centri urbani, le attività produttive erano rigidamente vincolate e le corporazioni di mestiere della città non permettevano di avviare un'autonoma officina a chi non avesse svolto alcuni anni di apprendistato.
Venne perciò assunto dall'università come tecnico responsabile dell'attrezzatura dei laboratori. Poté così partecipare alle diverse attività di ricerca e conoscere alcuni dei maggiori scienziati attivi in Scozia. Importante, per le sue successive scoperte, si sarebbe rivelata l'amicizia con il fisico Joseph Black, che stava sviluppando il concetto di "calore latente", e con il chimico John Robinson. Fu proprio nel corso di questa collaborazione che Watt cominciò a

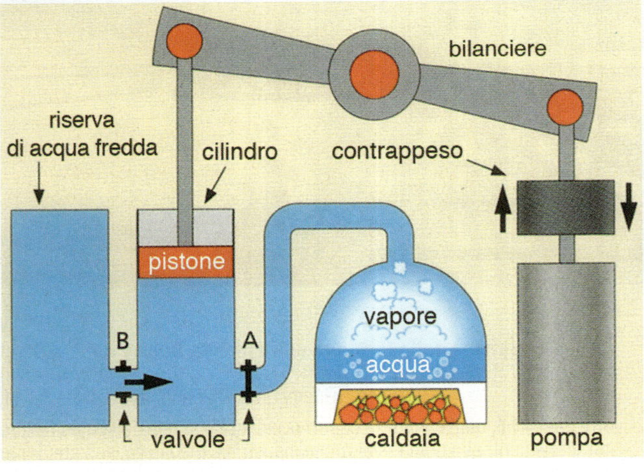

◂ **Schema della macchina a vapore di Thomas Newcomen (1709)**

Il vapore prodotto nella caldaia passa nel cilindro e solleva il pistone. Viene quindi chiusa la valvola **A** e introdotta dell'acqua di raffreddamento attraverso la valvola **B**. Il vapore si condensa creando un vuoto che provoca la discesa del pistone: in questo modo si crea il movimento del pistone e quindi del bilanciere.

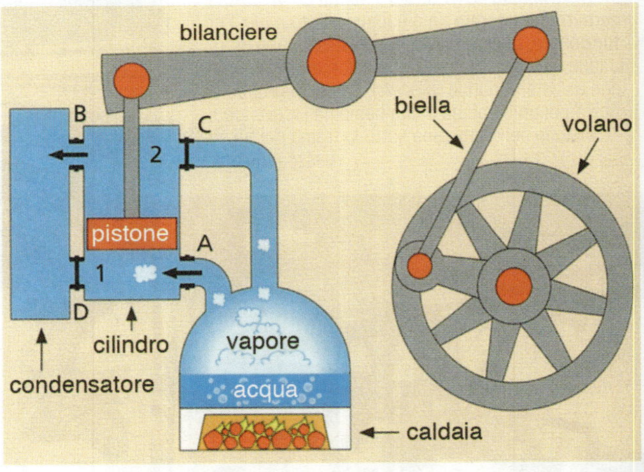

▸ **Schema della macchina a vapore di James Watt (1769)**

Il vapore entra nella parte bassa del cilindro (**1**) tramite la valvola **A**, il pistone sale in alto e spinge il vapore nel condensatore tramite la valvola **B**. Le valvole **A** e **B** si chiudono, **C** e **D** si aprono: questa volta il vapore entra nella parte alta del cilindro (**2**) passando per la valvola **C**. Il pistone è spinto verso il basso e spinge il vapore nel condensatore attraverso la valvola **D**. Ancora una volta **D** si chiude e il ciclo ricomincia. In questo modo il movimento è più rapido e il raffreddamento è portato avanti nel condensatore. Tramite il bilanciere e il sistema a biella, il moto alternato del pistone si trasforma nel moto rotatorio del volano, che funge da ruota motrice per altri meccanismi ad essa collegati.

motrice costante alimentata da un combustibile, il **carbone**, di cui la Gran Bretagna possedeva ricchi giacimenti, senza sottostare più ai cicli naturali – che condizionavano l'impiego di energia eolica e idrica – o ai limiti della forza fisica umana e animale. A questo punto, **vapore e carbone divennero gli strumenti del progresso.** Nel 1800 erano in funzione 1000 macchine a vapore, nel 1815 la potenza installata era già cresciuta di 20 volte.

GUIDA ALLO STUDIO

❶ Quali furono i prerequisiti indispensabili che consentirono alla rivoluzione industriale di prendere avvio in Gran Bretagna? ❷ Che differenza c'è tra invenzione e innovazione? ❸ Quali furono le più importanti innovazioni introdotte nell'industria tessile del '700? ❹ Quale fonte di energia fu impiegata nelle nuove fabbriche?

interessarsi all'uso del vapore come fonte di energia motrice. Nel 1764 fu incaricato di lavorare su un piccolo esemplare della "macchina di Newcomen". La macchina, messa a punto da Thomas Newcomen una cinquantina d'anni prima, era stato il primo strumento a usare il vapore per generare energia. Utilizzata soprattutto per pompare acqua dalle miniere, era un macchinario rudimentale, che richiedeva un'elevata quantità di carbone da bruciare, e dagli impieghi limitati.

Watt da tempo aveva cominciato a elaborare progetti per macchine a vapore e a costruire alcuni prototipi. Si trattava, tuttavia, soltanto di tentativi, condotti per lo più senza una sperimentazione diretta del funzionamento delle macchine già esistenti. Per queste ragioni, il lavoro iniziato sulla macchina di Newcomen fu una tappa fondamentale per il procedere dei suoi studi.

Watt impiegò circa un anno per venire a capo del problema del grande spreco di calore, solo una parte del quale era utilizzato direttamente per produrre il movimento. La soluzione fu trovata nel "condensatore separato": a fianco al cilindro in cui, per effetto del vapore, si muoveva il pistone che attivava l'azione meccanica, inserì un secondo contenitore separato nel quale la temperatura poteva essere diminuita, in modo da non disperdere il calore dentro il cilindro. In questo modo si produceva energia motrice utilizzando una minore quantità di calore e, dunque, di carbone da bruciare. Watt giunse così – al termine di un lungo lavoro di studio e progettazione e di rigorose sperimentazioni – a realizzare la sua prima e, probabilmente, la sua più grande invenzione.

La macchina a vapore continuava comunque a essere impiegata solo per pompare acqua in superficie, dai condotti minerari o nelle operazioni di scavo per la realizzazione di canali artificiali. Non appare allora casuale che, poco dopo aver elaborato la sua invenzione, Watt lasciasse l'impiego all'università per intraprendere l'attività di ingegnere civile, quale responsabile per la costruzione di canali nella zona di Glasgow. Oltre a garantirgli una maggiore sicurezza economica, il nuovo impiego gli consentiva di studiare le macchine a vapore in attività, portando avanti, anche se in tempi più lenti, le proprie sperimentazioni. Nel giro di alcuni anni riuscì a mettere a punto ulteriori miglioramenti: il più importante – per il quale registrò nel 1769 il suo primo brevetto – fu l'accorgimento che consentiva di utilizzare la pressione del vapore, e non quella atmosferica, per la discesa del pistone nel cilindro (il pistone, infatti, sospinto dal vapore, andava in alto e poi scendeva); in questo modo impedì che l'aria raffreddasse il cilindro, diminuendo quindi il dispendio di vapore e di combustibile.

L'attività sperimentale, però, richiedeva consistenti investimenti economici, soprattutto per la costruzione dei prototipi. Per questa ragione fu necessario associarsi ad alcuni imprenditori, in grado di garantire il capitale necessario e di favorire la commercializzazione delle macchine. Particolarmente importante fu la venticinquennale collaborazione con l'industriale metallurgico Matthew Boulton, avviata nel 1775, quando Watt lasciò l'incarico di ingegnere civile e si trasferì a Birmingham, dove Boulton viveva e aveva le proprie attività.

La nuova disponibilità di capitali e la possibilità di dedicarsi a tempo pieno alla progettazione resero possibile mettere a punto, nell'arco di pochi anni, altre innovazioni. Tra le più importanti sono da annoverare la valvola per mantenere costante la velocità della macchina; l'indicatore per misurare la pressione del vapore, fondamentale per tenere sotto controllo il macchinario; soprattutto, il meccanismo che permetteva di trasformare il moto rettilineo alternato dello stantuffo nel moto rotatorio continuo di un volano. Intorno al 1790, la macchina di Watt poteva dirsi sostanzialmente completata: rispetto soltanto a pochi anni prima ora risultava più efficiente, più economica e, grazie al moto rotatorio, adattabile a un numero decisamente più ampio di attività.

Gli ultimi anni furono dedicati prevalentemente all'attività commerciale e al rapporto con gli acquirenti. Fino al 1800 (la data di scadenza del primo brevetto, entro la quale era possibile conseguire i guadagni in esclusiva sulle innovazioni realizzate) Watt, insieme a Boulton, riuscì a vendere circa 450 macchine, la gran parte in Inghilterra e in Scozia, e una trentina nelle altre nazioni dell'Europa occidentale, in Russia e in India. Macchine a vapore vennero installate presso cotonifici, fabbriche metallurgiche, cartiere, distillerie. Ne derivò, per l'inventore, un grande profitto, nonostante i frequenti casi di spionaggio industriale e di pirateria.

Il successo commerciale coincise per Watt con il raggiungimento di un maggiore benessere economico e con il riconoscimento ufficiale dei suoi meriti scientifici. Fu nominato socio della Royal Society (l'accademia nazionale inglese delle scienze) e invitato a far parte della Lunar Society, un'associazione di scienziati e uomini di cultura per il progresso delle scienze e delle arti. Nel 1800, in coincidenza con la scadenza dei diritti in esclusiva garantiti dai brevetti, si ritirò da ogni attività. Continuò tuttavia a raccogliere attestati e benemerenze.

I riconoscimenti non cessarono neanche dopo la sua morte, avvenuta nel 1819. La diffusione della sua macchina nel corso dell'800 – impiegata ormai non solo per attivare i macchinari delle manifatture, ma anche per far muovere i nuovi mezzi di trasporto (le locomotive e le navi a vapore) – avvenne parallelamente alla celebrazione del suo nome. Nei decenni successivi Watt sarebbe stato incluso dalle autorità scozzesi nel novero degli "eroi" nazionali, e *watt* verrà chiamata dal 1882 l'unità di misura della potenza.

3 Cotone e ferro

Ghisa / altoforno
La ghisa è una lega di ferro e carbonio (superiore all'1,7%). Può solo essere fusa in stampi, a una temperatura relativamente bassa (1060°-1020°) ed è molto scorrevole allo stato liquido. Resistente all'usura e all'ossidazione, e non facilmente deformabile, la ghisa viene prodotta negli altiforni. In questi forni a funzionamento continuo l'alta temperatura permette la riduzione a metallo dei minerali di ferro, grazie all'ossido di carbonio prodotto dalla combustione del carbone.

Puddellaggio
In siderurgia il puddellaggio, dall'inglese *to puddle*, 'rimestare', è il trattamento di ossigenazione del carbonio (ma anche del manganese, del silicio e del fosforo presenti nel metallo) e rimescolamento continuo a cui viene sottoposta la ghisa in appositi forni. La lega diventa così più duttile e malleabile. Il sistema fu messo a punto per la prima volta nel 1784 da Henry Cort, che introdusse il forno a riverbero specifico per questo tipo di processo.

L'industria cotoniera

«Se diciamo rivoluzione industriale, intendiamo cotone»: niente di più vero di questa affermazione dello storico Eric J. Hobsbawm. È il settore dell'industria cotoniera che determina il decollo dell'industrializzazione: il cotone fu infatti il battistrada del nuovo modo di produzione basato sulla fabbrica. Intorno al 1760 la Gran Bretagna importava 2,5 milioni di libbre di cotone grezzo, nel 1787 l'importazione era salita a 22 milioni, per giungere cinquant'anni dopo a 366 milioni. Questi dati lasciano chiaramente comprendere l'**enorme incremento produttivo** dell'industria cotoniera britannica. Tradizionale grande produttrice ed esportatrice di tessuti di lana, la Gran Bretagna cominciò a primeggiare anche nel settore cotoniero.

I tessuti di cotone avevano un **mercato molto più ampio** di quello della lana, erano adatti a tutti i climi e in grado di sostituire la canapa e il lino. Per quasi tutto il '700 il Bengala indiano, ormai sotto dominio britannico, era stato il maggior produttore di tessuti di cotone, imbattibili per costo e qualità, distribuiti in tutto il mercato internazionale dalle navi mercantili britanniche [ATLANTE_10]. Fu proprio questa **competizione internazionale** a sollecitare la meccanizzazione della filatura con risultati straordinari tanto sul versante quantitativo quanto su quello qualitativo, e con un'alta remunerazione dei capitali investiti. Contemporaneamente all'aumento di produttività dovuto alle macchine, la **diminuzione del costo del lavoro** era favorita da un'ampia disponibilità di manodopera alla quale non era richiesta una particolare specializzazione, data l'elementarità della manovra delle nuove macchine tessili. L'**espansione demografica** e la possibilità di impiegare **donne e bambini** fornirono all'industria la necessaria quantità di forza lavoro a basso costo per poter entrare sul mercato a prezzi competitivi e sostenere quindi l'ampliamento della domanda di un prodotto sempre più economico e sempre più richiesto.

James Nasmyth
Il maglio a vapore della fonderia di Patricroft presso Manchester
1840 ca.
[Science Museum Library, Londra]
Questo dipinto fu realizzato dal britannico James Nasmyth (1808-1890), che nel 1839 ideò e disegnò il maglio a vapore per la lavorazione dei lingotti di ghisa (poi brevettato nel 1843). Il maglio – l'enorme macchinario visibile al centro del quadro – è impiegato ancora oggi nelle fonderie per modellare grossi blocchi di ferro.

L'industria siderurgica Quasi nello stesso periodo in cui si sviluppò il settore cotoniero, l'**industria del ferro** – la siderurgia – segnò un passaggio indispensabile dell'industrializzazione britannica. La progressiva meccanizzazione, infatti, dipendeva da investimenti in nuove attrezzature e in macchine costruite prevalentemente in ferro. Ma anche qui era necessario introdurre innovazioni che eliminassero e riducessero le strozzature di una produzione legata al tradizionale impiego del carbone di legna per alimentare gli **altiforni** che producevano la **ghisa**. Il risultato era infatti una ghisa di scarsa qualità dovuta alle impurità del minerale ferroso locale: solo la dispendiosa importazione del ferro svedese, più puro, consentiva di ottenere un prodotto di qualità accettabile. Neppure l'impiego del **coke**, risultato dalla distillazione del **carbone fossile**, materia prima largamente disponibile in Gran Bretagna, era riuscito a migliorare la qualità della ghisa data la difficoltà di raggiungere le alte temperature necessarie negli altiforni.

Focus
Divisione del lavoro
ONLINE

La **macchina a vapore** e il **sistema di Henry Cort** per il **puddellaggio**, brevettato nel 1783-84, mutarono totalmente questa situazione: permettendo non solo la produzione di ghisa di buona qualità anche a partire dal minerale britannico, ma soprattutto un notevole abbattimento dei costi di produzione. Infatti, l'insufflazione di aria negli altiforni, assicurata dalle macchine a vapore, consentiva la completa combustione del coke e il raggiungimento di temperature tali da rendere possibile la raffinazione del ferro. La macchina a vapore rendeva inoltre disponibili in modo continuo le grandi potenze necessarie per modellare la ghisa con i magli e i laminatoi.

La produzione di ghisa crebbe costantemente dalle 68 mila tonnellate del 1788 alle 581 mila del 1825 e, dal 1812, la Gran Bretagna diventò un paese esportatore. Il ferro assurse a simbolo della nuova **civiltà della macchina** e il suo impiego, oltre che in ogni tipo di strumenti, si affermò nell'edilizia pubblica e abitativa, in parte per le caratteristiche intrinseche e la convenienza del materiale, ma in parte anche per il suo valore simbolico. Fra il 1775 e il 1779 veniva costruito a Coalbrookdale, sul fiume Severn, il **primo ponte interamente in ghisa** con una luce di 30 metri. Il trionfo di questa funzione celebrativa del ferro si sarebbe avuto con la costruzione del Crystal Palace per l'Esposizione universale di Londra del 1851 [👁 15.3 EVENTI].

GUIDA ALLO STUDIO

❶ Che cosa favorì in Gran Bretagna lo sviluppo dell'industria cotoniera? ❷ Prima della rivoluzione industriale, quale paese era stato il maggior produttore di tessuti di cotone? ❸ Che cosa rese possibile lo sviluppo della moderna industria siderurgica? ❹ Quali furono i nuovi impieghi del ferro?

4 La nascita della fabbrica

La divisione del lavoro L'attività produttiva preindustriale si svolgeva nelle botteghe artigiane o più spesso nei sobborghi e nelle campagne, dove il metodo di produzione era prevalentemente quello a domicilio [👁 2.6]. Con l'introduzione delle macchine e del vapore questo sistema cambiò radicalmente: le fabbriche – soprattutto le filature tessili – erano grandi edifici a più piani sorti inizialmente lungo i corsi d'acqua anche in campagna (per sfruttare l'energia idrica). L'adozione delle macchine a vapore consentì lo spostamento delle fabbriche nelle città. Il **lavoratore** generico divenne un operaio **salariato**: abbandonò cioè tutte le altre attività che nell'impresa familiare continuava a svolgere, in particolare quella agricola, ed ebbe nella fabbrica il suo unico impiego. Inoltre, **cominciò a eseguire solo l'operazione parziale** – spesso molto semplice ma continuamente ripetuta – affidatagli sulla base di una crescente divisione del lavoro.

Lavoro salariato
Il lavoratore impiegato nella fabbrica presta la sua opera, alle dipendenze del padrone della stessa fabbrica, in cambio di una somma di denaro giornaliera, il salario. Questo tipo di lavoratore non possiede altro che la sua capacità di lavorare e la vende in cambio del salario. Nella società preindustriale, invece, i lavoratori erano spesso proprietari degli strumenti di produzione, dai telai agli attrezzi agricoli, e li usavano per ottenere i prodotti che consumavano o vendevano in parte sul mercato.

ONLINE

Storiografia
E.P. Thompson
La formazione della classe operaia

Focus
La città industriale

Industria e paesaggio

Parola chiave
Luddismo

Lo sfruttamento dei lavoratori L'avvento del sistema di fabbrica impose condizioni di lavoro molto gravose, che prevedevano orari oscillanti fra le **12** e le **16 ore** giornaliere. La semplificazione del processo produttivo rese possibile il largo impiego, soprattutto nell'industria tessile, di **donne** e **bambini** che furono sottoposti a un duro sfruttamento. La condizione operaia era caratterizzata dalla estrema **precarietà del posto di lavoro** ed era inoltre aggravata da tutti i problemi connessi al processo di inurbamento. Gli operai erano costretti ad abitare in situazioni di sovraffollamento, in case fatiscenti e in pessime condizioni igieniche, potendo contare su un'alimentazione povera in quantità e qualità.

Le trasformazioni del paesaggio urbano e rurale Il sistema di fabbrica trasformò anche la distribuzione territoriale delle unità produttive e ridisegnò con essa l'immagine topografica e architettonica delle città e il paesaggio. L'attività lavorativa, infatti, si concentrò progressivamente nei centri urbani che crebbero in misura considerevole secondo **tipologie edilizie di tipo intensivo**, mentre anche la campagna circostante modificava le sue **colture** in funzione di una **popolazione urbana in forte aumento**. Manchester, che divenne il principale centro dell'industria cotoniera, sestuplicò la sua popolazione da 20 mila a 120 mila abitanti tra il 1760 e il 1830.

I luddisti La formazione dei grandi agglomerati di popolazione urbana e le nuove modalità di aggregazione sociale rappresentate dalla fabbrica e dal quartiere operaio da un lato resero più omogenei bisogni e condizioni di vita, dall'altro, attraverso l'intensificarsi dei contatti, diffusero la consapevolezza di un destino comune. Questi furono i presupposti per il sorgere di forme nuove di analisi e di azione politica. Tuttavia la consapevolezza del processo di trasformazione in atto nelle condizioni di lavoro e nel ruolo sociale dei lavoratori maturarono inizialmente **negli strati tradizionali degli artigiani** e non fra i nuovi operai di fabbrica. Fu tra i lavoranti a domicilio, gli artigiani e i giornalieri del settore tessile che si diffuse il luddismo, una delle prime manifestazioni di opposizione sociale. Questo movimento, organizzato in segrete e disciplinate "bande di guerriglia", prese il nome dal leggendario tessitore **Ned**

Eyre Crowe
L'ora di pausa, Wigan
1874
[Manchester Art Gallery, Manchester]
Messo in mostra alla Royal Academy di Londra nel 1874, questo dipinto è una delle prime raffigurazioni ottocentesche della vita in una cittadina industrializzata a fare la sua comparsa negli spazi di una mostra d'arte ufficiale. La rappresentazione delle donne in pausa, vestite di abiti lindi e ritratte in un momento di tranquilla serenità sullo sfondo di fabbriche di mattoni rossi, sembra chiaramente idealizzata: l'autore volle probabilmente andare incontro alla "sensibilità" delle classi sociali più agiate, certamente non avvezze alle immagini sicuramente più crude che potevano vedersi quotidianamente nei distretti industrializzati del Centro-nord dell'Inghilterra. L'unica nota del dipinto che ricorda la difficile vita delle classi lavoratrici è il poliziotto, la figura nera visibile in fondo, alle spalle del gruppo in primo piano, che con il bastone in mano sorveglia le donne, pronto a riportare l'ordine in qualsiasi momento.

Ludd che nel 1779 avrebbe distrutto un telaio meccanico per la fabbricazione delle calze di lana. I luddisti contrastavano il diffondersi della prima meccanizzazione adottando come principale, anche se non unica, forma di lotta la **distruzione delle macchine**, nel cui impiego veniva individuata la causa fondamentale della disoccupazione e dei bassi salari. In questa elementare protesta trovavano espressione soprattutto il rifiuto del nuovo ordinamento della produzione e delle condizioni di vita che a questo si accompagnavano, ma anche la reazione alla politica governativa dei primi anni dell'800, improntata alla repressione di ogni fermento e di ogni spinta associativa dei ceti subalterni. La legislazione penale inglese, durissima non solo contro i distruttori di macchine ma contro qualsiasi forma di organizzazione, di sciopero e di rivendicazioni salariali, venne ulteriormente inasprita nel 1812 con l'introduzione della **pena di morte** contro i luddisti.

GUIDA ALLO STUDIO

❶ Che cosa si intende con l'espressione "divisione del lavoro"? ❷ In che modo la rivoluzione industriale riorganizzò lo spazio urbano? ❸ Chi erano i "luddisti"?

5 L'espansione dell'industria nell'Europa continentale

L'arretratezza dell'Europa continentale

Il nuovo sistema produttivo si affermò nel resto dell'Europa e negli Stati Uniti a partire dal 1830 circa. Da allora il capitalismo industriale cominciò a costituire il principale elemento propulsivo delle trasformazioni dell'intera realtà economica e sociale. Fino a quella data l'Europa si presentava come un'economia arretrata se paragonata ai contemporanei sviluppi della rivoluzione industriale britannica.

L'economia dell'Europa continentale era essenzialmente agricola e l'agricoltura era ancora, nella media, tecnicamente arretrata. I principali cambiamenti introdotti in questo periodo – uso di aratri in grado di smuovere la terra più in profondità, sistemi più complessi di rotazione, estensione delle colture foraggiere che consentivano di integrare agricoltura e allevamento – si limitavano al perfezionamento di tecniche già note. Le macchine agricole – mietitrici, trebbiatrici –, già usate in Gran Bretagna, erano pressoché sconosciute sul continente. Di concimi artificiali si cominciò a parlare solo dopo il 1840, grazie all'opera pionieristica del grande chimico tedesco Justus von Liebig (1803-1873).

In questo periodo si ebbero anche **due gravi carestie**, quella del **1816-17** e quella del **1846-47**, entrambe causate dai cattivi raccolti. La crisi del '46-47 – l'ultima di questo genere nella storia europea – fu provocata soprattutto dal diffondersi della peronospora, una malattia della **patata**, che in alcune zone, come l'Irlanda e l'Europa centrale, era diventata la base dell'alimentazione. La carestia colpì soprattutto la poverissima Irlanda, dove quasi un milione di persone morirono – su un totale di circa 9 milioni – e almeno altrettante furono costrette a emigrare in Nord America.

La ferrovia

Quando l'Europa continentale cominciò a entrare stabilmente nel sistema produttivo industriale, era già iniziata la rivoluzione dei trasporti legata alla macchina a vapore. La prima **nave a vapore** fu costruita nel 1803 dallo statunitense **Robert Fulton**. Le prime **locomotive** furono realizzate in Gran Bretagna più o meno negli stessi anni: il tipo più perfezionato – quello costruito da **George Stephenson** nel 1813 – fu subito usato per il trasporto del carbone in una miniera. L'invenzione della locomotiva e l'affermazione delle ferrovie si possono considerare come una conseguenza diretta del grande sviluppo assunto dall'industria carbonifera. Fu l'esigenza di **trasportare quantità sempre maggiori di carbone** dalle miniere ai luoghi di imbarco, o direttamente alle industrie consumatrici, a suggerire l'idea di far viaggiare i vagoni contenitori su rotaie fisse di ghisa e di farli trainare da macchine a vapore mobili, le locomotive. Il risparmio che così si otteneva, rispetto al trasporto su carri a trazione animale attraverso strade spesso accidentate e sconnesse, era tale da incoraggiare gli **investimenti assai elevati** che erano necessari per la costruzione di vere e proprie linee ferroviarie su percorsi sempre più lunghi, da adibire anche al trasporto dei passeggeri.

La costruzione della rete ferroviaria

Fra il 1830 e il 1850 furono costruiti in Gran Bretagna 11 mila km di ferrovie, che già costituivano l'ossatura di un'efficiente rete nazionale. Anche gli altri paesi del vecchio continente e gli Stati Uniti cominciarono in questi anni a progettare e a costruire treni e strade ferrate, ma

Ricostruzione e messa in funzione della locomotiva *Rocket* di Stephenson
[prova effettuata a Tyseley, Birmingham, 2011]

La locomotiva a vapore *Rocket*, realizzata nel 1829 da George Stephenson in collaborazione con il figlio Robert, fu impiegata nella prima ferrovia destinata al trasporto passeggeri, la Liverpool-Manchester, inaugurata nel 1830.

ATLANTE 28_LO SVILUPPO DELLA RETE FERROVIARIA IN EUROPA (1850-70)

La carta mostra che in origine (1840-50) le ferrovie vengono costruite in corrispondenza dei distretti industriali o delle grandi città (Londra, Parigi, Vienna, Berlino); poi (1870) le ferrovie servono anche aree quasi completamente agricole, come la Spagna o l'Italia centro-meridionale.

1850
1870

con ritmi più lenti e con risultati meno significativi: solo dopo la metà del secolo le ferrovie conobbero un vero e proprio boom su scala europea. Comunque, già negli anni '30 e '40, la locomotiva e la ferrovia divennero – per le velocità, all'epoca quasi incredibili, che consentivano di raggiungere e per lo sconvolgimento traumatico che introducevano nel paesaggio rurale – un evidente **simbolo del progresso** [ATLANTE_28]. E costituirono anche un **potente fattore per il diffondersi dell'industrializzazione**: infatti lo sviluppo delle ferrovie, oltre a offrire nuove possibilità di trasportare merci, stimolava direttamente la produzione delle industrie siderurgiche e meccaniche.

I nuovi centri industriali Nonostante la presenza di molti fattori sfavorevoli – come la scarsezza dei capitali e la propensione agli investimenti terrieri e immobiliari – alcuni **nuclei di industria moderna** – soprattutto nel settore tessile, ma anche in quello meccanico – riuscirono ad affermarsi già nell'età della Restaurazione, ossia dopo il 1815. Ciò avvenne in alcune **zone "privilegiate"**, favorite dalle ricchezze del sottosuolo, dalla disponibilità di energia idrica – che restava, accanto al vapore, la principale forza motrice nelle fabbriche – e da particolari caratteristiche geografiche – presenza di vie d'acqua navigabili, vicinanza ai mercati dei grandi centri urbani – ma anche dalla crescita di una borghesia imprenditoriale. La più vasta di queste zone si estendeva dalle coste della Manica alle Alpi svizzere e comprendeva il Belgio, alcuni distretti della Francia nord-orientale – la zona di Lille e Roubaix –, l'Alsazia francese e la Renania tedesca [ATLANTE_29]. Altri nuclei industriali si trovavano in Sassonia, in Slesia, in Boemia e nelle regioni di Parigi, Berlino e Vienna.

ATLANTE 29_L'INDUSTRIALIZZAZIONE IN EUROPA NEL 1850 CA.

Il Belgio e la Francia Proprio grazie ai suoi stretti rapporti con la Gran Bretagna, oltre che alla ricchezza dei suoi **giacimenti carboniferi**, il **Belgio** riuscì ad assicurarsi in questo periodo un indiscusso primato in campo industriale fra i paesi dell'Europa continentale. La **Francia** ebbe invece una crescita più lenta. Progressi importanti si ebbero nel **settore laniero** e **cotoniero** e anche in quello **siderurgico** e **meccanico**: il numero delle macchine a vapore fisse passò da meno di 1000 nel 1833 a quasi 4500 nel 1846. Ma, ancora nel 1850, la potenza complessiva delle macchine installate in Francia era di 5-6 volte inferiore a quella della Gran Bretagna. A impedire un decollo più rapido, e probabilmente più traumatico, era la stessa struttura della società rurale francese, caratterizzata dalla diffusione della piccola e media proprietà contadina, che teneva legati alla terra capitali e forza-lavoro, anziché "liberarli", com'era avvenuto in Gran Bretagna, e renderli disponibili per l'industria.

La Germania e l'Impero asburgico In **Germania** l'avvio dell'industrializzazione fu ancora più difficile. A metà secolo, l'area tedesca era di parecchie lunghezze indietro rispetto alla Francia per numero di macchine a vapore e per volume della produzione di ferro e di carbone. Ancora più grave, poi, era il ritardo nel

STORIA • SOCIETÀ • CITTADINANZA

La tutela dei diritti dei lavoratori

Le trasformazioni provocate dalla rivoluzione industriale fecero emergere una «questione sociale» e la conseguente necessità di migliorare le condizioni dei lavoratori. Si sviluppò così, gradualmente, il **diritto del lavoro**, che comprende il diritto sindacale (esistenza e modalità di azione e contrattazione delle organizzazioni sindacali), la legislazione sui rapporti di lavoro (salari, orario di lavoro, licenziamenti, ecc.) e la previdenza sociale: si parla, a questo proposito, di diritti economico-sociali.

All'inizio dell'800 la condizione degli operai era difficile (giornate lavorative che potevano arrivare a 16 ore, assenza di giorni di ferie o di riposo per malattia o gravidanza, salari bassissimi) e precaria (gli imprenditori potevano liberamente licenziare). La reazione a questo tipo di subordinazione fu l'**organizzazione sindacale**: i lavoratori, infatti, iniziarono a riunirsi in associazioni che, mediante azioni di protesta come gli scioperi, volevano costringere gli imprenditori ad una contrattazione collettiva sui salari e sulle condizioni di lavoro. Le prime lotte dei lavoratori riguardarono, quindi, l'abolizione dei reati di associazione sindacale e di sciopero.

In **Gran Bretagna**, negli **anni '70 dell'800** fu legalizzata l'attività del sindacato: la possibilità di associazione dei lavoratori venne riconosciuta prima come «libertà» e poi, nel 1906, come diritto. Negli anni successivi, attraverso la contrattazione collettiva, vennero raggiunti molti **accordi sui salari** e sulla **tutela del lavoro femminile e minorile**.

Con il tempo, il reato di sciopero fu soppresso, anche se i lavoratori che si astenevano dal lavoro continuarono a rischiare il licenziamento. Alla metà del '900 il **diritto allo sciopero** era ormai garantito più o meno ovunque, senza possibilità di sanzioni penali o civili (licenziamento, multe) per i lavoratori: ne è un esempio l'articolo 40 della Costituzione italiana, del 1948 («Il diritto di sciopero si esercita nell'ambito delle leggi che lo regolano»).

Alla fine dell'800 le principali rivendicazioni del movimento operaio – oltre ai diritti di associazione e di sciopero e alla fissazione di salari dignitosi («un giusto prezzo per un giusto lavoro») – riguardarono la definizione dell'**orario di lavoro giornaliero a otto ore**, in modo che altre otto potevano essere dedicate allo svago e le ultime otto al riposo. Gradualmente questo traguardo è stato raggiunto in tutta Europa e oggi l'orario massimo di lavoro è fissato a 48 ore a settimana: in Italia, la legge 196/1997 lo ha ridotto a 40 (anche se il decreto legislativo 66/2003 ha introdotto la possibilità di alzarlo, mediante contrattazione, a 48 ore, per un periodo massimo di 12 mesi); in Francia, dal 1998 è stato fissato a 35 ore a settimana.

Nel corso dell'800, inoltre, ovunque lo Stato ha cominciato a intervenire nei rapporti di lavoro. Inizialmente, l'intervento statale si è limitato alla tutela delle cosiddette «mezze forze», cioè del lavoro minorile e femminile, ma poi si è esteso a tutti gli aspetti dei rapporti di lavoro: la Costituzione italiana, ad esempio, afferma che il lavoro è un diritto, lo tutela in tutte le sue forme e applicazioni (art. 35), garantisce una giusta retribuzione e il diritto al riposo settimanale e alle ferie annuali retribuite (art. 36). In tutti i paesi occidentali, inoltre, lo sviluppo del sindacalismo è andato di pari passo con quello della legislazione sociale, che tutela i lavoratori ammalati, le vittime di infortuni sul lavoro o gli anziani.

Nel **1919** fu creata l'**Organizzazione internazionale del lavoro** (Ilo), che auspicava una tutela completa dei diritti dei lavoratori. Nel secondo dopoguerra essa è diventata un'agenzia dell'Onu e ha contribuito a stilare la *Dichiarazione universale dei diritti dell'uomo* (1948), che stabilisce che ogni persona ha diritto a giuste e soddisfacenti condizioni di lavoro, alla protezione contro la disoccupazione, ad una remunerazione equa e soddisfacente, alla fondazione e all'adesione a sindacati. Il ***Patto sui diritti economici, sociali e culturali***, approvato dall'Onu nel **1966**, ha poi ribadito questi diritti, anche se non è stato ratificato da alcuni Stati (per esempio, gli Usa). Con la svolta neoliberista di Usa e Gran Bretagna all'inizio degli anni '80, molti dei diritti dei lavoratori (tra cui quello di sciopero e quello alle ferie pagate) sono stati ridimensionati. A fronte di queste politiche del mondo anglosassone e dell'assenza di norme di regolamentazione nei paesi in via di sviluppo e nel Sud-est asiatico, la **Costituzione europea del 2004** – legandosi a tutte le precedenti deliberazioni firmate nel contesto europeo – ha invece garantito molti diritti economico-sociali, tra cui quello a non essere licenziati senza giusta causa.

A livello mondiale, l'Onu e l'Ilo hanno identificato **quattro aree di diritti irrinunciabili** dei lavoratori (i *Core Labour Standards*), che dovrebbero essere rispettati da tutti gli Stati membri e dalle imprese multinaziosettore tessile. Però in questi anni furono poste alcune premesse fondamentali: il completamento di un'**unione doganale** tra i singoli Stati, la costruzione di una **rete ferroviaria** abbastanza estesa, lo sviluppo dell'**istruzione superiore** e l'affermarsi di una prestigiosa scuola scientifica, soprattutto nei campi dell'ingegneria e della chimica. Diversa fu l'evoluzione dell'**Impero asburgico**, dove pure esistevano alcuni **promettenti nuclei di sviluppo industriale** – in Austria e in Boemia – ed erano presenti alcune condizioni favorevoli: una amministrazione efficiente, una buona rete stradale, un discreto livello di istruzione.

Al di fuori dei paesi che abbiamo appena considerato – e di pochi isolati nuclei nell'Italia settentrionale, nella Spagna del Nord (Barcellona) e in Russia (la regione di Pietroburgo) – l'industria moderna era praticamente sconosciuta. **I paesi dell'Europa orientale e di quella mediterranea mancarono l'appuntamento con la prima fase dell'industrializzazione.** Alcuni di essi, come l'Italia e la Russia, avrebbero tentato, ispirandosi al modello tedesco, di rientrare nel gioco partendo dalle fasi successive. Ma le conseguenze del ritardo si sarebbero fatte sentire per molto tempo.

GUIDA ALLO STUDIO

❶ Quali erano le condizioni dell'agricoltura in Europa agli inizi del XIX secolo? ❷ Che cosa accadde in Irlanda tra il 1846 e il 1847? ❸ Perché furono inventate le locomotive? E le ferrovie? ❹ Quale fu la causa principale che impedì alla Francia di essere protagonista di una rivoluzione industriale?

nali: 1) la libertà di azione sindacale e di contrattazione collettiva; 2) l'eliminazione di tutte le forme di lavoro forzato; 3) l'abolizione effettiva del lavoro minorile; 4) l'eliminazione della discriminazione in materia di lavoro e di impiego. Queste dichiarazioni, tuttavia, non sono state in grado di frenare gli effetti della globalizzazione dell'economia sui diritti dei lavoratori, che sono sempre più erosi in nome della produttività e della competitività.

In **Italia**, l'industrializzazione si è verificata piuttosto tardi, e quindi il sindacalismo si è sviluppato solo a partire dall'ultimo decennio dell'800. Nel **1889**, con il **Codice Zanardelli**, lo sciopero fu reso legale, mentre le prime leggi a tutela del lavoro femminile e minorile e per l'assicurazione contro gli infortuni sul lavoro furono approvate nel 1889 e nel 1904. Durante il regime fascista furono varate leggi sull'orario di lavoro, sul riposo settimanale e sull'assicurazione per l'invalidità, la vecchiaia e le malattie (1943) ma molte delle conquiste realizzate nei decenni precedenti (a cominciare dal diritto di sciopero) furono cancellate. Il Codice civile del 1942 stabiliva inoltre la piena libertà di licenziamento.

Nel **secondo dopoguerra** riprese la contrattazione collettiva e, dopo l'ingresso nel governo del partito socialista (1963), furono emanate importanti **leggi a tutela dei lavoratori**, come quella sul divieto di licenziamento delle donne a causa di matrimonio nello stesso 1963, e, nel 1965, quella sugli infortuni e le malattie professionali e quella sulle pensioni. Il 20 maggio **1970** fu approvato lo ***Statuto dei lavoratori*** (legge 300), che prevede, tra l'altro, un giustificato motivo per i licenziamenti nelle imprese con più di 15 dipendenti (articolo 18).

Manifestazione nazionale dei lavoratori precari pubblici e della scuola, ottobre 2011, Roma
[© Riccardo Antimiani/EIDON]

Oggi tutti coloro che si definiscono lavoratori "precari" condividono la mancanza di continuità del rapporto di lavoro e di conseguenza la mancanza di un reddito adeguato su cui poter contare per pianificare la propria vita presente e futura. Le proteste dei giovani continuano poiché le riforme del mercato del lavoro – con l'introduzione di forme contrattuali atipiche ossia contratti cosiddetti "flessibili" (part-time, contratti a termine, lavoro interinale, lavoro parasubordinato) – se promettevano di creare occupazione hanno in realtà progressivamente ridotto i vincoli per i datori di lavoro ad assumere lavoratori con contratti a termine, senza tuttavia modificare la legislazione relativa all'occupazione dipendente.

A partire dagli anni '80, anche in Italia si è cominciato a parlare della possibilità di **deregolamentare i rapporti di lavoro** e, di fatto, molti passi in questa direzione sono stati fatti con il crescente ricorso al lavoro degli immigrati clandestini (spesso sottoposti a dure condizioni di sfruttamento, soprattutto nel settore agricolo) e a quello «parasubordinato» o precario, in gran parte non tutelato dalle normative sul lavoro. Queste nuove forme di lavoro rendono difficile ogni rivendicazione da parte dei precari, che rischiano spesso il mancato rinnovo del contratto, non di rado valido solo per pochi mesi.

Anche la situazione dei lavoratori subordinati è tuttavia peggiorata: se da un lato, già con la legge 146 del 1990, è stato limitato lo sciopero nei servizi pubblici essenziali, dall'altro anche la contrattazione collettiva e la rappresentanza sindacale stanno perdendo valore. Si sta tornando, infatti, alla **contrattazione aziendale** o **individuale** e, in alcuni casi (ad esempio, in alcuni stabilimenti della Fiat nel 2010-11 e in decine di imprese più piccole), importanti piani di ristrutturazione aziendale che prevedono limitazioni di diritti sindacali sono stati imposti dalle imprese nonostante la dura opposizione di una parte dei lavoratori.

SINTESI

1 Caratteri della rivoluzione industriale

Nel *Manifesto del partito comunista* del 1848, i filosofi politici tedeschi Karl Marx e Friedrich Engels individuavano *i passaggi cruciali* che avevano determinato la rivoluzione industriale e la nascita della grande industria: il ruolo del commercio internazionale, l'importanza delle macchine per dar vita alla fabbrica meccanizzata e la nascita di nuove classi sociali come la borghesia imprenditoriale e il proletariato industriale. La rivoluzione industriale segna una radicale svolta nel sistema di produzione delle merci che ebbe inizio in Gran Bretagna a partire da metà '700 per poi estendersi nell'800 ad altri paesi europei e agli Stati Uniti. Lo sviluppo fu continuo e accompagnato da profonde trasformazioni sociali.

2 Perché in Gran Bretagna?

In Gran Bretagna il controllo del commercio internazionale favorì le manifatture tessili – rapido e poco costoso approvvigionamento di cotone grezzo, ampio mercato di vendita per i prodotti – e la diffusione di una mentalità imprenditoriale. La concentrazione nella proprietà della terra e l'introduzione di nuove tecniche di coltivazione determinarono una rivoluzione agricola che stimolò in vari modi il processo di industrializzazione: minore costo delle importazioni, disponibilità di capitali per impieghi industriali, una società vivace, dinamica, in cui andava diffondendosi una cultura scientifico-pratica, il basso costo dell'energia di contro a un più alto costo del lavoro. Alla rivoluzione industriale si collegò l'introduzione di nuove tecnologie. Il rapporto di reciprocità tra invenzione e produzione è evidente nel settore tessile: l'aumentata capacità della tessitura – grazie alle innovazioni – spinse alla meccanizzazione della filatura, che a sua volta stimolò l'invenzione del telaio meccanico. La fase successiva della innovazione tecnologica fu quella dell'utilizzazione del vapore come forza motrice (macchina a vapore di Watt).

3 Cotone e ferro

La prima attività in cui si sviluppò il sistema di produzione basato sulla fabbrica fu quella cotoniera, la cui produzione aumentò enormemente grazie ai costi limitati delle nuove tecnologie, alla possibilità di alti profitti, alla disponibilità di manodopera a basso costo, all'espansione del mercato. La meccanizzazione favorì anche l'industria siderurgica, che riuscì a far fronte alla nuova domanda soprattutto attraverso l'innovazione tecnologica. La produzione di ghisa crebbe costantemente e il ferro assurse a simbolo della nuova civiltà della macchina: il suo impiego, oltre che in ogni tipo di strumenti, si affermò anche nell'edilizia pubblica e residenziale.

4 La nascita della fabbrica

Il sistema di fabbrica determinò la trasformazione del lavoratore in operaio salariato, soggetto a una crescente divisione dei compiti e a condizioni di lavoro e di vita durissime. Inoltre, la semplificazione del processo produttivo rese possibile, soprattutto nell'industria tessile, l'impiego di donne e bambini. La prima reazione contro il sistema di fabbrica fu il luddismo, opera di lavoranti a domicilio e artigiani del settore tessile. Le fabbriche si concentrarono per lo più nelle città mutando la fisionomia del paesaggio urbano e rurale.

5 L'espansione dell'industria nell'Europa continentale

Nell'Europa continentale la diffusione dell'industria moderna fu assai lenta. Intorno al 1830, si verificò un'accelerazione del processo di industrializzazione. Il primato, in questo periodo, spettò al Belgio, seguito dalla Francia. Più lenta fu l'industrializzazione nei paesi tedeschi. Tracce di industrializzazione erano anche nell'Impero asburgico, in Russia, in Spagna e in Italia. Rilevanti furono anche le conseguenze economiche della rivoluzione dei trasporti: in questo periodo la novità maggiore, e davvero rivoluzionaria, fu rappresentata dalla ferrovia.

SVILUPPARE LE COMPETENZE

❶ Dopo aver inserito nello schema qui sotto i termini relativi ai passaggi cruciali della rivoluzione industriale, scrivi un breve testo (8 righe) che ne spieghi la consequenzialità:

a. ruolo del commercio internazionale; **b.** produzione manufatturiera; **c.** fabbrica meccanizzata; **d.** proletariato industriale

[ ] → [ ] → [ ] → [ ]

❷ Dopo aver collegato ad ogni elemento della colonna di sinistra quello relativo della colonna di destra, componi un testo (10 righe) che analizzi la relazione tra essi rendendo esplicito in quale Stato queste relazioni si manifestarono:

a. materie prime a basso costo	**1.** sollecitazione di nuove soluzioni
b. società prospera e dinamica	**2.** privatizzazione delle terre
c. disponibilità di capitali	**3.** ascesa delle classi medie
d. cultura scientifica	**4.** alto costo del lavoro
e. energia a basso costo	**5.** cotone grezzo

❸ Utilizza tutti gli elementi di seguito elencati per costruire un breve testo di 10 righe a cui darai un titolo descrittivo. Fai attenzione perché dovrai usare tutti gli indizi forniti anche cambiandone l'ordine:

a. diminuzione del costo del lavoro
b. cotone
c. competizione internazionale
d. espansione demografica
e. donne e bambini
f. macchine tessili.

❹ Svolgi le seguenti consegne:

a. In un testo di 15 righe descrivi i profondi cambiamenti imposti, dalla nascita della fabbrica, all'organizzazione del lavoro ma anche al paesaggio urbano e rurale.
b. In un testo di 15 righe elenca i fattori che favorirono il progresso industriale e quelli che, invece, lo contrastarono, fornendo qualche esempio concreto.

9 LE AMERICHE

CAPITOLO

1 Le lotte per l'indipendenza in America Latina

La rivoluzione a Haiti

Nel 1790, la colonia francese di Santo Domingo nei Caraibi si ribellò e la popolazione nera, composta prevalentemente da schiavi, prese il potere sotto la guida di un ex schiavo, Toussaint Louverture: era ormai evidente che gli avvenimenti rivoluzionari in Francia e la precedente guerra d'indipendenza americana avevano aperto la strada a profondi mutamenti anche in America Latina.

L'esperimento di Louverture non ebbe vita facile perché nel 1802 Napoleone ripristinò la schiavitù che Robespierre aveva abolito e combatté duramente i ribelli. Tuttavia nel 1804 Santo Domingo proclamò l'indipendenza riassumendo il nome precolombiano di Haiti. Nella rivoluzione di Haiti furono raggiunti rilevanti **cambiamenti economici e sociali**, nonostante il carattere autoritario ed etno-nazionalista che assunse il nuovo Stato [👁 10.3].

◀ **Toussaint Louverture**
Iniz. del XIX secolo
[Bibliothèque Nationale, Parigi]

Ex schiavo, Toussaint Louverture guidò la rivolta di Santo Domingo cercando di creare una "Repubblica Nera" sull'isola. A seguito della ripresa del potere da parte di Napoleone e della reintroduzione della schiavitù fu arrestato e deportato in Francia, dove morì nel 1803.

▶ **La rivolta dei neri a Santo Domingo**
1791
[Musée Carnavalet, Parigi]

ONLINE

DOC
Simón Bolívar
I vantaggi dell'unità politica

Demografia e società

Nel resto dell'America Latina da tempo la stratificazione sociale coincideva quasi perfettamente con la divisione razziale. Al vertice stavano i 4.350.000 **creoli** (*criollos*), ossia i bianchi di origine europea, discendenti dalle prime generazioni di coloni e accresciuti dalle successive ondate migratorie. In basso c'erano gli oltre 8 milioni di **indios** (in fase di ripresa demografica dopo lo sterminio della prima fase di colonizzazione), la cui condizione variava da quella di servo a quella di salariato o, più di rado, di contadino povero. I **neri**, presenti soprattutto in Brasile e nelle Antille, erano più di 4 milioni. I **meticci** (poco più di 6 milioni) occupavano le fasce sociali medio-basse e lavoravano nell'artigianato, nel piccolo commercio o nella conduzione delle aziende agricole, alle dipendenze di proprietari creoli.

L'indipendenza dalla Spagna e dal Portogallo

La spinta all'indipendenza venne dai creoli, desiderosi di liberarsi dal controllo dei governatori inviati dall'Europa e insofferenti dei vincoli che il legame con la madrepatria poneva al commercio. Queste aspirazioni si manifestarono già alla fine del '700, in seguito all'eco suscitata dalla Rivoluzione americana e alla diffusione degli ideali illuministi, a cui contribuì, anche in America Latina, una fitta rete di società segrete.

L'occasione per realizzare le aspirazioni all'indipendenza si presentò con l'invasione della Spagna da parte di Napoleone. Nel 1810, dopo che i francesi ebbero cacciato la dinastia borbonica dalla Spagna, le giunte di alcune delle principali città latinoamericane deposero i rappresentanti della monarchia e assunsero il potere. Nel 1811 la giunta di Caracas proclamò l'indipendenza della **Repubblica del Venezuela**. Cominciava così una lunga lotta di liberazione, combattuta con fasi alterne in tutto il continente dai movimenti indipendentisti, che godettero dell'appoggio della Gran Bretagna, da tempo interessata a subentrare alla Spagna nel ruolo di principale partner commerciale del Sud America.

Due furono i centri principali del movimento indipendentista: nel Nord i paesi della costa dei Caraibi – Venezuela e Nuova Granada, ossia l'attuale Colombia – dove la guida della lotta fu assunta da **Simón Bolívar**; nel Sud le province del Rio de La Plata (l'attuale Argentina) dove era attivo **José de San Martín**, un ufficiale spagnolo passato dalla parte dei ribelli. Nel 1816 i patrioti argentini proclamarono l'indipendenza del loro paese. Nel 1817 le forze di San Martín liberarono il Cile. Nel 1819, Bolívar dava vita alla **Repubblica di Gran Colombia**.

Terreno di scontro, nella fase finale del conflitto, furono i territori del Perù, ultima roccaforte dei lealisti, che furono attaccati da nord dalle forze di Bolívar e da sud da quelle di San Martín. Nel dicembre 1824 gli spagnoli furono definitivamente sconfitti ad Ayachuco, in Perù. A questo punto l'intera America Latina, salvo la Guyana e le isole dei Caraibi, era libera dal dominio europeo. Il Messico si era costituito in impero nel 1821. Sempre nel 1821, i paesi dell'America centrale si erano dichiarati indipendenti riunendosi poi (1823) nella **Federazione delle Province unite dell'America centrale**. Anche il **Brasile** portoghese – il più vasto fra i possedimenti europei in America Latina – divenne un impero indipendente nel 1822 [ATLANTE_30].

L'instabilità dei nuovi regimi

Ben presto il grande progetto di Bolívar di unire tutte le ex colonie spagnole in una grande confederazione sul modello degli Stati Uniti si scontrò con le rivalità politiche e i contrasti territoriali subito sorti fra i nuovi Stati. Risultarono inoltre aggravati gli squilibri sociali ereditati dall'età coloniale. Voluta e conquistata dall'elemento creolo, l'indipendenza non portò alcun miglioramento nelle **condizioni della popolazione india**, ovunque condannata alla povertà e all'analfabetismo. Vi furono progressi indubbi sul piano

Creolo
Agli inizi della colonizzazione dell'America il termine indicava i nati nel nuovo continente da genitori bianchi europei. I creoli, dunque, si distinguevano dai bianchi immigrati dall'Europa e dai neri deportati dall'Africa. Oggi invece creoli sono detti anche i figli di un genitore bianco e di uno di colore.

Indio
"Indio" è il termine con cui si designano gli abitanti indigeni dei paesi dell'America centro-meridionale. A partire dal '500, il termine "indiano" e il suo corrispondente spagnolo *indio* (*indios* al plurale) furono usati impropriamente per indicare le popolazioni indigene dell'America: questo perché i primi esploratori, a cominciare da Colombo, credevano di essere sbarcati nelle Indie, ossia in Asia. Anche quando l'errore fu scoperto, si continuò a parlare di «Indie orientali» e di «Indie occidentali».

dei diritti civili e le discriminazioni razziali si attenuarono. Inoltre la schiavitù fu ovunque abolita, almeno sulla carta, negli anni successivi all'indipendenza (salvo che in Brasile, dove rimase in vigore fino al 1888). Ma questo non significò la fine dello **sfruttamento dei contadini** ad opera dei grandi proprietari latifondisti: il peso di questi ultimi, anzi, andò accrescendosi a spese della borghesia urbana che era stata la principale iniziatrice del moto indipendentista.

L'**arretratezza dei rapporti sociali** incise negativamente sulla stabilità delle istituzioni rappresentative ispirate al modello dei regimi costituzionali europei e soprattutto a quello degli Stati Uniti. Dai frequenti conflitti interni venne sempre più emergendo

ATLANTE 30_L'AMERICA CENTRALE E MERIDIONALE (1810-39)

Gli Stati dell'America centrale si unirono, dopo l'indipendenza, nella Federazione delle Province unite, poi scioltasi nel 1839. Anche la «Gran Colombia» formatasi nel 1819 sotto la guida di Bolívar si suddivise nel 1830. Santo Domingo rimase spagnola fino al 1822, poi fu assorbita da Haiti, ma nel 1844 divenne indipendente. Le Malvine (o Falkland), dal 1820 dominio dell'Argentina, passarono nel 1833 alla Gran Bretagna.

- Gran Colombia, 1819-30
- Province Unite dell'America centrale, 1823-39
- **1822** anno di indipendenza

C.R. = Costa Rica **1821**
G. = Guatemala **1821**
H. = Honduras **1821**
H.B. = Honduras britannico
N. = Nicaragua **1821**
S. = El Salvador **1821**

❶ Quale fu la causa scatenante della lotta di indipendenza in America Latina? Da quale gruppo sociale provenne la spinta all'indipendenza? ❷ Perché la Gran Bretagna appoggiò i movimenti indipendentisti? ❸ Perché i capi militari assunsero un ruolo determinante nel nuovo quadro politico sudamericano?

GUIDA ALLO STUDIO

il **ruolo dei capi militari** *(caudillos)*, depositari di un potere reale conquistato nel corso delle guerre contro gli spagnoli. Si delineavano così, già all'indomani dell'indipendenza, quei caratteri della lotta politica in America Latina che erano destinati a perpetuarsi, pur nel mutare delle condizioni economiche e sociali, fin quasi ai nostri giorni.

2 La società e la politica negli Stati Uniti nella prima metà dell'800

Il dinamismo della repubblica americana

Mentre l'America Latina si affacciava all'indipendenza già divisa e afflitta dai molti problemi che ne avrebbero reso lento e difficile lo sviluppo, gli Stati Uniti si espandevano, si irrobustivano, rafforzavano il vincolo unitario: fino a proporsi come potenza egemone per tutto il

PERSONAGGI

Simón Bolívar

È stato l'eroe dell'indipendenza di diversi paesi latinoamericani dal colonialismo spagnolo e da due secoli la sua figura è rappresentata su francobolli e monete (quella venezuelana si chiama *bolívar*) e a lui sono dedicati i monumenti e le strade principali delle città sudamericane: Simón Bolívar (1783-1830) è uno dei personaggi più importanti della storia dell'America Latina. Negli ultimi anni, è diventato il riferimento ideale del nuovo corso politico di alcuni paesi latinoamericani che ricercano forme di integrazione e di cooperazione politica, sociale ed economica, rifiutando l'influenza straniera nei loro affari. Il **«bolivarismo»**, soprattutto su spinta del presidente Hugo Chávez, alla guida del Venezuela dal 1999 al 2013, si è trasformato in vera e propria corrente del pensiero politico assumendo una connotazione marcatamente populista (di esaltazione del rapporto diretto fra capo e masse).

Nato a Caracas, città cosmopolita e vivace, in una ricca famiglia creola, Simón Bolívar ricevette un'educazione accurata e prestigiosa. Trasferitosi in Spagna per affinare gli studi, nel 1802 sposò una ragazza spagnola, che però morì poco dopo. Tra il 1803 e il 1806 visitò la Francia, la Gran Bretagna, l'Italia, la Svizzera, la Germania, assistendo alle **incoronazioni di Napoleone** – da cui rimase affascinato – prima come imperatore dei francesi e poi come re d'Italia. Si avvicinò, inoltre, alla Massoneria **[👁 3.4]** e conobbe da vicino il **modello politico inglese** e l'**Illuminismo**, che influenzarono profondamente il suo pensiero politico. Uomo d'azione più che pensatore, Bolívar aveva ideali liberali e repubblicani, pur ritenendo il popolo latinoamericano ancora troppo immaturo per applicarli.

Giunto a Roma, il 15 agosto 1805 Bolívar promise nella zona di Montesacro – dove, secondo la tradizione, nel 494 a.C. si era ritirata la plebe romana ribellatasi ai patrizi – che avrebbe liberato l'America meridionale: «Giuro sul Dio dei miei genitori, giuro su loro, giuro sul mio onore e sulla mia Patria, che non darò riposo al mio braccio né pace alla mia anima finché non avrò rotto le catene che ci opprimono per volontà del potere spagnolo» sono le parole del **«*juramento*»**, da allora simbolo dell'indipendenza latinoamericana.

Dopo un soggiorno negli Stati Uniti, tornò in Sudamerica, dove stava iniziando la lotta per l'indipendenza: l'occupazione napoleonica della madrepatria spagnola, infatti, aveva agitato le colonie. Nel 1810 il Venezuela, su spinta delle élite creole (i *mantuanos*), disconobbe l'autorità spagnola: Bolívar non partecipò all'insurrezione ma fu mandato a Londra per ottenere aiuti dalla Gran Bretagna. Al ritorno, entrò nella ***Sociedad Patriótica*** e contribuì alla stesura della *Dichiarazione di indipendenza* del Venezuela (5 luglio 1811). Nel 1812, dopo un fortissimo terremoto interpretato dal clero spagnolo come un castigo divino contro i patrioti, gli spagnoli e quanti nella colonia gli erano fedeli (realisti) riconquistarono il Venezuela.

Bolívar, fuggito nella Nuova Granada (Colombia), ricominciò a combattere contro le truppe realiste, alla testa di un esercito di poche centinaia di volontari, principalmente creoli: il 15 giugno 1813 emanò il decreto di **«*guerra a muerte*»** («guerra all'ultimo sangue»), che prometteva la morte a ogni spagnolo presente nella colonia. Intanto, compreso che era necessario armare anche le classi inferiori, cercò e ottenne l'appoggio degli agricoltori e dei pastori delle Ande, delle popolazioni di colore del litorale, dell'ex movimento monarchico dei *llanos*, le savane a nord dell'Orinoco. Iniziò così la riconquista del Venezuela (la «campagna mirabile») e il 7 agosto, alla testa di un esercito che ormai contava 10 mila uomini, Bolívar entrò a Caracas e la liberò: il Consiglio della città, dandogli poteri quasi dittatoriali, lo acclamò come ***Libertador***.

Tra il 1815 e il 1816, gli spagnoli riassoggettarono però tutte le colonie: Bolívar riparò prima nella Nuova Granada e, poi, in Giamaica – da dove scrisse la ***Lettera dalla Giamaica***, in cui riassunse nei princìpi di «unità e indipendenza» il suo programma politico per l'America Latina – e a Haiti.

Dopo aver stretto legami con alcuni guerriglieri locali e con numerosi soldati inglesi e irlandesi reduci dalle guerre napoleoniche, che si unirono al suo gruppo di 650 soldati, alla fine del 1816 tornò in Venezuela e riprese la lotta per l'indipendenza, installandosi nella città di Angostura (oggi Ciudad Bolívar), sull'Orinoco. Dopo essere stato nominato, il 15 febbraio 1819, presidente della futura Repubblica venezuelana indipendente, attraversò le Ande con 2500 uomini e liberò Santa Fe (Bogotá).

Il 17 dicembre 1819 creò la **Repubblica della Grande Colombia** – che doveva compren-

continente e come interlocutore paritario delle stesse potenze europee. Questa società di agricoltori e di pionieri priva ancora di grandi centri urbani e commerciali, con una grande differenza tra il Nord manifatturiero e il Sud delle piantagioni e del lavoro degli schiavi, diede prova di un dinamismo e di una vitalità che avevano pochi confronti nella storia dei popoli. Attorno **alla metà del secolo XIX gli Stati erano diventati 31**, rispetto ai 13 fondatori, e ospitavano una popolazione di 23 milioni di abitanti [ATLANTE_31-32]. L'agricoltura si era sviluppata con ritmi rapidissimi, soprattutto nei nuovi territori dell'Ovest, e gli Stati del Nord avevano visto nascere e crescere nuclei di grande industria moderna. I centri più importanti erano collegati da una rete, già abbastanza fitta, di strade e di ferrovie.

DOC
Alexis de Tocqueville
Appunti di viaggio
ONLINE

La frontiera Questo eccezionale sviluppo non si può spiegare se non si tiene conto della geografia del paese. A **ovest** c'erano immensi spazi vuoti o più esattamente abitati dai pellerossa o indiani d'America, ridotti ormai a poche centinaia di migliaia. In questi spazi si erano cominciati a riversare, già dalla fine del '700, ondate sempre più numerose di **pionieri**: prima cacciatori di pellicce e avventurieri d'ogni tipo, poi agricoltori alla ricerca di nuove terre da coltivare stabil-

PERSONAGGI

dere Venezuela, Colombia ed Ecuador –, di cui fu nominato presidente. La nuova Repubblica esisteva, però, solo sulla carta e la lotta per la liberazione continuava. L'esercito venezuelano – agli ordini di Bolívar e del suo vice, il generale José Antonio Sucre – riuscì a ottenere una serie di successi, fino alla vittoria di Carabobo (21 giugno 1821), che assicurò l'indipendenza del **Venezuela**. A questi combattimenti parteciparono, guidati dal *Libertador*, tra i 6 e i 10 mila uomini, tra cui numerosi ufficiali italiani, come Carlo Maria Luigi Castelli, trasferitosi in America Latina per combattere per l'indipendenza delle colonie. Tra i circa 200 combattenti patriottici che vi persero la vita, c'era il famoso tenente Pedro Camejo, detto *El Negro primero*, unico ufficiale di colore dell'esercito di Bolívar.

Aita
(pseudonimo di Rita Matilde de la Peñuela)
Il Liberatore (Simón Bolívar diplomatico)
1860
[Colección de Arte del Banco Central de Venezuela, Caracas (Venezuela)]

Viaggiatore instancabile – era in grado di cavalcare per giorni –, dopo l'ingresso trionfale a Caracas, *el Libertador* riprese con Sucre la sua marcia verso sud: il loro esercito comprendeva ormai grancolombiani, argentini e, mandati da José de San Martín, circa 1700 peruviani e altoperuviani. Il 16 giugno 1822 entrò a Quito e il 13 luglio concluse la liberazione della Colombia.

In Ecuador conobbe **Manuela «Manuelita» Sáenz** (1797-1856), che diventò la sua compagna di lotta e di vita. Donna colta e intelligente, Sáenz è una figura di spicco nella storia latinoamericana, per le sue battaglie per l'indipendenza – fu assimilata all'esercito patriottico come colonnella – e per l'emancipazione femminile.

Tra il 1823 e il 1824, Bolívar e Sucre liberarono il **Perù**. Bolívar lasciò quindi il comando dell'esercito al vice, che sconfisse le ultime truppe spagnole nell'Alto Perù, dichiaratosi indipendente il 6 agosto 1825 col nome di Repubblica Bolívar, poi **Bolivia**. *El Libertador* fu proclamato presidente di tutti i nuovi Stati.

Nel dicembre 1824, inoltre, aveva convocato a Panama un Congresso per promuovere forme di cooperazione tra i paesi latinoamericani, ma il conclusivo *Trattato di unione, lega e confederazione perpetua* (1826) non fu mai ratificato.

Nella Grande Colombia, intanto, si rafforzarono le spinte separatiste, provenienti soprattutto dal Venezuela: al progetto unionista del presidente Bolívar si opponeva, infatti, quello federalista del suo vice, Francisco Santander. Per superare questa impasse, nell'agosto 1828 Bolívar emanò una nuova costituzione che, non prevedendo la vicepresidenza, estrometteva Santander dal governo. Per vendicarsi, quest'ultimo organizzò un **attentato**, a cui Bolívar sfuggì miracolosamente.

Infine, nel gennaio 1830 il Venezuela si staccò dalla Colombia. Amareggiato per il fallimento del suo sogno unitario e per il tradimento di molti amici, Bolívar lasciò ogni carica e **lasciò il Venezuela, dove fu dichiarato fuorilegge**. Come scrisse Gabriel García Márquez nel romanzo *Il generale nel suo labirinto* (1989), «era la fine. Il generale Simón José Antonio de la Santísima Trinidad Bolívar y Palacios se ne andava per sempre. Aveva sottratto al dominio spagnolo un impero cinque volte più vasto dell'Europa, aveva guidato vent'anni di guerre per conservarlo libero e unito, e l'aveva governato con polso saldo fino alla settimana prima, ma al momento di andarsene non si portava via neppure il conforto di essere creduto».

Nonostante il desiderio di tornare in Europa, l'aggravamento della tubercolosi che lo affliggeva da anni gli impedì di partire: si fermò in Colombia, dove si spense il 17 dicembre 1830.

Una carovana arriva ad una stazione di posta, sulla Sierra Nevada (Usa)
1865 ca.
[foto di Lawrence & Houseworth, San Francisco; Library of Congress, Washington, D.C.]

Nonostante la dura resistenza delle popolazioni pellerossa e le asperità del territorio, che rendevano il viaggio lungo e pericoloso, la conquista del West procedette a grandi passi. Man mano che i pionieri si stabilivano in nuovi territori, questi venivano colonizzati e "attrezzati". Lungo le strade carovaniere, poi, si creavano stazioni di posta, spesso tramutatesi nel tempo in piccoli villaggi, dove le famiglie di pionieri potevano sostare e rifocillarsi. Questa fotografia d'epoca riprende la Swift's Station, una stazione di posta sul fianco di una montagna della Sierra Nevada. Il Nevada, inizialmente parte della California, divenne il 36° Stato degli Stati Uniti nel 1864.

ATLANTE 31_GLI STATI UNITI NEL 1812-22

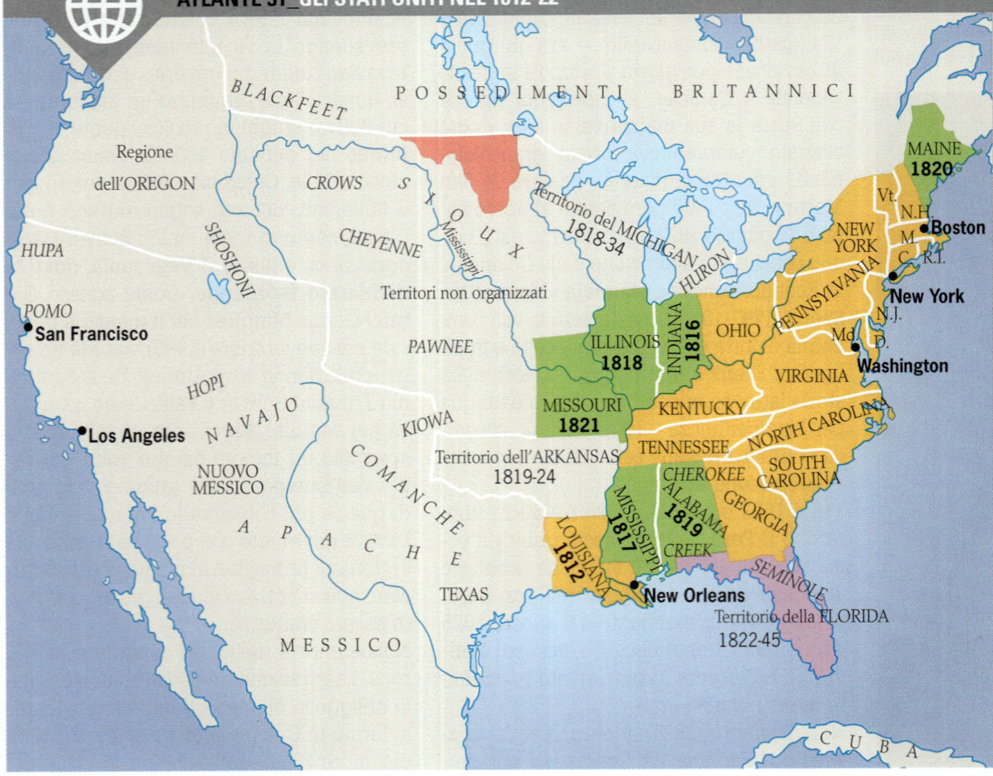

Nella cartina sono indicate anche le aree di insediamento delle principali tribù di pellerossa.

- Stati nel 1812
- Stati annessi nella Unione 1813-22
- territorio ceduto dalla Gran Bretagna 1818
- territorio ceduto dalla Spagna 1819
- SIOUX tribù indiane

C. = Connecticut
D. = Delaware
M. = Massachusetts
Md. = Maryland
N.H. = New Hampshire
N.J. = New Jersey
R.I. = Rhode Island
Vt. = Vermont

mente. Il risultato di questa spinta inarrestabile fu la tendenza dell'Unione a spingere i suoi confini sempre più verso ovest. Il **carattere aperto e mobile della frontiera** ebbe effetti profondi anche sulla mentalità, sui costumi, sulle inclinazioni politiche dei cittadini. Favorì la diffusione di uno spirito democratico, individualista ed egualitario, insofferente di disciplina, ma anche di ogni sorta di privilegi.

Parola chiave
Frontiera

ONLINE

La democrazia in America

La democrazia era uno dei caratteri costitutivi della società nordamericana. **La rivoluzione borghese che aveva dato origine agli Stati Uniti non aveva trovato sul suo cammino gli ostacoli derivanti da un passato feudale e dalla presenza di potenti aristocrazie**: si era quindi potuta dispiegare liberamente, sviluppando tutte le sue potenzialità innovatrici sul piano della crescita economica e su quello della mobilità sociale. Anche la lotta politica – imperniata, secondo il modello britannico, sulla competizione fra due partiti [👁 1.4] – restava legata ai princìpi liberali e democratici, che costituivano il quadro di riferimento comune alle diverse forze in campo.

Fino agli anni '20, la scena fu dominata dal contrasto tra federalisti e repubblicani [👁 6.4]. Nella seconda metà degli anni '20, il quadro politico subì un profondo mutamento. Scomparsi dalla scena i federalisti, il partito repubblicano si spaccò in due correnti: quella dei **repubblicani nazionali** (chiamati anche Whigs, ossia liberali), che tendevano a ereditare la base sociale e il programma dei federalisti, e quella dei **repubblicani democratici** (poi chiamati semplicemente democratici), che miravano a una più larga democratizzazione della vita politica, in polemica con le oligarchie industriali e bancarie del Nord-est.

GUIDA ALLO STUDIO

❶ Quali fattori furono determinanti per lo sviluppo degli Stati Uniti? ❷ Che cosa si intende per «carattere aperto della frontiera»? ❸ Quali gruppi politici si contesero il potere negli Stati Uniti dopo il 1820?

ATLANTE 32_GLI STATI UNITI NEL 1822-54

Nella cartina, l'espansione e l'avanzamento della frontiera verso occidente sono espressi in rapporto al raggiungimento della densità minima di due abitanti per miglio quadrato. Le date indicano la formazione dei nuovi Stati e dei nuovi territori rispettivamente fino al 1822 e fino al 1854.

Focus
La conquista del West
La Wilderness

ONLINE

3 L'espansione statunitense a ovest e a sud

La conquista dell'Ovest e i conflitti con gli indiani

Alla fine della rivoluzione il confine occidentale degli Stati Uniti giungeva al lato orientale del fiume Mississippi. Da allora era continuata ininterrotta la spinta colonizzatrice dei pionieri. Un'espansione protetta e difesa dall'esercito e sostenuta dal governo centrale che via via sanzionava le conquiste dei territori: questi, superati i 60 mila abitanti, potevano costituirsi in Stati ed essere ammessi nell'Unione.

L'esercito fu costantemente impiegato nelle guerre contro i pellerossa. Le tribù indiane erano prevalentemente nomadi: vivevano in accampamenti mobili e si sostentavano principalmente con la caccia (ma vi erano anche tribù, come i *Creek*, i *Cherokee*, i *Seminole*, che praticavano un'agricoltura stanziale). Gli indiani, abituati a muoversi liberamente in grandi spazi, mal sopportavano gli insediamenti agricoli dei bianchi, che sottraevano loro **terre** e **selvaggina** [👁 ATLANTE_31]. I coloni consideravano la presenza degli indiani come un pericolo oggettivo per la propria sicurezza

Karl Bodmer
***Campo di Indiani Dakota*, prima metà XIX secolo**
[Joslyn Art Museum, Omaha (Nebraska)]

Tra il 1832 e il 1834 il pittore Bodmer accompagnò Maximilian zu Wied, principe prussiano, naturalista ed esploratore, in un lungo viaggio che li portò in America, dal Middle West fino alle grandi pianure occidentali, e lungo l'Ontario, lo Yellowstone, il Missouri. Bodmer ne trasse una sorta di *reportage* di viaggio illustrato dai suoi acquerelli, in cui rifugge dagli stereotipi diffusi dell'indiano feroce come da quelli del «buon selvaggio», riuscendo a cogliere le caratteristiche di un popolo oramai sopraffatto dai coloni bianchi. Il termine "Dakota" è quello con cui si autodefiniva la popolazione che i nemici indicavano come Sioux. Erano divisi in tre tribù, Teton, Santee e Jankton, e la loro terra d'origine corrispondeva pressappoco all'attuale Minnesota.

e per quella delle vie di comunicazione e cercavano di allontanarli con ogni mezzo. Dopo una serie di sanguinosi conflitti, i pellerossa furono costretti a emigrare in massa nelle zone a ovest del Mississippi, giudicate inospitali e poco adatte agli insediamenti agricoli. Ma, presto, sotto la spinta di nuove ondate di coloni, anche questa frontiera sarebbe stata superata; e le **guerre indiane** si sarebbero protratte fin quasi alla fine dell'800.

Gli acquisti nelle regioni del Sud

L'espansione verso sud avvenne approfittando delle difficoltà dei francesi e degli spagnoli che vendettero agli Stati Uniti i loro possessi. Nel 1803 il presidente Jefferson, facendo leva sulle difficoltà militari e finanziarie in cui allora si trovava il regime napoleonico, acquistò dalla Francia, per 15 milioni di dollari, la colonia della **Louisiana**, una vasta regione che si affacciava sul golfo del Messico. Più tardi, nel 1819, gli Stati Uniti acquistarono la **Florida** dalla Spagna, allora impegnata nel vano tentativo di difendere i suoi possessi in America Latina.

La seconda guerra d'indipendenza e la dottrina di Monroe

Nel frattempo, tra il 1812 e il 1814, gli Stati Uniti dichiararono **guerra alla Gran Bretagna**, duramente impegnata in Europa contro Napoleone, con l'obiettivo di prendersi il **Canada** ed eliminare così la presenza britannica dal continente. Ma la guerra, nota come la seconda guerra d'indipendenza, fu un insuccesso, con i britannici che giunsero a incendiare la capitale. Tuttavia, la pace che seguì non solo riconfermò i vecchi confini, ma inaugurò una lunga e ininterrotta stagione di buoni rapporti fra Stati Uniti e Impero britannico.

Consapevoli ormai del ruolo di potenza egemone in America, gli Stati Uniti affermarono, con una dichiarazione del **presidente James Monroe** nel 1823, che da quel momento in poi il continente americano non doveva essere considerato «oggetto di futura colonizzazione da parte di nessuna potenza europea», un principio riassunto nella formula **«l'America agli americani»**; e che gli Stati Uniti, mentre si impegnavano ad astenersi da qualsiasi intromissione negli affari europei, consideravano come un atto ostile nei propri confronti ogni intervento europeo in America. Gli Stati Uniti – una volta stabiliti buoni rapporti con la Gran Bretagna – si trovavano così, oggettivamente, nella **posizione di potenza egemone** in un continente ormai occupato quasi esclusivamente da Stati indipendenti, tutti più o meno deboli e instabili.

Il Messico e la California

Uno di questi Stati, il Messico (che al momento dell'indipendenza occupava ancora vaste regioni del Nord America oggi appartenenti agli Usa), dovette subire direttamente la pressione espansionistica del potente vicino. Oggetto principale del contrasto fu il **Texas** che, diventato meta di una forte immigrazione proveniente dal Sud degli Stati Uniti, si staccò dal Messico e si costituì in repubblica indipendente, per essere poi, nel '45, ammesso nell'Unione [👁 ATLANTE_32]. Ne seguì una **guerra fra gli Stati Uniti e il Messico**, che durò tre anni (dal 1845 al 1848) e si concluse con una netta vittoria degli Usa. Gli Stati Uniti si impadronivano così di tutti quei vastissimi territori che si estendevano dal Golfo del Messico fino alla costa del Pacifico.

Particolarmente importante si rivelò l'acquisto della **California**, dove, in quello stesso 1848, furono scoperti importanti giacimenti auriferi. La **corsa all'oro** che si sarebbe scatenata negli anni successivi, con l'accorrere in California di cercatori provenienti da tutto il mondo, avrebbe contribuito ad accelerare la colonizzazione dei nuovi territori.

Guerre indiane

Serie di conflitti, in Nord America, attraverso il XIX secolo, che vede contrapposti i coloni e l'esercito degli Stati Uniti da una parte e le tribù indiane dall'altra. La progressiva espansione della frontiera degli Stati dell'Unione verso le terre sterminate dell'Ovest indusse le tribù a intensificare le azioni di resistenza. Particolarmente aggressiva fu l'azione dei coloni e del governo statunitensi nel decennio centrale del secolo, a causa della scoperta dell'oro in California. L'intensa azione di conquista territoriale dell'Ovest privò in pochi anni le tribù della fonte primaria di sostentamento, le mandrie di bisonti. Una delle battaglie decisive, quella di Little Bighorn nel Montana, si combatté verso la fine del secolo (1876) e fu persa dall'Unione. Nel 1890, però, dopo importanti vittorie statunitensi, il massacro di Wounded Knee, nel South Dakota, decretò la fine della resistenza indiana.

GUIDA ALLO STUDIO

❶ Lungo quali direttrici si espansero gli Stati Uniti? In che modo agirono sulle comunità di pellerossa? ❷ Quali esiti ebbe la seconda guerra di indipendenza? ❸ Che cosa affermava la dottrina Monroe? ❹ In che modo gli Stati Uniti ottennero il Texas e la California?

La tutela delle minoranze etniche

Il termine "minoranze" indica gruppi sociali i cui membri, pur essendo cittadini di uno Stato, si trovano stabilmente in una condizione di inferiorità (numerica, economica, politica o culturale) a causa delle loro appartenenze etnico-nazionali, linguistiche, religiose o culturali.
Le minoranze possono essere di due tipi, *minorities by force* (**«minoranze loro malgrado»**) e *minorities by will* (**«minoranze volontarie»**): nel primo caso i loro membri, che aspirerebbero a un'assimilazione con la maggioranza, subiscono invece discriminazioni negative (come nella politica di segregazione razziale, l'*apartheid*, in vigore in Sud Africa dal secondo dopoguerra al 1993); nel secondo, i loro appartenenti vogliono invece conservare le proprie particolarità. Negli Usa si sono verificati entrambi i casi: gli afroamericani hanno combattuto contro la schiavitù e la segregazione razziale per integrarsi nella società americana, mentre i nativi «indiani» **[👁 9.3]** hanno sempre rivendicato la loro diversità culturale. Questi ultimi, a partire dal 1786, sono stati allontanati dai loro territori originari, spostati e rinchiusi in riserve, dove il governo federale poteva controllarli meglio: ancora oggi sono il gruppo etnico statunitense più discriminato.
Le forme di **tutela delle minoranze** comprendono diversi strumenti: la realizzazione di riserve e riduzioni in cui far vivere le popolazioni indigene (come accade soprattutto in Amazzonia), gli accordi multilaterali o bilaterali tra Stati, lo spostamento dei confini, il trasferimento o lo scambio di popolazioni, la concessione di forme di autonomia dal potere centrale o di diritti specifici.
In campo politico e giuridico, nei sistemi democratici si sono sviluppati due diversi atteggiamenti rispetto alla tutela delle minoranze: uno tende a non tenere conto della loro presenza, ritenendo sufficiente considerare tutti i gruppi sulla base della parità, della libertà e dell'uguaglianza (**«tutela negativa»**); l'altro afferma invece la necessità di difenderle anche per mezzo di discriminazioni positive, riconoscendo loro diritti specifici (**«tutela positiva»**). Storicamente, è stata riconosciuta nei diversi ordinamenti prima la tutela negativa e poi quella positiva: oggi quasi tutti i sistemi democratici affiancano alla tutela positiva il divieto di discriminazioni e la proclamazione dell'uguaglianza.
I primi esempi di tutela delle minoranze si ebbero nel **XVI secolo**, con la **tutela di alcune confessioni cristiane** negli Stati che adottavano diverse religioni ufficiali: ne sono esempio i trattati internazionali che riconoscevano il diritto di emigrare portando con sé i propri beni (*beneficium emigrationis*); gli «atti di tolleranza», con cui i sovrani garantivano ai loro sudditi di professare liberamente la propria religione (come l'Editto di Nantes del 1598); la pace di Vestfalia (1648), che affermò la libertà dei protestanti in Germania.
Nel corso del **XIX secolo** si passò alla **tutela delle minoranze «nazionali»**, attraverso deliberazioni bilaterali e multilaterali: l'atto finale del Congresso di Vienna (1815) riconobbe, ad esempio, il diritto dei polacchi ad ottenere «istituzioni che assicurino la conservazione della loro nazionalità» all'interno degli Stati fra i quali erano stati spartiti. Questi trattati erano molto importanti in un periodo in cui si era affermata un'idea di nazione unitaria e omogenea che lasciava poco spazio alla libera espressione politica e culturale alle minoranze.
Dopo la prima guerra mondiale, con la pace di Versailles e numerosi patti internazionali, si sviluppò un tentativo organico di tutelare le minoranze e fu creata, per questo, la Società delle nazioni. Intanto, si diffondeva l'uso giuridico del termine "minoranza", mentre il sociologo tedesco Max Weber (1864-1920) aveva definito «etnia» il gruppo sociale i cui individui credono di avere una origine comune, accostando quindi il concetto di etnia con quelli di «nazionalità» e «nazione». Si cominciò a parlare di **minoranze etniche** più che di minoranze nazionali e questa espressione si caricò di altre caratterizzazioni oltre all'origine comune (religione, pratiche culturali, lingua, tratti somatici distintivi).
I tentativi di tutela avviati ebbero però poco successo e, **dopo il secondo conflitto mondiale**, si ritenne inizialmente che si dovessero **tutelare i diritti degli individui**, più che quelli dei gruppi minoritari: la *Dichiarazione universale dei diritti umani* (1948), la *Convenzione europea dei diritti dell'uomo* (1950) e la *Dichiarazione dei diritti e delle libertà fondamentali* adottata dal Parlamento europeo (1989) esprimono solo il divieto di discriminazione.
In questo panorama, l'Italia costituì un'ec-

SINTESI

1 Le lotte per l'indipendenza in America Latina

Dopo l'invasione della Spagna da parte di Napoleone ebbe inizio la lotta per l'indipendenza dell'America Latina, sotto la guida di Bolívar e San Martín. Nel 1824, sconfitti definitivamente gli spagnoli, l'America Latina era ormai indipendente. La fase successiva registrò il fallimento dei progetti di unire i nuovi Stati in una grande confederazione sul modello degli Stati Uniti: ne derivò invece una grande frammentazione politica. Gli squilibri sociali ereditati dall'età coloniale non si attenuarono e, anzi, il peso dei grandi proprietari terrieri divenne maggiore. Tutti questi fattori contribuirono a determinare una costante instabilità politica, che favorì l'azione dei capi militari.

2 La società e la politica negli Stati Uniti nella prima metà dell'800

L'eccezionale sviluppo degli Stati Uniti nei decenni successivi all'indipendenza traeva origine da alcuni caratteri peculiari della società americana. Anzitutto il fattore geografico: esistevano a ovest immensi spazi, occupati da poche centinaia di migliaia di pellerossa, su cui si riversò un'ondata di pionieri. Questo carattere "mobile" della frontiera contribuì a plasmare profondamente la mentalità nordamericana, favorendo uno spirito individualista ed egualitario. Fino agli anni '20 la scena politica negli Stati Uniti fu dominata dal contrasto tra federalisti e repubblicani. Scomparsi dalla scena i federalisti, i repubblicani si divisero in due correnti, liberali e democratici.

3 L'espansione statunitense a ovest e a sud

L'espansione territoriale degli Stati Uniti si attuò, nella prima metà dell'800, secondo due direttrici: verso l'Ovest e verso il Sud. La corsa all'Ovest fu il risultato dell'iniziativa dei pionieri, ma venne anche appoggiata dal potere centrale. L'espansione a Sud si realizzò attraverso l'acquisto della Louisiana e della Florida. Con la seconda guerra di indipendenza fu tentata la conquista del Canada e l'eliminazione definitiva della Gran Bretagna dal continente. Negli anni '40, dopo una guerra contro il Messico, gli Stati Uniti ottennero i territori compresi tra il Golfo del Messico e il Pacifico. Nel 1823 il presidente Monroe aveva rivendicato l'egemonia degli Stati Uniti su tutto il continente.

cezione: la Costituzione italiana (1948), infatti, afferma esplicitamente di tutelare le minoranze linguistiche (art. 6) e religiose (art. 8) e, in ambito internazionale, furono firmate alcune convenzioni bilaterali per la tutela delle minoranze, come l'accordo De Gasperi-Gruber per l'Alto Adige (1946) – all'origine di una serie di misure a difesa della minoranza linguistica tedesca – e il Memorandum d'Intesa sull'ex territorio libero di Trieste (1954).

In tempi più recenti, si è registrato un rinnovato impegno per la **tutela positiva delle minoranze**. Il *Patto internazionale sui diritti civili e politici delle Nazioni unite* (1966), ad esempio, afferma che gli individui appartenenti a minoranze etniche, religiose e linguistiche «non possono essere privati del diritto di avere una vita culturale propria, di professare e praticare la propria religione, o di usare la propria lingua» (art. 27). Questi diritti sono stati specificati nella *Dichiarazione dell'Onu sui diritti delle persone appartenenti a minoranze religiose, linguistiche nazionali o etniche* (1992), che assegna agli Stati il compito di «intraprendere misure che assicurino alle persone appartenenti alle minoranze di poter godere in modo pieno e concreto i loro diritti e libertà fondamentali senza discriminazione alcuna» (art. 4). A livello europeo, nel 1995 è stata firmata a Strasburgo una Convenzione-quadro per la protezione delle minoranze nazionali: a questo scopo essa individua alcune misure di protezione attiva, quali la conservazione e lo sviluppo della loro cultura, della religione, della lingua, delle tradizioni e del patrimonio culturale, il diritto di utilizzare la lingua minoritaria in pubblico e in privato e il diritto al suo apprendimento.

La Costituzione europea (2004) ha poi ribadito il divieto di discriminazione (art. II-81) e affermato il rispetto per la diversità culturale, religiosa e linguistica (art. II-82); nel 2005 il Parlamento europeo ha approvato la risoluzione sulla *Protezione delle minoranze e le politiche contro la discriminazione* nell'Europa allargata.

Particolare attenzione è stata posta, inoltre, alla **tutela delle minoranze linguistiche**: nel 1992 è stata approvata dal Consiglio d'Europa la *Carta europea delle lingue regionali o minoritarie*, che protegge il loro insegnamento e il loro utilizzo in ambito legale, amministrativo e culturale, mentre in Italia la legge 482 del 1999 riconosce l'esistenza e garantisce la tutela di dodici minoranze linguistiche «storiche».

La tutela dei diritti delle minoranze assume particolare importanza nella società multietnica contemporanea, caratterizzata da continue migrazioni di persone: a proposito degli immigrati si parla infatti, oggi, di «nuove minoranze».

Festa albanese di Sant'Atanasio, Santa Sofia d'Epiro (Cosenza)
[© Maurizio Fraschetti/Archivi Alinari]

Santa Sofia d'Epiro (*Shën Sofia* in *arbëreshë*) è uno dei comuni italiani dove la maggioranza della popolazione parla *arbëreshë*, e conserva ancora i costumi tradizionali e il rito bizantino-greco degli antenati. La lingua *arbëreshë* appartiene al gruppo filologico della lingua albanese ed è una varietà di un dialetto parlato nel Sud dell'Albania. La minoranza linguistica *arbëreshë* in Italia si è formata attraverso numerose migrazioni nell'Italia meridionale, a partire dalla seconda metà del XV secolo, provenienti dall'Albania e dalla Grecia. È riconosciuta ufficialmente dallo Stato italiano insieme ad altre lingue minoritarie della penisola.

STORIA • SOCIETÀ • CITTADINANZA

SVILUPPARE LE COMPETENZE

❶ Leggi le affermazioni di seguito riportate sull'America Latina e apponi una crocetta su quelle corrette. A ogni affermazione giusta corrispondono delle lettere la cui combinazione ti fornirà il nome di un personaggio descritto nel capitolo, sul quale dovrai infine comporre un testo di 10 righe:

a. ☐ Nel 1804 Santo Domingo proclamò l'indipendenza, riassumendo il nome di Haiti. (O)
b. ☐ I creoli erano gli immigrati bianchi che provenivano dall'Europa. (S)
c. ☐ In America Latina gli indios costituivano la maggior parte della popolazione. (B)
d. ☐ L'invasione della Spagna da parte di Napoleone nel 1810 costituì l'occasione per l'avvio dei moti indipendentisti dei paesi dell'America Latina. (L)
e. ☐ La Gran Bretagna appoggiò la Francia nel contrastare le lotte per l'indipendenza nei paesi dell'America Latina. (A)
f. ☐ Simón Bolívar assunse la guida nella lotta dei paesi del Nord. (R)
g. ☐ Il Perù fu il primo paese dell'America Latina a conquistare l'indipendenza. (E)
h. ☐ L'indipendenza non portò un grande miglioramento nelle condizioni della popolazione india, condannata alla povertà e all'analfabetismo. (V)
i. ☐ Con l'indipendenza, almeno sulla carta, la schiavitù fu abolita. (I)
j. ☐ I contadini smisero definitivamente di essere sfruttati. (S)
k. ☐ I *caudillos* erano capi militari il cui ruolo emerse notevolmente a causa dell'instabilità delle nuove istituzioni rappresentative create nei paesi dell'America Latina. (A)

❷ La democrazia è uno dei caratteri costitutivi della società nordamericana. Spiegane i motivi in un testo di 7 righe.

❸ Stabilisci se le seguenti affermazioni sono vere o false, motivando in un testo scritto lungo da 3 a 5 righe la tua risposta:

a. I pellerossa e i nuovi coloni trovarono una soluzione pacifica di convivenza favorevole a entrambi. **V F**
b. La seconda guerra di indipendenza tra Stati Uniti e Canada fu un insuccesso totale sotto tutti i punti di vista. **V F**
c. Il Messico dovette subire a sue spese le mire espansionistiche degli Stati Uniti. **V F**

CAPITOLO

10 LE IDEE, I SISTEMI POLITICI E I MOVIMENTI SOCIALI NELL'800

1 Il completamento dello Stato moderno

Durante gli anni del dominio napoleonico in Francia e nell'Europa continentale i poteri dello Stato, il sistema di governo e l'organizzazione amministrativa avevano raggiunto un livello elevato di efficienza: con la scomparsa dei privilegi della Chiesa e dei ceti nobiliari, con la codificazione delle norme giuridiche, con il rafforzamento dell'amministrazione, lo Stato ottenne allora in modo definitivo quel **monopolio della forza legittima** che costituiva la sua principale attribuzione.

Era il compimento di un processo plurisecolare di accentramento del quale si possono ricordare alcuni passaggi particolarmente significativi. Gli intendenti francesi del '600 con funzioni di controllo del prelievo fiscale, le varie forme di codificazione giuridica in Prussia e nei domìni asburgici, infine i prefetti napoleonici dagli estesi poteri sulla società e sui ceti dirigenti locali: sono altrettante tappe della costruzione dello Stato moderno nell'**Europa continentale**. In **Gran Bretagna**, invece, l'itinerario fu diverso per l'assenza di una burocrazia tendenzialmente stabile e di forme di codificazione sistematica. Furono invece le élite espressione dell'aristocrazia, della *gentry* – la piccola nobiltà di provincia – e della nascente borghesia a governare il paese in virtù dei collaudati meccanismi di *patronage* [👁 1.4].

Lo Stato burocratico-amministrativo

Al di fuori della Gran Bretagna, lo Stato moderno assunse la forma dello Stato burocratico-amministrativo, emancipato da quel controllo della nobiltà e delle assemblee dei ceti che aveva rallentato la prima affermazione dell'assolutismo. I poteri tradizionali vennero sostituiti da **un sistema di potere legale**, fondato su norme di legge, mentre **il rispetto e l'applicazione delle norme erano garantiti dalla burocrazia amministrativa**.

L'amministrazione e il suo personale dirigente, la burocrazia, rappresentavano le ossa e i muscoli dell'organismo statale. Il funzionario statale aveva in genere una formazione giuridica e il suo reclutamento, inizialmente soggetto alla discrezionalità del potere politico, sarà sempre più regolato da verifiche obiettive come i **pubblici concorsi**. In alcuni paesi, prima di ogni altro in Francia e successivamente in Prussia, scuole superiori tecniche e militari formavano specialisti nel campo delle costruzioni stradali, dell'ingegneria edilizia e dell'artiglieria, la più "matematica" delle armi. L'amministrazione pubblica si dotava quindi di un **personale tecnico**, che si aggiungeva a quello di formazione giuridica, e che avrebbe accompagnato le nuove sfide nell'epoca dell'industrializzazione.

A partire dal periodo napoleonico, fu la Francia a porsi all'avanguardia nelle applicazioni della **statistica**, **la nuova scienza al servizio dello Stato**. Nel corso dell'800 tutti gli Stati si dotarono di un'organizzazione di statistica la cui principale attività sarà quella legata ai **censimenti** effettuati con uniformi criteri scientifici, a partire da quello belga del 1846.

L'amministrazione, un potere neutrale? L'ampliamento dei poteri e la tendenziale autonomia dell'amministrazione contribuirono ben presto a innescare momenti di **conflittualità con la nuova classe politica rappresentativa**. L'espansione dello Stato burocratico-amministrativo nell'800, infatti, coincise con il progressivo affermarsi delle istituzioni rappresentative e con la nascita dei partiti politici. In questa fase l'amministrazione non si configurò sempre come un potere neutrale, al di sopra delle parti: fu invece il braccio più efficace dei vari sistemi di governo.

Statistica
La statistica descrive, con metodologie matematiche e rappresentazioni numeriche, l'andamento dei fenomeni sociali ed economici – popolazione, attività produttive, scambi commerciali – fornendo allo Stato strumenti di conoscenza, di previsione e di intervento.

Da sudditi a cittadini Al momento culminante della costruzione dello Stato moderno, dunque, corrispose la fase d'avvio dei primi sistemi politici rappresentativi fondati sulla parità dei diritti civili e politici e su un parlamento elettivo. **La Rivoluzione francese aveva trasformato i sudditi in cittadini** [👁 10.8 STORIA•SOCIETÀ•CITTADINANZA]. E questo processo, esteso gradatamente al resto dell'Europa continentale sotto la spinta delle armate napoleoniche, non sarebbe stato più arrestabile. La sovranità non apparteneva più al solo principe ma, insieme, al popolo e ai suoi rappresentanti: questo era il carattere della monarchia costituzionale rappresentativa. Nei regimi repubblicani la sovranità apparterrà invece interamente al popolo e ai suoi rappresentanti.

Lo Stato di diritto e lo sviluppo dei sistemi politici Lo sviluppo dei sistemi politici era strettamente legato all'esistenza di una **costituzione**. Quest'ultima, analogamente a quanto era accaduto con la Rivoluzione americana e con la Rivoluzione francese, definisce il nuovo patto che regge una comunità e fonda lo Stato come insieme di ordinamenti giuridici e politici. L'ordinamento politico retto da una legge fondamentale come la costituzione, basato sul principio della **separazione dei**

Dopo i primi entusiasmi del 1789, i rivoluzionari francesi dovettero affrontare la responsabilità di governare un paese e di combattere i numerosi nemici della Repubblica con una amministrazione solida. Fu subito evidente che lo Stato mancava di personale tecnico e scientifico specializzato e per far fronte a questa lacuna, già nel 1794, fu fondata l'École polytechnique. Inizialmente impiantata nello storico Palais Bourbon a Parigi, fu guidata dai più prestigiosi nomi nel campo delle tecniche e delle scienze e seguita da alunni reclutati in tutta la Francia previo esame d'ingresso. Nel 1804 la scuola fu spostata nel quartiere parigino di Sainte-Geneviève, nei locali in disuso di due collegi unificati per l'occasione, locali in cui ha mantenuto la sua sede fino al 1976, quando è stata spostata nell'attuale modernissima sede alla periferia di Parigi. L'antica sede dell'École, invece, ospita oggi il ministero per l'Insegnamento superiore e la Ricerca.

Pavillon Joffre, sede storica dell'École polytechnique a Parigi

DOC
Immanuel Kant
Stato di diritto e antagonismo sociale

ONLINE

poteri – esecutivo, legislativo, giudiziario – e sulla **superiorità della legge** su ogni forma di privilegio e di arbitrio, si definisce come Stato di diritto.
Lo sviluppo dei sistemi politici rappresentativi nell'800 si caratterizzò in Europa per la presenza di **due diverse forme di governo**: **il governo costituzionale**, in genere nelle monarchie costituzionali, in cui il capo dell'esecutivo – primo ministro o presidente del Consiglio dei ministri – era responsabile solo di fronte al sovrano che lo aveva nominato, e **il governo parlamentare**, in cui invece l'esecutivo rispondeva al Parlamento che gli aveva concesso la fiducia. Queste due forme di governo si alternarono in Europa: l'affermarsi del governo parlamentare fu determinato più da una prassi politica e da una consuetudine – come in Gran Bretagna nel '700 e in Italia dopo l'unità – che da una norma scritta.
Egualmente significativo fu, nello stesso arco di tempo, il **contrasto sui sistemi elettorali**. Si confrontarono su questo tema il principio liberale, sostenitore di un **suffragio ristretto** legato al censo e al livello culturale di una circoscritta élite sociale, e il principio democratico, fautore del **suffragio universale** maschile. Del resto non fu questo il solo terreno su cui liberalismo e democrazia si scontrarono: fu anzi proprio l'antagonismo fra liberali e democratici – che invece oggi associamo nel modello liberal-democratico – a caratterizzare la lotta politica per gran parte dell'800 [👁 10.4].

GUIDA ALLO STUDIO
❶ Perché il modello di Stato moderno dell'Europa continentale è diverso da quello britannico? ❷ Quale funzione ebbe l'amministrazione dello Stato e come agiva sul piano politico? ❸ Quali princìpi fondano uno Stato di diritto? ❹ Che cosa distingue il governo costituzionale da quello parlamentare?

2 Il Romanticismo

Le origini e la diffusione

Nei primi decenni dell'**800** si affermò e si diffuse in tutta **Europa** la cultura romantica. Essa si contrapponeva al razionalismo settecentesco, mostrando un carattere antilluminista e anticlassicista: per un verso, infatti, il Romanticismo esaltava la **spontaneità dei sentimenti** e degli stati emotivi, come pure la libera creatività individuale, per l'altro rifiutava la compostezza e l'equilibrio formale del mondo classico. Inoltre, nell'alveo della cultura romantica assunsero particolare peso i valori della tradizione e della nazione. I romantici cercarono nella **storia** la fonte di una nuova e più profonda razionalità vedendo in tutte le epoche storiche – comprese quelle fin allora ritenute «oscure» o barbariche, come il Medioevo – l'espressione di uno spirito universale o la manifestazione di un disegno divino.
Come corrente letteraria, artistica e filosofica, il Romanticismo era nato in **Germania** negli ultimi decenni del '700. Aveva avuto i suoi primi assertori nel filosofo **Herder** e il suo nucleo originario in quel gruppo di poeti e drammaturghi – fra gli altri, lo stesso Herder, **Goethe e Schiller** – che diedero vita, attorno al **1780**, al movimento detto ***Sturm und Drang*** ('tempesta e impeto'). Una più organica sistemazione teorica venne, negli anni tra la fine del '700 e l'inizio dell'800, con la grande filosofia **idealista** di **Fichte** e **Schelling**. Romanticismo e **idealismo** fornirono allora la base culturale a quel movimento di riscoperta della nazione e di riscossa patriottica che coinvolse buona parte degli intellettuali tedeschi, sull'onda delle lotte contro il dominio napoleonico [👁 7.12].
In quegli stessi anni a cavallo fra i due secoli, il Romanticismo si affermò in **Gran Bretagna** – con la lirica di **Coleridge** e col romanzo storico di **Walter Scott** – e cominciò a diffondersi anche in **Francia**, già patria dell'Illuminismo, nella versione cattolica e tradizionalista di **Chateaubriand**. Un contributo decisivo all'affermazio-

Idealismo
In filosofia, qualsiasi concezione che risolva la realtà nell'idea (o nel pensiero). Secondo l'idealismo tedesco ottocentesco il pensiero è già realtà, esso contiene già la realtà di ogni cosa, perché non vi è alcuna cosa al di là del pensiero.

ne delle nuove tendenze anche nei paesi latini lo diede **Madame de Staël**, brillante scrittrice ginevrina, col libro *De l'Allemagne* (*Sulla Germania*), uscito nel 1810, che descriveva ed esaltava le esperienze intellettuali fiorite in Germania negli ultimi decenni. Fu soprattutto attraverso le discussioni suscitate da questo libro che la cultura romantica penetrò in **Italia**, dove trovò sostenitori entusiasti negli intellettuali lombardi della rivista «Il Conciliatore» **[👁 11.2]**. A partire dal 1815, il Romanticismo si diffuse un po' ovunque, fino a costituire il quadro di riferimento comune a tutte le più importanti espressioni della cultura europea della prima metà dell'800: dalla poesia al romanzo, dalla musica sinfonica al melodramma, dalla storiografia alla filosofia, dalla pittura all'architettura.

DOC
Johann Wolfgang von Goethe
Una passione infelice

Storiografia
I. Berlin
La rivolta romantica

ONLINE

La cultura che dominò un'epoca

L'influenza del Romanticismo si estese ben oltre il mondo delle lettere e delle arti. Quella romantica fu una cultura nel senso più ampio del termine: fu una **mentalità diffusa**, un **fenomeno di costume** che investì in modo decisivo il modo di pensare, di agire e di apparire della minoranza colta, in particolare dei giovani intellettuali. Per le generazioni formatesi fra la fine del '700 e l'inizio dell'800 – e in larga misura anche per quelle successive – il Romanticismo fu anche uno **stile di vita**, un modo di atteggiarsi. Muoversi, vestirsi, declamare (persino cercare il suicidio per amore) come **il giovane Werther**, protagonista del celebre romanzo di Goethe, oppure imitare in ogni sua forma quel singolare impasto di slanci eroici e di indolenza scettica e malinconica che si incarnava nella figura del poeta inglese **George Byron** appariva ai giovani inquieti come una prova della propria superiore sensibilità.

Una **sensibilità** che si esprimeva anche nell'attenzione ai dettagli esteriori, considerati come spie di qualcosa di più profondo: un certo accostamento di colori, un certo

Joseph Severn
Shelley alle terme di Caracalla
1820 ca.
[Keats-Shelley House, Roma]
Assieme a Lord Byron, il poeta inglese Percy Bysshe Shelley rappresenta il modello dell'artista romantico. Vestito con un abbigliamento "informale" – pantaloni lunghi, camicia sbottonata senza foulard –, Shelley è raffigurato in questo dipinto in una posa "tipicamente romantica": lo sguardo all'osservatore, poggia il mento sulla mano sinistra, mentre la destra tiene in mano la penna pronta a scrivere sul taccuino aperto sulle gambe. Evidentemente il poeta si sta pensosamente dedicando alla sua arte. Gli fanno da sfondo un paesaggio collinare e le antiche rovine di Roma (dove soggiornò come altri attratto dal mito dell'Italia), che aiutano a definire meglio il rapporto dell'individuo con la natura e con la storia.

modo di incedere, di gestire o di indossare un abito (l'età romantica coincise con un'autentica rivoluzione nell'abbigliamento maschile, con l'abbandono delle parrucche settecentesche e dei pantaloni al ginocchio) diventavano segni di riconoscimento e connotati di un **nuovo modo di sentire**. Persino la malattia fisica poteva essere idealizzata in quanto contrassegno di una personalità pura, non contaminata dalle convenzioni e dalle ipocrisie della società.

Romanticismo, correnti di pensiero, movimenti politici

Cultura dominante di un'intera epoca, il Romanticismo non si identificò con una determinata tendenza ideologica, ma contagiò quasi tutte le correnti di pensiero e tutti i principali movimenti politici operanti all'inizio dell'800. Romantici e reazionari, romantici e liberali, romantici e democratici: tutte le combinazioni e gli intrecci erano possibili e praticati.

Certo, nella cultura romantica c'erano molti elementi che si prestavano a essere fatti propri dai fautori del **ritorno al passato**. La critica al razionalismo illuminista

PERSONAGGI

George Gordon Byron

La vita di Byron e la sua prepotente personalità, più ancora forse della sua opera poetica, contribuirono in modo determinante a forgiare quel mito dell'eroe romantico che nel primo '800 si impose in tutta Europa, in concomitanza con il sorgere dei movimenti nazionali. L'eccentrico Lord inglese seppe incarnare come nessun altro il prototipo del ribelle fieramente ostile a ogni tirannide e disperatamente solo contro gli uomini, gli elementi, il destino. L'ambigua sovrapposizione tra gli eroi dei suoi poemi e la sua vita inquieta, suggellata dalla morte prematura in Grecia, lo rese il modello di riferimento per le giovani generazioni che in tutta Europa nel corso dell'800 avrebbero lottato in nome dell'indipendenza e dell'idea nazionale.

«A Napoli, in Romagna, ovunque vide ardere una scintilla di vita [...] fu pronto alle dimostrazioni o al combattimento. Il fondo della sua anima era di splendide ruine, di orgogliosi pensieri e di grandi azioni; egli stimmatizzava la viltà, l'ipocrisia, l'ingiustizia ovunque apparissero. Tale visse Byron; incessantemente agitato fra i mali presenti e le future speranze; spesso ineguale, talvolta scettico, ma sempre sofferente, anche quando pareva sorridere; sempre amante allorché malediva». Queste parole di Giuseppe Mazzini restituiscono la misura del **fascino esercitato da Byron** e l'importanza del suo **contributo nella formazione della sensibilità romantica e patriottica**.

Nato a Londra nel 1788 da antica famiglia aristocratica, George Gordon Byron trascorse un'infanzia travagliata ad Aberdeen, in Scozia, gravata da ristrettezze economiche (il padre prima di morire aveva dilapidato l'intero patrimonio di famiglia) e soprattutto da un rapporto turbolento con la madre, donna nevrotica e caratterialmente instabile. L'**inclinazione all'eccesso** sembrava un marchio di famiglia: il nonno si era suicidato e lo zio, quinto Lord Byron, era un omicida; quanto al padre, soprannominato "Jack il Pazzo", si era distinto per l'estrema dissolutezza. Ciò nonostante, l'educazione di Byron fu adeguata al rango, anche perché a dieci anni ereditò dallo zio titolo e patrimonio. Studiò a Cambridge, presso il Trinity College, dove si mise in luce per il **carattere eccentrico e ribelle, insofferente a ogni convenzione**. Nato con un difetto al piede destro, ancora ragazzo si diede caparbiamente all'esercizio fisico: fu un gran nuotatore (più tardi avrebbe traversato a nuoto l'Ellesponto) e, oltre a cavalcare assiduamente, praticò la boxe, la scherma e il tiro con la pistola. Già in occasione della raccolta giovanile *Hours of Idleness* (1807) mostrò di mal tollerare le critiche: una stroncatura provocò la sua feroce reazione, inaugurando una serie di scontri memorabili che lo avrebbero reso inviso a molti letterati del suo tempo.

Nel 1809 partì per un insolito ***Grand Tour* di due anni** in Portogallo, Spagna, Albania e Grecia. Questa fondamentale esperienza ispirò il poema *Childe Harold's Pilgrimage*, in cui accanto ai tipici tratti dell'**eroe byroniano** compaiono le ambientazioni mediterranee intrise di reminiscenze classiche e fascino esotico (la Grecia e il Levante). Opere come *Il Giaurro* e *Il Corsaro* avrebbero contribuito in larga misura alla diffusione di quegli stereotipi (odalische e bagni turchi su tutto) con cui la cultura europea dell'800 amò rappresentare l'**Oriente levantino**, inaugurando una moda che avrebbe influenzato profondamente le arti figurative e il melodramma.

I primi canti del *Childe Harold* (1812) ottennero un successo enorme in Inghilterra, rivelando Byron al grande pubblico e facendone il personaggio più in voga del

Thomas Philips
Ritratto di George Byron
1835
[National Portrait Gallery, Londra]
Lord Byron è qui raffigurato con indosso abiti balcanici che egli stesso aveva acquistato durante un lungo viaggio iniziato nel 1809.

dei giacobini e alla sua pretesa di rifondare la società senza tener conto delle tradizioni storiche e delle peculiarità nazionali – critica già presente negli scritti di liberali moderati come **Edmund Burke**, britannico di origine irlandese, e l'italiano **Vincenzo Cuoco** – fu una costante di tutta la polemica antirivoluzionaria dell'epoca. Il richiamo alla storia e alla tradizione si trasformò non di rado nella pura e semplice nostalgia del passato e nel tentativo di riportarne in vita questo o quell'aspetto. La riscoperta della dimensione religiosa divenne spesso **ritorno alle religioni positive**, in particolare al cattolicesimo con le sue gerarchie e i suoi culti tradizionali.
Se molti intellettuali vissero l'esperienza romantica come un ritorno al passato, alla tradizione, all'autorità, molti altri vi trovarono le premesse per scelte di tutt'altro genere. Romanticismo significava anche libertà, **rottura di norme consolidate, affermazione dell'individuo contro le convenzioni**: gli stessi valori che ispiravano le battaglie dei liberali, dei democratici e di quanti si opponevano alla Restaurazione. Per limitarci al caso della Francia, si deve ricordare che fra i primi assertori del credo

momento. L'entusiasmo nei suoi confronti tuttavia fu breve. Nel 1816 il disastroso e brevissimo matrimonio con Anna Isabella Milbanke (da cui ebbe una figlia, Ada, con la quale gli fu vietato ogni rapporto) e l'improvvisa, perentoria separazione in seguito a cause rimaste in parte oscure, provocò uno scandalo enorme negli ambienti londinesi. Si parlò con grande insistenza di una relazione incestuosa di Byron con la sorellastra Augusta Leigh, a cui il poeta fu sempre legato da un intenso rapporto, al punto che gli venne attribuita la paternità della figlia di lei (non a caso il tema dell'incesto sarà al centro di alcune opere, tra cui il *Manfred*). In seguito a tali voci **la Gran Bretagna dell'epoca, puritana e conservatrice, lo mise al bando.** Byron venne escluso dagli ambienti della buona società e diffidato persino dal recarsi alla Camera dei Lord: «si è miserevolmente perduto col disprezzo insano della pubblica opinione», sentenziò Walter Scott, aggiungendo che «l'antagonismo di tutti, anziché porlo sull'avviso e raffrenarlo, non riusciva che a incitarlo a far peggio». Quell'anno stesso Byron lasciava definitivamente l'Inghilterra.
L'esilio volontario lo portò a **Ginevra** presso la comunità romantica di cui facevano parte anche Percy Bysshe Shelley, il grande poeta inglese a cui Byron fu legato da profonda amicizia, e la sua compagna Mary Wollstonecraft (l'autrice del *Frankenstein*). Durante la permanenza Byron intrecciò una relazione con la sorellastra di Mary, Clara Clermont, da cui sarebbe nata l'altra figlia, Allegra. Il poeta la prenderà con sé all'età di 15 mesi, ponendo come condizione l'allontanamento della madre; all'epoca era già a **Venezia**, dove era giunto alla fine del 1816 e dove si sarebbe fermato per tre anni.
Il soggiorno veneziano, in cui fece sfoggio di un tenore di vita tanto sregolato quanto principesco, contribuì a ingigantire la sua fama di personaggio eccentrico e scandaloso. Estremo nelle attività come nelle passioni, generoso nell'amicizia, prodigo di averi (e sempre perseguitato dai debiti), era soggetto a frequenti crisi di ipocondria – che la pubblica voce accentuava a bella posta nell'intento di uniformare l'uomo ai suoi eroi. Byron, che era dotato di una **vena ironica dissacrante**, non mancava di alimentare le peggiori dicerie per poi smentire ogni aspettativa: «[Il mio visitatore] si era aspettato di vedersi comparire dinanzi un signore misantropico, vestito di brache di pelle di lupo che borbotta feroci risposte monosillabiche, anziché un uomo di questo mondo. Non riesco mai a far capire alla gente che la poesia è l'espressione di una passione eccitata, e che non può esistere una vita di passione, così come non è possibile un terremoto costante o una febbre eterna. E poi, chi, in uno stato simile, potrebbe farsi la barba?».
A Venezia Byron compose i primi due canti del ***Don Juan***, usciti nel 1819. A quell'anno risale anche l'inizio della sua lunga relazione con **Teresa Gamba**, giovane moglie del conte Guiccioli, che doveva scatenare un ennesimo scandalo. Byron la seguì a Ravenna, dove fu coinvolto nella **preparazione dei moti del 1821** dal fratello di lei, affiliato alla **Carboneria**. Il poeta contribuì alla causa con armi e denaro, nonostante una visione lucida e piuttosto disincantata non gli consentisse grandi illusioni, come dimostra un'annotazione nel *Diario ravennate* (26 gennaio 1821): «I signori, quelli che fanno le rivoluzioni e sono partiti per la caccia, non sono ancora tornati. E non saranno di ritorno prima di domenica – il che significa che saranno stati cinque giorni fuori a folleggiare mentre sono in ballo gli interessi dell'intero paese [...]. Certo che è dura fare la propria parte in mezzo a una simile genia di scellerati e scervellati, ma forse, una volta che questa schiuma sia stata scremata o sia traboccata, ne verrà fuori alcunché di buono». E altrove: «essi vogliono insorgere qui, e mi onorano d'invito ond'io vi partecipi. Non mancherò, pur non credendoli forti per numero e per cuore a porsi all'impresa».
In ogni caso il suo nome finì negli elenchi della polizia, e la fallita insurrezione costringerà lui e i Gamba a riparare prima a Pisa, dove ritroveranno gli Shelley, e poi a Livorno all'inizio del 1822. Lì Byron apprenderà della morte della figlia Allegra, seguita da quella dell'amico Shelley nel Tirreno in tempesta.
Affranto, Byron si trasferì a **Genova**, dove entrò in contatto con il comitato inglese per l'indipendenza della **Grecia**, decidendo di partecipare in prima persona alla spedizione in aiuto degli insorti: nel 1823 partì per Cefalonia con l'intento di organizzare la rivolta e prendere parte ai combattimenti, ma a Missolungi cadde gravemente malato. Per ironia della sorte, l'eroe romantico per eccellenza versava il suo sangue nei salassi, lontano dalla gloria dei campi di battaglia. Morirà il 19 aprile 1824. Il corpo fu imbalsamato e riportato in patria. L'Inghilterra, che lo aveva censurato da vivo, da morto gli riservò un funerale da Pari del Regno – ma, memore della sua insolenza, negò al poeta la sepoltura in Westminster.

❶ Quali erano gli ideali dei romantici? A quali idee si contrapponevano? ❷ In che modo il Romanticismo penetrò e si diffuse in Italia? ❸ Che cosa si intende con l'espressione «cultura romantica»? ❹ I modelli romantici furono adottati dai restauratori o dai liberali?

GUIDA ALLO STUDIO

romantico vi erano, accanto al cattolico e legittimista Chateaubriand, personaggi di orientamento liberale come Madame de Staël, lo scrittore **Benjamin Constant** e lo storico **Simonde de Sismondi**; e che anche in seguito si sarebbero richiamati al Romanticismo molti intellettuali impegnati nelle lotte per il liberalismo e la democrazia.

3 Nazione e nazionalismi

L'idea di nazione Strettamente legato alla cultura romantica fu l'affermarsi dell'idea di nazione. Sino alla fine del '700, il concetto di nazione aveva infatti un contenuto generico e dei confini incerti e soprattutto non svolgeva un ruolo centrale nella cultura politica e nel sentire comune. Il senso di appartenenza a una nazione veniva, per importanza, dopo l'affiliazione a una confessione religiosa e dopo l'identificazione con una comunità locale o regionale: si era prima cristiani, poi lombardi (o bretoni o tirolesi), e solo in terzo luogo italiani (o francesi o tedeschi). Il principio che lo Stato dovesse coincidere con una nazione era poi sostanzialmente estraneo alla cultura dell'*ancien régime*, anche se Stati a base nazionale, come la Francia, la Spagna, la Gran Bretagna, si erano costituiti già in età medievale.

L'idea moderna di nazione nacque con Rousseau e con la sua concezione dello **Stato come espressione di un popolo**, di una comunità di cittadini, di un «corpo morale e collettivo» capace di esprimere una volontà comune [👁 3.5]: concezione che la Rivoluzione francese avrebbe per la prima volta cercato di tradurre in realtà e che le guerre napoleoniche avrebbero diffuso in tutta Europa determinando un doppio

Johann Heinrich Füssli
Crimilde mostra a Gunther in prigione l'Anello dei Nibelunghi
1807 ca.
[Kunsthaus, Zurigo]

L'idea di nazione fu molto cara al Romanticismo tedesco che, alla ricerca delle proprie radici storiche, riscoprì un capolavoro della letteratura tedesca medievale, il cosiddetto *Cantare dei Nibelunghi*. Si tratta di una raccolta, realizzata all'incirca intorno al XIII secolo da un poeta di corte della Germania sudorientale, della secolare produzione epica tedesca risalente fino al 400 d.C. Il titolo trae origine dalle vicende dell'eroe Sigfrido, principe renano, legate alla conquista del tesoro dei Nibelunghi, una leggendaria stirpe di nani che abitava nelle viscere della terra, custode di un tesoro apportatore di sciagure per tutti quelli che ne entravano in possesso. Il *Cantare dei Nibelunghi*, a cui s'ispira questo quadro dell'artista svizzero Heinrich Füssli, costituisce l'epopea della nazione germanica; fu spesso ripreso nel corso dell'800 in numerose opere letterarie, artistiche e musicali, come quella del compositore Richard Wagner, cui si ispirò per *L'anello del Nibelungo*.

processo di imitazione e di reazione. Ma fu soprattutto la cultura romantica tedesca del '700-800 a scoprire la nazione, a esaltarla in quanto **comunità «naturale»** – unita da legami indissolubili di lingua, di cultura e di sangue – e a vedere in essa il fondamento di ogni organizzazione sociale e politica.

Le due componenti che stavano alla base dell'idea di nazione – quella **democratica di origine rousseauiana** e quella **naturalistica dei romantici tedeschi** – erano molto diverse fra loro e furono alla base di tradizioni profondamente distinte.

Il nazionalismo conservatore

In Germania, il movimento nazionale cresciuto negli anni delle guerre napoleoniche assunse spesso un carattere esclusivista e conservatore. Un carattere ben visibile, per esempio, nei celebri *Discorsi alla nazione tedesca* (1807-8) del filosofo **Johann Gottlieb Fichte** – in cui si proclamava la superiorità intellettuale e morale dei tedeschi sugli altri popoli e si delineava il progetto di uno Stato nazionale dai tratti fortemente autoritari –, o nelle stesse opere del grande filosofo **Friedrich Hegel**, che concepiva lo Stato come un'entità organica e gerarchica, espressione degli interessi generali della società al di là e al di sopra dei diritti individuali. Anche in altri paesi, particolarmente in quelli che avevano alle spalle una lunga storia unitaria, l'idea di nazione poteva esprimersi in forme tradizionaliste o reazionarie: nella stessa Francia, accanto al nazionalismo democratico, erede della Rivoluzione, ne esisteva uno cattolico e legittimista (che rivendicava la "legittimità" del potere dinastico dei sovrani spodestati in seguito alla Rivoluzione [👁 11.1]).

Il nazionalismo democratico

In realtà, soprattutto nei movimenti nazionali di quei paesi in cui l'indipendenza andava conquistata o riconquistata – la Polonia, la Grecia, l'Ungheria e l'Italia –, il sentimento patriottico assumeva quasi automaticamente una connotazione rivoluzionaria, tendeva a collegarsi con le ideologie liberali e democratiche e acquistava spesso un respiro sovranazionale. Tanto che nella storia delle rivoluzioni ottocentesche si incontra spesso la figura del **patriota che combatte per la libertà di altri popoli**. La stessa distinzione fra i due principali filoni dell'idea nazionale finiva con l'annullarsi nel pensiero e nell'opera dei grandi interpreti ottocenteschi della nazionalità – il polacco **Adam Mickiewicz**, l'ungherese **Lajos Kossuth**, e soprattutto l'italiano **Giuseppe Mazzini** –, che coniugavano la fede nella democrazia col richiamo alle tradizioni nazionali e con la concezione, tutta romantica, della nazione come comunità di sangue e di cultura.

Quasi tutti i paesi europei coltivarono e talora inventarono una propria idea di nazione, coniugandola con l'idea di un **primato nazionale** particolare – talora una vera e propria *missione* – destinato a confrontarsi e ad affermarsi sugli altri popoli. Questo elemento contribuirà, come vedremo, agli aspri conflitti nazionalistici di fine '800.

GUIDA ALLO STUDIO

❶ Quali erano le appartenenze identitarie nella cultura dell'*ancien régime*? ❷ Descrivi il concetto rivoluzionario di «volontà generale». ❸ Che cosa pensavano Fichte ed Hegel dello Stato?

ONLINE

Storiografia

A. Campi
Nazione, popolo e patria

A.M. Thiesse
Una nazione, una lingua

R. Rémond
Le due fonti del movimento di nazionalità

E.J. Hobsbawm
Gli Stati nazionali

DOC

Johann Gottlieb Fichte
Discorsi alla nazione tedesca

4 Le grandi ideologie dell'800: liberalismo e democrazia

Le differenze tra liberalismo e democrazia

In che cosa differivano liberalismo e democrazia? Il liberalismo era fondato sull'**idea di libertà** quale si era venuta definendo nella cultura illuministica – che si rifaceva a Locke e Montesquieu – e nelle concrete esperienze politiche e costituzionali del '600-700: il parlamentarismo britannico, la Rivoluzione americana, il 1789 francese. I suoi fondamenti – la tolleranza e la libertà di opinione, il principio rappresentativo e la divisione dei poteri, la difesa dell'individuo contro gli abusi dell'autorità – coincidevano per gran parte con **i valori e gli interessi materiali della borghesia**, ma anche con quelli di ampi settori della nobiltà aperta alle nuove concezioni intellettuali e allo sviluppo delle attività produttive. I privilegi di ceto e le monarchie assolute stavano evidentemente agli antipodi del liberalismo.

Il **modello istituzionale** del liberalismo europeo si ispirava a quello britannico. Un regime in cui i diritti fondamentali del cittadino – libertà di pensiero, di stampa, di associazione – fossero rispettati, in cui la proprietà, l'iniziativa privata e il libero commercio fossero tutelati e incoraggiati, in cui l'autorità del potere centrale fosse limitata e controllata da organismi rappresentativi espressi da una élite più o meno ristretta di cittadini: coloro che, per posizione sociale, per ricchezza o per istruzione, si supponeva fossero i soli realmente interessati al buon andamento della cosa pubblica.

In questo senso il pensiero liberale si distaccava nettamente da quello democratico, che ne rappresentava per molti aspetti uno sviluppo. La **democrazia** aveva come

PERSONAGGI

Alexis de Tocqueville

Se qualcuno avesse bisogno di una prova che i destini dei figli non sono rigidamente determinati dalla vita dei padri dovrebbe guardare alla vita di Alexis-Charles-Henri Clérel de Tocqueville, nato nel 1805, figlio di un conte ma passato alla storia come una delle voci più autorevoli del pensiero democratico. I genitori provenivano da due famiglie aristocratiche strettamente legate ai Borbone. Il padre era stato imprigionato con tutta la famiglia durante il Terrore e solo per poco era sfuggito alla ghigliottina.

Per la sua fedeltà ai Borbone, dopo la Restaurazione [👁 11.1] il conte di Tocqueville venne nominato prefetto in varie città. Alexis passò invece la sua infanzia a Parigi con la madre e un severo precettore che lo formò secondo idee molto tradizionali. Fu solo quando raggiunse il padre a Metz nel 1820 che si appassionò alle opere degli illuministi, primo seme delle sue convinzioni liberali. Dopo aver preso la licenza in diritto nel 1826, venne nominato **giudice uditore** al tribunale di Versailles. Inizialmente provò qualche difficoltà a parlare in pubblico, ma finì per apprezzare la sua professione: l'impostazione da giurista condizionò poi tutto il suo pensiero. Nel frattempo, però, Tocqueville seguiva alla Sorbona i corsi del liberale Guizot e leggeva opere di economia, vagheggiando un coinvolgimento in politica.

La rivoluzione di Luglio (1830) e l'avvento di Luigi Filippo d'Orléans al trono sconvolsero la sua vita [👁 11.6]. La famiglia Tocqueville e gli affetti più cari ad Alexis erano troppo legati alla dinastia decaduta: al padre fu tolto il seggio che aveva ottenuto in precedenza alla Camera dei pari (la Camera di nomina regia, nel Parlamento bicamerale francese), altri parenti e amici rinunciarono alle loro posizioni per non dover prestare giuramento al nuovo re. Tra mille tormenti, Alexis decise invece di aderire al nuovo regime liberale, più vicino alle sue idee. Nonostante l'adesione alla monarchia di Luglio, però, il momento restava assai delicato per chi come lui era stato un fedele funzionario borbonico. Anche per far calmare le acque chiese un congedo temporaneo al Ministero dell'Interno insieme all'amico Gustave de Beaumont: in vista dell'imminente riforma carceraria in Francia chiesero di ricercare informazioni in America sul sistema penitenziario locale.

Il 10 maggio 1831 Tocqueville e Beaumont sbarcarono a New York. Il giovane conte Alexis aveva solo 25 anni e a quel viaggio pensava da molti anni. Le carceri in realtà erano soltanto un pretesto per potersi muovere liberamente nel paese. I suoi quaderni di viaggio ci rivelano l'entusiasmo per l'avventura di questo giovane aristocratico francese alla scoperta dell'America, della sua natura selvaggia e pericolosa, delle abitudini e dei costumi dei suoi abitanti. Tocqueville restò estremamente colpito dalla varietà di esperienze e immagini acquisite in quasi un anno: la vita nelle grandi città, i paesaggi della frontiera più selvaggia e della regione dei Grandi Laghi, il Canada francese, la conoscenza diretta delle condizioni delle popolazioni indigene e degli schiavi neri, la visita al presidente Andrew Jackson (1828-36) e l'opportunità di assistere a due sedute del Congresso. Il viaggio si trasformò così in una ricerca sul campo per capire i caratteri tipici di una società democratica, come avrebbe poi dichiarato lo stesso Tocqueville: «Confesso che nell'America ho visto più che l'America: vi ho cercato un'immagine della democrazia stessa, delle sue tendenze, del suo carattere, dei suoi pregiudizi, delle sue passioni; ho voluto conoscerla, non fosse che per sapere almeno che cosa dobbiamo sperare o temere da lei».

Al ritorno in Francia, Tocqueville si dimise dall'ufficio di giudice e si dedicò insieme a Beaumont alla scrittura del trattato sul sistema penitenziario americano. Ma era a un'altra opera che aveva destinato le sue considerazioni sul sistema democratico degli Stati Uniti: ***La democrazia in America*** uscì nel 1835 ed ebbe così tanto successo da essere ristampata in sette edizioni nel giro di pochi anni.

Gran parte del pubblico accolse l'opera come un meditato rendiconto di viaggio, e anche per questo la seconda parte, più generale, ricevette un'accoglienza più tiepida quando venne pubblicata nel 1840. Per il lettore di oggi, come per lo stesso Tocqueville, le due parti sono però strettamente connesse: l'assetto sociale e politico degli Stati Uniti è preso in esame per trarre una lezione di valore universale su come la democrazia possa funzionare con successo. *La democrazia in America*, del resto, si presentava come un'opera molto diversa rispetto a quelle a cui dovevano essere abituati i suoi lettori. **«A un mondo del tutto nuovo occorre una nuova scien-**

cardine l'**idea di sovranità popolare**, intesa come governo di tutto il popolo, e che si riallacciava al pensiero di Rousseau e all'esperienza della Rivoluzione francese. Per i democratici la forma di governo ideale era la **repubblica** e il canale legittimo di espressione della volontà popolare era l'assemblea eletta a suffragio universale maschile. Mentre i liberali si preoccupavano soprattutto di costituire meccanismi giuridici e istituzionali atti a garantire i diritti individuali, e dunque a limitare i pericoli insiti in qualsiasi forma di esercizio del potere, i democratici, legati per lo più a una visione utopistica, insistevano sulla **libertà «in positivo»** e vedevano nella politica il mezzo per l'attuazione del «bene comune». In parte coincidente ma per molti aspetti diversa era la base sociale dei democratici: ai **borghesi**, nelle varie gradazioni di reddito e di cultura, si aggiungevano **ceti artigianali e anche popolari alfabetizzati** e/o dotati di una cultura di base.

Libertà in negativo / libertà in positivo
Nel linguaggio politico la libertà in negativo (*«freedom from»*, 'libero da') è la libertà intesa come assenza di impedimento o costrizione e circoscrive il fare ciò che le leggi non proibiscono: in termini più semplici, quello che è lecito fare per legge. La libertà in positivo (*«freedom to»*, 'libero di') esprime un concetto vicino alla possibilità di prendere decisioni in autonomia (senza essere mossi a farlo). La prima esprime piuttosto un'azione non costretta o non impedita, la seconda la volontà non determinata da altri, ma autodeterminata.

Gli obiettivi comuni La linea divisoria fra liberali e democratici, molto netta sul piano teorico, era però assai più sfumata nella pratica della lotta contro i regimi assolutisti. La costituzione, il parlamento elettivo, la garanzia delle libertà fondamentali erano obiettivi validi per gli uni come per gli altri. Questi obiet-

Theodore Chasseriau
Alexis de Tocqueville
1850
[Musée National du Château, Versailles]

za politica», aveva scritto l'autore nell'introduzione all'opera. Per questo motivo illustrare il nuovo mondo dell'eguaglianza aveva richiesto un'analisi a largo spettro, che comprendesse lo studio degli aspetti sociali e culturali oltre che quello delle leggi e delle istituzioni politiche. Anche per questa sua attenzione ai costumi, alla religione, alla scienza, ma anche ai sentimenti, alla struttura delle famiglie e ai rapporti fra lavoratori o fra uomini e donne, Tocqueville è stato spesso considerato **uno dei fondatori della sociologia moderna**.

Il pubblico colto capì immediatamente il valore dell'opera e l'autore fu subito paragonato ad Aristotele e a Montesquieu. Ciò fu possibile anche perché Tocqueville si sforzò di trattare con lucidità il funzionamento di una democrazia, distanziandosi così dai suoi oppositori ma anche dai suoi difensori più accaniti. In una lettera a un amico inglese del 1837 lo stesso Tocqueville spiegava le ragioni del suo stile sobrio: «Sono venuto al mondo alla fine di una lunga rivoluzione che, dopo aver distrutto l'antico regime, non aveva creato niente di durevole. L'aristocrazia era già morta quando ho cominciato a vivere e la democrazia non esisteva ancora. Il mio istinto non poteva dunque trascinarmi ciecamente né verso l'una né verso l'altra [...]. In una parola, ero così bene in equilibrio tra passato e avvenire che non mi sentivo naturalmente ed istintivamente attratto né verso l'uno né verso l'altro, e non ho avuto bisogno di grandi sforzi per guardare tranquillamente dai due lati». Non gli interessava insomma fare un panegirico acritico del sistema americano. Non esitò anzi a indicarne i difetti, come l'instabilità, l'incoerenza della politica estera, il successo elettorale ottenuto talvolta da uomini mediocri, ma soprattutto **il rischio della tirannia della maggioranza**. Ma dalle argomentazioni di Tocqueville il messaggio passava chiaro al lettore: i pregi della democrazia superavano di gran lunga i suoi difetti. Era soprattutto **l'eguaglianza delle condizioni** ad averlo colpito di più nella società americana, e tutta la storia universale gli sembrava ora un lungo cammino tendente al livellamento delle differenze tra gli uomini. Allo stesso tempo, però, la passione per l'eguaglianza politica è presentata nell'opera come un pericolo, perché potrebbe portare sia alla sovranità di tutti sia alla sottomissione di tutti a un solo individuo. Pur di essere uguali, gli uomini potrebbero abbandonarsi a un dittatore. Per sfuggire a questo rischio gli americani avevano sperimentato un antidoto: **la libertà politica**, espressa nelle associazioni e nelle autonomie locali.

Il successo dell'opera segnò un punto di svolta nella vita di Tocqueville. Dopo il matrimonio e dopo aver ottenuto premi e riconoscimenti si lanciò finalmente in politica, e venne eletto nel 1839 tra le fila del centro-sinistra. Alla Camera i suoi interventi riguardavano soprattutto l'abolizione della schiavitù nelle colonie e la politica estera. Fu con la Terza Repubblica francese del 1848 che arrivarono incarichi politici di primo piano: tra i redattori della costituzione nell'Assemblea costituente, poi addirittura ministro degli Esteri nel 1849, quando cercò di spostare su posizioni filoinglesi e antiaustriache la politica estera francese. Il colpo di Stato di Luigi Napoleone Bonaparte (che assunse il titolo di Napoleone III) lo spinse alle dimissioni e all'abbandono della politica [👁 11.9]. Deluso dal ritorno del dispotismo in Francia, Tocqueville trascorse i suoi ultimi anni scrivendo un'opera storica, *L'antico regime e la rivoluzione*, rimasta incompiuta. La tubercolosi lo avrebbe ucciso nel 1859.

PERSONAGGI

…ertà
…ocqueville
…età democratica

tivi – che si possono genericamente definire **"liberali"** – costituirono il programma minimo e il terreno comune di lotta per tutte le forze politiche che si battevano contro quanti intendevano restaurare l'antico regime sconfitto dalla Rivoluzione francese e da Napoleone.

John Stuart Mill Il rapporto fra liberalismo e democrazia fu al centro della riflessione di due fra i pensatori politici più importanti e originali del loro secolo: l'inglese John Stuart Mill e il francese Alexis de Tocqueville. Economista, filosofo e politico impegnato, Mill partì dalle premesse teoriche comuni al **liberalismo inglese** del primo '800 ma, nelle sue opere politiche più importanti, uscite negli anni attorno alla metà del secolo, **contestò l'ottimismo implicito nelle tesi liberiste**, sostenne la necessità di un intervento dei pubblici poteri per risolvere i problemi delle classi più disagiate, si batté per tutte le riforme politiche e sociali (ampliamento del suffragio esteso anche alle donne, libertà sindacale, istruzione obbligatoria, tasse sulla proprietà fondiaria) che consentissero una più equa distribuzione della ricchezza e una più ampia partecipazione popolare al governo della cosa pubblica.

Alexis de Tocqueville Diversamente da Mill, Alexis de Tocqueville non fu un teorico della politica in senso stretto, né un riformatore impegnato sul terreno sociale. Fu piuttosto un attentissimo osservatore della realtà del suo tempo e un lucido indagatore di alcune tendenze di fondo della società moderna. La sua opera più celebre, *La democrazia in America* – uscita fra il 1835 e il 1840 e ispiratagli da un viaggio negli Stati Uniti – contiene, oltre che una vivace descrizione della società nordamericana, **una acuta riflessione sulla democrazia**, considerata come il **frutto di un processo inarrestabile**. Per Tocqueville, aristocratico di orientamento liberal-moderato, il prevalere delle tendenze democratiche ed egualitarie rischiava però di risolversi in un appiattimento delle diversità, in una distruzione delle autonomie della **società civile**, ponendo le premesse per nuove forme di autoritarismo. A questi pericoli, segnalati anche da Mill, non si poteva reagire, a suo avviso, bloccando lo sviluppo della democrazia, impresa del resto impossibile, ma incanalandola negli istituti del pluralismo liberale: separazione dei poteri, libertà di stampa, autonomie locali.

Società civile
Questa espressione designa l'insieme dei membri della società nei loro rapporti, in contrapposizione allo Stato e al mondo politico.

GUIDA ALLO STUDIO

❶ Descrivi i princìpi politici del liberalismo. ❷ Perché i democratici si ispiravano alla Rivoluzione francese? ❸ John Stuart Mill contestava il liberalismo? ❹ Tocqueville era un democratico?

5 Il cattolicesimo liberale e il cattolicesimo sociale

La chiusura della Chiesa nell'età delle rivoluzioni Di fronte ai grandi rivolgimenti politici e ideologici dall'Illuminismo in poi, la Chiesa cattolica e il cattolicesimo reagirono sia sul piano teorico che su quello organizzativo. Ma ci vorrà ben più di un secolo perché la più grande organizzazione del cristianesimo cominciasse a venire a patti col mondo moderno.

Agli inizi buona parte del mondo cattolico si attestò su posizioni di radicale rottura con la tradizione illuminista e con gli ideali liberali e democratici, dando vita, in alcuni casi, a vere e proprie utopie **reazionarie**: come quella a sfondo teocratico del savoiardo **Joseph de Maistre**, sostenitore di un assolutismo monarchico fondato sul **diritto divino dei re**. De Maistre giunse a invocare, in una celebre opera del 1819 intitolata *Du Pape* (*Sul Papa*), la sottomissione dei sovrani all'autorità suprema del pontefice di Roma.

Reazionario
Nel linguaggio politico è colui che appoggia un movimento di reazione politica. Il termine, originariamente riferito agli oppositori della Rivoluzione francese, venne successivamente esteso a coloro che avversano ogni riforma e innovazione, mostrandosi tendenzialmente ostili al progresso.

Il progressismo dei cattolici liberali

Non mancavano nemmeno allora tuttavia cattolici schierati su posizioni progressiste o addirittura rivoluzionarie: in realtà le prime formulazioni di un cattolicesimo liberale, che sosteneva la possibilità e l'opportunità di **affermare i valori della religione nel quadro delle libertà costituzionali**, si ebbero in Francia nei tardi anni '20, a opera di un gruppo di intellettuali raccolti attorno all'abate **Félicité de Lamennais**, protagonista di una singolare evoluzione che lo avrebbe fatto schierare su posizioni democratiche. Nel 1830 Lamennais fondò una rivista intitolata «L'Avenir» («L'Avvenire»), che si proponeva di suscitare un moto di riforma all'interno della Chiesa per indurla ad abbandonare i progetti teocratici. Intanto il cattolicesimo liberale si era diffuso in altri paesi europei: soprattutto in Belgio – dove l'alleanza fra liberali e cattolici fu una delle chiavi del successo della lotta per l'indipendenza – ma anche in Italia, in Germania e in Irlanda. Il programma dei cattolici liberali era generalmente improntato a notevole **moderazione**. Il loro principale obiettivo era quello di salvare la Chiesa dai pericoli derivanti da una troppo stretta identificazione con il passato prerivoluzionario. Il loro laicismo non si spingeva al punto di invocare la separazione fra Chiesa e Stato, teorizzata invece da ampi settori del mondo protestante. Per i cattolici liberali lo Stato doveva non solo rispettare i diritti della Chiesa, ma anche mantenere un carattere cristiano alla sua legislazione (in materia, per esempio, di matrimonio e di istruzione), pur assicurando piena libertà alle altre confessioni religiose.

Queste idee, per quanto moderate, non potevano però essere accettate dai vertici ecclesiastici: in un'epoca caratterizzata da grandi mutamenti sociali e dalla crescente diffusione delle ideologie laiche, la Chiesa cattolica era infatti preoccupata soprattutto di **riaffermare la sua autorità e il suo magistero sulle masse popolari**, in particolare su quelle contadine.

Il cattolicesimo sociale

Una parte dei cattolici liberali preferì trasferire il proprio impegno sul terreno sociale: un impegno per certi aspetti nuovo – e reso attuale dall'esplodere della questione operaia [👁 10.8] – ma

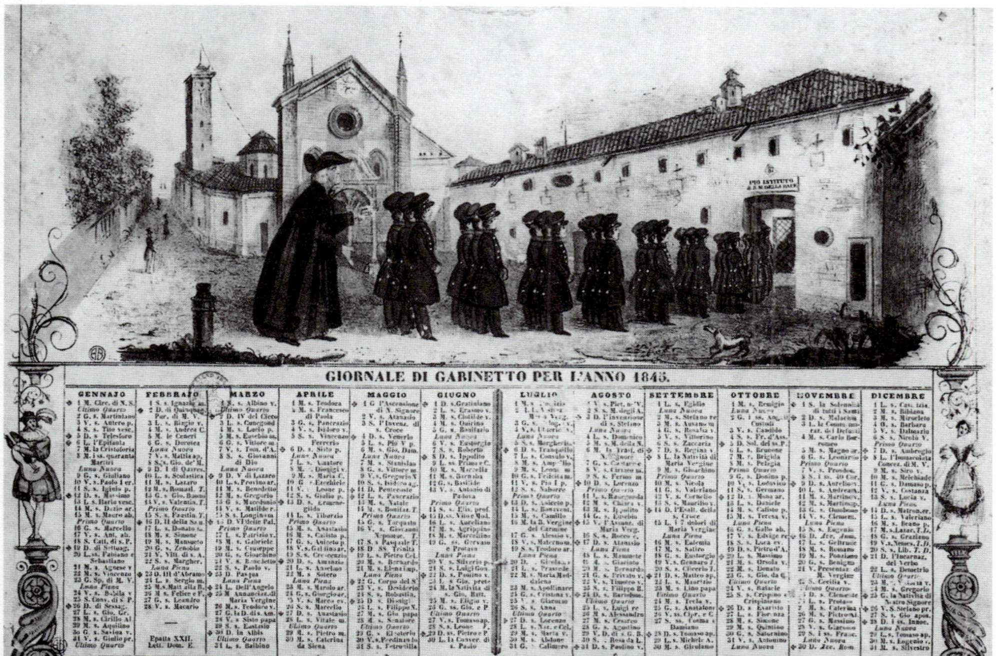

Gli alunni del Pio Istituto di Santa Maria della Pace
1845
[Civica Raccolta delle Stampe A. Bertarelli, Milano]

Fondato a Milano nel 1841 da padre Marchiondi, l'istituto rappresentato in questo calendario per l'anno 1845 aveva lo scopo di correggere e rieducare i fanciulli «socialmente deviati». Quello dell'educazione era un ambito in cui la Chiesa cattolica poteva largamente operare, impegnandosi nell'istruzione delle classi sociali meno agiate.

per altri versi in linea con la tradizione caritativa della Chiesa cattolica e, comunque, tale da evitare problemi di ordine dottrinario o teologico. Pioniere di questa nuova forma di impegno fu ancora una volta un francese, **Frédéric Antoine Ozanam**, fondatore nel 1833 della **Società di San Vincenzo de' Paoli** che riuniva, con fini assistenziali e caritativi, numerosi esponenti dell'aristocrazia e dell'alta borghesia. Richiamando le classi agiate ai doveri della solidarietà, ma incoraggiando anche la formazione di associazioni di mestiere sul modello delle corporazioni medievali, Ozanam inaugurò una corrente – quella del cattolicesimo sociale – destinata a notevoli sviluppi in molti paesi cattolici nella seconda metà dell'800.

GUIDA ALLO STUDIO

❶ Chi era de Maistre? ❷ Che cosa pensavano i cattolici, liberali e protestanti del rapporto Stato-Chiesa? ❸ Quali ideali caratterizzavano il cattolicesimo sociale?

6 Il socialismo

Il socialismo utopistico

La diffusione in Europa delle ideologie socialiste rappresentò una risposta al diffondersi dell'industrializzazione, alla crescita del proletariato e alle nuove dimensioni assunte dalla questione sociale. Il nucleo centrale del pensiero socialista consisteva nella convinzione che, per superare i mali e le ingiustizie del **capitalismo** industriale (in particolare quelli inerenti alla condizione operaia), non era sufficiente la pratica delle riforme dall'alto né tantomeno il ricorso alla carità e alle iniziative filantropiche. Era invece necessario colpire alla radice i princìpi informatori della società capitalistico-borghese – l'individualismo, la concorrenza, il profitto – e sostituirli con **i valori della solidarietà e dell'uguaglianza**: costruire insomma **una società**

Lo stabilimento cotoniero di Robert Owen a New Lanark in Scozia

Robert Owen (1771-1858), di modeste origini, figlio di un sellaio, divenne dirigente di fabbriche tessili e quindi comproprietario delle filande di New Lanark, in Scozia. Qui Owen rese operativa una vera e propria comunità industriale modello, dove le condizioni generali di vita erano di gran lunga migliori rispetto ad altre situazioni coeve (per esempio, si lavorava soltanto per dieci ore e mezza al giorno, con una pausa per il pranzo, e non venivano assunti bambini sotto i dieci anni). Nonostante un discreto successo, Owen abbandonò l'impresa e tentò di mettere in pratica le proprie teorie negli Stati Uniti, dove fondò la comunità di New Harmony (1824-28), nell'Indiana. Fallito questo tentativo, Owen tornò in Gran Bretagna per dedicarsi all'attività sindacale. Le officine di New Lanark sono rimaste attive fino al 1968. Dagli anni '70 ad oggi, insieme al vicino villaggio, sono state restaurate e tramutate in museo; dal 2001 fanno parte del Patrimonio dell'umanità dell'Unesco.

completamente nuova, non solo nelle istituzioni politiche, ma anche e soprattutto nelle strutture economiche.

Per questa sua carica utopica, il pensiero socialista del primo '800 si collegava a progetti ed esperienze maturati nell'ambito della società preindustriale, in particolare alle correnti radicali ed egualitarie che si erano manifestate nel corso della prima Rivoluzione inglese e della Rivoluzione francese, in parte confluite nelle società segrete del periodo successivo. Rispetto a tali esperienze il socialismo ottocentesco si distingueva proprio per il suo costante riferirsi alla nuova realtà dell'industrializzazione. Questo legame con i problemi della rivoluzione industriale è particolarmente evidente nell'esperienza dei due principali antesignani del socialismo moderno: il gallese Robert Owen e il francese Claude-Henri de Saint-Simon.

Imbevuto di ideali illuministi e umanitari, l'industriale cotoniero **Robert Owen** tentò dapprima (1800-25) di mettere in pratica le proprie idee nel suo stabilimento-modello di New Lanark, in Scozia, poi si dedicò prevalentemente alla formazione delle prime organizzazioni operaie, le Trade Unions, cercando di promuoverne l'unificazione a livello nazionale [👁 10.8]. In una fase successiva, si fece promotore e organizzatore di **cooperative di consumo** fra i lavoratori, dando vita a un movimento che avrebbe conosciuto notevoli sviluppi soprattutto a partire dagli anni '50. Per queste sue iniziative nel campo dell'associazionismo, Owen ebbe un ruolo di fondamentale importanza nella storia del movimento operaio inglese e mondiale.

Completamente diversa fu l'esperienza intellettuale di **Saint-Simon**. Aristocratico formatosi nell'*ancien régime* (era nato nel 1760), Saint-Simon fu uno dei primi a capire la novità dell'industrialismo e a esaltarne le potenzialità di progresso. Negli ultimi anni della sua vita, fra il 1820 e il 1825, teorizzò l'avvento di una nuova società governata dai **tecnici** (personale altamente specializzato nelle diverse discipline) e

Capitalismo
Sistema socio-economico caratterizzato da una larga formazione e mobilità dei capitali, dalla proprietà privata dei mezzi di produzione, dalla ricerca del profitto individuale e dalla separazione dei produttori in classi detentrici dei capitali (la borghesia) e classi lavoratrici (il proletariato).

Cooperative di consumo
Le cooperative di consumo hanno per soci i consumatori, e questi – per il tramite della cooperativa – fanno acquisti in comune a condizioni migliori di quelli di mercato.

Contemporaneo di Robert Owen fu Charles Fourier (1772-1837), rappresentante più tipico del socialismo utopistico francese. Nei suoi scritti, Fourier delineò un'utopia radicalmente anti-industriale, che mirava ad assicurare un'equa distribuzione delle risorse e a risolvere il problema della felicità individuale attraverso una nuova concezione del lavoro. Il filosofo propose la creazione di piccole comunità autosufficienti, dette falangi, che avrebbero vissuto nel falansterio, un complesso di edifici organizzato in aree funzionali, dove si sarebbe potuta realizzare la piena esplicazione del talento produttivo di ogni individuo. Dall'idea di Fourier nacquero diversi esperimenti in Francia e negli Stati Uniti, molti dei quali si rilevarono fallimentari. Fra questi va ricordato quello dell'imprenditore Jean-Baptiste André Godin (1817-1889) che, nella seconda metà dell'800, realizzò a Guise, nel Nord della Francia, una versione ridotta del falansterio, il familisterio. Il familisterio di Godin ebbe un discreto successo, tanto che cessò di funzionare in quanto tale solo alla metà del '900, mentre le sue strutture continuano a servire ancora oggi come normali abitazioni.

Veduta generale del familisterio di Guise in Francia
[da J.-B. A. Godin, *Solutions sociales*, 1871]

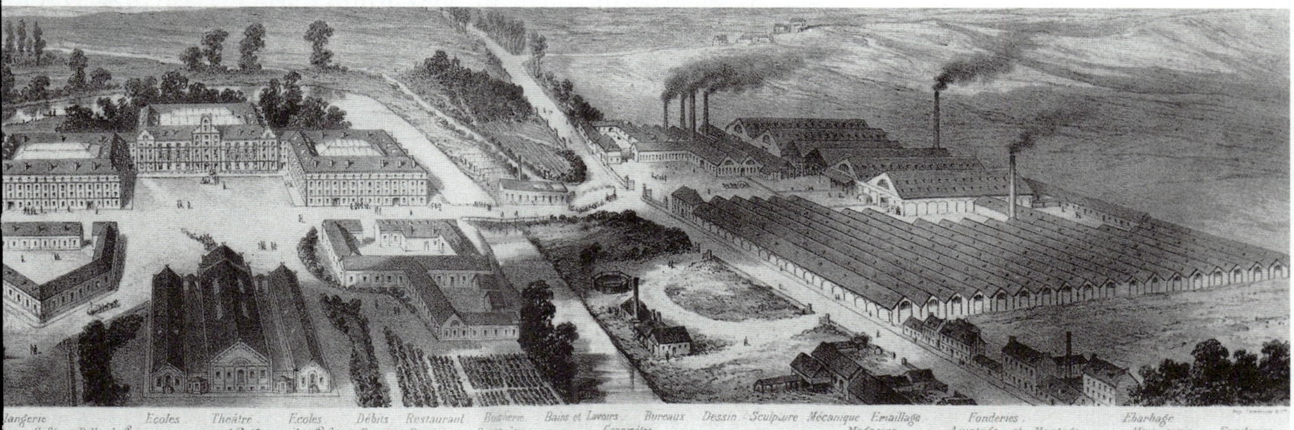

Parola chiave
Socialismo / Comunismo

ONLINE

dai **produttori** – espressione con cui erano accomunati industriali e operai – nell'interesse dell'intera collettività. Le teorie di Saint-Simon, che non si possono definire socialiste in senso stretto, furono sviluppate dai suoi numerosi seguaci in direzioni diverse e contrastanti. Alcuni ne colsero gli aspetti capitalistici e tecnocratici e si impegnarono nelle attività bancarie e affaristiche. Altri le interpretarono in senso socialistico e – riferendosi soprattutto all'ultima opera di Saint-Simon, intitolata *Il nuovo cristianesimo* – cercarono di fondare su di esse una vera e propria religione laica. In questa seconda versione, il **sansimonismo** esercitò una notevole influenza sul pensiero socialista successivo, ma anche su alcuni settori della sinistra democratica, come per esempio i mazziniani in Italia.

Gli sviluppi teorici in Francia

Fu nella Francia degli **anni '30 e '40 dell'800** che il socialismo conobbe i suoi più ampi sviluppi teorici: anche se, in assenza di un movimento operaio già organizzato come quello che stava crescendo in Gran Bretagna, questi sviluppi assunsero o una connotazione utopistica o una declinazione marcatamente rivoluzionaria.

Auguste Blanqui (1805-1881) fu instancabile organizzatore di trame rivoluzionarie per oltre un quarantennio. Blanqui si dedicò non tanto a descrivere la futura società socialista, quanto a studiare i mezzi per abbattere il sistema borghese tramite l'insurrezione che avrebbe consegnato il potere nelle mani del popolo: fu lui a elaborare per primo il concetto di **dittatura del proletariato**, che sarebbe poi stato ripreso da Karl Marx e Friedrich Engels (di cui si leggerà nel paragrafo seguente). Blanqui si definiva comunista [👁 10.7]. Un altro francese, **Louis Blanc** (1811-1882), può essere considerato sotto molti aspetti il capostipite del socialismo riformista. Blanc era infatti convinto che la soluzione dei mali del capitalismo poteva venire solo da un **intervento dello Stato** come regolatore, e al limite come gestore in proprio, dei processi produttivi. Il primo e più importante intervento doveva consistere nella creazione di ***ateliers sociaux*** ('officine sociali') che avrebbero avuto il doppio scopo di combattere la disoccupazione e di soppiantare progressivamente le imprese private. Un posto a parte nel panorama del primo socialismo francese è occupato infine da **Pierre-Joseph Proudhon**, che divenne celebre nel 1840 per un saggio intitolato *Che cos'è la proprietà?*; la risposta, provocatoria, era: «la proprietà è un furto». Successivamente Proudhon sviluppò il suo pensiero in direzione di un cooperativismo a sfondo **anarchico** più che socialista destinato a esercitare una forte influenza su strati consistenti del movimento operaio europeo. In particolare le idee proudhoniane influenzarono in modo significativo le elaborazioni dei primi teorici socialisti italiani, soprattutto Carlo Pisacane [👁 13.2] e Giuseppe Ferrari [👁 12.5].

GUIDA ALLO STUDIO

❶ Quali sono i princìpi politici del socialismo? ❷ Chi erano Owen e Saint-Simon? ❸ Quali sviluppi ebbe il pensiero socialista in Francia?

Anarchismo

Le idee anarchiche, fin dalle prime formulazioni rintracciabili nell'Illuminismo e in alcune tendenze radicali della Rivoluzione francese, propugnavano l'emancipazione totale dell'uomo da ogni autorità e da ogni forma di oppressione. A dare prima compiuta formulazione a queste idee, nell'800, fu P.-J. Proudhon, che riteneva limitata la denuncia della natura oppressiva del vecchio assolutismo e del nuovo capitalismo sottolineando l'estraneità dei lavoratori agli obiettivi della borghesia democratica, inclusi il regime parlamentare e l'estensione del diritto di voto. Massimo teorizzatore dell'anarchismo fu, sempre nell'800, il russo Michail Bakunin (1814-1876) che sosteneva l'abolizione dello Stato, considerato la principale fonte di oppressione sociale. Secondo l'ideologia anarchica i lavoratori possono organizzarsi da sé, partendo dai più piccoli nuclei e in un modo più autonomo.

7 Marx ed Engels

Il socialismo tedesco

Negli anni '30 e '40, le idee socialiste conobbero una certa diffusione anche in Germania, dove trovarono sostenitori non tanto nell'ancora scarso proletariato industriale locale, quanto fra le comunità abbastanza numerose di lavoratori tedeschi che operavano in Belgio, in Gran Bretagna e soprattutto in Francia. Nel 1847 uno di questi gruppi, la Lega dei comunisti, affidò l'incarico di stendere il suo manifesto programmatico a due intellettuali non ancora trentenni: **Karl Marx** e **Friedrich Engels**. Engels, nato nel 1820, era figlio di un ricco industriale, aveva soggiornato a lungo in Gran Bretagna, aveva studiato le opere degli economisti «classici» [👁 3.6] ed era noto soprattutto come autore di un saggio sulle *Condizioni della classe operaia in Inghilterra*, uscito nel 1845. Marx, più anziano di due anni, aveva una formazione essenzialmente filosofica ma era insoddisfatto di un'attività puramente speculativa: era convinto che compito degli intellettuali fosse non tanto «interpretare il mondo», come fino allora avevano fatto i filosofi, quanto «cambiarlo».

Il *Manifesto del Partito comunista*

Nel *Manifesto del Partito comunista*, uscito a Londra in lingua tedesca all'inizio del 1848, Marx ed Engels si fecero assertori di un **nuovo socialismo** – da loro definito **scientifico** in contrapposizione a quello **utopistico** – che univa una fortissima carica rivoluzionaria a un solido fondamento economico e filosofico. Il nucleo fondamentale del «socialismo scientifico» sta in una concezione **materialistica e dialettica della storia**, vista essenzialmente come un susseguirsi di **lotte di classe**, di scontri fra interessi economici. I

Il quadro di degrado urbano e sociale che si presentò al giovane Engels durante il suo soggiorno in Gran Bretagna e che stimolò la sua riflessione sulla condizione della classe operaia fu ben raffigurato, poche decine di anni più tardi, dall'incisore Gustave Doré. Questi, dopo due viaggi compiuti a Londra, pubblicò nel 1872 insieme al giornalista William Blanchard Jerrold un libro illustrato intitolato *London, A Pilgrimage* (*Londra, Un pellegrinaggio*), che traccia una visione della Londra urbana, con le sue strade affollate, i sobborghi miseri e popolari, il lavoro minorile e il dramma del proletariato nella quotidiana povertà. In particolare, dalle incisioni emerge lo spettacolo di miseria e sofferenze offerto dagli *slums* (rappresentati nelle tavole qui riprodotte), quartieri periferici pianificati dagli speculatori edilizi per i salariati dei sobborghi industriali delle grandi città inglesi, i cui edifici, di infima qualità, erano costruiti ignorando qualsiasi norma di igiene e sicurezza.

Gustave Doré
I quartieri poveri di Londra sotto i viadotti ferroviari
e
Veduta della periferia di Londra
1872
[da W. Blanchard Jerrold e G. Doré, *London, A Pilgrimage*]

ONLINE

DOC
Karl Marx, Friedrich Engels
La società senza classi

rapporti economici costituiscono, per gli autori del *Manifesto*, la base portante, la «struttura» di ogni società. Le ideologie e le istituzioni politiche, a cominciare dallo Stato, sono solo «sovrastrutture» che servono a organizzare e a legittimare il dominio di una classe sulle altre. Anche i regimi liberali e democratici sono l'espressione di un dominio di classe, quello della borghesia giunta alla fase matura della sua ascesa rivoluzionaria.

Infatti, dando vita al capitalismo industriale, la **borghesia** ha accresciuto enormemente le capacità produttive dell'umanità e ha abbattuto le disuguaglianze giuridiche della società feudale. Ma, al tempo stesso, ha suscitato contraddizioni che non riesce più a risolvere e ha prodotto il suo antagonista storico, il nuovo soggetto sociale destinato a soppiantarla: il **proletariato**. È infatti la logica stessa del sistema capitalistico-industriale che fa crescere continuamente il numero dei proletari e, contemporaneamente, li riduce a una massa indifferenziata, dequalificata, e fatalmente destinata a diventare sempre più misera e pronta alla rivoluzione.

Proletariato
Nella Roma antica il proletario (in latino *proletarius*) era il nullatenente, colui che non aveva altra ricchezza che la sua prole e occupava quindi l'ultimo gradino della scala sociale. Il termine "proletariato" – ossia l'insieme, la classe dei proletari – venne introdotto nel linguaggio politico moderno agli inizi dell'800 e, con la diffusione del pensiero socialista, divenne poi di uso comune per definire i lavoratori salariati e le loro famiglie.

La rivoluzione proletaria

Secondo Marx ed Engels, ribellandosi al sistema capitalistico, il proletariato non ha da perdere nulla «se non le proprie catene»: è dunque una classe naturalmente rivoluzionaria, in quanto rappresenta, al contrario della borghesia, gli interessi dell'enorme maggioranza della popolazione. Per far valere i suoi interessi, il proletariato deve organizzarsi non solo all'interno dei singoli Stati, ma anche su scala sovranazionale, rifiutando la logica dei nazionalismi: **«Proletari di tutti i paesi, unitevi!»** è il celebre appello con cui si conclude il *Manifesto*. Una volta organizzata, la classe operaia profitterà dell'inevitabile crisi del capitalismo – che colpirà per primi i paesi più industrializzati – e assumerà il potere. In una prima fase, questo potere prenderà le forme della **dittatura**, necessaria per contrastare i prevedibili tentativi di reazione della borghesia e per assicurare il passaggio alla vera **società comunista**: la società senza privilegi, senza classi, senza proprietà privata e senza Stato, in cui le enormi potenzialità produttive di cui la tecnica umana è capace saranno messe al servizio dell'intera collettività.

Queste proposte e queste indicazioni non trovarono un seguito ampio e immediato in un movimento operaio europeo che era ancora disorganizzato e frammentato: mantennero quindi un inevitabile carattere utopistico seppure sostenuto dalla forza argomentativa derivante dalla filosofia dialettica tedesca. Le rivoluzioni del 1848 [👁 11.8] – scoppiate in coincidenza con l'uscita del *Manifesto* – se da un lato avrebbero portato in primo piano, soprattutto in Francia, le istanze di una classe operaia sempre meno disposta a subordinare i suoi obiettivi a quelli della borghesia, dall'altro avrebbero rivelato quanto questa classe operaia fosse debole e isolata e quanto la stessa borghesia fosse ancora lontana dall'aver compiutamente realizzato i suoi progetti politici.

GUIDA ALLO STUDIO

❶ Che cosa rappresentano «struttura» e «sovrastruttura» nel *Manifesto* comunista del 1848? ❷ Perché il socialismo marxista si definisce «scientifico»? ❸ Perché, secondo Marx, anche la borghesia è stata rivoluzionaria? ❹ Qual è il compito storico del proletariato secondo il marxismo?

8 La questione operaia

Borghesi e proletari

Lo sviluppo e la diffusione dell'industria moderna provocarono in tutti i paesi coinvolti in questo processo profonde trasformazioni anche nella struttura sociale. Al concetto di ceto, legato alla posizione occupata per nascita o al godimento di particolari diritti, si venne sostituendo quello di

classe, definito soprattutto in rapporto al ruolo svolto nel processo produttivo in una società che, almeno dal punto di vista formale, tendeva ad assicurare l'uguaglianza dei cittadini di fronte alla legge.
L'antagonismo fondamentale che si veniva profilando non era più quello fra l'aristocrazia e il popolo, ma quello fra il **borghese**, proprietario dei mezzi di produzione, e il **proletario**, lavoratore salariato, dotato soltanto della forza delle sue braccia e della sua capacità di riprodursi.

Il confronto sociale in Gran Bretagna

Nei paesi dell'Europa continentale questo dualismo, fino alla metà dell'800, aveva aspetti marginali. Imprenditori e salariati erano invece protagonisti del confronto sociale in Gran Bretagna. Qui la **borghesia** svolgeva, già negli anni '30 e '40, un ruolo politico di primo piano e una parte della stessa **aristocrazia** tendeva a farsi imprenditrice; lo sviluppo della grande fabbrica stava concentrando in alcune città industriali una massa operaia sempre più consistente e agguerrita. Nel 1850, i lavoratori impiegati nelle manifatture e nelle fabbriche inglesi erano 3.250.000. Il solo settore tessile impiegava oltre un milione di operai. **Per la gran massa dei lavoratori dell'industria le condizioni di vita rimanevano estremamente difficili**. E il fatto che il lavoro in fabbrica rappresentasse per molti un'alternativa alla fame o alla pubblica carità e che il livello medio delle retribuzioni nell'industria risultasse, nonostante tutto, superiore a quello dei lavoratori agricoli non toglieva nulla alla drammaticità di una condizione tanto dura da apparire inumana anche a molti osservatori contemporanei.

Le Trade Unions

Da questa realtà derivava da un lato l'impulso delle classi dirigenti a farsi carico in qualche misura – seppur in forme sostanzialmente paternalistiche – degli aspetti più gravi della questione operaia, dall'altro **la spinta degli operai stessi ad associarsi fra loro e a ribellarsi alla propria condizione.** Quest'ultima era una tendenza favorita dal lavoro in fabbrica e dal fatto di vivere a stretto, continuo contatto gli uni con gli altri.
I primi episodi di ribellione contro il sistema di fabbrica avevano assunto, come sappiamo, la forma del luddismo [👁 8.4]. Negli anni '20 gli operai inglesi, guidati per lo più da leader democratico-radicali, avevano cominciato a sperimentare forme di agitazione pacifica – manifestazioni, comizi, scioperi –, in cui le rivendicazioni economiche si mescolavano a quelle politiche, e avevano lottato per ottenere l'abrogazione di quelle leggi

Focus
Trade Unions
ONLINE

James Sharples
Tessera del sindacato dei metallurgici
1852 ca.
[Trade Unions Congress, Londra]
Le prime associazioni dei lavoratori nacquero in Inghilterra e presero il nome di Trade Unions. Da questi primi nuclei ebbe origine il movimento sindacale che conosciamo ancora oggi. La figura mostra la tessera del sindacato degli operai metallurgici realizzata su disegno di James Sharples, egli stesso operaio.

che – in Gran Bretagna come in altri paesi – dichiaravano illegali le associazioni fra i lavoratori e proibivano il ricorso allo sciopero. Da queste lotte – in parte coronate da successo grazie alla **legge del 1824 che legalizzava le associazioni operaie** – nacquero le prime **Trade Unions**, nucleo originario di un movimento sindacale destinato a grandi sviluppi. Nei paesi dell'Europa continentale, il processo di formazione del proletariato di fabbrica e di crescita delle organizzazioni operaie fu naturalmente molto più lento. In Francia e in Germania, attorno alla metà del secolo, gli occupati nell'industria erano circa un quarto della popolazione attiva – mentre già raggiungevano il 50% in Gran Bretagna. E in questa percentuale era compresa una quota consistente di addetti alle tradizionali attività artigiane.

La questione operaia

Tuttavia, anche nei paesi "secondi arrivati" sulla via dell'industrializzazione, la questione operaia si venne sempre più im-

STORIA • SOCIETÀ • CITTADINANZA

I diritti di cittadinanza

Il concetto di «cittadinanza» (dal latino *civitas*) è molto antico: si fa risalire all'antica Grecia e lo si ritrova nel diritto romano, nel pensiero cristiano medievale, infine in età moderna nei principali documenti della Rivoluzione francese. In termini moderni, per cittadinanza si intende sia il rapporto di appartenenza di un individuo a un dato Stato sia tutta la serie di diritti e doveri (come la fedeltà allo Stato), stabiliti per legge, che da questa relazione derivano.

La "scoperta" del cittadino si ebbe solo con la **Rivoluzione francese**, quando la società cominciò a essere riconosciuta come l'insieme degli individui che ne fanno parte – singolarmente considerati – e non dei ceti, come avveniva nella prima età moderna. L'articolo 6 della *Dichiarazione dei diritti dell'uomo e del cittadino* (1789) significativamente recitava: «La legge è l'espressione della volontà generale. Tutti i cittadini hanno diritto di concorrere, personalmente o mediante i loro rappresentanti, alla sua formazione. Essa deve essere uguale per tutti, sia che protegga, sia che punisca. Tutti i cittadini essendo uguali ai suoi occhi sono ugualmente ammissibili a tutte le dignità, posti ed impieghi pubblici secondo le loro capacità [...]».

Dunque, si può parlare di **cittadinanza** in modo più specifico quando tutti gli individui che fanno parte di uno Stato sono uguali di fronte alla legge e hanno – per legge – pari dignità civile e la possibilità di partecipare alla vita politica e sociale della propria comunità. Riprendendo le parole del sociologo inglese Thomas H. Marshall (1893-1981), la cittadinanza consiste in «una forma di uguaglianza umana [...] connessa con il concetto di piena appartenenza a una comunità».

Quali sono, dunque, i diritti (ovvero le condizioni) che caratterizzano questa appartenenza? Innanzitutto, il «catalogo» dei diritti del cittadino non è stabile, dato una volta per tutte e immutabile, ma si modifica con il cambiamento del rapporto tra il cittadino e la comunità politica (anche se il concetto di cittadinanza si consolida nel XIX secolo, da allora fino a oggi i diritti e i doveri connessi hanno comunque subito delle trasformazioni). Ci sono, però, degli aspetti fondamentali e caratterizzanti che hanno mantenuto il loro valore nel tempo. Elementi essenziali della cittadinanza sono i **diritti politici**, che permettono a tutti gli individui di partecipare attivamente (tramite il voto o l'esercizio di un pubblico ufficio) al governo del proprio paese. Ancora una volta, fu la Rivoluzione francese a dare avvio al progresso della società. La Costituzione del 1793 concesse infatti (per la prima volta nella storia) a tutti i cittadini maschi il diritto di voto, cioè il suffragio universale maschile e la libertà di candidarsi come rappresentanti del popolo nelle istituzioni dello Stato. Gli articoli 7, 8 e 28 recitavano: «Il popolo sovrano è l'universalità dei cittadini francesi. Esso nomina immediatamente i suoi deputati. [...] Ogni Francese che esercita i diritti di cittadino, è eleggibile nel territorio della Repubblica». Questi diritti, però, vennero revocati dai regimi politici successivi che introdussero criteri restrittivi – di titoli e di censo – per la partecipazione alla vita politica. La strada da percorrere per la piena affermazione del suffragio universale era infatti ancora molto lunga, tanto che in Italia, nei primi anni dopo l'Unità, poteva votare solo il 2% della popolazione e il diritto di voto venne riconosciuto alle donne solo nel 1945.

Altrettanto importanti sono i **diritti civili**, quelli più strettamente connessi con il godimento della libertà individuale, come il diritto alla libertà personale, la libertà di parola, di pensiero, di religione e l'uguaglianza di fronte alla legge. Un ruolo significativo rivestono infine i **diritti sociali,** che permettono all'individuo di conquistare almeno un livello minimo di benessere economico e di partecipare alla vita sociale della propria comunità.

Negli ultimi due secoli il concetto di cittadinanza si è progressivamente arricchito di nuovi elementi, nuove garanzie della piena partecipazione dei cittadini alla vita nello Stato. In tempi molto recenti si è cominciato a parlare di **diritti di terza e di quarta generazione**, che riguardano non solo il cittadino ma l'umanità intera, come i diritti dei consumatori, il diritto a un ambiente pulito e sano (terza generazione) o quello alla difesa dai rischi connessi al dilagare delle nuove tecnologie: internet, manipolazione genetica, ecc. (quarta generazione).

Per quanto riguarda l'acquisizione del **diritto di cittadinanza in Italia**, la Costituzione italiana tutela tale diritto all'articolo 22: «Nessuno può essere privato, per motivi politici, della capacità giuridica, della cittadinanza, del nome». Il criterio guida per ottenere la cittadinanza italiana, comunque, è tradizionalmente il ponendo all'attenzione dell'opinione pubblica e delle classi dirigenti. L'addensarsi di masse proletarie numerose e compatte in alcuni fra i **maggiori centri urbani**, soprattutto nelle capitali, suscitava ovunque diffuse preoccupazioni di ordine igienico-sanitario, crescenti timori per l'ordine pubblico, ma anche reazioni di tipo moralistico. Nelle **periferie operaie** dilagavano infatti l'alcolismo e la prostituzione, aumentavano le nascite illegittime, salivano gli indici della criminalità. Si diffondeva fra i ceti urbani benestanti l'**equazione fra classi lavoratrici e «classi pericolose»**. D'altro canto, cresceva il numero di coloro che individuavano nella classe operaia non solo la principale vittima di un ordine sociale ingiusto, ma anche la maggiore protagonista di un processo rivoluzionario destinato a dar vita a un nuovo assetto economico e politico.

GUIDA ALLO STUDIO

❶ Che cosa distingue il concetto di classe da quello di ceto? ❷ Quale antagonismo sociale emerse nella società industriale? ❸ Che cosa erano le Trade Unions? ❹ In che cosa consisteva la questione operaia?

Manifestazione per la cittadinanza italiana degli immigrati promossa dalla Comunità di Sant'Egidio di Roma (2004) [© Riccardo Antimiani/EIDON]
In seguito a recenti iniziative di sensibilizzazione e campagne promosse da diverse associazioni nazionali, oggi si cerca di informare tempestivamente le seconde generazioni di immigrati – cioè i minori nati in Italia da genitori stranieri – sulle modalità di acquisizione della cittadinanza al compimento della maggiore età. Nel 2010, sono nati circa 78 mila bambini figli di stranieri (fonte Istat, 1° gennaio 2011), il 13,9% del totale dei nati da residenti in Italia, con un aumento dell'1,3% rispetto all'anno precedente.

cosiddetto *ius sanguinis* (letteralmente 'diritto di sangue'), per cui è cittadino italiano chi nasce da altri cittadini italiani. In modo residuale trova applicazione anche lo *ius soli* («diritto del luogo»), in base al quale chi nasce in territorio italiano può, a certe condizioni, diventare cittadino della Repubblica. Vi è infine la cosiddetta «naturalizzazione», quando l'individuo riesca a provare di essere stato legalmente residente in Italia per gli ultimi dieci anni o abbia sposato un cittadino o una cittadina italiani.
Recentemente si è affermato il concetto di **cittadinanza europea**. Con il **Trattato di Amsterdam** (1997) l'Unione europea ha infatti stabilito che «È istituita una cittadinanza dell'Unione. È cittadino dell'Unione chiunque abbia la cittadinanza di uno Stato membro. La cittadinanza dell'Unione costituisce un completamento della cittadinanza nazionale e non sostituisce quest'ultima» (art. 17).
Si è configurato in tal modo un nuovo diritto per i cittadini europei: la possibilità di rivolgersi alle istituzioni europee (il Parlamento, la Corte di giustizia, ecc.) quando i propri diritti non trovino tutela negli Stati membri o siano di esclusiva competenza dell'Unione.

SINTESI

1 Il completamento dello Stato moderno

Il compimento del processo di costruzione dello Stato moderno nel periodo napoleonico si tradusse nella diffusione nell'Europa continentale dello Stato burocratico-amministrativo. Lo Stato divenne sempre più efficiente dotandosi di un personale burocratico e tecnico e utilizzando i dati prodotti dalla nuova scienza statistica, come i censimenti. La Rivoluzione francese aveva trasformato i sudditi in cittadini: la sovranità non apparteneva più al sovrano, ma al popolo e ai suoi rappresentanti. Nacquero i sistemi politici rappresentativi e la costituzione divenne la carta fondamentale dei nuovi diritti. Nel corso dell'800, nei regimi rappresentativi si affermarono in Europa, alternandosi, due forme di governo: costituzionale e parlamentare. E il dibattito sui sistemi elettorali animò gli aderenti alle due grandi ideologie: liberalismo e democrazia. I liberali erano sostenitori del suffragio ristretto, i democratici di quello universale.

2 Il Romanticismo

Nei primi decenni dell'800 si diffuse in tutta Europa la cultura romantica: il Romanticismo – che esaltava la spontaneità del sentimento, la libertà, la rottura delle norme consolidate e, al contempo, i valori della tradizione e della nazione, guardando con nuovo interesse alla storia – segnava un mutamento profondo rispetto alla cultura e alla mentalità illuministiche. Il Romanticismo influenzò profondamente la società europea, cambiandone il costume, il modo di pensare e la sensibilità. Gli elementi di fondo della mentalità romantica potevano esaltare il ritorno al passato. Ma in realtà il Romanticismo poté costituire altrettanto bene la premessa delle battaglie liberali e democratiche dell'epoca e stimolare, con il culto del passato e dei valori nazionali, lo sviluppo del nazionalismo.

3 Nazione e nazionalismi

L'idea moderna di nazione nacque con Rousseau e con la sua concezione dello Stato come espressione di un popolo, di una comunità di cittadini, di un «corpo morale e collettivo» capace di esprimere una volontà comune. Ma fu soprattutto la cultura romantica tedesca del '700-800 a scoprire la nazione, a esaltarla in quanto comunità «naturale», unita da legami indissolubili di lingua, di cultura e di sangue. Si formarono così due tradizioni distinte: un nazionalismo democratico, caratteristico dei paesi privi di indipendenza, e un nazionalismo conservatore.

4 Le grandi ideologie dell'800: liberalismo e democrazia

Il liberalismo, oltre che per alcune idee fondamentali – libertà di opinione, tolleranza, principio rappresentativo, ecc. –, si qualificava per l'adesione a un modello istituzionale simile a quello operante in Gran Bretagna. Sul piano dei princìpi, il liberalismo si distingueva radicalmente dal pensiero dei democratici, che aspiravano alla repubblica e consideravano il Parlamento eletto a suffragio universale come unica espressione legittima della volontà popolare. Ma le due correnti si trovavano vicine nella comune lotta per la costituzione, il parlamento elettivo, la garanzia delle libertà fondamentali. Mill ritenne che il liberalismo doveva dare una risposta alle nuove esigenze di giustizia sociale e di partecipazione politica. Tocqueville sostenne l'inevitabilità dell'avvento della democrazia, ma denunciò i rischi di appiattimento e di autoritarismo che tale avvento avrebbe comportato.

5 Il cattolicesimo liberale e il cattolicesimo sociale

Nell'età della Restaurazione buona parte del mondo cattolico si attestò su posizioni di radicale rottura con la tradizione illuminista e con gli ideali liberali e democratici. Non mancarono, però, anche cattolici schierati su posizioni progressiste. Le prime formulazioni di un cattolicesimo liberale si ebbero in Francia a opera di un gruppo di intellettuali attorno all'abate Lamennais. Per i cattolici liberali lo Stato doveva non solo rispettare i diritti della Chiesa, ma anche mantenere un carattere cristiano alla sua legislazione, assicurando piena libertà alle altre confessioni religiose. Alcuni cattolici progressisti cercarono di trasferire il loro impegno sul terreno sociale. Pioniere di questo nuovo cattolicesimo sociale fu Ozanam, fondatore della Società San Vincenzo de' Paoli.

6 Il socialismo

I primi decenni del secolo videro un grande sviluppo del pensiero socialista. Il gallese Owen ebbe un ruolo di rilievo nell'organizzazione del movimento operaio. Più articolato fu lo sviluppo delle teorie socialiste in Francia. Se il pensiero di Saint-Simon si legava a una piena accettazione della realtà dell'industrialismo, Blanc fu per certi versi il capostipite del riformismo socialista. Ancora diverse le posizioni di Proudhon, caratterizzate da un cooperativismo più anarchico che socialista.

7 Marx ed Engels

La principale novità, nel panorama delle teorie socialiste, fu la formazione del nuovo indirizzo «scientifico» dei tedeschi Marx ed Engels. Nucleo fondamentale del loro pensiero, già presente nel *Manifesto del Partito comunista* (1848), fu la concezione materialistica della storia e la sottolineatura del ruolo rivoluzionario che il proletariato – facendo leva sulle contraddizioni oggettive dello sviluppo capitalistico – era destinato a svolgere per abbattere la società borghese.

8 La questione operaia

Alla diffusione dell'industria moderna si accompagnò lo sviluppo di una nuova classe, la classe operaia, costituita dai lavoratori salariati e dalla loro famiglie. Le condizioni di vita degli operai di fabbrica erano estremamente pesanti e favorirono la spinta a raccogliersi in associazioni e a ribellarsi. Nei paesi più industrializzati cominciò così a delinearsi una nuova contrapposizione tra gli operai salariati e i borghesi proprietari dei mezzi di produzione. Per primi gli operai britannici ottennero una legge che legalizzava le associazioni operaie (1824). E sempre in Gran Bretagna, prima che altrove, nacquero le prime associazioni di operai, le Trade Unions. La «questione operaia» si impose sempre più all'attenzione dell'opinione pubblica e delle classi dirigenti.

SVILUPPARE LE COMPETENZE

❶ In un testo di 15 righe descrivi le caratteristiche dello Stato moderno agli inizi dell'800, prestando attenzione alle varie differenze nazionali.

❷ Utilizza tutti i concetti chiave qui di seguito elencati per costruire un testo di 20 righe. Dai, quindi, al testo un titolo che inquadri l'argomento trattato. Fai attenzione perché dovrai usare i concetti forniti anche cambiandone l'ordine:

a. Libera creatività individuale
b. spontaneità dei sentimenti
c. movimento Sturm und Drang
d. Madame de Staël
e. stile di vita
f. attenzione alla storia
g. religione

❹ Disponi correttamente nei due cerchi le parole sotto elencate o le lettere ad esse corrispondenti. Scrivi quindi un breve testo (15 righe) che spieghi la differenza tra liberalismo e democrazia:

a. idea di libertà
b. sovranità popolare
c. proprietà privata, libero commercio e iniziativa privata tutelati e incoraggiati
d. potere centrale limitato
e. repubblica
f. assemblea eletta a suffragio universale maschile
g. agire per il bene comune
h. élite ristretta di cittadini negli organismi rappresentativi

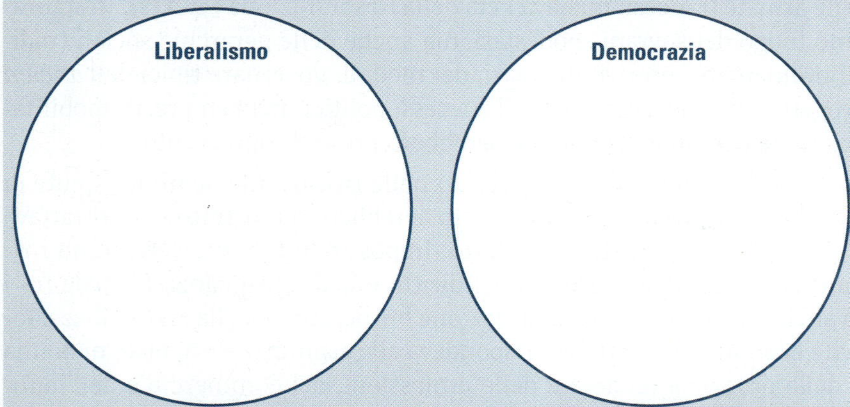

❸ Dopo aver collegato ad ogni personaggio della colonna di sinistra la corrispondente definizione dell'idea di nazione o di Stato nazionale nella colonna di destra, componi un testo (10 righe) che abbia come titolo "L'idea di nazione" argomentando sulle quattro definizioni:

a. Rousseau	**1.** comunità di sangue e di cultura
b. Fichte	**2.** entità organica e gerarchica
c. Hegel	**3.** espressione di un popolo
d. Mazzini	**4.** superiorità intellettuale e morale

❺ Stabilisci se le seguenti affermazioni sono vere o false, motivando la tua risposta in un testo scritto:

a. Il socialismo utopistico aveva come nucleo centrale l'idea che per combattere le ingiustizie fossero sufficienti opere di carità e di filantropia. (5 righe) **V F**
b. Saint-Simon si dedicò principalmente alla creazione di organizzazioni di operai. (5 righe) **V F**
c. Il socialismo di Marx ed Engels era nuovo rispetto a quello utopistico. (7 righe) **V F**
d. Per il socialismo di Marx il proletariato doveva organizzarsi solo all'interno del proprio Stato. (3 righe) **V F**

❻ Dopo aver ricostruito le domande, rispondi usando il numero di righe indicato tra parentesi:

a. per questione operaia? (5 righe)	**1.** Quali cambiamenti provocarono la diffusione
b. Quale reazione provocarono le condizioni di vita	**2.** e lo sviluppo dell'industria moderna nella struttura sociale? (3 righe)
c. estremamente difficili dei lavoratori nella borghesia e nella classe operaia? (5 righe)	**3.** Che cosa si intende

CAPITOLO

11 RESTAURAZIONE E RIVOLUZIONI IN EUROPA

1 La Restaurazione e il nuovo assetto europeo

Dopo la definitiva sconfitta di Napoleone, le potenze europee si accordarono per la ricostituzione del vecchio ordine, infranto prima dall'ondata rivoluzionaria poi dalle conquiste delle armate francesi: iniziava l'età della Restaurazione [👁 7.13]. Restaurazione in primo luogo dei sovrani spodestati, ma anche delle gerarchie sociali tradizionali, degli ordinamenti prerivoluzionari, dei modi di governare tipici dell'*ancien régime*. Il progetto ottenne alcuni iniziali successi politici, ma ben presto mobilitazioni rivoluzionarie e indipendentistiche avrebbero preso il sopravvento.

Un programma irrealizzabile

I cambiamenti intervenuti nelle istituzioni e le nuove spinte di una società in mutamento avrebbero dimostrato che si trattava di un progetto velleitario. Impossibili da rimuovere erano i risultati ottenuti sul piano della certezza del diritto e dell'uguaglianza formale fra i cittadini, ma anche su quello dell'organizzazione burocratica e della razionalizzazione delle attività economiche. Tutto ciò rispondeva alle aspirazioni e ai bisogni di una **borghesia** – della proprietà terriera e delle professioni, del commercio e dell'industria – che aveva acquisito una nuova consapevolezza del suo ruolo nella società.

Il congresso di Vienna
XIX secolo
In questa stampa di gusto popolare i principi si affollano intorno al tavolo, dove i maggiori protagonisti – fra i quali, al centro, l'imperatore d'Austria – definiscono i nuovi confini d'Europa. Sul fondo, la statua della Giustizia, che impugna una spada e regge una bilancia, sembra vegliare sull'equità delle spartizioni, mentre le squadre e i compassi sul tavolo vogliono garantire la precisione dei nuovi confini tracciati.

Il congresso di Vienna Il terreno su cui la volontà restauratrice si manifestò con maggior decisione e con risultati più evidenti fu certamente quello dei **rapporti internazionali** definiti dal congresso di Vienna (novembre 1814-giugno 1815), il più affollato consesso di sovrani e governanti che mai si fosse visto in Europa. Le decisioni più importanti, tuttavia, vennero prese tra i delegati delle quattro maggiori potenze vincitrici: Gran Bretagna, Russia, Prussia, Austria. Il ministro degli Esteri austriaco **Metternich** fu l'autentico regista dei lavori. Ma in questo gruppo riuscì a inserirsi anche il rappresentante della Francia sconfitta, **Talleyrand**, già ministro degli Esteri negli anni della Rivoluzione e dell'Impero. Uomo di grande abilità, Talleyrand riuscì a far valere a vantaggio del suo paese il **principio di legittimità**: il principio, cioè, in base al quale dovevano essere anzitutto restaurati i diritti «legittimi» violati dalla Rivoluzione e, dunque, anche quelli dei Borbone di Francia.

Parola chiave
Legittimismo

ONLINE

Il nuovo assetto europeo Era del resto interesse delle stesse potenze vincitrici fare della **Francia** monarchica un pilastro del nuovo equilibrio conservatore piuttosto che rischiare, umiliandola, di creare il terreno propizio per nuovi esperimenti rivoluzionari. Per questo motivo la Francia non subì alcuna amputazione rispetto alle frontiere del 1791 [ATLANTE_33]. Il nuovo assetto territoriale fu realizzato senza il minimo riguardo per i princìpi di nazionalità, ma comportò ugualmente una certa razionalizzazione della geografia politica europea in relazione ai rapporti di forza che si erano consolidati nelle guerre antinapoleoniche. Fu confermata l'abolizione del Sacro romano impero, che era stato cancellato da Napoleone nel 1806, mentre i mutamenti più importanti rispetto alla situazione prerivoluzionaria si verificarono nel Centro e nel Nord dell'Europa. La **Russia** si

ATLANTE 33_L'EUROPA NEL 1815

espanse verso occidente, occupando la Finlandia e buona parte della Polonia. Anche la **Prussia** si ingrandì a ovest, annettendo una serie di territori nella zona del Reno che si sarebbero poi rivelati di decisiva importanza economica. Gli Stati tedeschi si ridussero drasticamente di numero e furono riuniti in una **Confederazione germanica**, la cui presidenza era tenuta dall'imperatore d'Austria. L'**Impero asburgico**, sotto l'abile guida di Metternich, si affermò come il fulcro dell'equilibrio continentale ed ebbe riconosciuto un ruolo egemone sull'intera Penisola italiana. Il Belgio e il Lussemburgo, uniti all'Olanda, formarono il **Regno dei Paesi Bassi**. Nessun mutamento di rilievo si ebbe nella Penisola iberica, né nei Balcani. La **Gran Bretagna** non accampò pretese territoriali sul continente, ma si preoccupò di assicurare in Europa un equilibrio tale da impedire l'emergere di nuove ambizioni egemoniche.

L'Italia Quanto all'Italia, essa fu riportata, con poche varianti, alla situazione precedente alle guerre napoleoniche. La maggiore novità fu il rafforzamento dell'**egemonia austriaca**, ottenuta non solo con la sovranità sul Lombardo-Veneto, ma anche attraverso una serie di legami militari e dinastici con gli altri Stati della penisola, fra cui il Regno di Napoli, ricostituito sotto la dinastia dei Borbone e ribattezzato **Regno delle Due Sicilie**. L'unico tra gli Stati italiani a mantenere una certa autonomia rispetto all'Impero asburgico fu il **Regno di Sarde-**

ATLANTE 34_L'ITALIA NEL 1815

Nell'Italia del 1815 il Regno Lombardo-Veneto univa sotto il dominio asburgico il Ducato di Milano (austriaco dal 1713) e la Repubblica di Venezia. Il Granducato di Toscana era tornato invece a Ferdinando III di Lorena, fratello di Francesco I d'Austria. A Maria Luisa, ex imperatrice dei francesi e figlia di Francesco I, era stato assegnato il Ducato di Parma e Piacenza, mentre il Ducato di Modena e Reggio era andato a Francesco IV d'Asburgo-Este.
I Ducati di Massa e Lucca passarono rispettivamente a Modena (nel 1829) e alla Toscana (nel 1847). Lo Stato della Chiesa venne reintegrato nei suoi vecchi confini, consentendo però all'Austria di mantenere guarnigioni a Ferrara e Comacchio.

gna, ingranditosi con l'acquisto di alcuni territori della Savoia e soprattutto di una regione ricca e popolosa come la Liguria [👁 ATLANTE_**34**].

Le nuove alleanze A presidio di questi assetti furono varate due alleanze: la prima fu la **Santa alleanza**, nata nel settembre 1815 da un'iniziativa dello zar Alessandro I, cui aderirono anche l'imperatore d'Austria e il re di Prussia. Si trattava di una sorta di alleanza personale fra i tre sovrani, il cui testo era ricco di riferimenti alla religione cristiana. Alla Santa alleanza aderirono successivamente molti altri Stati europei, fra cui la Francia. Non vi aderì invece la Gran Bretagna che, nel novembre dello stesso anno, propose un secondo accordo alle potenze vincitrici (Austria, Russia e Prussia), la cosiddetta **Quadruplice alleanza**: i quattro contraenti si impegnavano a vigilare contro possibili tentativi di rivincita da parte della Francia e a intervenire contro ogni minaccia all'equilibrio europeo.

Questo sistema di alleanze dava vita a una sorta di direttorio che aveva il compito di risolvere pacificamente eventuali contrasti fra Stato e Stato. Nasceva così quello che fu chiamato il **concerto europeo**, ossia un dialogo costante fra le grandi potenze che contribuì a ridurre le tensioni sul continente e ad assicurare all'Europa un quarantennio di pace.

GUIDA ALLO STUDIO

❶ Che cosa fu "restaurato" dopo il 1815? ❷ Quale ruolo ebbe Talleyrand durante il congresso di Vienna? ❸ Chi controllava l'Italia secondo gli accordi di Vienna? ❹ Perché tra gli Stati europei fu necessaria una Quadruplice alleanza?

2 Il ritorno all'ordine

Dopo la gran ventata rivoluzionaria e napoleonica si ebbe, quasi ovunque in Europa, un assestamento degli equilibri interni in senso conservatore, sostenuto anche dall'alleanza tra i sovrani e il potere religioso delle Chiese.

In Gran Bretagna Persino in Gran Bretagna, il paese in cui le istituzioni parlamentari erano nate, gli anni successivi al 1815 videro il prevalere dell'**ala destra del partito conservatore**: quella che aveva la sua base nell'ari-

George Cruikshank
Il massacro di Peterloo
1819

Il 16 agosto 1819, uno spiazzo nel centro di Manchester, chiamato Saint Peter's Field, fu teatro di una delle più violente repressioni della storia della Gran Bretagna. Vi si erano pacificamente radunate più di 60 mila persone per ascoltare il comizio di un famoso radicale, Henry Hunt, e chiedere al Parlamento britannico una riforma elettorale. Il duro intervento della cavalleria, cui fu dato l'ordine di disperdere la folla e arrestare Hunt, provocò la morte di 15 persone e centinaia di feriti. L'episodio ebbe grande risalto su tutta la stampa nazionale dell'epoca. In questa vignetta i soldati sono raffigurati con le asce sanguinanti in mano quasi fossero macellai; il testo recitato da uno di loro dice: «Abbatteteli! Decapitateli miei coraggiosi: non date quartiere, vogliono rubarci il cibo, e ricordate: più ne ammazzate meno tasse per i poveri dovrete pagare; dateci dentro camerati e mostrate il vostro coraggio e la vostra lealtà!». All'evento fu dato il nome di massacro di Peterloo, con l'intento ironico di compararlo con la battaglia di Waterloo che aveva avuto luogo 4 anni prima.

stocrazia terriera e nell'alto clero anglicano. Il dominio della destra tory si tradusse in una politica volta a favorire gli interessi della **grande proprietà terriera**, attraverso l'imposizione di un forte dazio di importazione sul grano, che proteggeva la produzione interna e manteneva elevati i prezzi al consumo. Questa politica sacrificava gli interessi dell'**industria esportatrice** – che costituiva da tempo la vera base della potenza economica britannica – e inaspriva le tensioni sociali, alzando il costo della vita. Si ebbero infatti in questi anni numerose **agitazioni operaie**, sempre duramente represse, come nel caso del «massacro di Peterloo» a Manchester nel 1819.

In Spagna e nell'Europa del Nord

La Restaurazione assunse forme particolarmente dure in Spagna, dove il re Ferdinando VII si affrettò ad abrogare la «Costituzione di Cadice» del 1812 e mise in atto una durissima **repressione** nei confronti delle correnti liberali [👁 7.12]. **Regimi a base parzialmente rappresentativa** (con parlamenti eletti a suffragio ristretto e dotati di poteri assai limitati) furono invece mantenuti nel Regno dei Paesi Bassi e in alcuni Stati della Confederazione germanica, oltre che in Svezia, Danimarca e Svizzera.

In Francia

Il caso più interessante per i legami col passato e per gli sviluppi futuri fu quello della Francia. Appena insediato sul trono, nel giugno 1814, il nuovo re **Luigi XVIII** aveva concesso una Costituzione, ma si preferì chiamarla col nome generico di **«Carta»**, che proclamava l'uguaglianza di tutti i francesi davanti alla legge, garantiva le libertà fondamentali (di opinione, di stampa e di culto) e prevedeva un Parlamento bicamerale, composto da una Camera dei pari di nomina regia e da una Camera dei deputati elettiva. Il **limitato contenuto liberale** della Carta era ulteriormente diminuito sia dagli scarsi poteri di cui godeva la Camera dei deputati, sia dal carattere restrittivo della legge elettorale, che legava il diritto di voto all'età (30 anni) e al livello di reddito: in pratica godevano di tale diritto non più di 100 mila cittadini. Nonostante ciò, la Francia «restaurata» era pur sempre uno dei pochi regimi costituzionali esistenti in Europa. Vi furono inoltre mantenute molte delle più importanti **innovazioni del periodo napoleonico** – dal *Codice civile* all'ordinamento amministrativo, al sistema scolastico statale – e soprattutto fu garantita l'inviolabilità di tutte le proprietà vecchie e nuove, comprese dunque quelle derivate dall'acquisto di terre confiscate alla nobiltà e al clero. La moderazione del re scontentava naturalmente i legittimisti più intransigenti, soprattutto quei nobili emigrati che, rientrati in patria, si aspettavano di tornare interamente in possesso dei loro beni e di riprendere gli antichi usi feudali.

In Italia

In Italia, la restaurazione dei vecchi Stati e delle vecchie dinastie comportò un **arresto del processo di sviluppo civile e politico** che si era avviato durante il periodo francese.

■ **Nel Regno sabaudo** Il re **Vittorio Emanuele I** abrogò in blocco la legislazione napoleonica, epurò drasticamente la pubblica amministrazione, ristabilì il controllo della Chiesa sull'istruzione e riportò in vigore le discriminazioni contro le minoranze religiose (ebrei e valdesi).

■ **Nello Stato della Chiesa** La relativa moderazione del papa **Pio VII** fu presto sconfitta dalla linea di pura restaurazione teocratica sostenuta dall'ala intransigente del collegio cardinalizio e dalla Compagnia di Gesù (ricostituita nel 1814).

■ **Nel Regno delle Due Sicilie** Nel **Regno di Napoli** la legislazione antifeudale fu mantenuta ed estesa anche alla Sicilia. Lo Stato fu unificato dal punto di vista amministrativo, quando assunse nel **1816** il nuovo nome di Regno delle Due Sicilie: un'opera di cauta razionalizzazione, che però, oltre a suscitare la protesta autonomistica della nobiltà siciliana, non comportò alcuna liberalizzazione in campo politico e culturale né alcun inizio di modernizzazione economica.

■ **In Toscana e nei Ducati** Da questo punto di vista, le cose andavano meglio nei territori direttamente amministrati dall'Austria e negli Stati minori del Centro-nord – Granducato di Toscana, Ducati di Parma e Modena – da essa controllati. In Toscana, il governo del granduca **Ferdinando III** si riallacciò alla miglior tradizione dell'assolutismo illuminato. Particolari cure furono dedicate al progresso dell'agricoltura, sempre caratterizzata dalla prevalenza della *mezzadria*. Qualche segno di apertura politico-culturale poté svilupparsi in un clima di relativa tolleranza: la rivista «L'Antologia», fondata nel 1821 da Gian Pietro Vieusseux e Gino Capponi, sarebbe rimasta per oltre un decennio il principale punto di riferimento per gli intellettuali liberali di tutta Italia.

Giuseppe Canella
La corsia dei Servi a Milano
1834
[Museo di Porta Romana, Milano]

Nonostante il clima restrittivo imposto dal governo austriaco nel periodo della Restaurazione, Milano (di cui il dipinto riproduce l'odierno Corso Vittorio Emanuele) continuò a essere una grande capitale europea e un grosso polo di attrazione per commerci e iniziative imprenditoriali.

■ **Nel Lombardo-Veneto** Autoritarismo e buona amministrazione caratterizzarono il dominio austriaco nel Lombardo-Veneto. La **Lombardia** continuò a essere la regione economicamente più avanzata d'Italia, nonostante fosse sottoposta a un regime fiscale e doganale che ne penalizzava lo sviluppo. Inoltre, lo stretto controllo esercitato dalle autorità austriache sulla vita politica e intellettuale non impediva il manifestarsi di una **vivace attività culturale**, che aveva le sue radici nella **tradizione dell'Illuminismo** settecentesco. Dall'incontro fra questa tradizione e i nuovi fermenti della cultura romantica ebbe origine l'esperienza, breve ma significativa, della rivista «Il Conciliatore». Nata nel settembre 1818 e soppressa un anno dopo per l'intervento della censura, la rivista svolse un ruolo importante, come espressione delle correnti liberali e patriottiche, ma anche per l'attenzione alle tendenze più avanzate della cultura europea.

GUIDA ALLO STUDIO

❶ Quali furono le conseguenze della politica tory dopo il 1815? ❷ In cosa consistette la Restaurazione "morbida" francese? ❸ Quale fu il destino delle riforme napoleoniche negli Stati italiani?

3 Aristocrazia e borghesia nell'Europa restaurata

La borghesia e la proprietà terriera

Nei decenni della Restaurazione in Europa, al sistema di **dominio politico ed economico dell'aristocrazia**, prevalentemente terriera, faceva ormai riscontro l'ascesa della borghesia: una borghesia che, pur connotata da una vocazione professionale, commerciale e imprenditoriale, cercava in molti casi di imitare gli stili di vita e la propensione alla proprietà terriera tipica dei ceti nobiliari. Questa **commistione** avrebbe caratterizzato gran parte della storia sociale dei ceti superiori nell'800.

Gli effetti della defeudalizzazione

Il periodo dagli anni '20 agli anni '40 del secolo rappresenta una fase importante di questo processo perché vede il definitivo smantellamento del sistema dei privilegi e vincoli feudali che ostacolavano la **circolazione delle proprietà**. Zone estese dominate da rapporti ancora feudali rimarranno ancora nell'**Europa orientale** fino al 1848 e in Russia (dove la servitù della gleba costituiva ancora il fulcro dell'ordine sociale delle campagne) fino al 1861, ma nel resto del continente la defeudalizzazione era ormai molto avanzata. In **Francia** e nei paesi vicini passati attraverso la dominazione napoleonica come le regioni occidentali della **Germania**, i **Paesi Bassi**, l'**Italia settentrionale** la rivoluzione antifeudale si era compiuta in modo irreversibile e la borghesia aveva aumentato considerevolmente la sua quota di partecipazione alla proprietà della terra. Ma ciò non si era tradotto sempre in una generale modernizzazione delle tecniche agricole né in un apprezzabile miglioramento delle condizioni di vita delle masse rurali. La vendita delle terre già appartenenti al clero e alla nobiltà non aveva in genere avvantaggiato i piccoli coltivatori e i contadini senza terra, ma era servita soprattutto a incrementare la grande proprietà borghese. Nell'**Europa del Sud** (Penisola iberica, Italia meridionale e insulare) la defeudalizzazione fu più rapida, ma non intaccò se non in minima parte le tradizionali gerarchie sociali né modificò la struttura della proprietà terriera, caratterizzata dalla persistenza del latifondo e della grande proprietà ecclesiastica.

I tempi diversi della modernità

Queste trasformazioni confermavano il permanente sovrapporsi di tradizione e modernità nel mondo rurale, tanto nei rapporti economici che in quelli tra proprietari e contadini: una considerazione che vale, in diversi gradi, per tutta l'Europa se teniamo presenti i diversi livelli dei punti di partenza. In ogni caso **la modernità politica non abitava le campagne**, ma rimaneva espressione prevalentemente urbana: è dalle città e dai ceti urbani, infatti, che si sarebbero mosse tutte le iniziative rivoluzionarie degli anni successivi.

GUIDA ALLO STUDIO

❶ Chi beneficiò della dissoluzione della proprietà ecclesiastica e nobiliare? ❷ Quali furono i limiti della defeudalizzazione nell'Europa meridionale? ❸ Quali differenze risultarono evidenti fra mondo rurale e urbano?

4 I moti rivoluzionari del 1820-21

A partire dall'inizio degli anni '20 l'ordine imposto all'Europa dalla Restaurazione fu contrastato da tre successive ondate rivoluzionarie: nel 1820-21, nel 1830 e nel 1848-49. Limitate inizialmente ad alcuni paesi, soprattutto dell'Europa meridionale, poi più estese nel 1830, culminarono nella "rivoluzione dei popoli" del 1848-49.

Le sètte nell'Europa restaurata

Come governi e regnanti erano uniti dalla trama delle alleanze, così quanti lottavano **contro l'ordine costituito**, per l'affermazione degli ideali liberali, democratici e nazionali, facevano inizialmente capo a organizzazioni clandestine che, nate per lo più nel '700 o in età napoleonica, si diffusero in questo periodo con grande rapidità: sètte e società segrete divennero nell'età della Restaurazione il principale strumento di lotta politica.
Le più numerose e importanti erano le sètte di tendenza democratica o liberale. Alcune di esse traevano origine e ispirazione dalla Massoneria [👁 3.4]: a essa era

Nel Regno di Napoli, intorno al 1810, alcuni ufficiali francesi dell'esercito di Murat lasciarono la Massoneria e diedero vita a un'altra associazione segreta chiamata Carboneria che si diffuse rapidamente nel resto d'Italia, in Francia e in Spagna. La struttura della Carboneria era regolata rigidamente dall'alto e il comportamento doveva essere ispirato alle regole della massima segretezza. Il programma dell'associazione veniva rivelato solo gradualmente all'adepto ed erano previsti tre gradi: apprendista, maestro e gran maestro. Nel primo grado si professavano genericamente alcuni princìpi umanitari, impostati sulla morale e sulla religione tradizionale. Nel secondo si parlava di costituzione, d'indipendenza e di libertà. Nel terzo si proclamava l'aspirazione a creare una repubblica e un regime di eguaglianza sociale, che comportasse la divisione delle terre e la promulgazione della legge agraria.

John Murray
Una riunione di carbonari
1821
[Istituto per la Storia del Risorgimento Italiano, Roma]

Focus
La Carboneria

collegata la più importante e la più diffusa fra quelle attive nell'età della Restaurazione, la **Carboneria**, presente soprattutto in Italia e in Spagna. I carbonari – che riprendevano i loro simboli e i loro rituali dal lavoro, appunto, dei carbonai (come i massoni da quello dei muratori) – ispiravano per lo più la loro azione a ideali di costituzionalismo e di liberalismo moderato.

Ma i confini fra le società segrete erano spesso abbastanza incerti: sia perché le diverse associazioni erano **unite tra loro da molti legami**, sia perché la **struttura verticistica e rigorosamente clandestina** delle organizzazioni – i cui aderenti erano per lo più tenuti all'oscuro sia del contenuto completo del programma sia dell'identità dei capi – favoriva la coesistenza nella stessa setta di **diversi progetti politici**, corrispondenti ai diversi gradi di iniziazione.

A prescindere dai fini che si proponevano, queste associazioni poggiavano tutte su una **base piuttosto ristretta**: pochissimi artigiani e popolani, qualche membro dell'aristocrazia liberale, qualche esponente della borghesia del commercio e delle professioni, ma soprattutto intellettuali, studenti e militari. Furono i *militari*, in particolare gli ufficiali e i sottufficiali formatisi nel periodo napoleonico, a fornire alle sètte i nuclei più preparati e intraprendenti: i soli che, potendo disporre di una **«forza armata»**, fossero in grado di minacciare seriamente la stabilità di troni e governi.

Le rivoluzioni del '20-21

Furono i militari a dare inizio alla prima ondata rivoluzionaria che scosse l'Europa all'inizio degli anni '20. Il moto partì dalla **Spagna**, dove era cresciuta la tensione per la rivolta delle colonie latino-americane **[👁 9.1]**, che il re Ferdinando VII cercò di soffocare inviando oltreoceano forti contingenti di truppe. Il 1° gennaio 1820, alcuni reparti concentrati nel porto di Cadice in attesa di essere imbarcati per l'America si ammutinarono. In pochi

ATLANTE 35_I MOTI DEL 1820-21 IN EUROPA

giorni la rivolta si estese ad altri reparti, rendendo vani i tentativi di repressione e costringendo il re a richiamare in vigore la **Costituzione del 1812** [👁 7.12] e a indire le elezioni per le Cortes (ossia la Camera elettiva). In Spagna si costituiva così un regime liberal-democratico, reso però fragile dall'ostilità del re e, soprattutto, dallo scarso consenso di cui godeva presso le masse contadine, influenzate dalla Chiesa.
Gli avvenimenti di Spagna ebbero come immediata conseguenza una generale ripresa dell'attività rivoluzionaria. Nell'estate del 1820, moti insurrezionali, sempre iniziati da militari, scoppiarono a poche settimane di distanza nel **Regno delle Due Sicilie** e in **Portogallo**. Nel marzo 1821 una rivolta scoppiò in **Piemonte** [👁 ATLANTE_35].

L'intervento delle potenze e la repressione

Le rivoluzioni costituzionali di Spagna e d'Italia rappresentavano una grave minaccia per l'equilibrio uscito dal congresso di Vienna. Le potenze aderenti alla **Santa alleanza** decisero così di intervenire militarmente. Mentre l'**Austria** restaurava il potere assoluto di Ferdinando I nel Regno delle Due Sicilie e aiutava i Savoia a sconfiggere i rivoluzionari in Piemonte, la **Francia** si assumeva il compito di restaurare l'ordine in Spagna sia per ragioni di politica interna, sia per equilibrare il peso della presenza austriaca in Italia. Il fronte conservatore usciva rinsaldato dalla crisi, mentre le forze liberali avevano dato prova di scarsa unità, di carenze sul piano dell'organizzazione e soprattutto di un'assoluta mancanza di legami con le masse popolari.

GUIDA ALLO STUDIO

❶ Da chi erano composte le sètte segrete? ❷ Che cosa accadde a Cadice il 1° gennaio 1820? ❸ Perché le rivoluzioni del 1820-21 fallirono?

5 L'indipendenza della Grecia

Patria e religione

L'insurrezione dei greci contro il dominio turco, cominciata nel 1821 e protrattasi per **quasi un decennio**, fu l'unica tra le rivoluzioni degli anni '20 a concludersi con un sostanziale successo. Fu anche la sola che, pur essendo nata dall'iniziativa delle società segrete, finì con l'assumere il carattere di una **guerra di popolo, nazionale a fondamento religioso ortodosso** ancor prima che politica [👁 11.10 STORIA•SOCIETÀ•CITTADINANZA]. Ma il successo della lotta per l'indipendenza greca si dovette anche e soprattutto a fattori di **carattere internazionale**. Se l'Impero ottomano era considerato ancora da Austria e Gran Bretagna un prezioso elemento di equilibrio continentale, altre potenze, come la Russia e la Francia, erano attratte dalle possibilità di espansione che il suo indebolimento avrebbe aperto nell'area mediterranea e nei Balcani.

La debolezza dell'Impero ottomano

In realtà l'antico Impero ottomano faticava sempre più, come sappiamo, a tenere uniti i suoi vastissimi possedimenti. Sempre più problematico per il governo turco era poi il controllo dei **popoli balcanici** (greci, serbi, macedoni, albanesi, bulgari, romeni): qui mancava anche il legame religioso, dal momento che la maggior parte della popolazione era formata da cristiani ortodossi. Nei confronti di questi ultimi l'Impero aveva sempre praticato una politica tollerante sul piano religioso, ma discriminatoria su quello politico e sociale. In tutta la Penisola balcanica i **cristiani** si trovavano nella condizione di popolo soggetto: non potendo accedere alla proprietà terriera, detenuta a titolo feudale dai signori turchi, erano nella grande maggioranza servi della gleba, contadini poveri, pastori nomadi dediti non di rado al brigantaggio, ma formavano anche, coi loro strati superiori, la maggioranza del ceto mercantile e una parte importante della burocrazia imperiale.

ONLINE

Focus
Intellettuali e rivoluzione

La rivolta Nel 1815 già i serbi erano riusciti a conquistarsi un'ampia autonomia. Nel 1821 insorsero i greci che svolgevano un ruolo chiave nella vita economica dell'Impero ottomano, grazie a una **forte borghesia mercantile** che si era sviluppata nelle isole dell'Egeo, a Smirne, a Salonicco e nella stessa Istanbul. La setta patriottica greca **Eterìa** ('associazione, fratellanza'), che organizzò l'insurrezione, contava numerosi aderenti tra le file di questa borghesia e trovò immediato sostegno anche fra le masse popolari. Per fermare la guerriglia, i turchi ricorsero a una serie di **durissime repressioni** che suscitarono condanna e riprovazione in tutta Europa.

Si creò allora in favore degli insorti una forte corrente di opinione pubblica internazionale, in cui confluivano motivazioni politico-ideologiche (la solidarietà con chi combatteva per la libertà), religiose (la difesa dei cristiani) e anche culturali, fondate sul mito della Grecia classica. **Da tutta Europa accorsero volontari** per unirsi alla guerra contro i turchi: fra gli altri il poeta inglese Byron [👁 10.2 PERSONAGGI] e l'italiano Santorre di Santarosa [👁 12.2], che trovarono entrambi la morte in Grecia. La spinta dell'opinione pubblica impose una svolta nella politica delle potenze. La Russia, che si atteggiava a protettrice dei cristiani ortodossi, ruppe nel '22 le relazioni diplomatiche con la Turchia. La Gran Bretagna riconobbe nello stesso anno la Grecia come paese belligerante.

L'indipendenza Fu proprio l'intervento delle **potenze europee** – che nel luglio '27 distrussero a Navarino una flotta turco-egiziana – a imporre

Eugène Delacroix
Massacro di Scio
1823-24
[Musée du Louvre, Parigi]

Le vicende della guerra d'indipendenza greca furono oggetto di particolare attenzione da parte di molti artisti europei, specie dei romantici. In questo dipinto esposto al *Salon* del 1824, il francese Delacroix racconta con toni fortemente drammatici e con grande coinvolgimento emotivo uno degli episodi più cruenti di quegli anni: il massacro degli abitanti di Scio (o Chio, un'isola greca a poche miglia dalla costa turca) in cui, secondo i resoconti, 20 mila greci furono uccisi dai turchi e molti altri furono costretti in schiavitù.

all'Impero ottomano la firma della **pace di Adrianopoli** (1829), con cui si riconosceva l'indipendenza greca. Al nuovo Stato – che nasceva con una estensione limitata a poco più del Peloponneso e dell'Attica – le grandi potenze imposero un regime monarchico costituzionale e come sovrano un principe della casa di Baviera.
La soluzione della questione greca rappresentò un precedente di grande importanza per le lotte di indipendenza nazionale dell'800 e un colpo letale per l'equilibrio conservatore europeo. Per l'Impero ottomano – ulteriormente indebolito, nell'estate del 1830, dall'occupazione di Algeri da parte della Francia (di cui si leggerà nel paragrafo seguente) – la sconfitta fu la conferma di una lunga crisi, in atto ormai da oltre un secolo e destinata a protrarsi per altri cent'anni fino agli inizi del '900.

GUIDA ALLO STUDIO

❶ Perché la rivoluzione greca cominciata nel 1821 ebbe successo? ❷ La popolazione balcanica ortodossa era discriminata? ❸ Che cosa stabilì la pace di Adrianopoli? ❹ Che ruolo giocò l'opinione pubblica internazionale nell'insurrezione?

6 I moti rivoluzionari del 1830-31

Nel 1830, una nuova ondata rivoluzionaria partita dalla Francia portò a trasformazioni profonde e durature negli assetti politici europei: la cacciata della dinastia dei Borbone in Francia e l'indipendenza del Belgio.

La rivoluzione in Francia

La rivoluzione che scoppiò a Parigi nel **luglio 1830** fu la diretta conseguenza del tentativo messo in atto dal re Carlo X (salito al trono nel 1824) e dagli ambienti ultrarealisti («ultras») di restringere il più possibile le libertà costituzionali garantite dalla Carta del '14. **Contro la politica di Carlo X** si schierarono non solo i democratici e gli intellettuali liberal-moderati, ma anche la grande borghesia degli affari e della finanza e un'ala consistente della stessa aristocrazia. Nelle elezioni del 1827, le forze di opposizione ottennero una netta **maggioranza alla Camera**.
Il re scelse allora la strada dello scontro col potere legislativo e contemporaneamente cercò un diversivo in politica estera inviando, all'inizio di luglio, un corpo di spedizione in Algeria. L'**occupazione di Algeri**, che costituì la premessa per la successiva espansione francese in Nord Africa, non ottenne però i risultati sperati. Nelle elezioni che si tennero subito dopo, l'opposizione fece ulteriori progressi. A questo punto Carlo X diede avvio a un vero e proprio **colpo di Stato**, emanando quattro ordinanze che sospendevano la libertà di stampa, scioglievano la Camera appena eletta, modificavano la legge elettorale rendendola ancora più restrittiva e convocavano nuove elezioni.
Subito dopo la pubblicazione delle ordinanze, il popolo di Parigi scese in piazza, come non accadeva più dai tempi della grande Rivoluzione e, dopo **tre giorni di duri scontri** con le truppe regie (27, 28 e 29 luglio), costrinse Carlo X ad abbandonare la capitale. Il 29 luglio le Camere riunite in seduta comune dichiaravano la decadenza della dinastia borbonica e nominavano luogotenente del regno **Luigi Filippo d'Orléans**, cugino del re appena deposto. La scelta di Luigi Filippo – che era stato, negli anni della Restaurazione, uno dei punti di riferimento dell'aristocrazia «illuminata» e, in genere, dei gruppi liberal-moderati – andava incontro in qualche modo alle richieste della piazza, che chiedeva prima di tutto la cacciata dei Borbone. Ma d'altra parte aveva lo scopo di bloccare un processo rivoluzionario di cui erano in molti a temere gli sviluppi: protagoniste delle tre gloriose giornate di luglio erano state infatti le masse popolari, soprattutto artigiane, guidate dai club repubblicani e giacobini.

Il 9 agosto, Luigi Filippo fu proclamato dal Parlamento **«re dei francesi per volontà della nazione»**: una formula che conciliava il principio monarchico con quello della sovranità popolare. Il tricolore della Francia rivoluzionaria – blu, bianco e rosso – tornò a essere la bandiera nazionale. Fu varata una nuova Costituzione che accresceva il controllo del Parlamento sul potere esecutivo, allargava il diritto di voto, in misura peraltro modesta, e realizzava una più netta separazione fra Stato e Chiesa.

I moti in Belgio, Italia e Polonia Il successo dell'insurrezione di luglio aprì nuovi spazi all'iniziativa delle forze liberali e democratiche europee: in agosto insorse il Belgio annesso, per decisione del congresso di Vienna, al Regno dei Paesi Bassi. L'Olanda chiese l'aiuto delle grandi potenze, ma Francia e Gran Bretagna si opposero e riconobbero l'indipendenza del Belgio. Era una decisione di portata storica perché segnava, col delinearsi dell'intesa franco-inglese, **la fine del sistema di rapporti disegnato nel 1815**. Esito diverso ebbero i moti rivoluzionari scoppiati in Italia centro-settentrionale [👁 12.2] e in Polonia. Essi furono schiacciati dall'intervento militare rispettivamente di Austria e Russia [👁 ATLANTE_36].

GUIDA ALLO STUDIO

❶ Quali classi sociali si mobilitarono contro Carlo X in Francia? ❷ In che senso Luigi Filippo fu re «per volontà della nazione»? ❸ Perché fu indicato Luigi Filippo come successore di Carlo X? ❹ Perché l'indipendenza del Belgio infranse l'equilibrio europeo?

Bogdan Villevalde
La battaglia di Grochów il 25 febbraio 1831
1850 ca.
[Museo dell'Esercito Polacco, Varsavia]

La battaglia di Grochów è la battaglia più importante, per numero di morti, della cosiddetta Rivolta di Novembre, la serie di moti scoppiati in Polonia e Lituania per l'indipendenza dall'Impero russo nota anche con il nome di Rivoluzione Cadetta. Iniziata il 29 novembre 1830 con la ribellione di un gruppo di giovani cospiratori dell'accademia militare dell'esercito russo di Varsavia, l'insurrezione raccolse subito il consenso e il sostegno di gran parte della società polacca. Nel tentativo di prendere Varsavia e "chiudere la faccenda" in poco tempo, i russi affrontarono i rivoltosi nel febbraio del 1831, nella battaglia di Grochów, alle porte della grande città polacca, ma furono respinti. Nonostante questa piccola vittoria e nonostante l'eco degli avvenimenti e l'appoggio ricevuto dai simpatizzanti di tutta Europa, le forze polacche dovettero in seguito cedere sotto la pressione russa fino a capitolare agli inizi di ottobre, neanche un anno dopo l'inizio degli scontri.

7 Liberalismo e autoritarismo

La scelta conservatrice della monarchia di luglio in Francia

Pur essendo nato da un'insurrezione popolare, il regime orleanista si resse su una base di consenso piuttosto ristretta e precaria: la monarchia di luglio finì per identificarsi gradatamente con i valori e con gli interessi dell'alta borghesia degli affari, che vide costantemente crescere il suo peso economico e la sua influenza politica. **L'alta borghesia e l'aristocrazia liberale** a essa alleata – che in pratica detenevano il monopolio della rappresentanza politica, dato il carattere ristretto del suffragio – costituivano però uno strato esiguo della società francese ed erano privi, peraltro, dell'appoggio del clero.

Sul fronte dell'opposizione, particolarmente attivi furono i **gruppi democratico-repubblicani** che erano stati i protagonisti dell'insurrezione parigina del '30 e che erano collegati ai primi nuclei socialisti già attivi nei grandi centri urbani. Organizzati in una fitta rete di associazioni più o meno clandestine, repubblicani e socialisti costituirono un costante pericolo per la stabilità del regime orleanista, costretto a fronteggiare una lunga serie di agitazioni e di veri e propri **tentativi insurrezionali**. La ricorrente minaccia rivoluzionaria provocò per contraccolpo un'involuzione conservatrice della monarchia di luglio, che si tradusse in alcune misure limitative della libertà di stampa e di associazione. Questa involuzione si accentuò a partire dal 1840, quando **François Guizot** divenne la figura dominante della scena politica francese. Guizot attuò una politica sostanzialmente conservatrice, tutta centrata sulla ricerca

ATLANTE 36_I MOTI DEL 1830-31 IN EUROPA

dell'ordine e della stabilità, volta a favorire le velleità speculative della borghesia degli affari. Ciò finì con l'accentuare i **caratteri oligarchici del regime**, scavando un fossato sempre più profondo fra il paese e la classe dirigente.

Il liberalismo in Gran Bretagna Una svolta liberale si era aperta invece in Gran Bretagna fin dalla metà degli anni '20, quando nelle file del partito conservatore (tory) si affermò la figura di **Robert Peel**. Fino alla metà dell'800 il paese fu guidato dal partito whig e da quello conservatore alternativamente, sebbene il primo avesse governato per ben 16 anni e il secondo per 5.

■ **Il diritto di unirsi in libere associazioni** Con Peel furono attuate alcune importanti riforme interne, prima fra tutte quella del **1824**, che riconosceva ai lavoratori il diritto di unirsi in libere associazioni [👁 10.8]. Sorsero così numerose unioni di mestiere, **Trade Unions**, organizzate su base di classe, formate cioè dai soli operai per la tutela dei loro diritti e per il sostegno alle loro rivendicazioni economiche.

■ **La riforma elettorale e le misure per le classi disagiate** Il nodo principale da sciogliere era tuttavia quello dell'**ampliamento del diritto di voto**, allora limitato a una ristretta minoranza della popolazione (poco più del 3%). Un problema a sé era poi quello delle **circoscrizioni elettorali**, che non tenevano ancora conto degli sviluppi dell'urbanizzazione legati alla rivoluzione industriale. Accadeva così che le

La grande adunata cartista a Kennington Common, Londra
10 aprile 1848
[dagherrotipo di William E. Kilburn; Royal Collection, Castello di Windsor]

Il movimento cartista ebbe il suo ultimo barlume di energia nel 1848, quando fu organizzato un grande raduno a Londra per raccogliere consenso e soprattutto firme per riproporre la petizione per il suffragio universale maschile in Parlamento. Nonostante il successo della manifestazione – le stime degli storici parlano di 150 mila partecipanti – il risultato non fu quello sperato: molte firme furono ritenute invalide e l'iniziativa del cartismo fu sconfitta ancora una volta.

circoscrizioni urbane fossero gravemente sacrificate nella distribuzione dei seggi a vantaggio di quelle rurali: vi erano minuscoli collegi rurali, i cosiddetti **"borghi putridi"** (*rotten boroughs*), in cui bastavano poche decine di voti per mandare in Parlamento un deputato, con evidente vantaggio per gli esponenti della grande proprietà terriera, visto che l'eletto era spesso il signore del luogo. La legge, approvata dal Parlamento nel giugno **1832** con un governo a guida whig, allargava il corpo elettorale di oltre il 50% e, cosa ancora più importante, ridisegnava le circoscrizioni, aumentando il numero di quelle urbane. Il sistema restava **censitario**, ma era pur sempre il più aperto nell'Europa di allora. Alla riforma elettorale si accompagnarono, negli anni '30, misure legislative per migliorare le condizioni delle classi più disagiate. La **legge sul lavoro nelle fabbriche**, del 1833, fissava in dieci ore l'orario massimo per i ragazzi sotto i diciotto anni e in otto per i bambini sotto i dodici. La **legge sui poveri**, del 1834, affidava a istituzioni ed enti locali l'assistenza ai bisognosi.

Focus
Le Corn Laws

ONLINE

■ **Il movimento cartista** Tentativi di modificare ulteriormente il sistema politico britannico furono avanzati dall'opposizione democratica, che faceva capo agli intellettuali radicali e agli operai organizzati nelle Trade Unions. Proprio dai leader delle Trade Unions partì l'iniziativa di una grande mobilitazione popolare per imporre alla classe dirigente l'adozione del **suffragio universale**, il solo mezzo per far valere gli interessi dei lavoratori nella Camera e nel governo. Nel 1838 la **Carta del popolo** chiedeva, tra l'altro, il suffragio universale maschile, la garanzia della segretezza del voto e una nuova riforma dei collegi elettorali. Il movimento cartista (così chiamato appunto dalla Carta del popolo) non riuscì a ottenere tuttavia alcuno dei suoi obiettivi e, dopo **un decennio di lotte**, finì con l'esaurirsi, anche perché i leader delle Trade Unions abbandonarono progressivamente il terreno della mobilitazione politica per concentrarsi su quello delle rivendicazioni economiche.

■ **L'abolizione del dazio sul grano** Tra la fine degli anni '30 e l'inizio degli anni '40, il centro dell'impegno dei progressisti, appoggiati questa volta dai Whigs, fu quello per la riforma doganale, e in particolare per l'abolizione del dazio sul grano (cioè delle *Corn Laws*). Questa rivendicazione chiamava in causa i **bisogni delle classi popolari**, poiché il dazio protettivo manteneva elevato il prezzo dei cereali – che sarebbe sceso detassando le importazioni – a esclusivo vantaggio dei produttori interni e a scapito dei consumatori. Essa esprimeva inoltre gli **interessi del mondo industriale**, desideroso di veder rimossi tutti gli ostacoli che si opponevano all'affermazione dei propri prodotti sui mercati stranieri. Il dazio sul grano era certamente uno di questi ostacoli, in quanto provocava l'imposizione, da parte dei paesi esportatori di cereali, di analoghe tariffe sui prodotti industriali inglesi. Non a caso il movimento per la riforma doganale ebbe il suo centro a Manchester, capitale dell'industria tessile, e il suo principale portavoce in **Richard Cobden**, industriale cotoniero e deputato liberale, leader dal 1838 della Lega contro il dazio sul grano (*Anti-Corn Law League*), divenuto in questi anni il più autorevole e popolare assertore delle teorie liberiste. La battaglia antiprotezionista fu vinta nel **1846** quando il governo, allora guidato da Peel, sotto la pressione della grave carestia che stava imperversando in Irlanda, prese la storica decisione di abolire il dazio di importazione sui cereali.

Immobilismo e autoritarismo nelle monarchie dell'Europa centro-orientale

Al dinamismo politico e sociale manifestato dalla Gran Bretagna e, in minor misura, dalla Francia negli anni 1830-48, faceva riscontro l'immobilismo politico delle monarchie autoritarie dell'Europa centro-orientale, in particolare dell'Austria e della Russia.

La chiusura a ogni fermento innovativo, lo strapotere delle aristocrazie, il rifiuto di introdurre qualsiasi istituto rappresentativo, la conservazione dei vecchi e arretrati ordinamenti agrari – caratterizzati in **Russia**, ma anche in molte zone dell'Impero asburgico e della **Prussia orientale**, dalla permanenza della servitù della gleba – bloccavano il progresso civile e inasprivano le tensioni economiche e sociali. Se per la Russia il problema maggiore era costituito dalle continue rivolte contadine (a carattere spontaneo e prive di qualsiasi direzione politica), l'**Impero asburgico** cominciava a soffrire in questi anni delle tensioni che lo avrebbero accompagnato sino alla sua dissoluzione: le **spinte autonomistiche** delle diverse componenti nazionali – cechi e polacchi, italiani e ungheresi, croati e sloveni – tutte divise fra loro, ma unite nell'avversione al centralismo di Vienna.

L'Unione doganale tedesca

Elemento di crisi per la monarchia asburgica, il nazionalismo costituì invece un fattore di coesione per la **Prussia** e per gli **Stati della Confederazione germanica**. Deluse le speranze di unificazione coltivate negli anni delle guerre napoleoniche, le aspirazioni della borghesia tedesca si concentrarono soprattutto sull'attuazione di un'Unione doganale, *Zollverein*, fra tutti gli Stati della Confederazione. L'abolizione dei dazi doganali, avviata nel **1818**, accelerata dopo il 1830 e in gran parte compiuta nel **1834**, rappresentò non solo una tappa importante sulla via dell'unità politica degli Stati tedeschi. Fu anche un potente fattore di sviluppo economico, che avrebbe favorito il loro **decollo industriale** su un ampio mercato nazionale, collegato da una fitta rete di vie di comunicazione stradali e fluviali.

GUIDA ALLO STUDIO

❶ Chi erano i sostenitori e gli oppositori della monarchia di luglio? Quale fu la politica di Guizot? ❷ Quali misure di stampo liberale furono attuate in Gran Bretagna nella prima metà dell'800? ❸ In che cosa consiste la questione "etnica" dell'Impero asburgico? ❹ Quali fattori rendevano vantaggioso lo *Zollverein*?

8 Le rivoluzioni del 1848-49

Le premesse e i caratteri comuni delle rivoluzioni

Nel 1848 l'Europa fu sconvolta da una crisi rivoluzionaria di ampiezza e intensità straordinarie. Non a caso l'espressione **"quarantotto"** è diventata da allora sinonimo di "disordine, sconvolgimento improvviso". Straordinaria fu innanzitutto l'**estensione dell'area geografica** interessata dalle agitazioni [👁 ATLANTE_37]. Ma straordinaria fu anche la rapidità con cui il moto rivoluzionario si diffuse in tutta l'Europa continentale, dalla Francia all'Italia, all'Impero asburgico e alla Confederazione germanica. Un moto così ampio non sarebbe stato possibile se non fosse stato favorito da alcune premesse comuni, presenti nell'intera società europea. Un primo elemento comune era dato dalla situazione economica: nel biennio 1846-47, l'Europa aveva attraversato una fase di crisi, che aveva investito prima il settore agricolo, poi quello industriale e commerciale, provocando carestie, miseria, disoccupazione. Il **disagio economico e** l'**inquietudine sociale** non sarebbero bastati di per sé a provocare una crisi di così vaste proporzioni, se su di essi non si fosse inserita l'**azione svolta dai democratici di tutta Europa**, in particolare dagli intellettuali, depositari di una tradizione comune che affondava le sue origini nella Rivoluzione francese.
Simile fu il contenuto dominante delle insurrezioni: la **richiesta di libertà politiche** e di democrazia, variamente intrecciata – in Italia, in Germania e nell'Impero asburgico – alla spinta verso l'**emancipazione nazionale**. Simile fu anche la dinamica dei moti, che si svilupparono tutti secondo lo **schema delle «giornate rivoluzionarie»**: iniziarono cioè con grandi dimostrazioni popolari nelle capitali, sfociate poi in scontri armati.

Il protagonismo delle masse popolari urbane

A Parigi come a Vienna, a Berlino come a Milano, furono gli artigiani e gli operai a svolgere il ruolo principale nelle sommosse. A Parigi la componente popolare e operaia si mosse in relativa autonomia e, spesso in contrasto con le forze democratico-borghesi, cercò di imporre propri specifici obiettivi di lotta.

Nel gennaio del '48, poche settimane prima dello scoppio dei moti, era stato scritto il *Manifesto del Partito comunista* di Marx ed Engels [👁 10.7], destinato a diventare in seguito il testo-base della rivoluzione proletaria. Questa convergenza di date ci aiuta a capire come mai il 1848 sia stato spesso considerato l'anno ufficiale di nascita del movimento operaio.

Le cause della sconfitta democratica

Le rivoluzioni del 1848-49 si chiusero tutte con una sconfitta: la causa principale di questo generale fallimento va individuata nelle profonde **fratture ideologiche e programmatiche** che attraversavano al loro interno le forze del cambiamento e della rivoluzione, dividendo sempre più le correnti democratico-radicali dai gruppi liberal-moderati. Questi ultimi, spaventati dalla minaccia della rivoluzione sociale, si riaccostarono alle vecchie classi dirigenti. I **democratici, lasciati soli** a sostenere lo scontro politico e militare con i governi e privi di una consistente base di massa, erano inevitabilmente destinati a essere sconfitti.

Paradossalmente in Francia l'esito fu, come vedremo nel paragrafo seguente, la nascita di un sistema politico autoritario fondato su un ampio consenso popolare legato alla tradizione rivoluzionaria di matrice napoleonica. Altrove la sconfitta

ATLANTE 37_LE RIVOLUZIONI DEL 1848-49

La cartina segnala pure i disordini del 1845-47 e perciò include la Svizzera e la Galizia austriaca tra le aree toccate dall'ondata rivoluzionaria.

❶ Quali furono, in sintesi, le cause e i caratteri del '48 in Europa? ❷ Le insurrezioni del '48 avevano obiettivi politici? ❸ Perché il '48 si risolse in una sconfitta?

GUIDA ALLO STUDIO

dell'ipotesi rivoluzionaria non cancellò però quanto di nuovo era emerso dall'esperienza del '48-49. Le aspirazioni verso una più ampia partecipazione al potere politico e gli ideali di unificazione e di indipendenza nazionale costituivano ormai un passaggio obbligato per alcuni paesi europei, come la Germania e l'Italia.

9 Il '48 in Francia. Dalla Seconda Repubblica al Secondo Impero

La caduta della monarchia liberale

In Francia, la rivoluzione prese avvio ancora una volta da Parigi. I limiti della monarchia borghese apparivano ormai intollerabili a un **vasto fronte di opposizione** che andava dai liberali progressisti ai democratici, dai bonapartisti ai socialisti. Per i democratici, in particolare, l'obiettivo da raggiungere era il suffragio universale, ossia la concessione del diritto di voto a tutti i cittadini maschi senza distinzione di reddito o di condizione sociale. Nettamente minoritari in Parlamento, i democratici cercarono di trasferire la loro protesta nel «paese reale». Lo strumento scelto fu la cosiddetta **campagna dei banchetti**: grandi riunioni svolte in forma privata che aggiravano i divieti governativi di riunione e consentivano ai capi dell'opposizione e ai loro seguaci di tenersi in contatto e di far propaganda per la riforma elettorale.

◂ Honoré Daumier *Vagone di terza classe* 1862 [National Gallery of Canada, Ottawa]

▸ Honoré Daumier *Famiglia sulle barricate del 1848 a Parigi* 1854 [Národní Galerie, Praga]

Fra gli artisti che nella seconda metà dell'800 desiderarono interpretare il proprio tempo, un posto rilevante è occupato dal francese Honoré Daumier (1808-1879). Con una attenzione appassionata e quasi carica di rabbia, Daumier rivolse il proprio sguardo alla storia e alla società contemporanea. Facendo uso di un segno rapido e incisivo, che produce forme volutamente grottesche e deformate, Daumier raffigurò l'amara realtà che lo circondava, esprimendo un profondo senso di comprensione per la miseria e le sofferenze del proletariato urbano, il «prodotto sociale» della rivoluzione industriale, quello stesso proletariato protagonista a più riprese degli eventi insurrezionali nelle capitali di tutta Europa. Un critico suo contemporaneo gli scrisse: «Grazie a voi il popolo potrà finalmente parlare al popolo».

L'insurrezione di febbraio

Fu proprio la proibizione di un banchetto, previsto per il 22 febbraio 1848 a Parigi, a innescare la crisi rivoluzionaria. Lavoratori e studenti parigini organizzarono una grande manifestazione di protesta. Per impedirla, il governo ricorse alla Guardia nazionale. Espressione della borghesia cittadina, la **Guardia nazionale** era stata impiegata più volte per reprimere agitazioni o sommosse operaie. Ma questa volta, chiamata a difendere un governo largamente impopolare, finì col fare causa comune con i dimostranti. Dopo due giorni di **barricate** e di violenti scontri, che provocarono più di 350 morti, gli insorti erano padroni della città. Il 24 febbraio Luigi Filippo abbandonò Parigi. La sera stessa veniva costituito un governo che si pronunciava decisamente a favore della **repubblica** – la cosiddetta Seconda Repubblica, dopo quella rivoluzionaria del

Focus
Le barricate
ONLINE

La Seconda Repubblica fu proclamata con una solenne cerimonia svoltasi all'aperto, davanti al Palais Bourbon, il palazzo dell'Assemblea nazionale, riprendendo i rituali della Prima Repubblica francese, quella nata nel settembre 1792. Col febbraio del 1848, Parigi tornò a essere la capitale della rivoluzione europea e il principale centro di irradiazione degli ideali democratici e repubblicani.

Jean-Jacques Champin
Proclamazione della Seconda Repubblica il 4 Marzo 1848
XIX secolo
[Musèe Carnavalet, Parigi]

1792 – e annunciava la convocazione di un'**Assemblea costituente** da eleggere a suffragio universale maschile. Nel governo figuravano tutti i capi dell'opposizione democratico-repubblicana ed erano presenti anche due socialisti: **Louis Blanc** e l'operaio **Alexandre Martin**, detto **Albert**. L'inclusione di due rappresentanti dei lavoratori nel governo – una novità assoluta nella storia europea – rifletteva la forza del popolo parigino, protagonista delle giornate di febbraio, e sottolineava il carattere "sociale" della nuova Repubblica.

Il diritto al lavoro Già alla fine di febbraio il governo provvisorio aveva fissato in undici ore la durata massima della giornata lavorativa e – cosa ancora più importante – aveva stabilito il principio del diritto al lavoro: una decisione di portata rivoluzionaria, che affrontava per la prima volta **un nodo fondamentale dell'economia capitalistica, quello del pieno impiego**. Per dare attuazione al diritto al lavoro, furono istituiti degli ***ateliers nationaux*** (alla lettera: 'officine nazionali'). Il nome faceva pensare a quegli *ateliers sociaux* che Louis Blanc aveva teorizzato [👁 10.6], come vere e proprie cooperative di produzione, capaci di sostituirsi all'impresa privata. Ma la realtà era più modesta, legata com'era alla necessità immediata di aiutare i disoccupati. Gli operai degli *ateliers* furono infatti impiegati in lavori di pubblica utilità (scavo di canali, riparazione di strade) e posti alle dipendenze del ministero dei Lavori pubblici. Anche entro questi limiti, l'esperimento poneva **gravi problemi alle finanze statali** e introduceva un motivo di profondo contrasto in seno allo schieramento repubblicano, la cui ala moderata considerava incompatibile con i princìpi del liberismo economico un **intervento diretto dello Stato nel mercato del lavoro**.

Il governo dei moderati e l'insurrezione di giugno Una prima netta sconfitta per le correnti di estrema sinistra venne dalle elezioni per l'Assemblea costituente, che si tennero in aprile, a suffragio universale. I vincitori furono i repubblicani moderati, che costituirono l'ossatura del nuovo governo dal quale vennero esclusi i socialisti Blanc e Albert. Il governo emanò subito un decreto con cui si stabiliva la chiusura degli *ateliers nationaux*. La reazione dei lavoratori di Parigi fu immediata e spontanea. Il 23 giugno, oltre 50 mila popolani (fra cui molti lavoratori degli *ateliers*) scesero in piazza. Nei quartieri popolari ricomparvero le barricate. In risposta, l'Assemblea costituente concesse pieni poteri all'**esercito** per procedere alla repressione, che fu condotta nei giorni successivi con spietata durezza. Migliaia di insorti trovarono la morte sulle barricate o nelle esecuzioni sommarie che seguirono gli scontri. Le **tragiche giornate di giugno** segnarono una svolta decisiva nella breve storia della Seconda Repubblica.
Agli occhi della borghesia di tutta Europa, la rivolta dei lavoratori parigini dava corpo all'incubo della rivoluzione sociale, allo «spettro del comunismo». Gran parte della società francese – dalla borghesia urbana al clero, ai contadini irritati per l'aumento delle tasse – fu attraversata da un'**ondata di riflusso conservatore**.

L'ascesa di Luigi Napoleone Bonaparte In novembre l'Assemblea costituente approvò a stragrande maggioranza la nuova Costituzione: una costituzione democratica, ispirata al modello statunitense, che prevedeva un presidente della Repubblica eletto direttamente dal popolo per la durata di quattro anni e un'unica Assemblea legislativa eletta anch'essa a suffragio universale. Ma alle elezioni presidenziali (10 dicembre) i repubblicani si presentarono divisi, mentre i conservatori fecero blocco sulla candidatura di Luigi Napoleone Bonaparte, figlio di un fratello dell'imperatore (quel Luigi Bonaparte che aveva occupato il trono olandese). Nonostante avesse un passato da cospiratore, l'allora quarantenne Luigi Napoleone seppe offrire ampie **assicurazioni alla destra conservatrice e clericale** mentre garantiva, per la sola forza del suo nome, una sicura presa su **vasti strati di elettorato popolare**. Il calcolo si rivelò esatto: una vera e propria valanga di voti si riversò su Bonaparte. Si chiudeva così definitivamente la fase democratica della Seconda Repubblica.

Geografia e Storia
Confini politici e confini etnico-linguistici
ONLINE

La nascita del Secondo Impero di Napoleone III

Nel giro dei successivi tre anni le conquiste democratiche furono spazzate via. Intorno alla figura del presidente della Repubblica si raccolse un consenso che poggiava sugli elementi conservatori, sui clericali e sulla mai sopita tradizione napoleonica che reclutava aderenti in tutta la Francia urbana e rurale. Nel dicembre 1851, con un **colpo di Stato** sostenuto dall'esercito, la Camera fu sciolta e diecimila oppositori arrestati e deportati. Secondo la prassi napoleonica un **plebiscito** a suffragio universale convalidò l'operato di Bonaparte. La Seconda Repubblica era ormai tale solo di nome. E la finzione fu abolita, nel dicembre 1852, da un nuovo plebiscito che approvava, con una maggioranza ancor più schiacciante di quella dell'anno precedente, la **restaurazione dell'Impero**. Luigi Napoleone assumeva così il nome di **Napoleone III** (veniva dunque incluso nella serie anche il figlio di Napoleone I, morto nel 1832 a Vienna) col diritto di trasmettere il titolo imperiale ai suoi eredi.

GUIDA ALLO STUDIO

❶ Che cos'era la campagna dei banchetti? ❷ Chi erano Blanc e Martin? ❸ Che cosa furono gli *ateliers nationaux*? ❹ Grazie a quali condizioni Luigi Bonaparte vinse le elezioni del 1848?

10 Il '48 nell'Europa centrale

La rivolta nell'Impero asburgico

Il moto rivoluzionario iniziato a Parigi alla fine di febbraio si propagò in poche settimane a gran parte dell'Europa. Ma, diversamente da quanto era accaduto in Francia, la componente «sociale» rimase in secondo piano e lo scontro principale fu combattuto fra le borghesie liberali – con l'appoggio di consistenti settori delle classi popolari – e le strutture politiche tradizionali.

Il primo importante episodio insurrezionale ebbe luogo a **Vienna**, il 13 marzo. L'occasione della rivolta fu una grande manifestazione di studenti e lavoratori duramente repressa dall'esercito. Dopo due giorni di combattimenti, la corte fu costretta ad allontanare il cancelliere Metternich: l'uomo-simbolo dell'età della Restaurazione dovette rifugiarsi all'estero.

Le notizie dell'insurrezione di Vienna e della fuga di Metternich fecero precipitare la situazione nelle irrequiete province dell'Impero asburgico e nella vicina Confederazione germanica. Il 15 marzo vi furono tumulti a Budapest. Il 17 e il 18 si sollevavano **Venezia** e **Milano** [👁 12.7]. Negli stessi giorni una violenta sommossa scoppiava a **Berlino**, capitale della Prussia. Il 19 marzo i cittadini di Praga inviavano una petizione all'imperatore chiedendo autonomia e libertà politiche per i cechi. In maggio l'imperatore dovette abbandonare la capitale e promettere la convocazione di un **Parlamento dell'Impero**, il Reichstag, eletto a suffragio universale.

La rivoluzione a Budapest e Praga

In Ungheria le promesse del governo imperiale di concedere una costituzione e un Parlamento non riuscirono a fermare l'**agitazione autonomistica**. Sotto la spinta dell'ala democratico-radicale, che faceva capo a **Lajos Kossuth**, i **patrioti ungheresi** profittarono della crisi per creare a Budapest un governo nazionale e per agire in totale autonomia da

Vienna. Fu decretata la fine dei rapporti feudali nelle campagne, una misura che contribuì a ottenere l'appoggio dei contadini. Fu eletto un nuovo Parlamento a suffragio universale. In luglio, infine, Kossuth cominciò a organizzare un esercito nazionale, primo passo verso la piena indipendenza, che costituiva ormai l'obiettivo finale degli insorti.

Anche a Praga, in aprile, venne formato un governo provvisorio. I **patrioti cechi**, per lo più di orientamento liberale, non mettevano in discussione i legami con la monarchia asburgica e si limitavano a chiedere **più ampie autonomie**. Ma alcuni incidenti scoppiati fra la popolazione e i militari fornirono all'esercito il pretesto per una dura repressione: Praga fu assediata e bombardata e il governo ceco fu sciolto d'autorità.

La riscossa dell'Austria

La sottomissione di Praga segnò l'inizio della riscossa per il potere imperiale. Essa mostrava che l'efficienza e la fedeltà dell'esercito non erano state intaccate dagli ultimi rivolgimenti politici. Nel corso dell'estate la svolta si consolidò. Mentre il Reichstag, riunitosi per la prima volta in luglio, era paralizzato dai contrasti fra le diverse nazionalità – l'unica decisione di portata storica fu l'**abolizione della servitù della gleba** in tutti i territori dell'Impero in cui era ancora in vigore –, il governo centrale riprendeva gradualmente il controllo della situazione. In agosto, sotto la protezione dell'esercito, l'imperatore rientrava a **Vienna**. Ma ai primi di ottobre nella capitale scoppiava una nuova **insurrezione di studenti e lavoratori** per impedire la partenza di nuove truppe per il fronte ungherese. Alla fine del mese Vienna fu cinta d'assedio e occupata dopo tre giorni di durissimi combattimenti. La rivoluzione nell'Impero asburgico veniva così stroncata nella sua punta più avanzata. Poche settimane dopo, l'imperatore Ferdinando I abdicava in favore del nipote, il diciottenne **Francesco Giuseppe**. Nel marzo 1849 il nuovo imperatore sciolse d'autorità il Reichstag e promulgò una **Costituzione** che prevedeva un Parlamento eletto a suffragio ristretto e dotato di poteri molto limitati, e ribadiva al tempo stesso la struttura centralistica dell'Impero.

L'insurrezione di Berlino e l'Assemblea di Francoforte

Un corso simile ebbero gli avvenimenti in Germania. A Berlino, il 18 marzo del 1848, imponenti manifestazioni popolari costrinsero il re Federico Guglielmo IV a convocare un **Parlamento prussiano** (*Landtag*). Intanto agitazioni e sommosse erano scoppiate nella Confederazione germanica. Ne era scaturita, quasi spontaneamente, la **richiesta di un'Assemblea costituente** dove fossero rappresentati tutti gli Stati tedeschi, Austria compresa. A metà maggio l'Assemblea aprì i suoi lavori a Francoforte in un clima di generale entusiasmo. Ben presto fu chiaro però che la Costituente di Francoforte non aveva i poteri necessari per imporre le proprie decisioni ai sovrani degli Stati tedeschi e per avviare un processo di unificazione nazionale. Le sue sorti non potevano che dipendere da quanto accadeva nello Stato più importante, la **Prussia**. Ma proprio in Prussia il movimento liberal-democratico rientrò rapidamente, anche perché la borghesia era spaventata dalle agitazioni sociali che nel frattempo si andavano intensificando (in estate vi furono sommosse di lavoratori a Berlino, in Slesia e a Francoforte). Ai primi di dicembre Federico Guglielmo sciolse il Parlamento prussiano ed emanò una Costituzione assai poco liberale. Frattanto, i lavori dell'Assemblea di Francoforte erano quasi completamente assorbiti dalle dispute sulla questione nazionale e dalla **contrapposizione fra «grandi tedeschi» e «piccoli tedeschi»**: i primi miravano a un'unione di tutti gli Stati germanici intorno all'Austria imperiale, i secondi sostenevano invece uno Stato nazionale più compatto, da costruirsi intorno al nucleo principale del Regno di Prussia. A prevalere, dopo lunghe discussioni, fu alla fine la tesi «piccolo-tedesca». Ma quando, nell'aprile 1849, una delegazione offrì al re di Prussia la corona imperiale, questi la rifiutò in quanto gli veniva offerta da un'assemblea popolare, nata da un moto rivoluzionario. Il **rifiuto di Federico Guglielmo** segnò in pratica la fine della Costituente, che fu sciolta nel giugno 1849.

La repressione finale e la sconfitta dei democratici

Si andavano frattanto spegnendo gli ultimi fuochi della rivoluzione che, a partire dal marzo 1848, aveva attraversato l'intero Impero asburgico compresa l'**Italia**. In marzo gli austriaci sconfiggevano definitivamente i piemontesi, in luglio si concludeva, grazie all'intervento francese, l'esperienza della Repubblica romana [👁 12.7], in agosto le truppe imperiali schiacciavano l'ultima resistenza di Venezia e dell'**Ungheria**. Per aver ragione degli indipendentisti magiari, che avevano ripreso il controllo del paese profittando anche dell'impegno austriaco in Italia, il governo di Vienna dovette chiedere l'aiuto militare della Russia. La sconfitta dei democratici era a questo punto completa.

GUIDA ALLO STUDIO

❶ Che cosa distinse la rivoluzione di Parigi da quelle degli altri paesi? ❷ Quali regioni dell'Impero asburgico si ribellarono al potere centrale? ❸ Come si concluse la rivolta a Vienna? ❹ Cosa divideva i «grandi» e i «piccoli» tedeschi nella Assemblea di Francoforte?

Dopo alterne fortune, il neo-esercito nazionale ungherese fu costretto a capitolare sotto l'attacco congiunto dei soldati austriaci sostenuti dall'esercito dello zar Nicola I, il cui aiuto era stato espressamente richiesto dall'imperatore Francesco Giuseppe.

Alajos Rohn
Il bombardamento di Pest da parte dell'esercito imperiale austriaco
1849 ca.
[Museo storico, Budapest]

Patria e nazione

Il termine **"patria"** indica il territorio abitato da un popolo, i cui membri sentono di appartenervi per nascita (propria, dei genitori e degli avi, cioè dei *patres*), lingua, cultura, storia e tradizioni, cioè per identità nazionale. In età contemporanea, il concetto di patria ha acquisito il significato di comunità politico-territoriale e si è legato a quello di nazione.

Secondo la scienza politica, la **nazione** è «un gruppo sociale dotato di un nome specifico, legato a un determinato territorio e caratterizzato da miti e memorie storiche comuni, da una cultura pubblica di massa, dall'unità economica e da diritti e doveri uguali per tutti i suoi membri» (Anthony D. Smith, voce «Nazione», *Enciclopedia delle scienze sociali*, Treccani, Roma 1996, vol. 6).

Il termine "nazione" (dal latino *nasci*, 'nascere') presso i **romani** indicava un gruppo con un'origine comune, ma dal **Medioevo** faceva riferimento a gruppi di studenti universitari o di ecclesiastici che condividevano la terra d'origine. Nei secoli successivi, esso fu usato sia in riferimento all'intera Europa (la «nazione europea»), sia in riferimento ai singoli Stati (la «nazione francese», ecc.), sia agli Stati regionali e alle città-Stato; il termine, tuttavia, pur indicando un principio di discendenza, non implicava un significato politico.

Con l'**Illuminismo** e la **Rivoluzione francese** il concetto di nazione acquisì una connotazione politica: il filosofo illuminista Jean-Jacques Rousseau (1712-1778) pose all'origine di essa la «volontà generale», mentre con la rivoluzione si cominciò a parlare di «nazione democratica» a sovranità popolare, di «nazione dei cittadini» e di «nazione in armi». Nella *Dichiarazione dei diritti dell'uomo e del cittadino* (1789) si legge all'articolo 3 che «Il principio di ogni sovranità risiede essenzialmente nella Nazione». Nella Costituzione del 1791, si esplicitò la formula del giuramento civico: «Io giuro di essere fedele alla Nazione, alla Legge e al Re e di sostenere con tutte le mie possibilità la Costituzione del Regno» (titolo II, art. 5); anche il re avrebbe dovuto giurare «di essere fedele alla Nazione ed alla Legge» (titolo III, capitolo II, art. 4). Il termine "patria" comparve in Francia per la prima volta nella Costituzio-

ne del 1795 («Ogni cittadino deve i suoi servizi alla patria e al mantenimento della libertà», art. 9): essa non era intesa come «terra dei padri», quanto come paese in cui ciascuno si riconosceva e in cui vigevano i diritti dell'uomo. Nella Costituzione del 1799 si parlò, poi, di «difesa della Patria» (art. 86), mentre il termine "nazione" fu sempre meno usato.

Parallelamente agli eventi francesi, il **Romanticismo tedesco** (in particolare i filosofi Johann G. Herder e Johann G. Fichte) legò la nazione al *Volk* ('popolo') e ai caratteri geografici, linguistici, culturali e storici: alla fine dell'800 questa concezione si colorò talora di connotazioni razziali. Si generò così la distinzione, individuata dallo storico italiano Federico Chabod (1901-1960), tra la concezione di nazione naturalistico-oggettiva (basata su etnia, lingua, tradizione, storia), prevalentemente tedesca, e quella volontaristico-soggettiva (basata sulla volontà di farne parte), prevalentemente francese e italiana: nel 1882 lo studioso francese Ernest Renan (1823-1892) parlò di «volontà di vivere insieme» e di «plebiscito di tutti i giorni».

Il presidente Giorgio Napolitano durante la cerimonia d'inaugurazione dell'anno scolastico 2011-12
[© Vincenzo Tersigni/EIDON]

Nel 2011, in occasione del 150° anniversario dell'Unità nazionale, sono state organizzate in Italia numerose iniziative volte alla riscoperta del sentimento patriottico, anche con il coinvolgimento dei giovani delle scuole. Un'opportunità è stata offerta anche dalla tradizionale cerimonia d'inaugurazione dell'anno scolastico che si è svolta in Quirinale il 23 settembre 2011.

Nel corso dell'800 la nazione si arricchì sempre più di significati linguistici, etnici, culturali e storici: essa cominciò a coincidere con la patria e il fondamento dello Stato fu identificato nel triplice nesso fra territorio, popolo e sovranità. L'identità nazionale diventò uno dei maggiori criteri di appartenenza. In Italia, lo Statuto albertino (1848) nel Preambolo legava «il bene del sovrano a quello della patria» e parlava di «benessere e dignità della Nazione» e di «Nazione, libera, forte e felice, [che] si mostrerà sempre più degna dell'antica fama, e saprà meritarsi un glorioso avvenire» **[👁 12.7]**.

L'affermazione del principio di nazionalità come criterio principale per fissare i confini di uno Stato e per stabilirne la legittimità fu però il risultato di un processo lungo e contrastato, complicato per giunta dall'affacciarsi sulla scena europea, tra la fine dell'800 e l'inizio del '900, di nuovi movimenti nazionali, di nuove "piccole patrie" (per esempio, Irlanda, Finlandia, Slovenia, Croazia, Slovacchia) che spesso i teorici dell'idea nazionale non avevano nemmeno preso in considerazione.

Il principio di **autodeterminazione nazionale** fu sancito, in linea teorica, dai trattati di pace seguiti alla prima guerra mondiale, soprattutto per impulso del presidente degli Stati Uniti, Woodrow Wilson. Ma la sua applicazione si rivelò difficile, soprattutto nei territori degli ex imperi austro-ungarico, russo e ottomano, dove le linee di separazione fra diversi gruppi etnici e linguistici erano difficili da definire. E da queste difficoltà derivarono molte delle crisi che avrebbero poi portato l'Europa a un nuovo conflitto generale.

Nel **secondo dopoguerra**, dopo le esperienze del fascismo e del nazismo, che avevano identificato la nazione con la loro idea di Stato totalitario e razzista, nel mondo occidentale si sviluppò una certa insofferenza verso questo concetto: così, nella Costituzione italiana (1948) si dice che «la difesa della Patria è sacro dovere del cittadino» (art. 52) e, come nello Statuto albertino, che «Ogni membro del Parlamento rappresenta la nazione» (art. 67), ma il termine non viene ripreso con forza.

Le nazioni, identificate con gli Stati, videro confermato il loro diritto all'autodeterminazione. Negli anni '50 e '60, questo diritto si estese ai paesi coloniali dell'Africa e dell'Asia che lottavano per l'indipendenza.

Nel **XXI secolo** il potere politico mondiale si sta riorganizzando in base a criteri non nazionalistici, anche in conseguenza della globalizzazione della produzione, della finanziarizzazione dell'economia e della diffusione di mezzi di informazione e di trasporto sempre più veloci; la Costituzione europea (2004) afferma, tuttavia, che «L'Unione rispetta [...] la loro [degli Stati membri] identità nazionale» (art. I-5) e che «La cittadinanza dell'Unione si aggiunge alla cittadinanza nazionale e non la sostituisce» (art. I-10).

Contemporaneamente, però, si sta sviluppando anche un **micronazionalismo a base secessionistica**, che mira a smembrare gli Stati esistenti per crearne altri di dimensioni regionali, ma comunque basati su un'idea di nazione e di nazionalità: negli anni '90 si sono formati su base etnico-nazionale gli Stati sorti dalla crisi della ex Jugoslavia (Slovenia, Croazia, Serbia, ecc.), e in Italia tale tendenza è rappresentata dalla Lega Nord, che rivendica l'autonomia per la cosiddetta "Padania".

La risposta a queste tendenze disgregatrici è stata rappresentata, nel nostro paese, da una nuova attenzione verso l'idea di patria, sollecitata dai presidenti della Repubblica Carlo Azeglio Ciampi (1999-2006) e Giorgio Napolitano (eletto nel 2006), intesa come senso di rispetto per lo Stato e per le sue istituzioni democratiche, per la Repubblica e per la Costituzione. Molti italiani hanno riscoperto il loro senso di appartenenza alla comunità nazionale, pur senza ritenerla in contrasto con la nuova identità europea. Si è sviluppato così anche in Italia quel **«patriottismo costituzionale»**, teorizzato dal filosofo tedesco Jürgen Habermas (1929), che si lega al rispetto degli ideali di democrazia e di libertà espressi nelle carte costituzionali e non più ai caratteri etnici, culturali, linguistici e storici.

SINTESI

1 La Restaurazione e il nuovo assetto europeo

Sconfitto Napoleone, si chiudeva il periodo delle guerre tra la Francia rivoluzionaria e le monarchie europee e cominciava l'età della Restaurazione. Ma "restaurare" in tutto e per tutto il vecchio ordine non era in realtà possibile dopo le trasformazioni sociali, istituzionali e giuridiche verificatesi nel venticinquennio precedente e il ruolo assunto dalla borghesia nel contesto sociale degli Stati europei. Assai rilevanti furono i mutamenti nella carta d'Europa sanciti dal congresso di Vienna (novembre 1814-giugno 1815), per opera delle quattro maggiori potenze vincitrici (Gran Bretagna, Russia, Prussia, Austria) nonché della stessa Francia. Il principio di fondo seguito fu quello della «legittimità», secondo cui dovevano essere restaurati i sovrani spodestati. Ciò non impedì, però, che si verificasse una razionalizzazione della geografia politica europea. Il nuovo assetto fu sancito dalla Santa alleanza (Russia, Prussia, Austria), affiancata poi dalla Quadruplice alleanza, promossa dalla Gran Bretagna.

2 Il ritorno all'ordine

La Restaurazione ebbe caratteri diversi nei singoli paesi, sempre però nel quadro di un indirizzo conservatore e tradizionalista. In Gran Bretagna si ebbe la prevalenza dell'ala destra del partito conservatore, che favorì gli interessi della grande proprietà terriera (dazio sul grano) a scapito di quelli dell'industria esportatrice. In Spagna venne seguita una linea che si richiamava all'assolutismo e ostacolava ogni evoluzione in senso liberale. Più moderata fu la Restaurazione in molti paesi dell'Europa del Nord in cui si mantennero in molti casi regimi a base rappresentativa. Il caso più significativo di Restaurazione "morbida" fu invece quello della Francia: Luigi XVIII promulgò una Costituzione, che tra l'altro prevedeva un Parlamento bicamerale, e conservò molte innovazioni del periodo napoleonico, scontentando così i legittimisti. In Italia la Restaurazione assunse forme piuttosto dure (salvo che nel Granducato di Toscana), temperate a stento dalla presenza di correnti moderate (Regno delle Due Sicilie, Stato della Chiesa). Una certa vivacità culturale si manifestò nel Lombardo-Veneto, amministrato con efficienza e autoritarismo dagli austriaci.

3 Aristocrazia e borghesia nell'Europa restaurata

La Restaurazione non interruppe il processo di crescita della borghesia e di emancipazione dai vincoli feudali seppure in un quadro generale che confermava il sistema di dominio del ceto aristocratico. In buona parte dell'Europa dell'Est il processo di emancipazione dai vincoli feudali fu assai più lento. Diversa la situazione in Francia e nei paesi dell'Europa occidentale passati per la dominazione napoleonica: qui la borghesia aumentò la quota della sua proprietà sulla terra, senza però che ciò si risolvesse in una generale modernizzazione dell'agricoltura. Nell'Europa del Sud (ma non nell'Italia settentrionale) la defeudalizzazione lasciò intatte gerarchie sociali e assetti della proprietà terriera. In generale, nel mondo rurale si sovrapposero a lungo modernità e tradizione.

4 I moti rivoluzionari del 1820-21

In quasi tutti i paesi europei l'azione di liberali e democratici si doveva svolgere in forme clandestine, attraverso società segrete. La Carboneria, la più importante e diffusa, si ispirava a un liberalismo moderato. In massima parte la base sociale delle società segrete era costituita da intellettuali, studenti e militari: furono loro i protagonisti delle rivoluzioni degli anni '20. L'ondata rivoluzionaria del 1820-21 partì dalla Spagna, con la ribellione a Cadice di alcuni reparti militari (gennaio '20): il re fu costretto a concedere la Costituzione ma il nuovo regime non riuscì a consolidarsi, anche per i contrasti interni allo schieramento costituzionale. Successivamente ci furono moti nel Regno delle Due Sicilie e in Piemonte. Le rivoluzioni del '20-21 suscitarono l'allarme dei conservatori d'Europa. Nel '21 gli austriaci posero fine alla rivoluzione napoletana. La rivoluzione spagnola fu schiacciata, invece, dall'intervento militare della Francia (1822). Tra i motivi principali della sconfitta delle rivoluzioni del '20-21 vanno ricordate le divisioni interne allo schieramento rivoluzionario, nonché la mancanza di seguito tra le masse.

5 L'indipendenza della Grecia

L'unica rivoluzione del decennio che si concluse positivamente fu quella greca contro la dominazione turca. Iniziata nel '21, questa rivoluzione – che ebbe i caratteri di una vera guerra nazionale e religiosa – si concluse solo nel '29. Il suo successo fu dovuto in misura determinante alle simpatie dell'opinione pubblica europea e all'intervento militare di Gran Bretagna, Francia e Russia. Nella sconfitta e nel riconoscimento dell'indipendenza della Grecia trovò conferma la lunga crisi dell'Impero ottomano che si protrasse fino ai primi del '900.

6 I moti rivoluzionari del 1830-31

I moti europei del 1830-31 furono per molti aspetti simili a quelli di un decennio prima, ma ebbero conseguenze più durature, portando alla rottura dell'equilibrio europeo sancito dal congresso di Vienna. La politica di Carlo X, divenuto re di Francia nel 1824, fu ispirata al disegno di una restaurazione integrale. La repressione delle forze di opposizione sfociò, nel 1830, in quattro ordinanze che configuravano un vero e proprio colpo di Stato e, a luglio, il popolo di Parigi reagì con un'insurrezione che costrinse il re alla fuga. Le Camere nominarono nuovo sovrano Luigi Filippo d'Orléans. La «monarchia di luglio», benché prodotta da una rivoluzione, si ispirò sin dall'inizio a una linea di liberalismo moderato. L'esempio francese incoraggiò una ripresa dell'iniziativa rivoluzionaria a livello europeo. La rivolta del Belgio – che mirava all'indipendenza dall'Olanda – si risolse in un successo, reso possibile dall'atteggiamento favorevole di Francia e Gran Bretagna. Esito diverso ebbero i moti rivoluzionari scoppiati in Italia e in Polonia, schiacciati dall'intervento militare rispettivamente di Austria e Russia.

7 Liberalismo e autoritarismo

La monarchia francese sposò una linea conservatrice che accentuò i caratteri oligarchici del regime e la frattura tra ceto dirigente e società civile, in primo luogo a causa della ristretta e precaria base di consenso della monarchia, che si fondava soprattutto su un'identificazione con gli interessi dell'alta borghesia degli affari. Forte era anche l'opposizione repubblicana, che fu protagonista di vari tentativi insurrezionali. In Gran Bretagna, invece, entro la metà del secolo, vennero varate alcune decisive riforme: diritto per i lavoratori di unirsi in associazione – e ciò stimolò la nascita delle Trade Unions –, riforma elettorale, leggi sociali. La lotta politica degli anni '30-40 vide l'emergere di due movimenti: quello «cartista», che si batteva per il suffragio universale ed era animato soprattutto dalle Trade Unions – il movimento però si esaurì dopo un decennio di lotte senza aver raggiunto i suoi obiettivi; quello per la riforma doganale – di cui fu principale leader Cobden – che si risolse in una vittoria delle tesi liberiste con l'abolizione del dazio sul grano. In questi anni, a confronto delle trasformazioni avvenute in Gran Bretagna e Francia, le monarchie autoritarie dell'Est europeo apparivano prigioniere di un radicato immobilismo politico e sociale. Mentre per la Russia il maggior problema era costituito dalle continue rivolte contadine, l'Austria vedeva il primo manifestarsi delle spinte autonomistiche delle varie nazionalità dell'Impero. Il nazionalismo costituì un fattore di coesione nell'area tedesca, dove le aspirazioni della borghesia si indirizzarono verso l'attuazione di una Unione doganale.

8 Le rivoluzioni del 1848-49

Nel 1848 l'Europa fu sconvolta da un moto rivoluzionario che coinvolse Francia, Italia, Impero asburgico e Confederazione germanica. All'origine della rivolta, scatenata dai democratici, ci fu un clima di acuto malessere sociale determinato da una crisi economica che attanagliava tutto il continente. La richiesta di libertà politiche e di democrazia, come pure le modalità insurrezionali furono evidenti caratteri comuni dei moti. Nonostante la totale sconfitta, in particolare dei democratici (abbandonati dai liberal-moderati che temevano una rivoluzione sociale), il 1848 aprì una nuova epoca caratterizzata dall'intervento delle masse popolari urbane e dall'emergere degli obiettivi sociali accanto a quelli politici.

9 Il '48 in Francia. Dalla Seconda Repubblica al Secondo Impero

Il centro di irradiazione del moto rivoluzionario fu ancora una volta la Francia. L'insurrezione parigina di febbraio portò alla proclamazione della repubblica, che ebbe all'inizio un indirizzo democratico-sociale. Tuttavia le elezioni per l'Assemblea costituente dell'aprile '48 sancirono la vittoria dei repubblicani moderati. L'insurrezione di giugno dei lavoratori di Parigi fu duramente repressa e segnò la svolta in senso conservatore della Repubblica, concretizzatasi in dicembre con l'elezione a presidente di Luigi Napoleone Bonaparte. Nel dicembre 1851 Bonaparte attuò un colpo di Stato e riformò la Costituzione. L'anno successivo un plebiscito sanzionò la restaurazione dell'Impero: Luigi Napoleone Bonaparte divenne imperatore con il nome di Napoleone III.

10 Il '48 nell'Europa centrale

In marzo il moto rivoluzionario si propagò all'Impero asburgico, agli Stati italiani e alla Confederazione germanica: a Vienna Metternich dovette lasciare il potere e venne concesso un Parlamento dell'Impero. In Ungheria l'agitazione ebbe un accentuato carattere autonomistico. Anche a Praga furono avanzate, sia pure in forma meno marcata, rivendicazioni di autonomia. La repressione militare della sollevazione di Praga (giugno 1848) segnò l'inizio della riscossa del potere imperiale. Nell'area tedesca, la rivoluzione di Berlino portò inizialmente ad alcune concessioni da parte del re Federico Guglielmo IV e alla nascita di un'Assemblea costituente con sede a Francoforte, presto assorbita dal dibattito sulla questione nazionale. Ma il movimento liberaldemocratico conobbe una rapida sconfitta anche in Prussia e negli Stati della Confederazione germanica.

SVILUPPARE LE COMPETENZE

❶ Rispondi ai quesiti impiegando il numero di righe indicato tra parentesi:

a. Quale statista dominò il congresso di Vienna e quali importanti decisioni furono prese in quell'occasione? (6 righe)

b. Cos'erano la Santa alleanza e la Quadruplice alleanza? (6 righe)

c. Cosa successe in Gran Bretagna dopo la Restaurazione? (6 righe)

d. Quali erano gli elementi fondamentali della "carta" concessa da Luigi XVIII nel luglio 1814? (7 righe)

e. Qual era situazione degli Stati italiani dopo il congresso di Vienna? (10 righe)

f. Come procedette, nel periodo che va dagli anni '20 agli anni '40 del '700, la defeudalizzazione? (8 righe)

❷ I fatti elencati di seguito non sono in ordine cronologico. Ricostruiscilo stabilendo, inoltre, durante quali moti rivoluzionari essi si verificarono. Quindi, rispettando la sequenza cronologica da te costruita, componi un testo di 10 righe per ogni moto:

a. La Russia, protettrice dei cristiani, rompe le relazioni diplomatiche con la Turchia.

b. Alcuni reparti militari di stanza nel porto di Cadice si ammutinano.

c. Viene firmata la pace di Adrianopoli: la Grecia è indipendente.

d. Luigi Filippo viene dichiarato dal Parlamento re dei francesi.

e. La rivolta scoppia in Piemonte.

f. I greci che hanno un ruolo economico nell'Impero ottomano insorgono.

g. Le potenze europee distruggono a Navarino la flotta turco-egiziana.

h. La rivolta si estende e il re è costretto a rimettere in vigore la Costituzione del 1812.

i. Il popolo parigino scende in piazza e dopo tre giorni di duri scontri con le truppe del re lo costringe ad abbandonare la capitale.

j. Le Camere riunite dichiarano Carlo X deposto e nominano come luogotenente del regno Luigi Filippo d'Orléans.

k. Moti insurrezionali istigati da gruppi di militari scoppiano nel Regno delle Due Sicilie e in Portogallo.

❸ Rispondi ai quesiti impiegando il numero di righe indicato tra parentesi:

a. Quali importanti riforme furono approvate in Gran Bretagna durante il periodo dominato dalla figura di Robert Peel? (8 righe)

b. Quale importanza ebbe la realizzazione dello *Zollverein*? (3 righe)

c. Perché l'espressione "quarantotto" oggi è sinonimo di disordine? Racconta a scopo esemplificativo gli eventi avvenuti durante quell'anno nell'Impero asburgico o in Germania. (10 righe)

d. Quale causa principale provocò il fallimento dei moti del Quarantotto? (4 righe)

e. Quale fu la causa dello scoppio della crisi rivoluzionaria in Francia nel 1848? E quali furono le riforme attuate già a fine febbraio dal governo provvisorio? (8 righe)

f. Cosa successe il 23 giugno 1848 a Parigi? Quali conseguenze ebbero tali fatti? (8 righe)

CAPITOLO

12 IL RISORGIMENTO ITALIANO

1 L'Italia e la questione nazionale

Il Risorgimento Nella prima metà dell'800 prende avvio in Italia un processo di riscoperta e di sempre più decisa rivendicazione della propria identità nazionale. Questo processo, che avrebbe portato in pochi decenni alla conquista dell'indipendenza, fu definito dai contemporanei, e poi dagli storici, col nome di "Risorgimento": una definizione che ne sottolineava il carattere di **rinascita culturale e politica**, di **riscatto morale** da una lunga condizione di servitù e di decadenza, di ritorno a un passato glorioso e a un'unità dalle antichissime origini.

Per la verità l'Italia era stata unita politicamente solo ai tempi dell'Impero romano, ma all'interno di un'entità statale sovranazionale. In seguito, era sempre rimasta divisa e, almeno in parte, subordinata a sovranità straniere (Francia, Spagna, Austria).

La nazione italiana Tuttavia, se uno Stato italiano non era mai esistito, una nazione italiana, in quanto **comunità linguistica, culturale, religiosa e in qualche parte anche economica**, esisteva almeno fin dall'età dei comuni. E l'idea di Italia come entità unitaria, dai confini geografici ben definiti, era sempre stata viva nel pensiero di molti autorevoli intellettuali italiani, da Petrarca a Machiavelli ad Alfieri.

Alla fine del '700, in alcune componenti della cultura illuminista, questa consapevolezza si era fatta più viva e si era accentuata soprattutto all'interno delle correnti più radicali del movimento giacobino. Ma questi intenti erano rimasti soffocati dalla contraddizione tipica di tutto il **giacobinismo italiano**: quella di dover legare la rea-

Ventaglio (fronte e retro)
1848 ca.
[Museo Civico del Risorgimento, Genova]
I modi in cui i patrioti italiani esprimevano i propri sentimenti liberali e democratici poteva essere piuttosto vario, oltre che fantasioso. Questo ventaglio dell'epoca presenta da un lato scene silvestri di gusto neoclassico, dall'altro due militari piemontesi che, insieme a due dame con la fascia rossa, bianca e verde, sventolano una bandiera tricolore su cui è scritto «Italia libera – Dio lo vuole». Questa singolare forma di propaganda era escogitata per non dare nell'occhio alla polizia e ai reazionari.

lizzazione delle proprie idee alle sorti della potenza francese, alla politica nazionalista e assolutista di Napoleone.

Ideali di libertà e questione nazionale

Con la Restaurazione, per i **patrioti** italiani la scelta diventava più semplice: la lotta per gli ideali liberali e democratici poteva coincidere con quella per la liberazione dal dominio straniero. Questo, però, non significava ancora battersi per l'indipendenza e per l'unità italiana. Nei primi moti rivoluzionari, nel 1820-21, la questione nazionale fu infatti pressoché assente, o comunque subordinata alle **rivendicazioni di ordine costituzionale**, alle spinte per un mutamento politico all'interno dei singoli Stati.

GUIDA ALLO STUDIO

❶ Che cosa si intende per «Risorgimento»? ❷ Quando venne elaborata l'idea di nazione italiana? ❸ In che modo il movimento giacobino pose la questione nazionale? ❹ Quali istanze agirono sui rivoluzionari italiani nei primi moti?

2 I primi moti rivoluzionari

L'insurrezione nel Napoletano e in Sicilia

Nella prima ondata rivoluzionaria che scosse l'Europa all'inizio degli anni '20 furono coinvolti, come abbiamo visto, il Regno delle Due Sicilie e il Regno di Sardegna. Il 1° luglio 1820, infatti, pochi mesi dopo l'insurrezione spagnola, la rivolta scoppiò a **Nola**, nel Napoletano, ed ebbe subito l'adesione di numerosi alti ufficiali ex murattiani, fra cui il generale **Guglielmo Pepe**. Il re Ferdinando I fu costretto a concedere una **Costituzione** simile a quella spagnola del 1812. Questa rivoluzione seguì un corso analogo a quella di Spagna e si trovò ad affrontare problemi molto simili: le divisioni fra democratici e moderati; il comportamento ambiguo del re, profondamente ostile alla Costituzione; la inevitabile opposizione del governo austriaco a un esperimento che sembrava minacciare l'intero assetto politico della penisola.

A questi problemi si aggiunse la questione siciliana. Il 15 luglio, infatti, anche Palermo diede vita a una violenta ribellione che, al contrario di quella del Napoletano,

Rivoluzione del 1820 a Napoli
XIX secolo
[Museo Centrale del Risorgimento, Roma]

L'insurrezione napoletana scoppiò a l'inizio del luglio 1820 per iniziativa di due ufficiali carbonari, Michele Morelli e Giuseppe Silvati, cui si unirono il prete liberale Minichini, a capo degli insorti a Nola, e la guarnigione della capitale, guidata dal generale Pepe. La litografia mostra in primo piano il generale Guglielmo Pepe e l'abate Luigi Minichini alla testa dei carbonari.

registrò un'ampia partecipazione di popolo. Agli operai e agli artigiani si unirono anche gli esponenti dell'aristocrazia locale, delusi dalla politica accentratrice della monarchia napoletana che aveva fatto perdere a Palermo il rango di capitale, e la rivolta assunse subito un chiaro carattere **separatista**. A queste velleità indipendentiste dei palermitani il governo di Napoli reagì inviando in Sicilia un corpo di spedizione e la rivolta palermitana fu domata in pochi giorni, alla fine di ottobre.

In Piemonte e nel Lombardo-Veneto

Il successo della rivoluzione napoletana accese le speranze dei liberali italiani, attivi soprattutto in Piemonte e in Lombardia [ATLANTE_35]. Questi avevano l'obiettivo di una costituzione e soprattutto della cacciata degli austriaci dal Lombardo-Veneto per la formazione di un regno costituzionale indipendente nell'Italia settentrionale. In Lombardia ogni ipotesi insurrezionale fu però stroncata dalla scoperta, nell'ottobre 1820, di un'organizzazione carbonara e dal conseguente arresto dei suoi capi, **Silvio Pellico** e **Pietro Maroncelli**, condannati poi a pesanti pene detentive.

Dopo molte esitazioni dovute soprattutto ai contrasti fra i democratici e i moderati, il moto scoppiò nel marzo 1821, quando alcuni reparti dell'esercito si ammutinarono, costringendo il re Vittorio Emanuele I ad abdicare in favore del fratello **Carlo Felice**. Dato che il nuovo re si trovava lontano dal regno, la reggenza fu affidata al nipote **Carlo Alberto**, che aveva manifestato qualche simpatia per la causa liberale. Carlo Alberto si impegnò dapprima a concedere una costituzione simile a quella spagnola ma poi, sconfessato e richiamato all'ordine da Carlo Felice, si unì alle truppe lealiste che, all'inizio di aprile, con l'aiuto di contingenti austriaci, sconfissero a Novara i rivoluzionari guidati dal conte Santorre di Santarosa.

La repressione militare

La fine dell'esperienza liberale piemontese si inquadrava nella generale sconfitta delle correnti costituzionali e patriottiche, delineatasi già alla fine del marzo 1821 con la conclusione della rivoluzione napoletana. Era stato il cancelliere austriaco Metternich a decidere un intervento armato: l'Austria, infatti, egemone nella penisola, aveva imposto una serie di legami militari e politici anche al Regno delle Due Sicilie [11.1]. Così gli austriaci entrarono a Napoli e restaurarono il potere assoluto di Ferdinando I, che mise in atto una dura repressione contro i protagonisti della rivoluzione. Anche in Piemonte la fine del moto costituzionale fu seguita da una serie di condanne contro i militari ribelli e da un massiccio esodo all'estero di patrioti.

Le rivolte del 1831

Anche la seconda fase delle insurrezioni italiane finì rapidamente con la repressione militare ad opera degli austriaci e con la condanna dei principali promotori. Questa volta la cospirazione prese avvio nel Ducato di Modena dove lo stesso duca Francesco IV sembrava appoggiare i cospiratori: il duca sperava infatti di profittare di un eventuale sommovimento politico per diventare sovrano di un Regno dell'Italia centro-settentrionale [ATLANTE_36]. Per questo entrò in contatto con alcuni esponenti delle società segrete, fra cui **Ciro Menotti**, imprenditore e industriale, che lavorò per allargare allo Stato pontificio e alla Toscana la trama di una cospirazione destinata a porre le premesse per un'Italia unita sotto una monarchia costituzionale. Francesco IV non era però l'uomo più adatto per realizzare progetti di questo genere. Quando si rese conto che l'Austria si sarebbe opposta con le armi a qualsiasi mutamento politico in Italia, abbandonò rapidamente ogni idea di cospirazione e fece arrestare, nel febbraio 1831, i capi della congiura riuniti in casa di Menotti.

La rivolta tuttavia si era ormai estesa a **Bologna** e a tutti i centri principali delle Legazioni pontificie, ossia la Romagna con Pesaro e Urbino, oltre alle attuali pro-

Separatismo
È la tendenza di un gruppo o di una parte della popolazione con particolari caratteristiche storiche, linguistiche o religiose a separarsi dallo Stato di cui fa parte. In Italia movimenti separatisti sono nati in Sicilia e Sardegna, ma anche in Lombardia, Alto Adige e Valle d'Aosta.

vince di Bologna e Ferrara (territori amministrati dai rappresentanti del pontefice, i «cardinali legati»): dalle Legazioni il moto dilagò nel Ducato di Parma e in quello di Modena.

Tentativi unitari e repressione Rispetto ai moti del '20-21, le insurrezioni dell'Italia centro-settentrionale del '31 presentarono alcuni **caratteri di novità**. Questa volta a muoversi non furono tanto i militari, quanto i ceti borghesi appoggiati dall'**aristocrazia liberale** e sostenuti in qualche caso da una non trascurabile **mobilitazione popolare**, soprattutto nelle Legazioni, dove molto forte e diffuso era lo scontento nei confronti del malgoverno pontificio. Sia a Bologna sia nei Ducati, questa mobilitazione fu sufficiente per aver ragione di un potere debole e poco preparato a una repressione militare.

Nonostante i tentativi di dare alla rivolta un carattere unitario, le persistenti divisioni municipali e il contrasto tra democratici e moderati indebolirono le iniziative insurrezionali. L'ipotesi di un intervento della Francia orleanista in favore dei ribelli si rivelò un'illusione, mentre l'esercito austriaco sconfisse a Rimini le forze degli insorti (marzo 1831).

Il ritorno al vecchio ordine fu accompagnato dall'inevitabile repressione. Ciro Menotti fu condannato a morte e impiccato. Anche gli insorti emiliani e romagnoli furono condannati a lunghissime pene detentive, quando non riuscirono a riparare all'estero per ingrossare le file dell'ormai numerosa emigrazione politica italiana.

GUIDA ALLO STUDIO

❶ Che cosa differenziava la rivolta napoletana da quella scoppiata a Palermo? ❷ Da chi era sostenuta la causa liberale in Piemonte e nel Lombardo-Veneto? ❸ Quale esito ebbero i movimenti patriottici del '21? ❹ Quali forze sociali parteciparono ai moti del 1831? ❺ Che ruolo ebbe l'Austria nel controllo del sistema politico italiano?

3 Immobilismo politico e arretratezza economica degli Stati italiani

I quasi due decenni successivi ai moti insurrezionali furono caratterizzati ovunque da un ritorno a forme di **assolutismo autoritario**, non solo in Piemonte o nello Stato della Chiesa, ma anche nella più illuminata Toscana.

L'economia e le infrastrutture Qualche novità si registrò invece nel settore economico che, nonostante una tendenza alla crescita produttiva, continuava comunque a essere caratterizzato da una condizione di notevole arretratezza rispetto alle zone più progredite d'Europa. Il settore agricolo, infatti, restava per lo più legato alle tecniche e ai sistemi di conduzione tradizionali: solo in alcune zone della Lombardia e, in minor misura, del Piemonte si erano realizzati progressi consistenti nella cerealicoltura e nell'allevamento.

L'industria, poi, era rimasta sostanzialmente estranea alla tecnologia delle macchine: il settore tessile, in particolare, si fondava ancora sulla manifattura tradizionale e sul lavoro a domicilio.

Anche le **ferrovie** ebbero un inizio assai lento e ritardato: solo nel corso degli anni '40 la costruzione di strade ferrate assunse un carattere sistematico, limitatamente al Piemonte, al Lombardo-Veneto e alla Toscana. Questo avvio delle costruzioni ferroviarie fu comunque uno degli elementi che contribuirono a dare nuovo slancio all'economia degli Stati italiani. Altri fattori furono i progressi del **sistema bancario** (soprattutto in Toscana e in Piemonte), lo sviluppo dei **porti** e della **marina mercantile**, il generale incremento del **commercio internazionale** che ebbe ricadute positive anche sull'Italia.

La mancanza di un mercato nazionale

Si trattava, nel complesso, di progressi limitati, non tali da permettere agli Stati italiani di ridurre il ritardo che stavano accumulando nei confronti dell'Europa in via di industrializzazione. Ma furono sufficienti a far riflettere la parte più avvertita dell'opinione pubblica sui danni derivanti all'economia dalla mancanza di un mercato nazionale e di un efficiente sistema di comunicazioni: venne così riproposto il **progetto di una unione doganale italiana** da realizzare sul modello dello *Zollverein* tedesco [👁 11.7] e divennero argomenti centrali di discussione il confronto con gli altri paesi europei e la necessità di elaborare un nuovo e più razionale assetto politico di tutta la penisola.

GUIDA ALLO STUDIO

❶ In quali Stati italiani si ebbero i principali progressi economici? ❷ Quale limite fu individuato allo sviluppo economico dell'Italia?

4 Il progetto mazziniano

Una nuova strategia

L'esito negativo delle insurrezioni nell'Italia centro-settentrionale segnò la crisi irreversibile della Carboneria e, più in generale, mise in evidenza i limiti della strategia che aveva fin allora guidato le rivoluzioni italiane: la necessità di affidarsi all'appoggio di sovrani rivelatisi poi inaffidabili; la segretezza delle trame settarie che ostacolava una più ampia partecipazione; e soprattutto l'assenza di una direzione unitaria, capace di agire in una prospettiva autenticamente nazionale. **Progetti unitari e repubblicani** si erano affacciati negli ambienti dell'emigrazione italiana già nel decennio 1820-30, ma solo all'inizio degli anni '30 l'ideale dell'unità italiana da conseguirsi attraverso un'autentica **lotta di popolo** si diffuse fra i patrioti di orientamento democratico e si tradusse in concreto programma d'azione, grazie soprattutto all'opera di **Giuseppe Mazzini**.

Salvatore Fergola
La ferrovia Torre Annunziata-Nocera
XIX secolo
[Museo di San Martino, Napoli]

La prima ferrovia italiana fu realizzata nel Regno delle Due Sicilie: la Napoli-Portici, inaugurata il 3 ottobre 1839 insieme con le relative stazioni. Negli anni successivi furono raggiunte altre città (Torre del Greco, Castellammare di Stabia, Nocera) proseguendo fino a Salerno. Frattanto un secondo tronco ferroviario raggiunse Caserta nel 1843 e Capua nel 1844. Ferdinando II diede avvio a questo moderno progetto più per motivi di prestigio che in base a un preciso piano di sviluppo; solo in altri Stati italiani (Piemonte, Lombardo-Veneto, Toscana) la costruzione di strade ferrate, avviata negli anni '40 dell'800, assunse un carattere più sistematico e diede nuovo slancio all'economia.

Il giovane Mazzini Mazzini era nato a Genova nel 1805 da una famiglia della borghesia medio-alta. Si era accostato fin dagli anni giovanili alle idee democratiche e patriottiche e aveva aderito alla Carboneria. Arrestato nel 1830, era stato costretto a emigrare a Marsiglia. Nell'esilio francese, Mazzini entrò in **contatto con i maggiori esponenti dell'emigrazione democratica**, in particolare con Buonarroti [👁 7.6], ma subì anche l'influenza di molte fra le voci più importanti della **cultura politica dell'epoca**, da Lamennais ai sansimoniani [👁 10.5-6]. Venne così prendendo corpo, fin dai primi anni '30, una concezione politica in cui all'originaria ispirazione democratica si univa una forte componente mistico-religiosa.

Una religione politica Quella di Mazzini era una religiosità tipicamente romantica, dove Dio si identificava con lo spirito insito nella storia e, in ultima analisi, con la stessa umanità [👁 10.2]. La fede nella libertà e nel progresso umano doveva dunque essere vissuta come una fede religiosa. La rivendicazione dei diritti degli individui e delle nazioni non poteva essere separata dalla consapevolezza dei doveri dell'uomo e dalla coscienza di una missione spettante ai popoli quali strumenti di un disegno divino: di qui la celebre formula mazziniana **«Dio e popolo»**. Nemico dell'individualismo settecentesco [👁 3.6], Mazzini credeva invece fermamente nel principio di associazione. Al di sopra dell'individuo c'era la famiglia, al di sopra della famiglia la nazione, al di sopra di tutto l'umanità. **Così come gli individui, anche le nazioni dovevano associarsi per cooperare al bene comune.**

L'idea di nazione e la missione dell'Italia L'idea di nazione aveva, nel pensiero di Mazzini, un posto fondamentale. La nazione – intesa come entità culturale e spirituale, prima ancora che naturale e geografica – era la cellula fondamen-

Andrea Gastaldi
L'addio dell'esiliato all'Italia
XIX secolo
[Museo del Risorgimento - Istituto Mazziniano, Genova]

In un brano delle sue *Note autobiografiche* (scritte nel 1861), Giuseppe Mazzini ricorda quando nell'aprile 1821, ancora sedicenne, assistette a Genova alla partenza degli esuli scampati alle persecuzioni successive al fallimento del moto piemontese e come questa visione influì profondamente sui suoi pensieri e sulla sua futura attività politica. «Gli insorti s'affollavano [...] poveri di mezzi, erranti in cerca d'aiuto per recarsi nella Spagna dove la Rivoluzione era tuttavia trionfante. I più erano confinati in Sanpierdarena aspettandovi la possibilità dell'imbarco; ma molti s'erano introdotti ad uno ad uno nella città, ed io li spiava fra i nostri, indovinandoli [...] al dolore muto, cupo, che avevano sul volto. [...] Quel giorno fu il primo in cui s'affacciasse confusamente all'anima mia, non dirò un pensiero di Patria e di Libertà, ma un pensiero che si *poteva* e quindi si doveva lottare per la libertà della Patria.»

tale attraverso cui si sarebbe realizzato il sogno di un'umanità libera e affratellata. **All'Italia, in particolare, spettava il compito di porsi alla testa delle nazioni oppresse**, di abbattere i fondamenti principali del vecchio ordine – l'Impero asburgico e lo Stato della Chiesa – e di farsi iniziatrice di un generale movimento di emancipazione. Se la Roma dei Cesari aveva unificato politicamente l'Europa, se la Roma dei papi l'aveva assoggettata a un'unica autorità religiosa, la **Terza Roma** sarebbe stata il centro di una nuova e più alta unità morale e sociale di tutti i popoli della terra. Come si può notare c'era molto di utopistico (e anche di velleitario) in queste posizioni.

La questione sociale

Nelle idee di Mazzini non c'era posto né per le teorie materialistiche (fondate sull'idea che la realtà derivi unicamente dalla materia e che dunque non possa spiegarsi con l'intervento divino) né per le tematiche legate alla lotta di classe (il contrasto permanente fra borghesia e proletariato, secondo Marx ed Engels [👁 10.7]). Mazzini non ignorava certo i problemi sociali ed era favorevole a riforme anche audaci (tra cui la divisione tra i

PERSONAGGI

Giuseppe Mazzini

Quando nel 1861 un editore gli propose di scrivere delle note autobiografiche, Mazzini rispose che le sue vicende illustravano il dramma italiano, e cioè «come un uomo nel quale aspirazioni, inclinazioni e sogni erano tutti di natura letteraria, artistica e filosofica fosse stato spinto a spendere tutta la sua vita nell'organizzare associazioni segrete, nel raccogliere denaro per comprare moschetti, e nel dannarsi l'anima a forza di scrivere ogni anno tante migliaia di lettere, note e istruzioni». Questa fu in effetti la vita di Giuseppe Mazzini, capo in esilio di un movimento politico clandestino e perseguitato dalle polizie di tutta Europa.

Nato nel 1805 nella Genova napoleonica, si laureò in legge, ma ciò a cui aspirava era diventare un critico letterario. Impregnato già in gioventù di ideali romantici, leggeva accanitamente le opere di Walter Scott, Shelley, Wordsworth, ma anche Dante, il suo preferito. Abbracciò gli ideali del nazionalismo sull'onda dell'entusiasmo dei primi moti per l'indipendenza. Inizialmente aderì alla carboneria e partecipò alle cospirazioni contro il governo sabaudo, ma finì arrestato nel 1830. Rilasciato per mancanze di prove, cominciò a 26 anni la sua vita da esule, un dato biografico che contribuì ad alimentare la leggenda di Mazzini come martire della patria.

Stabilito a Marsiglia, entrò in contatto con altri patrioti e si applicò allo studio come non aveva mai fatto prima. Qui intrecciò una relazione amorosa con un'esule politica come lui: Giuditta Sidoli, una vedova con prole a carico da cui ebbe anche un figlio, morto da bambino. La relazione finì abbastanza presto, ma Mazzini mantenne sempre il legame con quella donna, che visitò tutte le volte che gli riuscì di tornare in Italia. Del resto, l'attività politica prendeva tutto il suo tempo e non ne restava molto per gli affetti. Il padre, medico, era lontano dalle convinzioni repubblicane del figlio, ma fu comunque solidale con i suoi sforzi e lo sostenne finché fu in vita. Più coinvolta nella sua battaglia era la madre, Maria: patriota, molto religiosa e convinta che il figlio fosse stato destinato da Dio a grandi imprese per l'Italia. Mazzini l'avrebbe rivista solo una volta nel 1848 per un breve incontro.

Fu a Marsiglia che nel 1831 Mazzini fondò insieme ad altri esuli la **Giovine Italia**, inizialmente una comunità dedita alla propaganda rivoluzionaria diventata in seguito un **modello per tutto il mondo** (nacquero poi una Giovine Boemia, una Giovine Argentina, una Giovine Ucraina, ecc.). Fu uno degli elementi di novità portati da Mazzini nella vita pubblica: la politica doveva funzionare attraverso associazioni libere e aperte, con un programma, degli iscritti, una corrispondenza regolare tra la sede centrale e le sezioni locali. La Giovine Italia ebbe da subito un grandissimo successo nel raccogliere adesioni dall'Italia e dagli esuli, per di più provenienti da tutte le classi sociali. Presto Mazzini si ritrovò a disporre di una estesa rete cospirativa segreta.

Molto meno successo ebbero i primi tentativi insurrezionali, subito repressi. Dopo l'ennesimo tentativo rivoluzionario, nel 1833 i tribunali sabaudi emisero sentenze esemplari con centinaia di incarcerati, esuli e una dozzina di giustiziati. Mazzini stesso fu condannato a morte in contumacia e il suo più caro amico, **Jacopo Ruffini**, si suicidò in carcere per paura di tradire sotto tortura i compagni: una tragedia che non avrebbe mai smesso di tormentarlo. Si trasferì in Svizzera, dove visse tre anni progettando ambiziosi progetti rivoluzionari, a volte utopici. A questi momenti di entusiasmo, però, seguivano acutissime crisi depressive. Mazzini ne usciva solo facendo appello alla sua fede incrollabile nei destini della nazione italiana, secondo una **concezione religiosa eccentrica e mai sistematizzata**.

Espulso anche dalla Svizzera, nel 1837 arrivò a **Londra**, dove visse quasi tutta la sua vita. I suoi esordi nella capitale britannica furono difficili, ma Mazzini ben presto poté contare sulla rete di contatti italiani e su alcuni influenti protettori, come lo scrittore Charles Dickens. Per guadagnarsi da vivere offrì la sua penna a qualsiasi rivista fosse disposta a pagarlo. Mazzini tirava così a campare con una sterlina per pagina scritta e i soldi che sua madre riusciva a inviargli. Scrivendo di pittura, letteratura e storia d'Italia sperava di far **interessare l'opinione pubblica inglese alle vicende italiane**, un fattore che riteneva decisivo per il successo della sua rivoluzione politica. Dedicò le sue energie anche a migliorare le condizioni degli artigiani italiani a Londra, creando una società di mutuo soccorso e una scuola dove insegnare italiano e fare proseliti. Nonostante queste contadini delle terre incolte), ma difendeva il diritto di proprietà come base dell'ordine sociale, considerando pericolosa qualsiasi teoria che tendesse a dividere la collettività nazionale e a incrinare l'unità spirituale del popolo. Per lui anche la questione sociale si sarebbe dovuta **risolvere attraverso il principio di associazione**: lui stesso, infatti, si impegnò nella promozione di cooperative e società di mutuo soccorso fra gli operai.

Indipendenza, unità, repubblica

Se queste formulazioni ideologiche potevano apparire poco concrete, il **programma politico** era invece di un'estrema chiarezza. L'Italia doveva rendersi indipendente e darsi una forma di governo unitaria e repubblicana. Erede della tradizione giacobina, Mazzini non ammetteva alcun compromesso con il principio monarchico e rifiutava ogni soluzione di tipo federalistico, pur prevedendo ampie autonomie per i comuni. La via per giungere all'unità e all'indipendenza era solo una: l'**insurrezione di popolo**, di tutto il popolo senza distinzioni di classe.

Ritratto fotografico di Giuseppe Mazzini
1865 ca.

sue attività, da Marx e da altri socialisti gli arrivarono molte critiche: i suoi propositi rivoluzionari trascuravano il mondo contadino e i rapporti di classe. Effettivamente, benché Mazzini avvertisse il fascino delle promesse socialiste, fu sempre contrario a far deviare la rivoluzione nazionale in uno scontro tra le classi sociali. La **chiusura di Mazzini alle istanze socialiste** non era forse solo dettata dalla coerenza del suo nazionalismo, che presentava i membri della nazione come parte di una comunità solidale perché legata da vincoli profondi. Doveva pesare molto anche la sua ignoranza sulle reali condizioni dei contadini italiani. Come lo accusò Marx, Mazzini non conosceva che le città, con la loro nobiltà liberale e i loro cittadini illuminati, ciò che limitò sempre la sua attività politica. Il suo rifiuto manifesto delle istanze socialiste era però anche tattico, convinto com'era che fosse necessario cercare l'appoggio dei moderati per portare a termine la rivoluzione italiana.
In effetti, Mazzini non smise mai di cercare di includere i monarchici nei suoi piani, perfino nel biennio 1848-49, quando voleva incoraggiare la corte di Torino a cooperare con i movimenti rivoluzionari. **La precedenza doveva essere data all'unità**: «Serbiamo intatte le nostre credenze; e l'avvenire deciderà». Anche nella Milano in rivoluzione (1848) si mostrò prudente: collaborò coi moderati e partecipò alle funzioni religiose con l'arcivescovo – circostanze per cui ricevette critiche dalle frange estreme del fronte democratico. Nonostante i suoi sforzi, però, la stampa piemontese continuò a dipingerlo come un nemico peggiore degli austriaci, addirittura come la causa del fallimento della prima guerra d'indipendenza. Fu durante i **cento giorni alla guida della Repubblica romana** che il suo talento al governo fu finalmente messo alla prova. Mazzini stupì gli osservatori stranieri presenti a Roma con il suo pragmatismo, ma anche colla tenacia con cui si oppose alla capitolazione. Dalla sconfitta militare la sua figura venne trasfigurata: ormai era un eroe agli occhi dell'opinione pubblica europea. La sua fama toccò l'apice, come dimostrava la diffusione dei suoi ritratti in tutto il Nord Italia. Negli anni '50 Mazzini fondò il Partito d'Azione, impegnato a provocare piccole insurrezioni locali nel tentativo di accendere la miccia della rivoluzione. I clamorosi insuccessi finirono per sbiadire in parte la fama dell'eroe della Repubblica romana; ma, tenendo in continuo stato d'allarme tutta la Penisola italiana, mantennero vivo l'interesse per la questione italiana all'estero.
Il successo della strategia moderata e i trionfi di Garibaldi finirono però per emarginarlo dalle fasi finali dell'unificazione italiana [👁 13.4]. Dopo il 1861, Mazzini continuò a opporsi violentemente a Cavour e ai monarchici di Torino, senza mai smettere di tramare tentativi insurrezionali, sempre sterili. La morte lo trovò a Pisa nel 1872, sotto falso nome. Il corteo del suo funerale a Genova qualche giorno dopo contò decine di migliaia di persone, prova ulteriore del suo carisma.
Passarono anni prima che la sua memoria pubblica venisse riscattata: prima da ex-mazziniani come Crispi, poi dal fascismo che vi trovò un precedente del proprio culto della nazione; e infine dalla Repubblica italiana, inaugurata nel 1946 anche con l'ostensione della salma di Giuseppe Mazzini.

La Giovine Italia Lo strumento per realizzare l'insurrezione di popolo era una **nuova organizzazione** che, anziché nascondere agli affiliati i suoi scopi ultimi, li rendesse subito evidenti e propagandasse apertamente i suoi princìpi fondamentali svolgendo così, accanto all'azione cospirativa, un'**opera di continua educazione politica**. La nuova organizzazione nacque a Marsiglia, nell'estate del '31, si chiamò Giovine Italia, adottò la bandiera tricolore – bianca, rossa e verde – e riunì attorno a Mazzini numerosi emigrati politici dell'ultima generazione e molti giovani democratici che operavano in Italia.

I tentativi insurrezionali Convinti della necessità di un legame strettissimo tra **«pensiero e azione»** (la famosa formula mazziniana), Mazzini e i suoi seguaci non aspettarono il maturare di condizioni internazionali favorevoli per mettere in atto i loro progetti e organizzarono, negli **anni '30-40**, una serie di tentativi insurrezionali in Italia **[**👁 I GRANDI TEMI **3**_DOC**5]**.

Nell'aprile del 1833 fu scoperta una congiura in Piemonte, dove la Giovine Italia aveva numerosi seguaci tra le file dell'esercito: vi furono decine di arresti e 12 fucilati, mentre oltre 200 patrioti furono costretti a fuggire all'estero. Nel febbraio 1834, invece, fu bloccato sul nascere un progetto rivoluzionario basato su una spedizione di un corpo di volontari che sarebbe dovuto penetrare in Savoia dalla Svizzera e su una contemporanea insurrezione da organizzare a Genova. In questo piano ebbe una parte attiva anche **Giuseppe Garibaldi**, allora venticinquenne marinaio di Nizza che, sfuggito miracolosamente alla cattura e condannato a morte in contumacia, dovette riparare in Sud America.

La crisi della Giovine Italia e i dubbi di Mazzini L'esito fallimentare della spedizione in Savoia rappresentò un duro colpo per il prestigio di Mazzini e per l'attività della Giovine Italia. Privato, nel giro di pochi mesi, di molti dei suoi migliori collaboratori, Mazzini dovette affrontare in questi anni una vera e propria crisi di coscienza e notevoli difficoltà personali (espulso prima dalla Francia e poi dalla Svizzera, si trasferì a Londra). La **«tempesta del dubbio»** (così la chiamò Mazzini stesso) fu in breve superata. Come i grandi rivoluzionari di ogni tempo, Mazzini era convinto che la **«santità» della causa** per cui lottava giustificasse anche i sacrifici più dolorosi.

Nell'aprile del '34, poco dopo il fallimento della spedizione in Savoia, aveva dato vita, assieme a esuli di altre nazionalità, alla Giovine Europa: un'iniziativa che aveva però un valore soprattutto simbolico e che ebbe scarsi effetti sul piano operativo.

La spedizione dei fratelli Bandiera Nella prima metà degli anni '40 ci furono altri tentativi di insurrezione. Nel 1843 e nel 1845 furono soffocati due moti nelle Legazioni pontificie. Nel giugno-luglio 1844, invece, fallì una spedizione in **Calabria** organizzata da due giovani veneziani, i fratelli **Attilio** ed **Emilio Bandiera**, ufficiali della marina austriaca aderenti alla Giovine Italia, che avevano sperato di far sollevare i contadini contro il governo borbonico: la popolazione locale rimase indifferente e i due fratelli vennero catturati e fucilati insieme con altri sei compagni.

In realtà, né i moti nelle Legazioni né la spedizione dei Bandiera erano stati organizzati da Mazzini, che anzi aveva espresso un parere negativo sulla opportunità di queste iniziative. Ma il ripetersi di episodi insurrezionali ispirati dai repubblicani e immancabilmente destinati al fallimento contribuì ad alimentare le **critiche** nei confronti dei metodi mazziniani e fornì nuovi argomenti alle **polemiche** dei moderati contro le strategie rivoluzionarie.

GUIDA ALLO STUDIO

❶ Quali erano i limiti della strategia insurrezionale praticata fino al 1831? ❷ Chi era Giuseppe Mazzini? ❸ Quali caratteristiche aveva l'organizzazione chiamata «Giovine Italia»? ❹ Di quali accuse fu oggetto Mazzini? ❺ Quale fu l'esito dei moti ispirati alle idee mazziniane?

5 Moderati, cattolici e federalisti

DOC
Vincenzo Gioberti
Monarchia e papato nel Risorgimento italiano

ONLINE

I moderati e il cattolicesimo liberale

Negli anni '40, il dibattito politico italiano si ampliò e si arricchì di nuove voci [👁 TABELLA_5]. La principale novità fu l'emergere di un orientamento moderato, che si differenziava nettamente sia dal conservatorismo tradizionale e legittimista sia, ovviamente, dal radicalismo repubblicano di Mazzini. Per il problema italiano i moderati miravano a **soluzioni gradualistiche**, tali da non comportare l'uso della violenza e lo scontro con le autorità costituite. La base principale del pensiero moderato stava nel tentativo di conciliare la **causa liberale e patriottica** con la **religione cattolica** – considerata il più importante fattore di unità della nazione italiana – e con la **Chiesa di Roma**.
Una corrente cattolico-liberale esisteva in Italia fin dagli anni della Restaurazione e aveva i suoi esponenti più illustri in Alessandro **Manzoni** e nel filosofo Antonio **Rosmini**, fautore di una riforma interna alla Chiesa, nel solco dell'ortodossia cattolica. Su posizioni analoghe erano quegli intellettuali toscani – come Gino Capponi e Bettino Ricasoli – che si erano formati attorno all'«Antologia» di Vieusseux [👁 11.2]. La condanna papale del 1832 del cattolicesimo liberale, per quanto fosse rivolta soprattutto contro il gruppo francese dell'**«Avenir»** [👁 10.5], si ripercosse anche sul movimento italiano, limitandone gli spunti più apertamente riformatori. Ma non impedì al pensiero cattolico-moderato di esprimersi per altre vie: come i romanzi, per lo più di ambiente medievale, di Cesare Cantù; o come le opere storiche del piemontese Cesare Balbo, che rivalutavano il ruolo della **Chiesa** e del **papato** nella storia nazionale e ne esaltavano il ruolo di difensori delle «libertà d'Italia». Definiti **"neoguelfi"**, con un termine tratto dalla storia medievale, suscitarono, per reazione, la nascita dei **"neoghibellini"**, tra cui emerse uno scrittore toscano di orientamento repubblicano e anticlericale come Francesco Domenico Guerrazzi.

Gioberti

Il neoguelfismo conobbe il suo momento di maggior popolarità dopo il 1843, con la pubblicazione del ***Primato morale e civile degli italiani***, un libro dell'abate torinese Vincenzo Gioberti. Riprendendo da Mazzini il concetto di una speciale «missione» spettante al popolo italiano, Gioberti ne capovolse il significato, identificando questa missione col ruolo della Chiesa. Il "primato" era quello che veniva all'Italia dall'essere sede del papato e dall'averne condiviso nel corso dei secoli la missione di civiltà. Gioberti era convinto che, per tornare alle glorie passate, l'Italia avesse bisogno di ampie riforme politiche e amministrative. Ma riteneva che per raggiungere questo scopo non fosse necessario puntare all'u-

TABELLA 5_LA QUESTIONE NAZIONALE: PROTAGONISTI E OPERE DEL DIBATTITO POLITICO

AUTORI	OPERE
Cesare Balbo (1789-1853)	*Le speranze d'Italia*, 1844
Massimo d'Azeglio (1798-1866)	*Gli ultimi casi di Romagna*, 1846 *Proposta di un programma per l'opinione nazionale italiana*, 1847
Vincenzo Gioberti (1801-1852)	*Del primato morale e civile degli italiani*, 1843 *Del rinnovamento civile d'Italia*, 1851
Carlo Cattaneo (1801-1869)	*Dell'insurrezione a Milano nel 1848 e della successiva guerra*, 1849
Giuseppe Mazzini (1805-1872)	*Fede e avvenire*, 1835 *Pensieri sulla democrazia in Europa*, 1846
Giuseppe Ferrari (1811-1876)	*La federazione repubblicana*, 1851

DOC
Massimo d'Azeglio
Il programma dei moderati

ONLINE

nità politica: la soluzione da lui proposta era una **confederazione fra gli Stati italiani**, fondata sull'**autorità superiore del papa** (che ne avrebbe assunto la presidenza) e sulla **forza militare del Regno di Sardegna**.
Era un'ipotesi non meno utopistica di quella mazziniana, anche perché puntava su un'evoluzione liberale e nazionale della Chiesa al momento inimmaginabile. Ma presentava all'opinione pubblica moderata un progetto che non prevedeva rivoluzioni, si accordava con il sentimento cattolico dominante e soddisfaceva al tempo stesso gli ideali patriottici, poiché rivendicava all'Italia un «primato morale e civile» fra le nazioni europee.

Balbo e d'Azeglio L'opera di Gioberti aprì un intenso dibattito politico e fu seguita da una serie di altre proposte che ne riecheggiavano, pur con notevoli varianti, i temi fondamentali. Nel 1844 uscì ***Le speranze d'Italia*** **di Cesare Balbo**, che auspicava anch'esso la **formazione di una lega – doganale e militare – fra gli Stati italiani**. A differenza di Gioberti, però, Balbo si poneva il problema della presenza dell'Austria, principale ostacolo per qualsiasi ipotesi indipendentista, e proponeva di risolvere la questione con mezzi diplomatici, assecondando la tendenza dell'Impero asburgico a spostare il centro dei suoi interessi verso l'Europa centro-orientale.
Un altro esponente del liberalismo moderato piemontese, **Massimo d'Azeglio**, prendendo spunto dal fallimento dei moti del '45 nelle Legazioni pontificie [ATLANTE_37], espresse in un opuscolo uscito all'inizio del 1846, ***Gli ultimi casi di Romagna***, una dura critica sia del malgoverno pontificio sia delle iniziative insurrezionali, giudicate inutili e persino dannose per la causa nazionale. In alternativa, indicava la via delle **riforme graduali**, senza escludere, in prospettiva, una soluzione militare affidata alle armi del Regno sabaudo.

La barca dell'indipendenza italiana
1848
[Museo del risorgimento, Milano]
In questa allegoria di chiaro sapore giobertiano, la barca dell'indipendenza italiana, guidata da Pio IX e Carlo Alberto, veleggia nella tempesta verso l'orizzonte dove il sole sta già sorgendo a schiarire le nubi nere che incombono. Sull'albero sono issati la croce e il tricolore; sulla vela piccola è scritto «Primato d'Italia», su quella grande è disegnata la carta geografica d'Italia. Nel cielo, un fulmine colpisce l'aquila a due teste, simbolo dell'Impero austro-ungarico, mentre in mare una naufragante Italia è salvata dalla mano di Pio IX.

Il federalismo di Cattaneo La scelta a favore delle riforme e la tendenza alle soluzioni federalistiche non erano patrimonio esclusivo dei moderati. Negli stessi anni in cui il neoguelfismo conosceva i suoi maggiori successi e i moderati piemontesi proponevano la candidatura del Regno sardo al ruolo di guida del Risorgimento nazionale, una **corrente federalista**, **democratica** e **repubblicana** si sviluppava in **Lombardia**.

Principale esponente di questa tendenza era il milanese **Carlo Cattaneo**, direttore dal '39 al '45 della rivista «Il Politecnico», erede della tradizione di pragmatismo e di riformismo tipica della cultura illuminista dei Verri e di Beccaria [👁 3.7]. Cattaneo aveva interessi culturali vastissimi, orientati soprattutto verso il campo economico e sociale. Da una parte la sua **formazione laica e illuminista** lo portava a diffidare della mistica romantica di Mazzini, dall'altra la profonda avversione che nutriva per il dominio austriaco non gli impediva di considerare con ostilità la prospettiva di un assorbimento del Lombardo-Veneto da parte di un Piemonte assolutista e clericale [👁 12.2]. La via da lui indicata per la soluzione del problema italiano non si discostava nella sostanza da quella dei moderati, in quanto puntava sulle **riforme politiche** e sullo **sviluppo economico** all'interno dei singoli Stati, con particolare insistenza sui temi del liberismo doganale, delle vie di comunicazione e dell'istruzione pubblica. Ma molto diverso era l'obiettivo finale, che consisteva in una **confederazione repubblicana**, sul modello degli Stati Uniti [👁 6.4] o della Svizzera, che lasciasse ampi spazi di autonomia a tutte le istanze della vita locale e fosse la premessa per la costituzione degli Stati Uniti d'Europa.

Un altro esponente del federalismo repubblicano fu **Giuseppe Ferrari** [👁 TABELLA_5]. Milanese, emigrato a Parigi alla fine degli anni '30, Ferrari criticò sia il moderatismo cattolico dei neoguelfi sia il nazionalismo unitario dei mazziniani, sostenendo la necessità di inserire la soluzione del caso italiano nel quadro di una rivoluzione europea che avrebbe dovuto avere il suo centro in Francia. Nell'esilio parigino Ferrari si accostò anche alle teorie socialiste (soprattutto quelle di Proudhon) e fu tra i primi a collegare strettamente la questione nazionale ai temi della questione sociale.

Parola chiave
Federalismo

DOC
Carlo Cattaneo
La soluzione federale

ONLINE

GUIDA ALLO STUDIO
❶ Quali caratteristiche definivano l'orientamento moderato? ❷ Quali furono i principali interpreti del cattolicesimo liberale? ❸ Chi era Vincenzo Gioberti? In che cosa consisteva il «primato» che attribuiva agli italiani? ❹ Su quali idee si basava il progetto politico di Cattaneo?

6 Pio IX e il movimento per le riforme

Le riforme di Pio IX Tra il 1846 e il 1847 l'opinione pubblica italiana visse un periodo di intensa mobilitazione e di febbrile attesa di grandi mutamenti. L'evento decisivo fu l'elezione, nel giugno 1846, di papa Pio IX, l'arcivescovo di Imola Giovanni Maria Mastai Ferretti (sul soglio pontificio fino al 1878). Il nuovo papa era noto soprattutto come **un pastore di anime**, dalla religiosità sincera e profonda. Aveva un tratto umano bonario che lo aveva reso popolare nella sua diocesi, ma non sembrava avere una personalità politica molto spiccata, né gli si riconoscevano simpatie liberali.

I primi atti del suo pontificato – in particolare la concessione di un'ampia **amnistia per i detenuti politici** – suscitarono però un vero e proprio entusiasmo. Liberali e moderati di tutta Italia credettero di aver trovato in Pio IX il loro eroe, l'uomo capace di dar corpo al **programma neoguelfo**. Anche da parte democratica vennero al nuovo papa aperture e riconoscimenti.

Le piazze delle principali città italiane si riempirono di manifestazioni inneggianti al pontefice. Questo clima di entusiasmo finì per coinvolgere lo stesso Pio IX e spingerlo a una serie di concessioni che probabilmente non rientravano nei suoi programmi iniziali. Nella primavera-estate del '47, fu convocata una Consulta di Stato, formata da rappresentanti delle province scelti dall'autorità centrale, venne istituita una Guardia civica e fu attenuata la censura sulla stampa. Questi provvedimenti, tutt'altro che rivoluzionari, ebbero un effetto superiore al loro valore reale, dando ulteriore stimolo alla mobilitazione per le riforme e alla propaganda patriottica in tutti gli Stati italiani e nello stesso Lombardo-Veneto.

Negli altri Stati italiani

Fra l'estate e l'autunno del **'47**, il **movimento per le riforme** dilagò in tutta Italia, accompagnato da una **mobilitazione popolare a sfondo sociale**, legata alle conseguenze della crisi economica europea che, in questo periodo, fece salire anche in Italia i prezzi dei generi alimentari. Sovrani e governanti – preoccupati dal rischio di una svolta democratica – furono indotti a **prudenti concessioni**. In ottobre, Carlo Alberto varò un nuovo ordinamento amministrativo, che rendeva elettivi i consigli comunali e provinciali, e allentò i controlli sulla stampa. In novembre, Piemonte, Toscana e Stato della Chiesa sottoscrissero gli accordi preliminari per una **Lega doganale italiana**. Estraneo al progetto di Lega – e a tutto il moto riformatore – rimase il Regno delle Due Sicilie, che godeva dell'appoggio dell'Austria ma doveva fare i conti con la crescente ostilità dell'opinione pubblica nazionale e internazionale. Proprio nel Regno borbonico sarebbe iniziata l'ondata insurrezionale che avrebbe coinvolto l'Italia intera, nel più ampio quadro delle rivoluzioni europee del 1848.

GUIDA ALLO STUDIO

❶ Quale evento scatenò il movimento riformatore del 1846-47? ❷ Perché l'elezione di Pio IX suscitò l'entusiasmo dei liberali? ❸ Quali furono le principali riforme attuate da Pio IX? ❹ Quali sovrani italiani seguirono l'esempio del papa?

Manifestazioni di giubilo del popolo romano per la concessione della *Consulta di Stato*
1847
[Museo Centrale del Risorgimento, Roma]

7 Il '48 italiano. La guerra contro l'Austria

L'inizio delle sollevazioni In Italia la rivoluzione del '48 ebbe, nella sua fase iniziale, uno sviluppo autonomo rispetto agli altri paesi europei [ATLANTE_37]. Già all'inizio dell'anno, tutti gli Stati italiani apparivano percorsi da un generale fermento. Primo e fondamentale obiettivo comune a tutte le correnti politiche era la concessione di costituzioni o **statuti** fondati sul sistema rappresentativo. Fu la sollevazione di **Palermo** del 12 gennaio 1848 (legata soprattutto alle rivendicazioni autonomistiche dei siciliani) a determinare il primo successo in questa direzione, inducendo Ferdinando II di Borbone – il più retrogrado di tutti i regnanti della penisola – ad annunciare la concessione di una Costituzione nel Regno delle Due Sicilie. La mossa inattesa di Ferdinando II non bastò a spegnere l'autonomismo siciliano ed ebbe inoltre l'effetto di rafforzare la **mobilitazione per le costituzioni in tutta Italia**.

Le costituzioni Spinti dalla pressione dell'opinione pubblica e dalle continue dimostrazioni di piazza, prima Carlo Alberto di Savoia, poi Leopoldo II di Toscana, infine lo stesso Pio IX decisero di concedere la Costituzione. Annunciate – salvo quella di Pio IX – prima dello scoppio della rivoluzione di febbraio in Francia [11.9], le costituzioni del '48 avevano tutte un **carattere moderato** ed erano ispirate al modello di quella francese del 1830 [11.6].

La più importante di tutte, lo **Statuto albertino**, promulgato da Carlo Alberto il 4 marzo 1848, sarebbe poi diventato la legge fondamentale del Regno d'Italia, rimasta in vigore per un secolo fino alla costituzione repubblicana del 1° gennaio 1948. Prevedeva una Camera dei deputati – le cui modalità di elezione, definite da apposita legge, legavano il diritto di voto a un censo piuttosto elevato –, un Senato nominato dal re e una stretta dipendenza del governo dal sovrano.

Una soluzione costituzionale-moderata si andava dunque delineando nei maggiori Stati italiani, quando lo scoppio della rivoluzione in Francia e nell'Impero asburgico giunse a mutare i termini del problema, dando nuovo spazio all'iniziativa dei democratici e riportando in primo piano la questione nazionale, fin allora rimasta in ombra.

Le rivolte di Venezia e Milano Nei giorni immediatamente successivi alla rivolta di Vienna, si sollevarono anche Venezia e Milano. A **Venezia**, il 17 marzo, una grande manifestazione popolare aveva imposto al governatore austriaco la liberazione dei detenuti politici, fra cui era il capo dei democratici, l'avvocato Daniele Manin. Pochi giorni dopo, una rivolta degli operai dell'Arsenale militare cui si unirono numerosi marinai e ufficiali (la marina asburgica era composta in larga parte da veneti) costringeva i reparti austriaci a capitolare. Il 23 marzo un governo provvisorio presieduto da Manin proclamava la **Costituzione della Repubblica veneta**.

A **Milano** l'insurrezione iniziò il 18 marzo, con un assalto al palazzo del governo, e si protrasse per cinque giorni, le celebri **«cinque giornate»** milanesi. Borghesi e popolani combatterono, fianco a fianco, sulle barricate contro i soldati austriaci del maresciallo **Joseph Radetzky**. Ma furono soprattutto gli **operai** e gli **artigiani** a sostenere il peso degli scontri, che costarono agli insorti circa 400 vittime. La direzione delle operazioni fu assunta da un consiglio di guerra composto prevalentemente da democratici e guidato da Carlo Cattaneo. Anche gli esponenti dell'aristocrazia liberale finirono, dopo molte esitazioni, per appoggiare la causa degli insorti e formarono, il 22 marzo, un governo provvisorio. Il giorno stesso Radetzky, preoccupato per l'e-

DOC
Costituzioni liberali e costituzioni democratiche
ONLINE

Statuto
È la legge fondamentale in cui sono elencati i princìpi che regolano struttura e funzionamento dello Stato, diritti e doveri dei cittadini. Nel Medioevo e nel periodo rinascimentale, il termine "statuto" indicava la raccolta delle leggi e delle consuetudini che guidavano non solo l'attività di organismi statali o pubblici, ma anche di organizzazioni private (per esempio, gli statuti delle corporazioni mercantili o professionali) e in questo significato è usato largamente anche oggi.

ventualità di un intervento del Piemonte, decise di ritirare le sue truppe all'interno del cosiddetto quadrilatero, l'area definita dal perimetro delle fortezze di Verona, Legnago, Mantova e Peschiera.

La prima guerra d'indipendenza

Il 23 marzo, all'indomani della cacciata degli austriaci da Venezia e da Milano, il Piemonte dichiarava guerra all'Austria. Diverse furono le ragioni che spinsero **Carlo Alberto** a questa decisione: la pressione congiunta dei liberali e dei democratici, che vedevano nella crisi dell'Impero asburgico l'occasione per liberare l'Italia dagli austriaci; la tradizionale aspirazione della monarchia dei Savoia ad ampliare verso est i confini del Regno; infine il timore che il Lombardo-Veneto diventasse un centro di propaganda repubblicana.
Anche in questo caso, com'era avvenuto per la concessione degli statuti, l'esempio di un sovrano finì col condizionare le decisioni degli altri. Preoccupati dal diffondersi dell'agitazione democratica e patriottica che minacciava la stabilità dei loro troni, **Ferdinando II** di Napoli, **Leopoldo II** di Toscana e **Pio IX** decisero di unirsi alla guerra antiaustriaca e inviarono truppe regolari che partirono, in un'atmosfera di grande entusiasmo popolare, affiancate da numerosi contingenti di volontari. La guerra piemontese si trasformava così nella prima guerra di indipendenza nazionale, benedetta dal papa e combattuta da tutte le forze patriottiche.

La crisi dell'alleanza e la sconfitta

Ma l'illusione durò poco. Carlo Alberto mostrò scarsa risolutezza nel condurre le operazioni militari e si preoccupò soprattutto di preparare l'annessione del Lombardo-Veneto al Piemonte, suscitando l'irritazione dei democratici e la diffidenza degli altri sovrani, già poco entusiasti della partecipazione al conflitto. Particolarmente imbarazzante era la posizione di Pio IX, che si trovava in guerra contro una grande potenza cattolica.

Rivoluzione in piazza San Marco a Venezia il 18 marzo 1848
XIX secolo
[Museo Correr, Venezia]
Il 18 marzo 1848 a Venezia, a un solo giorno di distanza dalla liberazione richiesta a gran voce dal popolo di due detenuti politici (Daniele Manin e Niccolò Tommaseo), fu innalzato il tricolore in piazza San Marco, scatenando la reazione delle truppe austriache e la successiva rivolta. La cronaca di quei giorni fu raccontata qualche mese più tardi da Cristina Trivulzio di Belgioioso (aristocratica milanese attiva sostenitrice dei patrioti italiani) sulla rivista francese «Revue des Deux Mondes»: «Le grida "viva la costituzione" risuonavano ancora quando, tutt'a un tratto, una voce formidabile, questa volta la vera voce del popolo, lanciò un grido inaspettato: "abbasso il governo!" e mille voci lo ripeterono immediatamente. Da quel momento, l'atteggiamento della folla, fino ad allora incurante e beffardo, mutò in fosca esaltazione. [...] Non si trattava più di qualche concessione illusoria: si trattava dell'indipendenza stessa, era la grande lotta dell'Italia contro l'Austria che ricominciava, e che si prendeva Venezia per palcoscenico».

Il 29 aprile il papa annunciò il ritiro delle sue truppe. Pochi giorni dopo lo imitava il granduca di Toscana. A metà maggio Ferdinando di Borbone richiamò il suo esercito. Rimasero a combattere contro l'Austria, disobbedendo agli ordini dei sovrani, molti fra i componenti dei corpi di spedizione regolari. Rimasero i volontari toscani, guidati da Giuseppe Montanelli, che furono protagonisti, in maggio, di un glorioso scontro a **Curtatone** e **Montanara**. Accorse dal Sud America **Giuseppe Garibaldi**, che si mise a disposizione del governo provvisorio lombardo [👁 13.4 PERSONAGGI]. Ma il contributo dei volontari fu poco e male utilizzato da Carlo Alberto, deciso a combattere la «sua guerra» e a non lasciare spazio all'azione dei democratici.

Dopo alcuni modesti successi iniziali dei piemontesi, l'iniziativa tornò nelle mani dell'esercito asburgico. Il 23-25 luglio, nella prima grande battaglia campale che si combatté a **Custoza**, presso Verona, le truppe di Carlo Alberto furono nettamente sconfitte e si ritirarono oltre il Ticino. Il 9 agosto fu firmato l'**armistizio con gli austriaci**.

GUIDA ALLO STUDIO

❶ Qual era, nel 1848, l'obiettivo comune a tutte le correnti politiche italiane? ❷ Quali sovrani concessero l'indipendenza dopo Ferdinando II di Borbone? ❸ Per quale ragione Carlo Alberto dichiarò guerra all'Austria? ❹ Quali forze parteciparono alla prima guerra di indipendenza? ❺ Che cosa determinò la sconfitta del Piemonte?

8 La sconfitta dei democratici italiani

Gli obiettivi dei democratici

Dopo la sconfitta del Piemonte, a combattere contro gli austriaci restavano solo i democratici italiani e ungheresi [👁 11.10]. Mentre in Ungheria lo scontro assunse il carattere di una vera e propria guerra nazionale, in Italia i patrioti democratici dovettero combattere una serie di battaglie locali – a Roma e a Venezia, in Toscana e in Sicilia – geograficamente divisi e senza poter dare alla loro lotta una dimensione autenticamente popolare. L'ideale di una guerra di popolo che unisse la prospettiva della liberazione nazionale a quella dell'emancipazione politica e sociale contrastava con la ristrettezza della loro base sociale formata dalla piccola e media borghesia urbana, soprattutto quella intellettuale, e dai ceti artigiani delle città. Le masse contadine, ossia la stragrande maggioranza della popolazione italiana, rimasero invece estranee, e spesso apertamente ostili alle loro battaglie.

La fase democratica della rivoluzione italiana

Tuttavia, nell'autunno del '48, la situazione in Italia rimaneva incerta. La **Sicilia** era sotto il controllo dei separatisti, che si erano dati un proprio governo e una propria costituzione democratica. A **Venezia**, in mano degli insorti anche dopo la sconfitta di Custoza, Manin aveva nuovamente proclamato la Repubblica. In **Toscana**, alla fine di ottobre, il granduca fu costretto dalla pressione popolare a formare un ministero democratico, capeggiato da Giuseppe Montanelli e da Francesco Domenico Guerrazzi, leader dei repubblicani livornesi.

A **Roma**, in novembre, l'uccisione in un attentato del primo ministro pontificio, il liberale moderato Pellegrino Rossi, aveva indotto il papa ad abbandonare la città e a rifugiarsi a Gaeta sotto la protezione dei Borbone. Nella capitale, rimasta senza governo, presero il sopravvento i gruppi democratici. Nel gennaio del 1849, in tutti i territori dell'ex Stato della Chiesa, si tennero le elezioni a suffragio universale per l'**Assemblea costituente**. Fra gli eletti, in maggioranza democratici, c'erano anche Mazzini e Garibaldi. A febbraio l'Assemblea proclamò la decadenza del potere temporale dei papi e annunciò che lo Stato avrebbe assunto «il nome glorioso di **Repubblica romana**», avrebbe adottato come forma di governo «la democrazia pura» e

avrebbe stabilito col resto d'Italia «le relazioni che esige la nazionalità comune», in vista dell'unità nazionale, da realizzare su basi democratiche e non dinastiche.
Gli sviluppi della situazione nello Stato della Chiesa ebbero immediate ripercussioni in Toscana. A febbraio il granduca Leopoldo II abbandonò il paese e venne convocata un'Assemblea costituente: i poteri, intanto, passarono a un **triumvirato** composto da Montanelli, Guerrazzi e Mazzini.

La sconfitta di Novara e la restaurazione dell'ordine

Anche in **Piemonte** i democratici ripresero l'iniziativa. Il 20 marzo 1849 Carlo Alberto, schiacciato tra la pressione di questi ultimi e l'intransigenza degli austriaci che ponevano condizioni molto pesanti per la firma della pace, decise di entrare di nuovo in guerra. Ma le truppe di Radetzky, penetrate in territorio piemontese, affrontarono l'esercito sabaudo il 22-23 marzo nei pressi di Novara e gli inflissero una gravissima sconfitta. La stessa sera del 23 marzo, Carlo Alberto, per non mettere in pericolo le sorti della dinastia, abdicò in favore del figlio **Vittorio Emanuele II**. Il giorno dopo, il nuovo re firmò un **nuovo armistizio con gli austriaci**. Una rivolta democratica scoppiata a Genova fu duramente repressa dall'esercito.
Sconfitto il Regno sabaudo, gli austriaci potevano ora procedere alla restaurazione dell'ordine in tutta la penisola. Alla fine di marzo, un'insurrezione a Brescia fu schiacciata dopo durissimi combattimenti, le **«dieci giornate»** di Brescia. In aprile, le truppe imperiali strinsero d'assedio Venezia, che avrebbe resistito eroicamente per quasi cinque mesi e si sarebbe arresa per fame solo alla fine di agosto. In maggio, mentre Ferdinando di Borbone riusciva finalmente a riconquistare la Sicilia, gli austriaci occuparono il territorio delle Legazioni pontificie e contemporaneamente posero fine all'esperienza della Repubblica toscana.

Pietro Bouvier
Anita Garibaldi morente
1864
[Museo del Risorgimento, Brescia]

Alcuni anni prima di rientrare in Italia, in Brasile Garibaldi aveva conosciuto Anita, dalla quale ebbe quattro figli. Anita, descritta dalle cronache come donna forte e combattiva, oltre che abile cavallerizza, rimase al fianco di Garibaldi in tutte le sue "azioni". Nel luglio 1849, dopo la caduta della Repubblica romana, nonostante fosse malata, Anita seguì il marito che tentava di sfuggire agli eserciti francese e austriaco e di raggiungere Venezia con alcune migliaia di uomini. Costretto a congedare i suoi uomini a San Marino, e rimasto solo con Anita, Garibaldi continuò l'avventurosa fuga che, però, per Anita terminò in una fattoria a Mandriole, alle porte di Ravenna, dove morì il 4 agosto vinta dagli stenti e dalle fatiche.

La resistenza della Repubblica romana Più lunga e gloriosa fu la resistenza della Repubblica romana, dove erano affluiti esuli e patrioti da tutta Italia: da Mazzini e Garibaldi al romagnolo Aurelio Saffi, al genovese Mameli (che scrisse l'inno *Fratelli d'Italia*), al napoletano Pisacane, ai milanesi Cernuschi e Manara, eroi delle «cinque giornate». Fin dai suoi primi atti, il governo repubblicano romano, sotto la guida di Mazzini, si qualificò per l'energia con cui cercò di portare avanti l'opera di **laicizzazione dello Stato** e di **rinnovamento politico e sociale**. Furono aboliti i tribunali ecclesiastici e venne decretata la confisca dei beni del clero. Fu varato – caso unico nella storia delle rivoluzioni italiane dell'800 – un progetto di riforma agraria che prevedeva la concessione in affitto perpetuo alle famiglie più povere di parte delle terre confiscate al clero. Frattanto però, dal suo esilio di Gaeta, Pio IX si era rivolto alle potenze cattoliche per essere ristabilito nei suoi territori. A questo appello avevano risposto non solo l'Austria, la Spagna e il Regno di Napoli, ma anche la Repubblica francese, ormai dominata dalle forze cattoliche e conservatrici [👁 11.9].

Letteratura e Storia
Le Confessioni d'un Italiano di Nievo
ONLINE

La fine degli esperimenti democratici Il presidente Bonaparte si riservò il ruolo principale nella **restaurazione pontificia**, inviando nel Lazio un corpo di spedizione che all'inizio di giugno attaccò la capitale. I repubblicani – che avevano affidato i pieni poteri a un triumvirato composto da Mazzini, Saffi e dal romano Carlo Armellini – organizzarono una difesa efficace ma destinata inevitabilmente a soccombere. Il 4 luglio, subito prima della capitolazione, fu promulgata la **Costituzione della Repubblica romana** che, sebbene rimasta come pura enunciazione, divenne il documento-simbolo degli ideali democratici e un modello alternativo rispetto alle costituzioni liberali e moderate. Mentre i francesi entravano a Roma, Garibaldi lasciò la città con qualche centinaio di volontari, nel tentativo di raggiungere **Venezia**. Ma il 26 agosto gli austriaci, dopo aver soffocato la rivolta in Ungheria, riuscirono a spegnere anche la resistenza della città veneta. Si concludeva così, con la **duplice sconfitta** sia dell'ipotesi liberale e moderata, sia di quella democratica, la stagione rivoluzionaria del 1848-49.

GUIDA ALLO STUDIO
❶ Quali gruppi sociali appoggiarono le lotte democratiche del 1848? ❷ In quali territori i democratici riuscirono a prendere il potere? ❸ Quali Stati europei intervennero in appoggio di Pio IX? ❹ Che valore ebbe la promulgazione della Costituzione della Repubblica romana?

9 Il patriottismo risorgimentale

Chi erano i patrioti Le insurrezioni, le lotte rivoluzionarie e la guerra contro l'Austria avevano visto all'opera, accanto agli eserciti regolari, un numero sempre maggiore di patrioti disposti a mettere in gioco la propria vita nella lotta per l'**indipendenza dallo straniero** e insieme per la nascita di **nuovi organismi politici**.

Per gran parte giovani o nella prima età matura si erano formati, **i più anziani**, nelle organizzazioni segrete, eredi del giacobinismo, salvo trovare motivi di aggregazione comune nelle nuove ideologie politiche sia sul fronte moderato neoguelfo o liberale, sia, soprattutto **i più giovani**, nell'adesione al mazzinianesimo.

Queste adesioni e queste militanze erano sostenute da un discorso patriottico nazionale che si era venuto costruendo non solo sul terreno ideologico e politico, ma anche avvalendosi, e talora prevalentemente, di elementi letterari, musicali e delle arti figurative.

Le memorie di Silvio Pellico, *I sepolcri* di Foscolo, le poesie di Giovanni Berchet, le

Francesco Hayez
I vespri siciliani
1844-46
[Galleria Nazionale d'Arte Moderna, Roma]

Hayez raffigura un avvenimento del 1282. Durante l'occupazione francese della Sicilia, un soldato straniero fruga nel petto di una nobildonna siciliana con la scusa di perquisirla. Costei sviene per la vergogna tra le braccia del marito. Uno dei fratelli di lei uccide il soldato per vendicarla, mentre la folla alle spalle dei protagonisti prende occasione da questo oltraggio per ribellarsi ai francesi e dare inizio al cosiddetto Vespro siciliano. L'onore sessuale, tema tipico della retorica nazionalista del Risorgimento e rappresentato da Hayez nei *Vespri*, proibisce alle fanciulle italiane di intrecciare relazioni con il forestiero: mescolare sangue italiano a quello straniero comprometterebbe la purezza della discendenza. Inoltre al tema è sotteso il messaggio "se lotti per la liberazione della patria, lotti per l'onore di tua sorella, di tua moglie, di tua figlia". Il successo della retorica nazionalista si deve anche alla capacità di presentare la questione nazionale come una questione personale.

L'organizzazione federale degli Stati

Nel 1987 più del 40% della popolazione mondiale viveva in regimi politici formalmente federali e ben 58 Stati si dicevano ispirati al federalismo. Duecento anni erano passati da quando la Convenzione di Philadelphia aveva approvato la Costituzione degli Stati Uniti d'America, dando vita a quella forma di governo basata sull'**equilibrio tra potere locale e potere centrale** (o federale) che allora si cominciò a chiamare **federalismo**. Già nell'800 il fascino per il modello statunitense indusse molti paesi a darsi un ordinamento federalista, in Europa (Impero germanico, Impero austro-ungarico, Confederazione Elvetica), in America (Canada, Messico, Argentina, Brasile, Venezuela) e in Australia.

In realtà, a uno sguardo più attento non sfuggono le grandi differenze tra gli ordinamenti che nel corso di più di due secoli si sono definiti federalisti. I princìpi del federalismo sono stati adattati alle esigenze delle varie comunità politiche, al loro contesto storico, geografico ed economico, finendo spesso per allontanarsi dall'esempio nordamericano.

Il successo precoce del modello federalista in molte ex colonie (Venezuela, 1818; Messico, 1824; Brasile, 1834; Argentina, 1853; Canada, 1867; Australia, 1900) è in parte dovuto all'esigenza di governare grandi spazi, spesso già suddivisi in unità amministrative separate durante il colonialismo. Altrove (Confederazione Elvetica o Belgio, per guardare solo all'Europa), il sistema federalista è stato preferito ad altri per garantire autonomia alle diverse comunità etniche e linguistiche che componevano lo Stato. Dopo la seconda guerra mondiale, il crollo di molti regimi totalitari o dittatoriali ha coinciso con il declino del modello di Stato centralizzato, così diffuso in Europa a partire dall'Impero napoleonico. Molti paesi hanno dato avvio a un processo di **decentramento** (o *devolution*), trasferendo competenze sempre più importanti dal centro alla periferia, pur lasciando allo Stato centrale gran parte del potere decisionale. Ciò ha portato alla nascita di un nuovo modello di Stato costituzionale, in cui il principio di **autogoverno degli enti locali** viene considerato elemento essenziale per la vita democratica di un paese. Nella sezione dei princìpi fondamentali della Repubblica italiana, l'articolo 5 della Costituzione italiana del 1948 afferma: «La Repubblica, una e indivisibile, riconosce e promuove le autonomie locali; attua nei servizi che dipendono dallo Stato il più ampio decentramento amministrativo; adegua i princìpî ed i metodi della sua legislazione alle esigenze dell'autonomia e del decentramento».

Al modello originario americano si sono dunque accostate forme ibride di organizzazione politica come lo Stato regionale, tanto che oggi sarebbe più corretto parlare di «federalismi». In generale, il termine "federalismo" è utilizzato per definire qualsiasi assetto istituzionale in cui il potere è diviso su base territoriale, ma è utile stabilire quali sono gli elementi essenziali dell'**organizzazione federale degli Stati**.

In primo luogo, in un ordinamento federale la costituzione attribuisce in via esclusiva allo Stato centrale competenze ben opere musicali o singoli brani di Giuseppe Verdi, alcuni quadri di Francesco Hayez costituivano un **repertorio collettivo** di parole, suoni e immagini in grado di diffondere il messaggio nazionale. In particolare il melodramma, ascoltato e riproposto in chiave patriottica, forniva un terreno comune ad ampi strati sociali, dalla nobiltà ai ceti popolari urbani, come principale mezzo di comunicazione, veicolo degli ideali risorgimentali e di formazione politica e civile.

Focus
Il melodramma
DOC
Fratelli d'Italia
ONLINE

La nascita di una tradizione Privo di riferimenti consolidati a un comune passato nazionale, se non a quello "inventato" della continuità con l'antica Roma o con l'Italia dei comuni, il patriottismo italiano riprendeva singoli episodi di rivalsa contro lo straniero dove si era manifestato vincente l'orgoglio ferito degli italiani: la battaglia di Legnano (tra i comuni italiani e l'imperatore Federico Barbarossa, 1176), i Vespri siciliani (la rivolta scoppiata a Palermo contro gli Angiò che determinò la cacciata dei francesi dall'isola, 1282), la disfida di Barletta (il duello tra cavalieri italiani e francesi in terra di Puglia, 1503). Si veniva costruendo nel suo farsi, proprio lungo il filo degli avvenimenti, una **tradizione patriottica** con i suoi martiri da celebrare – i fratelli Bandiera, i volontari di Curtatone e Montanara, i caduti nella difesa della Repubblica romana – e da portare come esempio. Una tradizione che esaltava gli elementi di fratellanza e di valore guerresco – come nelle esplicite strofe dell'inno *Fratelli d'Italia* di Goffredo Mameli (1827-1849) – per rovesciare l'immagine diffusa in Europa, lo stereotipo degli italiani «che non sanno battersi».
Una tradizione che aveva dei riferimenti obbligati in alcune figure carismatiche: Mazzini e in seguito soprattutto Garibaldi.

GUIDA ALLO STUDIO
❶ Quale ideale muoveva i patrioti? ❷ Quali opere letterarie o artistiche erano ritenute in grado di esprimere il messaggio nazionale? ❸ Quali avvenimenti e personaggi costituirono la tradizione patriottica?

Manifestanti della Lega Nord, Pontida, 19 giugno 2011
[© DANIEL DAL ZENNARO/epa/Corbis]
Da sempre sostenitrice del federalismo, dal 1996 la Lega Nord propone la secessione delle regioni settentrionali, indicate collettivamente come "Padania". Oggi continua a riproporre il progetto di uno Stato federale, da realizzarsi attraverso il federalismo fiscale e la devoluzione alle regioni di alcune funzioni esercitate dallo Stato.

precise (la difesa, la politica monetaria ed estera), lasciando agli Stati membri le competenze generali rimaste. Invece, in uno Stato regionale, la costituzione fissa le competenze specifiche delle regioni, lasciando al governo centrale la competenza generale. Gli Stati membri di una federazione possono darsi proprie costituzioni o statuti; godono di autonomia impositiva, cioè possono imporre tasse locali oppure gestiscono in proprio una quota dei tributi nazionali (in entrambi i casi si parla di **federalismo fiscale**); partecipano alle decisioni del governo centrale attraverso un organo di rappresentanza eletto su base regionale; devono essere coinvolti in qualsiasi processo di revisione della costituzione federale. Eventuali conflitti di competenze tra gli Stati membri o tra questi e lo Stato centrale sono poi risolti da un organo di giustizia costituzionale (di solito la Corte Costituzionale).
Perché il federalismo si realizzi concretamente, però, una costituzione non basta. In primo luogo, per essere realizzato, l'ordinamento federale sottintende il **corretto funzionamento delle istituzioni democratiche**. L'esempio delle repubbliche dell'America Latina, formalmente federaliste dal XIX secolo, è illuminante: attraverso provvedimenti «federali» di urgenza, i presidenti della Repubblica hanno potuto allargare il proprio potere a spese delle autonomie locali, dando vita a forme di governo autoritarie fino agli anni '80 del '900.
In secondo luogo, la ragion d'essere di un assetto istituzionale federale è l'*affectio fœderalis*, ossia il desiderio di unione, la volontà di dotare lo Stato di strumenti istituzionali in grado di **tutelare la diversità** pur garantendo l'unità della comunità politica. La duplice valenza dell'ipotesi federalista: spinta all'unità di territori diversi, o promessa di autonomia per enti locali di uno Stato centralizzato, è l'insidia principale di ogni riforma in senso federale dello Stato.
In questi anni, in Italia, è in atto una vivace discussione sui compiti che spettano allo Stato centrale e alle autonomie locali e alle conseguenti innovazioni in campo fiscale, anche dietro l'impulso di partiti politici come la Lega Nord, che al primo punto del suo Statuto dichiara di perseguire l'indipendenza della Padania.

SINTESI

1 L'Italia e la questione nazionale

Nella prima metà dell'800 l'Italia conobbe un processo di graduale riscoperta della propria identità nazionale. Questo processo fu definito dai contemporanei, e poi dagli storici, «Risorgimento». Per la verità l'Italia non aveva mai conosciuto, lungo il corso della sua storia, l'esperienza di uno Stato unitario. Eppure una nazione italiana, in quanto comunità linguistica, culturale, religiosa, esisteva almeno fin dall'epoca dei comuni. L'idea di Italia, inoltre, era sempre stata viva nel pensiero degli intellettuali della penisola, da Petrarca ad Alfieri. Nel '700, col diffondersi della cultura illuminista, si era manifestata in misura crescente l'aspirazione a un rinnovamento culturale e morale di tutto il popolo italiano. Negli ultimi decenni del secolo, voci unitarie e indipendentiste erano emerse all'interno del movimento giacobino. I moti del '20-21 e del '31 tuttavia non furono animati dalla questione nazionale, essi furono in primo luogo subordinati a rivendicazioni di ordine costituzionale e politico, ma internamente agli Stati.

2 I primi moti rivoluzionari

Nel luglio 1820 un'insurrezione nel Napoletano, guidata da alcuni ufficiali, obbligò il re a concedere la Costituzione. Nel marzo 1821, invece, una rivolta scoppiò in Piemonte e, dopo essere stata inizialmente appoggiata dal principe Carlo Alberto, venne schiacciata dal nuovo re Carlo Felice. Nel '21 gli austriaci posero fine alla rivoluzione napoletana.
Nei Ducati di Modena e Parma e nelle Legazioni pontificie le insurrezioni ebbero origine, oltre che dalla rivoluzione di luglio in Francia, da una trama cospirativa che tentò di coinvolgere lo stesso duca Francesco IV. Quest'ultimo, però, rivelò i suoi veri intenti arrestando i capi della congiura. La rivolta scoppiò ugualmente nelle Legazioni pontificie e si estese successivamente ai Ducati. La novità dei moti stava nel fatto che suoi protagonisti furono i ceti borghesi, appoggiati dall'aristocrazia liberale e da una certa mobilitazione popolare. Un nuovo intervento austriaco stroncò l'insurrezione.

3 Immobilismo politico e arretratezza economica degli Stati italiani

Dopo i moti del '20-21 e del '31, nella penisola gli Stati tornarono a forme di assolutismo autoritario. Lo sviluppo economico inoltre era assai lento: l'industria non recepiva ancora le più avanzate conquiste tecnologiche europee, le ferrovie si diffondevano in modo irregolare, con ritardo e lentamente. Qualche progresso non bastò a ridurre il divario che si stava accumulando nei confronti dell'Europa più avanzata. Ma soprattutto si cominciò a riflettere sui limiti posti allo sviluppo economico dalla mancanza di un mercato comune nazionale.

4 Il progetto mazziniano

La sconfitta dei moti del '31 provocò la crisi definitiva della Carboneria a favore di un nuovo indirizzo che ebbe il suo principale sostenitore in Giuseppe Mazzini. Non privo di attenzione per le questioni sociali, il pensiero mazziniano era tuttavia incentrato sugli obiettivi nazionali – indipendenza, unità, repubblica – e sulla convinzione che unico mezzo per raggiungerli fosse l'insurrezione popolare. Fondata la Giovine Italia (1831), Mazzini si impegnò nell'organizzazione di insurrezioni ma il fallimento di numerose iniziative suscitò critiche all'impostazione da lui data al problema nazionale e favorì la diffusione di nuovi orientamenti politici.

5 Moderati, cattolici e federalisti

Sul piano degli orientamenti politici, gli anni '40 si caratterizzarono per l'emergere di un orientamento moderato che cercava di dare soluzioni graduali e federaliste al problema nazionale. Tale orientamento, che ebbe il suo maggiore interprete in Gioberti, era imperniato sulla riscoperta della funzione nazionale della Chiesa cattolica (neoguelfismo). Il successo delle correnti moderate era dovuto al fatto che esse sembravano offrire soluzioni che non implicavano vie insurrezionali e rivoluzionarie. Elementi di gradualismo e federalismo erano presenti anche nella corrente democratica e repubblicana lombarda, il cui maggior esponente fu Cattaneo. Questi mirava a una confederazione repubblicana, sul modello degli Stati Uniti o della più vicina Svizzera.

6 Pio IX e il movimento per le riforme

L'elezione al soglio pontificio, nel '46, di Pio IX suscitò un'ondata di grande entusiasmo in tutta Italia: un entusiasmo che venne accresciuto da alcune, pur limitate, riforme che egli varò. Si vide così nel nuovo papa l'uomo capace di realizzare i disegni del moderatismo neoguelfo. Nel corso del 1847 gli altri Stati italiani – escluso il Regno delle Due Sicilie – si trovarono costretti, di fronte alle pressioni dell'opinione pubblica e alle manifestazioni popolari, a concedere anch'essi alcune limitate riforme.

7 Il '48 italiano. La guerra contro l'Austria

In Italia la rivoluzione del 1848 ebbe, nella sua fase iniziale, uno sviluppo autonomo rispetto agli altri paesi europei. Un'insurrezione a Palermo costrinse Ferdinando II a concedere una Costituzione. Successivamente lo imitarono Carlo Alberto, Leopoldo II e Pio IX. Le vicende della rivoluzione in Francia diedero nuova spinta all'iniziativa dei democratici italiani e riportarono in primo piano la questione nazionale. A Venezia si proclamò la Repubblica. A Milano, dopo le «cinque giornate» di insurrezione, fu costituito un governo provvisorio. Il 23 marzo 1848 Carlo Alberto dichiarò guerra all'Austria, ottenendo l'appoggio del re delle Due Sicilie, del granduca di Toscana e del papa. Ma, di lì a poco, questo appoggio sarebbe stato ritirato. I piemontesi vennero sconfitti a Custoza (luglio 1848) e costretti a firmare un armistizio con l'Austria.

8 La sconfitta dei democratici italiani

A combattere contro l'Impero asburgico restarono i democratici. Mentre in Sicilia resistevano i separatisti, a Venezia fu proclamata di nuovo la Repubblica e lo stesso accadde in Toscana e a Roma dopo la fuga del papa (novembre 1848). Anche per la spinta dei democratici, il Piemonte riprese la guerra contro l'Austria. Subito battuto a Novara, Carlo Alberto abdicò a favore del figlio Vittorio Emanuele II (marzo 1849). I governi rivoluzionari vennero sconfitti in tutta Italia: terminò la rivoluzione autonomistica siciliana, gli austriaci posero fine alla Repubblica toscana e occuparono le Legazioni pontificie, i francesi intervennero militarmente contro la Repubblica romana. L'ultimo focolaio rivoluzionario a soccombere fu quello veneto a opera degli austriaci.

9 Il patriottismo risorgimentale

Si affermò in questi decenni, nella penisola ancora dominata da dinastie e governi stranieri, un discorso attorno alla patria e alla nazione italiana cui parteciparono scrittori, poeti, intellettuali e artisti. Si costituì un repertorio comune, una tradizione patriottica e un messaggio nazionale. La patria italiana aveva i suoi martiri (i fratelli Bandiera), il suo inno nazionale scritto da un patriota morto in giovane età, Goffredo Mameli, *Fratelli d'Italia*, e importanti punti di riferimento in Mazzini e Garibaldi.

SVILUPPARE LE COMPETENZE

❶ **Di seguito trovi riassunti, per punti, i fatti salienti dei moti rivoluzionari del 1820-21 e del 1831 in Italia. Completa la cronologia aggiungendo i passaggi mancanti e utilizza la stessa come schema per scrivere un testo di 15 righe. Dovrai ripercorrere gli eventi più significativi, ma spiegare anche lo svolgimento e la conclusione di queste esperienze rivoluzionarie:**

a. La rivolta scoppia a Nola, nel napoletano.

b. ....

c. Il popolo palermitano insorge.

d. ....

e. Alcuni reparti dell'esercito lombardo-veneto si ammutinano dando corpo ad un'insurrezione che costringe il re Vittorio Emanuele I ad abdicare.

f. Francesco IV, duca di Modena, fa arrestare i capi della congiura riuniti in casa di Ciro Menotti.

❷ **Usa tutte le frasi elencate di seguito come spunti per costruire un testo di 20 righe dal titolo *Le idee mazziniane.* Fai attenzione, perché dovrai utilizzare tutti gli elementi in elenco senza cambiarne l'ordine:**

a. La concezione politica di Mazzini comprendeva anche una componente mistico-religiosa

b. «Dio e popolo»

c. La Terza Roma centro di una nuova unità morale e sociale

d. Questione sociale da risolvere attraverso il principio di associazione

e. Insurrezione di tutto il popolo

f. La Giovine Italia

g. Aprile 1833, febbraio 1834: primi tentativi insurrezionali

h. La Giovine Europa.

❸ **Abbina correttamente gli elementi disposti nelle due colonne della tabella sottostante e poi descrivi, in brevi testi di 4 righe, i caratteri principali di ogni corrente politica:**

Esponenti più illustri della corrente politica	Nome della corrente politica
a. Antonio Rosmini	**1.** "neoguelfa"
b. Vincenzo Gioberti	**2.** federalista
c. Massimo d'Azeglio	**3.** cattolico-liberale
d. Carlo Cattaneo	**4.** liberalismo moderato piemontese

❹ **Rispondi ai quesiti e svolgi le consegne impiegando il numero di righe indicato tra parentesi:**

a. Quale importanza ebbe in Italia l'elezione di papa Pio IX nel 1846 e quali conseguenze socio-politiche? (10 righe)

b. Quali regnanti italiani concessero, in seguito ai moti di rivolta del '48, una costituzione? (5 righe) Descrivi quindi lo Statuto albertino. (5 righe)

c. Racconta le «cinque giornate». (5 righe)

d. Come scoppiò la prima guerra di indipendenza nazionale? Come si svolse? Chi vi partecipò, e come si concluse? (12 righe)

❺ **Ricostruisci l'ordine cronologico degli eventi elencati di seguito in ordine sparso, annotando anche le date. Usa quindi la sequenza che otterrai come schema per scrivere un testo di 15 righe:**

a. Carlo Alberto abdica in favore del figlio Vittorio Emanuele II. ....

b. Nei territori dell'ex Stato della Chiesa si tengono elezioni a suffragio universale per l'Assemblea costituente. ....

c. Un corpo di spedizione francese attacca Roma. ....

d. Carlo Alberto decide di entrare di nuovo in guerra contro l'Austria. ....

e. Le truppe di Radetzky sconfiggono, nei pressi di Novara, l'esercito sabaudo ....

f. L'Assemblea dichiara la decadenza del potere temporale dei papi. ....

I GRANDI **TEMI**

3 MODELLI DI RIVOLUZIONE

Introduzione

Per molto tempo, in Europa, l'unico movimento definito *rivoluzionario* era stato quello dei corpi celesti in astronomia, il loro moto circolare e regolare. Quando il termine "rivoluzione" discende sulla terra, per così dire, e viene applicato ai processi politici è proprio per quest'idea di ciclicità, di ritorno al punto di origine. Ad esempio, l'instaurazione della monarchia costituzionale in Inghilterra nel 1688 poteva meritare il titolo di "gloriosa rivoluzione" perché veniva presentata come il ritorno alle antiche libertà degli inglesi, tradite dagli Stuart. Ma tutta l'Europa del XVIII secolo fu teatro di ribellioni e rivolte che pretesero senza alcun imbarazzo la patente di *rivoluzione*, benché non godano oggi della celebrità del 1789 francese: le province olandesi, la Polonia, la Corsica, la Svizzera di Ginevra, le regioni fiamminghe. I colpi di Stato, i regicidi, i cambi di dinastia o di forma politica potevano quindi essere tutti presentati insieme alle rivolte popolari come rivoluzioni, un ritorno ai princìpi in seguito a un abuso dell'autorità politica centrale.
Furono i Lumi a proporre una visione nuova del tempo e quindi anche di questo termine: il concetto di rivoluzione cominciò allora ad essere presentato come **un salto nel futuro**, una missione da compiere **per il progresso dell'umanità**.

1 L'esperienza rivoluzionaria francese e americana nel '700. Dalla richiesta di riforme ai diritti dell'uomo

In un celebre aneddoto si mette in scena il dialogo tra Luigi XVI e il duca de La Rochefoucauld-Liancourt, al momento della presa della Bastiglia. «È una rivolta?», avrebbe chiesto il re. «No, sire, è una rivoluzione!», sarebbe stata la risposta allarmata. Qual era lo scarto? In cosa la Rivoluzione francese e quella americana erano diverse da tutte le precedenti esperienze eversive (volte cioè a sovvertire l'ordine costituito)? Il loro modello divenne un mito nei secoli successivi proprio per la pretesa dei rivoluzionari di agire in nome di valori astratti superiori: la storia di queste rivoluzioni settecentesche è infatti la storia di proteste nate in nome di un programma di riforme limitato che finirono per **affermare princìpi ritenuti universali** per tutta l'umanità.

Interpretazioni storiche della Rivoluzione francese

Nel maggio del 1789, le rivendicazioni del Terzo stato potevano riassumersi così: fine dei privilegi fiscali; una stessa costituzione scritta per tutti i cittadini; l'accesso agli uffici per merito; un voto per testa agli Stati generali. Per gli storici, capire come da queste richieste di riforme si sia passati a percorrere la via della rivoluzione e dell'affermazione dei diritti dell'uomo è sempre stata una sfida.
Per molti anni la spiegazione dominante è stata soprattutto economica e sociale, sull'onda del pensiero di **Marx**: il capitalismo avrebbe arricchito la borghesia, che alla fine del XVIII secolo avrebbe superato in condizioni materiali l'aristocrazia, nonostante quest'ultima monopolizzasse ancora il potere politi-

co e il prestigio sociale. La rivoluzione sarebbe servita alla borghesia per impossessarsi del potere.
Verso la fine del XX secolo, storici come il francese François **Furet** (1927-1997) hanno rimesso in questione molte di queste tesi. Le valutazioni economiciste degli storici marxisti non sarebbero pertinenti: l'aristocrazia e la borghesia avrebbero condiviso gli stessi interessi economici e gli stessi valori, quelli dell'Illuminismo. A far scoppiare la Rivoluzione sarebbero stati altri fattori: l'affondamento interno della monarchia per l'incompetenza del re e i problemi fiscali del regno. Soprattutto, però, per Furet e altri la Rivoluzione francese sarebbe stata il trionfo dei valori dell'Illuminismo più radicale e delle opere di Rousseau.
Negli ultimi anni, la ricerca ha superato quest'antica divisione tra storici, politica oltre che storiografica. Invece di cercare le origini della Rivoluzione in interpretazioni generali, si è partiti dall'esperienza reale dei suoi attori, dalla **cultura politica** che è stata in grado di generare. Riuniti a Versailles, i deputati degli Stati generali si trovavano davanti a molteplici possibilità, da un riformismo guidato dal governo del re fino alla rivoluzione aperta. Solo guardando da vicino il loro comportamento è stato possibile entrare nella **psicologia rivoluzionaria** che si innescò in quei mesi e individuare **cinque fattori fondamentali** che spinsero al successo dell'opzione rivoluzionaria: l'apprendistato politico precedente alla convocazione degli Stati generali; lo spirito di coesione tra i membri dell'Assemblea, insieme alla leadership assunta da certi oratori; il sostegno popolare; la chiusura al dialogo della nobiltà e del re.

L'importanza dell'apprendistato politico e l'esperienza delle riunioni

Molti delegati degli Stati generali avevano fatto parte di assemblee nelle loro province o municipalità, soprattutto quelli del Terzo stato. Negli ultimi anni, la Fran-

Alexandre Debelle
L'assemblea di Vizille il 21 luglio 1788
XIX secolo
[Musée de la Révolution française, Vizille]

Un anno prima che scoppiasse la Rivoluzione francese, eventi rivoltosi ebbero luogo a Grenoble (ricca città della Francia sud-orientale). Il 7 giugno del 1788 le truppe reali, intervenute per sopire le proteste sempre più pressanti dei cittadini grenoblesi afflitti dalla crisi economica, furono "accolte" con lanci di tegole dai tetti lungo le strade. In seguito a questa che viene ricordata come la «Giornata delle Tegole», il 21 luglio, i rappresentanti dei tre ordini si raccolsero in assemblea nel vicino Castello di Vizille. A riunirsi, senza autorizzazione reale, furono 50 rappresentanti del clero, 165 nobili e 276 delegati del Terzo stato, che chiesero la riunione degli Stati generali e votarono uno sciopero delle imposte fino alla loro convocazione. Meno di un mese dopo, Luigi XVI annunciò la convocazione degli Stati generali per il 5 maggio 1789.

cia aveva conosciuto una stagione di fortissima mobilitazione politica. In questa fase in cui molti futuri deputati avevano chiesto a gran voce la convocazione di assemblee provinciali e degli Stati generali si creò un grande spirito di complicità tra compagni di lotta e un'opinione pubblica particolarmente attenta alle questioni nazionali. Moltissimi uomini – alle donne la vita istituzionale era ovviamente ancora chiusa – **impararono così a "fare politica"**, a tessere contatti, strategie. Proprio l'apprendistato politico delle battaglie degli anni precedenti permise agli uomini dell'antico regime di arrivare a eleggere i deputati agli Stati generali del 1789 immaginando un programma di riforme e **dandosi un profilo politico definito**.

A **Versailles** questo apprendistato politico fu decisivo. Il giorno dopo la cerimonia di apertura degli Stati generali, il 6 maggio, quando i deputati del Terzo stato tornarono nella sala non c'era più traccia del trono reale e il clero e la nobiltà si erano ritirati in sale separate. All'interno dell'assemblea la discussione era vivace – e anche se non prevaleva ancora la volontà di rottura, l'autoesclusione dei nobili e del clero dai lavori comuni favorì un **senso di solidarietà e familiarità** tra i membri del Terzo stato. Fino a quel momento, le reti di opinioni tra i deputati erano state soprattutto provinciali, non esistendo dei veri e propri media nazionali. Il **confronto con gli eletti** di altre regioni rivelò più tratti in comune del previsto e rese tutti più coraggiosi. Ciò fu possibile anche grazie al **carisma di alcuni oratori**, che convinsero anche i più incerti. Se all'inizio i deputati erano raggruppati per provenienza regionale, ben presto cominciarono a distinguersi per le posizioni politiche assunte, attorno a dei veri e propri leader. Insomma, l'esperienza delle riunioni costituì una sorta di **scuola** in grado di educare i membri del Terzo stato all'ambizione e alla risolutezza in politica.

Il sostegno del popolo e il rifiuto dei nobili e del clero

Non bastano le dinamiche interne all'assemblea per spiegare la svolta rivoluzionaria. Un elemento fu il sostegno del popolo di Versailles e di Parigi al Terzo stato. Sin dal loro arrivo a Versailles, molti deputati notarono gli effetti inebrianti dell'accoglienza popolare: **la folla era onnipresente**, seguiva i deputati, li aspettava fuori dalle sedute, li applaudiva per strada, li scortava nei momenti più delicati dello scontro con gli altri ordini, perfino. Il rapporto fiduciario tra i deputati e le folle è un ingrediente fondamentale della psicologia rivoluzionaria.

L'ultimo elemento è il rifiuto al compromesso dei nobili e dell'alto clero. L'intransigenza di molti di loro, lo sdegno con cui continuavano a trattare i membri del Terzo stato consentì alle istanze rivoluzionarie di catalizzarsi attorno a un **nemico comune**.

Oltreoceano come in Francia

Considerare questi elementi è fondamentale per capire la genesi della Rivoluzione francese, ma anche di altre esperienze rivoluzionarie del XVIII e XIX secolo. Su tutte, la Rivoluzione americana, che aveva portato le ex colonie britanniche all'indipendenza, ma soprattutto a una democrazia costituzionale innovativa. L'esperienza nelle **assemblee legislative coloniali**, il fitto confronto dei delegati al Congresso Continentale, la divisione dei patrioti nel partito federalista e in quel-

Jean-Jacques-François Le Barbier
La Dichiarazione dei diritti dell'uomo e del cittadino del 1789
1789 ca.
[Musée Carnavalet, Parigi]

Lo storico dell'800 Jules Michelet (1798-1874), uno dei massimi interpreti della Rivoluzione francese, ha definito la *Dichiarazione dei diritti dell'uomo* il «credo della nuova era». Effettivamente, questo documento venne presentato come un testo sacro, il lascito dei rivoluzionari ai posteri. Non a caso nelle sue rappresentazioni grafiche la *Dichiarazione* veniva presentata su due tavole, come il decalogo di Mosè, o comunque circondata di elementi decorativi legati all'immaginario religioso.

lo repubblicano, le proteste spontanee e l'organizzazione delle milizie popolari contro le truppe britanniche, l'accusa di dispotismo agli inglesi: gli stessi elementi che abbiamo messo in evidenza per la Francia possono essere individuati anche oltreoceano.

Fu questo terreno a rendere possibile il balzo in avanti, l'abbandono della via delle riforme per porre le fondamenta di un nuovo regime fondato su princìpi generali. **L'abolizione del regime feudale e la *Dichiarazione dei diritti dell'uomo e del cittadino* dell'agosto del 1789 furono il primo frutto della Rivoluzione francese**, delle dinamiche politiche e psicologiche in seno all'Assemblea, ma anche del coinvolgimento del popolo nella lotta [👁 DOC1].

Allo stesso modo, **i nuovi Stati americani non si erano dati soltanto delle costituzioni scritte, ma avevano prodotto delle ambiziose dichiarazioni dei diritti**, molto più radicali del modello inglese del *Bill of Rights* (1689). Al momento di dichiarare la loro indipendenza, i rivoluzionari americani potevano affermare di agire in difesa di quei princìpi universali di libertà ed eguaglianza che la Gran Bretagna aveva violato, un motivo propagandistico che però fondava il nuovo ordine su basi ideologiche [👁 DOC2].

Dall'universalità dei princìpi alla rigenerazione dell'uomo

L'universalità dei princìpi in nome dei quali il vecchio mondo era stato abbattuto costringeva i patrioti ad allargare la propria azione per raggiungere l'obiettivo finale: la piena rigenerazione dell'uomo, un'espressione che veniva ripetuta ossessivamente. La rigenerazione della società doveva essere raggiunta anche attraverso programmi di istruzione pubblica per tutti i cittadini, **intervenendo su ogni aspetto della vita quotidiana**: il tempo libero, con l'organizzazione di feste popolari con al centro una simbologia politica funzionale al nuovo regime o con la messa in scena di spettacoli teatrali a tema patriottico; la vita religiosa, con una legislazione che interveniva sulla selezione del personale ecclesiastico e sui riti ammessi; la vita quotidiana, con nuove norme di comportamento, come la prescrizione di rivolgersi al prossimo con l'appellativo di cittadino/a; perfino la gestione dello spazio e del tempo, con la sostituzione di tutti i nomi delle strade che ricordassero il passato regime e il nuovo calendario repubblicano in Francia. Niente doveva più sembrare uguale a prima [👁 TESTO3].

2 La violenza rivoluzionaria. Come interpretarla?

La gestione del dissenso

L'ansia della rigenerazione, però, ha anche un'altra faccia. Se la rivoluzione poteva dirsi realizzata soltanto quando tutti i francesi avessero condiviso le sue ragioni e avessero cominciato a vivere secondo i suoi princìpi, per i rivoluzionari si poneva il problema della gestione del dissenso. Anziché assorbire gli oppositori nella vita democratica, in diverse fasi le frange più radicali, giacobini e sanculotti in testa, ricorsero alla violenza contro tutti gli oppositori al loro progetto politico.

Aristocratici ed ecclesiastici avversari del nuovo regime costituzionale, cattolici intransigenti legati al papa, monarchici fedeli al sovrano, abitanti delle campagne, contadini, feroci avversari delle novità dei "tempi moderni": non tutti aderirono alle risoluzioni del Terzo stato riunito come Assemblea nazionale costituente, tanto meno ai provvedimenti radicali presi negli anni successivi. Soprattutto nella fase del **Terrore** la lotta contro questi nemici fu particolarmente spietata [👁 7.5]. Gli strumenti utilizzati erano in palese contraddizione con gli alti princìpi in nome dei quali la rivoluzione era stata fatta. Tuttavia, secondo Robespierre e i suoi sostenitori, per porre le basi del futuro regime costituzionale e democratico tutto era lecito. La Repubblica era troppo esposta ai suoi nemici per restare alla lettera del dettato costituzionale. Le eccezionali circostanze della Francia rivoluzionaria richiedevano misure altrettanto eccezionali [👁 DOC4]. Proprio gli **eccessi delle politiche terroriste**, però, portarono al colpo di Stato di termidoro e alla **restaurazione napoleonica**, che trovava il suo consenso popolare anche per l'ordine che era stato capace di riportare nel clima politico caotico del decennio rivoluzionario 1789-99.

I percorsi rivoluzionari si sviluppano per crisi

Gli episodi violenti della Rivoluzione francese non sono soltanto dei fatti storici da analizzare per la loro specificità e per le loro conseguenze. Prenderli in considerazione significa affrontare pure un mito, propagandato per secoli dai suoi oppositori. Basando solo sul Terrore il giudizio sull'esperienza rivoluzionaria francese, commentatori anche autorevoli hanno finito per trascurare o sottovalutare gran parte delle conquiste dell'intero periodo. Una delle difficoltà principali incontrate dagli storici o dai filosofi politici nel dare spiegazione del fenomeno rivoluzionario è costituita proprio dal fatto che **la Rivoluzione non fu un processo omogeneo e lineare**. Si sviluppò piuttosto per crisi, per sussulti, per tappe successive e impreviste – una caratteristica implicita in ogni percorso rivoluzionario. Se è necessario considerare seriamente il ricorso alla violenza durante tutto il periodo, bisogna pure ricordare che cristallizzare la Rivoluzione nel ricordo della fase del Terrore fu una strategia deliberata che gli oppositori delle novità rivoluzionarie adoperarono per propagandare **la leggenda nera del 1789**, e di ogni altro tentativo rivoluzionario successivo.

3 Lo spettro dell'89: liberalismo e nazionalismo nell'800

Il giudizio sulla Rivoluzione francese. Uno spartiacque

In una lettera del 31 ottobre 1847, Metternich scriveva allo storico e politico francese François Guizot: «Le rivolte hanno un corpo con cui è possibile intraprendere la lotta. Le rivoluzioni, invece, hanno molto in comune con gli spettri...». Effettivamente, gran parte dell'agenda politica dei decenni successivi alla Restaurazione ruotava attorno alla possibilità che in Europa scoppiassero altri focolai rivoluzionari, un incubo per le monarchie tradizionali, una speranza per i tanti movimenti eversivi [👁 11.1]. Per questi ultimi, però, la Rivoluzione non era un precedente da ripetere alla lettera, ma piuttosto un modello da riempire di contenuti nuovi, più attuali: gli ideali del liberalismo o le rivendicazioni nazionali [👁 10.3-4].
Il principale discrimine tra le varie correnti politiche e ideologiche del XIX secolo restava il giudizio dato alla Rivoluzione francese. Le **élite al potere** si impegnaro-

Alexandre-Évariste Fragonard
La testa di Féraud viene mostrata a Boissy d'Anglas il 1° pratile anno III
XIX secolo
[Musée de la Révolution, Castello, Vizille]
Il 20 maggio 1795, nel corso di quello che viene ricordato come «l'assalto alle Tuileries», il deputato Jean Féraud fu assassinato mentre cercava di opporsi a una folla di rivoltosi che, armati di picche, fucili e coltelli, intendevano assalire la Convenzione. Ucciso da un colpo di arma da fuoco, il suo corpo fu poi massacrato a forza di calci e zoccolettate. La sua testa, infilzata su una picca, fu presentata a François Antoine Boissy d'Anglas, che presiedeva quel giorno la seduta della Convenzione. Scene di inaudita violenza come queste non furono inusuali durante tutto il periodo rivoluzionario.

no a tenere in piedi il fragilissimo equilibrio della Restaurazione con misure di polizia sempre più severe, ma soprattutto con il sistema delle alleanze tra i vari Stati, che era prima di tutto un dispositivo militare pronto a intervenire per sedare ogni tentativo rivoluzionario in Europa. I **liberali moderati** provarono ad affrancarsi dal modello del 1789 proponendo quasi un ritorno alla stagione del riformismo illuminato: per scacciare lo spettro della rivoluzione l'unica soluzione sarebbe stata quella di seguire la via delle riforme per modernizzare la società e la politica senza scosse. Infine, il vasto e frammentato mondo dei **democratici** si misurò con la pesante eredità del decennio rivoluzionario francese provando a riattualizzarne la lezione in nome dei nuovi princìpi dell'idea di nazione.

Liberali e democratici

Gli ultimi due gruppi, i liberali e i democratici, così diversi nelle strategie e nella cultura politica, condividevano però la convinzione che la questione nazionale si collegasse a quella costituzionale.

L'esigenza che la vita pubblica fosse regolata da una costituzione, che oltre a garantire i diritti dei cittadini assicurasse la loro partecipazione alla gestione dello Stato, fu una delle eredità della Rivoluzione francese accolte dai liberali. Il loro modello era principalmente la **Costituzione di Cadice** del 1812, che assegnava al re il potere esecutivo e prevedeva un'unica camera eletta a **suffragio ristretto** [👁 7.12]. Rispetto ad alcune delle più avanzate costituzioni rivoluzionarie francesi l'impianto di questa carta era piuttosto moderato; ma proprio per questo i liberali potevano prenderla a modello sperando di scongiurare così derive democratiche più radicali. I democratici, al contrario, furono impegnati nell'elaborazione di costituzioni che dessero più spazio alla **sovranità popolare**, e quindi maggiori poteri alle assemblee elette. La preferenza per un modello costituzionale o per un altro era terreno di scontri politici molto vivaci, e visto il severo controllo sulla stampa e sull'opinione pubblica di quegli anni procurarsi un libro in merito era già di per sé un atto rivoluzionario. Il 6 luglio 1821, a Livorno, il capitano di polizia del porto registrò di aver sequestrato da una nave proveniente da Napoli: 457 esemplari della Costituzione di Napoli del 1820, 251 di quella di Murat del 1815, 400 di quella di Giuseppe del 1808, 503 di quella del 1799; 305 di quella di Francia del 1791, 501 di quella del 1795, 516 di quella del 1799, 450 di quella del 1814; 451 della carta inglese del 1215, 492 della carta polacca del 1814, 361 dello statuto della Cisalpina del 1799, 450 di quello della Liguria sempre per il 1799, 454 dello statuto norvegese, 200 della Costituzione statunitense.

Se la modifica dell'architettura costituzionale poteva essere il fine ultimo delle forze liberali, non era così per le forze democratiche. Per i democratici la rivoluzione era il momento in cui il popolo assumeva finalmente su di sé il compito di portare avanti la battaglia per la libertà, lontano dalle logiche di potere delle corti. Rivendicando l'importanza della strategia rivoluzionaria, mettevano così in risalto la **partecipazione popolare alla vita politica**, il punto su cui maggiormente divergevano dai liberali.

Dare il giusto rilievo al ruolo del popolo durante le rivoluzioni era strumentale anche all'*èthos* del nazionalismo romantico. La rivoluzione nazionale serviva a risvegliare le virtù dei popoli, come addormentate dal dispotismo. Per questo nazionalisti democratici come Mazzini descrivevano l'insurrezione come l'obiettivo più importante del loro apostolato, in polemica coi moderati ma soprattutto in consonanza con la loro visione della storia nazionale [👁 DOCC5-6].

Il secolo che più di ogni altro si impegnò alla prevenzione di nuove rivoluzioni fu incendiato da ondate rivoluzionarie sempre più intense e radicali. Molte di queste ebbero successo, ma nessuna riuscì a imporsi come nuovo modello e mito per le generazioni future.

4 Un nuovo modello: la rivoluzione russa

La questione operaia

Se la questione delle rivoluzioni liberali e nazionali ruotò soprattutto attorno alla forma di governo degli Stati, nei decenni successivi fu l'organizzazione della società a essere messa in discussione. L'espansione demografica, le condizioni di vita nelle città dopo la rivoluzione industriale, la mutata organizzazione dell'economia misero in crisi la visione del mondo di milioni di cittadini europei. **Dalla necessità di dare risposte alle sfide della società industriale emersero i primi movimenti socialisti e un nuovo modello di rivoluzione** [👁 10.7-8].

La galassia del socialismo è ampia e complicata da sintetizzare, distinta per partiti e dottrine: libertari e autoritari, massimalisti e riformisti, socialisti liberali e comunisti. Nonostante tutte le differenze, questi pensatori e politici condividevano la stessa difficoltà: fare incontrare la classe operaia con la coscienza socialista. Gli strati sociali che essi presumevano di rappresentare erano ancora legati alla società tradizionale, e difficilmente tentati dai progetti politici dei primi socialisti, al tempo abbastanza fumosi. Fu l'arrivo del proletariato industriale a segnare la svolta. Fino a questo momento c'erano sì state, nell'industria e nelle campagne, lotte di lavoratori, spesso organizzati in associazioni, ma era mancato un orizzonte più ampio a queste esperienze, una prospettiva rivoluzionaria: una **coscienza di classe**. La critica del presente era ora fatta in nome di un nuovo linguaggio politico: alienazione, sfruttamento, lotta di classe. Su queste nuove basi sorsero i partiti politici organizzati, i sindacati e poi l'Internazionale, la federazione dei socialisti. La nuova rivoluzione sarebbe stata *sociale*, non solo politica.

La rivoluzione russa Dopo l'esperienza della Comune di Parigi del 1871 (in parte esito delle tensioni politiche nate con il '48 e mai soffocate dal regime bonapartista di Napoleone III [👁 11.9]), e la rivoluzione messicana dei primi decenni del '900 (contro il regime semidittatoriale del presidente Porfirio Díaz sostenuto dall'oligarchia terriera), fu la Russia a dare ai rivoluzionari di tutto il mondo il nuovo modello della **rivoluzione proletaria** realizzata in nome di **diritti sociali**. La rivoluzione russa scoppiò nel 1917 portando subito alla deposizione dello zar, nel marzo dello stesso anno, e poi, nel volgere di pochi mesi, all'ascesa al potere del partito bolscevico (fondato nel 1903 dalla corrente maggioritaria della socialdemocrazia russa). Attraverso la sostituzione dei tradizionali organi di rappresentanza borghese con assemblee di lavoratori e operai, i ***soviet***, il precedente a cui molti rivoluzionari russi si proponevano di rifarsi era l'esperienza giacobina, in cui le società popolari avevano molto spazio politico. In effetti, prima del colpo di Stato dei bolscevichi, il carattere della rivoluzione fu sostanzialmente **plebeo**: i movimenti popolari spingevano a maggiore radicalità il governo provvisorio nato in seguito alla caduta dello zar; nascevano moltissime orga-

Valentin Serov
Lenin proclama la vittoria della Rivoluzione al Soviet di San Pietroburgo
XX secolo
[Museo Storico Statale Lenin, Istituto Smolny, San Pietroburgo]
Per la Russia, i *soviet* costituirono un primo esempio di "espressione democratica" di operai, soldati e contadini che fino ad allora non avevano mai avuto in alcun modo la possibilità di partecipare alle decisioni del governo.

nizzazioni politiche e sindacali ad animare la base di contadini delle campagne e operai delle città. Il partito bolscevico arrivò al potere sull'onda di questa vivace stagione popolare, adottandone parte del programma e dei protagonisti. Successivamente, però, il modello di società comunista immaginato dai bolscevichi si allontanò decisamente dalle aspirazioni popolari, contro le quali anzi furono applicati anche metodi violenti. Allo stesso tempo, nonostante le promesse di Lenin **[👁 DOC7]**, il leader dei bolscevichi, e le pretese del gruppo dirigente bolscevico, le assemblee dei *soviet* venivano sempre più marginalizzate in favore delle **strutture di partito**, il cuore del nuovo regime al potere.

Pur con queste lampanti e sanguinose contraddizioni, gli eventi russi di quegli anni fornirono un nuovo mito rivoluzionario al mondo, anche grazie alla rete di partiti comunisti raccolti nella nuova Internazionale. **"Fare come in Russia"** divenne la speranza di milioni di uomini e donne in tutto il mondo, la minaccia per moltissimi altri **[👁 DOC8]**.

5 La fine delle rivoluzioni?

Per più di un secolo la storia europea era sembrata una lunga sequela di rivoluzioni. Anche movimenti di destra come il fascismo amavano definirsi come rivoluzionari. La Rivoluzione francese aveva inaugurato l'età contemporanea in Europa, la rivoluzione russa aveva aperto il '900 sotto il segno dello scontro tra le ideologie. Dalla seconda metà del XX secolo, però, il ricorso alla via rivoluzionaria per promuovere il cambiamento della società perse popolarità. La storia del '900, che aveva visto nascere una delle rivoluzioni più influenti della storia, sembrava portare ora al tramonto del modello di rivoluzione descritto nei paragrafi precedenti: ideologica, ispirata a valori ritenuti universali, popolare, diretta a camb iare la società nei suoi più profondi aspetti, sociali e culturali.

La sconfitta delle dittature fasciste europee nel corso della seconda guerra mondiale provocò infatti una situazione di stallo in Europa: gli Stati occidentali, sotto l'egida degli Stati Uniti d'America, si diedero allo sviluppo di regimi democratici e liberali; gli Stati orientali, sotto il dominio diretto dell'Unione Sovietica, furono spinti a costituire repubbliche popolari e comuniste sul modello sovietico. In questo quadro, così condizionato dal rapporto di forza tra le due superpotenze, era molto difficile che la libera iniziativa di gruppi rivoluzionari sconvolgesse l'ordine politico di uno Stato.

La decolonizzazione, un laboratorio rivoluzionario

Effettivamente, per molti decenni dopo la seconda guerra mondiale, solo fuori d'Europa si realizzarono rivoluzioni di grande respiro sociale e culturale. Le ex colonie di tutto il mondo, dell'**Africa**, dell'**Asia** o dell'**America** Latina, procedevano a grandi passi verso la **decolonizzazione**, liberandosi dal controllo della madrepatria europea in molti casi con vere e proprie rivoluzioni. La posta in gioco di questi movimenti era spesso molto di più della liberazione nazionale. Era tutto il sistema coloniale ad essere messo in gioco: la dipendenza economica dall'Occidente, il sistema di diseguaglianza tipico delle colonie, la valorizzazione di elementi culturali locali per troppo tempo ritenuti subalterni rispetto ai valori dell'Occidente. Benché non di rado il clima internazionale di scontro tra Usa e Urss colorasse queste rivoluzioni delle contrapposizioni ideologiche tra le due superpotenze (i nuovi Stati potevano dichiararsi socialisti o democratico-liberali secondo l'appoggio ricevuto), in generale la decolonizzazione fu anche un laboratorio rivoluzionario capace di produrre **esperienze politiche del tutto originali.**

Il 1989 e l'apatia dei regimi democratici contemporanei

Nel 1989, dopo anni di scossoni, si chiuse la stagione del comunismo sovietico. A sancire simbolicamente questa fine, in Europa, fu la caduta del muro che divideva Berlino in due: la zona ovest filo-occidentale e la zona est sovietica. L'Unione Sovietica e i suoi Stati satelliti lasciarono il posto a democrazie sul modello occidentale. Fu il **colpo finale inferto all'ideale rivoluzionario comunista**: di fatto, il 1989 fu come una rivoluzione contro la rivoluzione, una smentita del tentativo di trasformare la società integralmente attraverso la via rivoluzionaria. Gli anni che seguirono videro il trionfo della democrazia in Europa e il declino del comunismo. Anche nel resto del mondo il sistema democratico sembrò affermarsi come l'unico regime possibile o desiderabile, tanto che il politologo statunitense Francis Fukuyama parlò di «fine della storia»: tutto era già stato detto, l'umanità aveva trovato nella democrazia il sistema ideale e non erano più necessarie delle rivoluzioni per generare nuova politica, nuovi diritti.

La fine dell'ideale rivoluzionario e il trionfo del consumismo tipico delle società di mercato delle democrazie liberali moderne aprirono però le porte a **un'età della disillusione**. Da quegli anni a oggi, l'interesse pubblico verso le ideologie in generale si è affievolito, la politica sembra sempre di più un'attività priva di slancio. Lo storico Mark Mazower ha descritto così questo clima di **indifferenza per la cosa pubblica** tipica dei regimi democratici contemporanei:

> Questa disillusione colora lo strano trionfo della democrazia in Europa dopo l'89. Settanta anni prima, il consolidamento della democrazia attraverso il continente dopo la prima guerra mondiale si accordava con i sogni liberali di un nuovo ordine mondiale, proprio mentre Lenin offriva sogni di un'utopia rivale attraverso la rivoluzione. La sconfitta del comunismo dopo il 1989 non produsse tali implicazioni globali né simili sogni evangelici. La democrazia va bene oggi agli europei in parte perché è associata al trionfo del capitalismo e in parte perché essa comporta un minor impegno o una minore intrusione nelle loro vite rispetto a qualunque altra forma alternativa di governo. In breve, gli europei accettano la democrazia perché essi non credono più nella politica. Nella rivoluzione, hanno smesso di crederci tanto tempo fa [M. Mazower, *Il declino della rivoluzione nell'Europa del XX secolo*, in *Rivoluzioni. Una discussione di fine Novecento. Atti del convegno annuale Sissco, Napoli 20-21 novembre 1998*, a cura di D.L. Caglioti e E. Francia, Quaderni della Rassegna degli Archivi di Stato, Roma 2001, pp. 145-46].

La stagione delle proteste di piazza sull'altra sponda del Mediterraneo

Proprio nella fase forse più acuta di questa sorta di apatia politica, nel 2011, dall'altra sponda del Mediterraneo è arrivato quello che molti hanno presentato come il riscatto dell'ideale rivoluzionario sul riformismo democratico: un'ondata di rivolte in tutto il **mondo arabo**, dallo Yemen all'Algeria. In poche settimane, diffuse dalla televisione *Al Jazeera* (importante emittente del mondo arabo con sede principale in Qatar) e dai principali social network [👁 TESTO9], le immagini delle proteste hanno smentito il pregiudizio occidentale sui popoli arabi, schiacciati sullo stereotipo del fondamentalismo islamico e per questo giudicati inadatti alla democrazia. Soprattutto, però, la forza di quelle immagini ha trascinato nelle piazze arabe milioni di persone, lasciando immaginare un cambiamento istituzionale rapido, un passaggio indolore dalla dittatura alla libertà attraverso rivoluzioni popolari.

In realtà, la stagione delle proteste di piazza, la **Primavera araba** come è stata chiamata [👁 ATLANTE_38], prese ben presto percorsi diversi da paese a paese: nella gran parte dei paesi coinvolti, è arrivata la **controrivoluzione**, forte del sistema repressivo che aveva mantenuto al potere per decenni **i regimi dittatoriali**; in Libia e in Siria si è aperta una guerra civile sanguinosissima, che nel primo caso ha portato al potere i ribelli, pur tra molte incertezze; in Egitto e in Tunisia le dittature sono state rovesciate rapidamente e i primi governi democratici si sono installati, ma devono ora affrontare l'uno l'ingombrante presenza dell'esercito e l'altra il complicato quadro sociale nel corso della transizione politica; in Yemen è stato promesso un lento passaggio alle istituzioni democratiche e un ricambio dei vertici al potere, ancora in corso. La rapida successione degli eventi e le divisioni all'interno del fronte dei ribelli non consentono ancora di fare un bilancio della Primavera araba, al di là della segnalazione della sua rilevanza nel dibattito politico mondiale.

Quale accoglienza in Occidente per il ritorno alle rivoluzioni?

Quando nel dicembre del 2010 il venditore ambulante Mohamed Bouazizi si diede fuoco per protesta contro i soprusi della polizia tunisina, provocando la prima delle rivoluzioni, la mag-

Manifestazione del movimento degli Indignados a Córdoba (Spagna)
11 giugno 2011
[fotografia di Toni Castillo Quero]
Il movimento degli *Indignados*, conosciuto anche come *Movimiento 15-M* (ossia del 15 maggio, giorno in cui è iniziata la protesta), ha avuto origine in Spagna nel 2011. Cittadini di varia estrazione e condizione economica hanno dato vita a una mobilitazione pacifica di protesta contro il governo spagnolo accusato di non saper affrontare con misure adeguate la crisi economica. Il cartello nella foto recita: «Se non ci lascerete sognare, non vi faremo dormire».

ATLANTE 38_IL CONTAGIO DELLA PROTESTA

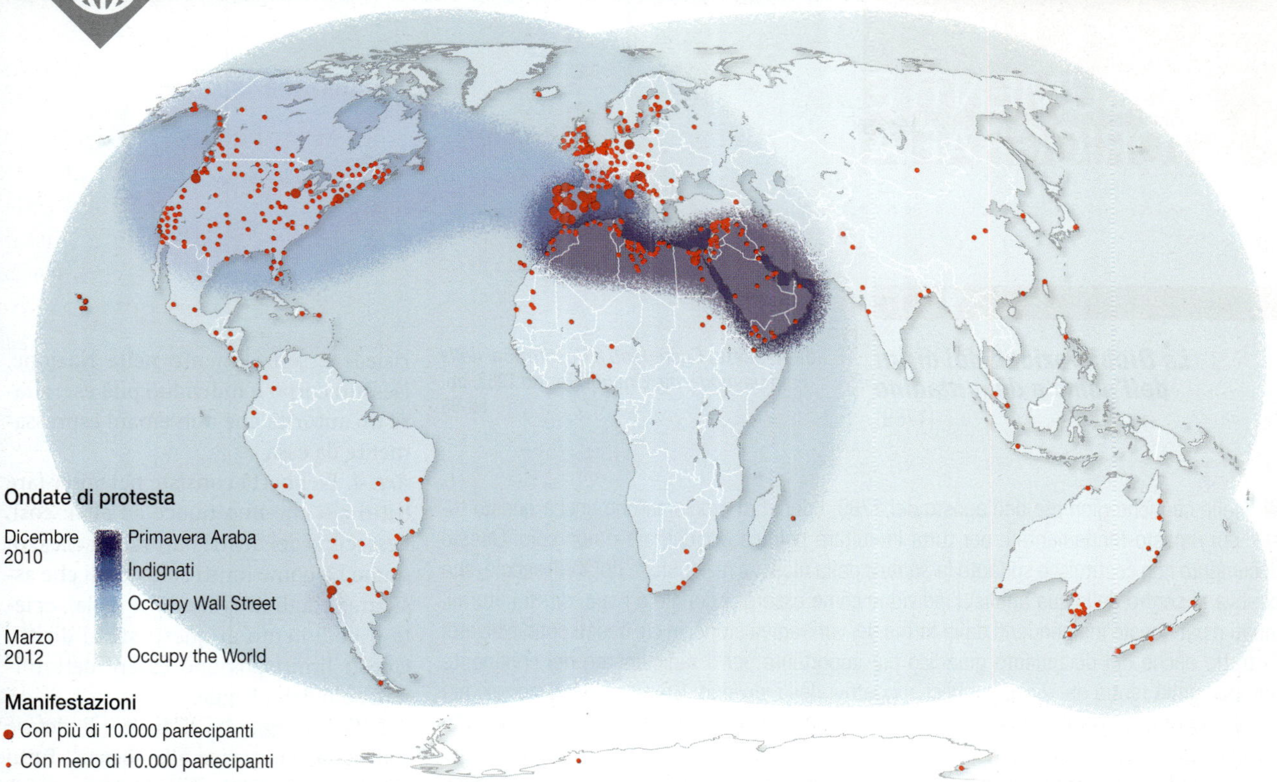

Fonti: G. Blight, S. Pulham e P. Torpey, *Arab spring: An intractive timeline of Middle East protests*, The Guardian, 2012; S. Rogers, *Occupy protests around the world*, The Guardian, 2011; Rassegna stampa dicembre 2010 - novembre 2012 (Al Jazeera, The Guardian, Washington Post, Huffington Post, Mother Jones, Global Revolution).

NIEVES LÓPEZ IZQUIERDO/CARTOGRAFARE IL PRESENTE, 2013

gior parte dei commentatori liquidò le proteste come semplici tafferugli. Ben presto, però, fu chiaro a tutti che le proteste segnavano una rottura forte col passato, una svolta irreversibile.

Questo ritorno delle rivoluzioni sulla scena mondiale è stato accolto in Occidente con **atteggiamenti molto diversi**. Molti liquidarono le rivolte arabe come la **realizzazione delle conquiste** del **1789** in paesi arretrati – negando o sottovalutando così la specificità dei contesti locali e dando per necessarie le tappe della storia occidentale. Per altri, invece, l'iniziativa araba poteva servire per proporre proteste più radicali anche nelle democrazie europee e americane [👁 TESTO **10**]. A partire dal 2011, in tutto il mondo ci furono manifestazioni contro il capitalismo finanziario. Alcune di queste proteste hanno provato a costituirsi in movimenti organizzati, come ***Occupy Wall Street*** negli Usa o gli ***Indignados*** in Spagna. Dalla capacità delle democrazie liberali di assorbire nelle proprie istituzioni questi movimenti si deciderà il futuro delle rivoluzioni nel XXI secolo.

I GRANDI TEMI

DOCUMENTI E STORIOGRAFIA

1 DOC

La Dichiarazione dei diritti dell'uomo e del cittadino (1789)

da A. Saitta, *Costituenti e Costituzioni della Francia moderna*, Einaudi, Torino 1952, pp. 66-68

■ Nelle caotiche giornate dell'agosto del 1789, i deputati proclamarono anche questo testo, poi rimasto fondamentale per tutta la cultura politica occidentale e non solo. Questo documento non costituisce soltanto la *summa* della filosofia razionalista del XVIII secolo, che poneva al centro della sua analisi l'individuo come essere razionale e i suoi diritti naturali, innati e per questo indipendenti dalla forma dei vari regimi storici in cui questi poteva vivere. Si tratta anche del documento giuridico più importante per il radicamento nel continente europeo della teoria dei diritti pubblici soggettivi dell'individuo. Grazie al suo successo nei secoli successivi, cioè, il testo della *Dichiarazione* ha impostato in maniera inedita il rapporto tra i cittadini e lo Stato nel suo complesso. La libertà e l'uguaglianza di fronte alla legge furono infatti i due concetti basilari del testo. Benché tacciati di eccessiva astrattezza dagli oppositori della Rivoluzione, questi princìpi costituirono un precedente giuridico per tutti i futuri esperimenti costituzionali europei, da rifiutare con ferocia, come fecero molti governi della Restaurazione, o da prendere come punto di partenza prima dell'elaborazione di nuovi diritti politici. Allo stesso tempo, è necessario ricordare come l'universalità dei diritti espressi non si estendesse come nel caso americano alle donne. Si deve alla penna della rivoluzionaria Olympe de Gouges (1748-1793), ghigliottinata durante il Terrore, una provocatoria *Dichiarazione dei diritti della donna e della cittadina* (1791), ma restò un tentativo isolato di estendere alle donne le conquiste civili della Rivoluzione.

I Rappresentanti del Popolo Francese, costituiti in *Assemblea Nazionale*, considerando che l'ignoranza, l'oblio o il disprezzo dei diritti dell'uomo sono le uniche cause delle sciagure pubbliche e della corruzione dei governi, hanno stabilito di esporre, in una solenne dichiarazione, i diritti naturali, inalienabili e sacri dell'uomo, affinché questa dichiarazione, costantemente presente a tutti i membri del corpo sociale, rammenti loro incessantemente i loro diritti e i loro doveri; affinché maggior rispetto ritraggano gli atti del Potere legislativo e quelli del Potere esecutivo dal poter essere in ogni istante paragonati con il fine di ogni istituzione politica; affinché i reclami dei cittadini, fondati d'ora innanzi su dei principî semplici ed incontestabili, abbiano sempre per risultato il mantenimento della Costituzione e la felicità di tutti. In conseguenza, l'*Assemblea Nazionale* riconosce e dichiara, in presenza e sotto gli auspici dell'Essere supremo, i seguenti diritti dell'uomo e del cittadino:

Art. 1. Gli uomini nascono e rimangono liberi e uguali nei diritti. Le distinzioni sociali non possono essere fondate che sull'utilità comune.

Art. 2. Il fine di ogni associazione politica è la conservazione dei diritti naturali ed imprescrittibili dell'uomo. Questi diritti sono la libertà, la proprietà, la sicurezza e la resistenza all'oppressione.

Art. 3. Il principio di ogni sovranità risiede essenzialmente nella Nazione. Nessun corpo o individuo può esercitare un'autorità che non emani espressamente da essa.

Art. 4. La libertà consiste nel poter fare tutto ciò che non nuoce ad altri: così, l'esercizio dei diritti naturali di ciascun uomo ha come limiti solo quelli che assicurano agli altri membri della società il godimento di questi stessi diritti. Questi limiti possono essere determinati solo dalla Legge.

Art. 5. La Legge ha il diritto di vietare solo le azioni nocive alla società. Tutto ciò che non è vietato dalla Legge non può essere impedito, e nessuno può essere costretto a fare ciò che essa non ordina.

Art. 6. La Legge è l'espressione della volontà generale. Tutti i cittadini hanno diritto di concorrere, personalmente o mediante i loro rappresentanti, alla sua formazione. Essa deve essere uguale per tutti, sia che protegga, sia che punisca. Tutti i cittadini essendo uguali ai suoi occhi sono ugualmente ammissibili a tutte le dignità, posti ed impieghi pubblici secondo la loro capacità, e senza altra distinzione che quella delle loro virtù e dei loro talenti.

Art. 7. Nessun uomo può essere accusato, arrestato o detenuto se non nei casi determinati dalla Legge, e secondo le forme da essa prescritte. Quelli che procurano, spediscono, eseguono o fanno eseguire degli ordini arbitrari, devono essere puniti; ma ogni cittadino citato o tratto in arresto, in virtù della Legge, deve obbedire immediatamente; opponendo resistenza si rende colpevole.

Art. 8. La Legge deve stabilire solo pene strettamente ed evidentemente necessarie e nessuno può essere punito

se non in virtù di una legge stabilita e promulgata anteriormente al delitto, e legalmente applicata.
Art. 9. Presumendosi innocente ogni uomo sino a quando non sia stato dichiarato colpevole, se si ritiene indispensabile arrestarlo, ogni rigore non necessario per assicurarsi della sua persona deve essere severamente represso dalla Legge.
Art. 10. Nessuno deve essere molestato per le sue opinioni, anche religiose, purché la manifestazione di esse non turbi l'ordine pubblico stabilito dalla Legge.
Art. 11. La libera comunicazione dei pensieri e delle opinioni è uno dei diritti più preziosi dell'uomo; ogni cittadino può dunque parlare, scrivere, stampare liberamente, salvo a rispondere dell'abuso di questa libertà nei casi determinati dalla Legge. [...]
Art. 17. La proprietà essendo un diritto inviolabile e sacro, nessuno può esserne privato, salvo quando la necessità pubblica, legalmente constatata, lo esiga in maniera evidente, e previa una giusta indennità.

2DOC

La Dichiarazione di indipendenza americana
(1776)

da *La formazione degli Stati Uniti d'America*, a cura di A. Aquarone, G. Negri, C. Scelba, Nistri-Lischi, Pisa 1961, pp. 416-20

■ Nel momento di massima tensione con la Gran Bretagna, nel giugno 1776, il Congresso continentale incaricò una commissione di stilare la *Dichiarazione di indipendenza*, poi approvata il 4 luglio. La commissione era composta da Benjamin Franklin, John Adams, Roger Sherman, Robert Livingston e Thomas Jefferson, che fu incaricato della stesura del documento. Questo documento non costituì soltanto l'atto ufficiale dell'indipendenza delle colonie dalla madrepatria e della nascita degli Stati Uniti d'America. Divenne ben presto il simbolo e la bandiera della Rivoluzione in corso e di tutti i movimenti di protesta americani dei due secoli successivi. Il testo della dichiarazione scritto da Jefferson rivela anche lo scarto delle conquiste rivoluzionarie rispetto alle prime richieste dei patrioti americani, molto più limitate. Ma finisce per mostrare anche la differenza tra le dichiarazioni di principio e la loro reale applicazione, visto che dalla comunità politica inaugurata dalla Rivoluzione americana erano esclusi gli schiavi, i nativi americani e le donne – che avrebbero impiegato più di un secolo per vedere riconosciuti uguali diritti.

Quando nel corso degli umani eventi si rende necessario ad un popolo sciogliere i vincoli politici che lo avevano legato ad un altro ed assumere tra le altre potenze della terra quel posto distinto ed eguale cui ha diritto per Legge naturale e divina, un giusto rispetto per le opinioni dell'umanità richiede che esso renda note le cause che lo costringono a tale secessione.
Noi riteniamo che le seguenti verità siano di per se stesse evidenti; che tutti gli uomini sono stati creati uguali, che essi sono stati dotati dal loro Creatore di alcuni Diritti inalienabili, che fra questi sono la Vita, la Libertà e la ricerca della Felicità; che allo scopo di garantire questi diritti, sono creati fra gli uomini i Governi, i quali derivano i loro giusti poteri dal consenso dei governati; che ogni qual volta una qualsiasi forma di Governo tende a negare tali fini, è Diritto del Popolo modificarlo o distruggerlo, e creare un nuovo Governo, che si fondi su quei princìpi e che abbia i propri poteri ordinati in quella guisa che gli sembri più idonea al raggiungimento della sua sicurezza e felicità.
La prudenza, invero, consiglierà di non modificare per cause transeunti[1] e di poco conto Governi da lungo tempo stabiliti; e conformemente a ciò l'esperienza ha dimostrato che gli uomini sono maggiormente disposti a sopportare, finché i mali siano sopportabili, che a farsi giustizia essi stessi abolendo quelle forme di Governo cui sono avvezzi. Ma quando un lungo corteo di abusi e di usurpazioni, invariabilmente diretti allo stesso oggetto, svela il disegno di assoggettarli ad un duro Dispotismo, è loro diritto, è loro dovere, di abbattere un tale Governo, e di procurarsi nuove garanzie per la loro sicurezza futura.
Tale è stata la paziente sopportazione di queste Colonie; e tale è ora la necessità che le costringe ad alterare i loro antichi sistemi di Governo. La storia dell'attuale Re di Gran Bretagna è una storia di ripetute offese ed usurpazioni, aventi tutte come obiettivo immediato l'instaurazione di una Tirannide assoluta su questi Stati. [...]
Noi, pertanto, rappresentanti degli Stati Uniti d'America, riuniti in Congresso generale, appellandoci al Supremo Giudice dell'universo quanto alla rettitudine delle nostre intenzioni, solennemente proclamiamo e dichiariamo, in nome e per autorità dei buoni Popoli di queste Colonie, che queste Colonie Unite sono, e devono di diritto essere Stati liberi e indipendenti; che sono disciolte da ogni dovere di fedeltà verso la Corona britannica e che ogni vincolo politico fra di esse e lo Stato di Gran Bretagna è e dev'essere del tutto reciso; e che quali *Stati Liberi* e *Indipendenti*, esse avranno pieno potere di muovere guerra, di concludere la pace, di stipulare alleanze, di regolare il commercio, e di compiere tutti quegli altri atti che gli Stati Indipendenti possono di diritto compiere. E a sostegno della presente Dichiarazione, con ferma fiducia nella protezione della Divina Provvidenza, noi offriamo reciprocamente in pegno le nostre vite, i nostri averi ed il nostro sacro onore.

1. Transitorie.

3

M. Ozouf
La Rivoluzione francese e la formazione dell'uomo nuovo

M. Ozouf, *L'homme régénéré. Essais sur la Révolution française*, Gallimard, Paris 1989, pp. 116-45

■ La storica e intellettuale francese Mona Ozouf (nata nel 1931) si è occupata a lungo della cultura politica della Rivoluzione francese, e in particolare dei suoi aspetti simbolici e pedagogici. In questo saggio, prende in esame gli sforzi dei rivoluzionari di promuovere la formazione di un uomo nuovo ispirato ai princìpi della rivoluzione. L'ideale di rigenerazione della società per Ozouf è al cuore del cambiamento rivoluzionario e della nuova politica, ma ha come rovescio della medaglia l'uso del potere pubblico per entrare negli aspetti più intimi della vita dell'individuo. Per questo motivo, alcuni storici revisionisti hanno accostato le politiche in favore della rigenerazione dei rivoluzionari francesi agli esperimenti totalitari novecenteschi (per il concetto di "democrazia totalitaria", 👁 7.5). Ozouf non esclude del tutto che la concezione del potere di alcuni rivoluzionari contenesse in germe alcuni aspetti dispotici, ma ricorda che durante la Rivoluzione ci sono vari modelli di *rigenerazione* e che è opportuno non generalizzare troppo.

Con l'idea di uomo nuovo, si tocca un sogno centrale della Rivoluzione francese, illustrato da una folla di testi dall'aria utopica, che descrivono il territorio francese come ormai coperto di "marinai intrepidi, di artigiani ingegnosi, di coltivatori fisici", di "lavoratori che sapranno consultare la natura e ascoltare le sue risposte" [Circolare della commissione esecutiva dell'Istruzione pubblica ai direttori dei distretti, 28 brumaio anno III]. Un sogno ma non solamente un sogno. Ad esso erano rivolte mille istituzioni e creazioni: nuove scuole, feste, spazio nuovo dei dipartimenti, tempo nuovo del calendario, luoghi ribattezzati. Senza contare quelle disposizioni più modeste, a prima vista più irrilevanti, come il darsi del tu o portare la coccarda, che forniscono materia di lunghi dibattiti, caricati di una forte carica simbolica. Ciò che pretende legare queste istituzioni in un fascio coerente è per l'appunto l'idea di uomo nuovo.

Quando scoppia la Rivoluzione, è lungi dall'essere un'idea nuova. Tutto il secolo, abitato dal mito dell'originale, ha sognato attorno a delle esperienze di seconda nascita. [...] L'uomo cresciuto in mezzo alla foresta, il naufrago che sbarca su delle isole fortunate, il nato cieco restituito alla luce: tutte immagini forti, portate dallo spirito del tempo, per illustrare il bisogno di speculare sull'ingenuità o l'innocenza. Ma si trattava di un'innocenza fittizia, ipotesi o ricostituzione [...].

Appoggiata alla lettura di Rousseau, è dunque la Rivoluzione che apre un cammino a un auspicio che diventa un lavoro: la ricostituzione di una nuova innocenza, la ricreazione di un nuovo Adamo. È allo stesso tempo appassionante e enigmatico vedere gli uomini della Rivoluzione porre questo straordinario tentativo come il cuore stesso della loro impresa. Il progetto di creare, come aveva detto Michel Lepeletier[1], un nuovo popolo, ha continuato a unire degli uomini che disunivano le peripezie della politica rivoluzionaria e anche dopo Termidoro è ancora questo a dare il tono alla Rivoluzione. Tutti hanno accettato e addirittura rivendicato di essere giudicati su questo. [...]

Che ci siano stati nella mente degli uomini della Rivoluzione, secondo temperamenti, convinzioni, circostanze, molte maniere di concepire l'uomo nuovo, e molte maniere di affrontare il tempo della sua formazione: ecco ciò che può contribuire a fare meglio comprendere alcuni degli aspetti decisivi della Rivoluzione francese. Ma ecco anche ciò che può aiutare ad arricchire e a sfumare la controversia che ha fatto nascere il problema così sensibile di una filiazione del totalitarismo alla Rivoluzione francese. Poiché per coloro che la suggerirono o che la sostengono, è precisamente l'ambizione di creare un uomo nuovo che dà alla Rivoluzione francese il suo carattere premonitorio, annunziatore delle rivoluzioni future e dei regimi che ne sono nati. Chi intende creare un uomo nuovo pretende di impadronirsi dei minimi pensieri, abolisce la distinzione tra il privato e il pubblico, parte in guerra contro l'interiorità, si precipita in un progetto di visibilità assoluta dove l'indeterminazione è insopportabile, confuta dunque la democrazia: ed ecco perché il legame consequenziale dalla Rivoluzione figlia dei Lumi al Gulag[2] è potuto sembrare pertinente. Questa dimostrazione – che non ci si può limitare di scartare come inopportuna o scandalosa – non ha per niente la stessa pertinenza e la stessa portata se si scopre che per la Rivoluzione francese c'è *uomo nuovo* e *uomo nuovo*.

Rigenerazione, rivoluzione: per alcuni di questi uomini i due termini sono quasi sinonimi. Nessuna rigenerazione senza rivoluzione, ben inteso. [...] È la commozione di una rivoluzione distruttiva, imprevedibile, forza irresistibile di generazione dell'ignoto che sola ha potuto rimettere gli uomini al loro sorgere: cioè *creare* l'uomo nuovo. Si tratta in effetti qui di creazione, non di formazione. A stento bisogna occuparsi dei mezzi, delle precauzioni, degli ostacoli. L'uomo nuovo nasce tutto in una volta dallo slancio rivoluzionario,

1. Michel Lepeletier (1760-1793) fu uno dei più importanti esponenti dell'élite rivoluzionaria. Partecipò alle principali giornate della Rivoluzione e i suoi discorsi restarono celebri. Fu ucciso da una guardia del corpo di Luigi XVI per aver votato a favore dell'esecuzione del re e divenne così uno dei primi martiri della Rivoluzione.

2. Detti con termine tedesco *Lager*, questi campi di lavoro erano disseminati nelle zone più inospitali dell'Urss. Qui furono fatte confluire le vittime della repressione poliziesca sovietica. I primi furono realizzati nel 1918, ma specie dal 1934 – anno iniziale delle "grandi purghe" – crebbero di numero e accolsero milioni di prigionieri. *Gulag* è in realtà una sigla burocratica che sta in russo per «Amministrazione centrale dei Lager».

al quale se si crede a Condorcet[3] è sufficiente quasi abbandonarsi: "Un felice avvenimento ha all'improvviso aperto un cammino immenso alle speranze del genere umano; un solo istante ha messo un secolo di distanza tra l'uomo del giorno e quello dell'indomani"... Un solo istante: è in effetti il linguaggio del prodigio al quale ricorre questa maniera di concepire la rigenerazione. Nessun bisogno della mediazione del tempo per partorire l'uomo nuovo. [...] [Secondo un altro modello di *rigenerazione*] lo slancio rivoluzionario non può dispiegarsi liberamente. Bisogna contare gli ostacoli esterni – i partigiani del passato, quasi dimenticati nella descrizione precedente e tuttavia sempre là, attivi, industriosi, tenaci – e gli ostacoli interni, più pericolosi ancora senza dubbio: ricordi, abitudini, cattive pieghe delle coscienze, costumi spiegazzati non ancora corretti dalla rettitudine delle leggi [...]. Coesistono nello stesso popolo degli uomini nuovi e degli uomini vecchi. [...] Disfare [l'uomo vecchio] può voler dire «proscrivere» (gli spettacoli frivoli), «annientare» (i giochi superflui), [...] «purgare» (le biblioteche), «epurare» (i pensieri e fino al cuore stesso) [...]. Disfare, di conseguenza, sarà combattere questi agenti del passato e insegnare ovunque a riconoscerli. [...]

Una rigenerazione dunque ben diversa da quella di cui noi avevamo intravisto il viso. Quella era disinvolta e spontanea, questa è meticolosa e dirigista, ovunque attaccata alla figura di un legislatore invisibile o alla mano nascosta di un pedagogo, poiché qui la sequenza dirigista che va dalle leggi ai costumi è la sola immaginabile. Quella lasciava al caso le determinazioni dell'uomo nuovo e si preoccupava poco di accordarle tra loro. Questa non sopporta nessuna discordanza.

3. Jean-Antoine Caritat de Condorcet (1743-1794) appartenne all'ultima generazione degli illuministi e partecipò alla Rivoluzione tra le fila dei girondini, prima di finire perseguitato negli anni del Terrore.

4 DOC

Maximilien Robespierre
Il governo rivoluzionario

1793

da *Les grands discours parlementaires de la Révolution. De Mirabeau à Robespierre. 1789-1795*, a cura di Guy Chaussinand-Nogaret, Armand Colin, Paris 2005, pp. 211-15

■ Nell'estate del 1793, le leve del potere erano in mano a Robespierre e al suo Comitato di salute pubblica. L'assemblea della Convenzione aveva ormai un ruolo marginale e finiva per ratificare le scelte del governo. In seguito, il regime terrorista veniva ancora più rafforzato con la sospensione della Costituzione e delle libertà. Nella seduta del 25 dicembre 1793 della Convenzione, Robespierre tenne questo discorso, volto a giustificare i metodi utilizzati dal governo rivoluzionario. Il fulcro del ragionamento era il seguente: solo provvedimenti straordinari potevano mettere in salvo le conquiste della Rivoluzione e preparare la strada a governi pacifici e costituzionali.

Cittadini, i successi addormentano le anime deboli, spronano le anime forti. [...] I difensori della Repubblica adottano la massima di Cesare; credono che non si è fatto nulla fintantoché resta qualcosa da fare. Ci restano abbastanza pericoli per impegnare tutto il nostro zelo.

Vincere degli inglesi e dei traditori è una cosa facile per il valore dei nostri soldati repubblicani[1]. C'è un'impresa non meno importante e più difficile: confondere attraverso un'energia costante gli intrighi eterni di tutti i nemici della nostra libertà e fare trionfare i principi sui quali deve fondarsi la prosperità pubblica. Tali sono i primi doveri che avete imposto al nostro Comitato di salute pubblica. Tratteremo in primo luogo i principi e la necessità del governo rivoluzionario [...].

La teoria del governo rivoluzionario è nuova come la rivoluzione che l'ha provocata. Non bisogna cercarla nei libri degli scrittori politici, che non hanno per nulla previsto questa rivoluzione, né nelle leggi dei tiranni, che, contenti di abusare del loro potere, si occupano poco di cercarne la legittimità [...].

La funzione del governo è di dirigere le forze morali e fisiche della Nazione verso il fine della sua istituzione. Lo scopo del governo costituzionale è di conservare la Repubblica, quello del governo rivoluzionario è di fondarla. La rivoluzione è la guerra della libertà contro i suoi nemici, la Costituzione è il regime della libertà vittoriosa e pacifica.

Il governo rivoluzionario ha bisogno di un'attività straordinaria, precisamente perché esso è in guerra. È sottomesso a delle regole meno uniformi e meno rigorose, perché le circostanze in cui si trova sono tempestose e mutevoli, e soprattutto perché è costretto a dispiegare senza cessa delle risorse nuove e rapide per dei pericoli nuovi e pressanti. Il governo costituzionale si occupa principalmente della libertà civile, e il governo rivoluzionario della libertà pubblica. Sotto il regime costituzionale, è sufficiente quasi proteggere gli individui dall'abuso del potere pubblico; sotto il regime rivoluzionario, lo stesso potere pubblico è obbligato a difendersi da tutte le fazioni che l'attaccano. Il governo rivoluzionario deve ai buoni cittadini tutta la protezione nazionale, non deve ai nemici del popolo che la morte.

Queste nozioni bastano per spiegare l'origine e la natura delle leggi che noi chiamiamo rivoluzionarie. Quelli che le definiscono arbitrarie o tiranniche sono dei sofisti stupidi o perversi che cercano

1. Per i conflitti armati contro le potenze avverse alla Francia rivoluzionaria, 👁 7.4.

di confondere gli oppositori; vogliono sottomettere allo stesso regime la pace e la guerra, la salute e la malattia, o piuttosto non vogliono altro che la risurrezione della tirannia e la morte della patria. Se essi invocano l'esecuzione letterale degli adagi costituzionali, non è che per violarli impunemente. Non sono che dei vigliacchi assassini che, per sgozzare la Repubblica in culla senza pericolo, si sforzano di imbavagliarla con delle massime vaghe, di cui sanno bene liberarsi essi stessi.

Il vascello costituzionale non è stato costruito per restare sempre in cantiere, ma bisognava lanciarlo in mare al culmine della tempesta, e sotto l'influenza dei venti contrari? È quello che volevano i tiranni e gli schiavi che si erano opposti alla sua costruzione, ma il popolo francese vi ha ordinato di aspettare il ritorno della calma. I suoi voti unanimi [...] vi hanno comandato di liberarla prima di tutti i suoi nemici.

5DOC

Giuseppe Mazzini
La necessità dell'insurrezione

1835

da *Antologia degli scritti politici*, a cura di G. Galasso, il Mulino, Bologna 1961, pp. 33-36

■ Fra i numerosi scritti politici di Giuseppe Mazzini, abbiamo scelto un brano tratto da un opuscolo uscito in francese nel 1835 e intitolato *Foi et avenir, Fede e avvenire.* Col suo caratteristico stile concitato e a tratti enfatico, ma non privo di efficacia, Mazzini critica i sostenitori di una linea moderata e graduale e illustra la validità del metodo insurrezionale, soprattutto nei paesi soggetti a regimi dispotici.

Due cose sono essenziali al progresso da compiersi: la manifestazione d'un principio e la sua incarnazione nei fatti. Apostoli d'una credenza che intende fondare, noi non possiamo innoltrare[1] se non a bandiera spiegata e affrontando una mortale battaglia tra la nostra e l'avversa credenza. Aspettate, dicono[2]. Ma qual cosa? Le circostanze? Or che mai sono le circostanze se non una particolare disposizione degli elementi chiamati a generar fatti? E d'onde possono sorgere se non dal nostro lavoro? La guerra? Tra chi? Tra quei che camminano di pieno accordo, che hanno stretto nuovamente pur ora un patto di fratellanza, che hanno lo stesso fine, gli stessi nemici, le stesse paure? Contro popoli prostrati e nel fango! La guerra non sorgerà in Europa se non dall'insurrezione. I *Colpi di Stato*? Solo una lotta energica, ostinata, può renderli inevitabili. Or come sostenerla? Colla cospirazione? I predicatori di pazienza la rifiutano come rifiutano le sommosse. Colla stampa? I Governi la uccidono: avete per ogni dove leggi che incatenano, censori che tormentano lo scrittore, giudici che condannano e chiudono il pensiero in una prigione. Potrete superare questi ostacoli? In Francia forse. Ma ponete un paese privo assolutamente di stampa, senza Parlamento o Consigli che discutano, senza giornali letterari, senza teatro nazionale, senza insegnamento popolare, senza libri stranieri. Ponete che quel paese soffra, soffra tremendamente, nelle sue moltitudini come nelle classi agiate, di miseria, d'oppressione straniera e domestica, di violazioni continue del suo principio nazionale, d'assenza d'ogni sviluppo intellettuale e industriale. Che mai farà quel paese? Da qual parte potrà originare poi esso il lento progresso a gradi che vagheggiate? Or quel paese esiste. Quel paese ha nome Italia, Polonia, Germania da qualche tempo. Quel paese abbraccia i due terzi d'Europa.

Guardate all'Italia.

In essa non è progresso né via aperta al progresso, se non quella delle rivoluzioni. La tirannide ha innalzato un muro impenetrabile lungo la sua frontiera. Un triplice esercito di spie, di doganieri, di birri vigila notte e giorno a impedire la circolazione del pensiero. L'insegnamento mutuo è proscritto. Le università sono schiave o chiuse. Condanne mortali pendono su chi non solamente stampi segretamente, ma possieda e legga il libro vietato. È vietata è l'introduzione dei giornali indipendenti stranieri. L'intelletto more nell'infanzia per difetto d'alimento. I giovani si fanno apostati nell'egoismo e consumano ogni vigore in accessi d'una sterile misantropia. [...] E le anime privilegiate, le anime di fuoco che intravvidero per un solo istante il futuro, dolorosamente combattute da quanto le circonda, si estinguono senza intento, senza missione, senza luce che le scorga. [...] Chi darà, io lo chiedo nuovamente, il progresso a quel popolo? chi lo darà alla Polonia che versa in eguali condizioni? chi alla Germania che verserà tra non molto in esse, quando, abbracciando il vostro consiglio, i suoi patrioti avranno interrotto il combattere che popola le prigioni, ma desta a poco a poco le moltitudini? Come potremo noi introdurre in quelle contrade il santo pensiero invocato da tutti, ma non definito, se ci arretriamo, per calcolo individuale, davanti al pericolo, se non osiamo difendere coll'armi in pugno, come il contrabbandiere dei Pirenei, il contrabbando dell'intelletto? L'insurrezione: io non vedo, per quei popoli, altro consiglio possibile: l'insurrezione appena le circostanze concedano: l'insurrezione energica, generale: l'insurrezione delle moltitudini: la guerra santa degli oppressi: la repubblica per creare repubblicani: il popolo in azione per iniziare il progresso. L'insurrezione annunzi terribile i decreti di Dio: sommova e spiani il suolo sul quale deve innalzarsi il suo edificio im-

1. Avanzare, progredire.

2. Si riferisce alle tendenze moderate di cui s'è detto nell'introduzione al brano e per le quali, 👁 12.5.

mortale: inondi, come il Nilo, le contrade ch'essa deve rendere fertili.
Noi qui parliamo per quei soprattutto che giacciono alla base della gerarchia europea per quei che, mentre altri più in alto cammina illuminato dal sole e scorge chiaro il fine del lavoro comune, errano fra le tenebre e condannati al silenzio da una doppia tirannide per le razze incatenate che cercano invano da lunghi secoli la missione assegnata ad esse da Dio per la Polonia, per l'Ungheria, per l'Italia, per la Spagna, paesi di grandi fati che logorano oggi le forze tra due sistemi, traduzione ambi d'un falso principio per la Germania pure, povera e santa Germania, che ridesta tutti noi colla maschia voce di Lutero e per la quale noi non sappiamo trovare in oggi se non una simpatia così tiepida da somigliare l'indifferenza. [...] Abbiamo oggi uomini, scrittori repubblicani di merito, che ritengono nessuna luce poter guidare i popoli al meglio se non scendente dall'alto, dagli orli dell'abisso in cui giacciono, dalle mani di quei che vegliano a mantenerli altri che si limitano a implorare per essi, quasi elemosina, una frazione qualunque di libertà – altri che vorrebbero l'associazione europea maturasse al sole della monarchia costituzionale, che respingono quasi[3] dannoso ogni tentativo di rigenerazione per mezzo d'un grande principio religioso, che protestano come contro dimostrazioni importune e inefficaci contro ogni moto ardito di popolo, contro ogni credenza radicalmente organica manifestata dai difensori dei popoli. Ed io protesto contro la falsa teoria che, confondendo l'espressione materiale del progresso medesimo, raddoppia in certo modo fatica ai popoli e li condanna a una *iniziazione* per gradi, parallela alla serie dei patimenti che attraversano.
No; quei popoli rovinarono sino all'inferno nella loro caduta: balzeranno fino al cielo sorgendo.
I popoli s'iniziano nei patimenti della servitù all'adorazione della libertà. Sopportarono oltre ogni espressione: ingigantirono, levandosi, oltre ogni presumere. I loro dolori furono benedetti. Ogni lagrima insegnò loro una verità. Ogni anno di martirio li preparò a una redenzione assoluta. Bevvero il calice fino all'ultima stilla. Non avanza ad essi che infrangerlo.
Quale è dunque il da farsi?
Predicare, Combattere, Agire.

3. Come.

6DOC

Francesco Hayez
Pietro l'Eremita che cavalcando una bianca mula col Crocifisso in mano, e scorrendo le città e le borgate predica la crociata
1827-29

Collezione privata, Milano

In molti dei suoi quadri, il pittore Francesco Hayez riprendeva un soggetto storico testimoniando il suo impegno civile e la sua adesione agli ideali nazionalisti. Il religioso francese Pietro l'Eremita (XI secolo) – ritratto al centro di questa opera – aveva motivato con la sua predicazione uomini e donne a partire per l'Oriente dopo il concilio di Clermont, tenutosi nel 1095.
Nel quadro Pietro si erge sulla mula avendo alle spalle lo stendardo crociato e brandendo il crocifisso che mostra al a folla. Fra la moltitudine spiccano crociati in partenza – alcuni dei quali salutano i loro cari –, nobildonne e donne del popolo. A sinistra, isolata, una figura maschile si inginocchia su una croce. La scena si svolge sullo sfondo di un paesaggio italiano, caratterizzato da alte montagne e un castello. Ricorrendo al soggetto storico della crociata, Hayez investe di carica religiosa la rivoluzione italiana auspicata e la guerra di liberazione che il popolo italiano doveva intraprendere contro lo straniero.
Pochi anni dopo, nel 1840, il riferimento sarà ben colto da Mazzini in un suo saggio sulla pittura italiana, *Pittura moderna in Italia* pubblicato sulla «London and Westminster Review». Soffermandosi su questo quadro come rappresentazione perfetta dello spirito necessario ai popoli per realizzare la propria missione rivoluzionaria Mazzini scrive: «Dietro e ai due lati [di Pietro] si stringe una folla di tutte le età, sessi

e condizioni [...]. Ed attraverso a questa folla in atteggiamenti così variati, a gruppi così distinti, circolano e si delineano tutte le affezioni, tutte le tendenze; e al di sopra di esse, solo e vero legame d'unità, si libra il pensiero che la sospinge tutta: «Dio lo vuole. Dio lo vuole.» [...] Tale è l'Hayez: artista completo per quel tanto che i tempi lo permettono: che si assimila, per riprodurlo in simboli, il pensiero dell'epoca, quale esso s'agita compresso nel seno della nazione; che armonizza il concetto e la forma: idealizza le sue figure senza falsarle; crea protagonisti, non tiranni: fa molto sentire e molto pensare».

7 DOC

Vladimir Il'ič Ul'janov detto Lenin
Le Tesi di Aprile
1917

da Id., *Opere scelte*, Roma, Editori riuniti, 1965, pp. 713-16

■ Allo scoppio della rivoluzione russa nel febbraio del 1917, Lenin era in esilio in Svizzera. Rientrato a Pietrogrado i primi giorni di aprile, pubblicò le *Tesi di Aprile*, un testo programmatico poi adottato dal partito bolscevico. Dopo aver indicato la via della pace immediata (era in corso la prima guerra mondiale con la Russia ancora in campo), Lenin indicava la nuova via della rivoluzione proletaria: l'abbandono dei governi fondati sul sistema della democrazia rappresentativa, come quello provvisorio appena instaurato in Russia, in favore dei *soviet*, organi dove il popolo dovrebbe esercitare la sua sovranità senza mediazione; l'abolizione della proprietà privata in tutti i settori economici; l'instaurazione di una rete di partiti a sostegno della nuova Internazionale comunista.

[2] La peculiarità dell'attuale momento in Russia consiste nel passaggio dalla prima tappa della rivoluzione che, a causa dell'insufficiente coscienza ed organizzazione del proletariato, ha dato il potere alla borghesia alla seconda tappa, che deve dare il potere al proletariato e agli strati poveri dei contadini. Da una parte, questo passaggio è caratterizzato dal massimo di legalità (fra tutti i paesi belligeranti, la Russia è, oggi, il paese più libero del mondo) e, d'altra parte, dall'assenza di violenza contro le masse e, infine, dall'atteggiamento inconsapevolmente fiducioso delle masse verso il governo dei capitalisti, dei peggiori nemici della pace e del socialismo.
Questa peculiarità c'impone di saperci adattare alle condizioni particolari del lavoro del partito fra le immense masse proletarie appena destate alla vita politica.
[3] Non appoggiare in alcun modo il governo provvisorio; dimostrare la completa falsità di tutte le sue promesse, soprattutto di quelle concernenti la rinuncia alle annessioni. Smascherare questo governo invece di «esigere» (ciò che è inammissibile e semina illusioni) che esso, governo di capitalisti, cessi di essere imperialista.
[4] Riconoscimento del fatto che il nostro partito è una minoranza e, finora, una piccola minoranza, nella maggior parte dei *Soviet* deputati degli operai, di fronte al blocco di tutti gli elementi opportunisti piccolo-borghesi, sottomessi all'influenza della borghesia e veicoli dell'influenza borghese sul proletariato: dai socialisti populisti e dai socialisti-rivoluzionari al Comitato d'Organizzazione (Ckheidze, Tsereteli ecc.) a Steklov ecc.
Spiegare alle masse che i *Soviet* dei deputati operai sono la sola forma possibile di governo rivoluzionario e che, per conseguenza, il nostro compito, finché questo governo sarà sottomesso all'influenza della borghesia, può consistere soltanto nella spiegazione paziente, sistematica, perseverante – particolarmente adattata ai bisogni delle masse – degli errori della loro tattica.
Finché saremo in minoranza, faremo un lavoro di critica e di spiegazione degli errori, sostenendo in pari tempo la necessità del passaggio di tutto il potere statale ai *Soviet* dei deputati operai, affinché le masse, sulla base dell'esperienza, possano liberarsi dei loro errori.
[5] Niente repubblica parlamentare – ritornare ad essa, dopo i *Soviet* dei deputati operai, sarebbe un passo indietro – ma repubblica dei *Soviet* dei deputati operai, dei braccianti e dei contadini, in tutto il paese, dal basso in alto. Soppressione della polizia, dell'esercito[1] e del corpo dei funzionari. Salario ai funzionari – tutti eleggibili e revocabili in qualunque momento – non superiore al salario medio d'un buon operaio.
[6] Nel programma agrario, trasferire il centro di gravità nel *Soviet* dei deputati dei salariati agricoli. Confiscare tutte le terre dei grandi proprietari fondiari. Nazionalizzare tutte le terre del paese e metterle a disposizione dei *Soviet* locali dei deputati dei salariati agricoli e dei contadini poveri. Fare di ogni grande tenuta [...] una azienda modello coltivata per conto della comunità e sottoposta al controllo dei *Soviet* dei deputati dei salariati agricoli.
[7] Fusione immediata di tutte le banche del paese in una unica banca nazionale, posta sotto il controllo dei *Soviet* dei deputati operai. [...]
[10] Rinascita dell'Internazionale. Prendere l'iniziativa della creazione di un'Internazionale rivoluzionaria contro i socialsciovinisti[2] e contro il «centro»[3].

1. Sostituendo l'esercito permanente con l'armamento generale del popolo.

2. Con la definizione "socialsciovinista" Lenin si riferisce ai socialdemocratici della Seconda Internazionale che avevano avallato l'entrata in guerra dei loro paesi. Questo atteggiamento era in netto contrasto con i princìpi internazionalisti del socialismo.

3. Nella socialdemocrazia internazionale il «centro» è la corrente che oscilla tra gli sciovinisti e gli internazionalisti.

8 DOC

Guardie rosse durante l'occupazione delle fabbriche

Torino, settembre 1920

■ Alla fine della prima guerra mondiale, nel 1918, l'Italia fu scossa da una forte instabilità politica e sociale. I problemi all'ordine del giorno dei governi liberali erano tanti, l'esperienza della guerra aveva provato la società italiana ma soprattutto restituiva al paese masse di ex soldati che spesso facevano fatica a reinserirsi nelle precedenti occupazioni. In quest'atmosfera di incertezza politica ed economica, arrivavano le notizie provenienti dalla Russia, facendo facile presa su molti italiani anche grazie alla propaganda dei socialisti più radicali. Nel corso di una durissima lotta tra sindacato degli operai e mondo imprenditoriale italiano, si arrivò così alla nascita di consigli operai sul modello dei *soviet* russi e all'occupazione delle fabbriche. In questa foto, scattata nel settembre di quello che è passato alla storia come il «biennio rosso» (1919-20), alcuni operai torinesi armati difendono il picchetto di occupazione della fabbrica. Il riferimento di queste "guardie rosse" alla rivoluzione russa è evidente fin dallo striscione scelto come manifesto, col simbolo ufficiale dei *soviet* – la falce e il martello – ben in evidenza. La possibilità d'instaurare una rivoluzione socialista anche in Italia per qualche tempo sembrò più verosimile che mai.

9

M. Bénilde
Internet getta il seme della democrazia

da *Capire le rivoluzioni arabe*, a cura di A. Gresh, in «Le Monde diplomatique», Roma 2012, pp. 26-28

■ Uno degli elementi delle rivoluzioni arabe messi più in evidenza dagli osservatori è il ruolo svolto dai nuovi media, da internet e dai social network in particolare. La giornalista Marie Bénilde ne dimostra l'importanza, ma allo stesso tempo spiega il loro collegamento con i mezzi di comunicazione più tradizionali.

Secondo il quotidiano *Libération* del 28 gennaio 2011, il regime di Hosni Mubarak ha commesso l'atto più liberticida del mondo nei confronti dell'accesso a Internet. Né la Birmania nel 2007, né la Cina nel 2008, né l'Iran nel 2009 si sarebbero spinti tanto lontano quanto l'Egitto nei confronti della contestazione su Internet. Solo il paese del

raïs ha chiuso totalmente l'accesso alla rete ai nove decimi dei 23 milioni di internauti egiziani che accedevano in modo occasionale o regolare al Web – cinque milioni dei quali iscritti a Facebook. Il blocco non è riuscito a impedire la caduta del presidente Mubarak. La rivoluzione egiziana, come quella che l'ha preceduta in Tunisia, mostra insieme la forza dei nuovi media, la difficoltà di contrastarli con le classiche forme di repressione e controllo, e il loro collegamento, troppo spesso ignorato, con i media tradizionali come televisione e stampa. Ma torniamo al famoso blocco di Internet. Il 2 febbraio, cinque giorni dopo il fermo, le autorità egiziane decidono di riaprire l'accesso alla rete. Il giorno prima, Google aveva lanciato la possibilità di «tweeter» attraverso il telefono, aggirando così il blocco. Chiamando un certo numero telefonico, gli oppositori egiziani avrebbero potuto lasciare dei messaggi vocali che sarebbero stati ritrasmessi su Twitter. Di conseguenza, l'occultamento digitale degli avvenimenti non sarebbe stato più possibile; l'arresto di Wael Ghonim, il responsabile marketing di Google in Medioriente (che dopo il rilascio verrà portato in trionfo in piazza Tahrir), si rivela presto una mossa del tutto inadeguata alla situazione. Il regime ha tentato di soffocare Internet come un tempo cercava di sbarazzarsi di testimoni scomodi imprigionando i giornalisti che davano spazio alle manifestazioni.
Ma la rete delle reti non è, per sua stessa natura, incontrollabile? È allora che si decide di utilizzare una nuova strategia, più in sintonia con i moderni sistemi di telecomunicazione. Piuttosto che cercare di censurare in toto – e senza discernimento – i messaggi degli oppositori con il fermo Internet, le autorità egiziane decidono di servirsi anch'esse delle nuove tecnologie: l'esercito coinvolge gli operatori di telefonia mobile legati allo stato (Mobinil, filiale di France Télécom, e Vodafone) obbligandoli a diffondere messaggi che invitano alla delazione o informano su luogo e ora delle manifestazioni a sostegno di Mubarak. È di pochi giorni prima della caduta del presidente, un sms dell'esercito in cui «le forze armate chiedono agli uomini onesti e leali d'Egitto di combattere traditori e criminali e di proteggere il popolo e l'onore del nostro prezioso Egitto» [...]. Testimonianza, anche, di un atteggiamento più sofisticato da parte dell'ultima fase della repressione in rete, in quanto non si tratta più solo di chiudere i blog o i siti ostili al regime – soprattutto quando diffondono video sulle torture praticate nei commissariati di polizia –, ma anche di promuovere la voce del governo. Solo che è già troppo tardi. Nell'era digitale, qualunque autorità si ritenga vittima di Internet, e più specificamente di un motore di ricerca, deve pubblicare i propri contenuti in rete per intervenire nella comunicazione ostile. Ma un uso così «propositivo» implica di precedere gli eventi, non di seguirli. Che ruolo accordare oggi ai nuovi strumenti di comunicazione nei movimenti di rivolta arabi? La maggior parte delle testimonianze converge nel sostenere che i social network hanno avuto un ruolo nella mobilitazione sia in Egitto che in Tunisia. Su Facebook si sono formati gruppi per dare voce all'esasperazione, creare legami sulla base di affinità o per darsi una mano al momento dell'azione; Twitter è servito, in modo più marginale, per lanciare l'allarme, soprattutto fuori del paese. Tuttavia, come dimostrano i numerosi arresti di giornalisti o gli interventi di disturbo sulle trasmissioni di Al Jazira attraverso uno dei satelliti dipendenti dallo stato egiziano, le autorità hanno diffidato soprattutto della televisione e della stampa. I canali *all-news* hanno in effetti il potere di rispecchiare la realtà delle manifestazioni e di far aumentare il numero dei partecipanti [...]. Sarebbe forse il caso di relativizzare l'idea di una «rivoluzione 2.0», come l'ha definita il blogger egiziano Ghonim? In realtà, nuovi e vecchi media sembrano strettamente legati. Se oggi l'informazione riesce ad aggirare la censura, sfuggire a qualsiasi divieto e diffondersi in modo così ampio, è certo grazie a Internet e alla condivisione di link sulle diverse comunità dei social network. Ma la rivista *Telos*, edita dalla fondazione Telefonica in Spagna, ha recentemente dimostrato che l'80% delle notizie che circolano nel mondo su Internet provengono dalle edizioni online della stampa. Stessa cosa per la tv. In Tunisia, Al-Jazira [...] si è imposta [...] come il media audiovisivo libero del paese, a scapito dei canali nazionali e delle altre tv straniere, mentre «i primi a cadere nell'oblio sono stati soprattutto gli intermediari tradizionali delle rivolte – Internet, Facebook, Twitter, YouTube». L'emittente d'informazione si è distinta prima di tutto per la capacità di ritrasmettere immagini riprese con i cellulari, come quelle delle prime manifestazioni represse dalla polizia a Sidi Bouzid.
[...] Il giornalista Benjamin Barche descrive il percorso di questi video amatoriali pubblicati prima su siti alternativi come Nawaat o Takriz, poi segnalati da Twitter, ripresi sui social network (Facebook, YouTube) e finalmente diffusi in massa dall'emittente Al-Jazira, che conferisce loro una definitiva diffusione popolare. [...]
In sostanza, a livello d'informazione i nuovi canali digitali non compaiono che in secondo piano. Ma i contributi offerti dai social network (2.0) assolvono ad una funzione inedita nella storia dei media. Hanno permesso alle redazioni occidentali, spesso tagliate fuori dalla realtà di paesi a cui guardavano con la stessa miopia dei rispettivi governi (per la grande indulgenza nei confronti dei corrotti regimi in carica, potenze seducenti per politici e giornalisti francesi di primo piano), di capire che lo spauracchio islamista non era più sufficiente a screditare la rivolta popolare [...]. Con Internet, la parola del popolo diventa più intelligibile, anche se è solo parziale. Ovviamente, è inutile dire che non sono Internet o i social network a fare la rivoluzione: le immolazioni pubbliche, le manifestazioni proibite o l'occupazione di piazza Tahrir sono prima di tutto espressioni fisiche di uno smarrimento e di una contestazione popolare. [...]. Al punto che ci si può legittimamente chiedere quale sia il futuro di una mobilitazione che non sia accompagnata da un lavoro di strutturazione politica, capace di trasformare un assembramento di massa in una forza rivoluzionaria attiva.

10

G. Corm
Quando la «via araba» serve da modello al Nord

da *Quand la 'rue arabe' sert de modèle au Nord*, in «Le Monde», 11 febbraio 2011

■ George Corm è uno storico ed economista ma anche ex ministro delle finanze della Repubblica libanese. A fianco della sua attività di insegnante e consulente per molte organizzazioni internazionali, pubblica su vari giornali i suoi commenti sulla vita politica del mondo arabo e del Medio Oriente. In questo articolo, comparso sul quotidiano francese «Le Monde», Corm cerca di individuare le condizioni da cui è partita l'ondata rivoluzionaria araba del 2011, mettendo l'accento in particolare sulle grosse diseguaglianze sociali e sulla casta di politici corrotti. Visto il legame tra il sistema economico nord-africano e quello europeo, Corm auspicava già a queste date un'analoga ondata di proteste nella riva nord del Mediterraneo.

A partire dalla Tunisia, la divina sorpresa [la rivoluzione] che ha toccato la riva sud del Mediterraneo non è così semplice come potrebbe sembrare di primo acchito [...]. In breve, tutti i tentativi di imporre la democrazia dall'esterno non avranno avuto per effetto che l'aggravarsi delle tensioni e delle instabilità della regione.

In compenso, è un povero tunisino disperato socialmente ed economicamente che, immolandosi col fuoco in una zona rurale, fa scattare l'ondata di proteste popolari che scuote il sud del Mediterraneo[1]. E le immolazioni col fuoco si moltiplicano.

In questa ondata, bisogna ben identificare l'alchimia che ne ha reso possibile fino ad ora il successo: delle forti rivendicazioni di equità sociale ed economica, accoppiate all'aspirazione alla libertà politica e all'alternanza nell'esercizio del potere. Sostenere unicamente le rivendicazione politiche che motivano le classi medie e dimenticare quelle di giustizia e di equità socio-economica che motivano le classi più sfavorite condurrà a gravi disillusioni. Ora, il sistema che ha portato alla disperazione sociale è quello delle *kleptocrazie*[2] che legano i poteri locali alle oligarchie d'affari che esse stesse generano e alle grandi società europee o ai potenti gruppi finanziari arabi, originari dei paesi esportatori di petrolio. È questo sistema che ha alimentato l'ascesa delle correnti islamiste protestarie.

L'ondata di neoliberalismo imposta agli stati del sud del Mediterraneo da trent'anni ha facilitato la costituzione delle oligarchie locali. La maniera in cui sono state condotte le privatizzazioni ha giocato un ruolo importante in questa evoluzione, così come le temibili speculazioni immobiliari e lo sviluppo dei sistemi bancari, finanziari e borsistici che non danno profitti che a questa nuova oligarchia d'affari. Ora, numerosi osservatori hanno ingenuamente fatto notare il fatto che questi nuovi imprenditori sarebbero il motore di un dinamismo economico innovatore e creatore di impieghi che porterebbe all'emergere di una democrazia liberale.

La realtà è stata tutt'altra. Il ritiro dello Stato dall'economia e la forte riduzione delle sue spese d'investimento per assicurare l'equilibrio del bilancio pubblico non sono state compensate da un aumento dell'investimento privato. Si supponeva che quest'ultimo avrebbe creato nuovi posti di lavoro produttivi per far fronte alle perdite degli impieghi provocati dai piani di aggiustamento strutturali neoliberali e all'aumento dei giovani che entrano nel mondo del lavoro. Il mondo rurale è stato totalmente abbandonato e la liberalizzazione commerciale ha reso più difficile lo sviluppo del settore agro-alimentare e di un'industria innovativa creatrice di posti di lavoro qualificati. [...]

Del resto, gli organismi internazionali di finanziamento, così come l'Unione Europea, hanno pure una certa responsabilità. I programmi di aiuto hanno essenzialmente mirato a portare allo stesso livello istituzionale libero-scambista, ma non a cambiare la struttura e il modo di funzionamento dell'economia reale. Questa qui [...] è rimasta afflitta dalla sua mancanza di dinamismo e d'innovazione.

Ovunque, il modello economico è diventato quello del predominio di un'oligarchia del denaro, legato al potere politico in campo, ai poteri europei e americani e a certe grandi società multinazionali. [...]

Perché le cose cambino durevolmente nel Mediterraneo, perché una zona euro-mediterranea dinamica, competitiva e che pratichi l'equità sociale possa emergere, non è forse necessario che la società civile europea segua, a sua volta, l'esempio di quella che è stata chiamata sdegnosamente dai media la "via araba"? Che essa alzi a sua volta il livello di contestazione contro la temibile oligarchia neoliberale che impoverisce le economie europee, che non vi crea abbastanza opportunità d'impieghi e precarizza ogni anno un numero sempre più grande di europei di tutte le nazionalità. Questa evoluzione negativa [della società europea] si è fatta, anche in questo caso, a beneficio della piccola cerchia di *manager* le cui remunerazioni annuali si assicurano sempre più ricchezza nazionale.

Al nord come al sud del Mediterraneo, questi manager sostengono i poteri che contano e dominano la scena mediatica e culturale. Bisogna dunque ripensare il divenire non più di una sola riva del Mediterraneo, ma delle sue due rive e dei loro legami multiformi.

L'esempio della riva sud dovrebbe stimolare oggi sulla riva nord la capacità di pensare in modo diverso un altro "avvenire comune".

---

1. Si tratta di Mohamed Bouazizi (1984-2011).

2. Con questo termine Corm fa riferimento a quelle forme di governo che hanno nell'arricchimento delle élite al potere la loro ragion d'essere, dalla radice greca *sklept-* di 'ladro/rubare'.

MODULO

4 L'UNIFICAZIONE ITALIANA

1852
Accordo di governo fra Cavour e Rattazzi, il «connubio»

1853
Fondazione del Partito d'azione mazziniano

1859
Seconda guerra d'indipendenza; annessione di Lombardia, Emilia, Toscana al Regno di Sardegna

1859
Legge Casati sul sistema scolastico nazionale.
Legge Rattazzi sull'ordinamento comunale e provinciale

1860
Spedizione dei Mille: annessione del Mezzogiorno

Antonino Licata
Garibaldi entra a Napoli
[Museo Centrale del Risorgimento, Roma]

ANTEPRIMA

L'Italia unita e l'Europa

Dopo le sconfitte del 1848-49 l'Italia rimaneva divisa in sei Stati: il Regno di Sardegna, il Ducato di Parma e Piacenza, quello di Modena, lo Stato pontificio, il Granducato di Toscana, il Regno delle Due Sicilie. Inoltre Lombardia e Veneto fino a Trieste erano sotto il diretto dominio dell'Austria, principale ostacolo all'unificazione e all'indipendenza dell'Italia.
Nel giro di un ventennio questo assetto risultò profondamente modificato. Nel 1861, dopo la seconda guerra d'indipendenza e la spedizione dei Mille di Garibaldi, il nuovo Parlamento poteva proclamare l'unità d'Italia sotto la monarchia costituzionale di Vittorio Emanuele II [ATLANTE_39]. Dopo la conquista del Veneto del 1866, nel 1870 la presa di Roma suggellava il processo di unificazione nazionale.
L'unità d'Italia modificava profondamente il quadro europeo inserendo un nuovo organismo statale in un assetto politico-geografico consolidato da secoli. Salvo il breve periodo della dominazione napoleonica – che aveva contribuito a far germogliare le ipotesi unitarie –, l'Italia era rimasta divisa dai tempi della caduta dell'Impero romano. Anche se il ceto colto aveva continuato a immaginare un'unità culturale, linguistica e geografica dell'Italia, dalle Alpi alla Sicilia, e tutto il movimento nazionale – e in particolare quello democratico guidato da Mazzini – aveva raccolto e rafforzato questa visione dando corpo a una risorta identità italiana.

La presenza del nuovo Stato alterava **gli equilibri tra le potenze e nei sistemi di alleanze presenti** sulla scena europea e insieme suscitava, grazie alla sconfitta dell'Austria, nuove aspettative tra i movimenti nazionali dell'Impero asburgico, già attivi nel rivendicare la propria autonomia.

1861 Proclamazione del Regno d'Italia

1861-76 La Destra storica al governo

1861-65 Diffusione del brigantaggio nel Mezzogiorno

1866 Terza guerra d'indipendenza: annessione del Veneto

1868 Tassa sul macinato

1870 Annessione del Lazio. Breccia di Porta Pia e Roma capitale

1871 Emanazione della legge delle Guarentigie

1874 Il *non expedit* di Pio IX

I fattori dell'unificazione

Molti fattori avevano concorso a realizzare lo straordinario successo politico dell'unificazione: una **dinastia** come quella **sabauda**, orientata da secoli a un'espansione dei propri territori verso la Pianura padana da conseguire per via diplomatica e militare; un **ceto politico liberale** sostenuto nei suoi progetti da un sistema istituzionale rappresentativo sancito, in Piemonte, dallo Statuto del 1848; la presenza di un abile e determinato leader politico come il **conte di Cavour**, in grado di guidare un processo di riforme economiche e politiche che trasformarono il Piemonte in una piccola potenza regionale; la sistematica sconfitta delle iniziative mazziniane e lo spostamento di larga parte del **movimento nazionale** al fianco del Regno di Sardegna; l'alleanza con la Francia cercata e trovata da Cavour facendo leva sulle ambizioni egemoniche sull'Italia di Napoleone III; le vittorie sull'Austria del 1859 durante la seconda guerra d'indipendenza e le sollevazioni in Emilia-Romagna e in Toscana, seguite dalle rapide annessioni al Piemonte; infine i **successi di Garibaldi** in Sicilia e nel Meridione. L'abilità e determinazione di Cavour, il rilancio dell'iniziativa democratica e l'audacia unita al carisma di Garibaldi fecero sì che questi fattori si disponessero in una sequenza tutta positiva ottenendo, tra il '59 e il '60, un risultato inizialmente impensabile e insperato. Tanto più insperato date le difficoltà di conciliare l'**iniziativa politica e militare dall'alto** del Regno di Sardegna con l'**iniziativa dal basso** dei democratici e dei garibaldini.

Decisiva era stata nel 1859 l'alleanza con la Francia nella guerra contro l'Austria, come decisiva fu quella con la Prussia nel 1866. Ed egualmente determinante fu la vittoria della Prussia sulla Francia nel 1870 che diede via libera alla conquista di Roma. L'unificazione italiana non è separabile quindi dal **contributo che le due grandi potenze europee diedero al movimento nazionale** a conferma della capacità di Cavour e dei suoi successori di cogliere tutte le opportunità che la situazione europea era in grado di offrire.

I risultati dell'unificazione

Con l'unità prendeva avvio un processo di modernizzazione complessiva del paese legato strettamente alle istituzioni rappresentative e alla connotazione laica e liberale del nuovo Stato. Aveva anche inizio la graduale formazione di un mercato nazionale, premessa indispensabile dello sviluppo economico, mentre cospicui investimenti venivano compiuti – col sostegno di un duro prelievo fiscale – nelle grandi infrastrutture (ferrovie e strade) e nell'alfabetizzazione dei cittadini.

L'unificazione italiana e la quasi coeva unificazione tedesca (1871) rappresentarono la maggiore novità politica europea della seconda metà dell'800 (sull'unificazione tedesca si tornerà più avanti [👁 17.2]). Consapevole del suo nuovo ruolo, l'Italia, dopo una prima fase di prudente realismo, avrebbe cercato di **trovare una sua collocazione tra le potenze** ponendosi obiettivi spesso superiori alle sue forze e con risultati inferiori alle sue ambizioni, come si sarebbe visto nella politica di espansione coloniale di fine secolo [👁 CAPITOLO 19].

Il ritardo italiano e il divario tra Nord e Sud

Al momento dell'unificazione, l'Italia nel suo insieme appariva, nel confronto con l'Europa più sviluppata, un paese arretrato dal punto di vista economico e civile: questa distanza era anche il frutto di **secoli di sudditanza straniera** e della presenza dello **Stato della Chiesa** che sanciva la divisione della penisola. Una presenza tutelata dalle potenze cattoliche e dal ruolo cosmopolita di Roma capitale religiosa del cattolicesimo e sede dei pontefici.

Questo ritardo e questa diversità sembravano riscattarsi nella contemplazione di un passato glorioso e nelle tante testimonianze di questo passato disseminate nelle città e nel paesaggio italiano. Proprio questa dimensione costituiva l'immagine prediletta dagli stranieri che accorrevano in Italia nei loro **viaggi di formazione artistica e culturale**, di scoperta dell'antico e del bello, ma anche del caratteristico e del diverso, e che ora si mostravano delusi di fronte alla inedita modernità italiana.

Ben più significativa era la spaccatura che l'unificazione aveva creato in larga parte del paese tra i settori politicamente e culturalmente più avanzati e i difensori della tradizione e degli antichi sistemi di potere. Tra questi primeggiavano le gerarchie ecclesiastiche e i cattolici fedeli al pontefice cui era stato fatto divieto di partecipare alle elezioni politiche con la formula del *non expedit* ('non giova') che Pio IX pronunciò nel 1874.

Consapevole dell'incompiutezza dell'unificazione e del ritardo italiano, la classe politica avviò la costruzione del nuovo Stato seguendo i princìpi di una forte **centralizzazione amministrativa** da applicare in maniera uniforme a tutto il paese, soprattutto nel tentativo di colmare il divario Nord e Sud, che si palesava non solo in termini di diverso sviluppo economico ma anche come opposizione politica. Il **brigantaggio** meridionale e la guerriglia contadina degli anni 1861-65, a sfondo sociale e filoborbonico, ne furono l'esempio più evidente.

Il Risorgimento aveva visto come protagonisti del successo lo Stato più moderno del paese – il Piemonte sabaudo – e un'élite politica, liberale e democratica, certamente ristretta ma sufficientemente ampia, diffusa nei ceti medi e negli strati popolari urbani, in grado di dare un contributo decisivo politico e anche militare, come nel volontariato garibaldino, al raggiungimento dell'unità e dell'indipendenza.

In seguito, soprattutto dopo la Seconda guerra mondiale, la storiografia di ispirazione marxista – prendendo spunto dalle tesi dell'intellettuale comunista Antonio Gramsci (1891-1937) a lungo prigioniero del regime fascista – ha accusato il movimento nazionale di non aver coinvolto i contadini nella trasformazione del paese e di non aver favorito quella rivoluzione agraria che avrebbe modificato i rapporti sociali ed economici delle campagne. In realtà, se le masse rurali fossero uscite dalla loro estraneità politica, la divergenza radicale di obiettivi con le élite risorgimentali avrebbe costituito un ostacolo e non già un aiuto al compimento dell'unità: le masse contadine avrebbero lottato per un obiettivo economicamente arretrato come la divisione delle terre in piccole proprietà indipendenti, allontanandosi diametralmente dal modello moderno di azienda capitalistica perseguito dalle élite.

Da molti punti di vista **l'unificazione rappresentava una soluzione troppo avanzata per le condizioni civili, sociali ed economiche del paese**. Si trattava ora di coinvolgere la maggioranza degli italiani nei valori di libertà e di modernità a cui si era ispirato il Risorgimento e di colmare le molte distanze e diversità che erano presenti nel nuovo Stato nazionale: un'impresa difficile da compiere in tempi brevi e che avrebbe lasciato, in parte fino ad oggi, molti problemi irrisolti.

ONLINE

Il libro
F. Chabod
Storia della politica estera italiana dal 1870 al 1896

Il laboratorio dello storico
Epistolari, memorie, diari

CAPITOLO

13 IL PROCESSO DI UNIFICAZIONE

1 Il Piemonte liberale del conte di Cavour

Nel marzo 1861 fu proclamata a Torino l'unità d'Italia. Questo risultato, imprevedibile dopo le sconfitte delle rivoluzioni del '48-49, fu dovuto al successo dell'iniziativa diplomatica e militare del Piemonte guidata dal conte di Cavour e alle vittorie sul Regno borbonico della spedizione dei Mille comandata da Garibaldi [👁 13.4 PERSONAGGI].

Il governo d'Azeglio e le leggi Siccardi

In Piemonte, dopo la sconfitta di Novara del '49, il re Vittorio Emanuele II mantenne l'ordinamento costituzionale e il sistema parlamentare definito dallo Statuto del 1848 mentre il governo liberale moderato, presieduto da Massimo d'Azeglio, continuò lungo la linea di ammodernamento delle istituzioni avviata negli ultimi anni di regno di Carlo Alberto [👁 12.7-8]. Una decisione di grande rilievo fu quella di **porre fine agli anacronistici privilegi di cui il clero ancora godeva** – tribunali riservati, diritto d'asilo per le chiese e i conventi, censura sui libri –, adeguando la legislazione ecclesiastica del Piemonte a quella degli altri Stati cattolici europei. Nella battaglia parlamentare per l'approvazione di queste norme, note come "leggi Siccardi" dal nome del ministro della Giustizia, emerse nelle file della maggioranza liberal-moderata la figura di un nuovo e dinamico leader: il conte Camillo Benso di Cavour, aristocratico e uomo d'affari, proprietario terriero e giornalista, direttore di un combattivo organo di stampa dal titolo «Il Risorgimento».

Cavour: politico e imprenditore

Liberalismo e intraprendenza borghese furono le due componenti decisive nella formazione di Cavour. Il suo era un **liberalismo moderato dai tratti fortemente pragmatici**, molto lontano dai programmi della democrazia ottocentesca. Cavour era infatti convinto che l'ampliamento della partecipazione politica doveva essere attuato con gradualità nell'ambito di un sistema monarchico-costituzionale promotore di riforme e trasformazioni: l'unico antidoto, a suo giudizio, contro la rivoluzione e il disordine sociale. Alla concreta esperienza di uomo d'affari e di imprenditore agricolo, Cavour univa una **buona conoscenza delle teorie economiche** e vedeva nello sviluppo produttivo la premessa indispensabile per il progresso civile e politico: ammiratore del liberalismo britannico, nutriva quella fiducia pressoché illimitata nella libertà economica che era tipica della moderna cultura borghese.

Il «connubio» e il sistema parlamentare

Cavour entrò a far parte del governo d'Azeglio nel 1850, come ministro per l'Agricoltura e il Commercio. Due anni dopo fu incaricato di formare un nuovo governo (novembre 1852). Prima ancora di diventare presidente del Consiglio dei ministri, **Cavour** si era reso protagonista di un rovesciamento degli equilibri politici, promuovendo un accordo fra l'ala più progressista della maggioranza moderata, il cosiddetto «centro-destra», di cui egli stesso era il leader, e la componente più moderata della sinistra democratica, il «centro-sinistra» capeggiato da **Urbano Rattazzi**. Dal «connubio» (come fu allora definito), nacque una **nuova maggioranza di centro, che emarginava sia i clericali-conservatori sia i democratici più radicali**. In questo modo Cavour poté ampliare la base parlamentare del suo governo e spostarne l'asse verso sinistra: il che gli consentì non solo di far propria la politica patriottica e antiaustriaca sostenuta fin allora dai democratici, ma anche di rendere più incisiva la sua azione riformatrice in campo politico ed economico. Negli stessi anni si affermò in Piemonte un sistema di governo di tipo parlamentare (analogo a quello britannico), che modificava nella prassi lo Statuto albertino facendo dipendere il governo non più esclusivamente dalla fiducia accordatagli dal sovrano, ma anche e soprattutto dal sostegno di una maggioranza in Parlamento.

I successi della politica economica

Cavour si adoperò per sviluppare l'economia del suo paese e per integrarla nel più ampio contesto europeo. Premessa essenziale fu l'adozione di una **politica decisamente liberoscambista**: furono stipulati trattati commerciali con Francia, Belgio, Austria e Gran Bretagna e, fra il '51 e il '54, venne gradualmente abolito il dazio sul grano. Notevoli progressi si registrarono anche nel campo delle opere pubbliche: furono costruiti strade e canali ma soprattutto venne sviluppato il sistema dei trasporti ferroviari, favorendo l'espansione del commercio e dell'**industria meccanica**. Alla vigilia dell'unità, dopo **dodici anni di regime liberale**, il Piemonte poteva vantare un'agricoltura in fase di espansione e di modernizzazione, tanto da reggere il confronto con quella della Lombardia; un'industria che poneva il Piemonte all'avanguardia degli Stati italiani; un sistema creditizio potenziato intorno a una banca centrale, la Banca nazionale; una rete di trasporti efficiente e collegata con l'Europa tramite l'avvio della costruzione del **traforo del Fréjus**; un volume di scambi commerciali con l'estero che, rapportato alla popolazione, era quasi il doppio di quello medio del resto d'Italia.

Carlo Binelli
Inaugurazione della ferrovia ligure-subalpina con l'intervento di sua maestà Vittorio Emanuele II
1854
[Museo del Risorgimento, Genova]

I governi presieduti da Cavour impressero un notevole impulso alla costruzione della rete ferroviaria. Il 20 febbraio 1854 il re, Cavour e altri ministri presenziarono a Genova all'inaugurazione della ferrovia che collegava la città ligure con Torino. Il treno delle autorità giunse in piazza Caricamento, dove era stato allestito un palco a forma di tempio ottagonale sorretto da colonne corinzie. Le celebrazioni durarono sei giorni, con rappresentazioni teatrali, feste popolari e fuochi d'artificio.

❶ Che cosa stabilivano le leggi Siccardi del 1850? ❷ Chi era Camillo Benso di Cavour? ❸ Che cosa ottenne Cavour con il «connubio»? ❹ Quali furono le principali riforme realizzate nel Regno sabaudo?

GUIDA ALLO STUDIO

Con il progresso economico e politico il Piemonte divenne inevitabilmente il **polo di attrazione di moltissimi esuli politici e di intellettuali dal resto d'Italia**. Gli emigrati parteciparono alla vita politica del regno, inserendosi nella classe dirigente piemontese che diventava così sempre più rappresentativa dell'intero paese.

2 La sconfitta dei repubblicani

I mazziniani e il Partito d'azione

L'attività cospirativa dei mazziniani, guidati dal loro leader in esilio a Londra, proseguì nonostante le sconfitte del '48-49. Ma la repressione austriaca ebbe la meglio come nel drammatico caso delle nove impiccagioni avvenute nella fortezza di **Belfiore**, presso Mantova, fra la fine del '52 e l'inizio del '53. Allora Mazzini, sempre convinto che l'unità d'Italia

PERSONAGGI

Camillo Benso conte di Cavour

Forse non tutti sanno che Camillo Benso conte di Cavour era anche un accanito giocatore d'azzardo in borsa. L'immagine da severo statista che gli è stata cucita addosso dai posteri mal si sposa con quella di un temerario scommettitore, amante del rischio e sempre ottimista sulla possibilità di ottenere maggiori guadagni da una posta in gioco modesta. Eppure, **la psicologia del giocatore** è indispensabile per comprendere l'azione politica di questo nobile piemontese che puntò sull'Italia, sulla liberalizzazione del proprio Stato, sul progresso economico, sulla diplomazia europea, sulla libertà del parlamento rispetto al sovrano. Come un giocatore esperto, Cavour credeva fosse necessario aspettare i tempi giusti per ottenere il massimo profitto, temporeggiare, aspettare o preparare le migliori condizioni per trattare un'azione sul mercato finanziario. Da questa bizzarra combinazione di passione per l'azzardo ed estrema cautela derivano forse i problemi degli storici nell'inquadrare la sua figura: cinico e spregiudicato ma convinto liberale; volpe della politica ma sinceramente patriota; tra i padri del parlamentarismo italiano ma sempre timoroso dei repubblicani e del loro potenziale rivoluzionario.
Camillo Benso di Cavour nacque a Torino nel 1810, secondo figlio di un clan familiare piuttosto eclettico. Il padre, il marchese Michele, era il rampollo di una famiglia aristocratica molto in vista durante il periodo napoleonico, tanto che a battezzare il cadetto Camillo fu il governatore francese del Piemonte, il principe Borghese, marito della sorella di Napoleone, Paolina. La madre, Adele de Sellon, veniva da una ricca famiglia di ugonotti francesi residente a Ginevra, e nel dialogo con questi parenti svizzeri il giovane Cavour trovò la sua prima scuola di **tolleranza e liberalismo**.
Col ritorno dei Savoia sul trono di Torino la famiglia riuscì a riallinearsi nel clima della Restaurazione senza traumi, e anzi stringendo moltissimo i legami con Carlo Alberto, futuro re. Come figlio cadetto, Camillo fu destinato alla carriera militare e inviato in Accademia nel 1820. Il suo **temperamento vivace e perfino ribelle** non gli semplificò la vita in quegli anni: refrattario ai regolamenti e ai rituali a cui era costretto insieme ai suoi compagni, rischiò più volte l'espulsione per la sua insofferenza alla disciplina e per il suo orgoglio. Quando nel 1824 fu scelto come paggio di Carlo Alberto, un titolo onorifico per cui era necessario però indossare una livrea rossa, fece sapere sdegnoso di ritenersi offeso da quest'obbligo che lo accostava a un valletto più che a uno del suo rango. È un piccolo aneddoto, ma in una corte assolutistica come quella dei Savoia piccoli episodi come questi potevano segnare degli irrimediabili passi falsi per chi volesse far carriera.
All'Accademia militare, però, Cavour scoprì pure la sua passione per le scienze e il suo talento matematico. Questo interesse per le discipline scientifiche si trasformò ben presto in un'entusiastica fiducia per il progresso e per la tecnica, un elemento fondamentale nella formazione anche politica di Cavour, più **incline a considerare l'importanza strategica dello sviluppo economico e istituzionale** rispetto alle prospettive etiche e alle ragioni filosofiche che animavano Mazzini, ad esempio. Questo giovane aristocratico arrivava così a ritenere che a portare benessere a una società fosse il lavoro, e non i nobili oziosi che affollavano le corti d'Italia e d'Europa: erano le classi medie a dover ricevere più attenzioni da parte dello Stato.
Conclusa l'Accademia, fu inviato in varie località del Regno come ufficiale del genio militare, addetto ad alcuni lavori di fortificazione. Furono anni inquieti. Dal 1826 al 1829 il suo temperamento e la sua gioventù trovavano finalmente uno sfogo: intrecciò amori e amicizie pericolose dalla Savoia alla Riviera di Ponente, o a Ginevra. Coi suoi familiari piemontesi, del resto, ebbe scontri durissimi per il suo stile di vita e per le sue frequentazioni. Faceva scandalo in particolare la sua relazione con una donna sposata, Anna Schiaffino Giustiniani, conosciuta a Genova. Nina, come Cavour la chiamava, sarebbe stata la figura femminile più importante della sua vita. Furono quattro anni fitti di lettere e incontri più o meno segreti, ma il giovane conte non aveva il dono della costanza e la storia finì. Anna arrivò fino a suicidarsi per il dolore del distacco. Camillo era molto legato poi al **barone Cassio**, un liberale che la famiglia provò ad allontanare con ogni mezzo. Cassio incoraggiava il suo amico a buttarsi in politica nel campo progressista: una scelta che il vecchio marchese Cavour non poteva accettare. Dopo scontri violentissimi col padre, Camillo si piegò e l'amicizia fu troncata per un breve momento. Questa crisi ebbe però effetti contrari a quelli auspica-

dovesse ottenersi attraverso l'insurrezione di popolo [👁 12.4], ritenne opportuno correggere la sua strategia **rafforzando gli aspetti organizzativi** e fondando nel 1853, a Ginevra, una nuova formazione politica cui diede il nome di **Partito d'azione**, quasi a sottolinearne il carattere di puro strumento di battaglia. Nel contempo intensificò i suoi sforzi per crearsi una base fra gli artigiani e gli operai delle città del Nord: molte fra le società operaie di mutuo soccorso nate in questo periodo, soprattutto in Piemonte e in Liguria grazie alla libertà di associazione garantita dallo Statuto, furono infatti controllate dai mazziniani.

L'ipotesi socialista Nel frattempo tra i democratici si diffondeva il dissenso sulla fallimentare strategia mazziniana: vi era chi riteneva ormai necessario evitare un atteggiamento intransigente e puntare su una più ampia collaborazione con tutte le forze interessate al conseguimento dell'unità e chi pensava che si dovesse mirare invece a un programma socialista aperto ai problemi sociali e alle esigenze delle classi subalterne.
Nel 1851 due libri – *La Federazione repubblicana* del milanese **Giuseppe Ferrari** e

ti dai genitori. Non solo Cavour riprese a frequentare Cassio, ma radicalizzò le sue opinioni liberali contro le posizioni reazionarie di suo padre.
Nei lunghi soggiorni in località isolate, del resto, Cavour poteva leggere molti classici del pensiero liberale, soprattutto francesi e inglesi. Fu preso da una vera crisi razionalistica, di cui parla in questi termini in una lettera allo zio svizzero (1829): «Dopo l'ultimo mio viaggio a Ginevra si è prodotto in me un grande mutamento; ho abbandonato più volte la casa paterna, ho percorso in tutti i sensi il Piemonte, ho letto i libri che mi erano stati dipinti come empii, e non potei non accorgermi del fragile fondamento delle nostre credenze religiose».
Estremamente **critico dei dogmi cattolici**, Cavour finì così per polemizzare sempre più con il clero e la sua influenza nel Piemonte assolutista.
Questo giovane ufficiale ambizioso, inquieto e sempre più convintamente liberale viveva aspettando una svolta nel suo tempo, quando la **rivoluzione francese del 1830** scosse anche il suo mondo [👁 11.6]. Gli ambienti del liberalismo italiano erano in fermento e Cavour osservava con impazienza gli avvenimenti sperando in analoghi sviluppi in Piemonte. Dall'osservazione degli eventi francesi maturò le sue convinzioni politiche di sempre: avversione ai metodi violenti in politica; distinzione tra causa liberale e causa rivoluzionaria; preoccupazione per l'ordine sociale ed economico.
Per paura di restare coinvolto nella repressione della polizia, decise nel 1831 di abbandonare l'esercito e dedicarsi ai suoi possedimenti. Dimostrò un talento eccezionale, innovando le tecniche agricole e investendo in settori industriali promettenti, non trascurando le solite puntate in borsa. La sua fama di imprenditore e i contatti presi in ripetuti viaggi in Europa lo lanciarono sulla scena pubblica, come giornalista e come animatore di circoli e salotti politici. Dagli articoli per **«Il Risorgimento»**, un giornale fondato nel 1847 insieme al gruppo dei patrioti moderati, le sue proposte per la modernizzazione del Piemonte venivano strettamente connesse ora con i destini della nazione italiana.
Il giovane conte di Cavour aveva ormai sposato la causa nazionale. La sua **carriera politica** fu rapidissimamente avviata: nel pieno del 1848 diventava deputato alla Camera e presto leader della destra moderata, nel 1850 ministro dell'Agricoltura e del Commercio, nel 1852 presidente del Consiglio e di lì fino alla morte regista pressoché incontrastato della politica sabauda.
In politica più che mai mise alla prova il suo temperamento da giocatore di borsa. Convinto com'era che l'unificazione italiana sarebbe dovuta arrivare solo attraverso un **moto nazionale non rivoluzionario**, preparò la guerra all'Austria e le annessioni dei vecchi stati con cura certosina, aspettando il momento giusto per schierare le truppe volontarie o quelle dell'esercito, prevedendo le mosse dell'avversario e contando sull'appoggio di un nutrito numero di spie e informatori.
Morì solo qualche mese dopo l'unità, il 6 giugno 1861. La sua famiglia si estinse nel giro di qualche decennio, ma con il suo nome furono battezzate migliaia di vie, piazze e monumenti nazionali in tutta Italia.

Statuetta di Camillo Benso conte di Cavour
XIX secolo
[Museo Civico del Risorgimento, Genova]
Una raffigurazione satirica di Cavour, con barba, occhiali e fisico un po' obeso, molto somigliante al vero: questa statuina in creta colorata è un piccolo portagioie, con la parte superiore "removibile".

PERSONAGGI

La guerra combattuta in Italia negli anni 1848-49 del napoletano **Carlo Pisacane** – introdussero il tema del socialismo nel dibattito interno al movimento risorgimentale. Sostenevano entrambi che la lotta per l'indipendenza nazionale avrebbe potuto aver successo solo se avesse saputo legare a sé le classi popolari, identificandosi con la loro lotta per l'emancipazione economica e sociale. In particolare Pisacane pensava che l'Italia meridionale offrisse, per le sue caratteristiche di paese arretrato con una borghesia ancora debole, il terreno più adatto per la rivoluzione. Si trattava in realtà di una visione utopistica e velleitaria, come si vide quando cercò di mettere in atto il suo progetto insurrezionale.

Giuseppe Sciuti
Morte di Pisacane
1890
[Museo Civico, Catania]

Il 28 giugno 1857 una spedizione guidata da Carlo Pisacane approdò a Sapri, in Campania, al grido di «Viva l'Italia! Viva la Repubblica!». Ma la mancanza di collegamenti con i democratici del Mezzogiorno, l'assenza nella zona di molti braccianti (in passato attivi nella lotta contro le usurpazioni di terre demaniali, ma in quel periodo emigrati per il raccolto), le voci diffuse dal governo partenopeo di una banda di briganti sbarcata per compiere saccheggi fecero sì che dopo alcuni scontri la spedizione fosse sopraffatta dalle forze borboniche, sostenute dalla popolazione. Molti morirono in combattimento; Pisacane, ferito, si uccise con un colpo di pistola.

Il fallimento della spedizione di Sapri e la Società nazionale

Nel **giugno del 1857** Pisacane si imbarcò a Genova con alcuni compagni su un piroscafo di linea, se ne impadronì e con esso fece rotta verso l'isola di **Ponza**, sede di un penitenziario borbonico. Accresciuta da circa **300 detenuti liberati dal carcere**, la spedizione si diresse verso le **coste meridionali della Campania** e sbarcò a Sapri, iniziando la marcia verso l'interno. Ma qui i rivoluzionari furono rapidamente sbaragliati dalle truppe borboniche subendo anche la violenza dei contadini che li trattarono come briganti. Pisacane, ferito, si uccise per non cadere prigioniero.

Il fallimento della spedizione di Sapri coincise con la nascita di un **movimento indipendentista filopiemontese** promosso da **Daniele Manin** – il capo del governo repubblicano di Venezia nel '48-49 **[👁 12.8]** – che puntava all'unione di tutte le correnti, moderate e democratiche, intorno all'unica forza in grado di raggiungere l'obiettivo dell'unità: la monarchia di Vittorio Emanuele II. Alla proposta di Manin, oltre a numerosi esponenti democratici emigrati in Piemonte, aderì anche Giuseppe Garibaldi, rientrato in Italia nel '55 dal Sud America. Nel luglio 1857 il movimento si diede una struttura organizzativa e assunse il nome di Società nazionale. L'associazione dichiarava nel suo manifesto costitutivo di anteporre la causa dell'unità ad ogni altro obiettivo e di ritenere indispensabile il **«concorso governativo piemontese»**: di appoggiare quindi la monarchia sabauda per l'affermazione della causa italiana.

GUIDA ALLO STUDIO

❶ Come mutò la strategia mazziniana dopo il '48? ❷ Che cos'era il Partito d'azione? ❸ Su quali teorie si basava il progetto insurrezionale di Pisacane? ❹ Quale proposta strategica fu avanzata da Daniele Manin nel 1855?

3 L'alleanza con la Francia e la seconda guerra di indipendenza

La politica estera di Cavour

Inizialmente la politica estera di Cavour rimase legata agli obiettivi tradizionali della monarchia sabauda: ampliare i confini del Piemonte verso l'Italia settentrionale, a scapito dei domìni austriaci. Cavour, però, perseguì questa strategia con insolita abilità e spregiudicatezza ottenendo risultati imprevedibili, al di là delle sue originarie intenzioni. Sfruttando al massimo le ambizioni politiche di Napoleone III, riuscì a trascinare la Francia in una guerra contro l'Austria a tutto vantaggio per il Piemonte.
Questo esito fu ottenuto attraverso alcuni passaggi decisivi. Il primo fu quello di inviare un contingente militare in **Crimea** al fianco della Gran Bretagna e della Francia impegnate a difendere l'Impero ottomano dall'espansionismo russo, che rischiava di alterare l'equilibrio tra le potenze e minacciava gli interessi inglesi e francesi in quella zona [👁 17.1]. In questo modo il Piemonte poté partecipare come Stato vincitore al **congresso di Parigi** del 1856. In quella sede Cavour sollevò la questione italiana, protestando contro la presenza militare austriaca nelle Legazioni pontificie e denunciando il malgoverno dello Stato della Chiesa e del Regno delle Due Sicilie come causa di tensioni rivoluzionarie e, dunque, come minaccia alla pace. A questo punto Cavour poté puntare sulle ambizioni egemoniche di Napoleone III, desideroso di riprendere la politica italiana del primo Napoleone, e anche sulla paura suscitata in lui dalle agitazioni mazziniane. Questi timori sarebbero stati confermati, infatti, nel gennaio del 1858 dal fallito attentato contro di lui compiuto dal repubblicano romagnolo, **Felice Orsini**, reduce dalla difesa di Roma [👁 12.8]. A quel punto Napoleone III era già convinto della necessità di una iniziativa francese in Italia per soppiantare l'egemonia austriaca, eliminando al tempo stesso un pericoloso nucleo di tensione rivoluzionaria.

H. Vittori Romano
L'attentato di Felice Orsini contro Napoleone III
1862
[Musée Carnavalet, Parigi]

Il 14 gennaio 1858, con alcuni complici, Felice Orsini gettò tre bombe contro la carrozza di Napoleone III che si stava fermando davanti al teatro dell'*Opéra* a Parigi. Otto persone morirono e 156 rimasero ferite. Rimasto incolume, l'imperatore decise di proseguire con il programma della serata recandosi comunque alla rappresentazione del *Guglielmo Tell* di Rossini. Durante il processo seguito al suo arresto, Felice Orsini tenne di fronte ai giudici un atteggiamento fermo e dignitoso che fece grande impressione sull'opinione pubblica francese: si dichiarò colpevole e unico responsabile dell'attentato, non si appellò alla clemenza della Corte e non fece domanda di grazia all'imperatore. Gli inviò anzi due lettere, esortandolo al tempo stesso a non abbandonare la causa italiana. L'imperatore fece pubblicare le lettere, lasciando intendere, in questo modo, che gli accordi con il Regno di Sardegna sarebbero stati rispettati.

L'alleanza con la Francia La strada era ormai aperta per la conclusione di un'alleanza franco-piemontese, che fu definita in un **incontro segreto** fra l'imperatore e Cavour svoltosi nel luglio 1858 nella cittadina termale di **Plombières**. Gli accordi ipotizzavano una nuova sistemazione dell'intera Penisola italiana, che avrebbe dovuto essere divisa in tre Stati: **un regno dell'Alta Italia** comprendente, oltre al Piemonte, il Lombardo-Veneto e l'Emilia-Romagna, sotto la monarchia sabauda, che in cambio avrebbe ceduto alla Francia i territori di Nizza e della Savoia; **un regno dell'Italia centrale** formato dalla Toscana e dalle province pontificie; **un regno meridionale** liberato dalla dinastia borbonica. Al papa, che avrebbe conservato la sovranità su Roma e dintorni, sarebbe stata offerta la presidenza della futura Confederazione italiana. I guadagni territoriali erano prevalentemente a vantaggio del Piemonte in cambio di un'ipotetica egemonia esercitata dalla Francia sulla nuova sistemazione italiana. Ma per raggiungere questi obiettivi era indispensabile la guerra contro l'Austria. Anzi, era necessario che la guerra apparisse provocata dall'Impero asburgico perché l'alleanza con la Francia potesse diventare operativa.

La guerra del 1859 Il governo piemontese fece il possibile per far salire la tensione con lo Stato vicino: particolare effetto suscitarono le manovre militari al confine e l'armamento di corpi volontari, i Cacciatori delle Alpi, comandati da Garibaldi. E il governo asburgico finì col cadere nella provocazione inviando, nell'aprile 1859, un duro ultimatum al Piemonte, respinto da Cavour. Scoppiata la guerra (la seconda guerra d'indipendenza), le truppe franco-piemontesi sconfissero gli austriaci a **Magenta**, aprendosi la via per Milano [ATLANTE_40]. Un successivo contrattacco austriaco fu respinto, il 24 giugno, nelle due contemporanee, sanguinose battaglie di **Solferino** e **San Martino**, dove le vittime francesi furono il doppio di quelle italiane.

A questo punto, nonostante la vittoria, Napoleone III, impressionato dai costi umani della guerra, timoroso delle reazioni ostili dell'opinione pubblica francese e del pos-

ATLANTE 40_LA SECONDA GUERRA DI INDIPENDENZA

sibile intervento della Confederazione germanica, offrì un **armistizio agli austriaci** che fu accettato e firmato a **Villafranca**, presso Verona, l'**11 luglio**. Con questo accordo l'Impero asburgico rinunciava alla Lombardia e la cedeva alla Francia che l'avrebbe poi «girata» al Piemonte, mantenendo il Veneto e le fortezze di Mantova e Peschiera. Per il resto d'Italia, il trattato prevedeva il ripristino della situazione precedente lo scoppio della guerra: tra aprile e giugno, infatti, una serie di insurrezioni nelle regioni centro-settentrionali della penisola – a Modena, a Bologna, in Romagna e Toscana – aveva costretto alla fuga i vecchi sovrani. La notizia dell'armistizio suscitò lo sdegno dei democratici italiani e colse di sorpresa lo stesso Cavour, che rassegnò subito le dimissioni.

Le annessioni dell'Italia centro-settentrionale

A differenza di quanto era accaduto nel '48, i moti della primavera del '59 furono saldamente controllati dai moderati e dagli uomini della Società nazionale, e i governi provvisori che subito si costituirono si pronunciarono per l'annessione al Piemonte. Di fronte a questa situazione, dopo alcuni mesi Napoleone III decise di accettare il fatto compiuto capendo che la nuova situazione nell'Italia centro-settentrionale vanificava il progetto definito a Plombières. Cavour, tornato a capo del governo nel gennaio 1860, poté così negoziare la cessione alla Francia di **Nizza** e della **Savoia** – cui il Piemonte non era più tenuto dopo Villafranca – in cambio dell'assenso francese alle annessioni del Granducato di Toscana, dei Ducati di Modena e di Parma, delle Legazioni pontificie. Nel marzo dello stesso anno, le popolazioni di Emilia, Romagna e Toscana, chiamate a scegliere, nella forma del plebiscito, fra l'annessione al Piemonte e la creazione di regni separati, si pronunciarono a schiacciante maggioranza per la soluzione unitaria.

GUIDA ALLO STUDIO

❶ A quale finalità era ispirata la politica cavouriana? ❷ Perché il Piemonte partecipò alla guerra di Crimea? ❸ In che modo Cavour riuscì ad ottenere l'alleanza di Napoleone III? ❹ Quali esiti ebbe l'armistizio di Villafranca del 1859?

4 I Mille e la conquista del Mezzogiorno

L'organizzazione della spedizione in Sicilia

Con la cessione alla Francia dei suoi territori d'oltralpe – in particolare della Savoia, terra di origine della casa regnante, ma abitata da popolazioni di lingua francese – e dopo le annessioni della Lombardia, dell'Emilia-Romagna e della Toscana, lo Stato sabaudo aveva posto le premesse di uno Stato nazionale italiano. Questi risultati sollecitarono i democratici a rilanciare l'iniziativa rivoluzionaria nel Mezzogiorno e nello Stato della Chiesa. Esclusa l'opportunità di un'azione nei confronti di Roma, protetta da truppe francesi, si ripropose l'idea di una spedizione di volontari nel Regno delle Due Sicilie dove, nel maggio del '59, era salito al trono il giovane Francesco II. Furono due mazziniani siciliani esuli in Piemonte, **Francesco Crispi e Rosolino Pilo**, a concepire il progetto di una spedizione in Sicilia come prima tappa di un movimento insurrezionale che avrebbe dovuto estendersi al continente. I due cercarono da una parte di organizzare una rivolta locale prima dello sbarco dei volontari, dall'altra di assicurarsi un'efficiente guida politica e militare e di garantirsi nel contempo un qualche appoggio del governo piemontese.

Ai **primi di aprile del 1860**, un'insurrezione popolare scoppiava a **Palermo**. Mentre Pilo accorreva in Sicilia per assumere la direzione del moto, che fu sanguinosamente represso nel capoluogo ma si estese alle campagne dando luogo a una diffusa guerriglia contadina, Crispi riuscì a convincere un esitante Garibaldi ad assumere la guida della spedizione.

Focus
I Mille

Il ruolo di Garibaldi

Garibaldi era non solo il capo militare più prestigioso di cui disponesse il movimento nazionale, ma anche l'unico leader capace di **unificare attorno a sé le diverse componenti dello schieramento unitario**, dai democratici intransigenti ai moderati filocavouriani. Quando accettò di capeggiare la spedizione in Sicilia, Garibaldi era l'unico fra i leader democratici in grado di **assicurare qualche possibilità di riuscita all'impresa**, ritenuta estremamente rischiosa. Cavour, che temeva le complicazioni internazionali e vedeva nella spedizione un'occasione di rilancio per i mazziniani, la avversò pur senza far nulla per impedirla. Vittorio Emanuele II, che guardava invece con favore al tentativo di Garibaldi, non poté intervenire concretamente in suo aiuto.

La spedizione dei Mille

La spedizione fu così preparata in fretta, con scarso equipaggiamento e pessimo armamento. Nella notte fra **il 5 e il 6 maggio 1860**, poco più di mille volontari, provenienti da diverse regioni – ma in maggioranza settentrionali – e di varia estrazione sociale (borghese-intellettuale, operaia o artigiana), in larga parte veterani delle campagne del '48 e del '59, partirono da **Quarto** presso Genova, dopo essersi impadroniti di due navi a vapore, **il Piemonte e il Lombardo**. Pochi giorni dopo, eludendo la sorveglianza della flotta borbonica, i volontari sbarcavano a **Marsala**, nell'estremità occidentale della Sicilia e penetravano nell'interno, accolti con entusiasmo dalla popolazione **[**ATLANTE_**41****]**.
Il 15 maggio, a **Calatafimi**, le colonne garibaldine, accresciute da poche centinaia di insorti siciliani, nonostante l'inferiorità numerica, riuscirono a battere un contingente borbonico. Galvanizzati dal successo, i volontari puntarono su **Palermo** e la raggiunsero dopo una difficile marcia fra le montagne. All'arrivo delle avanguardie garibaldine, la città insorse contro i Borbone. Alla fine di maggio, dopo tre giorni di combattimenti, le truppe governative furono costrette ad abbandonare la città dove Garibaldi – che appena sbarcato in Sicilia aveva assunto la dittatura in nome di Vittorio Emanuele II – proclamò la **decadenza della monarchia borbonica**. Mentre nell'isola si formava un governo civile provvisorio sotto la guida di Crispi e si tentava di mettere in moto un primo processo di riforma sociale (riduzione del carico fisca-

Tetar van Elven
La partenza dei Mille
1889
[Museo del Risorgimento, Istituto Mazziniano, Genova]
Il tema della "partenza dei Mille", molto frequente fra gli artisti del Risorgimento, è qui raffigurato con toni pacati, lontani dagli accenti enfatici con cui è di solito trattato. L'autore ci da un quadro realistico dell'evento, con molti dei personaggi riconoscibili; i protagonisti appaiono tutti sullo stesso piano e anche l'immagine di Garibaldi è evidenziata solo da un piccolo bagliore di luce, a sottolineare che i protagonisti del quadro sono proprio loro, i *mille* volontari.

le, assegnazione di terre ai contadini combattenti nelle file garibaldine), nell'Italia settentrionale si raccoglievano uomini e mezzi da inviare in Sicilia: fra giugno e luglio sbarcarono a Palermo quasi 15 mila volontari. Col loro apporto, Garibaldi poté muovere all'attacco delle truppe borboniche e sconfiggerle, il 20 luglio, a **Milazzo**, costringendole a rifugiarsi sul continente.

Nel giro di poche settimane, l'impresa garibaldina aveva assunto le dimensioni di una vera e propria epopea, cui gran parte dell'opinione pubblica europea guardava con simpatia e ammirazione. La rapidità con cui era stato abbattuto il regime borbonico in Sicilia aveva inoltre colto di sorpresa la diplomazia delle grandi potenze e aveva costretto Cavour e i moderati italiani a rivedere la loro strategia e a immaginare un'ulteriore politica di annessioni.

I contrasti con i contadini in Sicilia Il clima di entusiastica concordia che aveva accolto i garibaldini al loro sbarco in Sicilia si era dissolto quando i contadini avevano intravisto la possibilità di liberarsi non solo dal malgoverno borbonico, ma anche dal secolare sfruttamento cui li condannava una **struttura sociale ancora semifeudale**: era così scoppiata una serie di violente agitazioni. Dal

ATLANTE 41_LA SPEDIZIONE DEI MILLE E L'ITALIA UNITA

Garibaldi sbarca a Marsala (11 maggio 1860) e giunge a Caserta, dove il 9 novembre 1860 scioglie il suo esercito di volontari. Alle annessioni seguite alla spedizione garibaldina e all'intervento piemontese, nel 1866 e nel 1870 si aggiungono rispettivamente quelle del Lazio e del Veneto. La Venezia Giulia e il Trentino restano, invece, ancora all'Austria.

canto loro, Garibaldi e i suoi collaboratori avevano cercato di venire incontro alle esigenze dei contadini, ma senza mettere in discussione il quadro dei **rapporti di proprietà**. Nacque così un contrasto insanabile, sfociato in episodi di dura repressione: il più noto si verificò ai primi di agosto nella cittadina di **Bronte**, ai piedi dell'Etna. Dopo alcuni giorni di rivolta, incendi e saccheggi, e il massacro di alcuni notabili, i supposti capi dei ribelli furono sommariamente processati e fucilati per ordine di **Nino Bixio**, braccio destro di Garibaldi. Intanto i proprietari terrieri, spaventati dalle agitazioni agrarie, guardavano sempre più all'annessione al Piemonte come all'unica efficace garanzia per la tutela dell'ordine sociale.

La conquista di Napoli Fino a tutta l'estate del 1860, l'iniziativa restò nelle mani di **Garibaldi** che riuscì a **sbarcare in Calabria** e poi risalì rapidamente la penisola senza che l'esercito borbonico, ormai in via di disgregazione, fosse in grado di opporgli un'efficace resistenza. Il 6 settembre, Francesco II abbandonò la capitale per rifugiarsi nella fortezza di Gaeta. Il giorno dopo Garibaldi fece il suo **ingresso trionfale a Napoli**. Cavour si trovò ancora una volta

PERSONAGGI

Giuseppe Garibaldi

Dalle canzoncine per i bambini ai manifesti elettorali dei partiti, dai romanzi patriottici alle biografie degli storici, dalle targhe delle piazze e vie di tutto il mondo alle pubblicità: Garibaldi è da sempre un'icona popolare, un simbolo emblematico dell'età delle rivoluzioni e dell'eroismo patriottico. Tracciare la sua biografia non significa solo scrivere la storia del condottiero al centro di alcuni degli episodi centrali del Risorgimento. La sua storia consente di comprendere come funzionò quella fabbrica di eroi e miti patriottici che fu l'800 romantico e nazionalista.

La vita di Giuseppe Garibaldi abbracciò gli eventi principali del XIX secolo. Nacque nel 1807 a Nizza, l'antico porto della Savoia e del Piemonte che all'interno dell'impero napoleonico subiva ora la concorrenza di Marsiglia e Genova. Suo padre era proprietario di una tartana, un'imbarcazione impiegata per il commercio marittimo. Grazie a quest'attività Domenico Garibaldi era in grado di mantenere in condizioni piuttosto agiate i sei figli e la moglie, Rosa Raimondo, una cattolica molto devota. **Peppino**, come veniva chiamato in famiglia, era destinato a diventare un professionista, un notabile, e per questo motivo era stato inviato a Genova. Ben presto fu chiaro che non aveva l'indole dello studioso e più volte si ribellò alla disciplina scolastica. Dopo l'ennesima ragazzata, appena adolescente ottenne finalmente dal padre il permesso di abbandonare gli studi. Cominciava così la vita da marinaio di Giuseppe Garibaldi.

Fu il mare la sua scuola. Oltre che sulla piccola tartana paterna, già a sedici anni cominciò a imbarcarsi su grandi navi commerciali. Fu un'esperienza esaltante. Conobbe le coste del Mar Egeo e del Mar Nero fino a Taganrog, in Crimea; si spinse oltre lo stretto di Gibilterra fino alle Canarie; visse tre anni a Costantinopoli; fu assalito più volte dai pirati ed ebbe il suo battesimo del fuoco, il primo combattimento. Nel 1833 aveva già alle spalle 72 mesi di navigazione effettiva e poteva immaginare per sé una carriera da capitano di vascello. I lunghi viaggi per mare non furono solo l'occasione per mettere alla prova la sua sete di avventure e il suo coraggio. Sulle sue navi capitarono anche esuli e rivoluzionari che lo incoraggiavano a farsi una coscienza politica. Fu l'incontro con alcuni sansimoniani francesi a ispirarlo di più: le promesse di progresso sociale, di libertà e di pace lo conquistarono. Si affezionò così all'idea di dedicare la sua vita a una missione umanitaria, alla lotta contro la tirannia.

Le lezioni apprese dai sansimoniani restarono solo dei vaghi propositi finché non si avvicinò alla **Giovine Italia**. Non è ancora chiaro come avvenne la sua **conversione al mazzinianesimo** e al movimento nazionalista italiano in genere – non scontata per chi come lui era nato nella Nizza amministrata dai francesi e aveva imparato a ben esprimersi in italiano solo in seguito. Fu probabilmente dai racconti di alcuni marinai patrioti in Crimea che Garibaldi restò affascinato dall'afflato religioso dei militanti della Giovine Italia. Come scrisse con enfasi nelle sue memorie: «Certo non provò Colombo tanta soddisfazione nella scoperta dell'America, come ne provai io al ritrovare chi s'occupasse della redenzione patria».

Con ogni probabilità, proprio per propagandare le idee di Mazzini abbandonò la carriera mercantile ed entrò nella marina sabauda. Fu però coinvolto in una rivolta organizzata a Genova dalla Giovine Italia nel 1834 e costretto a riparare a Marsiglia, dove presto apprese di essere stato condannato a morte per i fatti di Genova. Costretto a vivere sotto falso nome e in difficoltà economiche, l'anno successivo prese ancora la via del mare, imbarcandosi nell'equipaggio di una nave diretta a Rio de Janeiro.

In **America del Sud** trascorse gli anni centrali della vita, dai ventotto ai quarant'anni. **Qui divenne un eroe**. Inizialmente si dedicò come aveva sempre fatto al commercio mercantile, vivendo insieme ad altri esuli italiani. Già stanco di questa routine, però, nel 1837 aderì alla causa indipendentista della regione del Rio Grande do Sul: radunò un equipaggio su una barca battezzata significativamente *Mazzini* e tormentò di attacchi corsari le imbarcazioni brasiliane. Furono **quattro anni passati a combattere per mare e per terra**, pieni di esperienze anche tragiche, come quando venne imprigionato e torturato. In questo difficile contesto conobbe anche **Anita** de Jesus Ribeiro da Silva, che abbandonò il marito per seguire questo rivoluzionario italiano un po' insolente. Si sarebbero sposati solo nel 1842, quando Anita restò vedova.

Quando la battaglia per l'indipendenza del Rio Grande fu perduta, la famiglia Garibaldi si trasferì in Uruguay, a Montevideo, ma anche qui venne presto coinvolta in una guerra, quella degli uruguaiani conbattuto sul tempo. Napoli liberata rischiava di trasformarsi in un quartier generale dei democratici – dove giunsero anche Mazzini e Cattaneo – e di diventare la base per una spedizione nello Stato della Chiesa. Un'impresa che avrebbe provocato l'intervento francese e che, se avesse avuto successo, avrebbe potuto mettere in discussione l'assetto monarchico e moderato dello stesso Regno sabaudo.

L'intervento militare piemontese e i plebisciti di annessione

Non restava, per il governo piemontese, altra scelta se non quella di prevenire l'iniziativa garibaldina con un intervento militare. In settembre – dopo che Cavour ebbe ottenuto l'assenso di Napoleone III, impegnandosi a non minacciare Roma e il Lazio – le truppe regie invasero l'Umbria e le Marche e sconfissero l'esercito pontificio nella battaglia di **Castelfidardo**. Ai primi di ottobre, mentre Garibaldi batteva i borbonici nella grande battaglia campale del **Volturno**, l'esercito sabaudo iniziò la marcia verso il Sud. Pochi giorni dopo, il Parlamento piemontese approvò quasi all'unanimità una legge proposta da Cavour, che autorizzava il governo a decretare l'annessione, senza condizioni, di altre regioni italiane allo Stato sabaudo, purché le popolazioni interessate esprimesse-

tro la Confederazione argentina. Sarebbe poi diventato generale in capo di tutte le forze armate dell'Uruguay. Le esperienze di Garibaldi in Sudamerica sono poco note nei dettagli, ma qui si completò la sua **formazione politica e militare**: nella vita indipendente e avventurosa dei *gauchos*, i mandriani a cavallo che conducevano il bestiame attraverso le *pampas* argentine, vedeva la realizzazione del socialismo romantico appreso da ragazzo; scoprì i

Ritratto fotografico di Garibaldi
1860
[Bibliothéque Nationale, Parigi]

vantaggi della dittatura in tempo di rivoluzione; la tecnica della guerriglia sarebbe restata la sua forma preferita di combattimento.

Eco delle sue imprese arrivò in tutta Europa e nelle comunità italiane di tutto il mondo. Fu uno dei primi uomini nella storia a raggiungere **una fama mondiale attraverso i nuovi mezzi di comunicazione**, litografie, fotografie e stampe in primo luogo. Giornalisti delle principali testate internazionali gli davano la caccia per raccontarne le gesta, si diffusero sue foto che ne esaltavano il carattere esotico e romantico insieme. Mazzini ne intuì il possibile ruolo nel movimento nazionale, e ne scrisse in questi termini in una lettera a un compagno del 1843: «Garibaldi è un uomo di cui il paese dovrà giovarsi per l'azione».

Nel 1848 Garibaldi rientrò in Italia in piena rivoluzione e offrì subito la sua spada a Carlo Alberto, che la rifiutò. Partecipò così alla prima guerra di indipendenza sotto le bandiere del governo provvisorio milanese **[👁 12.7]**. Seguì poi l'ondata rivoluzionaria fino alla difesa epica della Repubblica romana e in un disperato tentativo di fuggire alla caccia degli austriaci perse Anita, morta nelle valli di Comacchio. Garibaldi avrebbe avuto altre due mogli, ma l'epopea nazionale avrebbe ricordato solo questa amazzone brasiliana.

Le **imprese del 1848-49** lo consacrarono come campione della nazione italiana, l'eroe condottiero, ma lo convinsero pure che fosse necessario **collaborare di più con lo Stato sabaudo**. Garibaldi diventò così un uomo d'ordine, un soldato al servizio di sua maestà. Furono in molti ad accusarlo per questo di inesperienza politica. Era un'immagine molto propagandata dai suoi nemici, ma paradossalmente divenne tra le ragioni del suo successo. La sinistra democratica alimentò queste opinioni per dipingerlo come autenticamente popolare, lontano dagli intrighi dei palazzi di potere o dall'arcana filosofia mazziniana: un uomo semplice, poco istruito, ma sinceramente dedito alla patria. In realtà, Garibaldi fu tutt'altro che un ingenuo: lettore volenteroso, perfino scrittore, esperto in molti campi, dall'agricoltura alla navigazione, aveva l'entusiasmo e il coraggio dell'autodidatta, sempre in cerca di nuove esperienze per mettersi alla prova. Per di più, fu sempre molto consapevole dell'impatto che la sua figura poteva avere sul largo pubblico, e gestì con grande abilità la sua immagine – ad esempio scrivendo le sue gesta o presentandosi sempre in pubblico con la famosa **camicia rossa** di panno. La sua grande popolarità anche all'estero fu largamente confermata dalla straordinaria accoglienza e dai grandiosi festeggiamenti ottenuti nel suo viaggio a Londra nel 1864.

Dopo l'unità la sua fedeltà al governo sabaudo fu incrinata dai **tentativi di conquistare Roma** con legioni di volontari. Due volte sconfitto, si ritirò definitivamente a Caprera, dove aveva comprato una grande proprietà. Faceva comunque sentire la sua voce per sostenere le correnti democratiche italiane o per pronunciarsi in favore del socialismo. Nel frattempo, oltre che alle sue memorie, si era dedicato alla redazione di alcuni romanzi, che ebbero un discreto successo. Dopo la morte, nel 1882, fu utilizzato da forze politiche diversissime come propria bandiera, un segno ulteriore del fascino che fu capace di suscitare.

Parola chiave
Plebiscito

DOC
Giuseppe Cesare Abba
L'epopea garibaldina

ONLINE

ro la loro volontà in tal senso mediante plebisciti. L'iniziativa tornava così – e questa volta definitivamente – nelle mani di Cavour e dei moderati.
Il 21 ottobre, in tutte le province del Mezzogiorno continentale e in Sicilia – e, due settimane dopo, anche nelle Marche e in Umbria – si tennero **plebisciti a suffragio universale maschile** nella forma voluta da Cavour: agli elettori non veniva lasciata altra scelta che quella di accettare o respingere «in blocco» l'annessione allo Stato sabaudo con la sua forma di governo, i suoi ordinamenti, le sue leggi. Molto ampia (75-80%) fu l'affluenza alle urne e addirittura schiacciante – tanto da giustificare qualche sospetto sulla regolarità delle operazioni di voto e di scrutinio – la maggioranza dei «sì» [👁 13.5 STORIA•SOCIETÀ•CITTADINANZA].

GUIDA ALLO STUDIO
❶ Chi promosse la spedizione nel Regno delle Due Sicilie? ❷ Quale ruolo ebbe Garibaldi? ❸ Quali forze militari e sociali presero parte all'impresa garibaldina? ❹ Quale fu l'oggetto dei plebisciti del 21 ottobre 1860?

A Garibaldi non restò che attendere l'arrivo dei piemontesi – l'incontro con Vittorio Emanuele II avvenne a **Teano**, presso Caserta, il **25 ottobre** – per cedere loro ogni responsabilità nel governo delle province liberate. Mentre Garibaldi si ritirava sull'isola di Caprera in volontario isolamento rinunciando a ogni progetto di liberare Roma e Mazzini partiva per l'ennesimo esilio, l'esercito sabaudo eliminava le ultime resistenze borboniche.

5 L'unità d'Italia: caratteri e limiti

Il Regno d'Italia Il **17 marzo 1861**, il primo Parlamento proclamava Vittorio Emanuele II re d'Italia «per grazia di Dio e volontà della nazione». L'Italia era ormai uno Stato unitario, con capitale Torino, ma al suo completamento territoriale mancava tutto il Veneto (il confine con l'Austria correva lungo il lago di Garda e il fiume Mincio) e il Lazio con Roma.
Grazie alle annessioni l'Italia unita si presentava come il risultato dell'ampliamento di uno Stato regionale rivelatosi forte e dinamico al punto da poter assorbire territori di gran lunga più ampi e popolazioni molto più numerose rispetto al suo nucleo originario, imponendo all'intero paese il proprio sovrano e le proprie istituzioni, leggi e ordinamenti. A questo risultato si era arrivati non solo per l'**iniziativa militare e diplomatica del Piemonte** o per l'azione di un uomo politico geniale come **Cavour**, ma anche per l'ampia mobilitazione di un'**opinione pubblica** che coinvolgeva gli strati sociali più attivi e più dinamici d'Italia, seppur minoritari: intellettuali, studenti, ceti popolari urbani politicizzati e soprattutto una borghesia produttiva desiderosa di creare quel mercato nazionale che era considerato una premessa indispensabile allo sviluppo economico. Per quanto minoritaria nel paese, questa opinione pubblica era largamente disseminata anche per la presenza degli innumerevoli centri urbani, grandi e piccoli, che da secoli caratterizzavano l'Italia e che ospitavano élite illuminate e favorevoli al risorgimento nazionale.

Finalmente la gamba destra nello stivale!
[incisione da «Punch», 17 novembre 1860; Bibliothèque Nationale, Parigi]
A Teano Garibaldi cedette il comando delle sue truppe a Vittorio Emanuele II e gli "consegnò" il Mezzogiorno d'Italia. Nella vignetta satirica Giuseppe Garibaldi, abbandonata la spada, si china davanti al sovrano per aiutarlo a calzare lo stivale-Italia: «Se non entra, Maestà, provi con un po' più di polvere (da sparo)!».

I caratteri dell'unificazione In Italia, dunque, lo Stato nazionale nacque dalla combinazione di un'**iniziativa dall'alto** – la politica di Cavour e l'egemonia del Piemonte sabaudo – e di un'**iniziativa dal basso** – le insurrezioni nell'Italia centrale e la spedizione garibaldina nel Sud. E l'esito dei plebisciti, per quanto forzati dagli avvenimenti e solo parzialmente rispettosi dei reali orientamenti delle popolazioni coinvolte, rappresentò un omaggio all'idea della sovranità popolare. Nell'incontro fra la componente democratica e la **componente moderata e dinastica, quest'ultima alla fine risultò nettamente vincente**: ma senza le rivoluzioni democratiche che l'avevano preceduto, l'esito dell'unità non sarebbe stato possibile. Un ruolo decisivo ebbero anche i fattori internazionali: in primo luogo l'**intervento della Francia** di Napoleone III, che combatté nel '59 una guerra a totale beneficio del Piemonte **[👁 13.3]**, a cui si aggiunsero l'isolamento del Regno delle Due Sicilie e dello stesso Impero asburgico, e, infine, la sostanziale neutralità della Gran Bretagna.

Storiografia
R. Romeo
I valori dello Stato unitario
ONLINE

Vincitori e vinti Se dunque la mobilitazione risorgimentale aveva riportato un indiscutibile successo proprio in virtù dell'intreccio positivo delle sue due principali componenti, una parte consistente degli italiani aveva subìto o si era adattata di malavoglia al nuovo corso. In primo luogo il **cattolicesimo organizzato** della Chiesa romana e delle istituzioni ecclesiastiche, che avrebbero visto di lì a poco (1866-67) la requisizione e la vendita delle loro proprietà a vantaggio delle finanze del

Girolamo Induno, che con suo fratello Domenico partecipò agli eventi del Risorgimento e in seguito li rappresentò su tela, "racconta" la partenza dei volontari ambientando l'episodio in una cornice rurale, palesando in questo modo l'intenzione di rievocare la storia dell'indipendenza italiana attraverso il vissuto delle classi più umili, che pure di quella storia furono importanti protagoniste. Non a caso ci troviamo nel cuore di un piccolo e anonimo paese di campagna, di fronte alla chiesa principale, con il parroco che impartisce la benedizione ai giovani garibaldini, i quali, pronti a partire, danno l'ultimo saluto alle loro famiglie.

Girolamo Induno
La partenza dei volontari nel 1866
1878
[Museo del Risorgimento, Milano]

nuovo Stato. Incombeva inoltre la **conquista di Roma**, acclamata capitale italiana dal Parlamento già il 27 marzo 1861, il che avrebbe segnato la fine di quel che rimaneva dello Stato pontificio e del secolare potere temporale dei papi. Tra gli sconfitti vanno ricordati anche tutti i **nostalgici** degli antichi regimi assolutisti e i difensori delle dinastie abbattute: tra questi si contavano molti nobili, ufficiali e funzionari, ma anche strati di popolo minuto e di contadini, legati alla monarchia borbonica.
Le campagne erano rimaste in tutta Italia, come sappiamo, sostanzialmente estranee al movimento nazionale. Quando le agitazioni contadine, spesso violente, esplosero in Sicilia alimentate dalle speranze che il cambiamento legato alla spedizione garibaldina favorisse il recupero delle terre comuni usurpate dalla nobiltà e dalla borghesia, la repressione apparve giustificata e inevitabile, non solo a Bronte, come abbiamo visto, ma anche in altre località del catanese. Del resto persisteva un'estraneità incolmabile tra le agitazioni sociali ed economiche di quella parte del **mondo contadino** – così diversa dal resto d'Italia – e il programma politico di moderati e democratici volti a realizzare l'obiettivo primario della loro azione, l'unità e l'indipendenza. A ciò si aggiungeva il timore del possibile ripetersi di rivolte sociali nelle

STORIA • SOCIETÀ • CITTADINANZA

Il suffragio

Il suffragio è la manifestazione della propria volontà attraverso un voto che consenta ai cittadini di eleggere i propri rappresentanti o di esprimersi su singoli temi (il referendum). È dunque un diritto politico, che permette di partecipare alla vita pubblica. Si definisce **«ristretto»** quando è attribuito solo ad alcune categorie di cittadini – individuate in base al sesso, al reddito, al possesso di beni immobili, al raggiungimento di un certo grado di istruzione – e **«universale»** quando è concesso a tutti coloro (uomini e donne) che abbiano raggiunto la maggiore età.
Nell'**antichità romana**, il diritto di suffragio (*ius suffragi*) consisteva nella facoltà di votare nei *comitia*. Esso fu progressivamente concesso anche agli stranieri: nell'88 a.C. fu riconosciuto ai *socii italici*, in seguito a tutti gli abitanti dell'Italia settentrionale. Nel 212 d.C., con la *Constitutio antoniniana*, l'imperatore Caracalla lo attribuì a ogni abitante libero dell'impero.
Dopo la caduta dell'Impero romano d'occidente (476 d.C.), il concetto di suffragio in ambito politico fu dimenticato: nel Medioevo trovò la sua applicazione solo all'interno degli «ordini» (arti, corporazioni, ordini religiosi, ecc.), delle diete, dei concili, degli Stati generali. Nell'**età moderna**, la pratica del voto si diffuse lentamente, e solo in quei paesi (come la Gran Bretagna) dove esistevano organismi rappresentativi, per poi affermarsi, nel corso dell'800, in quasi tutta Europa. Nella maggior parte dei casi, le elezioni si tenevano a suffragio ristretto in base a criteri censitari e di genere: potevano votare, infatti, soltanto gli uomini (e in Francia, a volte, anche le donne) che avevano un certo reddito o che appartenevano ai ceti sociali superiori.
Con le teorizzazioni di **Jean-Jacques Rousseau** (1712-1778) [👁 3.5], il principio di suffragio si legò ai concetti di volontà generale e di sovranità popolare. Nel 1776, con la *Dichiarazione di indipendenza*, negli **Stati Uniti** fu proclamato il suffragio universale maschile, con alcune eccezioni di censo – oltre che relative al colore della pelle (alcuni Stati permettevano però il voto ai neri, purché liberi) – e di genere: all'inizio dell'800 furono abolite le barriere di censo mentre, dopo la guerra civile e l'abolizione della schiavitù [👁 18.2], con il XV emendamento (1870) i neri conquistarono il diritto di voto e molti di essi furono eletti nelle assemblee statali e al Congresso. Dopo il 1877, tuttavia, alcune leggi statali limitarono i diritti dei neri a cui, con vari stratagemmi (come l'introduzione di test di alfabetizzazione e di tasse sul voto quali requisiti per partecipare alle elezioni), fu impedito di votare. Solo con il *Voting Rights Act* del 1965, promosso dall'attivista politico nero **Martin Luther King** (1929-1968), furono vietate le pratiche che limitavano il diritto di voto, garantendo così il suffragio ai cittadini americani neri. Le donne americane ottennero il diritto di voto nel 1920, anche se in alcuni Stati era stato già concesso loro negli ultimi decenni dell'800.
In **Francia**, con la Rivoluzione si affermò il suffragio universale maschile: esso fu abolito con la Restaurazione e fu poi ripristinato nel 1848. Escludendo brevi esperienze come la Comune di Parigi del 1871 [👁 17.3], le donne ne rimasero escluse fino al 1946.
La teorizzazione degli illuministi e le rivoluzioni americana e francese segnarono il passaggio dallo Stato assoluto allo Stato di diritto e la trasformazione dei sudditi in cittadini: cominciarono così ad essere ricercati e richiesti strumenti che garantissero una maggiore estensione e libertà del suffragio.
Nel XIX secolo i movimenti politici progressisti rivendicarono l'ampliamento del diritto di voto: furono approvate, in tutti i paesi europei, delle riforme del sistema elettorale che, però, rimaneva limitato agli uomini. La **Grecia**, nel 1844, fu il primo paese a riconoscere il suffragio universale maschile.
In **Gran Bretagna**, nel 1832, si ebbe il primo *Reform Act*, che incluse i proprietari di immobili tra i detentori del diritto di voto [👁 17.6]; quello del 1867 abbassò poi il censo necessario per votare, estendendo il suffragio agli artigiani e agli operai più agiati dei centri urbani, mentre quello del 1884 lo concesse anche ai lavoratori agricoli. Solo nel 1918, tuttavia, fu riconosciuto il suffragio maschile e femminile. Il primo paese al mondo ad introdurre questo tipo di suffragio universale era stato la **Nuova Zelanda**, nel 1893. In generale, in tutti i paesi dopo la prima guerra mondiale si giunse al suffragio universale, almeno maschile: non era infatti più possibile escludere dalla vita politica i milioni di uomini che avevano combattuto per il proprio paese.
Fu ciò che accadde anche in **Italia**. La legge elettorale del Regno sardo del 1848, entrata poi in vigore anche nell'Italia unita, stabiliva, per votare, dei rigidi criteri

campagne (come era già accaduto in Sicilia nel 1820 e nel 1848) col rischio di una loro evoluzione reazionaria e filoborbonica, mentre andava evitata accuratamente una cesura con le classi dirigenti locali.

Letteratura e Storia
Il Gattopardo di Tomasi di Lampedusa
ONLINE

L'Italia in Europa Per l'Italia unita cominciava allora a porsi il problema di un confronto con il resto d'Europa, innanzitutto per garantire la continuità del nuovo Stato unitario, per trovare un proprio ruolo tra le potenze e per **ottenere senza troppi contrasti il completamento dell'unità.** Rispondere alle ambizioni, spesso dense di retorica nazionale, di un paese politicamente giovane si sarebbe rivelato meno agevole del previsto, mentre duratura e spesso radicale rimase la divisione tra i vincitori e gli sconfitti del Risorgimento.

L'unità rappresentò in ogni caso una decisiva svolta modernizzatrice per l'Italia, tanto sul piano delle istituzioni politiche quanto su quello delle prospettive economiche, anche se la **costruzione del nuovo Stato** avrebbe richiesto scelte difficili e altri momenti conflittuali.

GUIDA ALLO STUDIO
❶ Con quali modalità fu realizzata l'unificazione? ❷ Quale ruolo aveva assunto il Piemonte? ❸ Perché l'unità italiana fu favorita dalla congiuntura internazionale?

di genere, di istruzione e di censo (40 lire annue di tasse). Alle prime elezioni politiche dell'Italia unita poterono votare meno di 420 mila cittadini (1,89%) su una popolazione di oltre 22 milioni di abitanti. Nel 1872 la sinistra parlamentare abbassò la soglia della maggiore età da 25 a 21 anni, ampliando leggermente il diritto di voto, mentre con la **riforma del 1882** si ebbe un primo sostanziale allargamento del corpo elettorale: fu concesso il suffragio a tutti gli uomini maggiorenni alfabeti che versavano 19,8 lire annue di imposte o che avevano concluso il primo biennio di istruzione elementare. Nel 1912 si raggiunse il suffragio quasi universale maschile (furono ammessi al suffragio tutti gli uomini alfabeti o che avevano fatto il servizio militare con più di 21 anni e a tutti quelli con più di 30), reso poi totale nel 1918, quando il voto fu concesso a tutti gli uomini maggiorenni e a quelli minorenni che avevano partecipato alla prima guerra mondiale. La **Costituzione** del 1948, con l'articolo 48, garantì poi il suffragio universale maschile e femminile, limitato solo dal raggiungimento della maggiore età (fissata a 18 anni dal 1975).

Nel **secondo dopoguerra**, la *Dichiarazione universale dei diritti umani* (1948) dell'**Onu** affermò che la volontà popolare «deve essere espressa con elezioni serie, che devono aver luogo periodicamente, a suffragio universale uguale, e con voto segreto, o secondo una procedura equivalente che garantisce libertà di voto» (art. 21). Il *Patto internazionale sui diritti civili e politici* (1966), sempre adottato dall'Onu, ribadì poi questi concetti (art. 25).

Donna iraniana vota alle elezioni presidenziali del 2005
[© Mohsen Shandiz/Corbis]
Mentre in alcuni paesi europei le donne non avevano ancora accesso al suffragio universale – per esempio in certi cantoni della Svizzera – nel 1963 le iraniane ottennero il diritto al voto. Si trattò di una misura inclusa nella cosiddetta "rivoluzione bianca", e cioè in quel programma di riforme lanciato da Muhammad Reza Pahlavi per modernizzare l'Iran il più velocemente possibile.

Alcuni paesi hanno concesso il suffragio universale solo in tempi recenti: in **Sud Africa**, ad esempio, il diritto di voto, sospeso ai neri e ai *coloureds* durante il periodo dell'*apartheid* (1948-94), fu garantito a tutti i cittadini solo nel 1994, mentre in **Arabia Saudita** nel 2011 era ancora limitato agli uomini. In tutti gli altri Stati, anche quelli autoritari o dittatoriali, il suffragio universale è dichiarato ufficialmente, anche se spesso le elezioni non vi si svolgono o si riducono a farse, falsate da brogli elettorali o dall'assenza di una vera libertà di scelta.

I principali dibattiti sul diritto di voto riguardano oggi la possibilità di concederlo agli **immigrati**: il suo stretto legame con la cittadinanza, infatti, rende problematico il suo riconoscimento a coloro che si trovano a vivere stabilmente in uno Stato diverso da quello di provenienza. In questa ottica si è cominciato a riflettere sulla possibilità di legare l'acquisizione della cittadinanza alla permanenza in uno Stato, oppure ad allentare il rapporto tra cittadinanza e diritti politici, magari concedendoli (per le elezioni locali o nazionali) agli immigrati residenti da un certo numero di anni nello Stato.

SINTESI

1 Il Piemonte liberale del conte di Cavour

Mentre la fine dei moti rivoluzionari vedeva anche la fine degli esperimenti riformatori e dello sviluppo economico nei vari Stati, in Piemonte venne conservato il regime costituzionale e intrapresa un'opera di modernizzazione, a partire dai rapporti con la Chiesa (leggi Siccardi). Nel 1852 Cavour divenne presidente del Consiglio: si affermava, così, un politico dai vasti orizzonti culturali e dall'ampia conoscenza dei problemi economici, animato dalla fede in un liberalismo pragmatico e moderno. Spostato a sinistra l'asse del governo con il cosiddetto «connubio» Cavour-Rattazzi, il nuovo presidente del Consiglio pose mano anzitutto alla modernizzazione economica del paese, attraverso la liberalizzazione degli scambi, il sostegno dello Stato all'industria, le opere pubbliche. La conservazione delle libertà costituzionali, lo sviluppo economico, l'accoglienza data agli esuli provenienti dagli altri Stati italiani fecero del Piemonte cavouriano il punto di riferimento per l'opinione pubblica liberale di tutta la penisola.

2 La sconfitta dei repubblicani

Dopo le sconfitte del '48-49, proseguì instancabile l'attività di Mazzini, volta al raggiungimento dell'indipendenza e dell'unità per via insurrezionale. I tragici insuccessi contro cui la sua strategia si scontrò per un verso indussero la nascita del Partito d'azione – con cui Mazzini tentava un rafforzamento degli aspetti organizzativi del movimento –, ma per l'altro fecero crescere i dissensi entro il movimento democratico. Si affacciava, soprattutto con Pisacane, un'ipotesi «socialista» di liberazione nazionale. Pisacane organizzò nel 1857 una spedizione nel Sud. Il tragico esito della spedizione – dovuto soprattutto all'ostilità delle popolazioni locali – sollecitò l'iniziativa di quegli esponenti democratici che vedevano nell'alleanza con la monarchia sabauda l'unica possibilità di successo: nel 1857 si costituì così la Società nazionale, un'associazione che riteneva fondamentale l'intervento sabaudo per la causa italiana.

3 L'alleanza con la Francia e la seconda guerra di indipendenza

Dopo aver ottenuto un successo diplomatico dalla partecipazione piemontese alla guerra di Crimea, Cavour si convinse che era indispensabile l'appoggio di Napoleone III per scacciare gli austriaci dalla penisola. Favorito dagli effetti che ebbe sull'imperatore il fallito attentato alla sua vita compiuto dal repubblicano Orsini nel 1856, Cavour strinse con Napoleone III un accordo a Plombières (1858), un'alleanza militare in vista della guerra contro l'Austria, che scoppiò nell'aprile dell'anno successivo. Le sorti del conflitto volsero subito a favore dei franco-piemontesi. Ma l'armistizio di Villafranca – improvvisamente stipulato da Napoleone III con l'Austria – assegnava allo Stato sabaudo la sola Lombardia. Fu grazie alla nuova situazione creata dalle insurrezioni nell'Italia centro-settentrionale che il Piemonte poté ottenere anche Emilia, Romagna e Toscana.

4 I Mille e la conquista del Mezzogiorno

Rimanevano scontenti i democratici, che cominciarono a pensare a una prosecuzione della lotta attraverso una spedizione nel Mezzogiorno. Nel maggio 1860 Garibaldi sbarcò in Sicilia con mille volontari e, sconfitte le truppe borboniche, formò un governo provvisorio. Spaventati dalle agitazioni agrarie, i proprietari terrieri siciliani guardarono con favore all'annessione al Piemonte. Dopo lo sbarco di Garibaldi in Calabria e il suo ingresso a Napoli, divenne urgente per il governo piemontese un'iniziativa al Sud tale da evitare complicazioni internazionali e garantire alla monarchia sabauda il controllo della situazione. Con l'intervento dell'esercito piemontese, i plebisciti e le annessioni, la situazione del Sud venne così ricondotta entro i binari della politica cavouriana.

5 L'unità d'Italia: caratteri e limiti

Il 17 marzo 1861, Vittorio Emanuele II fu proclamato re d'Italia. Il nuovo Stato aveva come capitale Torino e appariva come il risultato del progressivo ampliamento di uno Stato regionale, il Regno sabaudo. A favorire questo processo furono da un lato la politica di Cavour e del Piemonte – un'iniziativa diretta dall'alto –, dall'altro le azioni insurrezionali nel Centro-Italia e la spedizione dei Mille in Sicilia – iniziative condotte invece dal basso. Importante fu anche il contesto internazionale: la neutralità della Gran Bretagna, le scelte di Napoleone III di intervenire in Italia a favore del Piemonte, l'isolamento del Regno delle Due Sicilie e dell'Impero asburgico. Ora l'Italia doveva ritagliarsi un ruolo in Europa e agire per ottenere senza contrasti il completamento dell'unità.

SVILUPPARE LE COMPETENZE

❶ In Italia il processo di unificazione ebbe importanti protagonisti. Di seguito ne trovi elencati tre. Scrivi su ognuno di essi un testo di 10 righe spiegandone le idee politiche e raccontando i fatti salienti di cui furono protagonisti:

a. conte Camillo Benso di Cavour
b. Carlo Pisacane
c. Giuseppe Garibaldi.

❷ Scrivi un breve testo di 15 righe sul Piemonte liberale del conte di Cavour. Per svolgere più facilmente questo compito utilizza come schema (nell'ordine in cui ti vengono dati), gli argomenti elencati di seguito:

a. "leggi Siccardi"
b. «connubio»
c. si afferma in Piemonte un nuovo tipo di governo parlamentare
d. politica economica liberoscambista
e. agricoltura e industria in espansione
f. traforo del Fréjus.

❸ Nella colonna di sinistra hai i nomi di alcuni protagonisti del processo unitario, mentre in quella di destra alcune azioni da loro compiute. Collega correttamente gli uni alle altre e quindi commenta ogni binomio in brevi testi di 4 righe per ciascuno:

a. Giuseppe Mazzini	**1.** Invia un contingente militare in Crimea
b. Carlo Pisacane	**2.** Guida una spedizione che sbarca a Sapri
c. Daniele Manin	**3.** Firma gli accordi di Plombières
d. conte di Cavour	**4.** Fonda il Partito d'azione
	5. Fonda il movimento indipendentista filopiemontese

❹ Rispondi ai quesiti impiegando il numero di righe indicato tra parentesi:

a. Quali furono i motivi che portarono alla guerra nel 1859? Come si svolsero gli eventi bellici e come si conclusero? (12 righe)
b. Come nacque l'idea di una spedizione di conquista nel Sud Italia? Come si organizzarono i garibaldini? Dove e quando sbarcarono i Mille? (8 righe)
c. Quali furono le tappe delle conquiste garibaldine da Calatafimi a Napoli? Scrivi il testo ripercorrendole. (8 righe)
d. Come si giunse ai plebisciti del 21 ottobre? Quale esito ebbe la consultazione plebiscitaria? (6 righe)

14 I PRIMI ANNI DELL'ITALIA UNITA

CAPITOLO

1 Demografia, economia e società

Popolazione e alfabetizzazione Al momento dell'unità gli italiani erano circa 22 milioni (arrivavano a poco più di 25 calcolando anche il Veneto e il Lazio). La percentuale degli analfabeti, di quanti cioè non sapevano né leggere né scrivere, era del 72%: nei decenni successivi diminuì costantemente [TABELLA_6]. L'analfabetismo era inoltre molto più diffuso tra le donne. Solo il 10% degli italiani era da considerare «italofono», ossia parlante lingua italiana, mentre tutti gli altri comunicavano attraverso i **dialetti**, di cui la stessa minoranza colta si serviva nella comunicazione familiare e nei rapporti con la gente del popolo (pratica largamente diffusa fino a tempi recenti). Inoltre, nonostante da tempo l'italiano fosse impiegato dalla Chiesa nella predicazione, i dialetti si sarebbero mantenuti a lungo, affiancando la lingua colta, nelle scuole elementari. Nell'insieme la grande maggioranza degli italiani non possedeva ancora una lingua comune. Misurata sul terreno delle conoscenze di base, l'Italia era dunque molto meno istruita di paesi come la Prussia e la Francia dove gli alfabetizzati erano rispettivamente il 70% e il 50% della popolazione.

Città e campagne Intorno al 1860 l'Italia era, come già in passato, uno dei paesi europei con il maggior numero di città. Una decina erano i cen-

TABELLA 6_L'ANALFABETISMO IN ITALIA 1871-1901

ANNI	PERCENTUALE DI ANALFABETI
1871	68,8%
1881	62%
1891	/
1901	48,7%

[da T. De Mauro, *Storia linguistica dell'Italia unita*, Laterza, Roma-Bari 2011, p. 63]

Dopo gli anni dell'unità l'analfabetismo diminuì gradualmente in Italia, pur continuando a interessare una parte consistente della popolazione. Nel 1891 per mancanza di fondi il censimento non fu tenuto, ma i dati descritti in tabella confermano la crescita dell'alfabetizzazione nell'ultimo ventennio dell'800.

Panorama della città di Napoli da San Martino 1870-75 [Collezione Gafio, Napoli]

Al momento dell'unità, Napoli costituiva il centro urbano più grande in Italia e ancora uno dei maggiori in Europa. Nonostante non fosse sostenuta da una adeguata base economica, Napoli continuò a essere la città italiana più popolata fino al primo conflitto mondiale. Fu proprio l'attenzione nazionale posta alla questione napoletana, messa in luce con lo scoppio di un'epidemia di colera nel 1884, a far sì che si avviasse un dibattito sull'esistenza e sulla natura degli squilibri economici e sociali fra le diverse regioni della nazione.

Focus
I quotidiani
L'industria della seta

DOC
Stefano Jacini
La situazione dell'agricoltura italiana

ONLINE

tri con più di 100 mila abitanti – il più grande era Napoli con 450 mila, seguivano Torino, Palermo, Milano e Roma con circa 200 mila – e la popolazione urbana propriamente detta (quella che viveva in comuni con oltre 20 mila abitanti) era pari al 20% del totale. La grande maggioranza degli italiani viveva nelle campagne e nei piccoli centri rurali e traeva i suoi mezzi di sostentamento dalle attività agricole: era quindi costituita prevalentemente da contadini. L'**agricoltura** occupava infatti il 70% della popolazione attiva (cioè di quelli in età lavorativa) contro il 18% dell'industria e dell'artigianato e il 12% del settore terziario (che comprende commercio e servizi), contribuendo per il 58% al **prodotto interno lordo** di tutto il paese, mentre industria e terziario vi contribuivano ciascuno per il 20% circa [👁 GRAFICI_5-6]. E le attività agricole fornivano i principali prodotti di esportazione: **seta grezza** dalle regioni settentrionali, e i prodotti delle colture specializzate come **agrumi**, **frutta secca**, **vino** e **olio** (per fini industriali) da quelle meridionali.

Contrariamente a quanto una tradizione, prevalentemente letteraria, aveva tramandato, l'agricoltura italiana nel suo complesso non era affatto favorita dalle condizioni naturali. Le zone pianeggianti, le più adatte all'agricoltura intensiva, costituivano poco più del 20%, mentre tutto il resto era terreno collinare o montagnoso. Inoltre il 20% della superficie del paese era occupato da terre incolte o da terreni paludosi infestati dalla malaria. Anche nelle zone coltivabili di pianura e di collina, quella italiana era prevalentemente un'agricoltura povera, caratterizzata da una grande varietà di colture e di assetti produttivi.

Aziende moderne, mezzadria e latifondo

Solo nella zona irrigua della **Pianura padana** si erano ormai sviluppate numerose aziende agricole moderne che univano l'agricoltura all'allevamento bovino, erano condotte con **criteri capitalistici**, producevano per il mercato e impiegavano soprattutto manodopera salariata. Accanto a esse coesistevano, nelle regioni del Nord, le grandi proprietà coltivate a cereali e le piccole unità produttive in affitto a conduzione familiare, diffuse queste ultime soprattutto nelle zone collinari del Piemonte, della Lombardia e del Veneto.

Nell'Appennino e in tutta l'**Italia centrale**, in particolare in Toscana, Marche e Umbria, dominava invece la **mezzadria** [👁 3.9]. La terra era divisa in poderi, prevalentemente di piccole e medie dimensioni, dove le colture cerealicole si mescolavano agli olivi, alle viti e agli alberi da frutta. Ciascun podere produceva quanto era necessario per il mantenimento della famiglia che viveva sul fondo e per il pagamento del canone in natura, pari alla metà del prodotto, dovuto al padrone. Il mezzadro era tenuto inoltre a concorrere alle spese di manutenzione e a quelle per gli attrezzi agricoli e il bestiame. Il contratto di mezzadria, con la sua rigida ripartizione delle spese, non favoriva gli investimenti e le innovazioni tecniche in funzione dello sviluppo di un'agricoltura moderna, orientata verso il mercato. In compenso consentiva una relativa pace sociale – per questo era apprezzato da molti **conservatori** – e assicurava un certo grado di tutela del territorio: ne è testimonianza il tipico paesaggio vario e ordinato, che ancora oggi sopravvive in buona parte dell'Italia centrale.

In molte zone dell'**Italia meridionale**, oltre che nella vasta campagna intorno a Roma, la coltivazione prevalente era il **latifondo**: grandi distese, per lo più seminate a grano o lasciate alla pastorizia, con la popolazione concentrata in pochi e grossi borghi rurali. Le **tracce dell'ordinamento feudale** si facevano sentire pesantemente negli arcaici contratti agrari – basati spesso su compensi di quota parte del raccolto – e nei rapporti fra i signori e i contadini, caratterizzati da forme di dipendenza personale, ma anche dai ricorrenti contrasti derivanti dall'irrisolto problema della utilizzazione contadina delle terre soggette agli usi civici [👁 2.4]. Non mancavano tuttavia nel

Prodotto interno lordo (Pil)
La somma di tutti i beni e i servizi prodotti in un determinato paese in un particolare periodo di tempo, generalmente rilevata su base annua.

Mezzogiorno zone fertili e pianeggianti, in Campania, in Puglia e in Sicilia dove era diffusa la produzione specializzata destinata all'esportazione.
Una parte molto estesa dell'Italia, soprattutto nelle zone altocollinari o montane, continuava a praticare un'agricoltura di pura sussistenza, dove l'autoconsumo era la regola. L'**alimentazione** era spesso insufficiente, limitata al pane e a pochi legumi. Lo scarso apporto di vitamine determinava poi, in alcune zone del Nord, dove la polenta di mais era l'alimento prevalente, la diffusione di gravi malattie come la pellagra.

Nord e Sud Il quadro complessivo dell'agricoltura italiana, principale attività economica del paese, al di là delle zone di alta produttività, era quello di una diffusa arretratezza: una realtà poco nota alla classe dirigente del paese, così come per gran parte sconosciute erano le condizioni economiche e sociali del Mezzogiorno. Lo stesso Cavour non si era mai spinto a sud di Firenze. Il romagnolo Farini, quando, nell'autunno del 1860, fu inviato nelle province meridionali in qualità di luogotenente generale, non seppe nascondere il proprio stupore e il proprio disprezzo: «Che barbarie! – scriveva in una lettera a Cavour – Altro che Italia! Questa è Affrica: i beduini, a riscontro di questi caffoni, sono fior di virtù civili». Queste impressioni segnalavano **pregiudizi e incomprensioni** destinati a durare nel tempo, ma anche la distanza culturale e la diversità di comportamenti e di mentalità che peraltro poggiavano su un reale **divario tra Nord e Sud** del paese. Al momento dell'unità questo divario si misurava sul piano della disponibilità di infrastrutture, della produttività agricola e dell'istruzione di base.
Se al Nord, nella Pianura padana e in particolare in Piemonte esisteva già una rete ferroviaria sviluppata, al Sud, salvo qualche breve tratto intorno a Napoli, le ferrovie erano inesistenti [ATLANTE_28]. Il valore della produzione agricola per ettaro era al Sud pari a un terzo di quello della Lombardia e a metà di quello del Piemonte. Molto significativo risultava inoltre

GRAFICO 5_OCCUPATI IN ITALIA INTORNO AL 1860

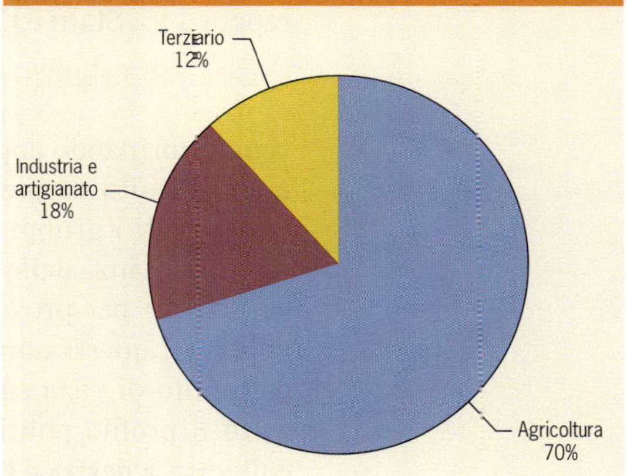

GRAFICO 6_ MANODOPERA IMPIEGATA IN AGRICOLTURA (1850)

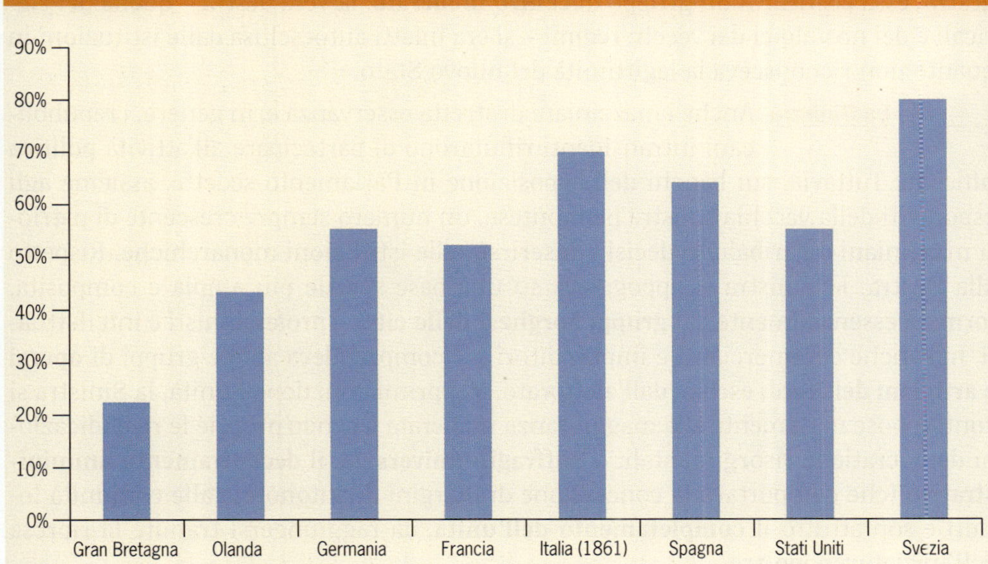

Il grafico descrive la percentuale (sul totale della popolazione) dei lavoratori agricoli nel 1850 in alcuni dei maggiori paesi europei e negli Stati Uniti. Il dato relativo all'Italia risale al 1861 e fotografa la situazione nel paese appena unificato. L'Italia unita è un paese contadino, secondo solo alla Svezia per manodopera impiegata nelle campagne.

il differenziale di alfabetizzazione: in Piemonte e in Lombardia gli analfabeti erano intorno al 54%, in Puglia salivano all'86% e in Sicilia all'89%. Il divario tra Nord e Sud segnalava già l'emergere di un problema nazionale che sarebbe stato definito in seguito come «questione meridionale»: tuttavia allora nel confronto con l'Europa le differenze tra le "due Italie" risultavano appiattite e accomunate da una **generale arretratezza** rispetto ai paesi più sviluppati del continente [👁 I GRANDI TEMI_4.2].

GUIDA ALLO STUDIO

❶ Dove viveva la maggior parte degli italiani? ❷ Quali aziende agricole si potevano definire moderne? ❸ Quali elementi caratterizzavano il paesaggio agrario tipico dell'Italia del Sud? ❹ I politici italiani conoscevano la società contadina meridionale?

2 Governare l'Italia unita

Tutt'altro che agevole fu governare l'Italia dopo la sua unificazione. L'improvvisa e precoce morte di Cavour (giugno 1861) lasciava priva di guida la classe dirigente moderata, anche se i successori di Cavour si attennero sostanzialmente alla politica da lui già impostata nelle grandi linee: una politica rispettosa delle libertà costituzionali e insieme **accentratrice**, **liberista** in campo economico, **laica** in materia di rapporti fra Stato e Chiesa.

La Destra storica Il gruppo dirigente che governò ininterrottamente il paese nel primo quindicennio non era molto diverso da quello che si era venuto formando dopo il '49 nel Piemonte costituzionale [👁 13.1]. Il nucleo centrale era costituito da piemontesi, cioè dalla vecchia maggioranza subalpina. A essa si erano uniti i gruppi moderati lombardi, emiliani e toscani. Meno numerosa era la rappresentanza delle regioni meridionali, che pure contava personalità di tutto rilievo. Diversi per provenienza geografica, per formazione culturale e per esperienze politiche, questi uomini formavano tuttavia un gruppo abbastanza omogeneo, sia dal punto di vista sociale – appartenevano prevalentemente ai ceti superiori – sia sotto il profilo politico. Nei primi parlamenti dell'Italia unita, **la maggioranza si collocava a destra** e come Destra essa venne definita nel linguaggio politico corrente (l'aggettivo «storica» fu aggiunto più tardi, per sottolineare la funzione decisiva svolta da quella classe dirigente nella storia d'Italia). In realtà, più che una forza di destra, essa costituiva un gruppo di **centro moderato**: la vera destra – quella dei clericali e dei nostalgici dei vecchi regimi – si era infatti autoesclusa dalle istituzioni in quanto non riconosceva la legittimità del nuovo Stato.

La Sinistra Anche i mazziniani di stretta osservanza e, in genere, i repubblicani intransigenti rifiutarono di partecipare all'attività politica ufficiale. Tuttavia, sui banchi dell'opposizione in Parlamento sedette, assieme agli esponenti della vecchia sinistra piemontese, un numero sempre crescente di patrioti mazziniani o garibaldini decisi a inserirsi nelle istituzioni monarchiche. Rispetto alla Destra, la Sinistra si appoggiava su una base sociale più ampia e composita, formata essenzialmente dai **gruppi borghesi delle città** – professionisti e intellettuali, ma anche commercianti e imprenditori – e comprendeva anche gruppi di **operai e artigiani del Nord**, esclusi dall'elettorato. Nei primi anni dopo l'unità, la Sinistra si contrappose nettamente alla maggioranza moderata facendo proprie le rivendicazioni democratiche risorgimentali: il **suffragio universale**, il **decentramento amministrativo** (che comportava la concessione di margini di autonomia alle comunità locali) e soprattutto il **completamento dell'unità**, da raggiungersi tramite la ripresa dell'iniziativa popolare.

Il sistema elettorale Destra e Sinistra erano entrambe espressione di una **classe dirigente molto ristretta**, di un «paese legale» assai poco rappresentativo del «paese reale». La legge elettorale piemontese, estesa a tutto il Regno, concedeva infatti il diritto di voto solo a quei cittadini che avessero compiuto i 25 anni, sapessero leggere e scrivere e pagassero almeno 40 lire di imposte all'anno. Nelle prime elezioni dell'Italia unita gli iscritti nelle liste elettorali erano circa 400 mila, meno del 2% della popolazione totale e del 7% dei maschi adulti. Se poi si calcola che la percentuale di coloro che si astenevano era molto elevata – sfiorando spesso il 50% – si capirà come, grazie anche al sistema del **collegio uninominale**, bastassero poche centinaia o addirittura poche decine di voti per eleggere un deputato. La vita politica assumeva così **un carattere oligarchico e personalistico** e, nell'assenza di partiti organizzati nel senso moderno del termine, era dominata da pochi notabili in grado di sfruttare la propria influenza e le proprie relazioni per ottenere i suffragi necessari all'elezione. Il potere esecutivo poteva poi facilmente a favorire la riuscita dei candidati «governativi», indirizzando il voto dei militari e degli impiegati nella pubblica amministrazione.

La scelta dell'accentramento Per quanto ristretta, la classe dirigente era tuttavia convinta di rappresentare la parte migliore del paese: e, in effetti, gli uomini della Destra storica si distinsero per **onestà** e per **rigore**, tanto da costituire, da questo punto di vista, un esempio mai più superato nella storia

Collegio uninominale
Nel linguaggio politico il sistema elettorale "uninominale" prevede l'elezione di tanti candidati quanti sono i collegi, ovvero le circoscrizioni territoriali di voto (determinate in base al numero degli elettori residenti). Nel sistema elettorale uninominale puro a ogni collegio corrisponde un seggio e in ognuno viene eletto un candidato. Esistono sistemi uninominali a un turno, nei quali il seggio è assegnato al candidato che ha ottenuto il maggior numero di voti – anche nel caso in cui questa maggioranza non sia assoluta –, e sistemi uninominali a due turni che, nel caso in cui nessuno abbia conquistato la maggioranza assoluta nel primo turno, prevedono un ballottaggio tra i due candidati più votati. Il sistema postunitario italiano prevedeva il ballottaggio.

Antonio Mancini
Il piccolo scolaro
1876 ca.
[Musée d'Orsay, Parigi]

In Italia la scuola elementare pubblica fu istituita sin dall'unificazione con la legge Casati del 1859, ma solo la legge Coppino del 1877 sancì l'obbligatorietà e la gratuità del primo biennio dell'istruzione elementare. La legge, però, pur prevedendo pene per i trasgressori dell'obbligo, non ne specificò la natura evitando anche di rimandare al codice penale. Questa lacuna, unita alle difficoltà di avviare il sistema scolastico per la mancanza di strutture e di insegnanti e alla materiale impossibilità delle famiglie a rinunciare alle entrate del lavoro dei figli minori, determinò l'ampia disattesa delle disposizioni sull'obbligo scolastico, soprattutto nelle regioni meridionali.

Parola chiave
Accentramento / Decentramento

ONLINE

dell'Italia unita. Essi furono però portati a identificare le sorti del proprio gruppo politico con quelle delle istituzioni statali, sottoposte alla duplice minaccia dei «neri» e dei «rossi», ossia dei clericali reazionari e dei repubblicani rivoluzionari, e a **considerare i fermenti e le inquietudini della società come attentati al bene supremo dell'unità appena raggiunta**. Per questi motivi furono spinti a stabilire un controllo il più possibile stretto e capillare su tutto il paese e dunque a scegliere un modello di **Stato accentrato** molto vicino a quello napoleonico **[👁 7.12]**: basato cioè su ordinamenti uniformi per tutto il regno e su una rigida gerarchia di funzionari dipendenti dal centro **[👁 14.5 STORIA•SOCIETÀ•CITTADINANZA]**.

L'accentramento era anche il risultato inevitabile delle successive annessioni al Regno di Sardegna con la relativa adesione al suo impianto istituzionale e alle sue leggi. Inoltre, tra il giugno '59 e il gennaio '60, grazie ai poteri straordinari conferiti al governo dallo stato di guerra con l'Austria, erano state varate senza alcun controllo parlamentare numerose leggi riguardanti i settori chiave della vita del paese. In aggiunta all'estensione delle leggi piemontesi alle province appena annesse (così fu, ad esempio, per la legge elettorale) furono emanate leggi nuove: come la **legge Casati** sull'istruzione, che creava un **sistema scolastico nazionale** e stabiliva il principio dell'**istruzione elementare obbligatoria** (demandandone però l'attuazione ai comuni); o come la **legge Rattazzi** sull'ordinamento comunale e provinciale, che affidava il governo dei comuni a un consiglio eletto a suffragio ristretto e a un **sindaco** di nomina regia e faceva delle **province** le circoscrizioni amministrative più importanti, ponendole sotto lo stretto controllo dei **prefetti**, rappresentanti del potere esecutivo. Anche questa legge fu successivamente estesa, con poche modifiche, a tutto il regno.

GUIDA ALLO STUDIO

❶ Quale origine aveva la classe politica del primo governo unitario? ❷ Da quali forze sociali era composta la Destra in Italia? ❸ In che cosa consisteva il programma politico della Sinistra? ❹ Che cosa accomunava i politici della Destra a quelli della Sinistra? Cosa li distingueva? ❺ In quali settori le leggi Casati e Rattazzi accentrarono le funzioni dello Stato?

3 Le rivolte contro l'unità e il brigantaggio

L'ostilità dei contadini meridionali

Tra i motivi che spinsero la classe politica a scegliere l'accentramento e ad accantonare ogni progetto di decentramento amministrativo, il principale fu costituito certamente dalla situazione che si era venuta a creare nel Mezzogiorno. Nelle province meridionali liberate dal regime borbonico, il **malessere antico** delle masse contadine si sommò a una diffusa **ostilità verso il nuovo ordine politico**, che non aveva portato alcun mutamento radicale nella sfera dei rapporti sociali, anzi aveva visto la borghesia rurale schierarsi dalla parte dei «conquistatori». E a questo si erano aggiunte la nuova pesante fiscalità e la leva militare obbligatoria osteggiate duramente dal mondo contadino. Già nell'ultima fase dell'impresa garibaldina erano scoppiate, soprattutto in Campania, **rivolte** contadine di una certa gravità: rapidamente i disordini si fecero più estesi e più frequenti, fino a trasformarsi in una generale insorgenza, incoraggiata da una parte del clero e finanziata dalla corte borbonica in esilio a Roma.

Il brigantaggio

Dall'estate del 1861, tutte le regioni del Mezzogiorno continentale erano percorse da bande di irregolari, dove i banditi veri e propri si mescolavano ai contadini insorti, agli ex militari borbonici (per i quali la fine del Regno delle due Sicilie si era trasformata in una catastrofe personale), ai cospiratori legittimisti italiani e stranieri. Le bande assalivano di preferenza i piccoli centri e li occupavano per giorni, massacrando i notabili liberali e incendiando gli archivi comunali: quindi si ritiravano sulle montagne per attaccare subito dopo altrove. A queste aggressioni, che parevano mettere in gioco il controllo territoriale di intere regioni, il governo reagì con spietata energia, rafforzando in primo luogo la presenza militare nel Sud. Fin dai primi tempi di queste sollevazioni si registrarono, in risposta agli eccidi delle bande, **rappresaglie indiscriminate** compiute dall'esercito: come quella di Pontelandolfo, nei pressi di Benevento, dove nell'agosto 1861 furono uccisi 400 civili e incendiato il paese.

Nel 1863 il Parlamento approvò una legge che istituiva, nelle province dichiarate «in stato di brigantaggio», un vero e proprio regime di guerra: **tribunali militari** per giudicare i ribelli e fucilazione immediata per chi avesse opposto resistenza con le armi. Sia per l'efficacia delle misure repressive, sia per la stanchezza della popolazione, il «grande brigantaggio» fu sconfitto nel giro di qualche anno, e nel 1865 le bande più importanti erano state isolate e distrutte.

ONLINE

Storiografia
S. Lupo
Il brigantaggio nell'Italia meridionale

DOC
A. Gramsci
La rivoluzione agraria mancata

Storiografia
R. Romeo
Critica alla tesi di Gramsci

Il problema della terra

Tra le principali cause della mobilitazione contadina rimaneva irrisolta la questione della proprietà della terra e in particolare quella della **divisione dei terreni demaniali** – ossia delle terre pubbliche di origine feudale – e di quelle soggette agli usi civici, passate di fatto nelle mani della nobiltà e della borghesia terriera. Neppure la liquidazione dei beni ecclesiastici, avviata fra il 1866 e il 1867, riuscì a migliorare la condizione dei piccoli proprietari e dei contadini senza terra, impediti dalla mancanza di capitali a concorrere all'acquisto dei fondi messi all'asta. L'operazione si risolse (non solo nel Mezzogiorno, ma in tutta Italia) in un **rafforzamento della grande proprietà**.

GUIDA ALLO STUDIO

❶ Perché i contadini meridionali erano ostili nei confronti del nuovo Stato? ❷ Come reagì il governo al fenomeno del brigantaggio? ❸ Perché la divisione della terra costituì un problema per le masse contadine?

◀ **Michelina De Cesare**
1865
[Museo Centrale del Risorgimento Italiano, Roma]

Tra le fila dei briganti militavano spesso anche le donne. Figlie, madri o mogli di briganti, spesso rimaste sole, si univano alle bande dimostrandosi capaci di partecipare attivamente alla rivolta contadina. Il fenomeno fu tutt'altro che raro e il brigantaggio al femminile costituì una sorta di epopea a sé nell'immaginario collettivo, meridionale e non solo. La brigantessa Michelina De Cesare, compagna del famoso brigante Francesco Guerra, fu arrestata nel 1868, morì il 30 agosto di quell'anno, dopo aver subito tortura, e il suo corpo fu esposto nudo in piazza.

▶ **Il brigante Vincenzo Palmieri e tre uomini della sua banda uccisi nei pressi di Melfi in Basilicata**
[Istituto per la Storia del Risorgimento, Roma]

La repressione del brigantaggio da parte dello Stato unitario fu particolarmente cruenta. Secondo le cifre dedotte dai documenti del ministero della Guerra e della Camera dei deputati, tra il 1861 e il 1865 furono uccisi (in combattimento o fucilati) 5212 briganti. Cifra ufficiale, probabilmente approssimativa per difetto, cui vanno aggiunti gli oltre 5000 arresti.

Focus
Mercato nazionale

ONLINE

4 L'economia e la politica fiscale

L'unificazione economica

Parallelamente all'unificazione amministrativa e legislativa, i governi della Destra dovettero affrontare il complesso problema dell'unificazione economica del paese. Vennero uniformati a quelli del Piemonte i sistemi monetari e fiscali ed estesa a tutta l'Italia la **legislazione doganale liberista** vigente nel Regno sardo, penalizzando il Mezzogiorno fino allora inserito in un sistema protezionistico. Molto rapido fu lo sviluppo delle vie di comunicazione: in particolare della rete ferroviaria che nel primo decennio unitario passò da poco più di 2000 a circa 6000 chilometri, collegando il Nord al Sud, premessa indispensabile per la formazione di un **mercato nazionale** [ATLANTE_28]. Anche se la nuova rete ferroviaria, per gli alti costi, rimase inizialmente poco utilizzata: per le lunghe distanze si continuò a preferire il trasporto delle merci via mare.

L'industria e l'agricoltura

Nei primi decenni dopo l'unità il settore agricolo conobbe un significativo incremento di produttività di cui si avvantaggiarono soprattutto le **colture specializzate** del Mezzogiorno e la produzione di bozzoli da seta, principali voci dell'esportazione italiana. Invece il **settore industriale** fu nel complesso penalizzato dall'accresciuta **concorrenza internazionale** favorita dalla politica liberista (basata su dazi di entrata molto bassi). Declinarono la produzione laniera e, cosa ancora più grave, i settori siderurgico e meccanico, ancora lontanissimi dal potersi giovare dell'occasione che in altri paesi era stata offerta dallo sviluppo delle ferrovie, la cui costruzione si avvalse di materiali d'importazione e di imprese prevalentemente straniere. Gli **effetti negativi della scelta liberista** colpirono soprattutto i pochi nuclei industriali del Mezzogiorno, inesorabilmente cancellati dalla caduta dei dazi protettivi che ne avevano sostenuto lo sviluppo.

Locomotiva nel Museo nazionale ferroviario di Pietrarsa

Al compimento dell'unità d'Italia era attivo nell'ex Regno delle Due Sicilie l'Opificio di Pietrarsa (alla periferia di Napoli), un'industria siderurgica che da poco più di 15 anni lavorava a pieno regime producendo locomotive a vapore e facendo concorrenza alle analoghe industrie britanniche. Proprio a scapito di questa officina andarono le manovre del governo unitario che appaltò buona parte delle sue commesse alla Società Ansaldo, società di Sampierdarena (Genova) nata nel 1853 grazie al forte impegno di Cavour. La mancanza delle commesse statali e la scelta liberista del governo colpirono quindi Pietrarsa insieme agli altri pochi nuclei industriali del Mezzogiorno. L'opificio campano fu ceduto in affitto a privati e rimase attivo fino al 1975. Oggi è stato trasformato in un museo ferroviario.

Le attività industriali non erano del resto al centro dell'attenzione degli uomini politici italiani, tanto della Destra quanto della Sinistra, convinti che **la vocazione dell'Italia risiedesse nell'agricoltura**, base del suo sviluppo economico, mentre lo sviluppo industriale sarebbe venuto semmai più tardi. L'**espansione dell'agricoltura** degli anni '60 e '70, derivante da queste scelte, consentì un'accumulazione di capitali che, grazie anche al prelievo fiscale, rese possibile un potenziamento delle infrastrutture (strade, ferrovie), indispensabile per il futuro industriale del paese. Ma nel complesso, dopo un ventennio di vita unitaria, l'Italia aveva perso terreno nei confronti dei paesi più progrediti e il **tenore di vita** della maggioranza dei suoi abitanti non aveva registrato mutamenti di rilievo: anzi, in alcuni casi, era addirittura peggiorato.

Focus
La tassa sul macinato
ONLINE

Una pesante fiscalità

Responsabile principale di questa situazione fu la durissima politica fiscale, legata alla necessità di coprire i costi dell'unificazione. La costruzione del nuovo Stato aveva infatti comportato spese altissime, sia nel campo delle comunicazioni sia in quelli dell'amministrazione pubblica, dell'istruzione e dell'esercito. Per far fronte a queste spese, i governi della Destra dovettero ricorrere a una serie di inasprimenti fiscali, che colpivano sia i **redditi** e i **patrimoni** sia i **consumi** (tasse su sali e tabacchi, dazi locali sui generi alimentari). La situazione si aggravò ulteriormente dopo il 1866, in conseguenza delle spese sostenute per la guerra contro l'Austria (la terza guerra d'indipendenza, di cui si dirà nel paragrafo successivo). Nell'estate del 1868 fu introdotta infatti una tassa sulla macinazione dei cereali, meglio nota come **tassa sul macinato**: si trattava in pratica di una tassa sul pane, cioè sul consumo popolare per eccellenza, che colpiva duramente le classi più povere, tanto da scatenare all'inizio del 1869 le prime agitazioni sociali su scala nazionale della storia dell'Italia unita. Scoppiati spontaneamente un po' in tutto il paese, i moti contro la tassa sul macinato assunsero dimensioni preoccupanti soprattutto nelle campagne padane. La repressione fu anche in questo caso durissima.

GUIDA ALLO STUDIO

❶ In che modo si favorì l'unificazione economica del paese? ❷ Che cosa accadde al settore industriale italiano? ❸ Quali erano le nuove spese dello Stato unitario? Come vi si fece fronte?

5 La conquista del Veneto e la presa di Roma

A pochi anni dalla proclamazione dell'Italia unita la Destra e la Sinistra avevano il comune obiettivo di completare il processo di unificazione annettendo il Veneto e soprattutto il Lazio con Roma. Ma, mentre i leader della Destra si affidavano ai tempi lunghi delle vie diplomatiche, la Sinistra restava fedele all'idea della guerra popolare e vedeva nella lotta per la liberazione di Roma l'occasione per un rilancio dell'iniziativa democratica.

Le acquisizioni del Veneto e di Roma, che pure avvennero rispettivamente nel 1866 e nel 1870, sarebbero state però fortemente condizionate dal mutare degli equilibri europei sui quali pesò il rinnovato dinamismo politico e militare della Prussia [👁 17.1-2].

La questione romana

Il nodo più difficile da sciogliere era rappresentato dalla questione di Roma, proclamata capitale del nuovo Stato già nel marzo 1861, ma sede di un pontificato ostile all'unità e difesa dalle truppe francesi. La questione romana andava risolta con prudenza perché da un lato la Francia rimaneva l'alleato più sicuro e il principale partner economico dell'Italia, dall'altro il paese era cattolico al 99% e il clero continuava a svolgere un ruolo decisivo nel controllo sociale e culturale delle campagne. Lo stesso Cavour era stato dell'avviso di muoversi con cautela: fedele al principio «libera Chiesa in libero Stato», aveva cercato una soluzione che assicurasse al papa e al clero piena libertà di esercitare il proprio magistero spirituale. Su questa stessa linea si mossero i governi italiani anche in seguito, registrando tuttavia l'impraticabilità di una conciliazione osteggiata fermamente da Pio IX.

Il fallimento dei tentativi garibaldini

Di fronte a questa situazione di stallo apparve possibile una ripresa della mobilitazione patriottica democratica guidata ancora una volta da Garibaldi. Ma i due tentativi del 1862 e del 1867 si rivelarono male organizzati, in larga misura velleitari e destinati all'insuccesso. Nel **1862** Garibaldi raccolse in Sicilia qualche migliaio di volontari, varcò lo stretto di Messina ma fu fermato (e ferito) sull'**Aspromonte** dalle truppe regie intervenute ad arrestare la spedizione che minacciava di provocare un intervento militare della Francia di Napoleone III.

Due anni dopo, nel 1864, fu trovato un accordo con la Francia – la cosiddetta **Convenzione di settembre** – in base al quale l'Italia si impegnava a garantire il rispetto dei confini dello Stato della Chiesa, ottenendo in cambio il ritiro delle truppe francesi dal Lazio. A garanzia del suo impegno, il governo decideva di trasferire la capitale da Torino a **Firenze** (suscitando nella città piemontese violenti disordini popolari) in quella che sembrava una rinuncia a Roma.

Nel **1867** prese avvio una nuova iniziativa garibaldina, che avrebbe dovuto appoggiarsi su un'insurrezione preparata dai patrioti romani. Si sperava in tal modo di giustificare il colpo di mano, presentandolo come un atto di volontà popolare, e di evitare l'intervento francese. Napoleone III inviò invece un corpo di spedizione nel Lazio, mentre l'insurrezione a Roma falliva per la sorveglianza della polizia e per la scarsa partecipazione popolare. Il 3 novembre 1867, le truppe francesi da poco sbarcate a Civitavecchia si scontrarono presso **Mentana**, alle porte di Roma, con i volontari garibaldini e li sconfissero dopo un duro combattimento **[** ATLANTE_**41]**.

Vincenzo Malinverno
Aspromonte
fine XIX secolo
[Museo Civico del Risorgimento, Bologna]

Lo scontro avvenuto sull'Aspromonte fra le truppe italiane e quelle garibaldine, durante il quale Garibaldi fu ferito e arrestato, suscitò un'ondata di sdegno verso la politica del Regno sabaudo, tanto che anche Carducci se ne fece portavoce, già nel settembre 1862. Il ferimento e successivo arresto del generale diede vita a una serie di aneddoti e canti popolari e fu d'ispirazione a diverse opere pittoriche fra le quali questa, creata da Gerolamo Induno e copiata da Malinverno: come un santo patrono, Garibaldi è portato a spalla e sostenuto da una moltitudine di persone, come una processione tra le montagne calabre.

La terza guerra d'indipendenza e la conquista del Veneto L'anno precedente alla sconfitta di Mentana l'Italia era riuscita ad assicurarsi il possesso del Veneto. Nel 1866 il governo italiano aveva infatti accettato l'**alleanza militare con la Prussia** che si apprestava allora ad affrontare la guerra con l'Impero asburgico. La partecipazione italiana fu decisiva per l'esito del conflitto, in quanto impegnò una parte dell'esercito austriaco agevolando la vittoria prussiana. Ma, per le forze armate nazionali chiamate alla loro prima prova impegnativa, la guerra si risolse in un clamoroso insuccesso. Gli italiani, infatti, furono sconfitti sia per terra, a **Custoza,** sia per mare, presso l'**isola di Lissa**, nonostante le forze austriache fossero inferiori di numero: gravi errori di valutazione dei comandi trasformarono in dure sconfitte quelli che in realtà erano stati degli scontri brevi e confusi, con perdite limitate da ambo le parti. Solo Garibaldi, con i suoi volontari, era riuscito ad aprirsi la via verso Trento, ma aveva dovuto fermarsi perché i prussiani, raggiunti i loro obiettivi, avevano stipulato l'armistizio con gli austriaci. Dalla successiva **pace di Vienna** (ottobre 1866) l'Italia ottenne, non direttamente ma con la mediazione della Francia, solo il **Veneto** e i territori del **Friuli fino a Udine**.

L'ultima delle guerre di indipendenza si concludeva così con un bilancio deludente: rimanevano sotto l'Austria il Trentino e la Venezia Giulia. Ciò avrebbe costituito, ancora per mezzo secolo, un ricorrente motivo di agitazione patriottica. La sconfitta, poi, non solo aveva chiaramente dimostrato l'**impreparazione militare italiana**, ma aveva diffuso in larga parte dell'opinione pubblica l'amara convinzione che il nuovo Stato non era ancora pronto a inserirsi fra le potenze europee su un piano di parità.

Roma capitale Anche la presa di Roma dipese direttamente dai successi militari della Prussia. Questa volta fu la Francia a essere sconfitta [👁 17.2]. Nel settembre 1870, subito dopo la battaglia di Sedan, il governo italiano, non sentendosi più vincolato ai patti sottoscritti con Napoleone III, decise di inviare un corpo di spedizione nel Lazio. Contemporaneamente cercò un accordo col pontefice,

Michele Cammarano
La breccia di Porta Pia
1871
[Museo Nazionale di Capodimonte, Napoli]

Il 20 settembre 1870, un corpo di bersaglieri al comando del generale Raffaele Cadorna entrò a Roma attraverso una breccia aperta nelle mura della città all'altezza di Porta Pia. Questa tela, che fu commissionata al pittore direttamente da Vittorio Emanuele II per ricordare l'avvenimento, non raffigura la breccia (solo intuibile), ma si concentra sull'incedere impetuoso dei bersaglieri che sembrano essere sul punto di travolgere lo spettatore.

La breccia di Porta Pia. Roma capitale

«Le Regie truppe sono entrate in Roma questa mane per una breccia laterale a Porta Pia», così il presidente del Consiglio Giovanni Lanza annunciava la presa della città in un telegramma destinato ai prefetti. Era il 20 settembre 1870.
Un fatto imprevisto, e difficilmente prevedibile, aveva reso possibile la conquista di Roma. Il 1° settembre la Francia era stata duramente sconfitta a Sedan dalla Prussia di Bismarck [👁 17.2]. Qualche giorno dopo, mentre la Germania completava il processo d'unificazione, in Francia veniva proclamata la Terza Repubblica. Con la caduta del Secondo impero veniva a cadere anche la tutela esercitata sui domini pontifici da Napoleone III. Era l'occasione che l'Italia stava aspettando. Il 10 settembre un inviato del re Vittorio Emanuele II propose a papa Pio IX di rinunciare pacificamente alla sovranità sullo Stato pontificio – che ormai comprendeva solo il Lazio – garantendogli la piena indipendenza spirituale della Santa Sede. La risposta del pontefice fu negativa. Due giorni dopo il generale **Raffaele Cadorna**, alla testa di 60 mila uomini, entrò nello Stato pontificio, e in **cinque giorni**, senza incontrare resistenze, raggiunse Roma. Al papa fu offerta una seconda occasione per arrendersi, ma la risposta rimase negativa, anche se la città era ormai quasi interamente circondata e stava per sopraggiungere anche un contingente da Civitavecchia, guidato da Nino Bixio. Pio IX non era intenzionato a resistere ad oltranza, ma a difendersi quanto bastava per dimostrare di essere oggetto di una violenza da parte italiana. Le truppe regie si erano concentrate fra Porta Salara (oggi piazza Fiume) e Porta Maggiore, nel quadrante orientale delle mura Aureliane, mura antiche qua e là rinnovate, prive di grandi difese [👁 ATLANTE_42]. L'inizio dell'attacco era previsto per l'alba del 20 settembre. Dalle cinque del mattino le artiglierie cominciarono a bersagliare Porta San Giovanni e Porta San Lorenzo, ma si concentrarono prevalentemente su **Porta Pia e Porta Salara**. A ridosso di questa zona, a Villa Albani, era collocato il comando militare italiano. A Villa Patrizi c'era un importante centro di operazioni e lungo via Nomentana era acquartierata gran parte delle truppe. Alle nove e mezza una breccia si aprì alla destra di Porta Pia, precisamente nelle mura di Villa Bonaparte. Dopo qualche minuto i bersaglieri del XII e del XXXIV reggimento, insieme ad altri reparti di fanteria, superarono la breccia, fra squilli di tromba, grida che inneggiavano ai «Savoia!» e colpi d'artiglieria. Il combattimento continuò a Villa Bonaparte, ma non durò a lungo: gli italiani entrarono in città senza incontrare resistenze, accolti da una popolazione romana non troppo stupita dall'esito della battaglia. Poco dopo, quando sulla cupola di San Pietro fu issata la bandiera bianca della resa, i combattimenti cessarono, lasciando sul campo 19 caduti fra i soldati pontifici e 49 fra gli italiani. Mentre i soldati regi entravano a Roma, quelli del pontefice si ritiravano nel rione di Borgo, accanto al Vaticano. Il giorno seguente anche questa zona fu occupata e Pio IX si chiuse in Vaticano, per non uscirne più. Dopo oltre un millennio cessava l'esistenza dello Stato pontificio.
Il 2 ottobre 1870 si tenne il plebiscito che doveva decidere le sorti di Roma. Alla formula «Vogliamo la nostra unione al Regno d'Italia sotto il governo costituzionale del Re Vittorio Emanuele II e dei suoi successori» **40.875 furono i sì e 46 i no**. Gli iscritti al voto, a suffragio universale maschile, non superavano i due terzi dei maschi maggiorenni, ma l'affluenza fu elevata, raggiungendo l'87,6% degli aventi diritto. In un clima allegro, con cortei di persone vestite a festa, **Roma votò la sua annessione al regno**, segnando il raggiungimento di una tappa che il percorso d'unificazione del 1861 aveva lasciato incompiuta e a cui avevano tentato di rimediare due sfortunate spedizioni garibaldine. Il 9 ottobre, con il decreto d'accettazione del plebiscito, Roma diventava ufficialmente italiana e si univa alla monarchia costituzionale dei Savoia. Due questioni, di fondamentale rilevanza per tutta la nazione, erano ancora da sciogliere: la definizione giuridica dei rapporti fra Stato e Chiesa e il trasferimento della capitale da Firenze a Roma.
Il 13 maggio 1871, con la legge delle Guarentigie, lo Stato italiano riconobbe al papa, in modo unilaterale, una serie di garanzie. Il papa respinse **in toto** la legge, che continuò a regolare i rapporti fra Stato e Chiesa fino ai Patti Lateranensi del 1929. Ben oltre questa data, con echi che si avvertono ancora oggi, le questioni della libertà della Chiesa e della laicità dello Stato sarebbero rimaste rilevanti, costituendo un elemento di divisione nella società italiana.
Sullo **status di Roma capitale**, invece, c'era una convergenza ampia. Roma è stata sempre una capitale, della repubblica e dell'impero romano, della cristianità, del cattolicesimo e di uno Stato ecclesiastico. Dall'idea di Roma capitale non poteva prescindere il Risorgimento, che alla città aveva legato un patriottismo intriso di richiami alla gloria e alla grandezza del passato. Proclamata l'unità d'Italia, a dieci giorni di distanza (27 marzo 1861), Roma era stata acclamata dal Parlamento capitale del nuovo Stato. Ecco le ragioni della scelta, esposte da Cavour: «Ora, o signori, in Roma concorrono tutte le circostanze storiche, intellettuali, morali che devono determinare le condizioni della capitale di un grande Stato. Roma è la sola città d'Italia che non abbia memorie esclusivamente municipali; tutta la storia di Roma dal tempo dei Cesari al giorno d'oggi è la storia di una città la cui importanza si estende infinitamente al di là del suo territorio; di una città, cioè, destinata ad essere la capitale di un grande Stato». Dovevano passare dieci anni perché questa prospettiva si realizzasse, anche se non mancò qualche voce critica quando, fra il dicembre 1870 e il gennaio successivo, Camera e Senato decisero che il trasferimento di capitale doveva avvenire entro il giugno 1871. La Roma pontificia, che per molti era stata il simbolo di una società arretrata, ostile ai valori liberali e democratici, diventava la capitale amministrativa e politica del Regno d'Italia. L'annessione e poi la designazione a capitale scatenarono **intense e accelerate trasformazioni**, a livello urbanistico, sociale e culturale. Oltre al trasferimento del re, la città diventava la sede del Parlamento, della presidenza del Consiglio dei ministri, dei vari ministeri. A Roma, che all'epoca non era la città più popolosa d'Italia (contava circa 226 mila abitanti ed era di gran lunga superata da Napoli), si riversarono migliaia di immigrati: impiegati statali, professionisti, commercianti ma anche manovali, attratti dall'inizio dell'espansione edilizia che avrebbe cambiato la fisionomia della città.
Dal 1870 il destino di Roma si è saldato a quello nazionale, come il ricordo della breccia di Porta Pia si è legato alle vicende politiche cittadine e nazionali. Nel 1895 il 20 settembre divenne festa nazionale. La data alimentò lo scontro fra clericali e anticlericali, che progressivamente si stemperò, finché il fascismo nel 1930 non abolì la festa, in ossequio alla conciliazione tra Stato e Chiesa. In città resta tuttora visibile la memoria di un evento che ebbe conseguenze epocali. Alla strada intitolata **«via XX Settembre»**, che da Porta Pia va verso il Quirinale, si aggiungono due monumenti: la Colonna della Vittoria, una colonna antica sormontata dalla statua di una Vittoria alata in bronzo (eretta nel 1895, oggi di fronte alle lapidi che commemorano i caduti proprio sul luogo della breccia) e il Monumento al Bersagliere, che celebra l'assalto del corpo militare (eretto nel 1932 nel piazzale antistante Porta Pia).

ATLANTE 42_LA BRECCIA DI PORTA PIA. QUADRANTE NORD-EST DI ROMA

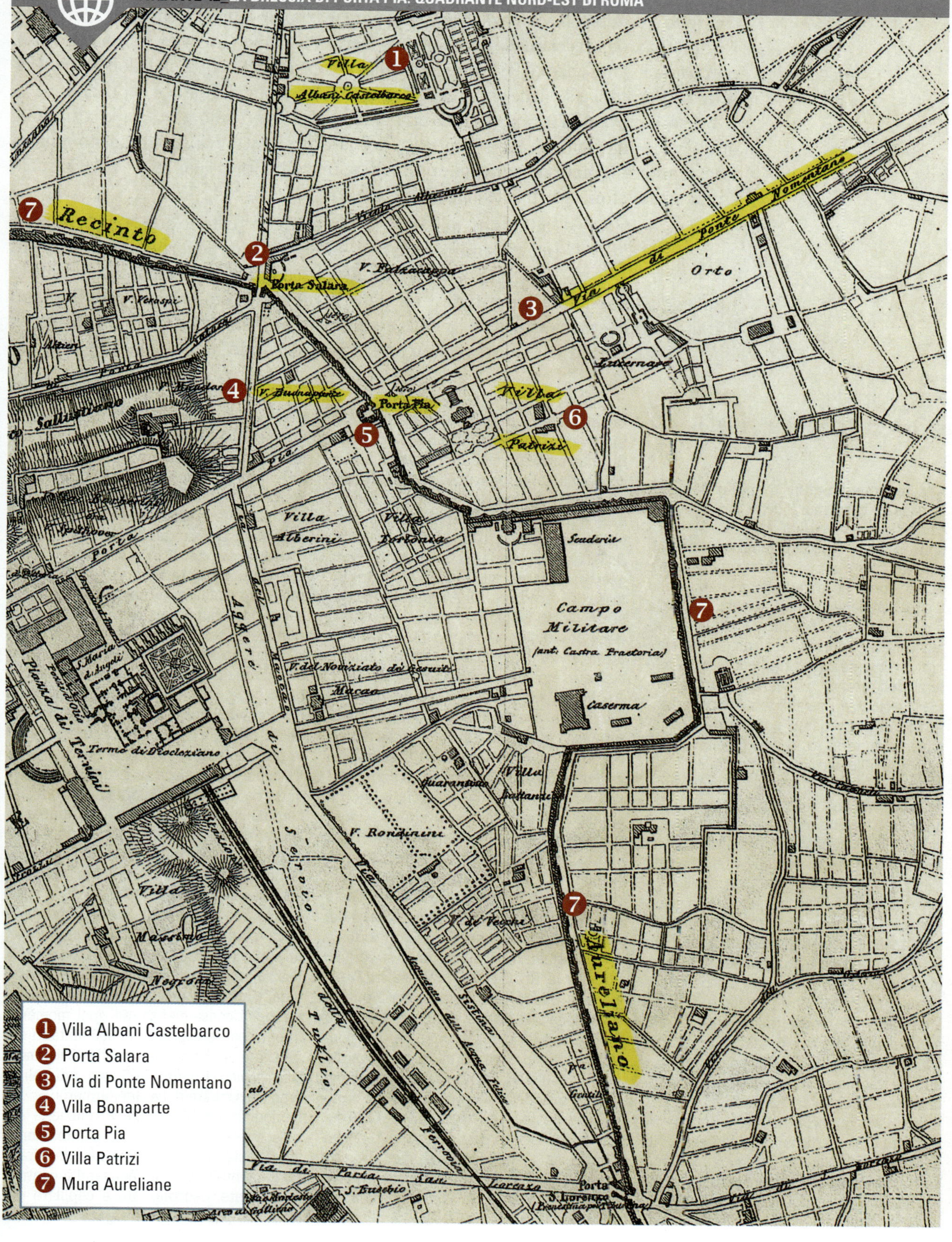

EVENTI

ma Pio IX respinse ogni proposta, deciso a mostrare al mondo intero di essere stato costretto a cedere alla violenza. Il 20 settembre le truppe italiane, dopo aver aperto con l'artiglieria una **breccia nelle mura presso Porta Pia** e dopo un breve combattimento, entravano in città accolte festosamente dalla popolazione. Pochi giorni dopo, un **plebiscito** confermava a schiacciante maggioranza l'annessione di Roma e del Lazio.
Il **20 settembre 1870** rappresenta una data epocale non solo per l'Italia unita che otteneva la sua capitale, ma soprattutto per la Chiesa cattolica. **Quel giorno poneva fine al potere temporale dei papi** durato oltre un millennio – dal 752 – e dava inizio a una nuova storia per il cattolicesimo romano.

Il trasferimento della capitale e il *non expedit*

Nell'estate del 1871 la capitale con tutte le sue strutture politiche e amministrative – Parlamento, governo, ministeri – fu trasferita da Firenze a Roma. Nel frattempo era stata approvata una legge detta delle **Guarentigie**, cioè delle garanzie, in quanto con essa il Regno d'Italia si impegnava unilateralmente a garantire al pontefice le condizioni per il libero svolgimento del suo magistero spirituale, secondo le linee del progetto ca-

STORIA • SOCIETÀ • CITTADINANZA

La tutela dell'ordine pubblico

L'espressione **"ordine pubblico"** indica la pacifica convivenza degli individui che compongono una data società rispettandone le leggi, i valori comuni e i diritti altrui, nonché i doveri che la convivenza e le istituzioni necessariamente impongono a ogni componente della società. La tutela dell'ordine pubblico nelle società occidentali contemporanee è un compito assolto principalmente dallo Stato per mezzo delle **forze dell'ordine**: in Italia, da organismi come la polizia e i carabinieri, appositamente istituiti e preparati per fronteggiare le minacce interne (cioè non dipendenti da altri Stati) alla pacifica convivenza. Le forze dell'ordine costituiscono dunque una presenza quotidiana nella vita di ogni cittadino, hanno funzioni di repressione e prevenzione dei delitti, controllano il territorio e si accertano che le attività che vi si svolgono siano lecite. Quello di "ordine pubblico" è però un concetto elastico: si collega a valori condivisi e a esigenze diffuse, ma può essere anche invocato per difendere un dato equilibrio politico e sociale, per reprimere manifestazioni di dissenso o per perseguitare le minoranze. Così avviene nei regimi autoritari; ma anche negli ordinamenti formalmente liberali e fondati sul principio dello Stato di diritto [👁 10.1] risulta spesso difficile tracciare il confine fra tutela dell'ordine e repressione del dissenso.
Prima che cominciassero ad affermarsi i moderni sistemi di pubblica sicurezza, in Europa, generalmente, il mantenimento dell'ordine pubblico non era affidato ad un organismo specifico ma ai cittadini stessi. In **Gran Bretagna**, per esempio, fin dal **Medioevo** ogni suddito aveva il dovere di intervenire in prima persona in presenza di una minaccia all'ordine pubblico e di consegnare il responsabile alla giustizia. Il mancato intervento era addirittura sanzionato e punito. Una supervisione era esercitata dai cosiddetti *constables*, membri delle classi superiori che gratuitamente esercitavano funzioni giudiziarie e di controllo del territorio. Dal **XVI secolo** si diffuse l'uso di ingaggiare privatamente persone in grado di proteggere beni e averi. Gli attuali modelli di tutela dell'ordine pubblico, però, erano ancora molto lontani.
Anche altrove, per esempio nei **paesi germanici**, le comunità erano tenute all'**autodifesa**: si organizzavano ronde diurne e notturne. A partire dal **XVII secolo**, in casi di particolare emergenza o pericolo si poteva ricorrere ai «contingenti», milizie appositamente create costituite da sudditi maschi obbligati a prestare servizio. In risposta alla richiesta da parte della società di maggiore sicurezza sociale, sempre nei territori germanici (come la Baviera) verso la metà del **XVIII secolo** furono creati dei nuclei speciali di controllo del territorio.
Il cambiamento più importante si verificò durante la Rivoluzione francese in **Francia**, che già da tempo utilizzava forme di protezione dell'ordine pubblico, tanto da rappresentare in questo ambito, nel contesto europeo, una sorta di avanguardia [👁 CAPITOLO 7]. Nel tardo Medioevo era nata la cosiddetta *Maréchaussée*, un organo dipendente dalla Corona, che dal XVI secolo aveva incluso tra i suoi compiti anche la repressione del vagabondaggio. Oltre ad essa, all'inizio del XVII secolo era entrata in azione una polizia nazionale con compiti molto vari e solo parzialmente paragonabili a quelli delle moderne forze dell'ordine (repressione della criminalità, intervento in caso di incendi e inondazioni). Durante la rivoluzione, però, il caos e il rischio di scivolare nell'anarchia resero necessaria una migliore organizzazione. Nel 1791 la *Maréchaussée* fu trasformata in *Gendarmerie*, un corpo scelto di soldati con funzioni di controllo del territorio, mentre un anno prima era stata per la prima volta riformata la polizia parigina: per presidiare la città e reprimere i comportamenti antirivoluzionari, infatti, in ogni quartiere venne dislocato un ufficio di polizia. Il *Codice dei delitti e delle pene* del 1795 stabilì con precisione i compiti della polizia: «La repressione dei delitti esige l'azione di due autorità distinte e incompatibili, la polizia e la giustizia. L'azione della polizia precede quella della giustizia. La polizia è istituita per tutelare l'ordine pubblico, la libertà, la proprietà, la sicurezza individuale. Il suo carattere principale è la vigilanza. La società, considerata nella sua totalità, è l'oggetto della sua attenzione» (articoli 15-17).
L'anno seguente, per dare al corpo maggiore autonomia e libertà di intervento, fu appositamente creato il ministero della Polizia, mentre precedentemente questo organismo faceva capo al ministero dell'Interno. Di conseguenza, da quel momento in ogni paese con più di 5000 abitanti era presente un commissariato di polizia, mentre nei piccoli borghi le funzioni di polizia erano assicurate dalla Gendarmeria.
Il modello imposto dalla Rivoluzione subì successivamente alcuni cambiamenti, ma il sistema non cambiò nei suoi tratti fondamentali, che prevedevano il controllo costante, centralizzato e capillare del territorio per mezzo di **organi statali** (la

vouriano. Al papa venivano riconosciute prerogative simili a quelle di un capo di Stato: onori sovrani, facoltà di tenere un corpo di guardie armate, diritto di rappresentanza diplomatica, extraterritorialità per i palazzi del Vaticano e del Laterano, libertà di comunicazioni postali e telegrafiche col resto del mondo. Pur rifiutando la legge e con essa la somma annuale che lo Stato italiano aveva previsto di corrispondere alla Santa Sede, Pio IX di fatto si avvalse delle prerogative assicurate dalle Guarentigie.

Non per questo si ridusse l'ostilità di Pio IX nei confronti del Regno d'Italia. Anzi, l'invito ad astenersi da ogni partecipazione alla vita politica dello Stato si trasformò, nel 1874, in un esplicito divieto con la formula del *non expedit*, 'non giova', che significava **'non è opportuno' che i cattolici partecipino alle elezioni politiche**. L'acquisto di Roma, nel momento stesso in cui coronava il processo di unificazione nazionale, lasciava aperto un conflitto con la Chiesa che sarebbe stato sanato solo nel 1929 con i Patti lateranensi.

GUIDA ALLO STUDIO

❶ In che cosa consisteva la «questione romana»? ❷ In che modo avvenne l'annessione del Veneto e di Roma? ❸ Quale ruolo ebbero i democratici nel nuovo quadro politico? ❹ Che cosa regolava la legge delle Guarentigie?

caratteristica fondamentale dei moderni sistemi di polizia). Negli anni successivi quello francese divenne un modello anche per altri Stati, tra cui la Gran Bretagna.

Al modello francese s'ispirò anche, in **Italia**, il Regno sabaudo di **Vittorio Emanuele I**, dove nel **1814** nacque il corpo dei Carabinieri reali (corrispondenti alla Gendarmeria francese), con funzioni sia civili (difesa dell'ordine pubblico) sia militari. Nel 1822 il primo *Regolamento generale* disciplinò puntualmente ogni aspetto dell'arma. Con funzioni prettamente civili nacque nel 1852 il Corpo delle guardie di pubblica sicurezza (antenato dell'odierna Polizia di Stato) il cui compito era di «vegliare e provvedere preventivamente all'ordine e all'osservanza delle leggi nell'interesse sia pubblico che privato». Lo scopo principale delle autorità era quello di coprire in modo capillare il territorio del regno. Nell'articolo 1 della legge con cui fu istituito il Corpo si leggeva: «L'Amministrazione di Pubblica Sicurezza posta, a termini delle Leggi, sotto la dipendenza immediata del Ministro Segretario di Stato per gli affari dell'Interno, rimane affidata sotto la responsabilità del medesimo in ogni Divisione amministrativa agli Intendenti Generali, in ciascuna Provincia agli Intendenti, e nei Comuni ai Sindaci».

Con l'unità d'Italia i due corpi deputati al mantenimento della sicurezza conservarono le loro prerogative, ma nel tempo le loro funzioni divennero sempre più specifiche. Nel 1862 nacque la Guardia di Finanza, con compiti di polizia economica, e solo nel 1923 il Corpo forestale dello Stato.

Attualmente l'ordine pubblico in Italia è assicurato da quattro istituzioni indipendenti: la Polizia di Stato, i Carabinieri, la Guardia di Finanza, il Corpo forestale.

I princìpi che disciplinano il sistema italiano di pubblica sicurezza sono contenuti in una legge del 1982 (il *Nuovo ordinamento dell'Amministrazione della pubblica sicurezza*). In esso si stabilisce che «Il prefetto è autorità provinciale di pubblica sicurezza» (articolo 13) e che «Ai fini della tutela dell'ordine e della sicurezza pubblica, oltre alla polizia di Stato sono forze di polizia, fermi restando i rispettivi ordinamenti e dipendenze: a) l'Arma dei carabinieri, quale forza armata in servizio permanente di pubblica sicurezza; b) il Corpo della guardia di finanza, per il concorso al mantenimento dell'ordine e della sicurezza pubblica. Fatte salve le rispettive attribuzioni e le normative dei vigenti ordinamenti, sono altresì forze di polizia e possono essere chiamati a concorrere nell'espletamento di servizi di ordine e sicurezza pubblica il Corpo degli agenti di custodia e il Corpo forestale dello Stato» (articolo 16). Per tradizione, nei centri urbani sono presenti polizia e carabinieri, non di rado in conflitto operativo, mentre il controllo dei centri minori e delle zone di campagna è affidato ai carabinieri.

Donne carabiniere durante una cerimonia
2009
[© Andrea Rossi/Eidon]

Al giorno d'oggi sono sempre di più le donne che raggiungono importanti posizioni di comando all'interno dell'Arma dei Carabinieri. Il loro impiego non differisce da quello dei colleghi uomini, in quanto sono presenti in tutte le diverse strutture dell'Arma: le unità femminili più numerose figurano in tutti i comandi territoriali e nelle Scuole dell'Arma. Sono però escluse dalla «linea mobile», cioè dai battaglioni impiegati in attività di ordine pubblico, in analogia con quanto avviene nella Polizia di Stato.

1 Demografia, economia e società

Al momento dell'unità la grande maggioranza degli italiani era analfabeta. Soltanto il 20% della popolazione viveva in città. L'agricoltura era l'attività economica prevalente, ma si trattava di un'agricoltura per lo più povera, caratterizzata da una grande varietà negli assetti produttivi: aziende agricole moderne (Pianura padana), mezzadria (Italia centrale), latifondo (Mezzogiorno). La condizione di vita dei contadini era generalmente ai limiti della sussistenza fisica. Questa realtà di arretratezza economica e disagio sociale era assai poco conosciuta dalla classe dirigente nazionale. Inoltre, pur essendoci un divario reale tra il Nord e il Sud del paese (in termini di sviluppo, infrastrutture, produttività e istruzione), al confronto con i paesi più sviluppati d'Europa, l'Italia tutta appariva complessivamente arretrata.

2 Governare l'Italia unita

Morto Cavour (giugno '61), il gruppo dirigente che tenne le redini del paese proseguendone l'opera fu quello della Destra, poi detta "storica", e composta in realtà dai rappresentanti della classe dirigente moderata. Le si contrapponeva la Sinistra, che faceva proprie le rivendicazioni della democrazia risorgimentale: suffragio universale, decentramento amministrativo, completamento dell'unità attraverso l'iniziativa popolare. Destra e Sinistra erano espressione d'una classe dirigente molto ristretta – solo 400 mila persone avevano il diritto di voto – che diede un carattere accentrato alla vita politica. I leader della Destra realizzarono, sul piano amministrativo e legislativo, una rigida centralizzazione, temendo le conseguenze disgregatrici dei fermenti sociali e facendo proprio il modello di Stato accentrato napoleonico.

3 Le rivolte contro l'unità e il brigantaggio

Tra le circostanze che spinsero il governo verso la centralizzazione va ricordata soprattutto la situazione del Mezzogiorno, dove l'ostilità delle masse contadine verso i «conquistatori» assunse col brigantaggio caratteristiche di vera e propria guerriglia. Il brigantaggio fu sconfitto grazie a un massiccio impiego dell'esercito. Restò tuttavia irrisolto il problema di fondo del Mezzogiorno, cioè quello della distribuzione delle proprietà agricole: né la divisione dei terreni demaniali né la vendita dei beni ecclesiastici favorirono i contadini, al contrario quest'ultima in particolare rafforzò la grande proprietà terriera.

4 L'economia e la politica fiscale

Sul piano economico, la linea liberistica seguita dal governo produsse un'intensificazione degli scambi che favorì lo sviluppo dell'agricoltura. Fu importante anche l'impegno del governo nella creazione delle infrastrutture necessarie allo sviluppo economico (strade, ferrovie). L'idea dei politici italiani che il paese avesse essenzialmente una vocazione agricola, tuttavia, non giovò affatto allo sviluppo industriale accrescendo il divario fra l'Italia e i paesi più progrediti. Nell'immediato, infatti, il tenore di vita della popolazione non migliorò e diminuì il peso percentuale delle attività industriali. La distanza tra la classe dirigente e il «paese reale» fu aumentata dalla dura politica fiscale seguita dalla Destra. Particolarmente impopolare fu la tassa sul macinato, che provocò violente agitazioni sociali in tutta la penisola.

5 La conquista del Veneto e la presa di Roma

Il completamento dell'unità costituì uno dei problemi più difficili per la nuova classe dirigente nazionale. Falliti i tentativi di conciliazione con la Chiesa, riacquistò spazio l'iniziativa dei democratici: nel 1862 l'iniziativa garibaldina di una spedizione di volontari si risolse in uno scontro con l'esercito regolare (Aspromonte). Nel 1864 fu firmata la «Convenzione di settembre» con la Francia, che prevedeva il trasferimento della capitale a Firenze, ma anche il ritiro delle truppe francesi dal Lazio. L'alleanza con la Prussia contro l'Austria e la vittoria prussiana consentirono all'Italia l'acquisto del Veneto, nonostante le sconfitte subìte a Lissa e a Custoza (1866). Il problema della conquista di Roma – fallito a Mentana (1867) un nuovo tentativo garibaldino – si risolse al momento della sconfitta inflitta dalla Prussia al Secondo Impero, che permise al governo italiano la presa della città (20 settembre 1870). Finiva il potere temporale dei papi e Roma diveniva capitale del Regno d'Italia. Con la legge delle Guarentigie lo Stato italiano si impegnava a garantire al pontefice le condizioni per il libero svolgimento del suo magistero spirituale. L'intransigenza di Pio IX si manifestò nel divieto per i cattolici italiani di partecipare alle elezioni politiche: un ulteriore ostacolo che si frapponeva al processo di reale unificazione del paese.

SVILUPPARE LE COMPETENZE

❶ Scrivi un testo di 15 righe sulle condizioni socio-economiche dell'Italia post-unitaria. Per svolgere più facilmente questo compito, utilizza come schema (nell'ordine in cui ti vengono dati), gli argomenti elencati di seguito:

a. analfabetismo

b. uso diffuso dei dialetti

c. alta percentuale di lavoratori agricoli e di abitanti nei piccoli centri rurali

d. aziende agricole moderne, mezzadria e latifondo

e. ampio divario tra Nord e Sud del paese

f. «questione meridionale»

❷ Scrivi un testo di 10 righe sulla Destra storica e la Sinistra. Per svolgere più facilmente questa consegna distribuisci correttamente nelle due colonne gli argomenti elencati di seguito e utilizzali come scaletta per la tua composizione:

a. volevano il suffragio universale, il decentramento amministrativo e il completamento dell'unità

b. il nucleo centrale era formato da piemontesi

c. era composta da patrioti mazziniani o garibaldini

d. appartenevano ai ceti superiori

e. vi facevano parte anche operai e artigiani del Nord

f. dal punto di vista politico era più che altro un centro moderato

g. era composta dai gruppi borghesi delle città

Destra storica	Sinistra
....	....
....	....
....	....
....	....

❸ Dopo aver svolto il precedente esercizio 2 prosegui il testo che hai scritto descrivendo in altre 10 righe il sistema elettorale italiano e spiegando l'espressione "Stato accentrato".

❹ Commenta le affermazioni elencate di seguito in brevi testi di 4 righe ciascuno:

a. Nel Mezzogiorno, le rivolte contadine successive all'unità si potevano ricondurre a un malessere antico.

b. Il brigantaggio era una forma di violenta protesta contro lo Stato unitario.

c. Oltre all'unità amministrativa i governi della Destra affrontarono il problema dell'unità economica del paese.

d. La politica liberista penalizzò l'industria ma fu scelta con la convinzione che l'Italia dovesse essere un paese agricolo.

e. La costruzione del nuovo Stato causò un inasprimento del prelievo fiscale.

❺ Ricostruisci l'esatta cronologia degli eventi elencati in ordine sparso qui sotto, annotando anche le date. Usa quindi la sequenza ottenuta come schema per scrivere un testo di 15 righe:

a. Viene approvata la legge delle Guarantigie ...
....

b. Garibaldi raccoglie in Sicilia qualche migliaio di volontari ma viene fermato sull'Aspromonte dalle truppe regie ....
....

c. Pio IX impone il *non expedit* ....
....

d. Garibaldi organizza una nuova spedizione ma Napoleone III manda un corpo di spedizione nel Lazio e il tentativo fallisce. ....
....

e. L'Italia si allea con la Prussia e combatte contro gli austriaci ottenendo il Veneto e i territori del Friuli fino a Udine ....
....

f. Le truppe italiane aprono una breccia a Porta Pia ed entrano a Roma ....
....

I GRANDI TEMI

4 AVVERSARI E CRITICI DELL'UNITÀ D'ITALIA

Introduzione

Così scriveva **Benedetto Croce** nel 1932, in una delle sue più importanti opere storiografiche:

> Se per la storia politica si potesse parlare di capolavori, come per le opere dell'arte, il processo della indipendenza, libertà e unità d'Italia meriterebbe di essere detto il capolavoro dei movimenti liberali-nazionali del secolo decimo nono. [B. Croce, *Storia d'Europa nel secolo decimo nono*, Laterza, Bari 1972, p. 198]

Il filosofo definiva il Risorgimento un capolavoro perché nel processo di unificazione italiana diversi elementi avevano trovato un equilibrio: il rispetto dell'antico e l'innovazione, la prudenza e la moderazione degli uomini di Stato e l'impeto dei rivoluzionari.
La storiografia italiana e internazionale non sempre ha concordato con il giudizio di Croce, ma certo è che il Risorgimento è unanimemente considerato uno degli eventi più rilevanti della storia del XIX secolo non solo per l'Italia ma per l'intera Europa. Il dibattito relativo ai protagonisti, alle modalità d'attuazione e ai risultati raggiunti dal Risorgimento, tuttavia, non è stato mai pacifico e si è contraddistinto per una forte intensità, lungo tutti i 150 anni di vita unitaria dello Stato italiano. Ad alimentarlo hanno concorso non solo le diverse tendenze storiografiche, ma anche le posizioni politiche, le tensioni etiche e civili legate alle vicende storiche correnti. Nel processo che ha portato l'Italia a raggiungere l'indipendenza e l'unità si è spesso cercato di rintracciare i limiti e i difetti dello Stato, piegando il passato ad interpretazioni legate alle urgenze e alle fratture politiche dell'attualità.
Le voci di quanti hanno criticato l'unità si dispiegano in un ampio panorama, in cui si intrecciano le posizioni politiche apertamente antagoniste – come quelle, all'epoca, della Chiesa cattolica e dei sostenitori della monarchia borbonica, o quelle della Lega Nord, per arrivare ai nostri giorni – con le opinioni di chi, pur riconoscendo l'importanza dell'unificazione politica della penisola, ne ha contestato i risultati e le modalità d'attuazione, riscontrando nelle difficoltà dello Stato unitario i limiti del processo risorgimentale.

1 Al tempo dell'unità: la Chiesa e i borbonici

Se le prime interpretazioni del Risorgimento vennero formulate negli anni immediatamente successivi al 1861, già prima e durante il processo di unificazione si delinearono delle posizioni fortemente critiche.

L'ostilità di Pio IX Particolarmente rilevante appare la posizione della Chiesa cattolica, espressa dall'allora papa Pio IX [👁 14.5]. Se lo scontro tra la missione universale e religiosa della Chiesa e i princìpi di nazionalità che si andavano affermando non fu un fenomeno solo italiano, in Italia ebbe gli effetti più duraturi e significativi. Possiamo far risalire il conflitto, almeno nel suo momento cruciale, all'allocuzione che Pio IX tenne nell'aprile del 1848, quando era in pieno svolgimento la prima guerra d'indipendenza. Il papa dichiarò la sua indisponibilità ad assumere la presidenza della Confederazione fra gli Stati italiani, come gli veniva proposto dal progetto neoguelfo di Gioberti [👁 12.5]. Dichiarandosi padre «di tutti i popoli e di tutte le nazioni», il papa rifiutava di entrare in guerra contro uno Stato cattolico quale l'Austria. Se da un lato si salvava il principio dell'universalità della Chiesa cattolica, dall'altro emergeva come l'unificazione d'Italia, se si fosse compiuta, sarebbe avvenuta contro il volere del pontefice.

La Chiesa di Roma, Stato italiano e potenza internazionale, si presentò non solo come l'ostacolo principale al conseguimento dell'unità politica del paese, ma anche come il principale punto di riferimento di tutte le forze conservatrici e reazionarie della penisola. Pio IX assunse posizioni sempre più rigide verso il Piemonte liberale impegnato a varare importanti riforme che adeguavano la sua legislazione a quella di altri Stati europei, in particolare, l'abolizione dei privilegi degli ecclesiastici, che divennero soggetti alle leggi dello Stato sabaudo con le leggi Siccardi (1850; 👁 13.1). Nessun frutto diedero le trattative per varare un concordato fra Chiesa e Stato sabaudo tentate prima che si raggiungesse l'unità d'Italia accolta dal pontefice con aperta ostilità [👁 DOC1].

Dopo il 1861 la Santa Sede andò sempre più irrigidendosi sulle sue posizioni, scontrandosi con lo Stato sul tema dei beni ecclesiastici, dell'istruzione e del matrimonio civile. Il papa rimase dell'idea che il regime liberale fosse incompatibile e ostile alla fede religiosa e continuò a rivendicare il potere temporale. Così Pio IX definì la presa di Roma, del settembre 1870, un'occupazione «ingiusta, violenta e invalida». Solo con i successivi pontificati di Leone XIII (1878-1903) e Pio X (1903-1914) cominciò a mutare l'atteggiamento delle gerarchie cattoliche verso lo Stato italiano e si venne progressivamente attenuando il solco che aveva diviso profondamente liberali e cattolici.

Gli ultimi legittimisti filoborbonici

Altrettanto ostili all'unità d'Italia furono i filoborbonici, la corte, i ministri, gli alti funzionari e gli intellettuali fedeli alla dinastia. Se la maggior parte della società meridionale si rifiutò di appoggiare la screditata e isolata monarchia borbonica, per i suoi ultimi sostenitori il processo di unificazione rappresentò una vera e propria **guerra di conquista**, condotta dal Piemonte in nome di un principio di nazionalità esclusivo e privo di fondamenti nella storia d'Italia, contraddistinta da una disomogeneità di tradizioni e culture [👁 DOC2]. L'unità italiana veniva a costituire un'ingiustificabile violazione del diritto internazionale ad opera di uno Stato italiano (il Piemonte) ai danni di un altro Stato italiano (il Regno delle Due Sicilie). Il movimento legittimista continuò a spiegare il rapido crollo del Regno delle Due Sicilie chiamando in causa una sequenza di **complotti** interni e internazionali, orditi dai liberali.

Pio IX a braccetto con Vittorio Emanuele II
[Museo di Storia della Fotografia Fratelli Alinari, Firenze]
Questo celebre fotomontaggio ritrae in tono satirico i due antagonisti dell'unificazione italiana.

2 I primi anni dell'Italia unita: il brigantaggio e la nascita della questione meridionale

Come leggere il fenomeno del brigantaggio?

Fu nel Meridione che il giovane Stato liberale incontrò maggiori difficoltà a rafforzarsi, come dimostrò il diffuso fenomeno del brigantaggio, che costituì la **prima e più consistente minaccia all'unità** [👁 14.3]. La prolungata guerriglia armata contro l'esercito unitario da parte di bande di contadini ed ex soldati borbonici infiammò le regioni di Campania, Abruzzo, Molise e Basilicata dall'estate del 1860 al 1865. Fattori economico-sociali e sollecitazioni di carattere politico furono alla base del fenomeno di guerriglia armata, che spesso godeva del sostegno delle popolazioni locali [👁 DOC3].

Il governo liberale rispose con misure repressive, culminate nel 1863 con la promulgazione della **legge Pica**, una legge eccezionale che affidava la responsabilità di giudicare i briganti ai tribunali militari. Progressivamente il brigantaggio perse la sua forza, ma lasciò dietro di sé un grave bilancio: circa 116 mila soldati furono schierati nel Mezzogiorno, e fra il maggio 1861 e il dicembre 1865 circa 5 mila legittimisti caddero in combattimento o vennero fucilati. Le classi dirigenti considerarono il brigantaggio un **problema criminale e morale** e tesero a ridurne la portata politica. La storiografia italiana del secondo dopoguerra, invece, ha visto nei fattori economico-sociali le cause del brigantaggio, interpretando lo scontro che ha opposto le bande all'esercito regio e alle milizie dei ceti possidenti anche come una **guerra di classe**. Le più recenti acquisizioni storiografiche hanno nuovamente modificato il quadro, ridimensionando la componente sociale del brigantaggio e rifiutando di leggerlo come un proto-movimento contadino. Si è riscoperto l'elemento di fedeltà alla dinastia borbonica e il carattere di ostilità politica all'unificazione che caratterizzava le bande. Il brigantaggio e la reazione dello Stato unitario sono stati paragonati ad una vera e propria una **guerra civile** [👁 TESTO4].

Le «due Italie» Il brigantaggio rappresentò la prova più tangibile dell'esistenza di una **questione meridionale**, destinata ad alimentare un lungo e ancora vivo dibattito. Nel 1860, quando i piemontesi arrivarono nel Regno delle Due Sicilie, si accorsero della profonda diversità economica, sociale, culturale dell'Italia, già segnalata, in realtà, dagli esuli siciliani e napoletani attivi nel Regno di Sardegna fra il 1849 e il 1860. L'immagine delle «due Italie» servì a giustificare le difficoltà che i nuovi governi incontravano sul piano amministrativo, attribuendone le colpe al governo borbonico e all'indole delle popolazioni, ponendo le basi per quello che sarebbe diventato lo **stereotipo del meridionale pigro e corrotto**. Con il brigantaggio la questione meridionale assunse i caratteri di un problema di civiltà e fu vista come una **questione sociale**, che metteva in pericolo gli ordinamenti liberali e l'unità stessa. Il pregiudizio con cui meridionali e settentrionali si guardavano era in realtà reciproco. Il **risentimento covato nel Mezzogiorno** per le modalità della sua annessione e la preoccupazione per la sua marginalizzazione all'interno dello Stato unitario vennero misconosciuti dai governi postunitari, allargando così la frattura fra le «due Italie».

Accanto, e strettamente connessa alla questione meridionale si apriva una **questione regionale**. La volontà di raggiungere e consolidare rapidamente l'unità, oltre ai timori suscitati dall'emergere del fenomeno del brigantaggio, aveva spinto la classe dirigente alla scelta di un netto accentramento amministrativo e istituzionale, che sembrava garantire una più rapida omogeneizzazione delle popolazioni e degli ordinamenti degli Stati pre-unitari. La **soluzione centralistica**, che non prevedeva le autonomie locali e non teneva conto delle specificità regionali, venne contestata a Nord come a Sud. L'**istanza regionalistica e autonomistica** riemerse soprattutto nei momenti di

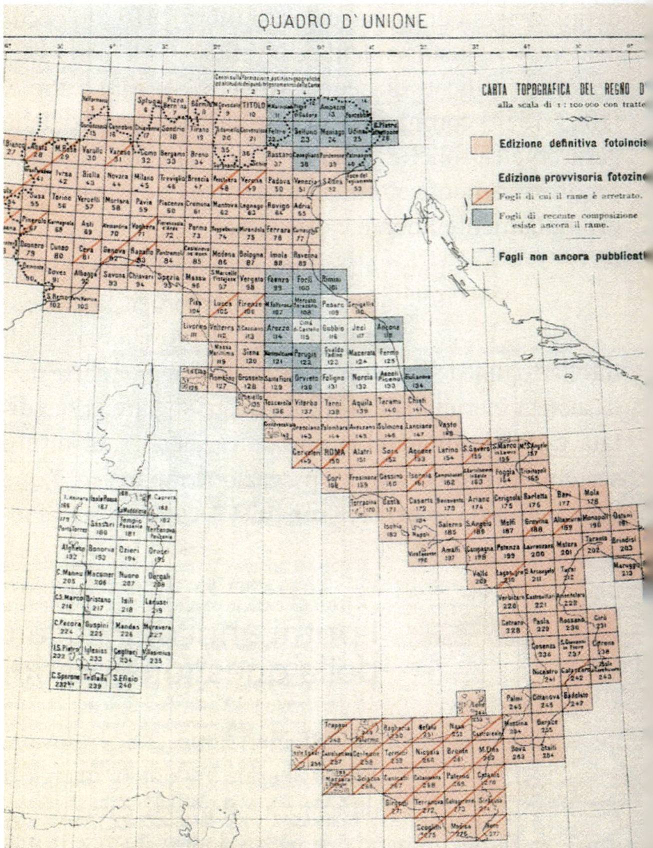

Quadro d'unione della carta d'Italia 1:100.000
[da *Pubblicazioni dell'Istituto Geografico Militare*, Firenze 1900]
All'inasprimento della contrapposizione ideologica fra Nord e Sud del paese contribuì in maniera rilevante la scarsa reale conoscenza da parte dei più del territorio, dei suoi abitanti e delle sue diverse economie. Si pensi, solo per fare un esempio, che al compimento dell'unità nessuno conosceva con esattezza nemmeno la superficie del nuovo Stato. Solo nel 1885, dopo molte controversie, l'Istituto Geografico Militare stabilì che l'Italia misurava 286.588 km². Peraltro, lo stesso istituto non si preoccupò, o non fu in grado, di specificare l'estensione delle regioni e delle province.

crisi nei rapporti fra società e Stato: si espresse con la crisi di fine '800 [👁 21.7], si ripresentò dopo la Grande Guerra (conclusasi nel 1918) ma fu messa a tacere dal fascismo, per riesplodere con il crollo del regime (alla fine del secondo conflitto mondiale).

Progressivamente furono soprattutto le **differenze economiche** a segnare il divario fra il Nord, che si avviava con slancio sulla strada dello sviluppo industriale, e il Sud, le cui condizioni peggioravano per la crisi agraria che provocò una forte emigrazione. Nel corso della crisi di fine '800 dalla Lombardia partirono le prime proposte di un «autonomismo territoriale» che doveva isolare e proteggere le zone economicamente più forti del paese. Attraverso la richiesta di una più ampia autonomia regionale amministrativa, motivata dall'**antifiscalismo** (ovvero dalla reazione all'eccessiva pressione fiscale), emerse la frattura ancora netta che esisteva fra il Nord e il Sud del paese e si espressero le incomprensioni e i risentimenti che il processo di unificazione aveva provocato. L'asprezza della lotta politica raggiunse un livello tanto elevato che il quotidiano «Il Mattino» di Napoli, diretto da Edoardo Scarfoglio, in un articolo del 1895, minacciò la possibilità di una secessione del Sud dal Nord. Ad alimentare il clima di ostilità contribuì anche il lavoro dell'antropologo e sociologo positivista **Alfredo Niceforo** (1876-1960) che sosteneva la tesi dell'inferiorità razziale dei meridionali. La popolazione italiana veniva distinta in due ceppi razziali: arî e mediterranei, diversi anche psicologicamente. Per governare la penisola bisognava adottare **due governi diversi**: l'autonomia e il decentramento per il Nord e un sistema di governo accentrato per il Sud, incapace di autogovernarsi [👁 DOC5]. Contro questa ipotesi si schierò il repubblicano **Napoleone Colajanni**, negando la validità scientifica delle teorie razziste. Il deputato siciliano ribadiva, inoltre, la necessità di creare una federazione italiana in cui fosse realizzato un **ampio decentramento regionale e comunale**. Solo la fine del centralismo poteva rompere il rapporto di corruzione e clientelismo che legava le popolazioni meridionali al potere centrale e ai gruppi dirigenti locali. Se la corruzione amministrativa del Sud derivava dal centralismo, il federalismo diventava lo strumento per porvi fine. La tesi di Colajanni, che anticipava quelle di altri insigni meridionalisti (Salvemini, Sturzo, Dorso), cambiò l'impostazione della questione meridionale, che assunse un **carattere politico**.

3 La riflessione intellettuale nell'Italia liberale e fascista

A cinquant'anni dall'unità

Nel **1911** si celebrò il primo **cinquantenario** dell'Italia unita. L'anniversario fu segnato dalle polemiche, che videro contrapporsi cattolici, socialisti, repubblicani e nazionalisti. La rivista dei gesuiti «Civiltà cattolica», espressione di un **cattolicesimo intransigente** e ortodosso, scrisse che per «i veri cattolici» il giubileo italiano rappresentava un anno di «lutto religioso», e le sue celebrazioni «una montatura massonica di esposizioni, di mostre e di baldorie». Né **socialisti** né **repubblicani** parteciparono alle celebrazioni, non riconoscendosi nello Stato monarchico. Il quotidiano socialista «Avanti!» scrisse polemicamente che «Nord e Sud fanno due nazioni» e che la «Patria unita non esiste ancora». I **nazionalisti**, invece, si espressero contro le celebrazioni in polemica con la classe dirigente liberale, considerata incapace di promuovere il prestigio e la potenza della patria. Tuttavia per queste forze politiche (ad esclusione dei cattolici) la costruzione dello Stato nazionale, nonostante i forti limiti, era ritenuta una conquista irrinunciabile ed era considerata una tappa fondamentale nel processo di modernizzazione del paese.

Oriani e la «conquista regia»

In quest'inizio del XX secolo furono alcune opere scritte da storici non professionisti a contribuire, con il loro impianto polemico, a fissare nuovi canoni interpretativi dell'esperienza risorgimentale. Nonostante i diversi orientamenti degli autori, ad accomunarli era l'uso di categorie che nascevano più dalla **passione politica** e **ideologica** che dall'analisi storiografica.

Ne è un esempio *La lotta politica in Italia*, di **Alfredo Oriani**, pensatore irrequieto, poeta e polemista dallo spirito romantico. L'opera fu pubblicata la prima volta nel 1892 e di nuovo nel 1913. Oriani introdusse un'importante distinzione tra il Risorgimento, che rimaneva un evento positivo, e la sua concreta realizzazione, che si era esaurita nell'**annessione alla monarchia sabauda**. Introdusse così la categoria di «conquista regia», che descriveva un **Risorgimento dal volto elitario**, incapace di coinvolgere il popolo.

Le speranze dei grandi del Risorgimento, come Mazzini, erano state disattese e la vita del nuovo Stato era stata dominata da una prassi amministrativa priva di slanci ideali. L'unità non era scaturita da una grande rivoluzione, come quella francese, né dell'azione di una forte monarchia come quella prussiana, piuttosto era nata dall'incontro fra le debolezze della monarchia sabauda e del movimento democratico e si era realizzata attraverso una serie di compromessi e di espedienti diplomatici [👁 DOC6].

La lettura degli antifascisti. Gobetti e Dorso

Il **fascismo** inserì il richiamo al Risorgimento nella sua retorica nazionale, pur contestando lo Stato liberale e assegnando al regime il compito di proseguire l'integrazione nazionale. Il fine era però la realizzazione di una patria escludente, in cui era riconosciuto solo chi era fascista e chi non lo era diventava automaticamente anti-italiano. All'interno dello **schieramento antifascista**, invece, proprio il crollo del regime liberale e l'avvento della dittatura fascista (nei primi anni '20 del '900) incoraggiarono una nuova riflessione storiografica, che portò avanti un'ampia disamina dei limiti del Risorgimento. Si ricercarono le cause del crollo del regime liberale nel modo in cui si era formato lo Stato unitario, individuando nel Risorgimento il momento originario della sua debolezza. Al processo di unificazione fu imputata l'**incapacità di far partecipare le grandi masse** alle lotte risorgimentali e poi alla vita dello Stato. Si poneva sotto accusa, inoltre, il carattere accentrato della struttura amministrativa e la visione classista e settoriale della classe dirigente.

Per l'intellettuale antifascista e liberale torinese **Piero Gobetti** l'analisi del Risorgimento assunse un'importanza decisiva nel definire ragioni e necessità di una moderna rivoluzione liberale, fin ad allora mancata all'Italia. Il fine perseguito, come indicato anche nell'opera ***La rivoluzione liberale*** (1924), era il raggiungimento di un'unità statale che fosse unità di popolo e non opera di una minoranza. Nella raccolta di saggi *Risorgimento senza eroi* (pubblicato postumo nel 1926), con un taglio polemico, una scrittura brillante e il ricorso a formulazioni vivaci ma poco ancorate ad accurate ricostruzioni storiografiche, Gobetti liquidava il Risorgimento come una **«rivoluzione fallita»**. Il Risorgimento era stato incapace di laicizzare e modernizzare la cultura delle masse italiane, facendone dei soggetti attivi sulla scena della storia. L'unità d'Italia non era stata realizzata grazie a una larga partecipazione delle masse, ma da un'ambigua alleanza del movimento nazionale con la monarchia. In un processo mal preparato e «senza eroi», l'unica figura a spiccare per lungimiranza politica era quella di **Cavour**, che sovrastava anche gli uomini di governo successivi. Inoltre il Risorgimento era accusato di non aver avviato una radicale riforma [👁 DOC7].

Invitato da Gobetti a collaborare alla rivista «La Rivoluzione liberale», l'intellettuale avellinese **Guido Dorso** concentrò la sua attenzione sui temi del Meridione. Nella sua opera più importante, *La rivoluzione meridionale* (1925), giudicava negativamente il processo risorgimentale, una **«conquista regia» opera delle minoranze**, in assenza di vera partecipazione popolare. A differenza di Gobetti, Dorso indicava in Cavour l'iniziatore di una politica di compromessi, che aveva distrutto i «fermenti rivoluzionari» e frenato la spinta ideale del Risorgimento [👁 DOC8]. Dorso sviluppava poi un programma politico più preciso, centrato sul problema della rivoluzione meridionale, pensata come unica base della «rivoluzione italiana», che doveva ancora realizzarsi. Nel principio dell'**autonomismo regionale** individuava la via per contrastare l'accentramento statale, l'immobilismo del Meridione e la politica trasformistica (nella quale venivano meno le distinzioni ideologiche fra Destra e Sinistra e la Sinistra rinunciava a una precisa caratterizzazione programmatica).

La lettura gramsciana e i suoi critici

In quegli stessi anni l'intellettuale e dirigente comunista **Antonio Gramsci** avviava le sue riflessioni sulla natura politica, sociale e economica dello Stato unitario. Le sue note sul Risorgimento, sviluppate durante i lunghi anni del carcere a cui fu condannato dal regime fascista, sarebbero state pubblicate dopo la sua morte, nel secondo dopoguerra, all'interno della vasta opera ***Quaderni dal carcere*** (1949), in cui sono raccolte e riordinate le sue riflessioni (quelle sul Risorgimento confluiranno nel XIX quaderno). Diverse le questioni su cui Gramsci concentrò il suo interesse, ma a costituire la premessa delle sue interpretazioni è la considerazione dei **limiti profondi** del Risorgimento. Fino al '700, nei gruppi dirigenti delle diverse realtà territoriali, era **mancato un progetto strategico unitario**; inoltre, la necessità di liberare il paese dall'influenza politica straniera era stata avvertita solo da piccole minoranze di intellettuali. Solo grazie a fattori esterni (come la Rivoluzione francese) erano maturate le condizioni che resero possibile l'unificazione della penisola. Per Gramsci il processo di unificazione era stato caratterizzato da un'intrinseca debolezza, tanto che spesso, trovando quasi difficoltà a spiegarlo, si era parlato del Risorgimento come di un «miracolo». L'Italia era stata concepita come un allargamento dello Stato piemontese e nel processo di unificazione era stato del tutto **assente un «movimento nazionale dal basso»**. Il Risorgimento era stato così dominato dall'azione delle **forze moderate**, omogenee come gruppo sociale e politico, che riuscirono ad esercitare un'egemonia tale da imporre una soluzione monarchica e annessionistica. I **democratici**, invece, non avevano saputo elaborare un progetto di **riforma agraria** che avrebbe potuto mobilitare le masse contadine. Alla loro rinuncia a perseguire una rivoluzione sociale nelle campagne era seguita l'instaurazione di un regime politico a ristretta partecipazione popolare, volto a tutelare e consolidare gli interessi borghesi, che produsse forti squilibri fra Nord e Sud [👁 DOC9]. Il Risorgimento era dunque una **«rivoluzione passiva»**, concetto che Gramsci mutuava dall'intellettuale napoletano Vincenzo Cuoco, che lo aveva elaborato rispetto al fallimento della Repubblica partenopea del 1799 [👁 7.9]. Nel contesto del Risorgimento, Gramsci intendeva come «rivoluzione passiva» un ammodernamento dello Stato che non si era realizzato attraverso una rivoluzione politica di tipo radicale-giacobino, ma attraverso il **graduale assorbimento, e snaturamento, delle forze democratiche da parte di quelle conservatrici-moderate**.

L'interpretazione gramsciana destò grande interesse e ad essa si rifece larga parte della storiografia di orientamento marxista. Suscitò anche dure reazioni polemiche, come quella dello storico liberale **Rosario Romeo** (1924-1987), che la contestò nella raccolta di saggi *Risorgimento e capitalismo* (1959). Nella teoria di Gramsci Romeo individuava un errore comune anche a quelle di Oriani e Gobetti: tutte avevano fatto ricorso ad un **ideale morale e politico astratto**, presupponendo arbitrariamente che ad esso si sarebbero dovuti adeguare gli eventi accaduti. Erano così incorsi in un fondamentale anacronismo, sovrapponendo alla concreta storia del tempo i problemi delle generazioni successive. La critica di Romeo si concentrò soprattutto sull'idea gramsciana di «rivoluzione agraria mancata», ritenuta antistorica rispetto al contesto in cui si realizzò l'unità d'Italia, un processo sostenuto dalla classe liberale di cui facevano parte molti proprietari terrieri. Inoltre, un'ipotetica redistribuzione delle terre ai contadini avrebbe rischiato di essere economicamente controproducente e di rallentare ancora di più lo sviluppo economico italiano.

4 La fine della seconda guerra mondiale e l'Italia repubblicana

Un nuovo quadro politico

Nel 1943, l'anno della svolta del secondo conflitto mondiale ma anche uno dei momenti più difficili attraversati dallo Stato italiano, mentre le prime truppe alleate (anglo-americane) sbarcavano in **Sicilia** e il regime fascista crollava, nell'isola riemersero con forza le **tendenze autonomistiche**. A farsene portavoce fu il Movimento indipendentista siciliano, costituito dall'unione di differenti movimenti separatisti autonomi, nati a Palermo come a Catania. Guida del movimento fu il politico Andrea Finocchiaro Aprile, che reclamava per l'isola il diritto all'indipendenza e la sua separazione dal resto d'Italia, con la formazione di un governo autonomo repubblicano [👁 DOC10]. Scemando l'iniziale simpatia degli Alleati per le tesi separatistiche, queste furono presto abbandonate e si privilegiò l'idea di includere la Sicilia in una federazione italiana. La Sicilia fu infine proclamata regione a statuto speciale nel 1946, insieme a Sardegna, Valle d'Aosta, Friuli-Venezia Giulia e Trentino-Alto Adige.

A conflitto concluso, il quadro politico e culturale dell'Italia cambiò profondamente con la ricostruzione economica e l'instaurazione di una nuova **democrazia**. Oltre all'eclissi della monarchia sabauda, che aveva costituito un elemento di continuità con la tradizione risorgimentale, i partiti risorgimentali vennero relegati in posizione subalterna, mentre le forze cattoliche, socialiste e comuniste – che divennero egemoni nel paese – si caratterizzavano per **l'estraneità o la distanza dalla cultura politica del Risorgimento**.

A cento anni dall'unità

Nel **1961** l'Italia celebrò il centenario dell'unità con diverse manifestazioni pubbliche. La **classe dirigente democristiana** presentò l'unificazione italiana come la realizzazione di un disegno provvidenziale, che si era compiuto con la riconciliazione dello Stato nazionale e della Chiesa cattolica. Oscurando i meriti

Il cinquantenario (1911) e il centenario (1961) dell'unità d'Italia sulle copertine della «Domenica del Corriere»

della classe dirigente liberale e del movimento democratico, si rimosse l'antica avversione dei cattolici allo Stato unitario. Il **Partito comunista** reagì accusando la Democrazia cristiana (il partito di matrice cattolica con un larghissimo consenso dal secondo dopoguerra agli anni '90 del '900) di aver compiuto una mistificazione della storia nazionale, e si presentò come l'erede legittimo delle aspirazioni democratiche dei patrioti del Risorgimento. Oltre alle polemiche politiche, il dato principale che segnò le manifestazioni fu il **progressivo distacco popolare** dall'orgoglio nazionale e dall'entusiasmo patriottico. Diversi osservatori misero in luce come assai più larga e sentita fosse stata la partecipazione alle celebrazioni di cinquant'anni prima, segnate da una maggiore rispondenza fra la tradizione storica rievocata e la coscienza etico-politica del paese.

5 La Lega Nord

Federare o disgregare?

Alla fine degli anni '80, dalla fusione delle preesistenti Lega Veneta e Lega Lombarda nacque la **Lega Nord**, guidata da Umberto Bossi. Elemento portante del suo programma politico fu la richiesta del **federalismo**, basata su diverse argomentazioni: l'insofferenza verso l'amministrazione centrale, la difesa del benessere acquisito contro il fiscalismo statale, il recupero dell'identità locale. La proposta politica della Lega ha attraversato momenti diversi e confusi: dal federalismo iniziale, al secessionismo spinto, all'indipendentismo, alla devoluzione dei poteri dallo Stato centrale alle regioni, fino al ritorno al **federalismo fiscale** affermando la necessità di impiegare, totalmente o in certa misura, il gettito fiscale di una regione in quella stessa regione [👁 12.9 STORIA•SOCIETÀ•CITTADINANZA]. Il federalismo propugnato dai leghisti, tuttavia, rivela una distanza incolmabile dal federalismo risorgimentale.

L'arresto a Venezia dei secessionisti veneti "Serenissimi di San Marco"
9 maggio 1997
La notte fra l'8 e il 9 maggio 1997 un gruppo di secessionisti si asserragliò sul campanile di piazza San Marco a Venezia issando la bandiera della Serenissima con il simbolo del leone di san Marco. Il gesto voleva riaffermare le rivendicazioni indipendentistiche di parte della popolazione veneta. In quegli stessi giorni Umberto Bossi, leader della Lega Nord che smentì qualsiasi legame con i cosiddetti "serenissimi", propugnava la nascita dello Stato della Padania.

Quest'ultimo era fondato sul presupposto di una comune cultura italiana ed era orientato a fare dell'Italia un'entità statale su base federale per garantirle indipendenza politica, emancipazione e progresso civile e sociale [👁 12.5]. Le **posizioni antinazionali** e **antiunitarie** della Lega, invece, si caratterizzano per un potenziale disgregativo dello Stato italiano. Nelle polemiche contro il tricolore, l'inno di Mameli o la figura di Garibaldi emerge una valutazione negativa dell'unità d'Italia. La premessa su cui si è fondata la propaganda leghista è la convinzione che la nazione italiana non esista e non sia mai esistita, e che lo Stato italiano non sia altro che una gabbia che imprigiona il Nord Italia. **L'unità italiana è considerata una finzione storica** e il Risorgimento è ritenuto un evento elitario, lontano dagli interessi e dalle aspirazioni delle masse.

Oltre che sul revisionismo antirisorgimentale, la propaganda della Lega si è basata su posizioni etnocentriche: i leghisti ritengono l'area della **Padania** – che comprenderebbe l'Italia settentrionale – un'entità caratterizzata da una identità non assimilabile a quella italiana e dotata di un'**omogeneità etnica**. La Lega ha così insistito su una sostanziale differenza ed estraneità fra settentrionali e meridionali, basata sulla convinzione che i meridionali sfruttino, grazie allo Stato centralista (simboleggiato da «Roma ladrona»), il Nord produttivo. La polemica **antimeridionale** connota anche la posizione **antipartitica**: secondo la Lega una forte componente meridionale ha occupato i partiti e volto a proprio favore la politica statale, incoraggiando l'**assistenzialismo** verso il Sud ovvero stanziando fondi per il Meridione senza un piano di interventi ma per riscuotere consenso [👁 DOC11]. La Lega, inoltre, con toni populistici, ha assunto posizioni di forte contrasto rispetto al fenomeno dell'immigrazione.

La risposta leghista a crisi e cambiamento

A favorire la crescita della Lega sono state le trasformazioni che hanno attraversato la società italiana a cavallo degli anni '80 in campo economico, con la crescita al Nord di una periferia industriale e il declino delle grandi fabbriche, e in campo politico, con la crisi dei partiti politici tradizionali. La capacità della Lega di trasferire ogni forma di protesta all'interno di un unico quadro di difesa degli interessi legati al territorio, facendo dell'**appartenenza locale** la componente dominante di ogni discorso politico e sociale, ha favorito il suo rapido successo. La Lega ha diretto la protesta contro i bersagli dello Stato, dei partiti e del Meridione, intercettando lo **scontento soprattutto dei ceti medi autonomi e produttivi del Nord**, colpiti dalla crescita della pressione fiscale. Dal 1994, grazie all'alleanza con Silvio Berlusconi, la Lega è riuscita a diventare una forza di governo e, alternando successi e sconfitte elettorali, ha imposto nell'agenda politica degli ultimi anni la questione del federalismo.

6 I centocinquant'anni dell'unità e gli ultimi revisionismi

Negli ultimi due decenni il tema dell'unificazione nazionale è stato oggetto di diverse riletture, più attinenti alla sfera della pubblicistica che della storiografia. Si sono diffuse **interpretazioni revisioniste**, spesso spacciate per nuove e originali scoperte. Si sono così riproposti i temi della pubblicistica reazionaria antirisorgimentale, clericale e borbonica, degli anni immediatamente successivi all'unificazione. Al revisionismo, che è poi la tendenza alla revisione delle tesi storiografiche prevalenti (talvolta, ma non sempre, con l'intento di rovesciarle), si è accompagnata la rivalutazione, spesso acritica, degli Stati preunitari, del regime borbonico, asburgico, pontificio.

Neoguelfi e neoborbonici

Un esempio sono le opere dell'autrice di orientamento *neoguelfo* **Angela Pellicciari**, nelle quali si propone una lettura del Risorgimento come di un movimento massonico e protestante e perciò profondamente anti-italiano. Condanne che in realtà si allontanano dalle posizioni della cultura politica cattolica – che con la fondazione del Partito popolare di don Luigi Sturzo (1919) riconobbe nella nascita dello Stato unitario un evento positivo – e dalle posizioni delle gerarchie cattoliche – che soprattutto dopo il Concordato siglato con il regime fascista (1929) si mossero nel segno della riconciliazione fra patriottismo e fede religiosa.

Il più affollato è però il fronte **neoborbonico**, le cui argomentazioni riprendono le antiche polemiche sui danni che l'unità d'Italia avrebbe provocato al Sud, conquistato dai piemontesi e sfruttato dallo Stato liberale. Queste opere (possiamo citare gli autori Lorenzo del Boca, Guido Fasanella, Gigi di Fiore, Giordano Bruno Guerri), scritte non da storici professionisti ma da giornalisti, hanno costituito una sorta di senso comune, al cui interno s'incontrano i malumori dell'opinione pubblica sia settentrionale che meridionale, che fa dello Stato unitario un capro espiatorio delle difficoltà odierne dell'Italia. Il giornalista **Pino Aprile** è forse l'autore più noto. Nel suo *Terroni*, divenuto rapidamente un best-seller, sostiene la tesi che i libri di storia abbiano a lungo taciuto le violenze perpetrate nel Mezzogiorno dagli italiani del Nord, tutte ancora da rivelare. Con il ricorso ad un uso spregiudicato di termini di confronto novecenteschi (campo di concentramento, lager, sterminio ebraico), la sua opera ripresenta un'immagine del Meridione vittima del Nord e dello Stato centralizzato, e di un Risorgimento come catastrofe storica **[👁 DOC12]**. Antichi argomenti, dalla mancata dichiarazione di guerra al Regno delle Due Sicilie, alla repressione del brigantaggio, alla povertà del Sud, vengono riproposti in una **contro-storia tutta polemica**, che non riesce a dar conto della realtà storica del Meridione italiano né a spiegare adeguatamente il crollo della dinastia borbonica.

A centocinquant'anni dall'unità

Il revisionismo risorgimentale, come abbiamo visto, non è cosa nuova: si è presentato ad ogni crisi che l'Italia ha attraversato, e molti argomenti delle moderne polemiche vengono, più o meno consapevolmente, da dibattiti passati, specialmente sulla questione meridionale. Come ha messo in luce lo storico Salvatore Lupo, appaiono però fondamentalmente diverse le intenzioni che animano le polemiche odierne:

> Gramsci, i suoi maestri, i suoi interlocutori, i suoi discepoli pensavano che da quel difetto originario [il divario fra Nord e Sud] si potesse uscire con un impegno adeguato di classi dirigenti, o di élites rivoluzionarie, e comunque di uno Stato tenuto a inverare l'ideale unitario su cui era fondato. [...] Oggi invece i "partigiani" del Nord, come d'altronde quelli del Sud, usano le rappresentazioni dualistiche per accreditare l'idea di una inconciliabilità delle due parti, per **negare l'esistenza dello spazio comune** – l'Italia». [S. Lupo, *L'unificazione italiana. Meridione, rivoluzione, guerra civile*, Donzelli, Roma 2011, p. 5]

Il **centocinquantenario** dell'unità, nel **2011**, è stato caratterizzato da un dibattito pubblico a tratti conflittuale. Ai discorsi ufficiali, soprattutto quelli del presidente della Repubblica Giorgio Napolitano, volti a difendere i valori risorgimentali, si sono contrapposte le polemiche ostili della Lega e delle, assai meno influenti, piccole formazioni neo-borboniche. All'ampia riflessione portata avanti negli ultimi decenni in sede storiografica sui caratteri e l'identità nazionale italiana, si è contrapposta una pubblicistica revisionista dalle letture semplificanti e dai toni sensazionalistici. Il Risorgimento, come ha scritto lo storico Alessandro Barbero, appare oggi

> un'epoca che per molto tempo è stata raccontata come una meravigliosa epopea di cui essere orgogliosi, e che da un po' di tempo viene raccontata come una sequenza di infamie di cui vergognarsi: mentre non è forse stata la prima cosa, ma certo neppure la seconda. È stata una delle modernizzazioni più rapide, più efficaci e al tempo stesso più traumatiche che la storia d'Italia ricordi; un'epoca complessa e contraddittoria, nella storia d'un paese che dalle sue contraddizioni non è mai uscito, e che una cosa soprattutto non ha ancora imparato: a rispettare il proprio passato. [A. Barbero, *I prigionieri dei Savoia. La vera storia della congiura di Fenestrelle*, Laterza, Roma-Bari 2012, p. 316]

1 DOC

Pio IX
La reazione cattolica

Pio IX, allocuzione *Iamdudum Cernibus*, 18 marzo 1861, da *Tutte le encicliche e i principali documenti pontifici emanati dal 1740*, IV, a cura di U. Bellocchi, Libreria Editrice Vaticana, Città del Vaticano 1995, pp. 214-17

■ Nel Concistoro segreto del 18 marzo 1861 Pio IX (1792-1878) esprime la sua reazione sdegnata all'unità d'Italia appena proclamata. Nella prima parte del testo il papa torna ad opporsi alla politica del Piemonte, rievocando i provvedimenti contro gli ordini religiosi e i beni ecclesiastici. Il papa contesta aspramente la civiltà moderna e il liberalismo, accusati di un atteggiamento anticattolico, ostile alla Chiesa romana. Pio IX prosegue opponendosi duramente alla perdita delle province dello Stato Pontificio ritenuta una «vandalica spoliazione».

Pertanto chiediamo a coloro i quali Ci invitano a porgere amica la mano alla civiltà odierna, se i fatti siano tali da poter indurre il Vicario di Cristo in terra, da Cristo stesso supernaturalmente stabilito per difendere la purezza della sua celeste dottrina e pascerne gli agnelli e le pecore, confermando in essa gli uni e le altre; chiediamo se i fatti possano indurlo, senza gravissimo fallo della coscienza e senza massimo scandalo per tutti i buoni, ad associarsi con l'anzidetta odierna civiltà, per la cui opera succedono mali così grandi e non mai deplorati abbastanza, si promulgano tante orribili opinioni e tanti errori e falsi principi completamente opposti alla Religione cattolica e alla sua dottrina. Né alcuno ignora come tra questi fatti sia da annoverare la totale distruzione delle stesse solenni convenzioni, formalmente fatte tra questa Apostolica Sede e i regii sovrani, come ultimamente è accaduto in Napoli. Del che Noi, in questo vostro e amplissimo Consesso, con tutta la forza del Nostro Spirito ci lamentiamo, Venerabili Fratelli, e sommamente protestiamo nello stesso modo in cui in altre occasioni abbiamo protestato contro simili attentati e violazioni. Questa moderna civiltà, poi, mentre favorisce qualunque culto acattolico, e ammette gli stessi infedeli ai pubblici impieghi, e dischiude ai loro figli le scuole cattoliche, si adira contro gli Ordini religiosi, contro gli Istituti fondati per educare cattolicamente la gioventù, contro moltissimi ecclesiastici di ogni grado, anche rivestiti di amplissima dignità [...] Questa civiltà, mentre largisce sussidii alle persone ed agli istituti acattolici, spoglia la Chiesa delle giustissime sue possessioni, ed usa ogni consiglio ed ogni arte per diminuire l'efficacia salutare della stessa Chiesa. [...] Ora, dopo avere così insultato la Religione, che ipocritamente invitano ad accordarsi con l'odierna civiltà, non dubitano di convincere anche Noi, con uguale ipocrisia, a riconciliarci con l'Italia. Cioè: mentre, quasi spogliati d'ogni Nostro civile Principato, Noi sosteniamo i gravissimi pesi del Pontificato e del Principato con l'aiuto delle pie largizioni dei figli della Chiesa cattolica, mandate a Noi quotidianamente con grandissimo amore; mentre siamo gratuitamente fatti segno all'invidia e all'odio per opera di quegli stessi che chiedono la Nostra conciliazione, essi vorrebbero anche che dichiarassimo formalmente di cedere in libera proprietà degli usurpatori le Province del Nostro Stato Pontificio[1]. Con tale audacissima e inaudita richiesta vorrebbero che questa Apostolica Sede, la quale fu sempre e sarà il baluardo della verità e della giustizia, sancisca che la cosa ingiustamente e violentemente rubata può tranquillamente ed onestamente possedersi[2] dall'iniquo aggressore; [...] Siffatta domanda contrasta anche con quelle solenni parole, con le quali in un grande ed illustre Senato[3] fu testé dichiarato che «il Romano Pontefice è il rappresentante della precipua forza morale nell'umana società». Dal che segue che Egli non può in alcun modo consentire ad una tale vandalica spoliazione, senza violare il fondamento di quella morale disciplina di cui Egli è riconosciuto essere come la prima forma, e l'esemplare.

1. Per l'annessione al Piemonte delle Legazioni pontificie nel 1860, 👁 **13.3**.
2. Essere posseduta.
3. Il Senato del Regno d'Italia.

2 DOC

Giacinto De Sivo
I legittimisti borbonici

G. De Sivo, *I Napoletani al cospetto delle nazioni civili*, Borzi, Roma 1967, pp. 15, 43-47

■ L'intellettuale napoletano Giacinto De Sivo (1814-1867), in esilio a Roma al seguito della corte borbonica, manifesta in questo opuscolo, scritto nel dicembre 1861, la sua opposizione al processo di unificazione. Il Risorgimento gli appare un'ingiusta guerra civile che oppone italiani ad italiani. A differenza delle altre nazioni europee, l'Italia è abitata da popolazioni dalle culture troppo differenti per poter essere realmente unita e diventare uno Stato omogeneo.

Le nazioni civili che mirano lo svolgimento di questo gran dramma italiano[1], iniziato a nome della civiltà e del progresso, saran per fermo stupefatte al mirar la rea lotta che spezialmente nel reame delle Sicilie procede cruenta ed atrocissima fra Italiani ed Italiani. Dopo tante lamentazioni contro lo straniero, non è già contro lo straniero che aguzza e brandisce le arme quella fazione che vuol parere d'essere la italica nazione. Pervenuta ad abbrancare[2] la potestà, ella non assale già il Tedesco, né il Franco, né l'Anglo, che tengono soggetta tanta parte d'Italia; ma versa torrenti di sangue dal seno stesso della patria, per farla povera e serva. Ella grida l'unità e la forza; e frattanto ogni possibilità d'unione fa svanire, con la creazione di odi civili inestinguibili; e distrugge la sua stessa forza in cotesta guerra fratricida e nefanda, che la parte più viva e generosa della italiana famiglia va sperperando ed estinguendo. L'Italia combatte l'Italia. [...] Non può la forza congiungere animi disgiunti, interessi opposti, passioni invide o rivali, terre separate da monti, da fiumi e da distanze, differenti costumanze, varie stirpi, bisogni diversi, contrarie tendenze, e gli opposti sensi e le tradizionali memorie, che si nudron col sangue, e si succhian col latte. Le parti eterogenee d'un tutto sconnesso, messe insieme a forza d'insidie e usurpazioni, si sciolgono presto; e la guerra civile inevitabile, e parteggiamenti[3] e vendette, saranno il frutto di un'opera elevata da scellerati capricci, a dispetto degli uomini e del cielo. [...] L'Italia non fu una come Inghilterra, Spagna e Francia, perché Iddio la creò svariata, la fe' lunga e smilza, e rotta da fiumi e da montagne; la popolò di stirpi diverse d'indoli, di bisogni, di costumanze, e quasi anche di linguaggio; le mise più centri, la fe' elevare più città capitali; e die' a tutte le sue contrade una prosperità che basta a ciascuna, e a ciascuna una mente, un'anima e una persona compiuta. Han sì somiglianza, ma non omogeneità.

1. Il processo di unificazione italiana.
2. Prendere con la forza.
3. Divisioni.

3 DOC

Le indagini sul brigantaggio. Fisionomia delle bande

da D. Adorni, *Il brigantaggio*, in *La criminalità*, Annale XII della *Storia d'Italia*, Einaudi, Torino 1997, pp. 306, 294-95; 307

■ L'esercito regio condusse alcune inchieste sul brigantaggio, che si rivelano delle utili fonti per comprendere il fenomeno e per capire, al contempo, la percezione che ne avevano gli esponenti militari dello Stato unitario. I due brani riportati sono tratti da due differenti indagini, una condotta nella provincia di Avellino (*Compendio storico sul brigantaggio e sui risultati contr'esso ottenuti durante l'anno 1862 nella zona militare di Avellino*, Ast, ministero della Guerra, Divisione gabinetto affari riservati, b. 2, Zona militare di Avellino) e una in quella di Caserta (*Cenno storico del brigantaggio dal 1° gennaio 1862 al 1° maggio 1863*, Ast, ministero della Guerra, Divisione Gabinetto, Affari riservati, b. 2, Comando generale Truppe mobilizzate Zona militare di Caserta). Più che indagare le cause del fenomeno, le inchieste descrivono le bande, la loro composizione, i rapporti sociali che le legavano al territorio in cui operavano, le modalità con cui combattevano.

Le bande non avevano uniformità di vestito che le distinguesse. Il contadino fatto brigante confermava i suoi abiti e solo vi aggiungeva una cartucciera allacciata alle reni ed un nastro dai colori borbonici o Papalini e qualche volta una piastra coll'effige di Francesco II[1] che bucata portavano a guisa di medaglia. [...]

Contavano costoro [i briganti] fra mezzo la popolazione agricola sparsa nei Comuni da loro percorsi una quantità di parenti ed amici. Del resto è facile a comprendere come la gente di campagna si mostrasse generalmente favorevole ed aiutatrice dei briganti coi quali era legata dalla parentela, dall'amicizia e dalla comunanza di condizioni sociali e quindi di odi, di superstizioni e di errori politici. I contadini poi che non fossero disposti a favorire i briganti per le sopra dette ragioni lo facevano costretti dal terrore e sedotti dal guadagno che facile si offriva loro servendo come spie, come apportatori di ricatti o di viveri ai briganti. [...] I proprietari dei villaggi, fra loro divisi per gara di ambizioni, per odi pubblici e privati,

1. Francesco II di Borbone, l'ultimo re del Regno delle Due Sicilie (maggio 1859-febbraio 1861).

parte cercava di salvare se stesse e le proprie masserie, mandando aiuti e pagando taglie ai briganti, qualcheduno li favoriva di nascosto come strumento di vendetta o di lucro personale a danno d'altri proprietari. V'erano alcuni che l'incertezza delle condizioni politiche consigliava a prepararsi favore o perdono in un possibile ritorno della caduta dinastia favorendo di nascosto i briganti, mentre servivano il nuovo Governo quali Sindaci o Capitani di Guardia Nazionale. Ben pochi mostravansi efficacemente avversi ai briganti. Per tal modo le comitive [le bande] che abbiamo sopra descritte non avevano intorno a loro che un serio nemico: la Truppa[2]. Contavano invece sulla protezione, sull'appoggio d'ogni sorta di persone ed in genere su una facile sottomissione dell'intera popolazione.

Andavano armati di fucili per la maggior parte di quelli appartenenti all'antico Esercito Borbonico. Abbondavano di munizioni da guerra delle quali usavano senza misura alcuna. Questo brigantaggio alimentandosi specialmente di furto e di rapina, il modo di guerreggiare dei briganti corrispondeva alle opere loro, cercando essi di sfuggire alle Truppe e non già di affrontarle in seri combattimenti. Non accettavano la lotta che in numero di gran lunga superiore o se favorite dal terreno o costretti dalla necessità della difesa. Marciavano con grande avvedutezza e si guardavano con vedette ben disposte.

2. L'esercito del Regno d'Italia.

4

P. Pezzino
Una guerra civile

P. Pezzino, *Risorgimento e guerra civile. Alcune considerazioni preliminari*, in *Guerre fratricide. Le guerre civili in età contemporanea*, a cura di G. Ranzato, Bollati Boringhieri, Torino 1994, pp. 60-61

■ Lo storico Paolo Pezzino (1948) si è a lungo occupato delle stragi di civili compiute in Italia durante la seconda guerra mondiale e della memoria della guerra. In questo saggio, all'interno di un volume collettaneo volto ad indagare le caratteristiche delle guerre civili del XIX e XX secolo, torna invece a riflettere sulla storia del Mezzogiorno. Si concentra sul legame fra Risorgimento e guerra civile, analizzando la propaganda filoborbonica e il fenomeno del brigantaggio. Rispetto a quest'ultimo e alla reazione dello Stato unitario individua chiaramente alcune caratteristiche che resero il fenomeno assimilabile a una guerra civile.

Certo, in quell'opposizione armata, che si manifestò ben presto nelle campagne meridionali, molto giocava l'avversione a quei ceti nuovi, emersi nella prima metà dell'Ottocento, che, sovvertendo rapidamente gli equilibri tradizionali in merito ad assetti proprietari e ordinamenti produttivi, univano a un più spregiudicato sfruttamento di terre ex feudali o demaniali la propensione a ricercare nel nuovo Stato un sostegno istituzionale sensibile alle loro dinamiche di arricchimento e mobilità sociale. E tuttavia, al di là delle indubbie componenti di classe che il brigantaggio manifesta, esso attiene alla categoria della guerra civile intesa come lotta fra due parti che sono in lotta per l'appartenenza alla «nazione», proprio per il collegamento con la questione della sovranità territoriale contesa fra i fedeli a un governo legittimo, ma sconfitto sul terreno armato, e i sostenitori di un nuovo ordine costituzionale che deve ricercare altrove rispetto al diritto internazionale, e proprio nella asserita appartenenza a un'unica nazione, la propria legittimazione. In effetti il brigantaggio non può essere inteso che come prosecuzione, sul terreno della guerriglia, di quella lotta armata che si era chiusa con la definitiva sconfitta militare dei Borboni, con alcuni corollari tipici delle guerre civili: spacca appartenenze di ceto e di classe, come rilevano funzionari e militari mandati a combattere nel Sud contro bande che godevano spesso di oscure e ambigue, ma non per questo meno consistenti, complicità da parte di rappresentati delle élites; all'avversario non viene riconosciuto lo status di nemico, ed esso viene degradato a bandito, traditore, servo dello straniero, pur di non ammettere che il conflitto coinvolge membri appartenenti alle stesse comunità locali e a quell'unica comunità nazionale che si sostiene avere finalmente raggiunto la dimensione statale per un fisiologico processo storico (e, caso mai, con un ritardo rispetto alle esigenze espresse dalla società, causato dal dispotismo del regime borbonico); infine, da parte dei perdenti, la sconfitta viene spesso attribuita al tradimento e all'intervento straniero. E tuttavia non solo manca l'evidenza e la dimensione di una lotta fra due governi opposti che rivendicano la sovranità su uno stesso territorio, ma la stessa caratterizzazione dei legittimisti e degli unitari appare stemperarsi in una varietà di situazioni nelle quali i motivi particolaristici e di lotta fra le fazioni locali prevalgono sull'esistenza di un'unica, o prevalente, grande frattura generatrice del conflitto.

5 DOC

Alfredo Niceforo
L'arretratezza del meridione

A. Niceforo, *L'Italia barbara contemporanea*, Remo Sandron Editore, Milano-Palermo 1898, in C. Petraccone, *Federalismo e autonomia in Italia dall'unità ad oggi*, Laterza, Roma-Bari 1995, pp. 123-26

■ L'antropologo siciliano Alfredo Niceforo (1876-1960), nel suo studio più famoso *L'Italia barbara contemporanea* (1898), riprese i metodi e le teorie dell'antropologo criminale Cesare Lombroso (1835-1909) per interpretare la questione meridionale e la decadenza del Sud. A Niceforo la distinzione della popolazione italiana in due razze – arî e mediterranei – sembrava spiegare l'arretratezza della società meridionale e la differenza, anche psicologica, rispetto alle popolazioni settentrionali. Niceforo non contestava l'unità italiana, basata su una comune coscienza nazionale, ma proponeva due sistemi di governo profondamente diversi per il Nord e il Sud, approdando ad una singolare forma di federalismo a fondamento razziale. Le sue teorie raggiunsero un'ampia diffusione, ma furono anche duramente contestate per i deboli fondamenti scientifici.

Abbiamo visto che un abisso separa l'Italia del nord da quella del sud; tutta la grande iridescenza de' costumi, della vita sociale, delle credenze, si manifesta in modo diverso a seconda che si esplichi nell'Italia settentrionale o in quella del mezzogiorno. Sono veramente due Italie stridenti tra loro, con una colorazione morale e sociale del tutto diversa. Noi vogliamo ora mostrare che questa diversità è anche fisica, poiché l'Italia è formata da due stirpi ben dissimili tra loro, anzi di caratteri fisici e psicologici del tutto diversi; una di queste stirpi popola il nord e il centro, l'altra il sud e le isole. [...] L'antropologia ci ha rivelato in questi ultimi tempi, che la composizione etnica della popolazione d'Italia è formata di due grandi elementi: arî al nord, mediterranei al sud; elementi che variano grandemente tra loro tanto per opposti e veramente antitetici caratteri fisici quanto per dissimili caratteri psicologici. [...] Gli attuali arî dell'Italia settentrionale, vale a dire i piemontesi, i lombardi, i veneti, i romagnoli che appartengono a quella stirpe che venne ad invadere l'Europa primitiva, sono perciò – antropologicamente – fratelli dei tedeschi, degli slavi, dei francesi celti. Gli attuali mediterranei d'Italia del sud invece – che appartengono alla stirpe mediterranea venuta dall'Africa – sono antropologicamente fratelli degli spagnuoli, dei francesi del sud, dei greci e di gran parte dei russi meridionali. [...] Gli arî – vale a dire l'Italia del nord – hanno un sentimento di organizzazione sociale più sviluppato di quel che non sia presso i mediterranei, – vale a dire nell'Italia del sud, – i quali hanno invece più sviluppato il sentimento individualistico. [...] L'Italia, dunque, ripeteremo col Lombroso, è una ma non è unificata, né potrà esserlo mai senza recare offesa alla fatalità e all'evoluzione naturale. [...] Vi sono due Italie dissimili tra loro nelle costumanze, nelle civiltà, nella razza; esse sono saldamente legate – e lo saranno per sempre – dal vincolo della coscienza nazionale, ma occorre – per adagiarle sulla incrollabile base dei fatti naturali – un buon sistema di governo che, pur senza toccare il concetto nazionale, regga e disciplini la penisola né con una sola legge, né con un solo codice, né con una sola autorità; bisogna invece saper applicare a ciascuna parte dissimile dell'organismo sociale dissimili trattamenti di governo. [...] Occorrono quindi due governi diversi per le due Italie: da una parte – al sud – il regime governativo deve tendere a civilizzare e a togliere dalle mani di autonomie locali inadatte al *self governement* le redini di amministrazioni libere alle quali non sono mature; dall'altra – al nord – concedere ampie libertà di evoluzione e di azione autonoma. [...] Occorre spezzare la rigidità assoluta e dispotica che tiene avvinta tutta la patria nostra come in una tomba stretta e dalle gelide pareti; noi siamo diversi e abbiamo bisogno di diversi trattamenti.

6 DOC

Alfredo Oriani
La debolezza della monarchia sabauda

A. Oriani, *La lotta politica in Italia*, Cappelli Editore, Rocca San Casciano 1956, pp. 561-62

■ Nel volume *La lotta politica in Italia* Alfredo Oriani (1852-1909) delinea una storia d'Italia di largo respiro (dall'antichità alla fine dell'800). L'opera, pubblicata nel 1892, non fu accolta da critiche positive, per la mancanza di obiettività e la scarsa accuratezza metodologica. Benedetto Croce fu il primo a rivalutarla, cogliendone l'originalità nell'aver affrontato il Risorgimento come una sorta di grande biografia spirituale dell'Italia. L'opera verrà ristampata nel 1913, suscitando l'attenzione del grande pubblico e raccogliendo le simpatie degli ambienti nazionalisti. Nel passo qui riportato Oriani mette in luce i limiti dell'unificazione italiana: la mancata conquista di Venezia e di Roma, la soggezione della monarchia sabauda alla Francia di Napoleone III, l'esaurimento dello spirito rivoluzionario del Risorgimento.

Il nuovo regno non era ancora l'Italia. Se il principio della nazionalità aveva trionfato, riunendo intorno al Piemonte la maggior parte delle province italiche, Venezia, rimasta soggetta all'Austria, e Roma, sottoposta al papa, toglievano alla nazione la coscienza della propria integrità individuale. Attraverso la clamorosa vicenda di tante vittorie, s'intendevano tuttavia i lamenti di una grande speranza caduta. Un doloroso peccato d'origine turbava la conquista regia, anche nella gloria degl'insperati trionfi. L'alleanza offerta dalla Francia al piccolo Piemonte e la discesa in Lombardia per cacciarne l'Austria avevano tolto all'egemonia piemontese la simpatica originalità dei primi ardimenti. Quindi la pace imprevista di Villafranca[1] l'aveva umiliata: re Vittorio Emanuele vi era sembrato appena un vassallo, come gli antichi suoi avi, che gl'imperatori si associavano nelle guerre, donando o ritogliendo loro qualche provincia. [...] La nuova monarchia, vincitrice quasi senza vittorie proprie, giacché nessuna battaglia piemontese era stata decisiva, restava in difetto dinanzi all'Europa e dinanzi alla rivoluzione; per quella, la soggezione della Francia le toglieva di essere considerata potenza di prim'ordine, come per grandezza di storia e di territorio avrebbe meritato; per questa, l'abdicazione verso il papa e il vassallaggio a Napoleone le scemavano tristemente la necessaria legittimità. Il profondo mutamento avvenuto nella storia nazionale cogli ultimi fatti non era ancora abbastanza visibile. La monarchia piemontese, annullando in sé stessa i ducati e il regno delle Due Sicilie, non aveva sollevato la nazione nella modernità di un fatto pari a quello di Francia e d'Inghilterra. Certo la dinastia di Savoia si era mostrata incomparabilmente migliore di ogni altra lorenese o borbonica, ma l'idealità italiana non aveva potuto incarnarsi in essa. Il moto rivoluzionario, ispirato da Mazzini e guidato da Garibaldi, la trascendeva: la spontaneità popolare, quantunque scarsa, era bastata a sopraffare la sua iniziativa; quindi la sua opera vi era stata più necessaria che benefica, la sua abilità più egoistica che feconda, i suoi guadagni più grossi che legittimi. [...] Alla servitù austriaca sarebbe, quindi, succeduto il vassallaggio francese; dopo una politica di schiavi, un'altra di liberti[2]; ad una rivoluzione, provocata da un'avventura napoleonica e compiuta da un'avventura garibaldina, seguirebbe fatalmente una monarchia senza tradizione e senza principi, costretta a ridere dell'idealità rivoluzionaria e a carpire i modi della propria resistenza ad un imperatore, più sensibile ai pericoli che alle vergogne, con poco credito in Europa, senza frontiere a ponente e a levante, con uno straniero nemico sul petto, uno straniero protettore sulle spalle, uno straniero indegno nel cuore.

---

1. L'armistizio tra francesi e austriaci firmato nel 1859 a Villafranca [👁 13.3].
2. Gli schiavi affrancati, che rimanevano fedelmente legati al padrone. L'allusione è al rapporto dell'Italia con la Francia durante il processo di unificazione [👁 13.3 e 14.5].

7 DOC

Piero Gobetti
Il Risorgimento come rivoluzione fallita

P. Gobetti, *Risorgimento senza eroi. Studi sul pensiero piemontese nel Risorgimento*, Edizioni di storia e letteratura, Roma 2011 (I ed. 1926), pp. 13, 25-27

■ Nella raccolta di saggi *Risorgimento senza eroi*, pubblicata dopo la sua prematura morte, Piero Gobetti (1901-1926) inquadra il Risorgimento come parte integrante di un movimento civile europeo, iniziato con l'Illuminismo e incarnato in Italia dal Piemonte riformatore. Nei passi riportati l'intellettuale torinese espone gli obiettivi della sua opera, che si propone di indagare le manchevolezze del Risorgimento, senza indulgere nella retorica celebrativa. Dopo la critica all'operato della classe dirigente liberal-moderata, Gobetti interpreta il Risorgimento come un processo dalle proporzioni e dalla forza assai inferiori rispetto alla Rivoluzione francese. Netto appare il giudizio positivo su Cavour, i cui meriti (il pragmatismo, il realismo) spiccano rispetto a quelli di Garibaldi e Mazzini.

Il Risorgimento italiano è ricordato nei suoi eroi. In questo libro mi propongo di guardare il Risorgimento contro luce, nelle più oscure aspirazioni, nei più insolubili problemi, nelle più disparate speranze: Risorgimento senza eroi. Il dramma del Risorgimento è nei tormenti della sua preparazione e della sua mancata preparazione. [...]
Il liberalismo laico e moderato per evitare l'isolamento e per non trovarsi nemiche nello stesso tempo le plebi e la reazione, mette avanti idee banali e programmi di compromesso. Così questa minoranza borghese riesce a conquistare la monarchia, sempre incerta, e a servirsi del suo prestigio. Vittorio Emanuele II crede di allargare i confini del Piemonte e serve al programma di Cavour che gli trasforma le basi dello Stato, facendo in un regno costituzionale un governo parlamentare. [...] È ovvio che questa classe politica non possa bandire troppo apertamente le idee di libertà e di democrazia odiate dalle stessi plebi borbonicamente retrive. Essa conserva il suffragio ristretto, addomestica garibaldini e borboni con gli impieghi di Stato, esercita una generica propaganda patriottica, facendo giuocare l'equivoco del cattolicesimo liberale. Mancano forze e partiti ordinati: si supplì con volontari e avventurieri. Il nebuloso messianismo di Mazzini, l'entusiasmo di Garibaldi, l'enfasi dei tribuni furono le forze che favorirono un equilibrio provvisorio. Tutto questo è materia incomposta e vi affiorano i più profondi vizi della razza: una direzione si deve a Cavour. Egli è lo spirito provvidenziale, l'originalità del Risorgimento. La Rivoluzione francese ha la proporzioni di un grande dramma ora nazionale, ora europeo. È la rivendicazione di masse popolari nuove, rivolta di popolo condotto da scelte guide borghesi contro classi in decadenza. Il Risorgimento italiano invece è la lotta di un uomo e di pochi isolati contro la cattiva letteratura di un popolo dominato dalla miseria. La storia civile della penisola pare talvolta il soliloquio di Cavour, che da una materia ancora informe in dieci anni di diplomazia cerca

di trarre gli elementi della vita economica moderna e i quadri dello Stato laico. In realtà, specialmente quando è solo, Cavour ubbidisce a una segreta voce della storia e ad un oscuro destino della razza, che sembra annunciarsi durante tutto il Settecento in misteriosi profeti disarmati, sorpresi dalle tenebre, appena indovinano la luce.

8DOC

Guido Dorso
Un Risorgimento senza ideali

G. Dorso, *La rivoluzione meridionale*, Einaudi, Torino 1955, pp. 6-7

■ L'opera di Guido Dorso (1892-1947), pubblicata per la prima volta nel 1925, affronta i problemi socio-politici del Meridione e si caratterizza per l'attenzione rivolta alla ricostruzione storica, ritenuta necessaria per lo studio della realtà contemporanea. Alla base della riflessione di Dorso, come emerge nel passo riportato, c'è il giudizio negativo sul modo in cui si attuò il Risorgimento. Il processo era stato opera di minoranze ed era risultato privo di ideali. La dinamica della «conquista regia» costituiva la premessa al trasformismo che aveva caratterizzato la prassi politica dell'Italia postunitaria, fatta da transazioni e compromessi. Cavour è accusato di essere stato l'iniziatore di questa prassi politica mediocre e di aver spento i fermenti rivoluzionari del moto risorgimentale.

La caratteristica essenziale del nostro Risorgimento è costituita dal dissolvimento di tutte le correnti ideali, che si disputarono la direttiva della rivoluzione, nel grigio incedere della conquista piemontese. Lo Stato non si formò negli animi dei cittadini, per poi affiorare mano a mano che la maturazione si completava, ma si estese dal Piemonte alle altre regioni italiane, attraverso una serie di aggiramenti, di compromessi, di accorgimenti, che appiattirono la conquistata indipendenza, e scoprirono l'assenza del concetto di libertà come principio rivoluzionario. Il risultato di questo processo fu, dunque, uno Stato piemontese territorialmente più vasto, ma, come ispirazione ideale, egualmente angusto. Anzi la continua necessità di transazione con i ceti dominanti degli ex Stati ne restrinse sempre più l'aspirazione ideale. Ne derivò una conquista grigia, fredda, uniforme, che, a mano a mano che progrediva, lasciò insoluti tutti i dati ideali della rivoluzione: la libertà, le autonomie locali ed i rapporti tra Stato e Chiesa, campo classico ove si saggiano le limitazioni della libertà. Il meccanismo della conquista fu quello di evitare, di eludere le soluzioni ideali, per stendere su di esse il velo della transizione politica. Così la monarchia dimostrava di temere la spinta della rivoluzione, per impedire che questa, trasportando gli animi in atmosfere più fortemente ossigenate, rendesse inutile il suo grigio intervento. Di qui, anche dopo l'unificazione, la necessità delle continue transazioni con la rivoluzione, ogni qualvolta questa tentava di rimettersi in marcia, transazioni finora riuscite per la profonda immaturità politica delle masse italiane e per la scarsa zona di risonanza dei tentativi rivoluzionari. Cavour fu il grande ministro di questa politica, il realizzatore per eccellenza. Egli fu l'avversario più deciso delle correnti rivoluzionarie espresse dal travagliato spirito nazionale. Fedele ministro del suo Re, egli pose quei dati storici della conquista regia che gli anni successivi più ampiamente svilupparono. Così s'iniziò quel processo di eviramento della rivoluzione mercé le transazioni personali con i capi, che costituì l'insegnamento più duraturo del grande ministro nella storia unitaria italiana. Servendosi delle peggiori caratteristiche della razza, quali la debolezza nella fede e l'amore eccessivo per il comando, Cavour tentò di spegnere ogni intransigenza ideale, che avesse potuto maturare, per lo meno nelle élites, una più accesa passione per la libertà, isolò gli uomini che si rifiutavano tenacemente di aderire al suo sistema, affogò nello stretto circolo di conservazione della monarchia piemontese, l'incendio romantico del Risorgimento.

9DOC

Antonio Gramsci
I limiti del Risorgimento

A. Gramsci, *Il Risorgimento e l'Unità d'Italia*, Donzelli, Roma 2010, pp. 38, 100-1, 140-44

■ Sul tema del Risorgimento Antonio Gramsci (1891-1937) tornò più volte, dedicandogli ampie riflessioni. Nel primo passo Gramsci riconduce le numerose e contrastanti interpretazioni del Risorgimento alle caratteristiche intrinseche del processo, poco chiaro negli sviluppi e poco consistente nei risultati. Netto è il suo giudizio sulla direzione politico-militare del moto risorgimentale, alla cui debolezza vengono ricondotti i limiti della vita politica e sociale dell'Italia unita: la mancata integrazione delle masse nello Stato, la mancata modernizzazione del paese, la mancata soluzione della questione romana e l'incremento del divario economico fra Nord e Sud. Gramsci concentra poi la sua attenzione sul fallimento del Partito d'Azione, i democratici, accusati di aver trascurato la questione agraria, non avanzando una proposta di riforma dell'assetto proprietario nelle campagne, che invece avrebbe potuto integrare le masse contadine nello Stato ed evitare il profilarsi della «questione meridionale».

Esiste una notevole quantità di interpretazioni, le più disparate, del Risorgimento. La stessa quantità di esse è un segno caratteristico della letteratura storico-politica italiana e della situazione degli studi sul Risorgimento. Perché un evento o un processo di avvenimenti storici possa dar luogo a un tal genere di letteratura occorre pensare: che esso sia poco chiaro e giustificato nel suo sviluppo per la insufficienza delle forze «intime», che pure lo abbiano prodotto, per la scarsità degli elementi oggettivi «nazionali» ai quali fare riferimento, per la inconsistenza e gelatinosità dell'organismo studiato (e infatti spesso si è sentito accennare al «miracolo» del Risorgimento). [...]

Merito di una classe colta, perché sua funzione storica, è quello di dirigere le masse popolari e svilupparne gli elementi progressivi; se la classe colta non è stata capace di adempiere alla sua funzione, non può parlarsi di merito, ma di demerito, cioè di immaturità e debolezza intima. [...] Quegli uomini effettivamente non seppero guidare il popolo, non seppero destarne l'entusiasmo e la passione. Raggiunsero almeno essi il fine che si ponevano? Essi dicevano di proporsi la creazione dello Stato moderno in Italia e produssero qualcosa di bastardo, si proponevano di suscitare una classe dirigente diffusa ed energica e non ci riuscirono, di inserire il popolo nel quadro statale e non ci riuscirono. La meschina vita politica dal 1870 al '900, il ribellismo elementare ed endemico delle classi popolari, l'esistenza gretta e stentata di un ceto dirigente scettico e poltrone sono la conseguenza di quella deficienza: e ne sono conseguenza la posizione internazionale del nuovo Stato, privo di effettiva autonomia perché minato all'interno dal Papato e dalla passività malevola delle grandi masse. [...]

Nello sviluppo del Risorgimento, il così detto Partito d'Azione aveva un atteggiamento «paternalistico», perciò non è riuscito che in misura molto limitata a mettere le grandi masse popolari a contatto dello Stato. Il così detto «trasformismo» non è che l'espressione parlamentare del fatto che il Partito d'Azione viene incorporato molecolarmente dai moderati e le masse popolari vengono decapitate, non assorbite nell'ambito del nuovo Stato. [...] Non si può dire che abbia fallito il partito moderato, che si proponeva l'espansione organica del Piemonte, voleva soldati per l'esercito piemontese e non insurrezioni o armate garibaldine troppo vaste. Perché il Partito d'Azione non pose in tutta la sua estensione la questione agraria? Che non la ponessero i moderati era ovvio: l'impostazione data dai moderati al problema nazionale domandava un blocco di tutte le forze di destra, comprese le classi dei grandi proprietari terrieri, intorno al Piemonte come Stato e come esercito.

10 DOC

Andrea Finocchiaro Aprile
Il movimento indipendentista siciliano

A. Finocchiaro Aprile, *Il Movimento Indipendentista Siciliano*, Edizioni Libri Siciliani, Palermo 1966, in C. Petraccone, *Federalismo e autonomia in Italia dall'unità ad oggi*, Laterza, Roma-Bari 1995, pp. 236-37

Andrea Finocchiaro Aprile (1878-1964), leader del movimento indipendentista siciliano, pronunciò questo discorso (di cui riportiamo una parte) nel febbraio 1944. Auspicando la nascita di una Sicilia indipendente integrata nella Federazione Italiana, Aprile si opponeva all'autonomismo, una scelta debole e non risolutiva, scegliendo la via del separatismo. Nel passo vengono ribaditi i limiti e le manchevolezze dello Stato unitario, che aveva dedicato alla Sicilia meno attenzioni che alle colonie africane e l'aveva trascurata sacrificandone gli interessi al Nord industriale, colpevole dello sfruttamento del Sud.

Noi vogliamo che la nostra Isola faccia da sé, noi vogliamo che dal nuovo assetto internazionale la Sicilia esca come Stato sovrano e indipendente. L'unità italiana è stata deleteria per noi. Noi nulla avemmo dall'unità che non fossero l'abbandono, lo sfruttamento e il disprezzo. Quando si ripete che la Sicilia non fu considerata che come una colonia, si dice meno della verità. Vi era tanto da fare in Sicilia e si andò a profondere miliardi e miliardi di lire in Libia e in Etiopia[1]. Vi fu un momento che Addis Abeba ebbe più cure e più interessamento da parte del governo italiano di quello che non avevano mai avuto nessuna delle nostre città e nessuno dei nostri territori: fummo insomma anche meno di una colonia. Oggi tutti nella penisola si affannano a riconoscere i grandi torti verso la Sicilia, oggi si mostrano pentiti e, fra le lacrime di coccodrillo, promettono che nell'avvenire tutto sarà dato alla Sicilia e che questa sarà trasformata in Eden. Ma vivaddio, è troppo tardi! Oggi non siamo più i grandi e patetici ingenui del tempo andato; oggi respingiamo il nuovo inganno ed il nuovo raggiro che si vorrebbe tendere e rispondiamo: No! Vogliamo restare e vivere soli, perché

1. Libia ed Eritrea sono state colonie italiane. L'Eritrea lo è diventata ufficialmente nel 1889 e la Libia tra il 1911 e il 1912. Tra il 1935 e il 1936 è stata proclamata colonia anche l'Etiopia, con capitale Addis Abeba. L'Italia ha perso i suoi possedimenti coloniali alla fine della seconda guerra mondiale.

ci avete traditi ed offesi e della vostra compagna non sappiamo proprio che farne. Ma voi, ci dicono, avete avuto al governo i vostri uomini: perché essi non fecero nulla per voi? Sì! Noi avemmo tre capi di governo, Crispi, Rudinì, Orlando[2], ed una pleiade di ministri ed uomini politici siciliani, anche insigni. Nessuno nega il loro nobile tentativo di venirci incontro, ma ogni loro sforzo fu vano ed era fatalmente destinato ad infrangersi di fronte all'industrialismo capitalistico del Nord che aveva il fermo proposito di schiacciarci e dissanguarci; proposito, come ben sapete, pienamente attuato. Noi vogliamo, dunque, la costituzione di una repubblica indipendente siciliana a base democratica e a largo contenuto sociale. [...] La mia convinzione è che il popolo desideri un taglio netto tra l'Isola e il continente. Lo stretto di Messina dovrebbe segnare una separazione non soltanto geografica, ma politica delle due parti.

2. Francesco Crispi, presidente del Consiglio dal 1887 al 1891 e dal 1893 al 1896; Antonio Starabba di Rudinì, presidente del Consiglio dal 1891 al 1892 e dal 1896 al 1898; Vittorio Emanuele Orlando, presidente del Consiglio dal 1917 al 1919.

11 DOC

Umberto Bossi
La Lega Nord e l'autonomia della Padania

da *Il discorso di Pontida*, in U. Bossi, D. Vimercati, *Vento del Nord*, Sperling&Kupfer, Milano 1992, pp. 159-66

A Pontida, comune delle valli bergamasche, dal 1990 si svolgono gli annuali raduni della Lega Nord, poco distante dal luogo dove nel 1167 si tenne il giuramento dei comuni della Lega Lombarda che si unirono per combattere contro l'imperatore Federico I Barbarossa. Il leader della Lega Nord, Umberto Bossi (1941), nel discorso di Pontida del 1991, lanciò, di fronte a circa 25 mila persone, la parola d'ordine della Repubblica del Nord, proponendo la divisione del territorio nazionale in tre macroregioni: il Nord, il Centro e il Sud. Nei passi riportati si delinea chiaramente la convinzione leghista della profonda differenza fra gli abitanti del Meridione e quelli del Settentrione, ritenuti appartenere ad etnie differenti. L'opposizione allo Stato centralistico e romanocentrico, che è accusato di soffocare il Nord, si unisce a quella verso i partiti, dominati secondo Bossi dai meridionali. L'unica soluzione per risolvere il malessere del Nord è individuata nella proposta federalista.

Il federalismo non è una bacchetta magica e neppure un sistema per dividere un popolo unitario. Serve invece a tenere insieme popoli non del tutto omogenei. E io sono convinto che in Italia non ci sia un popolo solo, ma popoli diversi, riuniti dalla retorica risorgimentale. [...] I nostri popoli, intendo i popoli italiani, si sono mescolati in questi decenni, e in particolare dagli anni del boom economico a oggi. Ma secondo me, e secondo autorevoli ricercatori, non bisogna sopravvalutare il fenomeno. Sicuramente, fino al secondo dopoguerra, l'integrità etnica in Lombardia e in quasi tutte le nazioni del Nord Italia era assicurata. Chi conosce la nostra terra sa bene che intere vallate sono rimaste ai margini dei grandi flussi migratori. Nei secoli, le diverse dominazioni non hanno violato i ceppi originari, neppure nelle grandi città di pianura. Anche l'immigrazione del Sud non ha schiodato certi caratteri etnici; e quel che più conta, non ha modificato l'etica del lavoro che rappresenta, a mio avviso, il patrimonio caratteristico, insieme con l'individualismo, il liberalismo democratico e il municipalismo, dei nostri popoli del Nord Italia. [...] Dal punto di vista socioculturale, invece, se si esclude la nazionale di calcio, quasi nulla unisce il Trentino e la Lombardia alla Calabria e alla Campania. E allora io dico: perché non sostituire i confini impermeabili e il centralismo degli Stati unitari con un sistema più articolato, caratterizzato da una pluralità di siti istituzionali, ognuno dotato di competenze caratteristiche e condizionate? [...] Questo Stato romanocentrico, rafforzatosi viepiù con l'avvento del regime fascista, sopravvive nell'odierna Repubblica italiana, solo in parte attenuta da poche norme contenute nella nostra legge fondamentale, che oltretutto sono contraddittorie, frutto di compromessi dell'Assemblea costituente. [...] La forma centralista delineatasi in questo modo ha favorito l'appropriazione delle istituzioni da parte dei partiti: dovevano essere libere associazioni di cittadini, destinate, secondo l'articolo 49 della Costituzione, a «concorrere» nella determinazione della politica statale. Invece sono diventati padroni dello Stato e dei suoi organi. La degenerazione partitocratica ha prodotto, come ulteriore conseguenza, l'affermarsi di quella che noi della Lega abbiamo definito l'«egemonia meridionale». Non è una tesi razzista, questa, è la semplice sottolineatura di un fatto oggettivo: i partiti, che sono estesi su tutto il territorio nazionale, sono stati «occupati» da una componente etnica dominante, la quale, attraverso gli stessi partiti, è riuscita a impossessarsi delle istituzioni e a volgere in favore dei propri interessi gran parte dell'attività statale, dalla giustizia alla pubblica amministrazione, dal fisco all'istruzione, dalla finanza all'ordine pubblico. Si è così determinato uno squilibrio politico, accompagnato da un evidente malessere sociale. Il rimedio, secondo noi della Lega, non può essere altro che una struttura federale. [...] In un certo senso, comunque, la mia è una proposta relativamente moderata, almeno in questa fase. In un secondo tempo, si potranno fare passi avanti. L'importante è creare ammortizzatori a una struttura unitaria, quella «romanocentrica», che soffoca le differenze e avvolge il Nord produttivo in un gomitolo inestricabile di «lacci e laccioli». Ogni area socioeconomica del Paese dovrà essere governata secondo criteri adatti. Questo è il nostro primo obiettivo. Ma attenzione: se qualcuno cercherà di fermare, con sistemi oscuri, la nostra marcia verso una vera autonomia, stia bene attento: il Nord con un solo balzo sceglierà la libertà. I popoli non accettano all'infinito di essere schiavi. Il Nord, la Padania, la Repubblica Cisalpina, o viene messa in condizioni di autogovernarsi o se ne va.

12DOC

Pino Aprile
Il Sud vittima dell'unità

P. Aprile, *Terroni. Tutto quello che è stato fatto perché gli italiani del Sud diventassero meridionali*, Piemme, Milano 2010, pp. 7-14

■ Il giornalista Pino Aprile (1950), nel libro *Terroni*, rilancia la tesi che il Sud Italia non abbia beneficiato dell'unità, ma ne sia stato una vittima. Nel passo riportato, in rapida successione, si torna sui tanti luoghi comuni della storiografia revisionista. Facendo un uso spregiudicato di metafore storiche inappropriate, che vanno dallo sterminio ebraico alle stragi naziste compiute in Italia durante la seconda guerra mondiale, fino alle vicende più recenti della guerra nei Balcani o in Afghanistan, Pino Aprile dipinge l'unità italiana come una catastrofe storica per il Meridione.

Io non sapevo che i piemontesi fecero al Sud quello che i nazisti fecero a Marzabotto. Ma tante volte, per anni. E cancellarono per sempre molti paesi, in operazioni "anti-terrorismo", come i marines in Iraq. Non sapevo che, nelle rappresaglie, si concessero libertà di stupro sulle donne meridionali, come nei Balcani, durante il conflitto etnico; o come i marocchini delle truppe francesi, in Ciociaria, nell'invasione, da Sud, per redimere l'Italia dal fascismo (ogni volta che viene liberato, il Mezzogiorno ci rimette qualcosa). Ignoravo che, in nome dell'Unità nazionale, i fratelli d'Italia ebbero pure diritto di saccheggio delle città meridionali, come i Lanzichenecchi a Roma. E che praticarono la tortura, come i marines ad Abu Ghraib, i francesi in Algeria, Pinochet in Cile. Non sapevo che in Parlamento, a Torino, un deputato ex garibaldino paragonò la ferocia e le stragi piemontesi al Sud a quelle di «Tamerlano, Gengis Khan e Attila». Un altro preferì tacere «rivelazioni di cui l'Europa potrebbe inorridire». E Garibaldi parlò di «cose da cloaca». Né che si incarcerarono i meridionali senza accusa, senza processo e senza condanna, come è accaduto con gli islamici a Guantanamo. Lì qualche centinaio, terroristi per definizione, perché musulmani; da noi centinaia di migliaia di briganti per definizione, perché meridionali. [...] Non sapevo che il paesaggio del Sud divenne come quello del Kosovo, con fucilazioni di massa, fosse comuni, paesi che bruciavano sulle colline e colonne di decine di migliaia di profughi in marcia. Non volevo credere che i primi campi di concentramento e sterminio in Europa li istituirono gli italiani del Sud, a migliaia, forse decine di migliaia (non si sa perché, li squagliavano nella calce), come nell'Unione Sovietica di Stalin. Ignoravo che il ministero degli Esteri dell'Italia unita cercò per anni «una landa desolata», fra Patagonia, Borneo e altri sperduti lidi, per deportarvi i meridionali e annientarli lontano da occhi indiscreti. Né sapevo che i fratelli d'Italia arrivati dal Nord svuotarono le ricche banche meridionali, regge, musei, case private (rubando persino le posate), per pagare i debiti del Piemonte e costruire immensi patrimoni privati. E mai avrei immaginato che i Mille fossero quasi tutti avanzi di galera. Non sapevo che, a Italia così unificata, imposero una tassa aggiuntiva ai meridionali, per pagare le spese della guerra di conquista del Sud, fatta senza nemmeno dichiararla. Ignoravo che l'occupazione del Regno delle Due Sicilie fosse stata decisa, progettata, protetta da Inghilterra e Francia, e parzialmente finanziata dalla massoneria (detto da Garibaldi, sino al gran maestro Armando Corona, nel 1988). Né sapevo che il Regno delle Due Sicilie fosse, fino al momento dell'aggressione, uno dei paesi più industrializzati del mondo (terzo, dopo Inghilterra e Francia, prima di essere invaso). [...] Il Sud è stato privato delle sue istituzioni; fu privato delle sue industrie, della sua ricchezza, della capacità di reagire; della sua gente (con una emigrazione indotta o forzata senza pari in Europa); infine, con un'operazione di lobotomia culturale, fu privato della consapevolezza di sé, della memoria. Noi non sappiamo più chi fummo. Ed è accaduto come agli ebrei travolti dall'Olocausto (il paragone non è esagerato: centinaia di migliaia, forse un milione di meridionali furono sterminati dalle truppe sabaude; da tredici a oltre venti milioni, secondo i conteggi, dovettero abbandonare la loro terra, in un secolo): molti scampati ai lager cominciarono a domandarsi se il male che li aveva investiti non fosse in qualche modo meritato.

MODULO

5 LE TRASFORMAZIONI DELLA SOCIETÀ E DELL'ECONOMIA

1851
Grande Esposizione di Londra

1859
Pubblicazione dell'opera di Ch. Darwin, *L'origine della specie*, in Gran Bretagna

1864
Costituzione a Londra della Prima Internazionale.
Emanazione dell'enciclica *Quanta cura* e del *Sillabo*

1873-95
Caduta dei prezzi

1875
Nascita del partito socialdemocratico tedesco, la Spd

1876
Invenzione del primo motore a scoppio da parte di N. Otto

1879
Invenzione della lampadina elettrica da parte di T.A. Edison

1879-80
Inizio della crisi agraria in Europa

1885
Realizzazione delle prime automobili

Paul-Louis Delance
La Tour Eiffel vista dalla Senna, part.
1889
[Musée Carnavalet, Parigi]

ANTEPRIMA

Dalla società borghese alla società di massa

Tra il 1850 e il primo decennio del '900 profonde trasformazioni si compiono nella società e nell'economia del mondo occidentale. Ascesa della borghesia, vistosa crescita della classe operaia, ampliarsi dei ranghi della piccola borghesia degli impiegati e dei funzionari: questa **dilatazione delle classi sociali** corrisponde per un verso a un'espansione di molti nuovi settori delle attività produttive, per l'altro all'emergere e al consolidarsi di una società di massa. Strettamente correlati e convergenti, questi fenomeni non sono individuati da date puntuali – salvo quelle di determinate invenzioni e/o applicazioni industriali – ma dal loro evidente e graduale consolidarsi. Fenomeni di lungo periodo, mantengono e accrescono il loro carattere nel corso del '900 e fino ad oggi. La società di massa è di fatto ancora quella in cui viviamo.

Mutamenti e persistenze

La narrazione e la ricostruzione storica tendono a privilegiare i momenti del cambiamento e quindi a trascurare le permanenze e le resistenze alle trasformazioni. A correggere un quadro tutto incentrato sul nuovo che si stava affermando, alcuni storici hanno sottolineato, pur senza attenuare l'importanza dell'ascesa della borghesia, il permanere, in alcuni paesi, delle **antiche aristocrazie** al vertice della società e del potere politico e militare. E hanno insistito sulla tendenza dell'alta borghesia degli affari e dell'industria a modellare il proprio stile di vita su quello dei ceti nobiliari.
I mutamenti sociali sopra descritti riguardano essenzialmente le **realtà più avanzate dell'Occidente** dove la divisione in ceti sta scomparendo lasciando il posto alla struttura di classe. Nelle zone più arretrate il cambiamento procede inevitabilmente con maggiore gradualità, soprattutto nelle **campagne** dato che i nuovi gruppi sociali si addensano nelle città e in particolare in quelle più popolose dove il fenomeno dell'urbanesimo è più marcato.

1889
Seconda Internazionale. Esposizione universale di Parigi

1891
Emanazione dell'enciclica *Rerum novarum*

1896-1913
Aumento dei prezzi e dei salari nei paesi industrializzati

1899
Diffusione delle prime riflessioni di Bernstein sul revisionismo

1900
Pubblicazione dell'*Interpretazione dei sogni* di S. Freud

1905
Nascita del partito laburista britannico

1908
Pubblicazione dell'opera di G. Sorel, *Considerazioni sulla violenza*

1913
Adozione della catena di montaggio presso la Ford

L'ideologia del progresso

Intorno alla metà dell'800 si venne affermando una nuova tendenza culturale e una mentalità, il positivismo, che ha tra i suoi fondamenti una visione ottimistica del futuro del genere umano, confermata dallo sviluppo economico e dalle conquiste della scienza. Tra gli scienziati ha un ruolo decisivo il naturalista inglese Charles Darwin: la sua teoria dell'origine e dell'evoluzione delle specie era sganciata da ogni visione soprannaturale legata alla creazione divina e, ancorata all'osservazione scientifica, rovesciava una concezione millenaria del mondo e dell'uomo. La rivoluzione darwiniana partecipava al trionfo di una concezione razionale e controllabile della realtà in una linea di ininterrotto progresso.

Le tappe dello sviluppo economico

Queste convinzioni erano alimentate anche dall'incessante sviluppo delle invenzioni e delle loro applicazioni nelle attività produttive. Nel campo della siderurgia si passò dal ferro all'acciaio, in quello dell'energia al carbone si aggiunse l'elettricità. La chimica creò innumerevoli altri prodotti, dai coloranti ai farmaci agli esplosivi. Il telegrafo velocizzò tutte le comunicazioni, mentre numerose furono le ricadute delle nuove invenzioni sulla vita quotidiana: dalla lampadina elettrica, al telefono, al motore a scoppio, infine al cinematografo. Nascevano allora le premesse delle profonde **trasformazioni dei consumi** individuali e collettivi del '900.

A questa fase è stato dato il nome di **seconda rivoluzione industriale**, una rivoluzione produttiva che si avvaleva anche di nuove forme di organizzazione finanziaria, ma anche del sostegno delle politiche economiche degli Stati chiamati a difendere, con provvedimenti protezionistici, le nuove industrie dai rischi della concorrenza internazionale e a intervenire direttamente a favore di alcuni settori, per esempio con le lucrose commesse per le forze armate.

Demografia e sviluppo urbano

Nello stesso arco di tempo la demografia dei paesi sviluppati subisce una significativa accelerazione grazie alla riduzione della mortalità legata alle migliorate condizioni igieniche e in parte ai progressi delle scienze mediche. Le città capitali e le nuove città industriali si ampliano perché è nei centri urbani che si addensano le attività produttive, commerciali e amministrative. La **modernizzazione** urbana con le nuove stazioni ferroviarie, i servizi di trasporto, i quartieri borghesi e quelli operai, fino al gigantismo delle metropoli rappresenta uno degli aspetti più rilevanti di questo periodo. Lo sviluppo demografico della popolazione da un lato fornisce ampia manodopera per il lavoro in fabbrica, dall'altro alimenta larghi flussi di **emigrazione** dalle campagne verso le terre oltreoceano.

Le organizzazioni delle classi lavoratrici

Accanto ai nuovi ceti borghesi la classe operaia è la protagonista delle trasformazioni sociali degli ultimi decenni del secolo. Al suo fianco si formano le organizzazioni che ne interpretano e rappresentano le esigenze: il **sindacato** delle Trade Unions si afferma in Gran Bretagna, mentre sul continente sono i partiti socialisti ad affermarsi prima dei sindacati, e la **socialdemocrazia** tedesca, con la sua vocazione a

riformare gradualmente la società, diviene il modello da seguire. Partiti e sindacati crescono e si dividono sulle modalità di azione, animando un vivace dibattito politico ideologico basato sull'**alternativa tra rivoluzione e riforme**, ma forniscono anche le strutture organizzative in cui maturano tra gli operai la coscienza e l'antagonismo di classe.
Anche la Chiesa cattolica dovette, nel tempo, confrontarsi con le nuove trasformazioni della società relative soprattutto alle classi popolari. Prima acerrima avversaria, durante il pontificato di Pio IX, di ogni forma ed espressione della modernità politica e sociale – liberale, democratica, socialista e comunista –, la Chiesa modificò i suoi orientamenti alla fine del secolo. Senza rinunciare alla sua intransigenza dottrinaria, si aprì ai temi della questione operaia con Leone XIII che, nel 1891 con l'enciclica ***Rerum novarum***, favorì la formazione di nuove strutture organizzative e assistenziali a sostegno dei ceti operai e contadini.

La nazionalizzazione delle masse

L'emergere di nuove classi sociali – borghesia, ceti medi, classe operaia –, in un'epoca in cui profonde trasformazioni politiche coinvolgevano un numero sempre più ampio di individui spesso lontani dai valori propri delle classi dirigenti, sollecitò un processo di pedagogia nazionale che aveva nella **scolarizzazione** diffusa e nel servizio militare obbligatorio i suoi pilastri principali. Il patriottismo e la missione nazionale dei singoli Stati dovevano essere insegnati e potevano essere appresi da strati sempre più ampi di popolazione in una trasformazione «da contadini a francesi», come si è scritto, per esempio, a proposito della Francia. Questa nazionalizzazione faceva leva anche sulle componenti irrazionali ed emotive attivate da una serie di rituali, come feste nazionali e celebrazioni, ma anche da segni duraturi negli spazi pubblici come i monumenti nazionali o quelli dedicati ai grandi della patria.
Per quanto diffusa e largamente praticata, questa **nuova forma di coinvolgimento politico** ottenne solo risultati parziali, anche per l'alternativa proposta dai movimenti e partiti socialisti orientati verso altri obiettivi, pacifisti e internazionalisti. Un'alternativa rappresentata inoltre dalle Chiese, non solo da quella cattolica, che continuavano a svolgere un ruolo determinante come guida e disciplinamento delle masse popolari soprattutto contadine, spesso in contrasto con gli Stati nazionali.
Un altro fattore di mobilitazione e di educazione delle masse fu l'**allargamento del diritto di voto** portato gradualmente verso il suffragio universale, ma solo maschile: le donne continuavano ad esserne escluse nonostante le lotte delle **suffragette**, che cominciarono ad organizzarsi per rivendicare il loro ruolo di cittadine nella società.

Nazionalismo e razzismo

Alle trasformazioni della società e dell'economia si aggiunsero anche quelle nella cultura e nelle pratiche politiche. Oltre alle grandi ideologie – liberale, democratica, socialista – che si erano affermate e consolidate a partire dagli inizi dell'800, alla fine del secolo se ne potevano individuare di nuove, destinate a caratterizzare i decenni successivi. La più importante fu l'evoluzione dell'idea di nazione di originaria matrice liberale e democratica in **nazionalismo aggressivo e bellicista** declinato con varia intensità ma presente ovunque. In molti Stati avrebbero preso forza, infatti, politiche di matrice imperialista e coloniale, volte a confermare e rafforzare la nazione come potenza internazionale.
In questo campo dilagarono poi le teorie razziste basate sulla superiorità (che si presumeva scientificamente dimostrata) non solo dei bianchi sui neri africani e sui gialli asiatici, ma anche di una **"razza ariana"**, incarnata dai popoli tedeschi, rispetto alle altre razze europee.
Una forma particolare di razzismo fu la diffusione dell'**antisemitismo** soprattutto nei paesi slavi e in

quelli di lingua tedesca, ma non solo. In Russia l'antisemitismo prese la forma distruttiva delle violenze popolari contro le comunità ebraiche, mentre in Germania e in Austria sarebbero nati presto partiti politici che cercavano il consenso popolare riprendendo i tradizionali stereotipi antiebraici.

Questa intolleranza nei confronti del diverso, considerato estraneo alla comunità e alla religione dominante e divenuto per ciò stesso un **"nemico interno"**, segnalava l'affacciarsi di comportamenti e di convinzioni destinati ad avere sviluppi drammatici nel corso del '900.

ONLINE

Il libro

E.J. Hobsbawm
Il trionfo della borghesia

Il laboratorio dello storico

L'archeologia industriale

15 BORGHESIA E CLASSE OPERAIA

1 I caratteri della borghesia

Tra il 1850 e il 1870 la borghesia europea conobbe una stagione di crescita e di affermazione. Nonostante fosse ancora condizionata dalla persistenza delle vecchie gerarchie sociali e fosse pesantemente sacrificata nella distribuzione del potere, la borghesia riuscì in questo periodo a presentarsi come portatrice e depositaria degli elementi di novità e trasformazione – lo sviluppo economico, il progresso scientifico –, a far valere la sua influenza e le sue idee-guida: il merito individuale, la libera iniziativa, la concorrenza, l'innovazione tecnica.

Le stratificazioni della borghesia

Chi erano i protagonisti di questa fase della storia europea che non a torto è stata definita come «età della borghesia»? Allora come oggi il termine "borghesia" serviva a definire una gamma molto ampia di figure e posizioni sociali. Al vertice si collocavano **i magnati dell'industria e della finanza**, che aspiravano ad assumere gli stili di vita tipici dell'aristocrazia e, dove ciò fosse possibile, a mescolarsi con essa grazie soprattutto ad accorte politiche matrimoniali che univano i privilegi del denaro a quelli del lignaggio. Al di sotto si collocavano i gruppi e le categorie sociali che più propriamente si possono definire borghesi. Innanzitutto i ceti "emergenti", la cui fortuna era legata allo sviluppo dell'industria e del commercio: imprenditori e dirigenti d'azienda, mercanti e banchieri. Accanto a loro, la borghesia più tradizionale: quella che traeva i suoi proventi dalla terra, quella che esercitava le professioni (avvocati, medici, ingegneri) e quella che occupava i gradi medio-alti della burocrazia statale. Un gradino più in basso si situavano impiegati e insegnanti, piccoli commercianti e piccoli professionisti: insomma quell'area dai confini non ben definiti che già allora veniva indicata come **ceto medio** o **piccola borghesia**. Nel complesso, la borghesia costituiva una fascia piuttosto ristretta della popolazione: in Gran Bretagna, intorno al 1870, i borghesi in senso lato non erano più del 20%; e la percentuale scendeva al 2% circa se si prendevano in considerazione solo gli strati urbani superiori (senza contare, dunque, il ceto medio e la borghesia agraria).

Lo stile borghese

Nonostante la varietà delle sue componenti, la borghesia europea tendeva a esprimere una propria cultura e un proprio stile di vita, i cui tratti essenziali si possono ricondurre a un modello unitario. Lo stile di vita borghese doveva essere visibile nei segni esteriori. Ad esempio, nell'**abbigliamento**, cui uomini e donne delle classi superiori dedicavano molta cura e che rappresentava, assai più di quanto accade oggi, il principale segno distintivo di una condizione sociale. Grandi cure erano destinate anche all'**arredamento**. Le abitazioni borghesi non avevano certo lo sfarzo né l'ampiezza dei palazzi aristocratici. Requisiti tipici della casa borghese erano piuttosto la solidità e la razionalità senza sprechi

Storiografia
A.J. Mayer
I limiti dell'egemonia borghese
R. Sennett
Vita pubblica e società borghese
M.J. Maynes
La vita domestica

ONLINE

degli spazi e delle funzioni domestiche. All'interno, però, l'abbondanza degli addobbi, dei quadri e dei soprammobili, l'attenzione al particolare e il gusto della decorazione rivelavano l'esigenza di tradurre il successo e la ricchezza in simboli visibili e tangibili.

I valori borghesi

Accanto a questa esigenza – e nonostante l'adozione dei modelli aristocratici, presenti soprattutto negli strati superiori – i valori fondamentali dell'etica e della cultura borghese restavano quelli tradizionali. L'**austerità**, la **moderazione**, la propensione al **risparmio**, la capacità di reprimere gli istinti erano le virtù capitali per il borghese-tipo, quelle che gli permettevano di legittimare moralmente la propria posizione nella società. Questa componente moralistica si rifletteva in particolare nella struttura della famiglia: una struttura patriarcale basata sull'**autorità del capofamiglia** e sulla **subordinazione della donna**. Con la differenza che, nella società borghese, la donna era generalmente esclusa dalle attività lavorative anche se aveva un ruolo decisivo nella sfera privata della tutela della famiglia e della cura dei figli.

Pierre-Auguste Renoir
Il pomeriggio dei bambini a Wargemont
1884
[Alte Nationalgalerie, Berlino]

La tela del pittore impressionista Renoir ci propone una scena domestica: madre e figlie, riunite in salotto, trascorrono il pomeriggio in casa, la madre intenta in una tipica occupazione femminile (il cucito), le figlie alle prese con bambole e libri. Nonostante il taglio ravvicinato dell'inquadratura, si intuisce un caratteristico interno borghese: non fastoso come le dimore aristocratiche né altrettanto spazioso, ma molto curato nei dettagli. L'atmosfera di serena intimità fra le figure rimanda da un lato al ruolo di educatrice della donna all'interno della famiglia borghese, dall'altro ricorda l'emergere nell'800 di una nuova attenzione verso il mondo dell'infanzia. È proprio in questo secolo che i bambini iniziano a essere considerati non più degli "adulti in miniatura in attesa di diventare grandi" ma dei soggetti diversi dagli adulti, con esigenze e modi di pensare propri.

Morale e rispettabilità Come si giustificava l'intransigenza borghese in materia di **morale familiare e sessuale**? Proprio in quanto protagonista di un'ascesa sociale recente, priva di una consolidata accettazione, la borghesia doveva costruire e difendere un'immagine di **rispettabilità** (che non derivava, come per gli aristocratici, dall'appartenenza a un ordine privilegiato) e doveva quindi dotarsi di quei saldi princìpi morali che ne giustificavano la nuova posizione sociale [👁 15.8 STORIA•SOCIETÀ•CITTADINANZA].

In realtà, non tutti i borghesi praticavano scrupolosamente queste virtù: le cronache della borghesia ottocentesca pullulano di speculatori disonesti, di avventurieri senza scrupoli, di individui dalla doppia moralità. Ma l'idea secondo cui solo certe doti morali potevano garantire il mantenimento o il miglioramento delle posizioni acquisite era largamente accettata (e difesa spesso da una larga dose di ipocrisia). Ne discendeva la convinzione, ampiamente condivisa e ripetutamente enunciata, secondo cui chi occupava i gradini inferiori della scala sociale era colui che di quelle doti era sprovvisto. In altre parole, **la povertà era un difetto morale** o quanto

DOC
Samuel Smiles
Una ideologia borghese: il self help
Honoré de Balzac
Le ambizioni di Eugène
ONLINE

Gli esponenti della borghesia urbana mutuarono dai nobili uno stile di vita in cui erano molteplici le occasioni mondane. Assistere a concerti, a corse di cavalli o partecipare a feste da ballo e banchetti, ma anche semplicemente frequentare luoghi considerati alla moda in città (come la pasticceria Gloppe sugli Champs-Élysées, a Parigi, raffigurata nell'immagine), erano tutte occasioni elitarie in cui si poteva far sfoggio del vestito più elegante e in generale esibire il proprio *status*. Beninteso, le fasce più basse della scala sociale non erano ammesse a condividere queste opportunità.

Jean Béraud
La Pasticceria Gloppe
1889
[Musée Carnavalet, Parigi]

meno il **frutto di colpe ataviche**. I poveri rimanevano poveri perché non conoscevano l'arte del risparmio e non erano in grado di dominare i loro bassi istinti. Così veniva spiegata, fra l'altro, la diffusione tra le classi subalterne della delinquenza, dell'alcolismo, della prostituzione. Al contrario, si pensava che chiunque possedesse accortezza, moderazione e capacità di sacrificio potesse raggiungere i traguardi più ambiziosi, in termini di ricchezza e di rispettabilità.

GUIDA ALLO STUDIO

❶ Da chi era composta la classe borghese? Di quali valori era portatrice? ❷ La borghesia era la classe sociale numericamente più rilevante in Europa? ❸ Che ruolo avevano la famiglia e la donna nell'universo borghese? ❹ Come era giudicata la povertà?

2 La cultura del positivismo

Profondamente convinto della validità dei suoi princìpi e fiducioso nelle proprie capacità, il borghese europeo della seconda metà dell'800 era anche animato da una illimitata certezza nel progresso generale dell'umanità. Questo diffuso ottimismo poggiava soprattutto su due pilastri: le **conquiste della scienza** e lo **sviluppo economico**.
Negli anni 1850-70, la chimica, la fisica, la biologia e tutte le scienze della natura conobbero importanti progressi teorici e tornarono a occupare, come nell'età dell'Illuminismo, una posizione di preminenza nell'ambito della cultura europea.

Il positivismo

Sui progressi della scienza si fondò essenzialmente una nuova corrente intellettuale, il positivismo, che cominciò ad affermarsi verso la metà del secolo e venne poi allargando la sua influenza fino a contrassegnare una lunga stagione della cultura occidentale, a diventare una sorta di mentalità diffusa, un metodo generale di ricerca e di interpretazione della realtà. Il positivismo fu prima di tutto un indirizzo filosofico che considerava la conoscenza scientifica – quella basata su dati reali, positivi – come la sola valida e applicava i metodi delle scienze naturali allo studio di tutti i campi dell'attività umana, dall'arte all'economia, dalla psicologia alla politica.
Il pensatore francese **Auguste Comte** (1798-1857) fu il fondatore della nuova filosofia e il primo a tracciare i lineamenti di una "scienza della società", ossia della moderna sociologia. In seguito il filosofo inglese **Herbert Spencer** (1820-1903) ne elaborò un'interpretazione in chiave evoluzionistica, fondata sulla convinzione che mondo sociale e mondo biologico obbedissero a leggi analoghe, che trovò largo seguito soprattutto nel mondo anglosassone. Dal settore degli studi filosofici il positivismo venne allargando la sua influenza a tutti gli altri campi del sapere. Fra i maggiori esponenti della cultura positivista si annoveravano infatti studiosi di economia e di politica, giuristi, storici, letterati e soprattutto scienziati.

Darwin. Una nuova storia del genere umano

Il rappresentante più significativo e più noto del nuovo spirito «positivo» fu appunto uno scienziato: il grande naturalista inglese **Charles Darwin** (1809-1882). In un'opera dal titolo *L'origine delle specie*, uscita nel 1859 e diventata subito celebre, Darwin formulò, sulla base di lunghe osservazioni scientifiche sul mondo animale, una compiuta **teoria dell'evoluzione**, destinata a divenire pietra miliare degli studi biologici successivi. Secondo questa teoria, la natura è soggetta a un incessante processo evolutivo, guidato da un **meccanismo di selezione naturale** che determina la sopravvivenza (e la riproduzione) degli individui meglio attrezzati per reagire alle sollecitazioni dell'ambiente e la scomparsa degli elementi meno adatti. L'uomo stesso, secondo Darwin, non è che il risultato dell'evoluzione di organismi più elementari, l'ultimo anello di una catena biologica che procede dai protozoi fino ai mammiferi più complessi. La teoria evoluzionistica contraddiceva le credenze religiose sulla creazione dell'uomo direttamente ad opera della divinità e forniva gli elementi per una storia del genere umano radicalmente **alternativa a quella offerta dalle Sacre Scritture**. In questo modo il darwinismo si inseriva nel quadro più generale della cultura «positiva», che tendeva a liberare l'uomo da ogni forma di condizionamento soprannaturale, a immergerlo completamente nel mondo della natura, a sostituire le certezze delle religioni rivelate con quelle delle scienze esatte.

Il darwinismo sociale

Se da un lato la teoria dell'evoluzione si prestava a essere interpretata in chiave ottimistica, come prova della possibilità di progresso indefinito della specie umana, dall'altro il principio della selezione naturale poteva essere utilizzato per consacrare **il diritto del più forte** nei rapporti fra gli individui, tra le classi e anche fra gli Stati. Una concezione divenuta popolare alla fine dell'800, anche per le sue **implicazioni razziste**, e definita dai suoi oppositori come «darwinismo sociale».

Parola chiave
Progresso

DOC
Auguste Comte
Lo spirito positivo
Herbert Spencer
L'evoluzionismo sociale
Charles Darwin
L'uomo come specie

ONLINE

GUIDA ALLO STUDIO

❶ Quali fenomeni e processi storici giustificavano l'ottimismo borghese? ❷ Che cosa fu il positivismo? ❸ Che cosa affermava la teoria dell'evoluzione di Darwin? Quale idea di uomo fu messa in crisi dall'evoluzionismo? ❹ Su quale idea poggiava il darwinismo sociale?

Le innumerevoli scoperte in campo scientifico e medico registrate nella seconda metà del XIX secolo influenzarono non poco l'ideale positivistico del progresso. Il ritratto raffigura William Thomson, un fisico i cui studi furono importanti per il mondo scientifico e noto ai più come perfezionatore del telegrafo elettrico.

Ritratto di Lord Kelvin William Thomson
[Teyler's Museum, Haarlem]

Charles Darwin

«Il ricordo dello splendore della vegetazione tropicale, mi torna oggi alla mente più vivo che mai, anche più della impressione indimenticabile [...] che suscitarono in me il grande deserto della Patagonia e le montagne ricoperte di foreste della Terra del Fuoco. L'incontro con un selvaggio nudo, nella sua terra natale, è un avvenimento che non si può dimenticare».

Con queste parole Charles Darwin rievocava, a molti anni di distanza, le impressioni provate nel corso del viaggio intorno al mondo effettuato a bordo del brigantino *Beagle* tra il 1831 e il 1836. Egli stesso lo definì l'evento più importante della sua vita: sulla base di quell'esperienza avrebbe elaborato la teoria dell'evoluzione, destinata a cambiare radicalmente, con l'idea dell'origine umana, la scienza e la cultura occidentali. Dopo aver contribuito a scardinare il vecchio ordine di valori, nell'era dell'industrializzazione le sue tesi sulla selezione naturale avrebbero travalicato di gran lunga l'ambito scientifico per diventare una componente essenziale dei valori ideologici e culturali della borghesia, accanto al liberismo economico e all'idea di progresso.

Quando si imbarcò sul *Beagle* come naturalista, Darwin era appena ventiduenne e fresco di studi: nato nel 1809 a Shrewsbury, vicino Birmingham, dopo aver interrotto gli studi di medicina all'università di Edimburgo aveva intrapreso la carriera ecclesiastica a Cambridge, appassionandosi alle scienze naturali. Già a Edimburgo però aveva frequentato la Plinian Society, un circolo scientifico in cui si discutevano tesi poco ortodosse e diffusamente condannate sull'evoluzione, con le quali il giovane Darwin vantava una certa familiarità: suo **nonno paterno, Erasmus**, medico e libero pensatore, nel 1796 aveva scritto una *Zoonomia* in cui si delineava un sistema evoluzionistico che allora indusse qualcuno a parlare di «teologia dell'orangutan capostipite della razza umana, in sostituzione al primo capitolo della Genesi», subodorando quella relazione tra uomo e scimmia che si sarebbe delineata "in tutto il suo orrore" nell'opera del nipote.

Il *Beagle* salpò nel dicembre 1831 alla volta del Brasile; da lì avrebbe poi circumnavigato l'emisfero meridionale per fare ritorno in Inghilterra dopo cinque anni. Questa esperienza decisamente avventurosa, di cui Darwin lasciò un ampio resoconto nel suo *A Naturalist's Voyage round the World* (1839), costituisce un evento eccezionale nel quadro complessivo della sua biografia, non solo perché da lì in avanti Darwin avrebbe condotto una vita tranquilla, ma soprattutto perché si sarebbe rivelato determinante per la sua progressiva messa a fuoco di una visione organica sulla formazione della Terra, sull'origine delle specie e sulla posizione occupata dall'uomo in questo quadro d'insieme.

Al suo ritorno in Inghilterra Darwin iniziò a trascrivere le sue riflessioni in una serie di taccuini segreti che contengono i fondamenti della sua teoria, che nel 1839 era già

◀ **Caricatura di Charles Darwin**
agosto 1878
[«La Petite Lune» n. 10; Bibliothèque Nationale de France, Parigi]
Darwin ricevette in vita numerosi riconoscimenti, ma la sua teoria sull'evoluzione delle specie provocò un forte sdegno, che si espresse spesso in forma satirica, non solo in Inghilterra.

▶ Herbert Rose Barraud
Ritratto fotografico di Charles Darwin
1881
[The Huntington Library, San Marino, California]

delineata. Nel contempo frequentava le più **prestigiose società scientifiche inglesi** – proprio quelle che giudicavano esecrabile ogni ipotesi evoluzionista – in una girandola di incarichi e onorificenze, ma solo perché nessuno sapeva ciò che stava prendendo forma nella sua mente. In anni in cui neanche i pensatori più radicali ammettevano la possibilità che le specie più complesse potessero derivare da quelle più semplici – e meno che mai che ci fosse qualcosa in comune tra la specie umana e gli animali – Darwin arrivava alla conclusione che l'uomo discende per selezione da specie precedenti. Era come proclamare un'eresia.
Benché un abbozzo del saggio fosse pronto fin dal 1844, *On the Origin of Species* avrebbe visto la luce solo nel 1859. Questa lunga sospensione rimanda alla radicalità delle trasformazioni e dei conflitti in atto allora nella società inglese: mentre le nuove realtà indotte dalla rivoluzione industriale scardinavano l'universo tradizionale, le autorità religiose e scientifiche restavano arroccate in difesa delle sue fondamenta teoriche – e l'origine divina dell'uomo ne era una parte essenziale. **La teoria darwiniana metteva in discussione l'immutabilità delle specie, e quindi l'idea stessa della creazione divina**, basandosi sui due concetti fondamentali di selezione naturale e adattamento: all'interno di ogni specie esiste una variabilità tra i soggetti che ne rende alcuni più adatti a sopravvivere, ad essere oggetto di selezione naturale e ad avere quindi maggiori possibilità di trasmettere il bagaglio genetico, determinando un ininterrotto cambiamento all'interno di ogni specie e una selezione tra specie diverse in ragione della loro capacità di adattamento.
Un simile approccio, che segnava la **definitiva irruzione della storia e del tempo nel mondo naturale**, aveva conseguenze di enorme portata: oltre a negare ogni visione finalistica della natura, il cui "ordine" appariva frutto del caso e della lotta per la sopravvivenza più che di un disegno provvidenziale, la specie *homo sapiens* perdeva la sua posizione privilegiata e da diretta emanazione divina al centro della creazione si ritrovava ad essere discendente di un mollusco bisessuato e senza testa, semplice anello di una lunga catena. Darwin era consapevole che le implicazioni del suo lavoro oltrepassavano l'ambito strettamente scientifico, con una inevitabile **ricaduta sul piano religioso, sociale e politico**; e per questo era certo non solo dell'ostracismo del mondo scientifico, ma anche dell'incomprensione e del rifiuto di coloro che più gli erano vicini, i cui sentimenti religiosi e morali ne sarebbero stati offesi. Di qui la **decisione del silenzio**.
Sposatosi nel 1839 con la cugina Emma Wedgwood, Darwin si ritirò in una proprietà di campagna nel Kent, Down House, una specie di eremo dove avrebbe vissuto per tutta la vita, coltivando gli studi e schivando abilmente le visite. Dal matrimonio sarebbero nati dieci figli, per i quali Darwin mostrerà sempre un profondo attaccamento: la morte di tre di loro gli causerà un dolore immenso, responsabile in parte del suo progressivo distacco dalla religione. Per il resto la sua vita non subì grandi scossoni, e lui stesso definì le sue giornate simili tra loro «come due piselli». A questa monotonia corrispondeva però lo sconquasso portato dalle sue teorie nell'Inghilterra vittoriana e nella storia delle idee: la crescente tensione tra il rigore del ragionamento scientifico e la consapevolezza delle sue ricadute sul piano morale e sociale (inconciliabili con l'ambiente "rispettabile" di cui faceva parte) cominciò a procurargli un malessere fisico crescente – palpitazioni, dolori allo stomaco, feroci mal di testa – che si tradusse in una malattia oscura e mai diagnosticata che avrebbe condizionato sempre più pesantemente la sua vita, come lui stesso racconta: «Per tutto questo inverno sono stato abbastanza male, con orribili attacchi di vomito ogni settimana, e il mio sistema nervoso cominciò a risentirne: mi tremavano le mani e mi girava spesso la testa. Un giorno su tre non ero in grado di far nulla».
Le relazioni sociali furono demandate a una fitta corrispondenza con amici e personalità scientifiche, anche quando Darwin divenne celebre in seguito alla pubblicazione dell'*Origine delle specie* e alle violente reazioni che l'opera (esaurita il giorno stesso della pubblicazione) suscitò nell'opinione pubblica, nelle istituzioni scientifiche e soprattutto nella Chiesa anglicana.
Darwin, che aveva accettato di pubblicare il libro solo per l'insistenza degli amici, evitò accuratamente ogni dibattito pubblico. La **difesa delle sue tesi** fu assunta da Thomas Henry Huxley, scienziato e discepolo di Darwin – una sorta di *alter ego* che si fece appassionato promotore dell'evoluzionismo: nel 1860, in occasione di una sessione dell'Associazione britannica per il progresso delle Scienze in cui si dovevano discutere le sue tesi, Darwin gli scriveva: «Onore al vostro fegato: io sarei morto prima di tentare di rispondere al vescovo in un'assemblea come quella».
Di lì a poco la **Royal Society**, la più prestigiosa istituzione scientifica inglese, avrebbe conferito a Darwin il massimo riconoscimento, evitando però di menzionare nelle motivazioni la teoria sull'evoluzione, a riprova della delicatezza dell'argomento. Solo alla data della sua morte, nel 1882, le polemiche erano ormai sopite, tant'è che Darwin venne seppellito a Westminster con tutti gli onori accanto a Newton.

DOC
Émile Zola
Il denaro

ONLINE

3 Lo sviluppo dell'economia e delle comunicazioni

All'ascesa della borghesia corrispose, tra la fine degli anni '40 e l'inizio degli anni '70, un periodo di forte espansione economica non solo nel nuovo settore industriale, ma anche in quello tradizionale dell'agricoltura: entrambi si avvantaggiarono dello sviluppo delle ferrovie, che favorirono la circolazione e lo scambio delle merci e aprirono anche le campagne alla penetrazione dell'economia di mercato.

I fattori dello sviluppo

Diversi sono gli elementi portanti che concorrono a sostenere questa fase di sviluppo. Alcuni sono nuovi, altri rappresentano l'applicazione diffusa o il perfezionamento di fattori già presenti soprattutto in Gran Bretagna. Sul piano produttivo questa è l'**età del ferro** (o più precisamente della ghisa) e del **carbone**, e la **macchina a vapore** costruita in ferro e alimentata a carbone vi svolge un ruolo da assoluta protagonista: sia come forza motrice nelle fabbriche che abbandonano la ruota idraulica e si convertono alla meccanizzazione alimentata dal vapore, sia come locomotiva nelle ferrovie e come motore per la navigazione [👁 8.2-3].

Fra il 1850 e il 1870, la potenza in cavalli vapore delle macchine fisse per l'industria crebbe di tre volte in Gran Bretagna, di cinque volte in Francia, di quasi dieci volte in Germania. Questi dati suggeriscono che lo sviluppo economico avvantaggiava le **"nuove" potenze industriali** – la Francia del Secondo Impero e la Germania in via di unificazione – consentendo loro di ridurre il divario che le separava dalla Gran Bretagna.

Le nuove normative e il libero scambio

Nell'**Europa centro-orientale**, dove più forti erano le sopravvivenze dell'antico regime, furono smantellati gli ordinamenti corporativi che regolamentavano l'esercizio dei mestieri ostacolando la mobilità del lavoro e l'innovazione tecnologica. Furono definitivamente abrogate le vecchie leggi (mai seriamente applicate) che proibivano il prestito a interesse. A questa larga liberalizzazione, risultata dalla rimozione dei vincoli giuridici, si affiancava la diffusione del libero scambio. Nel giro di pochi anni caddero le numerose barriere che si frapponevano alla **libera circolazione delle merci**: dazi interni e soprattutto ai confini fra gli Stati. Una serie di trattati commerciali, che prevedevano forti riduzioni delle tariffe doganali, fu stretta tra le principali potenze europee. Il libero scambio favorì in primo luogo la **Gran Bretagna** che, grazie al suo ruolo di maggiore potenza industriale e commerciale, poteva offrire i suoi prodotti a prezzi competitivi sui mercati stranieri; ma finì col giovare anche agli altri paesi europei, in quanto, provocando la scomparsa delle imprese meno attrezzate per reggere alla concorrenza, favorì la **modernizzazione dell'apparato produttivo**.

Capitali e banche

Un ruolo decisivo giocò in questa fase lo sviluppo delle organizzazioni finanziarie. Da un lato si moltiplicarono le **società per azioni**, che permettevano agli imprenditori di ridurre il rischio degli investimenti e di sopperire al bisogno di capitale raccogliendolo fra numerosi sottoscrittori. Dall'altro le banche assunsero una funzione decisiva nel promuovere lo sviluppo, incanalando i capitali disponibili verso gli investimenti produttivi. Nacquero a questo scopo, soprattutto in Francia e in Germania, **"banche di investimento"** (o "banche d'affari"), la cui funzione principale non consisteva tanto nel fornire prestiti a breve termine per operazioni commerciali, quanto nel sostenere iniziative di ampio respiro con finanziamenti a lunga durata. Fu questo il caso delle banche di **credito mobiliare** sorte nella Francia del Secondo Impero o delle **banche miste tedesche**, chiamate così perché svolgevano contemporaneamente due funzioni: quella tradizionale

Società per azioni
Una S.p.A. è un ente a carattere economico nel quale i soci detengono dei titoli azionari come quote di proprietà o di partecipazione. I proprietari delle azioni hanno diritto di partecipare agli utili sotto forma di dividendi che la società distribuisce annualmente fra gli azionisti.

della raccolta del risparmio e dell'offerta di credito a breve termine e quella nuova dell'investimento a lungo termine nelle imprese industriali.

La rivoluzione dei trasporti La costruzione di linee ferroviarie, treni e navi a vapore fu certamente un prodotto della rivoluzione industriale, ma al tempo stesso contribuì potentemente ad alimentarla. La rivoluzione dei trasporti non ebbe solo conseguenze di ordine economico, ma influenzò significativamente abitudini e modi di pensare della gente comune: dei borghesi che commerciavano o viaggiavano per istruzione e per turismo, ma anche dei ceti popolari (lavoratori che emigravano, manovali impiegati nelle costruzioni ferroviarie, contadini che vendevano i loro prodotti sul mercato). La stessa immagine del mondo cambiò radicalmente, com'era avvenuto ai tempi delle grandi scoperte geografiche; e l'idea di **un mondo unito**, le cui parti erano legate fra loro da stretti rapporti di interdipendenza, cominciò a farsi strada nella coscienza di molti.

■ **Il boom delle ferrovie** All'inizio degli anni '50 esistevano in tutto il mondo circa 40 mila km di ferrovie: 15 mila negli Stati Uniti e 25 mila in Europa (di cui 11 mila nella sola Gran Bretagna). Dieci anni dopo, l'estensione della rete ferroviaria mondiale era quasi triplicata (110 mila km, di cui più della metà nel Nord America: ATLANTE 28). La crescita continuò, con un ritmo di poco inferiore, nei due decenni successivi, favorita dai grandi progressi dell'ingegneria civile, che permisero di superare gli ostacoli naturali e di portare le **linee ferroviarie** anche nelle zone più impervie. Nel 1871 con l'inaugurazione del primo **grande traforo delle Alpi**, quello del **Fréjus** tra Francia e Italia, furono abbreviati di ventiquattr'ore i collegamenti con

ATLANTE 43_LA RETE FERROVIARIA NEGLI STATI UNITI D'AMERICA NEL 1870

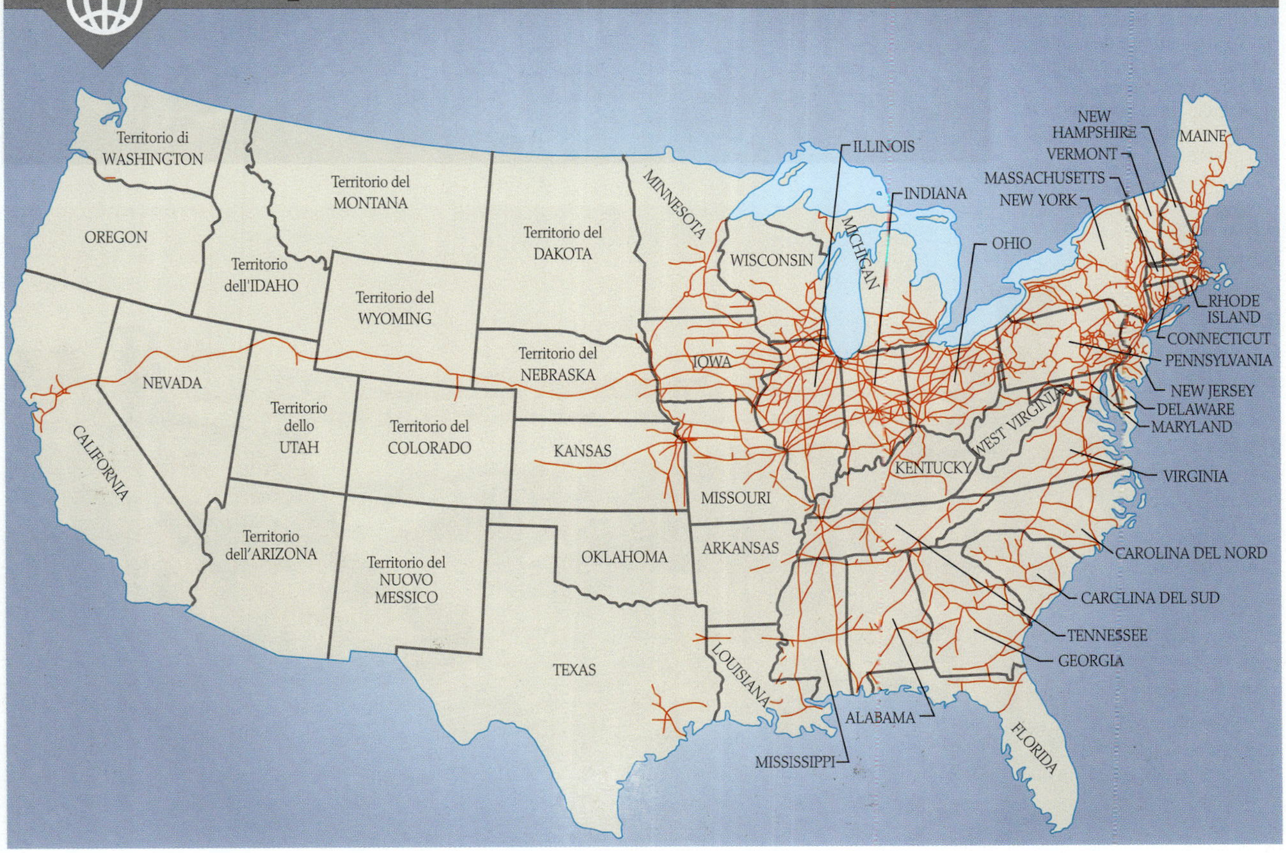

l'Europa del Nord. Ma gli sviluppi più spettacolari si ebbero negli **Stati Uniti**, dove le costruzioni ferroviarie accelerarono notevolmente la conquista dei territori dell'Ovest: nel '69 fu aperta la prima linea transcontinentale da New York a San Francisco, fino allora raggiungibile solo via mare [ATLANTE_43]. Fra il 1860 e il 1880, le ferrovie penetrarono in vaste aree dei continenti extraeuropei, soprattutto nelle colonie britanniche (India e Australia) e nell'America Latina.

La navigazione a vapore Più lenta fu l'affermazione del vapore nel campo dei trasporti marittimi. Nell'800, le navi a vela avevano raggiunto un notevole grado di efficienza: i *clippers* (velieri veloci impiegati per il trasporto transoceanico soprattutto di merci leggere come il tè e le spezie) battevano in velocità gli *steamers*, battelli a vapore inizialmente azionati da grandi ruote a pale e dotati di vele ausiliarie, appe-

▸ Currier & Ives
Uno snodo ferroviario americano di notte
1876 ca.

◂ Charles Parsons
Il ponte ferroviario sulle cascate del Niagara, visto dal lato americano
1856-57
[Library of Congress, Washington, D.C.]

I nuovi mezzi di trasporto furono decisivi per lo sviluppo industriale e la circolazione delle merci: non solo permisero spostamenti più rapidi e frequenti, ma cambiarono radicalmente il rapporto tra l'uomo e lo spazio fisico. La ferrovia, in particolare, si sviluppò anche grazie ai grandi passi avanti nel campo dell'ingegneria civile, che permisero la costruzione di gallerie, ponti, viadotti e strade ferrate, imponenti lavori che modificano profondamente il paesaggio. Il ponte ferroviario sospeso nei pressi delle cascate del Niagara, che collegava la parte canadese e quella statunitense della città di Niagara Falls, fu costruito nel 1855 per promuovere il commercio fra le due nazioni e fu il primo ponte al mondo del suo genere.

santiti dalla necessità di imbarcare il carbone necessario per alimentare le macchine. Perciò solo dopo il 1860, con l'introduzione dell'**elica** al posto della ruota e con la sostituzione degli scafi in ferro a quelli in legno, le navi a vapore furono potenziate e divennero decisamente competitive in termini di velocità oltre che di capacità di carico, soprattutto nelle rotte verso l'Asia dopo l'apertura del canale di Suez (1869) [👁 19.4], dove i velieri non potevano manovrare.

La rivoluzione delle comunicazioni Contemporaneamente alla rivoluzione dei trasporti, un'altra trasformazione non meno radicale si ebbe nel campo della comunicazione dei messaggi, grazie alla diffusione del **telegrafo**. Negli anni '50 e '60, tutti i paesi europei si dotarono di un sistema di comunicazioni telegrafiche. Nello stesso periodo, nuove tecniche di isolamento dei fili metallici consentirono la posa dei primi cavi telegrafici sottomarini. La Manica fu attraversata nel 1851, l'Atlantico nel 1866 [👁 ATLANTE_44].
La comunicazione dei messaggi era così svincolata per sempre dalla dipendenza dai mezzi di trasporto e la **velocità di diffusione delle notizie** aumentò in modo vertiginoso. Da allora diventò possibile concludere istantaneamente **transazioni finanziarie** con paesi lontani, impartire direttive diplomatiche in tempi rapidissimi, guidare gli eserciti

Transazione finanziaria
Operazione di compravendita di strumenti finanziari: valute, azioni, obbligazioni (cioè titoli di credito emessi da una società privata), titoli di Stato (obbligazioni emesse dallo Stato per far fronte al debito pubblico).

Telegrafo
Il telegrafo elettrico è un apparecchio trasmittente che, aprendo e chiudendo i contatti di un circuito elettrico, consente di inviare messaggi a un apparecchio ricevente. Realizzato dall'americano Samuel Finley Morse (1791-1872), il telegrafo utilizza uno speciale alfabeto fatto di punti e linee detto, dal nome del suo inventore, «alfabeto Morse». Poiché la corrente elettrica viaggia alla velocità della luce (300 mila km al secondo), le informazioni trasmesse arrivavano quasi nello stesso momento in cui erano inviate. Più tardi, tra la fine dell'800 e gli inizi del '900, il fisico italiano Guglielmo Marconi (1874-1937) inventò un tipo di telegrafo senza fili che trasmetteva e riceveva utilizzando le onde radio o elettromagnetiche. Nel 1901 Marconi riuscì a trasmettere segnali attraverso l'Atlantico.

ATLANTE 44_COMUNICAZIONI POSTALI E TELEGRAFICHE (1852-75)

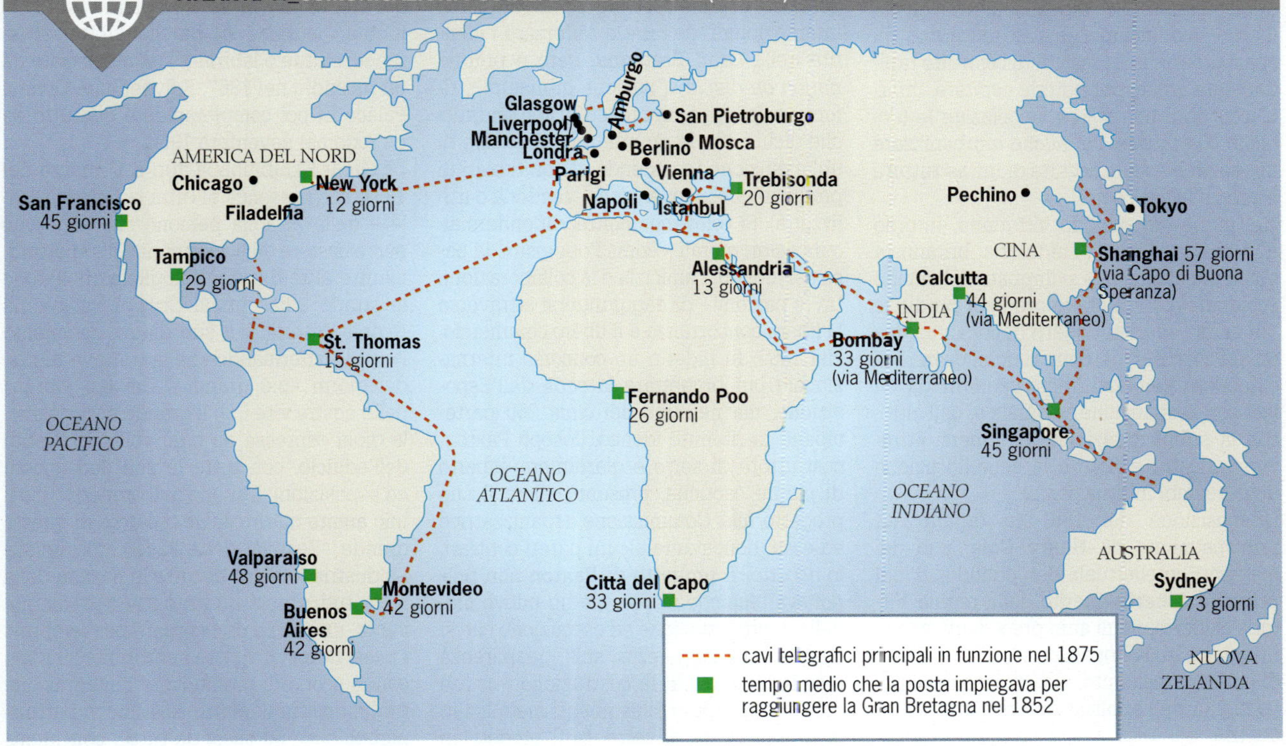

❶ Elenca i fattori che resero possibile il boom economico degli anni '50 e '60. Quale ruolo assunsero le banche in questo contesto? ❷ Quali conseguenze economiche e sociali derivarono dalla rivoluzione dei trasporti? ❸ In quali regioni si ebbero i maggiori progressi nel campo ferroviario? ❹ Che cosa rese difficoltosa l'affermazione della navigazione a vapore? ❺ Perché l'invenzione del telegrafo trasformò radicalmente il mondo della comunicazione?

GUIDA ALLO STUDIO

da zone distanti dal fronte. Una rivoluzione nella rivoluzione si verificò nel settore giornalistico, dove l'uso del telegrafo potenziò il ruolo delle **agenzie di stampa**, come la francese Havas, la britannica Reuters, la tedesca Wolff, l'italiana Stefani (fondata nel 1853 con l'appoggio di Cavour): fornendo notizie ad altri organi di informazione – quotidiani, riviste, ecc. –, esse divennero veicoli indispensabili per l'acquisizione e diffusione delle notizie in tempi rapidissimi da tutto il mondo.

EVENTI

La Grande Esposizione del 1851

A partire dalla fine del '700, in Francia e in Gran Bretagna, cominciarono a essere organizzate ciclicamente mostre ed esposizioni di prodotti industriali, a carattere prevalentemente nazionale. Solo nel 1851, con la *Great Exhibition of the Works of Industry of All Nations* (La Grande Esposizione dell'industria di tutte le nazioni) di Londra, nacquero invece le esposizioni internazionali (o "universali") in senso moderno, organizzate ancora oggi.

Prodotti della rivoluzione industriale e dell'emergere di una nuova classe sociale (la borghesia), le Expo diventarono veri e propri **palcoscenici della modernità**, attraverso cui celebrare il progresso tecnologico e sociale, evidenziare i caratteri peculiari di ogni nazione, stimolare la competizione tra gli imprenditori, il commercio e gli scambi. Le esposizioni universali, inoltre, modificarono e risignificarono gli spazi urbani: la necessità di costruire rapidamente edifici per poterle ospitare, infatti, contribuì non solo a velocizzare le tecniche costruttive, ma anche a urbanizzare nuove aree e ad arricchire di infrastrutture e servizi le città ospiti.

Nel pieno del periodo vittoriano, intorno alla metà dell'800, l'industria britannica era la più avanzata e sviluppata del mondo occidentale. Essa era in grado di **produrre "in serie"** svariati oggetti di consumo, ma gli alti costi dei macchinari richiedevano di estendere i mercati in cui venderli, da un lato con l'espansione coloniale e, dall'altro, con la pubblicizzazione delle merci attraverso mostre e fiere e la semplificazione degli scambi internazionali.

L'Esposizione del 1851 fu organizzata principalmente da **Henry Cole**, uno dei maggiori intellettuali del periodo, e dal **principe Alberto**, marito della regina Vittoria. Alberto, negli anni precedenti, aveva riorganizzato la Royal Society of Arts (Rsa), di cui era presidente, e, fiducioso nelle potenzialità dell'applicazione dell'arte all'industria, dal 1847 aveva promosso alcune esposizioni di *art manufactures*, cioè di oggetti (mobili, lampade, sedie, ecc.) prodotti a livello industriale che ricercavano la massima resa estetica. Alla fine del 1849, ispirato dall'Esposizione nazionale di Parigi che aveva appena visitato, Cole propose ad Alberto e alla Rsa di organizzare un evento simile a Londra. Nonostante le opposizioni parlamentari delle destre conservatrici, la proposta fu accettata e furono stabilite le regole valide anche per le Expo successive: il carattere internazionale; la natura temporanea dell'edificio che le ospitava; l'assegnazione di premi; la raccolta di sottoscrizioni per la loro realizzazione; l'istituzione di una commissione per selezionare i partecipanti; il divieto di vendere gli oggetti in mostra e di esporne i prezzi; la cadenza quinquennale.

Gli scopi degli organizzatori dell'Esposizione erano molteplici: dare impulso ai commerci con una revisione del sistema postale e doganale, stringere nuovi legami internazionali, definire e rafforzare l'identità della **Gran Bretagna**, vera e propria *nation on display* ('nazione in mostra'), riformare la legge sui brevetti (titoli giuridici che dichiarano la proprietà intellettuale di un'invenzione impedendo ai non titolati di produrre quella invenzione, venderla o utilizzarla). Si volevano, inoltre, diffondere alcuni valori morali – come l'operosità, la pace nel mondo, l'amicizia e la collaborazione tra le nazioni – da raggiungersi attraverso la libera concorrenza e il libero commercio.

Nel 1850, fu indetto un concorso internazionale per progettare la sede dell'Esposizione, ma nessuno dei circa 250 partecipanti fu ritenuto idoneo. Joseph Paxton, costruttore di serre e giardiniere esperto di piante esotiche, presentò allora il suo progetto alla Commissione organizzatrice ed essa, nonostante alcuni pareri contrari, lo accettò. Il **progetto di Paxton** non proponeva tecniche nuove, ma un nuovo modello di progettazione ed esecuzione che si basava sulla leggerezza, sulla trasparenza e sulla luminosità: la costruzione – frutto dell'assemblaggio di segmenti metallici in ferro e di lastre di vetro, tutti prodotti in serie e prefabbricati – fu realizzata in soli nove mesi e con costi molto contenuti.

L'edificio, innalzato all'interno di Hyde Park, era costituito da un'unica navata centrale – lunga 550 metri e larga 150 – su cui si innestava un transetto coperto da una volta a botte, che inglobava alcuni alti alberi del parco. Subito soprannominato **Crystal Palace** (Palazzo di Cristallo), l'edificio – vero e proprio "contenitore" per esporre prodotti industriali e **primo grande prefabbricato della storia** – rappresentò il modello della nuova tipologia espositiva, basato sulla costruzione di singoli edifici temporanei, veloci da edificare, che avevano il solo scopo di ospitare l'Expo: con la sua realizzazione si tende a far iniziare l'età moderna dell'architettura.

Nel giugno 1852, il Crystal Palace fu smontato e ricostruito – con la funzione di museo storico e di luogo di svago – a Sydenham Hill, a sette miglia da Londra: qui Paxton lo arricchì con piante esotiche, fontane, laghetti con barche, grotte sotterranee, statue e labirinti. Già minacciato da un incendio nel 1867, il Sydenham Crystal Palace fu poi completamente distrutto da un rogo nel novembre 1936.

La Great Exhibition si aprì il **1° marzo del 1851**, alla presenza di tutta la famiglia reale e delle 25 mila persone che pagarono per assistere alla cerimonia di apertura, mentre altre decine di migliaia affollarono le strade adiacenti al Crystal Palace. La regina Vittoria, sul suo diario, commentò l'evento affermando che si trattava di uno dei giorni «più grandi e dei più gloriosi delle nostre vite [...]. Il grande entusiasmo, la gioia espressa da ogni volto, la vastità dell'edificio, con tutte le sue decorazioni ed esposizioni, il suono dell'organo [...], e il mio amato marito come creatore di questo grande "Festival della Pace", che unisce l'industria e le arti di tutte le nazioni della terra, tutto questo, è stato davvero commovente, un giorno da ricordare per sempre».

I paesi furono invitati a contribuire all'Expo con lo scopo di promuovere l'integrazione tra l'industria e le arti. Alla fine vi parteciparono circa **50 paesi da tutti i continenti**

4 Le città

L'urbanesimo Nell'Europa dell'800, l'affermazione della borghesia e la crescita del proletariato andarono di pari passo con lo sviluppo dei grandi centri urbani. Ebbe allora inizio quel grande processo storico che va sotto il nome di urbanesimo e che avrebbe portato gradualmente la maggioranza della popolazione dei paesi sviluppati a **trasferirsi dalle campagne nelle città**. Attorno al 1850, la grande città – intendendo per grande città ciò che si intendeva allora, cioè un centro

e una quarantina tra **colonie e protettorati**, per un totale di 14 mila espositori – di cui la metà inglesi – e di oltre 100 mila oggetti. Le **sezioni** della mostra erano quattro: Prodotti grezzi e materie prime; Macchinari; Manufatti (tessili, metallici, in vetro e in ceramica); Belle Arti (scultura, modelli di architettura, topografia e arte plastica). Gli espositori britannici e delle colonie dell'Impero furono disposti nella metà occidentale del padiglione, gli altri paesi in quella orientale. Le macchine, invece, furono presentate in movimento e, per questo, riunite nella zona nord-ovest, per motivi tecnici dipendenti dall'uso della forza vapore.
I **prodotti** esposti andavano dalle ceramiche di Sèvres ai pizzi neri di Barcellona, dai vetri di Murano agli arazzi di Beauvais e dei Gobelins, dalle sculture classiche ai cumuli di carbone, dai microscopi ai barometri, dalle macchine agricole ai telegrafi, dalle rare piante tropicali alle potenti presse idrauliche per la costruzione di infrastrutture, dalle locomotive al diamante più grande allora conosciuto. Non furono rari gli oggetti stravaganti: tra essi, una fontanella che zampillava acqua di colonia, un ponte elastico in gomma e un coltello con 1851 lame.
La sezione meno ricca dell'Esposizione fu quella delle Belle Arti: non era prevista la pittura, mentre i modelli architettonici e plastici dovevano contenere almeno un elemento di innovazione scientifica, tecnologica o industriale. La Grande Esposizione contribuì così a individuare un nuovo valore dei prodotti artistici, quello della "funzionalità" e della necessità di mantenere l'equilibrio tra qualità formale e qualità tecnica, e segnò la **nascita del design**.
La Great Exhibition si chiuse il 15 ottobre 1851. Fu un grande successo che superò le più rosee aspettative dei suoi organizzatori: fu visitata da **oltre 6 milioni di visitatori**, di tutte le classi sociali, e il guadagno finale fu di oltre 183 mila sterline, che furono investite per la costruzione del South Kensington Museum (oggi Victoria and Albert Museum) e del Natural History Museum, dove furono raccolti e conservati molti degli oggetti in mostra all'Esposizione.

L'interno del «Crystal Palace» durante la Grande Esposizione
1851

EVENTI

Storiografia
G. Zucconi
Le metropoli contemporanee: Parigi e Londra

con almeno 100 mila abitanti – era ancora un fenomeno molto raro. Unica eccezione, la Gran Bretagna, dove già negli anni '40 la popolazione urbana aveva uguagliato e superato quella rurale e dove, nel 1850, esistevano una trentina di grossi **centri industriali**. In Germania, invece, il pareggio tra i residenti in città e quelli in campagna venne raggiunto solo all'inizio del '900, in Francia una trentina di anni dopo, in Italia solo a metà del XX secolo.

Nell'800 si moltiplicò il numero delle grandi città. Se all'inizio del secolo soltanto Londra aveva già superato il milione di abitanti, nel 1914 ben 22 città avevano oltrepassato quella soglia: 8 in Europa, 10 in Asia e 4 in America. Fu uno sviluppo impetuoso, stimolato in gran parte dall'espansione del commercio europeo nel mondo: anche in Asia, infatti, crebbero soprattutto le cosiddette **"città-emporio"**, ovvero i centri di scambio situati vicino alle foci di fiumi navigabili o ai terminali di linee ferroviarie, come Canton in Cina o Calcutta e Bombay in India.

Le città in Europa e negli Stati Uniti

Alla metà dell'800 **Londra**, con oltre 2 milioni e mezzo di abitanti, era di gran lunga la più grande **metropoli** del mondo e continuava a espandersi a un ritmo impressionante. In Francia, nello stesso periodo, le città con più di 100 mila abitanti erano solo sei, compresa **Parigi**, che superava ormai il milione. In Germania erano otto, fra cui **Berlino**, che

Camille Pissarro
Boulevard Montmartre, primavera
1897
[Israel Museum, Gerusalemme]
Tra il 1850 e il 1873 Parigi conobbe una vera rivoluzione urbanistica, fortemente voluta da Napoleone III e realizzata dal prefetto della Senna, barone George Haussmann. Nei 17 anni in cui fu in carica Haussmann, furono aperti ben 165 km di nuove strade (un quinto dell'intera rete viaria di cui disponeva Parigi nel 1869), concentrati, soprattutto, nelle aree centrali della città. Grandi viali alberati, i famosi *boulevards* – la cui costruzione richiese l'abbattimento di molti quartieri medievali –, migliorarono i collegamenti fra i vari punti della città, semplificando gli spostamenti e rendendo impossibile la costruzione delle barricate in caso di rivolte urbane. Vennero costruite stazioni ferroviarie, un sistema di fognature e di condotte di acqua potabile, furono realizzati parchi. In breve il volto della città mutò completamente.

Metropoli
Guido Zucconi, storico dell'architettura, ha scritto che, nella seconda metà dell'800, «si diffonde e si impone il termine metropoli, prima di allora legato a situazioni tipiche dell'antichità: città-madri, generatrici di colonie greche, o grandi concentrazioni ove sono compresenti diverse comunità nazionali (Babilonia, Alessandria, Roma, Costantinopoli). Intriso di questo secondo significato, ora il termine sta a definire una mistura di connotati quantitativi (la dimensione "ultramilionaria") e di dati qualitativi (la presenza di un dinamismo particolarmente intenso)». Nella prima metà del '900 è detta, dunque, metropoli una città con oltre 1 milione di abitanti, che sia anche un centro dinamico nei settori politico ed economico, e un riferimento sia per il territorio in cui sorge sia per ulteriori interlocutori attivi su scala planetaria: altre grandi città, protagoniste dell'economia e della politica.

raggiungeva appena i 400 mila residenti. Solo trent'anni dopo, la situazione era molto cambiata. In Francia e in Germania, il numero delle grandi città era più o meno raddoppiato. Le grandi capitali si erano ampliate a dismisura: **Parigi** era passata da poco più di uno a oltre 2 milioni di abitanti, Berlino da 400 mila a oltre 1 milione, mentre Londra manteneva largamente il suo primato, superando i 4 milioni e mezzo. Alla base di questo fenomeno c'erano cause diverse, ma strettamente legate fra loro. Lo sviluppo economico, che creava nuove **occasioni di lavoro**, e la **rivoluzione dei trasporti**, che rendeva più facili gli spostamenti, alimentavano un imponente flusso migratorio dalla campagna alle città.

In **Gran Bretagna** l'industrializzazione ridisegnò la geografia delle città, favorendo lo sviluppo di piccoli centri in passato ai margini della vita economica e sociale del paese: infatti Birmingham, Glasgow, Liverpool e Manchester avevano superato abbondantemente, alla metà dell'800, i 200 mila abitanti mentre un secolo prima nessuna di loro oltrepassava i 30 mila [👁 ATLANTE_**45**]. In Francia e in Italia, invece, lo sviluppo delle città ebbe caratteri diversi sia per le peculiarità del sistema urbano dei due paesi, sia per il più lento sviluppo dell'industrializzazione: qui furono le città già preminenti durante l'*ancien régime* a registrare gli incrementi demografici più significativi, lasciando così quasi intatte le tradizionali gerarchie urbane.

Storiografia
L. Mumford
Casa e condizioni di vita nei centri industriali
V. Vidotto
Roma capitale d'Italia
ONLINE

Claude Monet
Gare de St. Lazare
1877
[National Gallery, Londra]

Focus
Le trasformazioni urbane

ONLINE

Nella seconda metà dell'800, furono soprattutto gli **Stati Uniti** a elaborare un nuovo modello di sviluppo della città, con la costruzione dei **grattacieli** e l'espansione dei sobborghi periferici. Questo nuovo modello era ben rappresentato da **New York** e **Chicago**. La prima passò da poco più di 50 mila abitanti all'inizio dell'800 a 3 milioni e mezzo nel 1900. La seconda fu protagonista di un vero e proprio boom demografico in solo mezzo secolo: dai 5000 residenti nel 1850 a 1.700.000 nel 1900.

I nuovi centri della vita urbana L'ampliamento delle dimensioni urbane e le trasformazioni delle città avevano dato vita a nuovi centri che si affiancavano e si sostituivano a quelli tradizionali (la cattedrale, il municipio, la piazza del mercato). Punti di riferimento essenziali erano in primo luogo le

ATLANTE 45_L'URBANIZZAZIONE IN GRAN BRETAGNA A METÀ '800

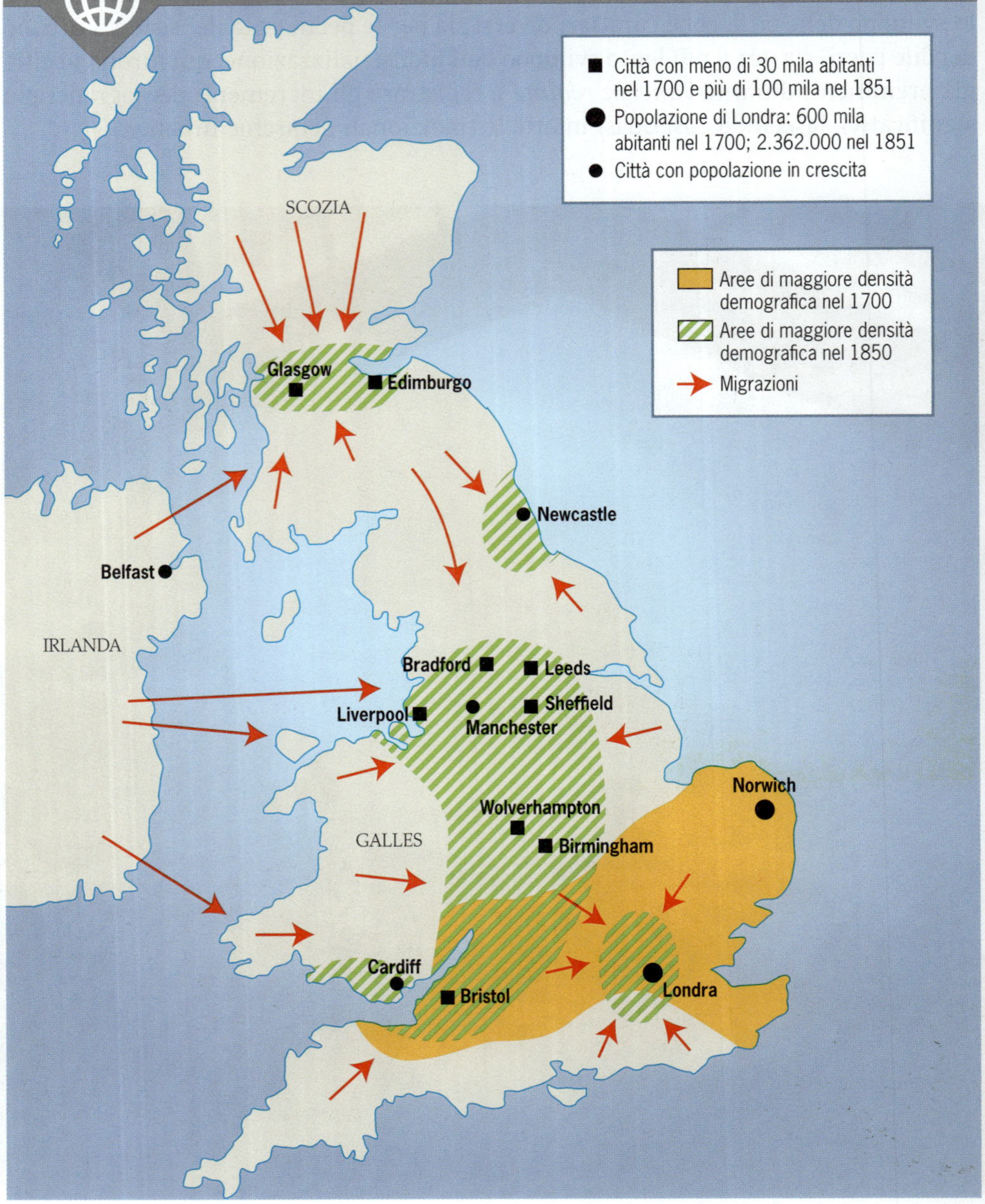

stazioni ferroviarie, spesso costruite come grandiosi monumenti alla modernità dell'età industriale, poi la Borsa, i grandi magazzini, il tribunale e, nelle capitali, i palazzi dei ministeri. Attorno a questi poli si sviluppava il **quartiere degli affari**, che tendeva a svuotarsi dei suoi abitanti di condizione meno agiata e a riempirsi di uffici e di negozi.
I ceti popolari espulsi dai centri storici andavano ad addensarsi, assieme ai nuovi immigrati, nelle grandi periferie, costruite completamente da zero o nate dall'assorbimento e dalla trasformazione di villaggi già separati dal centro principale, come i sobborghi che costituivano la «cintura operaia» di Parigi. Diventava sempre più netta la separazione fra le **periferie operaie**, sovraffollate, malsane, prive di servizi e spesso afflitte dal fumo delle fabbriche, e i **quartieri residenziali borghesi**, che erano situati in zone più amene e cominciavano a essere provvisti di acqua corrente e di impianti di riscaldamento centralizzato. Anche questa separazione costituiva **una differenza importante rispetto alla città tradizionale**, dove ricchi e poveri coabitavano nelle stesse strade e spesso nei medesimi edifici: i ricchi ai piani bassi, i poveri ai piani alti e nelle soffitte.

Storiografia
C.E. Schorske
La Ringstrasse e il nuovo volto di Vienna
P. Villani
La città e il capitalismo
ONLINE

Le infrastrutture urbane

Lo sviluppo urbano impose presto di affrontare i gravi problemi igienici e sanitari derivanti dal sovrappopolamento che favoriva la diffusione di malattie infettive – in primo luogo il colera e il tifo – e manteneva la mortalità a livelli molto elevati. Dovunque fu migliorata o ricostruita la **rete fognaria** e l'**acqua potabile** divenne più diffusa e più regolare, anche se doveva passare ancora parecchio tempo prima che la disponibilità di acqua corrente e di servizi igienici nelle case diventasse un fatto generalizzato.
Le autorità pubbliche cercarono anche di facilitare gli spostamenti all'interno dell'area urbana. Le **strade** in terra, polverose d'estate e fangose d'inverno, furono sostituite dal selciato. I quartieri della periferia, bui e malsicuri nelle ore notturne, furono, come già il centro, illuminati da **lampioni a gas**. Attraversare la città divenne più facile anche per chi non disponeva di mezzi privati, grazie all'organizzazione di **reti di trasporto pubbliche**. Un caso unico era quello di Londra che, già negli anni '70, aveva un efficiente sistema di ferrovie metropolitane. Ma in tutte le grandi città, molto prima dell'avvento delle metropolitane e delle tramvie elettriche, gli itinerari più importanti erano serviti dagli **omnibus**, grandi carrozze su rotaie trainate da cavalli.
Man mano che l'area urbana si ampliava, si moltiplicavano i servizi commerciali (mercati, botteghe, grandi magazzini), i luoghi di svago e di riunione (teatri, caffè, ristoranti), i punti di riferimento culturali (scuole, musei, biblioteche), ma anche le istituzioni preposte al **controllo sociale**: uffici comunali, posti di polizia, tribunali, carceri.

Amministrare le città

L'intervento sempre più sistematico dei pubblici poteri, statali e municipali; lo sviluppo di più ampi **apparati burocratici** per il governo delle città; la creazione di nuovi **corpi di polizia** sempre più numerosi e più "professionali"; la formazione di nuovi **quadri tecnici** (amministratori, architetti, ingegneri) specializzati nei problemi della convivenza urbana: tutto ciò servì a disciplinare i processi di urbanizzazione e ad attenuarne il carattere spontaneo, talora "selvaggio". Pur conservando al suo interno squilibri giganteschi, la grande città tendeva a perdere il suo aspetto caotico e si avviava a diventare un sistema organizzato e funzionale, specchio della civiltà moderna e dei suoi progressi e al tempo stesso luogo di tutte le sue contraddizioni.

GUIDA ALLO STUDIO
❶ Perché le città europee crescevano a ritmi elevati? In che misura l'urbanesimo interessò i principali Stati europei? ❷ Come mutò il modello di sviluppo urbano? ❸ Chi abitava nelle periferie? Quali servizi pubblici furono organizzati nelle grandi città? ❹ Come fu disciplinata la crescita delle città?

5 Il mondo rurale

Nuove forme di proprietà e contratti agrari

La rilevanza assunta dal fenomeno urbano non deve far dimenticare che, intorno alla metà dell'800, in tutta l'Europa continentale erano i lavoratori della terra a costituire la grande **maggioranza della popolazione attiva**. Il mondo contadino presentava tuttavia forti **differenze fra Stato e Stato** e fra regione e regione. La Gran Bretagna, con una popolazione agricola formata in buona parte da lavoratori salariati, rappresentava un caso isolato. Così come un caso limite era costituito dalla Russia, con i suoi 20 milioni e più di servi della gleba, liberati solo nel 1861 [👁 11.3]. In Francia la tendenza all'aumento della piccola proprietà contadina, favorita in parte dalla rivoluzione del 1789, continuò a manifestarsi per tutto l'800. Negli Stati tedeschi e nei paesi dell'Impero asburgico una serie di leggi di emancipazione emanate fra il 1815 e il 1850 aveva gradualmente abolito le ultime forme di lavoro servile e avviato il processo di privatizzazione della terra.

Diversi furono però i beneficiari di queste trasformazioni. Nel Sud e nell'Ovest della Germania, la scomparsa del regime feudale lasciò il posto alla **piccola e media proprietà**. Nelle regioni tedesche a est dell'Elba, nonché in buona parte dell'Europa orientale, la privatizzazione della terra andò invece a vantaggio dei **grandi proprietari**, mentre, per la maggior parte dei contadini, l'emancipazione significò semplicemente il passaggio dalla condizione di servi a quella di **braccianti senza terra** e non sempre comportò la rottura dei vincoli di subordinazione agli antichi signori. Una condizione in parte analoga, aggravata dalla scarsa produttività dei suoli, era quella in cui versavano i contadini del Mezzogiorno d'Italia e dell'intera Europa mediterranea. La situazione era ancora più complessa in altre zone del continente (Germania centrale, Italia centro-settentrionale, Austria, Boemia), dove coesistevano **azienda capitalistica** e piccola proprietà, **lavoro salariato e mezzadria**.

L'abbandono delle campagne

I progressi, peraltro limitati, realizzati dall'agricoltura europea nel periodo di generale sviluppo economico degli anni '50 e '60

Hubert von Herkomer
Tempi difficili
1885
[City Art Gallery, Manchester]
Questa tela raffigura con grande immediatezza la precarietà della vita dei braccianti agricoli nella seconda metà dell'800 in Gran Bretagna. Un gruppo di famiglia contadina – la madre con i figli seduti per terra, il padre in piedi con accanto i suoi attrezzi da lavoro – occupa metà del quadro in primo piano; nell'altra metà si snoda la strada che sembra portare in nessun luogo. Un'atmosfera inquieta aleggia sulle persone e sul paesaggio: l'uomo scruta l'orizzonte quasi sperando nel carro che vede arrivare da lontano; la donna sembra esausta, scoraggiata, il bimbo accanto a lei triste e quasi "spento". Mentre in città le masse operaie avevano la possibilità di organizzarsi, il mondo contadino, indebolito dalla diminuzione della manodopera, non aveva né la forza né la possibilità di condurre battaglie ed esprimeva solo impotenza di fronte alle nuove forze economiche di tipo capitalistico.

non valsero a modificare le condizioni di vita delle masse contadine. Quasi dappertutto i lavoratori agricoli versavano in **condizioni di notevole disagio**: i redditi erano bassi o bassissimi salvo rare eccezioni, l'alimentazione povera, l'analfabetismo diffuso, la partecipazione alla vita politica quasi inesistente. Dappertutto i ceti rurali costituivano l'elemento statico della società, quello più legato alle religioni tradizionali e alle consuetudini del mondo preindustriale.

La novità più rilevante stava nel fatto che lo sviluppo industriale e la rivoluzione dei trasporti offrivano ai lavoratori della terra maggiori possibilità di allontanarsi dal luogo d'origine. Fra il 1840 e il 1870, milioni di lavoratori – in buona parte contadini poveri provenienti dalla Gran Bretagna e dall'Europa centrale – lasciarono il vecchio continente per **andare a dissodare le terre vergini del Nord America**, dove trovarono condizioni più favorevoli e più occasioni per liberarsi dalla condanna alla povertà. Ancora più imponente fu, nello stesso periodo, il numero di coloro che abbandonarono definitivamente le campagne per **trovare lavoro nelle città** come manovali, muratori o operai di fabbrica.

GUIDA ALLO STUDIO

❶ In quali paesi europei si diffuse la piccola proprietà contadina? ❷ In quali aree dell'Europa la piccola e media proprietà contadina non si diffusero? ❸ In quali regioni d'Europa vivevano i contadini più poveri? ❹ Perché i contadini emigravano nelle città?

6 La classe operaia

Con lo sviluppo della grande industria, il proletariato di fabbrica veniva assumendo sempre maggiore consistenza **[👁 8.5]**. I salari nell'industria erano mediamente superiori a quelli del settore agricolo e crebbero lentamente negli anni '50 e '60, pur senza mai elevarsi molto al di sopra del livello di sussistenza, salvo che per alcune categorie di lavoratori specializzati. Ma per altri aspetti – orari di lavoro, condizioni abitative, assenza di sicurezza sul proprio futuro – la vita dell'operaio non era migliore di quella del lavoratore agricolo.

La formazione di una coscienza di classe

La precarietà della condizione operaia contrastava fortemente col quadro di crescente prosperità ostentato dall'alta borghesia. E il contrasto era avvertito tanto più nettamente in quanto era la stessa vita nella città a evidenziarlo. Nella città l'operaio era a contatto quotidiano con le manifestazioni esteriori dello stile di vita borghese (le case, i vestiti, le carrozze, i negozi). Nella città veniva meno il quadro consolidato dei rapporti sociali presenti ancora nelle campagne, che faceva apparire naturale al contadino il suo stato di subordinazione. Nella città il lavoratore smarriva i tradizionali punti di riferimento culturali e religiosi: sempre più spesso alla parrocchia si sostituiva l'osteria, luogo di perdizione agli occhi dei moralisti borghesi, ma anche luogo di incontri, di discussione, di scambi, di esperienze. Cominciò così a maturare, **all'interno e all'esterno dei luoghi di lavoro**, una nuova coscienza di classe, ossia la **consapevolezza di una condizione comune**, unita alla spinta ad associarsi per mutare questa condizione.

Tuttavia, dopo le repressioni del '48-49, che avevano sconfitto i democratici e colpito i nuclei operai più combattivi, le **associazioni dei lavoratori** apparivano ovunque **indebolite** e per lo più lontane da nuove iniziative rivoluzionarie **[👁 11.8-10]**.

■ **In Gran Bretagna** Il movimento operaio britannico – l'unico che potesse vantare una struttura organizzativa ormai solida e si potesse muovere in condizioni di relativa libertà – si era concentrato sul rafforzamento delle Trade Unions, che conobbero un notevole sviluppo negli anni '50 e '60 **[👁 10.8]**. Questo sviluppo fu coronato, nel 1868, dalla costituzione del **Trade Unions Congress**, che riuniva i delegati di tutti i maggiori sindacati e che rappresentò da allora il nucleo basilare del movimento operaio in Gran Bretagna.

■ **In Francia e Italia** Peggiore era la situazione del movimento operaio francese, decimato nei suoi quadri più attivi dalle sconfitte del '48 e del '51. I pochi nuclei organizzati su base locale erano influenzati soprattutto dalle teorie di **Proudhon**, fautore di una sorta di cooperativismo a sfondo anarchico **[👁 10.6]**. I princìpi proudhoniani – che ben si adattavano alla struttura sociale di un paese caratterizzato dalla presenza di molti piccoli proprietari contadini e in cui l'artigianato e il commercio minuto conservavano un peso notevole anche nelle città – ebbero una certa fortuna anche in Italia dove, peraltro, il proletariato di fabbrica era ancora pressoché inesistente e i pochi nuclei di operai e artigiani organizzati in società di mutuo soccorso avevano subito soprattutto **l'influenza di Mazzini [👁 12.4]**, fautore della cooperazione e ostile alla lotta di classe e a ogni forma di collettivismo.

■ **In Germania** Molto diversa era la situazione in Germania, dove un movimento socialista esisteva già prima del '48. Alla fine degli anni '50, questo movimento trovò un leader abile e autorevole in **Ferdinand Lassalle**, che basava le sue concezioni socialiste su una teoria dello sfruttamento capitalistico molto simile a quella marxista, ma, diversamente da Marx, credeva nella possibilità per i lavoratori di conquistare lo Stato borghese e di trasformarlo dall'interno attraverso il suffragio universale **[👁 10.7]**. Lassalle svolse nel suo paese, la Prussia, un'intensa attività politica e riuscì a fondare, nel 1863, una **Associazione generale dei lavoratori tedeschi**, che raccolse vaste adesioni negli Stati della Confederazione germanica e rappresentò il primo importante esempio di partito operaio organizzato su scala nazionale.

GUIDA ALLO STUDIO

❶ Che cosa si intende per "coscienza di classe"? ❷ Quali differenze vi erano all'interno del movimento operaio in Europa dopo la repressione del '48-49? ❸ Chi era Lassalle? Qual era il suo pensiero?

François Bonvin
Interno di una taverna
1859
[Musée des Beaux Arts, Arras]

All'uscita dalla fabbrica, la taverna costituiva per il proletariato l'unico luogo di incontro. Fu in questi luoghi che, attraverso lo scambio di idee e di esperienze, i lavoratori iniziarono a prendere coscienza dei propri diritti e a organizzarsi in società e leghe.

7 Marx, Bakunin e la Prima Internazionale

Il movimento operaio si organizza. L'Internazionale del 1864

La crescente contrapposizione tra proletariato e borghesia favorì la nascita di un'organizzazione internazionale di coordinamento del movimento operaio. La riunione inaugurale della nuova organizzazione, che prese il nome di **Associazione internazionale dei lavoratori**, si tenne a Londra nel settembre 1864. Vi presero parte rappresentanti delle organizzazioni operaie inglesi e francesi. Un emissario di Mazzini rappresentava le società operaie italiane. Gli altri partecipanti alla riunione erano esuli di vari paesi invitati a titolo personale, fra cui **Karl Marx**. Quest'ultimo, assuntosi il compito di redigere lo statuto provvisorio, riuscì a inserire nel documento alcuni punti che qualificavano l'Associazione in senso classista, nonostante l'opposizione del rappresentante italiano: da allora i mazziniani non ebbero più parte alcuna nell'Internazionale. Ciò che risultava più evidente era l'affermazione dell'**autonomia del proletariato** e la priorità data alla **lotta contro lo sfruttamento**. La fondazione dell'Associazione internazionale dei lavoratori – o **Prima Internazionale**, come venne successivamente chiamata – fu senza dubbio un evento capitale nella storia del movimento operaio, ma lo fu più per il suo significato simbolico che per i suoi effetti pratici. L'Internazionale costituì subito un punto di riferimento ideale per i lavoratori di tutta Europa, oltre che uno spauracchio per i governi, sempre pronti ad attribuirle la responsabilità di agitazioni e complotti. Ma la sua capacità di rappresentare realmente le organizzazioni operaie dei singoli paesi e di guidare la loro attività fu assai scarsa e il suo funzionamento venne gravemente compromesso dall'eterogeneità delle sue componenti e dalle aspre rivalità che dividevano i suoi capi.

La contrapposizione tra socialisti e proudhoniani

Fino alla fine degli anni '60, il dibattito ai vertici dell'Internazionale vide contrapposti da un lato i socialisti veri e propri (coloro, cioè, che sostenevano la socializzazione dei mezzi di produzione), dall'altro i proudhoniani, fautori di un sistema fondato sulle cooperative e sulle autonomie locali. Nei primi congressi dell'Associazione le tesi dei proudhoniani furono ripetutamente sconfitte. Ma gli ideali libertari conobbero nuova fortuna nella versione assai più radicalmente rivoluzionaria che ne diede il russo **Michail Bakunin** (1814-1876), massimo teorico dell'**anarchismo** [👁 10.6]. Bakunin sosteneva l'abolizione dello Stato, considerato la principale fonte di oppressione sociale. Secondo l'ideologia anarchica i lavoratori possono organizzarsi da sé, partendo dai più piccoli nuclei e in un modo più diretto.

Rafael Farga i Pellicer
Bakunin parla al Congresso dell'Associazione internazionale dei lavoratori a Basilea
1869

Nato nel 1814 non lontano da Mosca, da una nobile famiglia di proprietari terrieri, Michail Bakunin emigrò in Germania, dove fu vicino agli ambienti della "sinistra hegeliana". Arrestato a 35 anni per aver partecipato ai moti rivoluzionari di Dresda, fu condannato all'ergastolo e poi estradato in Russia. Lo zar lo spedì poi in esilio in Siberia, da dove riuscì a fuggire nel 1861. Approdato in Italia, rimase a lungo a Napoli, divenendo il massimo teorico dell'anarchismo.

Focus
Marx e *Il Capitale*

Il contrasto tra Bakunin e Marx

Tuttavia ben presto emerse una divergenza radicale tra le posizioni di Marx, che era la personalità di maggiore spicco dell'Internazionale, e quelle di Bakunin. Per **Bakunin**, dunque, l'ostacolo principale che impediva all'uomo il conseguimento della piena libertà era costituito non tanto dai rapporti di produzione, quanto dall'esistenza stessa dello Stato. Lo Stato era, assieme alla religione, lo strumento di cui si servivano le classi dominanti per mantenere la stragrande maggioranza della popolazione in condizioni di inferiorità economica e intellettuale. Così, abbattuto il potere statale, il sistema di sfruttamento economico basato sulla proprietà privata sarebbe inevitabilmente caduto. Il comunismo si sarebbe instaurato spontaneamente come l'ordine più consono alle esigenze naturali delle masse, senza che allo Stato dovesse sostituirsi alcuna organizzazione di tipo centralizzato e coercitivo.

Marx aveva pubblicato nel 1867 il primo volume della sua opera fondamentale *Il Capitale* in cui non solo analizzava i meccanismi del modo di produzione capitalistico, ma sosteneva che la realizzazione del socialismo sarebbe derivata dalle leggi stesse dello sviluppo economico. Anche Marx vedeva nella religione e nello Stato degli strumenti al servizio delle classi dominanti, ma collocava l'uno e l'altra nella sfera della «sovrastruttura», li considerava cioè come un prodotto della «struttura» economica basata sullo sfruttamento: solo la distruzione di quella struttura – ossia del sistema capitalistico – avrebbe reso possibile la distruzione dello Stato borghese. Si doveva dunque partire dallo scardinare la struttura economica. Inoltre, anche per Marx, l'avvento del **comunismo** e della società comunista – senza privilegi, senza classi, senza proprietà privata e senza Stato, ma le cui potenzialità produttive e tecniche fossero a disposizione di tutti i suoi membri – avrebbe portato con sé l'«estinzione dello Stato»; tuttavia, questo stadio finale sarebbe stato raggiunto solo dopo una fase transitoria, quella della **«dittatura del proletariato»**, necessaria per neutralizzare la

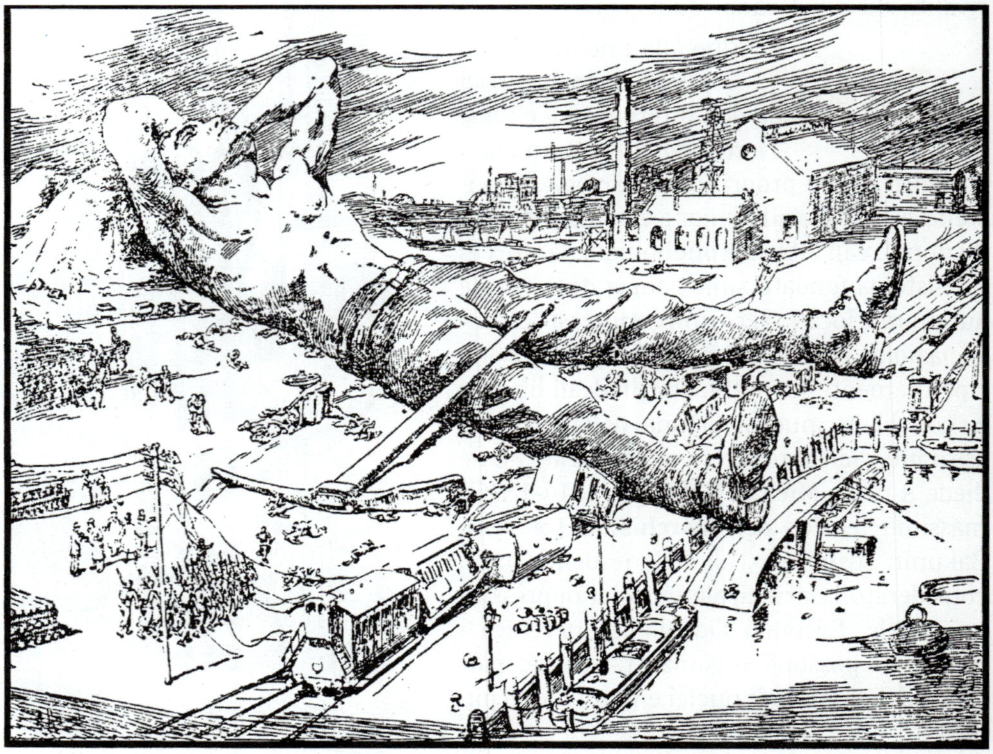

Il riposo del proletario
XIX secolo
In questa incisione un gigante lavoratore, che abbandona il suo piccone per riposare dalle fatiche del suo duro lavoro, appare ancora ignaro della sua forza: così l'immaginario anarchico di fine '800 vede il proletariato. Il moderno eroe del lavoro industriale solo liberando se stesso dal giogo del capitalismo può liberare l'umanità intera.

reazione delle classi dominanti (perché le organizzazioni operaie avrebbero rifondato, in quel tempo, la struttura sociale e produttiva). Per Marx, infine, il **protagonista del processo rivoluzionario** non poteva essere che il proletariato industriale dei paesi più avanzati. Per Bakunin, invece, il vero soggetto della rivoluzione erano le masse diseredate in quanto tali, senza distinzione fra operai, contadini e sottoproletari.

La crisi dell'Internazionale e la sorte del bakunismo

Il contrasto tra marxisti e bakuniniani, esploso agli inizi degli anni '70, mise in crisi le fragili strutture dell'Internazionale che fu sciolta ufficialmente nel 1876. Gli anarchici riuscirono tuttavia a conservare in molti paesi europei un seguito e un'influenza considerevoli. Il bakuninismo, infatti, si adattava meglio del marxismo a quei paesi e a quei ceti sociali che non avevano ancora conosciuto la rivoluzione industriale e si inseriva spesso sul tronco di un antico ribellismo contadino. Fu questa la forza dell'anarchismo bakuniniano. Ma fu anche la causa del suo inarrestabile declino di fronte allo sviluppo dell'industria e alla crescita di una classe operaia moderna.

GUIDA ALLO STUDIO

❶ Quando e dove si tenne la riunione inaugurale dell'Associazione nazionale dei lavoratori? Chi vi partecipò? ❷ Quali tesi emersero all'interno della Prima Internazionale? ❸ Chi era Bakunin? ❹ Perché nel 1876 la Prima Internazionale fu sciolta?

8 La Chiesa cattolica contro la modernità borghese

La difesa dell'ortodossia

Negli stessi anni in cui il movimento operaio internazionale muoveva i suoi primi passi, anche il mondo cattolico assunse, sia pure da posizioni opposte, un atteggiamento duramente critico nei confronti di una civiltà che si basava su presupposti laici e individualistici e che tendeva a relegare la religione nell'ambito delle superstizioni e delle credenze popolari. Alla testa di questa crociata ideologica fu quello stesso papa **Pio IX** che inizialmente aveva suscitato tante speranze tra i cattolici liberali [👁 12.6]. Ferito e disilluso dalle esperienze del '48-49 [👁 12.8], Pio IX abbandonò qualsiasi ipotesi innovatrice e, per il restante corso del suo lungo pontificato (morì nel 1878), si preoccupò soprattutto di riaffermare la più rigida ortodossia dottrinaria e di incoraggiare le pratiche di devozione, soprattutto quelle relative al culto mariano. Nel 1854 fu proclamato il **dogma dell'Immacolata Concezione**, con cui si stabiliva che la Vergine era stata concepita libera dal peccato originale. Dal 1858, la cittadina francese di Lourdes, luogo di una miracolosa apparizione della Madonna, divenne meta di ininterrotti pellegrinaggi.

Il *Sillabo* e il Concilio Vaticano I

Lo scontro fra la Chiesa cattolica e la cultura laico-borghese ebbe il suo culmine nel 1864, quando Pio IX emanò l'**enciclica** *Quanta cura*, nella quale accomunava in una condanna senza appello il liberalismo, la democrazia, il socialismo e l'intera civiltà moderna. Per dare maggior forza alla condanna, il papa fece pubblicare, assieme all'enciclica, una sorta di elenco – il *Sillabo* – **degli «errori del secolo»**, dove in ottanta proposizioni erano raccolti tutti i princìpi basilari della tradizione illuministica e della cultura liberale ottocentesca: dalla sovranità popolare alla laicità dello Stato, alla libertà di stampa e di opinione. La pubblicazione del *Sillabo* suscitò sorpresa e scalpore in tutta Europa, anche fra i cattolici e i loro alleati: Napoleone III, per esempio, ne proibì la diffusione in Francia, poiché lo giudicava imbarazzante e nocivo per la convivenza fra Chiesa e Stato. La frattura si allargò ulteriormente pochi anni dopo quando, nel Concilio Vaticano I conclusosi

Enciclica
È una parola di derivazione greca che alla lettera significa 'circolare': è un documento, indirizzato dal pontefice ai vescovi e ai prelati di tutto il mondo, per far conoscere il pensiero della Chiesa cattolica su particolari aspetti della dottrina o della liturgia, o su specifici argomenti sociali o filosofici. Nella storia della Chiesa, le encicliche hanno spesso segnato tappe importanti nell'evoluzione del cattolicesimo.

Fritz von Uhde
La preghiera prima del pasto
1885
[Nationalgalerie, Berlino]

Questa tela, nota anche con il titolo *Vieni Gesù, sii nostro ospite*, ci proietta in un umile interno rurale, dove una famiglia, riunita intorno al tavolo, invita Cristo, evocato nella preghiera di ringraziamento e fisicamente apparso al loro desco, a sedersi e a condividere il pasto. Con un realismo efficace, il pittore tedesco propone la scena di un miracolo, rinnovando profondamente la tradizione della pittura sacra. Quest'opera, come altre dello stesso pittore, esprime appieno la convinzione molto diffusa nell'800 che la semplice devozione, lontana dalla "corruzione" del pensiero borghese, era ancora rintracciabile fra i ceti meno abbienti.

La famiglia e le sue trasformazioni

Siviglia, 1396. Il primo conte di Niebla giura al signore di Santiago di far sposare al proprio figlio Enrìque, cinque anni, la figlia di questi, Teresa, quattro anni. Il matrimonio in Chiesa sarebbe stato celebrato ai dodici anni della bambina, l'età canonica del consenso, ma sarebbe stato consumato solo quando Enrìque avesse raggiunto la maturità sessuale, dopo i quattordici anni. La negoziazione di questo matrimonio nella Spagna del Medioevo comprendeva anche le disposizioni per la dote da assegnare alla coppia, vincolata però alla generazione di prole.

Il confronto tra questo caso – niente affatto originale tra le élite dell'epoca – e la nostra idea di matrimonio lascia piuttosto sconcertati, ma è utile a considerare la famiglia **un'istituzione storica, soggetta alle trasformazioni del tempo**. Gli studi sulla storia della famiglia, molto in voga nella storiografia degli ultimi cinquant'anni, hanno dimostrato quanto questa sia da considerare più un concetto, una creazione della cultura dell'uomo, che una realtà naturale e concreta. Una famiglia, dunque, non è rappresentata solo da un gruppo di persone che vivono sotto lo stesso tetto, ma anche dall'atteggiamento di fiducia reciproca condiviso dai suoi membri, un'attitudine della mente dell'individuo a pensarsi parte di una comunità ristretta.

Guardare a come gli uomini e le donne hanno inteso e vissuto l'istituzione familiare significa anche guardare al loro modo di intendere le relazioni tra i sessi e tra le generazioni, di gestire l'affettività, di trasmettere il sapere e di curare i rapporti sociali. La famiglia può diventare la «cartina tornasole» per comprendere aspetti molto significativi della vita dell'uomo.

Gli studiosi della famiglia – storici, antropologi, sociologi, psicologi – hanno cercato di indagare le origini del modello familiare oggi più diffuso: un nucleo domestico costituito da due persone, su un piano tendenzialmente paritetico, impegnate nell'educazione dei propri figli. Gli studi su questo argomento dissentono spesso sulla cronologia, ma in generale rilevano che il contesto geografico e sociale è fondamentale. In alcune zone della Francia, ad esempio, già dal '500 erano diffuse **famiglie coniugali**, cioè ridotte al nucleo familiare di base, anche per la presenza di piccoli appezzamenti di terreno; nelle regioni mediterranee, invece, la grande estensione della proprietà fondiaria aveva favorito il successo della **famiglia tradizionale estesa**, che accoglieva al suo interno diverse generazioni [👁 2.3]. In quest'ultimo caso, molto diffuso in Italia, le abitazioni erano condivise dalle diverse generazioni e ogni membro aveva un ruolo ben preciso, secondo una rigida scala gerarchica. Inoltre questo modello familiare consentiva una trasmissione più immediata dei beni finanziari o del mestiere del capofamiglia.

In generale, la famiglia tradizionale era caratterizzata da un'estrema **permeabilità ai condizionamenti esterni** e alle regole della società: i rapporti erano ispirati alla deferenza e all'**autoritarismo** sotto la forma del patriarcato e il matrimonio era considerato soprattutto un rapporto di natura economica, senza particolare riferimento alla sfera affettiva. Anche il rapporto tra genitori e figli era molto distante dal nostro senso comune: la consapevolezza delle diverse esigenze di un bambino rispetto al mondo degli adulti era pressoché inesistente; sull'educazione di un figlio pesavano molto di più le interferenze esterne (corporazioni, confraternite, la Chiesa) che la pedagogia dei genitori.

È solo **tra '700 e '800** che la situazione cambia progressivamente: la critica ai matrimoni combinati nelle classi elevate e l'elogio dell'amore romantico mettono in risalto la sfera dell'**affettività domestica**; l'educazione dei figli viene ora percepita come un compito morale da cui il genitore non può affrancarsi; la gestione della famiglia è più liberale e meno autoritaria, anche se permangono forti **asimmetrie di genere**, differenze sostanziali nel trattamento degli uomini e delle donne che fanno parte della famiglia. La **famiglia moderna** si impone progressivamente come il modello dominante in Europa, sollecitata soprattutto dalle rivoluzioni politiche di quei decenni.

Durante la Rivoluzione francese la famiglia

nell'estate del 1870, fu proclamato il **dogma dell'infallibilità del papa** nelle sue pronunce ufficiali in materia di fede e di morale. Una decisione che rafforzava l'autorità del pontefice nei confronti dell'episcopato e che anche per questo non piacque ai governi degli Stati cattolici, accentuando così l'isolamento della Santa Sede. Quando, nel settembre 1870, le truppe italiane entrarono in Roma, nessuno dei governi europei si mosse per salvare il potere temporale del papa [👁 14.5].

Il cristianesimo sociale

La condanna intransigente della civiltà borghese, se schiacciava e riduceva al silenzio le correnti cattolico-liberali, lasciava in compenso un certo spazio ai movimenti cristiano-sociali presenti in Belgio, Francia, Austria e Germania [👁 10.5]. Sostenitori di un intervento dello Stato, sotto forma di iniziative assistenziali a favore dei lavoratori, auspicavano lo sviluppo della cooperazione e del mutuo soccorso fra i lavoratori stessi. Su questa base si realizzarono, soprattutto nei paesi dell'Europa centrale, i **primi esperimenti di un moderno associazionismo cattolico**, fondato sulle unioni di mestiere, sulle cooperative, sulle casse rurali e artigiane: una rete organizzativa che avrebbe in seguito permesso ai movimenti cattolici di contare su una propria base organizzata, non solo fra i ceti rurali ma anche fra i lavoratori urbani, soprattutto artigiani.

GUIDA ALLO STUDIO

❶ Che posizione assunse il mondo cattolico nei confronti della società borghese, a partire dalla seconda metà dell'800? ❷ Attraverso quali strumenti la Chiesa tentò di riaffermare il proprio potere sulla società? ❸ Quali princìpi furono giudicati dalla Chiesa «errori del secolo»? ❹ Che cos'erano i movimenti cristiano-sociali?

è presentata come la cellula-base della società civile, la prima comunità di formazione del cittadino. L'emergere dell'idea nazionale influisce su questo processo: la famiglia è considerata la prima unità della compagine nazionale, il primo luogo in cui è sperimentata la fratellanza, sentimento fondamentale del patriottismo. La nazione stessa viene presentata come una famiglia allargata, anche perché unita da vincoli di sangue, sui quali i nazionalisti insistono spesso.

Lo sviluppo industriale e l'urbanizzazione contemporanea segnano poi un punto di non ritorno nel consolidamento del modello di famiglia nucleare, anche se con notevoli differenze tra aree geografiche e tra le classi sociali. Trasferendosi dalla campagna alla città, molte famiglie scoprono l'intimità domestica. La *Dichiarazione universale dei diritti dell'uomo* (1948) afferma esplicitamente il diritto di ogni uomo e di ogni donna a formare una famiglia nell'articolo 16:

1. Uomini e donne in età adatta hanno il diritto di sposarsi e di fondare una famiglia, senza alcuna limitazione di razza, cittadinanza o religione. Essi hanno eguali diritti riguardo al matrimonio, durante il matrimonio e all'atto del suo scioglimento.
2. Il matrimonio potrà essere concluso soltanto con il libero e pieno consenso dei futuri coniugi.
3. La famiglia è il nucleo naturale e fondamentale della società e ha diritto ad essere protetta dalla società e dallo Stato.

Manifestazione a favore della legge sul divorzio
[Farabolafoto, Milano]

Gli anni '70 del '900 hanno rappresentato uno snodo fondamentale per l'evoluzione dell'istituzione familiare in Italia. Alla legge sul divorzio, approvata in Parlamento nel 1970 e confermata con la sconfitta del referendum abrogativo nel 1974, va aggiunta la riforma del diritto di famiglia del 1975 che sancì, tra l'altro, l'eguaglianza tra i coniugi.

Non si tratta soltanto dell'abolizione di ogni impedimento razziale o religioso ai matrimoni (è ancora vivido il ricordo delle leggi razziali nei regimi totalitari fascisti, che impedivano, tra l'altro, il matrimonio tra ebrei e «ariani»): quest'articolo riconosce anche il ruolo fondamentale della famiglia per la piena realizzazione personale dell'individuo. Sullo stesso principio è orientato l'articolo 29 della Costituzione italiana, che serve a fondare legalmente il valore delle comunità intermedie e l'importanza dei rapporti etico-sociali della persona.

L'istituto della famiglia è destinato nei prossimi anni a cambiare ulteriormente. Dall'introduzione del divorzio in Italia, nel 1970, e in gran parte dei paesi del mondo, molte famiglie sono profondamente cambiate e sono oggi molto diverse rispetto al modello tradizionale e a quello coniugale che aveva caratterizzato gli ultimi due secoli. Per inserire anche queste unità familiari complesse nella compagine statale e pubblica alcuni paesi hanno approvato leggi che regolarizzano le cosiddette **coppie di fatto** o che consentono anche alle **coppie omosessuali** di contrarre il matrimonio o di adottare dei figli.

STORIA • SOCIETÀ • CITTADINANZA

SINTESI

1 I caratteri della borghesia

Al conservatorismo politico che, dopo il fallimento delle rivoluzioni del '48-49, caratterizzava la situazione europea, faceva riscontro un processo di profondo mutamento sociale. Il ventennio successivo al '48 vide la crescita della borghesia: un ceto sociale attraversato da notevoli differenziazioni interne e tuttavia portatore di uno stile di vita e di un insieme di valori sostanzialmente unitari – merito individuale, libera iniziativa, concorrenza, innovazione e, nella sfera familiare e privata, austerità, moderazione, vocazione al risparmio – su cui sembrava poggiare la trasformazione in atto nel campo dello sviluppo economico e del progresso scientifico.

2 La cultura del positivismo

Centrale, tra i valori borghesi, era la fede nel progresso generale dell'umanità, che poggiava sull'imponente sviluppo economico e scientifico della seconda metà dell'800. Sul piano culturale, il progresso scientifico diede origine a una nuova corrente filosofica, il positivismo, che diventò l'ideologia della borghesia in ascesa e influenzò tutta la mentalità dell'epoca. Il rappresentante più noto del nuovo spirito "positivo" fu Darwin, cui si deve la teoria dell'evoluzione e della selezione naturale: come tutte le specie viventi, la specie umana è – secondo Darwin – il risultato di un'evoluzione da un unico organismo semplicissimo nella sua composizione cellulare; e, come altre specie viventi, è riuscita a non estinguersi e a sopravvivere adattandosi al contesto e perdendo, tra i suoi, gli individui con minore capacità di adattamento.

3 Lo sviluppo dell'economia e delle comunicazioni

Dalla fine degli anni '40, l'economia europea conobbe una fase di forte sviluppo durata quasi un quarto di secolo. Lo sviluppo interessò anzitutto l'industria, principalmente nei settori siderurgico e meccanico. Si generalizzò in quest'epoca l'impiego delle macchine a vapore e del combustibile minerale. I fattori principali del boom industriale degli anni '50 e '60 furono: la rimozione dei vincoli giuridici che ostacolavano le attività economiche; l'affermarsi del libero scambio; il ruolo assunto dalle banche nelle operazioni di investimento sul lungo e medio termine e la nascita di numerose società per azioni; lo sviluppo di nuovi mezzi di trasporto (navi a vapore e, soprattutto, ferrovie) e della comunicazione (telegrafo). Quest'ultimo fattore di sviluppo mutava per alcuni aspetti essenziali la vita dell'epoca e l'immagine stessa che la gente aveva del mondo: esso appariva, ed era effettivamente, sempre più unito.

4 Le città

Nell'800 aumentò non solo la popolazione urbana ma anche il numero delle grandi città. In Gran Bretagna, in particolare, per via della rivoluzione industriale, piccoli centri si trasformarono in grandi città, in pochi decenni. Nella seconda metà dell'800 furono soprattutto gli Stati Uniti a offrire un nuovo modello di sviluppo della città, con la costruzione dei grattacieli e l'espansione dei sobborghi periferici. In molti grandi centri punti di riferimento essenziali divennero le stazioni ferroviarie, la Borsa, i centri commerciali, il tribunale, i palazzi dei ministeri. I ceti popolari andarono ad addensarsi nelle grandi periferie, ben distinte dai quartieri residenziali borghesi. Nello stesso periodo, quasi tutte le grandi città europee videro moltiplicarsi le iniziative dei poteri pubblici per favorire lo sviluppo dei trasporti e per cercare di risolvere i più urgenti problemi igienici.

5 Il mondo rurale

Alla metà dell'800, in tutta l'Europa continentale erano i lavoratori della terra a costituire la grande maggioranza della popolazione attiva. Diversi furono gli effetti della privatizzazione delle terre: in alcune regioni la scomparsa del regime feudale lasciò il posto alla piccola e media proprietà, in altre andò invece a vantaggio dei grandi latifondisti; in altre ancora si crearono situazioni di convivenza fra azienda capitalistica e piccola proprietà terriera, lavoro salariato e mezzadria. Ovunque, comunque, i lavoratori agricoli occupavano i gradini inferiori della scala sociale. Fra il 1840 e il 1870 milioni di persone lasciarono il vecchio continente per andare a dissodare le terre vergini del Nord America o si trasferirono nelle aree urbane in cerca di nuova occupazione.

6 La classe operaia

Si diffondeva, nello stesso periodo, la figura dell'operaio di fabbrica, le cui dure condizioni di vita e di lavoro favorivano il formarsi di una coscienza di classe e delle prime associazioni operaie, soprattutto in Gran Bretagna, Germania e Francia.

7 Marx, Bakunin e la Prima Internazionale

Nel 1864 venne fondata, a Londra, la Prima Associazione Internazionale dei Lavoratori, la cui storia fu caratterizzata dai contrasti fra le varie correnti – principalmente tra marxisti e anarchici – che avrebbero presto condotto alla sua dissoluzione. Il maggior teorico dell'anarchismo fu Bakunin, le cui teorie si distinguevano per alcuni aspetti sostanziali da quelle di Marx. Bakunin, tra l'altro, riteneva che, una volta abbattuto il potere statale, il comunismo si sarebbe instaurato spontaneamente, senza dunque la fase di «dittatura del proletariato» prevista da Marx. Egli considerava, inoltre, le masse diseredate (e non il proletariato industriale) il soggetto della rivoluzione. Per quest'ultimo motivo il bakuninismo si diffuse soprattutto nei paesi più arretrati e declinò progressivamente coll'avanzare dell'industrializzazione e la crescita della classe operaia.

8 La Chiesa cattolica contro la modernità borghese

Di fronte alla società borghese, il mondo cattolico da un lato assunse un atteggiamento di dura condanna – con Pio IX, che fece pubblicare il *Sillabo* degli «errori del secolo» (1864) –; dall'altro, si fece promotore, con i movimenti cristiano-sociali, di un intervento dello Stato a favore dei lavoratori e dei primi esperimenti di associazionismo cattolico.

SVILUPPARE LE COMPETENZE

❶ Rispondi ai quesiti impiegando il numero di righe indicato tra parentesi:

1. Quali erano i tratti distintivi, sociali e morali, della borghesia ottocentesca? (8 righe)
2. Perché la borghesia considerava la povertà come una colpa atavica? (4 righe)
3. Quale legame esisteva tra Auguste Comte, positivismo e Charles Darwin? (9 righe)
4. In che modo tecnologia e libero scambio favorirono lo sviluppo economico e industriale? (6 righe)
5. Come si trasformarono, nell'800, il trasporto ferroviario e la navigazione a vapore? (8 righe)

❷ Commenta, in brevi testi di tre righe ciascuno, le seguenti affermazioni:

a. Affermazione della borghesia e crescita del proletariato innescarono l'urbanesimo.
b. Crebbero soprattutto le cosiddette "città-emporio".
c. Sviluppo economico e rivoluzione dei trasporti fecero crescere velocemente le città.
d. Divenne sempre più netta la separazione tra periferie operaie e quartieri borghesi.
e. Acqua potabile, illuminazione pubblica e reti di trasporto pubblico migliorarono la qualità della vita nelle città.
f. La maggioranza della popolazione restava comunque nelle campagne ed era impiegata nell'agricoltura.
g. La scomparsa del lavoro servile non ebbe dovunque gli stessi e positivi effetti.

❸ Usa tutti gli argomenti elencati di seguito come spunti per costruire un breve testo di 10 righe sulla classe operaia nell'800. Fai attenzione, dovrai utilizzare tutti gli argomenti senza cambiarne l'ordine:

a. Precarietà della condizione operaia
b. Nuova coscienza di classe
c. Trade Unions Congress
d. Forte influenza di Proudhon
e. Associazione generale dei lavoratori tedeschi

❹ Ognuna delle frasi seguenti contiene un errore. Individualo e correggilo scrivendo brevi testi di 3 righe per motivare la tua scelta:

a. La riunione inaugurale dell'Associazione internazionale dei lavoratori si tenne a Parigi nel 1864.
b. Il funzionamento dell'Associazione internazionale dei lavoratori fu reso difficile dall'omogeneità delle sue componenti e dalle lotte tra i capi.
c. Il tedesco Michail Bakunin fu il teorico dell'anarchismo.
d. Per Bakunin l'ostacolo che impediva all'uomo di raggiungere la ricchezza era lo Stato.
e. Per Marx religione e Stato erano strumenti al servizio delle classi deboli.
f. Per Marx protagonisti del processo rivoluzionario erano i contadini.
g. Lo scontro tra la Chiesa cattolica e la cultura laico-borghese ebbe il suo culmine nel 1870.
h. La pubblicazione del *Sillabo* suscitò sorpresa e gioia in tutta l'Europa.

CAPITOLO

16 INDUSTRIALIZZAZIONE E SOCIETÀ DI MASSA

1 Crisi e protezionismo

Tra il 1870 e il 1914 l'economia capitalistica subì una serie di trasformazioni di tale profondità e di tale portata da giustificare, in riferimento a questo periodo, la definizione di **"seconda rivoluzione industriale"**.

Sovrapproduzione e caduta dei prezzi

La nuova fase dell'economia ebbe inizio con una improvvisa **crisi di sovrapproduzione** che, scoppiata nel 1873, continuò a far sentire i suoi effetti nei due decenni successivi, caratterizzati da una prolungata caduta dei prezzi. In realtà la caduta dei prezzi fu, più che un sintomo di crisi, un prodotto delle trasformazioni organizzative e delle innovazioni tecnologiche che permisero di **ridurre progressivamente i costi di produzione**. In nessun paese, infatti, si registrarono sostanziali diminuzioni della produzione industriale. Il volume degli scambi commerciali continuò a crescere ovunque. Il tenore di vita della popolazione nelle aree urbane non subì riduzioni: al contrario, i lavoratori salariati si giovarono della diminuzione dei prezzi e riuscirono, grazie anche all'azione delle organizzazioni di classe, a difendere meglio che in passato il livello reale delle loro retribuzioni.

La crisi agraria in Europa

Il settore dell'economia europea in cui la caduta dei prezzi si fece sentire con maggiore intensità e con effetti più drammatici fu senza dubbio quello agricolo. Quando i progressi della navigazione a vapore, determinando un notevole **abbassamento dei costi di trasporto**, consentirono ai prodotti dell'agricoltura nordamericana – che avevano prezzi competitivi – di raggiungere i mercati del Vecchio Continente, tutta l'agricoltura europea, in particolare quella più arretrata, ne ricevette un colpo durissimo. A partire dagli anni '79-80, i prezzi dei prodotti agricoli calarono bruscamente. Questo ribasso avvantaggiò i consumatori delle città, ma provocò la rovina di molte aziende agricole piccole e grandi: e quindi disoccupazione, fame, miseria crescente nelle campagne, soprattutto in quelle dove le tecniche produttive erano rimaste più arretrate.
Si difesero meglio dalla crisi i settori agricoli presenti nell'**Europa centro-settentrionale** in cui erano state introdotte nuove tecniche di coltivazione volte ad aumentare la produttività: l'uso di concimi chimici; l'impiego di mietitrici e trebbiatrici a trazione animale; l'estensione delle opere di bonifica e di irrigazione; l'introduzione di nuove colture (come la barbabietola da zucchero) e di nuovi sistemi di rotazione.

L'emigrazione europea

Conseguenza immediata della crisi fu l'intensificarsi dell'emigrazione verso le aree industriali e verso i paesi d'oltreoceano, soprattutto l'**America del Nord**. Il flusso degli emigranti dall'Europa raggiunse le 500 mila unità annue intorno all'80, per superare le 800 mila alla fine del decennio e per sfondare infine il tetto del milione nei primi anni del '900.

Mutò anche, progressivamente, la provenienza geografica degli emigranti: fino a circa il 1880 erano stati in prevalenza inglesi, irlandesi, tedeschi e scandinavi. Alla fine del secolo erano per due terzi originari di paesi latini e slavi: qui, infatti, le conseguenze della crisi agraria si erano fatte sentire più pesantemente e minori erano le capacità di assorbimento della manodopera da parte dei settori industriali.

Il protezionismo Fu anche per far fronte alle conseguenze della crisi agraria e per venire incontro alle pressioni dei grandi proprietari, e degli agricoltori in genere, che i governi europei finirono per imboccare la strada del protezionismo. Tutte le nuove tariffe adottate dai vari Stati stabilivano dazi elevati per numerosi prodotti agricoli, in particolare per i **cereali**. Ma le politiche protezionistiche ebbero anche come obiettivo la tutela delle produzioni industriali dai rischi della concorrenza estera: tutti gli Stati europei adottarono nuove misure protezionistiche, a cominciare dalla Germania nel 1879, seguita dalla Russia (1881-82), dall'Italia (1887) e dalla Francia (1892). Accanto a questa politica gli Stati diedero avvio a varie forme di **sostegno diretto** alla grande industria, attuato per lo più mediante le commesse per l'esercito e la marina militare.

Il capitalismo finanziario L'abbandono del liberismo non fu l'unico modo per aggirare le crescenti difficoltà create alle imprese dal regime di prezzi calanti. Nacquero così grandi consociazioni per il controllo finan-

Parola chiave
Liberismo / Protezionismo

ONLINE

◄ **Una donna slava appena giunta a Ellis Island, New York** 1905 ca. [International Museum of Photography, George Eastman House, Rochester (Usa)]

► **Emigrante europea sottoposta a visita medica a Ellis Island, New York** inizio XX secolo

Al loro arrivo negli Stati Uniti, le navi cariche di immigranti venivano fatte attraccare a Ellis Island, un isolotto nella baia di New York. Qui, i nuovi arrivati venivano trattenuti per essere sottoposti a una prima identificazione e a un rapido esame medico teso ad accertare eventuali patologie da sottoporre ad ulteriori esami. Chi passava queste prime due procedure veniva poi registrato e infine riceveva un permesso per sbarcare a Manhattan. I non idonei, «i vecchi, i deformi, i ciechi, i sordomuti e tutti coloro che soffrono di malattie contagiose, aberrazioni mentali e qualsiasi altra infermità», venivano rimpatriati. Attualmente, l'edificio, che fra il 1892 e il 1924 ha "vagliato" l'ingresso in America di 12 milioni di immigranti, ospita l'Ellis Island Immigration Museum.

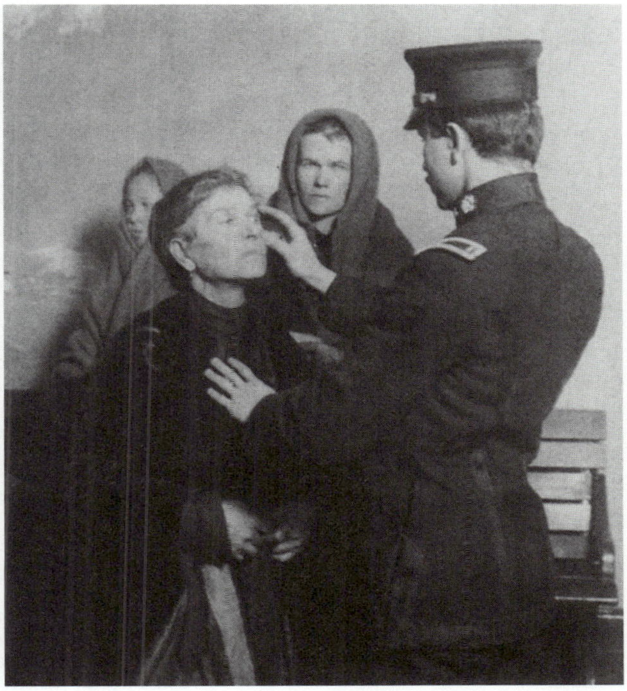

Storiografia
R. Giannetti
Le origini della grande impresa
J. Mokyr
La seconda rivoluzione industriale

ziario di diverse imprese; consorzi – **cartelli** o **pools** – fra aziende dello stesso settore che si accordavano sulla produzione e sui prezzi; infine vere e proprie concentrazioni, **trusts**, fra imprese prima indipendenti. Questi fenomeni assunsero dimensioni imponenti, soprattutto negli Stati Uniti e in Germania, fino a determinare in qualche caso situazioni di **monopolio**.

Un ruolo decisivo, in questi processi, fu svolto dalle istituzioni finanziarie. Solo le grandi banche potevano assicurare i flussi di denaro necessari alla crescita dei colossi industriali per i quali i profitti, per quanto elevati, non erano sufficienti a ricostituire in tempi brevi il capitale di investimento. **Fra banche e imprese si venne così a creare uno stretto rapporto di compenetrazione**: le imprese dipendevano sempre più dalle banche per il loro sviluppo e le banche legavano in misura crescente le loro fortune a quelle delle imprese. Le banche controllavano quote rilevanti dei pacchetti azionari delle industrie, ma d'altro canto i magnati dell'industria sedevano spesso nei consigli di amministrazione delle banche. Questo intreccio fra industria e finanza fu definito dagli economisti marxisti "capitalismo finanziario".

GUIDA ALLO STUDIO

❶ Che cosa accadde nel 1873 e quali conseguenze ebbe sull'economia europea? ❷ Che cosa rendeva i prodotti agricoli statunitensi competitivi sui mercati europei? ❸ In che modo le imprese reagirono alla crisi? ❹ Che cosa si intende per "capitalismo finanziario"?

2 La seconda rivoluzione industriale

Durante la seconda metà dell'800 e nei primi anni del '900 si affermò in Europa e in Nord America la seconda rivoluzione industriale, un processo che fece sentire i suoi effetti con una diffusione capillare, mutando le abitudini, i consumi e i comportamenti di milioni di individui. Tre sono le fasi che, strettamente legate tra loro, caratterizzano questo processo: lo sviluppo di nuovi settori, la diffusione dei consumi di massa e, infine, i processi di razionalizzazione produttiva.

Se il cotone, il ferro, il carbone e la macchina a vapore erano stati i fattori trainanti della prima rivoluzione industriale, nella seconda si affermarono l'acciaio, la chimica, il motore a scoppio e l'elettricità [👁 8.2-3].

L'acciaio Con le nuove tecniche di fabbricazione messe a punto negli anni '60 e '70 fu possibile produrre grandi quantità di **acciaio** a costi relativamente modesti. Da allora il consumo mondiale di acciaio aumentò vertiginosamente e trovò infinite **applicazioni nei campi più svariati**. Fu usato per le rotaie delle ferrovie al posto della ghisa, per le corazze delle navi da guerra, per gli utensili domestici e per le macchine industriali, che divennero più leggere e precise, dando così una spinta decisiva ai processi di meccanizzazione. Ma fornì anche le strutture

Cartello / trust
Il cartello è l'accordo fra imprese di uno stesso settore mirante a limitare la concorrenza e a stabilire i prezzi dei loro prodotti. Il trust è invece una concentrazione di industrie diverse sotto un'unica direzione strategica, senza che però vi sia un'integrazione fra le imprese.

Pool
Consorzio di imprese la cui attività è coordinata da un organo centrale che si occupa di acquistare le materie prime e vendere i prodotti finiti per conto delle imprese consorziate.

Monopolio
In economia è la situazione in cui l'offerta di un bene o di un servizio è concentrata nelle mani di un solo soggetto, che può imporre il prezzo che vuole. In generale si parla di monopolio per indicare una posizione di privilegio esclusivo.

Acciaio
Lega di ferro e carbonio che si realizza a temperature molto elevate. L'acciaio contiene più carbonio del ferro, ma meno della ghisa; ha una straordinaria resistenza, ma anche una buona elasticità ed è dunque facilmente lavorabile. Le qualità dell'acciaio erano note fin da epoca antica, ma solo nella seconda metà dell'800 furono inventate tecniche e costruiti forni adatti per produrre su grande scala questo materiale a basso costo lavorando la ghisa: vincente fu l'adattamento del metodo di depurazione delle scorie, inventato da Sidney Gilchrist Thomas nel 1878-79, al convertitore Bessemer (che depura la ghisa dal carbonio) e al forno ad altissima temperatura realizzato da Karl Wilhelm Siemens e perfezionato da Pierre Martin (1864).

che resero possibile la costruzione di grandi edifici e di grandi ponti, ancor prima che, nel 1892, fosse introdotto l'uso del **cemento armato**, ossia del calcestruzzo rinforzato da sbarre di ferro. In occasione dell'Esposizione universale di Parigi, l'ingegnere francese Gustave-Alexandre Eiffel realizzò una torre alta 300 metri e pesante 8000 tonnellate, destinata a diventare il simbolo più celebre dell'**età dell'acciaio**.

Storiografia
D.S. Landes
L'età dell'acciaio
ONLINE

La chimica L'industria chimica abbracciava una grandissima varietà di produzioni: dalla carta al vetro, dai medicinali ai concimi, dai saponi ai coloranti, dagli esplosivi al cemento, dalla gomma alla ceramica. La stessa siderurgia, nel momento in cui usava procedimenti chimici per combinare diversi elementi, poteva essere considerata un settore della chimica applicata. Fu, per esempio, un processo chimico che, nel 1886, permise di **ricavare dalla bauxite l'alluminio**, divenuto presto un utile sostituto del ferro e dell'acciaio. Sotto la spinta incessante di nuove scoperte e invenzioni, intorno al 1870 fu sperimentata per la prima volta, in Gran Bretagna e soprattutto in Germania, la produzione dei **coloranti artificiali**, i cui princìpi furono alla base di molti successivi sviluppi della chimica organica. Nel 1875 un chimico svedese, Alfred Nobel, depositò il brevetto della **dinamite**. Nel 1888 l'invenzione dello **pneumatico** da parte dello scozzese John Boyd Dunlop aprì nuovi orizzonti all'industria della gomma. Fra l'89 e il '92, furono realizzate in Francia e in Gran Bretagna le **prime fibre tessili artificiali**, derivate dalla cellulosa.

La chimica ebbe un ruolo decisivo anche nel settore alimentare con l'invenzione di nuovi metodi per la sterilizzazione, la conservazione e l'inscatolamento dei cibi, e con lo sviluppo delle tecniche di refrigerazione. La **diffusione degli alimenti in scatola**, più rapida negli Stati Uniti, molto più lenta in Europa, e la costruzione dei vagoni e delle celle frigorifere rappresentarono un'autentica rivoluzione nell'ambito della più generale rivoluzione dei trasporti. Per tutto il mondo industrializzato, la possibilità di conservare cibi deperibili e di trasportarli a grande distanza dai luoghi di produzione significava la liberazione definitiva dal rischio delle carestie.

Marcello Dudovich
Manifesto pubblicitario per i pneumatici Dunlop
1907-8
[Museo Civico Bailo, Treviso; © by SIAE 2014]
I primi pneumatici Dunlop furono presentati nel 1888 ed erano destinati alle biciclette. Solo la successiva invenzione dei cerchioni a tenuta rese possibile il loro impiego sui veicoli pesanti.

I motori a scoppio Risultato di lunghi studi ed esperimenti, il motore a combustione interna o a scoppio (quello in cui è il combustibile a fornire la spinta motrice, esplodendo ed espandendosi in uno spazio limitato) vide una prima realizzazione ad opera del tedesco Nikolaus Otto che, nel 1876, costruì un motore a quattro tempi. Successivamente due ingegneri tedeschi, Gottlieb Daimler e Carl Friedrich Benz, riuscirono, separatamente, a montare dei motori a scoppio su autoveicoli a ruote, realizzando così, nel 1885, le **prime**

automobili. Il combustibile usato era un distillato del petrolio che prese poi il nome di **benzina**, mentre, nel 1897, un altro ingegnere tedesco, Rudolf Diesel, inventò il **motore a gasolio** che porta ancora il suo nome. Tuttavia la diffusione dell'automobile fu lenta e avventurosa e solo all'inizio del '900 si cominciarono a produrre autovetture a motore abbastanza veloci e affidabili. Questo sviluppo limitato fu tuttavia sufficiente a dare un impulso decisivo all'estrazione del **petrolio**, soprattutto nel Nord America dove, alla fine dell'800, era concentrata la metà della produzione mondiale. La diffusione dei prodotti petroliferi, usati anche come lubrificanti e come combustibili da riscaldamento e da illuminazione, era però ostacolata dagli **alti costi**

PERSONAGGI

Marie Curie

Il nome Maria Skłodowski suona poco conosciuto, eppure è così che fu registrata all'anagrafe di Varsavia Marie Curie (1867-1934). La scelta di naturalizzare il nome in francese e di assumere il cognome del marito non deve far pensare che fosse poco legata alla sua terra natia. Dalla famiglia, appartenente alla piccola (e impoverita) nobiltà polacca, Marie ereditò le simpatie per il movimento patriottico, in lotta per l'indipendenza della Polonia (divisa sotto il dominio della Russia zarista, dell'Impero asburgico e della Prussia). Dai genitori, entrambi insegnanti, ereditò anche la predisposizione allo studio, nel quale fu guidata soprattutto dal padre, vista la precoce perdita della madre, morta di tubercolosi. Concluso il ginnasio con successo, a Marie era precluso l'accesso all'università, che non ammetteva le donne. L'unica possibilità per lei e la sorella Bronia, con cui manterrà sempre un solido legame, era la **Sorbona di Parigi**. Lì andò Bronia per studiare medicina, mentre Marie la aiutava economicamente lavorando come istitutrice privata. Con grande determinazione aggiunse al lavoro lo studio da autodidatta, orientandosi alla matematica e alla fisica, mentre faceva, con gioia, le prime esperienze in laboratorio.

Quaranta ore di viaggio, 1600 km, tanto la separava da Parigi, dove nel 1891 si ricongiunse alla sorella e fu ammessa alla Sorbona. Qui, in un ambiente prevalentemente maschile (non erano ammesse le donne francesi), si fece strada con dedizione e impegno ed ebbe come docenti alcuni fra i più brillanti scienziati dell'epoca. Li ricordò come anni di studio monotoni, eppure fra i più belli della sua vita.

Ottenute con successo la laurea in scienze e quella in matematica, Marie pensava di tornare a Varsavia, per prendersi cura del padre e lavorare come insegnante. Così non fu, grazie all'incontro con **Pierre Curie** (1859-1906), introverso scienziato. Provenivano da ambienti diversi, eppure molte erano le affinità che li legavano e che permisero loro di costruire un matrimonio felice e uno dei sodalizi più riusciti nella storia della scienza. Marie rimase a Parigi e intraprese un **dottorato** alla Sorbona, in cui indagò il fenomeno, appena scoperto, delle radiazioni emesse dai sali di **uranio**. Pierre la aiutò costantemente nelle ricerche, come dimostrano i diari di laboratorio, fittamente annotati da entrambi. Quando si imbatté in alcuni composti dell'uranio e del torio che dimostravano un'attività radioattiva molto più alta dell'uranio stesso, Marie intuì che dovevano contenere un altro elemento. A partire dalla pechblenda (o uranite) riuscì a scoprire due elementi chimici fino ad allora sconosciuti: il **polonio** (che chiamò così in onore della sua patria) e il **radio**. Sul secondo si concentrò la ricerca di Marie, che lavorò, in condizioni difficili, per isolarlo, estrarlo, e determinarne il peso atomico. I Curie osservarono come il radio sviluppasse calore in modo continuo e costante, contravvenendo al principio della conservazione dell'energia (il fenomeno fu spiegato in seguito da Rutherford e Soddy in base alle conoscenze sulla disintegrazione atomica). Scoprendo che maneggiare il radio provocava ustioni, i Curie per primi ne indagarono gli effetti fisiologici, tanto che si cominciarono ad usare le sue emanazioni per **curare, con successo, il cancro** alla pelle. Nacque una terapia, tuttora in uso, e la necessità di estrarre il radio su scala industriale. Con generosità i Curie scelsero di non brevettare il loro metodo d'estrazione, perché tutti potessero ricavare il radio liberamente.

Gli studi sulla **radioattività** valsero a Marie un insigne primato: fu **la prima donna a ricevere il premio Nobel**, conferito a lei e Pierre nel 1903, per la fisica. Un'ondata di notorietà investì la coppia, interferendo nella loro vita semplice e modesta, molto concentrata sul lavoro. Il Nobel portò, però, anche dei benefici: gli introiti permisero ai coniugi di superare le incertezze economiche; Pierre, dopo diversi rifiuti, venne ammesso alla prestigiosa *Académie des Sciences* e divenne docente di fisica alla Sorbona. Nel frattempo nacque Eve, seconda figlia della coppia (la primogenita Irène era nata nel 1897). La felicità, però, si interruppe bruscamente un pomeriggio piovoso del 1906, quando Pierre morì in un incidente stradale. Marie perse in un colpo solo il marito e il più prezioso collega.

Per superare la depressione si dedicò intensamente alle figlie e al lavoro. Fu nominata a ricoprire l'incarico del marito, divenendo **la prima donna ad insegnare alla Sorbona**. In un vasto studio, il *Traité de radioactivité*, analizzò con precisione le ricerche finora condotte sulla radioattività – «la chimica dell'invisibile», come lei la definì. Si occupò, inoltre, di preparare il campione di misura del radio, che doveva essere usato come termine di confronto per tutte le ricerche internazionali e riuscì ad ottenere il radio allo stato metallico. L'importanza degli studi che continuava a svolgere le valsero, nel 1911, **un secondo premio Nobel, questa volta in chimica**. La sua attività aveva aperto, inoltre, le porte ad ulteriori studi sulla fisica dell'atomo.

Mentre fioccavano i riconoscimenti internazionali, la Francia si dimostrava insolitamente ostile: l'Academie des Sciences rifiutò di accogliere Marie fra i suoi membri, rimanendo un'istituzione esclusivamente maschile. Nel frattempo alcuni quotidiani di destra avevano orchestrato una **campagna diffamatoria ai suoi danni**, dopo la scoperta della sua relazione con Paul Langevin, suo collaboratore all'epoca sposato. Venne dipinta con disprezzo come una donna straniera, emancipata, che stava distruggendo una famiglia francese. Lo scandalo, oltre a causare la fine della sua relazione con Langevin, accentuò i tratti del suo carattere più rigidi e austeri. Nonostante quest'episodio, non esitò, allo scoppio della prima guerra mondiale, ad aiutare la sua patria adottiva. Sospese

di produzione: il prezzo del petrolio era molto più alto di quello del carbone, che rimaneva il combustibile di gran lunga più diffuso.

Petrolio
Miscela di idrocarburi liquidi, nei quali sono disciolti idrocarburi solidi o gassosi, che si forma nei giacimenti sottomarini o del sottosuolo, in seguito a trasformazioni di sostanze organiche di origine vegetale e animale. Dopo l'estrazione, il petrolio viene lavorato nelle raffinerie. Se ne traggono numerosi prodotti, largamente in uso nella società odierna: combustibili come la benzina, il gasolio, il cherosene (che alimenta gli aerei e anche molte stufe domestiche) e il gas di petrolio liquefatto o il Gpl (diffuso in bombole anche in ambiente domestico per la cucina o il riscaldamento); gli oli lubrificanti, gli asfalti e naturalmente tutti i prodotti petrolchimici, in primo luogo le materie plastiche.

Marie Curie nel suo laboratorio
1905

l'insegnamento per prestare aiuto nel servizio sanitario nazionale, dove realizzò le **petites curies**, unità mobili attrezzate con apparecchi ai raggi X, che si muovevano lungo la linea del fronte.

Finita la guerra, dopo un trionfale viaggio negli Usa, riuscì a realizzare il sogno che era stato anche del marito: la creazione a Parigi (e poi a Varsavia) dell'**Institut du Radium**, il primo centro per lo studio fisico e chimico degli elementi radioattivi e per la ricerca sulle loro applicazioni mediche. Il radio era usato contro il cancro e per il trattamento di diverse malattie, ma non si comprendevano ancora a pieno gli effetti che le radiazioni potevano avere sulla salute umana. Proprio in questo periodo molti dei collaboratori della Curie si ammalarono, e anche lei cominciò a riscontrare danni alla vista e all'udito. Cercò di tenere segrete le sue sofferenze e non si sottrasse mai alla direzione del laboratorio, luogo di lavoro e meditazione. I suoi collaboratori, fra cui aveva accolto tante donne e stranieri, la ricordavano sempre vestita di nero, umile e benevola, ancora piena di passione per la ricerca. Seguiva con attenzione gli esperimenti sulla radioattività che continuavano a svolgersi sotto la guida della **figlia Irène** e di suo marito Frédéric Joliot. Ai due si deve la scoperta della radioattività artificiale, ossia la facoltà che hanno alcuni elementi, se bombardati da raggi alfa, di rilasciare parte della propria energia sotto forma di decadimento radioattivo. La scoperta valse alla coppia il premio Nobel per la chimica, nel 1935.
Marie non poté assistere alla premiazione: morì nel 1934, in seguito ad un'**anemia causata dall'esposizione eccessiva alle radiazioni**. Senza cerimonie ufficiali, alla sola presenza di amici e colleghi, venne sepolta accanto al marito Pierre, in un cimitero fuori Parigi. I fratelli sparsero sulla sua tomba una manciata di terra polacca. Nel 1995, per volere del presidente Mitterrand, le salme dei coniugi Curie sono state traslate nel Pantheon di Parigi, segnando l'ultimo primato di Marie, l'unica donna ad essere stata accolta nel mausoleo dove riposano le glorie della Francia.

L'elettricità Oggetto di studi e di esperimenti fin dai tempi del primo generatore di energia elettrica, realizzato da Alessandro Volta, la pila (risalente al 1800 circa), l'elettricità divenne una **nuova e straordinaria fonte di energia tra il 1860 e il 1880** quando fu possibile realizzare congegni in grado di trasformare il movimento di un corpo entro un campo magnetico in corrente elettrica (dinamo e generatori), di immagazzinarla (accumulatori), di trasmetterla e distribuirla a grandi distanze, di utilizzarla per l'illuminazione o il riscaldamento o di ritrasformarla in movimento (motori elettrici).
Ma l'invenzione decisiva per lo sviluppo dell'industria elettrica fu la **lampadina a filamento incandescente**, ideata dallo statunitense Thomas Alva **Edison** nel 1879. Nacquero così, all'inizio degli anni '80, in Gran Bretagna, in Francia, in Germania, negli Stati Uniti e anche in Italia, le prime **centrali termiche** (azionate cioè da motori a vapore), capaci di fornire energia elettrica soprattutto all'**illuminazione privata**. Più lenta fu l'affermazione dell'elettricità come mezzo di illuminazione pubblica: ai primi del '900, le principali città europee erano ancora illuminate con lampade a gas. A partire dalla fine dell'800, comunque, l'energia elettrica cominciò a essere usata anche per i mezzi di trasporto – come le **tramvie** – e per gli **usi industriali**: essa fornì alle fabbriche una nuova forza motrice e rese possibili nuove lavorazioni nella chimica e nella metallurgia.
Contemporaneamente si fece strada l'idea di ricorrere per la produzione di elettricità, anziché alle macchine a vapore, all'energia idraulica che sfrutta la caduta, naturale o artificiale, dei corsi d'acqua. La costruzione di **centrali idroelettriche** ebbe impulso, nell'ultimo decennio del secolo, soprattutto in quei paesi, come l'Italia del Nord, che erano poveri di carbone ma ricchi di bacini idrici.

Manifesto pubblicitario inglese per le lampadine Osram
1900 ca.
Introducendo in un globo di vetro un filamento di fibre di bambù carbonizzate, Edison riuscì nell'ottobre del 1879 a tenere accesa la sua lampadina per pochi minuti. L'invenzione fu presto perfezionata e commercializzata "regalando", come dice il manifesto, «una luce per tutti».

Sempre legate all'elettricità furono altre novità non meno rivoluzionarie: il **telefono**, inventato nel 1871 dall'italiano Antonio Meucci e perfezionato pochi anni dopo in Nord America dallo scozzese Alexander Graham Bell; il **grammofono**, ideato da Edison nel 1876; e infine il **cinematografo**, sperimentato in Francia nel 1895 dai fratelli Louis e Auguste Lumière. Queste invenzioni erano destinate a produrre i loro effetti soprattutto nel '900. Ma, già al loro apparire, fecero intravedere la possibilità di nuovi sviluppi nel campo delle comunicazioni, e anche di nuovi linguaggi e di nuove forme di espressione artistica.

GUIDA ALLO STUDIO

❶ Quali settori produttivi furono maggiormente coinvolti nel rinnovamento delle tecniche di produzione? ❷ Che cosa legittima l'espressione «età dell'acciaio» in riferimento alla seconda rivoluzione industriale? ❸ Perché i progressi in campo alimentare di fine '800 costituirono una vera e propria rivoluzione? ❹ Quali conseguenze ebbe l'invenzione del motore a scoppio, sul piano energetico? ❺ In che modo l'elettricità trasformò la vita domestica? Quali ulteriori impieghi ebbe?

3 Consumi di massa e razionalizzazione produttiva

Sviluppo produttivo e consumi di massa

Dagli ultimi anni dell'800 allo scoppio della prima guerra mondiale (1914) l'economia dei paesi industrializzati conobbe una fase di prolungata espansione. Se il periodo 1873-95 era stato caratterizzato soprattutto dalle innovazioni tecnologiche, dalla affermazione di nuovi settori – acciaio, chimica, elettricità – e dalla crescita di nuove potenze industriali – Germania e Stati Uniti –, gli anni 1896-1913 furono segnati da uno **sviluppo generalizzato della produzione** che interessò quasi tutti i settori e toccò anche paesi "nuovi arrivati" come la Russia e l'Italia. I prezzi, che erano stati sempre calanti a partire dal 1873, crebbero costantemente, anche se lentamente, dopo il 1896. Ma crebbe anche, e in misura più consistente, il livello medio dei salari, e il **reddito pro capite** dei paesi industrializzati aumentò nonostante il contemporaneo, cospicuo aumento della popolazione.

Reddito pro capite
Si calcola dividendo il reddito complessivo di un determinato gruppo per il numero degli individui che ne fanno parte. Nel caso del reddito nazionale pro capite, esso viene calcolato sulla base della popolazione di uno Stato. Ma il calcolo del reddito pro capite può riguardare anche i valori di una regione o un'area.

La crescita dei redditi determinò a sua volta l'ampliamento del mercato. Le industrie produttrici di beni di consumo si trovarono per la prima volta a dover soddisfare una domanda che sempre più assumeva dimensioni di massa. Beni la cui produzione era stata fino allora assicurata solo dal piccolo artigianato o dall'industria domestica – abiti e calzature, utensili e mobili – cominciarono a essere prodotti in fabbrica, **in serie**: quantità elevate dello stesso modello venivano realizzate grazie a una produzione ordinata e continuativa. Pronti per il mercato, i prodotti in serie erano venduti attraverso una rete commerciale sempre più estesa e ramificata: si moltiplicarono i negozi; i grandi magazzini crebbero in numero e in dimensioni; si aprirono nuovi canali di vendita con forme di pagamento rateale che rendevano gli acquisti più **accessibili ai ceti meno abbienti**; i muri dei palazzi e le pagine dei giornali si riempirono di **cartelloni pubblicitari**.

Taylorismo e fordismo

Le esigenze della produzione in serie per un mercato di massa spinsero le imprese ad accelerare i processi di razionalizzazione produttiva. Nel 1913, nella fabbrica d'automobili **Ford** di Detroit, fu introdotta la prima **catena di montaggio**: un'innovazione rivoluzionaria che consentiva di ridurre notevolmente i tempi di lavoro ma, frammentando il lavoro in una serie di piccole operazioni affidate ciascuna a un singolo operaio, lo rendeva ripetitivo e spersonalizzato [👁 I GRANDI TEMI **5**_DOC**4**]. La catena di montaggio fu il culmine di una serie di tentativi volti a migliorare la produttività non solo mediante l'introduzione di nuove macchine, ma anche attraverso un più razionale controllo e sfruttamento del lavoro umano.

Il risultato più concreto in questo senso lo si dovette a un ingegnere statunitense, **Frederick W. Taylor**, autore nel 1911 di un libro intitolato *Princìpi di organizzazione scientifica del lavoro* [I GRANDI TEMI **5**_DOC**3**]. Il metodo di Taylor si basava sull'analisi del lavoro in fabbrica, sulla rilevazione dei tempi standard necessari per compiere le singole operazioni e sulla individuazione di regole e ritmi cui gli operai avrebbero dovuto uniformarsi, eliminando le pause ingiustificate e gli sprechi di tempo. Applicate con un certo successo in molte grandi imprese americane e – soprattutto dopo la prima guerra mondiale – anche europee, le tecniche del taylorismo assicurarono notevoli progressi in termini di produttività e permisero alle imprese che le adottarono di innalzare il livello delle retribuzioni. Tipico fu il caso della Ford, l'industria di Detroit che fu la prima a produrre automobili in grande serie, legando il suo nome a una nuova filosofia imprenditoriale – il **fordismo** – basata sui consumi di massa, sui prezzi competitivi e sugli alti salari. I sistemi tayloristici incontrarono però una diffusa ostilità fra i lavoratori che si sentivano spossessati di qualsiasi autonomia, oltre che di qualsiasi orgoglio professionale, e vedevano subordinato il loro lavoro agli automatismi delle macchine.

GUIDA ALLO STUDIO

❶ Che cosa si intende con l'espressione "consumi di massa"? ❷ Cos'è una catena di montaggio? In quale settore produttivo fu introdotta per la prima volta? ❸ In che modo la produzione in serie trasformò il lavoro operaio?

4 Igiene, medicina e demografia

I traguardi della scienza medica

Negli ultimi decenni dell'800 la medicina si trasformò in una disciplina scientifica abbandonando le pratiche empiriche della tradizione. Questa trasformazione si basava su quattro princìpi: la diffusione delle **pratiche igieniste** e la conseguente adozione di efficaci strategie di

Le fasi finali della catena di montaggio nella produzione del modello T della Ford a Detroit

Fondata da Henry Ford nel 1903, la casa automobilistica omonima di Detroit fu la prima a introdurre nei suoi stabilimenti la catena di montaggio e i sistemi tayloristi, oltre che ad applicare la nuova filosofia imprenditoriale del "fordismo".

prevenzione e contenimento delle malattie epidemiche; lo sviluppo della **microscopia**, che consentì di identificare i microrganismi responsabili di alcune malattie infettive; i progressi della **farmacologia** che permise la sintesi e l'estrazione di numerose sostanze in grado di modificare il corso naturale delle malattie; la nuova **ingegneria sanitaria**, che rese possibile, con la costruzione dei grandi "policlinici" (con reparti specializzati), l'osservazione sistematica del malato.

Partendo da osservazioni empiriche e dati statistici inoppugnabili e proponendo una serie di interventi dimostratisi poi efficaci (la canalizzazione delle acque di scarico, la lotta contro il sovraffollamento nelle abitazioni, la rigida circoscrizione dei focolai di epidemie), gli **igienisti** riuscirono a diffondere alcune **pratiche preventive** e a imporle, nonostante l'ostilità di gran parte della medicina "accademica", all'attenzione dei poteri pubblici. Il rispetto dell'igiene si diffuse gradualmente anche negli ospedali, luoghi spesso di contagio e di infezione più che di cura, con l'adozione di alcune pratiche, che oggi a noi paiono elementari, come quella di lavarsi le mani tra una visita e l'altra.

Il successo della proposta igienista, che privilegiava la prevenzione, si accompagnò a quel fondamentale evento scientifico che fu l'identificazione, da parte del francese **Louis Pasteur** e del tedesco **Robert Koch**, dei microrganismi come agenti di alcune gravi malattie infettive, la peste, il colera e la tubercolosi. Una scoperta che, sottolineando la necessaria presenza dei germi nella **genesi delle malattie infettive**, dimostrava come le condizioni ambientali non fossero di per sé sufficienti a provocare l'insorgere del male e che fu usata da molti medici per svalutare l'importanza dei fattori igienici.

DOC
I nuovi ospedali
ONLINE

Nuovi farmaci e nuovi ospedali

Un'ulteriore e decisiva spinta ai progressi della medicina venne, sempre nella seconda metà dell'800, dalle scoperte della chimi-

Il cortile dell'ospedale a padiglioni Lariboisière di Parigi
Il tipo di ospedale a padiglioni, adottato ovunque su larga scala a partire dalla metà dell'800, è costituito da diversi reparti, quasi sempre a due o tre piani, nettamente separati oppure comunicanti attraverso pensiline chiuse. In questa tipologia ospedaliera i malati sono suddivisi nei padiglioni secondo il genere della malattia, il sesso e l'età, in modo che ogni sezione abbia la migliore esposizione al sole e ventilazione, che i contatti fra i diversi malati siano ridotti al minimo e che i reparti siano il più possibile rispondenti alle moderne esigenze di igiene. Uno dei primi e più celebrati esempi di architettura ospedaliera a padiglioni è l'ospedale Lariboisière di Parigi. Inaugurato nel 1854, l'ospedale è costituito da dieci padiglioni disposti sui lati lunghi di un grande cortile rettangolare, connessi da un camminamento coperto che costeggia tutto il perimetro del cortile, più due corpi di fabbrica centrali che ospitano la cappella e gli uffici amministrativi.

ca, che consentirono di agire sui processi fisiologici con l'isolamento di una serie di sostanze e la sintesi di numerosi farmaci. Già nel 1846, la scoperta degli effetti anestetici dell'**etere dietilico** aveva aperto la strada alla pratica dell'anestesia chirurgica. Nel 1860 fu la volta dell'acido acetilsalicilico, che dal 1875 avrebbe costituito la base della più diffusa fra le medicine dei nostri tempi, l'**aspirina**. Sempre al 1875 risale la sintesi del diclorodifeniltricloroetano (meglio noto come **Ddt**), un potente insetticida che consentì progressi decisivi nella lotta contro la malaria. Grazie a scoperte come queste, si sviluppò rapidamente una nuova **industria farmaceutica**, le cui fortune coincisero in molti casi con le fortune personali di celebri ricercatori come i tedeschi Friedrich Bayer e Heinrich Emanuel Merck.

La radicale trasformazione delle terapie andò di pari passo con la contemporanea evoluzione subìta dagli ospedali, fino allora più ospizi per i poveri e i trovatelli che luoghi di cura per malati. Le nuove strutture realizzate in Europa negli ultimi decenni del secolo, i **policlinici**, si basavano su un'organizzazione razionale dello spazio, su padiglioni con ampie stanze ventilate, sulla suddivisione dei pazienti in reparti specializzati per tipi di malattie e sul rispetto delle più essenziali norme igieniche.

La crescita demografica

A partire dalla seconda metà dell'800, i progressi della medicina e dell'igiene, assieme agli sviluppi dell'industria alimentare, determinarono un vistoso aumento della popolazione. I grandi fattori che nei secoli precedenti avevano inciso negativamente sull'andamento demografico (epidemie e carestie) sembravano ormai definitivamente eliminati, nonostante alcuni episodi significativi ma marginali che ancora colpivano le aree più depresse, come il colera a Napoli e a Palermo nel 1884-85. La **vita media** dell'uomo europeo, che era di 30-35 anni prima della rivoluzione industriale, poté salire a 50 anni alla fine del secolo. La popolazione del Vecchio Continente, che fra il 1800 e il 1850 era passata da 190 a 270 milioni, raggiunse nel 1900 i 425 milioni: l'aumento fu dunque di quasi il 60% in cinquant'anni, senza contare i circa 30 milioni di individui che avevano abbandonato l'Europa e si erano in buona parte trasferiti nel Nord America; qui l'immigrazione, sommandosi all'incremento naturale della popolazione, fece quasi quadruplicare il numero degli abitanti – da poco più di 20 milioni nel 1850 a quasi 80 nel 1900.

La diminuzione delle nascite

Questo aumento della popolazione fu tanto più notevole in quanto era dovuto soprattutto alla diminuzione significativa della mortalità e si accompagnava a una progressiva **riduzione della natalità**: questo duplice andamento individuava quella che i demografi hanno chiamato la seconda transizione demografica tipica del mondo contemporaneo **[👁 2.1]**. La tendenza al calo delle nascite, per effetto del controllo della fecondità e della diffusione delle pratiche contraccettive, si era manifestata precocemente in Francia già alla fine del '700 e si diffuse in seguito in tutto l'Occidente. Questo comportamento demografico, proprio dei paesi economicamente più avanzati, esprimeva **un nuovo atteggiamento nei confronti della vita e dei figli**: un atteggiamento meno soggetto al tradizionale controllo delle norme religiose e orientato invece a programmare razionalmente la famiglia e il suo futuro. Agli inizi dell'età industriale i principali paesi europei avevano un tasso di natalità medio che si aggirava intorno al 35‰ (ossia 35 nati per anno ogni mille abitanti). Tra la fine dell'800 e l'inizio del '900, in Gran Bretagna, in Germania e negli Stati Uniti, il tasso scese sotto il 30‰. In Francia la natalità era inferiore al 30‰ già nel decennio 1830-39. In Italia e in altri paesi mediterranei, ancora alla fine dell'800, il tasso si manteneva invece ben al di sopra del 35‰: sarebbe sceso sotto il 30‰ solo negli anni '20 del '900.

Per quanto riguarda l'**Asia** e l'**Africa**, anch'esse conobbero nella seconda metà dell'800, nonostante il permanere di alti tassi di mortalità, un incremento della popolazione abbastanza consistente (rispettivamente del 30 e del 20%), anche se molto più limitato di quello dell'Europa. Il rapporto fra la crescita demografica delle aree industrializzate e quella dei paesi non ancora toccati dalla modernizzazione avrebbe cominciato a invertirsi solo con l'inizio del '900.

GUIDA ALLO STUDIO

❶ Su che cosa si basavano le teorie igieniste? ❷ A quali risultati giunsero Pasteur e Koch? ❸ In che modo si trasformarono i luoghi di cura alla fine del XIX secolo? Quali furono le principali scoperte compiute in campo farmacologico? ❹ Che cosa si intende per "seconda transizione demografica"?

5 La società di massa e i nuovi ceti medi

Le masse e l'individuo. I nuovi rapporti sociali

Di "massa" o di "masse" si cominciò a parlare con toni allarmati fin dai primi anni dell'800, dopo che la Rivoluzione francese aveva visto il "popolo" entrare per la prima volta da protagonista sulla scena politica. I problemi del rapporto fra massa e individuo, con particolare accento sui pericoli che l'ascesa delle masse portava all'ordine sociale tradizionale, ma anche a quello liberal-borghese, erano stati al centro della riflessione di molti pensatori ottocenteschi. Ma è solo alla fine dell'800, col diffondersi dell'industrializzazione e dei connessi fenomeni di urbanizzazione, e solo nei paesi economicamente più avanzati dell'Europa occidentale e del Nord America, che si vennero delineando i contorni di quella che oggi chiamiamo "società di massa".

Nella società di massa la maggioranza dei cittadini vive in grandi e medi agglomerati urbani; gli uomini sono quindi a più stretto contatto gli uni con gli altri; entrano in rapporto fra loro con maggiore frequenza e facilità, grazie anche alla disponibilità di mezzi di trasporto, di comunicazione e di informazione, ma **questi rapporti hanno spesso un carattere anonimo e impersonale**. Il sistema delle relazioni sociali non passa più attraverso le comunità tradizionali (locali, religiose, di mestiere), ma fa capo alle **grandi istituzioni nazionali**: agli apparati statali, all'esercito, ai partiti e in genere alle organizzazioni "di massa", che eser-

James Ensor
Autoritratto con maschere
1899
[Ménard Art Museum, Komaki, Aichi (Giappone); © by SIAE 2014]

L'avvento della società di massa, oggetto sin dalle sue prime manifestazioni di penetranti analisi critiche da parte delle scienze sociali, scosse le certezze della cultura positivista e costituì il tema dominante della riflessione di intellettuali e artisti. Fra questi, James Ensor, pittore belga vissuto a cavallo fra '800 e '900, espresse in maniera diretta nelle sue opere le angosce suscitate dal cambiamento sociale in atto. L'artista si rappresenta in questa tela completamente attorniato da una massa di maschere senza anima, quasi che il suo fosse l'unico volto "normale" in una folla anonima.

DOC
Gustave Le Bon
La psicologia delle folle
José Ortega y Gasset
La ribellione delle masse

Storiografia
B. Geremek
Alle origini della società di massa

citano un peso crescente sulle decisioni pubbliche e sulle stesse scelte individuali. Il grosso della popolazione è uscito dalla dimensione dell'autoconsumo e quasi tutti sono entrati, come produttori o come consumatori di beni e di servizi, nel circolo dell'economia di mercato. **I comportamenti e le mentalità tendono a uniformarsi** secondo nuovi modelli generali: consumi e stili di vita un tempo riservati a un'esigua minoranza si diffondono fra strati sociali sempre più larghi.
La società di massa è il risultato dell'intreccio di una serie di processi economici, di trasformazioni politiche, di mutamenti culturali. Una realtà che ha suscitato resistenze e reazioni d'ogni sorta e che è stata dipinta ora con tratti ottimistici (l'ascesa delle masse come frutto della democratizzazione e della diffusione del benessere), ora con accenti di angosciata preoccupazione (il dominio delle masse come appiattimento generale e come minaccia per le libertà individuali). Comunque lo si voglia considerare, l'avvento della società di massa è un fenomeno che ha segnato come pochi altri il mondo contemporaneo.

I ceti medi Gli esordi della società di massa, se da un lato tendevano a creare uniformità nei comportamenti e nei modelli culturali, dall'altro rendevano più mobile e più complessa la stratificazione sociale. Nella classe operaia si veniva accentuando la distinzione fra la **manodopera generica** e i **lavoratori qualificati** (specializzati in alcune mansioni), fra il grosso del proletariato e le cosiddette "aristocrazie operaie", che partecipavano in misura maggiore ai vantaggi dello sviluppo industriale. Contemporaneamente, l'espansione del settore **terziario** e la crescita degli apparati burocratici facevano aumentare la consistenza di un **ceto medio urbano** che andava sempre più distinguendosi dagli strati superiori della borghesia. A ingrossare le file di questo ceto medio contribuivano sia il settore del **lavoro autonomo** – liberi professionisti, titolari di esercizi commerciali, meccanici, fotografi, ecc. – sia quello del **lavoro dipendente**. In quest'ultimo settore la categoria dei dipendenti pubblici si allargava di pari passo con l'aumento dei compiti dello Stato e delle amministrazioni locali in materia di sanità, di istruzione, di trasporti e di altri servizi. Ancora più rapidamente cresceva la massa degli **addetti al settore privato** – tecnici, impiegati, commessi – che svolgevano mansioni non manuali: quelli che più tardi sarebbero stati chiamati **colletti bianchi**, per sottolineare il contrasto con i "colletti blu" delle tute degli operai.

Gli impiegati Già alla vigilia della prima guerra mondiale, nei paesi più industrializzati e più toccati dai processi di modernizzazione produttiva, **colletti bianchi e impiegati statali** costituivano una massa abbastanza omogenea e numerosa, anche se non paragonabile per consistenza a quella dei lavoratori manuali. Nella scala dei redditi, i ceti medi impiegatizi occupavano una posizione molto distante da quella dell'alta borghesia e tendenzialmente più vicina a quella degli strati "privilegiati" della classe operaia. Dal punto di vista della cultura, della mentalità, dei comportamenti sociali, **la distinzione fra piccola borghesia e proletariato era però molto netta**. I ceti medi rifiutavano ogni identificazione con le classi lavoratrici, erano per lo più ostili alle organizzazioni sindacali e puntavano sul merito individuale per progredire nella scala sociale. Agli ideali tipici della tradizione operaia – la solidarietà, lo spirito di classe, l'internazionalismo – contrapponevano i **valori storici della borghesia**: l'individualismo e la rispettabilità, la proprietà privata e il risparmio, il rispetto delle gerarchie e il patriottismo. Anzi, si atteggiavano a difensori di questi valori in polemica con l'alta borghesia industriale e bancaria, che tendeva a diventare cosmopolita e adottava modelli di comportamento tipici delle classi aristocratiche.

Terziario
Nel settore terziario sono comprese quelle attività economiche, definite generalmente commercio, servizi e amministrazione, che non appartengono all'agricoltura (settore primario) e all'industria (settore secondario): dagli assicuratori agli agenti di Borsa, agli impiegati del comune, ai negozianti, ecc. Alla fine del '900 i lavoratori del terziario sono diventati maggioranza nei paesi sviluppati dell'Occidente.

La piccola borghesia impiegatizia era destinata, man mano che cresceva in consistenza numerica, a svolgere **un ruolo di primo piano**: sia nel campo economico, in quanto principale destinataria di una serie di beni di consumo prodotti dall'industria, sia in quello politico, come elettorato di massa, capace, a seconda delle sue oscillazioni, di far pendere la bilancia dalla parte delle forze conservatrici o di quelle progressiste.

GUIDA ALLO STUDIO

❶ Che cosa distingue una società di massa dalle comunità tradizionali? In relazione a quale contesto storico è possibile parlare di "società di massa"? ❷ Com'era divisa la classe operaia? ❸ Cosa determinò la crescita del settore terziario? Quali attività e professioni vi facevano parte? ❹ Chi erano i "colletti bianchi"? ❺ A quale sistema di valori faceva riferimento il ceto medio?

6 La nazionalizzazione delle masse: scuola, esercito e suffragio universale

Come diffondere i valori nazionali

Nel corso dell'800, e soprattutto nella sua seconda metà del secolo, prese forma, ad opera dei singoli Stati, quella politica di educazione ai valori nazionali che gli storici avrebbero definito in seguito come "nazionalizzazione delle masse". L'estraneità di una larga parte delle popolazioni ai princìpi e agli obiettivi politici delle classi dirigenti al potere andava superata grazie al ruolo svolto dalla scuola, dall'esercito e, in seguito, dall'allargamento del suffragio.

Da un lato la pratica della lettura e della scrittura unita allo studio delle tradizioni patriottiche nella **scuola** elementare obbligatoria, dall'altro il **servizio militare** svolto in luoghi lontani da quelli di origine e l'amalgama con soldati di altra provenienza, costituirono potenti fattori di costruzione di un'identità nazionale. E ad essi si aggiunse, alla fine del secolo, la diffusione del **suffragio universale maschile** che consentiva a masse sempre più ampie la partecipazione alla vita politica rappresentativa.

L'istruzione per tutti

A partire dagli anni '70 dell'800, tutti i governi d'Europa si impegnarono per rendere l'**istruzione elementare obbligatoria e gratuita**, per sviluppare quella media e superiore e per portare l'inse-

Tre generazioni leggono il giornale
1900 ca.
[Collezione privata, Milano]

In Italia nel 1873, tra locali e nazionali, si contavano 55 giornali, mentre nel 1887 si raggiunse la cifra di 145. La fioritura della stampa quotidiana nella nostra penisola accompagnò il progressivo coinvolgimento dei cittadini nella vita pubblica oltre che l'affacciarsi sulla scena nazionale di gruppi industriali, desiderosi di influenzare con i propri punti di vista l'opinione pubblica e la classe dirigente. Nella foto, al centro, un nonno aiuta il nipote a leggere il «Corriere dei Piccoli», mentre il figlio regge tra le mani il «Corriere della Sera», quotidiano pubblicato a Milano dal 1876.

Tasso di analfabetismo
Indica la percentuale della popolazione, sopra i sei anni di età, incapace di leggere e scrivere. È un dato fondamentale per accertare il grado di sviluppo sociale di un paese. La diffusione dell'istruzione determina un calo del tasso di analfabetismo. In parte diverso è invece il fenomeno dell'analfabetismo "di ritorno": include chi, dopo aver imparato a leggere e scrivere, perde questa capacità per mancanza di esercizio.

Tiratura
Nel linguaggio giornalistico indica il numero di copie stampate, che generalmente è superiore al numero delle copie vendute, la cosiddetta "vendita". La differenza tra tiratura e vendita è di solito restituita dagli edicolanti all'editore e viene chiamata "resa".

gnamento sotto il controllo pubblico. Il processo di laicizzazione e di statalizzazione del sistema scolastico ebbe tempi, forme e risultati diversi a seconda dei paesi. Fu meno spinto in Gran Bretagna, dove la Chiesa anglicana e le istituzioni private conservarono spazi abbastanza ampi, più radicale in Francia, dove la questione scolastica diede luogo ad aspri conflitti fra Chiesa e Stato. In generale lo sviluppo della scuola statale fu più rapido in quegli Stati, come la Francia e la Germania, in cui esisteva già da tempo un'alfabetizzazione diffusa, più lento nei paesi mediterranei e nell'Europa orientale, dove le condizioni di partenza erano più sfavorevoli dal punto di vista sociale ed economico. L'effetto più immediato di questo sforzo fu un aumento generalizzato della frequenza scolastica: alla vigilia della prima guerra mondiale andare a scuola era diventata la regola per i bambini europei sotto i dieci anni. Questo sviluppo dell'istruzione elementare determinò una rapida **diminuzione del tasso di analfabetismo**, che già ai primi del '900 era sceso a percentuali poco più che marginali (intorno al 10%) nelle aree più avanzate e tendeva a calare anche in quelle più arretrate (dove spesso superava ancora il 50%) relativamente alle classi di età più giovani.

I giornali Strettamente legato a questi progressi dell'alfabetizzazione fu l'incremento nella diffusione della stampa quotidiana e periodica. All'inizio del '900, infatti, i quotidiani divennero più vivaci: aumentarono le notizie di cronaca cittadina e crebbe l'interesse per gli spettacoli e gli avvenimenti mondani. **Nei paesi più industrializzati si moltiplicarono lettori e tirature**: in questo periodo, per esempio, il «Daily Mail» in Gran Bretagna e il «Petit Journal» in Francia superarono il milione di copie quotidiane. I giornali più importanti potevano contare su numerosi **corrispondenti** sparsi nelle altre città del paese e nelle capitali estere da dove inviavano quotidianamente servizi sulle principali notizie del giorno. Questa straordinaria espansione dei quotidiani all'inizio del '900 fu favorita anche dai progressi tecnologici: dalla diffusione delle rotative e delle linotype (la macchina per la composizione dei caratteri) all'uso sempre più frequente del telefono, che consentì di aumentare quantità e rapidità nella circolazione delle informazioni. La crescita del numero dei lettori determinò quindi un progressivo allargamento dell'area di coloro che contribuivano a formare l'**opinione pubblica**: per un numero crescente di cittadini, infatti, diventò più facile accedere alle informazioni di interesse generale, farsi una propria opinione sulle questioni più importanti e far pesare questa opinione nelle scelte politiche.

Il servizio militare obbligatorio Un contributo notevole allo sviluppo della società di massa venne anche dalle riforme degli ordinamenti militari che furono realizzate in tutta Europa – con l'unica eccezione della Gran Bretagna – a partire dagli anni '70 dell'800. Il principio su cui si fondavano queste

TABELLA 7_CONSISTENZA NUMERICA DI ESERCITO E MARINA DELLE PRINCIPALI POTENZE MONDIALI (1880-1914)

	1880	1890	1900	1910	1914
Russia	791.000	677.000	1.162.000	1.285.000	1.352.000
Francia	543.000	542.000	715.000	769.000	910.000
Germania	426.000	504.000	524.000	694.000	891.000
Gran Bretagna	367.000	420.000	624.000	571.000	532.000
Austria	246.000	346.000	385.000	425.000	444.000
Italia	216.000	284.000	255.000	322.000	345.000
Giappone	71.000	84.000	234.000	271.000	306.000
Stati Uniti	34.000	39.000	96.000	127.000	164.000

riforme era quello del servizio militare obbligatorio per la popolazione maschile, ossia la trasformazione degli eserciti a lunga ferma, composti in pratica da professionisti, in **eserciti a ferma più o meno breve formati da "cittadini in armi"**.

Due principali motivi spingevano per la trasformazione degli eserciti. Uno era di carattere politico-militare: la disponibilità di grandi masse consentiva ora un esercito in grado di assolvere quella **funzione deterrente** che ne faceva uno strumento indispensabile anche in tempo di pace. L'altro era dato dal fatto che la tecnologia e l'industria consentivano la **produzione in serie di armi**, munizioni ed equipaggiamenti in misura tale da coprire le esigenze di grandi eserciti, mentre lo sviluppo delle ferrovie offriva a questi eserciti la possibilità di spostamenti veloci, riducendo di molto i tempi di mobilitazione, di radunata e di schieramento. A tutto ciò vanno aggiunte le pressioni esercitate sui governi dai **gruppi industriali** interessati alle forniture militari. Fra il 1870 e il 1914, l'impegno crescente di governi e stati maggiori nell'organizzare la mobilitazione e l'armamento di grandi quantità di coscritti non solo rese possibile la **nascita dei moderni eserciti di massa**, che sarebbero stati i protagonisti del primo conflitto mondiale, ma servì anche a estendere la capacità di controllo dei poteri statali sulla società civile [👁 TABELLA_7].

L'estensione del diritto di voto

La coscrizione obbligatoria si legava tuttavia all'inevitabile estensione del suffragio: **come si poteva negare infatti il diritto di voto a coloro ai quali lo Stato chiedeva di mettere a repentaglio la propria vita?** E in effetti in Europa, tra la fine dell'800 e l'inizio del '900, il cammino verso la società di massa si accompagnò alla tendenza costante verso l'estensione del diritto di voto. Nel 1890 il suffragio universale maschile era adottato

Alfred Bramtot
Un seggio elettorale
1891
[Museo del Petit Palais, Parigi]

La grande tela "racconta" le operazioni di voto in un seggio elettorale francese alla fine del XIX secolo. Gli abiti degli elettori raffigurati rivelano la presenza al seggio di diverse componenti sociali, dall operaio, che sta consegnando la scheda, al commerciante, di spalle, con il grembiule indosso. Con un accento quasi simbolico, una intensa luce bianca entra dalla grande finestra per illuminare il cittadino venuto a svolgere il suo dovere elettorale.

solo in Francia, in Germania e in Svizzera. Nei venticinque anni successivi, in quasi tutti i paesi dell'Europa occidentale furono approvate leggi che allargavano il corpo elettorale fino a comprendervi la totalità o la stragrande maggioranza dei cittadini maschi maggiorenni, indipendentemente dal censo. Il **suffragio universale maschile** fu introdotto in Spagna nel 1890, in Belgio nel 1893, in Norvegia nel 1898, in Austria e nel Granducato di Finlandia, allora parte dell'Impero russo, nel 1907 (Norvegia e Finlandia furono i primi paesi a concedere il voto anche alle donne), in Italia – con alcune limitazioni – nel 1912. Gran Bretagna e Olanda furono le ultime ad adeguarsi e lo fecero immediatamente dopo la prima guerra mondiale.

GUIDA ALLO STUDIO

❶ Perché, a fine '800, l'istruzione divenne oggetto del controllo statale? ❷ Quali funzioni furono assegnate alla scuola di massa? Quali effetti derivarono dalla crescita dell'alfabetizzazione? ❸ Come si formava l'opinione pubblica? ❹ Perché si andò verso la coscrizione obbligatoria e in che modo questo evento si legava all'estensione del suffragio?

7 Partiti e sindacati

I partiti di massa

L'allargamento del diritto di voto alle grandi masse determinò dappertutto mutamenti di rilievo nelle forme organizzative e nei meccanismi della lotta politica. Tutti i gruppi – anche i più conservatori – furono costretti a sperimentare nuove tecniche per conquistare e mantenere il consenso popolare. Si affermò il nuovo modello del **partito di massa**: quello realizzato per la prima volta dai socialdemocratici tedeschi (poi imitato dai socialisti degli altri paesi e in minor misura dai cattolici), basato sull'inquadramento di larghi strati della popolazione attraverso una struttura permanente, articolata in organizzazioni locali – **sezioni**, **federazioni** – e facente capo a un **unico centro dirigente**. Già alla vigilia della prima guerra mondiale appariva chiaro come in nessun paese dell'Europa occidentale la vita pubblica potesse più essere considerata un terreno riservato a ristretti gruppi di notabili che traevano la loro forza dalla loro posizione sociale e come **nuovi centri di potere** si andassero affiancando a quelli tradizionali presenti nei sistemi politici liberali.

La difficile affermazione dei sindacati

Un altro segno delle nuove dimensioni assunte dalla lotta politica e sociale – e un altro canale efficacissimo di «nazionalizzazione» delle masse – fu costituito dalla rapida crescita delle organizzazioni sindacali. Sino alla fine dell'800 il sindacalismo operaio era una realtà solida e consistente solo in Gran Bretagna, dove le Trade Unions, intorno al 1890, contavano già un milione e mezzo di iscritti [👁 15.6]. Negli ultimi anni dell'800, grazie all'impulso decisivo del movimento socialista, le organizzazioni dei lavoratori crebbero in numero e in consistenza in tutti i paesi europei, ma anche negli Stati Uniti, in Australia e in America Latina: quasi ovunque riuscirono a far valere il proprio diritto all'esistenza contro **l'opposizione degli imprenditori e delle classi dirigenti conservatrici** e contro **i pregiudizi della dottrina liberista**, che vedeva nei sindacati un ostacolo al libero gioco della contrattazione.

Nati e sviluppatisi in forme diverse a seconda dei paesi, i sindacati si federarono, sull'esempio delle Trade Unions inglesi, in grandi organismi nazionali. I più importanti furono quelli di **ispirazione socialista**, come la Commissione centrale dei sindacati liberi tedeschi, fondata nel 1890, la francese Confédération générale du travail (Confederazione generale del lavoro), nata nel 1895, o la analoga **Confederazione generale del lavoro (Cgl)**, costituita in Italia nel 1906. Ma un notevole sviluppo ebbero anche le associazioni sindacali **cattoliche** e, in Germania e in Francia, non mancarono nemmeno le organizzazioni a guida liberale o conservatrice. Alla vigilia della prima guerra mondiale, i lavoratori iscritti ai sindacati erano 4 milioni in Gran Bretagna, quasi 3 milioni in Germania, oltre 2 milioni in Francia, poco più di 500 mila in Italia: **si trattava del più vasto fenomeno di associazionismo popolare cui mai si fosse assistito nella storia d'Europa**.

Storiografia
F. Neumann
Nascita e sviluppo dei partiti politici

DOC
Il programma di Erfurt

ONLINE

Le riforme sociali Tra la fine dell'800 e l'inizio del '900, grazie anche alla pressione delle organizzazioni sindacali, furono introdotte nei maggiori Stati europei alcune forme di legislazione sociale: furono istituiti sistemi di **assicurazione contro gli infortuni** e di **previdenza per la vecchiaia** e, in alcuni casi, anche sussidi per i disoccupati. Si stabilirono controlli, in realtà poco efficaci, sulla sicurezza e l'igiene nelle fabbriche. Si cercò di impedire il lavoro dei fanciulli in età scolare. Furono introdotte limitazioni agli **orari** giornalieri degli operai – la media non scese comunque sotto le dieci ore – e fu sancito il diritto al **riposo settimanale**.

GUIDA ALLO STUDIO

❶ Com'era organizzato un partito politico di massa? ❷ Quali forze si opponevano all'affermazione dei sindacati? ❸ Per quali riforme si batterono i sindacati?

8 Riformisti e rivoluzionari. La Seconda Internazionale

I partiti socialisti Alla fine dell'800 in tutti i più importanti paesi europei, e anche fuori d'Europa, nacquero partiti socialisti che cercavano di organizzarsi sul piano nazionale, che affiancavano al proselitismo rivoluzionario un'azione legale all'interno delle istituzioni, che partecipavano alle elezioni inviando loro rappresentanti nei parlamenti, e che, in qualche caso, cominciarono a discutere circa la possibilità di una loro partecipazione a governi "borghesi". Furono proprio i partiti socialisti a realizzare per primi il modello di quel partito di massa che si sarebbe affermato come la forma di organizzazione politica più diffusa nelle democrazie europee.

Il primo e il più importante di questi partiti fu quello **socialdemocratico** tedesco, **Spd**, nato nel 1875. L'efficienza organizzativa, i successi elettorali, la compattezza ideologica fornita dal marxismo, assunto come dottrina ufficiale, ne fecero un esempio e un modello per gli altri partiti nazionali che vennero sorgendo nell'ultimo ventennio del secolo. Più lenta e laboriosa fu la formazione di un partito socialista unitario in Francia dove la **Sfio** (Sezione francese dell'Internazionale operaia) si costituì solo nel 1905.

Socialdemocrazia
Il termine si diffonde a partire dal 1875, quando viene fondato il primo partito di massa, il Partito socialista democratico tedesco (Spd), con un programma riformista. Con questo approccio programmatico i partiti di stampo socialdemocratico si distinguevano nettamente da quelli comunisti che perseguivano la rivoluzione.

Il laburismo Ancora diversa era la situazione in **Gran Bretagna**, dove i gruppi marxisti non riuscirono a imporre la loro egemonia sul forte movimento sindacale delle Trade Unions. Furono comunque gli stessi dirigenti dei sindacati a creare una formazione politica che aveva l'obiettivo di rappresentare l'intero movimento operaio. Nacque così, nel 1906, il **Partito laburista** (Labour Party), che si fondava, dal punto di vista organizzativo, sull'adesione collettiva delle organizzazioni sindacali ed era privo di una caratterizzazione ideologica fortemente definita.

La Seconda Internazionale Al di là delle diversità organizzative e delle divergenze ideologiche, i partiti operai europei, compresi i laburisti, si muovevano, all'inizio del '900, su **una piattaforma in larga parte comune**: tutti si proponevano il superamento del sistema capitalistico e la gestione sociale dell'economia; tutti si ispiravano a ideali internazionalisti e pacifisti; tutti infine facevano capo a un'organizzazione socialista internazionale, erede di quella che si era dissolta nel 1876 [👁 15.7].

La nascita della Seconda Internazionale risaliva al **1889**, quando i rappresentanti di numerosi partiti europei, per lo più di ispirazione marxista, si riunirono a **Parigi** e approvarono alcune importanti deliberazioni, fra cui quella che fissava come obiettivo primario del movimento operaio la **giornata lavorativa di otto ore** e proclamava a tale scopo una giornata mondiale di lotta per il **primo maggio** di ogni anno. Nel 1891, inoltre, vennero esclusi dall'organizzazione gli anarchici e quanti rifiutavano pregiudizialmente la partecipazione all'attività politico-parlamentare. Diversamente dalla Prima Internazionale, che aveva cercato di imporsi come una specie di nucleo dirigente della classe lavoratrice di tutto il mondo, la Seconda Internazionale fu più che altro una **federazione di partiti nazionali** autonomi e sovrani. Essa svolse tuttavia un'importante funzione di coordinamento e i suoi congressi costituirono **un fondamentale luogo di incontro e di discussione** sui problemi di interesse comune (lo sciopero generale, la lotta contro la guerra, la questione coloniale), la sede naturale dei grandi dibattiti ideologici che animarono il movimento operaio europeo all'inizio del '900.

La Seconda Internazionale ebbe nel **marxismo** – nella versione divulgata da Engels e fatta propria dai più autorevoli esponenti della Spd, come Karl Kautsky – la sua **dottrina ufficiale**. Inizialmente la posizione di Engels e **Kautsky** – che, senza porre in discussione le finalità rivoluzionarie della lotta di classe, insistevano soprattutto sulle esigenze concrete e sulle battaglie quotidiane del movimento operaio – fu fatta propria dalla maggioranza dei leader socialisti europei. Tuttavia in seguito presero corpo due opposti orientamenti: da un lato la tendenza a prendere atto dei mutamenti intervenuti nella situazione politica e sociale per valorizzare l'**aspetto democratico-riformistico** dell'azione socialista; dall'altro il tentativo di bloccare le tentazioni legalitarie e parlamentaristiche recuperando l'**originaria impostazione rivoluzionaria** del marxismo.

■ **Il revisionismo** L'interprete più coerente della prima tendenza fu il tedesco **Eduard Bernstein**. In alcuni scritti pubblicati nel 1899, Bernstein partiva dalla constatazione di una serie di fatti che andavano in senso contrario alle previsioni di Marx: il proletariato non si impoveriva, ma migliorava lentamente la sua condizione; il capitalismo rivelava una notevole capacità di modificarsi e di superare le crisi; lo Stato borghese diventava sempre più democratico. In questa situazione, i partiti operai dovevano abbandonare le pregiudiziali di intransigenza e collaborare con le altre forze progressiste: **la società socialista sarebbe nata non da una rottura rivoluzionaria, ma da una**

I tumulti del 4 maggio 1886 a Chicago
[da un giornale illustrato locale del 15 maggio 1886; Library of Congress, Washington, D.C.]
Il 4 maggio 1886, nella piazza di Haymarket a Chicago, durante uno sciopero di operai che chiedevano la riduzione dell'orario di lavoro a otto ore, scoppiarono violenti tumulti e fu lanciata una bomba su un gruppo di poliziotti. Lo scoppio dell'ordigno e il seguente conflitto a fuoco portarono alla morte di sette agenti e di almeno quattro civili. In seguito furono individuati quali responsabili dell'episodio otto operai anarchici. Di questi, quattro subirono la pena dell'impiccagione; gli altri l'ergastolo. La sommarietà del processo fu aspramente criticata dal mondo dei lavoratori ma la sentenza fu comunque eseguita. Pochi anni più tardi, i condannati, definiti dalla stampa internazionale «martiri di Chicago», risultarono innocenti e tre di loro, ancora in vita in prigione, furono rilasciati. Questo episodio concorse a individuare la data del 1° maggio quale giornata della festa internazionale dei lavoratori.

trasformazione graduale realizzata grazie al lavoro quotidiano delle organizzazioni operaie e soprattutto del movimento sindacale. Le tesi di Bernstein – che furono definite revisioniste in quanto implicavano una profonda revisione della teoria marxista – suscitarono un acceso dibattito in seno al movimento socialista internazionale, ma furono respinte da tutti i maggiori esponenti del marxismo "ortodosso".

DOC
Eduard Bernstein
Il revisionismo
Georges Sorel
Il mito dello sciopero generale
ONLINE

■ **Le posizioni rivoluzionarie** Negli stessi anni in cui si sviluppava il dibattito sul revisionismo, il movimento operaio vide emergere **nuove correnti di estrema sinistra** che contestavano la politica "centrista" dei dirigenti socialdemocratici tedeschi ed europei, accusati di mascherare, dietro un'apparente fedeltà agli ideali rivoluzionari, una pratica riformista e legalitaria. In Germania un'agguerrita minoranza di sinistra si formò attorno a **Karl Liebknecht** e a **Rosa Luxemburg** (1871-1919), una giovane intellettuale di origine polacca, mentre gruppi analoghi si formarono in tutti i più importanti partiti europei, giungendo in qualche caso a minacciare l'egemonia delle correnti centriste.

Lenin e la socialdemocrazia russa

Un'ulteriore dissidenza fu quella che si sviluppò nella socialdemocrazia russa e che ebbe per protagonista l'allora poco più che trentenne Vladimir Il'ič Ul'janov, più noto con lo pseudonimo di **Nikolaj Lenin** (1870-1924). Lenin contestava il modello organizzativo della socialdemocrazia tedesca, e gli contrapponeva **il progetto di un partito tutto votato alla lotta**, formato da militanti scelti e guidato da "rivoluzionari di professione", con una direzione fortemente accentrata. Questa concezione contrastava con la tradizione del movimento operaio occidentale, ma si adattava alla situazione di un partito come quello russo, costretto alla quasi completa clandestinità. In un congresso della socialdemocrazia russa, svoltosi in esilio a Londra nel 1903, le tesi di Lenin ottennero, sia pur di stretta misura, la maggioranza dei consensi. Il partito si spaccò allora in **due correnti**: quella **bolscevica** (cioè maggioritaria) guidata da Lenin e quella **menscevica** (ossia minoritaria); una divisione che sul momento non destò molto interesse, poiché riguardava un partito fra i meno importanti della Seconda Internazionale.

Jules Grandjouan
Illustrazione a favore della giornata lavorativa di otto ore
[da «L'Assiette au beurre», 28 aprile 1906]

Sorel e il sindacalismo rivoluzionario

Un importante dibattito fu invece suscitato da un'altra dissidenza di sinistra, che ebbe origine in **Francia** e prese il nome di sindacalismo rivoluzionario. Furono i dirigenti sindacali francesi a formulare la teoria secondo cui il momento più importante dell'azione operaia era **lo sciopero, visto come una «ginnastica rivoluzionaria»** utile a rendere i lavoratori consapevoli della loro forza e a prepararli al grande sciopero generale rivoluzionario che avrebbe segnato la fine del sistema borghese. Queste idee trovarono il loro interprete più autorevole in un intellettuale francese, **Georges Sorel**, che nel volume *Considerazioni sulla violenza* del 1908, esaltò la funzione liberatoria della violenza proletaria e insistette sull'importanza dello sciopero generale come mito capace di trascinare gli operai alla lotta.

Il sindacalismo rivoluzionario non riuscì a trovare consensi nei principali partiti socialisti, ma esercitò una forte suggestione su molti intellettuali e anche su frange consistenti della classe operaia, soprattutto nei paesi latini (dove si legò alla tradizione anarchica), contribuendo alla **radicalizzazione dello scontro sociale** che si verificò in Europa negli anni precedenti la prima guerra mondiale.

GUIDA ALLO STUDIO

❶ Quale strategia politica caratterizzò i partiti operai europei tra '800 e '900? ❷ Quale funzione svolse la Seconda Internazionale? Riassumi le posizioni politiche dei revisionisti e dei rivoluzionari. ❸ Chi erano i bolscevichi e i menscevichi? ❹ Quale funzione fu attribuita allo sciopero dai sindacati rivoluzionari?

9 Il primo femminismo

La condizione femminile: tra subalternità e impegno

A cavallo del secolo cominciò a emergere – in forme ancora frammentarie – la "questione femminile". Il problema dell'inferiorità economica, politica e giuridica delle donne, in una paro-

PERSONAGGI

Anna Maria Mozzoni

«Le tracce dell'opera di Anna Maria Mozzoni restano incancellabili nella storia della causa femminile, come la sua memoria rimane indelebile»: così recitava «Il Messaggero» alla morte della capostipite del movimento emancipazionista femminile italiano.

Anna Maria Mozzoni (1837-1920) nacque in provincia di Milano, da una famiglia di nobili origini, liberale e progressista, antiasburgica. Da questi orientamenti fu segnata la sua formazione, che proseguì, dopo il collegio, da autodidatta, con le letture di Mazzini, degli illuministi francesi e lombardi e dei "socialisti utopistici" [👁 10.6].

È già il suo primo scritto politico, *La donna e i suoi rapporti sociali* (1864), a rivelarci le radici illuministe e democratiche del suo pensiero e a tracciare le direttrici della sua attività. All'indomani dell'Unità d'Italia, Mozzoni si rivolgeva alle «giovani donne», invitandole a riscattarsi dalla condizione di oppressione, di cui rintracciava le cause nella religione, nel diritto, nella famiglia e nella società. Le leve per scardinare questa secolare situazione erano l'**accesso all'istruzione e al lavoro** e l'**uguaglianza giuridica**, sue costanti rivendicazioni. La legislazione del nuovo Stato italiano fu uno dei suoi primi obiettivi polemici, perché assegnava alla donna doveri ma non le dava diritti (le negava l'accesso alle professioni e la rendeva subalterna all'uomo nel matrimonio). La denuncia delle discriminazioni che caratterizzavano la situazione giuridica delle donne fu il tema del suo secondo pamphlet, *La donna in faccia al progetto del nuovo Codice civile italiano* (1865), in cui criticava il nuovo codice Pisanelli, che segnava un regresso rispetto alla legislazione pre-unitaria.

Considerando la subalternità femminile determinata da fattori sociali, piuttosto che biologico-naturali, il tema dell'istruzione divenne un altro terreno della sua battaglia progressista. In *Un passo avanti nella cultura femminile. Tesi e progetto* (1866) contestò il sistema scolastico che prevedeva percorsi differenziati per maschi e femmine, ed educava la donna a compiti di utilità domestica. Alla critica unì la capacità di proposta, elaborando un **nuovo programma scolastico**, che dava spazio alle discipline scientifiche, prima inaccessibili alle donne. Come **insegnante di filosofia morale** in un liceo femminile di Milano lavorò per una formazione che rendesse le donne il più possibile autonome.

Gli anni successivi all'unificazione della penisola, con le speranze di riscatto femminile che il Risorgimento aveva suscitato, furono anni di grande impegno sulla scena pubblica. La fitta attività di **conferenziera e pubblicista** la vide collaborare ai maggiori periodici di orientamento democratico, tra cui spiccava «La donna». Il suo impegno intellettuale si rafforzò con la scelta di tradurre nel 1869 *The subjection of women* (*La servitù delle donne*), del filosofo liberale John Stuart Mill. Come Mill, Mozzoni sosteneva la necessità di un **governo garante delle libertà civili e politiche e della giustizia sociale**, ritenendo

Un ritratto fotografico di Anna Maria Mozzoni

che l'autonomia, la libertà di coscienza e di pensiero e il diritto alla felicità fossero prerogative di tutti gli individui, a prescindere dal sesso.

Le speranze che la sinistra di Depretis rilanciasse il suffragio femminile la spinsero a redigere una petizione pubblica nel 1877. Con argomentazioni moderne chiese di considerare le donne per quello che erano: cittadine e contribuenti, lasciando da parte le speculazioni sulla natura e sulla missione femminile. La battaglia per il voto alle donne la impegnò a più riprese:

la della subalternità femminile, era rimasto, con poche eccezioni, estraneo agli orizzonti del pensiero liberale e democratico ottocentesco. John Stuart Mill era stato uno dei pochi intellettuali a richiamare l'attenzione sulla condizione femminile in un libro intitolato *La servitù delle donne*, pubblicato nel 1869 [👁 10.4]. Del resto, i primi movimenti di emancipazione femminile, nati alla fine del '700 nella Francia rivoluzionaria, avevano avuto scarsissimo seguito. Così, alla fine dell'800, **le donne erano ancora escluse dappertutto dall'elettorato attivo e passivo e, in molti paesi, anche dalla possibilità di accedere agli studi universitari e alle professioni e, se sposate, di disporre liberamente dei loro beni** [👁 16.2 PERSONAGGI]. Quando lavoravano, ricevevano un trattamento economico nettamente inferiore a quello degli uomini. Per le donne, il lavoro extradomestico non era un'emancipazione, ma piuttosto una dura necessità, quasi una naturale prosecuzione del lavoro svolto da sempre nei campi o entro le pareti domestiche, e non significava nemmeno (allora come oggi) la liberazione dai tradizionali obblighi familiari.

Tuttavia i maggiori contatti col mondo esterno, le esperienze collettive, la partecipazione alle agitazioni sociali portarono le donne lavoratrici a **una più viva coscienza dei loro diritti** e delle loro rivendicazioni nei confronti dell'intera società.

DOC
Beatrice Webb
La regolamentazione del lavoro femminile

ONLINE

nel 1882 rivolse una sdegnata critica a Zanardelli, responsabile della commissione parlamentare che aveva respinto nuovamente la proposta di suffragio femminile. Nel 1906 tornò a scrivere una petizione pubblica rivolta al Parlamento con Maria Montessori, che istituì un metodo pedagogico innovativo adottato nel tempo nelle scuole di molti altri paesi. Se l'emancipazione femminile era necessaria al progresso generale della società, la richiesta di voto politico e amministrativo per le donne rappresentava una rivendicazione cruciale per tutelare gli interessi femminili, ma anche per rafforzare le istituzioni, che altrimenti non sarebbero mai state realmente in grado di rappresentare pienamente la nazione.

Tutte le battaglie del movimento emancipazionista la videro protagonista, dalla richiesta di abolizione del divieto di ricerca della paternità (necessaria per dare garanzie alle madri nubili) a quella di introdurre il **divorzio**, che la avvicinò al deputato radicale Salvatore Morelli, solitario e instancabile promotore di riforme legislative per l'equiparazione giuridica dei due sessi. Si impegnò anche contro la regolamentazione statale della **prostituzione**, stabilita per legge con l'unificazione, che con il sistema delle case chiuse isolava le donne e le sottoponeva al potere discrezionale della polizia. La lotta, non solo italiana, la rese **una delle protagoniste del movimento femminista europeo**, come dimostra la sua partecipazione, da rappresentante ufficiale per l'Italia, al primo congresso internazionale per i diritti delle donne (Parigi, 1878). Promotrice instancabile di leghe e associazioni, fece della **cooperazione** e della **solidarietà interclassista** uno dei suoi principali obiettivi, fino alla creazione della Lega promotrice degli interessi femminili (1881), che segnò la trasformazione del femminismo in un movimento politico organizzato, visibile e attivo.

L'attività di mobilitazione e organizzazione di operaie e donne del popolo rese più intensi i suoi contatti con il movimento operaio. Contribuì a fondare la Lega Socialista milanese con Filippo Turati, Costantino Lazzari e Anna Kuliscioff, e a preparare il congresso di Genova del 1892, che vide la nascita del **Psi** (il Partito socialista italiano). Si tenne, però, fuori dal partito, rimproverando ai socialisti di aver trascurato le implicazioni sociali e culturali della questione femminile. Con coerenza, Mozzoni continuava a vedere l'emancipazione femminile come un obiettivo politico autonomo, da coordinare ma non subordinare alle rivendicazioni economiche. Nel 1902, ad approfondire la sua distanza dal Psi, contribuì l'approvazione della legge di protezione del lavoro femminile, che la portò a scontrarsi con Anna Kuliscioff. Mozzoni, diversamente da lei, considerava la legge controproducente, perché rischiava di limitare le possibilità lavorative delle donne, causandone il ritorno ad un ruolo esclusivamente domestico. Il suo impegno per l'accesso delle donne a tutte le professioni e per la parificazione salariale era stato costante, rivelando la sua attenzione per il lavoro come strumento di partecipazione alla società, di rottura della sottomissione familiare.

Se possiamo accuratamente ricostruire l'impegno della Mozzoni nel dibattito pubblico, sulla sua vita familiare e privata le notizie sono più lacunose. Sappiamo che sposò, nonostante la contrarietà della famiglia, il conte Malatesta Covo Simoni, avvocato più giovane di lei. Adottarono una bambina, Bice (secondo alcuni figlia naturale della Mozzoni), ma il matrimonio si interruppe, forse per la leggerezza del conte nella gestione patrimoniale.

Gli ultimi anni, vissuti quasi in povertà, furono anni di sconfitte: si approfondì la distanza con le socialiste nel fronte emancipazionista, segnale della fine di una stagione di lotte condivise. Si fece meno presente nel dibattito pubblico, per riemergere allo scoppio della prima guerra mondiale, quando sostenne il fronte degli interventisti democratico-risorgimentale, di stampo mazziniano.

Nel 1912, intanto, Giolitti aveva reso universale il suffragio maschile, ma nulla era cambiato rispetto al voto alle donne [👁 21.9]. A questa battaglia si legò la sua ultima apparizione sulla scena pubblica, nel 1919, durante i dibattiti parlamentari sulla riforma elettorale, che finalmente doveva realizzare il suffragio femminile. Approvata alla Camera dei Deputati, la legge non riuscì ad arrivare in Senato prima della fine della legislatura; l'attesa delle donne italiane si concluse solo nel 1945. Una conclusione amara, che accomuna tante battaglie di Anna Maria Mozzoni, che pure resta una figura essenziale del movimento emancipazionista e democratico italiano.

ONLINE

Storiografia
S. Rowbotham
Le suffragette

In tutti i paesi industrializzati, infatti, la manodopera femminile fu protagonista di episodi salienti nella lotta sindacale e questa mobilitazione contribuì a consolidare i legami tra le donne, ad accrescere la consapevolezza dell'esistenza di un problema specifico all'interno della questione più generale del miglioramento delle condizioni di lavoro.

Le suffragette Nonostante questo ruolo più attivo nel mondo del lavoro, il movimento per l'emancipazione femminile rimase a lungo ristretto a minoranze operaie e intellettuali, a circoli e leghe prive di un seguito consistente. Solo in Gran Bretagna il movimento femminile, sotto la guida di **Emmeline Pankhurst** – fondatrice nel 1902 della Women's Social and Political Union –, riuscì a imporsi all'attenzione dell'opinione pubblica, concentrando la sua attività nell'agitazione per il **diritto al suffragio**, donde il nome di "suffragette" dato alle sue militanti, e ricorrendo non di rado a forme di protesta quanto mai decise: dimostrazioni di

◂ **Manifesto di propaganda a favore del suffragio femminile: «Handicapped!»** 1910 ca.

▸ **Emmeline Pankhurst arrestata dopo una protesta nei pressi di Buckingham Palace a Londra** 22 maggio 1914

Il movimento per l'emancipazione femminile si organizzò agli inizi del '900 in Gran Bretagna grazie all'impegno di Emmeline Pankhurst e delle sue figlie. Per attirare l'attenzione sulla propria causa le donne inscenavano manifestazioni (nel tempo sempre più violente), che spesso si concludevano con l'arresto delle protagoniste (la stessa Emmeline fu arrestata più volte). Furono usati anche mezzi più "tradizionali" come i manifesti; quello riprodotto mostra una donna che rema faticosamente su un mare ingrossato dalle onde, mentre viene superata da una barchetta a vela (con la scritta «voti») su cui viaggia rilassato un uomo; in fondo si intravede il Palazzo di Westminster, sede del Parlamento britannico.

piazza, marce sul Parlamento, scioperi della fame e anche attentati a edifici pubblici. La lotta delle suffragette – che nel 1918 avrebbe portato, in Gran Bretagna, alla concessione del voto alle donne – trovò qualche appoggio tra i parlamentari laburisti. Nel complesso, però, il movimento operaio non si mostrò troppo sensibile nei confronti delle rivendicazioni femministe [👁 16.12 STORIA • SOCIETÀ • CITTADINANZA].

Storiografia
A. Rossi Doria
Le battaglie per il voto alle donne

ONLINE

L'isolamento dei movimenti femminili Molti dirigenti socialisti guardavano con sospetto al voto delle donne, perché temevano che ciò avrebbe significato, almeno a breve scadenza, un vantaggio per i partiti di ispirazione cristiana. Diffusa era poi, fra i socialisti, la tendenza a privilegiare gli aspetti economico-retributivi del problema del lavoro femminile, o a vederne la soluzione nel ritorno delle donne ai loro **compiti "naturali" in seno alla famiglia**. Certo è che quasi dappertutto i movimenti femminili furono lasciati soli a combattere le loro battaglie, ricevendo tutt'al più qualche generico incoraggiamento. Allo scoppio della prima guerra mondiale, le donne europee avevano visto cadere alcune delle preclusioni più gravi, relative all'istruzione superiore e all'accesso alle professioni, ma restavano ancora escluse dal diritto di voto – salvo che in Norvegia e Finlandia – e pesantemente discriminate sui luoghi di lavoro.

GUIDA ALLO STUDIO

❶ Perché John Stuart Mill parlava della condizione femminile in termini di schiavitù? ❷ Quali furono gli spazi principali di emancipazione femminile, tra '800 e '900? ❸ Chi erano le "suffragette"? Quali forme di mobilitazione politica praticarono? ❹ Come furono accolte le rivendicazioni femminili dai partiti politici organizzati? Perché?

10 La Chiesa e la società di massa

I cattolici e l'impegno sociale La Chiesa fu certamente spiazzata e disorientata dai nuovi processi sociali che sconvolgevano gli assetti chiusi della società tradizionale; ma fu anche l'unica istituzione a poter supplire ai fenomeni di disgregazione sociale e di perdita di identità indotti dall'urbanizzazione con una struttura organizzativa capillare e collaudata: quella delle **parrocchie**, delle **associazioni caritative**, dei **movimenti di azione cattolica**. L'esistenza di queste strutture permise anzi ai cattolici di impegnarsi con un certo successo nell'inquadramento dei lavoratori in organismi di massa, capaci di porsi in concorrenza con quelli di ispirazione socialista e classista.

L'impegno dei cattolici su questo terreno si era cominciato a manifestare già durante il pontificato di Pio IX [👁 15.8], ma ebbe un impulso decisivo con **Leone XIII** (1878-1903). Questi, pur senza attenuare l'intransigenza dottrinaria del suo predecessore, si mostrò politico assai più duttile: favorì il riavvicinamento fra i cattolici e le classi dirigenti di quei paesi (come la Germania e la Francia, ma non l'Italia) dove maggiore era la tensione fra Stato e Chiesa; incoraggiò la nascita di nuovi **partiti cattolici** in Belgio (1884) e in Austria (1887); ma soprattutto cercò di riqualificare il ruolo della Chiesa in materia di questione sociale.

La *Rerum novarum* di Leone XIII Il documento più importante e più emblematico di questo sforzo fu l'enciclica *Rerum novarum*, emanata da Leone XIII nel maggio 1891 ed espressamente dedicata ai problemi della condizione operaia. L'enciclica non conteneva novità rilevanti sul piano dottrinario: **ribadiva la condanna del socialismo e riaffermava l'ideale della concordia fra le classi**. Ma indicava anche, come condizione di questa concordia, il rispetto dei doveri spettanti alle parti sociali: e, se i **doveri degli operai** erano la laboriosità, la frugalità e il rispetto delle gerarchie, il **dovere degli imprenditori** stava nel retribuire i lavoratori con la «giusta mercede», nel rispettarne la dignità umana, nel non considerare

ONLINE

DOC
L'enciclica *Rerum novarum*

la loro fatica come una merce da pagare al minor prezzo possibile. La parte più innovativa dell'enciclica era quella che riguardava il movimento associativo fra i lavoratori. Veniva apertamente incoraggiata la **creazione di società operaie e artigiane** ispirate ai princìpi cristiani e tutti i cattolici erano invitati a impegnarsi su questo terreno. La *Rerum novarum* vedeva nelle associazioni cattoliche uno strumento di collaborazione fra le classi, qualcosa di simile alle antiche corporazioni di arti e mestieri e si muoveva all'interno di una concezione tradizionalista, venata di nostalgia per la società pre-industriale. Nella pratica, però, questi ideali si rivelarono di difficile attuazione: i sindacati cattolici si svilupparono soprattutto su basi di classe – cioè raccogliendo solo i lavoratori dipendenti – e in seguito avrebbero adottato metodi di lotta non troppo diversi da quelli dei sindacati socialisti.

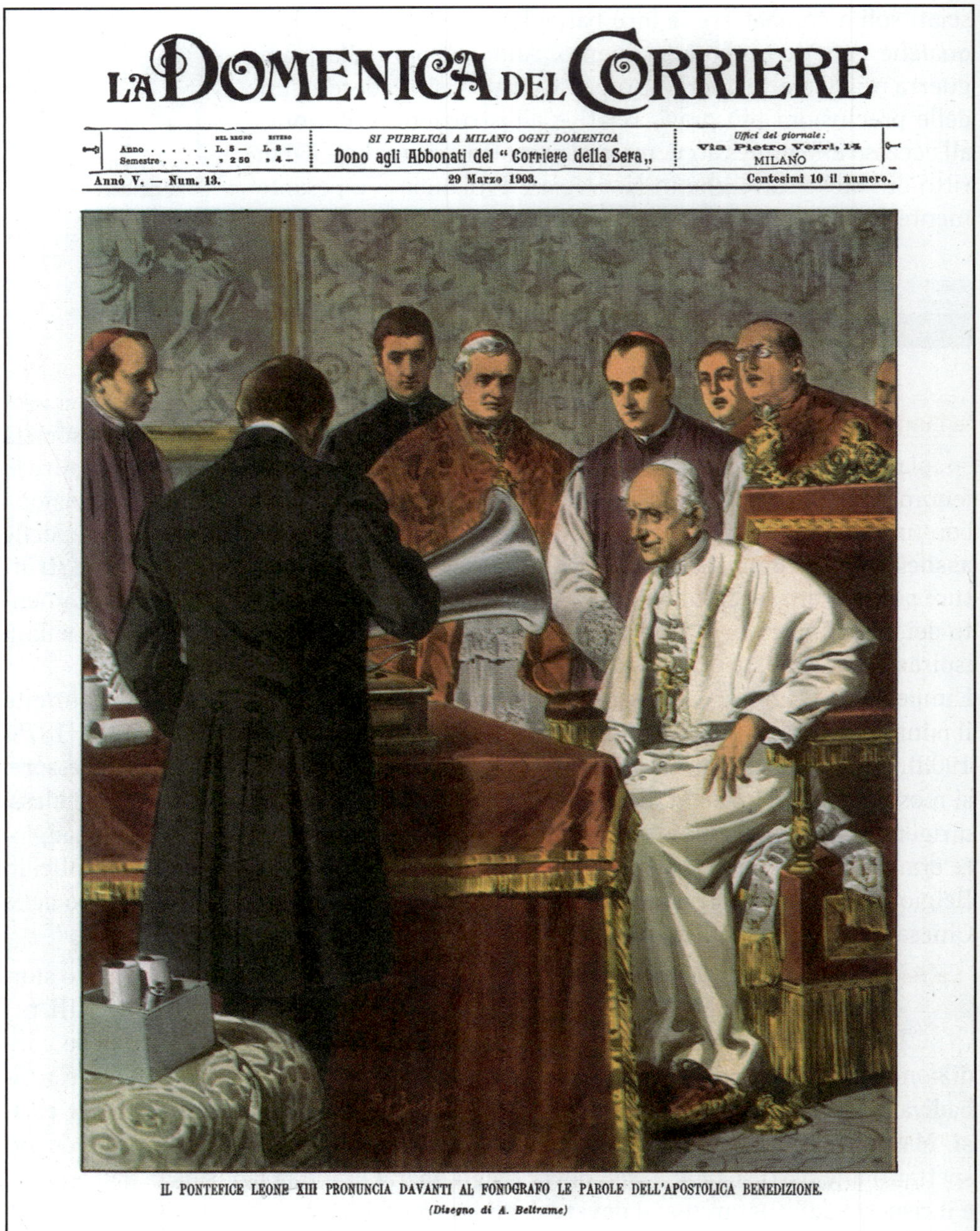
LA DOMENICA DEL CORRIERE

Anno .... NEL REGNO L. 5 — ESTERO L. 8 —
Semestre ...... » 2 50 » 4 —

SI PUBBLICA A MILANO OGNI DOMENICA
Dono agli Abbonati del "Corriere della Sera,,

Uffici del giornale: Via Pietro Verri, 14 MILANO

Anno V. — Num. 13. 29 Marzo 1903. Centesimi 10 il numero.

IL PONTEFICE LEONE XIII PRONUNCIA DAVANTI AL FONOGRAFO LE PAROLE DELL'APOSTOLICA BENEDIZIONE.
(Disegno di A. Beltrame)

Achille Beltrame
Leone XIII pronuncia davanti al fonografo le parole della benedizione apostolica
[copertina della «Domenica del Corriere», 29 marzo 1903]

Vincenzo Gioacchino Pecci fu papa dal 1878 al 1903 con il nome di Leone XIII. Il suo lungo pontificato favorì un'apertura della Chiesa alla cultura moderna, mostrando anche un sincero interesse per i progressi della tecnica. Questa copertina della «Domenica del Corriere» lo ritrae mentre pronuncia la benedizione apostolica davanti a un fonografo: come ricorda lo stesso settimanale, il pontefice mostrava «un vivissimo diletto» nel riascoltare la sua voce incisa.

Contro la democrazia cristiana e il modernismo Parallelamente, negli ultimi anni dell'800, venne emergendo, in particolare in Francia e in Italia, una nuova tendenza politica che fu definita democrazia cristiana e che mirava a conciliare la dottrina cattolica non solo con l'impegno sociale, ma anche con la prassi e gli istituti della democrazia. La nascita dei movimenti democratico-cristiani coincise, e in parte si collegò, col sorgere di una corrente di riforma religiosa che prese il nome di modernismo, in quanto si proponeva di reinterpretare la dottrina cattolica in chiave appunto "moderna". Anche il modernismo – che ebbe tra i suoi maggiori teorici il francese **Alfred Loisy** e l'italiano **Ernesto Buonaiuti** – aspirava sul piano dottrinario a uno scopo simile a quello perseguito sul piano politico dalla democrazia cristiana: **conciliare l'insegnamento della Chiesa col progresso filosofico e scientifico e, più in generale, con la civiltà moderna**. Ma la Chiesa era tutt'altro che disponibile ad aprirsi a queste innovazioni resistendo con pervicacia al processo di **secolarizzazione** della società. Dopo una fase di relativa tolleranza, il nuovo pontefice **Pio X** proibì ai democratici-cristiani ogni azione politica indipendente dalle gerarchie ecclesiastiche e, nel 1907, scomunicò i modernisti.

Parola chiave
Secolarizzazione

ONLINE

GUIDA ALLO STUDIO

❶ Come reagì la Chiesa cattolica di fronte alla nascita della società di massa? ❷ Che cosa si affermava nell'enciclica *Rerum novarum*? ❸ Qual era il principale avversario politico e culturale individuato dalla Chiesa? ❹ Che cos'era il modernismo? Quali reazioni suscitò nel mondo della Chiesa?

11 Nazionalismo, razzismo e antisemitismo

Il nuovo nazionalismo e le teorie razziste Fra il 1815 e il 1870 il nazionalismo era stato soprattutto il principio ispiratore di movimenti di liberazione che combattevano contro l'ordine costituito, si era collegato all'idea di sovranità popolare e si era alleato col liberalismo e con la democrazia. Le cose cambiarono dopo l'unificazione tedesca realizzata nel 1871 da Bismarck «col ferro e col sangue» **[👁 17.1]** e soprattutto con l'imperialismo coloniale, che legava la grandezza nazionale alle guerre di conquista a danno di altri popoli ritenuti inferiori **[👁 19.1]**. Inoltre, la crescita dei movimenti socialisti, che si ispiravano a ideali internazionalisti e pacifisti, suscitò per reazione un ritorno di spiriti patriottici e guerrieri in seno ai ceti conservatori. La battaglia per i valori nazionali o per gli interessi del proprio paese finì spesso col **legarsi alla lotta contro il socialismo e alla difesa dell'ordine sociale esistente**.

In altri termini, il nazionalismo tendeva a spostarsi a destra, si sganciava dalle sue matrici illuministiche e democratiche per riscoprire quelle tradizionaliste, si collegava spesso alle teorie razziste allora in voga, che pretendevano di stabilire una gerarchia fra **"razze superiori"** e **"razze inferiori"** e di affermare su questa

Secolarizzazione
Processo di emancipazione della società dal condizionamento dei valori sacri e dal controllo delle autorità religiose. In questo senso la secolarizzazione è componente essenziale della modernizzazione e si accompagna ai processi di sviluppo industriale e di urbanizzazione. Una società secolarizzata non è necessariamente una società irreligiosa: è piuttosto una società laica.

Razza
Il termine deriva probabilmente dal francese medievale *haraz*, 'allevamento di cavalli'. Con il progressivo affermarsi del pensiero scientifico, la "razza" divenne una forma di classificazione adottata nel campo degli studi sul genere umano, come in quelli sul mondo animale e vegetale. La specie umana, *Homo sapiens*, venne distinta in base a caratteristiche fisiche evidenti (dette "fenotipiche"), per esempio i capelli, la forma del naso, degli occhi o più generalmente del volto, il colore della pelle. Nel tardo '700 si fece strada inoltre l'idea che le popolazioni umane non discendessero da un unico progenitore, ma avessero origini diverse e immutabili. Ne derivò una gerarchizzazione delle supposte diverse razze umane. Solo nel '900 gli scienziati hanno dimostrato che non esistono fattori biologici tali da differenziare gli esseri umani – infatti, abbiamo un unico patrimonio genetico –, e che non ci sono prove per ricondurre a origini diverse le diverse popolazioni umane.

base la superiorità di un popolo, o di un gruppo di popoli, su tutti gli altri [👁 19.6 STORIA•SOCIETÀ•CITTADINANZA]. Queste teorie, che avevano avuto il loro precursore nel francese **Arthur de Gobineau** (autore nel 1855 di un *Saggio sull'ineguaglianza delle razze umane*), si fondavano su argomentazioni pseudoscientifiche di origine positivistica, ma in realtà si collegavano ad antichi pregiudizi (la tradizionale diffidenza per l'estraneo e per il "diverso") e proprio per questo avevano una forte capacità di suggestione anche fra le classi popolari. Più in generale, il successo del nuovo nazionalismo si può spiegare in buona parte con l'appello alle **componenti irrazionali della psicologia collettiva**, oltre che col ricorso a strumenti tipici della società di massa (stampa popolare, comizi, manifestazioni di piazza) e a tecniche di lotta tipiche della tradizione sovversiva.

Il nazionalismo francese

In Francia il nazionalismo, oltre che nello spirito di rivincita nei confronti della Germania innescato dalla sconfitta subita nel 1870, si manifestò come terreno di incontro fra movimenti di diversa origine uniti nella polemica contro una classe dirigente repubblicano-moderata considerata mediocre e corrotta e quindi incapace di tutelare gli interessi e le tradizioni del paese. In realtà il nazionalismo dei gruppi più oltranzisti (il più noto fu quello che si raccolse intorno alla rivista «Action française» fondata nel 1899) era rivolto non solo verso l'esterno, in funzione della politica estera, ma anche contro i supposti **"nemici interni"**: i protestanti, gli immigrati e soprattutto gli ebrei, considerati come un corpo estraneo alla nazione e identificati con gli ambienti dell'affarismo e della speculazione bancaria.

Il nazionalismo tedesco

Una forte componente antiebraica, unita a una impostazione popolareggiante e a una sottile vena anticapitalistica e antiborghese, fu presente anche nei movimenti nazionalisti dei paesi di lingua tedesca, nei quali l'**antisemitismo** (che in Francia si legava soprattutto a una tradizione cattolico-reazionaria) si appoggiava su presupposti apertamente razzisti. Fu proprio in Germania che le teorie della razza conobbero, già alla fine dell'800, le loro formulazioni più organiche e più popolari: come quella contenuta nel libro *I fondamenti del XIX secolo*, uscito nel 1899, dello scrittore di origine inglese **Houston Stewart Chamberlain**. Chamberlain riprendeva da Gobineau il mito di una **"razza ariana"** depositaria delle virtù più nobili e ne vedeva l'incarnazione più pura nel popolo tedesco. Anche il nazionalismo tedesco aveva lo sguardo rivolto al passato e cercava le sue basi nel mito del popolo (*Volk*), concepito come comunità di sangue e come legame quasi mistico con la terra d'origine. Questo mito, che aveva le sue radici nella cultura romantica ed era stato fatto rivivere, nella seconda metà dell'800, dalle opere del grande compositore (e radicale antisemita) **Richard Wagner**, fornì la base alle ideologie e ai **movimenti pangermanisti**, che auspicavano cioè il ricongiungimento in un unico Stato di tutte le popolazioni tedesche, comprese quelle che erano rimaste escluse dall'unificazione del 1871.

L'antisemitismo in Europa orientale

Un movimento contrapposto al pangermanismo, ma ad esso affine per molti aspetti, fu il **panslavismo**, che nacque in Russia alla fine dell'800 e si diffuse nei paesi slavi dell'Europa orientale come strumento della politica imperiale zarista. Il panslavismo si basava su ideologie tradizionaliste e largamente intrise di antisemitismo. Infatti, nell'Europa orientale – dove le comunità ebraiche erano più numerose, ma anche meno integrate nella società e nella cultura dei paesi ospitanti – l'**antisemitismo** aveva profonde radici popolari. Nell'Impero russo (dove vivevano alla fine dell'800 oltre cinque milioni di ebrei) era addirittura sancito da leggi discriminatorie e ufficialmente tollerato, quando non incoraggiato, dalle autorità, che se ne servivano come di un classico diversivo per lasciar sfogare il malcontento delle classi subalterne. Di qui la barbara pratica del **pogrom** (in russo, 'devastazione', 'saccheggio'), ossia di periodiche e impunite violenze contro i beni e le persone degli ebrei: pratica ancora largamente diffusa all'inizio del '900 nell'Impero degli zar. Fu inoltre la polizia segreta zarista a confezionare, all'inizio del '900, **uno dei più clamorosi falsi della storia**: i cosiddetti ***Protocolli dei Savi anziani di Sion***, in cui un immaginario consiglio ebraico mondiale avrebbe esposto i suoi progetti di dominio.

◂ **Ebrei subiscono violenze durante un pogrom in Russia**
1890

▸ **Copertina di una edizione francese dei *Protocolli dei Savi di Sion***
1940 ca.

I *Protocolli* furono pubblicati in forma di volume nel 1905. Il documento – un falso confezionato dalla polizia zarista – si presenta come il discorso di un «grande vecchio» ai membri di una assemblea di anziani, i Savi di Sion appunto. Scopo di questa misteriosa congregazione sarebbe la conquista del mondo secondo un piano articolato, già in atto, che vede gli ebrei impadronirsi del potere infiltrandosi nei luoghi chiave dell'economia, della società e della politica. Tradotti in numerose lingue, i *Protocolli* circolarono in tutto il mondo e guadagnarono la ribalta quando, nel 1919, il «Times» li recensì considerandoli autentici. Nonostante la smentita dell'anno seguente e le numerose analisi che ne attestarono la falsità, sono tutt'oggi molto diffusi, specie nei paesi arabi.

Letteratura e Storia
L'uomo senza qualità
di Musil

ONLINE

La nascita del sionismo Una reazione all'antisemitismo – ma anche una manifestazione fra le più significative di quel fenomeno di risveglio nazionalistico che attraversò tutta l'Europa di fine '800 – fu la nascita del sionismo: cioè di quel movimento, fondato nel 1897 a Basilea dal giornalista e scrittore ebreo ungherese **Theodor Herzl**, che si proponeva di restituire un'identità nazionale alle popolazioni israelite sparse per il mondo e di **promuovere la costituzione di uno Stato ebraico in Palestina** (di qui il nome sionismo, dalla collina di Sion su cui sorge Gerusalemme). Movimento complesso, ai confini fra il politico, il religioso e il sociale (non senza una componente di stampo colonialistico), il sionismo stentò all'inizio ad affermarsi, anche perché l'alta e media borghesia ebraica era prevalentemente "assimilazionista", tendeva cioè, pur senza rinnegare le sue origini, a integrarsi, ove possibile, nelle società dei paesi d'appartenenza. All'inizio del '900, tuttavia, grazie all'attività instancabile dei suoi sostenitori, il movimento riuscì a imporsi all'attenzione delle componenti ebraiche e a trovare qualche autorevole appoggio anche nelle classi dirigenti dell'Europa occidentale.

GUIDA ALLO STUDIO

❶ Quali caratteristiche assunsero i movimenti nazionalisti di fine '800? ❷ Attraverso quali strumenti teorici e pratici fu realizzata la fusione tra nazionalismo e teorie razziste? ❸ Descrivi le tendenze nazionalistiche presenti in Francia e Germania. ❹ Che cosa accomunava i movimenti pangermanici a quelli panslavi? ❺ Quali furono le origini del sionismo?

12 La critica del positivismo e le nuove scienze sociali

La crisi del positivismo A partire dalla fine dell'800, il modello interpretativo offerto dal positivismo apparve sempre più inadeguato non solo a spiegare i fenomeni politici, economici e sociali, ma anche a tener dietro all'evoluzione delle scienze. Il positivismo restò per molti un metodo di ricerca e di conoscenza della realtà, ma non fu più accettato come una visione del mondo, legata all'idea di un progresso necessario e costante **[👁 15.2]**. Sul piano filosofico si assisté alla nascita di nuove **correnti irrazionalistiche e vitalistiche**, diverse fra loro ma tutte convergenti nel ricondurre i meccanismi della conoscenza e dell'attività umana a fattori come l'istinto, la volontà o lo "slancio vitale", e nel considerare oggetto principale della propria indagine la **realtà psicologica**: una realtà anch'essa "oggettiva", e dunque conoscibile, ma dotata di sue proprie leggi e di un suo tempo – quello della memoria, del vissuto – diverso da quello fisico-quantitativo delle scienze esatte.

Friedrich Nietzsche Primo e principale interprete della critica al positivismo fu il filosofo e letterato tedesco Friedrich Nietzsche (1844-1900). Alla concezione lineare del tempo Nietzsche oppose quella ciclica dell'**eterno ritorno** mettendo in discussione il tempo per come lo concepiva la civiltà occidentale, mentre all'ottimismo progressivo delle filosofie borghesi – considerato come il risultato ultimo e negativo dell'intera tradizione ebraico-cristiana giunta ormai alla sua estrema decadenza – contrappose l'idea dell'uomo nuovo, il **superuomo**, nato dalle ceneri della vecchia civiltà e capace di esprimere e realizzare la propria individualità al di fuori della morale corrente. Le teorie nietzschiane conobbero una larghissima popolarità alla fine del secolo e ad esse si sarebbero poi richiamati, più o meno arbitrariamente, i movimenti nazionalisti e totalitari.

La psicanalisi L'importanza dell'irrazionale trovò un riscontro di eccezionale importanza nell'opera del medico viennese **Sigmund**

Freud (1859-1939), fondatore della teoria psicanalitica. Nelle sue opere (in particolare nell'*Interpretazione dei sogni* del 1900 e nei *Tre saggi sulla teoria della sessualità* del 1905), Freud poneva alla base dei processi psichici il concetto di una vita "inconscia" (*Es*), dominata da leggi diverse da quelle della vita cosciente (*Io*). L'esigenza di «rimuovere» (ossia di reprimere, di allontanare dalla coscienza) gli istinti primari dell'inconscio è, secondo Freud, essenziale per lo sviluppo normale dell'individuo e della stessa civiltà; ma può creare – se gli istinti non vengono «sublimati» nelle realizzazioni sociali (ossia nella sfera del *Super-io*) – delle turbe psichiche (nevrosi). Di qui la necessità di una **tecnica terapeutica** che riporti alla luce i processi inconsci attraverso l'analisi dell'attività onirica. Accolte all'inizio con diffidenza, le teorie freudiane avrebbero non solo rivoluzionato la terapia delle malattie mentali, ma anche influenzato profondamente, soprattutto nella seconda metà del '900, la cultura e la mentalità delle società occidentali.

Storiografia
R. Michels
Organizzazione e oligarchia
ONLINE

Il metodo delle scienze sociali

Un ulteriore tratto distintivo della cultura europea negli anni a cavallo fra i due secoli fu la riflessione sulla **relatività** e sulla **soggettività della conoscenza**: più esattamente, il problema dell'influenza delle inclinazioni personali, dei "valori" dell'osservatore sul modo di studiare e di rappresentare il fenomeno osservato. Un problema che interessò i filosofi, ma anche i cultori delle cosiddette "scienze umane" (sociologia, psicologia, scienza politica, antropologia) e che trovò le sue formulazioni più lucide nell'opera del tedesco **Max Weber** (1864-1920). Sociologo, filosofo e storico, Weber approfondì soprattutto i problemi relativi al metodo delle scienze sociali (o scienze umane): pur muovendo inevitabilmente da un punto di partenza soggettivo (costituito dagli interessi personali e dalla situazione culturale dello studioso), le scienze sociali possono adottare procedimenti logici e criteri esplicativi corretti dando risultati scientificamente validi.

La scienza politica

I nuovi orientamenti della filosofia e delle scienze umane influenzarono profondamente anche il pensiero politico, dove dominante fu la tendenza a penetrare oltre la facciata delle formule ideologiche per ricostruire i meccanismi reali e svelare i moventi autentici dell'agire politico. Si spiega così la notevole fortuna incontrata dalla "teoria della classe politica", formulata per la prima volta alla fine dell'800 dall'italiano **Gaetano Mosca**. In contrasto con la dottrina democratica della sovranità popolare, Mosca sosteneva che, in qualsiasi ordinamento, il potere effettivo è destinato a restare comunque nelle mani di una ristretta minoranza di politici di professione, **la classe politica**, appunto, **o classe dirigente**. Questa teoria fu ripresa, all'inizio del '900, dal sociologo Vilfredo **Pareto**, che vedeva nella politica soprattutto uno scontro di **élite** (ossia minoranze qualificate, oligarchie), prevedendo la rapida decadenza della borghesia liberale sostituita da nuove élite più giovani e più aggressive. A questo stesso filone di pensiero si collegava il sociologo tedesco **Robert Michels** che, nella sua opera più nota, la *Sociologia del partito politico* del 1910, stabiliva un nesso inscindibile fra la tendenza all'organizzazione, tipica dei grandi partiti di massa, e la creazione di **oligarchie burocratiche praticamente inamovibili**. Su un piano più generale, questo fenomeno della burocratizzazione fu studiato, negli anni intorno alla prima guerra mondiale, da Weber. Secondo lo studioso tedesco, la tendenza alla crescita degli apparati burocratici era inarrestabile in quanto espressione della fase più evoluta dello sviluppo della società, ma conteneva in sé gravi pericoli per il destino delle libertà individuali.

La critica della democrazia È facile notare come queste analisi avessero in comune un accentuato pessimismo sulla sorte degli ordinamenti democratici. Certo è che, indipendentemente dalle personali convinzioni dei loro autori, esse contribuirono a determinare quel clima di fastidio e di critica verso la democrazia, i suoi faticosi meccanismi e le sue complesse

Il suffragio femminile e i diritti delle donne

L'Illuminismo e la Rivoluzione francese furono all'origine di un vasto movimento per l'**emancipazione delle donne** che aveva come obiettivo l'uguaglianza e la parità politica, giuridica, sociale e culturale tra i sessi. Nella primavera del **1789**, in **Francia**, alle elezioni per i delegati agli Stati generali, votarono le donne nobili che possedevano un feudo e quelle del Terzo stato che appartenevano ad una corporazione: nella Francia di antico regime il suffragio femminile era quindi un privilegio di ceto e non un diritto. Fu poi presentato all'Assemblea nazionale un *Cahier de Doléances des femmes* in cui si chiedeva per le donne il diritto al lavoro, all'istruzione, alla carriera, al divorzio e alla disponibilità dei propri beni. Nel 1791, l'autrice teatrale girondina **Olympe de Gouges** (1748-1793) pubblicò una *Dichiarazione dei diritti della donna e della cittadina*, in cui rivendicava l'uguaglianza legale e giuridica delle donne.
Contemporaneamente anche in **Gran Bretagna** cominciavano ad essere discusse alcune richieste di emancipazione delle donne e, nel 1792, la scrittrice **Mary Wollstonecraft** (1759-1797) pubblicò un pamphlet intitolato *Rivendicazione dei diritti della donna*.
Le istanze espresse da questi scritti – e dai gruppi femminili che li presero a model-

Donne musulmane in coda per le votazioni (ad Anantnag, India, 2005)
[© Altaf Qadri/epa/Corbis]
Un gruppo di donne musulmane velate dal burqa aspetta in fila di poter esercitare il diritto di voto in un seggio elettorale, durante le elezioni municipali ad Anantnag, capoluogo dell'omonimo distretto del Kashmir indiano, il più settentrionale degli Stati indiani.

istituzioni che si diffuse negli ambienti intellettuali europei proprio nel periodo in cui la partecipazione alla vita politica si ampliava incessantemente e si muovevano i primi passi verso la società di massa.

GUIDA ALLO STUDIO

❶ In che modo le teorie nietzschiane e quelle freudiane esprimono la crisi del positivismo? ❷ In quali direzioni si svilupparono le scienze sociali e politiche tra '800 e '900? ❸ Perché certa riflessione politica comportava una critica della democrazia?

lo – rimasero tuttavia inascoltate e anche nella Francia rivoluzionaria le richieste di partecipazione (politica e militare) femminile furono presto soffocate. Il Codice civile napoleonico (1804) accentuò poi la disuguaglianza tra i sessi, subordinando le donne alla potestà del marito: dal punto di vista femminile, esso costituiva una legislazione reazionaria, e nei paesi in cui fu recepito il percorso per l'ottenimento dei diritti delle donne fu più travagliato. Ad esclusione di alcune esperienze rivoluzionarie, come la Comune di Parigi (1871), il suffragio fu generalmente negato alle donne fino all'inizio del XX secolo.

Nel corso dell'800 si sviluppò un movimento femminile che, in **Europa** e negli **Stati Uniti**, rivendicava l'uguaglianza tra i sessi, a partire dal diritto di votare e di essere elette (diritti politici attivi e passivi) e da quello di poter compiere operazioni economiche e disporre del proprio patrimonio senza l'autorizzazione del proprio padre, fratello o marito (diritti civili). Si trattava di un movimento di impronta prevalentemente liberale, che chiedeva la piena cittadinanza delle donne: dalla fine del XIX secolo si parlò, a questo proposito, di **"femminismo"**. Nel corso dello stesso secolo, l'aumento del lavoro delle donne e il loro crescente contributo all'economia familiare e nazionale fecero sembrare ancora più inaccettabile la discriminazione a cui erano sottoposte. Negli Stati Uniti e in Gran Bretagna si svilupparono così alcuni movimenti di donne, le **"suffragette"**, che chiedevano l'emancipazione e il suffragio. Negli Usa, le prime associazioni femminili nazionali nacquero nel 1837. Nel 1841 lo Stato di New York riconobbe la capacità giuridica alle donne sposate, estesa poi nel 1848 a tutti gli Stati. Nel 1869 il Wyoming riconobbe il suffragio femminile, seguito poi da altri Stati; tuttavia, solo nel 1920 i diritti politici furono estesi a tutte le donne dell'Unione. In Gran Bretagna, nel 1851, la filosofa Harriet Taylor (1807-1858) pubblicò il saggio *L'emancipazione delle donne*, ma il movimento suffragista iniziò solo negli anni '70: nel 1869, intanto, era stato autorizzato il suffragio femminile per le elezioni amministrative, mentre nel 1882 fu riconosciuta alle donne sposate la capacità giuridica. Nel 1903 **Emmeline Pankhurst** (1858-1928) e le figlie Christabel (1880-1958) e Sylvia (1882-1960), decise a utilizzare metodi di lotta radicali, crearono la *Women's Social and Political Union*. In Gran Bretagna, il voto femminile fu riconosciuto infine nel 1918, ma fino al 1928 fu limitato alle donne sposate che avevano più di trent'anni.

I diritti politici e quelli civili furono riconosciuti in tempi diversi, con delle accelerazioni **dopo le due guerre mondiali**. Il primo paese ad accordare alle donne il diritto di voto fu la Nuova Zelanda (1893). Seguirono l'Australia (1895-1902), la Finlandia (1906), la Norvegia (1913), la Danimarca e l'Islanda (1915), il Canada e la Russia rivoluzionaria (1917), la Germania (1918), l'Olanda (1919), la Spagna e il Portogallo (1931; le dittature che si affermarono in questi paesi, tuttavia, lo abolirono). Ancora, il Sudafrica (limitatamente alle donne bianche) e la Turchia (1930), il Brasile (1931), l'India (1935), la Francia (1944), la Jugoslavia e il Giappone (1945), la Cina (1947), la Grecia (1952), la Svizzera (1971).

La **capacità giuridica** fu riconosciuta alle donne in Norvegia nel 1888, in Germania nel 1896, in Svizzera nel 1912, nei paesi scandinavi intorno agli anni '20, in Francia nel 1938, in Olanda nel 1956, in Spagna nel 1975 e in Portogallo nel 1976. Si riconobbe cioè alla donna, in quanto persona, di essere "titolare di diritti".

Il suffragio femminile e altri diritti furono inoltre garantiti dall'**Onu** con la *Dichiarazione universale dei diritti dell'uomo* del 1948 e la *Convenzione sull'eliminazione di ogni forma di discriminazione contro le donne* (1979). Tuttavia, permangono forti discriminazioni verso le donne in molti paesi, soprattutto di religione musulmana. Il suffragio femminile non è ancora riconosciuto in Arabia Saudita (nel settembre 2011 è stato però annunciato che le donne potranno votare ed essere elette dal 2015), mentre in Libano è limitato alle donne con la licenza elementare. Nel Brunei non possono votare né gli uomini né le donne.

In **Italia** il riconoscimento dei diritti delle donne è stato tardivo. Il *Codice civile* del 1865 limitava fortemente la capacità giuridica della donna, sottoponendola alla potestà del marito. Alle donne italiane, inoltre, erano negati il diritto di voto e l'accesso ai pubblici uffici e solo nel 1874 fu consentito l'accesso all'istruzione superiore. A partire dagli anni '70 dell'800 iniziò la battaglia per il suffragio femminile, che raggiunse il suo culmine nei primi due decenni del '900, a opera soprattutto delle donne socialiste, in particolare di **Anna Maria Mozzoni** (1837-1920), che lottò per tutta la vita per il riconoscimento della capacità giuridica delle donne e il loro diritto al voto. Nel **1919** furono finalmente riconosciuti alle donne i diritti civili (anche se solo nel 1975 fu abolita la *patria potestas*), ma l'avvento del regime fascista bloccò l'*iter* parlamentare del disegno di legge per il suffragio femminile approvato alla Camera nel 1919.

Il 1° febbraio 1945, su proposta di Alcide De Gasperi (della Democrazia cristiana, la Dc) e Palmiro Togliatti (del Partito comunista italiano, il Pci), fu riconosciuto alle donne il diritto di voto attivo e passivo: il **2 giugno 1946** tutte le italiane poterono votare per il referendum istituzionale e l'Assemblea costituente, in cui furono elette 21 deputate. La Costituzione italiana (1948) sancì poi che «Tutti i cittadini hanno pari dignità sociale e sono eguali davanti alla legge, senza distinzione di sesso» (art. 3), che «sono elettori tutti i cittadini, uomini e donne, che hanno raggiunto la maggiore età» (art. 48) e che «tutti i cittadini dell'uno o dell'altro sesso possono accedere agli uffici pubblici e alle cariche elettive in condizioni di eguaglianza» (art. 51).

Tuttavia, le donne italiane continuarono a essere discriminate: solo nel 1956 ottennero il diritto di sedere nelle giurie e nel 1960 il libero accesso alle cariche pubbliche; nel 1965 furono ammesse ai concorsi per la magistratura da cui fino a quel momento erano state indebitamente escluse. La prima donna ministro fu Tina Anselmi, nel 1976, con l'incarico di ministro del Lavoro e della previdenza sociale. Molte discriminazioni permanevano, però, nel campo sociale, lavorativo e familiare: esse furono oggetto delle contestazioni del "nuovo femminismo" degli anni '70.

1 Crisi e protezionismo

L'ultimo trentennio dell'800 vide una profonda trasformazione economica. La crisi di sovrapproduzione del 1873 diede inizio a una fase di rallentamento dello sviluppo e di caduta dei prezzi – conseguenza soprattutto delle trasformazioni organizzative e delle innovazioni tecnologiche. In Europa gli effetti più gravi della caduta dei prezzi si ebbero nell'agricoltura, anche per la concorrenza dei prodotti americani, più convenienti sul mercato. Si affermò nei vari Stati una politica di sostegno all'economia nazionale attraverso il protezionismo. Anche la crisi agraria favorì l'affermazione di politiche doganali per proteggere la produzione nazionale dalla concorrenza estera. Un effetto della crisi fu l'ingente migrazione europea verso le aree industriali d'oltreoceano. Vari fattori portarono infine le imprese a consociarsi e accordarsi per una più efficace azione sul mercato, e produssero una stretta compenetrazione tra banche e industrie, il cosiddetto capitalismo finanziario.

2 La seconda rivoluzione industriale

Caratteristica fondamentale della seconda rivoluzione industriale fu il rinnovamento tecnologico che si concentrò nelle industrie chimica, elettrica, dell'acciaio, mentre la prima rivoluzione industriale, un secolo prima, era stata dominata dal cotone e dal ferro. Soprattutto gli sviluppi della chimica aprirono nuove prospettive in quasi tutti i settori produttivi: dalla produzione di alluminio a quella dei coloranti e delle fibre tessili artificiali, ai nuovi metodi di conservazione degli alimenti. L'invenzione del motore a scoppio e la produzione di energia elettrica furono tra le caratteristiche principali della seconda rivoluzione industriale: la prima diede l'impulso decisivo all'estrazione del petrolio, mentre la seconda rivoluzionava – anzitutto con l'illuminazione – la vita quotidiana e, dalla fine dell'800, forniva una nuova importante forza motrice per gli usi industriali.

3 Consumi di massa e razionalizzazione produttiva

Gli anni 1896-1913 furono, per i paesi industrializzati, un periodo di intensa espansione economica, cui si accompagnò, tra l'altro, un aumento del reddito pro capite. Le dimensioni di massa assunte dalla domanda stimolarono la produzione industriale in serie, nonché la diffusione di processi di meccanizzazione e razionalizzazione produttiva (catena di montaggio, taylorismo), che resero più efficienti i ritmi produttivi, ma incontrarono la diffidenza degli operai, il cui lavoro diveniva sempre più ripetitivo per l'automatismo delle macchine.

4 Igiene, medicina e demografia

La trasformazione scientifica della medicina poggiò su quattro fattori: prevenzione e contenimento delle malattie epidemiche attraverso la diffusione delle pratiche igieniste, identificazione dei microrganismi, progressi della farmacologia, nuova ingegneria ospedaliera. I progressi della medicina e dell'igiene, sommandosi allo sviluppo dell'industria alimentare, favorirono in Europa una riduzione della mortalità. Così, si ebbe un sensibile aumento della popolazione. Ciò avvenne, nonostante il calo delle nascite verificatosi, nei paesi economicamente più avanzati, a causa della diffusione di pratiche contraccettive e di una nuova mentalità tesa a programmare razionalmente la famiglia.

5 La società di massa e i nuovi ceti medi

Tra la fine dell'800 e l'inizio del '900 cominciarono a delinearsi, nell'Europa occidentale e negli Stati Uniti, i caratteri della moderna "società di massa". La maggioranza della popolazione viveva ormai nei centri urbani ed era inserita nel circolo dell'economia di mercato: così i rapporti sociali si fecero più intensi e si basarono non più sulle comunità tradizionali bensì sulle grandi istituzioni nazionali (apparati statali e organizzazioni di massa). Nella classe operaia si accentuò la distinzione fra la manodopera generica e i lavoratori qualificati. Contemporaneamente aumentò la consistenza di un ceto medio urbano che andava sempre più distinguendosi dagli strati superiori della borghesia: si allargò la categoria dei dipendenti pubblici e si moltiplicò la massa degli addetti al settore privato che svolgevano mansioni non manuali, i "colletti bianchi". Dal punto di vista della cultura, della mentalità, dei comportamenti sociali, la distinzione fra piccola borghesia e proletariato era molto netta.

6 La nazionalizzazione delle masse: scuola, esercito e suffragio universale

A partire dagli anni '70 dell'800 tutti i governi d'Europa, seppure in tempi diversi, si impegnarono per rendere l'istruzione elementare obbligatoria e gratuita, per sviluppare quella media e superiore e per portare l'insegnamento sotto il controllo pubblico. L'effetto più immediato di questo sforzo fu comunque un aumento generalizzato della frequenza scolastica che, a sua volta, determinò una diminuzione del tasso di analfabetismo. Strettamente legato ai progressi dell'istruzione fu l'incremento dei lettori e delle tirature dei giornali. Un contributo notevole allo sviluppo della società di massa venne anche dalle riforme degli ordinamenti militari, fondate sul principio del servizio militare obbligatorio per la popolazione maschile. In stretta relazione con la coscrizione obbligatoria, tra il 1890 e il 1915, in quasi tutti i paesi dell'Europa occidentale furono approvate leggi che allargavano il corpo elettorale fino a comprendervi la totalità o la stragrande maggioranza dei cittadini maschi maggiorenni.

7 Partiti e sindacati

Con l'allargamento del diritto di voto si affermarono i partiti di massa e le confederazioni sindacali nazionali, che trasformarono profondamente le forme della lotta politica e sociale. I partiti si diedero un'organizzazione centrale, con un gruppo dirigente, sviluppando però organizzazioni locali cui avevano accesso ampi strati della cittadinanza. I sindacati agirono per modificare le legislazioni sociali a garanzia e a tutela del lavoro e della vita dei lavoratori.

8 Riformisti e rivoluzionari. La Seconda Internazionale

Alla fine dell'800 sorsero, nei principali paesi europei, partiti socialisti che si ispiravano per lo più al modello della socialdemocrazia tedesca e facevano capo alla Seconda Internazionale, fondata nel 1889. Negli anni della Seconda Internazionale il marxismo divenne la dottrina ufficiale del movimento operaio. Col passare del tempo, però, presero corpo due diverse tendenze: da un lato la valorizzazione dell'aspetto democratico-riformistico dell'azione socialista (Bernstein), dall'altro il tentativo di recuperare l'originaria impostazione rivoluzionaria del marxismo (Liebknecht, Luxemburg). Dissidenze del tutto particolari furono quelle che si svilupparono nella socialdemocrazia russa (Lenin) e nel movimento sindacale francese (Sorel).

9 Il primo femminismo

Tra la fine dell'800 e l'inizio del '900 cominciò a emergere una "questione femminile". I maggiori contatti col mondo esterno, le esperienze collettive, la partecipazione alle agitazioni sociali portarono le donne lavoratrici a una più viva coscienza dei loro diritti e delle loro rivendicazioni nei confronti della società. Il movimento per l'emancipazione femminile rimase a lungo ristretto a minoranze operaie e intellettuali. Solo in Gran Bretagna riuscì a imporsi all'attenzione dell'opinione pubblica, concentrando la sua attività nell'agitazione per il diritto al suffragio ("suffragette").

10 La Chiesa e la società di massa

Leone XIII favorì il riavvicinamento fra i cattolici e le classi dirigenti di quei paesi dove maggiore era la tensione fra Stato e Chiesa, incoraggiò la nascita di nuovi partiti cattolici e cercò soprattutto di riqualificare il ruolo della Chiesa in materia di questione sociale. Il documento più emblematico di questo sforzo fu l'enciclica *Rerum novarum* (1891). Parallelamente emerse una nuova tendenza politica, definita democrazia cristiana, che mirava a conciliare la dottrina cattolica con la prassi e gli istituti della democrazia. E sorse anche una corrente di riforma religiosa che prese il nome di modernismo, poiché si proponeva di reinterpretare la dottrina cattolica in chiave appunto "moderna". Quando salì al soglio pontificio Pio X, i democratico-cristiani si videro proibita ogni azione politica indipendente dalle gerarchie ecclesiastiche, mentre il modernismo fu colpito da scomunica.

11 Nazionalismo, razzismo e antisemitismo

Alla fine dell'800 il nazionalismo finì spesso col legarsi alla lotta contro il socialismo e alla difesa dell'ordine sociale esistente, collegandosi spesso anche alle teorie razziste allora in voga. Una forte componente antiebraica fu presente anche nei movimenti nazionalisti dei paesi di lingua tedesca, nei quali l'antisemitismo si appoggiava su presupposti razzisti. In Germania si svilupparono i movimenti pangermanisti, mentre in Russia e nei paesi dell'Europa orientale quelli panslavisti: entrambi si basavano su ideologie tradizionaliste e largamente intrise di razzismo. Una reazione all'antisemitismo fu la nascita del sionismo, che si proponeva di restituire un'identità nazionale alle popolazioni israelite sparse per il mondo e di promuovere la costituzione di uno Stato ebraico in Palestina.

12 La critica del positivismo e le nuove scienze sociali

Alla fine dell'800 il positivismo apparve sempre più inadeguato non solo a spiegare i fenomeni politici, economici e sociali, ma anche a tener dietro all'evoluzione delle scienze. Nacquero allora nuove correnti filosofiche irrazionalistiche e vitalistiche, di cui il principale interprete fu il tedesco Nietzsche. Le idee di Freud rivoluzionarono invece la terapia delle malattie nervose avendo come assunto l'esistenza di una vita inconscia degli esseri umani, soggetta a regole diverse da quelle che governano la vita cosciente. Gli studi politici, in particolare, evidenziarono l'esistenza di oligarchie politiche e di un fenomeno di progressiva burocratizzazione delle classi dirigenti.

SVILUPPARE LE COMPETENZE

❶ Quali trasformazioni economiche segnarono il periodo della "seconda rivoluzione industriale"? Per rispondere dividi gli argomenti che seguono riconoscendo in essi le cause o le conseguenze delle trasformazioni e poi spiegane significati e relazioni in un testo di 12 righe a cui dovrai, inoltre, dare un titolo appropriato:

a. Capitalismo finanziario
b. Crisi agraria in Europa
c. Protezionismo
d. Sovrapproduzione e caduta dei prezzi
e. Emigrazione europea

❷ La seconda rivoluzione industriale fu un processo di sviluppo economico e sociale caratterizzato da tre fasi. Ricordale e descrivile in tre testi di 8 righe l'uno. Per facilitarti il compito, di seguito sono stati isolati alcuni argomenti che dovrai attribuire correttamente ad ogni fase:

a. Crescita dei prezzi
b. Acciaio
c. Fordismo
d. Industria chimica
e. Invenzione di nuovi metodi per la conservazione del cibo
f. Aumento dei salari
g. Produzione in serie
h. Motori a scoppio
i. Catena di montaggio
j. Elettricità
k. Aumento del reddito pro capite
l. Sviluppo generale della produzione
m. Metodo di Taylor

❸ Dai, in brevi testi di 3 righe ciascuno, la definizione dei seguenti argomenti:

a. Aspirina
b. Policlinico
c. Società di massa
d. Ceto medio
e. Impiegati
f. Proletariato
g. Servizio militare obbligatorio
h. Istruzione per tutti
i. Opinione pubblica
j. Suffragio universale maschile

❹ Collega tra loro gli argomenti della colonna di sinistra con quelli della colonna di destra; quindi componi un testo di 20 righe che contenga tutti gli abbinamenti. Il titolo di questo testo è *I partiti socialisti, la Seconda internazionale; riformisti e rivoluzionari*:

1. Revisionismo	**a.** Federazione di partiti nazionali
2. Sindacalismo rivoluzionario	**b.** Karl Liebknecht e Rosa Luxemburg
3. Spd	**c.** Francia
4. Seconda internazionale	**d.** Georges Sorel
5. Sfio	**e.** Bolscevichi
6. Rivoluzionari	**f.** Eduard Bernstein
7. Lenin	**g.** Gran Bretagna
8. Laburisti	**h.** Germania

❺ Descrivi, in brevi testi di 5 righe ciascuno, i seguenti argomenti storici:

a. Suffragette
b. Il pontificato di Leone XIII e la *Rerum novarum*
c. Democrazia cristiana e modernismo
d. Nuovo nazionalismo
e. Teorie razziste
f. Antisemitismo
g. Sionismo
h. Psicanalisi

I GRANDI TEMI

5 I COSTI E I VANTAGGI DELLO SVILUPPO

1 Lo sviluppo industriale: un cambiamento epocale

L'età contemporanea è profondamente segnata dallo sviluppo industriale e dal progresso tecnologico. La continua innovazione di strumenti, macchinari e procedimenti per la produzione, così come l'invenzione di nuovi oggetti per i più diversi utilizzi hanno consentito, a partire dalla seconda metà del '700, nei paesi industrializzati, uno sviluppo senza eguali dell'economia. La crescita incessante della produttività dell'industria e degli altri settori, l'incremento del reddito e la diffusione del benessere materiale ne costituiscono gli effetti più immediati. È inoltre aumentata la popolazione, grazie alla possibilità di crescere senza trovare un freno nella scarsità di risorse alimentari. Nel contempo sono aumentati i beni di consumo disponibili per ciascun individuo e si è estesa la loro diffusione a nuovi strati sociali.
Le conseguenze dello sviluppo possono essere osservate guardando non solo ai numeri dell'economia, alle tendenze generali di lungo periodo, ma anche ai cambiamenti della vita materiale di uomini e donne. Nelle aree del mondo che hanno potuto sperimentare direttamente i benefici dell'industrializzazione sono mutati il **modo di lavorare**, gli **oggetti** utilizzati quotidianamente e i modi di procurarseli e di consumarli. Sono cambiati anche i **valori** con cui viene giudicata la ricchezza e percepita la povertà, i diritti e i doveri dei singoli nei confronti della collettività. Completamente modificati risultano anche i **rapporti tra l'uomo e la natura** nonché tra le diverse aree del mondo.
Tutti questi cambiamenti, cui spesso ci si riferisce con il **concetto di "modernizzazione"**, indicano l'ampiezza e la vastità degli effetti che lo sviluppo ha avuto sulla storia dell'uomo, quanto in profondità abbia modificato la vita delle persone e le modalità di organizzazione della società. In poche parole, lo sviluppo economico dell'età contemporanea ha consentito il passaggio dall'arretrato mondo preindustriale, segnato dalla povertà e dalla scarsità di beni, a uno più avanzato, ricco di beni e di servizi.
Tuttavia, la storia dello sviluppo economico non è univoca né lineare. Agli indubbi vantaggi hanno corrisposto non irrilevanti problemi, di natura sociale, culturale, ambientale. Non sorprende allora che i cambiamenti siano stati accolti e vissuti dai contemporanei con **sentimenti fortemente contrastanti**. All'entusiasmo per le innovazioni tecnologiche, per i notevoli aumenti della produttività e per la disponibilità di nuovi beni e strumenti si sono sempre contrapposte, parallelamente, la paura per la novità, il timore di perdere i consolidati equilibri della precedente condizione e il rifiuto dei costi e delle ricadute negative.
Questi sentimenti e le reazioni dei contemporanei di fronte a fenomeni di cambiamento dipendevano da dati di fatto concreti. Un bilancio della storia dello sviluppo industriale non può infatti non mettere in luce tanto i miglioramenti apportati alla società e agli individui quanto i costi di quei miglioramenti.

2 Le condizioni dei lavoratori

Furono innanzitutto i lavoratori impegnati nella produzione industriale a vivere in prima persona il sovrapporsi dei vantaggi e dei costi dello sviluppo. Il passaggio dal lavoro dei campi a quello in fabbrica significò, nell'immediato, un notevole incremento della fatica e dei rischi, non bilanciato per altro da un maggiore reddito. Anche quando agli operai veniva data una paga più alta di quella dei lavoratori nelle campagne, la loro capacità di acquisto risultava più modesta, sia perché nelle zone industriali erano più alti i prezzi dei beni di prima necessità (prodotti alimentari, abbigliamento, affitto delle abitazioni, utensili per la casa), sia perché, a differenza dei contadini, gli operai non potevano integrare il salario monetario con il consumo dei prodotti della propria terra o con la fabbricazione in casa di suppellettili, durante i mesi di minore attività.

Operai e famiglie operaie nell'800

Per integrare il salario dell'operaio maschio adulto, le famiglie operaie ricorsero al lavoro delle donne e dei bambini. Soprattutto nel settore tessile, la semplificazione del processo produttivo e l'utilizzo delle macchine resero conveniente impiegare anche individui meno forti fisicamente e non addestrati al lavoro manifatturiero. Si trattava di lavoro meno qualificato e di conseguenza meno retribuito. Il **salario delle donne** era generalmente un terzo di quello degli uomini e ancora più penalizzato risultava l'impiego dei bambini.

Il **lavoro infantile** costituì per alcuni decenni una realtà ricorrente dell'industria nascente e la manifestazione estrema della durezza delle condizioni del proletariato industriale. Fu solo nei decenni centrali dell'800 che, a partire dalla Gran Bretagna, vennero adottate **leggi a protezione dell'infanzia** (la prima fu nel 1833), che vietarono il lavoro per i più piccoli (inizialmente i minori di nove anni) e limitarono e vincolarono l'impiego dei ragazzi (limitando le ore lavorative quotidiane). Nella seconda metà del secolo, in Europa occidentale e negli Stati Uniti, il **lavoro minorile** si ridusse progressivamente, per merito della legislazione sociale ma anche, negli ultimi decenni del secolo, della diffusione della scuola obbligatoria.

Esso tuttavia non è scomparso. Nei paesi occidentali è oggi un fenomeno certamente più limitato ma comunque presente: in Italia i dati più recenti hanno censito circa 145 mila bambini lavoratori. È però nei paesi economicamente meno avanzati che il lavoro minorile continua a costituire una piaga diffusa. Secondo i dati dell'Unicef (l'organizzazione delle Nazioni Unite che tutela i bambini) sono circa 211 milioni i bambini attualmente impiegati nei vari settori economici.

Per buona parte dell'800 gli operai ebbero generalmente condizioni di vita molto dure. Gran parte della giornata era spesa in fabbrica, in **ambienti insalubri** a causa del fumo delle macchine a vapore nei quali i lavoratori erano sottoposti a una rigidissima

FIG**1**
Bambina al lavoro in una industria tessile in Georgia (Usa)
1909 ca.

FIG**2**
Bambini minatori a Kingston (Usa)
1900 ca.

disciplina. I bassi salari permettevano loro solo di acquistare cibo di scarsa qualità, e in quantità non sempre sufficiente. Il rapido e caotico inurbamento li costringeva ad abitare in case fatiscenti e sovraffollate, in pessime condizioni igieniche. In diversi casi, addirittura, considerata la lunghezza della giornata lavorativa e le fatiche del lavoro, **le famiglie operaie dormivano all'interno della fabbrica**.

Dietro gli straordinari miglioramenti della produzione si celavano dunque i sacrifici di una parte significativa della popolazione. Le sofferenze originate dall'industrializzazione, contraltare dei successi materiali, divennero oggetto di **inchieste** – una delle più celebri fu quella Friedrich Engels sulla *Situazione della classe operaia in Inghilterra* (1845) **[👁 DOC1]** –, di **romanzi** e racconti – come *Germinal* di Émile Zola, del 1885 **[👁 DOC2]** – e di rappresentazioni pittoriche.

Le difficili conquiste della classe operaia

L'industrializzazione non generò solo conseguenze negative per la classe lavoratrice, ma rese possibili anche nuove modalità di socializzazione. La concentrazione nei quartieri operai delle città e la convivenza nello spazio circoscritto della fabbrica favorirono l'intensificarsi dei contatti, mentre la meccanicità del lavoro non qualificato rendeva più omogenee le condizioni e i bisogni. Era quindi più facile rispecchiarsi nelle condizioni dell'altro, riconoscere **esigenze e interessi comuni**, e quindi costruire contatti e relazioni. Le nuove modalità di socializzazione costituirono a loro volta un'importante condizione per lo sviluppo, sin dall'inizio dell'800, delle proteste operaie e poi per la formazione delle organizzazioni sindacali.

Grazie alla presenza dei **sindacati**, alla crescente sensibilità dell'**opinione pubblica**, all'intervento di **parlamenti** e **governi** e alle innovazioni delle tecniche produttive della seconda rivoluzione industriale, la situazione dei lavoratori mutò profondamente nella **seconda metà dell'800**. In quei decenni furono adottate molte misure volte a migliorare le condizioni di vita degli operai. La grave crisi economica degli anni '30 del '900 e il periodo immediatamente successivo alla seconda guerra mondiale (conclusasi nel 1945) accelerarono ancora la portata di queste misure sociali che tendevano ad attenuare gli elementi negativi della condizione operaia, in fabbrica e fuori, durante la vita lavorativa e durante la vecchiaia.

Si assisteva frattanto a una **progressiva riduzione dell'orario di lavoro**: nella seconda metà dell'800, nei paesi industrializzati la lunghezza media della giornata lavorativa era scesa a dodici ore e nel '900 ci sarebbero state ulteriori riduzioni, cui corrispose l'incremento dei giorni di riposo. Oggi la giornata lavorativa nel settore industriale è mediamente di 8-9 ore, per circa 1900-2000 ore annuali. La riduzione dell'orario di lavoro – e, di conseguenza, il ridimensionamento della fatica e l'aumento del tempo libero – costituiscono il dato più evidente e più facilmente quantificabile del progressivo miglioramento delle condizioni degli operai. In molti paesi il giorno di **riposo settimanale** si è trasformato in weekend, raddoppiando quindi la sua durata che diventa pari a quasi un terzo della settimana.

Nei paesi occidentali sviluppati sono aumentati anche i salari reali degli operai, è aumentata cioè la quantità di beni e servizi che il lavoratore può acquistare con il suo stipendio; e questo è avvenuto, nonostante le notevoli differenze tra paese e paese e tra i periodi storici attraversati da ciascun paese. Il tenore di vita della classe lavoratrice è così enormemente migliorato. Particolarmente significativi sono stati gli incrementi registrati durante la cosiddetta **"età dell'oro" degli anni '50 e '60 del '900**. Anche se successivamente si è prodotto un arresto e, in alcuni casi, un relativo arretramento, almeno fino all'inizio degli anni '80 le retribuzioni dei lavoratori nelle nazioni più avanzate consentono loro di godere di consumi largamente superiori a quelli necessari alla pura sussistenza.

I costi e i modi delle nuove modalità di produzione industriale

Il costo pagato dai lavoratori allo sviluppo è anche quello relativo alla qualità del lavoro e alla difficoltà di adattarsi alle nuove tecniche produttive. Con la diffusione del sistema di fabbrica si accentuò la frammentazione delle mansioni, definita anche parcellizzazione. La lavorazione venne scomposta in numerose fasi, ciascuna formata da operazioni semplici e meccaniche. L'uso di macchine sempre più sofisticate e automatizzate impose una crescente meccanizzazione del lavoro.

La **parcellizzazione e meccanizzazione** del lavoro furono ulteriormente accentuate nei primi anni del '900 dall'adozione del taylorismo – un metodo di organizzazione del lavoro elaborato dall'ingegnere americano **F.W. Taylor**, basato su una estrema frammentazione dei gesti e delle operazioni **[👁 DOC3]** – e dall'introduzione della **catena di montaggio**, ideata dall'industriale statunitense Henry Ford nella produzione di automobili [👁 DOC4]. Ciascuna di queste innovazioni ha garantito incrementi della capacità produttiva, un drastico abbassamento dei costi e una riduzione dello sforzo fisico per il lavoratore. Al tempo stesso, la natura monotona, ripetitiva e alienante delle mansioni svolte ha comportato l'aumento dello stress psicologico e la perdita degli elementi di creatività presenti nel lavoro manifatturiero prima dell'industrializzazione. La celebre scena del film *Tempi moderni* (1936) di Charlie Chaplin, in cui un operaio è progressivamente sopraffatto dal ritmo della catena, ha costituito una delle più efficaci rappresentazioni del **carattere alienante e spersonalizzante della novità introdotta da Ford** [👁 FIG3].

Negli ultimi decenni del '900 – epoca definita "postfordista" – le economie più avanzate hanno adottato, per la **produzione manifatturiera**, tecnologie e criteri organizzativi che puntano sulla specializzazione e sulla qualificazione dei lavoratori così come sulla capacità di rispondere in tempo alle richieste del mercato. Il tempo del lavoro e della vita degli operai diventa "flessibile": a un aumento della domanda di merci si dovrà far fronte con un maggior numero di ore lavorate in fabbrica, a una diminuzione della domanda corrisponderanno periodi di "sospensione" o riduzione del lavoro.

Nel **settore terziario** – servizi destinati alla collettività o ai singoli cittadini, servizi a tecnologia avanzata, logistica, finanza, commercio, turismo, trasporti, ecc. – v'è stata una crescita rilevante del lavoro non manuale. Entrambi i settori economici vedono comunque, sebbene in forme profondamente diverse, il permanere del ruolo svolto dalle macchine (i robot automatizzati nelle fabbriche e i computer negli uffici) e la rigida separazione tra le attività decisionali e creative (che impegnano dirigenti e progettisti) e quelle esecutive.

FIG3
Un fotogramma dal film *Tempi moderni* (1936) di e con Charlie Chaplin

3 La produzione di merci e i consumi

La progressiva diffusione dei consumi

Se confrontiamo la vita quotidiana di un individuo di una società sviluppata dei nostri giorni con quella di un individuo dello stesso paese ai tempi della rivoluzione industriale, risulta immediatamente evidente la profonda differenza nella disponibilità di beni di consumo. Il primo, ai nostri giorni, possiede e usa abitualmente una quantità di oggetti per lavorare e divertirsi, ma anche per la cura del corpo, la casa, per trascorrere il tempo libero, per comunicare, spostarsi, migliorare la propria cultura; il secondo, invece, ai tempi della rivoluzione industriale non sarebbe stato neanche in grado di immaginare la varietà di prodotti a disposizione dei nostri contemporanei.

Gli incrementi della produttività industriale hanno generato, tra la fine dell'800 e il '900, una riduzione dei costi di lavorazione, che si è tradotta in ribassi dei prezzi di vendita e quindi in maggiori possibilità di acquisto per i consumatori. Una quantità in precedenza impensabile di prodotti ha così invaso il mercato, prodotti alla portata di un numero sempre più elevato di persone, di strati sempre più ampi della popolazione, incluse quelle classi sociali che in precedenza avevano avuto la possibilità di acquistare solo beni strettamente necessari alla sussistenza, e talvolta neanche in quantità sufficiente.

Nelle aree più ricche d'Europa, tra la fine dell'800 e l'inizio del '900, la classe operaia inizia a prendere progressivamente parte alla diffusione dei consumi: la **dieta** è meno povera e monotona che in passato, le

FIG**4**
Manifesto per una vettura Mercedes prodotta dalla Daimler
1914 ca.
[Staatsgalerie, Stoccarda]

FIG**5**
Manifesto pubblicitario per gli elettrodomestici Magnet
1930 ca.

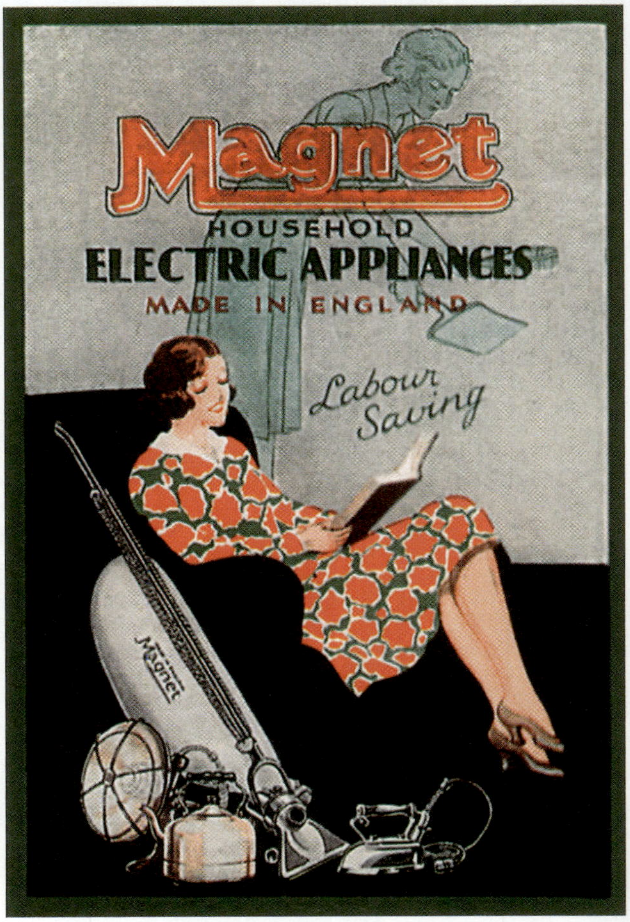

abitazioni diventano più confortevoli, gli **abiti** sono cambiati più spesso e alternati nelle diverse stagioni; soprattutto, crescono le spese per il divertimento e le attività del **tempo libero**: i consumi di alcoolici, le serate nelle taverne e nelle osterie, l'accesso a spettacoli come il circo e il teatro popolare, le escursioni.
Lo sviluppo economico non ha consentito soltanto di produrre di più e in maniera più conveniente i soliti "vecchi" beni di consumo, ma anche di realizzarne di nuovi, capaci sia di soddisfare i bisogni e i desideri più recenti sia di rispondere meglio a quelli consolidati.
Le nuove merci, meno legate alle necessità più immediate della vita (l'alimentazione, la casa, l'abbigliamento), appaiono inizialmente superflue, perché rispondono a esigenze in precedenza non avvertite. Tali beni sono generalmente indirizzati ad ampie masse di potenziali acquirenti, che la pubblicità commerciale si propone di informare e convincere all'acquisto. Questo fenomeno – una vera e propria **"rivoluzione dei consumi"** **[👁 TESTO 5]** –, che ha preso avvio con la diffusione dell'industrializzazione, è diventato particolarmente rilevante nel corso del '900.

I consumi che rivoluzionano lo stile di vita

La diffusione dell'**automobile** ha costituito il simbolo di questo processo. La produzione e il consumo a livelli significativi comincia nei primi anni del secolo: verso il 1900 la produzione mondiale di automobili era dell'ordine di 7000 unità all'anno, nel 1913 di 600 mila. Nel 1914, alla vigilia della prima guerra mondiale, erano in circolazione nel mondo circa 2 milioni e mezzo di automobili (camion compresi) contro meno di 15 mila nel 1900; nel 1970, nei soli paesi occidentali sviluppati ne circolavano ben 220 milioni.
A partire dagli anni '20 entrò nell'uso quotidiano il **motore elettrico**, soprattutto negli Stati Uniti con la diffusione degli **elettrodomestici**: lavatrici, aspirapolveri, ventilatori e frigoriferi. Nel 1923 gli Stati Uniti producevano circa 5000 frigoriferi all'anno per uso domestico, quasi 900 mila nel 1929 e poco meno di 3 milioni nel 1937. Alla vigilia della seconda guerra mondiale c'erano circa 18 milioni di frigoriferi in funzione nei 35 milioni di famiglie americane. L'Europa conobbe queste novità più tardi, negli anni '50, ma in breve tempo recuperò il distacco.
Aumentò inoltre il consumo di **prodotti culturali**: libri, giornali, apparecchi radio, grammofoni e giradischi per l'ascolto della musica, e poi televisori (fino ai più recenti oggetti dell'elettronica di consumo). La disponibilità dei nuovi oggetti o servizi di consumo rivoluzionò abitudini e stili di vita.
La diffusione dei consumi, dagli strati di popolazione più ricchi a quelli via via meno benestanti, è stato un processo lento e graduale, che ha interessato, a cavallo tra '800 e '900, le **nazioni più sviluppate del mondo** – non solo l'Europa, in particolare quella occidentale, di cui si è detto, ma anche il Nord America e il Giappone –, per poi allargarsi parzialmente, in tempi recenti, ad altre aree. Un cittadino delle classi medie degli Stati Uniti, dell'Europa occidentale e delle nazioni più ricche dell'Asia ha accesso oggi a beni di consumo superiori, per quantità, qualità e varietà, a quelli di un aristocratico della Francia o della Gran Bretagna di due secoli fa.
Occorre rilevare, inoltre, che il consumo appare oggi sempre meno legato al soddisfacimento di un bisogno primario e invece largamente connesso alla ricerca di un piacere che poco ha a che vedere con le esigenze della sussistenza.

Il consumismo. Voci critiche

Accanto alle indubbie luci, molti hanno individuato ampie ombre. Nel corso del '900, e in particolare nella seconda metà del secolo, diverse voci critiche si sono levate per richiamare l'attenzione sui problemi generati dalla crescente diffusione dei beni di consumo, per definire i quali è stato coniato un termine apposito: "consumismo".
Secondo un orientamento tradizionalista e conservatore, interpretato soprattutto dalla **cultura cristiana**, il consumismo ha un valore negativo perché attribuisce un alto valore simbolico ai beni materiali (che conquistano il centro dell'investimento affettivo degli individui, sostituendosi ai sentimenti religiosi) e perché, rendendo omogenei gusti e comportamenti, sopprimerebbe le differenze individuali e tra i ceti. Esponenti di alcune correnti della cultura marxista – come la **scuola di Francoforte** di Theodor W. Adorno, Max Horkheimer e Herbert Marcuse **[👁 TESTO 6]** – hanno individuato nel consumismo un fenomeno capace di radicalizzare l'alienazione dell'individuo già presente nel capitalismo. Secondo queste teorie non sono più gli esseri umani a possedere e controllare gli oggetti ma, al contrario, sono questi ultimi a imporre la propria logica e a dominare desideri, pensieri e passioni di uomini e donne. Il consumatore si troverebbe perciò in balìa dei messaggi della pubblicità, dei mezzi di comunicazione di massa, i mass media, e del meccanismo della moda, tutti volti a so-

stenere la crescita del capitalismo; egli assisterebbe, così, passivo e quasi narcotizzato, all'abbondanza di merci, nella quale si trova immerso senza più la capacità di comprendere e esprimere i propri desideri più autentici.
In anni più recenti il consumismo è stato messo sotto accusa anche per gli effetti sull'ambiente. Si ritiene che le società avanzate siano caratterizzate da consumi eccessivi e inutili e che quindi ci sia un eccesso nell'utilizzo delle risorse naturali e nella produzione di rifiuti e sostanze inquinanti. Al consumismo vengono perciò contrapposte modalità diverse, il "consumo sostenibile" e il "consumo critico", rispettose della natura e attente all'equità sociale nell'appropriazione delle risorse del pianeta.
Le critiche riconducibili al marxismo e alle teorie critiche della sinistra hanno ispirato i movimenti di protesta degli anni '60 del '900, mentre il richiamo a forme di consumo più consapevoli delle implicazioni ambientali, sociali ed economiche è stato ampiamente richiamato dai movimenti apparsi alla fine degli anni '90 contro la recente integrazione delle attività economiche e finanziarie su scala planetaria, la cosiddetta **"globalizzazione"**.

4 L'ambiente

Lo sviluppo industriale ha trasformato, insieme al lavoro, anche l'ambiente. La diffusione delle fabbriche e delle fonti di energia inanimata basate sull'utilizzo di risorse naturali (il carbone prima e il petrolio poi) ridisegnarono profondamente sia le aree rurali sia le realtà urbane.

Il progressivo peggiorare delle condizioni ambientali

Un viaggiatore che avesse percorso le campagne inglesi alla metà dell'800 avrebbe osservato un paesaggio molto diverso da quello visto dai suoi nonni. Il cambiamento più visibile era costituito dallo sviluppo delle **vie di comunicazione**: prima con la costruzione e l'ampliamento dei canali fluviali, poi con l'allargamento e la moltiplicazione delle strade carrozzabili, infine con la diffusione della ferrovia. Ciascuna di queste reti di collegamento si stende-

FIG**6**
Sheffield, in Inghilterra, alla metà del XIX secolo

va per centinaia di chilometri, occupando uno spazio crescente e rompendo l'omogeneità e la regolarità del paesaggio rurale. Nei pressi dei fiumi o dei porti si osservava poi la presenza di numerose fabbriche.
Questi erano però solo i primi segni, i più immediatamente avvertibili, dei cambiamenti che stavano avvenendo. Se lo stesso viaggiatore avesse interrotto il proprio cammino e si fosse fermato a osservare con attenzione i fiumi, i canali e i porti, avrebbe potuto vedere i primi segni inequivocabili dell'**inquinamento**. Le fabbriche, infatti, disperdevano nei dintorni **quantità eccezionali di rifiuti e di scorie** che nessuno si curava di raccogliere e che si accumulavano fino a formare montagnole di materiale nocivo e maleodorante. I corsi d'acqua erano utilizzati come luoghi di scarico e divennero presto vere e proprie **fogne a cielo aperto**. Anche la qualità dell'**aria** fu compromessa dalla diffusione delle fabbriche: le ciminiere e i congegni di scarico non solo alteravano il paesaggio e la linea dell'orizzonte ma spargevano sulla zona circostante **cenere, gas e fuliggine**, rendendo l'aria irrespirabile.
Uno scenario non dissimile era poi offerto dalle città, dove le fabbriche si concentrarono durante la prima fase dell'industrializzazione. Le **città industriali** si trovavano alle prese con le emergenze ambientali determinate dai cicli produttivi, rese ancora più drammatiche dall'impreparazione dei poteri pubblici e dall'inadeguatezza delle fognature e delle reti idriche. Lo scenario che si offriva a un osservatore poteva essere particolarmente sgradevole: ai bordi delle strade giacevano grandi cumuli di rifiuti; alzando gli occhi al cielo avrebbe potuto vedere il fumo nero che usciva dalle ciminiere delle fabbriche, prodotto dal carbone bruciato dalle macchine a vapore, mentre la fuliggine si spargeva ovunque, anche a grande distanza.

FIG7
Manchester, in Inghilterra, negli anni '70 del '900
[Hulton Deutsch Collection, Londra]

L'ambiente ha pagato quindi sin dall'inizio un costo elevato allo sviluppo industriale. Alcuni osservatori lo hanno messo in evidenza fin dall'800: tra questi lo scrittore inglese Charles Dickens, che raccontò di un'immaginaria ma realistica *Coketown*, la Città del carbone [👁 DOC7]. I poteri pubblici hanno affrontato invece con ritardo le conseguenze più evidenti e dirette di questo fenomeno, come il trattamento dei rifiuti inquinanti o la collocazione nelle città di impianti industriali.

Anche in questo caso, la **Gran Bretagna** ha anticipato situazioni e problemi che sarebbero diventati abituali in tutti i paesi industrializzati.

I temi ecologici si impongono nel dibattito pubblico

Nel corso del '900 il degrado ambientale ha assunto per la prima volta dimensioni planetarie, tali da mettere in discussione la stessa sopravvivenza del pianeta. L'aumento della popolazione e il conseguente incremento delle attività produttive hanno moltiplicato gli effetti dell'attività economica sulla natura. Fenomeni come l'estinzione di specie viventi, il prosciugamento delle risorse naturali, le piogge acide (cosiddette perché hanno un ph inferiore a 5), che sono inquinanti e causate dalle emissioni di zolfo e azoto nell'aria, oppure l'assottigliamento dello strato di ozono (che avvolge la Terra proteggendola dalle radiazioni ultraviolette), l'innalzamento delle temperature medie della superficie terrestre, o "surriscaldamento globale" (causato dall'immissione massiccia di alcuni gas nell'atmosfera, ma anche dalla deforestazione selvaggia), implicano effetti di portata generale, dai quali nessuno può dirsi immune.

Con il peggiorare della situazione è però cresciuta la consapevolezza del problema. È infatti emersa l'esigenza, sempre più condivisa, di **limitare l'inquinamento e** di **porre fine alla dissipazione delle risorse naturali**. A partire soprattutto dalla seconda metà del XX secolo, i problemi dell'ambiente e i temi ecologici si sono imposti nel dibattito pubblico. I governi nazionali hanno avviato una serie di complessi negoziati finalizzati a offrire risposte politiche su scala globale a problemi che coinvolgono l'intera umanità. Nel 1992 si è tenuta, a **Rio de Janeiro**, la prima conferenza mondiale dei capi di Stato e di governo sull'ambiente, al termine della quale i partecipanti approvarono un'impegnativa Dichiarazione per una politica ambientale comune [👁 DOC8]. Tra i risultati più importanti è sicuramente il **Protocollo di Kyoto**, promosso dalle Nazioni Unite e adottato nel 1997, finalizzato a limitare le emissioni di gas che producono il surriscaldamento dell'atmosfera ("effetto serra"). Queste emissioni intervengono infatti alterando pericolosamente lo scambio di energia solare tra il nostro pianeta, l'atmosfera e il Sole e trattenendo calore nell'atmosfera terrestre. Tuttavia, tutti i negoziati, così come l'attuazione degli accordi, si sono sempre scontrati con i singoli interessi nazionali, in particolare dei paesi più industrializzati (gli Stati Uniti, per esempio, non hanno firmato il Protocollo di Kyoto).

Nonostante la lentezza e le difficoltà a raggiungere risultati concreti, è indubbio che la questione dei rischi ambientali sia diventato un tema di primo piano nel dibattito politico delle nazioni e nell'operato delle Nazioni Unite. Alcuni economisti e scienziati sociali più sensibili alle questioni ecologiche hanno richiamato l'attenzione sulla **necessità di ripensare il nesso tra sviluppo economico e ambiente**, dando vita a uno **"sviluppo sostenibile"**, un diverso modello di crescita meno distruttivo per la natura. Rendere compatibile l'industrializzazione di aree sempre più ampie del mondo con la tutela della salute del pianeta costituisce una delle principali sfide di fronte alle quali si trovano impegnate le società contemporanee.

5 Gli equilibri globali

Lo sviluppo economico dell'età contemporanea non si è distribuito uniformemente a livello planetario. La capacità di produrre beni materiali, fortemente accresciuta dall'industrializzazione, si è concentrata a lungo in un'area piuttosto ristretta, costituita dall'Europa occidentale e dal Nord America, cui si è affiancato, negli ultimi anni dell'800, il Giappone. Si calcola che intorno al 1860 nell'Occidente sviluppato fosse concentrato il 63% della capacità manifatturiera mondiale, contro circa il 27% di un secolo prima.

Gli effetti della concorrenza occidentale a livello mondiale

Nonostante le difformità, tuttavia, i paesi o le regioni rimasti ai margini dell'industrializzazione non furono necessariamente risparmiati dalle conseguenze negative di questo processo. In primo luogo, la concorrenza dei prodotti fabbricati nei paesi europei detentori delle nuove tecniche determinò **nel resto del mondo un processo di deindustrializzazione** [TESTO 9]. Prima del XIX secolo, paesi come la Cina e l'India erano considerati dagli europei estremamente sviluppati, non meno dell'Europa. Producevano tra le altre cose la seta e la porcellana di qualità più elevata del mondo. Questi manufatti venivano esportati in Europa in cambio di argento, perché i prodotti europei non erano ritenuti all'altezza del mercato orientale. Un secolo più tardi, invece, Occidente ed Oriente erano divisi da un enorme fossato, mentre un divario ancora più ampio segnava i rapporti del primo con l'Africa e l'America centromeridionale.

La crescita di produttività aveva reso le industrie europee e nord-americane molto più efficienti, in grado di esportare negli altri continenti grandi quantità di merci a prezzi molto bassi. Si calcola che un operaio filatore inglese del 1830 potesse produrre, in media, grazie alle macchine, una quantità di filo oltre dieci volte superiore a quella garantita da un artigiano indiano. La conseguenza fu che il mondo extraoccidentale iniziò progressivamente a importare prodotti che in precedenza fabbricava autonomamente. Alla fine del XIX secolo rimanevano ben poche tracce dell'**industria cotoniera indiana**, un tempo ricca e fiorente, e la gran parte del consumo tessile del paese veniva ora importata, principalmente dalla Gran Bretagna. Una storia simile può essere raccontata per altri settori e numerosi casi affini possono essere ritrovati in altre regioni asiatiche. La **Cina** subì un destino analogo, anche se in tempi successivi, grazie all'autonomia di cui riuscì a godere fino alla sconfitta nelle guerre dell'oppio [19.5]. La perdita di capacità produttiva manifatturiera fu altrettanto marcata in **America Latina**, soprattutto dopo l'indipendenza da Spagna e Portogallo, e in **Medio Oriente**. Alla metà del XVIII secolo questo ampio pezzo di mondo, che negli anni '50 si sarebbe chiamato "Terzo Mondo", copriva quasi i tre quarti della produzione manifatturiera mondiale e ancora nel 1830 ne deteneva più della metà. Nel 1913, tuttavia, quella quota era crollata al 7,5%.

Decolonizzazione e industrializzazione nel "Terzo Mondo"

Lo sviluppo dell'Occidente ebbe anche un'altra conseguenza negativa diretta sul resto del mondo. Le eccezionali trasformazioni tecnologiche alla base della crescita economica trovarono immediata applicazione nell'espansione imperialistica, perché – come sostiene lo storico Daniel R. Headrick [TESTO 10] – consentirono alle potenze europee di annettere in poco tempo immensi territori.

Il divario tra le nazioni dell'Occidente industrializzato e i paesi in via di sviluppo, o Terzo Mondo, fu massimo nella prima metà del '900. Dopo la seconda guerra mondiale i paesi asiatici e africani acquisirono l'indipendenza politica. Per molti di loro la decolonizzazione fu seguita dall'avvio del processo di industrializzazione. Negli stessi anni anche alcuni paesi dell'America Latina intrapresero un percorso di crescita. Nei decenni dalla metà alla fine del XX secolo la produzione industriale del cosiddetto Terzo Mondo si è moltiplicata all'incirca per quindici. L'espansione è dipesa essenzialmente dalla **sostituzione della produzione locale alle importazioni**, un processo inverso rispetto a quello del XIX secolo.

Proprio l'ulteriore sviluppo tecnologico dell'Occidente ha reso possibile questa parziale inversione. La disponibilità di grandi capitali da **investire in nuovi mercati**, le nuove tecnologie produttive e il miglioramento dei mezzi di trasporto (sempre più veloci ed economici) hanno infatti consentito a grandi imprese del Nord America, dell'Europa e del Giappone di impiantare nuove attività in altri continenti, per nulla o scarsamente industrializzati, nei quali trovare condizioni più favorevoli (disponibilità di materie prime e fonti energetiche, vicinanza ai nuovi mercati, ma anche salari più bassi e minore forza dei sindacati, dunque tutele minori per i lavoratori).

A partire soprattutto dagli anni '70 del '900, alcune nazioni, soprattutto asiatiche, hanno dato vita a un processo di espansione economica sempre meno dipendente dalle imprese e dai capitali occidentali e invece strettamente legato alle proprie risorse economiche e alla **capacità di inserirsi nella crescita del mercato globale**. Inizialmente le cosiddette quattro **"tigri asiatiche"** (Corea del Sud, Singapore, Hong Kong e Taiwan), a partire dagli anni '80 **Cina**, **India**, **Brasile**, **Messico** e, in anni più recenti, **Vietnam**, **Colombia**, **Sudafrica** hanno fatto registrare elevatissimi tassi di crescita ed enormi incrementi nel loro apparato industriale. Di conseguenza, oggi la realtà di quello che venne chiamato Terzo Mondo appare assai meno omogenea di allora. Alle nazioni industrializzate, o in via di industrializzazione, si affiancano intere aree (l'Africa centrale) ancora segnate da arretratezza economica ed estrema povertà.

Parallelamente a questo processo, **le economie dei**

paesi di più precoce industrializzazione hanno visto avviarsi un processo di deindustrializzazione, cioè di dismissione di molte attività di produzione manifatturiera, trasferite nelle nazioni meno sviluppate: il fenomeno riguarda soprattutto Gran Bretagna e Stati Uniti, a partire dagli anni '70 del '900. Il combinarsi di questi due cambiamenti paralleli ha modificato profondamente i rapporti tra l'Occidente e il resto del mondo. Dopo avere alimentato per un secolo e mezzo il divario, lo sviluppo industriale, a partire dalla metà del '900, ha creato le condizioni per una parziale inversione di tendenza.

1 DOC

Friedrich Engels
Le condizioni della classe operaia

F. Engels, *La situazione della classe operaia in Inghilterra*, Editori Riuniti, Roma 1972, pp. 154-55, 158

■ Uno dei testi più noti sulle condizioni di vita della classe operaia durante la rivoluzione industriale è sicuramente il libro pubblicato nel 1845 da Friedrich Engels (1820-1895) con il titolo *La situazione della classe operaia in Inghilterra*. L'autore, figlio di un industriale tedesco, si recò in Inghilterra alla fine del 1842 per completare il suo tirocinio commerciale presso una ditta di Manchester di cui il padre era comproprietario. Nel 1844 iniziò il suo sodalizio intellettuale e politico con Karl Marx. L'opera è frutto di una meticolosa raccolta di materiale documentario, ma anche della minuziosa capacità di osservazione dell'autore, e colpisce per l'oggettività della descrizione che non indulge mai in critiche di carattere moralistico o in atteggiamenti pietistici.

Un'altra fonte di demoralizzazione per gli operai è la condanna al lavoro. Se la libera attività produttiva è il massimo godimento che conosciamo, il lavoro forzato è il tormento più duro e più avvilente. Nulla è più tremendo che dover fare tutti i giorni, dalla mattina alla sera, un lavoro che ripugna. E quanto più l'operaio ha sentimenti umani, tanto più deve odiare il suo lavoro, del quale egli sente la costrizione, l'inutilità per se stesso. Perché mai egli lavora? Per desiderio di creare? Per impulso naturale? Niente affatto. Lavora soltanto per il denaro, cioè per una cosa che con il lavoro stesso non ha proprio nulla a che fare; lavora perché deve farlo, e per di più lavora così a lungo e in modo così ininterrottamente uniforme che già solo per questi motivi il lavoro fin dalle prime settimane deve diventare per lui un tormento, se ha ancora dei sentimenti umani. La divisione del lavoro poi ha aggravato ulteriormente l'abbrutimento derivante dal lavoro forzato. Nella maggior parte dei rami di lavoro, l'attività dell'operaio è ridotta ad una misera manipolazione meramente meccanica, che si ripete minuto per minuto e resta la stessa di anno in anno. Quanti sentimenti e quante capacità umane potrà aver salvato, giunto ai trent'anni, chi fin da fanciullo ha fatto ogni giorno per dodici ore e più capocchie di spillo o limato ruote dentate, vivendo per di più nelle condizioni di un proletario inglese? Le cose non mutano con l'introduzione del vapore e delle macchine. L'attività dell'operaio è divenuta facile, gli sforzi muscolari vengono in gran parte evitati e il lavoro stesso è divenuto insignificante, ma monotono al massimo grado. Esso non consente all'operaio nessuna esplicazione di attività spirituale, e tuttavia incatena la sua attenzione al punto che, per poterlo eseguire bene, non può pensare a nient'altro. E una condanna ad un simile lavoro – un lavoro che esige tutto il tempo disponibile dell'operaio, gli lascia appena il tempo per mangiare e dormire, e non gli consente mai di fare del moto all'aria aperta, di godere la natura, per non parlare poi di attività spirituali – una simile condanna non dovrebbe degradare l'uomo al livello delle bestie! Anche qui, l'operaio non ha che un'alternativa: rassegnarsi al suo destino, diventare un «buon operaio», badare «fedelmente» agli interessi della borghesia – e in questo caso certamente si abbrutisce –; ovvero far resistenza, lottare per la sua umanità finché può, e per fare questo deve lottare contro la borghesia.

2DOC

Émile Zola
Germinal

É. Zola, *Germinal*, Rizzoli, Milano 1997, pp. 113-14, 225

■ Tra i numerosi romanzi di argomento sociale che videro la luce, soprattutto in Francia, nella seconda metà dell'800, *Germinal* (1885), dello scrittore francese Émile Zola (1840-1902), è uno dei più noti e importanti. Il romanzo, di impronta naturalista, racconta con grande ricchezza di particolari le dure condizioni di vita di un gruppo di minatori del Nord della Francia. Qui se ne presentano due brani: il primo descrive le condizioni all'interno della miniera; il secondo invece offre uno sguardo sulla vita quotidiana al di fuori del lavoro (le condizioni dell'abitazione, l'alimentazione, il tempo libero).

I

I quattro staccatori[1] si erano buttati a ventre in giù, l'uno sopra l'altro, per tutto lo spessore della vena[2]. Separati dai tavoloni muniti di ganci che trattenevano il carbone estratto, essi intaccavano ciascuno quattro metri di filone; e questo era così sottile in quel punto – una cinquantina di centimetri appena di spessore – che si trovavano come appiattiti tra la volta e la parete ed erano costretti a strisciare avanti puntellandosi sui gomiti e le ginocchia, né potevano voltarsi indietro senza ammaccarsi le spalle. Dovevano, per picconare il minerale, rimaner coricati sul fianco, torcere il collo e, a braccia levate, manovrare il piccone di sbieco.

Il primo, da sotto in su, era Zaccaria; Levaque e Gran Chaval erano coricati al di sopra di lui, e in alto in alto, finalmente, lavorava Maheu. Ciascuno demoliva il letto di schisto[3], che scavava a colpi di piccone, poi, praticate due intaccature verticali nel filone, staccava il masso conficcando un cuneo di ferro nella parte superiore. Il carbone era grasso, il blocco andava in frantumi e i pezzi rotolavan giù lungo il ventre e le cosce. Quando questi pezzi, trattenuti dall'asse, avevano fatto mucchio sotto di loro, gli staccatori scomparivano, murati nell'angusta fenditura.

Chi soffriva maggiormente era Maheu. In alto, la temperatura arrivava a toccare anche i trentacinque gradi, l'aria non circolava, e a lungo andare il soffoco diventava mortale. Per vederci, aveva dovuto appendere la lampada a un chiodo vicino alla propria testa, e la lampada, che gli scaldava il cranio, finiva di arroventargli il sangue. Quel supplizio, poi, era reso particolarmente grave dall'umidità. La roccia, sopra di lui, a qualche centimetro dal suo volto, era tutto un ruscellare d'acqua: continui e fitti goccioloni, battendo con una specie di ritmo ostinato, percuotevano sempre nello stesso punto. Aveva un bel torcere il collo, rovesciare indietro la nuca, quei goccioloni lo colpivano in faccia, vi si spiaccicavano con uno schiocco, senza mai tregua. In capo a un quarto d'ora, era zuppo, al tempo stesso che madido di sudore, e da tutta la sua persona si sprigionava una calda fumata di vapore come un panno tolto dal bucato. Quella mattina, poi, una goccia, accanendosi a cadergli dentro un occhio, lo faceva bestemmiare. Lasciare il lavoro non voleva, e menava giù colpi così forti, che lo facevano vibrare tutto quanto tra le due pareti di roccia, proprio come un moscerino imprigionato tra due pagine d'un libro, cui sovrasta la minaccia di rimanere spiaccicato del tutto.

Quei quattro uomini non si scambiavano una parola. Tutti battevano, e non si udiva altro che quei tonfi irregolari, velati e come lontani. I rumori assumevano una sonorità sorda, senza nessuna eco nell'aria morta. E pareva che le tenebre fossero d'un nero non mai visto, inspessito dalla polvere di carbone alitante in ogni dove, appesantito dai gas che gravavano sugli occhi. I lucignoli delle lampade, sotto il cappuccio di reticella, non riuscivano a mettere in quel nero che punti rossastri. Non si discerneva un bel nulla: il cunicolo si apriva, si spingeva in alto come un'ampia cappa di camino, piatta e obliqua, in cui la fuliggine di dieci inverni aveva accumulato una notte profonda. Si agitavano in essa forme spettrali; gli smarriti bagliori lasciavano intravedere la curva di un'anca, un braccio nodoso, una testa piena di violenza, dalla faccia imbrattata come per un delitto. Di tanto in tanto, staccandosi, blocchi di carbone, repentinamente accesi da un riflesso di cristallo, mandavano barbagli[4] dalle sfaccettature o dagli spigoli taglienti. Poi, tutto ricadeva nel buio. I picconi battevano a grandi colpi sordi, e non si sentiva più, sotto l'oppressione dell'aria e lo stillicidio delle acque sorgive, che l'ansito dei petti, il grugnir di ciascuno per il disagio e la fatica.

II

Adesso, in casa Maheu, si attardavano ogni sera una mezz'oretta prima di salire a coricarsi. Stefano ripigliava sempre il medesimo discorso. Via via che la sua natura andava affinandosi, si trovava sempre più a disagio e come urtato dalla promiscuità del villaggio operaio. O che si era delle bestie, forse, per essere così rinchiusi in un recinto, gli uni addosso agli altri, in mezzo ai campi, pigiati al punto che uno non poteva cambiare la camicia senza mostrare il di dietro al suo vicino? E come favoriva la salute, quello stato di cose! Sfido io che ragazzi e giovanette non potevano fare a meno d'imputridirvi insieme!

– Certo, – riconosceva Maheu, – se si avesse un po' più di danaro si starebbe meno a disagio... niente di più vero, comunque, che il fatto di vivere così a ridosso l'uno dell'altro non giova proprio a nessuno. Gira e rigira, la va a finire sempre ad un modo: uomini ubriachi e ragazze ingravidate.

---

1. Minatori.

2. Filone sotterraneo di un minerale. Il filone è lo strato minerario fra due rocce.

3. Termine desueto per "scisto", una tipologia di roccia.

4. Bagliori.

A questo, tutti dicevano la loro, mentre il petrolio della lampada viziava l'aria della stanza, già appestata dall'odore di cipolla fritta. Oh, la vita non era allegra di sicuro! Si lavorava come bruti a un lavoro cui un tempo venivano condannati i galeotti; vi si lasciava spesso la pelle prima del tempo, senza riuscire, con tutto ciò, ad avere nemmeno un po' di carne in tavola, la sera. Certo, certo, il loro mangime l'avevano di sicuro, ma proprio quanto bastava appena per continuare a soffrire senza crepar di fame, oberati dai debiti e perseguitati come se anche quel poco pane lo rubassero. Quando arrivava la domenica, poi, erano tramortiti dalla stanchezza. Non avevano altri piaceri che quello di ubriacarsi o di ingravidare la moglie... e per giunta la birra faceva ingrossare troppo la pancia e i figliuoli, col tempo, finivano per fregarsene di chi li aveva messi al mondo. No, non c'era proprio niente di allegro nella vita che si viveva!

3DOC

Frederick Winslow Taylor
L'organizzazione scientifica del lavoro

F.W. Taylor, *L'organizzazione scientifica del lavoro*, Atheneum, Roma 1915, pp. 140-47

■ Il brano qui proposto è tratto da un celebre libro pubblicato nel 1911: *L'organizzazione scientifica del lavoro*, in cui l'ingegnere statunitense Frederick Winslow Taylor (1856-1915) espone la sua teoria riguardo alla razionalizzazione del lavoro in fabbrica e la illustra attraverso la descrizione di alcune esperienze da lui stesso condotte. Il metodo, che ebbe larga diffusione in tutti i paesi industrializzati e che è basato sulla riduzione del lavoro a operazioni semplici, misurabili e programmabili, determinò una ridefinizione della figura dell'operaio. Il taylorismo portò infatti al definitivo tramonto dell'operaio di mestiere e alla sua sostituzione con il cosiddetto "operaio massa", interscambiabile e dequalificato.

I punti generali da fissare [...] sono i seguenti:

Primo: Trovare dieci o quindici uomini differenti, i quali siano specialmente qualificati per quel particolare lavoro, che si deve analizzare e preferibilmente in stabilimenti separati e in differenti località.

Secondo: Studiare la serie esatta delle operazioni elementari o movimenti che ognuno di questi uomini fa per compiere il lavoro da analizzare, e gli strumenti che egli usa.

Terzo: Studiare con un cronometro il tempo richiesto per compiere ognuno di questi movimenti elementari, e quindi scegliere il modo più rapido per fare ogni elemento del lavoro.

Quarto: Eliminare tutti i movimenti falsi, inutili e pigri.

Quinto: Dopo aver eliminato tutti i movimenti non necessari, raccogliere in una serie tanto quelli più rapidi e migliori come i migliori strumenti.

Questo unico nuovo metodo, costituito dalla serie di movimenti migliori e più rapidi, è quindi sostituito alle dieci o quindici serie inferiori che erano prima in uso. Questo migliore metodo diventa tipico e rimane tale, ed è quello che sarà insegnato prima agli istruttori o capi-squadra funzionali, e da questi a ogni operaio dello stabilimento sino a quando sia a sua volta sorpassato da una serie di movimenti più celeri e migliori. In questo semplice modo vengono sviluppati gli elementi della scienza gli uni dopo gli altri. [...]

C'è un altro genere di ricerca scientifica, alla quale si è accennato parecchie volte in questo libro e cui si deve rivolgere una speciale attenzione, ossia l'accurato studio dei motivi che fanno agire gli uomini. [...]

Forse la legge più importante in questioni simili è l'effetto che ha sul rendimento dell'operaio l'idea del compito. Il quale in fatti è divenuto un così importante elemento nel meccanismo dell'ordinamento scientifico, che questo è conosciuto da un grande numero di persone come *l'ordinamento a compito*.

Non c'è assolutamente nulla di nuovo nell'idea del compito. Ognuno ricorderà per proprio conto che questa idea era applicata con buoni risultati al tempo nel quale andava a scuola. A nessun buono insegnante verrebbe in mente di dare da imparare ai suoi allievi una lezione indeterminata. Egli invece fissa ogni giorno ai suoi allievi un compito ben distinto, e stabilisce che debbano imparare proprio quel tanto che è fissato, ed è solo con questo mezzo che gli studenti possono sicuramente e sistematicamente progredire. La maggior parte degli allievi andrà assai lentamente se invece di essere loro assegnato un compito viene detto di fare quanto può. Tutti noi siamo dei grandi fanciulli, ed è certo che la maggior parte degli operai lavorerà con maggiore soddisfazione propria e dell'imprenditore, quando sia ad essa assegnato ogni giorno un compito definito da portare a termine in un certo tempo e che costituisca il giusto lavoro quotidiano di un buon operaio. Così si fissa all'operaio una misura esatta, secondo la quale egli può ogni giorno constatare il suo progresso e il raggiungimento del qual quale gli offre la più grande soddisfazione. [...]

È assolutamente necessario, quando agli operai si fissa quotidianamente un compito, il quale richieda da parte loro la più grande intensità, che sia loro assicurata la necessaria massima misura di salario per quanto essi portino a termine con il compito loro fissato. Questo sottintende non solo la necessità di fissare ad ogni uomo il suo compito quotidiano, ma anche di dargli un abbondante premio ogni volta che lo porti a termine in un tempo fissato.

4DOC

Henry Ford
Catena di montaggio e disciplina sociale

H. Ford, *La mia vita e la mia opera*, La Salamandra, Milano 1980, pp. 92-94

■ Nel libro autobiografico *La mia vita e la mia opera*, scritto in collaborazione con Samuel Crowther, Henry Ford (1863-1947) racconta la sua vita e le tappe del suo successo come imprenditore. La trasformazione dell'automobile da rarità meccanica in un mezzo di trasporto universale viene presentata come il semplice risultato di grandi innovazioni produttive. Pubblicato nel 1922, nonostante il suo tono apologetico e autocompiaciuto, questo libro ebbe un successo enorme negli Stati Uniti e in Europa.

Un'automobile Ford comprende circa cinquecento pezzi, contando i maschi[1], le viti e ogni cosa. Alcuni di tali pezzi sono abbastanza grossi; altri non più che particelle di una macchinetta da orologio. Quando noi montammo le nostre prime macchine, la vettura soleva essere messa al suolo in un punto qualsiasi e gli operai vi portavano man mano i pezzi occorrenti, al modo dei manovali quando si costruisce una casa. Allorché incominciammo a fabbricare da noi i singoli pezzi, fu naturale che si creasse per ogni pezzo uno speciale riparto nelle officine; ma però un operaio eseguiva tutte le operazioni necessarie ad un piccolo pezzo. Il rapido incalzare della produzione rese indispensabile l'organizzare altrimenti il lavoro, per evitare che gli operai si dessero impaccio l'uno con l'altro. Il lavoratore mal diretto spende più tempo nel muoversi di qua e di là per prendere materiali e strumenti che non ne impieghi per il lavoro effettivo; ed egli infatti è pagato poco, poiché il podismo non è tra gli esercizi che si pagano molto.

Il primo passo innanzi nell'opera di montaggio avvenne quando s'incominciò a portare il lavoro agli operai e non gli operai al lavoro. Ora in tutta la nostra lavorazione noi ci atteniamo a due massime: che un operaio, se possibile, non abbia mai da fare più di un passo, e che egli non abbia bisogno di distrarsi dal ritmo del suo lavoro col piegarsi a dritta e a sinistra.

I princìpi del montaggio sono questi:

1. Collocate strumenti ed uomini secondo l'ordine successivo delle operazioni, in modo che ogni parte componente abbia a percorrere il minimo spazio durante il processo di finimento.
2. Usate carrelli su binari, o altre simili forme di trasporto, in modo che quando un operaio ha finito la sua operazione, egli getta il pezzo sempre allo stesso posto, il più che sia possibile a portata della sua mano. Quindi, se si può ottenerlo, è il peso stesso del pezzo quello che deve far scorrere il carrello sul binario e portarlo al prossimo operaio.
3. Regolate il sistema di trasporto meccanico anche nel radunare i pezzi sul luogo di montaggio, in modo che essi giungano e partano col giusto intervallo.

Il preciso risultato dell'applicazione di queste massime è la riduzione della necessità di pensiero da parte degli operai e la eliminazione d'ogni loro movimento superfluo. L'operaio deve far possibilmente una cosa sola con un solo movimento. [...] Il nostro primo esperimento di una ferrovia di montaggio risale circa all'aprile del 1913. La sperimentammo dapprima per montare i magneti.

Credo che la nostra fosse la prima linea di montaggio a catena che mai sia stata installata. L'idea ci venne in generale dai carrelli su binari che i macellai di Chicago usano per distribuire le parti dei manzi. Noi avevamo finora messo a posto i magneti col comune sistema. Un operaio che facesse l'intero lavoro sbrigava da trentacinque a quaranta pezzi in una giornata di nove ore, vale a dire adoperava circa venti minuti per pezzo. Ciò che allora egli eseguiva solo, fu poi frazionato in ventinove operazioni diverse, e il tempo necessario al finimento fu ridotto con ciò a 13 minuti e 17 secondi. Nel 1914 noi innalzammo la linea di trasporto di 20 centimetri e riducemmo il tempo a sette minuti. Ulteriori esperimenti sulla rapidità del lavoro, ci permisero di accelerare questa operazione di montaggio a cinque minuti. Per farla breve, il risultato è questo: col concorso dello studio scientifico, un operaio è oggi in grado di compiere più di quattro volte il lavoro che egli compiva pochi anni addietro. Il montaggio del motore, dapprima affidato a un uomo solo, è ora diviso in ventiquattro operazioni, e gli uomini in esse impiegate fanno un lavoro per il quale ce ne volevano prima tre volte tanti.

---

1. Parti sporgenti di metallo che vengono incastrate in incavi di forma uguale per ottenere solide giunture.

5

S. Ricossa
La rivoluzione dei consumi

S. Ricossa, *La rivoluzione dei consumi*, in *Le rivoluzioni del benessere*, a cura di P. Melograni e S. Ricossa, Laterza, Roma-Bari 1988, pp. 217-19, 227-31

■ L'economista Sergio Ricossa (nato nel 1927), nel saggio che qui in parte riproduciamo, ricostruisce con grande chiarezza le origini e i caratteri di quella rivoluzione dei consumi cha ha accompagnato il processo di industrializzazione e ha conosciuto il suo apice nella seconda metà del nostro secolo. La produzione di beni sempre più numerosi e sempre più differenziati, in gran parte rivolti alla soddisfazione di bisogni non essenziali – fenomeno analizzato in chiave tutta negativa dai critici della società dei consumi –, è vista da Ricossa come importante fattore di progresso economico e posta in rapporto col carattere "aperto" delle società occidentali.
In questo brano l'economista riflette sul ruolo del consumatore e dei suoi comportamenti nelle dinamiche consumistiche.

Siamo soliti parlare di progresso tecnologico, che consiste, quando è isolato, nel produrre meglio i soliti, vecchi beni di consumo. Ma ancor più indispensabile, per il capitalismo, è il progresso merceologico, che consiste invece nel produrre nuovi beni di consumo (nuovi come qualità), non importa se con vecchie o nuove tecniche di fabbricazione.
Nuovi beni di consumo: beni capaci di soddisfare nuovi bisogni o desideri, o anche capaci di soddisfare meglio vecchi bisogni o desideri. Beni nuovi, che in ogni caso sostituiscono beni vecchi, li rendono obsoleti, li fanno scomparire o li relegano in un angolo, impedendo che il mercato si saturi. Beni che suscitano una domanda nuova, sconfiggendo il pericolo della sazietà. Beni, se vogliamo, sempre meno di prima necessità, sempre più superflui, eppure appetiti dai consumatori, almeno per qualche tempo, in attesa che altri beni, ancor più nuovi, siano inventati e proposti. Beni che cambiano senza sosta i nostri costumi di vita, dapprima nei ceti più abbienti, che li sperimentano, quindi in tutta la popolazione, quando la moda si diffonde e si riducono i prezzi di costo e di vendita.
È opportuno ribadire che tali beni non sono quelli di lusso, quali li troviamo in qualunque epoca storica. Prima della rivoluzione industriale, i beni di lusso erano destinati a piccole minoranze privilegiate, esigevano spesso molto lavoro manuale, e il loro commercio si configurava diversissimo dalla vendita dei beni ottenuti col progresso merceologico del capitalismo industriale, che si avviò non prima del XVIII secolo, per esplodere poi nel XIX e nel XX. I nuovi beni di consumo sono invenzioni dell'industria: ne consegue che l'iniziativa commerciale spetta di regola all'offerta, non alla domanda. Il consumatore non sa nemmeno cosa domandare, finché il produttore non gli illustra a che serve e come funziona la nuova merce offerta. Di qui la rilevanza senza precedenti della pubblicità commerciale, che ora si prefigge anche di portare a conoscenza di un pubblico vastissimo le qualità del nuovo prodotto (il quale in origine è affatto sconosciuto).
Inoltre, il commercio mira sempre meno a soddisfare i bisogni dei consumatori, e sempre più ad andare incontro a una loro ricerca di piaceri. Ma piaceri sempre nuovi, giacché l'uniformità del godimento lo attenua e lo annulla: non si «vede» più il quadro che da anni ci sta sotto gli occhi, sempre al medesimo posto, su una parete di casa. Talvolta il piacere è nel comperare, nell'entrare in possesso di qualcosa, più che nel mantenere il possesso, più che nel conservare. E per quanto le nuove merci siano spesso beni di consumo durevoli, nel senso che sono suscettibili di uso ripetuto, esse vengono sostituite volentieri con modelli più «moderni», prima della loro morte naturale. Non si esagera molto sostenendo che nulla è meno durevole degli attuali beni di consumo durevoli. [...]
Bisogna pure ammettere che non sempre l'individuo o la famiglia è il miglior giudice del suo benessere: per esempio, chi è incolto non sembra possedere le qualità adatte per valutare la convenienza dell'acculturamento. Anche per questo, quasi ovunque l'istruzione scolastica è un «consumo» obbligatorio per legge. Altri consumi sono invece proibiti per legge o strettamente regolati, di solito senza che ciò sollevi obiezioni rilevanti, nemmeno da parte dei liberisti: è il caso del commercio e dell'uso di sostanze stupefacenti.
A parte le eccezioni del genere, la regola, come è andata affermandosi nelle liberaldemocrazie occidentali, favorisce la libertà dei consumatori, che si trovano così inseriti in una economia di mercato. [...]
Consumatori «sovrani»: pertanto, consumatori responsabili del proprio modo di vivere. Attribuire al mercato o ai capitalisti colpe e difetti che appartengono piuttosto ai consumatori è un trucco polemico a scopo demagogico, col quale evitare di offendere i ceti popolari, pur criticandone i costumi. La volgarità di molti programmi televisivi, per esempio, è posta a carico di chi gestisce le stazioni emittenti, ignorando che quei programmi non verrebbero prodotti se non piacessero a una miriade di spettatori. Ma, per usare l'espressione di George Stigler, «i camerieri non sono responsabili dell'obesità dei loro clienti»: essi si limitano a servire quanto viene loro chiesto.

6

H. Marcuse
I falsi bisogni

H. Marcuse, *L'uomo a una dimensione*, Einaudi, Torino 1967, pp. 25-29

■ Il filosofo Herbert Marcuse (1898-1979), tedesco poi naturalizzato statunitense dopo l'avvento del nazismo, fu uno dei principali esponenti della scuola di Francoforte, un gruppo di intellettuali impegnati nell'elaborazione di un'originale interpretazione del marxismo. Il brano che segue è tratto da *L'uomo a una dimensione* (1964), il suo libro più celebre. In esso Marcuse sviluppa una dura critica della società di consumi, che sarebbe fondata sul soddisfacimento di falsi bisogni.

È possibile distinguere tra bisogni veri e bisogni falsi. I bisogni «falsi» sono quelli che vengono sovrimposti all'individuo da parte di interessi sociali particolari cui preme la sua repressione: sono i bisogni che perpetuano la fatica, l'aggressività, la miseria e l'ingiustizia. Può essere che l'individuo trovi estremo piacere nel soddisfarli, ma questa felicità non è una condizione che debba essere conservata e protetta se serve ad arrestare lo sviluppo della capacità (sua e di altri) di riconoscere la malattia dell'insieme e afferrare le possibilità che si offrono per curarla. Il risultato è pertanto un'euforia nel mezzo dell'infelicità. La maggior parte dei bisogni che oggi prevalgono, il bisogno di rilassarsi, di divertirsi, di comportarsi e di consumare in accordo con gli annunci pubblicitari, di amare e odiare ciò che gli altri amano e odiano, appartengono a questa categoria di falsi bisogni.

Tali bisogni hanno un contenuto e una funzione sociali che sono determinati da potenze esterne, sulle quali l'individuo non ha alcun controllo; lo sviluppo e la soddisfazione di essi hanno un carattere eteronomo[1]. Non importa in quale misura tali bisogni possano essere divenuti quelli propri dell'individuo, riprodotti e rafforzati dalle sue condizioni di esistenza; non importa fino a qual punto egli si identifica con loro, e si ritrova nell'atto di soddisfarli: essi continuano ad essere ciò che erano sin dall'inizio, i prodotti di una società i cui interessi dominanti chiedono forme di repressione.

Il prevalere di bisogni repressivi è un fatto compiuto, accettato nel mezzo dell'ignoranza e della sconfitta, ma è un fatto che deve essere rimosso sia nell'interesse dell'individuo felice sia di tutti coloro la cui miseria è il prezzo della sua soddisfazione. I soli bisogni che hanno un diritto illimitato a essere sono quelli vitali: il cibo, il vestire, un'abitazione adeguata al livello di cultura che è possibile raggiungere. La soddisfazione di questi bisogni è un requisito necessario per poter soddisfare tutti gli altri bisogni [...].

A questo punto ci troviamo nuovamente dinanzi ad uno degli aspetti più inquietanti della civiltà industriale avanzata: il carattere razionale della sua irrazionalità. La sua produttività ed efficienza, la sua capacità di accrescere e diffondere le comodità, di trasformare lo spreco in bisogno, e la distruzione in costruzione; la misura in cui questa civiltà trasforma il mondo oggettuale in una estensione della mente e del corpo dell'uomo, rendono discutibile la nozione stessa di alienazione. Le persone si riconoscono nelle loro merci; trovano la loro anima nella loro automobile, nel giradischi ad alta fedeltà, nella casa a due livelli, nell'attrezzatura della cucina. Lo stesso meccanismo che lega l'individuo alla sua società è mutato, e il controllo sociale è radicato nei nuovi bisogni che esso ha prodotto.

1. Guidato dall'esterno.

7 DOC

Charles Dickens
La città industriale: Coketown

C. Dickens, *Tempi difficili*, Garzanti, Milano 1988, pp. 26-28

■ Coketown, la Città del carbone, è il nome del luogo in cui lo scrittore Charles Dickens (1812-1870) ambienta il romanzo *Tempi difficili* (1854). Si tratta di una città immaginaria e però, al tempo stesso, perfettamente rappresentativa dell'impatto della rivoluzione industriale sulle città. La cappa di fumo e smog che sovrastava gli edifici e le persone e l'uniformità e l'assenza di fantasia sono le caratteristiche su cui Dickens richiama l'attenzione.

Coketown, verso la quale dirigevano i loro passi Gradgrind e Bounderby, era un trionfo di fatti; non c'era la benché minima traccia di fantasia lì, non più di quanto ce ne fosse nella signora Gradgrind. Prima di eseguire l'intera melodia, facciamo risuonare la nota dominante: Coketown.

Era una città di mattoni rossi o, meglio, di mattoni che sarebbero stati rossi, se fumo e cenere lo avessero consentito. Così come stavano le cose, era una città di un rosso e di un nero innaturale come la faccia dipinta di un selvaggio; una città piena di macchinari e di alte ciminiere dalle quali uscivano, snodandosi ininterrottamente, senza mai svoltolarsi del tutto, interminabili serpenti di fumo. C'era un canale nero e c'era un fiume violaceo per le tinture maleodoranti che vi si riversavano; c'erano vasti agglomerati di edifici pieni di finestre che tintinnavano e tremavano tutto il giorno; a Coketown gli stantuffi delle macchine a vapore si alzavano e si abbassavano con moto regolare e incessante come la testa di un elefante in preda a una follia malinconica. C'erano tante strade larghe, tutte uguali fra loro, e tante strade strette ancora più uguali fra loro; ci abitavano persone altrettanto uguali fra loro, che entravano e uscivano tutte alla stessa ora, facendo lo stesso scalpiccio sul selciato, per svolgere lo stesso lavoro; persone per le quali l'oggi era uguale all'ieri e al domani, e ogni anno era la replica di quello passato e di quello a venire.

Questi attributi di Coketown erano in gran parte inseparabili dall'industria che dava da vivere alla città; su questo sfondo, in contrasto, c'erano gli agi del vivere che si diffondevano in tutto il mondo; c'erano la raffinatezza e la grazia del vivere che contribuivano – non indaghiamo in quale misura – a creare quella gentildonna elegante che storceva il nasino al solo sentir nominare il luogo or ora descritto.

Non c'era nulla a Coketown che non stesse a indicare una industriosità indefessa. Se i seguaci di una setta religiosa decidevano di erigere una chiesa – cosa che avevano fatto i seguaci di diciotto sette – ne saltava fuori un pio magazzino di mattoni rossi, sormontato, a volte (ma soltanto negli esemplari più raffinati), da una campana racchiusa in una specie di gabbia per uccelli. Unica eccezione era la Chiesa Nuova: un edificio intonacato che, sopra alla porta principale, aveva un campanile quadrato con in cima quattro pinnacoli simili a robuste gambe di legno. In città tutte le insegne degli edifici pubblici erano negli stessi identici austeri caratteri bianchi e neri. La prigione avrebbe potuto essere l'ospedale, l'ospedale avrebbe potuto essere la prigione, il municipio avrebbe potuto essere o l'uno o l'altro oppure tutti e due, o anche qualsiasi altra cosa, perché nulla, nelle linee aggraziate di quegli edifici, serviva a identificarli. Fatti, fatti, fatti dappertutto nell'aspetto materiale della città; fatti, fatti, fatti dappertutto in quello immateriale. Era un fatto la scuola di M'Choakumchild, era un fatto la scuola di disegno, erano fatti i rapporti fra padrone e operaio; solo fatti si estendevano fra l'ospedale in cui si veniva alla luce e il cimitero, e quello che non si poteva esprimere in cifre, che non si poteva comperare al prezzo più basso e vendere a quello più alto, non esisteva, non sarebbe esistito mai, nei secoli dei secoli, amen.

8 DOC

Nazioni Unite
La dichiarazione di Rio sull'ambiente e lo sviluppo (1992)

http://www.un.org

■ Dal 3 al 14 giugno 1992 si tenne a Rio De Janeiro la Conferenza delle Nazioni Unite sull'ambiente e lo sviluppo (conosciuta anche come il "Summit della Terra"), indetta per avviare una discussione sui problemi dell'ambiente e dei costi dello sviluppo che coinvolgesse interlocutori a livello globale. Vi presero parte rappresentanti di 178 governi e migliaia di rappresentanti di organizzazioni non governative. Al termine della Conferenza i partecipanti approvarono una *Dichiarazione*, suddivisa in 27 principi.

1. Gli esseri umani sono al centro delle preoccupazioni per lo sviluppo sostenibile. Essi hanno diritto a una vita sana e produttiva in armonia con la natura.

2. Conformemente alla Carta delle Nazioni e ai principi del diritto internazionale, gli Stati hanno il diritto sovrano di sfruttare le proprie risorse secondo le loro politiche ambientali e di sviluppo, e hanno il dovere di assicurare che le attività sottoposte alla loro giurisdizione o al loro controllo non causino danni all'ambiente di altri Stati o di zone situate oltre i limiti della giurisdizione nazionale.

3. Il diritto allo sviluppo deve essere realizzato in modo da soddisfare equamente le esigenze relative all'ambiente e allo sviluppo delle generazioni presenti e future. [...]

5. Tutti gli Stati e tutti i popoli coopereranno al compito essenziale di eliminare la povertà, come requisito indispensabile per lo sviluppo sostenibile, al fine di ridurre le disparità nel tenore di vita e soddisfare meglio i bisogni della maggioranza delle popolazioni del mondo.

6. Si accorderà speciale priorità alla situazione e alle esigenze specifiche dei paesi in via di sviluppo, in particolare di quelli più vulnerabili sotto il profilo ambientale. Le azioni internazionali in materia di ambiente e di sviluppo dovranno anche prendere in considerazione gli interessi e le esigenze di tutti i paesi.

7. Gli Stati coopereranno [...] per conservare, tutelare e ripristinare la salute e l'integrità dell'ecosistema terrestre. In considerazione del differente contributo al degrado ambientale globale, gli Stati hanno responsabilità comuni ma differenziate. I paesi sviluppati riconoscono la responsabilità che incombe loro nel perseguimento internazionale dello sviluppo sostenibile date le pressioni che le loro società esercitano sull'ambiente globale e le tecnologie e risorse finanziarie di cui dispongono.

8. Al fine di pervenire a uno sviluppo sostenibile e a una qualità di vita migliore per tutti i popoli, gli Stati dovranno ridurre ed eliminare i modi di produzione e consumo non sostenibili e promuovere politiche demografiche adeguate. [...]

10. Il modo migliore di trattare le que-

stioni ambientali è quello di assicurare la partecipazione di tutti i cittadini interessati, ai diversi livelli. Al livello nazionale, ciascun individuo avrà adeguato accesso alle informazioni concernenti l'ambiente in possesso delle pubbliche autorità, comprese le informazioni relative alle sostanze ed attività pericolose nelle comunità, ed avrà la possibilità di partecipare ai processi decisionali. [...]

11. Gli Stati adotteranno misure legislative efficaci in materia ambientale. [...]

14. Gli Stati dovranno cooperare efficacemente per scoraggiare o prevenire la ricollocazione o il trasferimento in altri Stati di tutte le attività e sostanze che provocano un grave degrado ambientale o si dimostrano nocive per la salute umana.

18. Gli Stati notificheranno immediatamente agli altri Stati ogni catastrofe naturale o ogni altra situazione di emergenza che sia suscettibile di produrre effetti nocivi imprevisti sull'ambiente di tali Stati. La comunità internazionale compirà ogni sforzo per aiutare gli Stati così colpiti. [...]

20. Le donne hanno un ruolo vitale nella gestione dell'ambiente e nello sviluppo. La loro piena partecipazione è quindi essenziale per la realizzazione di uno sviluppo sostenibile.

21. La creatività, gli ideali e il coraggio dei giovani di tutto il mondo devono essere mobilitati per creare una partnership globale idonea a garantire uno sviluppo sostenibile e ad assicurare a ciascuno un futuro migliore.

22. Le popolazioni e comunità indigene e le altre collettività locali hanno un ruolo vitale nella gestione dell'ambiente e nello sviluppo grazie alle loro conoscenze e pratiche tradizionali. Gli Stati dovranno riconoscere la loro identità, la loro cultura e i loro interessi e accordare a esse tutto il sostegno necessario a consentire la loro efficace partecipazione alla realizzazione di uno sviluppo sostenibile. [...]

24. La guerra esercita un'azione intrinsecamente distruttiva sullo sviluppo sostenibile. [...]

25. La pace, lo sviluppo e la protezione dell'ambiente sono interdipendenti e indivisibili.

9

P. Bairoch
La deindustrializzazione dell'India

P. Bairoch, *Economia e storia mondiale. Miti e paradossi*, Garzanti, Milano 1996, pp. 114-16

■ Tra i maggiori storici economici degli ultimi decenni, il belga Paul Bairoch (1930-1999) si è a lungo soffermato sullo sviluppo dell'economia industriale e sui suoi effetti sugli equilibri tra le diverse aree del mondo. Il brano che segue, tratto da uno dei suoi testi più noti, *Economia e storia mondiale. Miti e paradossi*, prende in esame l'impatto negativo della rivoluzione industriale britannica sull'economia indiana, e in particolare sulla più importante produzione manifatturiera, quella tessile.

Il limitato impatto positivo della colonizzazione sullo sviluppo economico dell'Occidente può condurre il lettore a concludere che, poiché per una parte non ci furono vantaggi importanti, per l'altra parte i costi saranno stati al pari limitati. Ma l'economia non è un «gioco a somma zero». Non c'è dubbio che un gran numero di caratteri strutturali negativi del processo di sottosviluppo economico ha radici storiche che risalgono alla colonizzazione europea[1]. [...]

La realtà della deindustrializzazione

Il fatto è inoppugnabile, anche se sono necessarie molte ricerche per stabilire l'esatta entità della deindustrializzazione, della sparizione di industrie, sperimentata dai diversi paesi. Nel caso A fu dell'85 o del 95 per cento; nel caso B fu del 50 o del 70 per cento?

Il caso A – che non è il più estremo – potrebbe essere rappresentato dall'India. Non c'è dubbio che l'afflusso dei prodotti industriali inglesi dal 1813 in poi comportò per l'India una deindustrializzazione su vastissima scala. Prendiamo l'industria tessile indiana che, come in ogni società tradizionale, predominava tra le attività industriali, rappresentando probabilmente il 65-75 per cento del totale dell'industria. Prima del secolo XIX, i prodotti tessili indiani, specialmente il calicò, erano molto apprezzati in Europa. Di fatti, durante il secolo XVIII, le tele di cotone, insieme con altri prodotti tessili, rappresentavano il 60-70 per cento del totale delle esportazioni indiane. [...]

Nei primi decenni della colonizzazione, mentre era in vigore il monopolio commerciale della East Indian Company[2], erano importati in India pochissimi prodotti dell'industria laniera ma nessun articolo di cotone. [...]

Appena il monopolio della East Indian Company cessò (nel 1813), l'importazione di tessili inglesi in India crebbe considerevolmente. Nel 1814 l'India acquistò all'estero circa 1 milione di iarde[3] quadrate di tessuto di cotone; 13 milioni nel 1820, 995 milioni nel 1870 e 2050 milioni nel 1890. L'afflusso fu certamente dovuto al grande progresso compiuto dall'industria inglese della filatura grazie alle innovazioni tecnologiche. Verso il 1830 [...] la produttività di un operaio inglese dotato di macchine moderne era, nel filato di migliore qualità, da duecento a trecento volte più elevata; e per il filato più comunemente usato nelle società tradizionali da dieci a quattordici volte più elevata di quella degli artigiani indiani. [...]

---

1. Sulla colonizzazione, 19.1.

2. [5.1 e 19.4].

3. La iarda (*yard* in inglese) è un'unità di misura utilizzata nel mondo anglosassone, corrispondente a 0,9144 metri.

Mentre l'Europa (e gli Stati Uniti), di regola, proibirono l'importazione di filato o di manufatti di cotone oppure imposero dazi doganali variabili dal 30 all'80 per cento, i prodotti tessili britannici potevano entrare nel mercato indiano senza essere gravati di alcun dazio doganale. [...] È facile capire, in tali circostanze, le cause della rapida sparizione dell'industria tessile indiana. Altrettanto ovvia è la difficoltà di fondare una moderna industria tessile nella seconda metà del secolo XIX. Le importazioni probabilmente giunsero a coprire il 55-75 per cento del consumo locale di prodotti tessili. La sola questione è la misura precisa di questo processo di deindustrializzazione.

10

D.R. Headrick
I tentacoli del progresso

D.R. Headrick, *I tentacoli del progresso. Il trasferimento tecnologico nell'età dell'imperialismo (1850-1940)*, il Mulino, Bologna 1991, pp. 9-10

■ Il rapporto tra lo sviluppo economico e tecnologico e l'espansione coloniale dei paesi europei è strettissimo. La conquista di immensi territori in breve tempo sarebbe stata impossibile senza una serie di innovazioni che trovarono immediata applicazione e che restarono a lungo appannaggio delle potenze coloniali. Nel brano che segue, lo storico Daniel R. Headrick individua quattro gruppi di innovazioni tecnologiche che, a suo parere, sarebbero risultate decisive nell'affermazione dell'imperialismo europeo.

Ciò che distingue il nuovo imperialismo dai suoi molti antecedenti è il fatto che esso fu così rapido, totale e scarsamente oneroso. In pochi anni, approssimativamente il mezzo secolo che precede il 1914, le maggiori potenze europee conquistarono l'Africa, l'Oceania e gran parte dell'Asia, e ciò ad un costo molto basso in termini di uomini e di denaro.

Questa lotta improvvisa per la conquista di nuovi territori ha sollevato molto interesse, non soltanto tra i contemporanei, ma più tardi anche tra gli storici e i teorici della politica. Il loro interesse si è incentrato principalmente sulle motivazioni dell'imperialismo e sul suo intreccio con la politica e l'economia occidentali. La ragione del suo rapido successo fu un salto tecnologico simile allo sviluppo delle navi di lungo corso circa quattro secoli prima. Fino al diciannovesimo secolo le relazioni fra l'Europa da una parte e l'Asia e l'Africa dall'altra furono determinate dall'equilibrio tecnologico. Sul mare gli europei erano quasi invincibili, come lo erano stati per secoli. I loro sforzi per penetrare nell'entroterra, tuttavia, venivano frustrati dall'inferiorità numerica in Asia e dalla vulnerabilità alle malattie in Africa. Nel 1800, dopo tre secoli di appostamento al largo delle coste, gli europei potevano vantare in Asia e in Africa solo poche teste di ponte, principalmente porti e isole.

La nuova capacità di conquistare altri continenti mostrata dagli europei nel diciannovesimo secolo derivò da un numero relativamente ristretto di invenzioni. La prima fu l'applicazione del vapore e del ferro alle imbarcazioni fluviali a partire dagli anni 1820. Negli anni 1860 i battelli a vapore con lo scafo in ferro fecero la loro regolare apparizione nelle acque asiatiche e africane. Miglioramenti costanti delle armi da fuoco, dai moschetti alle mitragliatrici, diedero alle piccole unità guidate dagli europei uno schiacciante vantaggio sui loro nemici africani e asiatici. L'uso profilattico della chinina ridusse il tasso di mortalità tra gli europei, specialmente in Africa. Le navi a vapore, le ferrovie e il telegrafo permisero loro di controllare in modo efficiente le colonie recentemente acquisite. Con questi strumenti gli europei determinarono quel mutamento delle relazioni a livello globale che chiamiamo nuovo imperialismo.

Quali che fossero le ragioni dell'imperialismo – il lungo dibattito su tale questione è ancora acceso – i territori che esso aggregò agli imperi occidentali furono presto incorporati nell'economia mondiale. Questa incorporazione, a ben guardare, anticipò la stessa conquista dei territori e ne incluse alcuni che non furono mai ufficialmente annessi; per questa ragione si è parlato di «imperialismo del libero commercio».

MODULO

6 NAZIONI, IMPERI, COLONIE

1839-42
Guerra dell'oppio tra Cina e Gran Bretagna

1861-65
Guerra di secessione americana

1862-90
Bismarck primo ministro della Prussia e poi cancelliere dell'Impero tedesco

1868
Inizio dell'era Meiji in Giappone

1869
Apertura del Canale di Suez

1870
Guerra franco-prussiana; sconfitta della Francia

1871
Nascita dell'Impero tedesco. Insurrezione di Parigi: la Comune

1876
La Sinistra al potere in Italia

1878
Indipendenza degli Stati balcanici sancita dal congresso di Berlino

Horatio Kitchener
con il suo staff in India
1909

ANTEPRIMA

L'età degli imperi

Nell'ultimo volume della trilogia dedicata al «lungo '800», lo storico inglese Eric J. Hobsbawm definisce «età degli imperi» il periodo **dal 1875 al 1914**: un'epoca in cui l'espansione imperialista e coloniale raggiunse il suo apice, mentre si registravano molte altre significative trasformazioni politiche e sociali destinate a produrre effetti duraturi lungo tutto il corso del '900.
Le **conquiste coloniali** europee avevano caratterizzato tutta l'età moderna, in tempi diversi e con diversi protagonisti. Agli spagnoli e ai portoghesi, spintisi nelle Americhe nel '500, si erano aggiunti in seguito olandesi, inglesi e francesi, muovendosi sia verso l'America centrale e settentrionale, sia verso l'India e i grandi arcipelaghi asiatici. Il '700 aveva visto il grande scontro tra Gran Bretagna e Francia per il dominio dei mari e per i nuovi possedimenti in America settentrionale e in India, scontro terminato con il trionfo britannico nel 1763.
Alla fine dell'800, Francia e Gran Bretagna trovarono un accordo di fatto nella loro espansione imperialistica di fine '800 sia per il consolidamento dei possessi asiatici – in Indocina la Francia, in India e in Birmania il Regno Unito –, sia per la spartizione dell'Africa che si concluse col protettorato francese sul Marocco nel 1911 e con la successiva conquista italiana della Libia nel 1912. Nel frattempo anche gli Stati Uniti e il Giappone si erano inseriti nella contesa imperialistica. Se i primi estesero la propria egemonia nei Caraibi, con il controllo di Cuba e del Canale di Panama, e si spinsero nel Pacifico annettendo le Hawaii e sottraendo alla Spagna le Filippine, l'impero giapponese – che aveva avviato il suo processo di modernizzazione nel 1868 – diede avvio a un'espansione territoriale a spese della Cina in Manciuria, Corea e nell'isola di Formosa.

Gli imperi continentali

Il quadro geopolitico vedeva profilarsi, accanto ai grandi imperi coloniali dei relativamente piccoli Stati europei, la presenza di due grandi entità, la Russia e gli Stati Uniti, estese su un intero continente, forti demograficamente e dotate di grandi riserve di materie prime. La **Russia** attraversava una fase

1880-81 e 1899-1902
Guerre boere in Africa

1884-85
Conferenza di Berlino per la spartizione dell'Africa centrale

1896
Sconfitta italiana ad Adua nella guerra d'Africa

1903-14
Età giolittiana in Italia

1904-5
Guerra russo-giapponese; sconfitta della Russia

1905
La «domenica di sangue» in Russia

1911
Rivoluzione in Cina

1914
Apertura del Canale di Panama

di crisi profonda legata alla struttura agricola arretrata, al ritardo nell'industrializzazione e a un sistema politico autocratico: elementi di debolezza confermati, sul fronte interno, dalla rivoluzione del 1905 e, su quello esterno, dalla drammatica sconfitta ad opera del Giappone nello stesso anno. Gli **Stati Uniti**, invece, superata la difficile prova della guerra civile (1861-65), si erano subito imposti sulla ribalta mondiale. I primi segni di questa ascesa erano allora appena percepiti ma via via avrebbero portato la potenza americana a dominare il mondo nel '900 e nei primi anni del secolo successivo: un dominio che proprio l'Unione Sovietica, l'erede della Russia imperiale, avrebbe cercato invano di contrastare.

La pacificazione europea

Una delle principali ragioni che consentirono, accanto allo sviluppo economico e industriale, la rinnovata espansione coloniale di fine '800 fu la pacificazione europea seguita alla **vittoria della Prussia sulla Francia nel 1870**. La guerra franco-prussiana chiudeva il conflitto secolare per l'egemonia nell'Europa continentale: dalla pace di Vestfalia (1648) infatti la frammentazione degli Stati tedeschi ai confini orientali del grande Stato unitario francese aveva garantito alla Francia un primato politico e geopolitico sul continente. La sconfitta ad opera dei prussiani e la nascita dell'Impero tedesco rovesciò i rapporti di forza affidando all'abile e determinato cancelliere tedesco **Bismarck** il ruolo di arbitro della politica europea. Bismarck esercitò questo ruolo stemperando gli attriti tra Austria e Russia nei Balcani, e contribuendo alla definizione di nuove regole per la spartizione dell'Africa, un continente nel quale anche i tedeschi ottennero le loro colonie negli anni '80 e '90.

Le guerre coloniali

Se per più di quarant'anni il continente europeo fu risparmiato dai conflitti tra le grandi potenze e conobbe solo le brevi guerre balcaniche del 1912-13, l'espansione coloniale fu accompagnata dall'indispensabile sostegno militare non solo nelle operazioni di conquista ma nella repressione delle numerose sollevazioni dei popoli colonizzati. Scontri e vere proprie guerre si ebbero in **Asia**: in India, nella Penisola indocinese, nelle Filippine e, a più riprese, in Cina. Qui le grandi potenze europee con gli Stati Uniti e il Giappone non si limitarono a intervenire per garantirsi il controllo degli scali marittimi e commerciali, ma cercarono anche di evitare il rafforzamento statale e militare del grande Impero cinese. Un obiettivo solo parzialmente raggiunto perché, con la rivoluzione del 1911 e la nascita della repubblica, la Cina avviò un lungo processo di liberazione dal controllo europeo e americano salvo rimanere, per tutta la prima metà del '900, sotto la costante minaccia del Giappone, divenuto la maggiore potenza militare e navale tra Manciuria, Corea e Nord-est cinese.
In **Africa** si possono contare, accanto a una miriade di episodi minori, tre momenti di forte conflittualità bellica. A sud le guerre boere (1880-81 e 1899-1902) che consentirono alla Gran Bretagna di ottenere il dominio del Sudafrica a spese degli antichi coloni olandesi; a est la dura sconfitta degli italiani ad Adua (1896) nella guerra contro l'Abissinia (l'Etiopia), l'unico Stato rimasto indipendente in Africa; infine la conquista italiana della Libia sottratta ai turchi nel 1912.

L'imperialismo e il "secolo europeo"

Quasi l'intera Africa, una parte rilevante dell'Asia – eccetto la Cina e il Giappone – e tutta l'Oceania erano, agli inizi del '900, sotto il controllo di quella parte d'Europa che rappresentava il **nucleo più**

sviluppato dell'economia mondiale e disponeva anche di una larga **supremazia tecnologica e culturale**. In nessun altro momento della sua storia millenaria l'Europa aveva esercitato un dominio così esteso sul resto del mondo.
Le ideologie imperialiste trovavano un largo sostegno tra i diversi ceti sociali nella diffusa convinzione di una superiorità culturale e razziale sui popoli di colore da sottomettere alla missione civilizzatrice europea. Da tutti i punti di vista si può parlare di quegli anni come del culmine del "secolo europeo" per eccellenza.

Elementi di crisi

Tuttavia, questi successi e il diffuso consenso che li accompagnava nell'opinione pubblica, non riuscivano ad occultare molti elementi di crisi. Non solo sul piano della politica internazionale europea, con le permanenti tensioni nei **Balcani** e quelle tra le diverse nazionalità della duplice monarchia d'Austria-Ungheria, ma anche nella politica interna, nelle contrapposizioni ideologiche e nei rapporti tra le classi rivali della nascente **società di massa**.

Come ha ricordato Hobsbawm nell'*Età degli imperi*, «fu un'èra di profonda **crisi d'identità e di trasformazione** profonda per una borghesia i cui tradizionali fondamenti morali si sgretolavano sotto il peso stesso della ricchezza e del benessere da essa accumulati». Il liberalismo borghese imboccò la via di un drammatico declino proprio quando raggiunse il suo apogeo «e a causa proprio delle contraddizioni insite in questa sua avanzata».

Un'Italia simile e diversa

L'Italia, la più recente e la più piccola delle potenze europee, attraversò negli anni dal 1870 al 1914 una fase per molti aspetti simile a quella degli altri grandi Stati dell'Europa continentale. Simile fu la tendenza alla democratizzazione e all'estensione del suffragio, simile la vocazione imperialista accompagnata dal sorgere delle correnti nazionaliste, e simili furono i contrasti politici interni con il rischio di derive autoritarie (come in Francia e in Germania). Diverse erano in realtà le basi economiche di partenza – con un reddito pro capite degli italiani che nel 1870 era la metà di quello britannico e l'80% di quello francese e tedesco –, con una profonda diversità nello sviluppo tra **Nord e Sud** e con tardivo avvio del processo di **industrializzazione** anche se in significativo recupero dalla fine dell'800.
Più alta degli altri paesi occidentali rimase la conflittualità sociale soprattutto nelle campagne mentre tardava ancora a trovare soluzione il **conflitto tra lo Stato italiano e la Chiesa cattolica** anche se, negli anni iniziali del nuovo secolo, fu avviato l'incontro – in chiave antisocialista – tra i liberali moderati e gli esponenti cattolici.

Anche l'Italia partecipava al diffondersi delle **tendenze antidemocratiche e antiparlamentari** presenti nei grandi paesi dell'Europa continentale, ma non conosceva le derive antisemite presenti in Francia, Germania e Austria.
L'Italia era ormai inserita a pieno titolo nella politica europea all'avvio del nuovo secolo e soprattutto alla vigilia di una guerra mondiale che avrebbe cancellato molte certezze e molte illusioni decretando il declino dell'Europa nel contesto internazionale e nei rapporti di forza mondiali.

Il libro
G. Volpe
L'Italia in cammino
e
B. Croce
Storia d'Italia dal 1871 al 1915

Il laboratorio dello storico
La fotografia

ONLINE

CAPITOLO

17 LE GRANDI POTENZE EUROPEE

1 Le potenze continentali

Il ventennio 1850-70 fu caratterizzato da un elevato tasso di conflittualità e di instabilità: instabilità originata soprattutto dal tentativo della Francia di Napoleone III di riaffermare la sua posizione di massima potenza continentale (sullo scacchiere mondiale la superiorità britannica era fuori discussione), rovesciando il sistema uscito dal congresso di Vienna e contrapponendosi all'Impero asburgico, che di quel sistema era il cardine principale [👁 11.1]. Ma l'indebolimento dell'Austria, derivato da un sostanziale immobilismo politico e sociale [👁 11.7], favorì l'ascesa della potenza prussiana. La crescita della Prussia e la sua aspirazione a riunire attorno a sé un grande Stato nazionale tedesco costituivano una minaccia intollerabile per la Francia, che dalla pace di Vestfalia del 1648 aveva fondato la sua egemonia continentale proprio sulla debolezza e sulla frammentazione politica della Germania: la strada dell'unità tedesca passava quindi inevitabilmente attraverso lo scontro con la Francia.

La Francia di Napoleone III

Nell'Europa di metà '800 la Francia di Napoleone III rappresentava un caso anomalo. Per molti aspetti, il nuovo regime (instaurato nel 1852) – che pure ricalcava le forme istituzionali del primo Impero napoleonico – inaugurò un modello politico di nuovo genere, che da allora fu detto **"bonapartismo"**. Nel bonapartismo l'omaggio formale al principio della sovranità popolare – espressa attraverso i plebisciti – legittimava un potere fondato in realtà sulla forza delle armi, il **centralismo autoritario** si univa a una certa dose di riformismo sociale e il conservatorismo si mescolava con la demagogia: tutti elementi che ritroveremo in molti regimi autoritari tipici delle moderne società di massa. L'autoritarismo e il centralismo di **Napoleone III** si fondavano su un vasto **consenso popolare**, fondato anche sulla tradizione napoleonica che si manteneva viva in tutta la Francia. Oltre al sostegno delle campagne l'imperatore cercò e ottenne quello della borghesia urbana, del mondo degli affari, della finanza e dell'industria. Questa **borghesia** fu, negli anni del Secondo Impero, attiva e influente come non era mai stata prima. Le costruzioni ferroviarie e le grandi opere pubbliche promosse dal regime svolsero la funzione di motore dello **sviluppo**, sia per l'edilizia sia per i settori di punta come il siderurgico e il meccanico.

Ma la tradizione bonapartista portava inevitabilmente la Francia a intraprendere **una politica estera ambiziosa e aggressiva**. La prima occasione fu la **guerra di Crimea**, quando Gran Bretagna e Francia si impegnarono a difendere l'Impero ottomano dall'espansionismo russo. Nell'estate del 1854 una flotta anglo-francese penetrò nel Mar Nero: gli eserciti alleati sbarcarono nella penisola di Crimea e posero l'assedio alla piazzaforte russa di Sebastopoli [ATLANTE_46]. La guerra, alla quale partecipò anche il Piemonte con un corpo di spedizione, si risolse nel lunghissimo assedio di Sebastopoli, durato circa un anno e conclusosi nel settembre 1855 con la caduta della città. Il successivo **congresso di Parigi** confermò la neutralizzazione del Mar Nero, stabilendo che restasse chiuso alle navi da guerra di tutti i paesi, compresa la Russia. L'Impero ottomano vide garantita la sua integrità

Parola chiave
Potenza

Storiografia
A.J.P. Taylor
L'Europa delle grandi potenze

ONLINE

ATLANTE 46_LA GUERRA DI CRIMEA (1853-55)

William Simpson
La "carica dei Seicento" durante la battaglia di Balaklava
1855
[Library of Congress, Washington, D.C.]

Il 25 ottobre del 1854 a Balaklava, durante la guerra di Crimea, una brigata di cavalleria leggera inglese diede l'assalto ad alcune postazioni di artiglieria russe, attestate in una stretta valle. L'episodio, passato alla storia come la "carica dei Seicento", provocò la morte di quasi la metà dei cavalieri inglesi. Quello che allora apparve come un gesto di audacia e di valore militare fu in realtà la dimostrazione che la cavalleria era stata superata come arma efficace di sfondamento. La "carica dei Seicento" è stata rappresentata in molte opere letterarie, pittoriche e cinematografiche. In questa litografia, il generale Lord Cardigan, alla testa della brigata di cavalleria inglese, al centro della valle, guida i suoi uomini all'attacco dell'artiglieria russa, sulla sinistra. In primo e terzo piano, sulle colline, altri reparti di artiglieria russa sparano sugli inglesi, mentre sulla sinistra, in primo piano, la cavalleria russa attende pronta al contrattacco.

e confermata la sua sovranità nominale sui Principati autonomi di Serbia, Moldavia e Valacchia: questi ultimi due si sarebbero uniti nel 1859 per formare il nuovo Stato di **Romania**.

Una seconda occasione fu quella della vittoriosa **guerra all'Austria** al fianco del Piemonte cavouriano nel 1859 [👁 13.3]. Ma il risultato principale della guerra – la formazione di uno Stato nazionale italiano sotto la guida del Piemonte – fu ben lontano dai progetti di Napoleone III, che mirava a subentrare all'Austria come potenza egemone in un'Italia che doveva rimanere divisa.

La debolezza dell'Impero d'Austria

Dopo le rivoluzioni del '48-49, l'Impero asburgico si riorganizzò sulla base del vecchio sistema assolutistico. Del resto, nonostante il persistere dei contrasti di nazionalità – che erano stati aggravati dalle vicende del '48 – il potere imperiale poteva contare sul sostegno della maggioranza dei contadini, favoriti dall'abolizione della servitù della gleba, e su quello della Chiesa cattolica. Appoggiandosi su queste forze, lo Stato sacrificò le esigenze dei settori industriali (soprattutto quelli delle zone più progredite, come la Boemia e la Lombardia), chiamati a pagare i costi di un imponente apparato amministrativo e militare, e **mancò in sostanza l'appuntamento con lo sviluppo economico degli anni '50 e '60** senza peraltro mantenere, anche a causa delle ripetute sconfitte militari, il ruolo da protagonista della scena europea che aveva prima del '48.

La forza della Prussia

La Prussia si era sviluppata, a partire dagli anni '50, a un ritmo che non aveva uguali in Europa. Questa espansione industriale e la crescita di una forte borghesia si concentrarono soprattutto nella parte occidentale dello Stato prussiano (cioè nella Renania-Vestfalia). Lo sviluppo economico non era stato accompagnato, però, da un'evoluzione delle istituzioni in senso liberal-parlamentare: al contrario i vertici dello Stato continuavano a essere occupati dagli esponenti degli **Junker**, gli aristocratici proprietari terrieri. Proprio il **conservatorismo sociale** si rivelò una componente essenziale di quella **"via prussiana" allo sviluppo**, guidato dall'alto e legato al potenziamento militare, che avrebbe finito col costituire una sorta di modello alternativo a quello britannico. Inoltre, elementi di modernità come un **efficiente sistema di comunicazioni interne** (strade, canali), una rete ferroviaria relativamente sviluppata e un'**alta diffusione dell'istruzione** rappresentarono un fattore decisivo per i successi della Prussia nel campo economico come in quello militare. Così il tradizionalismo degli Junker e le aspirazioni nazionali della borghesia finirono col trovare un terreno di convergenza nella **politica di potenza** dello Stato prussiano e nel suo necessario complemento, ossia lo sviluppo di un'adeguata forza militare.

L'artefice principale di questa politica fu Otto von Bismarck, un tipico rappresentante degli Junker che non aveva mai fatto mistero della sua avversione alla democrazia e al liberalismo [👁 17.4 PERSONAGGI]. Nominato primo ministro nel 1862 dal re Guglielmo I, Bismarck si impegnò nel rafforzamento dell'esercito, anche contro le riserve del Parlamento, in funzione dell'obiettivo dell'unificazione. Per raggiungere questo obiettivo la Prussia doveva sconfiggere sul campo di battaglia Austria e Francia, i due nemici di un'unità tedesca a guida prussiana. Del resto il **programma politico di Bismarck** era stato chiaramente enunciato quando aveva sostenuto che le grandi questioni si sarebbero risolte «non con discorsi né con deliberazioni della maggioranza – questo era stato l'errore del '48-49 – bensì col ferro e col sangue».

Junker
Originariamente il termine Junker era riferito, in Germania, ai figli maschi di famiglie nobili che, non essendo primogeniti, si dedicavano alla carriera militare. Nell'800 furono chiamati Junker i grandi proprietari terrieri prussiani. Essi formavano un gruppo compatto, fortemente conservatore nelle abitudini e negli orientamenti politici, che esercitava un notevole peso nella vita dello Stato: gli Junker, infatti, costituivano la quasi totalità degli ufficiali di carriera e buona parte dei vertici della burocrazia.

Politica di potenza
Politica fondata sul perseguimento degli interessi territoriali ed economici di ciascuno Stato prevalentemente per via militare.

Gli esiti del conflitto fra Austria e Prussia Gli attriti tra Austria e Prussia relativi all'amministrazione dei ducati di Schleswig, Holstein e Lauenburg, sottratti dalle due potenze alla Danimarca nel 1864, costituirono il pretesto della guerra agli austriaci nel **1866**. Garantitasi la neutralità della Russia e della Francia, e alleatasi con l'Italia, la Prussia sconfisse l'Austria nella grande battaglia campale di **Sadowa** in Boemia (3 luglio). A conferma della preponderante superiorità militare prussiana, la guerra era durata solo tre settimane. Nella successiva **pace di Praga** l'Austria non subì mutilazioni territoriali, salvo quella del Veneto ceduto all'Italia [👁 14.5]. Ma dovette accettare lo scioglimento della vecchia Confederazione germanica, e dunque la fine di ogni sua influenza nell'Europa centro-settentrionale, dove a nord del fiume Meno si formò la nuova **Confederazione della Germania del Nord** a guida prussiana [👁 ATLANTE_47].

I nuovi equilibri spinsero l'Impero asburgico a spostare il centro dei suoi interessi verso l'area danubiano-balcanica e a cercare una nuova soluzione per il problema delle nazionalità che convivevano al suo interno [👁 11.10]. Nel 1867 **l'Impero fu diviso in due Stati, l'uno austriaco, l'altro ungherese** (da ora in poi si parlerà infatti di Impero austro-ungarico), uniti fra loro nella persona del sovrano, ma ciascuno con un proprio Parlamento e un proprio governo, salvo che per i ministeri preposti agli affari di interesse comune (Esteri, Guerra e Finanze). Col **"compromesso" del '67**, la dinastia asburgica si accordava col gruppo nazionale più forte e compatto, ma scontentava soprattutto gli slavi che avrebbero rappresentato da allora il pericolo più grave per l'unità dell'Impero [👁 20.5].

GUIDA ALLO STUDIO

❶ Che cosa si intende per bonapartismo? Quali gruppi sociali furono sostenuti da Napoleone III? ❷ Chi partecipò alla guerra di Crimea e come si concluse il conflitto? ❸ Quali gruppi sociali sostennero la restaurazione centralistica in Austria? ❹ Che cosa si intende per "via prussiana" allo sviluppo? ❺ Qual era il programma politico di Bismarck e come si risolse il conflitto tra Prussia e Austria?

ATLANTE 47_LA FORMAZIONE DELL'IMPERO TEDESCO

2 La sconfitta della Francia e l'unità tedesca

La guerra franco-prussiana

Il cammino verso l'unificazione tedesca procedeva secondo un programma di politica di potenza che la borghesia liberale era costretta ormai a subire e che era fuori dal controllo del Parlamento, nel quale le posizioni liberali erano state sconfitte dal rapporto diretto del cancelliere con il sovrano: sulle spese militari Bismarck decise infatti di scavalcare il Parlamento e di farle approvare per decreto reale. L'ultimo ostacolo sulla via dell'unità era rappresentato dalla Francia di Napoleone III, deciso a non consentire ulteriori ingrandimenti alla Prussia.

L'occasione per il conflitto fu offerta da una questione dinastica. Nel 1868 il trono di Spagna era rimasto vacante e la corona era stata offerta a un parente del re di Prussia. La prospettiva di un principe tedesco sul trono di Spagna spaventava ovviamente la Francia, che si sentiva minacciata di accerchiamento. L'opinione pubblica francese insorse compatta e la reazione del governo fu fermissima. Bismarck esaspe-

Anton von Werner
Acquartieramento delle truppe tedesche alle porte di Parigi
1894
[Nationalgalerie, Staatliche Museen, Berlino]

Questo dipinto fu completato dal pittore tedesco Anton von Werner nel 1894 sulla base di uno schizzo realizzato 24 anni prima: il 24 ottobre 1870, mentre l'artista accompagnava il maggiore generale prussiano Helmuth von Moltke e le sue truppe nei territori occupati in Francia. La tela mostra alcuni militari in una delle sale del Castello di Brunoy, alle porte di Parigi, requisito durante la guerra franco-prussiana. Con estremo realismo, von Werner enfatizza il contrasto fra il raffinato mobilio della stanza e i militari con le facce rubiconde e gli stivali sporchi di fango. Eppure non sembra esserci rimprovero nei confronti delle truppe. Anzi, molti particolari ne suggeriscono le alte qualità morali e culturali: gli oggetti preziosi sono ancora al loro posto e nulla sembra essere stato portato via; diversamente dalle usanze degli eserciti, nessun mobile è stato distrutto per accendere il fuoco; i soldati si allietano suonando il piano e la donna con la bambina (probabilmente la governante della casa con sua figlia) non sembrano soffrire della compagnia imposta.

rò abilmente queste tendenze bellicose rilasciando, all'indomani di un incontro fra Guglielmo I e l'ambasciatore francese, **un comunicato stampa formulato in modo volutamente provocatorio**: vi si lasciava intendere che l'ambasciatore era stato messo alla porta dal re. Quel comunicato provocò in Francia, e soprattutto a Parigi, un'ondata di furore nazionalistico. Il governo e lo stesso imperatore, fin allora esitante, si lasciarono trascinare dalla spinta dell'opinione pubblica e, il 19 luglio **1870**, dichiararono guerra alla Prussia.

DOC
Otto von Bismarck
Il telegramma di Ems

ONLINE

La Francia affrontò il conflitto in un clima di grande entusiasmo, ma con scarsa preparazione militare. L'esercito, che pure poteva contare su un armamento moderno ed efficiente, era nettamente inferiore a quello prussiano sia per il numero degli effettivi sia per l'organizzazione. Come nella guerra contro l'Austria del '66, le truppe comandate dal generale von Moltke si mossero con grande rapidità: il 1° settembre, mentre metà dell'esercito francese non riusciva ad arretrare sotto l'attacco tedesco in Lorena, l'altra metà venne accerchiata a **Sedan**, presso il confine col Belgio, e costretta ad arrendersi. Lo stesso imperatore fu preso prigioniero dai tedeschi.

Pochi giorni dopo, nella capitale ormai minacciata dai prussiani, abbattuto l'impero e proclamata la repubblica, si formava un governo provvisorio. Invano il ministro della Guerra Léon Gambetta, fuggito con un pallone aerostatico da Parigi assediata, tentò di rianimare la resistenza organizzando la leva in massa nelle province e mobilitando il popolo contro gli invasori (in questa occasione intervenne in difesa della nuova Francia repubblicana anche un corpo di volontari italiano comandato da Garibaldi). Dopo una serie di sconfitte il governo fu costretto a chiedere l'armistizio nel gennaio 1871.

L'unificazione tedesca e il desiderio di rivincita francese

Nel frattempo, il 9 dicembre 1870, era stato proclamato l'**Impero tedesco** (il Reich) che nasceva dalla fusione della Prussia e degli Stati della Confederazione del Nord con gli Stati della Germania meridionale tra cui il regno di Baviera [ATLANTE_47]. Il 18 gennaio 1871 nella **reggia di Versailles**, luogo-simbolo della potenza dei re di Francia, Guglielmo I fu incoronato imperatore tedesco (*Deutscher Kaiser*). L'unità tedesca era compiuta: un'unità calata dall'alto, attuata, in seguito a una guerra combattuta contro il nemico tradizionale, soprattutto per l'iniziativa di uno statista abile e autoritario, mai ratificata da un plebiscito o da una qualsiasi forma di consultazione popolare.

Con la successiva **pace di Francoforte** non solo la Francia fu costretta a corrispondere una pesante indennità di guerra, ma dovette cedere al Reich l'**Alsazia** e la **Lorena**, due regioni di confine di notevole importanza economica e strategica. La disfatta di Sedan, l'invasione del paese, la caduta di Parigi e la perdita dell'Alsazia-Lorena rappresentarono per la Francia molto più che una sconfitta militare. Si trattò di una vera e propria umiliazione nazionale. Il desiderio di riparare a questa umiliazione – il cosiddetto **"revanscismo"**, dal francese *revanche*, 'rivincita' – avrebbe condizionato per quasi mezzo secolo la politica francese determinando un'insanabile rivalità.

GUIDA ALLO STUDIO

❶ Perché Napoleone III dichiarò guerra alla Prussia? ❷ Dove e quando fu proclamata la nascita dell'Impero tedesco? ❸ Come si realizzò l'unificazione degli Stati tedeschi? ❹ Che cosa significa la parola "revanscismo"?

3 La Comune di Parigi

Lo scontro tra la capitale e la Francia rurale

Dopo la battaglia di Sedan che sancì la vittoria prussiana, era stato il popolo della capitale francese a insorgere, a costituire una **Guardia nazionale** e a decretare la fine del regime napoleonico. Parigi aveva vissuto la caduta dell'Impero come **una nuova occasione rivolu-**

Comune
La parola "Comune" (in francese, sostantivo femminile) non aveva in origine altro significato che quello, usuale, di organo attraverso il quale i cittadini si autogovernano. Ma il termine, soprattutto in Francia, richiamava alla mente l'immagine della prima Comune, quella giacobina del 1793-94 che, sia pure per un solo anno, aveva goduto di un'enorme autorità su tutto il paese. Anche la Comune del 1871 assunse subito i tratti di un'esperienza rivoluzionaria, avviando il più radicale esperimento di democrazia diretta mai tentato in Europa.

zionaria e al tempo stesso come l'inizio di una riscossa nazionale. Molto diverso era l'orientamento nelle campagne e nei centri minori, dove prevalevano le **tendenze conservatrici**. La frattura si delineò con chiarezza dopo le elezioni della nuova Assemblea nazionale, che si tennero nel febbraio 1871. Grazie al voto delle campagne l'Assemblea, che tenne le sue prime riunioni a Bordeaux, risultò composta in stragrande maggioranza da moderati e conservatori. A presiedere il governo fu chiamato Adolphe Thiers, un esponente della **Francia moderata**, già ministro di Luigi Filippo d'Orléans [👁 11.6]. Appena entrato in carica, il nuovo governo si affrettò ad aprire trattative di pace.
Ma, quando furono note le **durissime condizioni imposte da Bismarck** (che prevedevano fra l'altro l'ingresso delle truppe tedesche nella capitale), il popolo di Parigi protestò in massa e decise di difendere la città. Lo scontro fra la Parigi rivoluzionaria e la Francia rurale e conservatrice diventava inevitabile, né Thiers fece nulla per evitarlo. Quando, a metà marzo, il governo ordinò la consegna delle armi raccolte per la difesa della capitale, il comando della Guardia nazionale rifiutò di obbedire e indisse le elezioni per il **Consiglio della Comune**.

L'esperienza rivoluzionaria della Comune

In queste elezioni, tenutesi in marzo, l'elettorato conservatore si astenne in gran parte dalle urne – anche perché i ricchi avevano abbandonato in massa la capitale – e il potere restò nelle mani dei gruppi di estrema sinistra, democratico-giacobini ma anche socialisti e anarchici. Per quanto divisi da seri contrasti, i dirigenti della Comune diedero vita nel giro di poche settimane a un esperimento radicale di **democrazia diretta** [👁 3.5].

Fu abolita la distinzione fra potere esecutivo e legislativo, tutti i funzionari furono resi elettivi e continuamente revocabili, l'esercito venne sostituito da milizie popolari armate. Queste misure provocarono l'allarme dei conservatori e dei moderati e suscitarono l'entusiasmo dei rivoluzionari di tutta Europa. Marx e Bakunin [👁 10.6-7] videro nella Comune il primo esempio di gestione diretta del potere da parte delle masse, quasi un modello per la futura società socialista.

Racchiusa entro i confini di una sola città, isolata dal resto del paese, occupato per giunta da truppe straniere, la Comune non riuscì a coinvolgere anche i piccoli centri e le campagne. Gli appelli lanciati da Parigi agli altri comuni di Francia perché si associassero alla capitale in una libera federazione caddero nel vuoto. E **l'esperienza della Comune durò non più di due mesi**: il tempo necessario a Thiers per raccogliere, con l'assenso degli occupanti tedeschi, un esercito abbastanza forte per muovere alla conquista della capitale. Fra il 21 e il 28 maggio le truppe governative procedettero all'assalto di Parigi, che fu difesa strada per strada dalle milizie popolari. La battaglia fu condotta da ambo le parti con estrema determinazione. Alle esecuzioni sommarie – circa 20 mila uomini furono passati per le armi senza processo durante la **"settimana di sangue"** – i difensori della Comune risposero con sanguinose rappresaglie, che contribuirono ad accentuare nell'opinione pubblica moderata i sentimenti di paura e odio per i rivoluzionari. Per la seconda volta in poco più di vent'anni, il movimento rivoluzionario francese si ritrovava alla fine sconfitto e decimato.

GUIDA ALLO STUDIO

❶ Quali furono gli effetti dell'occupazione tedesca in Francia? ❷ Chi era Adolphe Thiers? Quali parte dell'elettorato francese rappresentava? ❸ Che cosa fu la Comune di Parigi? Come si concluse?

◀ Ernest-Eugène Appert
L'esecuzione della condanna a morte dei generali Clément Thomas e Jules Lecomte a Montmartre, Parigi, il 18 marzo 1871
1871
[Metropolitan Museum of Art, New York]

▶ Ernest-Eugène Appert
Il massacro dei domenicani di Arcueil, a Parigi, il 25 maggio 1871
1871
[Metropolitan Museum of Art, New York]

Poco dopo la fine dell'esperienza della Comune, il fotografo ritrattista parigino Ernest-Eugène Appert pubblicò una serie di nove fotografie, intitolata *Crimini della Comune*, con cui denunciava la brutalità criminale dei ribelli. Nonostante fossero basate su eventi realmente accaduti, le fotografie erano frutto di una elaborazione successiva. Appert, infatti, prima fotografò nel suo studio la messa in scena di quegli eventi da parte di alcuni attori da lui ingaggiati, poi "costruì" fotografie il più possibile simili al vero con un abile lavoro di taglia e incolla: gli "episodi" così ricostruiti furono sovrapposti alle foto dei luoghi reali in cui erano accaduti e alle teste degli attori furono sostituite le foto dei principali protagonisti della Comune. Le fotografie furono successivamente censurate dal governo francese perché arrecavano «disturbo della quiete pubblica».

4 L'Impero tedesco e la politica di Bismarck

Istituzioni politiche e blocco sociale dominante

Con 40 milioni di abitanti, una vasta disponibilità di materie prime, un'economia in continua crescita, un esercito di provata efficienza e un sistema di istruzione altrettanto qualificato, il nuovo Stato tedesco nato dalla vittoria sulla Francia si presentava come la **maggiore potenza continentale europea**. Dal punto di vista istituzionale, il Reich ereditava la struttura della vecchia Confederazione germanica: era infatti diviso in venticinque Stati – alcuni vastissimi, come la Prussia, altri piccoli o piccolissimi – con propri governi e parlamenti (che avevano però funzioni prevalentemente amministrative) e in qualche caso un proprio esercito, come la Baviera. La grande politica era di competenza del **governo centrale**, presieduto da un cancelliere responsabile di fronte all'imperatore. Il **potere legislativo** era esercitato dal Parlamento, diviso in due camere, una camera elettiva, il Reichstag, eletta a suffragio universale e un **Consiglio federale**, il Bundesrat, composto da rappresentanti dei singoli Stati. Come nella Prussia preunitaria, il **Parlamento** aveva limitate possibilità di condizionare il potere esecutivo, concentrato nelle mani dell'imperatore e del cancelliere. Come in Prussia, il blocco sociale dominante era costituito da una solida **alleanza fra il mondo industriale e bancario e l'aristocrazia terriera e militare**: un blocco che fu rinsaldato dalla **politica protezionista** adottata da Bismarck, a vantaggio soprattutto dell'industria pesante e della cerealicoltura.

I partiti politici

Una vivace dialettica politica caratterizzò la Germania con la nascita di **nuovi e forti movimenti politici di massa.** Alle tradizionali formazioni liberali e conservatrici che avevano dominato la scena parlamentare in Prussia negli anni '60 – il **Partito conservatore**, espressione degli Junker, il **Partito nazional-liberale**, che rappresentava la borghesia industriale e commerciale, e il piccolo raggruppamento degli intellettuali liberal-progressisti – si aggiunse, nel 1871, il partito cattolico del **Centro**. Nel 1875, dall'accordo fra la corrente marxista e quella che si ispirava a Lassalle, nacque il **Partito socialdemocratico tedesco** (Spd: 👁 16.8). Mentre la socialdemocrazia traeva la sua forza dalla massiccia adesione operaia delle regioni e città industriali, il Centro poggiava su una base sociale formata per lo più da agricoltori e ceti medi urbani presenti in Renania e in Baviera.

Bismarck contro i cattolici e i socialdemocratici

Nei primi anni '70 Bismarck iniziò una politica duramente anticattolica – il ***Kulturkampf***, la 'battaglia per la civiltà' – emanando una serie di misure volte non solo ad affermare il carattere laico dello Stato (obbligo del matrimonio civile, abolizione di ogni controllo religioso sull'insegnamento), ma anche a porre sotto sorveglianza l'attività del clero cattolico. La lotta scatenata da Bismarck ebbe però l'effetto di stimolare l'orgoglio e la compattezza dei cattolici tedeschi, che riuscirono nel giro di pochi anni a raddoppiare la loro rappresentanza parlamentare. Bismarck fu costretto, così, ad attenuare le misure anticattoliche e a varare una nuova legislazione ecclesiastica, molto più moderata della precedente.

L'abbandono del *Kulturkampf* fu imposto al cancelliere anche dalla necessità di fronteggiare la minaccia che veniva dall'ascesa della socialdemocrazia. Già nel 1878, traendo pretesto da due attentati falliti contro l'imperatore, il governo varò una serie di leggi eccezionali specificamente rivolte contro il movimento socialdemocratico. Le **«leggi contro le tendenze sovvertitrici»** ponevano gravi limitazioni alla libertà di stampa e di riunione e dichiaravano illegali tutte le associazioni «aventi lo scopo di

provocare il rovesciamento dell'ordinamento statale o sociale esistente», costringendo così la socialdemocrazia a una condizione di semiclandestinità.
Nel tentativo di soffocare sul nascere lo sviluppo del movimento operaio, Bismarck non si limitò però alle misure repressive. Fra il 1883 e il 1889 il Parlamento approvò, su proposta del governo, alcune **importanti leggi di tutela delle classi lavoratrici**, che istituivano assicurazioni obbligatorie per gli infortuni sul lavoro, le malattie e la vecchiaia, facendone gravare il peso in parte sugli imprenditori, in parte sullo Stato, in parte sui lavoratori stessi. In un'epoca in cui le attività previdenziali e assistenziali erano affidate all'iniziativa dei privati o delle istituzioni religiose, la **legislazione sociale** varata da Bismarck era obiettivamente molto avanzata. Dando soddisfazione ad alcune delle esigenze più sentite dalla classe operaia e al tempo stesso rifiutando di riconoscere legittimità alla sua rappresentanza organizzata, **Bismarck mirava a integrare le masse lavoratrici nello Stato in una posizione subalterna**.

I successi della socialdemocrazia

Questa operazione andò però incontro a un insuccesso politico analogo a quello subìto nella lotta contro i cattolici. Il varo della legislazione sociale non impedì la nascita, alla fine degli anni '80, di **un forte movimento sindacale** guidato dai socialdemocratici. D'altra parte le leggi eccezionali, prorogate periodicamente fino al 1890, non riuscirono a bloccare la crescita elettorale della socialdemocrazia, che passò dai circa 500 mila voti del 1878 a quasi 1 milione e mezzo (il 18% dei suffragi, con 35 deputati al Reichstag) nel 1890. L'affermazione socialdemocratica sancì **il fallimento della politica bismarckiana nei confronti del movimento operaio** e contribuì a provocare, nel 1890, l'allontanamento dal governo dell'onnipotente cancelliere.

Le vignette satiriche, apparse in anni diversi sulla rivista inglese «Punch», prendono in giro due aspetti della politica bismarckiana. Sul fronte interno Bismarck chiude in una scatola il "pupazzo socialista", mentre in politica estera opera come un burattinaio, muovendo i fili di tre pupazzi: (da destra) lo zar Alessandro I di Russia, l'imperatore Guglielmo I di Germania e Francesco Giuseppe d'Austria-Ungheria.

◀ **Bismarck reprime i socialisti** [da «Punch», 1878]

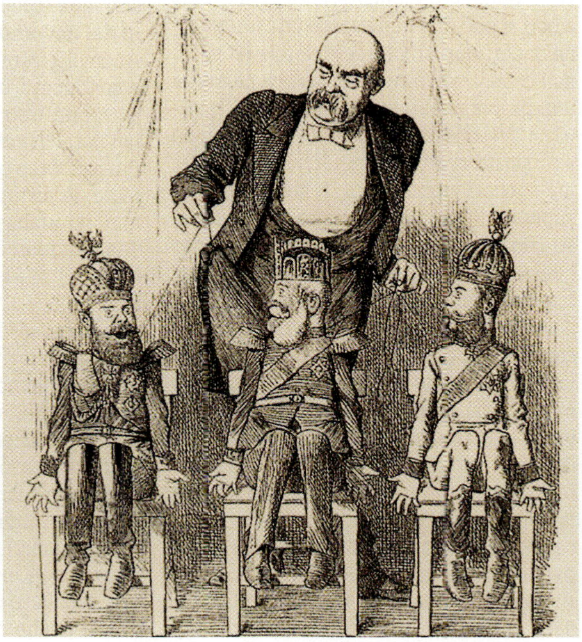

▶ **I tre imperatori manovrati dal burattinaio Bismarck** [da «Punch», 20 settembre 1884]

La politica estera e il sistema bismarckiano

Nel ventennio in cui rimase al potere **Bismarck fu l'arbitro dell'equilibrio europeo.** Dopo la vittoria sulla Francia, infatti, il cancelliere tedesco costruì un sistema di alleanze che aveva come scopo principale quello di impedire che la Francia potesse uscire dal suo isolamento politico-diplomatico. A questo fine si alleò con l'Austria-Ungheria, con la Russia e con l'Italia, contando sul fatto che la Gran Bretagna non si sarebbe mai avvicinata alla Francia, sia per la sua riluttanza a impegnarsi sul continente europeo, sia per la rivalità che opponeva le due potenze nell'espansione coloniale in Africa [👁 19.2].

PERSONAGGI

Bismarck

«Un vero servitore tedesco dell'imperatore Guglielmo I»: così fu inciso sulla tomba di Otto von Bismarck. Ma lo statista fu molto di più.

Era nato nel 1815 a Schönhausen, nell'antica marca di Brandeburgo. Il padre era uno Junker (un esponente della nobiltà terriera a est dell'Elba), mentre la madre era figlia di uno stimato amministratore prussiano. Bismarck ammirava il padre e rivendicò sempre le origini Junker, ma fu la **madre**, a cui era poco legato, ad avere maggiore influenza sulla sua formazione. Intelligente e raffinata, poco amante della vita di campagna, insistette perché il figlio ricevesse **un'istruzione intellettuale piuttosto che militare**. Fece spostare la famiglia a Berlino e introdusse il figlio a corte, dove strinse amicizia con i giovani principi Hohenzollern. Per suo volere Bismarck andò all'università di Göttingen, dove condusse una vita disordinata, tra bevute, avventure galanti e duelli. Non studiò molto e non si può dire che avesse una formazione vasta: non si interessava alla filosofia, non conosceva la cultura classica né aveva una preparazione scientifica. Lesse tuttavia molte **opere di storia** e si appassionò agli **scrittori romantici**, Schiller, Goethe, ma anche Byron e Scott. A stento riuscì a superare l'esame per entrare nell'amministrazione prussiana, ma abbandonò presto questa carriera, poco interessato a diventare funzionario di Stato. Tentò di sottrarsi al servizio di un anno che doveva prestare come ufficiale, ma dovette rassegnarsi alla vita militare, che trovò noiosa e dura. Alla morte della madre, scelse di condurre **la vita dello Junker** e si ritirò in Pomerania. Qui, per otto anni – deprimenti, a suo dire – amministrò con successo le proprietà familiari, ma si distinse soprattutto per le cavalcate notturne nei boschi e per i tentativi di sedurre le figlie dei contadini.

A trent'anni non poteva dirsi soddisfatto della sua vita, ma un importante cambiamento era alle porte. Grazie all'influenza di alcuni amici si avvicinò alla **religiosità pietista** (più intima e più attiva nella società), trovando nella fede forza e serenità. Il matrimonio, di poco successivo, con Johanna von Puttkamer, una donna semplice, paziente e devota, gli regalò una felicità duratura. Ancora più significativa fu la svolta che avvenne nella sua carriera. Chiamato a sostituire uno dei delegati presso la Dieta regionale prussiana, si fece conoscere negli ambienti reazionari grazie alla **ferma opposizione ad ogni proposta liberale** e alla **notevole abilità oratoria**. Quando la rivoluzione del 1848 toccò la Prussia tentò di organizzare i conservatori in inconcludenti intrighi e prese il vezzo di firmarsi "von Bismarck", per ribadire le sue origini nobiliari. L'anno successivo fu eletto alla Camera prussiana. Sarebbe uscito dalla politica quarant'anni dopo, e non di sua volontà.

Nonostante la scarsa esperienza, fu scelto come delegato prussiano alla Dieta federale di Francoforte, dove non si comportò come un diplomatico tradizionale: **non scriveva resoconti né seguiva le istruzioni del governo, ma agiva personalmente**. Andava e veniva tra Francoforte e Berlino e conduceva una vita non priva di eccessi, soprattutto nel fumare, nel mangiare e nel bere. Quando Guglielmo divenne re di Prussia, ritenendo Bismarck troppo reazionario, lo allontanò da Francoforte per nominarlo ambasciatore a San Pietroburgo. Tagliato fuori dal confronto con il sovrano e i ministri, Bismarck soffrì di un senso di frustrazione, che diede origine ad un disturbo nervoso, destinato a ripresentarsi.

In seguito ad una crisi istituzionale, proprio Guglielmo fu spinto a richiamare Bismarck a Berlino, nel **1862**. Confidava che il suo decisionismo potesse risolvere il conflitto che lo opponeva al Parlamento, e lo nominò così **primo ministro** (ma divenne anche ministro degli Esteri). Pur non avendo molta esperienza alle spalle, Bismarck non mostrò cedimenti e inaugurò una peculiare prassi di governo, che portò avanti anche quando divenne cancelliere tedesco: convocava raramente il consiglio dei ministri, conduceva la politica estera senza badare al parere degli ambasciatori, lasciava che di politica interna si occupassero i suoi ministri, ma non esitava ad intervenire. In Parlamento enunciava la sua politica con aria imperturbabile, scrutando i deputati da un occhialino demodé, e quando il dibattito gli era ostile si ritirava nel suo studio. Evitava il confronto perché odiava essere contraddetto e le discussioni gli causavano crisi nervose. Era un uomo solitario, ma aveva una conversazione brillante, e con il suo fascino incantò lo zar Alessandro III come la regina Vittoria. Diceva di non essere un oratore, ma i suoi discorsi si possono considerare fra le più alte composizioni letterarie tedesche. **«Di tutte le grandi figure pubbliche del passato, Bismarck è l'unico che varrebbe la pena risuscitare per avere con lui un'ora di conversazione»**, ha scritto lo storico inglese A.J.P. Taylor (*Bismarck. L'uomo e lo statista*, Laterza, Roma-Bari 2011, p. 51).

L'unificazione tedesca dimostra, ancora oggi, la sua **notevole capacità strategica**, dall'**abilità diplomatica** con cui preparò la guerra contro l'Austria, alla prontezza con cui volse a suo favore i contrasti con la Francia, al modo in cui si destreggiò nelle trattative con i principi della Germania meridionale, fino a raggiungere l'obiettivo di fare del sovrano prussiano l'imperatore tedesco. Non amava le guerre, a cui pure ricorse, perché lo privavano del controllo sugli avvenimenti. Fondato il Reich, raccontò di essere annoiato: perseguiva la pace e la sicurezza, come dimostra anche il sistema di alleanze in politica estera, ma trovava stimolo solo nelle situazioni di tensione. Periodicamente si ritirava nell'amata campagna, ma non riusciva ad esservi felice se non continuando a lavorare sui documenti di governo. A Berlino visse quasi da accampato, presso l'abitazione del Ministero degli Esteri prussiano, sottraendosi, nonostante il ruolo, alle esigenze di rappresentanza.

Cancelliere imperiale per quasi vent'anni, Bismarck non si appoggiò mai a un unico

Fulcro iniziale del sistema bismarckiano fu il **patto dei tre imperatori**, stipulato nel 1873 fra **Germania**, **Austria-Ungheria** e **Russia**: un patto difensivo che si fondava soprattutto sulla solidarietà fra le tre monarchie autoritarie e aveva per obiettivo palese la **tutela degli equilibri conservatori** all'interno dei singoli Stati. L'alleanza aveva però un punto debole: la vecchia rivalità fra Austria e Russia nella Penisola balcanica, dove le popolazioni slave erano in perenne ribellione contro il dominio ottomano. Fra il 1875 e il 1876 il governo turco represse con grande spargimento di sangue una serie di rivolte scoppiate in Bosnia, in Erzegovina e in Bulgaria. Nella primavera

Storiografia
M. Stürmer
Il sistema bismarckiano

ONLINE

partito di maggioranza: il suo successo fu legato all'ascendente che seppe esercitare su Guglielmo I, che in lui nutriva grande fiducia. Bismarck si schierava, a seconda degli eventi, ora con il sovrano ora con il Parlamento e usava abilmente l'uno contro l'altro, come usava i diversi partiti. Non era rilevante per lui essere considerato un liberale o un conservatore, ma **avere uno Stato tedesco forte, l'unico obiettivo che perseguì costantemente**. Aveva una capacità di risposta agli eventi rapida e istintiva, e un grande realismo, che gli permetteva di cambiare con opportunismo le strategie, pur di raggiungere lo scopo prefissato. Sapeva costruire le crisi politiche, come le campagne elettorali, per apparire l'unico uomo in grado di guidare il paese. Grazie all'incontro con un medico che seppe tenergli testa, migliorò anche la sua salute, compromessa dal peso e da diversi malanni. Mentre l'imperatore invecchiava, Bismarck nominò il figlio Herbert segretario di Stato, sognando di fondare una dinastia di statisti. Lo attendevano, però, alcune sorprese. Spiazzato dalla morte di Guglielmo I, che annunciò fra le lacrime in Parlamento, pensò che nulla sarebbe cambiato con il giovane Guglielmo II. Il calcolo si rivelò errato. Quando, nelle elezioni del 1890, i tre partiti anti-bismarckiani (socialdemocratici, Centro e progressisti) conquistarono la maggioranza, Guglielmo II si rifiutò di sciogliere il Parlamento, come chiedeva Bismarck, e sfiduciò il cancelliere. Riluttante ad uscire di scena, Bismarck dimostrò un **dispotico attaccamento al potere**, attaccando il nuovo governo e l'imperatore nei discorsi pubblici. Cominciò anche a stendere le sue memorie, più che un bilancio oggettivo, un ultimo strumento di battaglia politica. I suoi ottant'anni furono celebrati in tutto il paese, ma l'omaggio era ormai rivolto all'uomo dell'unificazione, considerato un **eroe nazionale**, non allo statista del presente. Per la sua morte, avvenuta nel 1898, Bismarck rifiutò i funerali di Stato, lui che dello Stato aveva fatto il fulcro della sua politica e della sua vita.

A. Bockmann
Otto von Bismarck nel parco di Friedrichsruh con i suoi due alani
14 giugno 1886
[Bismarck-Museum, Friedrichsruh]

PERSONAGGI

DOC
Ruggiero Bonghi
Il congresso di Berlino

La Triplice alleanza

ONLINE

del '77 la Russia, grande protettrice dei popoli slavi, dichiarò guerra alla Turchia ottomana e la sconfisse, imponendole una pace quanto mai onerosa, che in pratica avrebbe sancito l'egemonia russa nei Balcani. Come era avvenuto nel 1854 [👁 17.1], questa prospettiva allarmò le altre potenze europee. Austria-Ungheria e Gran Bretagna, in particolare, minacciarono di intervenire contro la Russia.

Dal congresso di Berlino alla Triplice alleanza

A questo punto fu Bismarck a prendere l'iniziativa, nel ruolo del mediatore. Un congresso delle potenze europee fu convocato a Berlino nell'**estate del '78** dove si giunse a un accordo che limitava notevolmente i vantaggi ottenuti dalla Russia, pur ridisegnando radicalmente gli equilibri della Penisola balcanica. La Bulgaria ottenne l'indipendenza, ma entro confini assai più ristretti rispetto a quelli determinati dall'esito del conflitto russo-turco dell'anno precedente. La Bosnia e l'Erzegovina furono dichiarate autonome, ma affidate in "amministrazione temporanea" all'Austria. La Gran Bretagna ottenne l'isola di Cipro, in posizione strategica per il controllo del canale di Suez che collega ancora oggi il Mediterraneo al Mar Rosso [👁 19.4]. La Francia ebbe mano libera per una eventuale espansione in Tunisia nel Nord Africa. In questo modo Bismarck non solo indirizzava verso obiettivi extraeuropei le velleità espansionistiche della Francia, ma creava le premesse per un contrasto con l'Italia.

Scongiurato il pericolo di un conflitto, Bismarck cercò di ricucire l'alleanza con l'Austria e la Russia. Ci riuscì nel **1881**, quando fu rinnovato il patto dei tre imperatori. Un anno dopo l'edificio fu completato con la stipulazione della **Triplice alleanza**, che inseriva **nel sistema bismarckiano anche l'Italia** come alleata della Germania e dell'Austria.

GUIDA ALLO STUDIO

❶ Come si articolava il sistema politico del Reich tedesco? ❷ Che cosa era il *Kulturkampf*? Quali obiettivi aveva la legislazione sociale attuata da Bismarck e a quali esiti portò? ❸ Perché Bismarck è stato definito l'arbitro del sistema europeo?

5 La Repubblica in Francia

Dopo i traumi della sconfitta e la "settimana di sangue" con cui si chiuse l'esperienza della Comune, la Francia non tardò a rivelare segni di ripresa. Nel luglio del '72, quasi a dimostrare la volontà di rivincita del paese, l'Assemblea nazionale decise l'introduzione del servizio militare obbligatorio. Nel settembre '73 fu ultimato il pagamento dell'indennità di guerra dovuta ai tedeschi. Alla fine degli anni '70 la Francia aveva già recuperato buona parte del suo prestigio internazionale, disponeva di un forte esercito e cominciava a incamminarsi con decisione sulla strada delle conquiste coloniali.

La Terza Repubblica

Più travagliato fu il processo di stabilizzazione politica. La stessa forma repubblicana di governo fu a lungo in forse, dato che i membri dell'Assemblea nazionale, incaricata di redigere la nuova costituzione, erano in maggioranza favorevoli alla restaurazione della monarchia. Solo le fratture interne allo schieramento monarchico – diviso fra i **legittimisti**, fautori di un ritorno dei Borbone, e gli **orleanisti**, che volevano sul trono gli eredi di Luigi Filippo – e un accordo raggiunto *in extremis* fra orleanisti e repubblicani moderati consentirono il varo di una costituzione repubblicana. La **Costituzione** della Terza Repubblica del 1875 prevedeva che il **potere legislativo** fosse esercitato da una Camera eletta a suffragio universale maschile e da un Senato composto da membri in parte vitalizi e in parte elettivi. Un elemento di stabilità era costituito dalla figura del **presidente della Repubblica, capo dell'esecutivo**, che veniva eletto dalle Camere riunite e godeva in teoria di poteri molto ampi. La carta costituzionale, così concepita, rappresentava un compromesso fra una soluzione di tipo presidenziale, all'americana [👁 6.4], preferita dai moderati, e una di stampo parlamentare, sostenuta dai democratici: la prima avrebbe conferito amplissimi poteri al presidente della Repubblica, la seconda maggiori poteri al **Parlamento** [👁 17.7 STORIA•SOCIETÀ•CITTADINANZA]. La Costituzione del 1875 rappresentò un indubbio successo per i repubblicani francesi che, nelle elezioni del 1876, riuscirono a capovolgere la tendenza conservatrice fin allora prevalente nell'elettorato e ad assicurarsi una solida maggioranza.

Opportunisti e radicali

A dominare la scena politica furono i **repubblicani dell'ala moderata**, i cosiddetti **opportunisti**, la cui forza stava essenzialmente in un solido legame con l'**elettorato "medio"**, quello dei commercianti, degli impiegati e soprattutto dei piccoli agricoltori. Di questo elettorato essi seppero interpretare la generica aspirazione al progresso, ma anche le tendenze conservatrici in materia di rapporti sociali. Di qui le critiche dei **repubblicani più avanzati** – o **radicali**, come allora si definirono in contrapposizione agli opportunisti – che costituirono un forte raggruppamento autonomo capeggiato da **Georges Clemenceau**.

L'operato dei governi repubblicani

Fu comunque sotto la guida dei **governi repubblicano-moderati** che la Francia poté consolidare le sue istituzioni democratiche e superare gradualmente le fratture provocate dalla Comune del '71. Nel 1880 fu approvata un'**amnistia per i comunardi incarcerati o deportati**, che permise al movimento operaio francese di ricostituire lentamente le sue file. Nel 1884 il Senato divenne completamente elettivo. Sempre nel 1884, furono approvate tre leggi di notevole importanza: quella che garantiva la **libertà di associazione sindacale**, quella che ampliava le autonomie locali, stabilendo fra l'altro l'**elettività** dei sindaci, e quella che introduceva il **divorzio**.

L'azione dei governi repubblicani fu incisiva soprattutto nell'affermazione della **laici-**

Il maestro con la sua classe nella scuola di Buigny-les-Gamaches (Francia)
Dicembre 1905
La citazione (di Jules Simon) riportata sulla lavagna e mostrata con grande fierezza dal maestro e dai suoi scolari riassume bene le ambizioni della politica francese repubblicana in materia di istruzione: «Le peuple qui a les meilleurs écoles est le premier peuple; s'il ne l'est pas aujourd'hui, il le sera demain» ('Quel popolo che ha le migliori scuole è il popolo migliore; se non lo è oggi, lo sarà domani').

tà dello Stato, in particolare nel settore della scuola, tradizionale terreno di scontro fra cattolici e laici, fra democratici e conservatori. Con una serie di leggi approvate fra l'80 e l'85, l'**istruzione elementare fu resa obbligatoria e gratuita** e posta sotto il controllo statale, mentre le università e gli istituti superiori gestiti dal clero furono privati del diritto di rilasciare titoli legali di studio.

Corruzione politica e speculazione finanziaria

L'indebolimento dei poteri del presidente della Repubblica e l'instaurarsi di una prassi parlamentare di governo ebbero come conseguenza negativa un'**altissima instabilità degli esecutivi**, aggravata dalla mancanza di schieramenti politici compatti. Un altro male storico della Terza Repubblica fu la corruzione diffusa nelle alte sfere del potere. Una corruzione che – come già nella monarchia di Luigi Filippo e nel Secondo Impero – affondava le sue radici nello stretto **legame fra il mondo politico e gli ambienti della speculazione finanziaria**, e che trovava nuovo alimento nelle rapide possibilità di guadagno offerte dall'espansione coloniale [👁 19.2 e 19.4]. Il susseguirsi di scandali politico-finanziari mise spesso a dura prova la solidità delle istituzioni e seminò disagio e sfiducia in larghi settori dell'opinione pubblica.

GUIDA ALLO STUDIO

❶ Quale regime politico si instaurò in Francia dopo l'esperienza della Comune? ❷ Che cosa prevedeva la Costituzione del 1875? ❸ Chi erano gli «opportunisti»? ❹ Quali furono le principali riforme intraprese dai governi repubblicani?

6 Il liberalismo in Gran Bretagna

La Gran Bretagna a metà '800

La Gran Bretagna rimaneva, alla metà dell'800, **la più progredita fra le grandi potenze europee**. Produceva i due terzi del carbone e la metà del ferro di tutto il mondo. Aveva la rete ferroviaria più sviluppata in relazione al territorio e una flotta mercantile pari alla metà di quella di tutti gli altri paesi europei messi insieme. Era il centro commerciale e finanziario cui facevano capo i traffici di tutti i continenti. Possedeva un impero coloniale già vasto e, come vedremo, in via di ulteriore espansione. Aveva un tasso di analfabetismo fra i più bassi del mondo. Aveva infine le istituzioni politiche più libere d'Europa.

Il ventennio **'46-66**, caratterizzato dalla presenza quasi ininterrotta dei **liberali al governo**, segnò un ulteriore **consolidamento del sistema parlamentare**, cioè di quel sistema, nato proprio in Gran Bretagna, che subordinava la vita di un governo alla fiducia del Parlamento e faceva di quest'ultimo l'arbitro indiscusso della vita politica [👁 1.4]. **Alla Corona era invece affidato un ruolo essenzialmente simbolico di personificazione dell'identità nazionale**, ruolo che si manifestò pienamente nel corso del lunghissimo regno della **regina Vittoria** (dal 1837 al 1901). Il sistema parlamentare non era però sinonimo di democrazia. In Gran Bretagna molti poteri spettavano ancora alla Camera alta, ossia alla Camera dei Lords, alla quale si accedeva per diritto ereditario o per nomina regia. La stessa Camera elettiva, la Camera dei Comuni, era espressione di uno strato piuttosto ristretto della popolazione: in base alla legge elettorale del 1832, avevano diritto al voto negli anni '60 circa 1.300.000 persone, ossia il 15% del totale dei maschi adulti. Inoltre la **pratica del voto palese**, che sarebbe stata abolita solo nel 1872, rappresentava, soprattutto nelle zone rurali, un potente mezzo di condizionamento a vantaggio dell'aristocrazia terriera.

Riforma elettorale e alternanza al governo di liberali e conservatori

Nel 1865 il leader dei liberali **William Gladstone**, facendosi interprete della parte più dinamica della società britannica – la borghesia industriale alleata con le frange più qualificate della classe operaia –, presentò un progetto di legge che prevedeva una limitata estensione del diritto di voto. La proposta provocò però, nel 1866, la caduta del governo liberale e il ritorno al potere dei conservatori. Ma furono proprio i conservatori, sotto la spinta di un nuovo e dinamico leader, **Benjamin Disraeli** (un ebreo di origine veneziana convertito adolescente all'anglicanesimo), ad assumere l'iniziativa di una riforma elettorale più avanzata di quella proposta da Gladstone. La nuova legge, o ***Reform Act***, varata nel **1867**, aumentava di quasi un milione la **consistenza del corpo elettorale**, ammettendo al voto i lavoratori urbani a reddito più elevato. Spingendo i conservatori a farsi promotori della riforma, Disraeli mostrava di riconoscere il peso che i lavoratori dell'industria avevano assunto nella società britannica e cercava di allargare in quella direzione la base di consenso del suo partito.

Fino alla fine degli anni '70 Gladstone e Disraeli si alternarono al governo, distinguendosi soprattutto per lo stile politico e per la diversa impostazione della politica estera: più legato Gladstone agli ideali del liberalismo, più proiettato Disraeli sugli obiettivi imperiali della politica britannica [👁 19.4], cui cercò di assicurare un solido consenso popolare, promuovendo importanti riforme sociali in tema di **salute pubblica** e di **edilizia popolare**. A partire dal 1880 i liberali tornarono a dominare la scena politica promuovendo, nel **1884**, una **nuova riforma elettorale** che allargava ulteriormente il diritto di voto estendendolo alla maggioranza dei lavoratori agricoli.

John Tenniel
A Leap in the Dark
[da «Punch», 3 agosto 1867]
In questa vignetta Britannia, personificazione della Gran Bretagna, monta un cavallo con la faccia di Disraeli e si copre gli occhi mentre sta per saltare nel "folto buio della Riforma". Dietro di lei, John Bright (deputato liberale), Gladstone e Lord Derby (deputato conservatore favorevole alla riforma elettorale) tirano le redini dei loro cavalli per evitare l'"azzardo". Lo stesso Disraeli, sulla stampa, definì il *Reform Act* come un «*leap in the dark*», ossia un 'salto nel buio'.

Storiografia
E.J. Feuchtwanger
La Gran Bretagna dall'apogeo vittoriano ai timori di declino

ONLINE

Il problema irlandese In questa fase, però, il governo liberale fu costretto a dedicare buona parte delle sue energie alla **"questione irlandese"**. Negli irlandesi convivevano infatti fedeltà al cattolicesimo (e alla Chiesa di Roma) e tendenze indipendentiste di marca nazionalista, entrambi fattori che mettevano in discussione l'appartenenza al Regno Unito. Alla fine degli anni '70, inoltre, l'Irlanda aveva visto aggravare le sue già disagiate condizioni economiche a causa della grave crisi che aveva colpito l'agricoltura europea

PERSONAGGI

La regina Vittoria

L'età augustea, l'età elisabettiana, l'età di Luigi XIV... non sono tanti i sovrani che hanno avuto l'onore di dare il loro nome a un'intera epoca. La regina Vittoria (1819-1901) è fra questi. Non era neanche destinata alla successione, ma la morte di due cugine le assicurò il trono del Regno Unito di Gran Bretagna e Irlanda, che conservò per sessantaquattro anni, dal 1837, quando successe allo zio Guglielmo IV. Nel suo debutto di fronte al Consiglio reale, politici esperti e vecchi cortigiani ne poterono ammirare la **dignità**, il **senso di autorità** e l'**autocontrollo**, rimanendo sorpresi dal modo in cui, appena diciottenne, seppe entrare nel nuovo ruolo di sovrana, con sicurezza e spontaneità. Doti innate, visto che Vittoria aveva una **formazione politica molto carente e poca esperienza**.

L'infanzia, infelice e solitaria, fu segnata dalla precoce perdita del padre e dal difficile rapporto con la madre, autoritaria e poco affettuosa. Fu lo zio Leopoldo a rappresentare un padre per lei, dal punto di vista affettivo e intellettuale. Ne guidò la formazione, consigliandola negli studi e nell'attività politica, anche quando divenne re del Belgio. Vittoria strinse un importante rapporto di confidenza anche con il primo ministro Lord Melbourne, consigliere e guida all'inizio del suo regno.

Regina da tre anni, Vittoria seguì il consiglio dello zio Leopoldo, e ne sposò il cugino, il **principe Alberto di Sassonia-Coburgo**, dal quale fu subito affascinata. Il matrimonio si rivelò molto felice, nonostante Alberto fosse poco incline ai divertimenti mondani, che tanto piacevano a Vittoria, più frivola, e nonostante l'iniziale reticenza della regina ad includerlo negli affari pubblici. Progressivamente, tuttavia, gli assegnò un ruolo politico crescente, fino a farne il suo primo consigliere.

Alberto fu anche un padre affettuoso per i **nove figli** della coppia: Vittoria, futura imperatrice di Germania, Alice, madre dell'ultima imperatrice di Russia, Elena, Luisa, Beatrice, e poi Edoardo, il futuro re, Alfredo, Arturo e Leopoldo. Se Vittoria non dimostrò uno slancio materno istintivo, attenta soprattutto a correggere e controllare i figli, il principe era più benevolo e comprensivo. Anche in questo i due si completavano. Ostinata, egocentrica, viziata e irosa, non immune dalle depressioni, Vittoria non aveva un carattere facile. A tratti infantile, a tratti imperiosa, rivelava a volte un intuito da grande statista. Il matrimonio e la maternità la resero più matura, ma accrebbero la sua dipendenza dal marito, che consultava anche per le decisioni più banali. Anche grazie a lui la regina raggiunse una posizione di equilibrio istituzionale, imparando a rispettare la dialettica parlamentare e il primato del governo. Fece sua la teoria che limitava i diritti del sovrano britannico essenzialmente a tre: **«essere informati, incoraggiare, mettere in guardia»** e sostenne sempre, da dietro le quinte, la politica che riteneva più avveduta.

Il 1861 – quando a soli quarantadue anni il principe Alberto morì, a causa di una febbre tifoidea – segnò uno spartiacque nel lungo regno di Vittoria. «Il mio regno è finito», proclamò, e in molti temettero che il **lutto** facesse ricomparire la vena di pazzia della dinastia degli Hannover. Le doti intellettuali di Alberto, il suo talento politico, unito alla dedizione e al senso del dovere, gli avevano assicurato un posto centrale nel meccanismo di funzionamento dello Stato, tanto che il primo ministro Disraeli riconobbe che il principe tedesco aveva governato con un'energia e una saggezza maggiori di quelle dei sovrani britannici. Alla morte di Alberto la regina Vittoria rinunciò per anni alle apparizioni pubbliche e a tutti gli aspetti rappresentativi del suo ruolo. Si chiuse nel dolore, instaurando il lutto a Palazzo, ma non abbandonò mai il suo lavoro, che svolgeva con dedizione. La reclusione volontaria in cui visse accrebbe l'importanza della sua cerchia più intima, formata dal suo segretario privato e dal suo factotum, John Brown. Su di lui fiorirono diverse maldicenze, per la spiccata predilezione che la regina gli accordò. Alla sua morte, costernata dal dolore, gli dedicò lapidi e statue. Le lettere e il diario di Vittoria non lasciano però dubbi: fu Alberto l'unico uomo che amò.

Una **forte avversione per Londra** la spinse a soggiornarvi il meno possibile, preferendo la Scozia, l'isola di Wight, Windsor. Non rinunciò mai a viaggiare, in Italia, Spagna o Francia. Nonostante lo facesse in incognito era riconosciuta ovunque: il suo profilo inconfondibile compariva su francobolli e confezioni di tè, era ormai la **«madre d'Europa»**. Proprio attraverso i contatti personali (spesso di parentela), cercò di influenzare la politica estera britannica, tessendo **trattative matrimoniali, che si estenderanno come una ragnatela in tutta Europa**. Il caso più evidente fu il matrimonio della figlia Vittoria con Federico Guglielmo di Prussia, da cui nascerà Guglielmo II, imperatore di Germania. Con **Napoleone III** strinse invece uno stretto rapporto d'amicizia, tanto da accoglierlo in Gran Bretagna dopo la sconfitta di Sedan.

Altalenanti furono i suoi rapporti con i primi ministri: nutriva una profonda diffidenza per il liberale Gladstone, mentre fu legata da un'intima amicizia con il conservatore **Disraeli**. Proprio lui volle la sua **incoronazione come imperatrice d'India nel 1876**, suggellando così i successi dell'imperialismo britannico. L'India affascinò molto la regina, che si fece insegnare la lingua hindi-urdu dal suo ultimo favorito, Abu Karim detto Munshi, suo ex cameriere.

Invecchiando Vittoria cominciò a cedere le redini del potere al primogenito Edoardo, prediligendo alla fatica dell'attività pubblica il calore domestico, assicuratole dai numerosi nipoti. Più invecchiava più la regina era popolare (anche se subì tre attentati, in cui rimase sempre illesa). I giubilei d'oro e di diamante, per i cinquanta e i sessant'anni dalla sua ascesa al trono, furono salutati da imponenti manifestazioni popolari, che festeggiarono il regno più lungo e pacifico

[👁 8.5]. Alla pressione del movimento indipendentista – che si esprimeva sia con le lotte parlamentari sia con gli atti terroristici – Gladstone rispose presentando in Parlamento un progetto che prevedeva la concessione di ampie autonomie all'isola seppure nella cornice istituzionale del Regno Unito. Questo progetto (*Home Rule*) provocò una forte opposizione nello stesso partito liberale e la secessione degli esponenti **unionisti**, cioè contrari alla autonomia dell'Irlanda, guidati da Joseph Chamberlain, leader della corrente di sinistra, che vantava forti legami

della storia britannica. Erano ormai riconosciute unanimemente l'esperienza e la capacità della regina, che legava il suo regno ad un'**epoca di espansione e progresso**. Con il suo carattere e la sua personalità aveva **rafforzato l'istituto monarchico**, che pure all'inizio del secolo non era stato immune dalle minacce del repubblicanesimo. Conducendo una vita austera, sia nel matrimonio sia nella vedovanza, divenne un modello di rispettabilità e ristabilì l'onore, spesso compromesso, della dinastia. Soprattutto la **classe media** stabilì un rapporto d'affetto con questa regina, bruttina, grassoccia, sgraziata e inelegante (neanche per il giubileo sostituì la sua solita cuffia con la corona). Anche la sua sfortuna (vide morire il marito, tre figli e un nipote, oltre ai suoi più cari confidenti) contribuì alla sua popolarità, soprattutto fra le donne, di cui, però, ignorò e ostacolò le aspirazioni al suffragio. Era, in fondo **conservatrice**, come dimostrarono le sue scelte nel quotidiano (l'avversione per la luce elettrica o per il telefono) e la scarsa consapevolezza che ebbe delle conseguenze sociali della rivoluzione industriale e della condizione delle classi più povere. **L'aggettivo "vittoriano" è stato esteso alla cultura e alla morale del tempo**, finendo per indicare da un lato un'età fiorente sotto il punto di vista artistico, dall'altro un modello di comportamento, proprio soprattutto delle classi superiori, ispirato all'etica cristiana e conforme ai valori borghesi, segnato da un rigido codice sociale, da un atteggiamento perbenistico (e talora ipocrita) e da una spiccata attenzione per la sfera privata. In un'età ricca di trasformazioni e contraddizioni, fra il consolidarsi del sistema parlamentare, il rafforzarsi dell'espansionismo britannico e l'affermarsi della rivoluzione industriale, **la regina Vittoria incarnò un simbolo di tradizione, stabilità e autorità**, moltiplicando il prestigio della Corona britannica. Alla sua morte, nel 1901, le successe il primogenito Edoardo VII, bisnonno della regina Elisabetta II. Un'epoca era finita, non la monarchia britannica.

Bertha Müller da Heinrich von Angeli
La regina Vittoria
1899 ca.
[National Portrait Gallery, Londra]

PERSONAGGI

❶ Su che cosa si fondava la prosperità della Gran Bretagna? ❷ Come erano divisi i poteri nel sistema politico britannico? ❸ A che cosa puntavano le riforme elettorali presentate da Gladstone e Disraeli? ❹ In che cosa consisteva la "questione irlandese"?

GUIDA ALLO STUDIO

con l'elettorato operaio. La scelta degli unionisti di confluire nelle fila dei conservatori consentì a questi ultimi di affermarsi nelle elezioni del 1886 e di mantenere a lungo il potere rinnovando il tentativo, che era stato già di **Disraeli**, di coniugare la politica imperialistica con una certa dose di riformismo sociale.

7 L'autocrazia russa

Nella seconda metà dell'800, la Russia conservava, fra le grandi potenze europee, il primato dell'arretratezza politica e civile. Era ancora uno Stato autocratico, il cui controllo supremo era riposto nelle mani dello zar. Inoltre, all'inizio degli anni '50 più del 90% della popolazione era occupato nell'agricoltura e oltre 20 milioni di contadini (su un totale di circa 60 milioni di abitanti) erano soggetti alla servitù della gleba: erano cioè legati alla terra che coltivavano – dunque comprati e venduti assieme a essa – e subordinati personalmente ai proprietari. Un'aristocrazia terriera assenteista, propensa a consumare le proprie rendite in spese di prestigio più che a investirle in impieghi produttivi, dominava ancora incontrastata come nell'Europa dell'*ancien régime*. **All'immobilismo delle strutture politiche e sociali faceva singolare riscontro l'eccezionale livello della vita intellettuale**. L'800 fu il secolo d'oro della letteratura russa: grandi scrittori come Turgenev, Tolstoj, Dostoevskij, Čechov ci offrono un quadro vivissimo di una società diversa in ogni suo aspetto da quella dell'Europa occidentale e ci restituiscono gli echi di un dibattito ideologico quanto mai vivace.

Lo zar Alessandro II Nel 1855 salì sul trono imperiale Alessandro II. Il nuovo zar iniziò il suo regno concedendo un'amnistia ai detenuti politici e varando una serie di riforme che avevano lo scopo di introdurre **elementi di modernizzazione** nella burocrazia, nella scuola, nel sistema giudiziario e nell'esercito. Ma la riforma di gran lunga più importante cui Alessandro II legò il suo nome fu l'**abolizione della servitù della gleba**. Grazie a una serie di decreti imperiali emanati nel **febbraio 1861**, i servi acquistarono la libertà personale e la parità giuridica con gli altri cittadini e, contemporaneamente, ebbero la possibilità di riscattare le terre che coltivavano e di trasformarsi così in piccoli proprietari. L'**assegnazione delle terre agli ex servi**, tuttavia, avvenne con criteri non uniformi, e comunque tali da **salvaguardare le grandi proprietà**. Agli entusiasmi che avevano accompagnato l'inizio della riforma subentrò ben presto nelle campagne un clima di delusione e di malcontento, rivolto soprattutto contro i signori accusati (a torto) di aver deliberatamente travisato e tradito l'autentica volontà dello zar. Vi furono proteste e vere e proprie ribellioni, represse con l'intervento dell'esercito.

I populisti Con le travagliate vicende legate all'emancipazione dei servi si chiuse la breve stagione liberalizzante del regno di Alessandro II. Dopo il 1861 si assisté, infatti, a un appesantimento del clima politico e a un nuovo inasprimento dei controlli polizieschi, che accentuarono la frattura fra il potere statale e la borghesia colta. Fra le giovani generazioni andò diffondendosi un atteggiamento di **rifiuto totale dell'ordine costituito**, unito a uno sforzo sincero di avvicinarsi ai problemi delle classi subalterne. Fu questo il senso della **parola d'ordine «andare al popolo»** che ebbe ampia eco fra i giovani negli anni '60 e '70: da questo slogan derivò il nome di populisti (*narodniki*, da *narod*, 'popolo') col quale vennero designati gli intellettuali rivoluzionari che in questo periodo tentarono, senza troppa fortuna, di compiere opera di educazione culturale e di proselitismo politico fra le masse. Base fondamentale del loro programma era l'**utopia di un socialismo agrario** che facesse leva sul proletariato delle campagne e si inserisse nella tradizione comunitaria della società rurale russa. L'incomprensione delle masse contadine e la durezza della repressione poliziesca finirono però con l'isolare sempre più i *narodniki* e con lo spingerli verso la pratica cospiratoria. Quando, nel 1881, Alessandro II fu ucciso da un attentatore anarchico, le speranze che avevano accompagnato i suoi primi anni di regno non erano ormai che un lontano ricordo.

GUIDA ALLO STUDIO

❶ Come era composta la società russa del secondo '800? ❷ Che ruolo avevano gli intellettuali nella vita politica del paese? ❸ Quali effetti ebbe l'abolizione della servitù della gleba? ❹ Chi erano i "populisti"?

L'opera del pittore russo Ilya Repin racconta con dovizia di particolari il trasporto in processione dell'icona della Madonna di Kursk dalla sua sede abituale presso il Monastero Korennaya alla vicina città di Kursk (nella Russia occidentale). In un paesaggio brullo e polveroso, alcuni contadini portano in spalla l'icona seguiti da una folla abbastanza eterogenea: i più sembrano essere altri contadini, ma non mancano preti ortodossi, esponenti dell'alta borghesia locale, ufficiali di polizia e dell'esercito, oltre a mendicanti e storpi tenuti fuori dal corteo. Questa tela, insieme con altri lavori dello stesso pittore, esprime la sua critica sociale verso la Chiesa e verso lo Stato: la prima rappresentata dal prete ortodosso al centro, riccamente vestito e quasi più preoccupato del proprio aspetto che partecipe del momento religioso; il secondo dal "cordone" di contadini e ufficiali che tiene lontana la folla anche con l'uso della forza (si vedano i particolari del ragazzo storpio fermato, in primo piano, e dell'ufficiale a cavallo con giacca bianca, a destra, che sta alzando il suo frustino su qualcuno). Di questo quadro Repin scrisse: «sto applicando tutte le mie forze per cercare di dare vita alle mie idee; la vita intorno a me mi disturba molto e non mi dà pace, implorandomi di essere catturata sulla tela».

Ilya Repin
Processione religiosa nella provincia di Kursk
1880-83
[Galleria Tretyakov, Mosca]

Il sistema parlamentare

Il **sistema parlamentare** è un tipo di organizzazione politica nella quale è riservata particolare importanza al Parlamento, eletto da una parte più o meno ampia dei cittadini. Organi fondamentali dei moderni sistemi politici, le assemblee parlamentari sono in linea di massima le istituzioni dello Stato deputate alla **rappresentanza del corpo elettorale** e all'esercizio del **potere legislativo**. Inoltre, nei sistemi parlamentari i Parlamenti svolgono una funzione di **controllo dei governi** che, per confermare la loro legittimità, necessitano del consenso (la **fiducia**) dell'organo rappresentativo per eccellenza.

Perché un sistema politico sia effettivamente di tipo parlamentare non è sufficiente la sola presenza di un organo rappresentativo al suo interno: requisiti essenziali sono anche la dignità e il potere effettivo del Parlamento rispetto al governo. In un sistema parlamentare i due poteri dovrebbero bilanciarsi vicendevolmente concorrendo alla definizione delle scelte politiche. Ma il primato spetta al Parlamento, da cui dipende in ultima analisi la vita dei governi.

Tendenzialmente, i sistemi parlamentari possono essere costituiti da uno o due organismi (le «camere»): si parla così di sistemi **bicamerali** (come quello italiano, composto da Camera e Senato) e di sistemi **monocamerali**, meno diffusi (in Europa tale sistema è stato adottato in Grecia, Portogallo, Svezia, Danimarca e Finlandia).

I Parlamenti non sono istituzioni esclusive della modernità. Nel **Medioevo** essi erano diffusi in tutta Europa: il decentramento e la frammentazione dei poteri venivano in parte bilanciati dalle assemblee composte dai grandi feudatari. I Parlamenti medievali, formatisi in Europa tra il XII e il XIV secolo, erano molto diversi da quelli moderni: l'unico elemento in comune è la funzione relativamente rappresentativa (ma degli interessi dei feudatari, anziché del popolo). Tra i Parlamenti medievali si distinse per organizzazione e capacità effettiva di rappresentanza quello britannico, istituito nel 1295 con compiti preva-

La Camera dei deputati del Parlamento italiano, Montecitorio, Roma (2001)
Il Parlamento della Repubblica italiana è composto da due Camere: la Camera dei deputati, con sede a Palazzo Montecitorio, e il Senato della Repubblica, con sede a Palazzo Madama. Le due Camere si riuniscono in seduta comune nell'Aula di Palazzo Montecitorio e presiede l'assemblea il presidente della Camera. Il Governo ha invece la sede ufficiale a Palazzo Chigi, sempre a Roma, ed è composto dal Consiglio dei ministri guidato dal presidente del Consiglio.

lentemente giudiziari. In esso trovavano posto rappresentanti del clero, dell'ordine cavalleresco, delle contee e delle città. Una brusca battuta d'arresto del fenomeno si ebbe con l'**età degli assolutismi**, quando l'emergere di un forte e accentrato potere regio rese ininfluente – ovunque in Europa, tranne che in Gran Bretagna – la presenza di organi di rappresentanza.

L'atto di nascita del sistema parlamentare si ebbe nel **XVII secolo**, in **Inghilterra**, che da allora è stata considerata la culla della democrazia e della partecipazione popolare al governo dello Stato. Dopo la «gloriosa» rivoluzione del 1688-89, con il *Bill of Rights* il Parlamento inglese impose al nuovo re Guglielmo III d'Orange (1689-1702) sostanziali limitazioni all'esercizio del potere a vantaggio dell'organo rappresentativo. I parlamentari, tra le altre cose, statuirono che: «il preteso potere di sospendere le leggi o l'esecuzione delle leggi, in forza dell'autorità regia, senza il consenso del Parlamento, è illegale». Per la prima volta, un organo rappresentativo diveniva arbitro della vita politica di un paese: il governo era sempre di tipo monarchico ma il re, la sua volontà e le sue decisioni, dovevano ormai fare i conti con «il consenso del Parlamento».

Un'altra tappa importante per l'affermazione dei poteri del Parlamento fu la **Rivoluzione americana**. La Costituzione degli Stati Uniti prevedeva però un sistema non parlamentare, ma **presidenziale**, in cui esecutivo e legislativo erano eletti separatamente e avevano funzioni ben distinte fra loro. Diverso il modello che ispirò le diverse fasi della **Rivoluzione francese**: l'idea di fondo era quella di una nazione retta e governata direttamente dalle assemblee rappresentative elette del popolo.

L'articolo 26 della *Dichiarazione dei diritti dell'uomo e del cittadino*, del 1793 (quella più democrtica), precisava: «Nessuna parte di popolo può esercitare il potere del popolo intero; ma ogni sezione del [popolo] Sovrano riunito in assemblea deve godere del diritto di esprimere la sua volontà con una completa libertà». Nella Costituzione del 1793 – mai entrata in vigore – si precisava invece che: «il popolo francese è distribuito, per l'esercizio della sua sovranità, in Assemblee primarie di cantoni» (articolo 2). Al concetto di **sovranità popolare** fu dato grande rilievo: «il popolo sovrano è l'universalità dei cittadini francesi.

Esso nomina immediatamente i suoi deputati. Esso delega a degli elettori la scelta degli amministratori, degli arbitri pubblici, dei giudici criminali e di cassazione. Esso delibera sulle leggi» (articoli 7-10). Negli anni a venire, le aspirazioni dei rivoluzionari più radicali furono in gran parte deluse o perlomeno ridimensionate, tuttavia la Rivoluzione francese innescò un meccanismo di «esportazione» del principio parlamentare in molti paesi europei (come la Svizzera, l'Olanda e l'Italia). In breve il principio della rappresentanza parlamentare cominciò a conquistare i cittadini e l'opinione pubblica europea.

In **Italia**, ebbe un ruolo decisivo il Parlamento del Regno di Sardegna, riconosciuto nella carta costituzionale: lo **Statuto albertino** del 1848 che, all'articolo 3, precisava: «Il potere legislativo sarà collettivamente esercitato dal Re e da due Camere; il Senato, e quella dei Deputati». Per evitare lo squilibrio in favore del solo organo rappresentativo come era avvenuto nella Francia rivoluzionaria, si scelse il modello britannico della monarchia rappresentativa, basato sul bilanciamento dei poteri tra gli organi di governo più importanti: il re e il Parlamento. Il principio di rappresentatività dell'organizzazione statale era assicurato dall'adozione del bicameralismo. Il Senato era di nomina regia, mentre la Camera dei deputati era elettiva, anche se il suffragio era concesso solo a una parte esigua della popolazione.

In realtà lo Statuto non prefigurava un sistema autenticamente parlamentare (basato cioè sullo stretto legame fra governo e camere), ma ne prevedeva piuttosto uno **costituzionale**, simile a quelli che sarebbero stati adottati negli imperi del Centro Europa, in cui la vita dell'esecutivo dipendeva dalla fiducia del sovrano e al Parlamento spettava la sola funzione legislativa. Fu soprattutto con Cavour che, prima in Piemonte poi nel Regno d'Italia, si impose una **prassi parlamentare**, che vincolava il governo alla fiducia del Parlamento e faceva di quest'ultimo il centro della vita politica.

Con l'avvento del fascismo, questa prassi fu interrotta. E le istituzioni rappresentative furono progressivamente svuotate di significato, fino a quando, nel 1939, la Camera dei deputati – soppressa anche la residua finzione elettorale – fu sostituita dalla Camera dei fasci e delle corporazioni a cui si accedeva in virtù delle cariche ricoperte negli organismi del regime. Dopo la caduta del fascismo e la nuova Costituzione repubblicana nacque il moderno sistema parlamentare italiano, ancora bicamerale e interamente elettivo a suffragio universale maschile e femminile.

Le funzioni e le attività del Parlamento italiano sono regolate dagli articoli 55-82 della Costituzione. Il rapporto tra i cittadini e il Parlamento è mediato dai **partiti politici**, che non solo rappresentano le diverse esigenze della popolazione ma anche una particolare linea politica che gli elettori possono scegliere o meno votando per un determinato partito. Il meccanismo che anima la vita politico-istituzionale italiana è relativamente semplice: il governo (ministri e presidente del Consiglio dei ministri) è composto in modo da rispecchiare, attraverso la maggioranza eletta in Parlamento, la linea politica scelta dalla maggioranza degli elettori. Secondo un noto costituzionalista italiano, Gustavo Zagrebelsky, «Sistema parlamentare [contemporaneo e italiano] vuole [...] dire sistema di partiti, nel quale il luogo di elaborazione dei grandi indirizzi politici è il parlamento, mentre il governo è appunto l'organo esecutivo di tali indirizzi ed è responsabile di fronte al parlamento».

1 Le potenze continentali

Nella seconda metà del secolo XIX, le maggiori potenze europee si impegnarono nella lotta per l'egemonia. Il ruolo più attivo fu svolto dalla Francia del Secondo Impero, che però, nel suo tentativo di indebolire l'Austria con una politica estera ambiziosa e aggressiva, finì col facilitare l'ascesa della Prussia. Una prima manifestazione di questa strategia si ebbe con la guerra di Crimea (1854-55). La Prussia si incamminava, invece, sulla via dell'unificazione, in particolare con l'ascesa al governo di Bismarck (1862). La guerra del '66 contro l'Austria portò alla formazione di una Confederazione della Germania del Nord. Nel '67, si giunse alla divisione dell'Impero asburgico, da tempo in difficoltà, in due parti, una austriaca e l'altra ungherese.

2 La sconfitta della Francia e l'unità tedesca

Nel 1870 Bismarck riuscì a provocare una guerra con la Francia – ultimo ostacolo ai suoi progetti di unificazione tedesca –, che fu rovinosamente sconfitta a Sedan. A Versailles nel 1871 nasceva il nuovo Reich tedesco. La sconfitta comportò per la Francia la caduta di Napoleone III, la proclamazione della repubblica e la cessione dell'Alsazia-Lorena. Più in generale, rappresentò un'umiliazione nazionale che – per il desiderio di rivincita che alimentava – avrebbe condizionato per quasi mezzo secolo la politica francese.

3 La Comune di Parigi

Tra le conseguenze della sconfitta militare francese vi fu la ribellione di Parigi e la proclamazione della Comune, radicale e breve esperimento di democrazia diretta rivoluzionaria (febbraio-maggio 1871). Isolata dal resto del paese, la Comune tentò inutilmente di coinvolgere nella rivolta la popolazione delle altre città e delle campagne per lo più di tendenze conservatrici e moderate, e presto venne sconfitta dalle truppe governative dopo durissimi combattimenti. Questa vicenda contribuì a diffondere nell'opinione pubblica moderata un senso di paura e di odio per i rivoluzionari.

4 L'Impero tedesco e la politica di Bismarck

La Germania unita era il più potente Stato dell'Europa continentale. La supremazia del potere esecutivo sul legislativo, un blocco sociale dominante formato dal mondo dell'industria e della finanza e dall'aristocrazia degli Junker non impedirono la nascita, negli anni '70, di due nuovi partiti: il Centro cattolico e il Partito socialdemocratico. In politica interna Bismarck lavorò per affermare il carattere laico dello Stato e fronteggiare il nuovo pericolo rappresentato dalla socialdemocrazia affiancando alle tendenze autoritarie una legislazione sociale molto avanzata, secondo un modello di stampo paternalistico. In politica estera creò un sistema di alleanze per l'isolamento della Francia. Fondato sul patto dei tre imperatori del 1873, questo sistema si scontrò con le rivalità che opponevano nei Balcani gli altri due contraenti (Austria e Russia) che determinarono la guerra russo-turca (1877) e il successivo congresso di Berlino (1878). Nel 1882 la Germania stipulò il trattato della Triplice alleanza con Austria e Italia.

5 La Repubblica in Francia

La Francia si riprese rapidamente dalla sconfitta del 1870. La nuova Costituzione diede alla Francia un sistema di governo di compromesso fra il modello presidenzialista all'americana e quello parlamentare. La scena politica era dominata dai repubblicani – «opportunisti» e radicali –, che riuscirono gradualmente a consolidare il nuovo regime, spesso però messo a repentaglio dalla notevole instabilità dei governi e dalla grande corruzione che dominava il mondo politico e finanziario.

6 Il liberalismo in Gran Bretagna

In Gran Bretagna, gli anni dal 1850 al 1870 videro il rafforzamento del sistema parlamentare – con una quasi ininterrotta presenza dei liberali al governo –, una notevole prosperità economica e il varo di alcune importanti riforme, soprattutto quella elettorale – che allargava di quasi un milione il numero degli aventi diritto al voto. Fra il '66 e l'86 si alternarono al potere il conservatore Disraeli, fautore di una politica imperialistica non priva di aperture sociali, e il liberale Gladstone, che realizzò nuove riforme – fra cui un ulteriore ampliamento del suffragio – e tentò senza fortuna di concedere l'autonomia all'Irlanda.

7 L'autocrazia russa

In Russia, all'arretratezza sociale e politica faceva riscontro una grande vivacità della vita culturale e del dibattito ideologico. L'avvento al trono di Alessandro II nel 1855 alimentò forti speranze di rinnovamento, soprattutto in conseguenza delle riforme attuate dal nuovo sovrano, tra le quali – importantissima – l'abolizione della servitù della gleba (1861). Presto, tuttavia, si tornò a un indirizzo autocratico, con il conseguente accrescimento del distacco tra potere statale e borghesia colta.

SVILUPPARE LE COMPETENZE

❶ Di seguito trovi in ordine sparso i fatti salienti della storia di due paesi europei nella seconda metà dell'800. Individua i paesi e componi due cronologie distinte, una per paese. Scrivi poi, utilizzando come scaletta la sequenza ottenuta, un testo di 15 righe per ogni paese:

a. Bismarck firma il patto dei tre imperatori
b. Guerra di Crimea
c. Parigi è protagonista dell'esperienza rivoluzionaria della Comune
d. Nasce l'Impero tedesco
e. Bismarck inizia una politica anticattolica: il *Kulturkampf*
f. La Francia dichiara guerra alla Prussia
g. Bismarck firma la Triplice alleanza
h. La Francia è sconfitta a Sedan
i. Bismarck organizza il congresso di Berlino

❷ Commenta ognuno degli argomenti contenuti nei riquadri sottostanti in un breve testo di 4 righe:

emanazione della Costituzione — **gli opportunisti al governo** — **l'affermazione della laicità dello Stato** — **instabilità degli esecutivi**

❸ Completa la tabella sottostante e poi scrivi un testo di 10 righe per spiegare le differenze tra i sistemi governativi inglese e russo intorno alla metà dell'800.

Avvenimenti	Data	Breve descrizione
Reform Act		
Nuova riforma elettorale in Gran Bretagna		
Incoronazione dello zar Alessandro II		
Abolizione della servitù della gleba per volontà di Alessandro II		
Uccisione di Alessandro II		

18 STATI UNITI E GIAPPONE

CAPITOLO

Parola chiave
Modernizzazione

ONLINE

Quanto avvenne oltreoceano, negli Stati Uniti e in Giappone, nella seconda metà dell'800 rivestì un'importanza pari alle trasformazioni dell'Europa continentale descritte nel capitolo precedente, soprattutto in relazione agli sviluppi successivi dei rapporti internazionali, alle guerre e alle alleanze. Dopo una durissima guerra civile gli Stati Uniti approdarono, alla fine del secolo – ormai esaurita la spinta verso la conquista della nuova frontiera continentale –, al ruolo di grande potenza proiettata sui mari, nei Caraibi e nel Pacifico. Il Giappone iniziò nel 1868 una fase di modernizzazione uscendo da un regime feudale e approdando anch'esso al ruolo di grande potenza economica e militare sul finire del secolo.

1 Gli Stati Uniti a metà '800

Lo sviluppo economico

Alla metà dell'800, gli Stati Uniti d'America erano un paese in crescente espansione con una popolazione in costante aumento (23 milioni nel 1850, oltre 30 dieci anni dopo), grazie soprattutto all'ininterrotto flusso migratorio proveniente dall'Europa. I confini dell'Unione continuavano a spostarsi verso ovest, includendo vasti territori ben presto attraversati da strade e linee ferroviarie. La produzione agricola progrediva con ritmi molto elevati, sia per la messa a coltura di nuove terre nelle regioni di recente colonizzazione, sia per lo sviluppo di una moderna agricoltura negli Stati del Vicino Ovest (*Midwest*), di più antica colonizzazione. Contemporaneamente, la regione del Nord-Est – in particolare la zona della costa atlantica – conosceva un rapido sviluppo industriale. Ma a questa straordinaria espansione dell'economia facevano riscontro profonde fratture interne. Negli Stati Uniti coesistevano infatti **tre diverse società**, corrispondenti alle diverse zone del paese, ciascuna col suo sistema economico, i suoi valori, le sue tradizioni culturali.

■ **Il Nord-est** C'erano innanzitutto gli Stati del Nord-Est, sede delle prime colonie britanniche e nucleo originario dell'Unione. Era la zona più progredita, più ricca e più industrializzata, dove sorgevano i **maggiori centri urbani** (New York, Boston, Philadelphia), dove si concentravano i commerci con l'Europa e dove principalmente si indirizzava l'ondata migratoria proveniente dal Vecchio Continente. Un ambiente in continua trasformazione, profondamente influenzato dai valori del **capitalismo imprenditoriale**, dominato dai gruppi industriali, commerciali e bancari, e dalla presenza di un numeroso proletariato urbano.

■ **Il Sud delle piantagioni** Quella degli Stati del Sud era invece una società agricola e profondamente tradizionalista, che fondava la sua economia e la sua organizzazio-

DOC
Frederick Douglass
La vita degli schiavi neri nel Sud

Storiografia
B. Moore Jr.
Un'analisi della guerra civile americana: le ragioni del conflitto

R. Luraghi
Il contrasto tra nordisti e sudisti negli Stati Uniti

ne sociale sulle **grandi piantagioni di cotone** e, in minor misura, di tabacco e canna da zucchero. La manodopera che vi lavorava era costituita in gran parte da schiavi neri, discendenti da quelli che erano stati forzatamente trapiantati in America nel '700 (la tratta era stata ufficialmente vietata negli Stati Uniti solo nel 1808). Nel 1860 vivevano negli Stati del Sud quasi **4 milioni di schiavi neri**, contro circa 6 milioni di bianchi, in maggioranza piccoli e medi coltivatori [👁 18.4 STORIA•SOCIETÀ•CITTADINANZA]. Il ceto dei **grandi proprietari** – che impiegavano il grosso della manodopera servile – contava non più di 2000 famiglie: **una ristretta minoranza, che però dominava la vita politica e sociale**, forniva i migliori ufficiali all'esercito federale e svolgeva, in un paese in cui non era mai esistita una vera nobiltà, una funzione sociale simile a quella di un'aristocrazia. I grandi proprietari vivevano in case ampie e lussuose, avevano il culto della tradizione e il gusto delle buone maniere, si ispiravano a un'etica patriarcale e paternalistica. La stessa istituzione della schiavitù veniva giustificata in questo contesto: anzi, la vita nella piantagione, dove allo schiavo erano assicurati l'abitazione, il vitto giornaliero e l'istruzione religiosa, era polemicamente contrapposta – trascurando di ricordarne il durissimo sfruttamento e il diffuso abuso sessuale delle donne – alla venalità e all'insicurezza che caratterizzavano i rapporti di lavoro delle realtà industriali.

■ **Il West dei contadini e degli allevatori** A queste due società così diverse fra loro se ne contrapponeva una terza: quella dei liberi agricoltori e allevatori di bestiame che popolavano gli Stati dell'Ovest. Era una società in **rapida evoluzione**: man mano che la frontiera si spostava verso il West, le aziende stabili si sostituivano agli insediamenti isolati dei pionieri introducendo un'agricoltura mercantile che forniva derrate alimentari, carne e cereali, alle città del Nord-Est. Nonostante tutto ciò, la società agricola dell'Ovest restava legata all'**etica e ai valori della frontiera**: l'iniziativa individuale, l'indipendenza, l'uguaglianza delle opportunità.

Lo scontro sulla schiavitù

Le differenze tra Nord e Sud erano profonde e destinate inevitabilmente ad accentuarsi fino a divenire insanabile contrasto. L'idea stessa della schiavitù non si conciliava con la mentalità democratica diffusa fra le popolazioni del Nord dove era attivo da tempo un vivace **movimento abolizionista**, ma era anche incompatibile con la filosofia di un capitalismo moderno e con la sua esigenza di disporre di una **manodopera mobile per un mercato interno in espansione**.
Quando, negli anni '40 e '50, lo sviluppo industriale si allargò a nuovi settori, in particolare quello meccanico, nel complesso dell'economia americana diminuì l'importanza della produzione cotoniera, cruciale per il Sud, e si fecero più strette le relazioni fra il Nord-est industriale e l'Ovest agricolo: quest'ultimo trovava infatti nelle aree urbane in continua espansione ampi sbocchi per i suoi prodotti e costituiva a sua volta un largo mercato per l'**industria meccanica**, che vi collocava soprattutto macchine agricole. Su queste premesse si acutizzò lo scontro sulla schiavitù. L'estensione dell'economia delle piantagioni – e dunque del lavoro servile – ai nuovi territori era richiesta dai piantatori del Sud, che volevano portare la coltura del cotone nelle **terre vergini**, ma incontrava forti opposizioni nell'opinione pubblica del Nord e fra i coloni dell'Ovest, che chiedevano terre a buon mercato, o addirittura in uso gratuito, per diffondervi la **coltivazione dei cereali**.

Il Partito repubblicano e Lincoln

Alle divisioni della società si aggiunsero i contrasti fra le forze politiche. Con l'inizio degli anni '50 i partiti tradizionali – democratici e Whigs (liberali) – entrarono in una profonda crisi. I democratici si identificarono sempre più con la causa dei grandi proprietari schiavi-

sti, mentre dall'ala progressista del partito whig nacque nel 1854 una nuova formazione politica, il **Partito repubblicano**, che assunse una posizione decisamente antischiavista e accolse nella sua piattaforma politica sia le rivendicazioni della borghesia del Nord (dazi doganali più alti, che avrebbero favorito la produzione industriale, ma danneggiato le esportazioni di cotone dal Sud), sia quelle dei coloni dell'Ovest (distribuzione gratuita dei terreni demaniali). Il nuovo partito conquistò un seguito sempre crescente finché, nelle elezioni del **1860**, riuscì a portare alla presidenza un tipico uomo dell'Ovest, **Abraham Lincoln**, un avvocato di salde convinzioni democratiche, proveniente da una famiglia di modesti agricoltori del Kentucky.
Nonostante fosse un convinto avversario della schiavitù, Lincoln non era un abolizionista radicale. Nella sua campagna elettorale aveva anzi negato qualsiasi intenzione di abolire la schiavitù dove esisteva. Tuttavia, la vittoria repubblicana nelle elezioni del '60 fu sentita da una parte dell'opinione pubblica del Sud come l'inizio di un processo irreversibile che avrebbe portato alla vittoria degli interessi industriali, al rafforzamento del potere centrale, alla progressiva emarginazione degli Stati schiavisti.

GUIDA ALLO STUDIO

❶ Gli Stati Uniti costituivano una realtà omogenea? Per quali ragioni? ❷ Su quali elementi si fondava il contrasto tra gli Stati del Nord e quelli del Sud? ❸ Quali interessi rappresentava il Partito repubblicano? ❹ Chi era Abraham Lincoln? Di quale gruppo sociale era espressione?

La vita di uno schiavo americano
[litografie pubblicate da W.A. Stephens, Philadelphia 1863; Library of Congress, Washington, D.C.]
Questa serie di piccole litografie (composta in tutto da 12 pezzi) racconta la vita di un nero negli anni che videro gli Stati Uniti teatro della guerra civile e molti neri passare dalla condizione di schiavi a quella di uomini liberi. La prima vignetta rappresenta il protagonista nei campi di cotone: nessun indizio lo dice, ma tutti capiscono che non è un bracciante libero, è uno schiavo. Le vignette successive, infatti, lo vedono portato via in catene, costretto ad abbandonare il figlioletto e la moglie, che implora il padrone di venderli insieme. Nelle mani del nuovo padrone, l'uomo viene maltrattato (le punizioni con la frusta erano molto frequenti) tanto da decidere di ribellarsi, uccidere il suo sovrintendente e fuggire attraverso le paludi per andare ad arruolarsi nell'esercito dell'Unione. Il giovane ha conquistato la libertà, ma trova la morte combattendo per i nordisti: la sua ricompensa sta nell'aver donato la sua vita per la gloria della nazione.

2 La guerra civile americana

Dalla nascita della Confederazione del Sud al conflitto

Tra il dicembre ’60 e il febbraio ’61 dieci Stati del Sud decisero di staccarsi dall’Unione e di costituirsi in una Confederazione indipendente [👁 ATLANTE_48]. Questa **scelta secessionista**, imposta da una minoranza intransigente a una popolazione incerta e divisa, non poteva non suscitare la reazione del potere federale: non vi era dunque alternativa alla guerra civile, che ebbe inizio nell’**aprile 1861**. Scegliendo la strada dello scontro, i confederati facevano assegnamento sulla migliore qualità delle loro forze armate. Ma speravano anche in un intervento a loro favore della Gran Bretagna, che era la principale importatrice del cotone del Sud e osteggiava i programmi protezionisti dei repubblicani. Gli Stati del Nord confidavano invece nella schiacciante superiorità numerica della loro popolazione e sul loro maggior potenziale economico.

Nelle fasi iniziali della guerra, il miglior addestramento delle forze sudiste e le notevoli capacità del loro comandante, il generale Robert Lee, diedero ai confederati una netta prevalenza. Ma, quando fu chiaro che gli Stati del Sud avrebbero dovuto contare solo sulle loro forze – la Gran Bretagna e le altre potenze europee si astennero

ATLANTE 48_GLI STATI UNITI AL TEMPO DELLA GUERRA CIVILE

Nella cartina sono indicati a parte gli Stati schiavisti che rimasero fedeli all’Unione: Missouri, Kentucky, West Virginia, Maryland, Delaware.

infatti da ogni intervento – e che la guerra sarebbe stata lunga e logorante, il fattore numerico e quello economico si rivelarono decisivi. La guerra si concluse infatti nell'**aprile del 1865** con la **resa dei confederati** al generale Ulysses Grant, comandante delle forze del Nord. Pochi giorni dopo, il presidente Lincoln cadeva vittima di un attentato per mano di un fanatico sudista.

Le conseguenze della guerra

La guerra era durata ben quattro anni, aveva visto impegnati nelle operazioni belliche circa 3 milioni di uomini, era costata oltre 600 mila morti e aveva conosciuto battaglie durissime come quella di **Gettysburg** [👁 18.3 EVENTI] vinta dai nordisti (luglio 1863). Era stata senza dubbio la **prima guerra totale** dei nostri tempi: la prima che avesse coinvolto così a lungo la società civile di un grande paese moderno, la prima in cui fossero stati utilizzati sistematicamente i nuovi mezzi offerti dallo sviluppo tecnologico e industriale, a cominciare dalla ferrovia e dal telegrafo. Per vincerla, i nordisti dovettero non solo fare appello a tutte le loro risorse economiche, ma anche a spingersi oltre i programmi iniziali del presidente Lincoln. Nel 1862 fu approvata una legge che assegnava gratuitamente quote di terre del demanio statale ai cittadini che ne facessero richiesta. Lo stesso anno fu decretata a partire **dal 1° gennaio del 1863 la liberazione degli schiavi in tutti gli Stati del Sud**, anche per consentirne l'arruolamento nell'esercito dell'Unione.

Una rivoluzione sociale mancata

In realtà, la rivoluzione sociale implicita nell'esito della guerra di secessione fu ben lontana dal compiersi interamente. La legge del '62 sulla distribuzione delle terre libere fu revocata pochi anni dopo la fine della guerra. Gli schiavi acquistarono la libertà, ma le loro condizioni economiche non migliorarono. La vittoria nordista e le innovazioni legislative non valsero a colmare le disuguaglianze sociali, **né poterono cancellare i pregiudizi razziali profondamente radicati nella società del Sud**. Certo non giovarono alla causa della democrazia e dell'integrazione razziale i metodi sbrigativi e lo spirito talvolta vendicativo con cui i vincitori condussero l'opera di riunificazione del paese. Negli anni successivi alla fine della guerra, il Sud fu sottoposto a un regime di vera e propria occupazione militare. Il risultato fu una reazione di rigetto, che prima si espresse in forma di lotta clandestina – fu creata allora l'organizzazione paramilitare e razzista del **Ku Klux Klan** – e che più tardi determinò la riscossa del Partito democratico negli Stati del Sud. Il ritorno alla normalità nel Sud, che poté considerarsi compiuto solo alla fine degli anni '70, significò anche il ritorno all'indiscussa supremazia dei bianchi e ad un regime di **segregazione razziale di fatto**, destinato a protrarsi, in molti Stati, per buona parte del '900.

Segregazione razziale
La segregazione o separazione delle razze è una pratica politica razzista che mira a tenere separati in uno Stato, i gruppi sociali di colore da quello bianco in vari settori della vita civile, pubblica e politica. Negli Stati Uniti si fondò sul principio della «separazione in condizioni di uguaglianza», sancito dal XIV emendamento della Costituzione. Bianchi e neri avevano dunque diritto agli stessi servizi ma erogati separatamente: diverse erano le zone residenziali, i luoghi di ritrovo, diverse le modalità di fruizione degli esercizi commerciali e dei servizi pubblici – mezzi di trasporto, scuola, ospedali. Forti discriminazioni sul piano dei diritti politici e civili derivarono da questa scelta. L'espressione "segregazione razziale" corrisponde all'afrikaans *apartheid*, che individua un regime segregazionista in vigore in Sudafrica fino al 1991.

GUIDA ALLO STUDIO

❶ Quali furono le cause della guerra civile americana? ❷ Chi erano i confederati? ❸ Perché la guerra di secessione può essere definita la prima guerra totale? ❹ Quali cambiamenti avvennero nella società al termine della guerra?

3 La formazione di una potenza mondiale

La colonizzazione dell'Ovest

All'indomani della guerra di secessione e della ricostruzione post-bellica, riprese con rinnovato slancio la colonizzazione dei territori dell'Ovest, ora favorita dallo sviluppo della rete ferroviaria che nel 1869 raggiunse le coste della California. Intorno al 1890 la **conquista del West** poteva considerarsi compiuta: la frontiera coincideva ormai col Pacifico e gli Stati Uniti avevano raggiunto l'estensione attuale.

Storiografia
P.N. Carroll - D.W. Noble
L'espansione degli Stati Uniti verso Ovest

ONLINE

Vittime principali della corsa all'Ovest furono le tribù dei **pellerossa [👁 9.3]**, che videro restringersi progressivamente gli spazi, un tempo sconfinati, in cui potevano muoversi in libertà. I pellerossa cercarono di resistere alla conquista bianca e riuscirono anche a riportare qualche isolato successo, ma dopo il 1890, decimati dalle guerre (il loro numero alla fine del secolo non superava i 250 mila individui), furono **confinati nelle riserve e ridotti a un corpo estraneo e marginale** in una società che stava attraversando una fase di impetuoso sviluppo capitalistico.

Le grandi concentrazioni industriali e finanziarie

La crescita più imponente si verificò nell'industria, in particolare in alcuni settori-guida come il siderurgico, il meccanico, l'elettrico e il petrolifero, dove dominavano le grandi concentrazioni (*corporations*) industriali e finanziarie **[👁 16.1]**: come la

EVENTI

La battaglia di Gettysburg

La battaglia di Gettysburg (1-3 luglio 1863) rappresenta un episodio centrale nella guerra civile americana: **lo scontro più sanguinoso di tutto il conflitto** vide, infatti, la netta sconfitta dell'esercito sudista e produsse una svolta decisiva nell'andamento della guerra, da questo momento in poi avviata a concludersi con la vittoria delle forze del Nord.
Nell'estate del 1863 il conflitto era iniziato già da due anni: l'illusione che potesse durare poche settimane era svanita ben presto di fronte alle nuove forme della guerra industriale e all'abilità dei due schieramenti di contrapporre eserciti numerosi, ben armati e molto motivati. Alle vittorie riportate dai Confederati nelle prime fasi belliche, l'Unione aveva saputo rispondere armando ed equipaggiando in breve tempo un grande esercito di volontari, traendo vantaggio soprattutto dal maggiore sviluppo industriale degli Stati settentrionali rispetto a quelli del Sud. Due anni di aspri combattimenti avevano fatto emergere **tre fronti principali, tutti in territori confederati**, sui quali si sarebbe giocato l'esito della guerra: ad Ovest, il corso del Mississippi e la città di Vicksburg; al centro, il varco di Chattanooga, via di accesso alla Georgia; infine ad Est, la Virginia, roccaforte delle armate confederate **[👁 ATLANTE_48]**.
L'attacco sferrato dal **generale nordista Ulysses Grant** nel maggio del 1863 contro Vicksburg, aveva posto il comando militare della Confederazione davanti a una scelta quanto mai difficile: concentrare ogni sforzo militare per evitare la caduta della linea del Mississippi oppure attaccare su un altro fronte e provare a riportare, altrove, una vittoria decisiva sulle armate del Nord? Fautore di questa seconda ipotesi era il **generale sudista Robert Edward Lee**, comandante della potente Armata della Virginia Settentrionale: egli riteneva che la sola difesa del fronte occidentale, seppur vincente, avrebbe al massimo ritardato l'avanzata delle truppe dell'Unione, in quel momento superiori. Al contrario, **un attacco nel cuore degli Stati federali, da realizzare mediante l'invasione dei territori del Nord**, avrebbe costretto l'avversario a spostare l'attenzione lontano dal Mississippi; avrebbe inoltre suscitato un grande entusiasmo tra i combattenti: in caso di vittoria, infatti, le armate sudiste sarebbero potute entrare, in breve tempo, nella capitale Washington.
Il piano di Robert Lee ricevette l'approvazione del presidente della Confederazione, Jefferson Davis. I primi di giugno i soldati agli ordini del generale sudista superarono il confine della Virginia e nelle settimane successive penetrarono in territorio nemico con l'obiettivo di aggirare l'esercito nordista e costringerlo a combattere in campo aperto nei pressi di **Gettysburg, cittadina dello Stato della Pennsylvania**. File di profughi cominciarono a fuggire di fronte all'invasione sudista, ma il Nord non si fece prendere dal panico: **le principali città settentrionali si trasformarono in grandi trincee difensive**, il popolo fece cerchio intorno al suo presidente Lincoln e gli abitanti delle zone invase si dimostrarono ostili alle forze occupanti, informando come potevano i comandi federali dei movimenti nemici.
Alla vigilia dello scontro, l'esercito sudista sembrava possedere qualcosa in più rispetto all'avversario: nonostante l'inferiorità numerica in termini di uomini e armi, il generale Lee aveva saputo riorganizzare efficacemente l'**Armata della Virginia Settentrionale**. I soldati in uniforme grigia riponevano grande fiducia nel loro capo e nei loro comandanti: erano soprattutto animati dalla forte speranza che la vittoria avrebbe rovesciato le sorti della guerra e portato il successo della Confederazione. Al contrario, l'**Armata nordista del Potomac** (un fiume che corre per un lungo tratto tra Maryland e Virginia) stava attraversando un periodo difficile: tra la fine del 1862 e l'inizio del 1863 era uscita sconfitta per ben due volte dallo scontro con gli eserciti sudisti e adesso si era fatta sorprendere dall'attacco sudista sul proprio territorio. Pochi giorni prima della battaglia, il presidente Lincoln sostituì il comandante dell'Armata, affidando il ruolo al generale George Gordon Meade, non un geniale stratega ma un militare dalle grandi capacità e che lo stesso Lee reputava assai più abile e pericoloso del suo predecessore.
L'alba del 1° luglio, la più grande battaglia della guerra civile americana scoppiò in realtà per un incidente tra due singoli corpi d'armata nemici, che aprirono il fuoco senza aspettare di ricevere ordini dall'alto. Nei primi due giorni di combattimento i confederati conquistarono terreno, ma si scontrarono sempre con la tenace resistenza nordista. Il terzo giorno, invece, la tattica del generale Robert Lee, orientata esclusivamente all'attacco, rivelò tutti i suoi limiti: nel torrido pomeriggio del 3 luglio, dopo un intenso fuoco d'artiglieria sulle posizioni nemiche durato più di un'ora e mezza, il grande assalto frontale da parte di 15 mila fanti sudisti, **la cosiddetta "carica di Pickett"** (dal nome del generale che la condusse), fu respinto sanguinosamente dai colpi dell'artiglieria dell'Armata del Nord, danneggiata ben poco dal bombardamento avversario. Solo pochi uomini, alla fine, riuscirono ad arrivare al contatto con la prima linea del Nord, mentre la maggior parte di loro rimase sul campo.

General Electric, la American Telephon Company, la Standard Oil nel settore petrolifero, la DuPont in quello chimico e degli esplosivi o come il gigantesco **trust** dell'acciaio, la United Steel, costituitosi nel 1901. Alla fine dell'800, gli Stati Uniti non solo avevano superato Gran Bretagna e Germania nel volume della produzione industriale (raggiungendo quindi il primato mondiale), ma erano anche diventati un **paese esportatore di capitali e di prodotti industriali**.

Immigrazione e tensioni sociali

Questo sviluppo fu reso possibile, oltre che dall'abbondanza di **risorse naturali**, anche dall'esistenza di un **mercato interno in continua espansione**, grazie all'afflusso di immigrati provenienti dall'Europa. Tale era il bisogno di manodopera che, nel 1882, il governo federale spalancò le porte all'immigrazione rendendo l'ingresso negli Stati Uniti li-

Il 4 luglio l'Armata di Robert Lee iniziò una drammatica ritirata sotto una pioggia battente e su strade ricoperte di fango: i soldati avevano il morale a pezzi, consapevoli di aver perso l'unica occasione per rovesciare l'esito della guerra a loro favore. In tre giorni di battaglia, l'Unione aveva avuto 23 mila tra morti e feriti, su un totale di circa 90 mila effettivi; i confederati invece ben 29 mila su circa 80 mila (di questi, quasi 13 mila caddero prigionieri). Lo stesso giorno, il generale Grant conseguiva sul fronte occidentale un'importante vittoria, conquistando **Vicksburg** dopo settimane d'assedio. Solo una strenua resistenza dei confederati ritardò di due anni la fine della guerra, sancita con la sconfitta definitiva di Lee ad **Appomattox** (9 aprile 1865).

La decisione strategica di attaccare sul fronte della Virginia e non difendere Vicksburg, a sud, nonché le **scelte tattiche del generale sudista**, sono sempre state al centro di un animato dibattito. Senza dubbio egli era un grande comandante, cresciuto e formatosi nell'esercito degli Stati Uniti: dopo la secessione degli Stati del Sud, si era rifiutato di restare nelle fila dell'Unione perché non poteva accettare di combattere contro la sua terra natale, la Virginia. Inesatta però sembra la teoria che lo vuole interessato solo alle sorti di questo Stato e quindi poco preoccupato del futuro di Vicksburg o degli altri fronti del conflitto. Secondo autorevoli studiosi, alla base delle scelte del generale ci sarebbe piuttosto la sua **concezione napoleonica della guerra**, tutta sbilanciata verso l'attacco e la ricerca dell'annientamento del nemico: «If the enemy is there tomorrow, we must attack him» ('Se il nemico è lì domani, dobbiamo attaccarlo'), disse a un suo generale dopo il primo giorno di combattimenti a Gettysburg, senza rendersi conto che le forme della guerra erano cambiate. L'introduzione di **armi più rapide e potenti** (come quelle a canne rigate e a retrocarica) aveva dato alle artiglierie una maggiore capacità di fuoco e le rendeva capaci di respingere i grandi assalti delle fanterie in campo aperto: **rispetto al passato, quindi, era la tattica difensiva, e non quella offensiva, a risultare vincente in questi casi**.

Ma l'importanza di questi tre giorni di scontri risiede anche nel loro **valore simbolico**, oltre che strategico-militare. Quattro mesi dopo la battaglia, il 19 novembre, **il presidente degli Stati Uniti Abraham Lincoln pronunciò uno storico discorso**, seppur brevissimo (circa 3 minuti), alla cerimonia di inaugurazione del cimitero dei caduti dell'Unione a Gettysburg. Senza fare alcun riferimento alle parti in lotta, si soffermò sul significato della morte di migliaia di americani in quell'occasione, ponendo così le basi per la rinascita della nazione e per il superamento della conflittualità civile: **«possiamo qui decidere solennemente che questi morti non siano caduti invano»**, concluse, «che la nazione, con l'aiuto di Dio, trovi una nuova nascita nella libertà, e che il governo del popolo, attraverso il popolo, per il popolo, non scompaia dalla terra».

Timothy H. O'Sullivan
Vite falciate, Gettysburg, Pennsylvania
1863
[George Eastman House, New York]

EVENTI

bero a tutti, con le sole eccezioni dei criminali comuni e dei malati di mente [👁 GRAFICO_7]. La società americana diventò così un immenso crogiolo, un ***melting pot***, dove andarono a fondersi culture, tradizioni ed energie di tutti i paesi del vecchio continente.

Il grande sviluppo materiale degli ultimi anni del secolo non fu privo di tensioni sociali. Lo strapotere delle *corporations* e il rigido protezionismo alimentarono il

GRAFICO 7_IMMIGRATI NEGLI STATI UNITI (1821-1921)

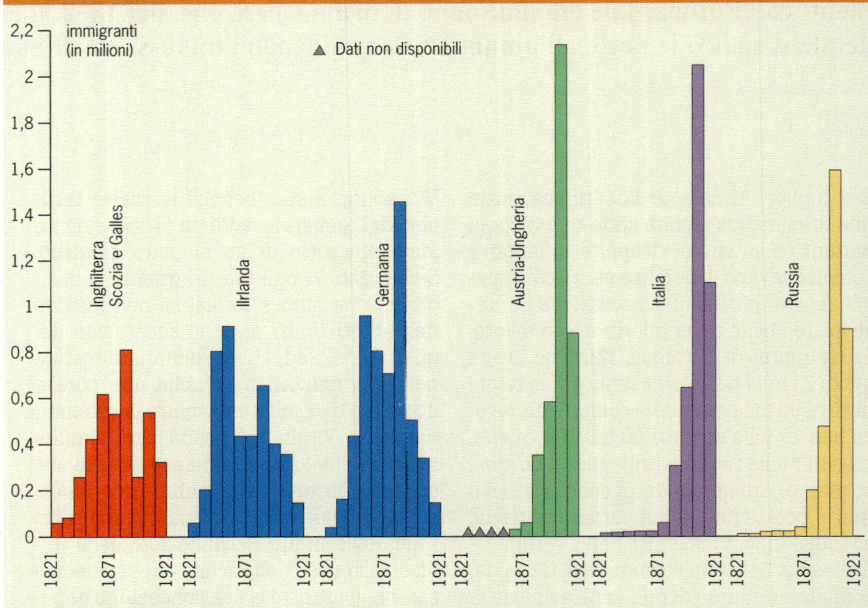

[Nostra elaborazione da *Atlante storico del mondo*, Touring Club Italiano, Milano 1994]

◀
John N. Choate
Giovani nativi americani della tribù Chiricahua Apache al loro arrivo nella Carlisle Indian School
4 novembre1886

▶
John N. Choate
Giovani nativi americani pochi mesi dopo il loro arrivo nella Carlisle Indian School
1886

Fra il 1879 e il 1902, il fotografo americano John N. Choate documentò la vita nella Carlisle Indian School (nella cittadina di Carlisle in Pennsylvania), la prima delle scuole aperte dal governo federale fuori dalle riserve indiane, dedicate all'educazione dei nativi americani e fondate sul presupposto che, immersi nella tradizionale cultura euro-americana, questi ragazzi avrebbero potuto meglio integrarsi nel mondo dei bianchi. Strappati alle loro famiglie, i giovani indiani venivano sottoposti a una disciplina particolarmente dura; rigide norme regolavano la giornata degli studenti, cui era vietato – pena severe punizioni corporali – di parlare la propria lingua madre o di praticare attività o atteggiamenti tipici delle tribù da cui provenivano. Purtroppo, molti di questi ragazzi morirono in giovanissima età perché contagiati da malattie sconosciute nell'ambiente in cui erano vissuti fino ad allora. Dei circa 10 mila nativi americani che frequentarono la Carlisle Indian School fra il 1879 e il 1918 (anno della sua chiusura) solo 158 riuscirono a conseguire il diploma.

malcontento dei contadini del Midwest, danneggiati dagli alti prezzi dei manufatti. Notevole sviluppo ebbero in questo periodo anche le organizzazioni operaie: nel 1886 venne fondata l'**American Federation of Labor**, una grande confederazione di **sindacati autonomi** priva di una precisa caratterizzazione politica. Ma né la maggioranza delle organizzazioni sindacali né il movimento dei contadini adottarono la strategia di classe dei movimenti socialisti europei o si posero come obiettivo il rovesciamento del sistema capitalistico [👁 16.7-8].

L'espansionismo nei Caraibi e nel Pacifico

È in questo contesto che va considerata la nuova politica espansionistica messa in atto dagli Stati Uniti a partire dalla fine dell'800. La prima importante manifestazione di questa politica si ebbe con l'intervento a **Cuba** dove, dal 1895, era in corso una violenta rivolta contro i dominatori spagnoli. Questi ultimi avevano avviato una dura repressione che aveva suscitato vivaci reazioni nell'opinione pubblica americana, ma anche notevoli preoccupazioni per la sorte dei cospicui interessi economici che gli Stati Uniti avevano nelle **piantagioni di canna da zucchero** dell'isola. Così, nel febbraio **1898**, l'affondamento di una nave da guerra americana nel porto dell'Avana portò alla **guerra con la Spagna**, che fu rapidamente sconfitta sia nelle Antille sia nel Pacifico [👁 ATLANTE_49]. Cuba divenne una repubblica indipendente, sottoposta tuttavia al controllo politico ed economico degli Stati Uniti. La Spagna fu inoltre costretta a cedere **Portorico** e l'intero arcipelago delle **Filippine**. In questo modo gli Stati Uniti si assicurarono, oltre all'egemonia nei Caraibi, anche un vasto

Melting pot

Il termine, letteralmente 'recipiente di fusione', si è diffuso, dapprima in storiografia e poi anche nel linguaggio comune, per indicare il contesto sociale e culturale americano nel quale le peculiari e differenti caratteristiche nazionali dei cittadini si mescolano dando origine a un'identità nuova ed esclusivamente americana. Il concetto di *melting pot* è stato centrale nell'ideologia nazionalista degli Stati Uniti, ed è stato oggetto di un acceso dibattito: molti critici hanno messo in luce, infatti, i limiti di questa esperienza di "mescolanza" etnica. Di recente è stata sottolineata tuttavia l'utilità del termine per descrivere il processo di integrazione tra individui di origini e culture differenti, tendenzialmente dinamico e senza fratture, proprio degli Stati Uniti.

ATLANTE 49_ L'ESPANSIONISMO STATUNITENSE NEI CARAIBI E NEL PACIFICO

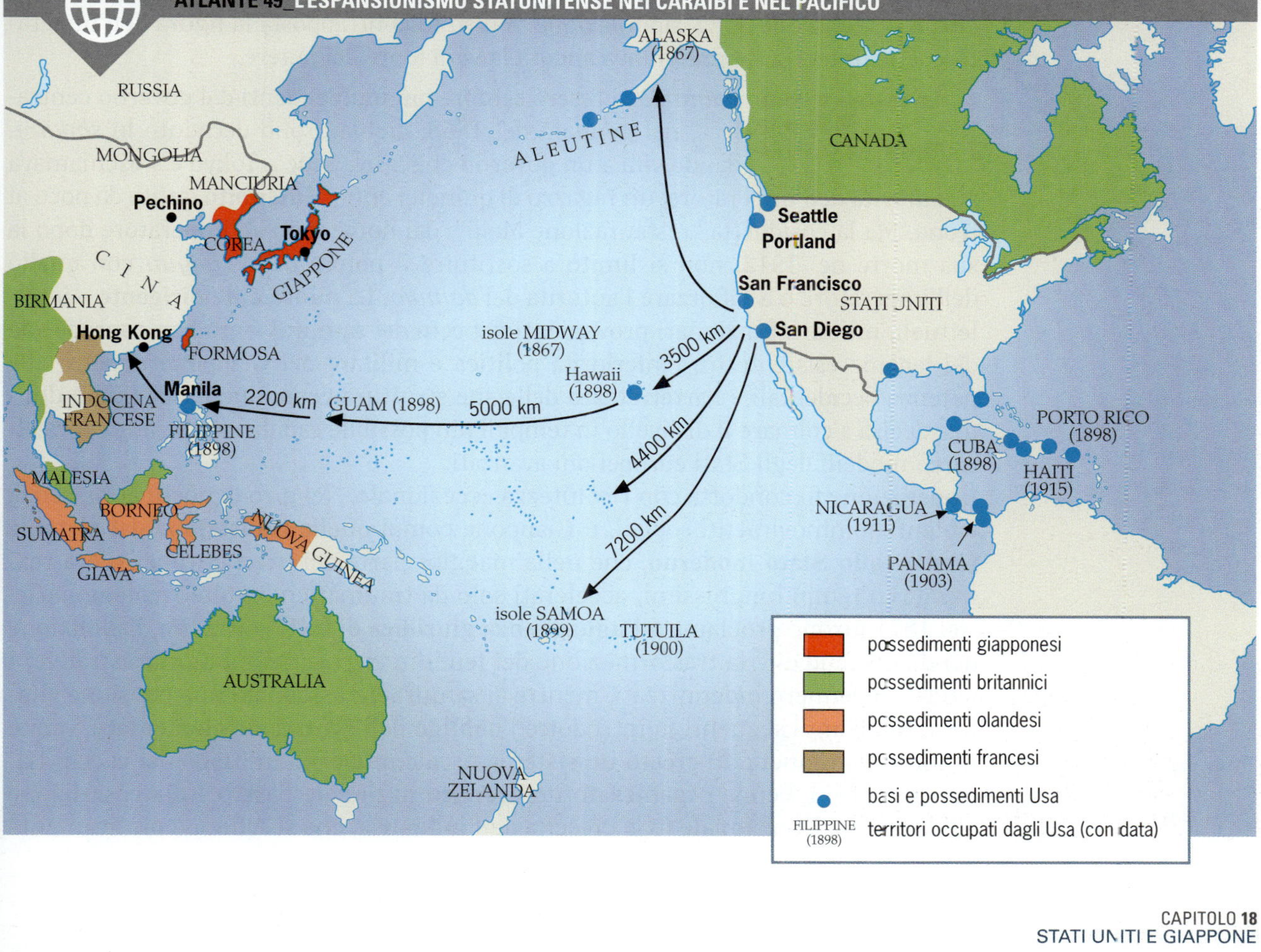

❶ Quando si poté ritenere ultimata la conquista dell'Ovest? ❷ Chi viveva nelle riserve? ❸ Che cosa si intende con il termine *melting pot*? ❹ Quali direttrici seguì l'espansionismo statunitense alla fine dell'800?

GUIDA ALLO STUDIO

dominio in **Asia orientale**. Sempre nel '98 la presenza americana nel Pacifico fu rafforzata dall'annessione delle isole **Hawaii**, da tempo un importante punto di appoggio nelle rotte oceaniche. Nel giro di pochi mesi gli Stati Uniti avevano compiuto un salto decisivo nella loro posizione internazionale, assumendo a tutti gli effetti il ruolo di potenza mondiale.

4 La via giapponese alla modernità

La fine dell'isolamento

Il Giappone, alla metà dell'800, conservava la struttura politica di tipo feudale che si era consolidata con l'ascesa al potere degli *shogun* Tokugawa all'inizio del '600 [👁 4.4]. E dal 1639 aveva scelto l'isolamento commerciale dai paesi occidentali, salvo mantenere una linea di scambi con la Cina. L'isolamento fu rotto, verso la metà dell'800, dall'iniziativa degli Stati Uniti che, nel **1854**, inviarono una squadra navale nelle acque giapponesi e chiesero formalmente allo *shogun* il libero accesso nei porti e l'apertura di relazioni commerciali.

L'**iniziativa americana** – cui subito si unirono Gran Bretagna, Francia e Russia – trovò il Giappone del tutto impreparato. Lo *shogun* fu costretto a firmare nel 1858 una serie di accordi commerciali che assicuravano alle potenze occidentali ampie possibilità di penetrazione economica. La firma dei **"trattati ineguali" del '58** suscitò in tutto il paese un'ondata di risentimento nazionalistico, che fu guidata dai grandi feudatari (*daimyo*) e da una parte dei samurai, e si indirizzò contro lo *shogun*, principale responsabile della capitolazione. A esso fu contrapposta la figura dell'imperatore, che in teoria rappresentava ancora la vera fonte del potere.

La restaurazione Meiji e la modernizzazione

I *daimyo* si resero sempre più indipendenti dal governo centrale e, nel gennaio del 1868, dichiararono decaduto lo *shogun*, dando vita a un governo che aveva sede a Tokyo e si richiamava all'autorità dell'imperatore, un ragazzo di quindici anni, **Mutsuhito**, salito da poco al trono. Ma la cosiddetta "restaurazione Meiji", dal nome dato all'imperatore dopo la sua morte nel 1912, non si limitò a sostituire il potere dello *shogun* con quello dell'imperatore o a rafforzare l'autorità dei *daimyo*. La **nuova élite dirigente** – intellettuali, militari, funzionari provenienti dal ceto dei samurai – era ben consapevole del legame esistente fra l'inferiorità politica e militare del Giappone rispetto alle potenze occidentali e l'arretratezza delle sue strutture economico-sociali: era dunque decisa a colmare il dislivello in tempi il più possibile rapidi, senza paura di ricalcare i modelli degli Stati europei più avanzati.

L'operazione fu condotta con risolutezza eccezionale. Nel giro di pochi anni, senza violenti sommovimenti sociali, il Giappone compì quella **transizione dal sistema feudale allo Stato moderno**, che nella maggior parte dei paesi europei si era realizzata in tempi lunghissimi, accelerati solo da traumatiche svolte rivoluzionarie. Nel 1871 furono proclamate l'**uguaglianza giuridica** di tutti i cittadini, l'abolizione dei diritti feudali e la trasformazione dei feudi in circoscrizioni amministrative. I feudatari vennero indennizzati, mentre ai samurai fu assegnata una pensione vitalizia. Negli anni seguenti fu introdotto l'**obbligo dell'istruzione elementare**, venne unificata la moneta, fu creato un sistema fiscale moderno in luogo dei vecchi tributi in natura, venne organizzato un **esercito nazionale** basato sulla coscrizione obbligatoria. Eccezionale fu la crescita dell'**industria**, che si sviluppò praticamente da zero grazie al massiccio **investimento di capitali statali** – ricavati in parte dalla vendita delle terre sequestrate allo *shogun* – e alla rapidissima importazione di **tecnologia straniera** (acquisto di brevetti, assunzione di esperti occidentali, invio di giovani all'estero per soggiorni di studio). Non meno rapida fu la crescita delle **infrastrutture**: dalle ferrovie – la prima linea fu aperta nel '71 – alle comunicazioni telegrafiche, all'organizzazione bancaria. Nell'ultimo ventennio del secolo il Giappone vantava un tasso di crescita del prodotto interno lordo fra i più alti del mondo e, pur restando ancora distante dai paesi occidentali più avanzati, aveva sviluppato un suo consistente nucleo di industrie moderne, soprattutto nei settori tessile e meccanico.

DOC
I "trattati ineguali"
ONLINE

Il modello giapponese

Quella che si compì in Giappone dopo il 1868 fu una vera e propria **"rivoluzione dall'alto"**, realizzata senza alcuna partecipazione attiva delle classi inferiori, non preparata, com'era avvenuto in Occidente, da un'autonoma crescita della borghesia e non seguita da uno sviluppo delle istituzioni liberali e della democrazia politica: solo nel 1889 il Giappone ebbe un suo Parlamento, eletto a suffragio ristretto e con poteri molto limitati. **Furono le classi dirigenti tradizionali a guidare la trasformazione** e a gestirla in prima persona, spogliandosi spontaneamente dei loro antichi diritti, senza per questo perdere la loro posizione privilegiata nella società, investendo le loro rendite nella terra, nelle banche

Nel 1853 il comandante statunitense Matthew Perry approdò con una squadra di 4 navi a vapore nel porto di Uraga, presso Edo (la moderna Baia di Tokyo), allo scopo di ottenere un trattato commerciale con i giapponesi. Un risultato ottenuto con la minaccia di una prova di forza: alla richiesta di allontanare le navi dal porto da parte dei giapponesi, infatti, Perry rispose negativamente, insistendo per presentare una lettera all'imperatore da parte del presidente degli Usa e minacciando l'uso dei cannoni di cui erano ben equipaggiate le sue navi. Costretti a cedere, i giapponesi ricevettero la lettera e prepararono un trattato in cui accettavano tutte le richieste americane. L'anno seguente, quando Perry tornò con un numero doppio di navi, fu firmato l'accordo commerciale. L'impatto di queste missioni sui giapponesi fu grande. Il contatto con gli stranieri era stato fino ad allora vietato e le navi americane che arrivarono nel porto erano cinque volte più grandi di qualsiasi nave i giapponesi avessero mai visto. Tanto che, sebbene la legge giapponese vietasse la rappresentazione grafica di avvenimenti contemporanei, le fregate di Perry, come anche lo stesso comandante, furono oggetto di numerose stampe poi vendute in tutto il paese.

◂ **La fregata a vapore statunitense *Susquehanna***
[Library of Congress, Washington, D.C.]

▸ **Ritratto del comandante Matthew Perry**
1854
[Library of Congress, Washington, D.C.]

o nell'industria protetta, convertendosi insomma **da oligarchia feudale in oligarchia industriale e finanziaria.** Il processo di rapida modernizzazione sul piano delle strutture economiche e politiche risultò tanto più straordinario in quanto si accompagnò alla conservazione dei tradizionali valori culturali e religiosi.
Per alcuni aspetti l'esperienza giapponese è stata accostata a quella della Germania bismarckiana, dove il passaggio dalle strutture tradizionali a quelle della società industriale si effettuò senza che fosse messo in pericolo il potere dell'aristocrazia

Schiavitù vecchie e nuove

Thomas Jefferson, presidente degli Stati Uniti dal 1801 al 1814, riferendosi alla schiavitù, scriveva nel 1820: «Abbiamo il lupo per le orecchie e non possiamo né tenerlo, né con sicurezza lasciarlo andare: la giustizia è da una parte e l'autoconservazione dall'altra». Le parole dell'autore della *Dichiarazione di indipendenza* rivelano l'imbarazzo di molti uomini della sua generazione: da un lato, protagonisti di un grande movimento per l'affermazione dei diritti individuali e della libertà come base della vita in società, dall'altro, convinti proprietari di schiavi o comunque sostenitori dell'inferiorità dei neri e quindi timorosi della loro eventuale emancipazione. La schiavitù di milioni di persone provenienti dall'Africa minava il valore universale della Rivoluzione americana e ne rivelava le contraddizioni. Porre il problema della presenza o meno della schiavitù in una data società può essere dunque un utile esercizio per mettere in discussione la storia occidentale, spesso raffigurata semplicemente come una lunga sequenza di conquiste a profitto della libertà dell'uomo.
Effettivamente, la schiavitù fu un istituto pressoché onnipresente in tutte le società antiche. Si deve a un filosofo del IV secolo a.C., **Aristotele** (*Politica*, libro I), la formulazione di uno degli argomenti più riportati per sostenerne la legittimità: alcuni uomini sono schiavi «per natura», per connotazioni fisiche o per appartenenza a una determinata etnia. In questo modo, Aristotele forniva la giustificazione della schiavitù su base razziale e il suo parere sarebbe stato ancora citato fino all'800. La condizione degli schiavi in Grecia e a Roma poteva variare sensibilmente, e non furono pochi coloro che venivano obbligati a funzioni di amministratore o di scriba, benché la maggior parte fosse impegnata nelle campagne o nei circhi. In generale, comunque, pare corretto sostenere che la società antica fosse basata sullo **schiavismo**, un sistema economico retto sul lavoro degli schiavi.
Neanche la diffusione del cristianesimo provocò la fine della schiavitù. Per di più, teologi come Agostino d'Ippona (III sec. d.C.) e Tommaso d'Aquino (XIII sec. d.C.) la giustificarono religiosamente, considerandola una punizione per il peccato originale e un atto obbligatorio di obbedienza di un subordinato a un suo superiore. Tuttavia, il numero di schiavi in Europa diminuì progressivamente durante il **Medioevo**. Il frazionamento della proprietà terriera contribuì all'instaurazione di un nuovo rapporto di dipendenza tra il signore e i contadini, il **servaggio**, fondato su obblighi reciproci rispetto a un terreno e non sul possesso diretto del subordinato.
Con l'affermazione del sistema feudale, l'Europa smise di essere una società schiavista in senso stretto, perché il sistema economico non era più basato sulla schiavitù. Il commercio di uomini, però, era ancora praticato in tutto il Mediterraneo: città italiane come Genova e Venezia gestivano la tratta delle popolazioni slave (in latino medievale *sclavus*, da cui deriva il termine "schiavo"); gli arabi in espansione nella Penisola iberica procedevano invece ad asservire i cristiani conquistati, prima di essere a loro volta asserviti con la *Reconquista*.
In seguito alle scoperte atlantiche e allo sfruttamento delle risorse delle Americhe, le colonie presero la forma di vere e proprie società schiaviste fondate sull'**economia di piantagione**. Le conseguenze della **tratta atlantica** verso l'America, peraltro, legarono **razzismo** e schiavitù indissolubilmente. In seguito alla decimazione degli indios, gli schiavi erano quasi esclusivamente neri africani e il loro impiego veniva giustificato ancora dall'argomento aristotelico («per natura schiavi»), unito a quello della missione civilizzatrice ed evangelizzatrice dei cristiani nel mondo.
Il '700 costituisce nello stesso tempo l'apice della tratta atlantica e l'inizio del declino delle società schiaviste. Il **pensiero illuminista** segnò la svolta. Montesquieu, Voltaire, Rousseau e altri importanti esponenti dell'Illuminismo francese si espressero con chiarezza sull'inaccettabilità della schiavitù, considerando la **libertà dell'uomo un diritto inalienabile**, cioè impossibile da vendere o trasferire ad altri. Benché ci fossero serie divergenze sulle modalità dell'abolizione (gradualmente, con una soppressione immediata, per insurrezione degli schiavi, ecc.), i *philosophes* furono praticamente unanimi nella condanna, su una base diversa rispetto al problema della salvezza dell'anima dello schiavo, posto da alcune correnti del pensiero cristiano: la **tutela dei diritti individuali**. Anche per effetto di questo dibattito nel 1770 **Gran Bretagna**, **Francia** e **Portogallo** soppressero la schiavitù nei territori metropolitani europei.
Raccogliendo in parte questa eredità, ma soprattutto pressati dalle rivolte di schiavi nelle colonie, i rivoluzionari francesi arrivarono a decretare l'emancipazione formale di tutti gli schiavi nel 1794. Il successo della **rivoluzione di Santo Domingo** (1791-1804) rappresentò un risultato simbolico importantissimo: Haiti fu il primo Stato nero libero e indipendente.
Napoleone annullò gran parte dei decreti di emancipazione dell'età della Rivoluzione, ma non poté fermare il **movimento abolizionista** che per tutto il **XIX secolo** svolse un ruolo determinante nell'influenzare l'opinione pubblica europea e nordamericana contro il sistema schiavista. Le potenze presero accordi per limitare e poi abolire la tratta e in seguito vennero adottati i veri e propri provvedimenti di abolizione della schiavitù in Gran Bretagna (1833), Francia e Olanda (1848), Stati Uniti (1863), Cuba e Portorico (1870), Brasile (1888). La storia dell'abolizionismo fu diversa da paese a paese: la fine della schiavitù poteva essere semplicemente decretata per legge, oppure conquistata in seguito a violente battaglie, come avvenne con la guerra civile americana (1861-65); quasi ovunque, però, l'abolizione prevedeva anche un indennizzo per i proprietari, il che implicava un riconoscimento dei diritti di questi ultimi sugli ex schiavi.

terriera e militare. Ma, per quante analogie si possano istituire, **l'esperienza del Giappone dopo la "restaurazione Meiji" resta un caso assolutamente unico**. Non era mai accaduto che un paese passasse, in pochi decenni, da una condizione di estrema debolezza e di assoluta emarginazione a una realtà di grande potenza, quale il Giappone si sarebbe rivelato già alla fine dell'800.

GUIDA ALLO STUDIO

❶ Che cosa sancivano i "trattati ineguali" e perché furono definiti così? ❷ Che cosa è stata la "restaurazione Meiji"? ❸ Come si compì il processo di modernizzazione del Giappone e perché essa è considerata un caso assolutamente unico?

Un ruolo decisivo per il successo dell'abolizionismo fu giocato anche dai mutamenti economici intervenuti con l'**industrializzazione**: i nuovi impianti industriali non richiedevano più manodopera schiavile, ma forza lavoro libera e pagata, in grado cioè di acquistare i prodotti di consumo.
Può sembrare eccessivo descrivere l'organizzazione industriale del lavoro come una nuova forma di schiavitù per coloro che vi erano impiegati, tuttavia, le pessime condizioni di lavoro e di vita dei primi operai, e i successivi e alienanti sistemi adottati per aumentare l'efficienza degli operai (taylorismo), possono suggerire una analogia. Solo in seguito a importanti lotte sindacali e politiche i lavoratori del settore industriale hanno potuto contare su una serie di diritti imprescindibili e riconosciuti dalle parti, almeno nelle democrazie. I regimi totalitari e dittatoriali del '900, infatti, non hanno esitato a sfruttare la manodopera di prigionieri e perseguitati politici in impianti industriali di proprietà pubblica o privata (come nei *gulag* sovietici o nei *Lager* nazisti).
Nonostante la *Dichiarazione universale dei diritti dell'uomo* (1948) condanni solennemente la schiavitù, ancora oggi milioni di persone vivono sotto il dominio di altri individui. Tra questi, vi sono donne costrette alla prostituzione e spesso oggetto di una vera e propria tratta, o bambini, rapiti o venduti dai genitori per svolgere lavori faticosi e degradanti per conto di grandi compagnie industriali.
Solo realizzando concretamente i princìpi che riconoscono il lavoro come un diritto, quale strumento di emancipazione del cittadino e non della sua sopraffazione, queste nuove forme di schiavitù potranno essere affrontate e combattute.

Sfruttamento della manodopera infantile in un villaggio in Nepal
2010
[foto Krish Dulal]
In molti paesi del mondo la miseria, la delocalizzazione delle multinazionali occidentali alla ricerca di manodopera a poco prezzo, la povertà indotta dagli embarghi politici sono alla base dello sfruttamento infantile, che si configura oggi come una delle forme di schiavitù della società contemporanea, difficile da combattere.

SINTESI

1 Gli Stati Uniti a metà '800

Alla metà dell'800 gli Stati Uniti erano un paese in crescente espansione, benché attraversato da forti differenze tra le diverse zone: il Nord-Est industrializzato, il Sud agricolo e tradizionalista, nelle cui grandi piantagioni lavoravano gli schiavi neri, gli Stati dell'Ovest con una popolazione di liberi agricoltori e di allevatori di bestiame. Il dibattito sull'estensione della schiavitù ai nuovi territori dell'Unione determinò una contrapposizione tra gli Stati dell'Ovest e del Nord-Est e quelli del Sud. Al Nord, in particolare, aveva attecchito un capitalismo moderno, che spingeva a cercare manodopera operaia, in particolare per la fiorente industria meccanica. Le divisioni trovarono riscontro nella crisi del Partito democratico, che restò su posizioni schiaviste, e nella nascita del Partito repubblicano abolizionista.

2 La guerra civile americana

Tra il '60 e il '61 gli Stati del Sud si separarono dal resto dell'Unione attuando una scelta secessionista e si confederarono. Scoppiò così la guerra civile (1861-65), che si concluse con la vittoria degli "unionisti", superiori come popolazione e per potenza economica. La liberazione degli schiavi fu uno dei risultati più rilevanti della guerra, benché si riproducesse presto, per la popolazione nera, una situazione di segregazione di fatto.

3 La formazione di una potenza mondiale

Superati i traumi della guerra civile, gli Stati Uniti si concentrarono soprattutto sullo sviluppo dell'economia e sull'espansione a Ovest, che fu completata intorno al 1890 dopo una serie di conflitti con i pellerossa. In politica estera gli Stati Uniti scelsero la via dell'espansionismo consolidando la loro presenza nei Caraibi, in particolare dopo la guerra con la Spagna (1898), che rese l'isola di Cuba una repubblica controllata dagli Usa, e nel Pacifico (Filippine, Hawaii).

4 La via giapponese alla modernità

A metà dell'800 la società giapponese era ancora organizzata secondo uno schema tipicamente feudale. La penetrazione commerciale delle potenze occidentali, imposta con i "trattati ineguali" del 1858, fu vissuta dai grandi feudatari, dai giovani nobili di corte e dai samurai come un'umiliazione del paese e scatenò una rivolta contro lo *shogun*, che di fatto esercitava il potere di sovrano assoluto, a favore del ripristino dell'autorità dell'imperatore. La cosiddetta "restaurazione Meiji" (1868) avviò una modernizzazione accelerata dello Stato e dell'intera società giapponese, guidata dall'alto. Nell'ultimo ventennio dell'800 il Giappone raggiunse un tasso di crescita fra i più alti del mondo.

SVILUPPARE LE COMPETENZE

❶ Collega i dati a sinistra con quelli a destra: a sinistra trovi tre aree geografiche del Nord America, che rappresentano le tre diverse anime della società statunitense intorno alla metà dell'800; a destra le caratteristiche specifiche di ciascuna area. Scrivi poi tre brevi testi di 4 righe, uno su ciascun area:

a. Nord-est	**1.** Capitalismo imprenditoriale
	2. Pionieri
b. Sud	**3.** Grandi piantagioni di cotone
	4. Grandi proprietari terrieri
	5. New York
c. West	**6.** Valori della frontiera
	7. Industrializzazione
	8. Schiavi neri

❷ Rispondi alle domande seguenti sugli Stati Uniti scrivendo brevissimi testi di 2 o 3 righe ciascuno:

a. Per quali motivi si acutizzò lo scontro sulla schiavitù?
b. Quale partito sosteneva le posizioni antischiaviste?
c. Quando e perché 10 Stati del Sud si staccarono dall'Unione?
d. Chi vinse la guerra civile americana e per quali motivi?
e. Quale fu la condizione degli schiavi dopo la guerra civile americana?
f. In quali condizioni visse il Sud negli anni dopo la guerra civile americana?
g. Chi fu la principale vittima della colonizzazione dell'Ovest?
h. Quali settori economici conobbero il maggiore sviluppo alla fine dell'800?
i. Come si concluse la guerra tra America e Spagna per il controllo di Cuba?

❸ Articola i seguenti argomenti in un testo di 12 righe sulla storia giapponese dall'attacco americano alla restaurazione Meiji:

a. "Trattati ineguali"
b. *Daimyo*
c. Imperatore Mutsuhito
d. Uguaglianza giuridica di tutti i cittadini
e. Coscrizione obbligatoria
f. Obbligo di istruzione elementare
g. Rivoluzione dall'alto

19 L'IMPERIALISMO EUROPEO

CAPITOLO

1 Il nuovo colonialismo

Fin dai tempi delle grandi scoperte geografiche, l'Europa si era lanciata alla conquista del mondo, disseminando in tutti i continenti soldati e missionari, commercianti e coloni. Ma, negli ultimi decenni dell'800, questo processo raggiunse il suo apice, con dimensioni nuove e diverse. I territori ancora controllati dalle compagnie mercantili furono trasformati in domìni diretti degli Stati coloniali mentre estesi territori in Asia e soprattutto in Africa vennero assoggettati alle potenze europee.

Nel giro di pochi decenni, tra il 1876 e il 1914 la Gran Bretagna aggiunse al suo già vastissimo impero 11 milioni di km^2 (con 142 milioni di abitanti), raggiungendo così un'estensione complessiva di circa 30 milioni di km^2, quasi cento volte la superficie del Regno Unito. Nello stesso periodo la Francia acquistò nuovi possedimenti per 10 milioni di km^2 (con 50 milioni di abitanti). Alla competizione coloniale si unirono anche Stati privi di una tradizione imperiale o con una storia unitaria molto recente: la Germania, malgrado l'iniziale scetticismo di Bismarck sull'utilità delle colonie, il Belgio, l'Italia – fra le potenze europee, l'unica assente di rilievo fu l'Austria-Ungheria – e, negli ultimi anni del secolo, anche il Giappone e gli Stati Uniti.

Interessi economici e motivazioni politico-ideologiche

Le ragioni di questo fenomeno erano numerose e complesse. Gli interessi economici giocarono senza dubbio un ruolo notevole. C'era la spinta all'**accaparramento di materie prime** a basso costo. C'era la ricerca di **sbocchi commerciali**, che era sempre stata uno dei moventi principali della politica coloniale e che venne assumendo un nuovo peso in coincidenza con la svolta protezionistica adottata dai paesi europei. Più recente era la spinta proveniente dall'accumulazione di capitali finanziari disponibili per **investimenti ad alto profitto** nei territori d'oltremare. Questi aspetti non devono però essere sopravvalutati: alla vigilia della prima guerra mondiale (1914-18), la Gran Bretagna indirizzava verso le nuove colonie conquistate dopo il 1870 appena il 3% dei suoi investimenti all'estero, la Francia il 9%. Inoltre, anche nell'età dell'imperialismo, gran parte del commercio mondiale si svolse tra i paesi industrializzati. Ciò non toglie nulla al fatto che proprio la prospettiva dei benefici economici ottenibili dalle colonie – teorizzati nelle opere di illustri economisti e al centro delle discussioni politiche e dell'opinione pubblica – finì con l'influenzare in modo decisivo le scelte dei governanti europei.

Le motivazioni politico-ideologiche ebbero spesso un'importanza pari a quelle economiche. Esse affondavano le loro radici in una mescolanza di nazionalismo e di politica di potenza, di razzismo e di spirito missionario [👁 19.6 STORIA•SOCIETÀ•CITTADINANZA]. In Gran Bretagna, per esempio, l'idea di appartenere a una nazione eletta, a quella

Storiografia
R.F. Betts
Le cause del colonialismo ottocentesco

ONLINE

che il premier conservatore Disraeli chiamava «una razza dominatrice, destinata dalle sue virtù a spargersi per il mondo», fu comune a scrittori come Thomas Carlyle e Rudyard Kipling e a uomini politici anche di estrazione liberale, come Joseph Chamberlain. Questo mito di una **vocazione imperiale** delle singole nazioni si legò a quello di una missione nel mondo della civiltà europea nel suo complesso. Kipling, per esempio, parlava di un **«fardello dell'uomo bianco»**, ovvero del dovere dei bianchi europei di redimere le "popolazioni selvagge" [I GRANDI TEMI 2_DOC7]. Così, il **paternalismo si univa a un razzismo di matrice positivistica**.
Spesso l'azione coloniale era determinata dall'intento di prevenire e controbattere le iniziative di potenze concorrenti, senza che ciò rispondesse a un piano di conquista prestabilito. Il risultato fu comunque che, alla fine del processo di espansione, il mondo intero risultò spartito in imperi e zone di influenza fra le maggiori potenze.

L'esplorazione dell'Africa

L'interesse dell'**opinione pubblica** europea nei confronti delle colonie – già sollecitato dall'opera, per molti versi anticipatrice, dei **missionari**, da tempo impegnati nell'evangelizzazione dei popoli non cristiani – fu inoltre fortemente alimentato dall'eco delle grandi esplorazioni che, a partire dalla metà del secolo, ebbero per teatro soprattutto l'Africa. In questo interesse confluivano la prospettiva di grandi ricchezze nascoste nei territori da esplorare, la curiosità scientifico-geografica tipica della cultura del positivismo, la moda dell'esotismo presente in molta letteratura della seconda metà dell'800, l'alone romantico da cui erano circondate – grazie anche all'amplificazione che la stampa faceva delle loro imprese – le figure dei grandi esploratori: come il missionario scozzese **David Livingstone** che, già all'inizio degli anni '50, esplorò per primo la zona del fiume Zambesi, nel cuore dell'Africa meridionale, e, nei vent'anni successivi, at-

Monsignor Augouard in visita episcopale nel Congo
Fine XIX sec.
Le missioni religiose accompagnarono la penetrazione coloniale delle potenze europee fin dal XV secolo. La Chiesa sostenne e legittimò l'espansione coloniale e commerciale, approfittandone per estendere la sua predicazione e guadagnare così nuovi fedeli. L'intera esperienza coloniale in Africa, Asia e America fu supportata dalla presenza delle missioni, che si ponevano l'obiettivo di difendere il cristianesimo per "civilizzare" le popolazioni assoggettate.

traversò tutta l'Africa centro-meridionale, da un oceano all'altro; e come il giornalista americano di origine britannica **Henry Morton Stanley** che negli anni '70 esplorò, per incarico del re del Belgio, il bacino del fiume Congo e pose le basi per la successiva conquista belga della regione, di cui divenne governatore.

GUIDA ALLO STUDIO

❶ Quali potenze parteciparono alla competizione coloniale? ❷ Quali motivazioni determinarono la stagione del colonialismo inaugurata nel tardo '800? ❸ Dove si recarono i più noti esploratori della seconda metà dell'800?

2 La conquista dell'Africa

Gli sviluppi più spettacolari dell'espansione coloniale di fine '800 si ebbero nel continente africano. Nel 1870 i paesi europei ne controllavano appena un decimo: i francesi occupavano l'Algeria e il Senegal, i portoghesi l'Angola e il Mozambico, i britannici la Colonia del Capo, ossia la parte meridionale dell'odierna Repubblica Sudafricana. Meno di quarant'anni dopo, i possedimenti europei comprendevano più dei nove decimi del continente.

L'Africa settentrionale: Tunisia ed Egitto

I primi atti della nuova espansione, che contribuirono in buona parte a innescare la gara di conquista che seguì, furono l'occupazione francese della Tunisia, nel 1881, e quella britannica dell'Egitto, nell'anno successivo. In entrambi i paesi, che nominalmente dipendevano ancora dall'Impero ottomano, anche se i loro governanti (il *bey* di Tunisi e il *khedivè* d'Egitto) avevano da tempo acquisito un'indipendenza di fatto, le potenze europee avevano consistenti interessi economici e strategici. La Tunisia era rivendicata dalla Francia, già padrona della vicina Algeria, nonostante la presenza di consistenti interessi italiani. L'Egitto era anch'esso oggetto delle mire francesi, che risali-

Équipe medica in un villaggio del Congo francese
1907

I progressi in campo medico raggiunti in Europa ebbero come terreno di sperimentazione le malattie tropicali tipiche dei paesi colonizzati. Non solo gli eserciti colonizzatori furono sempre accompagnati da équipe mediche pronte a intervenire in caso di bisogno, ma numerosissime furono le spedizioni di tipo medico-scientifico condotte in Africa e in India proprio allo scopo di studiare malattie sconosciute nel continente europeo.

La colonizzazione dell'Africa
[copertina di «La Caricature», 1887]

In questa vignetta satirica francese, il continente africano è rappresentato allegoricamente da tre donne (a loro volta simboli del Maghreb, dell'Africa nera e dell'Egitto) su un carro trainato da leoni. Molte mani "europee" si allungano sulle donne e sui leoni cercando di impossessarsene.

vano al periodo napoleonico [👁 7.10], ma aveva acquistato un'importanza fondamentale per la Gran Bretagna dopo che, nel 1869, era stato aperto il **Canale di Suez** tra il Mediterraneo e il Mar Rosso. Negli anni '70 **sia l'Egitto sia la Tunisia** si erano lanciati in ambiziosi programmi di modernizzazione che però avevano finito per provocare il dissesto delle finanze dei due paesi costringendo i governi, tra le proteste popolari, ad aumentare la pressione fiscale per far fronte ai **debiti contratti con le banche europee**.
Proprio per tutelarsi contro il rischio di una bancarotta, Francia e Gran Bretagna, principali paesi creditori, scelsero la strada dell'intervento militare. La prima a muoversi fu la **Francia** che, avendo avuto mano libera dalle altre grandi potenze nel congresso di Berlino del 1878 [👁 17.4], trasse pretesto da un incidente avvenuto nel **1881** alla frontiera con l'Algeria per inviare **un contingente militare a Tunisi e imporre al *bey* un regime di protettorato**.
Gli avvenimenti tunisini ebbero immediate ripercussioni in Egitto, dove la nascita di un forte movimento nazionalista sembrò mettere in pericolo non solo il recupero dei crediti esteri, ma anche il controllo internazionale sul Canale di Suez. Nell'estate **1882**, in seguito allo scoppio di moti anti-europei ad Alessandria, il governo britannico inviò in Egitto un corpo di spedizione che sconfisse gli egiziani e assunse il controllo del paese. **Da allora l'Egitto, pur conservando la sua indipendenza formale, divenne di fatto una sorta di colonia britannica**.

Il Sudan

Ben presto la Gran Bretagna si trovò impegnata nel Sudan, un vastissimo territorio sotto il controllo egiziano, dove era scoppiata una rivolta capeggiata dal *Mahdi* (profeta) Mohammed Ahmed, un carismatico leader islamico, fautore di una teocrazia musulmana che mirava ad allargare a tutto il mondo arabo. Il *Mahdi* lanciò le truppe sudanesi in una guerra santa contro le forze anglo-egiziane sconfiggendole a più riprese, conquistando la città di **Khartum** nel 1885 e fondando un proprio Stato che i britannici sarebbero riusciti a rovesciare solo nel 1898.

La conquista belga del Congo

L'azione unilaterale della Gran Bretagna in Egitto provocò il risentimento della Francia, suscitando tra le due potenze una rivalità destinata a durare per quasi un ventennio, e contribuì a scatenare la corsa alla conquista dell'Africa nera. I primi contrasti tra i conquistatori europei si delinearono nel bacino del Congo. Qui re **Leopoldo II** del Belgio, dietro la copertura di una Associazione internazionale africana fondata nel 1876 con scopi apparentemente umanitari (evangelizzazione e lotta contro la tratta degli schiavi), si era costruito una sorta di impero personale. Dopo la scoperta di **importanti giacimenti minerari** nella regione del Katanga, il sovrano belga cercò di consolidare il suo dominio attraverso uno sbocco sull'Atlantico ma suscitò l'opposizione del Portogallo, che rivendicava la foce del Congo per la contiguità con la sua antica colonia dell'Angola.

La spartizione dell'Africa

La questione del Congo fu oggetto di una **conferenza internazionale convocata a Berlino**, per iniziativa di Bismarck, nel **1884-85**. Questa conferenza, oltre a dare una prima sanzione alla spartizione dell'Africa, codificò le norme che avrebbero dovuto regolarla anche nell'avvenire. **Il principio adottato fu quello dell'effettiva occupazione**, ufficialmente notificata agli altri Stati, come unico titolo valido per legittimare il possesso di un territorio. Questo principio, in realtà, lasciava larghi margini di incertezza – allora le occupazioni "effettive" si limitavano spesso a pochi scali commerciali posti nelle zone costiere – e stimolò anche un'accelerazione della corsa all'occupazione di ter-

Protettorato
È un istituto giuridico internazionale che codifica, attraverso un trattato, un rapporto speciale tra due Stati: uno assume l'obbligo di tutelare l'altro e di garantirne l'integrità territoriale, guidando le sue relazioni esterne e, in modo più o meno esteso, anche gli affari interni. Il protettorato fu utilizzato soprattutto nell'800 e agli inizi del '900 nei rapporti tra le potenze europee e gli Stati africani e asiatici. Alla fine della prima guerra mondiale, la maggior parte dei protettorati venne trasformata in mandati della Società delle nazioni: la potenza "mandataria" si impegnava cioè a preparare le ex colonie all'indipendenza.

ritori ritenuti di qualche interesse economico o strategico. In concreto, la conferenza di Berlino riconobbe la **sovranità personale di re Leopoldo** sull'immenso territorio che poi sarebbe stato denominato **Congo belga** (dopo l'indipendenza Zaire e nel 1996 Repubblica democratica del Congo), ma che allora venne chiamato Stato libero del Congo – un paradossale eufemismo per indicare quella che fu, per il trattamento delle popolazioni e lo sfruttamento delle risorse, una delle forme più rapaci e disumane di dominio coloniale – e gli assegnò un piccolo sbocco sull'Atlantico. Alla **Francia** andarono i territori sulla riva destra del fiume (l'attuale Repubblica del Congo). In Africa occidentale, la **Germania**, ultima arrivata nella corsa alle colonie, si vide riconosciuto il protettorato sul **Togo** e sul **Camerun**. La Gran Bretagna ebbe il controllo del basso **Niger** (l'attuale Nigeria), mentre la Francia si assicurò il possesso dell'alto corso del fiume. Partendo da questa regione, in dieci anni di sanguinose guerre di conquista contro gli Stati musulmani del Sahara, i francesi riuscirono ad assicurarsi il possesso di territori immensi, anche se in gran parte desertici, che si estendevano dall'Atlantico al Sudan, dal bacino del Congo al Mediterraneo.

La **Gran Bretagna** non si oppose alle conquiste francesi, che considerava di scarso interesse, e concentrò invece le sue mire sull'**Africa sud-orientale**, importante per il controllo dell' Oceano Indiano – e dunque per la sicurezza dei traffici con l'India. Fra il 1885 e il 1895, partendo dalla Colonia del Capo e muovendosi per lo più in appoggio alle iniziative delle grandi compagnie private, i britannici risalirono il continente fino al bacino dello Zambesi e al lago Niassa, mentre più a nord si impadronivano del Kenya e dell'Uganda, ossia dei territori compresi fra le sorgenti del Nilo, il lago Vittoria e l'Oceano Indiano. La tendenza era quella di saldare i possedimenti britannici a sud dell'equatore con quelli della regione del Nilo, assicurandosi un dominio ininterrotto dall'estremità meridionale a quella settentrionale del continente. Questo disegno, però, si scontrava con la presenza della Germania che dal 1885 si era assicurata il controllo dell'area a est del lago Tanganika e a sud del lago Vittoria. Il contrasto fu regolato da un accordo nel 1890: la Gran Bretagna riconobbe l'**Africa orientale tedesca**, rinunciando al sogno del dominio «dal Capo al Cairo», ricevendo in compenso l'isola di **Zanzibar**, nodo importantissimo delle rotte commerciali nell'Oceano Indiano, e ottenendo di tener lontana la Germania dalla regione dell'alto Nilo, considerata essenziale per il controllo dell'Egitto.

Tensioni tra Francia e Gran Bretagna

Proprio in questa regione i britannici si trovarono in rotta di collisione con i francesi che, nella loro marcia dalla costa atlantica verso l'interno dell'Africa, si erano spinti fino al Sudan. Nel settembre del 1898 un contingente dell'esercito britannico, al-

DOC
Joseph Conrad
L'«uomo preistorico»
Mark Twain
La colonizzazione del Congo
ONLINE

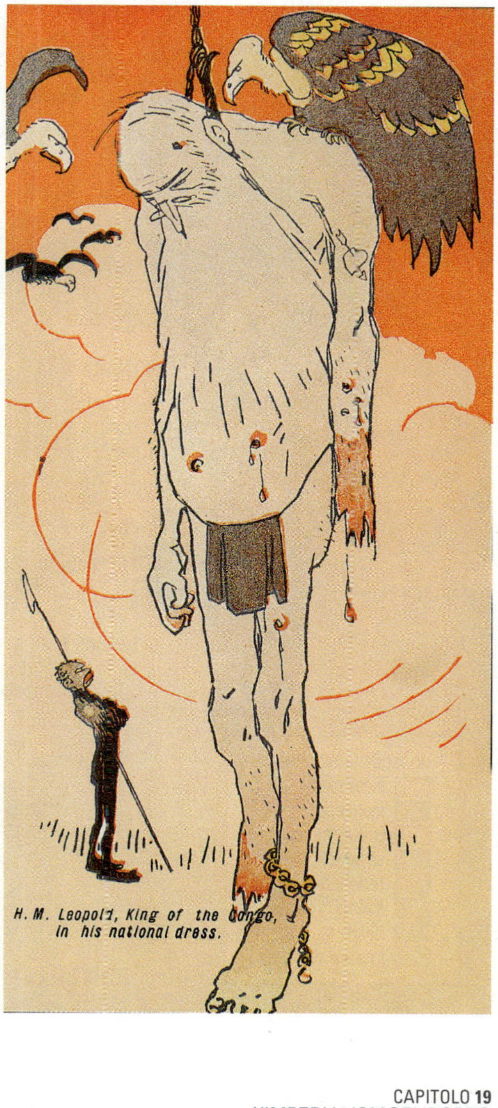

Sua maestà Leopoldo, nel "costume nazionale" del Congo
1908
Riconosciuto sovrano dello Stato libero del Congo, il re del Belgio, Leopoldo II, controllò il territorio acquisito come se si trattasse di un dominio personale. Agli inizi del XX secolo vennero alla luce le atrocità commesse nei confronti della popolazione nativa dall'amministrazione belga, soprattutto in rapporto alla raccolta del caucciù. Stime approssimative sulle perdite umane oscillano fra i 3 e i 10 milioni e numerosissime furono le violenze inflitte (molte fotografie testimoniano l'atroce pratica di recidere gli arti alle donne i cui mariti non fossero tornati a raccogliere il caucciù o avessero ritardato il rientro nei campi). Solo nel 1908, il Parlamento belga costrinse il re a rinunciare alla sua corona.

lora impegnato nella riconquista del Sudan, si incontrò con una colonna francese che aveva occupato la fortezza di **Fashoda** sul Nilo. L'incontro rischiò di trasformarsi in un conflitto dalle conseguenze imprevedibili. Ma il governo francese, che non era preparato a una guerra, ritirò le sue truppe e rinunciò alle sue mire sulla regione. Ne seguì una distensione nei rapporti franco-britannici, che avrebbe poi aperto la strada a una più stretta intesa fra le due potenze.

All'inizio del '900 la spartizione dell'Africa era pressoché completa [👁 ATLANTE_**50**]. Oltre alla piccola repubblica di Liberia (fondata nel 1822 da ex schiavi neri degli Stati Uniti), restavano indipendenti solo l'Impero etiopico e, ancora per non molto, la Libia (sotto il dominio ottomano), il Marocco e le repubbliche boere del Sud Africa. Tutto il resto del continente era diviso in colonie e in protettorati di nome o di fatto, separati da confini spesso arbitrari, tracciati sulla carta geografica – a volte in corrispondenza di meridiani e paralleli – senza tenere alcun conto delle divisioni tribali e delle preesistenti realtà etnico-linguistiche.

GUIDA ALLO STUDIO

❶ In che modo furono colonizzati l'Egitto e la Tunisia? ❷ Che cosa stabilì la conferenza di Berlino del 1884-85? ❸ Il progetto inglese «dal Capo al Cairo» trovò attuazione? ❹ Qual era la situazione dei domìni europei in Africa nel 1900?

ATLANTE 50_L'AFRICA NEL 1914

Fra il 1884 e il 1914 si definì la spartizione coloniale dell'Africa. Le più importanti modifiche seguite alla prima guerra mondiale furono la suddivisione dei possedimenti tedeschi fra Gran Bretagna e Francia e, dopo la guerra del 1935-36, il passaggio dell'Etiopia sotto il dominio italiano. Nel 1912 il Marocco diventa protettorato francese.

3 Le guerre boere

Parola chiave
Imperialismo

ONLINE

In Africa australe (o meridionale) l'**imperialismo** della Gran Bretagna si scontrò con un nazionalismo locale anch'esso di origine europea, quello boero, scatenando un inedito conflitto coloniale tra due popoli bianchi e cristiani.

L'interesse britannico per le repubbliche boere

I boeri, discendenti dagli agricoltori olandesi che nel '600 avevano colonizzato la regione del Capo di Buona Speranza, e ai quali si erano aggiunti immigrati ugonotti francesi, erano caduti sotto la sovranità della Gran Bretagna quando questa aveva ottenuto la colonia al tempo delle guerre napoleoniche. Per sfuggire alla sottomissione, molti di loro avevano dato vita a un massiccio esodo verso nord – il cosiddetto **Grande Trek**, ossia grande marcia –, dove avevano fondato le due repubbliche dell'**Orange** (1845) e del **Transvaal** (1852; ATLANTE_**51**). Alla fine degli anni '60 la scoperta di importanti **giacimenti di diamanti** nel Transvaal risvegliò l'interesse della Gran Bretagna, che lasciò mano libera alla politica aggressiva della classe dirigente della Colonia del Capo, minacciata dalla crescita economica delle due repubbliche. Nella **prima guerra boera** (1880-81) i britannici vennero sconfitti e il Transvaal riuscì a mantenere una propria autonomia.

Protagonista e promotore principale della fase successiva di aggressione alle repubbliche boere fu **Cecil Rhodes**, politico e uomo d'affari, presidente e padrone della British South Africa Company, primo ministro della Colonia del Capo fra il 1890 e il 1898. Rhodes mise una colossale fortuna personale, accumulata con il quasi-

Imperialismo
In generale la tendenza degli Stati europei a proiettare aggressivamente verso l'esterno i propri interessi economici e politici. Coniato in Gran Bretagna intorno agli anni '70 dell'800, il termine entrò nell'uso e divenne sinonimo di politica di potenza e di conquista territoriale su scala mondiale.

ATLANTE 51_L'AFRICA DEL SUD NEL 1899

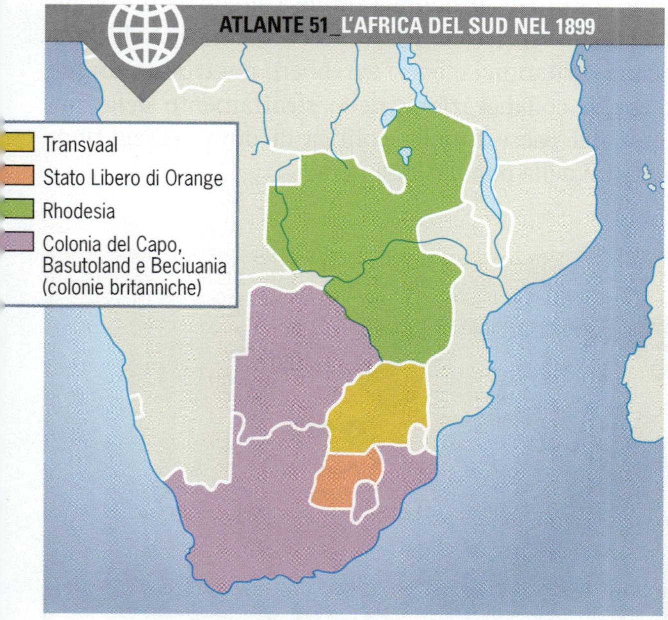

Frank Arthur Nankivell
La religione dei boeri
[illustrazione della copertina della rivista «Puck», 7 febbraio 1900]

L'immagine sintetizza il carattere del popolo boero: un uomo, seduto su una roccia, tiene in grembo un fucile e in mano una Bibbia; di fronte a lui un bambino con un fucile giocattolo; in fondo, piccola e quasi nascosta, una donna (probabilmente moglie e madre dei due in primo piano). La didascalia della vignetta riporta il dialogo fra il padre e il figlio. Quest'ultimo chiede: «Padre, se stessi portando la Bibbia in una mano e il fucile nell'altra e il nemico si stesse avvicinando, quale dovrei far cadere per primo?»; la risposta del padre è eloquente: «Il nemico, figlio mio!».

monopolio della **produzione diamantifera**, al servizio di un disegno imperiale: sua fu l'idea di estendere la sovranità britannica «dal Capo al Cairo». Proprio grazie alla sua frenetica attività, la Gran Bretagna poté espandere i suoi domìni in buona parte dell'Africa meridionale, fino alla zona dello Zambesi – che appunto da Rhodes avrebbe avuto il nome di **Rhodesia** –, circondando completamente le due repubbliche boere. Un ulteriore elemento di tensione fu costituito dalla scoperta, nel 1885-86, di nuovi **giacimenti auriferi** nell'Orange e nel Transvaal, che attirò nelle due repubbliche un gran numero di immigrati (*uitlanders*), soprattutto di origine britannica. In questo afflusso di forestieri i boeri videro l'inizio di un processo che minacciava di stravolgere il **carattere patriarcale e contadino della loro società**: una società che coltivava il mito della propria indipendenza e superiorità, che si ispirava a un calvinismo rigidamente conservatore e si fondava sull'imposizione agli indigeni di un regime di semischiavitù, avversato invece dai britannici. Gli *uitlanders* furono duramente discriminati e Rhodes ne appoggiò la protesta.

La sconfitta dei boeri

La tensione crebbe ulteriormente finché, nell'ottobre del 1899, il presidente del Transvaal, **Paul Krüger**, dichiarò guerra alla Gran Bretagna. La **seconda guerra boera** fu lunga e sanguinosa. I boeri combatterono con grande tenacia, riportando all'inizio notevoli successi e suscitando un'ondata di simpatie nell'opinione pubblica europea, soprattutto in quella tedesca. Anche dopo la sconfitta – che si consumò nel maggio **1902** e fu seguita dall'**annessione del Transvaal e dell'Orange all'Impero britannico** – i boeri condussero un'accanita lotta di resistenza che durò vari anni e fu piegata dai britannici solo con una serie di spietate azioni antiguerriglia. In seguito l'Orange e il Transvaal ottennero uno statuto di autonomia simile a quello della Colonia del Capo, alla quale vennero uniti nel **1910**, dando vita all'**Unione Sudafricana**. Britannici e boeri avrebbero poi trovato un terreno concreto di collaborazione nello sfruttamento delle immense risorse del paese e nella politica di dura segregazione praticata ai danni della popolazione nera.

GUIDA ALLO STUDIO

❶ Chi erano i boeri? ❷ In che cosa consisteva il disegno imperiale di Cecil Rhodes? ❸ Come terminò la guerra anglo-boera?

John S. Pugh
La rana che cercò di essere grande quanto un toro
1900
[Library of Congress, Washington, D.C.]

La vignetta satirica commenta il conflitto anglo-boero, richiamandosi alla fiaba di Esopo che vede come protagonista una rana, la quale, nel tentativo di assomigliare a un toro, si gonfia così tanto da scoppiare. Nei pressi di uno stagno, il presidente della Repubblica del Transvaal, Paul Krüger, interpreta il ruolo della rana, con la tipica barba boera e la cartucciera a tracolla. Nei pressi, appena nascosto dalle canne, il toro britannico, con il volto di Joseph Chamberlain (all'epoca Segretario di Stato per le colonie) e il tipico casco coloniale britannico, sta a guardare con aria pensierosa.

4 La conquista dell'Asia

Geografia e Storia
Il Canale di Suez
ONLINE

A differenza di quanto accadeva in Africa, agli inizi dell'età dell'imperialismo gli europei avevano già messo radici profonde nel continente asiatico. I britannici, oltre all'India, possedevano Ceylon (attuale Sri-Lanka), Hong Kong, Singapore e numerose basi nell'Oceano Indiano e nel Sud-est asiatico. Gli olandesi dominavano l'arcipelago indonesiano. I portoghesi controllavano Macao in Cina, Goa in India e una parte dell'isola di Timor. La Spagna possedeva le Filippine (che passarono agli Stati Uniti nel 1898; 👁 18.3). La Russia aveva avviato da oltre un secolo la sua espansione verso la Siberia e l'Asia centrale. La Francia, ultima a giungere sul continente, aveva gettato negli anni '50 le basi di un vasto dominio nella Penisola indocinese. A dare nuovo impulso alla corsa verso oriente contribuì potentemente l'inaugurazione del **Canale di Suez**, avvenuta nel novembre 1869 dopo dieci anni di lavori: questo canale artificiale, che tagliò l'istmo di Suez, mise in comunicazione il Mediterraneo con il Mar Rosso, abbreviando di parecchie settimane i collegamenti marittimi fra l'Europa e l'Asia. La nuova via d'acqua, gestita da una compagnia internazionale controllata da Francia e Gran Bretagna, sanzionava e simboleggiava la supremazia tecnica e commerciale dell'Europa e ne facilitava l'espansione verso il continente asiatico.

L'India britannica L'India fu a lungo amministrata dalla **Compagnia delle Indie orientali**, che agiva come un rappresentante del governo britannico. A metà '800 il territorio controllato era vastissimo – si estendeva su buona parte dell'area oggi occupata da India, Pakistan e Bangladesh – e, con una popolazione in continua crescita (130 milioni nel 1845, oltre 200 nel 1881), offriva ampi sbocchi di mercato per i manufatti provenienti dalla Gran Bretagna, verso la quale venivano invece esportati grandi quantità di tè e di cotone. Cent'anni di dominazione britannica non avevano mutato di molto i caratteri della società indiana. L'effetto principale della presenza britannica era stato quello di distruggere, con l'importazione di tessuti dal Regno Unito, l'industria cotoniera locale, abbastanza estesa anche se

La stazione ferroviaria di Bombay
Costruito dagli inglesi nell'800, il *Victoria Terminus*, la stazione ferroviaria di Bombay, da un lato servì a dare impulso alla modernizzazione dell'India, dall'altro si impose con la sua eclettica e imponente architettura quale simbolo della potenza britannica in India.

a livello artigianale. Il potere statale era carente o addirittura assente: il senso dell'appartenenza alla casta o alla comunità locale prevaleva su qualsiasi legame con l'autorità centrale.

I colonizzatori britannici si erano appoggiati sulle gerarchie sociali preesistenti – i signori locali, i sacerdoti induisti (brahmini) – per assicurare il mantenimento dell'ordine e la riscossione delle imposte. I loro tentativi di avviare un prudente processo di modernizzazione, diffondendo la cultura occidentale e combattendo alcune delle pratiche più crudeli della tradizione induista – come l'usanza di bruciare le vedove insieme con i cadaveri dei mariti –, provocarono reazioni di stampo tradizionalistico-religioso. La più importante fu la cosiddetta **rivolta dei Sepoys**, scatenata nel 1857 da un ammutinamento dei reparti indigeni dell'esercito (chiamati appunto Sepoys). Questa rivolta, che richiese una lunga e sanguinosa repressione, indusse il governo britannico a riorganizzare la propria presenza in India. Nel **1858** la Compagnia delle Indie fu soppressa e il paese passò sotto la **diretta amministrazione della Corona**, rappresentata da un **viceré**. L'esercito e la burocrazia vennero ristrutturati: furono promossi gli elementi indigeni e i notabili fedeli al Regno Unito, affiancandoli a elementi britannici. La costruzione di nuove ferrovie consentì non solo un incremento degli scambi, ma anche un più stretto controllo militare su tutto il territorio

ATLANTE 52_POSSEDIMENTI COLONIALI IN ASIA 1914

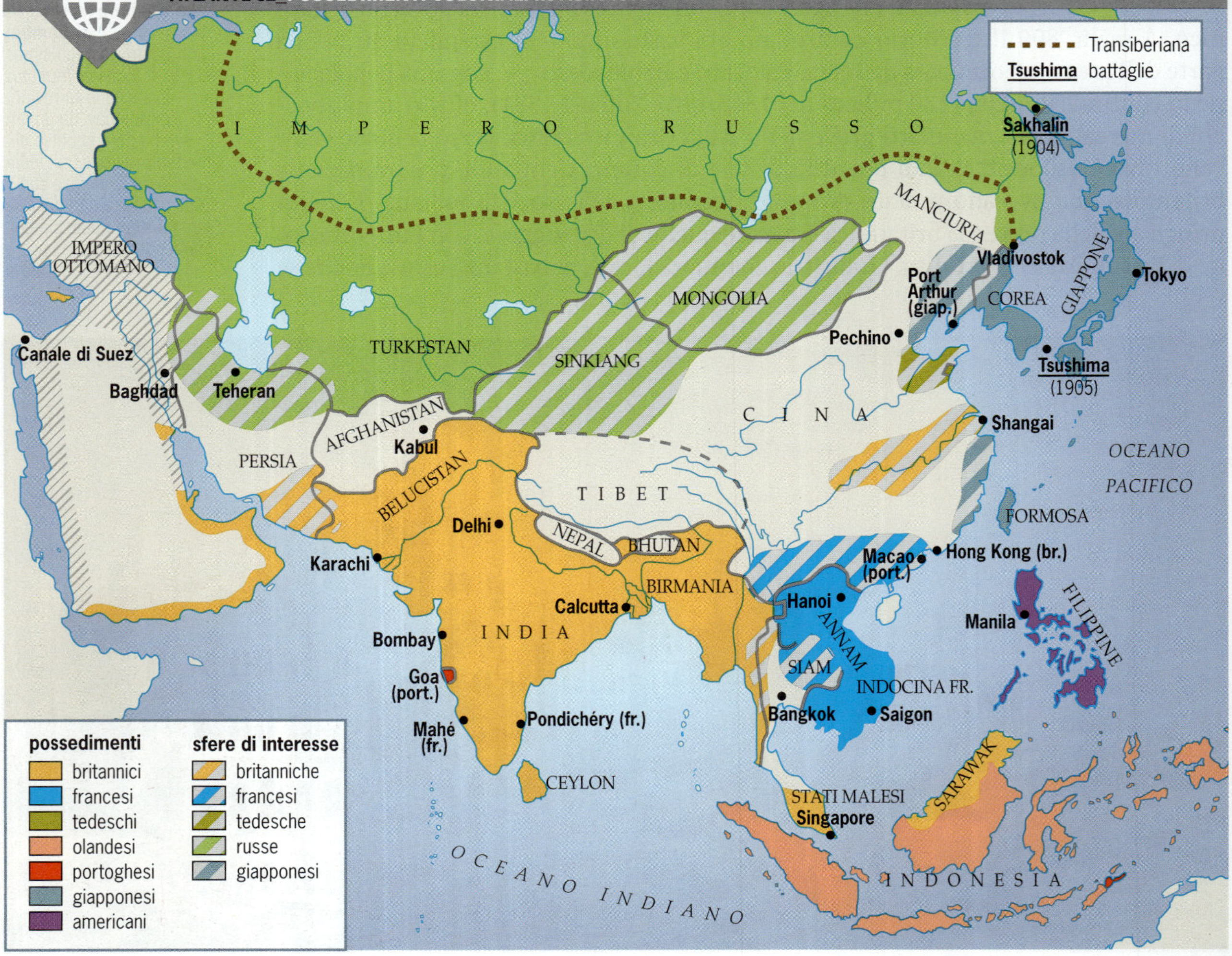

indiano. Nel **1876**, a coronamento di quest'opera di riorganizzazione, **la regina Vittoria fu proclamata imperatrice delle Indie**.

La Francia in Indocina

Negli anni '50 i francesi, spinti dalla concorrenza con i britannici, cominciarono ad avanzare in Indocina. La Penisola indocinese, abitata da popolazioni di religione buddista, era divisa in una serie di regni dipendenti dall'Impero cinese: i più importanti erano quello dell'**Annam** (oggi Vietnam), quello del **Siam** (oggi Thailandia) e quello della **Cambogia**. All'inizio i francesi si limitarono a costruire qualche stazione commerciale accanto alle numerose missioni cattoliche già da tempo presenti nella regione. Furono proprio le persecuzioni contro i missionari a fornire alla Francia il pretesto per un intervento militare: nel 1862 venne occupata la **Cocincina**, ossia la parte meridionale del Regno dell'Annam e, l'anno dopo, fu imposto il protettorato alla Cambogia.
Una seconda fase dell'espansione francese in Indocina si aprì all'inizio degli anni '80. Dopo una **guerra con la Cina** (1883-85), la Francia riuscì a estendere il suo protettorato a tutto l'Annam. Dal canto suo la Gran Bretagna, per evitare che i possedimenti francesi giungessero a ridosso dell'India, procedette all'occupazione del **Regno di Birmania** tra il 1885 e il 1887. La Francia rispose, nel 1893, assicurandosi il controllo del **Laos**. Quanto al Siam, Gran Bretagna e Francia si accordarono per mantenerlo indipendente come Stato-cuscinetto [ATLANTE_52].

La colonizzazione russa e la spartizione degli arcipelaghi del Pacifico

Intanto l'Impero russo seguiva in Asia due direttrici di espansione: la prima verso la Siberia e l'Estremo Oriente, la seconda verso l'Asia centrale. La colonizzazione della **Siberia**, che ebbe un decisivo impulso già a partire dagli anni '30, fu realizzata soprattutto sotto la spinta e il controllo dell'autorità statale, contrariamente a quanto avveniva negli Stati Uniti, dove l'espansione verso ovest era dovuta alla libera iniziativa individuale. I risultati furono comunque notevoli: nella prima metà dell'800 la Siberia vide più che raddoppiata la sua popolazione e notevolmente incrementate le attività produttive e commerciali. La Russia cercò anche di consolidare le proprie posizioni strategiche verso la Cina e il Pacifico: nel 1860 impose alla Cina la cessione di due distretti – Ussuri e Amur – e avviò la costruzione del **porto di Vladivostok** sul Mar del Giappone. Il governo zarista ritenne invece opportuno rinunciare all'**Alaska**, dove fin dal 1799 operava una compagnia privata russa: il territorio, il cui controllo fu giudicato troppo costoso dal punto di vista economico e militare, **venne venduto agli Stati Uniti nel 1867** per 7 milioni di dollari. Nel 1891, quasi a sancire il completamento di uno sterminato impero che si estendeva senza soluzione di continuità dal Baltico al Pacifico, fu avviata la costruzione della **ferrovia Transiberiana**, la più lunga del mondo che, una volta completata nel

Detenuti russi a lavoro lungo la Transiberiana
[Library of Congress, Washington, D.C.]
La costruzione della linea ferroviaria Transiberiana vanta numerosi record: oltre a essere la più lunga del mondo, è forse quella costruita nel tempo più breve (in media venivano posati 740 km di rotaie l'anno). La forza lavoro impiegata arrivò a contare circa 90 mila uomini, molti dei quali reclutati fra i condannati ai lavori forzati.

1904, collegò Mosca a Vladivostok con un percorso di oltre 9000 km. In Asia centrale l'Impero zarista riuscì a incamerare, fra 1876 e 1885, l'intera regione del **Turchestan**: una zona importante in quanto forte produttrice di cotone, ma pericolosamente vicina alle frontiere dell'India. Proprio in questa area, tra Turchestan, Afghanistan e Pakistan, Russia e Gran Bretagna si fronteggiarono a lungo, in una sorta di guerra per procura combattuta dalle tribù locali. Nel 1885 le due potenze giunsero a un accordo per definire le frontiere tra il Turchestan e il **Regno dell'Afghanistan**. Quest'ultimo venne mantenuto indipendente, ma assegnato alla sfera di influenza britannica.

Mentre si compiva la spartizione dell'Asia, anche gli arcipelaghi del Pacifico vennero inglobati negli imperi coloniali, soprattutto in quelli britannico e tedesco. La Gran Bretagna, che già dominava su Australia e Nuova Zelanda, occupò le isole Fiji, le Salomone e le Marianne, mentre la Nuova Guinea fu divisa fra tedeschi e britannici. Inoltre alla colonizzazione nell'area del Pacifico parteciparono anche gli Stati Uniti [👁 18.3] e il Giappone [👁 20.6].

GUIDA ALLO STUDIO

❶ Perché il Canale di Suez era un nodo strategico? ❷ Che cosa commerciavano tra loro inglesi e indiani? ❸ Che cosa accadde dopo la rivolta dei Sepoys? ❹ Quale politica adottò la Francia nell'Asia sudorientale? ❺ Quali furono le direttrici dell'espansione russa in Asia?

5 Gli europei in Cina

L'isolamento cinese Dall'inizio dell'800 l'Impero cinese era rimasto pressoché inaccessibile ai viaggiatori e ai commercianti occidentali. Non aveva neanche relazioni diplomatiche con l'esterno, in omaggio all'idea che l'imperatore fosse l'unica fonte di potere sulla Terra e che gli altri sovrani potessero avere con lui solo rapporti di vassallaggio. Agli stranieri era consentito di operare solo nel porto di Canton, nella Cina meridionale. Questo orgoglioso isolamento mascherava in realtà una profonda debolezza. Da tempo ormai la società cinese, irrigidita e chiusa in sé stessa, aveva perso quel primato scientifico e tecnologico di cui aveva goduto fino al '700. Il ceto burocratico dei mandarini [👁 4.3], profondamente tradizionalista e legato alla propria formazione filosofico-letteraria, ostacolava ogni mutamento nelle tecniche produttive e nei sistemi di governo. Il risultato fu che, al primo traumatico scontro con l'Occidente, la Cina imperiale entrò in una crisi irreversibile.

Le guerre dell'oppio Occasione dello scontro fu il contrasto scoppiato alla fine degli anni '30 fra il governo imperiale e la Gran Bretagna a proposito del **commercio dell'oppio**. La droga, prodotta in grandi quantità nelle piantagioni indiane, veniva esportata clandestinamente in Cina, dove il suo consumo era largamente diffuso, benché ufficialmente proibito da oltre un secolo. Era nata così un'acuta tensione tra la Cina e la Gran Bretagna, la principale responsabile e beneficiaria del traffico. Quando, alla fine del 1839, un funzionario cinese fece sequestrare il carico di tutte le navi straniere nel porto di Canton, il governo britannico decise di intervenire militarmente.

Dopo una guerra durata più di due anni, i britannici ebbero partita vinta, conquistando tutti gli accessi agli estuari dei grandi fiumi e dei porti cinesi. Con il **trattato di Nanchino** del 1842, la Cina dovette cedere alla Gran Bretagna la città di Hong Kong, situata su un'isola prospiciente il porto di Canton, e aprire al commercio straniero altri quattro porti, fra cui Shangai. Questa prima guerra dell'oppio, mettendo a nudo la debolezza militare della Cina e aprendola alla **penetrazione commerciale europea**, ebbe il duplice effetto di sconvolgere gli equilibri sociali su cui si reggeva l'Impero e di far convergere su di esso le mire espansionistiche di altre potenze.

Così, nel decennio 1850-60, la Cina si trovò ad affrontare contemporaneamente una gravissima crisi interna – culminata nella lunga e sanguinosissima ribellione contadina nota come **rivolta dei Taiping** – e un nuovo sfortunato scontro con la Gran Bretagna, coadiuvata questa volta dalla Francia. Il conflitto, chiamato impropriamente **seconda guerra dell'oppio**, cominciò nel 1856 in seguito all'attacco a una nave britannica nel porto di Canton e si concluse quattro anni dopo con una nuova capitolazione della Cina, costretta ad aprire al commercio straniero anche le vie fluviali interne e a stabilire normali rapporti diplomatici con gli Stati occidentali.

Focus
L'oppio
ONLINE

Il conflitto con il Giappone e la rivolta dei *boxers*

Alla fine dell'800 la Cina subì anche l'aggressione del Giappone, divenuto uno dei protagonisti sulla scena della competizione imperialistica in Asia. Nel 1894, in seguito a contrasti sul controllo della Corea, fino ad allora Stato vassallo della Cina, i giapponesi attaccarono l'Impero cinese e rapidamente lo sconfissero per terra e per mare. La Cina dovette rinunciare a ogni influenza sulla Corea e cedere al Giappone vari territori, fra cui l'**isola di Formosa** (poi Taiwan). Le potenze occidentali da un lato cercarono di contenere i successi del Giappone, dall'altro profittarono dell'ennesima sconfitta della Cina per ritagliarsi nel paese nuove zone di influenza economica.

◂ Henri Meyer
In Cina: La torta dei re e... degli imperatori
[illustrazione satirica per «Le Petit Journal», 16 gennaio 1898; Bibliothèque Nationale, Parigi]

La vignetta ironizza sugli "appetiti" delle grandi potenze mondiali alla fine dell'800 sul territorio cinese, rappresentato dalla torta al centro. Intorno al dolce, muniti di grandi coltelli, si spartiscono le fette (da sinistra verso destra): la regina Vittoria; Guglielmo II (che sta litigando con la sovrana britannica e affonda il coltello nella torta, lasciando trapelare intenzioni bellicose); lo zar Nicola II (che pare aver adocchiato un pezzo in particolare); alle sue spalle, la Marianna francese (che "diplomaticamente" sembra non partecipare alla spartizione, a ricordare l'alleanza franco-russa); infine un samurai, simbolo del Giappone (che sembra meditare su quale pezzo prendere). Il mandarino cinese si ribella alzando le mani, ma le sue proteste sembrano non ottenere alcun effetto.

▸ **Ufficiali giapponesi in procinto di giustiziare un *boxer* con la decapitazione**
1901 ca.

La prospettiva di uno sgretolamento dell'Impero celeste provocò per reazione la nascita di un **movimento conservatore**, **nazionalista** e **xenofobo** (cioè indiscriminatamente ostile verso lo straniero) che si proponeva la restaurazione integrale delle antiche tradizioni imperiali. Questo movimento trovò il suo braccio armato in una società segreta a carattere paramilitare, nota in Occidente come **movimento dei *boxers***, ossia pugili, dal nome di un'antica società ginnica chiamata «Pugni della giustizia e dell'armonia». Nel 1900, dopo una serie di violenze compiute dai *boxers* contro i simboli e gli stessi rappresentanti della presenza straniera, le grandi potenze europee (tra cui l'Italia), gli **Stati Uniti** e il **Giappone** si accordarono per un intervento militare congiunto. In due settimane la rivolta fu sedata e **Pechino venne occupata dalle truppe alleate**. Le potenze, compresa l'Italia, ottennero in seguito nella città di Tientsin (oggi Tianjin) – la città portuale di Pechino – concessioni territoriali e autonomie amministrative dove vennero costruiti quartieri separati attribuiti ai singoli paesi, con edifici pubblici, caserme e una costante presenza militare.

La rivolta dei *boxers* non rimase senza effetti. Da un lato, essa mostrò la persistenza di un nazionalismo cinese che rendeva impraticabile una spartizione politica dell'Impero. Dall'altro, la sconfitta del nazionalismo tradizionalista diede l'**avvio a un periodo di riforme** **[👁 20.7]** e preparò il terreno alla nascita di un movimento di ispirazione democratica e "occidentalizzante", che avrebbe cercato di collegare la lotta contro gli stranieri a quella per la modernizzazione del paese.

GUIDA ALLO STUDIO

❶ Perché le guerre anglo-cinesi furono definite «dell'oppio»? Quale esito ebbero? ❷ Che relazioni esistevano tra Cina e Europa prima del XIX secolo? ❸ Quali regioni furono sottratte dai giapponesi al controllo cinese? ❹ Chi erano i *boxers*?

6 Il dominio coloniale

I caratteri della conquista

Nel corso della sua espansione coloniale, l'Europa portò in tutto il mondo l'impronta della sua tecnica, della sua economia e, più in generale, della sua civiltà. Di solito non ne portò la faccia migliore. Quasi tutte le conquiste coloniali furono segnate dall'**uso sistematico e indiscriminato della violenza** contro le popolazioni indigene, da un campionario di crudeltà sconosciuto agli ultimi conflitti combattuti sul vecchio continente. Soprattutto nell'Africa nera, dove più schiacciante era la superiorità tecnologica degli europei, le frequenti rivolte delle popolazioni locali contro i nuovi dominatori si concludevano spesso con veri e propri massacri: fu terribile, per esempio, quello perpetrato dai tedeschi nell'Africa del Sud-ovest ai danni della tribù bantu degli **Herero**, che venne quasi completamente sterminata.

Sviluppo e sfruttamento

Dal punto di vista economico, l'esperienza coloniale ebbe alcuni **effetti positivi** sui paesi che ne furono investiti: vennero messe a coltura nuove terre, introdotte nuove tecniche agricole, costruite infrastrutture, avviate attività industriali e commerciali, esportati migliori ordinamenti amministrativi e finanziari. Ma tutto ciò avveniva a prezzo di un continuo impoverimento di risorse materiali e umane, ovvero di un vero e proprio **sfruttamento coloniale**: i lavoratori indigeni, infatti, venivano pagati per lo più con salari irrisori, quando non erano costretti a forme di lavoro forzato. La trasformazione delle economie dei paesi sottomessi, che furono generalmente orientate verso l'**esportazione**, portò in molti casi alla rottura di sistemi economici di pura sussistenza, basati sul circolo vizioso dell'autoconsumo e della povertà. In altri casi, invece, il cambiamento stravolse un meccanismo produttivo modellato in funzione del mercato interno. Fu comunque messo in moto un processo di sviluppo, in funzione però degli interessi dei colonizzatori. Nuovi paesi entrarono in un più vasto mercato mondiale, ma vi entrarono in una posizione dipendente: passarono cioè **dalla povertà al sottosviluppo**.

Politica della razza e stratificazioni sociali

Il razzismo condizionò la politica degli Stati europei nelle colonie. Ovunque furono "censite le razze" **[👁 16.11]** e accentuate le divisioni all'interno delle società indigene anche allo scopo di controllare meglio i colonizzati. Le nuove città coloniali furono spesso caratterizzate da quartieri separati e dalla creazione di "confini" che dividevano la vita degli indigeni da quella degli europei: anche in alcuni centri fondati dagli italiani in Eritrea e Libia, per esempio, furono tracciate "linee" per **separare gli spazi destinati agli africani da quelli destinati ai bianchi**. In generale, dunque, il razzismo era largamente diffuso nelle società coloniali.

Non bisogna però immaginare i rapporti tra colonizzatori e colonizzati dominati esclusivamente da pregiudizi razzisti. Nelle colonie, a volte, si instaurarono legami di **solidarietà tra i funzionari europei e i notabili locali** proprio in virtù della comune appartenenza agli strati superiori delle rispettive società. Accadde così, per esempio, nell'India britannica di fine '800, dove gli aristocratici inglesi inviati dalla Corona ad amministrare la colonia non esitavano a considerare i notabili indiani "superiori" agli inglesi di basso ceto. Per molti aspetti, infatti, i governatori britannici cercarono di riprodurre in India la stessa rigida struttura di distinzione di classe presente nel Regno Unito, preoccupandosi di trattare con riguardo gli indigeni che consideravano loro pari rango.

ONLINE

Storiografia
W. Reinhard
Lo sfruttamento economico delle colonie

Focus
Lo sfruttamento dell'Africa

Uomo d'affari in una fabbrica di malacca in Malesia
1875

Numerosi imprenditori europei stabilirono impianti nei diversi domìni coloniali per la lavorazione dei più svariati manufatti, quasi sempre destinati a rientrare in Europa per essere commercializzati. Questo tipo di impresa, se da un lato forniva lavoro (anche se molto mal pagato) alle popolazioni locali, dall'altro non portava benefici alla loro economia. Nella foto, una manifattura per la lavorazione della malacca, o canna d'India, utilizzata per bastoni, manici di ombrelli, ecc.

Animismo
È così definita la credenza in esseri spirituali che animano ogni elemento naturale, sia esso organico o inorganico.

L'impatto sociale e culturale della colonizzazione Gli effetti della colonizzazione sulle culture dei paesi afro-asiatici furono drammatici, pur variando a seconda delle diverse realtà locali e delle diverse politiche attuate dai paesi colonizzatori: quella britannica, per esempio, fu più rispettosa degli usi locali, mentre quella francese risultò più oppressiva nel tentativo di introdurre elementi di modernizzazione forzata. I sistemi culturali legati a strutture politico-sociali e religiose bene organizzate e con una solida tradizione alle spalle – come quelli dell'Asia e del Nord Africa – si difesero meglio, opponendo una resistenza più consapevole e assimilando in qualche misura gli apporti esterni. Ben diverso, invece, fu il caso dell'Africa più arcaica e **animista**. Qui l'effetto dell'incontro con la civiltà del colonizzatore fu dirompente: le trasformazioni economiche, tecnologiche, sociali, religiose e linguistiche prodotte dalla presenza degli europei alterarono dalle fondamenta non

STORIA • SOCIETÀ • CITTADINANZA

Il pregiudizio razziale

Il 26 giugno del 2000 il presidente degli Stati Uniti d'America Bill Clinton e il primo ministro britannico Tony Blair presentarono al mondo la prima bozza della sequenza del **genoma umano**, il corredo di cromosomi contenuto in ogni cellula dell'*Homo Sapiens*. Negli anni successivi il sequenziamento venne completato e arrivarono i primi risultati: il 99,9% del Dna è pressoché uguale in tutti gli individui della Terra e le differenze esistenti tra i gruppi umani sono insignificanti dal punto di vista biologico. La variabilità genetica tra due esseri umani di una stessa popolazione è anzi maggiore di quella osservabile tra due individui di popolazioni diverse.

In questi anni gli studi sul genoma stanno dimostrando una rilevante importanza in campo medico e terapeutico e ormai costituiscono il più importante argomento contro le tesi del **razzismo biologico**, consentendo di affermare senza incertezze l'unicità della specie umana.

Nonostante ciò, il pensiero razzista non è mai definitivamente tramontato. Il pregiudizio razziale, infatti, è fondato su un forte senso della differenza di un determinato gruppo rispetto a un altro, sulla logica «Noi *vs.* Loro» (Noi *versus*/contro Loro). La denigrazione dell'altro è accompagnata dall'esaltazione della propria identità: si ha razzismo in senso proprio quando determinate caratteristiche di un popolo vengono considerate innate e immutabili, senza eccezioni per nessuno dei suoi componenti.

Il razzismo, dunque, è diverso sia dalla **xenofobia** (la paura per lo straniero, un sentimento presente già nell'antichità, quando si contrapponeva la civiltà greca o romana ai "barbari"), sia dall'**etnocentrismo** (la tendenza a considerare la propria civiltà il modello su cui misurare le altre). Il razzismo, infatti, consiste in genere in una serie di pratiche volte a stabilire la **discriminazione** del "diverso" e la costruzione di un ordine razziale, di una gerarchia tra i gruppi umani all'interno di una società. Queste pratiche vanno dalle politiche governative dei "razzismi di Stato" (si pensi non solo al nazismo, ma anche alle leggi emanate negli Stati segregazionisti degli Usa o all'*apartheid* sudafricana) alle azioni discriminatorie compiute quotidianamente da singoli individui. L'obiettivo è sempre quello di plasmare la società sulla base di una presunta irriducibile differenza tra i gruppi umani che in essa vivono.

Non è facile individuare nella storia le origini del razzismo moderno, anche se tratti simili alle persecuzioni razziali del '900 si possono ravvisare in parte nell'antigiudaismo diffuso nell'antichità cristiana e nel Medioevo. Soprattutto nel periodo delle crociate furono numerosi gli episodi di *pogrom* (le violenze popolari contro gli ebrei), ma a costituire un precedente nefasto fu soprattutto l'esperienza di discriminazione vissuta nella **Spagna** dei **secoli XV** e **XVI** dai *conversos*, gli ebrei convertiti al cristianesimo. A causa della dottrina della *limpieza de sangre* ('purezza del sangue') i *conversos* e i *moriscos*, gli ex musulmani, potevano essere discriminati legalmente, per esempio impedendo loro l'accesso a cariche pubbliche. L'adesione alla religione cristiana non era sufficiente per essere accolti nella comunità.

Solo tra il **XVIII** e il **XIX secolo**, però, il razzismo occidentale assunse una forma più definita. L'antropologia settecentesca si era impegnata nella classificazione delle razze in cui era divisa la specie *Homo*, fino a sostenere di aver trovato nelle popolazioni africane l'«anello mancante» tra la scimmia e l'uomo. Nuove branche del sapere come la fisiognomica e la frenologia presumevano di definire la personalità e l'indole di una persona basandosi sullo studio di alcuni dettagli della sua conformazione fisica, che si riteneva di poter ricondurre a una specifica razza.

Nello stesso periodo prendeva corpo il mito linguistico-razziale dell'**arianesimo**, dell'origine comune di tutte le popolazioni bianche e della loro presunta superiorità rispetto alle altre. Fino ad allora, il principale ostacolo alla teorizzazione completa del razzismo era stato l'universalismo cristiano, poiché secondo le autorità ecclesiastiche l'evangelizzazione dei popoli primitivi poteva rappresentare per loro una reale possibilità di riscatto (almeno fuori dall'Europa), ma col successo delle nuove dottrine pseudo-scientifiche il pregiudizio razziale godeva ormai di un fondamento teorico molto forte e difficile da confutare. L'estetica neoclassica, inoltre, offriva a queste teorie un'ampia diffusione: il "bello" veniva fatto coincidere con la perfezione del modello greco, il "brutto" con lo stereotipo dell'esotismo delle popolazioni non europee.

I nazionalisti europei adottarono l'ideologia della razza in molti aspetti fondamentali della loro cultura, a partire dall'ossessione per la purezza del sangue e del corpo. Le conseguenze estreme si ebbero nella Germania nazista, che esaltava il popolo-nazione tedesco (*Volk*) quale fondamento della comunità politica. Le leggi naziste non solo limitavano la libertà degli ebrei (per esempio, impedendo i matrimoni misti), ma miravano soprattutto a isolarsolo gli equilibri secolari delle comunità di tribù e di villaggio, ma gli stessi universi culturali che ne erano espressione. **Interi sistemi di vita, di riti e di credenze, di costumi e di valori entrarono rapidamente in crisi**. Nei molti casi in cui mancava una tradizione scritta, rimasero a malapena tracce delle **culture "cancellate"**. Sul piano politico, però, l'espansione coloniale finì per favorire, in tempi più o meno lunghi, la formazione o il risveglio di **nazionalismi locali** a opera soprattutto di nuovi dirigenti formatisi proprio nelle scuole europee, dove avevano avuto la possibilità di assorbire gli ideali democratici e i princìpi del nazionalismo. L'Europa si trovò così a esportare quello che meno avrebbe desiderato: il bisogno di autogovernarsi e di decidere il proprio destino.

GUIDA ALLO STUDIO

❶ Quali sono i principali effetti dell'economia coloniale? ❷ Che cosa accadde alle culture originarie dell'Africa? ❸ Che relazioni esistevano tra il colonialismo e il nazionalismo?

li dalla comunità nazionale per mezzo di atti violenti e discriminazioni pubbliche. Il razzismo di Stato della politica hitleriana non era finalizzato a una mera epurazione simbolica: esso puntava non solo all'eliminazione fisica di ebrei, zingari e altre minoranze etniche, ma anche di omosessuali, disabili e dissidenti politici. A ciò si aggiungevano le politiche demografiche volte alla formazione e alla selezione di elementi "puri" della comunità nazionale, o **eugenetica**.

Pur senza la stessa organizzazione sistematica, disposizioni analoghe vennero adottate nell'Italia fascista e in Giappone – dove l'antica espressione *kokutai*, 'essenza nazionale', venne riproposta in un'ottica razzista e anticinese.

Dopo la seconda guerra mondiale, in seguito alla rivelazione della tragedia dell'Olocausto e degli stermini nei campi di concentramento, il rifiuto del razzismo fece breccia presso larghi strati dell'opinione pubblica, che si mostrava apparentemente più sensibile al rispetto dei diritti civili e politici di tutte le minoranze. Solo nel 1964, e in seguito a un'ampia mobilitazione popolare, però, venne approvato negli Stati Uniti il *Civil Rights Act*, che rendeva illegale la **segregazione razziale**, stabilita da una serie di leggi statali dopo l'abolizione della schiavitù per continuare a tenere separati bianchi e neri. Negli stessi anni, il Sud Africa veniva progressivamente isolato dalla comunità internazionale per la politica di segregazione razziale (*apartheid*) imposta dai governi di etnia bianca, che ebbe termine soltanto negli anni '90 del XX secolo.

Nonostante la perdita di autorevolezza del razzismo scientifico e biologico l'emarginazione del "diverso" su base etnica è ancora una pratica molto diffusa. Il pregiudizio razziale non necessita né della regolamentazione di uno Stato, né di teorizzazioni biologiche per manifestarsi. Negli ultimi anni, in Europa, le continue ondate migratorie hanno dato vita a una **società multiculturale**, caratterizzata dalla compresenza, nello stesso Stato, di comunità diverse per etnia, religione, costumi. Le difficoltà connesse a questa trasformazione hanno generato una nuova diffidenza nei confronti dello "straniero", basata sulla pretesa inconciliabilità tra i caratteri culturali delle varie comunità. Il nuovo **razzismo culturale** presenta aspetti e metodi di propaganda non molto distanti da quello "classico" e costituisce una minaccia per la stabilità delle società complesse del XXI secolo.

Protesta dei senegalesi contro il razzismo dopo gli omicidi a Firenze nel 2011
[Vincenzo Tersigni/Eidon]

Il 13 dicembre 2011 Gianluca Casseri, vicino agli ambienti di estrema destra, seminò il terrore a Firenze, uccidendo due senegalesi e ferendone altri tre, in due sparatorie avvenute in zone diverse del capoluogo toscano; Casseri poi si suicidò. Immediata fu la reazione della comunità senegalese, ma non solo, che organizzò cortei di protesta contro gli assurdi omicidi, rivelatori di una crescente xenofobia nei paesi europei.

1 Il nuovo colonialismo

Diverse furono le cause della corsa alla conquista coloniale che, negli ultimi decenni dell'800, connotò la politica estera di molti Stati europei e non solo – anche Stati Uniti e Giappone presero parte alla competizione coloniale. Vi fu certamente la spinta esercitata dagli interessi economici – materie prime a basso costo, sbocchi per i prodotti industriali e i capitali d'investimento –, ma non meno importante fu l'affermarsi di tendenze politico-ideologiche che affiancavano a un acceso nazionalismo la fede nella missione civilizzatrice dell'uomo bianco.
L'opinione pubblica infine fu particolarmente colpita dalle notizie sui viaggi in Africa di esploratori, viaggiatori, missionari.

2 La conquista dell'Africa

Fu in Africa che l'espansione coloniale si realizzò con la velocità più sorprendente, portando nel giro di pochi decenni alla conquista quasi completa di tutto il continente, sotto forma di colonie o protettorati. Francia e Inghilterra occuparono rispettivamente Tunisia (1881) ed Egitto (1882).
Poco dopo la conferenza di Berlino (1884-85), convocata per risolvere i contrasti internazionali suscitati dall'espansione belga in Congo, stabilì i princìpi della spartizione dell'Africa (in primo luogo quello dell'effettiva occupazione) e riconobbe il possesso di vari territori a Belgio, Francia, Germania e Gran Bretagna. Nel 1900 i territori africani rimasti indipendenti erano pochi: l'impero etiopico, la Libia (ottomana), il Marocco, la piccola Liberia e le repubbliche boere del Sud Africa.

3 Le guerre boere

In Sud Africa la Gran Bretagna, soprattutto attraverso la politica di Cecil Rhodes, politico e proprietario della British South Africa company, mirò a estendere il suo dominio dalla Colonia del Capo alle due repubbliche boere dell'Orange e del Transvaal, ricche di giacimenti d'oro e di diamanti. Il disegno poté realizzarsi solo dopo una lunga e sanguinosa guerra contro i boeri (1880-81 e 1899-1902). Nel 1910 l'Orange e la Transvaal confluirono nell'Unione Sudafricana insieme alla Colonia del Capo.

4 La conquista dell'Asia

Agli inizi dell'età dell'imperialismo, gli europei avevano già numerosi possedimenti in Asia. In India, da tempo affidata al controllo della Compagnia delle Indie, gli inglesi tentarono di introdurre elementi di modernizzazione provocando però violente reazioni. La colonia fu allora riorganizzata sotto la diretta amministrazione della Corona britannica.
L'apertura del canale di Suez (1869) diede nuovo impulso alla penetrazione europea in Asia. In questo periodo ci furono la conquista francese dell'Indocina, la spartizione del Pacifico e lo sviluppo della colonizzazione russa della Siberia. L'altra direttrice dell'espansionismo russo – quella verso l'Asia centrale – portò l'Impero zarista a un duro contrasto con la Gran Bretagna, molto attiva anche nel consolidamento della sua presenza nel Pacifico, insieme a Germania, Stati Uniti e Giappone.

5 Gli europei in Cina

A metà '800 l'isolamento della Cina dal resto del mondo fu interrotto dalla pressione degli Stati europei: dopo due guerre (1839-42 e 1856-60) venne imposta al paese l'apertura al commercio straniero. Inoltre, il conflitto con il Giappone, in piena fase espansionistica, si risolse, per la Cina, con la perdita della Corea e di Taiwan. La prospettiva di uno sgretolamento dell'Impero cinese provocò per reazione la nascita di un movimento conservatore, nazionalista e xenofobo che trovò il suo braccio armato in una società segreta a carattere paramilitare, nota in Occidente come movimento dei *boxers*. Nel 1900, dopo una serie di violenze compiute dai *boxers* contro gli stranieri, le grandi potenze europee, gli Stati Uniti e il Giappone intervennero militarmente sedando la rivolta. Sconfitto il nazionalismo tradizionalista, si avviò in Cina una stagione di riforme.

6 Il dominio coloniale

Le potenze conquistatrici fecero generalmente un uso indiscriminato della forza contro le popolazioni indigene, sconvolsero l'economia dei paesi afro-asiatici sottoponendola a un sistematico sfruttamento e colpirono, spesso irrimediabilmente, antiche culture. Gli effetti della conquista, tuttavia, non furono sempre e solo negativi. Sul piano economico ci fu, in molti casi, un inizio di modernizzazione, sia pur finalizzata agli interessi dei dominatori. Su quello culturale, alcuni paesi con tradizioni e strutture politico-sociali più solide riuscirono a difendere la loro identità, ovvero ad assimilare aspetti della cultura dei dominatori. Sul piano politico, infine, la colonizzazione favorì, a più o meno lunga scadenza, la formazione di nazionalismi locali che avrebbero successivamente alimentato la lotta per l'indipendenza.

SVILUPPARE LE COMPETENZE

❶ Quali furono le ragioni che spinsero le potenze europee a inaugurare, tra gli anni '70 dell'800 e il 1914, un nuovo colonialismo? Scegli, nell'elenco sottostante, gli argomenti corretti e poi scrivi un testo di 10 righe che spieghi questo fenomeno e le sue cause:

a. L'idea di appartenere a una razza dominatrice
b. L'idea di appartenere a una razza inferiore che dovesse imparare dagli altri popoli
c. Spirito missionario
d. Razzismo di matrice positivista
e. La povertà dei paesi europei
f. La volontà di accaparrarsi le materie prime
g. La ricerca di nuovi sbocchi commerciali
h. L'assenza di capitali per nuovi investimenti.

❷ Racconta, in brevi testi di 5 righe ciascuno, lo svolgimento degli avvenimenti di seguito elencati:

a. La conquista francese della Tunisia
b. La conquista inglese dell'Egitto
c. La conquista inglese del Sudan
d. La conquista belga del Congo
e. Le tensioni tra Germania e Gran Bretagna per il controllo dell'Africa sud-orientale

❸ Di seguito trovi riassunte per punti le guerre boere. Completa la sequenza individuando e aggiungendo i tre passaggi mancanti. Usala, quindi, come schema per scrivere un testo di 12 righe che racconti i fatti:

a. I boeri fondano le due colonie dell'Orange e del Transvaal
b. ...
c. Diventa Primo ministro della Colonia del Capo Cecil Rhodes.
d. ...
e. Nel 1899 il Transvaal dichiara guerra alla Gran Bretagna.
f. ...
g. Transvaal e Orange ottengono l'autonomia e vengono uniti alla Colonia del Capo dando vita all'Unione Sudafricana.

❹ Rispondi ai quesiti impiegando il numero di righe indicato tra parentesi:

1. Come cambiò la presenza inglese in India dopo la rivolta di Seypos? Com'era prima di questo evento? (10 righe)
2. Quali furono le principali fasi dell'espansione francese in Indocina? (5 righe)
3. Quali furono le più importanti conquiste russe alla fine dell'800 e come furono ottenute? (6 righe)
4. Quale guerra si concluse con la firma del trattato di Nanchino e quali furono le conseguenze di questo accordo? (6 righe)
5. Quali caratteristiche ebbe il dominio coloniale tra la fine dell'800 e l'inizio del '900? (12 righe)

CAPITOLO

20 L'EUROPA E IL MONDO AGLI INIZI DEL '900

1 I contrasti in Europa e il risveglio dell'Estremo Oriente

I due blocchi europei

Dopo il 1890, con le dimissioni di Bismarck i rapporti fra le grandi potenze che dominavano la politica europea e mondiale subirono radicali mutamenti. Si ruppero infatti gli equilibri internazionali, che nei vent'anni precedenti erano rimasti inseriti in una rete di alleanze che faceva perno sulla Germania bismarckiana **[👁 17.4]**, e si formò un **nuovo assetto bipolare** fondato sulla contrapposizione fra due blocchi di potenze europee: la Germania, l'Impero austro-ungarico con l'Italia da una parte, la Francia, la Russia e la Gran Bretagna dall'altra. A mettere in crisi il vecchio sistema di alleanze furono soprattutto due fattori: la scelta del nuovo imperatore tedesco **Guglielmo II** in favore di una politica più dinamica e aggressiva di quella praticata da Bismarck dopo il 1870, e la crescente, obiettiva difficoltà per la Germania di tenere uniti i suoi due maggiori alleati, gli Imperi austro-ungarico e russo, in perenne contrasto nel settore balcanico.

Gli inizi del declino europeo

Inoltre, nel primo quindicennio del '900 si cominciarono ad avvertire i sintomi di un ridimensionamento della posizione del vecchio continente in rapporto al resto del mondo. L'idea di una minaccia portata alla supremazia europea dall'emergere di nuovi popoli e nuove nazioni cominciò a farsi strada nell'opinione pubblica. A suggerire questi timori non era tanto l'ascesa degli Stati Uniti, visti pur sempre come un'appendice dell'Europa, quanto il risveglio dei popoli dell'Estremo Oriente **[👁 18.3-4]**: il **Giappone** innanzitutto, ormai lanciato in una politica imperiale che lo avrebbe portato a scontrarsi con la Russia; ma anche la **Cina**, sempre più insofferente dello stato di subordinazione impostole dalle grandi potenze.

Alle preoccupazioni di ordine politico-militare si aggiungevano quelle indotte dalle tendenze dello sviluppo demografico. La popolazione europea continuava a crescere, ma non al punto da ridurre significativamente il divario con i popolosissimi paesi asiatici: la crescita di questi ultimi fu sentita da molti come una **minaccia demografica all'egemonia europea** e, più in generale, alla supremazia dei popoli "bianchi". Fu allora che in Europa si cominciò a parlare sempre più insistentemente di un **«pericolo giallo»**: un'espressione coniata dall'imperatore di Germania Guglielmo II ai tempi della rivolta cinese dei *boxers* e diventata d'attualità soprattutto dopo la guerra russo-giapponese del 1904-5 **[👁 19.5]**.

GUIDA ALLO STUDIO

❶ Guglielmo II conservò le alleanze diplomatiche dell'epoca bismarckiana? ❷ Quali paesi potevano minacciare la supremazia europea? ❸ In che cosa consisteva il «pericolo giallo» avvertito dagli europei?

2 Nuove alleanze e nuovi conflitti

La Triplice intesa

I successori di Bismarck scelsero di privilegiare l'alleanza con l'Austria e non rinnovarono quella con i russi, nella convinzione che l'Impero zarista non si sarebbe mai alleato con la Francia repubblicana. Accadde invece che la necessità per Francia e Russia di uscire dall'isolamento portò nel 1894 a una **alleanza militare** fra i due paesi. Dal canto suo anche la Gran Bretagna, sistemate le vertenze coloniali sia con la Francia in Africa sia con la Russia in Asia centrale, stipulò accordi con entrambe: nel 1904 con la Francia – l'**Intesa cordiale** – e nel 1907 con la Russia. Nasceva così, in contrapposizione al blocco austro-tedesco con l'appendice dell'Italia – la Triplice alleanza –, un accordo fra Gran Bretagna, Francia e Russia, che fu poi chiamato **Triplice intesa**, determinato dalla preoccupazione comune per la crescente potenza tedesca.

La contesa tra Francia e Germania per il Marocco

Due furono in questo periodo i più pericolosi punti di frizione. Il primo e il più importante riguardava l'assetto dei Balcani. Il secondo era costituito dal Marocco, uno degli ultimi Stati africani indipendenti (da secoli governato senza interruzione da dinastie islamiche), oggetto da tempo delle mire francesi e proprio per questo scelto dalla Germania come ultimo possibile terreno di scontro per contrastare lo strapotere delle potenze rivali in campo coloniale. Per due volte, nel 1905 e nel 1911, il contrasto franco-tedesco sul Marocco sembrò portare l'Europa sull'orlo della guerra. **Alla fine la Francia riuscì a spuntarla**, grazie alla solidarietà dei suoi alleati, e si vide riconosciuto un formale **protettorato** sul territorio conteso [ATLANTE_**50**].

La rivoluzione in Turchia

Tuttavia i pericoli maggiori per la pace sul continente vennero in questo periodo dalla zona balcanica. A mettere in movimento una situazione già precaria fu, nel **1908**, una profonda trasformazione interna dell'Impero ottomano: la cosiddetta **rivoluzione dei "Giovani turchi"**, un movimento composto in prevalenza da intellettuali e da ufficiali che si proponevano la trasformazione dell'Impero, retto da istituzioni autocratiche e arretratissimo sul piano economico, in una moderna monarchia costituzionale. Nell'estate del 1908, un gruppo di ufficiali marciò con le proprie truppe sulla capitale, costringendo il sultano Abdul Hamid a concedere una costituzione e, l'anno successivo, a lasciare il trono al fratello Maometto V. **Il nuovo regime tentò di realizzare, con qualche successo, un'opera di modernizzazione dello Stato.** Ma non seppe

Geografia e Storia
I Balcani
ONLINE

Allegoria della Triplice intesa
inizio XX sec.
[© Roger-Viollet/Alinari]
Conseguenza diretta della Triplice intesa fu la ripresa delle tensioni tra l'Impero russo e l'Austria-Ungheria per il dominio dei Balcani, e lo scatenarsi di un gioco di alleanze, che avrebbe portato le potenze mondiali dell'epoca a scendere in campo in quello che sarebbe stato il conflitto più sanguinoso mai combattuto sin allora.

avviare a soluzione il problema dei rapporti con i popoli europei ancora soggetti all'Impero, in stato di endemica rivolta. Al contrario, i "Giovani turchi" cercarono di attuare un ordinamento amministrativo più centralistico di quello, largamente inefficiente, del vecchio regime; ma ottennero l'effetto di accentuare le spinte indipendentiste e di accelerare la dissoluzione di quanto restava della presenza turca in Europa.

Le guerre balcaniche Della crisi interna all'Impero ottomano profittò subito l'Austria-Ungheria per procedere, nell'ottobre 1908, all'annessione della **Bosnia** e dell'**Erzegovina**, che le erano state affidate in amministrazione temporanea al congresso di Berlino del 1878: ciò provocò un immediato inasprimento dei rapporti con la Serbia – che mirava a unificare sotto il suo regno gli slavi del Sud – e con la stessa Russia, che della Serbia era la grande protettrice. Pochi anni dopo (1912), l'occupazione italiana della Tripolitania (Libia) in Nord Africa provocò una guerra fra l'Italia e la Turchia, che subì l'ennesima sconfitta [👁 21.10]. La

ATLANTE 53_I BALCANI NEL 1913

Nel 1913 la presenza ottomana nei Balcani era ridotta ormai alla sola Tracia. Con il prevalere delle singole nazionalità veniva perdendosi il carattere multinazionale e pluriconfessionale di molte città commerciali dell'Impero. Salonicco, il maggiore centro ebraico del Mediterraneo e culla del movimento dei "Giovani turchi", diveniva ora una città greca.

Yaroslav Veshin
L'esercito bulgaro conquista una posizione turca nel corso della prima guerra balcanica
1912

sconfitta turca favorì a sua volta le mire degli Stati balcanici (Grecia, Serbia, Montenegro, Bulgaria e Romania), che prima si coalizzarono per strappare alla Turchia i residui territori europei nella **prima guerra balcanica** (1912), poi si scontrarono fra loro per la divisione del bottino nella **seconda guerra balcanica** (1913; ATLANTE_53).

Nello stesso periodo, sulla costa meridionale dell'Adriatico nasceva un nuovo piccolo Stato, il principato di **Albania**, voluto dall'Austria e dall'Italia per impedire alla Serbia lo sbocco al mare.

Le rivalità fra gli Stati minori del Sud-est europeo si intrecciavano pericolosamente col confronto fra i due blocchi contrapposti delle grandi potenze, in particolare col tradizionale attrito fra Austria e Russia.

GUIDA ALLO STUDIO

❶ Quali interessi legavano fra loro le potenze della Triplice intesa? ❷ Come si concluse la "crisi marocchina" tra il 1905 e il 1911? ❸ Che cosa rappresentò e cosa comportò la cosiddetta rivoluzione dei "Giovani turchi"? ❹ Come si conclusero le guerre balcaniche del 1912-13?

3 La *belle époque* e le sue contraddizioni

Negli anni a cavallo fra i due secoli, i nuovi orientamenti dell'alta cultura e la critica di molti intellettuali al positivismo progressista ottocentesco non scalfirono, se non in parte, il sostanziale ottimismo della borghesia europea: un ottimismo giustificato dal rinnovato slancio dell'economia e da un progresso materiale che mai come allora era parso alla portata di tutti.

Per questo, gli anni che precedettero la prima guerra mondiale (1914-18) sarebbero stati ricordati in seguito, dopo i disastri di questo conflitto, come la ***belle époque***, l'epoca bella per eccellenza. Si trattava, anche in questo caso, di un'immagine ecces-

◀ Jean Béraud
Lo chalet del ciclo al Bois de Boulogne a Parigi
1900 ca.
[Musée Carnavalet, Parigi]

▶ Jean Béraud
Le belle di notte ai Giardini di Parigi
1905
[Musée Carnavalet, Parigi]

Durante la *belle époque*, il benessere economico arrivò a interessare settori sempre più vasti della media e piccola borghesia. Le capitali europee, prima fra tutte Parigi, si accesero di luci e di mondanità, e l'illusione del benessere impregnò di sé ogni aspetto e momento del vivere quotidiano.

Parola chiave
Radicalismo

sivamente semplificata, fondata anche sul primato che, nella vita mondana e nelle arti, esercitava Parigi, la capitale francese. La *belle époque* fu in realtà **un periodo di crescita** complessiva della società europea, ma anche di forti contrasti politici e di grandi conflitti sociali. Le spinte alla democratizzazione incontrarono dappertutto la **resistenza ostinata dei gruppi conservatori** e in alcuni casi furono duramente represse, come in Russia, o bloccate entro le vecchie strutture autoritarie, come in Germania e nell'Impero asburgico. Né si possono sottovalutare le tensioni sociali e internazionali originate in quegli anni dalla gara degli **imperialismi** e dalla **corsa agli armamenti**.

La Francia dal "caso Dreyfus" all'alleanza tra radicali e socialisti

Negli ultimi decenni dell'800 la Francia aveva compiuto progressi sostanziali sulla strada della democrazia. Eppure le istituzioni repubblicane continuavano a essere oggetto di una insidiosa contestazione, che ora prendeva le forme di un **esasperato nazionalismo**, ora quelle della **reazione clericale**, ora quelle di un demagogico **antisemitismo** [👁 20.9 STORIA•SOCIETÀ•CITTADINANZA]. Alla fine dell'800 queste correnti, facendo blocco con una parte delle forze moderate, misero a serio repentaglio la vita stessa della Terza Repubblica.

L'alleanza tra nazionalisti, clericali e antisemiti fu evidente in occasione di un clamoroso caso giudiziario: quello di **Alfred Dreyfus**, un **ufficiale ebreo** ingiustamente condannato ai lavori forzati nel 1894 sotto l'accusa di aver fornito documenti riservati all'ambasciata tedesca. Quando cominciarono a emergere i primi dubbi sulla colpevolezza del condannato, le alte sfere militari si rifiutarono di procedere a una revisione del processo. Socialisti, radicali e una parte dei repubblicani moderati, sotto l'impulso del famoso scrittore Émile Zola, si batterono perché venisse riconosciuta l'innocenza dell'ufficiale. Clericali, monarchici, nazionalisti di destra e non pochi repubblicani moderati insistettero sulla tesi della colpevolezza. Il contrasto superò ben presto i confini del caso giudiziario per trasformarsi in uno scontro politico che aveva per oggetto le stesse istituzioni repubblicane. Dreyfus fu infine graziato dal presidente della Repubblica e poi ufficialmente riabilitato nel 1906. I sostenitori di Dreyfus ebbero partita vinta anche sul terreno politico. **L'esito delle elezioni del 1899 fu favorevole alle forze progressiste** e consentì la formazione di un governo di coalizione repubblicana appoggiato anche dai socialisti. Alcune associazioni di estrema destra vennero sciolte e i loro capi arrestati. Fu avviata un'**epurazione negli alti gradi dell'esercito** e, soprattutto, riprese con rinnovato vigore (e non senza qualche eccesso) **la battaglia contro le posizioni di potere ancora detenute dal clero cattolico**.

I governi a direzione radicale che si succedettero fra il 1906 e il 1910, sotto la guida di Georges Clemenceau e del socialista Aristide Briand, condussero in porto alcune importanti **riforme sociali**, come la limitazione dell'orario di lavoro, la legge sul riposo settimanale e le pensioni di vecchiaia. Tuttavia l'impossibilità di condurre a compimento alcune riforme e lo spostamento a sinistra del movimento sindacale provocarono la **rottura dell'alleanza fra socialisti e radicali** e, alla lunga, ridiedero spazio alle correnti repubblicano-moderate che riuscirono a tornare al potere fra il 1912 e il 1914 con il loro leader più prestigioso, **Raymond Poincaré**. Il dibattito politico, accantonati i temi delle riforme, si sarebbe concentrato sul problema delle **spese militari** e del **rafforzamento dell'esercito**.

Conservatori e liberali in Gran Bretagna

Negli anni a cavallo fra i due secoli la Gran Bretagna fu governata dalla coalizione fra i conservatori e i liberali unionisti di Joseph Chamberlain [👁 17.6]. Fra il 1897 e il 1905 furono varate leggi che aumentavano i finanziamenti per le scuole elementari e medie e favorivano il collocamento dei lavoratori disoccupati. A mettere in crisi l'egemonia della coalizione conservatrice fu il progetto, sostenuto da Chamberlain, sotto la pressione di una parte degli industriali, di introdurre anche nell'Impero britannico il **protezionismo doganale**, sconvolgendo così una tradizione liberoscambista che durava ormai da più di mezzo secolo.

Nelle elezioni del 1906 i **liberali** conquistarono un'ampia maggioranza, che consentì al loro governo una linea meno aggressiva in campo coloniale e una più energica e organica politica di riforme sociali. Ma l'aspetto più nuovo e coraggioso della loro azione fu la proposta di introdurre una **politica fiscale fortemente progressiva**, che imponeva cioè una tassazione via via più onerosa in rapporto alle dimensioni della ricchezza e mirava a colpire soprattutto i grandi patrimoni. Il tentativo si scontrò con la reazione della Camera dei Lords, roccaforte dell'aristocrazia, che respinse il bilancio preventivo presentato dal governo liberale. Nel 1911, dopo un braccio di ferro durato due anni e dopo due successive elezioni anticipate vinte (sia pure di stretta misura) dai liberali, i Lords, grazie anche alle pressioni del nuovo re **Giorgio V**, si piegarono ad accettare la riforma costituzionale che impediva loro di respingere **leggi di bilancio**. Nello stesso anno, il governo decise di affrontare la questione irlandese e presentò un nuovo progetto di *Home Rule* (autogoverno), che prevedeva un'**Irlanda autonoma**, con un proprio governo e un proprio parlamento, ma pur sempre legata alla Corona britannica. Dopo un lungo e tormentato dibattito, il progetto, avversato anche da una parte dei liberali, fu approvato nel maggio 1914, ma la sua applicazione fu subito sospesa a causa dello scoppio della guerra.

Legge di bilancio
Legge con la quale il Parlamento approva annualmente il bilancio di previsione dello Stato presentato dal governo, ovvero la previsione, per l'anno successivo, delle entrate, generate dall'imposizione fiscale, e delle uscite prospettate dall'amministrazione statale (la spesa pubblica).

GUIDA ALLO STUDIO

❶ Perché i decenni precedenti alla prima guerra mondiale furono chiamati *belle époque*? ❷ Quali furono le implicazioni politiche del "caso Dreyfus" in Francia? ❸ Che cosa volevano ottenere i liberali inglesi impedendo ai Lords di respingere le leggi di bilancio?

4 La Germania guglielmina

La nuova politica della Germania

La fine del lunghissimo cancellierato di Bismarck, nel 1890, parve segnare una svolta anche nella politica interna tedesca [👁 17.4]. Tuttavia, nonostante le dichiarazioni di **Guglielmo II** (1888-1918) relative alla volontà di inaugurare un **"nuovo corso"** una volta divenuto imperatore, di fatto non si registrò nella politica tedesca alcun effettivo mutamento di indirizzi: le speranze di un'evoluzione liberale del sistema, suscitate da talune aperture iniziali, andarono presto deluse, lasciando il posto alla tendenza del nuovo sovrano all'**esercizio personale e autoritario del potere**. Anche i nuovi orientamenti di politica estera, affermatisi soprattutto a partire dagli ultimi anni dell'800 – quando la Germania imboccò la via della ***Weltpolitik*** ('politica mondiale') e diede il via al **riarmo navale** –, contribuirono a rinsaldare l'alleanza tra il ceto degli Junker e gli ambienti della grande industria. Un'industria che era sempre più dominata dai cartelli o dalle imprese giganti come la **Krupp** nel set-

Acciaierie Krupp a Essen
1864
(© ThyssenKrupp AG [media.thyssenkrupp.com/images/press/thyssenkrupp])

tore siderurgico e degli armamenti e che vantava ritmi di sviluppo tecnologico e di crescita produttiva paragonabili solo ai contemporanei progressi dell'industria statunitense.

La coscienza di questa superiorità accentuò nella classe dirigente, ma anche nel popolo, le tendenze nazionaliste e imperialiste. Pur essendo un paese ricco di risorse naturali, la Germania, priva com'era di un grande impero coloniale, non aveva una disponibilità di materie prime paragonabile a quella dell'Impero britannico, degli Stati Uniti o dello stesso Impero russo. Di qui la volontà di modificare a proprio vantaggio la **distribuzione mondiale delle risorse** e gli **equilibri sullo scacchiere planetario**: un'ambizione che, essendo ormai compiuta la spartizione dei continenti extraeuropei, portava fatalmente la Germania ad assumere una posizione antagonistica rispetto alle altre potenze imperialiste.

La socialdemocrazia tedesca

La spinta nazionalista e aggressiva insita nella politica estera tedesca finì col coinvolgere in varia misura tutte le maggiori forze politiche. L'**unica autentica forza di opposizione**, la socialdemocrazia, restò per tutta l'età guglielmina in una condizione di assoluto isolamento che le precludeva qualsiasi influenza sulla condotta degli affari di Stato, anche se non le impediva di aumentare continuamente la massa dei propri iscritti (più di un milione nel 1914), di incrementare il proprio seguito elettorale (nel 1913 la Spd si affermò addirittura come gruppo di maggioranza relativa col 34% dei voti e 110 seggi al Reichstag), di controllare lo sviluppo imponente delle organizzazioni

L'imperatore Guglielmo II guida il corteo funebre in onore di Friedrich Alfred Krupp
26 novembre 1902
(© ThyssenKrupp AG [media.thyssenkrupp.com/images/press/thyssenkrupp])
Fondate nel 1861, le acciaierie Krupp diventarono le maggiori fornitrici di artiglieria pesante per l'Impero tedesco, tanto che il loro fondatore, Alfred Krupp, si meritò il soprannome di «re del cannone». Il suo legame con l'imperatore fu così stretto che, in occasione dei funerali di Krupp, Guglielmo II partecipò in prima persona guidando un imponente e affollato corteo funebre a Essen.

collaterali (sindacati, cooperative, circoli ricreativi e culturali). A lungo andare però – nonostante la riaffermata fedeltà ai princìpi della dottrina marxista – anche la socialdemocrazia finì con l'ammorbidire i toni e le forme della sua opposizione e col **venire tacitamente a patti con le ideologie nazional-imperialistiche** cui nemmeno la classe operaia era del tutto insensibile.

GUIDA ALLO STUDIO

❶ In che cosa consisteva la *Weltpolitik* tedesca? ❷ Perché la Germania intraprese questa via? ❸ Come agì la socialdemocrazia nella Germania guglielmina?

5 I conflitti di nazionalità nell'Impero austro-ungarico

Nei decenni che precedettero la prima guerra mondiale, l'Impero asburgico vide aggravarsi il declino delineatosi a partire dal 1848 [👁 11.10] e dovuto, oltre che al ritardo nello sviluppo dell'economia, ai sempre più forti contrasti fra le diverse nazionalità.

Sviluppo e arretratezza

Dal punto di vista economico, l'Impero era ancora un paese complessivamente più povero della Germania e della Francia e poco più ricco dell'Italia, ma con alcune isole altamente urbanizzate e industrializzate: la regione gravitante attorno alla capitale **Vienna**, la **Boemia** (in particolare la zona di Praga), il porto di **Trieste**, nodo commerciale di primaria importanza fra il Centro Europa e il Mediterraneo. Allo sviluppo economico e civile dei grandi centri, alla eccezionale vitalità culturale che si manifestò in questo

◂ Gustav Klimt *Giuditta (I)* 1901 [Österreichische Galerie, Vienna]

▸ Otto Wagner **Chiesa di St Leopold am Steinhof, Vienna** 1902-7

La fine dell'800 rappresentò per Vienna uno dei periodi più affascinanti della sua storia. La capitale asburgica, quarta città in Europa con due milioni di abitanti, fu il teatro di una fioritura architettonica, artistica e culturale imponente. La stridente contrapposizione tra l'immobilismo politico e sociale dell'Impero e l'atmosfera vivace e gaudente della città, fra tradizione e modernità, alimentò un'energia creativa del tutto particolare, che si espresse nei settori più disparati: dalla musica di Gustav Mahler e Arnold Schönberg alla pittura di Gustav Klimt e di Egon Schiele, alle architetture di Otto Wagner e Adolf Loos.

ONLINE

Focus
Piccole patrie
Il mito asburgico

periodo a Vienna – una delle maggiori capitali europee della musica, delle arti figurative e della letteratura –, alla crescita dei grandi partiti di massa (socialdemocratici e cristiano-sociali) facevano riscontro il sostanziale **immobilismo del sistema politico** e la persistenza delle strutture sociali tradizionali nelle provincie contadine, dominate dalla **Chiesa** e dai **grandi proprietari**.

I conflitti nazionali Ma il principale motivo di crisi era costituito dai conflitti nazionali. Mentre l'Impero tedesco trovava nel nazionalismo di una popolazione compattamente tedesca un potentissimo elemento di coesione, in Austria-Ungheria le tensioni fra i diversi gruppi etnici costituivano un fattore di logoramento e di disgregazione per una compagine statale che aveva come principali elementi unificanti la Corona, l'esercito e la burocrazia. Con la **soluzione "dualistica"** varata nel 1867 (la divisione in due Stati; 👁 17.1), la monarchia asburgica aveva scelto la strada del **compromesso col gruppo nazionale più forte**, quello ungherese, che aveva conquistato nella parte sud-occidentale dell'Impero una posizione privilegiata simile a quella detenuta dagli austriaci nella parte nord-occidentale [👁 ATLANTE_**54**]. Fino alla fine del secolo il potere imperiale riuscì a controllare la situazione appoggiandosi agli elementi conservatori e all'aristocrazia agraria delle varie nazionalità, con qualche concessione alle masse contadine. Ma tra la fine dell'800 e l'inizio del '900 si assisté a una crescita dei movimenti nazionali: tutti in forte contrasto gli uni con gli altri, ma uniti dall'ostilità al centralismo imperiale e dalla tendenza a radica-

ATLANTE 54_PRINCIPALI POPOLAZIONI DELL'IMPERO AUSTRO-UNGARICO

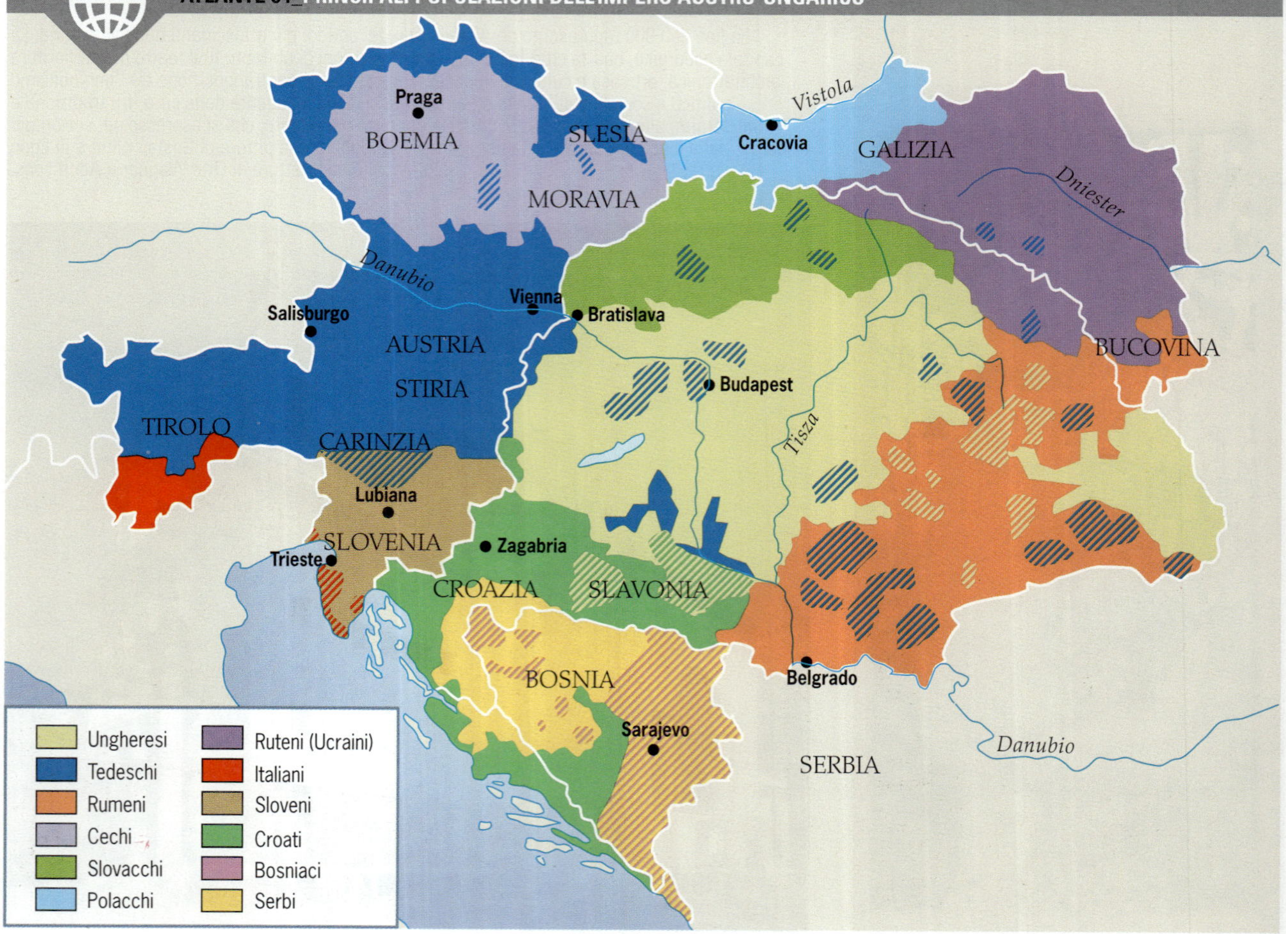

lizzarsi, passando **dal piano delle rivendicazioni autonomistiche a quello dell'indipendentismo**. I più irrequieti erano naturalmente i popoli slavi, i grandi sacrificati dal compromesso del '67. Fra i cechi della Boemia e della Moravia – che erano inclusi nella zona di competenza austriaca – si affermò, nell'ultimo decennio dell'800, il **movimento dei "giovani cechi"** che si batteva contro la **politica di germanizzazione** del governo di Vienna. Tendenze nazionaliste ancora più radicali si cominciarono a manifestare nello stesso periodo fra gli "slavi del Sud", **serbi** e **croati**, che erano soggetti al **dominio ungherese** (più duro di quello austriaco) e subivano l'attrazione del vicino Regno di Serbia. Persino fra gli ungheresi sorse, all'inizio del '900, un movimento che rivendicava totale autonomia dall'Austria anche in materia di tariffe doganali e di organizzazione dell'esercito.

Il progetto trialistico

Una parte della classe dirigente e dei circoli di corte si orientò verso l'idea di trasformare la monarchia da "dualistica" in "trialistica": di staccare cioè gli slavi del Sud dall'Ungheria e di creare così **un terzo polo nazionale accanto a quelli tedesco e magiaro**. Questo progetto, che aveva il suo sostenitore più autorevole nell'arciduca ereditario **Francesco Ferdinando** (nipote di Francesco Giuseppe), si scontrava però con l'opposizione degli ungheresi e con quella dei nazionalisti serbi e croati, che miravano con tutti i mezzi – compresi quelli terroristici – alla fondazione di un unico Stato slavo indipendente ed erano palesemente appoggiati dalla Serbia (a sua volta protetta dalla Russia). Da questo pericoloso focolaio di tensione sarebbe scoccata nel 1914 la scintilla che portò allo scoppio della prima guerra mondiale e alla dissoluzione dell'Impero austro-ungarico.

GUIDA ALLO STUDIO

❶ Quali erano, alla fine dell'800, le regioni più ricche dell'Impero austriaco? ❷ Quali gruppi etnici dell'Austria-Ungheria erano i più irrequieti? ❸ Perché serbi e croati si opponevano al progetto trialistico?

6 La Russia: la rivoluzione del 1905 e la guerra col Giappone

Autocrazia e sviluppo industriale

Fra le grandi potenze europee la Russia era la sola che, alla fine dell'800, si reggesse ancora su un **sistema autocratico**, nemmeno temperato da forme di limitato costituzionalismo simili a quelle vigenti in Germania e in Austria-Ungheria. Mentre restava immobile o addirittura procedeva a ritroso sul piano delle strutture politiche, all'inizio degli anni '90 l'Impero zarista compiva tuttavia il suo primo tentativo di **decollo industriale**, affidato all'iniziativa dello Stato e del capitale straniero (soprattutto francese) più che all'autonoma crescita di una borghesia imprenditoriale. In Russia l'industrializzazione risultò come calata dall'alto e fortemente concentrata sia per la dislocazione geografica sia per le dimensioni delle imprese. Pertanto anche la classe operaia russa si concentrò in poche zone – la capitale Pietroburgo, la zona di Mosca, i distretti minerari degli Urali, la regione petrolifera di Baku sul Mar Caspio – e rimase isolata in un **contesto sociale ancora dominato dall'agricoltura**, che occupava circa il 70% della popolazione attiva e versava ancora in uno stato di estrema arretratezza.

I gruppi rivoluzionari

In queste condizioni era naturale che la tensione politica crescesse pericolosamente e che le manifestazioni di malcontento, anche violente, si moltiplicassero in tutti i settori della società. Del resto, in questi stessi anni si accentuò in modo determinante la penetrazione delle correnti rivoluzionarie fra i ceti popolari. Mentre la classe operaia subiva l'influenza del **Partito socialdemocratico**, fondato nel 1898 da **Georgij Plechanov**, fra i contadini riscuoteva qualche successo la propaganda del **Partito socialista rivoluzionario**, nato nel 1900 dalla confluenza di gruppi anarchici e populisti, dai quali riprendeva il progetto di un socialismo agrario legato alle tradizioni russe [👁 17.7]. A far precipitare gli eventi contribuì, nel 1904, lo scoppio della guerra col Giappone (per il controllo del Nord-est asiatico) che fece immediatamente salire la tensione sociale nelle città provocando fra l'altro un brusco aumento dei prezzi.

La "domenica di sangue" e la nascita dei *soviet*

In una domenica di gennaio del **1905**, a **Pietroburgo**, un corteo di 150 mila persone diretto verso il Palazzo d'Inverno, residenza dello zar Nicola II, per **presentare al sovrano una petizione** – vi si chiedevano maggiori libertà politiche e interventi per alleviare il disagio delle classi popolari – fu accolto a fucilate dall'esercito: i morti furono più di 100 e oltre 2000 i feriti. La **brutale repressione** scatenò in tutto il paese un'ondata di agitazioni, di vere e proprie sommosse, di ammutinamenti nelle stesse forze armate. Fra la primavera e l'autunno del 1905, la Russia visse in uno **stato di semianarchia.** Di fronte alla crisi dei poteri costituiti sorsero spontaneamente in molti centri **nuovi organi-**

◀
Una crocerossina giapponese si prende cura di alcuni soldati russi feriti nella battaglia della Baia di Chemulpo
1904
[Library of Congress, Washington, D.C.]

▶
Kiyochika Kobayashi
Lo zar Nicola II è tormentato da un incubo in cui vede i suoi soldati feriti rientrare dalle battaglie contro i giapponesi
1904-5
[Library of Congress, Washington, D.C.]

La battaglia della Baia di Chemulpo si svolse il 9 febbraio del 1904 al largo delle coste della Corea. Fu una delle prime battaglie navali della guerra che vide contrapporsi russi e giapponesi e si concluse con la vittoria di questi ultimi. Per evitare che i giapponesi si impossessassero delle loro navi, i russi le affondarono nel porto di Chemulpo, dove si erano rifugiate. Gli equipaggi russi, rimasti così senza imbarcazioni, tornarono in Russia a bordo di navi appartenenti a paesi neutrali, mentre i feriti più gravi venivano curati nell'ospedale della Croce Rossa di Chemulpo.

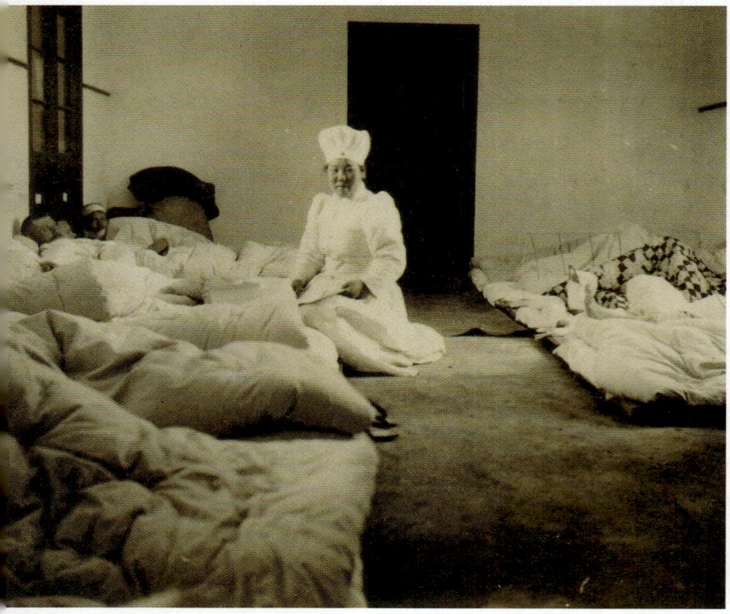

smi rivoluzionari, i *soviet* (consigli), rappresentanze popolari elette sui luoghi di lavoro. Il più importante di questi *soviet*, quello di Pietroburgo, assunse la guida del movimento rivoluzionario. Fra novembre e dicembre però – dopo che era stata conclusa la pace col Giappone e le truppe erano rientrate dal fronte – la Corona e il governo passarono risolutamente alla controffensiva facendo arrestare quasi tutti i membri del *soviet* di Pietroburgo e schiacciando con durezza le rivolte successivamente scoppiate nella capitale e a Mosca.

Focus
Le corazzate
ONLINE

La restaurazione e la riforma agraria

Una volta ristabilito l'ordine, anche l'unico risultato del moto rivoluzionario, ossia l'impegno dello zar di convocare un'assemblea rappresentativa, la **Duma**, fu sabotato dai poteri costituiti. Nell'estate 1907 il governo modificò la legge elettorale in senso smaccatamente classista: ora il voto di un grande proprietario contava cinquecento volte quello di un operaio. Così il governo poté disporre di un'assemblea più docile, composta in gran parte da aristocratici. Artefice principale della restaurazione fu il conte **Pëtr Stolypin**, diventato primo ministro nel 1906. Stolypin legò il suo nome alla spietata **repressione di ogni opposizione politica**, ma al tempo stesso si pose il problema di riguadagnare al regime una base di consenso e avviò una riforma agraria, in base alla quale i contadini ebbero la facoltà di divenire proprietari della terra che coltivavano, e di godere di facilitazioni creditizie per l'acquisto di altre terre sottratte al demanio statale o cedute dai latifondisti. Lo scopo, in gran parte mancato poiché i più non trovarono nei loro piccoli appezzamenti la possibilità di condizioni di vita accettabili, era quello di creare un ceto di **piccola borghesia rurale** che fosse al tempo stesso fattore di modernizzazione economica e di stabilità politica.

La guerra col Giappone e la sconfitta

Nel difficile anno della rivoluzione del 1905, la Russia dovette subire una dura sconfitta militare ad opera del Giappone. Come abbiamo visto, già alla fine dell'800, il Giappone si era affacciato prepotentemente sulla scena della competizione imperialistica in Asia: aveva infatti mosso guerra all'Impero cinese (1894) e lo aveva sconfitto dando una prima prova della sua efficienza bellica [👁 19.5]. Subito dopo il Giappone entrò in diretta concorrenza con la Russia per il controllo delle regioni del Nord-est asiatico. Nel 1903, le due potenze non trovarono un accordo sulla spartizione della **Manciuria** [👁 ATLANTE_52]. Nel febbraio del 1904, senza alcuna dichiarazione di guerra, la flotta nipponica attaccò quella russa nel Mar Giallo e strinse d'assedio la base di **Port Arthur**, all'estremità meridionale della Manciuria. All'inizio del **1905**, caduta Port Arthur, le forze giapponesi penetrarono in Manciuria e, in marzo, sconfissero l'esercito russo nella battaglia di **Mukden**. Quando, in maggio, giunse sul teatro di operazioni la flotta russa del Mar Baltico fu anch'essa distrutta in una grande battaglia navale nello stretto di **Tsushima**, tra il Giappone e la Corea [👁 20.6 EVENTI]. Alla Russia non restò che accettare la mediazione offerta dagli Stati Uniti e firmare in settembre il **trattato di Portsmouth**, in base al quale il Giappone otteneva la Manciuria meridionale e una parte dell'isola di Sakhalin, situata di fronte alle coste della Siberia, e si vedeva riconosciuto il protettorato sulla Corea (che già deteneva di fatto dal 1895).

Per l'Europa intera, la secca sconfitta della Russia determinò la distruzione in un solo colpo del mito della supremazia militare e tecnologica del vecchio continente, nonché di una presunta superiorità della "razza bianca". Per l'Impero zarista la sfortunata guerra contro il Giappone significò un **ridimensionamento della propria posizione internazionale** e, come abbiamo appena visto, un immediato aggravamento delle tensioni interne.

GUIDA ALLO STUDIO

❶ Perché la Russia rappresentava un'eccezione tra le grandi potenze europee? ❷ Dove era concentrata la classe operaia russa? Qual era il suo peso relativo? ❸ Che cosa avvenne durante la cosiddetta "domenica di sangue"? ❹ Quali esiti diede la guerra con il Giappone?

Tsushima

Nei giorni del 27 e del 28 maggio del 1905, nelle acque dello stretto di Tsushima, al largo della Penisola coreana, la flotta russa fu distrutta dalla marina giapponese, comandata dall'ammiraglio Tōgō Heihachirō (che aveva fatto gli studi militari in Gran Bretagna), ricordato in seguito come il "Nelson dell'Oriente". Lo scontro, decisivo per la risoluzione del conflitto russo-giapponese scoppiato l'anno precedente, fu, per molti versi, epico.

Le navi russe normalmente presenti nell'Oceano Pacifico erano state infatti bloccate dai giapponesi nel porto di Vladivostok. Allo zar Nicola II non era restato quindi che inviare la flotta russa abitualmente impegnata nel mar Baltico, composta da una squadra di 42 unità, alcune in verità alquanto antiquate. Prima però di potersi confrontare in battaglia con i nipponici, i russi dovettero affrontare una lunghissima navigazione. Avendo infatti il Giappone stretto alcuni anni prima un'alleanza militare con la Gran Bretagna, le porte del Mediterraneo e del Mar Rosso, in mano agli inglesi che controllavano lo stretto di Gibilterra e il canale di Suez, non consentirono il passaggio alle navi russe. Queste ultime, sotto il comando del viceammiraglio Zinovij Petrovic Rozestvenskij, considerato unanimemente il miglior ufficiale a disposizione della flotta imperiale, furono costrette a compiere la **circumnavigazione dell'Africa**, raggiungendo i luoghi dello scontro soltanto dopo aver attraversato l'Oceano Indiano. I russi, partiti il 14 ottobre del 1904, giunsero nel Pacifico dopo circa 8 mesi di navigazione, avendo effettuato un **viaggio di 18 mila miglia**, ricco per giunta di ritardi, imprevisti e difficoltà varie. I marinai dello zar arrivarono dunque alla battaglia dopo un viaggio estenuante, e furono inoltre penalizzati dall'inferiorità delle corazze di protezione e dalla minor potenza di fuoco delle loro navi. Ciò nonostante si batterono con onore ma furono comunque sconfitti, essendo venuta meno, nel corso dello scontro, anche la guida del loro comandante, gravemente ferito dai giapponesi. Per costoro la battaglia di Tsushima rappresentò un clamoroso successo, destinato, a suo modo, a segnare un'epoca. **Per la prima volta infatti un grande paese europeo veniva sconfitto da una potenza extra-europea** sul terreno militare, rimasto, fino ad allora, dominio esclusivo delle nazioni occidentali. La vittoria navale giapponese dimostrava inoltre la possibilità, anche per uno Stato non europeo, di modernizzare le proprie strutture economiche e tecnologiche senza perdere le tradizioni più antiche radicate nella società. La vittoria contro una flotta europea in una moderna battaglia navale era stata resa possibile infatti dalla presenza in Giappone di una moderna industria siderurgica e navale, che aveva realizzato le **corazzate** impiegate poi contro i russi. I giapponesi avevano vinto perché erano riusciti a dotarsi di un **apparato militare moderno**, costruito grazie ad un efficiente sistema industriale, capace di fornire alle forze armate nipponiche tecnologie e mezzi all'altezza di quelli impiegati dalle grandi potenze europee. Per questo la vittoria di Tsushima, ratificata nello stesso anno dalla pace di Portsmouth, rappresentò un **grande trauma per l'intera Europa**, perché dimostrava che gli occidentali non erano invincibili e potevano invece essere sconfitti.

Al Giappone che aveva saputo reagire alla fine del suo tradizionale isolamento politico e commerciale imposto dagli Stati Uniti e dalle potenze europee, creando un proprio modello di trasformazione capitalistica e di modernizzazione sociale ed economica, cominciarono a guardare, con vivo interesse, i nazionalisti dei paesi asiatici sottoposti ancora al dominio coloniale dell'Occidente. Molti leader politici dei nascenti movimenti di liberazione nazionale si recarono a Tokyo, maturando la convinzione che l'impero del Sol Levante potesse guidare il **riscatto delle popolazioni dell'Asia** contro l'imperialismo coloniale degli occidentali.

A questi ultimi non sfuggì la diffusione di tali nuovi fermenti, ed anche in Occidente si sviluppò una grande letteratura popolare dedicata al Giappone, favorendo la conoscenza delle abitudini e dei costumi di quel paese, pur non senza rinunciare ad una caratterizzazione particolarmente esotica, ricca di approssimazioni e stereotipi, che alimentarono la preoccupazione per il cosiddetto «pericolo giallo». Paura non del tutto ingiustificata, poiché la vittoria contro la Russia provocò **in Giappone un ulteriore radicamento del nazionalismo** in ampi strati della popolazione nipponica, ravvivando il mito della discendenza divina dell'imperatore e della unicità della razza giapponese.

La battaglia navale di Tsushima in una stampa giapponese

7 La Repubblica in Cina

L'avvio delle riforme e Sun Yat-sen

Dopo la vittoria del Giappone sulla Russia nel 1905, presero vigore le lotte nazionali e anticoloniali dei popoli asiatici. Movimenti indipendentisti si svilupparono nell'Indocina francese, nell'Indonesia olandese, nelle Filippine, da poco passate sotto il controllo degli Stati Uniti, e nell'India britannica. Ma fu soprattutto la Cina a subire in maniera determinante l'influsso del vicino Giappone, visto a un tempo come minaccia all'indipendenza nazionale e come modello da imitare sul piano dello sviluppo economico e dell'emancipazione politica. Fallito con la rivolta dei *boxers* [👁 19.5] il tentativo di condurre la lotta per l'indipendenza all'insegna del tradizionalismo reazionario, alla fine dell'800 e all'inizio del nuovo secolo importanti riforme, come la **libertà di espressione e di stampa**, oltre a un **limitato diritto di voto**, furono introdotte dalla imperatrice vedova **Cixi** (o Tzu-hsi, che governò il paese fino al 1908). In coincidenza con questo rinnovamento politico e civile, nel 1905 nacque il **Tung meng hui** (Lega di alleanza giurata), una organizzazione segreta fondata da un medico di Canton, **Sun Yat-sen**, che aveva soggiornato a lungo in Europa e in Giappone. Il programma era basato sui **tre princìpi del popolo**: l'indipendenza nazionale, la democrazia rappresentativa, il benessere del popolo, vale a dire l'essenza della tradizione democratica occidentale. La lega di Sun Yat-sen fece proseliti soprattutto fra gli intellettuali, gli ufficiali dell'esercito e i nuclei di proletariato industriale. Al movimento andarono anche le simpatie di una parte della ancora esigua borghesia imprenditoriale, quella meno legata agli interessi commerciali delle potenze straniere.

La rivoluzione del 1911

Nell'ottobre del 1911 la decisione del governo di affidare a imprese straniere il controllo della rete ferroviaria cinese provocò una serie di sommosse nelle province centro-meridionali e l'ammutinamento di alcuni reparti dell'esercito. Nel gennaio del 1912 **un'assemblea rivoluzionaria dichiarò decaduta la dinastia Qing** ed elesse Sun Yat-sen alla presidenza della Repubblica. In aprile il generale **Yuan Shi-kai**, inviato dal governo di

Cartolina postale che celebra Yuan Shi-kai nelle vesti di neopresidente della Repubblica cinese
1912
Nella bandiera raffigurata nella cartolina i cinque colori simboleggiano le cinque principali etnie cinesi.

Pechino a domare la rivolta, si schierò dalla parte dei repubblicani e ottenne in cambio di essere nominato presidente in luogo di Sun Yat-sen. Il fragile compromesso raggiunto tra le forze democratiche organizzate nel nuovo Partito nazionale – **Kuomintang** – e i gruppi conservatori che facevano capo a Yuan Shi-kai, ostili a ogni riforma che minacciasse i tradizionali equilibri sociali nelle campagne, si ruppe nel giro di pochi mesi. Nel 1913 il nuovo presidente sciolse il Parlamento appena eletto, mise fuori legge il Kuomintang, costrinse Sun Yat-sen all'esilio e instaurò una **dittatura personale appoggiata dalle potenze straniere**, i cui privilegi rimasero naturalmente intatti. Cominciava per la Cina una lunga stagione di guerre civili che si sarebbe conclusa solo nel 1949 con la vittoria della rivoluzione comunista.

GUIDA ALLO STUDIO

❶ In quali paesi dell'Asia esistevano movimenti anticoloniali? ❷ Chi erano Sun Yat-sen e Yuan Shi-kai? ❸ Perché il Kuomintang fu dichiarato fuori legge?

8 L'imperialismo statunitense

La presidenza Roosevelt

Dopo l'espansione nel Pacifico con la conquista delle Filippine e l'annessione delle Hawaii [👁 18.3], fino alla prima guerra mondiale l'imperialismo statunitense si rivolse soprattutto verso l'America centrale. Qui la presenza degli Stati Uniti si fece sentire in forme quanto mai pesanti, soprattutto negli anni della presidenza di Theodore Roosevelt. Esponente dell'**ala progressista del Partito repubblicano**, salito al potere nel 1901, Roosevelt mostrò grande decisione nella difesa degli interessi americani nel mondo, alternando con disinvoltura la pressione economica alle minacce di interventi armati, la **"diplomazia del dollaro"** alla politica del **"grosso bastone"** (*big stick*), secondo un'eloquente espressione da lui stesso coniata.

◀ **Manovali impiegati nella costruzione del Canale di Panama**
aprile 1910
[Library of Congress, Washington, D.C.]
Nonostante l'utilizzo di escavatrici a vapore, i lavori di costruzione del Canale di Panama, lungo 81 km e largo in media dai 200 ai 300 metri, furono svolti per la maggior parte da gruppi di manovali.

▶ **La nave a vapore S.S. Ancon transita ufficialmente per la prima volta in una sezione del Canale di Panama durante la cerimonia di inaugurazione**
15 agosto 1914
[Library of Congress, Washington, D.C.]

Un esempio lampante di questa politica fu la vicenda del **Canale di Panama**. Nel 1901 gli Stati Uniti avevano ottenuto dal governo della Colombia l'autorizzazione a costruire e a gestire per un periodo di cento anni un canale che tagliasse l'istmo di Panama (allora facente parte della Repubblica colombiana), aprendo un passaggio fra il Pacifico e il Mar dei Caraibi **[**👁 ATLANTE_**49]**. Quando, nel 1903, la Colombia, in un sussulto di orgoglio nazionale, rifiutò di ratificare l'accordo, **gli Stati Uniti organizzarono una sommossa a Panama e minacciarono un intervento armato**. Panama, come già Cuba, divenne una repubblica indipendente sotto la tutela americana. Il canale fu realizzato nel giro di dieci anni e la sua apertura, nel 1914, consentì di mettere in comunicazione i due settori – l'Oceano Pacifico e i mari del Centro America – su cui si esercitava allora la spinta espansionistica degli Stati Uniti.
Imperialista e aggressiva all'estero, la linea di Roosevelt si caratterizzò in politica interna per un'**apertura ai problemi sociali** sconosciuta alle precedenti amministrazioni, sia repubblicane sia democratiche. Si dovettero a Roosevelt i primi, limitati provvedimenti del governo federale nel campo della legislazione sociale e le prime energiche affermazioni del diritto di intervento dei pubblici poteri nel mondo dell'economia.

L'elezione di Wilson Ma, una volta che Roosevelt ebbe lasciato la presidenza, nel 1908, il Partito repubblicano si spaccò in un'ala progressista e una conservatrice. Nelle elezioni del 1912, la divisione tra le file repubblicane favorì il successo del candidato **democratico**, **Woodrow Wilson**. Intellettuale di solide convin-

zioni democratiche, molto lontano da Roosevelt per formazione e per temperamento, Wilson ne riprese l'impegno sociale inserendolo però in un quadro ideologico e politico completamente diverso. Mentre Roosevelt aveva lasciato inalterato il regime doganale protezionistico, Wilson impostò la **lotta contro i grandi monopoli** sull'abbassamento delle tariffe protettive, che furono considerevolmente ridotte nel 1913. Anche nella politica estera Wilson portò uno stile nuovo, **più prudente e rispettoso delle norme della convivenza internazionale**, anche se non meno attento alla tutela degli interessi statunitensi nel mondo. Era infatti convinto che il ruolo degli Stati Uniti dovesse fondarsi, più che sulla forza delle armi, sulla **capacità espansiva dell'economia** e sulla fedeltà ai princìpi basilari della tradizione democratica. Paradossalmente fu proprio in base a questi princìpi che, nel 1917, Wilson avrebbe condotto il suo paese a intervenire per la prima volta in un conflitto fra potenze europee, la prima guerra mondiale.

GUIDA ALLO STUDIO

❶ Che cosa significava l'espressione *big stick* utilizzata da Roosevelt? ❷ Chi controllava il nuovo Canale di Panama? ❸ In che cosa si distingueva la politica di Wilson da quella repubblicana?

9 L'America Latina e la rivoluzione messicana

La dipendenza economica

Nel trentennio che precedette la prima guerra mondiale (1914-18), i paesi dell'America Latina conobbero uno sviluppo economico di notevoli proporzioni, basato principalmente sull'**esportazione di materie prime e di prodotti agricoli** verso l'Europa industrializzata. Questo sviluppo attirò un consistente flusso migratorio dall'Europa e favorì la crescita di grandi centri urbani come Buenos Aires, Rio de Janeiro e Città del Messico. L'aumento delle esportazioni, però, finì con l'accentuare il carattere di subalternità dell'economia latino-americana, sempre più dipendente dagli investimenti e dai mercati esteri. Fu infatti favorita la tendenza delle agricolture dei singoli paesi a concentrarsi sulle **monocolture**, scelte in base alla richiesta del mercato internazionale: il caffè in Brasile, il grano in Argentina, la canna da zucchero a Cuba. E, dal momento che l'industria manifatturiera era assente quasi ovunque, mentre il settore estrattivo era in gran parte controllato da compagnie straniere, l'**oligarchia terriera** riuscì a mantenere una posizione dominante nella vita sociale e politica.

I sistemi politici

Dal punto di vista istituzionale, gli Stati latino-americani erano retti da **regimi parlamentari e repubblicani** ispirati ai modelli del liberalismo ottocentesco [👁 10.4]: l'ultima monarchia, quella brasiliana, fu rovesciata da un colpo di Stato nel 1889. La facciata istituzionale liberal-parlamentare, però, copriva una realtà di corruzione e di esclusione delle masse dalla vita politica che, in alcuni casi, degenerò in forme più o meno evidenti di **dittatura personale**. Negli anni immediatamente precedenti alla prima guerra mondiale, importanti rivolgimenti politici ebbero luogo in due fra gli Stati più vasti e popolosi: l'Argentina e il Messico. Nel caso dell'**Argentina** si trattò di un rivolgimento pacifico, originato dall'introduzione del **suffragio universale**, nel 1912, e dalla successiva ascesa al potere dell'Unione radicale, espressione delle classi medie di orientamento progressista. In Messico, invece, la spinta alla democratizzazione politica e sociale sfociò in una lotta rivoluzionaria fra le più lunghe e sanguinose della storia del '900.

La rivoluzione messicana

Nel 1910 scoppiò la rivolta contro il regime semidittatoriale del presidente **Porfirio Díaz**, un generale che governava dal 1876 appoggiandosi soprattutto sull'oligarchia terriera. Promotori dell'insurrezione furono i gruppi liberal-progressisti guidati da **Francisco Madero**, subito affiancati però da un vasto moto contadino, organizzato da improvvisati e popolarissimi capi rivoluzionari come **Emiliano Zapata** e **Pancho Villa**. Nell'autunno del 1911, Díaz fu costretto ad abbandonare il paese mentre Madero venne eletto presidente. A questo punto però cominciò a manifestarsi in modo drammatico il **contrasto fra le due componenti del fronte rivoluzionario**: quella **borghese** e moderata, che mirava soprattutto a una liberalizzazione delle istituzioni politiche, e quella **contadina**, che aveva come obiettivo fondamentale una radicale riforma agraria. Un tema fortemente sentito, e altrettanto fortemente temuto, in un paese in cui la proprietà della terra era concentrata nelle mani di un migliaio di latifondisti, mentre circa tre quarti della popolazione erano costituiti da braccianti senza terra (*peones*), quasi tutti analfabeti e poverissimi.

Nel 1913 il presidente Madero fu ucciso durane un colpo di Stato militare che portò al potere il generale Victoriano Huerta e aprì la strada a un regime di spietata reazione. La **guerra civile** riprese da allora con rinnovata violenza e si protrasse, in un susseguirsi di rivolte e colpi di Stato, fino all'inizio degli anni '20, per concludersi infine con l'assunzione della presidenza (1921) da parte del progressista **Alvaro Obregón** e con il varo di una **Costituzione democratica e laica** aperta alle istanze di riforma sociale, la cui attuazione si sarebbe però rivelata lenta e difficile.

GUIDA ALLO STUDIO

❶ Quali rapporti legavano l'economia latino-americana a quella europea?
❷ Quali interessi rappresentava l'Unione radicale in Argentina?
❸ Racconta le fasi salienti della rivoluzione messicana tra il 1910 ed il 1921.

Pancho Villa di fronte a un accampamento di insorti
10 maggio 1911

Pancho Villa (1878-1923), con la sua temuta "division del Norte" (combattenti provenienti dalle regioni del Nord), ed Emiliano Zapata (1879-1919), che combatteva al fianco dei diseredati del Sud, guidarono i contadini nella lotta contro il governo e furono fra i protagonisti più popolari della rivoluzione messicana. Entrambi entrarono rapidamente nella mitologia del cinema americano: Marlon Brando interpretò Zapata nel film *Viva Zapata!* (1952) di Elia Kazan, mentre lo stesso Villa ricoprì il ruolo di se stesso in almeno tre film che ne raccontano le sue gesta.

La paura del diverso

La diversità è la condizione di chi si ritiene (o, molto più spesso, è ritenuto dagli altri) distante dai modelli culturali che in una data società e in un dato momento storico rappresentano la «normalità». Questi sono molteplici: possono attenere all'aspetto della persona (il colore della pelle, i lineamenti, la fisicità in generale), al suo comportamento, alla lingua parlata, al livello culturale, al paese d'origine e a molte altre cose ancora. La **cultura di appartenenza** incide molto sul rapporto dell'individuo con la diversità: ogni società ha una peculiare modalità di rapportarsi con la diversità e un livello particolare di tolleranza delle differenze tra gli esseri umani.

Il **rapporto con la diversità** cambia quindi nello spazio, ma anche nel tempo. La scienza contemporanea insegna che la maggior parte delle differenze somatiche (relative cioè al corpo), come l'altezza o il colore della pelle, sono dovute esclusivamente a fattori di adattamento delle popolazioni alle condizioni climatiche dei luoghi in cui risiedono. La diversità è quindi qualcosa di estremamente relativo: dal punto di vista scientifico gli uomini sono geneticamente tutti uguali e si differenziano fisicamente in base all'ambiente in cui si trovano a vivere. Sono però le varie culture a dare un senso specifico (non scientifico) alle **differenze etniche**. La storia mostra come l'approccio alla diversità nell'ambito della cultura occidentale sia cambiato nel corso dei secoli. Come dato di fondo, però, si può affermare che è la paura il sentimento che nella maggior parte dei casi viene generato dall'incontro con il diverso da sé.

Nel corso del **XIX secolo**, in un mondo che già tendeva verso la globalizzazione, non era difficile l'incontro con il "diverso". I rapporti commerciali consentivano il contatto con ogni parte del mondo: uomini e merci della più varia provenienza raggiungevano le principali città europee; nuove potenze economiche come il Giappone si facevano strada nel contesto economico e militare internazionale suscitando grandi timori nell'opinione pubblica e nelle classi dirigenti occidentali. È in questo contesto che l'imperatore tedesco **Guglielmo II** (1859-1941) coniò l'espressione «pericolo giallo», sintetizzando i diffusi timori per l'ascesa economica degli Stati orientali.

Sotto la spinta del **pensiero positivista**, le diversità fisiche e culturali vennero studiate, misurate e valutate in ogni loro aspetto. Nuove discipline (come la sociologia e l'antropologia) nacquero o si svilupparono per spiegare in termini razionali le cause e il significato delle differenze tra le persone. Sociologi, antropologi, medici e psicologi si impegnarono per spiegare la paura che le popolazioni africane o asiatiche ingeneravano nell'immaginario occidentale. Negli anni '60 del XIX secolo il neurologo francese **Paul Broca** (1824-1880) fondò la craniologia, una pseudo-scienza che pretendeva di spiegare le differenze intellettive in base alle dimensioni del cervello. «In media la massa dell'encefalo è più considerevole nell'adulto che nell'anziano, nell'uomo che nella donna, negli uomini eminenti che in quelli mediocri, e nelle razze superiori che in quelle inferiori»: così Broca spiegava in poche parole le differenze etniche, culturali, sociali, di genere (tra uomo e donna) ed evolutive (tra l'adulto e l'anziano). Il successo di teorie come questa fu notevole. In realtà, la craniologia era solo un mezzo per rivestire di scientificità i pregiudizi contro poveri, donne e stranieri, ma questo sarebbe stato chiaro solo molto tempo dopo. La paura del diverso, come mostra il testo di Broca, non riguardava solo le lontane popolazioni asiatiche o africane, ma anche le donne europee che nel XIX secolo avevano appena intrapreso un percorso di emancipazione e di lotta per i propri diritti. **Cesare Lombroso** (1835-1909), illustre criminologo italiano, affermava per esempio che: «la donna normale ha molti caratteri che l'avvicinano al selvaggio, al fanciullo e quindi al criminale». Né l'impeto classificatore poteva risparmiare gli ebrei – si ricordi il caso Dreyfus – o gli immigrati, per i quali lo psicologo **Gustave Le Bon** (1841-1931) coniò la fortunata quanto nefasta equazione «immigrazione uguale invasione».

Rinnovata e confortata dal rigore pseudo-scientifico positivista, la paura del diverso

SINTESI

1 I contrasti in Europa e il risveglio dell'Estremo Oriente

Tra l'ultimo decennio dell'800 e i primi anni del '900 si delineò un mutamento nelle alleanze europee, che segnò la crisi del sistema bismarckiano e diede vita a un nuovo assetto bipolare, sul quale si resse l'Europa fino allo scoppio del conflitto mondiale: Germania, Impero austro-ungarico e Italia da una parte, Francia, Russia Gran Bretagna dall'altra. Il primo quindicennio del '900 vide inoltre manifestarsi i primissimi segni di declino dell'Europa di fronte all'emergere di popoli extraeuropei. Preoccupava in particolare la crescita dei paesi asiatici (Cina e Giappone), che fece parlare di un «pericolo giallo».

2 Nuove alleanze e nuovi conflitti

Di seguito alla crisi del sistema bismarckiano e attraverso l'alleanza tra Francia e Russia, l'Intesa cordiale franco-inglese e l'accordo anglo-russo sulle questioni asiatiche, si venne a costituire in Europa uno schieramento – poi detto Triplice intesa – contrapposto alla Triplice alleanza. Il decennio precedente la prima guerra mondiale (1914-18) registrò un'accentuazione dei contrasti internazionali. Dalle due crisi marocchine (1905 e 1911) la Germania uscì sconfitta, mentre la Francia ottenne un protettorato sul Marocco. L'annessione della Bosnia-Erzegovina (1908) da parte dell'Austria, la guerra italo-turca (1911-12), le due guerre balcaniche (1912-13) segnarono un profondo rivolgimento degli equilibri nell'area della Turchia – dove nel 1908 era cominciata la rivoluzione dei "Giovani turchi" – che veniva definitivamente estromessa dall'Europa, mentre si faceva sempre più acuto il contrasto tra Austria e Serbia (protetta dalla Russia).

3 La *belle époque* e le sue contraddizioni

Il periodo a cavallo tra '800 e '900, definito *belle époque*, epoca bella, fu segnato dalla crescita della società europea, ma anche da forti tensioni politiche e sociali. In Francia restavano forti le correnti contrarie alle istituzioni repubblicane. Tra la fine dell'800 e l'inizio del '900, queste correnti si coagularono intorno al caso del capitano Dreyfus – un ufficiale ebreo ingiustamente condannato per spionaggio – che divenne simbolo della spaccatura dell'opinione pubblica. Le forze progressiste ebbero una vittoria sul piano elettorale, che diede inizio a un periodo di governi a direzione radicale. In Gran Bretagna, a cavallo fra i due secoli, la vita politica fu dominata dalla coalizione tra conservatori e unionisti, che cercarono di unire resistette al tempo e ricoprì un ruolo fondamentale nella cultura fascista e soprattutto in quella nazista. Il nazismo ebbe anzi tra i suoi principali obiettivi quello di eliminare alla radice il problema della diversità mandando a morte o, nel migliore dei casi, sterilizzando quelle categorie di persone che tradizionalmente rappresentavano la diversità (ebrei, zingari, omosessuali, malati mentali, ma anche oppositori politici). Contro la diversità fisica dovuta a malformazioni ereditarie, Hitler dispose l'attuazione di un programma di **eugenetica** (ricerca dei modi per migliorare una popolazione attraverso la selezione genetica) nel corso del quale furono uccisi circa 70 mila disabili e altri 400 mila "diversi" furono sterilizzati.

Dopo la seconda guerra mondiale, il concetto di uguaglianza tra i popoli e le persone è stato ampiamente recepito dalle costituzioni nazionali: l'articolo 3 della **Costituzione italiana** dichiara, per esempio, che «Tutti i cittadini hanno pari dignità sociale e sono eguali davanti alla legge, senza distinzione di sesso, di razza, di lingua, di religione, di opinioni politiche, di condizioni personali e sociali». Tuttavia, la paura del diverso è ancora drammaticamente presente in molti paesi.

A partire dagli anni '90, l'aumento considerevole dell'immigrazione in Italia e negli Stati dell'Europa centrale in molti casi ha dato nuovo impulso ad atteggiamenti di insofferenza verso le diversità etniche. In Italia, Francia, Olanda, Austria, Finlandia, Ungheria e perfino nella multietnica Gran Bretagna si sono sviluppati alcuni partiti e movimenti politici di ispirazione xenofoba o apertamente razzista. Indipendentemente dai concreti problemi di convivenza e di ordine pubblico che una immigrazione incontrollata può causare, la paura delle diversità rischia di diventare una risorsa utile per politici in cerca di consenso.

Ultra-nazionalisti russi in marcia a Mosca, 1998
[© Yuri Kochetkov/epa/Corbis]
La crisi del regime comunista e la fine dell'Unione Sovietica (1991) hanno risvegliato in alcuni settori della società russa tendenze ultra-nazionaliste e xenofobe. In questa immagine, nel corso di una manifestazione, un gruppo di ultra-nazionalisti russi urla lo slogan «la Russia ai russi», facendo ampio uso di simboli di matrice nazista.

all'espansione imperialistica una politica di riforme sociali. Il successo dei liberali (1906) segnò un mutamento in senso progressista, che trovò il suo momento più importante nella battaglia per la riduzione dei poteri della Camera dei Lords.

4 La Germania guglielmina

In Germania il "nuovo corso" di Guglielmo II non segnò, al di là dell'allontanamento di Bismarck, un effettivo mutamento di indirizzi: la più aggressiva politica estera della Germania guglielmina rafforzava, anzi, la tradizionale alleanza tra grande industria, aristocrazia terriera e vertici militari, e finiva con l'ottenere l'appoggio di tutte le forze politiche, socialdemocratici esclusi. Nell'Impero asburgico, infine, il più grave problema era rappresentato dalle agitazioni autonomistiche delle varie nazionalità, anzitutto degli slavi.

5 I conflitti di nazionalità nell'Impero austro-ungarico

Nell'Impero asburgico convivevano sviluppo e arretratezza: lo sviluppo economico rimaneva limitato ad alcune aree, mentre il sistema politico e la struttura sociale delle campagne erano caratterizzati da un sostanziale immobilismo. Il problema più grave era rappresentato però dalle agitazioni autonomistiche delle varie nazionalità, anzitutto degli slavi. Queste tensioni interne all'Impero avrebbero causato l'inizio della prima guerra mondiale.

6 La Russia: la rivoluzione del 1905 e la guerra col Giappone

Grazie all'intervento diretto dello Stato e all'afflusso di capitali stranieri si verificò, nella Russia degli anni '90, un primo decollo industriale. La società russa rimaneva però fortemente arretrata. Tutte le sue contraddizioni si rivelarono nella rivoluzione del 1905, contesto nel quale nacquero nuovi organismi rivoluzionari, i *soviet*. Ristabilito l'ordine e svuotato l'esperimento parlamentare della Duma, fu varata dal primo ministro Stolypin una riforma agraria che mirava a creare una piccola borghesia rurale, ma non riuscì, tuttavia, a risolvere gli enormi problemi delle campagne. Nel 1905 il Giappone attaccò e sconfisse la Russia, provocandone il ridimensionamento nel contesto internazionale. Per la prima volta nell'età moderna un paese asiatico era riuscito a battere in un'autentica guerra una grande potenza europea.

7 La Repubblica in Cina

All'inizio del '900 sorse in Cina un movimento nazionalista e democratico, guidato da Sun Yat-sen, che mirava all'indipendenza nazionale e alla istituzione nel paese di una democrazia rappresentativa. La decisione di affidare a imprese straniere il controllo della rete ferroviaria scatenò una rivoluzione che rovesciò la dinastia Qing. La presidenza della neonata repubblica fu data a Sun Yat-sen, ma le forze conservatrici presero presto il sopravvento, inaugurando così una lunga stagione di guerre civili.

8 L'imperialismo statunitense

Durante la presidenza di Theodore Roosevelt (1901-8), la politica estera americana fu aggressiva e di stampo imperialista. Il risultato più importante fu la realizzazione e il controllo, in America Latina, del canale di Panama, che collegava l'Atlantico al Pacifico. Sul piano interno, Roosevelt mostrò particolare sensibilità e apertura verso i problemi sociali. Le divisioni nel Partito repubblicano favorirono nel 1912 l'elezione del democratico Wilson, che riprese l'impegno sociale di Roosevelt, inserendolo però in un quadro politico e ideologico assai diverso. Fu questo presidente, poco propenso a una politica estera fondata sulla forza delle armi, a portare gli Stati Uniti in guerra nel 1917 (prima guerra mondiale).

9 L'America Latina e la rivoluzione messicana

Nei trent'anni precedenti la prima guerra mondiale i paesi latino-americani registrarono un notevole sviluppo economico, che tuttavia non attenuò la loro dipendenza dagli Stati industrializzati dell'Occidente. Le campagne erano dominate dal latifondo, mentre una ristretta oligarchia terriera controllava la vita sociale e politica. I maggiori mutamenti sul piano politico furono la vittoria dei radicali in Argentina e la rivoluzione messicana. Quest'ultima, cominciata nel 1910 e condizionata dal conflitto fra le sue varie componenti, scatenò una guerra civile che si concluse solo nel 1921 con la vittoria dei democratici.

SVILUPPARE LE COMPETENZE

❶ Di seguito trovi 5 abbinamenti tra alcuni degli argomenti salienti del capitolo. Commenta in brevi testi di 4 righe il legame esistente tra le parti di ciascun binomio:

1. Triplice alleanza	**a.** Triplice intesa
2. "Giovani turchi"	**b.** modernizzazione dello Stato
3. Prima guerra balcanica	**c.** Seconda guerra balcanica
4. Alfred Dreyfus	**d.** Antisemitismo
5. Liberali inglesi progressiva	**e.** Politica fiscale

❷ Rispondi ai quesiti impiegando il numero di righe indicato fra parentesi:

a. Qual è il nesso esistente tra *Weltpolitik*, imperialismo e socialdemocrazia tedesca? (10 righe)
b. Quali sono le ragioni che spinsero, in Austria-Unagheria, a una monarchia prima dualistica e poi trialistica? (10 righe)

❸ Scrivi un testo di 12 righe sulla rivoluzione russa del 1905. Per svolgere più facilmente questo compito utilizza come schema (nell'ordine in cui ti vengono dati) gli argomenti elencati di seguito:

a. Sistema autocratico
b. Decollo industriale
c. Guerra col Giappone
d. "Domenica di sangue"
e. *Soviet*
f. Duma
g. Pëtr Stolypin

❹ Nella tabella trovi date, fatti e protagonisti della storia della Cina, Stati Uniti e Messico a cavallo tra '800 e '900. Collega correttamente gli elementi e poi riorganizzali in tre testi di 10 righe ciascuno, uno per paese:

Fatti	Protagonisti	Date
A. Fonda un'organizzazione segreta	**1.** Theodore Roosevelt	**i.** gennaio 1912
B. Dichiara decaduta la dinastia Qing ed elegge Sun Yat-sen	**2.** Yuan Shi-kai	**j.** 1913
C. Si schiera dalla parte dei repubblicani e viene nominato presidente al posto di Sun Yat-sen	**3.** Francisco Madero	**k.** aprile 1912
D. Apre il canale di Panama dopo averlo fatto realizzare	**4.** assemblea rivoluzionaria	**l.** 1911
E. Lotta contro i grandi monopoli per la riduzione delle tariffe protettive	**5.** Sun Yat-sen	**m.** 1921
F. Scioglie il Parlamento e instaura una dittatura personale appoggiata dalle potenze straniere	**6.** Alvaro Obregón	**n.** 1914
G. Viene eletto presidente quando Díaz è costretto ad abbandonare il paese	**7.** Woodrow Wilson	**o.** 1913
H. Viene eletto presidente dopo una lunga e violenta guerra civile e vara una Costituzione democratica e laica	**8.** Yuan Shi-kai	**p.** 1905

21 L'ITALIA DAL 1870 AL 1914

1 L'Italia liberale

Il periodo che va dal completamento dell'unità nel 1870, con la presa di Roma, al 1914, l'anno dello scoppio della prima guerra mondiale, viene convenzionalmente ricordato come quello dell'«Italia liberale». È una definizione che coglie innanzitutto l'ideologia prevalente della classe dirigente al potere, ma non registra tutte le diverse tendenze e pratiche di governo racchiuse in quel lungo arco di tempo. E soprattutto, nel limitarsi alla dimensione politica, coglie appena la varietà delle trasformazioni che l'Italia conobbe in quasi un cinquantennio.

Sono almeno **tre le fasi** principali di questa evoluzione politica:

- la prima (1870-87) vede dapprima il declino della Destra storica, poi **il passaggio del governo alla Sinistra**, infine l'avvio della pratica del "trasformismo" che di fatto annulla i tradizionali confini fra maggioranza e opposizione [👁 21.2-4];
- la seconda (1887-1901) è quella degli **esperimenti autoritari**, imposti prima dalla forte personalità di Francesco Crispi, poi tradotti in progetti volti ad accrescere i poteri dell'esecutivo e della Corona a scapito di quelli del Parlamento [👁 21.6-8];
- la terza (1901-14) è determinata dalla risposta del liberalismo riformatore di Giovanni Giolitti: una fase – **l'età giolittiana** – che si chiude, dopo un decennio di progressi economici e civili, con momenti di forte conflittualità sociale, premessa dei contrasti che precedono l'entrata in guerra del 1915 [👁 21.9-10].

L'uscita di scena di molti protagonisti del periodo risorgimentale (Mazzini morì nel 1872, Pio IX e Vittorio Emanuele II nel 1878, Garibaldi nel 1882) portò a un graduale rinnovamento della classe politica, anche se quasi tutti i presidenti del Consiglio dell'Italia liberale erano uomini anziani, talora molto anziani. Non si trattò dunque di un ringiovanimento anagrafico ma dell'apporto che venne dalla nascita di nuovi partiti e movimenti – socialisti, cattolici e nazionalisti – divenuti via via protagonisti tra la fine dell'800 e il primo decennio del '900.

L'Italia si sviluppava lungo un percorso segnato dal progressivo allargamento del suffragio e da una graduale democratizzazione: ma non era un percorso lineare, quanto piuttosto un itinerario intervallato da momenti di crisi profonda tanto nella politica interna – lo scandalo della Banca Romana, i moti del '98 – che in quella internazionale.

Le iniziali ambizioni coloniali vennero duramente sconfitte nel 1896 (nella guerra italo-abissina) salvo rivalersi con la conquista della Libia nel 1912. In questo campo l'Italia tentò a fatica di inserirsi nella dominante politica imperialista, riuscendo a garantirsi alcuni possessi coloniali in Eritrea, in Somalia e, appunto, in Libia.

Anche la politica economica seguì l'esempio degli altri grandi paesi europei con l'a-

dozione del protezionismo volto a tutelare le prime fasi di sviluppo industriale che sarebbe decollato tardivamente a partire dal 1896.
Nel confronto col resto dell'Europa, nonostante i grandi progressi dell'età giolittiana, l'Italia scontava l'antica arretratezza e una permanente conflittualità sociale a cui si aggiungevano gli strascichi dei difficili rapporti con la Chiesa di Roma: contrasti solo parzialmente superati con l'ingresso in Parlamento, nel 1913, di cattolici alleati ai liberali per ostacolare la minaccia dell'ascesa socialista nella prima applicazione del suffragio universale maschile.
Ma già allora il sistema liberale, e in particolare la politica dell'ultimo decennio guidata da Giolitti, vedeva, come in altri paesi europei, l'emergere di forze ostili a quel sistema rappresentativo parlamentare che fino allora, grazie anche al trasformismo, era riuscito a superare molte fasi difficili e a garantire la modernizzazione del paese.

GUIDA ALLO STUDIO

❶ In quante e quali fasi può essere divisa la storia della cosiddetta "Italia liberale"? ❷ Come descriveresti il percorso di democratizzazione compiuto dall'Italia durante l'età liberale? ❸ Quali elementi differenziavano l'Italia dal resto d'Europa?

2 Dalla Destra alla Sinistra

La fine del governo della Destra

Nel 1876 il governo passò dalla Destra alla Sinistra. L'anno precedente, grazie alla severa politica fiscale impostata dal ministro delle Finanze Quintino Sella, era stato **raggiunto il pareggio nel bilancio statale**. Ma ormai, in Parlamento e nel paese, erano molti a chiedere una politica meno rigida e restrittiva, che lasciasse più ampi margini alla formazione della ricchezza privata.

Giuseppe Pellizza da Volpedo
Il Quarto Stato
1895-1901
[Galleria d'Arte Moderna, Milano]

Iniziato nel 1895 e portato a termine nel 1901, questo famoso dipinto di Giuseppe Pellizza da Volpedo propone, per la prima volta in Italia, il proletariato come soggetto di un'opera d'arte. Dalla tela del pittore piemontese emerge chiaramente come ormai in Italia, anche se tardivamente rispetto agli altri paesi europei, lo sviluppo industriale era decollato con tutte le sue conseguenze sociali, oltre che economiche. Usando come modelli i suoi parenti e i suoi concittadini, Pellizza da Volpedo raffigura l'avanzare compatto verso la conquista dei propri diritti di una folla di lavoratori cosciente della propria forza.

La Destra appariva divisa mentre buona parte della Sinistra parlamentare si veniva spostando su posizioni più moderate: venne così emergendo una **"Sinistra giovane"**, espressione di una borghesia (soprattutto meridionale) poco sensibile alla tradizione democratico-risorgimentale e attenta piuttosto alla tutela di interessi locali.

Furono comunque le **divisioni della Destra** ad aprire alla Sinistra la via del governo. Nel marzo 1876 il governo Minghetti, messo in minoranza sul suo progetto di passaggio alla gestione statale delle ferrovie, fino allora affidate ai privati, presentò le dimissioni. Pochi giorni dopo, il re chiamò a formare il nuovo governo Agostino Depretis, che costituì un ministero interamente composto da uomini della Sinistra. Nelle elezioni politiche del novembre di quell'anno, il nettissimo successo della Sinistra fu anche dovuto alle pesanti ingerenze del governo. D'altro canto, il risultato confermò il carattere irreversibile del declino della Destra.

DOC
Federico De Roberto
Una campagna elettorale

ONLINE

La Sinistra e i governi Depretis

Col 1876 si apriva una nuova fase nella storia politica dell'Italia unita. Giungeva al potere un ceto dirigente quasi del tutto nuovo a esperienze di governo, diverso per formazione e per estrazione sociale da quello che aveva retto il paese nel primo quindicennio di vita unitaria.

La Sinistra parlamentare aveva in realtà fortemente attenuato la sua originaria connotazione radical-democratica e aveva accolto nel suo seno componenti moderate o addirittura conservatrici. Ciononostante, la nuova classe dirigente riuscì a esprimere l'aspettativa di democratizzazione della vita politica diffusa in larga parte della società: tentò infatti, pur con molte incertezze e cautele, di ampliare le basi della politica e seppe venire incontro alle esigenze di una borghesia in crescita.

Il protagonista indiscusso di questa fase, **Agostino Depretis**, già leader della Sinistra all'opposizione, fu capo del governo, salvo brevi interruzioni, per oltre dieci anni. Mazziniano in gioventù, approdato poi a posizioni più moderate, parlamentare espertissimo, Depretis riuscì a contemperare con molta abilità le spinte progressiste e le tendenze conservatrici presenti nella nuova maggioranza. Il programma della Sinistra era basato su pochi punti fondamentali: **ampliamento del suffragio elettorale**, maggiore **sostegno all'istruzione elementare**, **sgravi fiscali** soprattutto nel settore delle imposte indirette, **decentramento amministrativo**.

Quest'ultimo impegno fu accantonato mentre gli altri ebbero attuazione, anche se a volte tardiva. La prima riforma fu quella dell'istruzione elementare. Una legge del 1877 – nota come **legge Coppino** dal nome del ministro che la presentò – ribadiva l'obbligo della frequenza scolastica portandolo fino ai nove anni. Tuttavia, a causa delle ristrettezze in cui versava la maggioranza delle famiglie italiane e della scarsa capacità dei comuni di provvedere ai compiti loro spettanti, non ci fu una reale attuazione dell'obbligo scolastico: fino alla fine del secolo la percentuale di analfabeti si mantenne molto elevata, pur diminuendo costantemente.

La riforma elettorale del 1882

Legato al problema dell'istruzione era quello dell'ampliamento del suffragio. La nuova legge elettorale, approvata dalla Camera all'inizio del 1882, introduceva infatti come **requisito fondamentale l'istruzione**, concedendo il diritto di voto a tutti i cittadini che avessero compiuto il ventunesimo anno d'età – la legge precedente fissava l'età minima a 25 anni – e avessero superato l'esame finale del corso elementare obbligatorio, o dimostrassero comunque di saper leggere e scrivere.

Il **requisito del censo** era mantenuto, in alternativa a quello dell'istruzione, e abbassato di circa la metà (da 40 a 20 lire di imposte annue pagate). A causa dell'alto tasso di analfabetismo, la consistenza numerica dell'elettorato restava sempre piuttosto esigua: poco più di 2 milioni, pari al 7% della popolazione e a circa un quarto dei

ONLINE

Parola chiave
Trasformismo

Storiografia
G. Sabbatucci
Trasformismo e sistema politico

maschi maggiorenni. Il corpo elettorale risultava tuttavia più che triplicato rispetto alle ultime consultazioni e, quel che più conta, profondamente modificato nella composizione. Grazie alla nuova legge accedeva alle urne anche una frangia non trascurabile di artigiani e operai del Nord. Per questo, le prime elezioni a suffragio allargato (ottobre 1882) videro l'ingresso alla Camera del primo deputato socialista, il romagnolo **Andrea Costa**.

Il trasformismo La riforma elettorale dell'82 segnò il coronamento, ma anche il punto terminale, della breve stagione di riforme della Sinistra. Furono proprio le preoccupazioni suscitate dall'ampliamento del suffragio e dal conseguente prevedibile rafforzamento dell'estrema sinistra a favorire quel processo di convergenza fra le forze moderate di entrambi gli schieramenti, che nacque da un accordo elettorale fra Depretis e il leader della Destra Minghetti e che prese il nome di trasformismo. La sostanza del trasformismo non stava – come sosteneva Depretis – nella "trasformazione" dei moderati in progressisti, ma piuttosto nel **venir meno delle tradizionali distinzioni ideologiche fra Destra e Sinistra e nella rinuncia, da parte di quest'ultima, a una precisa caratterizzazione**.

La maggioranza non era più definita sulla base di discriminanti programmatiche, ma veniva "costruita" giorno per giorno a forza di compromessi e patteggiamenti: una situazione che provocava un sostanziale rallentamento nell'azione di governo, oltre che un netto scadimento nella qualità della vita politica.

La **svolta moderata di Depretis** ebbe come conseguenza il **definitivo distacco dalla maggioranza dei gruppi democratici** più avanzati che, pur avendo accantonato la pregiudiziale repubblicana, continuavano a battersi per il suffragio universale, per una politica estera antiaustriaca, per una politica ecclesiastica più decisamente anticlericale e per un più vasto impegno in favore delle classi disagiate. Sotto la guida di **Agostino Bertani**, e poi di **Felice Cavallotti**, questo gruppo – che, con termine mutuato dalla Francia della Terza Repubblica [👁 17.5], fu chiamato **radicale** – svolse negli anni '80 un ruolo di combattiva opposizione contro le maggioranze trasformiste.

GUIDA ALLO STUDIO

❶ Perché la Destra perse le elezioni del 1876? ❷ Qual era il programma di governo della Sinistra? ❸ Che cosa accadde in seguito alla legge elettorale del 1882? ❹ Che cosa si intende con il termine "trasformismo"? ❺ Chi erano i radicali?

Il governo Depretis in una vignetta satirica
La vignetta mostra i ministri del governo Depretis mentre "saltano la cavallina": in questo modo gli oppositori interpretavano la politica del "trasformismo".

3 La politica economica protezionista

La crisi agraria La Sinistra allentò la dura politica fiscale fino allora praticata e la contestata **tassa sul macinato** fu considerevolmente ridotta nel 1880, per essere poi del tutto abolita nell'84 [👁 14.4]. Venne contemporaneamente aumentata la spesa pubblica, sia per coprire le accresciute esigenze militari sia per accontentare le richieste dei vari gruppi di interesse su cui si reggeva la maggioranza. Questa politica provocò, fin dall'inizio degli anni '80, la ricomparsa di un crescente **deficit nel bilancio statale**, senza peraltro riuscire a superare le difficoltà economiche dovute in primo luogo all'arretratezza del settore agricolo.

I pochi miglioramenti avevano riguardato soprattutto le zone e i settori già relativamente progrediti: le terre irrigue della pianura lombarda e le colture "specializzate" del Mezzogiorno (olivi, agrumi e soprattutto uva da vino). Altri mutamenti significativi si erano avuti, fin dall'inizio degli anni '70, in alcune zone della Bassa Padana, in particolare nel Ferrarese: qui grandi **lavori di bonifica** promossi da imprenditori capitalisti avevano sconvolto la fisionomia del paesaggio agrario e attirato vaste masse di braccianti. In tutto il resto d'Italia, però, la situazione dell'agricoltura non era molto cambiata rispetto ai primi anni dell'unità né erano migliorate le condizioni dei lavoratori delle campagne, oppressi da contratti arcaici, sottopagati, malnutriti, analfabeti nella stragrande maggioranza.

La situazione si aggravò quando, a partire dal 1881, l'Italia cominciò a risentire gli effetti della crisi che investì in quegli anni l'agricoltura europea [👁 16.1]: un brusco **abbassamento dei prezzi** colpì in primo luogo i cereali e poi tutto l'insieme dei prodotti agricoli, a eccezione delle colture da esportazione che non subivano la concorrenza d'oltreoceano. Al calo dei prezzi seguì un **calo della produzione**, con conseguenze gravissime per tutte le categorie produttive legate all'agricoltura. Anche gli effetti sociali della crisi agraria furono analoghi a quelli già osservati per l'insieme dei paesi europei: **aumento della conflittualità nelle campagne** e rapido **incremento dei flussi migratori** verso i centri urbani e soprattutto verso l'estero. Fra il 1881 e il

Tranne poche eccezioni, nell'ultimo decennio dell'800 in Italia non ci furono miglioramenti delle tecniche di coltivazione e dei sistemi di organizzazione agraria; al contrario, per far fronte ai consumi crescenti delle città, si adottarono soluzioni più semplici ma meno efficaci, come quella di mettere a coltura terre marginali e poco produttive. Il pittore toscano Giovanni Fattori, dopo aver ritratto eventi e luoghi simbolo del Risorgimento italiano, concentrò la sua attenzione sull'umile condizione dei contadini della Maremma.

Giovanni Fattori
Contadino con maiali presso un carro di buoi
1894
[Galleria d'Arte Moderna, Firenze]

1901 abbandonarono definitivamente l'Italia più di 2 milioni di persone. La crisi non solo distolse capitali dal settore agricolo, indirizzandoli verso altri impieghi, ma fece cadere le illusioni di chi ancora credeva che lo sviluppo economico italiano potesse fondarsi solo sull'agricoltura e sull'esportazione dei prodotti della terra.

Il protezionismo Gli esponenti della Sinistra erano, come i loro predecessori, avversi in linea di principio all'intervento dello Stato nell'economia. Queste convinzioni liberiste furono però scosse dall'andamento tutt'altro che brillante dell'economia nazionale e dall'esempio che veniva dagli altri Stati europei, soprattutto dalla Germania. Una decisa svolta in senso protezionistico era del resto invocata ormai da quasi tutti gli industriali e dagli stessi proprietari terrieri, un tempo incondizionatamente favorevoli al liberismo ma ora colpiti dalle conseguenze della crisi agraria.
Si giunse così nel 1887 al varo di una **nuova tariffa generale** che metteva al riparo dalla concorrenza straniera importanti settori dell'industria nazionale (i più favoriti, oltre al siderurgico, furono il laniero, il cotoniero e lo zuccheriero), colpendo le merci di importazione con pesanti dazi di entrata. In campo agricolo, il nuovo regime doganale fu esteso ai cereali: il **dazio sul grano** fu quasi triplicato fra l'87 e l'89. La tariffa dell'87 segnava una rottura definitiva con la prassi liberoscambista seguita negli anni '60 e '70 e poneva le basi di un **nuovo blocco di potere** economico fondato sull'**alleanza fra l'industria protetta e i grandi proprietari terrieri** (settentrionali e meridionali) e sull'intreccio non sempre limpido fra i maggiori gruppi di interesse e i poteri statali.

Gli effetti negativi È ormai opinione comune che la scelta protezionistica costituisse per l'Italia una sorta di passaggio obbligato sulla strada di quel decollo industriale poi realizzatosi a partire dagli ultimi anni dell'800. È certo tuttavia che, almeno nell'immediato, la tariffa dell'87 produsse una serie di conseguenze negative e accentuò gli **squilibri fra i vari settori dell'economia e fra le varie zone del paese**. I dazi doganali non proteggevano in modo uniforme i diversi comparti produttivi. Al forte sostegno accordato alla siderurgia, anche per motivi strategici legati agli armamenti, faceva riscontro la scarsa protezione di cui godeva l'industria meccanica (danneggiata oltretutto dal rialzo dei prezzi dei prodotti siderurgici). Per quanto riguarda l'agricoltura, l'introduzione del dazio sul grano provocò un immediato **rialzo del prezzo dei cereali** che, se da un lato rappresentò una boccata d'ossigeno per le aziende in crisi, dall'altro danneggiò i consumatori e contribuì a tenere in vita, soprattutto nel Mezzogiorno, arretrate realtà produttive. Contemporaneamente l'agricoltura meridionale veniva colpita nel suo settore più moderno: quello delle colture specializzate, che si reggeva soprattutto sulle esportazioni e che vide bruscamente chiudersi il suo principale mercato di sbocco. La tariffa dell'87 ebbe infatti come conseguenza una rottura commerciale, poi degenerata in vera e propria **guerra doganale con la Francia**, che era stata fino allora il principale partner economico dell'Italia e il maggior acquirente dei prodotti agricoli italiani (soprattutto seta e vino), la cui esportazione diminuì di oltre il 50%.

GUIDA ALLO STUDIO

❶ Come si modificò il bilancio statale agli inizi degli anni '80? ❷ Che cosa accadde nelle campagne italiane a partire dal 1881? ❸ Da chi era composto il nuovo blocco di potere in Italia? ❹ Quali furono le conseguenze della nuova tariffa doganale del 1887?

4 La politica estera e il colonialismo

La Triplice alleanza Anche per la politica estera italiana gli anni della Sinistra segnarono una svolta decisiva: nel **maggio 1882** il governo Depretis stipulò con la Germania e l'Austria-Ungheria il trattato della Triplice alleanza

[👁 17.4]. Questa scelta rappresentava una netta rottura con la tradizione risorgimentale, col prudente equilibrio mantenuto dai governi della Destra e col rapporto preferenziale con la Francia. La motivazione principale di questa decisione fu il desiderio di **uscire da una situazione di isolamento diplomatico** che appariva insopportabile in un'epoca dominata dalla logica di potenza.

Questo isolamento era apparso chiaramente nel 1881 quando la Francia, col consenso delle altre potenze, aveva occupato la **Tunisia** [👁 19.2] e l'Italia – che da tempo nutriva aspirazioni su quel territorio, anche per la presenza di una forte comunità di emigrati italiani – non aveva potuto far nulla per opporsi. Ne era seguito un grave deterioramento dei rapporti italo-francesi, destinato a far sentire i suoi effetti per oltre un quindicennio.

Per uscire dall'isolamento, l'Italia non aveva dunque altra strada se non quella dell'**accordo con Germania e Austria**, insistentemente sollecitato da Bismarck. La Triplice era un'alleanza di carattere difensivo, che impegnava gli Stati firmatari a garantirsi reciproca assistenza in caso di aggressione da parte di altre potenze. In concreto, l'Italia veniva coinvolta nel sistema di sicurezza bismarckiano senza ottenere dai nuovi alleati alcun vantaggio immediato, anzi rinunciando implicitamente alla rivendicazione storica delle **terre irredente**, cioè il Trentino e la Venezia Giulia, "non redente" ovvero non liberate dal dominio austriaco [👁 14.5]. Un problema questo che fu drammaticamente riproposto dal caso di **Guglielmo Oberdan**, un giovane triestino impiccato nel dicembre 1882 per aver progettato di attentare alla vita dell'imperatore austriaco Francesco Giuseppe.

La Triplice fu rinnovata a più riprese, ma le garanzie ottenute sulla carta dall'Italia nel 1887 – in particolare la clausola secondo cui ogni eventuale espansione austriaca nei Balcani doveva essere bilanciata da adeguati "compensi" per l'Italia – non vennero praticamente mai applicate. Come si sarebbe visto nel 1908 con l'annessione austriaca della Bosnia e dell'Erzegovina.

L'espansione coloniale in Africa orientale

Contemporaneamente alla stipulazione della Triplice, il governo Depretis, spinto da considerazioni di prestigio e dalla pressione di ristretti gruppi di interesse, aveva ritenuto opportuno porre le basi per una piccola iniziativa coloniale in Africa orientale. Il punto di partenza fu costituito dall'acquisto, nel 1882, della **Baia di Assab**, sulla costa occidenta-

Michele Cammarano
La battaglia di Dogali
1896
[Galleria Nazionale d'Arte Moderna, Roma]

Assieme a quella di Adua (1896) la sconfitta subita dalle truppe italiane a Dogali fu particolarmente traumatica per l'opinione pubblica, perché sminuì il mito della superiorità bellica dei bianchi. In questa immagine è interessante notare come all'ardore composto e plastico delle truppe italiane si contrapponga il confuso e violento attacco etiope. Il piccolo contingente italiano, composto da 500 soldati, si trovò infatti a fronteggiare un nemico molto più numeroso.

le del Mar Rosso [👁 ATLANTE_**55**]. Tre anni dopo fu inviato un corpo di spedizione che occupò una striscia di territorio tra la Baia di Assab e la città di **Massaua**. Questa zona, abitata da popolazioni nomadi, confinava con l'**Impero etiopico**, il più forte e il più vasto fra gli Stati africani indipendenti. L'Etiopia (o Abissinia, come veniva allora chiamata in Italia) era un paese economicamente molto arretrato, con una popolazione di fede cristiana e di confessione copta (secondo la tradizione dell'antica Chiesa cristiana d'Egitto); dedita in prevalenza alla pastorizia, essa aveva un'organizzazione di tipo feudale in cui l'autorità dell'imperatore, il ***negus***, era fortemente limitata da quella dei signori locali, i ***ras***, che disponevano di propri eserciti. In un primo tempo gli italiani cercarono di stabilire buoni rapporti con gli etiopi e di avviare una penetrazione commerciale. Ma, quando tentarono di ampliare il loro controllo territoriale verso l'interno, dovettero scontrarsi con la reazione del *negus* e dei *ras* locali. Nel **gennaio 1887** una colonna di 500 militari italiani fu sorpresa dalle truppe abissine del *ras* Alula e sterminata nei pressi di **Dogali**. La notizia della disfatta suscitò un'ondata di proteste in tutto il paese, in particolare tra i gruppi di estrema sinistra che si erano sempre opposti alla politica coloniale. Prevalse però l'esigenza di tutelare il prestigio nazionale: così la Camera accordò al governo i finanziamenti richiesti per l'invio di rinforzi e per il consolidamento della presenza italiana sulla fascia costiera.

GUIDA ALLO STUDIO

❶ Quale fu la funzione della Triplice alleanza? ❷ Quali erano le terre irredente? E perché erano definite così? ❸ Dove si indirizzò l'iniziativa coloniale del governo Depretis? ❹ Che cosa accadde a Dogali nel 1887?

ATLANTE 55_L'ITALIA IN AFRICA ORIENTALE

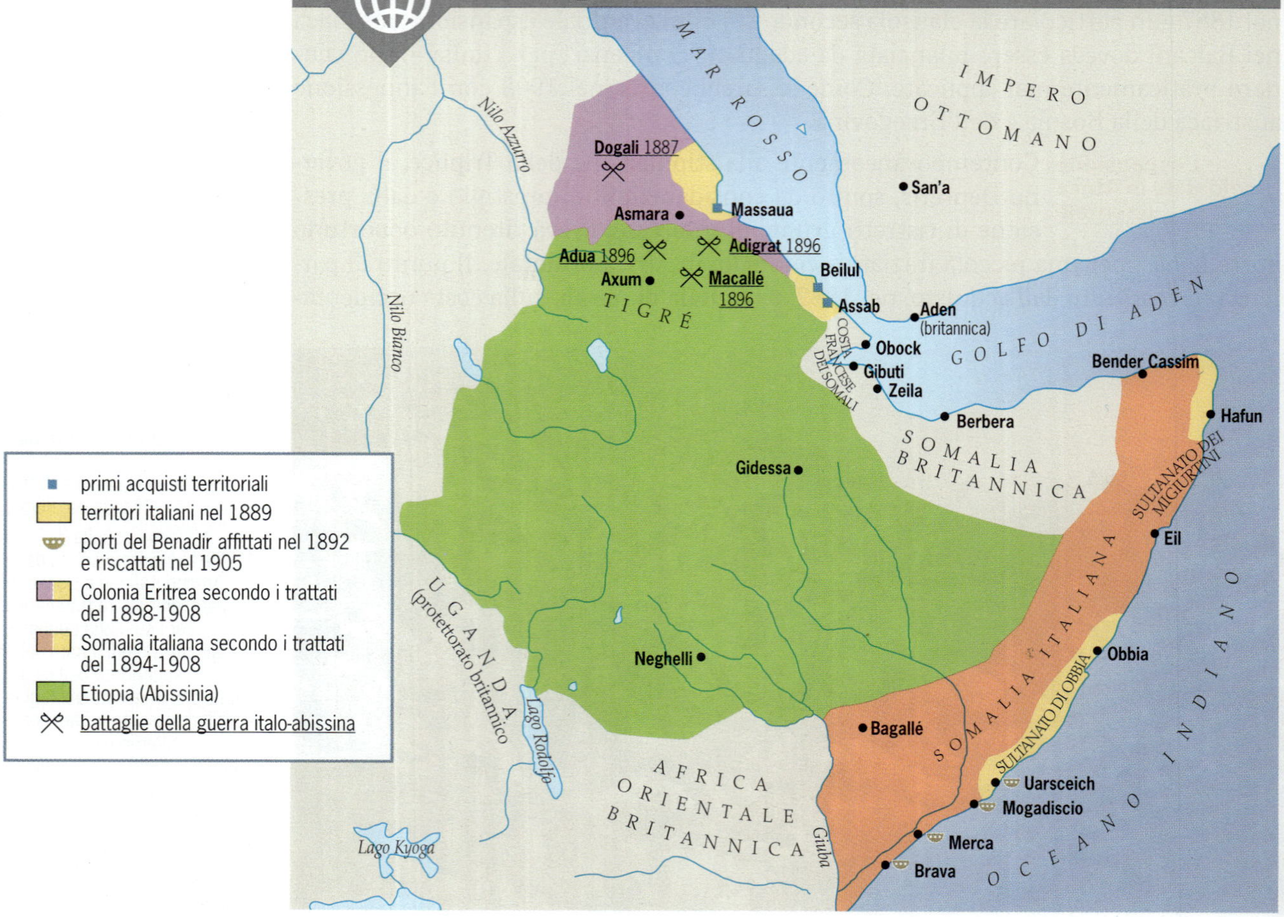

5 Socialisti e cattolici

Le società di mutuo soccorso

Il ritardo nello sviluppo industriale e la conseguente assenza di un proletariato di fabbrica numericamente consistente rallentarono in Italia la crescita di un movimento operaio organizzato. Del resto gli oltre 3 milioni di addetti all'industria, censiti nel 1871, erano per gran parte lavoranti di botteghe artigiane. Anche nelle unità produttive di maggiori dimensioni (specie nel settore tessile, dove era molto numerosa la manodopera femminile e minorile) accadeva spesso che gli operai alternassero stagionalmente il lavoro in fabbrica con quello nei campi; e molto diffuso, sempre nel settore tessile, restava il lavoro a domicilio.

Fino all'inizio degli anni '70, l'unica organizzazione operaia di una certa consistenza diffusa in tutto il paese fu quella delle società di mutuo soccorso, associazioni in parte controllate dai mazziniani e in parte organizzate da esponenti moderati. Concepite come strumenti di educazione del popolo più che come organismi di lotta, le società operaie avevano essenzialmente **scopi di solidarietà**, rifiutavano la lotta di classe e lo sciopero. Era dunque naturale che perdessero terreno quando cominciò a diffondersi nel paese l'internazionalismo socialista, che in Italia si ispirò, almeno in un primo tempo, più alle teorie anarchiche di Bakunin che a quelle di Marx [👁 15.7].

Anarchici e operaisti

La crescita del movimento internazionalista si dovette soprattutto all'opera di alcuni instancabili agitatori, come Carlo Cafiero, Andrea Costa, Errico Malatesta, che, fedeli a Bakunin, concentrarono i loro sforzi nell'organizzazione di **moti insurrezionali**, facendo leva soprattutto sul proletariato delle campagne. Il completo fallimento di questi tentativi convinse Andrea Costa che era necessario elaborare un programma concreto, impegnandosi nelle lotte di tutti i giorni e dando vita a un vero e proprio partito. La "svolta" di Costa trovò una prima attuazione con la nascita, nell'estate del **1881**, del **Partito socialista rivoluzionario di Romagna**, che rese possibile l'elezione di Costa nell'82. In realtà il partito rimase sempre una formazione locale, priva di legami con i nuclei operai più maturi e avanzati che intanto si andavano costituendo soprattutto in Lombardia. Fin dall'inizio degli anni '70, circoli operai, **leghe di resistenza** (queste ultime esplicitamente finalizzate alla organizzazione degli scioperi) erano venuti sorgendo in numerosi centri industriali e avevano dato un forte impulso all'azione rivendicativa dei lavoratori. Nell'82 alcune associazioni operaie milanesi decisero di dar vita a una formazione politica autonoma che prese il nome di **Partito operaio italiano** e che si presentò come un organismo rigidamente classista. Fermissimi nel respingere ogni apporto borghese, gli "operaisti" cercarono di stabilire un contatto con quel proletariato rurale della Bassa padana che fu protagonista dei **primi grandi scioperi agricoli nella storia dell'Italia unita**: particolarmente imponenti quelli che si svolsero nel Mantovano e nel Polesine nel 1884-85.

Filippo Turati

Fra il 1887 e il 1893 sorsero le prime **federazioni di mestiere** a carattere nazionale, vennero fondate le prime **Camere del lavoro** (organizzazioni sindacali a base locale), si accelerò anche la penetrazione del socialismo fra i lavoratori della terra grazie al movimento associativo fra i braccianti e i contadini della Valle padana. Per tutto il movimento di classe si poneva a questo punto il problema di una **organizzazione politica unitaria** capace di guidare e coordinare le lotte a livello nazionale. Il problema non era di facile soluzione a causa della frammentazione organizzativa e ideologica del movimento operaio italiano. Le opere di Marx, infatti, erano poco conosciute e l'unico autentico e originale teorico marxista allora attivo in Italia era il filosofo napoletano **Antonio Labriola**, amico e corrispondente di Engels. Ma Labriola era una figura sostanzialmente isolata tra i leader socialisti.

Fu invece un intellettuale milanese, Filippo Turati, il principale protagonista delle vicende che portarono alla fondazione del Partito socialista italiano. Nato nel 1857 da una famiglia dell'alta borghesia lombarda, Turati aveva militato da giovane nelle file della democrazia radicale. Decisivo per la sua formazione politica era stato l'incontro con **Anna Kuliscioff**, una giovane esule russa che aveva già alle spalle una notevole esperienza politica e una larga conoscenza del mondo socialista europeo. Ma non meno decisivo fu il contatto con l'**ambiente operaio di Milano**, già allora indiscussa capitale economica d'Italia e sede degli esperimenti più avanzati di associazionismo fra i lavoratori. La posizione di Turati, meno rigorosa sul piano teorico di quella di Labriola, fu molto chiara nelle scelte politiche di fondo: l'affermazione dell'autonomia del movimento operaio dalla democrazia borghese; il rifiuto dell'insurrezionalismo anarchico; il riconoscimento del carattere prioritario delle lotte economiche; l'esigenza di collegare queste lotte con quelle politiche e di inquadrarle in un progetto generale che aveva come obiettivo finale la socializzazione dei mezzi di produzione.

La fondazione del Partito socialista italiano

Nell'agosto del 1892 si riunirono a **Genova** i delegati di circa 300 fra società operaie, leghe contadine, circoli politici e associazioni di varia natura. Subito si delineò la frattura tra una maggioranza favorevole all'immediata costituzione di un partito e una minoranza contraria, formata dagli anarchici e da una parte degli aderenti al Partito operaio. Vista l'impossibilità di trovare un accordo, i delegati della maggioranza, guidati da Turati, abbandonarono la sala del congresso e, riunitisi in altra sede, dichiararono costituito il **Partito dei lavoratori italiani**, approvandone subito il programma e lo statuto. Il programma indicava come fine la **«gestione sociale» dei mezzi di produzione** e, come mezzo atto a raggiungerlo, «l'azione del proletariato organizzato in partito [...] esplicantesi sotto il doppio aspetto: 1) della lotta di mestieri per i miglioramenti immediati della vita operaia [...]; 2) di una lotta più ampia intesa a conquistare i poteri pubblici». Divenuto **Partito socialista dei lavoratori italiani** nel '93, due anni dopo il partito assunse il nome definitivo di **Partito socialista italiano**.

Bandiera socialista
inizio del XX sec.

Fondato nel 1892, il Partito socialista italiano adottò subito come proprio emblema la bandiera rossa. Solo dopo il 1919 fecero la loro comparsa, sullo sfondo rosso, la falce e il martello, simboli dell'unità tra lavoratori dei campi e operai. Nato dall'incontro dei gruppi socialisti dell'Italia centro-settentrionale con le organizzazioni operaie di stampo riformista, il Psi si sviluppò rapidamente: all'inizio del '900 poteva contare già su vasti consensi elettorali, su leghe e cooperative, al punto da poter essere considerato il primo, e per molti anni l'unico, partito organizzato sulla scena politica italiana.

I cattolici Se per la classe dirigente liberal-moderata il movimento socialista rappresentava una presenza minacciosa, sull'opposto versante politico non meno preoccupante era l'atteggiamento della massa dei cattolici militanti, fermi nella fedeltà al papa e nel conseguente rifiuto dello Stato uscito dal Risorgimento [👁 14.5]. I cattolici costituivano dunque una **forza eversiva nei confronti delle istituzioni unitarie** di cui non riconoscevano la legittimità: una forza tanto più pericolosa in quanto profondamente radicata nel tessuto sociale, in particolare nel mondo delle campagne. Il divieto papale di partecipare alle elezioni, formulato col ***non expedit*** del 1874, non si applicava alle elezioni amministrative né significava per il movimento cattolico la rinuncia a una presenza autonoma nella vita del paese. Proprio nel 1874, in un convegno tenuto a Venezia, un gruppo di autorevoli esponenti del mondo cattolico italiano (ecclesiastici e laici) decise di dar vita a un'organizzazione nazionale che fu chiamata **Opera dei congressi**: saldamente controllata dal clero, ebbe il compito di convocare periodicamente congressi delle associazioni cattoliche operanti in Italia, assicurando loro un più stretto collegamento. Il suo programma si riduceva a una dichiarazione di ostilità nei confronti del liberalismo laico, della democrazia e del socialismo, a una professione di fedeltà al magistero del pontefice e alla dottrina cattolica.

Qualche segno di apertura si ebbe dopo il 1878, in coincidenza con l'avvento al soglio pontificio di papa **Leone XIII**. Sotto il suo pontificato il movimento cattolico italiano accentuò il suo impegno sul terreno sociale, cui lo spingeva fatalmente la stessa tendenza a raccogliere una base di massa [👁 16.10]. Sorsero così, soprattutto in Lombardia e nel Veneto, società di mutuo soccorso, cooperative agricole e artigiane controllate dal clero e ispirate alla dottrina sociale cattolica.

GUIDA ALLO STUDIO

❶ Quali furono le prime organizzazioni socialiste italiane? ❷ Chi era Filippo Turati? ❸ Qual era il programma politico del Partito dei lavoratori italiani? ❹ I cattolici partecipavano alla vita politica? Qual è la posizione che tenne la Chiesa nei confronti delle istituzioni unitarie?

6 Crispi: rafforzamento dello Stato e tentazioni autoritarie

Il primo governo Crispi: riforme e repressione Alla morte di Depretis, nel **1887**, fu nominato **presidente del Consiglio** Francesco Crispi, la personalità più rilevante della Sinistra. Siciliano, temperamento forte e autoritario, primo meridionale a salire alla presidenza del Consiglio, Crispi poteva contare, in virtù del suo passato mazziniano e garibaldino, su ampie simpatie a sinistra, ma anche sulla fiducia dei gruppi conservatori, attratti dalle sue promesse di uno stile di governo più deciso ed efficiente, di chiara **impronta "bismarckiana"**.

Accentrando nella sua persona per quasi quattro anni, oltre alla presidenza del Consiglio, i ministeri degli Interni e degli Esteri, Crispi impresse in effetti una svolta all'azione di governo: si fece promotore di un'opera di riorganizzazione e di razionalizzazione dell'apparato statale, ma accentuò anche le spinte autoritarie e repressive. Nel 1888 fu approvata una legge comunale e provinciale che ampliava il diritto di voto per le elezioni amministrative e rendeva elettivi i sindaci dei comuni con più di 10 mila abitanti (fino allora di nomina regia). Nel 1889 fu varato un nuovo codice penale – noto come **Codice Zanardelli**, dal nome dell'allora ministro della Giustizia – che aboliva la pena di morte, ancora in vigore in tutti i maggiori Stati europei, e non negava il diritto di sciopero, riconoscendone implicitamente la legittimità. Questo riconoscimento fu di fatto contraddetto dalla **nuova legge di Pubblica sicurezza** che poneva gravi limiti alla libertà sindacale e lasciava alla polizia ampi poteri discrezionali, come quello di inviare al domicilio coatto, senza l'autorizzazione della magistratura, gli elementi ritenuti pericolosi. Di questi poteri Crispi si avvalse con molta frequenza, intervenendo duramente contro il movimento operaio, ma anche contro le organizzazioni cattoliche e contro i circoli irredentisti di ispirazione repubblicana.

I progetti coloniali di Crispi Crispi fu anche sostenitore dell'ascesa dell'Italia a grande potenza coloniale. Per realizzare il suo programma, puntò sul rafforzamento della Triplice alleanza e, all'interno di essa, sul consolidamento dei legami con l'Impero tedesco. Nelle intenzioni di Crispi, la Triplice doveva non solo garantire l'Italia da nuove iniziative francesi nel Mediterraneo, ma anche servire da base per una più attiva presenza in Africa. Nel 1890 i possedimenti italiani furono ampliati e riorganizzati col nome di **Colonia Eritrea**, mentre venivano poste le basi per una nuova espansione sulle coste della vicina **Somalia** [ATLANTE_55]. La politica coloniale di Crispi suscitava, però, perplessità in seno alla stessa

PERSONAGGI

Francesco Crispi

«Quell'uomo si dà tanta importanza! [...] Bada, Rosalino. Sii cauto!»: così un compagno di lotta mise in guardia da Crispi il patriota Pilo, in una lettera del 1850. La sicurezza di questo giovane cospiratore suscitava le antipatie anche dei suoi alleati. Nacque così, forse, l'immagine negativa che ne macchia ancora oggi la memoria: un voltagabbana che tradì le proprie radici rivoluzionarie per farsi uomo di potere autoritario. La storia di Francesco Crispi è la storia di un siciliano ambizioso, certo, ma guardando con attenzione alla sua biografia si trova molto di più della sua megalomania: la difesa del suffragio universale e del federalismo, l'attenzione per il popolo, la modernizzazione della macchina statale.
Crispi era nato nel 1818 a Ribera, un comune dell'Agrigentino. La sua famiglia veniva in realtà da Palazzo Adriano e faceva parte della locale comunità greco-albanese. Gli albanesi si erano installati in Sicilia nel '400, in fuga dai turchi. Francesco, però, lasciò sempre credere che la famiglia avesse in realtà origini latine e che fosse arrivata nella Penisola balcanica a seguito dell'esercito romano. Evidentemente, doveva aver provato imbarazzo per le sue **lontane origini albanesi** nell'Italia di quegli anni, ossessionata dal mito della continuità della stirpe italica dai Romani in poi. Tuttavia, il primo meridionale alla presidenza del Consiglio dei ministri del Regno d'Italia parlava albanese in famiglia e siciliano con i suoi conoscenti di Ribera, raramente in italiano. Come per molte altre icone risorgimentali, da Foscolo a Garibaldi, la scoperta della propria italianità sarebbe stata anche per lui una tappa fondamentale della sua formazione politica.
I Crispi erano commercianti e proprietari terrieri, coinvolti nell'amministrazione di Palazzo Adriano. Avevano però subito qualche rovescio economico quando nacque il loro primogenito. L'**ansia di riuscire nella vita** di Francesco doveva forse nascere dal desiderio di rinverdire la fortuna familiare. Erano proprio i genitori a motivarlo: già a sei anni venne mandato a scuola lontano da casa, a Villafranca; a undici anni, nel 1829, fu iscritto al Seminario greco di Palermo, visto che per tradizione ogni primogenito Crispi diventava prete. Sulla sua giovinezza sappiamo pochissimo, ma forse le **difficoltà economiche della famiglia** aumentarono, visto che nel 1835 abbandonò la prospettiva del sacerdozio per iscriversi alla facoltà di Giurisprudenza di Palermo. Erano anni in cui la carriera forense faceva sperare guadagni ben più consistenti delle rendite ecclesiastiche o dell'amministrazione degli affari di famiglia.
L'università non gli servì solo ad apprendere le basi del diritto, ovviamente. Si buttò con l'entusiasmo della sua giovane età nei dibattiti politici e letterari di quegli anni: il progresso contro la tradizione; il romanticismo contro il classicismo. Con lo stesso entusiasmo fece le sue prime prove d'amore, intrecciando molte relazioni. Non era mai stato bello, ma attraeva le donne con le sue palpebre pesanti e con la sua energia. Finì per innamorarsi della figlia di un orefice, Rosina, che sposò incinta contro il parere dei genitori. Fu un matrimonio breve e finito tragicamente: nel 1839 morirono Rosina e i due bambini, piccolissimi. Già l'anno dopo, però, Francesco avrebbe conosciuto Felicita, che gli diede un figlio.
Nel 1839 uscì il primo numero del giornale fondato da Crispi, **«L'Oreteo»**. Il suo fondatore e direttore aveva vent'anni, ma abbastanza ambizione per raccogliere contributi di autorevoli intellettuali di orientamento romantico e progressista. La prima funzione del giornale era permettere a Crispi di sbarcare il lunario e di farsi una reputazione. Dopo ulteriori dissesti finanziari dell'azienda paterna, infatti, per molto tempo non era stato in grado di pagarsi le tasse universitarie necessarie a laurearsi. Ci riuscì solo nel 1843 e si presentò subito al concorso per magistrato. L'esame fu superato con successo, ma la sua carriera di giudice non si avviò: probabilmente il ministero della Giustizia borbonico era preoccupato dalla sua attività giornalistica e politica.
Scelse allora di cercare fortuna a Napoli, celebre per i suoi avvocati, spesso apprezzati anche all'estero, e trovò in effetti lavoro presso uno studio legale. **L'ordine forense napoletano fu la sua scuola di liberalismo**: entrò in contatto con autorevoli liberali, partecipò alle discussioni sul futuro italiano e sulle occasioni d'insurrezione. Quando la rivoluzione scoppiò davvero, a **Palermo** il **12 gennaio del 1848**, Crispi partì subito per collaborare col comitato di guerra, assumendo un ruolo centrale. Cominciò così la fase rivoluzionaria della sua vita.
Agì soprattutto in difesa dell'indipendenza della Sicilia, e in particolare del suo antico Parlamento, soppresso dai Borbone nel 1815. Per questo motivo, si diceva favorevole a una soluzione federale della questione italiana. La questione dell'**autogoverno delle comunità locali** era al centro della sua proposta politica: «senza il Municipio la Nazione non esiste», avrebbe scritto qualche anno dopo. Nel corso

maggioranza, in quanto risultava troppo costosa per il bilancio dello Stato. Messo in minoranza, Crispi si dimise all'inizio del 1891.

Il primo governo Giolitti

Nel maggio **1892**, la presidenza del Consiglio passò al piemontese Giovanni Giolitti. Figura centrale del successivo trentennio di storia italiana, Giolitti, allora cinquantenne, si presentava con un **programma piuttosto avanzato**. In politica finanziaria mirava a una più equa ripartizione del carico fiscale, che risparmiasse i ceti disagiati e colpisse con aliquote più alte i redditi maggiori secondo il principio della **progressività delle imposte** (oggi universalmente accettato). In politica interna aveva idee innovatrici, contrarie all'intervento repressivo contro il movimento operaio e le organizzazioni popolari. Si rifiutò infatti di ricorrere a misure eccezionali contro i **Fasci dei lavoratori**, associazioni popolari (il termine "fascio" stava per "unione") sviluppatesi in Sicilia, che protestavano contro le tasse troppo pesanti e il malgoverno locale e chiedevano per i contadini terre da coltivare e patti agrari più vantaggiosi. Non si trattava di un movimento

della rivoluzione le sue posizioni si fecero sempre più democratiche, fino alla fondazione del "club dell'Apostolato", un circolo impegnato nell'**educazione del popolo**, la missione di tutta la sua vita politica. Assunte maggiori responsabilità in seno al comitato rivoluzionario, si impegnò a formare un **esercito popolare**, attraverso la coscrizione obbligatoria e l'assegnazione di terre demaniali alle famiglie che arruolavano un componente. Era un modo per coinvolgere nella rivoluzione gli strati popolari.
Nel 1849 la fine dell'esperimento rivoluzionario palermitano gli aprì la via dell'esilio. Le sue prospettive non erano rosee: non poteva tornare a esercitare la professione di avvocato, né trovare impiego alla corte torinese. Si mantenne col giornalismo, scrivendo soprattutto per i giornali patriottici animati dagli esuli. E a Marsiglia conobbe la savoiarda Rosalie Montmasson, sua moglie fino al 1875.
Fu il trasferimento a Torino a fargli fare il salto di qualità. Entrò in contatto con Cattaneo e Mazzini, e abbandonò definitivamente la linea dell'indipendentismo siciliano. Malta, Londra, Parigi, Lisbona, la Grecia, varie città italiane: come cospiratore dovette cambiare spesso domicilio prima di partire per la **Sicilia** con Garibaldi, il 6 maggio **1860**. Lì divenne il potente **"segretario di Stato" della dittatura garibaldina**, distinguendosi per i suoi provvedimenti popolari e anticlericali, ma anche per il suo pragmatismo. Si guadagnò così l'ingresso nel Parlamento italiano.
«Il tempo delle rivoluzioni è finito», sosteneva, e fu l'inizio della sua vita da statista. Si impegnò per diventare leader della Sinistra parlamentare, che si riconosceva ormai nella monarchia sabauda. Da questa posizione arrivò ad assumere ruoli sempre più istituzionali, come la presidenza della Camera, nel 1876, o vari ministeri, fino all'attesa nomina a capo del governo, nel 1887. Non erano mancati momenti di difficoltà, come quando, nel 1878, accusato di bigamia, si dimise da ministro: aveva sposato con rito civile la giovane Lina Barbagallo nonostante il matrimonio religioso contratto con Rosalie.
Tutta la sua attività politica fu volta a dare all'Italia un apparato statale forte, un insieme di istituzioni che rendessero viva la **presenza dello Stato nella società**. Per questo si sforzò di creare una tradizione culturale condivisa promuovendo il culto degli eroi della nazione, di rafforzare istituti come la scuola o gli ospedali, di organizzare la burocrazia nelle periferie, di inaugurare l'espansione coloniale in Africa per dare al paese maggior peso internazionale. L'eredità più importante lasciata da Crispi fu il potenziamento della macchina dello Stato, lo strumento di **modernizzazione** della società negli anni successivi.
Sempre in equilibrio tra varie correnti, nella fase finale della sua vita politica Crispi dovette fronteggiare l'ostilità dell'estrema sinistra, che non gli perdonava i metodi repressivi in politica interna; mentre si faceva sempre più accesa la rivalità con Giolitti: coinvolti entrambi nello **scandalo della Banca Romana**, i due furono protagonisti nel 1894 di uno scontro a base di dossier e di accuse scandalistiche. Il consenso interno sembrava in effetti affievolirsi. Perfino sul fronte africano, su cui tanto aveva puntato, la situazione andò peggiorando, fino alla disfatta di Adua del 1896. Le violente manifestazioni di piazza che seguirono il **fallimento della sua politica africana** lo costrinsero alle immediate dimissioni.
Morì così, lontano dal potere e depresso, nel 1901.

Ritratto fotografico di Francesco Crispi
fine XIX sec.
[Museo di Storia della Fotografia Fratelli Alinari, Firenze]

PERSONAGGI

rivoluzionario, anche se diede luogo ad alcune manifestazioni violente, né di un movimento socialista in senso stretto, ma suscitò tuttavia forti preoccupazioni fra i conservatori, ai quali non piacque l'atteggiamento, ritenuto debole, del presidente del Consiglio. L'ostilità dei conservatori – contrari anche ai progetti giolittiani di riforma fiscale – contribuì a indebolire il governo e ad accelerarne la caduta, che fu dovuta tuttavia alle conseguenze del grave **scandalo della Banca Romana**, responsabile dell'emissione fraudolenta di carta moneta e di finanziamento occulto di uomini politici e giornalisti. Giolitti, implicato nello scandalo, cadde e fu sostituito da Crispi, anche lui coinvolto nelle vicende della Banca, ma ritenuto l'uomo forte, capace di rimettere ordine nel paese e di arrestare la crescita delle organizzazioni operaie.

Il ritorno di Crispi e le leggi antisocialiste

Tornato al governo nel dicembre del 1893, Crispi affrontò con risolutezza una situazione che vedeva l'**opinione pubblica allarmata** dalla crisi economica, sconcertata dagli scandali bancari, spaventata dall'intensificarsi delle agitazioni in Sicilia. In campo economico il nuovo governo avviò una politica di risanamento del bilancio basata su pesanti inasprimenti fiscali e completò la riorganizzazione del dissestato sistema bancario, già iniziata da Giolitti, con una **legge che istituiva la Banca d'Italia**. Questa, nel 1926, avrebbe ottenuto il monopolio della emissione di carta moneta (e, a partire dal 1947, avrebbe svolto compiti di controllo sull'intero sistema bancario). In materia di ordine pubblico Crispi non esitò a ricorrere a misure eccezionali, convinto com'era che le agitazioni sociali costituissero un pericolo non solo per l'ordine costituito, ma per la stessa sicurezza dello Stato uscito dal Risorgimento.

Ai primi di gennaio del 1894 lo **stato d'assedio** fu proclamato in **Sicilia** e successivamente esteso alla **Lunigiana**, tra Toscana e Liguria, dove si era verificato, senza alcun nesso con gli avvenimenti siciliani, un tentativo di insurrezione anarchica. La repressione militare fu dura e sanguinosa e venne accompagnata da una più generale

Vignetta satirica: *Il colpo è riuscito*
[da «L'Asino», Anno II, n° 29, 1892]
«L'Asino» fu una rivista satirica sorta nel 1892 per iniziativa di due studenti, Guido Podrecca e Gabriele Galantara, entrambi di idee socialiste; la vivacità delle vignette e degli articoli segnarono il successo della rivista, che ebbe una vasta diffusione. Fino al 1901 bersagli preferiti furono il governo, gli scandali e, negli ultimi anni dell'800, l'uso della violenza contro i sindacati e gli scioperanti. In questa vignetta, comparsa in occasione dello scandalo della Banca Romana, Giolitti, con la calzamaglia da ladro, ruba i soldi della «Cassa pensioni».

repressione poliziesca estesa a tutto il paese e rivolta soprattutto contro circoli, leghe e giornali facenti capo al Partito socialista, che pure non aveva responsabilità dirette nel moto siciliano. Nel luglio 1894 il governo volle dare alla sua azione repressiva un carattere organico, facendo approvare dal Parlamento un complesso di leggi limitative della libertà di stampa, di riunione e di associazione. Queste **leggi, definite "antianarchiche"**, avevano in realtà come **obiettivo principale il Partito socialista**, che nell'ottobre fu dichiarato fuori legge: un provvedimento simile a quello varato da Bismarck nel 1878 [👁 17.4]. Gli effetti non furono però quelli sperati da Crispi. Le persecuzioni, infatti, non riuscirono a distruggere la già solida rete organizzativa del partito e accrebbero i favori di cui i socialisti godevano nella sinistra democratica e soprattutto negli ambienti intellettuali.

Adua e la caduta di Crispi

Ma il colpo definitivo per Crispi venne dal **fallimento della sua politica coloniale**. Già durante il suo primo governo, Crispi aveva cercato di stabilire una qualche forma di protettorato sull'Etiopia, intavolando col nuovo *negus* Menelik trattative che portarono, nel 1889, alla firma del **trattato di Uccialli**. Ma questo trattato, considerato dagli italiani come un implicito riconoscimento del loro protettorato, fu interpretato diversamente dagli etiopi, che

Henri Meyer
Caricatura di Francesco Crispi
1896
[da «Le Petit Journal», 9 febbraio 1896]

In Etiopia l'esercito italiano subì numerose sconfitte: in questa vignetta è rappresentato in chiave satirica l'assedio di Macallé dopo la resa italiana. Il negus Menelik II colpisce con un filone di pane Francesco Crispi che, in veste militare e con il cappello dei bersaglieri sul capo, soccombe. L'ulteriore sconfitta subita dagli italiani ad Adua nel 1896 significò anche la sconfitta personale e politica di Francesco Crispi dopo la resa italiana.

reagirono energicamente ai tentativi italiani di penetrazione ripresi dopo il ritorno al potere di Crispi. Fra Italia ed Etiopia si giunse così allo **scontro armato, culminato nel disastro di Adua del 1° marzo 1896**, quando un contingente italiano di 20 mila uomini (comprese le truppe coloniali) venne praticamente annientato dalle forze etiopiche. La sconfitta ebbe immediate ripercussioni in Italia: violente manifestazioni contro la guerra d'Africa scoppiarono a Roma, a Milano e in molte altre città, mentre Crispi fu costretto a dimettersi e uscì dalla scena politica.

EVENTI

La battaglia di Adua

La sconfitta subita, il 1° marzo 1896, dall'esercito italiano nei pressi della città di Adua in Etiopia rappresentò uno snodo fondamentale per l'Italia liberale: essa chiuse, infatti, la prima fase (1881-96) del colonialismo italiano. La battaglia di Adua – che, come si disse, fu la più grave sconfitta di un esercito europeo in Africa dai tempi di Annibale – diminuì il prestigio internazionale dell'Italia e costituì un **duro colpo per le teorie razziste** che consideravano quello africano un «popolo inferiore». Dal punto di vista africano, Adua fu interpretata come l'inizio della riscossa dei colonizzati e fu poi presa ad esempio dai movimenti per la decolonizzazione novecenteschi.

Nel 1890 i possedimenti italiani nell'Africa orientale erano stati unificati nella Colonia Eritrea, confinante lungo il fiume Mareb con l'Impero etiopico. Sul trono di quest'ultimo, nel 1889, era salito il *negus* **Menelik II**: ambizioso e modernizzatore, voleva preservare l'indipendenza etiopica, trattando con gli europei da pari e rifiutando le ipotesi di protettorato avanzate dall'interpretazione italiana del trattato di Uccialli.

Nonostante le rivalità tra i *ras* e l'instabilità della zona del Tigré, contesa tra bande armate e antiche dinastie, Menelik ricostruì un potere imperiale forte e accentrato, basato sull'esercito. In Etiopia, i titoli nobiliari corrispondevano ai ruoli militari: ad esempio, il titolo di *ras* era attribuito ai comandanti che erano anche governatori delle province dell'Impero. Ogni *ras* reclutava gli uomini su cui aveva autorità e, nella formazione dell'esercito, ad essi si aggiungevano le guardie del palazzo reale e i seguaci personali del *negus*.

Tornato al governo nel dicembre 1893, Crispi cominciò a sollecitare il colonnello **Oreste Baratieri**, governatore della Colonia d'Eritrea, ad allargare i possedimenti italiani verso il Tigré, la zona etiopica al confine con l'Eritrea. Il governatore iniziò così a organizzare alcune spedizioni, provocando la reazione dei *ras*. Dopo una ribellione anti-italiana fomentata da Mangascià, il *ras* del Tigré, nel dicembre 1894 Baratieri reagì portando le truppe italiane ad Adua, considerata "città santa" perché un'antica legge vietava che vi si eseguissero sentenze capitali e perché vicina ad Axum, dove si pensava fosse conservata la biblica Arca dell'Alleanza **[** ATLANTE_**55]**.

In risposta, **Mangascià** iniziò l'invasione dell'Eritrea, ma le truppe italiane lo respinsero e invasero il Tigré: alla fine di marzo 1895, annettendo alla Colonia d'Eritrea i territori che conquistavano, arrivarono ad Adigrat e Macallé e occuparono Adua, che rimase in mani italiane per i successivi otto mesi.

Menelik non poteva accettare la **perdita del Tigré**. Dopo aver riorganizzato e armato in modo moderno un esercito numeroso e profondamente motivato – in parte do-

La battaglia di Adua
fine XIX sec.

L'episodio di Adua e le reazioni che ne erano seguite avevano dimostrato quanto la guerra coloniale fosse poco sentita dalle masse popolari e da larghi strati della stessa classe dirigente e quanto illusorio fosse stato il tentativo di Crispi di cogliere successi di prestigio, per sé e per il paese, in un'avventura imperialistica a cui mancavano le indispensabili premesse ideologiche, politiche ed economiche.

GUIDA ALLO STUDIO

❶ Quali iniziative di politica interna ed estera furono varate dal governo Crispi? ❷ Perché Giolitti dovette abbandonare il governo? ❸ Quale fu lo scopo delle leggi "antianarchiche"? ❹ Come si concluse l'iniziativa coloniale di Crispi?

tandolo di armi acquistate dalla Russia e dalla Francia, in parte impiegando quelle avute dagli stessi italiani per affrontare il *negus* precedente –, il 17 settembre 1895 lanciò un appello per la mobilitazione generale, a cui risposero tra gli 80 mila e i 120 mila uomini, che si posero agli ordini di valenti comandanti, tra cui l'**imperatrice Taitù Batùl**, la moglie del *negus*.
Menelik rivolse quindi le sue truppe contro gli italiani per respingerli in Eritrea: in breve tempo, le truppe italiane riportarono delle dure sconfitte e conservarono il solo avamposto di **Adigrat**. Alle loro spalle, intanto, si svilupparono numerose ribellioni, a cui gli italiani risposero con incendi, esecuzioni sommarie e razzie.
In febbraio, l'esercito etiopico si stabilì ad Adua, non lontana dall'accampamento italiano. Il **29 febbraio**, Baratieri, spinto sia dai suoi generali sia da Crispi, decise di attuare una «dimostrazione offensiva» e di muovere **quattro brigate** – circa 20 mila uomini, compresi i combattenti eritrei (ascari) – verso l'accampamento degli etiopici, di cui sottovalutava la forza militare.
Le truppe italiane cominciarono a muoversi la sera del 29 febbraio: la brigata agli ordini del generale Albertone era posizionata a sinistra, quella guidata dal generale Arimondi al centro (con dietro, come riserva, gli uomini del generale Ellena) e quella con a capo il generale Dabormida a destra. Il terreno era roccioso e difficile: per avanzare, si doveva scendere dai monti e poi risalire, spesso perdendo il senso delle distanze e della profondità **[**👁 ATLANTE_**56]**.
Le truppe italiane – «costrette fra sassi e spini a marciare per uno, calzate in modo inverosimile» – incontrarono subito delle difficoltà e, a causa della mancanza di coordinamento e degli errori nelle mappe di cui erano dotate, persero i contatti tra di loro. La brigata di Albertone si trovò isolata: la mattina del 1° marzo, fu sconfitta in poche ore e il generale fu fatto prigioniero. Poco dopo, anche la brigata di Dabormida sbagliò posizione e fu sopraffatta dagli abissini: lo stesso generale morì nei combattimenti. L'identica sorte toccò ad Arimondi, sul terzo fronte della battaglia. Ovunque le truppe di Menelik, in schiacciante superiorità numerica, affrontarono e sconfissero le brigate italiane. I combattimenti furono durissimi: da una parte morirono circa 5000 italiani e 1000 ascari, dall'altra persero la vita circa 10 mila etiopici.
La **ritirata italiana** – non prevista nei piani – fu disastrosa: la stanchezza dei soldati, l'asprezza del terreno, i continui attacchi nemici la trasformarono in una vera e propria rotta. Le truppe italiane persero cannoni e fucili e furono fatti **prigionieri quasi 2000 italiani** e 800 ascari: questi ultimi furono puniti per aver combattuto contro il *negus* con l'amputazione della mano destra e del piede sinistro. Menelik, vittorioso, decise di porre fine alle ostilità, lasciando agli italiani i territori a nord del Mareb.
Giunta in Italia la notizia della sconfitta, **in molte città la popolazione manifestò contro la guerra e il governo Crispi**, a volte spinta dai socialisti (da sempre anticolonialisti), altre volte spontaneamente. Queste dimostrazioni durarono per sei giorni e assunsero anche caratteri tumultuosi: a Milano, negli scontri tra manifestanti e forze dell'ordine, rimase ucciso un giovane operaio. In varie località, accanto allo slogan «Abbasso Crispi!», fu gridato quello di «Viva Menelik»: lo stesso motto, diventato grido di protesta più ampio, risuonò poi nelle piazze anticolonialiste anche nel 1911, quando l'Italia riprese le sue aspirazioni d'oltremare.
Crispi fu costretto a dimettersi, mentre Baratieri, abbandonato dalla classe dirigente, fu processato dal tribunale militare ed estromesso dall'Esercito.
Il trattato di pace fu firmato ad **Addis Abeba** il **26 ottobre 1896**: l'Italia pagò un'indennità per la liberazione dei prigionieri e riconobbe la piena indipendenza etiopica. Dopo un anno, i prigionieri italiani, che erano stati trattati in modo abbastanza clemente, tornarono in patria: la loro esperienza di bianchi prigionieri in un paese ritenuto incivile fu considerata imbarazzante e cadde presto nell'oblio.
La gravità della sconfitta determinò, negli anni successivi, un vero e proprio **«complesso di Adua»** che condizionò la classe dirigente italiana, in bilico tra il timore di una nuova sconfitta e il desiderio di rivincita. Ancora a metà degli anni '30, il regime fascista, per giustificare la nuova impresa coloniale, si appellò all'imperativo di **«vendicare Adua»**: l'invasione dell'Etiopia iniziò simbolicamente proprio con un bombardamento sulla città, che pure non costituiva un obiettivo militare.

ATLANTE 56_LA BATTAGLIA DI ADUA

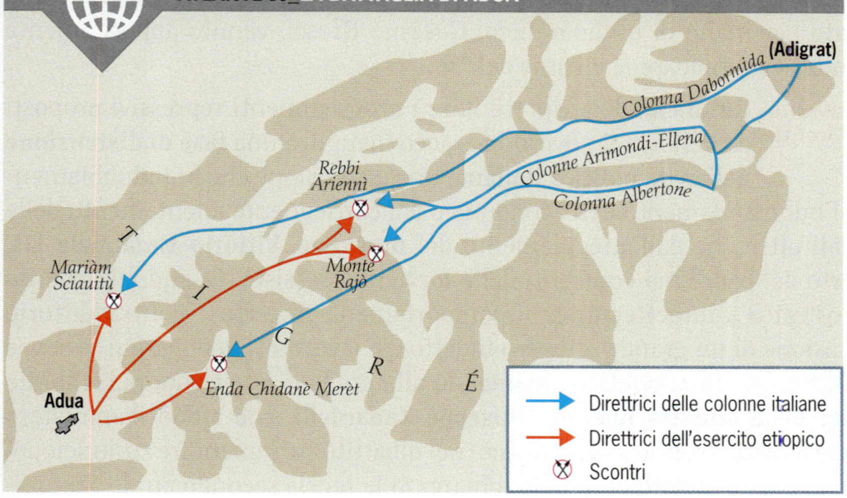

EVENTI

7 La crisi di fine secolo e la nuova politica liberale

I moti del '98

La caduta di Crispi non pose fine ai tentativi di risolvere le tensioni politiche e sociali con una restrizione delle libertà. Al contrario, negli anni che seguirono le dimissioni di Crispi si delineò tra le forze conservatrici – già divise sulla politica estera e sulle questioni coloniali – la tendenza a ricomporre un fronte comune contro le vere o supposte minacce portate all'ordine costituito dai «nemici delle istituzioni», socialisti, repubblicani o clericali che fossero. Questa tendenza si esprimeva anche nel tentativo di tornare a una interpretazione restrittiva dello Statuto che, rovesciando la prassi "parlamentare" affermatasi con Cavour, rendesse il governo responsabile di fronte al sovrano, lasciando alle Camere i soli compiti legislativi.

La tensione esplose nella primavera del 1898, quando un improvviso **aumento del prezzo del pane** – provocato da un cattivo raccolto e dal contemporaneo blocco delle importazioni di cereali dagli Stati Uniti – fece scoppiare in tutto il paese una serie di manifestazioni popolari. La risposta del governo guidato dal conservatore **Antonio Starabba di Rudinì** fu durissima, come se si dovesse fronteggiare un complotto rivoluzionario: prima massicci interventi delle forze di polizia, quindi **proclamazione dello stato d'assedio**, con conseguente passaggio dei poteri alle autorità militari, a Milano, a Napoli e nell'intera Toscana. La repressione fu particolarmente violenta a **Milano** dove le truppe, guidate dal generale Bava Beccaris, spararono sulla folla inerme anche con colpi a mitraglia dell'artiglieria provocando un centinaio di morti. Capi socialisti, radicali, repubblicani e anche esponenti del movimento cattolico intransigente furono incarcerati.

L'ostruzionismo dell'estrema sinistra

Dimessosi il presidente del Consiglio, Rudinì (giugno '98), il suo successore, il generale piemontese Luigi **Pelloux**, presentò alla Camera nel '99 un pacchetto di provvedimenti che limitavano gravemente il **diritto di sciopero** e la **libertà di associazione** [👁 21.10 STORIA•SOCIETÀ•CITTADINANZA]. I gruppi di estrema sinistra risposero con l'ostruzionismo, consistente nel prolungare all'infinito la discussione parlamentare. Allora Pelloux sciolse la Camera ma, dopo il risultato sfavorevole delle elezioni del giugno 1900, decise di dimettersi. Accettando le sue dimissioni e affidando la successione al senatore Giuseppe Saracco, un moderato ritenuto al di sopra delle parti, Umberto I mostrava di prendere atto del **fallimento della politica repressiva** che lo aveva visto fra i suoi più attivi sostenitori. Un mese dopo, il **29 luglio 1900, il re cadeva vittima di un attentato** per mano di un anarchico, Gaetano Bresci, venuto appositamente dagli Stati Uniti per vendicare le vittime del '98.

Il governo Zanardelli-Giolitti

Rinunciando a ripresentare i provvedimenti repressivi proposti da Pelloux, il governo Saracco inaugurò una **fase di distensione nella vita politica italiana**. Una distensione che fu indubbiamente favorita dal buon andamento dell'economia e dal conseguente allentamento delle tensioni sociali oltre che dall'atteggiamento del **nuovo re**, **Vittorio Emanuele III**, assai più aperto del padre nei confronti delle forze progressiste. Quando il governo Saracco fu costretto a dimettersi per il comportamento incerto e contraddittorio tenuto in occasione di un grande sciopero indetto dai lavoratori genovesi, il re seppe interpretare il nuovo clima politico chiamando alla guida del governo, nel febbraio 1901, il **leader della sinistra liberale Giuseppe Zanardelli**, che affidò il ministero degli Interni a **Giolitti**. Proprio quest'ultimo, nel dibattito parlamentare sullo sciopero di Genova, aveva formulato con molta chiarezza la teoria secondo cui lo Stato li-

Stato d'assedio
Provvedimento giuridico di carattere eccezionale deciso in caso di gravi turbamenti dell'ordine pubblico. Durante lo stato d'assedio si sospendono temporaneamente le garanzie costituzionali e si delegano poteri civili all'autorità militare. In Italia non è previsto dall'attuale costituzione repubblicana.

berale non aveva nulla da temere dallo sviluppo delle organizzazioni operaie e nulla da guadagnare da una repressione indiscriminata delle loro attività, ma al contrario aveva tutto l'interesse a consentirne il libero svolgimento.
Nei suoi quasi tre anni di vita il ministero Zanardelli-Giolitti condusse in porto alcune **importanti riforme**. Furono estese le norme che limitavano il lavoro minorile e femminile nell'industria. Venne migliorata la legislazione sulle assicurazioni per la vecchiaia e per gli infortuni sul lavoro. Venne approvata una legge per la **municipalizzazione** dei servizi pubblici. Ma, più importante delle singole riforme, fu il nuovo atteggiamento del governo in materia di conflitti di lavoro. Tenendo fede al suo programma, Giolitti mantenne una linea di rigorosa neutralità nelle vertenze sindacali, purché non degenerassero in manifestazioni violente.

DOC
Giovanni Giolitti
Istruzioni ai prefetti

ONLINE

Lo sviluppo delle organizzazioni sindacali

Le conseguenze del nuovo corso furono subito evidenti. Le organizzazioni sindacali, operaie e contadine, cancellate o ridotte alla clandestinità dalle repressioni del '98, si svilupparono rapidamente. In quasi tutte le principali città del Centro-nord si costituirono, o si ricostituirono, le **Camere del lavoro**, mentre crescevano anche le organizzazioni di categoria. Un fenomeno a parte era poi lo sviluppo delle organizzazioni dei lavoratori agricoli. Formate in prevalenza da braccianti – ma anche da mezzadri e piccoli affittuari – e concentrate in prevalenza nelle province padane, le leghe rosse si riunirono, nel novembre 1901, nella **Federazione italiana dei lavoratori della terra** (Federterra) che contava oltre 200 mila iscritti. Obiettivo finale e dichiarato delle leghe era la «socializzazione della terra». Obiettivi immediati erano l'aumento dei salari, la riduzione degli orari di lavoro, l'istituzione di uffici di collocamento controllati dai lavoratori stessi.

TABELLA 8_NUMERO DEGLI SCIOPERANTI ANNUI SU 100.000 LAVORATORI AGRICOLI DIPENDENTI

ANNI	PIANURA PADANA	GERMANIA	FRANCIA	GRAN BRETAGNA
1901-05	4987	_	376	–
1906-10	4303	–	313	–
1911-14	4527	–	237	113
1915-18	694	–	61	–
1919-20	29.584	609	512	91

La tabella mostra il notevole tasso di conflittualità sociale nella Pianura padana. Occorre tener presente che i dati relativi al periodo della prima guerra mondiale (1915-18) riflettono una forte contrazione degli scioperi, come sempre avviene durante una guerra. Viceversa, la crescita impetuosa della conflittualità nel 1919-20 è legata alle particolari vicende politiche e sociali di quel biennio post-bellico.

Gaetano Bresci spara a Umberto I
[da «Le Petit Journal», 5 agosto 1900]

Municipalizzazione
La municipalizzazione è il passaggio della gestione dei servizi pubblici da società private ai comuni. È un'operazione sostenuta da chi ritiene l'amministrazione delle autorità locali più efficace per la tutela dell'interesse pubblico. In Italia la prima legge di regolamentazione delle municipalizzazioni fu approvata nel 1903.

❶ Chi partecipò ai moti per il pane del 1898? In che modo il governo reagì alle manifestazioni? ❷ Quali strategie adottarono le opposizioni contro le leggi repressive dei conservatori? ❸ Quali scelte attuò il governo Zanardelli-Giolitti? ❹ Quale fu l'effetto principale dell'aumento degli scioperi registratosi nei primi anni del '900?

GUIDA ALLO STUDIO

Lo sviluppo delle organizzazioni sindacali fu accompagnato da una brusca **impennata degli scioperi** [TABELLA_8]. Ne derivò una spinta al **rialzo dei salari** destinata a protrarsi, con poche interruzioni, per tutto il primo quindicennio del secolo. Questi progressi non si possono spiegare, ovviamente, solo con la nuova politica liberale, ma vanno inquadrati nella fase di generale sviluppo economico attraversata dal paese in questo periodo.

8 Lo sviluppo economico e i problemi del Meridione

Le premesse del decollo industriale

A partire dagli ultimi anni dell'800, l'Italia conobbe il suo primo autentico decollo industriale. Se l'economia italiana poté inserirsi nella congiuntura internazionale favorevole cominciata nel 1896, ciò fu dovuto anche ai progressi che il paese era venuto realizzando nei primi trenta-quarant'anni di vita unitaria sul piano delle infrastrutture e dei settori produttivi. La costruzione di una **rete ferroviaria**, avviata negli anni della Destra, aveva favorito i processi di commercializzazione dell'economia. La **scelta protezionistica** del 1887 aveva reso possibile la creazione, sia pure a costi molti alti, di una moderna industria siderurgica. Infine, il **riordinamento del sistema bancario** attuato dopo la crisi della Banca Romana aveva creato un'organizzazione finanziaria abbastanza efficiente [21.6]. Particolare importanza ebbe la costituzione, avvenuta nel 1894 con l'incoraggiamento dello Stato e con l'apporto di capitali tedeschi, di due nuovi istituti di credito, la **Banca commerciale** e il **Credito italiano**, che svolsero una funzione decisiva nel facilitare l'afflusso del risparmio privato verso gli investimenti industriali, soprattutto nei settori più moderni.

La crescita industriale

Furono appunto questi settori che fecero registrare i maggiori progressi. La **siderurgia**, la più favorita dalle tariffe dell'87, vide la creazione, accanto alle Acciaierie di Terni (fondate, col concorso dello Stato, nel 1884), di numerosi nuovi impianti per la produzione della ghisa e dell'acciaio (a Savona, Piombino, Bagnoli). Nel settore tessile, i maggiori progressi si ebbero nell'**industria cotoniera**, anch'essa altamente meccanizzata e favorita dal protezionismo. Nel settore agro-alimentare si assisté alla crescita rapidissima di un'altra industria protetta, quella dello **zucchero**, legata alla diffusione della coltura della barbabietola nella Pianura padana. Sviluppi interessanti si ebbero anche in settori che non erano favoriti dalle tariffe doganali, come quello **chimico** – soprattutto nell'industria della gomma, con gli stabilimenti **Pirelli** di Milano –, o che addirittura ne erano svantaggiati, come quello **meccanico**. In questo campo la principale novità fu costituita dall'affermazione dell'**industria automobilistica** dove, nonostante la ristrettezza del mercato interno (le automobili erano allora riservate a pochissimi privilegiati), riuscirono a svilupparsi numerose aziende: alcune – come la **Fiat** di Torino, fondata nel 1899 da Giovanni Agnelli – avrebbero poi acquistato una posizione di preminenza nel mondo industriale italiano. Un discorso a parte va fatto, infine, per l'**industria elettrica**, che in Italia aveva mosso i primi passi già negli anni '80 dell'800 e che conobbe un autentico boom all'inizio del '900.

Fra il 1896 e il 1907 il tasso medio di crescita annua dell'industria fu del 6,7%, superiore a quello di qualsiasi altro paese europeo nello stesso periodo. Fra il 1896 e il 1914 il volume della produzione industriale risultò quasi raddoppiato, mentre la quota dell'industria nella formazione del prodotto interno lordo, che fra il 1880 e il 1900 era rimasta pressoché stazionaria attorno al 20%, passò nel 1914 al 25% circa, contro il 43% dell'agricoltura.

Le condizioni di vita degli italiani

Il decollo industriale dell'inizio del '900 fece sentire i suoi effetti anche sul tenore di vita della popolazione. Nel primo quindicennio del secolo **il reddito pro capite degli italiani aumentò del 25%**, mentre era rimasto pressoché invariato nei precedenti quarant'anni. Questo aumento consentì a vasti strati della popolazione di destinare una quota dei bilanci familiari – fin allora assorbiti soprattutto dalle spese per l'alimentazione – alla casa, ai trasporti, all'istruzione, alle attività ricreative e soprattutto all'acquisto di beni di consumo durevoli: in primo luogo utensili domestici, ma anche biciclette, macchine per cucire e altri prodotti della moderna tecnologia che fecero allora la prima comparsa sul mercato nazionale.

La **qualità della vita** degli italiani cominciava a mutare, sia pur lentamente e parzialmente, di pari passo con lo sviluppo economico. I segni di questo mutamento erano visibili soprattutto nelle **città**, ancora piccole rispetto alle maggiori metropoli euro-

◀ Marcello Dudovich
Manifesto per la Federazione Italiana chimico-industriale: «Fisso l'idea»
1899-1900
[Raccolta Salce, Museo Civico, Treviso; © by SIAE 2014]

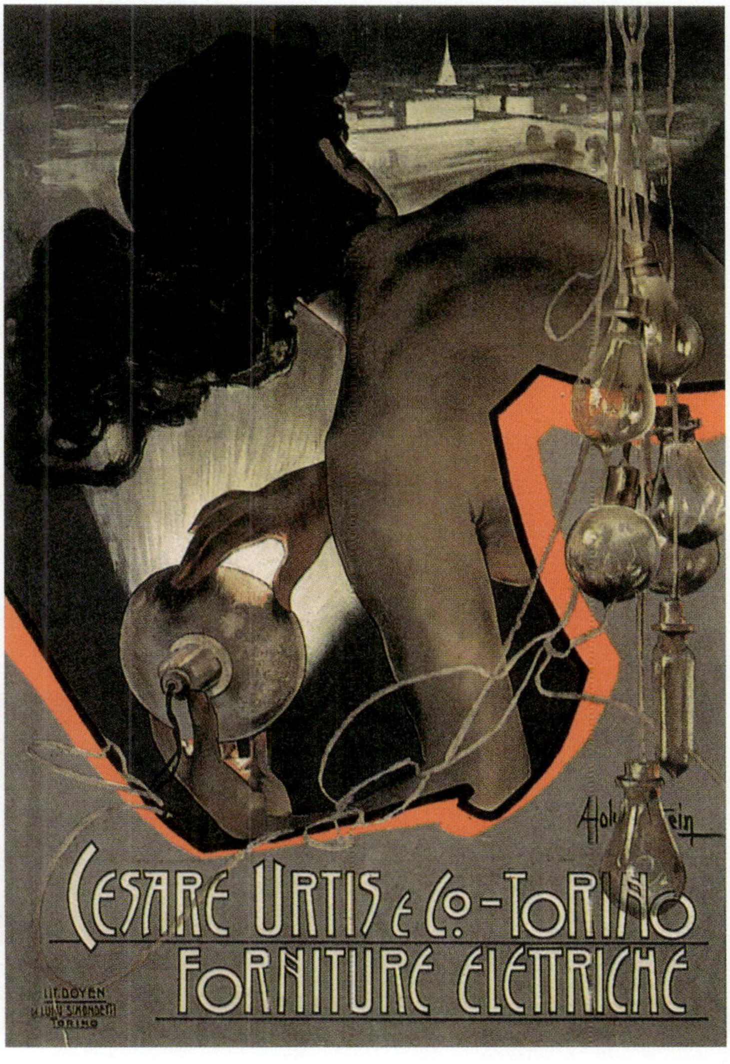

▶ Adolf Hohenstein
Manifesto pubblicitario per le forniture elettriche Urtis
1900 ca.
[Raccolta Salce, Museo Civico, Treviso]

pee – Roma, per esempio, contava nel 1911 poco più di 500 mila abitanti contro i quasi 3 milioni di Parigi –, ma a esse più simili che in passato, grazie soprattutto allo sviluppo dei **servizi pubblici** (illuminazione, trasporti urbani, gas domestico, acqua corrente) gestiti non di rado dagli stessi comuni tramite apposite aziende municipalizzate. Le **condizioni abitative** dei lavoratori urbani restavano ancora precarie. Gli appartamenti dotati di servizi igienici autonomi restavano un'eccezione. Ma la diffusione dell'acqua corrente e il miglioramento delle reti fognarie costituirono un progresso di non poco conto, contribuendo alla forte **diminuzione della mortalità** da malattie infettive (colera, tifo e, in genere, affezioni intestinali) che si verificò nel primo quindicennio del secolo. Anche la mortalità infantile – indicatore fra i più importanti dell'arretratezza economica e civile – fece registrare un notevole calo.
Questi progressi tuttavia non furono sufficienti a colmare il divario che ancora separava l'Italia dagli Stati più ricchi e più industrializzati. Alla vigilia della prima guerra mondiale il reddito pro capite era circa la metà di quello tedesco. L'**analfabetismo** era ancora molto elevato (37% nel 1911), mentre si avviava a scomparire in tutta l'Europa del Nord. La quota della popolazione attiva impiegata nelle campagne era ancora intorno al 55% (mentre non superava il 40% in Francia, il 35% in Germania e addirittura l'8% in Inghilterra): una quota troppo alta per le capacità produttive dell'agricoltura italiana, com'era dimostrato dall'incremento dell'emigrazione verso l'estero.

L'emigrazione Nel solo 1913 si contarono 870 mila partenze, per un totale di circa 8 milioni di emigrati (di cui almeno 2 milioni a carattere permanente) fra il 1900 e il 1914. Tutte le regioni italiane parteciparono al fenomeno migratorio [GRAFICO_8]. Ma il contributo più rilevante, in rapporto alla popolazione, venne dal Mezzogiorno. Inoltre, mentre l'emigrazione dalle **regioni centro-settentrionali** era soprattutto temporanea e diretta verso i **paesi europei**, quella meridionale si indirizzava in prevalenza verso le **Americhe** e aveva per lo più carattere permanente. Dal punto di vista economico, il fenomeno migratorio ebbe alcuni effetti positivi: non solo perché allentò la pressione demografica, creando un rapporto più favorevole fra popolazione e risorse e attenuando le tensioni sociali, ma anche perché le **rimesse**, ovvero il denaro inviato dagli emigrati alle famiglie, ridussero il disagio delle zone più

GRAFICO 8_LA DISTRIBUZIONE DELL'EMIGRAZIONE FRA LE AREE D'ITALIA

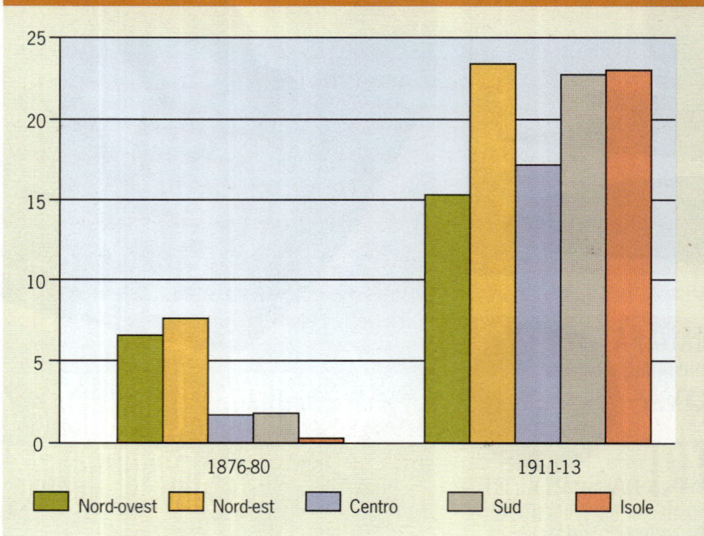

Il grafico relativo alla media degli espatri annui per mille abitanti mostra come, soprattutto nel primo decennio del '900, la parte meridionale e quella nord-orientale dell'Italia abbiano avuto il maggior numero di emigranti.

depresse e giovarono all'economia dell'intero paese. Tuttavia, un'emigrazione così massiccia rappresentò un **impoverimento, in termini di forza-lavoro e di energie intellettuali**, per la comunità nazionale e soprattutto per il Mezzogiorno.

Il divario tra Nord e Sud

Ancora una volta gli effetti del progresso economico si fecero sentire soprattutto nelle regioni più sviluppate, in particolare nel cosiddetto **triangolo industriale** che aveva come vertici Milano, Torino e Genova. E il divario fra Nord e Sud si venne perciò accentuando, sia pure nel quadro di una crescita generalizzata. Secondo i dati di un'inchiesta del 1903, sul totale dei lavoratori dell'industria il 57% era concentrato nelle regioni settentrionali mentre solo il 25% viveva nel Mezzogiorno, che aveva una popolazione pari al 37% di quella nazionale.

Questo divario era accentuato da alcuni **mali storici della società meridionale**: l'analfabetismo diffuso, la disgregazione sociale, l'assenza di una classe dirigente moderna, la subordinazione della piccola e media borghesia agli interessi della grande proprietà terriera, il carattere clientelare e personalistico della lotta politica. Tale carattere era accentuato dal fatto che, per molti giovani, la **conquista di un impiego pubblico** – raggiungibile grazie ai favori del notabile o del deputato locale – costituiva l'unica alternativa alla disoccupazione o all'emigrazione: fu in questo periodo che la pubblica amministrazione italiana, nata piemontese e "nordista", cominciò a meridionalizzarsi. Tutti questi erano mali antichi, ma risaltavano maggiormente nel momento in cui contrastavano col generale sviluppo del paese.

GUIDA ALLO STUDIO

❶ Quali scelte governative avevano favorito la crescita industriale in Italia? ❷ In quali settori industriali si registrarono i maggiori progressi? ❸ In che modo il decollo industriale modificò le condizioni di vita degli italiani? ❹ Quali fattori di arretratezza permanevano nel paese? Quali erano i mali storici del Meridione?

9 L'età giolittiana

Giovanni Giolitti fu la più notevole figura di statista apparsa in Italia dopo la morte di Cavour. Chiamato per la seconda volta alla guida del governo nel novembre 1903, dopo le dimissioni di Zanardelli, restò al potere per oltre un decennio, con brevi interruzioni nel 1905-6 e nel 1909-11.

Il controllo del Parlamento e il trasformismo giolittiano

Se è ormai consuetudine parlare di "età giolittiana" per indicare il periodo che va dal superamento della crisi di fine secolo alla vigilia della prima guerra mondiale, ciò è dovuto al fatto che in questo periodo lo statista piemontese esercitò sulla vita del paese un'influenza ancora maggiore di quanto non dica la sua pur lunga permanenza alla guida del governo. Quella esercitata da Giolitti fu una **dittatura parlamentare** molto simile a quella realizzata da Depretis fra il 1876 e il 1887, anche se diversa, e decisamente più aperta, nei contenuti [👁 21.2]. Tratti caratteristici dell'azione di Giolitti furono infatti: il costante **sostegno alle forze più moderne della società** italiana (la borghesia industriale e il proletariato organizzato), il tentativo di **condurre nell'orbita del sistema liberale gruppi e movimenti considerati nemici delle istituzioni**, la tendenza ad **ampliare l'intervento dello Stato** per correggere gli squilibri sociali.

Il controllo delle Camere (unito a una perfetta conoscenza dell'amministrazione statale) costituì l'elemento fondamentale del "sistema" di Giolitti. Questo controllo era però ottenuto a prezzo della perpetuazione dei sistemi trasformistici, che furono affinati ed estesi, e di un costante e spregiudicato **intervento del governo nelle lotte elettorali**, soprattutto nel Mezzogiorno, dove le ingerenze del potere

ONLINE

DOC
Gaetano Salvemini
Il ministro della mala vita

Storiografia
G. Ansaldo
Il ministro della buona vita

esecutivo tramite i prefetti, trovavano terreno favorevole in un ambiente dominato dai conflitti tra i notabili e caratterizzato dall'assenza quasi totale di organizzazioni politiche moderne.

Gli avversari di Giolitti

Su questi aspetti deteriori si appuntarono ben presto le critiche dei numerosi avversari dello statista piemontese. Per i **socialisti rivoluzionari** e per i **cattolici democratici** Giolitti era colpevole di far opera di corruzione all'interno dei rispettivi movimenti, dividendoli e attirandone le componenti moderate entro il suo sistema di potere trasformista (Giolitti tentò in più occasioni di inserire dirigenti socialisti nel governo). Per converso i **liberali-conservatori**, come **Sidney Sonnino** – che fu capo del governo per brevi periodi, nel 1906 e nel 1909 – o **Luigi Albertini**, direttore del «Corriere della Sera» di Milano, il più importante quotidiano italiano, accusavano Giolitti di attentare alle tradizioni risorgimentali, venendo a patti con i nemici delle istituzioni e mettendo così in pericolo l'autorità dello Stato. Diversamente motivate erano le accuse lanciate a Giolitti dai **meridionalisti** come Gaetano Salvemini. Per loro la denuncia del malcostume politico imperante nelle regioni del Sud – fu Salvemini a bollare Giolitti con l'epiteto ingiurioso di **«ministro della malavita»** – si legava alla critica severa della politica economica del governo. Questa politica avrebbe favorito infatti l'industria protetta e le «oligarchie operaie» del Nord, ma anche la grande proprietà terriera meridionale, tutelata dal dazio sul grano, ostacolando lo sviluppo delle forze produttive nel Mezzogiorno. Infine, molti **intellettuali** univano la critica del trasformismo e della corruzione parlamentare con l'avversione all'«appiattimento» democratico di cui la politica giolittiana sarebbe stata responsabile.

Sciopero dei ferrovieri a Torino
1905
[Civico Archivio Fotografico, Milano]
Il passaggio alla gestione statale delle ferrovie, previsto dal disegno di legge presentato da Giolitti nel 1905, fu accolto da un generale malcontento dei lavoratori del settore, che scesero subito in sciopero per chiedere miglioramenti economici. Venendo a mancare la solidarietà di altre categorie di lavoratori, i ferrovieri furono alla fine costretti a capitolare.

Le leggi per il Mezzogiorno e il suffragio universale

Ciononostante, durante l'età giolittiana furono varate – anche se con effetti tutt'altro che decisivi – alcune importanti iniziative in favore del Mezzogiorno: in particolare le **leggi speciali** del 1904, volte a incoraggiare lo sviluppo industriale e la modernizzazione dell'agricoltura mediante stanziamenti statali. Altri provvedimenti di rilievo furono la **statalizzazione delle ferrovie**, nel 1905, e l'istituzione, nel 1912, di un **monopolio statale delle assicurazioni sulla vita**, i cui proventi dovevano servire a finanziare il fondo per le pensioni di invalidità e vecchiaia dei lavoratori. Sempre nel 1912 fu varata la più importante tra le riforme giolittiane: l'estensione del diritto di voto a tutti i cittadini maschi che avessero compiuto trent'anni e a tutti i maggiorenni che sapessero leggere e scrivere o avessero prestato il servizio militare, in pratica il **suffragio universale maschile**.

I socialisti e lo sciopero generale del 1904

La svolta liberale dell'inizio del '900 aveva avuto nei socialisti dei protagonisti attivi, poiché Turati [👁 21.5] e i dirigenti a lui più vicini pensavano che la via delle riforme e della **collaborazione con la borghesia progressista** fosse per il movimento operaio l'unica capace di assicurare il consolidamento dei risultati appena conseguiti. Mentre si venivano delineando i limiti del liberalismo giolittiano, però, nel 1904 le correnti rivoluzionarie conquistarono la guida del partito e, a settembre, in seguito a un «eccidio proletario» verificatosi in Sardegna nel corso di una manifestazione di minatori, indissero il **primo sciopero generale nazionale** della storia d'Italia. Ci furono forti pressioni sul governo perché intervenisse militarmente, ma Giolitti lasciò che la manifestazione si esaurisse da sola, salvo poi sfruttare le paure dell'opinione pubblica moderata per convocare, a novembre, nuove elezioni in cui le sinistre segnarono una battuta d'arresto.

La nascita della Cgl e le scissioni socialiste

Per il movimento operaio lo sciopero costituì una prova di forza ma rivelò anche gravi limiti organizzativi: si era infatti sentita l'esigenza, soprattutto da parte dei riformisti, di un più stretto coordinamento nazionale. Proprio dalle federazioni di categoria controllate dai riformisti partì l'iniziativa che portò, nel 1906, alla fondazione della **Confederazione generale del lavoro** (Cgl), che raccolse oltre 200 mila iscritti. La corrente più estremista, che si ispirava al sindacalismo rivoluzionario [👁 16.8], fu progressivamente emarginata dalla Cgl e infine allontanata anche dal partito socialista, il Psi, dove ripresero il sopravvento le correnti riformiste. Ma, nel **congresso di Reggio Emilia** del luglio 1912, la guida del partito tornò nelle mani degli intransigenti, fra i quali venne emergendo la figura di un giovane agitatore romagnolo, **Benito Mussolini**. Il congresso decise l'espulsione della corrente dei riformisti di destra guidata da **Leonida Bissolati** e **Ivanoe Bonomi**, che prospettavano una collaborazione al governo, e non solo in Parlamento, con le forze democratico-liberali.

I democratici cristiani

Durante l'età giolittiana anche il movimento cattolico si trasformò e riuscì ad avere un **peso maggiore nella vita politica**. La novità più importante fu l'affermazione del movi-

Tessera della Cgl
1911
Seduto sul globo terrestre, armato di martello e scalpello, un giovane eroe scolpisce le parole "resistenza, cooperazione, previdenza" per costruire un nuovo mondo.

mento democratico cristiano, guidato da **Romolo Murri**, un giovane sacerdote marchigiano dalle posizioni audacemente riformatrici, in cui la polemica contro il capitalismo e lo Stato borghese si riempiva di contenuti democratici (suffragio universale, decentramento amministrativo, legislazione sociale). Nei primi anni del '900 i democratici cristiani fondarono circoli, riviste e le prime unioni sindacali cattoliche "di classe", ovvero costituite dai soli lavoratori. Nel 1904, però, papa Pio X, per timore che conquistassero il controllo dell'Opera dei congressi, decise di scioglierla. Successivamente Murri venne sospeso dal sacerdozio (1909). Il movimento sindacale cattolico, comunque, continuò a svilupparsi.

Le alleanze clerico-moderate

Nel frattempo il papa e i vescovi, preoccupati dai progressi delle forze laiche e socialiste, favorirono le tendenze clerico-moderate che miravano a far fronte comune con i «partiti d'ordine»

PERSONAGGI

Giovanni Giolitti

È stato uno dei più importanti statisti italiani: al suo nome è legato un intero periodo dell'Italia liberale, l'età giolittiana, dal 1900 al 1914. Figura politica controversa, fu l'artefice di un processo di modernizzazione e di progresso economico del paese, ma fu anche il bersaglio di feroci critiche per la sua maniera di governare, tanto da essere definito da Gaetano Salvemini il «ministro della malavita».

Giovanni Giolitti (1842-1928) nacque a Mondovì, vicino a Cuneo, in una famiglia della media borghesia. Il padre, cancelliere del locale tribunale, morì poco dopo la sua nascita e la madre si trasferì a Torino nella casa dei suoi quattro fratelli: "Giuvanin" – così era chiamato da piccolo – trascorse i suoi primi anni di vita in un **ambiente familiare austero, alto-borghese e d'ispirazione liberale e patriottica**. Seppur poco disciplinato a scuola, si appassionò ben presto alla storia, alla lettura dei romanzi classici e alla filosofia. Iscrittosi alla facoltà di Giurisprudenza, conseguì nel 1861, in tre anni, la laurea: durante l'università il giovane si dedicò solo agli studi e non si fece trasportare dal fermento patriottico del periodo, anzi maturò una sostanziale avversione alla retorica nazionalista in voga. Entrato subito in magistratura, cominciò una lunga carriera nell'amministrazione statale come **funzionario ministeriale**, acquisendo un'ottima formazione burocratica e ricevendo apprezzamenti per la sua preparazione e capacità dai ministri con cui si trovò a lavorare (ad esempio da Quintino Sella, che resterà per lui un modello). Nel 1869 sposò Rosa Sobrero, dalla quale ebbe sette figli: sobrio e riservato, rimase sempre lontano dai salotti mondani, anche quando si trasferì a Roma. Nel lavoro non fu mai spinto da interessi economici personali, nemmeno quando si lanciò nella carriera politica nel 1882.

Fu eletto nel collegio di Cuneo, dove si era presentato con un programma di chiara ispirazione liberale, ma aperto alle nuove istanze sociali. Per dieci anni fece parte della maggioranza che faceva capo a Depretis, diventando però ben presto un **"dissidente"**, critico nei confronti del trasformismo e soprattutto della politica finanziaria della Sinistra. Ministro del Tesoro nel primo governo Crispi, ruppe con lo statista siciliano, da cui da allora lo divise un'accesa rivalità, anche personale. Rivalità che si accentuò quando, nel 1892, Giolitti fu chiamato dal re a formare il suo primo governo e quando sia lui sia Crispi furono coinvolti nello **scandalo della Banca Romana** e si affrontarono a colpi di accuse infamanti e di dossier. Giolitti fu costretto ad appartarsi dalla vita politica e a trasferirsi in Germania presso la figlia, fino a che la Camera non si pronunciò contro la sua incriminazione nel 1896.

Tornato sulla scena politica, si rilanciò come critico delle politiche repressive nei confronti delle agitazioni sociali, come difensore delle prerogative del Parlamento e come leader della sinistra progressista. Fu questo il preludio al suo ritorno a cariche di governo, dapprima come ministro dell'Interno con Zanardelli (1901-3), poi come presidente del Consiglio e **protagonista indiscusso della politica italiana fino allo scoppio della guerra mondiale**.

In questo periodo si formò una duplice immagine dello statista piemontese: positiva, da una parte, quale uomo politico esperto, capace di attuare riforme e favorire il processo di modernizzazione dell'Italia; negativa, dall'altra, quale manipolatore della rappresentanza parlamentare, responsabile della degenerazione del sistema politico e della diffusione di pratiche corruttive. Senza dubbio Giolitti seppe condurre la società italiana di inizio '900 verso uno sviluppo economico e sociale, puntando sui soggetti più moderni, come la borghesia industriale e il movimento operaio, inserendo il paese in una congiuntura internazionale favorevole al decollo industriale e mantenendo sempre una grande attenzione al bilancio e ai conti pubblici. Aprì alle nuove forze sociali e politiche, dialogando con i movimenti di massa, cui riconobbe legittimità politica, e che cercò di assorbire nel suo "sistema" purché non fosse messa in discussione l'egemonia della classe dirigente liberale.

Tuttavia, **lo statista piemontese basò il suo potere su maggioranze prive di una caratterizzazione politica chiara**: quelle che riuscì a costituire nel periodo definito "dittatura giolittiana" (1903-14) erano ottenute ricorrendo a manovre interne e al metodo del "trasformismo" (tanto criticato in passato ma in realtà pienamente ripreso), grazie a vincoli di amicizia e di fedeltà personale o a negoziazioni spesso non limpide, nonché attraverso forti ingerenze a livello locale nel corso delle elezioni politiche (in particolare nelle regioni meridionali). Questo suo **modo di agire, concreto e senza scrupoli**, era determinato anche da una profonda **sfiducia nei confronti degli "uomini"**, come lui stesso scriveva alla figlia nel 1896:

mettiti in capo questo, che gli uomini sono quello che sono, in tutti i tempi e in tutti i luoghi, con i loro vizi, i loro difetti, le loro passioni, le loro debolezze; e il governo deve essere adatto agli uomini come sono; certo il governo deve mirare a correggere, a migliorare, ma anch'esso (moderati e conservatori) per **bloccare l'avanzata delle sinistre.** Alleanze politiche di questo genere furono esplicitamente autorizzate dalle autorità ecclesiastiche e vennero d'altra parte incoraggiate dallo stesso Giolitti. Quest'ultimo, infatti, pur ispirandosi in materia di rapporti fra Stato e Chiesa a una linea rigorosamente laica, vide nel nuovo atteggiamento dei cattolici la possibilità di ampliare i suoi spazi di manovra, utilizzando nuove forze a sostegno delle sue maggioranze. Il *non expedit* fu sospeso in alcuni collegi del Nord nelle elezioni del 1904 e, in misura molto più ampia, nelle successive consultazioni del 1909, dove fu autorizzata anche la presentazione di candidature dichiaratamente cattoliche, anche se solo a titolo personale.

GUIDA ALLO STUDIO

❶ Quali furono i tratti caratteristici della politica di Giolitti? Perché viene definita una "dittatura parlamentare"? ❷ Chi erano i critici del giolittismo? Che cosa rimproveravano allo statista piemontese? ❸ In che occasione fu indetto il primo sciopero generale nazionale? ❹ Che cosa cambiò nel Partito socialista dopo il congresso di Reggio Emilia del 1912? ❺ Quale fu la posizione della Chiesa in età giolittiana? Chi erano i «democratici cristiani»?

Ritratto fotografico di Giovanni Giolitti

è composto di uomini, e l'uomo perfetto non esiste [...] **Il sarto che ha da vestire un gobbo se non tiene conto della gobba non riesce**...

Questo stile realistico e prosaico spiega in parte le diffuse antipatie che Giolitti riuscì a suscitare nella maggioranza degli intellettuali, soprattutto i più giovani, e in tutti coloro che sognavano per l'Italia un avvenire di conquiste o rimpiangevano gli ideali smarriti del Risorgimento. Quando, nel 1915, un anno dopo aver lasciato la guida del governo, si pronunciò contro l'entrata dell'Italia nella prima guerra mondiale, questa corrente ostile si materializzò nelle manifestazioni della piazza interventista: **Giolitti divenne il simbolo di un'Italia mediocre e meschina, l'ostacolo principale a qualsiasi progetto di rinnovamento del paese**. E come tale fu duramente contestato. Una volta deciso l'intervento, pur avendo ancora un cospicuo seguito in Parlamento, si astenne dalle pubbliche critiche ai governi in carica e si appartò passando la maggior parte del suo tempo nella sua casa di campagna a Cavour.
Ormai anziano, fece il suo rientro nella politica attiva, presentandosi alle elezioni del 1919 con un programma molto avanzato, che aveva tra i suoi punti qualificanti il controllo del Parlamento sulle scelte di politica estera (una sperata rivincita su chi aveva deciso contro il suo parere l'intervento nella Grande Guerra). Nel **1920**, nel pieno del "biennio rosso", segnato dalle lotte contadine e operaie, fu richiamato alla **presidenza del Consiglio**. Ancora una volta mostrò le sue notevoli capacità, ma non riuscì né a cooptare nella maggioranza la componente riformista del Partito socialista, né a "costituzionalizzare" il movimento fascista, di cui sottovalutò colpevolmente la carica eversiva.
Nel giugno del 1921, dopo il risultato deludente delle elezioni politiche che egli stesso aveva voluto per ricostituire una forte maggioranza liberale, Giolitti si dimise. Sperava probabilmente di rientrare in posizione di forza, come aveva fatto più volte al tempo della sua "dittatura parlamentare". Ma i tempi erano cambiati. E cambiati erano i protagonisti di una politica che non aveva più il suo centro nell'aula della Camera. Seguirono altri gravi errori, peraltro condivisi con il grosso della classe dirigente liberale, che avrebbero spianato la strada all'avvento del fascismo, col quale Giolitti però non volle mai confondersi, mantenendo nei confronti del movimento mussoliniano un atteggiamento di orgoglioso distacco. Solo nell'autunno del 1924, **dopo il delitto Matteotti, si decise a passare all'opposizione** assieme ai pochi liberali rimasti nella Camera, senza partecipare alla secessione dell'Aventino.

Tra un governo che ha soppresso la libertà della stampa e l'opposizione che ha soppresso la tribuna parlamentare, un povero diavolo che abbia la disgrazia di aver conservato un po' di buon senso non ha altra risorsa che starsene in campagna, limitandosi alla parte di osservatore.

Così si esprimeva l'ottantaduenne Giolitti, poco prima di congedarsi dalla vita politica. Si recò alla Camera l'ultima volta nel 1928 per esprimere il suo dissenso verso la nuova legge elettorale che, a suo avviso, segnava «il decisivo distacco dal regime retto dallo Statuto». Pochi mesi dopo, morì nella sua casa di Cavour.

PERSONAGGI

10 Il nazionalismo, la guerra di Libia e la fine del giolittismo

Il riavvicinamento alla Francia

A partire dal 1896, anno della caduta di Crispi, la politica estera italiana subì una netta correzione di rotta [👁 21.6]. Fu attenuata, pur senza rinnegare il vincolo della Triplice alleanza, la linea rigidamente filotedesca seguita nel precedente decennio. Il conseguente miglioramento dei rapporti con la Francia portò alla fine della guerra doganale [👁 21.3] e, nel 1902, a un accordo per la divisione delle sfere di influenza in Africa settentrionale: l'Italia otteneva il riconoscimento dei suoi diritti di priorità sulla Libia, lasciando in cambio mano libera alla Francia sul Marocco.

I nazionalisti e i progetti imperialisti in Nord Africa

In questi anni si affermò un movimento nazionalista che, alla fine del 1910, si organizzò nella **Associazione nazionalista italiana**. Molti uomini politici e intellettuali avevano cominciato a chiedersi perché l'Italia dovesse rassegnarsi a un destino di potenza di secondo rango, perché tanti lavoratori italiani fossero costretti a emigrare in cerca di lavoro nei paesi più ricchi anziché impegnare le loro energie al servizio della grandezza nazionale. Ebbe allora notevole fortuna la teoria formulata dallo scrittore **Enrico Corradini**, secondo cui il contrasto fondamentale non era più quello fra le diverse classi all'interno di un singolo paese, ma quello fra **paesi ricchi e paesi poveri**, fra **«nazioni capitalistiche» e «nazioni proletarie»** (ossia dotate di una popolazione in eccedenza rispetto alle risorse economiche).

Tra i nazionalisti emerse un gruppo imperialista e conservatore che avviò una **martellante campagna per la conquista della Libia**. Questa iniziativa trovò potenti alleati nei gruppi cattolico-moderati legati alla finanza vaticana e in particolare al Banco di Roma, da anni impegnato in un'opera di penetrazione economica in terra libica. La campagna contribuì senza dubbio a spingere il paese sulla via dell'intervento, ma l'impulso decisivo venne dalle vicende della politica internazionale: quando apparve chiaro che la Francia si apprestava a imporre il suo protettorato sul Marocco [👁 20.2], il governo italiano ritenne giunto il momento di far valere gli accordi del 1902.

La guerra di Libia La guerra contro l'Impero turco, che esercitava la sovranità sulla Libia, scoppiò nel settembre del **1911**. Il conflitto fu più lungo e difficile del previsto anche perché i turchi, anziché accettare uno scontro campale, preferirono fomentare la **guerriglia** condotta con decisione dalle popolazioni arabe. Per venire a capo della resistenza, l'Italia dovette non solo rinforzare il corpo di spedizione, ma anche estendere il teatro di guerra ai possedimenti turchi del Mare Egeo, occupando l'isola di **Rodi** e l'arcipelago del **Dodecaneso**. La guerra terminò nell'ottobre del 1912 con la **pace di Losanna** che sanciva la conquista italiana della Libia. La pace non valse tuttavia a far cessare la resistenza araba; e da ciò gli italiani trassero pretesto per mantenere l'occupazione di Rodi e del Dodecaneso.
Durante la guerra la maggioranza dell'opinione pubblica borghese si schierò a favore dell'impresa coloniale e la appoggiò con grandi manifestazioni patriottiche. Ma dal punto di vista economico la conquista della Libia si rivelò un pessimo affare. I costi della guerra furono molto pesanti; le ricchezze naturali favoleggiate dai nazionalisti si scoprirono scarse o inesistenti (nessuno sospettava allora la presenza di petrolio sotto lo «scatolone di sabbia» del deserto libico); la colonizzazione delle zone costiere non bastò ad assorbire quote consistenti di lavoratori.

L'indebolimento del governo Il successo politico e propagandistico dell'impresa non si risolse però in un durevole consolidamento del governo. Al contrario, la guerra di Libia, introducendo elementi di **radicalizzazione nel dibattito politico**, scosse pericolosamente gli equilibri su cui si reggeva il sistema giolittiano e favorì il rafforzamento delle ali estreme. La destra liberale, i clerico-conservatori e soprattutto i nazionalisti trassero nuovo slancio dal buon esito di un'impresa che avevano fermamente e rumorosamente sostenuto. Sull'opposto versante, quello socialista, l'opposizione alla guerra fece emergere le tendenze più radicali e indebolì quelle correnti riformiste e collaborazioniste che avevano costituito fino allora un elemento non secondario degli equilibri politici giolittiani: uno dei motivi della scissione di Reggio Emilia fu l'atteggiamento non pregiudizialmente contrario all'impresa libica assunto da Bissolati e Bonomi.

Il "patto Gentiloni" Altri elementi di novità nel sistema politico furono apportati

◂
Alcuni arabi fatti prigionieri dopo la battaglia di Sciara Sciatt, vengono condotti a Tripoli
Ottobre 1911

▸
Esecuzione capitale di 14 arabi nella Piazza del Pane a Tripoli
6 dicembre 1911

Nella conquista della Libia, per l'esercito italiano le operazioni belliche si rivelarono più complesse del previsto: le popolazioni arabe, infatti, si allearono con le truppe regolari turche, rendendo la resistenza particolarmente difficile da combattere. Nell'ottobre del 1911, in risposta a un duro attacco turco a Sciara Sciatt (un sobborgo di Tripoli) e al massacro di un reparto di bersaglieri, gli italiani compirono nella stessa località una feroce rappresaglia contro le popolazioni locali.

dalle elezioni del novembre 1913, le prime a suffragio universale maschile. Nell'imminenza delle elezioni, il conte Ottorino Gentiloni, presidente dell'Unione elettorale cattolica, invitò i militanti ad appoggiare quei candidati liberali che si impegnassero, una volta eletti, a rispettare un programma in cui erano previsti fra l'altro la **tutela dell'insegnamento privato**, l'**opposizione al divorzio**, il **riconoscimento delle organizzazioni sindacali cattoliche**. Moltissimi candidati liberali accettarono segretamente di sottoscrivere questi impegni, spinti dall'esigenza di assicurarsi i suffragi di un elettorato di massa. Anche grazie a questi accordi, le elezioni del 1913 non ebbero effetti sconvolgenti sugli equilibri parlamentari. Ma si configurò una maggioranza più eterogenea e divisa che in passato, rendendo la mediazione giolittiana sempre più problematica.

La fine del giolittismo

Nel maggio 1914 Giolitti rassegnò le dimissioni, indicando al re come suo successore **Antonio Salandra**, leader della destra liberale. Come aveva già fatto in passato, Giolitti incoraggiò dunque un'esperienza di governo conservatore con la prospettiva di lasciarla logorare rapidamente e di tornare poi al potere a capo di un ministero orientato a sinistra. Ma la situazione era molto cambiata dopo la guerra di Libia.

STORIA • SOCIETÀ • CITTADINANZA

I conflitti di lavoro nello Stato democratico

Nel **XIX secolo**, con lo sviluppo della società industriale e la nascita del proletariato di fabbrica, in Gran Bretagna e gradualmente in tutta l'Europa e negli Stati Uniti, prese corpo una nuova forma di conflitto sociale, quella dei **conflitti di lavoro**. Si definiscono in tal modo tutte le contrapposizioni tra gli interessi dei prestatori d'opera (pubblici e privati) e quelli della loro controparte (il datore di lavoro, le organizzazioni di imprenditori, le istituzioni, il governo, ecc.). Tra le cause principali dei conflitti di lavoro si possono rintracciare le vertenze relative ai salari, agli orari di lavoro e alle ferie e le richieste di riconoscimento dell'attività dei sindacati o di stipulare un contratto collettivo nazionale per tutti i lavoratori [👁 8.5 STORIA • SOCIETÀ • CITTADINANZA].

Vi possono essere diverse forme di conflitti di lavoro: dall'assenteismo dei lavoratori al boicottaggio, dalla distruzione delle macchine al loro sabotaggio, dalle manifestazioni alle occupazioni delle fabbriche. Tuttavia, la loro principale forma di espressione, almeno nei sistemi democratici dove non è vietato per legge farvi ricorso, è lo **sciopero**, cioè l'astensione collettiva dall'attività lavorativa. Per porre fine ai conflitti di lavoro – e ai problemi che determinano nell'attività produttiva – le parti possono ricorrere a tentativi di conciliazione e stringere accordi, dando vita al **sistema delle relazioni industriali**.

Negli Stati democratici il conflitto è spesso presente all'interno di tale sistema, anche se si manifesta con modalità e obiettivi diversi a seconda del periodo storico e del paese: soprattutto attraverso la pratica dello sciopero esso costituisce un efficace **strumento di contrattazione** per i lavoratori dipendenti. L'astensione di un numero consistente di essi, infatti, permette loro di assumere una forza tale da poter rivendicare un trattamento più favorevole da un punto di vista contrattuale e salariale.

Lo **Stato democratico** interviene sui conflitti di lavoro in due modi: legiferando sulla legalità delle forme di lotta (ad esempio vietando o consentendo gli scioperi), sulle condizioni contrattuali e sui diritti della forza lavoro; oppure prendendo parte come mediatore alle trattative tra le organizzazioni dei lavoratori e quelle dei datori di lavoro per prevenire e risolvere le controversie.

In linea generale, nel **XX secolo** in tutti i paesi democratici si è proceduto ad un progressivo processo di **istituzionalizzazione del conflitto di lavoro** e di riconoscimento del diritto di sciopero, di cui sono state stabilite e disciplinate le modalità di espressione. Oltre agli scioperi, le altre forme di conflitto sul posto di lavoro (occupazione delle fabbriche, boicottaggio, ecc.), invece, sono state spesso contemplate e punite dai codici penali (quando violano la proprietà o la libertà personale) o da quelli civili (quando infrangono le clausole del contratto di lavoro).

In **Italia**, la legittimità dello sciopero (purché attuato senza ricorrere alla minaccia o alla violenza) fu riconosciuta per la prima volta nel 1889 dal **Codice Zanardelli**, ma la sua pratica continuò ad essere ostacolata dalle forze dell'ordine e da provvedimenti governativi quali l'invio di militari in sostituzione degli scioperanti e la militarizzazione dei lavoratori dei servizi pubblici. Nonostante questa politica autoritaria, evidente nella repressione dei moti del 1898 [👁 21.7], i conflitti sociali e di lavoro si intensificarono: nel 1901 si registrarono 1671 scioperi, l'anno successivo più di mille. A partire dal 1901, con il nuovo governo Zanardelli – nel quale Giovanni Giolitti era ministro dell'Interno – si inaugurò una politica più tollerante verso i conflitti economici tra capitale e lavoro e le organizzazioni operaie furono lasciate libere di svilupparsi. Nel 1902 furono costituiti presso il ministero di Agricoltura, industria e commercio due nuovi organismi: l'**Ufficio del lavoro**, con funzioni principalmente di studio sui problemi industriali, e il **Consiglio superiore del lavoro** (in cui erano presenti rappresentanti degli imprenditori, delle organizzazioni operaie e dello Stato) che avrebbe dovuto media-

Un sintomo evidente del nuovo clima fu la cosiddetta **"settimana rossa"** del giugno 1914. L'uccisione di tre dimostranti durante una manifestazione antimilitarista ad Ancona provocò un'ondata di scioperi in tutto il paese. Nelle Marche e in Romagna la protesta assunse un carattere apertamente insurrezionale: vi furono assalti a edifici pubblici e atti di sabotaggio contro le linee telegrafiche e ferroviarie. Priva di qualsiasi sbocco concreto, non appoggiata dalla Cgl e fronteggiata con decisione dal governo, l'agitazione si esaurì in pochi giorni. L'unico risultato fu quello di rafforzare le tendenze conservatrici in seno alla classe dirigente, di dare spazio ai nazionalisti e di accentuare le fratture all'interno del movimento operaio. Di lì a poco la Grande Guerra avrebbe reso irreversibile la crisi del giolittismo e messo in luce la debolezza di una linea politica che aveva avuto il merito innegabile di favorire la democratizzazione della società, incoraggiando al tempo stesso lo sviluppo economico: questa **linea politica, tutta fondata sulla mediazione parlamentare**, si rivelava inadeguata a fronteggiare le tensioni sprigionate dalla nascente società di massa.

GUIDA ALLO STUDIO

❶ L'Italia rispettò la politica diplomatica prevista dalla Triplice alleanza? ❷ Quali forze sociali e politiche sostenevano la guerra per la conquista della Libia? ❸ In che cosa consisteva il "patto Gentiloni"? ❹ Che cosa accadde durante e dopo la "settimana rossa" nel 1914? Quali ragioni politiche determinarono la fine del giolittismo?

re tra gli interessi delle parti e suggerire gli interventi di legislazione sociale (molto numerosi negli anni successivi) necessari per migliorare le condizioni dei lavoratori. In questo clima, fra il 16 e il 20 settembre 1904 l'Italia fu bloccata dal primo grande sciopero generale della sua storia.

Una dura stretta repressiva si ebbe durante il **regime fascista**, ideologicamente fondato su una visione corporativista che mirava a impedire il conflitto tra imprenditori e forza lavoro: la legge n. 563 del 3 aprile 1926 proibì nuovamente lo sciopero. Questa situazione ebbe termine con la caduta del fascismo e il ritorno alla libertà politica e sindacale. La **Costituzione** repubblicana del 1948 garantì il diritto di sciopero (art. 40), ma nessuna legge ha mai disciplinato l'esercizio di questo diritto. Infatti, tutte le forme di sciopero sono considerate legittime, compresi gli **"scioperi a singhiozzo"**, che prevedono delle astensioni brevi e ripetute, e gli **"scioperi a scacchiera"**, in cui i diversi gruppi di lavoratori si astengono a turno. L'unica eccezione è costituita dai lavoratori dei servizi pubblici essenziali che, con la legge n. 146 del 12 giugno 1990, modificata nel 2000, sono tenuti a esperire un tentativo di conciliazione (presso il ministero del Lavoro o la Prefettura) prima di convocare lo sciopero, a dare un preavviso di 10 giorni e a garantire alcune prestazioni minime indispensabili.

Il **20 maggio 1970**, nel corso del più intenso ciclo di lotte operaie mai verificatosi in Italia (le ore di lavoro perduto furono 73 918 nel 1968, 302.597 – la quantità più alta mai raggiunta – nel 1969 e 146.212 nel 1970), fu approvato lo **Statuto dei lavoratori** (legge n. 300), che garantiva e tutelava, tra gli altri diritti, quello di sciopero.

Negli anni successivi, il **ruolo dello Stato** nelle relazioni industriali è mutato: dopo essere stato mediatore nelle controversie, esso ha iniziato a contrattare con i sindacati – attraverso accordi interconfederali – una moderazione delle richieste salariali e dei conflitti in cambio di misure legislative a favore dei lavoratori: è questo il metodo della **concertazione**. Sono frutto di questa pratica, tra gli altri, il Protocollo Scotti del 1983, che prescrive alcune procedure per la composizione dei conflitti di lavoro, e il Protocollo del 23 luglio 1993, che per prevenire i conflitti stabilisce come adattare i contratti alle politiche economiche e dei redditi del governo. Con l'inizio del nuovo secolo, però, anche questo modello è stato abbandonato: la contrattazione collettiva è stata sostituita sempre più spesso da una serie di intese a livello locale.

Manifestazione di solidarietà per gli operai dell'Alfa Romeo di Arese (Milano) e delle aziende automobilistiche in crisi, 2002
Uno dei più recenti conflitti in materia di lavoro riguarda la diffusione della contrattazione locale anche per categorie di lavoratori alle quali era in precedenza applicata la contrattazione collettiva nazionale, come nel caso di alcuni stabilimenti della Fiat.

1 L'Italia liberale

Nel cinquantennio compreso tra il 1870 e il 1914 (anno in cui inizia la prima guerra mondiale), gli anni dell'Italia liberale, si distinguono tre fasi: la prima (1870-87), nella quale la guida del paese passa alla Sinistra dopo il declino della Destra storica, e si inaugura il trasformismo con l'annullamento dei tradizionali confini fra maggioranza e opposizione nella prassi di governo; la seconda (1887-1901), segnata da esperimenti autoritari destinati a fallire; la terza (1901-14), l'età giolittiana, nella quale si ottengono importanti progressi economici e civili, che si chiude però, alla vigilia dell'entrata in guerra, nel 1915, con momenti di forte conflittualità sociale.

2 Dalla Destra alla Sinistra

Nel marzo 1876 il governo della Destra fu battuto alla Camera su un progetto di legge relativo alla statalizzazione delle ferrovie. L'avvento al potere della Sinistra segnò l'inizio di una nuova fase con una classe dirigente più giovane, che avrebbe perso le componenti radical-democratiche. Approvate la legge Coppino sull'istruzione e la riforma elettorale del 1882, gran parte del programma riformatore della Sinistra fu accantonato. Il sistema politico italiano perse, col trasformismo di Depretis (l'allora leader della Sinistra), il suo carattere bipartitico, finendo con l'essere dominato da un grande Centro che emarginava le ali estreme.

3 La politica economica protezionista

La Sinistra abolì la tassa sul macinato e aumentò la spesa pubblica. Ma non riuscì a fronteggiare la grave crisi agraria che investiva anche l'Italia. Se si escludono le zone più sviluppate del Nord, infatti, l'agricoltura italiana versava in condizioni assai arretrate, e questa situazione fu ulteriormente aggravata dalle ripercussioni della crisi. Tra gli effetti della crisi vi fu un rapido incremento dell'emigrazione e, in tempi più lunghi, il decollo industriale italiano. Questo dimostrò quanto fosse illusoria l'idea che lo sviluppo economico del paese potesse basarsi solo sull'agricoltura. Si affermò dunque una linea di appoggio dello Stato all'industria con l'adozione di tariffe protezionistiche (1887). Ne derivarono alcuni importanti effetti negativi: la guerra doganale con la Francia, l'aumento degli squilibri tra Nord e Sud, la penalizzazione delle esportazioni agricole.

4 La politica estera e il colonialismo

La stipulazione della Triplice alleanza con Germania e Austria-Ungheria (1882) segnò nella politica estera italiana una svolta, determinata dal timore di un isolamento internazionale e dal trauma rappresentato dall'occupazione francese della Tunisia. Il trattato costringeva l'Italia a rinunziare implicitamente alla rivendicazione di Trentino e Venezia Giulia, le cosiddette terre irredente ancora in mano agli austriaci. Fu anche avviata in quegli anni un'espansione coloniale sulle coste del Mar Rosso, in Africa. Il tentativo di estendersi verso l'interno portò al contrasto con l'Etiopia e all'eccidio di Dogali (1887).

5 Socialisti e cattolici

Dati i ritardi nello sviluppo industriale, la classe operaia italiana era costituita solo per una minoranza da proletariato di fabbrica. Le società di mutuo soccorso, inizialmente dominate da mazziniani e moderati, perdettero via via terreno a favore del movimento internazionalista che in Italia ebbe essenzialmente indirizzo anarchico. Gli anni '80 videro una notevole crescita del movimento operaio, con la fondazione di federazioni di mestiere e Camere del lavoro. Nel 1892 fu fondato il Partito dei lavoratori italiani (poi Partito socialista). Benché il *non expedit* (1874) vietasse la partecipazione dei cattolici alle elezioni politiche, la presenza cattolica nella società italiana, soprattutto nelle campagne, era massiccia. L'Opera dei congressi sorse per organizzare tale presenza, secondo una linea di rigida opposizione al liberalismo e al socialismo. L'elezione di papa Leone XIII (1878), più aperto ai problemi della società moderna, favorì l'impegno sociale dei cattolici e lo sviluppo delle loro organizzazioni.

6 Crispi: rafforzamento dello Stato e tentazioni autoritarie

Alla morte di Depretis (1887) divenne presidente del Consiglio Crispi: la sua politica autoritaria e repressiva si accompagnò a una importante riorganizzazione dell'apparato statale. Nettamente diversa fu la politica di Giolitti, capo del governo nel '92-93: l'azione di Giolitti fu imperniata su una linea non repressiva nei confronti dei conflitti sociali. Il rifiuto di Giolitti di adottare misure eccezionali contro i Fasci siciliani e lo scandalo della Banca Romana provocarono le sue dimissioni. Il ritorno di Crispi al governo (1893) fu caratterizzato dalla riforma bancaria (nascita della Banca d'Italia), dalla proclamazione dello stato d'assedio in Sicilia e Lunigiana, dalle leggi antisocialiste, dall'ulteriore spinta all'azione colonialista che portò alla guerra con l'Etiopia. La sconfitta di Adua (1896), in Africa, determinò la fine politica dello statista siciliano.

7 La crisi di fine secolo e la nuova politica liberale

Negli ultimi anni dell'800, si fece strada tra le forze conservatrici italiane la tentazione di risolvere in senso autoritario le tensioni politiche e sociali. Essa si manifestò con la dura repressione militare dei moti per il pane del '98 e con il tentativo del governo Pelloux di far approvare delle leggi limitative delle libertà politiche. La dura opposizione incontrata alla Camera e le elezioni del 1900 portarono a un mutamento di rotta, che (dopo l'assassinio di Umberto I) fu confermato dal nuovo re Vittorio Emanuele III. Il governo Zanardelli-Giolitti (1901-3) si caratterizzò per alcune importanti riforme sociali e per la neutralità nel campo dei conflitti di lavoro. Quest'ultimo fatto favorì lo sviluppo delle organizzazioni sindacali, che a sua volta fu accompagnato da un brusco aumento degli scioperi (con la conseguenza di un notevole incremento dei salari operai e agricoli).

8 Lo sviluppo economico e i problemi del Meridione

Negli ultimi anni del secolo iniziò il decollo industriale italiano, preparato – negli anni precedenti – dalla costruzione di una rete ferroviaria, dalla scelta protezionistica, dal riordinamento del sistema bancario. Lo sviluppo industriale, se non ridusse il divario con i paesi più ricchi, provocò però un aumento del reddito e un miglioramento del tenore di vita degli italiani. Cresceva – parallelamente – l'emigrazione, conseguenza di una sovrabbondanza della popolazione rispetto alle capacità produttive dell'agricoltura, che nel Mezzogiorno restava profondamente arretrata (provocando così l'accentuarsi del divario con il Nord industrializzato e agricolo).

9 L'età giolittiana

Leggi speciali per il Mezzogiorno, statalizzazione delle ferrovie, introduzione del suffragio universale maschile (1912), monopolio statale delle assicurazioni sulla vita rappresentarono i punti qualificanti della politica di Giolitti, che rimase a capo del governo, con alcune interruzioni, dal 1903 al 1914. Il suo riformismo non era privo di limiti, per il condizionamento delle forze conservatrici e per la costante attenzione a non modificare in senso eccessivamente democratico gli equilibri parlamentari. Quella di Giolitti fu "dittatura parlamentare" e trovò molti critici fra le forze politiche e soprattutto fra gli intellettuali. A sinistra, la fondazione della Cgl (1906) segnò un rafforzamento della presenza riformista. Ma, dopo l'espulsione dei riformisti nel 1912, il controllo del partito socialista passò ai rivoluzionari, di cui Mussolini era uno dei maggiori leader. In campo cattolico si sviluppò il movimento democratico-cristiano, condannato dal nuovo papa Pio X. Sul piano politico le forze clericomoderate stabilirono alleanze elettorali con i liberali, in funzione conservatrice.

10 Il nazionalismo, la guerra di Libia e la fine del giolittismo

Sul piano della politica estera l'Italia si avvicinò, tra fine '800 e inizio '900, alla Francia. Mutò contemporaneamente l'atteggiamento dell'opinione pubblica nei confronti delle imprese coloniali, che cominciarono a essere caldeggiate soprattutto dal nuovo movimento nazionalista. Proprio la campagna di stampa dei nazionalisti fu, insieme con le pressioni degli interessi della finanza cattolica, tra i fattori che spinsero il governo all'intervento militare in Libia (1911). Le trasformazioni del sistema politico alla vigilia della Grande Guerra – sviluppo del nazionalismo, accresciuto peso dei cattolici, prevalenza dei rivoluzionari nel Psi – segnarono la progressiva crisi della politica giolittiana, di cui la "settimana rossa" (1914) fu un rilevante sintomo. In questa situazione la guerra avrebbe significato la fine del giolittismo: di fronte alle tensioni che attraversavano la società tramontava la stagione di una linea politica fondata sulla mediazione parlamentare.

SVILUPPARE LE COMPETENZE

❶ Rispondi correttamente alle domande seguenti impiegando 3 righe per ciascuna risposta. Utilizza quindi i dati e gli argomenti a tua disposizione come scaletta per scrivere un testo di 30 righe sull'Italia liberale tra il 1870 e il 1877:

1. In che anno cadde la Destra?
2. Perché cadde il governo Minghetti?
3. Chi fu il nuovo capo di governo della Sinistra dal 1876?
4. Quali componenti politiche costituivano la Sinistra quando prese il potere?
5. Da quali progetti fondamentali era costituito il programma della Sinistra parlamentare?
6. Cosa imponeva la legge Coppino?
7. Secondo la nuova legge elettorale del 1882 chi aveva diritto di voto?
8. La nuova legge elettorale del 1882 mantenne il requisito del censo?
9. Che cosa significava la parola trasformismo?
10. Quali conseguenze ebbe la svolta moderata di Depretis?

❷ Rispondi alle seguenti domande sull'Italia selezionando gli argomenti elencati di seguito alle stesse. Usa quindi gli argomenti ordinati per scrivere un testo di 15 righe a cui dovrai dare un titolo:

1. Perché in Italia, negli anni '80 dell'800, ci fu una violenta crisi agraria?

....

....

2. Quali conseguenza ebbe la crisi agraria?

....

....

3. Quali effetti ebbe il protezionismo, ovvero la conseguenza della crisi agraria?

....

....

a. Introduzione di una nuova tariffa doganale
b. Guerra doganale con la Francia
c. Abbassamento dei prezzi
d. Squilibri tra i vari settori economici
e. Introduzione del dazio sul grano
f. Rialzo dei prezzi dei cereali e conseguente danno ai consumatori
g. Calo della produzione
h. Danno alle colture specializzate

❸ Illustra, in brevi testi scritti di 2 righe ciascuno, gli argomenti riportati di seguito:

a. Terre irredente
b. Dogali
c. Società di mutuo soccorso
d. Leghe di resistenza
e. Filippo Turati
f. Anna Kuliscioff
g. *Non expedit*
h. Opera dei congressi

❹ Descrivi, in brevi testi di 3 righe ciascuno, le leggi elencate di seguito ricordandoti di dire chi ne fu ispiratore. Concentrati poi sul pacchetto di leggi alla lettera C e scrivi un testo di 12 righe che spieghi i motivi della loro emanazione e i fatti conseguenti fino alle vicende di cui fu protagonista il governo Zanardelli-Giolitti:

a. Nuova legge di pubblica sicurezza
b. Leggi "antianarchiche"
c. Leggi a limitazione del diritto di sciopero e la libertà di associazione (1899)

❺ Spiega, in un testo di 10 righe, quali erano le maggiori differenze tra Nord e Sud Italia negli anni a cavallo tra '800 e '900.

❻ Descrivi, in un testo di 15 righe, l'età giolittiana. Colloca, all'interno del tuo testo, i seguenti personaggi spiegando il valore del loro operato o il significato della loro esperienza: Sidney Sonnino; Luigi Albertini; Leonida Bissolati; Romolo Murri.

I GRANDI TEMI 6 LO SGUARDO POSTCOLONIALE

1 Gli studi postcoloniali. La storia raccontata dagli "altri"

La retorica razzista dei colonizzatori

In un libro del 2010 sul razzismo e sulla rappresentazione delle persone nere nel senso comune, il famoso calciatore francese, originario della Guadalupa, Lilian Thuram (nato nel 1972) ha riflettuto sull'abitudine, tra il XIX e l'inizio del XX secolo, di esporre in Occidente, in **"zoo umani"** e circhi, donne e uomini africani, presentandoli come selvaggi cannibali. Essi venivano rinchiusi in gabbie disseminate di ossa in compagnia di scimmie e pappagalli ed equipaggiati di armi rudimentali e frecce: il fine era rafforzare l'idea dell'Africa come un paese arretrato e privo di storia. Secondo Thuram,

da sempre l'Occidente ha esibito l'Altro. I romani esibivano nell'arena gli abitanti della Gallia. E fino a qualche anno fa, nei luna park si potevano trovare donne barbute, donne cannone, donne pantera, uomini senza arti, fratelli o sorelle siamesi [...]. I neri africani venivano esibiti alla stregua delle donne barbute o degli uomini senza braccia e senza gambe. [...] Durante i grandi eventi, come le esposizioni universali, venivano ricostruiti i villaggi delle popolazioni esibite. L'esotismo ostentato ebbe un enorme successo. [...] Gli stati chiedevano alle esposizioni di tornare perché favorivano lo sviluppo delle imprese coloniali e incantavano la popolazione: «Vedete, li stiamo civilizzando!». [L. Thuram, *Le mie stelle nere. Da Lucy a Barack Obama* (2001), Add editore, Torino 2013, pp. 186-87]

Manifesto pubblicitario per il Giardino zoologico di acclimatazione, Parigi
[Fondazione Primoli, Roma]
A partire dagli anni '70 dell'800 diventò popolare nelle grandi città europee l'idea di presentare, in un ambiente ricostruito, alcuni "campioni" di popolazioni esotiche, lontane, spesso quelle stesse popolazioni che erano state da poco colonizzate. Nel corso delle grandi Esposizioni universali, ma anche nei giardini zoologici (diventati zoo umani per l'occasione), il cittadino medio europeo aveva la possibilità di "vedere" al di là di una rete metallica com'erano gli abitanti, oltre che gli animali, di quei continenti nei quali alcuni suoi connazionali stavano "portando il progresso e la civiltà". Famiglie di varie tribù africane, o di eschimesi, o ancora di pellerossa, diventarono così "uno strano fenomeno da mostrare" allo sguardo divertito dei visitatori. Il Giardino zoologico di acclimatazione di Parigi, un vero e proprio zoo nel cuore della capitale francese, fu convertito in zoo antropologico dal 1877 al 1912, riscuotendo un enorme successo.

La rappresentazione degli **africani come "selvaggi"** fu solo un aspetto di narrazioni molto diffuse sui popoli non occidentali, basate sulla presunta inferiorità di questi popoli e sul loro bisogno di essere "civilizzati". La retorica dell'inferiorità – che procedeva per stereotipi – si diffuse in tutti gli ambiti della cultura occidentale (scienza, letteratura, arte, senso comune), giustificando le strutture sociali, politiche, economiche e culturali del potere colonialista.
Come ha scritto il filosofo camerunense **Achille Mbembe**, i discorsi sull'Africa erano – e in larga parte ancora sono – influenzati dalle fantasie e dalle paure nutrite dagli occidentali nei confronti di questo continente:

> [Nel lessico coloniale] il Negro è, innanzitutto, un insieme di organi quasi sempre messi a nudo, organizzato piuttosto alla rinfusa: capelli crespi, naso piatto, labbroni, viso segnato da tagli. Puzza. Ogni volta che dice qualcosa gesticola forsennatamente. [...] È incapace di tenere a freno i propri istinti, né è in grado di pensare autonomamente, o di distinguere ciò che è giusto da ciò che è sbagliato. Ha una gestualità primitiva. [...] Non ha debiti di cui preoccuparsi; per questa ragione preferisce essere pigro e povero piuttosto che lavorare e venire pagato. È naturalmente indolente, non ama il lavoro, ed è del tutto disinteressato all'idea del risparmio. [...]. I selvaggi non hanno leggi, e non possono dunque aspettarsi che i loro possedimenti e la loro indipendenza vengano rispettati. Il Negro è, in particolare, inaffidabile, irresponsabile e bugiardo. [...] Conduce una vita di totale indolenza, una grama esistenza. Quale modo migliore di far imparare al Negro a essere libero che costringerlo a lavorare? [A. Mbembe, *Postcolonialismo* (2000), Meltemi, Roma 2005, pp. 210-11]

Dalla "negritudine" agli studi postcoloniali

La retorica occidentale ha legato a doppio filo l'inferiorità dei popoli dei paesi colonizzati ai miglioramenti che avrebbe portato loro la colonizzazione, sostenendo e rafforzando così l'imperialismo in Africa e in Asia.
Gli occidentali giustificavano il loro dominio attribuendo ai colonizzati determinate caratteristiche: li consideravano primitivi, barbari, tradizionalisti, immobili e senza storia; ma anche semplici, con poche aspettative, esuberanti e giocosi, poco propensi al risparmio, pigri e indolenti, incapaci di difendersi dalle malattie come dalle guerre, dagli animali selvatici e dalle carestie. Insomma, dei **"bambini"** che dovevano essere civilizzati per poter diventare "uomini".
A partire dagli anni '50 del '900, queste rappresentazioni sono state messe in discussione dalla **decolonizzazione** (cominciata dopo la seconda guerra mondiale) e dai movimenti per l'indipendenza dei paesi colonizzati. I principali teorici politici delle lotte per la liberazione hanno affermato, infatti, l'orgoglio

▶ **Una famiglia della tribù dei Galla al Giardino zoologico di acclimatazione, Parigi**

◀ **Visitatori all'Esposizione parigina del 1900**

di essere neri o africani, la cosiddetta **"negritudine"** [👁 DOC1], e hanno svelato l'inganno che si nascondeva dietro le rappresentazioni dei colonizzati da parte dei colonizzatori [👁 TESTO2]. Inoltre, gli studi sul colonialismo hanno avviato una riflessione sul nesso tra il dominio coloniale, il suo funzionamento e la produzione occidentale di discorsi sugli "altri" basati su stereotipi di tipo razziale, determinando un ripensamento dei rapporti storici tra l'Occidente e il resto del mondo.

Da questa nuova impostazione si sono sviluppati, a partire dagli **anni '70 del '900**, gli studi postcoloniali. Essi considerano le **eredità culturali del colonialismo**, sia nelle società colonizzatrici sia in quelle colonizzate, a tal punto forti e importanti da non poter essere semplicemente cancellate dalla decolonizzazione politica: tanto più che quest'ultima ha comportato, nelle ex colonie, nuove forme di sudditanza economica e culturale. Il termine **"postcolonialismo"**, quindi, non indica solo il periodo successivo alla fine del dominio coloniale, ma soprattutto la condizione storica, sociale e culturale dei soggetti e delle società che erano stati coinvolti nel processo di colonizzazione. Il postcolonialismo ha cercato di restituire ai "soggetti subalterni", agli "altri", ai non occidentali, quella soggettività che il colonialismo gli aveva sottratto.

Al centro degli studi postcoloniali c'è l'obiettivo di **«provincializzare l'Europa»** [👁 TESTO3], ponendo fine all'idea che l'Occidente sia stato l'avamposto storico e unico del progresso culturale e tecnologico e l'Oriente una «immaginaria sala d'aspetto della storia», ferma e immobile.

2 I subalterni e gli studi postcoloniali. Alcuni casi esemplari

Il concetto di "subalterno"

Dicevamo, dunque, che uno dei primi obiettivi degli studi postcoloniali è quello di recuperare la voce dei soggetti "subalterni": la vera contrapposizione non sarebbe tra le società tradizionali asiatiche e africane e la modernità occidentale, ma tra la parte egemonica e la parte subalterna del mondo, resa tale dal dominio occidentale. Ma chi è un subalterno?

La teoria postcoloniale ha ripreso il concetto di subalterno dalle riflessioni dell'intellettuale e dirigente politico **Antonio Gramsci** (1891-1937), tra i fondatori, nel 1921, del Partito comunista italiano [👁 I GRANDI TEMI 4.3]. Secondo Gramsci, il subalterno è il proletario (operaio o contadino) che non riesca a far sentire la sua voce perché **escluso dalla cultura delle classi borghesi dominanti**. Secondo lui, la cultura, l'istruzione, la letteratura sono aspetti fondamentali della lotta politica, utilizzate dalle classi dominanti per poter conservare la loro egemonia sui subalterni. Le classi dominanti italiane contemporanee di Gramsci, ad esempio, indirizzavano agli abitanti dell'Italia meridionale appellativi come «pigri», «barbari», «incapaci»: gli stessi che venivano utilizzati per i colonizzati. Secondo il politico comunista, le classi subalterne – tradizionalmente disgregate e disorganizzate – si dovevano dunque unire per puntare a imporre una loro egemonia culturale:

> La storia dei gruppi sociali subalterni è necessariamente disgregata e episodica. È indubbio che nell'attività storica di questi gruppi c'è la tendenza all'unificazione sia pure su piani provvisori, ma questa tendenza è costantemente spezzata dall'iniziativa dei gruppi dominanti [...]. I gruppi subalterni subiscono sempre l'iniziativa dei gruppi dominanti, anche quando si ribellano e insorgono. [...] Spesso i gruppi subalterni sono originariamente di altra razza (altra cultura e altra religione) di quelli dominanti, e spesso sono un miscuglio di razze diverse. [A. Gramsci, *Quaderno 25 (XXIII). 1934. Ai margini della storia (Storia dei gruppi sociali subalterni)*, in *Quaderni del carcere*, vol. III, *Quaderni 12-29 (1932-35)*, Einaudi, Torino 2007, pp. 2283, 2286]

Said e l'orientalismo

Un altro contributo fondamentale alle origini degli studi postcoloniali è stato dato da **Edward Said** (1935-2003), che pure non si riconobbe mai appieno in questa corrente di studi. Fu Said, critico letterario di origine palestinese, a studiare l'immagine dell'Oriente diffusasi in Occidente, giungendo alla conclusione che l'immagine dell'altro, dell'orientale, fosse stata creata al fine di rendere più sicura l'egemonia e la dominazione coloniale [👁 TESTO4]. Secondo Said, esisteva un **nesso storico fortissimo tra cultura e imperialismo**, come dimostrava l'importanza della diffusione di romanzi ispirati al colonialismo durante l'espansione britannica e francese. I

pregiudizi e gli **stereotipi sull'Oriente**, l'orientalismo, erano ben presenti nei romanzi di Rudyard Kipling o di Joseph Conrad, così come nelle opere di Giuseppe Verdi e di Richard Wagner o nelle riflessioni sociologiche di Auguste Comte e di Max Weber: questi lavori erano il riflesso dello **"spirito dell'epoca"**, che definiva la propria identità in relazione all'altro non-europeo, visto come primitivo, barbaro, tradizionale, fanatico dal punto di vista religioso e dispotico da quello politico, immerso in un ambiente intriso di erotismo e sensualità.

Il Subalternal Group

Rifacendosi alle teorie di Gramsci e agli studi di Said, all'inizio degli **anni '80** nacque in India, per iniziativa dello storico ed economista **Ranajit Guha**, un progetto storiografico promosso dal *South Asian Subalternal Studies Group*: esso aveva lo scopo di «democratizzare la scrittura della storia indiana attribuendo ai gruppi sociali subordinati la facoltà di essere padroni del proprio destino» (D. Chakrabarty, *Provincializzare l'Europa*, Meltemi, Roma 2004, p. 26).

Errol Flynn e Laurette Luez in *Kim* (1950) di Victor Saville

Kim è l'omonimo protagonista del romanzo scritto da Rudyard Kipling nel 1901: un ragazzo orfano, di origine irlandese, che si trova a crescere e a vivere le sue avventure in India, nelle terre colonizzate dall'Impero britannico. Il racconto esprime appieno l'idea del primato dei bianchi ed è intriso di sentimenti virili ed eroici, di stereotipi e di pregiudizi sulla popolazione indiana: sentimenti e idee largamente condivisi dalla cultura europea dell'epoca, di cui troviamo ancora traccia molti anni più tardi in una versione cinematografica del romanzo.

Gli studiosi del *Subalternal Group* hanno ripensato la storiografia indiana riconsiderando le **rivolte dei contadini durante l'occupazione coloniale** e insistendo sulla loro razionalità e il loro carattere politico. È nata così una delle principali correnti storiografiche degli studi postcoloniali, animata da intellettuali di origine indiana (anche se spesso trasferitisi in Occidente), che ha individuato nell'**India** – e, in particolare, nel **Bengala** – del XIX secolo il **modello di studio** di tutto il mondo coloniale e dei rapporti che in esso si instauravano. Il progetto del *Subalternal Group* era quello di fare una **"storia dal basso"**: il contadino indiano diventò il modello esemplare del subalterno, un subalterno che tuttavia aveva avuto un ruolo cruciale nella formazione della nazione postcoloniale.

Significativi sono, in questo senso, proprio gli studi di Ranajit Guha, secondo il quale i contadini indiani non erano arretrati residui del passato, ma parti integranti della modernità che il colonialismo aveva portato in India: essi comprendevano le relazioni di potere che si erano instaurate nel loro mondo e agivano politicamente di conseguenza; agivano con intenti politici nonostante, secondo il pensiero occidentale, nelle società precapitalistiche come quella indiana, la sfera del "politico" non si distinguesse a sufficienza da quelle della religione e della parentela. Esaminando un centinaio di casi di rivolte contadine nell'India coloniale tra il 1783 e il 1900, Guha ha concluso che le insurrezioni erano vere lotte politiche attraverso le quali ci si opponeva al sistema simbolico in cui i contadini si collocavano ed erano abituati a vivere. Lo studioso contestava così la storiografia colonialista, che leggeva in queste rivolte soltanto una reazione alle misere condizioni di vita, qualcosa di simile a un riflesso automatico, o un'azione irrazionale dettata dall'essere selvaggi **[👁** TESTO**5]**. Al contrario, nell'atto della rivolta il contadino si liberava consapevolmente della propria subalternità, diventando un soggetto attivo del divenire storico della sua nazione.

Un'altra vicenda utile a capire l'approccio degli studi subalterni e postcoloniali è quella relativa all'**incendio rituale di parti della foresta**, operato annualmente dai contadini indiani della zona dell'Himalaya, che praticavano un'agricoltura di tipo "taglia e brucia": per ottenere nuove terre da coltivare, prima tagliavano gli alberi delle foreste e, poi, incendiavano il sottobosco rimasto. Dal 1893 questa pratica fu osteggiata dall'amministrazione coloniale britannica – che affermava il suo diritto alla gestione (e allo sfruttamento) delle foreste – e, poi, definitivamente vietata nel 1914. Secondo lo storico **Ramachandra Guha**, l'incendio non era solo il riflesso di una mentalità intrisa di una religione irrazionale e di un legame con pratiche agricole tradizionali, ma rappresentava tanto la rivendicazione del diritto a controllare il proprio territorio, quanto la volontà di **colpire gli interessi economici dei colonizzatori**: venivano, infatti, bruciate soprattutto le aree ricoperte di *Pino Chir*, l'albero più utilizzato dai britannici perché da esso si ricavavano olii essenziali utili come lubrificanti nell'industria meccanica e come base per prodotti cosmetici. Diversamente dalle interpretazioni dei colonizzatori, anche in questo caso, l'opposizione dei contadini non era irrazionale o tradizionalista, ma cosciente e consapevole.

Il sistema di dominio coloniale, dunque, non era privo di tensioni interne né pienamente controllato dai colonizzatori: anche i colonizzati potevano essere attori di autorappresentazioni e resistenze alla rappresentazione dei colonizzatori.

La cultura della diaspora

Nessun sistema di potere, per quanto pervasivo e capillare, può, infatti, annullare completamente la soggettività dei subalterni e la loro resistenza. Molto spesso, anzi, **colonizzati e colonizzatori si sono influenzati a vicenda** e i subalterni hanno giocato un ruolo attivo. Spinti dalla retorica coloniale a imitare gli stili di vita e ad adottare i valori e le credenze dei colonizzatori, "civili e moderni", i colonizzati hanno dato vita a sistemi culturali caratterizzati da mimetismo o ibridazione tra culture. Facendo questo, hanno a loro volta influenzato la cultura delle metropoli occidentali, in un gioco di rimandi in cui ha ormai poco senso ricercare un periodo o un carattere "puro" e "originario" di una cultura o dell'altra.

Gli studiosi postcoloniali hanno parlato in questo senso di "cultura della diaspora": essa caratterizzerebbe i luoghi in cui avviene uno **scambio** (materiale, culturale e simbolico) tra la popolazione autoctona e quanti vi giungano in seguito a migrazioni, trasferimenti forzati, dominio coloniale; uno scambio che modifica entrambi i suoi protagonisti.

Emblematico in proposito è lo studio del culturalista **Stuart Hall** sulle popolazioni del continente americano e, in particolare, di quelle dei Caraibi. Dell'identità di queste popolazioni Hall ha proposto un'interpretazione basata sul concetto di "diaspora" e sulla ibridazione tra elementi della cultura africana, europea e americana.

Lo studioso ha analizzato le diverse influenze presenti nella **cultura** e nell'**identità giamaicana** [👁 TESTO 6], che considera esemplare dell'ibridazione di tutta la cultura nera contemporanea e, in questo senso, autenticamente postcoloniale. E ha criticato l'idea che la cultura delle popolazioni caraibiche potesse fare riferimento a una storia e a una cultura unica, a una «unità di fondo del popolo nero» che aveva la sua origine in Africa. Hall ha rifiutato l'idea dell'Africa come luogo di nascita della cultura delle popolazioni caraibiche immutabile e sempre uguale a sé stesso. Quest'Africa, secondo Hall, non esiste: è una **«comunità immaginata»**, inventata negli anni '70, come conseguenza della decolonizzazione, dei discorsi postcoloniali, delle battaglie per i diritti civili e della diffusione della cultura "rasta". Quest'ultima nasce con il movimento politico-religioso rastafariano, istituito in Giamaica negli anni '30 del '900: il movimento, presentato come erede del cristianesimo ortodosso etiope esaltando il legame con l'Etiopia, si è diffuso poi in tutto il mondo grazie al successo della musica *reggae* e di musicisti come Bob Marley.

Con queste argomentazioni Hall si è opposto al concetto stesso di negritudine, all'orgoglio di essere neri o africani, bandiera dei movimenti di liberazione dal colonialismo.

3 Lo sguardo postcoloniale e la questione di genere

La subalternità femminile

Molti studiosi e molte studiose postcoloniali hanno orientato il loro sguardo alle relazioni tra uomini e donne nelle colonie. Sono partiti dalla considerazione che l'oppressione vissuta dai subalterni, ma in particolare dalle donne, non è mai un'oppressione singola. Le donne dei gruppi minoritari, infatti, subiscono tre diverse oppressioni – economica, etnica e sessuale

– che corrispondono ad altrettante connotazioni sociali: classe, razza, genere. Queste ultime si sono affermate nell'Europa dell'800 – secondo la lettura degli studiosi postcoloniali – col fine di determinare le caratteristiche positive della nascente borghesia in contrapposizione con gli "altri" e non possono, dunque, essere disgiunte dal discorso coloniale.

Spivak e il caso esemplare della regina del Sirmur

Un contributo molto importante in questo campo viene dalla studiosa indiana Gayatri C. Spivak, che ha identificato nella **«donna del Terzo mondo» la figura del vero subalterno**. Spivak si è chiesta se, in un'ottica postcoloniale, si potesse davvero raccontare la storia della donna subalterna, se essa potesse cioè davvero far sentire la sua voce. La studiosa ha preso spunto, nella sua analisi, dalla vicenda della contrapposizione tra autorità coloniali e nativi indiani sul **rito del *sati***: esso prevedeva che, una volta morto il marito, la vedova, come atto di devozione, si bruciasse viva sulla sua pira funeraria. Secondo i resoconti britannici, tra il 1813 e il 1828, in India, si ebbero circa seicento casi di *sati*, che poi diminuirono nei decenni successivi: la pratica fu proibita nel 1829 dai britannici ed è, ad oggi, vietata dalla legge, anche se vi sono ancora donne che tentano il suicidio sulla pira del marito defunto.

Spivak approfondisce il caso della *rani* (regina) del Sirmur, una regione nel basso Himalaya. A lei, intorno al 1820, i britannici affidarono la reggenza della zona dopo la deposizione del *Rajah* (re) suo marito, visto che il figlio, legittimo erede, era ancora un bambino. I britannici pensavano che una reggenza femminile avrebbe indebolito il governo della regione e li avrebbe agevolati nell'annessione di buona parte del Sirmur in seguito al suo probabile e imminente smembramento. La *rani*, tuttavia, annunciò la decisione di farsi bruciare sulla pira del marito dopo la sua morte, per seguire la tradizione del *sati*. Per non perdere le opportunità che offriva una reggenza debole, i britannici cercarono di dissuaderla, presentando la sua scelta come barbara, retaggio di una società che essi avevano il compito di civilizzare. Non si conosce bene la conclusione della vicenda, ma probabilmente la *rani* morì di morte naturale.

Secondo Spivak, le vicende delle donne subalterne native delle colonie non compaiono mai negli archivi dei colonizzatori: la *rani* del Sirmur fa eccezione solo perché – dichiarando di voler praticare il *sati* – si è posta in contrapposizione al **ruolo di «governante debole»** che le avevano cucito addosso i britannici. Ma soprattutto, negli studi di Spivak, la figura della regina indiana emerge come schiacciata tra **due sistemi di potere**: il sistema **indiano** di dominio sulle donne, secondo il quale le "brave mogli" dovevano morire con lo sposo; e quello imperialista **britannico** che, per interessi politici, provava a opporsi alla volontà della *rani*, presentandosi come il tentativo «degli uomini bianchi di salvare le donne dagli uomini scuri» e dalla loro arretratezza culturale e sociale.

Analizzando la vicenda, la studiosa giunge alla conclusione che tanto il sistema di dominio degli uomini indiani quanto quello degli imperialisti occidentali hanno rappresentato la donna indiana vittima del *sati*, ma non ha potuto farlo lei: impossibilitata a parlare, è rimasta silenziosa. Il suo punto di vista resta sconosciuto. Le donne sono dunque doppiamente escluse da discorsi e dalle rappresentazioni, in quanto donne e in quanto subalterne.

Il rapporto tra uomini colonizzatori e donne colonizzate è stato indagato a fondo negli studi postcoloniali alcuni dei quali hanno gettato luce, per esempio, su questioni come l'uso della **metafora sessuale**: largamente utilizzata per descrivere l'appropriazione dei paesi sottomessi da parte di quelli stranieri, essa stabiliva una **corrispondenza tra possesso delle terre e possesso delle donne**.

Considerate oggetti sessuali, le donne venivano rappresentate con aggettivi esotici ed erotici **[👁 DOC7]** oppure come vittime degli uomini del loro paese.

La Venere nera

Come ha scritto Barbara Sorgoni in un libro sulla colonia italiana d'Eritrea, nella rappresentazione letteraria e fotografica delle donne indigene delle colonie italiane ricorrono **«fantasie erotiche spesso pesantemente esplicite»** anche mirate a spingere gli italiani verso l'impresa oltremare:

> Che cosa può allettare di più che la promessa di dover inseguire in Africa non solo la vendetta di Dogali, ma anche le Veneri indigene, di cui si esalta la venustà [bellezza] e anche la facilità? La metafora della Venere nera, utilizzata per indicare contemporaneamente tanto la donna africana quanto la terra d'Africa, consente inoltre di presentare il possesso dell'una come corollario della conquista dell'altra. [...] Si potrebbe anzi compilare un lessico delle descrizioni delle donne indigene, dal quale risulterebbe che gli occhi sono sempre «nerissimi e brillanti», la bocca «piccola e carnosa», il collo «flessuoso», le braccia «ben tornite», i seni «eretti e sodi», le gambe «salde», mani e piedi sempre «piccolissimi». Con una

incalzante ripetizione di aggettivi-chiave, i profili sono poi quelli dei «cammei», di «Madonne nere» o «bizantine». È possibile inoltre trovare [...] descrizioni di movenze o sguardi che soli bastano a suggerire la supposta facilità di costumi e la innata sensualità delle donne locali. [B. Sorgoni, *Parole e corpi. Antropologia, discorso giuridico e politiche sessuali interrazziali nella colonia d'Eritrea, 1890-1941*, Liguori, Napoli 1998, pp. 58-59]

Questa rappresentazione entra a far parte di un canone estetico – lo stesso che Edward Said ha ricondotto all'orientalismo –, ampiamente diffuso e condiviso dagli uomini europei. Le giovani eritree e somale, con i loro abiti tradizionali, che lasciavano a volte scoperte ampie parti del corpo, apparivano effettivamente bellissime agli occhi dei colonizzatori italiani. In gran numero gli italiani si legarono alle native dando vita a una particolare forma di rapporto, il **madamato**, che ricalcava quello tra marito e moglie, pur senza la formale unione in matrimonio. I figli nati da queste unioni furono migliaia e moltissimi non vennero riconosciuti dai padri, perché meticci. Non tutti i colonizzatori, però, apprezzavano la diffusa nudità delle indigene, tanto per motivi estetici quanto per ragioni di ordine morale: la nudità rendeva evidente il rapido deperimento fisico a cui le donne erano soggette a causa delle gravidanze e dei lavori faticosi che svolgevano nelle loro comunità. Alla metafora esotico-erotica che metteva al centro le donne colonizzate, quindi, si accompagnò una seconda modalità di rappresentazione,

che descrive le donne come «povere vittime e infelici creature sfruttate da uomini appartenenti ad un mondo senza principi morali e senza rispetto per la dignità e i valori umani». [...] La frequenza con cui i viaggiatori si

◀
Vignetta satirica: Terra... Vergine!...
[da «Il 420», XXII, 1101, 19 gennaio 1936]

Il titolo della vignetta, che come molte altre dello stesso tono propagandavano la conquista coloniale, gioca con le parole «Terra... Vergine!...» alludendo tanto alla conquista coloniale quanto a quella sessuale. Il breve dialogo fra il colonizzatore e la donna, poi, esplicita l'idea di una conquista "facile".

▶
Giovane ballerina per il circolo ufficiali italiano di Massaua, in Eritrea
1894

Sottoufficiale italiano con la sua "madama"
1895

soffermano a descrivere il lavoro delle donne e il corrispettivo ozio dei loro uomini [ha] una funzione ben precisa, che è quella di giustificare l'intervento coloniale attraverso la retorica della civilizzazione dei costumi, educazione al lavoro, inculcamento dei bisogni. [B. Sorgoni, *op. cit.*, pp. 63-64]

La storia di Frewini Il limite di ricerche come quelle di Sorgoni e di altri studiosi, tuttavia, è che esse ricostruiscono sì l'esperienza vissuta dalle donne colonizzate e il modo in cui venivano rappresentate dai colonizzatori, ma – come ha compreso Spivak – non danno conto della loro voce, poiché la voce di queste donne è quasi assente nei discorsi ufficiali. Per ricostruire la «memoria delle colonizzazione» e scrivere una storia diversa da quella tramandata dai dominatori, invece, sarebbe importante accedere alle memorie dei colonizzati e dei subalterni. La ricerca di queste fonti presenta non poche difficoltà: ad esempio, le guerre che hanno segnato la storia più recente di molte ex colonie hanno reso impossibile per decenni la ricerca sul campo e ciò ha fatto andare per sempre perdute le memorie di intere generazioni.
Nei casi in cui, però, ciò è stato possibile, si sono scoperte rappresentazioni diverse da quelle che ci si aspettava. È il caso di Frewini, una **donna eritrea nata nei primi anni '20**, la cui storia Giulia Barrera ha raccolto e raccontato. Frewini, ancora giovane, aveva fatto la scelta socialmente dirompente di porre fine al suo matrimonio con un sacerdote, pur essendo il matrimonio indissolubile (secondo la Chiesa ortodossa etiopica, al cui rito aderivano gran parte degli eritrei, i sacerdoti si possono sposare). Dopo questa rottura, impossibilitata a sposarsi nuovamente in base al diritto consuetudinario locale, la giovane donna si era accompagnata a diversi uomini europei. Intervistata da Barrera, racconta la sua vita come il risultato di **scelte indipendenti** e non della violenza insita nell'imperialismo: Frewini si rappresenta come una donna capace di autodeterminarsi, non come una vittima del dominio coloniale [DOC8].

4 Lo sguardo postcoloniale sulla società contemporanea

Le implicazioni politiche del postcolonialismo Gli studi postcoloniali permettono di leggere e interpretare aspetti dell'età contemporanea: non solo la decolonizzazione, il razzismo o i rapporti e le identità di genere, ma anche il processo di globalizzazione, l'immigrazione nelle "ex metropoli" occidentali (gli Stati colonizzatori), i conflitti e le guerre che si sviluppano nelle ex colonie, le diseguaglianze nello sviluppo economico e sociale.
Proprio in virtù di tali implicazioni, alcuni teorici del postcolonialismo hanno assunto posizioni politiche nette, intrecciate a forme diverse di militanza, soprattutto nei movimenti che si oppongono alla globalizzazione economica [DOC9]. Il postcolonialismo, oltre che un approccio interpretativo, è diventato un **progetto politico** che si pone come obiettivo la trasformazione attiva del presente a partire dall'indagine sugli elementi di continuità con il passato coloniale.
Tra i contributi più significativi dell'approccio postcoloniale all'interpretazione del mondo contemporaneo vanno ricordate le indagini sui temi delle

migrazioni e dell'emancipazione femminile nei paesi musulmani.

L'indagine sulle migrazioni. Il caso italiano

Se, da un lato, il pensiero postcoloniale si è concentrato sul modo in cui il "centro" (l'ex metropoli occidentale) è vissuto da chi proviene dalla "periferia" (l'ex colonia), dall'altro esso si è allargato alla questione identitaria nella sua interezza, approfondendo la condizione dei figli dei colonizzati e dei colonizzatori. Le "ex metropoli", da tempo meta di migrazioni, vengono indagate come "spazi diasporici" di confronto e, in molti casi – nonostante le diffidenze, il razzismo e la xenofobia –, di fusione fra culture diverse.

Anche nel nostro paese si può porre la questione postcoloniale, nonostante gli stranieri provenienti dalle ex colonie italiane costituiscano solo una piccola minoranza degli immigrati. Ad esempio, è curioso osservare la **reazione italiana all'immigrazione dall'Etiopia e dall'Eritrea**. Anche se eritrei e etiopi hanno cominciato a giungere nel nostro paese in gran numero tra gli anni '60 e '70, per sfuggire alla guerra scoppiata tra i loro paesi d'origine, oggi di fronte a tanti eritrei che sbarcano a Lampedusa dopo un viaggio pieno di difficoltà e chiedendo asilo, gli italiani tradiscono un sentimento di sorpresa.

Certo, guardiamo a questi sbarchi con sentimenti diversi: stupore, ma a volte rabbia, altre volte indulgenza, e anche pietà. Nell'ottobre 2013, ad esempio, tutto il paese ha pianto gli oltre 360 migranti – in prevalenza eritrei – morti in seguito all'affondamento, nei pressi di Lampedusa, del barcone su cui stavano tentando di raggiungere le coste italiane. Ma soprattutto il passato coloniale tende a essere rimosso: gli italiani ricordano raramente che l'Eritrea è stata, per circa settant'anni (1882-1947), territorio italiano e che molti sono i lasciti – politici, economici, sociali e culturali – della dominazione.

Il passato coloniale, invece, è stato tenuto saldamente presente dagli studi postcoloniali condotti da taluni nostri connazionali. **Sabrina Marchetti**, per esempio, ha intervistato alcune donne eritree immigrate

Donne egiziane protestano in Piazza Tahrir al Cairo
luglio 2013
[foto di Andre Pain/EPA; dal «Financial Times»]
Nel mondo contemporaneo, l'uso del *hijab*, il velo che copre i capelli, continua a essere molto diffuso anche fra le donne musulmane emancipate.

fra gli anni '60 e '70 in Italia, e in gran parte impiegate come domestiche, facendo emergere aspetti importanti. Rispetto alle donne emigrate da altri paesi, le eritree rivelano un approccio diverso alla società italiana, fondato sul passato coloniale: già prima del loro arrivo nella penisola, esse si sentivano in un certo senso interne alla nostra società e partecipi della sua cultura, perché ad essa era improntata l'**educazione ricevuta durante il periodo coloniale**.
Tuttavia, giunte in Italia, in molti casi, le eritree non sono riuscite a godere della stessa familiarità che avevano con gli italiani ad Asmara.
Questo problema ha riguardato soprattutto le donne d'estrazione socioculturale più elevata, che con gli italiani – in molti casi rimasti in Eritrea anche dopo la seconda guerra mondiale – avevano avuto un rapporto amicale paritario. È il caso di **Luam**, nata ad Asmara nel 1946 [👁 DOC10]. La donna aveva frequentato una scuola italiana, per volere della zia, sposata con un italiano, ma all'arrivo in Italia, alla fine degli anni '70, il suo patrimonio culturale non è stato riconosciuto, né gli amici italiani che frequentava ad Asmara hanno mostrato di considerarla più su un piano paritario. I legami tra colonizzatori e colonizzati si sono mostrati nuovamente asimmetrici: **il passato coloniale è riemerso con forza**.
Studi come quelli di Marchetti rendono particolarmente evidenti due questioni. La prima è che l'immaginario dell'Italia postcoloniale non sembra essere stato superato o radicalmente cambiato: l'identità nazionale – per quanto ibridata dal contatto con gli immigrati e dall'avanzato processo di globalizzazione anche culturale – stenta a lasciarsi permeare dal carattere multiculturale delle società odierne.
La seconda sta tutta nell'importanza dell'approccio postcoloniale alle questioni contemporanee per superare la visione dei «migranti» come massa indistinta di individui, uguali tra loro per via della comune origine straniera e diversi dai cittadini dei paesi che li accolgono.

Il dibattito sul velo Lo sguardo postcoloniale ha consentito, inoltre, di riconsiderare alcune questioni cardine dell'identità attuale nel mondo occidentale e orientale restituendone la giusta complessità. Un esempio è la questione del velo indossato dalle donne musulmane: esso viene considerato dagli occidentali come il simbolo dell'oppressione e della **subordinazione delle donne nei paesi islamici** e, per questo, se ne auspica (o intima) la rimozione. Il velo, tuttavia, rappresenta per molte musulmane che scelgono spontaneamente di coprirsi una rivendicazione di **identità culturale e religiosa** o un'ostentazione del proprio **status** sociale: costringere queste donne a disfarsene equivarrebbe a obbligarle a indossarlo.
All'approccio occidentale – secondo il quale i valori dell'Occidente sono i migliori e i più moderni – hanno aderito anche molti gruppi europei che si battono per l'emancipazione femminile e si occupano della questione islamica. Si è aperto così un dibattito intenso, in particolare all'interno del movimento femminista, tra sostenitrici della "via occidentale" e sostenitrici dell'approccio postcoloniale. Le prime sostengono la necessità che le donne islamiche si tolgano il velo, rivelando, agli occhi delle seconde, un **impianto ideologico "neocoloniale"**: si farebbero cioè interpreti e depositarie della volontà delle donne musulmane, senza ascoltare la loro voce [👁 DOC11].
Parafrasando Spivak, alcune femministe si sono trasformate in donne bianche che vogliono salvare le donne scure dagli uomini scuri.
L'approccio postcoloniale si conferma, dunque, fondamentale, in un mondo sempre più multietnico e multiculturale: «Educare alla postcolonia significa, in un senso molto pregnante, educare alla cittadinanza democratica» («Aut aut», n. 349, 2011, p. 6, dedicato al *Postcoloniale in Italia*).

DOCUMENTI E STORIOGRAFIA

1DOC

Aimé Césaire
Discorso sulla negritudine

A. Césaire, *Discorso sul colonialismo seguito da Discorso sulla negritudine*, Ombre corte, Verona 2010, pp. 91-95

■ Aimé Césaire (1913-2008), originario della Martinica, fu poeta, drammaturgo e uomo politico. È stata una personalità eminente del movimento anticoloniale e tra i primi teorici della "negritudine", l'orgogliosa rivendicazione delle qualità dei neri africani, che assunse poi le dimensioni di un movimento ideologico e letterario. Césaire è oggi considerato una figura di riferimento per gli studi postcoloniali. In questo brano, tratto dal suo intervento alla Prima conferenza globale dei popoli neri della diaspora, tenutasi nel 1987 a Miami, Césaire spiega dettagliatamente come si debba intendere il concetto di negritudine.

La Negritudine non è una categoria essenzialmente di ordine biologico. Essa comprende una gamma di significati ben più ampi di semplici e immediati elementi biologici, facendo riferimento evidentemente a qualche cosa di più profondo. In particolare a una somma di esperienze storicamente vissute, che sono giunte a definire e a caratterizzare il destino di una forma di vita umana: la Negritudine è una delle forme storiche che danno agli uomini una particolare condizione di vita. [...]
La Negritudine [...] non è una filosofia. [...] È un modo di vivere la storia nella storia: la storia di una comunità la cui esperienza si presenta, a dire il vero, estremamente singolare, definita dalle deportazioni, dal trasferimento forzato di uomini da un continente all'altro, dai ricordi di credenze lontane, dai frammenti di culture assassinate che le appartengono. [...]
Non mi ha mai convinto l'argomento secondo cui l'unico contributo dato da milioni di uomini africani portati in America dai negrieri sia stato quello misurabile in termini di forza animale [...] e che essi non abbiano fecondato le civiltà che stavano allora nascendo con un certo numero di valori essenziali, di cui queste nuove formazioni politiche e sociali erano le portatrici in potenza.
Questo significa che la Negritudine, alla base, può essere definita come presa di coscienza della differenza, come memoria, come fedeltà e come solidarietà. Ma la Negritudine non è soltanto passiva. [...] La Negritudine dipende da un atteggiamento attivo e offensivo dello spirito. È un soprassalto, un soprassalto di dignità. È rifiuto, voglio dire rifiuto dell'oppressione. È una battaglia, cioè una battaglia contro la disuguaglianza. È anche rivolta. [...]
Credo si possa dire, in senso generale, che storicamente la Negritudine è stata innanzitutto una rivolta contro il sistema mondiale della cultura formatosi durante questi ultimi secoli, un sistema caratterizzato da un certo numero di pregiudizi, di presupposti, che a loro volta vengono a costituire una gerarchia schiacciante ed estremamente rigida. In altre parole, la Negritudine è una rivolta contro quello che io definirei il riduzionismo europeo. [...]
Ma la cosa fondamentale è che questa nozione ci consentiva, a noi stessi, di cominciare con un'impresa di riabilitazione dei nostri valori, di approfondimento del nostro passato, ovvero di tornare a radicarci dentro la nostra stessa storia, dentro una nostra geografia, in una cultura riconoscibilmente nostra. E di tradurre tutto questo non certo all'interno di un passatismo arcaicizzante, ma in virtù di una riattivazione del passato finalizzata al suo superamento.

2

F. Fanon
Il colonizzato e il mondo coloniale

F. Fanon, *I dannati della terra* (1961), Einaudi, Torino 2007, pp. 8-9, 16

■ Frantz Fanon (1925-1961), psichiatra di colore originario delle Antille francesi, fu un dirigente politico nella guerra di indipendenza d'Algeria (1954-62). Il suo libro *I dannati della terra*, pubblicato nel 1961, può essere considerato il manifesto della ribellione dei popoli colonizzati nelle sue forme più radicali: vi si teorizza il carattere necessario e positivo della violenza durante il processo di decolonizzazione e si prende in esame la rappresentazione «morale» del colonizzato da parte del colonizzatore.

La ripresa in esame del mondo coloniale da parte del colonizzato non è un confronto razionale dei punti di vista. [...] Il mondo coloniale è un mondo manicheo[1]. Non basta al colono limitare fisicamente, vale a dire con l'aiuto della sua polizia e della sua gendarmeria, lo spazio del colonizzato. Come ad illustrare il carattere totalitario dello sfruttamento coloniale, il colono fa del colonizzato una specie di quintessenza del male. La società colonizzata non è solo descritta come una società priva di valori. [...] L'indigeno lo si dichiara impermeabile all'etica, assenza di valori, ma anche negazione dei valori. Egli è, osiamo confessarlo, il nemico dei valori. In questo senso, è il male assoluto. [...] Gli usi del colonizzato, le sue tradizioni, i suoi miti, soprattutto i suoi miti, sono il segno stesso di tale indigenza, di tale depravazione costituzionale. [...]
A volte tale manicheismo arriva fino in fondo alla sua logica e disumanizza il colonizzato. A rigor di termini, lo animalizza. E, difatti, il linguaggio del colono, quando parla del colonizzato, è un linguaggio zoologico. Si fa allusione ai movimenti serpeggianti dell'indocinese, agli effluvi della città indigena, alle orde, al puzzo, al pullulare, al brulicare, ai gesticolamenti. Il colono, quando vuole descrivere bene e trovare la parola giusta, si riferisce costantemente al bestiario. L'europeo incorre di rado nei termini «immaginosi». Ma il colonizzato, che coglie il progetto del colono, la causa precisa che gli viene intentata, sa subito a che cosa si pensa. [...] Il colonizzato sa tutto questo e ride di cuore ogni volta che si scopre animale nelle parole dell'altro. Poiché sa di non essere un animale. E appunto, al tempo stesso che scopre la sua umanità, comincia ad affilare le armi per farla trionfare. [...]
Il colono fa la storia e sa di farla. E siccome si riferisce costantemente alla storia della sua metropoli, mostra chiaramente qui di essere il prolungamento di quella metropoli. La storia che scrive non è dunque la storia del paese che egli spoglia, ma la storia della sua nazione che rapina, violenta e affama. L'immobilità a cui il colonizzato è condannato non può essere rimessa in discussione che dalla sua decisione di metter fine alla storia della colonizzazione, alla storia del saccheggio, per far esistere la storia della nazione, la storia della decolonizzazione.

1. In cui, cioè, vi è una lotta inconciliabile tra due princìpi e due schieramenti, uno dei quali viene identificato col bene, l'altro col male.

3

D. Chakrabarty
Provincializziamo l'Europa?

D. Chakrabarty, *Provincializzare l'Europa* (2000), Meltemi, Roma 2004, pp. 15-18, 34, 41, 45, 64-68

■ Dipesh Chakrabarty (nato nel 1948) è uno storico originario dalla regione indiana del Bengala, ora docente di storia, lingua e civilizzazione dell'Asia meridionale all'Università di Chicago. Tra i maggiori teorici degli studi postcoloniali e subalterni, Chakrabarty riconosce la pervasività del pensiero moderno europeo – nato con l'Illuminismo – in tutte le scienze storiche e sociali, anche quando esse si occupano di società non europee: è dunque attraverso le categorie europee della filosofia politica moderna che vengono analizzate anche le storie degli altri paesi. L'eredità della tradizione europea, per Chakrabarty, non può essere messa in discussione né ignorata, ma deve essere "provincializzata", cioè messa a confronto con le storie e le tradizioni di altre parti del mondo e con il loro contributo alla modernità e al capitalismo.

Provincializzare l'Europa non tratta di quella parte del mondo che chiamiamo "Europa". Quell'Europa, potremmo dire, è già stata provincializzata dalla storia. È senso ormai comune, tra gli storici, riconoscere che la cosiddetta "epoca europea" della storia moderna abbia cominciato a lasciare spazio ad altre configurazioni regionali e globali già a partire dalla metà del XX secolo [...]. La storia europea non viene più considerata la culla di una "storia umana universale". [...] L'Europa che intendo provincializzare, o decentrare, è una figura immaginaria che rimane profondamente intessuta nelle *forme schematiche e stereotipiche* costitutive di alcuni dei modi di pensare abituali che sottendono invariabilmente ai tentativi delle scienze sociali di affrontare le questioni relative alla modernità politica dell'Asia meridionale. In qualunque parte del mondo ci troviamo, è impossibile *pensare* il fenomeno della "modernità politica" – la presenza di istituzioni moderne quali lo Stato, la burocrazia e l'impresa capitalistica – senza ricorrere a categorie e concetti che affondano le radici nelle tradizioni intellettuali, e perfino teologiche, europee. Concetti come cittadinanza, Stato, società civile, sfera pubblica, diritti umani, uguale trattamento di fronte alla legge, individuo – così come la distinzione tra pubblico e privato, l'idea del soggetto, la democrazia, la sovranità popolare, la giustizia sociale, la razionalità scientifica e molti altri –, portano tutti il peso del pensiero e della storia dell'Europa. [...]

Io stesso scrivo dall'interno di questa eredità. La ricerca postcoloniale è impegnata [...] ad affrontare criticamente quegli universali [...] che, perfezionatisi nell'Europa del Settecento, costituiscono il fondamento delle scienze umane. [...] La tensione nasce dal fatto che in condizioni di modernità politica non è facile fare a meno di tali universali. Senza di essi non esisterebbe alcuna scienza sociale capace di affrontare le questioni della giustizia sociale moderna.

[...] Il pensiero europeo è allo stesso tempo indispensabile e inadeguato per riflettere sulle esperienze di modernità politica nelle nazioni non occidentali, e provincializzare l'Europa si trasforma nella sfida di scoprire come questo pensiero – un'eredità che ormai appartiene a tutti e influenza tutti – possa essere rinnovato dai margini e per i margini. [...] *Provincializzare l'Europa* comincia e finisce indicando l'indispensabilità del pensiero politico europeo per la descrizione della modernità politica non europea e, al tempo stesso, lotta con i problemi di rappresentazione che tale indispensabilità inevitabilmente produce.

[...] Per quanto riguarda il discorso accademico della storia [...] l'Europa rimane il soggetto teorico sovrano di tutte le storie, incluse quelle che chiamiamo "indiana", "cinese", "keniota" e così via. Tutte le altre storie diventano, in modo molto particolare, variazione di una narrazione principale che può essere definita "storia dell'Europa". [...] E tuttavia la comprensione del fatto che "noi" tutti facciamo una storia "europea" [...] apre la possibilità di una politica e di un progetto di alleanza tra le storie metropolitane dominanti e i passati periferici subalterni.

Il progetto di provincializzare l'"Europa" si riferisce a una storia che ancora non esiste; posso dunque parlarne solo in termini programmatici. [...] Il progetto di provincializzare l'Europa deve implicare [...] in primo luogo l'ammissione che l'acquisizione dell'aggettivo "moderno" da parte dell'Europa è un aspetto fondamentale della vicenda dell'imperialismo europeo nel quadro della storia globale; e in secondo luogo la comprensione del fatto che l'identificazione di una versione dell'Europa con la "modernità" non è opera dei soli europei; i nazionalismi del Terzo mondo, ideologie moderniste per eccellenza, hanno avuto un ruolo altrettanto importante. [...]

Le storie che celebrano implicitamente o esplicitamente l'avvento dello Stato moderno e dell'idea della cittadinanza minimizzano, tuttavia, la repressione e la violenza che hanno contribuito alla vittoria del moderno almeno quanto la forza pervasiva delle sue strategie retoriche. [...]

Io reclamo una storia che renda intenzionalmente visibile [...] le proprie strategie e pratiche repressive, la parte che essa sostiene a fianco delle narrazioni della cittadinanza nell'assimilazione di ogni possibile forma di solidarietà umana al progetto dello Stato moderno.

4

E.W. Said
Il mondo occidentale e il suo «altro»

E.W. Said, *Orientalismo. L'immagine europea dell'Oriente* (1978), Feltrinelli, Milano 2005, pp. 11-16

■ Edward Said (1935-2003) è uno scrittore e critico letterario nato in Palestina, che ha trascorso gran parte della sua vita negli Stati Uniti, dove insegnava alla Columbia University. Ha suggerito un nuovo modo di studiare il colonialismo, fondato sul concetto di "orientalismo", ovvero sulle narrazioni stereotipate dell'Oriente diffuse nelle opere letterarie, scientifiche e antropologiche occidentali.

Francesi e inglesi – e in minore misura tedeschi, russi, spagnoli, portoghesi, italiani e svizzeri – hanno una lunga tradizione in ciò che designerò col termine *orientalismo*: vale a dire un modo di mettersi in relazione con l'Oriente basato sul posto speciale che questo occupa nell'esperienza europea occidentale. L'Oriente non è solo adiacente all'Europa; è anche la sede delle più antiche, ricche, estese colonie europee; è la fonte delle sue civiltà e delle sue lingue; è il concorrente principale in campo culturale; è uno dei più ricorrenti e radicati simboli del Diverso. E ancora, l'Oriente ha contribuito, per contrapposizione, a definire l'immagine, l'idea, la personalità e l'esperienza dell'Europa (o dell'Occidente). [...]

L'accezione più comune del termine è di natura accademica: "orientalismo", o "orientalistica", è l'insieme delle discipline che studiano i costumi, la letteratura, la storia dei popoli orientali [...]. A tale tradizione accademica, [...] può ricondursi una accezione più ampia del termine "orientalismo". Mi riferisco a uno stile di pensiero fondato su una distinzione sia ontologica sia epistemologica tra l'"Oriente" da un lato, e (nella maggior parte dei casi) l'"Occidente" dall'altro. È in virtù di tale distinzione che un gran numero di scrittori – poeti, romanzieri, filosofi, ideologici, economisti, funzionari e amministratori coloniali – hanno adottato la contrapposizione tra "Oriente" e "Occidente" come punto di partenza per le loro opere [...]. L'interazione tra orientalismo accademico ed extraccademico non è mai mancata; dalla fine del secolo XVIII l'azione reciproca tra le due forme è ulteriormente aumentata, e hanno avuto inizio sforzi crescenti a disciplinarla. [...] Prendendo il tardo XVIII secolo quale approssimativo limite cro-

nologico, l'orientalismo può essere studiato e discusso come l'insieme delle istituzioni create dall'Occidente al fine di gestire le proprie relazioni con l'Oriente, gestione basata oltre che sui rapporti di forza economici, politici e militari, anche su fattori culturali, cioè su un insieme di nozioni vere o fittizie sull'Oriente. Si tratta, insomma, dell'orientalismo come modo occidentale per esercitare la propria influenza e il proprio predominio sull'Oriente. [...]
Parlare di orientalismo [...] significa soprattutto, anche se non esclusivamente, parlare di un'impresa culturale britannica e francese, un progetto le cui dimensioni si estendono in campi tanto disparati quanto l'immaginazione stessa: l'India intera e il Levante, i testi e i luoghi biblici, il commercio delle spezie, le armate coloniali e una lunga tradizione di amministratori coloniali, la formidabile mole di dati e le teorie più o meno fondate, gli innumerevoli "esperti" di cose orientali, i docenti e le istituzioni universitarie, l'intrico di idee e pregiudizi sull'Oriente (dispotismo, splendore, crudeltà, sensualità orientali), [...] e l'elenco potrebbe ancora continuare. [...]
Muovo dall'assunto che l'Oriente non sia un'entità naturale data, qualcosa che semplicemente *c'è*, così come non lo è l'Occidente. [...] Perciò, proprio come l'Occidente, l'Oriente è un'idea che ha una storia e una tradizione di pensiero, immagini e linguaggio che gli hanno dato realtà e presenza per l'Occidente. [...] Il rapporto tra Oriente e Occidente è una questione di potere, di dominio, di varie e complesse forme di egemonia. [...] L'orientalismo, quindi, non è solo una fantasia inventata dagli europei sull'Oriente, quanto piuttosto un corpus teorico e pratico nel quale, nel corso di varie generazioni, è stato effettuato un imponente investimento materiale. Tale investimento ha fatto dell'orientalismo, come sistema di conoscenza dell'Oriente, un film attraverso il quale l'Oriente è entrato nella coscienza e nella cultura occidentali.

5

R. Guha
Le rivolte dei contadini nell'India coloniale tra XVIII e XIX secolo

R. Guha, *La prosa della contro-insurrezione* (1988), in R. Guha - G.C. Spivak, *Subalternal Studies. Modernità e (post)colonialismo*, Ombre corte, Verona 2002, pp. 43-45, 94

■ Ranajit Guha (nato nel 1922) è uno storico indiano che vive nel Regno unito dal 1959. Egli è tra i fondatori e i principali animatori del *Subalternal Studies Group*. In questo saggio, Guha prende ad esempio la ribellione dei santal (un gruppo tribale del Bengala e del Bihar, ribellatosi contro i britannici e contro gli indiani non autoctoni nel 1855) per evidenziare che la narrazione dell'insurrezione dei contadini indiani dovrebbe tenere presente la coscienza degli insorti.

Tutte le volte in cui un contadino si è ribellato al dominio esercitato dal *Raj* [l'Impero anglo-indiano], lo ha fatto violando esplicitamente e necessariamente una serie di codici che definivano la sua condizione reale in quanto membro di una società coloniale, società che era per lo più semi-feudale e che stabiliva, tramite la struttura della proprietà e tramite il diritto, la subalternità stessa dei contadini. Quest'ultima, poi, era santificata dalla religione e resa più tollerabile – e persino desiderabile – dalla tradizione. Ribellarsi significava, quindi, distruggere gran parte di quell'universo simbolico che al contadino era familiare [...]. Il rischio connaturato al tentativo di "capovolgere le cose" in tali condizioni era, quindi, così grande che difficilmente il contadino si sarebbe impegnato a cuor leggero in un simile progetto.
Non vi è nulla, nelle fonti storiche, che faccia pensare al contrario: esse smentiscono il mito [...] delle insurrezioni contadine come fenomeni puramente spontanei e non premeditati. [...] È arduo, di fatto, trovare una rivendicazione dei contadini [...] che conduca spontaneamente, in modo non voluto, alla rivolta. Essi non si sarebbero messi così tanto alla prova lanciandosi in quell'impresa se quest'ultima non fosse stata per loro una deliberata, e persino disperata, via di uscita a condizioni di vita intollerabili: l'insurrezione, in altre parole, era un'iniziativa motivata e consapevole da parte delle masse rurali.
Questa consapevolezza dei contadini sembra aver ricevuto ben poca attenzione nella letteratura sul tema. La storiografia si è accontentata di considerare il contadino ribelle semplicemente come una persona empirica, o come membro di una classe, ma non come un essere la cui volontà e la cui ragione giocavano un ruolo essenziale nel costituire quella prassi chiamata ribellione. Questa omissione [...] si traduce nell'uso di metafore che assimilano le rivolte contadine a fenomeni naturali: esse scoppiano come temporali, si sollevano come la terra squassata dal terremoto, si propagano come incendi, si diffondono come le epidemie. [...]
In alternativa, le ragioni dell'insurrezione vengono cercate nei fattori di privazione economica e politica, fattori che, in realtà, non hanno nulla a che vedere con la coscienza contadina, o che vi sono collegati solo in senso negativo. Secondo questa interpretazione sarebbero tali fattori ad aver innescato la ribellione, come se essa fosse una sorta di riflesso automatico, ossia una risposta istintiva e sconsiderata a sofferenze fisiche di vario tipo (per esempio la fame, la tortura, il lavoro forzato ecc.) o una reazione passiva dei contadini a una qualche iniziativa assunta dai loro padroni e avversari. In entrambi i casi l'insurrezione contadina è vista come *esterna* alla coscienza stessa contadina [...].
In termini operativi, ciò significa negare una volontà alla massa stessa dei ribelli e rappresentarli come meri strumenti di una qualche volontà a loro estranea. [...] Se una qualche coscienza è attribuita ai ribelli, cioè vale soltanto per alcuni dei loro capi – il più delle volte singoli individui o gruppi ristretti appartenenti alla piccola nobiltà rurale.

6

S. Hall
La cultura della «diaspora»

S. Hall, *Cultural Identity and Diaspora*, in *Identity: Community, Culture, Difference*, ed. by J. Rutherford, Lawrence & Wishart, London 1990, pp. 222-37

■ Stuart Hall (1932-2014) è stato uno studioso culturalista e un sociologo. Nato in Giamaica in una famiglia di origine indiana, africana e britannica, dal 1951 ha vissuto nel Regno Unito, dove è stato tra i fondatori degli studi culturali. Si è occupato principalmente dell'interazione tra identità culturale, razza ed etnia, soprattutto riguardo alla creazione dell'identità dei neri eredi della «diaspora». In questo brano analizza le influenze che hanno dato origine all'identità culturale delle popolazioni caraibiche, rifiutando l'idea che esse siano prevalentemente africane.

Possiamo pensare alle identità nere caraibiche come "incorniciate" da due assi o vettori, che operano simultaneamente: il vettore della somiglianza e della continuità; e il vettore della differenze e dalla rottura. [...] Il primo ci dà qualcosa che si fonda, ed è in continuità con, il passato. Il secondo ci ricorda che quello che condividiamo è proprio l'esperienza di una profonda discontinuità: le persone costrette alla schiavitù, alla deportazione, alla colonizzazione, alla migrazione provenivano principalmente dall'Africa [...]. Nella storia del mondo moderno, ci sono poche rotture più traumatiche di questa separazione forzata dall'Africa – già raffigurata, nell'immaginario europeo, come "il continente nero". Ma gli schiavi stessi provenivano da diversi paesi, comunità tribali, villaggi e avevano lingue e divinità diverse. [...]

Il paradosso è che è stato lo sradicamento causato dalla schiavitù e dalla deportazione e l'inserimento nell'economia delle piantagioni [...] del mondo occidentale che hanno "unito" queste persone oltre le loro differenze, nello stesso momento in cui erano tagliate fuori dall'accesso diretto al loro passato. La differenza, pertanto, persiste – dentro e accanto alla continuità. [...] La storia comune – la deportazione, la schiavitù, la deportazione – è stata profondamente formativa. Ma essa non costituisce un'*origine* comune [...].

È possibile, a partire da questa concezione di "differenza", ripensare al posizionamento e al riposizionamento delle identità culturali caraibiche in relazione ad almeno tre "presenze": la *presenza africana*, la *presenza europea*, e [...] la *presenza americana*. [...] Non intendo "America" nel senso di "primo mondo" [...], ma in un secondo, più ampio, senso: America, il "Nuovo mondo", la *Terra incognita*.

La *presenza africana* è il luogo del rimosso. Apparentemente taciuta oltre la memoria dal potere dell'esperienza della schiavitù, l'Africa era, infatti, presenza ovunque: nella vita quotidiana e nei costumi dei quartieri degli schiavi, nelle lingue e nei dialetti delle piantagioni, nei nomi e nelle parole, [...] nelle storie e nelle favole raccontate ai bambini, nelle pratiche e nelle credenze religiose, nella vita spirituale, nelle arti e nei mestieri, nelle musiche e nei ritmi della società schiavista e successiva all'emancipazione. [...] Questa è l'Africa che era – ed è – ancora viva e vegeta nella diaspora. [...] Ma che si tratti, in questo senso, dell'*origine* delle nostre identità, immutata attraverso quattro secoli di spostamenti, smembramenti, deportazioni, a cui dobbiamo in senso metaforico o letterale tornare, è più aperto a dubbi. L'"Africa" originale non è più lì. Anche essa è stata trasformata. [...] Noi non possiamo concordare con l'Occidente che, appunto, normalizza e si appropria dell'Africa congelandola nella zona senza tempo di un passato primitivo e immutabile. [...]

E che si può dire a proposito del secondo, tormentato termine dell'equazione dell'identità – la presenza europea? Per molti di noi, questa non è una questione di troppo poco ma di troppo. [...] L'"Europa" appartiene irrevocabilmente al gioco del potere, alle linee della forza e del consenso, al ruolo dei *dominatori* nella cultura caraibica. In termini di colonialismo, sottosviluppo, povertà e razzismo basato sul colore della pelle, la presenza europea è quella che, nella rappresentazione visiva, ha posizionato i soggetti neri all'interno dei suoi regimi dominanti di rappresentazione: il discorso coloniale, la letteratura di avventura e di esplorazione, i romanzi esotici, l'occhio etnografico e di viaggio, i linguaggi tropicali del turismo, le brochure di viaggio e Hollywood e i linguaggi violenti e pornografici della *ganja*[1] e della violenza urbana. [...] Questo potere è diventato un elemento costitutivo nelle nostre identità. [...] Il dialogo tra potere e resistenza, tra rifiuto e riconoscimento, con e contro la *presenza europea* è complesso quasi quanto il "dialogo" con l'Africa. [...]

La terza presenza, quella del "Nuovo mondo", non riguarda tanto il potere, ma la terra, il luogo, il territorio. È il punto di congiunzione dove molti influssi culturali si incontrano, la terra "vuota" (i colonizzatori europei l'hanno riempita) dove stranieri provenienti da ogni parte del mondo si sono incontrati. Nessuno tra coloro che oggi occupano le isole – neri, meticci, bianchi, africani, europei, americani, spagnoli, francesi, indiani, cinesi, portoghesi, ebrei, olandesi – gli "appartenevano" originariamente. È lo spazio in cui la creolizzazione[2], l'assimilazione e il sincretismo sono stati negoziati. Il Nuovo mondo è il terzo termine – la scena primaria – in cui è stato messo in scena l'incontro fatidico/fatale tra l'Africa e l'Occidente. [...]

La presenza del "Nuovo mondo" – America, *Terra incognita* – è dunque in sé l'inizio della diaspora, della diversità, dell'ibridazione e della differenza, che rende le popolazioni afro-caraibiche

1. La marijuana.

2. La nascita di nuove lingue e nuovi costumi nelle colonie, dall'unione di lingue e costumi europei e locali o di costumi locali diversi tra loro.

popolazioni di una diaspora. [...] L'esperienza della diaspora, come la intendo qui io, è definita non dall'essenza o dalla purezza, ma dal riconoscimento della necessaria eterogeneità e diversità; da una concezione di "identità" che vive con e attraverso, e non malgrado, la differenza; dall'*ibridità*. Le identità della diaspora sono quelle che si stanno continuamente producendo e riproducendo nuovamente, attraverso la trasformazione e la differenza.

7DOC

Wu Ming 2 • Antar Mohamed
Soldati italiani e donne somale: un rapporto complesso

Wu Ming 2 - A. Mohamed, *Timira. Romanzo meticcio*, Einaudi, Torino 2012, pp. 48-51

■ Il romanzo *Timira* ricostruisce la vita di Isabella Marincola, nata a Mogadiscio nel 1925, da padre italiano – era un maresciallo di fanteria di servizio nella Somalia italiana – e da madre somala, che alla fine degli anni '40 ebbe un momento di celebrità come la «mondina nera» nel film *Riso amaro* di Giuseppe De Santis. Contrariamente alle usanze dell'epoca, il padre riconobbe tanto Isabella quanto il fratello Giorgio e li portò con lui in Italia. Le vicende del romanzo sono realmente accadute e vengono raccontate giustapponendo capitoli di *fiction* a documenti di archivio, il diario di Isabella a notizie di cronaca. Nella stesura di questa lettera del padre di Isabella, gli autori – Antar Mohamed è suo figlio – hanno rielaborato lettere, documenti e riflessioni contenuti in diversi testi sulle relazioni tra coloni italiani e donne africane.

Carissimo Alberto,
la tua ultima lettera mi à dato gran sollievo, per quanto non dubitassi del tuo gran cuore. [...] Il tuo consenso di allevare Giorgio in Italia mi rende tanto felice. Anzitutto, perché mostri di capire la mia condizione, e non mi giudichi per aver messo al mondo due figli fuori dal matrimonio. Bisogna venire in colonia a vent'otto anni, com'è successo a me, circondati da queste gazzelle d'ogni colore, per provare quanto è difficile non cadere nel peccato, posto che il matrimonio con le somale è davvero contronatura, perché oltre ad essere negre sono pure maomettane, e dunque sposarsi non ripugna soltanto a noialtri, ma perfino a loro. [...]
Ci sono almeno tre compatrioti di mia conoscenza che hanno in casa delle negre di dodici anni e benché si vantino in giro di non averle prese solo come servette, a nessuno passa per la testa di farne un problema, e se mai se ne parla, si finisce sempre col dire che le ragazze somale, a quell'età, sono donne fatte e quindi sono mature per fare «nik nik»[1]. Quando ci fa comodo la nostra missione di civiltà ce la mettiamo sotto i tacchi, magari prendendo come scusa le tradizioni del posto e guardandoci bene dal provare a correggerle. [...]
Per fartela breve, dopo una lunga lista di consigli, [il maggiore durante un colloquio] mi disse che il vero motivo per cui m'aveva convocato era la mia «mollezza», dovuta alla consuetudine con una donna nera e con un figlio meticcio, la qual cosa mi farebbe confondere l'autorità che dobbiamo esercitare di fronte agli indigeni, con una pericolosa familiarità. [...] Il maggiore mi congedò raccomandandomi di fare attenzione, perché per quanto lo riguardava una sola cosa era fondamentale: che lo sfogo della nostra maschile esuberanza non facesse venir meno la virilità, la spina dorsale ed il prestigio, senza il quale centinaia di migliaia di individui non resterebbero sottomessi a poche migliaia.

1. Avere rapporti sessuali.

8DOC

Giulia Barrera
La storia di Frewini

G. Barrera, *Memorie del colonialismo italiano fra le donne eritree: la storia di Frewini*, in «Genesis», IV/1, 2005, pp. 73-98

■ Giulia Barrera è una storica e archivista che si occupa del continente africano. Ha studiato principalmente il rapporto tra razza e identità nella colonia italiana d'Eritrea, con particolare attenzione al rapporto tra uomini italiani e donne eritree e ai figli meticci nati da queste unioni. In questo articolo, prende in considerazione la memoria di Frewini, una donna eritrea che ha avuto due figlie da un italiano e che al momento dell'intervista viveva ormai in Italia.

Quando si parla con gli eritrei del colonialismo italiano, l'abbandono dei figli italo-eritrei da parte dei padri viene ricordato come una delle peggiori pagine scritte dagli italiani in Eritrea. Non mi è mai capitato di sentire qualcuno che rievocasse le discriminazioni nella sfera economica o lo sfruttamento sul lavoro, che pure ovvia-

mente esistevano. Sono state piuttosto le discriminazioni che offendevano la dignità della persona quelle che hanno lasciato maggiormente il segno. [...]
La storia di Frewini [...] presenta [...] delle immagini idealizzate della società pre-coloniale, ma allo stesso tempo – narrandoci della rottura di un matrimonio indissolubile – Frewini mostra come anch'essa fosse solcata da contraddizioni e conflitti. La sua narrazione mette inoltre in guardia rispetto alle rappresentazioni monodimensionali e stereotipate de "il colonizzato" o "la donna colonizzata". Frewini era una donna che soffriva per i soprusi dei colonizzatori, ma era anche una ragazza che subiva con ingenuità il fascino della divisa; una ragazza che aveva voglia di divertirsi [...]. I suoi giudizi sugli italiani e sul colonialismo sono articolati: si possono apprezzare le opere architettoniche e urbanistiche del colonialismo fascista, pur condannandone il progetto politico; si può stigmatizzare l'arroganza degli italiani che pretendevano di essere chiamati "padrone", pur avendo amici italiani.
Socialmente, Frewini era un soggetto in posizione di estrema debolezza: orfana di padre, povera, fuggita da un matrimonio indissolubile e quindi non sposabile, in relazione con uomini rispetto ai quali era subordinata per razza, genere e classe; ci narra anche di come uno di questi uomini l'abbia "passata" ad un altro. Eppure lei dice «*prendevo* questi uomini» (il corsivo è mio) e si rappresenta come un soggetto che sceglieva, non come una vittima degli eventi.
[...] Infine, occorre notare come anche la relazione con il padre delle sue figlie non facilmente incasellabile in immagini stereotipate sui rapporti uomini occidentali/donne africane [...]. La battaglia che Frewini fece per permetter a lui di ristabilirsi in Eritrea, dopo un periodo in Italia, apparentemente segnala un'inversione dei rapporti di forza tra i partner, in particolari circostanze [...]; ma potrebbe anche essere indicativa di rapporti di forza meno sbilanciati di quanto si sarebbe portati a credere.
[...] *In varie occasioni, incidentalmente, Frewini ha parlato della dominazione coloniale italiana, pur senza mai usare questa espressione o il termine "colonialismo". Qui di seguito ho unito questi giudizi e ricordi* [...]. «Mussolini non voleva che si mischiava la razza, non voleva! [...]». [...] Mussolini per gli italiani non so come sia stato, ma per gli italiani in Africa la sua idea era bellissima, lì ha fatto tanti lavori, belle case... voleva fare in Africa una nuova Roma e mandarci gli italiani, perché qui in Italia non c'era posto, l'Italia era piccola per gli italiani. [...]
Le domando cosa abbia fatto Mussolini per gli eritrei. Nulla; ha fatto le strade, ma non per gli eritrei, «per comodità sua... [...]». «Gli italiani li chiamavamo "guitana" (*padrone*), "buon giorno guitana, buon giorno!" neanche lo conoscevo e dovevo salutare così». Qualunque abissino, se un italiano gli diceva: «fai questo, fai quello», non poteva mai dire di no. «Allora erano "faccetta nera", erano fascisti, avevano una fascia [*indica con un gesto una fascia intorno alla cintola*] erano così belli! Che sguardi... bastava che uno di questi ti guardava che ti pisciavi sotto, ora gli italiani non sono più così belli!». [...] «Quando c'erano gli italiani s'è mangiato e s'è bevuto; c'era legge; io sempre bene son stata. Quante belle cose abbiamo fatto!».

9DOC

Robert J.C. Young
Politica postcoloniale e filosofia postcoloniale

R.J.C. Young, *Introduzione al postcolonialismo* (2003), Meltemi, Roma 2005, pp. 134-36

■ Robert Young (nato nel 1950), storico e critico culturale britannico, è uno dei maggiori teorici del postcolonialismo di origine occidentale. Egli ha tracciato, nei suoi studi, un filo diretto che lega la teoria e la pratica anticoloniali alla critica postcoloniale. Young, inoltre, lega il postcolonialismo all'attivismo contemporaneo dei nuovi momenti sociali nei paesi non occidentali: il suo intento è quello di diffondere una prospettiva politica che tenga insieme critica postcoloniale e militanza politica e sociale.

Ciò che rende postcoloniale la politica è una filosofia politica condivisa più ampia che orienta i principali scopi etici e pratici. In quanto filosofia politica, il postcolonialismo rivendica prima di tutto il diritto a un governo autonomo da parte di coloro che si trovano sotto il controllo politico e amministrativo di un potere straniero. Dopo il conseguimento della sovranità, il postcolonialismo indirizza i suoi sforzi al cambiamento delle strutture fondamentali dello stato (postcoloniale) stesso, alla trasformazione attiva dell'egemonia restrittiva e centralizzante di quel nazionalismo culturale necessario alle prime fasi della lotta anticolonialista. Il postcolonialismo vuole conferire potere ai poveri, ai diseredati e agli esclusi, ma promuovendo la tolleranza per la differenza e per la diversità, la conquista dei diritti da parte delle minoranze e delle donne. Afferma con forza il pluralismo culturale, ma in una più ampia cornice di egualitarismo democratico contrario alla semplice imposizione di modi di pensare occidentali [...]. Il postcolonialismo denuncia ogni forma di sfruttamento (umano e ambientale) e ogni condizione oppressiva prodotte unicamente per soddisfare gli interessi e il profitto del capitalismo delle multinazionali. Sfida la mercificazione dei rapporti sociali sviluppata dal capitalismo delle multinazionali, ma anche la dottrina dell'individualismo

su cui si fonda tale mercificazione. Incita alla resistenza contro ogni forma di sfruttamento derivata dalla povertà in generale o dalla subalternità [...]. Il postcolonialismo rivendica il diritto al soddisfacimento dei bisogni elementari – sicurezza, sanità, salute ed educazione – per tutti i popoli della terra [...]. Il postcolonialismo considera come le forme di pensiero più produttive quelle che interagiscono liberamente attraverso culture e discipline, in dialoghi costruttivi che smontano le gerarchie di potere.
Il postcolonialismo, con la sua sensibilità per i subalterni, per i contadini, per i poveri e per gli emarginati di tutti i tipi, sfugge alla cultura d'élite e si lega a quelle conoscenze subalterne storicamente considerate di scarso valore, ma ora rivalutate in quanto giacimenti legittimi di culture e controsaperi. Le simpatie e gli interessi del postcolonialismo riguardano, dunque, coloro che sono ai margini della società, coloro la cui identità culturale è stata dislocata o sconvolta dalle forze del capitalismo globale: rifugiati, migranti che si sono mossi dalle campagne alle periferie urbane più disagiate, migranti che lottano nel primo mondo per una vita migliore mentre sono costretti a lavorare ai livelli più bassi di quelle società. [...] Per gli occidentali, il postcolonialismo sembra proporre niente meno che il mondo alla rovescia. Guarda e apprende il mondo dal basso anziché dall'alto. I suoi occhi, la sua bocca e il suo udito sono quelli della contadina etiope, non quelli del diplomatico o del grande manager.

10 DOC

Sabrina Marchetti
La differenza tra gli «italiani di qui e quelli di là»

S. Marchetti, *Le ragazze di Asmara. Lavoro domestico e migrazione postcoloniale*, Ediesse, Roma 2011, pp. 93-96

■ Sabrina Marchetti, post-dottoranda all'Istituto universitario europeo di Fiesole, si occupa di genere, migrazioni e lavoro di cura, affrontando questi temi in un'ottica interdisciplinare. In questo brano riporta l'intervista a Luam, una donna di Asmara emigrata nel 1978 in Italia, che ricorda la sua delusione quando, giunta nell'ex paese colonizzatore, realizzò «la differenza tra gli italiani di qui e quelli di là».

Si possono dunque distinguere due tipi di resoconti, a proposito dei primi incontri con gli «italiani in Italia». La differenza tra i due è dovuta principalmente allo status sociale e culturale che l'intervistata possedeva nel paese d'origine. [...] Le donne che provenivano da classi basse [...] spesso lavoravano nelle case di italiani [...] ad Asmara. Queste intervistate sembrano minimizzare l'esperienza di «sorpresa» all'arrivo in Italia al fine di rappresentare la loro relazione con gli italiani – «prima» e «dopo» la migrazione – come basata su una «continuità». [...]
L'opinione di queste donne deve essere confrontata con quella di chi proveniva da una posizione socioculturale più elevata e che [...] lamenta la perdita del proprio status all'indomani della migrazione. Queste sono donne cresciute in una relazione di «inclusione» con gli italiani, ad Asmara, frustrate dal fatto che mentre «prima» della migrazione partecipavano regolarmente alla vita culturale degli italiani, «dopo» il loro arrivo patirono la mancanza di riconoscimento del capitale culturale di cui erano portatrici. [...]
Luam [...] lamentava il fatto che gli stessi italiani a cui era molto vicina in Eritrea, nel momento in cui li ha rincontrati a Roma, si comportano in modo distaccato verso di lei. Luam così descrive uno di questi incontri:

> Sono rimasta molto delusa dagli amici nostri. [...] Dagli amici nostri italiani. Perché mio marito lavorava al Banco di Roma. [*Risata sarcastica*]. [...] Il Banco di Roma di Asmara. Che è totalmente italiano. [...] Quando sono arrivata qui – non per ospitarmi, lasciamo perdere... – sono andata al Banco di Roma per cercare i nostri colleghi, i colleghi di mio marito. Gli amici che ci mangiavamo e facevamo festa insieme. Ho incontrato uno di loro e dice: «Guarda non ti posso portare manco a casa mia, perché mia moglie... di qua, di là». E io ho detto: «Ma quando stavamo a Khartoum mi dicevate: "appena arrivi in Italia presentati da noi"...». [...] E mi ha dato tremila lire... Uno che mangiava a casa mia! Che quando c'era la festa buttavamo per terra qualche cosa e dormivamo tutti [assieme] in salotto! Mi ha dato tremila lire e mi ha detto: «Vai in qualche trattoria o ristorante e mangia bene». [...] Io l'ho guardato e gli ho detto: «Guarda non sono i soldi che mi mancano».

Così Luam descrive l'importanza della relazione di affetto e di vicinanza che aveva con gli italiani che partecipavano alle feste nella loro casa di Asmara e con cui aveva condiviso l'esperienza traumatica della fuga dall'Eritrea in guerra (attraverso il Sudan). La frustrazione delle aspettative di Luam di una «riunione» con questi amici era dovuta al fatto che i rapporti di inclusione/esclusione tra italiani ed eritrei a Roma non funzionavano nel modo a cui era abituata ad Asmara. La transizione da Asmara a Roma implicava, nella sua esperienza personale, la messa in discussione di quei rapporti.
L'esperienza di Luam può essere compresa anche alla luce della nozione di «comunità immaginate» [...]: la «comunità degli italiani» sopravvive a livello di immaginario postcoloniale fino al momento della migrazione che comporta la sua distruzione traumatica.

11 DOC

Sara M. Salem
Un femminismo neocoloniale

S.M. Salem, *Les Femen, un féminisme de type néocoloniale*, in «Le Monde diplomatique», 11 giugno 2013 [www.lemonde.fr]

■ Sara Salem, giovane dottoranda di ricerca all'Istituto di scienze sociali dei Paesi Bassi, nel dicembre 2012 ha scritto un duro articolo contro *Femen*, un gruppo – nato in Ucraina nel 2008 e poi diffusosi in tutta Europa e nei paesi del Mediterraneo – di attiviste che si oppongono allo sfruttamento e all'oppressione delle donne compiendo azioni provocatorie, come quella di manifestare nude. Esse hanno manifestato senza abiti anche in alcuni paesi musulmani con l'intento di mettere in luce quella che considerano la natura oppressiva verso le donne della religione e della cultura islamiche.

Voglio mostrare che la volontà di Femen di universalizzare il loro tipo di femminismo conferisce un carattere neocoloniale al loro attivismo e alla loro organizzazione. La questione dell'universalizzazione del femminismo non è nuova. La prima ondata di femminismo in Europa e negli Stati Uniti si è confrontata con lo stesso problema: [...] numerose femministe occidentali hanno partecipato al processo di colonizzazione, nella pretesa di "civilizzare" e "modernizzare" le donne dei paesi arabi e africani. Per esse, femminismo significava che le donne arabe e africane dovessero diventare come loro.
Questo tipo di femminismo ha suscitato una reazione di risposta [...]. Le donne hanno affermato che il femminismo fosse una questione complessa e dovesse rappresentare la vita e i punti di vista delle donne di tutto il mondo. [...] Ciò significava che il femminismo dovesse tener conto della molteplicità delle identità e della loro interazione.
Anche se il movimento Femen è nato dopo questa reazione, esso sembra riconnettersi con l'impostazione della prima ondata del femminismo. Una parte consistente dei suoi interventi è diretta alle donne musulmane, che vuole "liberare" e "salvare" dagli uomini musulmani, dalla cultura musulmana e dall'islam in generale. [...]
Una [...] volta, hanno deciso di attraversare a seno nudo un quartiere urbano francese a maggioranza musulmana per convincere le donne musulmane a rinunciare al velo. È chiaro che agli occhi di Femen, la liberazione dal velo ha un significato preciso: si tratta di una liberazione da una religione, da una cultura e da un codice di abbigliamento oppressivi. Secondo questa concezione, più sei vestita, più sei oppressa. [...] Ma [...] chi decide quale abbigliamento femminile sia oppressivo e quale no? Altrettanto problematica è l'idea secondo cui tutte le donne che indossano il velo o il burqa siano oppresse e debbano essere liberate. Queste convinzioni tradiscono una certa concezione eurocentrica del mondo che non può essere generalizzata a livello universale.
Il mio punto di vista come femminista è che le donne debbano avere la possibilità di scegliere. Questa scelta dipende essenzialmente dal contesto socioculturale, economico e politico in cui esse vivono, e non può essere in alcun caso essere deciso dall'esterno. Le recenti azioni di Femen in Tunisia mostrano fino a che punto esso sia scollegato dalla realtà dei contesti mediorientale e nordafricano. Invece di promuovere la presa di coscienza sui problemi di genere, esse suscitano l'ostilità di una società che le vede come straniere che cercano di imporre la loro concezione delle donne, in filo diretto col processo coloniale del passato.
[...] Le politiche di solidarietà in un mondo postcoloniale caratterizzato da squilibri di potere sono un processo difficile, ma sono velleitarie se gruppi come Femen continuano a voler imporre il loro punto di vista e affermare che il "loro" femminismo è il femminismo "buono".

GLOSSARIO

INDICE DEI NOMI

Avvertenza
Sono in corsivo i numeri di pagina che rimandano alle didascalie delle immagini, ai riquadri Online, alle Schede e alle introduzioni dei Documenti.

T

U

V

W

Y

Z